FLÁVIO **TARTUCE**

- Pós-doutorando e doutor em Direito Civil pela Faculdade de Direito da USP.
- Coordenador e professor titular permanente do Programa de Mestrado da Escola Paulista de Direito (EPD).
- Coordenador e professor dos cursos de pós-graduação *lato sensu* em Direito Civil e Processual Civil, Direito Civil e Direito do Consumidor, Direito Contratual, Direito de Família e das Sucessões da Escola Paulista de Direito (EPD).
- Patrono regente e professor do curso de pós-graduação *lato sensu* em Advocacia do Direito Negocial e Imobiliário da Escola Brasileira de Direito (EBRADI).
- Presidente do Instituto Brasileiro de Direito Contratual (IBDCont).
- Presidente do Instituto Brasileiro de Direito de Família em São Paulo (IBDFAMSP).
- Advogado, parecerista, consultor jurídico e árbitro.

RECUPERAÇÃO DE EMPRESAS E FALÊNCIA:

DIÁLOGOS ENTRE A DOUTRINA E A JURISPRUDÊNCIA

O GEN | Grupo Editorial Nacional – maior plataforma editorial brasileira no segmento científico, técnico e profissional – publica conteúdos nas áreas de concursos, ciências jurídicas, humanas, exatas, da saúde e sociais aplicadas, além de prover serviços direcionados à educação continuada.

As editoras que integram o GEN, das mais respeitadas no mercado editorial, construíram catálogos inigualáveis, com obras decisivas para a formação acadêmica e o aperfeiçoamento de várias gerações de profissionais e estudantes, tendo se tornado sinônimo de qualidade e seriedade.

A missão do GEN e dos núcleos de conteúdo que o compõem é prover a melhor informação científica e distribuí-la de maneira flexível e conveniente, a preços justos, gerando benefícios e servindo a autores, docentes, livreiros, funcionários, colaboradores e acionistas.

Nosso comportamento ético incondicional e nossa responsabilidade social e ambiental são reforçados pela natureza educacional de nossa atividade e dão sustentabilidade ao crescimento contínuo e à rentabilidade do grupo.

LUIS FELIPE **SALOMÃO**
FLÁVIO **TARTUCE**
DANIEL **CARNIO**

RECUPERAÇÃO DE EMPRESAS E FALÊNCIA:
DIÁLOGOS
ENTRE A DOUTRINA E A JURISPRUDÊNCIA

- O autor deste livro e a editora empenharam seus melhores esforços para assegurar que as informações e os procedimentos apresentados no texto estejam em acordo com os padrões aceitos à época da publicação, e todos os dados foram atualizados pelo autor até a data de fechamento do livro. Entretanto, tendo em conta a evolução das ciências, as atualizações legislativas, as mudanças regulamentares governamentais e o constante fluxo de novas informações sobre os temas que constam do livro, recomendamos enfaticamente que os leitores consultem sempre outras fontes fidedignas, de modo a se certificarem de que as informações contidas no texto estão corretas e de que não houve alterações nas recomendações ou na legislação regulamentadora.

- Fechamento desta edição: 31.05.2021

- O Autor e a editora se empenharam para citar adequadamente e dar o devido crédito a todos os detentores de direitos autorais de qualquer material utilizado neste livro, dispondo-se a possíveis acertos posteriores caso, inadvertida e involuntariamente, a identificação de algum deles tenha sido omitida.

- **Atendimento ao cliente:** (11) 5080-0751 | faleconosco@grupogen.com.br

- Direitos exclusivos para a língua portuguesa
  Copyright © 2021 by
  Editora Atlas Ltda.
  Uma editora integrante do GEN | Grupo Editorial Nacional
  Al. Arapoema, 659, sala 05, Tamboré
  Barueri – SP – 06460-080
  www.grupogen.com.br

- Reservados todos os direitos. É proibida a duplicação ou reprodução deste volume, no todo ou em parte, em quaisquer formas ou por quaisquer meios (eletrônico, mecânico, gravação, fotocópia, distribuição pela Internet ou outros), sem permissão, por escrito, da Editora Atlas Ltda.

- Capa: Joyce Matos

- **CIP – BRASIL. CATALOGAÇÃO NA FONTE.
  SINDICATO NACIONAL DOS EDITORES DE LIVROS, RJ.**

  R248

  Recuperação de empresas e falência : diálogos entre a doutrina e jurisprudência / Alexandre Alves Lazzarini ... [et al.]; coordenação Daniel Carnio Costa, Flávio Tartuce, Luis Felipe Salomão. – 1. ed. – [2. Reimp.] – Barueri [SP] : Atlas, 2021.

  Inclui bibliografia
  ISBN 978-65-59-77053-3

  1. Falência – Brasil. 2. Sociedades comerciais – Recuperação – Brasil – Jurisprudência. I. Lazzarini, Alexandre Alves. II. Costa, Daniel Carnio. III. Tartuce, Flávio. IV. Salomão, Luis Felipe.

  21-71261   CDU: 347.736(81)

  Leandra Felix da Cruz Candido – Bibliotecária – CRB-7/6135

APRESENTAÇÃO

Coordenada pelo Ministro Luis Felipe Salomão, pelo Professor Flávio Tartuce e pelo Juiz Daniel Carnio Costa, a presente obra *Recuperação de Empresas e Falência: Diálogos entre a Doutrina e a Jurisprudência* constitui uma significativa contribuição para a consolidação do ordenamento jurídico brasileiro atinente à insolvência de empresas, através do necessário diálogo entre as inovações legislativas, a jurisprudência, a doutrina e os operadores do direito em geral.

Engenheiro e economista por formação, recebi, através da Portaria nº 467, de 16 de dezembro de 2016, do então Ministro de Estado da Fazenda Henrique Meirelles, a desafiadora missão de coordenar, em conjunto com Pedro Calhman de Miranda, um Grupo de Trabalho visando a elaboração de medidas voltadas ao aprimoramento da Lei nº 11.101, de 9 de fevereiro de 2005, e de outros instrumentos legais associados aos temas recuperação e falência de empresas.

Contando com a colaboração de diversos especialistas – muitos dos quais são coautores desta obra – pude, progressivamente, passar a compreender as controvérsias jurídicas e dificuldades práticas associadas ao tema, e que poderiam explicar o insatisfatório desempenho brasileiro na seara da insolvência. Apenas a título ilustrativo destaco que: (i) a taxa de recuperação dos credores no Brasil foi menos da metade que na América Latina (14,9%, contra 30,9%); (ii) o tempo médio do processo no Brasil estagnou em 4 anos, contra um prazo médio de 2,9 anos na América Latina (dados do *Doing Business*/2018); (iii) a probabilidade de uma empresa em recuperação judicial no Brasil ter sua situação normalizada é de apenas 24% para empresas grandes e de 9% para micro e pequenas empresas (dados do Banco Central com tratamento elaborado pela Secretaria Especial de Fazenda/ME-Outubro/2020); (iv) as empresas em recuperação judicial provisionaram em média 75,2% do total disponível da carteira ativa (R$ 29,2 bilhões de um total de R$ 38,8 bilhões), um valor bem acima do provisionamento médio (5,0%) praticado pelas empresas que não estavam em RJ (dados do Banco Central com tratamento elaborado pela Secretaria Especial de Fazenda/ME-Outubro/2020).

Os debates havidos nesse Grupo de Trabalho, finalizado em meados de 2017, permitiram a elaboração de um anteprojeto no âmbito do Ministério da Fazenda, que veio a se tornar, após algumas modificações, no PL nº 10.220/2018, encaminhado pelo então Presidente da República ao Congresso Nacional.

O projeto, contudo, não avançou imediatamente na seara legislativa e somente após a mudança de governo, quando assumi, a convite do Ministro

Paulo Guedes, o cargo de Secretário Especial de Fazenda, a proposição foi priorizada no âmbito da Câmara dos Deputados, através da designação do Deputado Federal Hugo Leal como Relator.

As equipes do Deputado e do Ministério da Economia, em conjunto, construíram um substitutivo ao PL nº 6.229/2005, ao qual estavam apensadas todas as proposições legislativas atinentes ao tema, em curso na Câmara dos Deputados. Apesar de apresentado em plenário ainda em 2019, o substitutivo – com relevantes modificações, inclusive como decorrência do aprofundamento dos debates – somente foi votado no final de agosto de 2020, restando integralmente aprovado.

No Senado, foi designado como Relator o Senador Rodrigo Pacheco, que, compreendendo a relevância e urgência do tema, apresentou em plenário o seu relatório, realizando e acolhendo apenas emendas de redação, o que permitiu que o texto, aprovado pelo Plenário do Senado, fosse encaminhado à sanção do Presidente da República. Na véspera de natal de 2020, o projeto foi, finalmente, sancionado, com vetos associados a seis temas, ainda não apreciados pelo Congresso Nacional. Em decorrência temos agora a Lei nº 14.112, de 24 de dezembro de 2020, cuja *vacatio legis* se encerrou em 23 de janeiro de 2021.

Essa Lei representa a mais importante reforma microeconômica realizada no Brasil desde a própria Lei nº 11.101, de 2005, aumentando a probabilidade de efetiva recuperação dos devedores viáveis, tornando mais célere e eficiente a liquidação daqueles inviáveis e incentivando o reempreendedorismo. Uma maior previsibilidade, eficiência e agilidade na execução de contratos em caso de insolvência, permitindo uma maior taxa de recuperação de créditos, atrairá investimentos para o país e fomentará o mercado de crédito, ampliando a sua oferta e reduzindo o seu custo.

A Lei nº 14.112/2020 traz uma abrangente e profunda alteração nas mais importantes áreas do sistema recuperacional e falimentar do país com avanços em temas como: reequilíbrio do poder entre credores e devedores, incentivos ao financiamento do devedor (*DIP Financing*), não sucessão de passivos, recuperação extrajudicial, crédito fiscal, grupos econômicos, melhorias na falência, funções do administrador judicial, falência transnacional, dentre outros.

No entanto, a superação das etapas preparatórias e da fase legislativa não encerra os esforços em torno do assunto, na medida em que, para além de eventuais outros aprimoramentos da legislação no futuro, temos que encarar a consagração e a boa aplicação, na prática, das alterações legislativas.

Posso testemunhar que os três Poderes participaram ativamente das discussões até aqui, mas é fato que o Poder Judiciário, em conjunto com os operadores do direito e da doutrina, assumirá, agora, especial protagonismo. Tenho certeza de que este livro contribuirá para o sucesso desta relevante missão em prol do fortalecimento institucional nas áreas de insolvência e recuperacional/falimentar com elevado efeito positivo para o crescimento econômico no Brasil.

Waldery Rodrigues Júnior

Secretário Especial de Fazenda do Ministério da Economia. Engenheiro pelo Instituto Tecnológico de Aeronáutica (ITA), mestre e doutor em Economia respectivamente pela University of Michigan e Universidade de Brasília. É Consultor do Senado Federal na área Política Econômica.

SOBRE OS AUTORES

ALEXANDRE AGRA BELMONTE
Ministro do Tribunal Superior do Trabalho, doutor em Justiça e Sociedade, Mestre em Direito das Relações Sociais, Especialista em Direito Privado Aprofundado e Presidente da Academia Brasileira de Direito do Trabalho.

ALEXANDRE ALVES LAZZARINI
Desembargador do Tribunal de Justiça de São Paulo. Professor da Faculdade de Direito da Universidade Presbiteriana Mackenzie. Mestre em Direito pela PUC/SP. Membro da Academia Paulista de Letras Jurídicas, da Academia Mackenzista de Letras e do IBR-Instituto Brasileiro de Estudos de Recuperação de Empresas.

ALEXANDRE NASSER DE MELO
Advogado com ampla atuação em Direito Empresarial. Exerceu o cargo de síndico, gestor judicial, liquidante ou administrador judicial em mais de uma centena de processos de insolvência. Sócio fundador da Nasser de Melo – Advogados Associados, escritório especializado em Direito Empresarial e da Credibilità Administrações Judiciais, empresa focada em administração judicial, inventariança e perícias. Coautor do livro *Comentários à Lei de Recuperação de Empresas e Falências*, publicado pela Editora Juruá. Coordenador e Professor da Pós-graduação de Recuperação de Empresas e Falência da PUCPR. E-mail: alexandre@nasserdemelo.com.br.

ANDERSON SCHREIBER
Professor Titular de Direito Civil da UERJ. Professor Permanente do Programa de Pós-graduação em Direito da UERJ. Professor da Fundação Getúlio Vargas. Membro da Academia Internacional de Direito Comparado. Procurador do Estado do Rio de Janeiro. Advogado.

ANDRÉA GALHARDO PALMA
Master in Law (LLM) in International Commercial Arbitration na PennState University (EUA). Especialista em International Commercial Arbitration pela Columbia University (EUA), em Arbitragem Doméstica pela Fundação Getúlio Vargas (FGV). Fellow do Chartered Institute of Arbitrators (FCiarb). Juíza de Direito da 2ª Vara Empresarial Regional e de Conflitos Relacionados à Arbitragem da 1ª RAJ de São Paulo.

ANDRÉ SANTA CRUZ
Bacharel e Mestre em Direito Processual Civil pela UFPE. Pós-graduado em Direito Empresarial pela FGV-RJ e em Direito Concorrencial pela FGV-SP. Doutor em Direito Empresarial pela PUC-SP. Procurador Federal da AGU. Professor do Centro Universitário IESB-DF.

ANGLIZEY SOLIVAN DE OLIVEIRA
Juíza de Direito da 1ª Vara Cível de Cuiabá-MT.

BEATRIZ FANECA LEITE DE SOUZA
Advogada especializada em Rastreio e Recuperação de Ativos. Graduada pela Universidade Presbiteriana Mackenzie. Pós-Graduada pela Pontifícia Universidade Católica de São Paulo. Sócia titular do FANECA ADVOGADOS. Diretora-Presidente do IWIRC *Women's Insolvency & Restructuring Confederation – Brazil Network* no biênio 2018/2020, Diretora *At Large* do IWIRC *Women's Insolvency & Restructuring Confederation* 2021, Diretora de Projetos do IBAJUD – Instituto Brasileiro da Insolvência no biênio 2021/2023 e membro do CMR – Centro de Mulheres na Reestruturação Empresarial.

BENEDITO GONÇALVES
Mestre em Direito, Especialista em Direito Processual Civil, Bacharel em Direito pela UFRJ. Membro Honorário do IAB, Ministro do STJ. Ministro Substituto do TSE.

BRUNO GALVÃO S. P. DE REZENDE
Membro do Grupo de Trabalho do Conselho Nacional de Justiça – CNJ – para contribuir com modernização e efetividade da atuação do Poder Judiciário nos processos de recuperação judicial e de falência (por nomeação do Exmo. Presidente do CNJ – Portaria Nº 74 de 13/05/2019). Consultor Qualificado externo do Deputado Federal Hugo Leal para redação do Substitutivo de Plenário ao P.L. 6.229/2005, que alterou a Lei de Falências e Recuperação de Empresas. Expositor na Câmara dos Deputados na audiência pública destinada a debater as modificações da Lei nº 11.101/2005. Instituto dos Magistrados do Brasil- IMB (vogal do grupo de estudos sobre Direito Empresarial – triênio 2019/2022). Presidente do IBAJUD – Instituto Brasileiro da Insolvência (2019/2020). Membro Consultor da Comissão Especial de Falências e Recuperação Judicial do Conselho Federal da Ordem dos Advogados do Brasil. Professor convidado de Direito Empresarial da EMERJ – Escola da Magistratura do Estado do Rio de janeiro (Temas de Direito da Insolvência). Professor do curso de Aperfeiçoamento em Administração Judicial da Escola de Administração Judiciária do Tribunal de Justiça do Estado do Rio de Janeiro (ESAJ). Membro do Grupo de Estudo do Instituto Justiça e Cidadania, na qualidade de especialista, sobre o Substitutivo de Plenário ao Projeto de Lei n. 6.229/2005 coordenado pelo Exmo. Sr. Ministro Luis Felipe Salomão, do Superior Tribunal de Justiça, com o tema: A Aprovação do Substitutivo de Plenário ao Projeto de Lei nº 6.229/05 e o Impacto para a Função do Administrador Judicial.

BRUNO OLIVEIRA CASTRO
Advogado, Sócio Fundador do escritório Oliveira Castro Advogados, inscrito na OAB/MT 9.237, especialista em Direito Empresarial pela UFMT e Doutorando em Direito pela UMSA. Professor de Direito Empresarial. Presidente da Escola Superior da Advocacia – ESAMT (Triênio 2012-2015). Presidente do Instituto Brasileiro de Administração Judicial – IBAJUD (2017-2018). Membro do Grupo de Trabalho do Senado Federal que trata da Reforma do Código Comercial Brasileiro (PLS 487/2013). Autor do livro *Lei de Recuperação de Empresas e Falências interpretada artigo por artigo* (com Cristiano Imhoff, publicado pela

editora Booklaw) e coautor do livro *Temas de direito da insolvência* – estudos em homenagem ao Professor Manoel Justino Bezerra Filho, com o tema "Recuperação judicial do produtor rural e a garantia da ordem econômica".

CATARINA DE MACEDO BUZZI

Bacharela em Direito pelo IDP – Instituto de Direito Público de Brasília/DF. Administradora de Empresas pela Universidade do Sul de Santa Catarina e UNISUL Business School. Pós-Graduada Especialista em Direito Eleitoral pelo IDP – Instituto de Direito Público de Brasília/DF.

CARLOS ORLANDI CHAGAS

Graduado em Direito, Mestre e Doutor em Direito Civil pela Faculdade de Direito da Universidade São Paulo, é Assessor Jurídico do Gabinete do Senador Rodrigo Pacheco no Senado Federal.

CEZAR AUGUSTO RODRIGUES COSTA

Desembargador do Tribunal de Justiça do Estado do Rio de Janeiro - Professor efetivo da Faculdade Nacional de Direito da Universidade Federal do Rio de Janeiro – Mestre em Direito pela Universidade do Estado do Rio de Janeiro.

CLARISSA SOMESOM TAUK

Juíza de Direito do TJSP, em exercício na 3ª Vara de Falências e Recuperações Judiciais da Capital.

DANIEL CARNIO COSTA

Juiz Titular da 1ª Vara de Falências e Recuperações Judiciais de São Paulo. Juiz auxiliar da Corregedoria Nacional de Justiça (CNJ) – 2018/2020. Juiz auxiliar da Presidência do Superior Tribunal de Justiça – 2020/2022. Membro da INSOL INTERNATIONAL. Membro do International Insolvency Institute – III. Membro do Judicial Insolvency Network – JIN. Professor do Global Insolvency Practice Course da INSOL. Professor do Departamento de Direito Comercial da PUC/SP. Professor do Programa de Mestrado e Doutorado da UNINOVE/SP. Mestre pela FADISP e Doutor pela PUC/SP. Mestre em direito comparado pela Samford University (USA). Pós-doutor pela Universidade de Paris 1 – Panthéon/Sorbonne (sem tese).

EDSON ALVISI

Professor Titular de Direito Empresarial da UFF. Advogado.

EDUARDO G. WANDERLEY

Bacharel em Direito pela UFRGS (2006). Pós graduado em Direito dos Mercados Financeiro e de Capitais pelo INSPER (2012). Mestre em Direito (LL.M) pela University of Cambridge (2013) e Mestre em Direito Comercial pela USP (2018). Sócio da área de Insolvência & Reestruturação do BMA Advogados.

EDUARDO SECCHI MUNHOZ

Professor da Faculdade de Direito da Universidade de São Paulo.

ELIZA FAZAN

Administradora judicial e perita contábil judicial, atuante nas varas especializadas e cíveis na capital de São Paulo-SP, é Mestre em Ciências Contábeis e Atuariais pela Pontifícia Universidade Católica de São Paulo – PUC SP; Especialista em Contabilidade e Auditoria e também graduada em Ciências Contábeis pela Universidade Estadual de Londrina-PR.

EMÍLIA VILELA

Advogada, Sócia do escritório Oliveira Castro Advogados, inscrita na OAB/MT 13.206, Especialista em Direito Civil e Processual Civil pela Universidade Cândido Mendes/RJ, bem como em Falência e Recuperação de Empresas, com curso de extensão em Recuperação de Empresas, pelo INSPER São Paulo (2016) e, curso de Recuperação Judicial e Falências – Capacitação do Administrador Judicial, com aptidão para o exercício do encargo, pelo IBAJUD (2017). Professora em Falência e Recuperação de Empresas na Universidade de Cuiabá-MT (2010/2015).

ÊNIO SANTARELLI ZULIANI

Desembargador do Tribunal de Justiça de São Paulo. Integrante da 4ª Câmara de Direito Privado.

FILIPE AGUIAR DE BARROS

Bacharel em Direito pela Universidade Católica de Pernambuco – UNICAP. Especialista em Direito Processual Civil pelo Instituto Brasiliense de Direito Público – IDP; Procurador da Fazenda Nacional desde 2013; atual Procurador-Chefe de Defesa na 5ª Região da PGFN; ex. Coordenador-Geral de Representação Judicial da PGFN e Assessor da Secretaria Especial de Fazenda do Ministério da Economia.

FLAVIO GALDINO

Professor de Direito Processual na Faculdade de Direito da UERJ. Advogado.

FLÁVIO TARTUCE

Pós-doutorando, Doutor em Direito Civil e Graduado pela USP. Mestre em Direito Civil Comparado e Especialista em Direito Contratual pela PUCSP. Coordenador do programa de mestrado da Escola Paulista de Direito (EPD). Coordenador e professor dos Cursos de Pós-graduação lato sensu em Direito Contratual, Direito Civil e Processual Civil, Direito de Família e das Sucessões e Direito Civil e do Consumidor da Escola Paulista de Direito. Autor, entre outras obras, da coleção Direito civil, em seis volumes, do *Manual de direito civil* e do *Código Civil comentado*, todos editados pelo Grupo GEN. Presidente do Instituto Brasileiro de Direito Contratual (IBDCONT). Advogado, consultor jurídico e parecerista.

FRANCISCO ANTUNES MACIEL MÜSSNICH

Advogado no Rio de Janeiro e São Paulo. Bacharel em Direito pela PUC-RIO (1976). Mestre em Direito pela Harvard Law School (1979) e pela Fundação Getúlio Vargas (2015). Doutorando em Direito pela Goethe Universität Frankfurt. Sócio fundador do BMA Advogados.

SOBRE OS AUTORES | XIII

Geraldo Fonseca

Mestre e Doutor em Direito Processual Civil pela PUC-SP. Professor de Direito Processual Civil da PUC-Campinas. Coordenador da Especialização da PUC-Campinas. Professor convidado na pós-graduação da PUC-SP, PUC-Rio e UFMT. Membro da Association Internationale des Jeunes Avocats (AIJA), do Instituto Brasileiro de Direito Processual (IBDP), Instituto Panamericano de Derecho Procesal (IPDP), Associação Brasileira de Direito Processual (ABDPro). Integrante do Grupo de Trabalho do CNJ para aprimoramento dos processos de recuperação judicial. Autor dos livros Manual da Recuperação Judicial (Forense, 2021) e Reforma da Lei de Recuperação Judicial e Falência Comentada e Comparada (Forense, 2021). Advogado sócio de FVA | Fonseca Vannucci Abreu. geraldo@fva.adv.br.

Giovana Farenzena

Juíza Titular da Vara de Direito Empresarial, Recuperação Judicial e Falências da Comarca de Porto Alegre/RS. Integrante do Grupo de Trabalho (GT) do Conselho Nacional de Justiça (CNJ), para Recuperação Judicial e Falência (Portaria CNJ nº 199, de 30-09-2020). Cofundadora do Fórum Nacional dos Juízes de Competência Empresarial (FONAJEM), vinculado à Associação dos Magistrados Brasileiros (AMB). Membro do Conselho de Relações Institucionais do TJRS. Diretora Acadêmica do IBAJUD Região Sul. Diretora Regional do FONAJEM.

Guilherme Falcão

Advogado graduado pela Faculdade de Direito do Recife (Universidade Federal de Pernambuco – UFPE), em dezembro de 1987 e Mestre em Direito de Empresas pela Faculdade de Direito da Universidade de Coimbra (Portugal), em novembro de 2011.

Gustavo D'Alessandro

Assessor de Ministro do Superior Tribunal de Justiça – STJ, Mestrando em Direito pela Universidade de Brasília – UnB. Especialista em Direito pela FESMPDFT.

Gustavo da Rocha Schmidt

Advogado, Sócio de Schmidt – Lourenço – Kingston Advogados Associados, Presidente do CBMA – Centro Brasileiro de Mediação e Arbitragem, Procurador do Município do Rio de Janeiro, Professor da FGV Direito Rio, Master of Laws pela New York University School of Law, Mestre e Doutorando em Direito da Regulação pela FGV Direito Rio.

Henrique Ávila

Advogado. Ex-Conselheiro do Conselho Nacional de Justiça. Doutor e Mestre em Direito pela Pontifícia Universidade Católica de São Paulo. Membro do Grupo de Trabalho do CNJ para boas práticas na Recuperação Judicial e Falência.

Hugo Leal

Deputado federal, advogado e membro do Instituto dos Advogados Brasileiros (RJ).

Ivo Waisberg

Livre-docente em Direito Comercial, Doutor em Direito das Relações Econômicas Internacionais e Mestre em Direito Comercial pela PUC/SP. LLM em Direito da Regulação pela New York University School of Law. Professor de Direito Comercial da PUC/SP. Advogado, sócio no Thomaz Bastos, Waisberg, Kurzweil Advogados.

João de Oliveira Rodrigues Filho

Juiz de Direito do TJSP, em exercício na 01ª Vara de Falências e Recuperações Judiciais da Comarca de São Paulo desde 2016. Mestrando em Direito pela PUC/SP. Especialista em Direito Empresarial pela Escola Paulista da Magistratura. Palestrante, conferencista e autor de obras jurídicas.

João Pedro Scalzilli

Professor de Direito Empresarial da PUCRS. Doutor em Direito Comercial pela USP.

José Antonio Dias Toffoli

Ministro do Supremo Tribunal Federal; Presidente do Supremo Tribunal Federal e do Conselho Nacional de Justiça (2018-2020); Presidente do Tribunal Superior Eleitoral (2014-2016); Advogado-Geral da União (2007-2009); Subchefe para Assuntos Jurídicos da Casa Civil da Presidência da República (2003-2005).

José Fernando Simão

Mestre, Doutor e Livre-Docente em Direto Civil pela Faculdade de Direito do Largo de São Francisco. Professor Associado da Faculdade de Direito do Largo de São Francisco. Membro fundador do Instituto Brasileiro de Direito Contratual-IBDCONT. Advogado.

Julia Nolasco Garcia

Mestranda em Processo Civil pela Pontifícia Universidade Católica de São Paulo (PUC-SP). Assistente jurídico do Tribunal de Justiça do Estado de São Paulo.

Juliana Bumachar

Advogada, Sócia de Bumachar Advogados Associados, Presidente da Comissão Especial de Recuperação Judicial, Extrajudicial e Falência da OAB/RJ, Professora Convidada da Pós-Graduação Lato Senso da FGV Direito Rio, membro do Núcleo de Estudos em Direito Empresarial e Arbitragem da FGV Direito Rio, do Grupo de Trabalho do CNJ para modernização da atuação do Judiciário nos processos de recuperação e falência e do Conselho Administrativo do TMA Brasil.

Lucilene Rodrigues Santos

Procuradora da Fazenda Nacional. Especialista em Direito Tributário (PUC/Cogae). Assessora de Ministro do Supremo Tribunal Federal.

Luis Cláudio Montoro Mendes

M.C.L. em Direito Constitucional Comparado pela Cumberland School of Law, Samford University (2006) e LLM em Direito do Mercado Financeiro pelo Ibmec/SP (2003). Especialista em Direito Empresarial pela Universidade Mackenzie (2000).

SOBRE OS AUTORES | XV

Especialista em Mercado Financeiro pela Fundação Getúlio Vargas – FGV/SP – (1997) e técnico em Mercado Financeiro pelo PROFINS/SP (1996). Bacharel em Direito pelas Faculdades Metropolitanas Unidas – UNIFMU/SP (1996). Professor da matéria Recuperação de Empresas do MBA do INSPER, professor do INSPER Direito, professor convidado da Escola Superior da Advocacia – ESA –, Conselheiro do CONJUR – Conselho Superior de Assuntos Jurídicos e Legislativos da FIESP-SP, sócio fundador da empresa especializada na forma da Lei 11.101/05, Capital Administradora Judicial. Membro do Instituto Brasileiro de Recuperação de Empresas – IBR – e do Instituto Nacional de Recuperação Empresarial – INRE –, Árbitro da Câmara de Arbitragem da AMCHAM, Diretor-Presidente do Instituto Recupera Brasil.

Luis Felipe Salomão

Ministro do Superior Tribunal de Justiça, foi Promotor de Justiça, Juiz de Direito e Desembargador. É professor Emérito da Escola da Magistratura do Rio de Janeiro e da Escola Paulista da Magistratura. Doutor honoris causa em Ciências Sociais e Humanas pela Universidade Cândido Mendes e Professor honoris causa da Escola Superior da Advocacia - RJ. É Coordenador do Centro de Inovação, Administração e Pesquisa do Judiciário da Fundação Getúlio Vargas, Diretor do Centro de Pesquisas Judiciais da Associação dos Magistrados Brasileiros) e Presidente do Conselho Editorial da Revista Justiça & Cidadania. É professor universitário, autor de diversos artigos e livros jurídicos, além de palestrante no Brasil e no exterior.

Luiz Eduardo Trindade Leite

Advogado, Mestre em Direito da Empresa e dos Negócios pela UNISINOS-RS. Especialista em Direito Tributário pelo Instituto Brasileiro de Direito Tributário (IBET) e Especialista em Gestão de Operações Societárias e Planejamento Tributário pelo Instituto Nacional de Estudos Jurídicos (INEJ). Coordenador acadêmico nacional do Instituto Brasileiro da Insolvência (IBAJUD). Professor convidado da Fundação Escola Superior de Direito Tributário (FESDT). Professor convidado do Curso de extensão em recuperação judicial e falências da Escola Superior da Advocacia da OAB/Campinas/SP. Professor convidado do Curso de Extensão em Direito Processual Civil da Escola Superior do Ministério Público de São Paulo/SP. Professor convidado do Mestrado em Direito da Empresa e dos Negócios da UNISINOS-RS Diretor Adjunto do Departamento de Recuperação Judicial e Falência do Instituto dos Advogados do Rio Grande do Sul (IARGS). Membro da Comissão Especial de Direito Tributário e da Comissão Especial de Falências e Recuperações Judiciais da OAB/RS.

Luiz Fernando Valente de Paiva

Advogado, Mestre em Direito Comercial pelo PUC-SP, com LL.M pela Northwestern University.

Luiz Roberto Ayoub

Desembargador aposentado do TJRJ.

Marcello do Amaral Perino

Bacharel em Direito pelas Faculdades Metropolitanas Unidas, Pós-graduado em Direito Processual Civil pela Escola Paulista da Magistratura e Juiz de Direito

Titular da Primeira Vara Regional de Competência Empresarial e de Conflitos Relacionados à Arbitragem da Primeira Região Administrativa Judiciária do Estado de São Paulo.

MARCELO FORTES BARBOSA FILHO

Desembargador do Tribunal de Justiça do Estado de São Paulo. Professor da Faculdade de Direito da Universidade Presbieriana Mackenzie. Mestre e Doutor pela Faculdade de Direito da Universidade de São Paulo.

MARCELO NAVARRO RIBEIRO DANTAS

Mestre e Doutor em Direito pela PUC-SP. Professor de cursos de graduação (UnB), mestrado e doutorado em Direito (Uninove). Ministro do Superior Tribunal de Justiça.

MARCELO VIEIRA DE CAMPOS

Advogado. Juiz Titular do Tribunal Regional Eleitoral de São Paulo, classe Jurista (mandatos 2017/2022). Mestre em Direito. Cursou especialização em Direito Administrativo Econômico na Universidade Mackenzie. Integrou a Secretaria de Reforma do Judiciário do Ministério da Justiça nos anos de 2007 a 2012, onde exerceu as funções de Chefe de Gabinete, Secretário Adjunto e Secretário de Reforma do Judiciário, este entre 2010 a 2012. Autuou como membro do Comitê gestor do II Pacto Republicano por um sistema de Justiça mais ágil e acessível, assinado em 2009 pelos chefes dos Poderes. Integrou, como membro, o comitê gestor da Conciliação no CNJ. Exerceu também as funções de Assessor e de Chefe de Gabinete da Subchefia Jurídica da Presidência da República, Foi Procurador-Geral do Município de Santo André e Secretário de Assuntos Jurídicos de Osasco. É membro do Instituto dos Advogados de São Paulo onde integra a Comissão Permanente de Direito Bancário. Integrou a Comissão Especial de Controle Social dos Gastos Públicos da OAB/SP, foi membro da 3ª Câmara Recursal do Tribunal de Ética da OAB/SP. É Diretor-Jurídico do Instituto Recupera Brasil, palestrante e autor de diversos artigos jurídicos. Professor assistente na Escola Judiciária Eleitoral Paulista (EJEP / TRE-SP).

MÁRCIO SOUZA GUIMARÃES

Professor Coordenador do Núcleo de Direito de Empresa e Arbitragem da FGV Direito-RIO. Doutor pela Universidade Toulouse 1. Professor visitante da Université Pantheon-Assas. Max Schmidheiny professor da Universidade de St Gallen (Suíça). Membro fundador da Academia Brasileira de Direito Civil. Vice-presidente da Comissão de Arbitragem da OAB Federal. Integrou o grupo de trabalho da Reforma da Lei 11.101/05. Árbitro independente, parecerista e advogado.

MARCO AURÉLIO BEZERRA DE MELO

Desembargador do TJRJ, Doutor e Mestre em Direito pela Universidade Estácio de Sá, Professor Permanente do PPGD da Universidade Estácio de Sá, Professor Titular de Direito Civil do IBMEC/RJ, Professor Emérito da EMERJ. Membro fundador da Academia Brasileira de Direito Civil. Associado honorário do IAB. Associado fundador do Instituto Brasileiro de Direito Contratual (IBDCont).

SOBRE OS AUTORES | XVII

MARCO AURÉLIO GASTALDI BUZZI

Ministro do Superior Tribunal de Justiça, Mestre em Ciência Jurídica pela Universidade do Vale do Itajaí – UNIVALI/SC (Brasil), Mestrando em Sistemas Alternativos de Resolução de Conflitos pela Universidade Nacional de Lomas de Zamora – UNLZ (Buenos Aires, Argentina) e Especialista (Pós-Graduação) em Direito do Consumo pela Universidade de Coimbra (Portugal).

MARCOS ALCINO DE AZEVEDO TORRES

Professor-adjunto do Departamento de Direito Civil UERJ e professor efetivo do Programa de Pós-Graduação da Faculdade de Direito da UERJ. Doutor e Mestre pela UERJ. Desembargador do TJRJ.

MARIA FABIANA DOMINGUEZ SANT'ANA

Mestre em Direito Comercial e Graduada pela Pontifícia Universidade Católica de São Paulo (PUC/SP). Doutoranda em Direito Comercial pela Universidade de São Paulo. Sócia do PGLaw na área de Insolvência e Contencioso Cível. Endereço eletrônico: maria.santana@pglaw.com.br.

MÁRIO LUIZ OLIVEIRA DA COSTA

Advogado militante na área de Direito Tributário. Mestre em Direito Econômico pela Faculdade de Direito da Universidade de São Paulo - USP. Diretor e conselheiro da Associação dos Advogados de São Paulo (AASP). Membro do Instituto dos Advogados de São Paulo (IASP) e do Instituto Brasileiro de Direito Tributário (IBDT). Sócio do escritório Dias de Souza Advogados Associados, em São Paulo.

MARLON TOMAZETTE

Mestre e Doutor em Direito no Centro Universitário de Brasília (CEUB). Professor de Direito Comercial no CEUB, na Escola Superior do Ministério Público do Distrito Federal e Territórios e no Instituto Brasileiro de Ensino, Desenvolvimento e Pesquisa (IDP). Procurador do Distrito Federal e Advogado.

MAURÍCIO BUNAZAR

Mestre, Doutor e Pós-doutorando em Direto Civil pela Faculdade de Direito do Largo de São Francisco. Professor do Damásio Educacional e do IBMEC-SP. Membro fundador do Instituto Brasileiro de Direito Contratual-IBDCONT. Advogado.

MAURÍCIO PESSOA

Mestre em Direito pela Pontifícia Universidade Católica de São Paulo (PUC-SP). Professor de Direito Civil da Pontifícia Universidade Católica de São Paulo (PUC-SP). Palestrante e conferencista em Direito Civil e Consumidor. Desembargador do Tribunal de Justiça do Estado de São Paulo.

MAURO MARTINS

Desembargador do TJRJ.

MOACYR LOBATO DE CAMPOS FILHO
Desembargador do TJMG. Professor de Direito Empresarial da PUC MG.

MONICA MARIA COSTA DI PIERO
É desembargadora do Tribunal de Justiça do Estado do Rio de Janeiro, e atualmente é membro do Grupo de Trabalho para modernização e efetividade da atuação do Poder Judiciário nos processos de recuperação judicial e falência junto ao Conselho Nacional de Justiça, membro do Fórum Permanente de Direito Empresarial da EMERJ, e do International Women's Insolvency & Restructuring – IWIRC. Na instituição ocupou os cargos de presidente da COLEN e representante da 8ª Câmara Cível de 2016 a 2018 e participa, como expositora, de palestras, congressos e seminários em todo o país.

NATALIA YAZBEK
Bacharel em Direito pela Fundação Getúlio Vargas (2013) e Mestre em Direito Comercial pela USP (2019). Advogada da área de Insolvência & Reestruturação do BMA Advogados.

NEY WIEDEMANN NETO
Desembargador no TJRS. Mestre em Poder Judiciário pela FGV Direito Rio. Professor na Escola Superior da Magistratura da AJURIS.

PABLO STOLZE GAGLIANO
Juiz de Direito. Mestre em Direito Civil pela PUC-SP. Membro da Academia Brasileira de Direito Civil, do Instituto Brasileiro de Direito Contratual e da Academia de Letras Jurídicas da Bahia. Professor da Universidade Federal da Bahia. Autor e coautor de diversas obras jurídicas, incluindo o *Manual de Direito Civil*, o *Novo Curso de Direito Civil*, *O Contrato de Doação* e o *Manual da Sentença Cível* (Ed. Saraiva).

PAULO ASSED ESTEFAN
Juiz do TJRJ.

PAULO PENALVA SANTOS
Professor de Direito Empresarial do curso de pós-graduação da Fundação Getúlio Vargas – RJ. Procurador aposentado do Estado do Rio de Janeiro. Advogado no Rio de Janeiro e em São Paulo. Membro do grupo de trabalho para contribuir com a modernização e efetividade da atuação do Poder Judiciário nos processos de recuperação judicial e de falência, por designação do Presidente do Conselho Nacional de Justiça. Coordenador Científico da Comissão da Crise da Empresa na III Jornada de Direito Comercial no Centro de Estudos Judiciários do Conselho da Justiça Federal.

PAULO ROBERTO BASTOS PEDRO
Advogado, Administrador Judicial de Recuperações e Falências, Professor de Direito Empresarial da FMU-SP e do Curso Forum-RJ, Doutorando em Direito Desportivo pela PUC-SP, Mestre em Direito pela FMU-SP.

Pedro Freitas Teixeira

Doutorando e Mestre em Direito pela Universidade do Estado do Rio de Janeiro – UERJ. Pós-Graduado em Direito Empresarial e Mercado de Capitais pela FGV Direito Rio. Professor convidado do IBMEC, EMERJ e FGV Law Program. Presidente da Comissão de Direito Empresarial da OAB/RJ. Membro da Comissão de Direito Empresarial do Conselho Federal da OAB. Árbitro do Centro Brasileiro de Mediação e Arbitragem - CBMA e do Centro de Arbitragem e Mediação Especializada - CAMES. Consultor externo do Congresso Nacional para a Reforma da Lei nº 11.101/05 (Lei 14.112/20). Advogado. Sócio do escritório Teixeira Prima & Butler Advogados.

Pedro Ivo Lins Moreira

Juiz de Direito do Estado do Paraná e Professor da Escola da Magistratura do Estado do Paraná.

Renato Cesar Guedes Grilo

Doutorando e mestre em Direito pelo Centro Universitário de Brasília. Professor da pós-graduação *lato sensu* da Faculdade Presbiteriana Mackenzie - Brasília. Procurador da Fazenda Nacional (PGFN/AGU). Assessor de Ministro do Superior Tribunal de Justiça (STJ).

Renato Mange

Advogado. Faculdade de Direito da USP/1974.Especializado em Direito Falimentar, principalmente Recuperações Judiciais. Ex-Presidente da AASP – Associação dos Advogados de São Paulo (Biênio 1995/96). Membro da Banca Examinadora do 81º Concurso de ingresso à carreira do Ministério Público do Estado de São Paulo – 1999/2000. Conferencista em cursos realizados pela OAB/SP, Associação dos Advogados de São Paulo, Escola Paulista da Magistratura, Faculdade de Direito da Universidade de São Paulo, Fundação Getúlio Vargas e Insper. Sócio do escritório Mange Advogados Associados.

Ricardo Villas Bôas Cueva

Ministro do Superior Tribunal de Justiça.

Rodrigo Otávio Soares Pacheco

Graduado em Direito pela Pontifícia Universidade Católica de Minas Gerais, Especialista em Direito Penal Econômico pelo Instituto Brasileiro de Ciências Criminais (IBCCRIM), é Senador de República pelo Estado de Minas Gerais e Presidente do Senado Federal.

Rodrigo Saraiva Porto Garcia

Doutorando em Direito Comercial pela USP. Mestre em Direito da Empresa e Atividades Econômicas pela UERJ. Membro do TMA Brasil. Sócio de Galdino & Coelho Advogados.

Samantha Mendes Longo

Mestranda em Direito Empresarial pelo UNICURITIBA. LLM. em Direito Empresarial pelo IBMEC/RJ. Negotiation and Leadership Program at Harvard University.

Advogada. Membro do Grupo de Trabalho de recuperação judicial criado pelo Conselho Nacional de Justiça. Membro do Comitê Gestor de Conciliação do Conselho Nacional de Justiça. Secretária das Comissões de Recuperação Judicial e de Mediação do Conselho Federal da OAB. Professora da EMERJ - Escola da Magistratura do Rio de Janeiro e da ESAJ - Escola de Administração Judiciária do TJRJ.

SERGIO SAVI

Advogado no Rio de Janeiro e São Paulo. Bacharel em Direito pela UFRJ (2000). Especialista em Direito Processual Civil pela Universidade Cândido Mendes (2001). Mestre em Direito Civil pela UERJ (2004) e Mestre em Direito (LL.M) pela New York University (2007). Doutor em Direito Civil pela UERJ (2010). Sócio da área de Insolvência & Reestruturação do BMA Advogados.

TATIANA FLORES GASPAR SERAFIM

Bacharel e Mestre pela Universidade de São Paulo. Diretora Adjunta do IBR – Instituto Brasileiro de Estudos de Recuperação de Empresas. Diretora de Comunicação do IWIRC *Women's Insolvency & Restructuring Confederation – Brazil Network* biênio 2021/202 e membro do CMR – Centro de Mulheres na Reestruturação Empresarial. Advogada especializada em reestruturação e insolvência.

SUMÁRIO

O MOVIMENTO REFORMISTA – 2016/2020

1   O movimento reformista – 2016/2020: uma missão legiferante bem cumprida pelo parlamento brasileiro
Hugo Leal e Guilherme Falcão   3

2   O movimento reformista
Rodrigo Otávio Soares Pacheco e Carlos Orlandi Chagas   21

AS RECOMENDAÇÕES DO CNJ EM MATÉRIA DE RECUPERAÇÃO JUDICIAL E FALÊNCIAS

3   As recomendações do CNJ em matéria de recuperação judicial e falência
Luis Felipe Salomão e Gustavo D'Alessandro   29

4   As recomendações do Conselho Nacional de Justiça em matéria de recuperação judicial e falências
Samantha Mendes Longo   49

O *STAY PERIOD* NO NOVO SISTEMA DE RECUPERAÇÃO DE EMPRESAS

5   O *stay period* no novo sistema de recuperação de empresas
João de Oliveira Rodrigues Filho   61

6   O *stay period* no novo sistema de recuperação de empresas
Marlon Tomazette   73

O PRINCÍPIO DA COOPERAÇÃO – ENTRE PARTE E ENTRE JUÍZOS – NO SISTEMA DE INSOLVÊNCIA BRASILEIRO

7   O princípio da cooperação – entre parte e entre juízos – no sistema de insolvência brasileiro
Maurício Pessoa e Julia Nolasco Garcia   87

8   O princípio da cooperação – entre parte e entre juízos – no sistema de insolvência brasileiro
Alexandre Nasser de Melo   99

A NOVA REGULAÇÃO DA ESSENCIALIDADE DE BENS E AS EXECUÇÕES DE CRÉDITOS NÃO SUJEITOS, FISCAIS E TRABALHISTAS

9   Os impactos da Lei nº 14.112, de 24 de dezembro de 2020, de atualização das recuperações judiciais, extrajudiciais e da falência do empresário e da sociedade empresária nas relações de trabalho
Alexandre Agra Belmonte... 115

10   A nova regulação da essencialidade de bens e as execuções de créditos não sujeitos, fiscais e trabalhistas
Beatriz Faneca Leite de Souza e Tatiana Flores Gaspar Serafim 131

HABILITAÇÃO E IMPUGNAÇÃO DE CRÉDITOS NO NOVO SISTEMA DE INSOLVÊNCIA

11   Habilitação e impugnação de créditos no novo sistema de insolvência
Alexandre Alves Lazzarini 149

12   As novidades na habilitação e na impugnação de créditos
Geraldo Fonseca... 157

AS NOVAS FUNÇÕES DO ADMINISTRADOR JUDICIAL

13   As novas funções do administrador judicial
Clarissa Somesom Tauk.. 169

14   Novas funções do administrador judicial
Bruno Galvão S. P. de Rezende 179

SISTEMA DE PRÉ-INSOLVÊNCIA EMPRESARIAL – MEDIAÇÃO E CONCILIAÇÃO ANTECEDENTES

15   Sistemas de pré-insolvência empresarial – mediação e conciliação antecedentes na Lei nº 14.112/2020
Ricardo Villas Bôas Cueva 197

16   Sistema de pré-insolvência empresarial – mediação e conciliação antecedentes
Gustavo da Rocha Schmidt e Juliana Bumachar...................................... 209

OS CEJUSCS EMPRESARIAIS

17   Os Cejuscs empresariais
Giovana Farenzena... 229

18 CEJUSCs empresariais
Marcelo Vieira de Campos e Luis Cláudio Montoro Mendes 239

A CONSTATAÇÃO PRÉVIA

19 A constatação prévia e sua relação com o processamento da recuperação judicial
Pedro Ivo Lins Moreira 251

20 Constatação prévia e padronização de procedimentos: o modelo de suficiência recuperacional
Eliza Fazan 265

RECUPERAÇÃO JUDICIAL DE GRUPOS ECONÔMICOS – CONSOLIDAÇÃO PROCESSUAL E CONSOLIDAÇÃO SUBSTANCIAL

21 Recuperação judicial de grupos econômicos: consolidação processual e consolidação substancial
Henrique Ávila 281

22 Recuperação judicial de grupos econômicos – consolidação processual e consolidação substancial
Pedro Freitas Teixeira 289

A NOVA DISCIPLINA DO VOTO ABUSIVO

23 Assembleia geral de credores: a nova disciplina do voto abusivo
Moacyr Lobato de Campos Filho 311

24 A nova disciplina do voto abusivo
Luiz Fernando Valente de Paiva 323

VENDA DE UPI E ATIVOS SEM SUCESSÃO

25 Venda de UPI e ativos sem sucessão
Cezar Augusto Rodrigues Costa 339

26 Venda de ativos na recuperação judicial
André Santa Cruz e Maria Fabiana Dominguez Sant'Ana 351

DELIBERAÇÃO DOS CREDORES NA RJ – APROVAÇÃO DE PLANO POR ADESÃO E AGC VIRTUAL

27 A Lei 14.112/2020 e as novas formas de deliberação dos credores
Marcelo Fortes Barbosa Filho 363

28 Deliberação dos credores na RJ – AGC virtual e aprovação do plano por adesão
    Flavio Galdino 375

PLANO DE RECUPERAÇÃO JUDICIAL APRESENTADO PELOS CREDORES

29 A mediação na recuperação judicial e sua inclusão na Lei de Falências (com redação determinada pela Lei 14.112, de 25.12.2020)
    Andréa Galhardo Palma 389

30 O plano de recuperação judicial apresentado pelos credores – consequências e controvérsias
    Juliana Bumachar 409

FINANCIAMENTO DIP

31 O financiamento de empresas em recuperação judicial (*Dip Financing*)
    Marcelo Navarro Ribeiro Dantas, André Santa Cruz, Maria Fabiana Dominguez Sant'Ana e Paulo Roberto Bastos Pedro 423

32 Financiamento DIP
    Eduardo Secchi Munhoz 433

RECUPERAÇÃO JUDICIAL DO PRODUTOR RURAL

33 Pressupostos do pedido de recuperação judicial do produtor rural: evolução da jurisprudência e inovações introduzidas pela Lei nº 14.112/2020
    Anglizey Solivan de Oliveira 447

34 Créditos sujeitos à recuperação judicial do produtor rural
    Bruno Oliveira Castro e Emília Vilela 461

RECUPERAÇÃO JUDICIAL, FALÊNCIA E GARANTIAS CIVIS

35 Apontamentos sobre as garantias civis na recuperação judicial e na falência
    Marco Aurélio Bezerra de Melo 473

36 Garantias reais, recuperação judicial e falência. Algumas questões polêmicas a respeito do penhor agrícola, da alienação fiduciária em garantia de imóvel e da hipoteca de segundo grau
    Flávio Tartuce 489

SUMÁRIO | **XXV**

A NOVAÇÃO NA LEI 11.101/2005 E NO CÓDIGO CIVIL

37 A novação no Código Civil e na Lei de Recuperação Judicial e Falência (Lei nº 11.101/2005)
Pablo Stolze Gagliano 509

38 A novação na Lei 11.101/2005 e no Código Civil
José Fernando Simão e Maurício Bunazar 521

FRAUDES CIVIS E RECUPERAÇÃO JUDICIAL

39 Fraudes civis e recuperação judicial
Ênio Santarelli Zuliani 535

40 Fraudes civis e recuperação judicial
Anderson Schreiber 553

A NOVA REGULAÇÃO DO ENCERRAMENTO DA RECUPERAÇÃO JUDICIAL

41 A nova regulação do encerramento da recuperação judicial
Ney Wiedemann Neto 571

42 Encerramento da recuperação judicial: tempo e processo – análise econômica do direito recuperacional
Luiz Roberto Ayoub e Edson Alvisi 581

ALIENAÇÃO DE ATIVOS NA FALÊNCIA E A REGULAÇÃO DOS PREÇOS NOS LEILÕES JUDICIAIS

43 Alienação de ativos na falência e a regulação dos preços nos leilões judiciais
Mauro Martins 611

44 Alienação de ativos na falência e a regulação dos preços nos leilões judiciais
Renato Mange 623

A DESBUROCRATIZAÇÃO DOS MEIOS DE VENDAS DE ATIVOS NA FALÊNCIA E NA RJ

45 A desburocratização dos meios de venda de ativos na falência e na recuperação judicial
Marcello do Amaral Perino 633

46 A desburocratização dos meios de vendas de ativos na falência e na recuperação judicial
Ivo Waisberg...... 643

A PARTICIPAÇÃO DO FISCO NO PROCESSO DE INSOLVÊNCIA

47 A participação do Fisco no processo de insolvência
Filipe Aguiar de Barros...... 655

48 A participação do Fisco no processo de recuperação judicial e falência de empresas à luz da Lei 14.112/2020 e da jurisprudência
Benedito Gonçalves e Renato Cesar Guedes Grilo 665

TRANSAÇÃO FISCAL

49 A transação fiscal sob o enfoque da recuperação judicial
Paulo Assed Estefan...... 679

50 Transação fiscal na recuperação judicial
Luiz Eduardo Trindade Leite...... 691

PLANO DE PARCELAMENTO FISCAL ESPECIAL PARA EMPRESAS EM RECUPERAÇÃO JUDICIAL

51 Plano de parcelamento fiscal especial para empresas em recuperação judicial
Catarina de Macedo Buzzi e Marco Aurélio Gastaldi Buzzi...... 711

52 Plano de parcelamento fiscal especial para empresas em recuperação judicial
Mário Luiz Oliveira da Costa 727

A EXIGÊNCIA DA CERTIDÃO FISCAL COMO CONDIÇÃO DE CONCESSÃO DA RECUPERAÇÃO JUDICIAL

53 A certidão fiscal como condição para a concessão de recuperação judicial
José Antonio Dias Toffoli e Lucilene Rodrigues Santos 739

54 A exigência da certidão de regularidade fiscal como condição para concessão da recuperação judicial
João Pedro Scalzilli...... 751

O NOVO SISTEMA DE REABILITAÇÃO DO FALIDO – *FRESH START*

55　O direito ao recomeço (*fresh start*). A reabilitação do falido na Lei nº 14.112/2020
　　Rodrigo Saraiva Porto Garcia e Marcos Alcino de Azevedo Torres............　765

56　O novo sistema de reabilitação empresarial do falido – *fresh start*
　　Paulo Penalva Santos...　783

O NOVO SISTEMA DE RECUPERAÇÃO EXTRAJUDICIAL

57　Recuperação extrajudicial
　　Monica Maria Costa Di Piero..　795

58　O novo sistema de recuperação extrajudicial
　　Francisco Antunes Maciel Müssnich, Sergio Savi, Eduardo G. Wanderley e Natalia Yazbek..　805

INSOLVÊNCIA TRANSNACIONAL – PRINCÍPIOS

59　O sistema de insolvência transnacional no Direito brasileiro
　　Daniel Carnio Costa...　819

60　Insolvência transnacional – princípios
　　Márcio Souza Guimarães..　831

O MOVIMENTO REFORMISTA – 2016/2020

1

O MOVIMENTO REFORMISTA – 2016/2020: UMA MISSÃO LEGIFERANTE BEM CUMPRIDA PELO PARLAMENTO BRASILEIRO

HUGO LEAL

GUILHERME FALCÃO

"E com esse espírito sempre aberto e de diálogo conclamo a todos que se juntem, sem tréguas, nessa combativa trincheira que visa reerguer a empresa, manter a célula produtiva, reorganizar a atividade societária, compatibilizar a carga tributária e equacionar a incidência da irrefreada taxa de juros, ingredientes que juntos delinearão um novo Brasil-Continente, mais esperançosos, com menor desemprego e sobretudo rumo à justiça social".[1]

Na madrugada do dia 20 de dezembro de 2017, a Lei nº 11.101, de 2005, seguramente, teve seu grande teste no País, quando, após mais de quinze horas de uma exaustiva assembleia de credores,[2] eis que foi finalmente aprovada, pela primeira vez, a versão inicial do plano de recuperação judicial da megaempresa do segmento de telefonia Oi.

Aquela empresa, superlativa em quase todos os aspectos, notadamente pelo seu bilionário passivo de mais de 64 bilhões de reais, pela sua espantosa

---

[1] BIOLCHI, Osvaldo; TOLEDO, Paulo F. C.; ABRÃO, Carlos Henrique et al. *Comentários à Lei de Recuperação de Empresas e Falência*. São Paulo: Saraiva, 2005. p. XIX.

[2] Disponível em: https://canaltech.com.br/telecom/apos-15-horas-em-assembleia--plano-judicial-de-recuperacao-da-oi-e-aprovado-105534/. Acesso em: 26 mar. 2021.

quantidade de mais de 55 mil credores, por ter mais de 6 mil funcionários e por apresentar 10,5 milhões de linhas instaladas na sua continental atuação presente em vinte e cinco Estados brasileiros, registrou uma página inesquecível em sua história e se consagrou como o maior *case* da denominada Lei de Falência e Recuperação de Empresas no Brasil (LFRE – Lei nº 11.101), desde o seu início de vigência em 2005.

Como já se disse, a aprovação do plano da Oi, no bojo do maior processo de recuperação judicial da história da América Latina, anuncia o fim de uma etapa importante de uma saga judicial de dezoito meses, marcada por idas e vindas entre acionistas interessados em manter controle sobre a maior parte possível da operadora e credores que acabaram por reduzir sua oferta de conversão das dívidas de 85% para 75% do capital da companhia. Mesmo que longínquo o fim dessa epopeia, o advento de uma nova e auspiciosa fase para a futura história dessa gigante Companhia merece comemorações.

Ao contrário do que se possa precipitadamente concluir até essas linhas, este artigo não se preocupará em oferecer uma conotação simplista no sentido de tecer loas ao sucesso da assembleia de credores da Oi realizada em 2017. Muito menos se buscará ungir a boa legislação recuperacional e falimentar (LRFE) ao patamar de panaceia salvadora para correção de todos os insucessos da gestão empresarial no território nacional.

Essa breve introdução serve, tão somente, para remontar-se à tramitação da primeira LFRE (Lei nº 11.101/2005), a qual decorreu por mais de uma década no Congresso Nacional, tendo sido alvo de severas críticas, as quais, apesar de serem sempre necessárias e bem-vindas ao processo legislativo, invariavelmente ignoraram a complexidade dos interesses envolvidos na construção da então promissora legislação.

Infelizmente, aos críticos contumazes, quase nunca foi lembrado o vetusto ensinamento de que o "bom é inimigo do ótimo". Naquele contexto, com o propósito de se buscar o constante aprimoramento da LFRE, já vinha sendo gestado um anteprojeto de lei naquela época, do ainda Ministério da Fazenda (apesar de, a nosso ver, o foro mais adequado talvez tivesse sido o Ministério da Justiça).

Todavia, merecidamente, hoje podemos enaltecer a qualidade da Lei nº 11.101/2005, que vigorou por mais de quinze anos, sobretudo se a analisarmos diante do emblemático episódio da recuperação judicial da Oi. Neste episódio, puderam sobressair os atributos daquele texto legal, bem como os acertos de seus princípios, então adotados naquela versão aprovada no final de 2004. O propósito maior naquela época foi e continua a ser o de termos uma eficaz e ágil legislação, que possa contribuir com um pouco de organização e estruturação daqueles empreendimentos que são, de fato, viáveis no contexto da competitiva economia nacional, mormente em anos de recessão e de tanta turbulência como aqueles vividos num passado não tão distante.

Eis que, poucos anos depois do emblemático batismo da eficácia dos dispositivos da LFRE, desta feita na véspera da noite de Natal do ano de 2020, a economia brasileira ganhou um importante presente, pois foi finalmente publicada,[3] sob o nº 14.112, a primeira grande reforma daquela boa legislação de 2005, cujas propostas de modificações há muito vinham sendo discutidas e estudadas por doutrinadores, juristas e profissionais experientes e militantes na seara do direito recuperacional e falimentar.

---

[3] A lei foi publicada com alguns vetos importantes que mereceram uma pronta e necessária movimentação e articulação da comunidade jurídica e de setores empresariais envolvidos no processo de discussão da proposta durante a tramitação no Congresso Nacional. Assim, em 26.02.2021, na condição de ex-relator da matéria na Câmara dos Deputados, encaminhamos dois ofícios, endereçados aos Excelentíssimos Senhores Presidentes da Câmara dos Deputados e do Senado Federal, solicitando especial atenção aos vetos presidenciais promovidos contra os arts. 6º, § 10, 6º-B, 50-A, 60, parágrafo único, e 66, § 3º, da Lei nº 14.112/2020. Naqueles documentos, indicamos a necessidade de rápida derrubada dos referidos vetos, uma vez que, além de terem carecido de justificativa plausível, desequilibrariam sobremaneira o sistema de insolvência brasileiro, o qual requer, acima de tudo, cooperação entre devedores e credores, sujeitos, ou não, aos efeitos da Lei nº 11.101/2005. Importante destacar que ambos os ofícios foram subscritos por muitas Seccionais da OAB em todo país, e diversas entidades de grande relevância nas esferas jurídica e empresarial, a saber: Associação Comercial do Paraná – ACP; Associação dos Advogados de São Paulo – AASP; Comissão de Direito Empresarial da OAB/CE; Comissão de Direito Empresarial da OAB/GO; Comissão de Direito Empresarial da OAB/RJ; Comissão de Direito Empresarial da OAB/SC; Comissão de Direito Empresarial da OAB/SP – Subseção Pinheiros; Comissão de Estudos da Lei de Falência e Recuperação de Empresa da OAB/MT; Comissão de Estudos de Recuperação Judicial e Falência da OAB/PR; Comissão de Falência e Recuperação Judicial da OAB/MG; Comissão de Recuperação Judicial e Falência da OAB/BA; Comissão de Recuperação Judicial, Extrajudicial e Falência da OAB/RJ; Comissão Especial de Estudos de Recuperação Judicial e Falência da OAB/SP; Comissão Especial de Recuperação Judicial e Falência da OAB/CE; Comissão Especial de Falências e Recuperações Judiciais da OAB/RS; Instituto Brasileiro de Direito da Empresa – IBDE; Instituto Brasileiro de Direito Empresarial – IBRADEMP; Instituto Brasileiro de Estudos de Recuperação de Empresa – IBR; Instituto de Direito de Recuperação de Empresa – IDRE; Instituto dos Advogados de Pernambuco – IAP; Instituto dos Advogados de São Paulo – IASP; e o *Turnaround Management Association* Brasil – TMA Brasil.

A Lei nº 14.112/2020, no entanto, foi sancionada pelo Presidente da República contendo catorze vetos, que trouxeram um certo desassossego para a comunidade jurídica e para o mercado, diante do que se havia negociado exaustivamente com o Ministério da Economia, sobretudo com os representantes da Fazenda Nacional, com vistas à manutenção do desejável equilíbrio entre todos os interesses dos diversos atores envolvidos nos processos de recuperação e falência de empresas.

Assim, após uma intensa articulação, que tivemos o cuidado de conduzir, em 17 de março de 2021, o Congresso Nacional, em votação expressiva[4] em cada uma de suas Casas, derrubou doze dos catorze vetos que haviam sido apostos à Lei nº 14.112/2020. É pertinente e oportuno enfatizar que a derrubada de tais vetos restaurou o equilíbrio no texto da nova legislação, tal qual como fora concebido na harmônica concatenação dos novos dispositivos então introduzidos no texto de 2005, sobretudo pela ampla e longa negociação que fora travada com os representantes (procuradores) da Fazenda Nacional e de outros setores do Ministério da Economia.

Entre os mais importantes vetos derrubados pelos membros do Congresso Nacional, destacam-se:

- O resgate do dispositivo que isenta de responsabilidades sobre as obrigações do devedor os investidores que adquirirem bens de empresas em recuperação judicial. Os dispositivos na lei previam que, na hipótese de o plano de recuperação judicial aprovado envolver alienação judicial, "o objeto da alienação estará livre de qualquer ônus e não haverá sucessão do arrematante nas obrigações do devedor de qualquer natureza, incluídas, mas não exclusivamente, as de natureza ambiental, regulatória, administrativa, penal, anticorrupção, tributária e trabalhista".[5] Com a derrubada do veto em relação a esses dispositivos, os investidores que adquirirem bens de empresas em recuperação judicial não terão qualquer responsabi-

---

[4] Disponível em: https://www.migalhas.com.br/quentes/342075/congresso-derruba-12-vetos-da-nova-lei-de-falencias. Acesso em: 27 mar. 2021.

[5] As justificativas do Governo Federal para a manutenção dos vetos nesses itens eram de que tais medidas contrariavam várias previsões legais, desde questões ambientais até às obrigações de natureza anticorrupção, "haja vista que a excepcionalidade criada está em descompasso com os direitos fundamentais à probidade e à boa administração pública, além de ir de encontro ao interesse público". Com os vetos, voltaram a vigorar o parágrafo único do art. 60 e o § 3º do art. 66 da Lei nº 14.112/2020.

lidade sobre as obrigações do devedor, seja de natureza ambiental, regulatória, administrativa, penal, anticorrupção, tributária ou trabalhista. Ou seja, voltam a vigorar o parágrafo único do art. 60 e o § 3º do art. 66.

- O resgate, ainda, do inciso que previa a utilização do prejuízo fiscal, sem qualquer teto de valores, para pagar a tributação incidente sobre os ganhos que as empresas em recuperação judicial têm com a venda de bens e direitos. Assim, as empresas em recuperação judicial também voltam a ter benefícios fiscais. Sobre valor perdoado de dívida não haverá pagamento de PIS e Cofins e passou-se a permitir o uso de prejuízo fiscal para pagar o Imposto de Renda (IR) e a CSLL. Até então, as empresas só poderiam utilizar prejuízo fiscal para pagar até 30% do valor do débito. As vantagens estão previstas no art. 50-A da lei, que fora recuperado por decisão do Congresso Nacional. Um outro artigo, o 6º-B, também permite o uso de prejuízo fiscal – sem qualquer limitação de valores – para pagar a tributação que incide sobre os ganhos que as empresas em recuperação têm com a venda de bens e direitos.

- As cooperativas de saúde também passam a ter o direito de requerer o pedido de recuperação judicial, segundo o § 13 do art. 6º, então restabelecido. Há uma expectativa de que tal medida deverá gerar uma forte demanda dessas entidades junto ao Poder Judiciário, sendo que o texto do dispositivo recuperado ainda prevê que as obrigações entre cooperativas não entram na recuperação judicial.

A discussão teórica dessa reforma de grande relevância para as empresas brasileiras teve início em 2017, quando o governo brasileiro decidiu tomar algumas medidas para se tornar um destino mais seguro para investidores estrangeiros, sendo este um dos principais caminhos para superar a crise econômica.

Nesse contexto, o então Ministério da Fazenda[6] (atual pasta da Economia) criou uma comissão, com a missão de atuar como um grupo de trabalho

---

[6] Em 10.05.2018, o Poder Executivo encaminhou e apresentou na Câmara dos Deputados o texto do PL nº 10.220/2018, com ênfase nas inovações e alterações que a proposta pretendia fazer na legislação falimentar (Lei nº 11.101/2005). Convém ressaltar que o PL também propunha alterações na Lei nº 10.522, de 2002, que dispõe sobre créditos não quitados de órgãos e entidades federais, sendo essa uma legislação que diz respeito a temas tributários. O projeto de

e destinada a estudar e redigir um anteprojeto de lei com a finalidade de reformar o texto vigente da Lei de Falências e Recuperação de Empresas.

Como resultado dos esforços da mencionada comissão, foi apresentada no final daquele ano uma minuta de anteprojeto de lei abrangente e complexa. No entanto, durante o período em que permaneceu na Casa Civil do governo Temer, as autoridades fiscais procederam a muitas alterações no anteprojeto original, transformando-o em um projeto exageradamente favorável ao Fisco, distanciando-se dos principais objetivos de uma necessária reforma do sistema de insolvência.

Devido àquelas alterações, o anteprojeto perdeu o apoio de muitos setores, incluindo os membros da própria comissão. Mesmo assim, apesar das inúmeras críticas, o Ministério da Fazenda enviou o projeto de lei ao Congresso em 2018 (PL nº 10.220/2018). Entretanto, em razão da visível falta de apoio e forte resistência demonstrada por importantes setores da economia nacional, a Câmara dos Deputados optou por não avançar com os debates da aprovação naquele mesmo ano.

O texto da Exposição de Motivos nº 53/2018, de autoria do Ministério da Fazenda, que acompanhou o PL encaminhado à Câmara dos Deputados pelo Poder Executivo, destacava que os cinco princípios norteadores para as alterações então propostas na Lei nº 11.101/2005 eram os seguintes:

a) **preservação da empresa:** em razão de sua função social, a atividade economicamente viável deve ser preservada sempre que possível, pois gera riqueza, cria emprego e renda e contribui para o desenvolvimento econômico. Este princípio, entretanto, não deve ser confundido com a preservação – a qualquer custo – do patrimônio do empresário ou da perpetuação da empresa ineficiente;

b) **fomento ao crédito:** o sistema legal dos países da América Latina – incluindo o Brasil – apresenta um histórico de pouca proteção ao credor, o que gera nos agentes econômicos uma baixa expectativa de recuperação de crédito, impactando negativamente esse mercado por meio da elevação do custo de capital. A correlação entre a melhoria do direito dos credores e o aumento na oferta de crédito é demonstrada na literatura empírica sobre o tema. Uma consequência prática desse princípio é que o credor não deve ficar, na recuperação judicial, em situação pior do que estaria no

_____

lei encaminhado pelo Poder Executivo, naquela ocasião, foi acompanhado da Exposição de Motivos nº 53/2018, de autoria do Ministério da Fazenda.

regime de falência. Assim, deve-se ter como premissas: garantir, *ex ante*, boas condições de oferta de crédito, ampliar a oferta de financiamentos e reduzir seu custo para o tomador final;

c) **incentivo à aplicação produtiva dos recursos econômicos, ao empreendedorismo e ao rápido recomeço das atividades empresariais daquele que se submeteu aos efeitos da legislação falimentar (conhecido pela expressão na língua inglesa como *fresh start*):** pressupõe uma célere liquidação dos ativos da empresa ineficiente, permitindo a aplicação mais produtiva dos recursos, com aposta na reabilitação de empresas viáveis e na remoção de barreiras legais para que empresários falidos – que não tenham cometido crimes – a fim de que possam retornar ao mercado, com maior celeridade, após o encerramento da falência;

d) **instituição de mecanismos legais que evitem um indesejável comportamento estratégico dos participantes das recuperações judicial e extrajudicial e da falência**, de modo que redundem em prejuízo social, tais como: eventual proposição, pelos devedores, de um plano de recuperação judicial em desconformidade com a realidade da empresa (notadamente em detrimento dos credores), prolongamento da recuperação judicial apenas com finalidade de postergar o pagamento de tributos, ou mesmo de dilapidar patrimônio da empresa com claro prejuízo aos legítimos interesses de credores, entre outros;

e) **melhoria do arcabouço institucional incluindo a supressão de procedimentos desnecessários**, mediante o uso intensivo dos meios eletrônicos de comunicação, estimulando a maior profissionalização do administrador judicial e propiciando a especialização dos juízes de direito encarregados dos processos.

Ainda é pertinente registrar, como fora informado pela retro referida EM-MF nº 53/2018, que a concepção e elaboração do então PL nº 10.220/18 "contou com a experiência prática de juízes, advogados especializados, acadêmicos de direito e de economia, procuradores da Fazenda Nacional, auditores fiscais da Receita Federal, profissionais de finanças e de instituições financeiras públicas e privadas (...)".[7]

---

[7]   O Projeto de Lei nº 10.220/2018, encaminhado pelo Poder Executivo, foi acompanhado da Exposição de Motivos nº 53/2018, de autoria do Ministério da Fazenda.

Pois bem, já em 2019, desta feita sob a gestão do atual governo, na qual se destacou a atuação e a firme condução do Ministro da Economia, o tema entrou novamente na pauta da agenda econômica do país. Perseguiu-se a reorganização da economia brasileira e o desenvolvimento de um sistema mais eficiente de reestruturação de empresas, sendo considerada uma das reformas legislativas essenciais destinadas à superação da crise econômica recente. Dessa forma, em maio daquele ano, o Ministério da Economia criou uma comissão com o fim de trabalhar na formulação de uma nova versão daquele projeto de lei concebido em 2018 (o qual se passou a denominar de "Projeto-Substitutivo"), concentrando a missão em duas premissas fundamentais: (i) ampla discussão com os diversos setores afetados pela crise econômico-financeira das empresas e (ii) a busca por um consenso prévio sobre os principais pontos a serem reformados.

Durante o desenvolvimento do novo Projeto-Substitutivo, estivemos reunidos com diversas autoridades e especialistas atuantes na matéria de recuperação e falência de empresas no Brasil, a exemplo de: procuradores dos quadros da Procuradoria-Geral da Fazenda Nacional – PGFN, Ministros do Superior Tribunal de Justiça – STJ, magistrados titulares de varas empresariais especializadas nos Tribunais estaduais, juristas, advogados e economistas. Além desses estudiosos do tema, contamos também com o envolvimento e recebemos valiosas contribuições de destacadas e renomadas instituições dos meios jurídico e econômico nacionais, a exemplo do Instituto dos Advogados de São Paulo (IASP), da Associação dos Advogados de São Paulo (AASP), de representantes do Ministério Público Federal e do Conselho Nacional de Justiça – CNJ, Federação das Indústrias do Estado de São Paulo (Fiesp) e da Federação Brasileira de Bancos – Febraban.

Para bem historiar os fatos, convém aqui reproduzi-los numa cronologia sintetizada:[8]

- Em 23.11.2005, foi apresentado o Projeto de Lei nº 6.229/2005 pelo ex-Deputado Medeiros (PL-SP), que tinha por objetivo "alterar o § 7º do art. 6º da Lei nº 11.101, de 9 de fevereiro de 2005, que 'Regula a recuperação judicial, a extrajudicial e a falência do empresário e da sociedade empresária', para submeter todos os créditos tributários à recuperação judicial". Essa proposição,

---

[8] A tramitação completa do PL nº 6.229/2005, ao qual foram apensados o PL nº 10.220/2018 e dezenas de outras proposições, pode ser consultada, na íntegra, no seguinte endereço eletrônico da Câmara dos Deputados: https://www.camara. leg.br/proposicoesWeb/fichadetramitacao?idProposicao=307272.

em 1º.12.2005, foi então distribuída, na Câmara dos Deputados, para apreciação das Comissões de Desenvolvimento Econômico, Indústria, Comércio e Serviços; Finanças e Tributação; e, por último, Constituição e Justiça e de Cidadania, sendo que estava sujeita à apreciação conclusiva daquelas Comissões, em regime de tramitação ordinária.

- Ao longo de quase catorze anos foram apresentados inúmeros pareceres, nas Comissões da Câmara dos Deputados, ao PL nº 6.229/2005 e dezenas de proposições que lhe foram sendo apensadas,[9] sendo que, em 27.11.2019, o então Presidente da Câmara dos Deputados proferiu despacho pela criação de uma Comissão Especial, quando tive a honra e o imenso desafio de ser designado como relator daquela importantíssima proposição, tendo então assumido a coordenação dos trabalhos de relatoria para estudar, não somente o PL nº 6.229/2005, mas sobretudo o PL nº 10.220/2018,[10] então encaminhado pelo Poder Executivo, que havia sido apensado àquele projeto considerado principal.

- De imediato, na condição de relator, adotamos o PL nº 10.220/2018, apresentado pelo Poder Executivo e oriundo dos estudos e trabalhos da Comissão, já mencionada alhures,[11] o qual mereceu o *status* de "projeto-Substitutivo", com os seguintes dez principais pontos a merecer destaque:

---

[9] Projeto de Lei nº 6.229/2005 e demais proposições a ele apensadas, a saber: PL nº 7.604/2006, PL nº 4.130/2008, PL nº 4.359/2008, PL nº 4.586/2009, PL nº 5.089/2009, PL nº 5.704/2009, PL nº 6.367/2009, PL nº 7.976/2014, PL nº 140/2015, PL nº 2.212/2015, PL nº 3.110/2015, PL nº 4.593/2016, PL nº 5.781/2016, PL nº 6.150/2016, PL nº 6.862/2017, PL nº 7.044/2017, PL nº 7.209/2017, PL nº 8.252/2017, PL nº 8.924/2017, PL nº 10.220/2018, PL nº 10.858/2018, PL nº 10.859/2018, PL nº 11.000/2018, PL nº 9.722/2018, PL nº 3.164/2019, PL nº 4.270/2019, PL nº 5.631/2019, PL nº 5.760/2019, PL nº 5.823/2019, PL nº 5.839/2019, PL nº 5.916/2019 e PL nº 6.235/2019.

[10] O PL nº 10.220/2018, por força regimental, foi apensado, em 18.05.2018, ao PL nº 6.229/2005, que, no entanto, tinha escopo mais reduzido em relação àquele primeiro e se destinava tão somente a propor alterações no parcelamento dos débitos tributários das empresas em recuperação judicial.

[11] A qual fora constituída por despacho do Ministério da Fazenda à época, datado de 2016, cujo grupo foi orginalmente composto por vinte e um profissionais, sendo oito do próprio Ministério da Fazenda, um da Receita Federal, dois da Procuradoria-Geral da Fazenda Nacional, um do Banco Central, sete advogados e acadêmicos da área do direito e de economia e dois juízes.

1. Reequilíbrio do poder dos credores:

- Plano de Recuperação Judicial passaria também a ser proposto pelos credores;
- Vedação à distribuição de lucros ou dividendos durante o período da Recuperação Judicial.

2. Segurança jurídica para devedor e credores:

- Definição precisa de voto abusivo e das hipóteses de consolidação substancial;
- Redução do problema da sucessão nas unidades produtivas independentes e na alienação de bens.

3. Participação da Fazenda Pública:

- Em primeiro lugar, foram propostos ajustes para equilibrar a participação do Fisco nos processos de insolvência, a exemplo de: solução para a tributação do *hair cut* (Recuperação Judicial) e do ganho de capital na alienação de bens (Falência); parcelamento mais adequado e razoável (120 meses) do crédito fiscal; e participação mais ativa na Recuperação Judicial e na Falência;

- Em segundo lugar, pensamos que era preciso apresentar outras soluções para o passivo fiscal, que não o mero parcelamento, seja o específico da recuperação judicial, seja eventual parcelamento especial. Com efeito, entendemos que se mostrava adequado aproximar o Fisco da recuperação judicial, conferindo-lhe, tanto quanto possível, tratamento similar ao dos credores sujeitos à recuperação judicial. Em razão disso, o projeto-Substitutivo propunha a regulamentação da transação tributária, prevista no art. 171 do Código Tributário Nacional, mas que até hoje não fora disciplinada em nível federal. Reconhecemos, ainda, que o ideal seria tornar o crédito fiscal sujeito à recuperação judicial e, com isso, passível de tratamento via plano de recuperação judicial e votação da assembleia geral de credores. Todavia, tal medida, além de demandar ajustes sujeitos à reserva de lei complementar (CTN), seria irresponsável no atual contexto legislativo, em que o instituto da transação tributária, por si só, representaria uma inovação (demandando processo de aprendizado e eventuais ajustes) até mesmo no âmbito federal, da União, e, sobretudo, por não haver ainda disciplinamento normativo na maioria dos demais entes federativos.

4. **Modernização, desburocratização e celeridade do processo de insolvência:**

- Revisão de prazos processuais, oferendo maior celeridade e previsibilidade para credores;

- Deliberações por sistema eletrônico, por adesão, intimação eletrônica, leilão eletrônico, compartilhamento de custos, fim do preço vil e estabelecimento de restrições a impugnações;

- Facilitação e adoção de medidas voltadas à agilização do encerramento do processo falimentar.

5. **Reforço na relevância do papel da falência (liquidação mais célere dos ativos):**

- O projeto-Substitutivo ainda continha inovações importantes no que tange à Seção X do Capítulo V da Lei, que trata da realização do ativo, ao permitir a adoção de novas modalidades de alienação, desde que previstas no plano de recuperação judicial;

- Com o objetivo de oferecer maior celeridade e credibilidade à falência, a alienação de bens constantes da massa falida independerá da consolidação do quadro geral de credores, poderá contar com serviços de terceiros e deverá ocorrer no prazo máximo de cento e oitenta dias, não se sujeitando à aplicação do conceito de preço vil. Nessa proposição em particular, a falência célere passaria a permitir que os ativos produtivos da empresa viessem a ser reutilizados com mínima depreciação e perda de valor, favorecendo o aumento da produtividade na atividade empresarial e a retomada do crescimento econômico;

- Outra atualização importante, que foi inspirada no PL nº 10.220/2018 e incorporada pelo projeto-Substitutivo, diz respeito ao preço praticado nos leilões: (i) em primeira chamada, pelo valor de avaliação do bem; (ii) em segunda chamada, dentro de quinze dias contados da primeira, por cinquenta por cento do valor de avaliação; e (iii) em terceira chamada, dentro de quinze dias contados da segunda, por qualquer preço, podendo o ativo, inclusive, ser doado em caso de impossibilidade de venda. Este regramento é importante, pois atualmente há casos nos quais o processo alonga-se indevidamente em função do administrador judicial precisar aguardar condições de mercado mais favoráveis para vender os ativos por um preço considerado "justo".

6. **Redução do prazo para *fresh start* (inabilitação empresarial):**

   • A Seção XII do Capítulo V da Lei atual, que trata do encerramento e da extinção das obrigações do falido, foi atualizada no projeto-Substitutivo para permitir um rápido recomeço ao empresário (*"fresh start"*), permitindo-lhe que possa utilizar o próprio registro do Cadastro de Pessoas Físicas (CPF) para iniciar um novo negócio. Isto se daria pelo esclarecimento de que o termo inicial para reinício do prazo prescricional, porventura interrompido, corresponde, inclusive para as Fazendas Públicas, ao trânsito em julgado da sentença de encerramento da falência, o que permitirá, uma vez consumada a prescrição, a extinção das inscrições em dívida, e não apenas da respectiva cobrança judicial, como ocorre atualmente em razão da omissão da legislação.

7. **Regulamentação e estabelecimento da super prioridade para os financiamentos durante a recuperação judicial (DIP):**

   • Essa é uma das grandes inovações do Projeto Substitutivo, a ser denominada Seção IV-A na Lei. O Projeto propõe a criação de um procedimento célere, objetivo e seguro para que o devedor possa obter crédito/financiamento com mais facilidade após o pedido de Recuperação Judicial. Nesse sentido, foi proposta também a super prioridade para o investidor que aporta capital pós-deferimento da Recuperação Judicial.

8. **Regulamentação da insolvência dos grupos econômicos/consolidação substancial:**

   • Incorporou-se no Substitutivo uma outra nova seção, a ser denominada de Seção IV-B na Lei, com o intuito de oferecer um melhor disciplinamento para a recuperação judicial e falência de empresas pertencentes a grupos econômicos, fornecendo elementos para a decisão do juiz sobre consolidação substancial (quando existe confusão entre os patrimônios de empresas distintas). Hoje, observa-se o uso indiscriminado da consolidação substancial, o que fragiliza o importante instrumento legal da preservação da personalidade jurídica. A alteração proposta no Substitutivo irá tornar mais previsível a decisão do juiz quanto à consolidação substancial, aumentando a segurança jurídica na contratação entre as partes – credores e devedores.

9. **Perícia e constatação prévia:**

- É importante destacar que esse procedimento não é obrigatório e que o objetivo da constatação prévia não é avaliar a viabilidade do negócio da devedora, até porque essas considerações são de competência do mercado, representado nos autos pelos credores. O objetivo da diligência, nesse momento, seria tão somente verificar se a empresa gera ou tem condições de gerar empregos, tributos, produtos, serviços e riquezas em geral. Ou seja, basta verificar se a empresa, ainda que em situação crítica, encontra-se em funcionamento ou em condições de funcionar, gerando aqueles benefícios econômicos e sociais acima referidos, que são decorrentes do bom desempenho da atividade empresarial.

10. **Falência transnacional (Modelo Uncitral):**

- Esse tema estava disciplinado no art. 4º do projeto-Substitutivo apresentado ao Congresso Nacional. Dessa forma, foi proposta a incorporação definitiva na Lei nº 11.101/2005 de um novo Capítulo VI-A à Lei, por intermédio do acréscimo de novos arts. 167-A a 167-Y, tendo como finalidade normatizar integralmente a insolvência transnacional (em consonância com o modelo da Uncitral). O direito brasileiro nunca dispôs de regras próprias para tratar dos casos transnacionais de insolvência, assim, a partir daquele projeto-Substitutivo buscou-se suprir essa falha ao incorporar mecanismos que viessem a permitir a cooperação entre juízos de diferentes países em casos de empresas insolventes, oferecendo maior segurança jurídica para todas as partes envolvidas no processo.

Dito isso, os dez tópicos, supramencionados e enfatizados no projeto-Substitutivo, mostraram-se importantíssimos para tornar a legislação brasileira mais eficiente, sob o ponto de vista jurídico e econômico. Destacando-se com maior relevo, conforme mencionado no início deste artigo, a incorporação definitiva do modelo da Uncitral no que se refere à inadiável regulamentação da insolvência transnacional, sobretudo diante da internacionalização de nossas grandes empresas, que passaram a ter negócios e filiais nos mercados de vários países.

As inovações trazidas pelo projeto-Substitutivo, bem como a incorporação de normas internacionais, tiveram como objetivo conferir maior previsibilidade ao investidor nacional e estrangeiro nos casos das empresas transnacionais, fomentando o mercado de crédito e a entrada de novas empresas no mercado brasileiro.

Ressalte-se, ainda, que os dez tópicos supramencionados foram exaustivamente discutidos com diferentes e importantes segmentos representativos da economia brasileira, antes de o texto preliminar do projeto-Substitutivo merecer o adequado *status* de projeto de consenso. Assim, finalmente, a versão consensuada do projeto-Substitutivo foi apresentada à elevada apreciação dos parlamentares na Câmara dos Deputados.

Como a expressiva maioria dos envolvidos na discussão das propostas em torno do tema posicionou-se a favor daquele novo projeto, considerou-se que aquela versão do texto tramitaria com razoável rapidez e com certa facilidade pelo necessário processo legislativo. A tramitação ocorreria, em um primeiro momento, no âmbito na Câmara dos Deputados, quando se cogitou, inclusive, que o texto lograria aprovação final antes do final do ano de 2019.

Por último, mas não menos importante para contextualizar a significativa atribuição reformista do Congresso Nacional, pretende-se enaltecer o essencial papel do Poder Legislativo Federal brasileiro e a importância do fortalecimento de sua atuação e de seus corpos técnicos para a redução da considerável demanda (tanto de produção, quanto de alteração) legislativa do País.

Nesse contexto, releva destacar também o árduo e longo trabalho exercido no processo legislativo desenvolvido no âmbito das duas Casas do Congresso Nacional. Não se pode ignorar, a aptidão técnica e o raro afinco com que cada especialista das consultorias legislativas da Câmara dos Deputados e do Senado Federal – órgãos eminentemente técnicos – se debruça sobre as mais diversas e desafiadoras matérias apresentadas à apreciação e ao devido estudo durante todo o processo legislativo. De fato, por dever de justiça, cumpre-nos destacar que esses servidores cumprem com competência

Cap. 1 • MOVIMENTO REFORMISTA: MISSÃO BEM CUMPRIDA PELO PARLAMENTO BRASILEIRO | 17

e muita seriedade as suas incumbências constitucional e institucional, no sentido de produzir e reformar leis de cunho vital para o País.

Pois bem, a nosso ver, as missões dos Legisladores federais vêm sendo desempenhadas com muita eficiência nas últimas três décadas. Não se trata, em absoluto, de tentar isentar o Parlamento brasileiro do deslindar de suas muitas deficiências, que de fato existem. Todavia, faz-se necessário expor e explicar à opinião pública que as "Casas das Leis", com o apoio e assessoramento dos servidores das Consultorias Legislativas e de Orçamento (existentes na Câmara dos Deputados e no Senado Federal), vêm exercendo a contento o papel primordial de elaborar leis que estão, sim, melhorando a vida da população brasileira nas últimas décadas.

Para corroborar essa afirmativa e com o fim de não nos limitarmos ao alcance de uma lei tão árida e complexa quanto é a lei falimentar, é válida a lembrança de outras importantes e recentes legislações aprovadas pelo Congresso Nacional e que vêm verdadeiramente melhorando a qualidade de vida dos brasileiros, tornando seus planos de vida mais realizáveis e seguros num horizonte de médio e longo prazo.

Este artigo não tem a pretensão de esmiuçar ou exaurir todos os novos aspectos técnicos e processuais da novíssima Lei de Recuperação e Falências de Empresas no Brasil (Lei nº 14.112, de 24 de dezembro de 2020), mas tão somente destacá-los com uma preocupação de caráter didático, que possa permitir a fácil leitura, especialmente pelos cidadãos leigos na matéria falimentar. Não se olvidam e, quiçá, principalmente, os empresários e trabalhadores que, não sendo operadores do direito, poderão ser apresentados à nova linguagem, bem como aos mecanismos com que serão obrigados a lidar nos próximos anos, por força de seu envolvimento com o cotidiano nas atividades produtivas.

Deste modo, a despeito da elevada dramaticidade da crise sanitária que estamos vivenciando, a nova lei surge em momento muito oportuno, vez que poderá ajudar a minorar os impactos trazidos pela crise econômica provocada pela pandemia, com a nítida preocupação de continuar a valorizar sobretudo o trabalhador e a preservação de postos de trabalho em inúmeras empresas com dificuldades. A lei segue prestigiando, portanto, o trabalhador como principal agente de produção, e persiste na direção de assegurar a plena função social da empresa, fomentando, por via de consequência, a contínua geração de impostos a serem arrecadados e a multiplicação de riquezas para toda a sociedade.

É certo ainda, que diante dessa ampla atualização da lei, o Legislador também cuidou de adotar a visão contemporânea da empresa no processo produtivo, considerando-a como meio e não como um fim em sim mesma;

o que também contribui para uma interpretação mais precisa e realista do papel do empresário brasileiro enquanto importante ator, agente de produção e indutor de positivas transformações na economia nacional.

O cenário econômico a surgir no período pós-pandemia já seguirá com o respaldo da entrada em vigor da nova lei (que ocorreu no último dia 23 de janeiro de 2021). O novo ambiente que se vislumbra estará propício a uma forte mudança de paradigmas para a empresa e para o empresário, assim como para a diversidade de credores – o Fisco, os bancos, o comércio, a indústria e os trabalhadores. Para isso, no entanto, todos deverão reformular profundamente seus conceitos acerca da preservação da empresa, do emprego, da eficaz arrecadação de impostos e do bom nível de produção como antigos objetivos a serem revalorizados e perseguidos.

Feitas essas considerações, bem como a contextualização da nova lei no ambiente socioeconômico em que irá produzir seus efeitos, salienta-se que as inovações trazidas para a recuperação judicial, e mesmo a extrajudicial, implicarão forçosamente, doravante, uma nova e desafiadora mentalidade de gestão empresarial no Brasil, com vistas a permitir uma maior transparência e responsabilidade das ações de gerência da atividade empresarial perante todos os credores da empresa. Definitivamente, nas próximas décadas, teremos um avanço na direção de se aperfeiçoar o processo de gestão corporativa, o que, felizmente, já está em curso em um universo significativo de médias e grandes empresas no País.

Registre-se, ainda, que o texto da nova lei foi longamente amadurecido ao longo de uma tramitação muito profícua em ambas as Casas do Poder Legislativo brasileiro, tendo recebido inegáveis aprimoramentos, mas também foi objeto de críticas e ricas contribuições em sua redação que logrou aprovação ao final de 2020.

Seguramente, o processo legislativo é democrático em nosso parlamento, na medida em que os congressistas podem apresentar as emendas e demandas oriundas de vários segmentos da sociedade civil brasileira. Nesse caso específico, houve a realização de dezenas de audiências públicas itinerantes, nas quais tivemos a oportunidade de percorrer várias cidades e participar de ricos debates em seminários em todo território nacional. Em tais eventos, os diversos segmentos, representativos dos interesses da sociedade brasileira, puderam oferecer suas contribuições e sugestões, que naturalmente foram posteriormente submetidas ao debate e ao crivo dos diversos partidos políticos representados no Congresso Nacional.

Pois bem, diante da natural prevalência de um consenso da maioria votante na Câmara dos Deputados e no Senado Federal, a Nova Lei de

Recuperação e Falência de Empresas no Brasil, ao contrário da antiga e desgastada alcunha de lei falimentar, reuniu inegáveis avanços e institutos já presentes nas melhores legislações de países desenvolvidos, cujas economias deram grandes saltos de produtividade com a segurança jurídica necessária assegurada aos negócios jurídicos e aos agentes envolvidos.

No entanto, a despeito de tantas inovações bem recepcionadas pelo mundo jurídico, cabe registrar que a novel legislação também decorre de estudos que realizamos sobre muitas contribuições oferecidas pelos parlamentares, contidas em dezenas de projetos de lei apresentados na Câmara dos Deputados. De outro modo, a versão final aprovada da nova lei resultou também do consubstanciado entendimento da melhor doutrina deste país que, há décadas, estuda profundamente o direito recuperacional, bem como da farta jurisprudência que veio se consolidando no STJ e Tribunais estaduais de todo país ao longo da vigência de quinze anos da Lei nº 11.101/2005.

Nesse contexto, no âmbito da vasta doutrina que estuda o direito concursal, ou recuperacional, como alguns já preferem denominá-lo, há autores que se preocuparam preponderantemente com a questão do parcelamento das dívidas tributárias para as empresas recuperandas, enquanto outros dedicaram seus estudos à problemática da denominada "trava bancária".

Ao fim e ao cabo, o certo é que, ao longo de quinze anos de sua vigência, a lei suscitou discussões acaloradas entre os doutrinadores e produziu ricos debates em decisões memoráveis proferidas pelo STJ e pelos Tribunais estaduais, confirmando que seu aprimoramento se impunha e era muito desejável.

Fica-nos, enfim, a confortante sensação do dever cumprido por oferecer ao País uma boa reforma, de grande fôlego, certamente apta a figurar entre aquelas de grande relevância para o fortalecimento de nossa economia, bem como a catapultar o Brasil para o seu merecido posto de grande ator no desafiador e sempre muito competitivo ambiente das relações comerciais na economia mundial.

REFERÊNCIA BIBLIOGRÁFICA

BIOLCHI, Osvaldo; TOLEDO, Paulo F. C.; ABRÃO, Carlos Henrique et al. *Comentários à Lei de Recuperação de Empresas e Falência.* São Paulo: Saraiva, 2005.

2

O MOVIMENTO REFORMISTA

RODRIGO OTÁVIO SOARES PACHECO

CARLOS ORLANDI CHAGAS

A Lei nº 14.112, de 24 de dezembro de 2020, teve como origem, no Senado Federal, o Projeto de Lei nº 4.458, de 2020, e na Câmara dos Deputados, o Projeto de Lei nº 6.229, de 2005, ambos com o idêntico escopo de alterar e atualizar a Lei nº 11.101, de 9 de fevereiro de 2005, assim como a Lei nº 10.522, de 19 de julho de 2002.

O Projeto, finalmente aprovado pelo Senado da República sob a relatoria do nosso Gabinete Parlamentar, promoveu profunda reformulação na então vigente Lei de Recuperações e Falências, modificando quarenta e seis de seus artigos e acrescentando sessenta outros dispositivos.

As inovações trazidas certamente estão em consonância com o desenvolvimento jurisprudencial de quinze anos, sendo certo que a Lei nº 11.101, de 2005, merecia ser reformada e atualizada, especialmente para tentar buscar e conferir aos feitos sob sua égide a necessária celeridade e efetividade, não mais permitindo a sua recorrente e costumeira procrastinação *ad kalendas graecas*.

Importante inovação meritória foi a inclusão dos produtores rurais no rol dos legitimados a pedir recuperação, judicial ou extrajudicial, o que os auxiliará na recuperação econômica de seus negócios, representando avanço no trato do tema, bastante influenciado pelos recentes precedentes do Superior Tribunal de Justiça (STJ) reconhecendo o direito ao devedor rural em requerer recuperação judicial, mesmo que não possua registro na Junta Comercial, mas desde que exerça regularmente sua atividade há mais de dois anos com a regular contabilização de suas operações. Para tanto, bastará ao devedor rural requerer sua inscrição na Junta Comercial às vésperas de ofertar o pedido de sua recuperação judicial, a fim de comprovar sua condição de empresário, como exigem o art. 971 do Código Civil e o art. 1º da Lei nº 11.101, de 2005.

Ponto fundamental, todavia, que veio a lume com a novel legislação reformada foi a tentativa de superar a tradicional eternização dos processos de recuperação e falências no Brasil, que invariavelmente culminavam na dilapidação e na deterioração do patrimônio eventualmente existente, sem que credores fossem satisfeitos e muito menos devedores recebessem o que lhes coubesse.

A lei anterior, de fato, não focou na celeridade do rito falimentar, enquanto a norma reformada criou princípios jurídicos para permitir que o processo de falência seja encerrado rapidamente, com a veloz venda dos ativos da massa e a célere reabilitação do falido, para que ele volte a "empresariar". Prevê, por exemplo, a venda forçada em até 180 dias, adotando regras de processo eletrônico e tornando os processos falimentares mais transparentes e efetivos.

Nesse tocante, vários foram os dispositivos, merecendo destaque os §§ 1º e 2º do art. 75 reformado, que vieram expressamente invocar os *princípios da celeridade* e da *economia processual*, mas também fixar que "a falência é mecanismo de preservação de benefícios econômicos e sociais decorrentes da atividade empresarial, por meio da liquidação imediata do devedor e da rápida realocação útil de ativos na economia".

A esses preceitos, veio se somar o art. 82-A, o qual impede a indiscriminada extensão dos efeitos deletérios da falência às pessoas físicas que ostentam responsabilidade limitada, essa somente podendo ser invadida por meio do necessário *Procedimento de Desconsideração da Personalidade Jurídica*, caso verificados os seus pressupostos clássicos prescritos pelo art. 50 do Código Civil vigente e observados os cânones do Código de Processo Civil.

Dois outros artigos em muito bom momento reformados são os arts. 158 e 159, os quais buscam agilizar a reabilitação dos falidos para que possam voltar a empreender no mercado privado, dentro da exata compreensão, também clássica, de que são eles "empresários de má sorte", e não párias da sociedade ou escroques merecedores da diuturna ojeriza e indignos sequer dos fundamentos constitucionais "do trabalho e da livre-iniciativa". Interessante consignar que a jurisprudência do Superior Tribunal de Justiça já vinha trilhando essas sendas da agilidade da reabilitação, como restou claro nos seus julgados afastando a exigência de satisfação de créditos não submetidos ao regime falimentar.[1]

---

[1] "Recurso especial. Falência. DL 7.661/1945. Extinção das obrigações do falido. Decurso do prazo de cinco anos. Prova da quitação de tributos. Desnecessidade.

Criou-se um procedimento simplificado de habilitação e de impugnação de créditos tributários na falência, com vistas a também reduzir o tempo de conclusão dos processos.

Há outra mudança que irá acelerar a conclusão dos projetos de recuperação judicial: ao permitir o encerramento da recuperação judicial antes da homologação do quadro geral de credores (QGC), porque a homologação do QGC é tarefa demorada e atrasa os processos de recuperação de empresas. Da mesma forma faz ao proibir a inclusão de credores retardatários, isto é, aqueles que perderam o prazo original de 15 dias para habilitar seus créditos, por meio de uma regra decadencial que impede o reconhecimento de créditos após três anos passados da sentença de falência.

A legislação pretérita à reforma não previa prazo máximo para a venda dos ativos na falência, havendo agora regra que impõe o máximo de 180 dias para a venda dos ativos da massa falida e o consequente encerramento do processo falimentar. Ao prever esse prazo, a nova normatização busca resolver um dos grandes gargalos jurídicos do Brasil, fomentando assim o reempreendedorismo.

Poderia a reforma ter avançado e ousado, o que ainda poderá ser objeto de nova proposição legislativa, prevendo a possibilidade de devedores em recuperação ou administradores judiciais de processos falimentares editarem políticas de acordos com concessão de descontos para aqueles credores que para antes receber seus créditos aceitem recobrá-los a menor e dando quitação rasa, o que poderia em muito acelerar o completo adimplemento das obrigações concursais.

---

1 – Extinção das obrigações do falido requerida em 16/8/2012. Recurso especial interposto em 19/8/2016 e atribuído à Relatora em 26/8/2016. 2 – Controvérsia que se cinge em definir se a decretação da extinção das obrigações do falido prescinde da apresentação de prova da quitação de tributos. 3 – **No regime do DL 7.661/1945, os créditos tributários não se sujeitam o concurso de credores instaurado por ocasião da decretação da quebra do devedor (art. 187), de modo que, por decorrência lógica, não apresentam qualquer relevância na fase final do encerramento da falência, na medida em que as obrigações do falido que serão extintas cingem-se unicamente àquelas submetidas ao juízo falimentar.** 4 – Recurso especial provido" (STJ, REsp 1.458.183/MG, Rel. Min. Nancy Andrighi, 3ª Turma, j. 03.08.2017, *DJe* 10.08.2017 – grifos nossos). No mesmo sentido: STJ, REsp 1.462.422/RJ, Rel. Min. Nancy Andrighi, 3ª Turma, j. 28.03.2017, *DJe* 30.03.2017; STJ, REsp 834.932/MG, Rel. Min. Raul Araújo, 4ª Turma, j. 25.08.2015, *DJe* 29.10.2015; STJ, REsp 883.802/DF, 3ª Turma, Rel. Min. Nancy Andrighi, j. 27.04.2010, *DJe* 12.05.2010; STJ, REsp 241.793/PR, 4ª Turma, Rel. Min. Ruy Rosado de Aguiar, j. 18.04.2000, *DJ* 05.06.2000.

A lei anterior era protetiva dos interesses do devedor ao não autorizar os credores a aprovarem plano de recuperação próprio, apresentado contra a vontade do devedor. Criou-se mecanismo de salvaguarda se o plano do devedor for rejeitado pelos credores, a fim de evitar a falência do devedor nesse caso. Nessa esteira, a lei reformada autoriza os credores a apresentarem e aprovarem plano próprio, mesmo contra a vontade do devedor, com prazo para a conclusão da deliberação em Assembleia suspensa. Os credores devem aprovar tal plano em quórum específico e, nesse caso, encampam a administração da empresa devedora e, por razão de equilíbrio, os acionistas ou os quotistas ficam exonerados de manter as garantias concedidas previamente. É uma solução adequada para suplantar o impasse entre credores e devedor na negociação do plano de recuperação.

A lei anterior já exigia autorização judicial para a venda de ativos não prevista no Plano de Recuperação, e agora a legislação amplia as exigências para esse tipo de alienação de bens e acrescenta que os credores poderão impugnar a autorização dada pelo juiz e decidir o tema em assembleia de credores. Isso permite que os credores tenham poderes necessários à fiscalização de seus interesses. A venda de ativos fora do planejado sempre representa indício de fraude a ser apurada.

Sobre as questões tributárias, a concessão de condições especiais para o adimplemento das obrigações tributárias deve ser sempre analisada. De forma pragmática, trata-se do oferecimento de concessões pelo Fisco para que o contribuinte tenha fôlego para promover a recuperação efetiva da sua empresa e volte a ter capacidade contributiva plena. Com efeito, o deferimento de recuperação judicial a um contribuinte denota a sua dificuldade para adimplemento das suas obrigações. Os benefícios tributários previstos favorecem, pois, a recuperação judicial, contribuindo para evitar a falência de empresas e o seu consequente custo social.

Foi reforçado o cabimento dos institutos processuais da conciliação e da mediação no processo de recuperação e falência, com a criação de um mecanismo de suspensão de execuções contra o devedor, no período de 60 dias, a fim de fomentar sua composição com os credores, prazo esse a ser abatido do *stay period*, caso a composição seja frustrada.

No Senado, especificamente, não tendo sido distribuído às Comissões em razão do período excepcional da pandemia e com apreciação direta pelo Plenário, portanto, o Projeto de Lei recebeu diversas emendas de redação, num total de setenta e oito, sendo três delas acolhidas, uma na forma de subemenda e outra posteriormente objeto de veto presidencial: a) a décima-quinta Emenda recomenda paralelismo entre o dispositivo que modifica o art. 6º, por meio da inclusão do § 7º-A, e o § 3º do art. 49 da Lei nº 11.101, de

2005, este não alterado pelo Projeto. Trata-se de emenda que qualifica os bens essenciais como de capital, a fim de assegurar interpretação harmônica da Lei; b) subemenda à Emenda nº 16, para assegurar o paralelismo de regras entre o disposto no art. 6º-C e o disposto em artigos da Lei não alterados pelo Projeto, tais como o § 1º do art. 49, o § 1º do art. 50 e o art. 59, os quais anotam que o credor conserva seu direito de exigir seu crédito contra terceiro coobrigado, ofertante de garantia pessoal (fidejussória) ou mesmo se a garantia ofertada for de natureza real; c) a emenda de redação nº 62, acolhida pelo Senado e que tratava das cooperativas médicas, mas foi objeto de veto presidencial, veto este que, aliás, foi posteriormente derrubado pelo Congresso Nacional, o que restaurou a vigência desse dispositivo sobre as cooperativas médicas.

Essas foram, em síntese, as contribuições do Poder Legislativo para o aperfeiçoamento e a atualização da Lei nº 11.101, de 2005, após quinze anos de sua vigência. As mudanças trazidas contribuirão certamente para um melhor ambiente de negócios no Brasil, em especial na relação entre credores e devedor, bem como para uma otimização dos processos judiciais e da atuação dos profissionais de finanças, administração, contabilidade e advocacia, nas complexas fórmulas legais de reestruturação e reerguimento das empresas em crise.

AS RECOMENDAÇÕES DO CNJ EM MATÉRIA DE RECUPERAÇÃO JUDICIAL E FALÊNCIAS

3

AS RECOMENDAÇÕES DO CNJ EM MATÉRIA DE RECUPERAÇÃO JUDICIAL E FALÊNCIA

LUIS FELIPE SALOMÃO

GUSTAVO D'ALESSANDRO

Sumário: 1. Introdução – 2. O poder normativo do Conselho Nacional de Justiça – 3. As recomendações do CNJ em matéria de recuperação judicial e falência – 4. A Lei n. 14.112/2020 – 5. Conclusão – Referências bibliográficas – Decisões judiciais.

1. INTRODUÇÃO

Em 24 de janeiro de 2021, entrou em vigor a Lei n. 14.112/2020, normativo voltado a atualizar a Lei n. 11.101/2005 (Lei de Recuperação de Empresas e Falência – LREF), reformulando todo o sistema de insolvência empresarial brasileiro, fornecendo instrumental legislativo e jurídico adequado para que se avance na maneira de enfrentar a crise da empresa, viabilizando a superação de sua situação econômico-financeira, permitindo a manutenção da fonte produtora, do emprego, dos interesses dos credores, com a preservação da empresa, de sua função social e do estímulo à economia, bem como trazendo segurança jurídica ao mercado e incremento de negócios.

O marco regulatório da insolvência possui papel de extremo relevo no ambiente de negócios brasileiro, também representa importante baliza para a captação de recursos, inclusive no cenário da economia mundial[1].

---

[1] Pesquisa inédita em andamento denominada "Métricas de Qualidade e Efetividade da Justiça Brasileira: o tempo e o custo de um processo de recuperação de

Por conseguinte, suas reformas e atualizações não devem limitar-se às empresas que venham a se tornar insolventes. Nesse aspecto, a nova lei procurou aprimorar o mecanismo de incentivos e, de algum modo, do próprio ambiente econômico, permitindo uma melhor visualização dos resultados esperados em caso de insucesso[2] (*payoffs*), com o estabelecimento de um sistema ordenado de resolução de conflitos e coordenação de interesses, com formas protetivas das externalidades econômicas, com diminuição na assimetria da informação e melhor tratamento das dívidas e créditos, trazendo segurança jurídica e melhor sinalização sobre estratégias de negócios.

A lei falimentar será mais eficiente à medida que conseguir oferecer ferramentas mais adequadas à reorganização da empresa economicamente viável[3] e, sem se afastar da garantia da imparcialidade, identificar e permitir a liquidação da empresa que não gere ou possa vir a gerar valor. Sua incumbência é prover o sistema econômico com regras transparentes e coordenadas, preservando direitos, regulando deveres, alinhando incentivos a fim de potencializar o resultado global e minimizar as perdas[4].

A reestruturação normativa contida na Lei n. 14.112/2020 buscou, assim, diminuir os efeitos do colapso empresarial, reforçando o princípio vetor do sistema recuperatório falimentar – a preservação da empresa e sua função social –, trazendo soluções mais céleres, previsíveis e transparentes, propiciando um melhor ambiente cooperativo entre os agentes econômicos, resguardando a comunidade inserta naquela atividade (empresários, credores, trabalhadores, consumidores, fisco, entre outros) e permitindo, num aspecto

---

crédito", promovida pela Associação dos Magistrados Brasileiros (AMB) e pela Fundação Getulio Vargas (FGV). Sob a coordenação científica da professora e cientista política da Universidade de São Paulo (USP), Prof. Maria Tereza Sadek, o estudo analisará os fatores que possam ter contribuído para a melhor avaliação de outros países no ranking do *Doing Business*, elaborado pelo Banco Mundial. A pesquisa tem como público-alvo magistrados, advogados especializados, tribunais de justiça, empresas, o Conselho Nacional de Justiça e o Banco Mundial.

[2] LISBOA, Marcos de Barros; DAMASO, Otávio Ribeiro; SANTOS, Bruno Carazza dos; COSTA, Ana Carla Abrão. A racionalidade econômica da nova Lei de Falências e de Recuperação de Empresas. In: PAIVA, Luiz Fernando Valente de (coord.). *Direito falimentar e a nova lei de Falência e Recuperação de Empresas.* São Paulo: Quartier Latin, 2005. p. 32.

[3] SCALZZILI, João Pedro; SPINELLI, Luis Felipe; TELLECHEA, Rodrigo. *Recuperação de empresas e falências.* São Paulo: Almedina, 2016. p. 68.

[4] LISBOA; DAMASO; SANTOS; COSTA. Ob. cit., p. 42.

macro, o estímulo de toda a atividade econômica, com a maximização do bem-estar social e, de alguma forma, do próprio progresso do País.

Após algumas crises econômicas, sociais e políticas, vivenciando, no momento, as nefastas consequências da pandemia da covid-19, a reforma legislativa espelhou-se nas mais modernas legislações internacionais, com a adoção de práticas e institutos sabidamente eficazes do direito comparado, acolhendo, no âmbito interno, várias proposições sugeridas – fruto de intensos diálogos com as mais diversas áreas do conhecimento –, também alojou a jurisprudência consolidada dos Tribunais, os estudos técnicos de impacto legislativo e os diagnósticos apresentados, tendo como um dos seus expoentes o Conselho Nacional de Justiça – CNJ.

2. O PODER NORMATIVO DO CONSELHO NACIONAL DE JUSTIÇA

O CNJ, criado com a Emenda Constitucional n. 45, de 2004, está previsto no art. 103-B da Carta da República como órgão do Poder Judiciário, de controle interno[5], sem competência jurisdicional[6], responsável pelo aper-

---

[5] STF, ADI 3.367, Rel. Min. Cezar Peluso, j. 13.04.2005, P, *DJ* 22.09.2006. A Corte rejeitou a tese de violação ao princípio da separação de Poderes e de afronta ao princípio federativo. Segundo a precedente *"[...] o Conselho Nacional de Justiça se define como órgão interno do Judiciário e, em sua formação apresenta maioria qualificada (três quintos) de membros da magistratura (arts. 92, I-A e 103-B). Desses caracteres vem-lhe a natureza de órgão de controle interno, conduzido pelo próprio Judiciário, conquanto democratizado por meio de participação minoritária de representantes das áreas profissionais afins"*.

[6] "O CNJ, embora integrando a estrutura constitucional do Poder Judiciário como órgão interno de controle administrativo, financeiro e disciplinar da magistratura – excluídos, no entanto, do alcance de referida competência, o próprio STF e seus ministros (ADI 3.367/DF) –, qualifica-se como instituição de caráter eminentemente administrativo, não dispondo de atribuições funcionais que lhe permitam, quer colegialmente, quer mediante atuação monocrática de seus conselheiros ou, ainda, do corregedor nacional de justiça, fiscalizar, reexaminar e suspender os efeitos decorrentes de atos de conteúdo jurisdicional emanados de magistrados e tribunais em geral" (MS 28.611 MC-AgR, Rel. Min. Celso de Mello, j. 14.10.2010, P, *Dje* 1º.04.2011) e "O CNJ, embora seja órgão do Poder Judiciário, nos termos do art. 103-B, § 4º, II, da CF, possui, tão somente, atribuições de natureza administrativa e, nesse sentido, não lhe é permitido apreciar a constitucionalidade dos atos administrativos, mas somente sua legalidade" (MS 28.872 AgR, Rel. Min. Ricardo Lewandowski, j. 24.02.2011, P, *Dje* 18.03.2011).

feiçoamento do sistema judiciário brasileiro, com a tarefa de buscar conferir efetividade e unidade ao Poder Judiciário, assegurando-lhe autonomia e independência, especialmente no que se refere ao seu controle administrativo e financeiro, por meio de planejamento e coordenação de sua atuação, desenvolvendo políticas judiciárias com a expedição de atos normativos e recomendações orientadas pelos valores da justiça e paz social[7].

Realmente, a existência de um órgão específico, como previsto em diversas Constituições estrangeiras[8], é reconhecidamente salutar para uma maior eficácia das funções judiciais, não apenas em razão do auxílio na formulação de políticas públicas, como também impedindo que seus membros se convertam numa estrutura fechada e estratificada, conferindo assim maior legitimidade democrática aos integrantes do Poder Judiciário[9].

Especificamente quanto aos feitos relacionados a insolvência, o apoio e as políticas judiciárias traçadas pelo Conselho Nacional de Justiça acabam por prestigiar a segurança jurídica, a higidez do ambiente de negócios, a preservação dos interesses dos agentes envolvidos no negócio em reestruturação[10] e, ao fim e ao cabo, de toda a sociedade.

A Constituição Federal expressamente concedeu ao CNJ a atribuição de zelar pela autonomia do Judiciário e pelo cumprimento do Estatuto da Magistratura, podendo, para tanto, expedir atos regulamentares de sua competência ou recomendar providências[11].

Nessa vertente constitucional, para maior efetivação do seu mister, cabe ao Órgão expedir disposições gerais de cunho diretivo, além de possuir legitimidade para fiscalizar, até mesmo de ofício, atos administrativos praticados pelo Poder Judiciário[12], realizando, assim, uma espécie de *accountability* da Justiça brasileira[13].

---

[7]   Disponível em: www.cnj.jus.br.

[8]   Como exemplo, as constituições de Portugal (art. 223); Itália (art. 105); França (art. 65); Espanha (art. 122), entre outras.

[9]   SILVA, José Afonso. *Curso de direito constitucional positivo*. 43. ed. São Paulo: Malheiros, 2020. p. 574.

[10]   Conforme Portaria nº 199, de 30 de setembro de 2020.

[11]   Art. 103-B, § 4º, I.

[12]   STF, MS 26.163, Rel. Min. Cármen Lúcia, *DJE* 04.09.2008.

[13]   ARABI, Abhner Youssif Mota. A atuação do CNJ como mecanismo legitimador do Poder Judiciário. *Caderno Virtual do Instituto Brasiliense de Direito Público*, v. 1, 2012. Disponível em: https://www.portaldeperiodicos.idp.edu.br/caderno-virtual/article/view/697/475. Acesso em: jan. 2021.

Cap. 3 • AS RECOMENDAÇÕES DO CNJ EM MATÉRIA DE RECUPERAÇÃO JUDICIAL E FALÊNCIA   33

No domínio dos procedimentos regulamentares está o poder de proclamar atos de comando abstrato, no lídimo exercício de suas funções, regulamentando condutas e impondo a toda a magistratura nacional o cumprimento de obrigações de essência puramente administrativa[14], tendo como escopo a agilidade e eficiência do Poder Judiciário.

Com efeito, o Supremo Tribunal Federal – STF, no julgamento da Ação Declaratória de Constitucionalidade n. 12-6/DF, decidiu, pelo seu órgão máximo – extraindo diretamente do § 4º do art. 103-B da CF –, que o CNJ detém o poder de expedir atos de caráter normativo primário, dado que tem "como finalidade debulhar os próprios conteúdos lógicos dos princípios constitucionais de centrada regência de toda a atividade administrativa do Estado, especialmente o da impessoalidade, o da eficiência, o da igualdade e o da moralidade".

Apesar das críticas no que tange à extensão de tal competência, a Corte Suprema, no julgamento da ADI n. 4.638/DF, voltou a debruçar-se sobre o tema e, após diversas sessões plenárias, concluiu que o CNJ detém sim o poder normativo destinado a uniformizar regras que alcancem todo o Judiciário, haja vista tratar-se de órgão de envergadura nacional, que possui como fonte primária a própria Carta da República[15].

Nesse passo, o Regimento Interno do CNJ dispõe que seu Plenário poderá, por maioria absoluta, editar atos normativos mediante Resoluções, Instruções ou Enunciados Administrativos e Recomendações[16].

3. AS RECOMENDAÇÕES DO CNJ EM MATÉRIA DE RECUPERAÇÃO JUDICIAL E FALÊNCIA

Nessa concepção, o CNJ montou – e vem mantendo – um Grupo de Trabalho multifacetado[17] com integrantes da iniciativa pública e privada, com grande *expertise* na matéria relacionada a insolvência, cujo mote foi justamente modernizar os processos de recuperação judicial e de falência, conferindo-lhes efetividade.

---

[14] STF, MS 27.621, Rel. p/ o ac. Min. Ricardo Lewandowski, j. 07.12.2011, P, *DJE* 11.05.2012.

[15] MENDES, Gilmar Ferreira; BRANCO, Paulo Gonet. *Curso de direito constitucional.* 15. ed. São Paulo: Saraiva Educacional, 2020. p. 1152.

[16] Art. 102.

[17] Instituído pela Portaria n. 162, de 2018, substituída pela Portaria n. 199 do CNJ, de 2020.

34 | RECUPERAÇÃO DE EMPRESAS E FALÊNCIA: DIÁLOGOS ENTRE A DOUTRINA E A JURISPRUDÊNCIA

Assim, após intensos debates do Grupo de Trabalho, além disso premido também pelo senso de urgência no oferecimento de proposições durante período de excepcionalidades decorrentes da pandemia, tendo como princípio cardeal as consequências sociais e econômicas dos processos de recuperação empresarial e de falência, o Plenário do CNJ acolheu as propostas do GT e expediu as Recomendações n. 56, 57 e 58, de 22 de outubro de 2019; 63, de 31 de março de 2020; 71, de 5 de agosto de 2020; 72, de 19 de agosto de 2020, orientações que, como claramente se percebe, serviram de substrato para diversos dispositivos da Lei n. 14.112/2020.

Assim é que:

a) A **Recomendação n. 56**, de 22 de outubro de 2019, teve como suporte pesquisas revelando que as varas especializadas em recuperação empresarial e falência são significativamente mais eficientes na condução de processos afetos à matéria do que as varas de competência comum cumulativa.

Levou em consideração, ainda, o fato de que a aplicação ineficaz dos instrumentos legais do sistema de insolvência enseja graves perdas sociais – seja pelo encerramento de atividades viáveis, seja pela redução e perda dos potenciais empregos, tributos e riquezas – e, por outro lado, a mantença de empresas sabidamente inviáveis em funcionamento, impedindo a produção de benefícios econômicos e sociais, em prejuízo do interesse da sociedade e do adequado funcionamento da economia.

Por essa razão, o CNJ recomendou que os Tribunais Estaduais promovessem a especialização das Varas de Recuperação e Falência em comarcas que recebessem a média anual de 221 casos novos, principais e incidentes, relacionados à matéria, dos quais pelo menos 30 pertencessem às classes "Falência de Empresários", "Sociedades Empresariais", "Microempresas e Empresas de Pequeno Porte" ou "Recuperação Judicial", considerados os últimos três anos[18].

b) A **Recomendação n. 57**, expedida na mesma data, regulamentou o procedimento de "constatação prévia", consagrado na prática jurisprudencial e inserido depois na Lei 14.112/20, com fundamento nos arts. 156, 370 e 481 do Código de Processo Civil – CPC e no art. 189 da LREF, garantindo maior eficiência e previsibilidade às decisões judiciais.

Por certo, os magistrados responsáveis pelo processamento e julgamento dos processos de recuperação judicial, antes do seu deferimento[19], devem reali-

---

[18]   Art. 1º.

[19]   Art. 1º.

Cap. 3 • AS RECOMENDAÇÕES DO CNJ EM MATÉRIA DE RECUPERAÇÃO JUDICIAL E FALÊNCIA | **35**

zar a constatação das reais condições de funcionamento da empresa requerente e de sua correspondência com a realidade fática (LREF, art. 47), além de exigir a completude da documentação apresentada na petição inicial (LREF, arts. 48 e 51)[20], podendo para tanto valer-se de profissional de sua confiança[21].

Não se preenchendo os requisitos, a petição inicial será indeferida por ausência de uma das condições da ação, a falta de interesse processual (CPC, art. 330, II), sem que se autorize, no entanto, a convolação da recuperação em falência[22].

c) Seguindo a diretriz do Código de Processo Civil de 2015[23] e da Lei n. 13.140/2015[24], a **Recomendação n. 58/2019** orientou os juízes com competência para julgamento de processos de recuperação e falência a incentivarem, sempre que possível, o uso da mediação[25], presencial ou virtual, de forma a auxiliar a resolução de todo e qualquer conflito entre a empresa, em recuperação ou em processo falimentar, e seus credores, fornecedores, sócios, acionistas e terceiros interessados no processo[26].

Além disso, o ato normativo definiu as hipóteses em que a mediação poderá ser implementada (incidentes de verificação de crédito; auxílio na negociação do plano de soerguimento; disputas entre sócios/acionistas do devedor; casos de consolidação processual e substancial; situações de credores não sujeitos à recuperação; e, por fim, a participação dos entes reguladores no processo em casos envolvendo concessionárias/permissionárias de serviços públicos e órgãos reguladores)[27] e quando ela será vedada (na classificação dos créditos).

Por seu turno, estabeleceu a qualificação do mediador para exercer tal função, exigindo que o profissional tenha experiência em processos de insolvência e em negociações complexas com múltiplas partes, dispensando

---

[20] Art. 4.º

[21] Art. 2º.

[22] Art. 5º.

[23] Arts. 3º, § 3º, e 334.

[24] Normativo que regulamentou o procedimento de mediação, judicial e extrajudicial.

[25] Na mesma linha, a I Jornada de Prevenção e Solução Extrajudicial de Litígios do Conselho da Justiça Federal aprovou o enunciado nº45: "a mediação e conciliação são compatíveis com a recuperação judicial, a extrajudicial e a falência do empresário e da sociedade empresária, bem como em casos de superendividamento, observadas as restrições legais".

[26] Art. 1º.

[27] Art. 2º.

tais exigências quando houver consenso entre as partes ou a nomeação de um comediador que possua referida prática[28].

Outrossim, assinalou que eventual acordo obtido não dispensará a deliberação por Assembleia Geral de Credores, nas hipóteses exigidas por lei, nem afastará o controle de legalidade a ser exercido pelo magistrado por ocasião da respectiva homologação.

d) Em 31 de março de 2020, no início da pandemia no Brasil, publicou-se a **Recomendação n. 63**, voltada a mitigar os impactos oriundos das medidas de combate à contaminação pelo novo coronavírus, cujas consequências sociais e econômicas ainda eram muito incertas.

Após a declaração de Emergência de Saúde Pública de Importância Internacional realizada pela Organização Mundial da Saúde (OMS), em 30 de janeiro de 2020, e a edição do Decreto Legislativo n. 6, de 20 de março de 2020, declarando a existência de Estado de Calamidade Pública no País, em face das medidas de prevenção ao contágio que os Estados brasileiros já vinham adotando – como o distanciamento social, a imposição de quarentena, o fechamento do comércio e de atividades econômicas não essenciais –, verificou-se um grande abalo no funcionamento das empresas.

Não se pode perder de vista que os processos de recuperação judicial requerem urgência, ademais aquelas externalidades afetam a manutenção da atividade empresarial como um todo, comprometendo a circulação de riquezas, assim como a geração de tributos, de emprego e renda do trabalhador.

Portanto, constatando a necessidade de orientar os juízes na condução dos processos durante esse período de notável excepcionalidade[29], o CNJ realizou diversas exortações aos magistrados com competência recuperacional.

Primeiro, que fosse dada prioridade na análise e na decisão acerca de questões relativas ao levantamento de valores em favor de credores ou empresas recuperandas, haja vista a importância econômica e social que essas medidas possuem para ajudar na manutenção do regular funcionamento da economia e para a sobrevivência das famílias brasileiras.

Segundo, no sentido de que suspendessem a realização, de forma presencial, das Assembleias Gerais de Credores, que, a depender da urgência, deveriam acontecer virtualmente.

---

[28] Art. 3º, § 2º.

[29] Nos termos da Resolução CNJ n. 313, de 19 de março de 2020, ficou definido o regime de plantão extraordinário, com suspensão do trabalho presencial c dos prazos processuais, assegurada a tramitação de processos de urgência.

Terceiro, que se permitisse a prorrogação do prazo de duração da suspensão (*stay period*) estabelecida no art. 6º da LREF, diante da circunstância de adiamento da Assembleia Geral, até o momento da homologação ou não do seu resultado.

Quarto, que se concedesse à empresa em recuperação a qual estivesse em fase de cumprimento do Plano aprovado pelos credores, a possibilidade de apresentar Plano modificativo em decorrência da diminuição de sua capacidade obrigacional, considerando até a ocorrência de força maior ou de caso fortuito para relativizar a convolação da recuperação em falência.

Quinto, que os administradores judiciais continuassem a fiscalizar, de forma virtual ou remota, as atividades das empresas recuperandas, com a apresentação dos Relatórios Mensais de Atividades (RMA) e sua divulgação nas respectivas páginas de internet.

Sexto, que se avaliasse com especial acuidade as medidas de urgência, de decretação de despejo por falta de pagamento, além de realização de atos executivos de natureza patrimonial resultantes de obrigações inadimplidas durante a pandemia.

e) A Recomendação n. 71, de 5 de agosto de 2020, em reforço à Recomendação n. 58, diante da necessidade de criação de mecanismos eficientes para lidar com os conflitos empresariais de qualquer natureza e valor, incluindo aqueles agravados pelos trágicos efeitos da pandemia, propôs a implementação de Centros Judiciários de Solução de Conflitos e Cidadania – CEJUSCs Empresariais, no âmbito dos Tribunais locais, para o tratamento adequado de contendas empresariais[30] visando o "achatamento da curva de demandas"[31], destacando a necessidade de capacitação dos mediadores.

Em verdade, tentou-se uniformizar o procedimento utilizado pelos Tribunais brasileiros lastreado em boas práticas pensadas e/ou já implementadas nos Estados de São Paulo, Paraná, Rio de janeiro, Espírito Santo e Rio Grande do Sul, sem afastar a possibilidade de realização das medidas em Câmaras Privadas de mediação e conciliação, previamente cadastradas no respectivo Tribunal de Justiça.

Dessa forma, definiu-se, em relação ao prazo, que os procedimentos de conciliação ou mediação deveriam ser concluídos em até sessenta dias, contados da primeira sessão, podendo haver prorrogação a pedido das partes[32].

---

[30] Art. 1º.

[31] Expressão utilizada pelo Grupo de Trabalho do CNJ.

[32] Art. 12.

No tocante aos custos, caberá ao Tribunal o dever de providenciar a capacitação de conciliadores e mediadores, com previsão de sua remuneração e formalização de um cadastro[33].

f) Logo após, em 19 de agosto de 2020, expediu-se a **Recomendação n. 72,** sempre tendo como norte a efetividade da prestação jurisdicional e a colaboração com o aperfeiçoamento da gestão dos processos, buscando melhorar a atuação dos Administradores Judiciais, devido à relevância de sua função, divulgando e estimulando a padronização dos relatórios apresentados, diante do vácuo normativo em relação aos requisitos formais para prática de seus atos no campo da recuperação judicial.

Não se pode olvidar que a ausência de padronização mínima causa prejuízos à boa marcha processual, notadamente em um país de dimensão continental, com as mais diversas culturas e práticas locais, que acabam por criar obstáculos ao desempenho das atividades de todos os envolvidos no processo: magistrados, administradores judiciais, demais auxiliares do Juízo, credores e os próprios devedores.

É importante frisar que o CNJ possui amplo histórico de edição de normas com esse desiderato[34], estando a uniformização de procedimentos para o Poder Judiciário dentro do legítimo exercício de sua competência.

Assim, visando à organização do andamento processual – trata-se de processo coletivo, com múltiplas pretensões e pedidos –, recomendou diretrizes mínimas aos Administradores Judiciais, determinando a apresentação dos seguintes relatórios padronizados[35], a serem disponibilizados em sítio eletrônico[36]: a) Relatório da Fase Administrativa, exposto ao final da fase administrativa de verificação de créditos (LREF, art. 7º), o qual traz o resumo das análises feitas para a confecção de edital, conferindo maior celeridade e transparência ao processo, uma vez que permite que os credores tenham amplo acesso às informações de seu interesse já no momento

---

[33] Art. 7º.

[34] A exemplo da Recomendação CNJ n. 13/2013 e da Resolução CNJ n. 235/2016, dentre outras.

[35] Modelos foram disponibilizados no anexo da Recomendação.

[36] O website servirá de canal de comunicação com os credores, com cópias das principais peças processuais, Relatório Mensal de Atividades do devedor – RMA, lista de credores e demais informações relevantes, permitindo, assim, uma melhor divulgação dos elementos, bem como o acesso virtual dos autos (art. 1º, § 4º).

Cap. 3 · AS RECOMENDAÇÕES DO CNJ EM MATÉRIA DE RECUPERAÇÃO JUDICIAL E FALÊNCIA | 39

da apresentação do edital[37]; b) Relatório Mensal de Atividades – RMA do devedor, previsto no art. 22, II, *c*, da Lei n. 11.101/2005; c) Relatório de Andamentos Processuais, informando as recentes petições protocoladas e o que se encontra pendente de apreciação pelo julgador[38]; d) Relatório dos Incidentes Processuais, que conterá as informações básicas e a fase processual de cada incidente ajuizado, contribuindo com a organização e o controle do fluxo pelo Cartório, auxiliando o Administrador na elaboração do Quadro Geral de Credores[39].

---

[37] O Relatório da Fase Administrativa deverá conter, no mínimo, as seguintes informações: I – relação dos credores que apresentaram divergências ou habilitações de créditos na forma art. 7º, § 1º, da Lei n. 11.101/2005, indicando seus nomes completos ou razões sociais e números de inscrição no CPF/MF ou CNPJ/MF; II – valores dos créditos indicados pela recuperanda, na forma do art. 52, § 1º, da Lei n. 11.101/2005; valores apontados pelos credores em suas respectivas divergências ou habilitações; e valores finais encontrados pelo AJ que constarão do edital; III – indicação do resultado de cada divergência e habilitação após a análise do administrador judicial, com a exposição sucinta dos fundamentos para a rejeição ou acolhimento de cada pedido; e IV – explicação sucinta para a manutenção no edital do Administrador Judicial daqueles credores que foram relacionados pela recuperanda na relação nominal de credores de que trata o art. 51, II, da Lei n. 11.101/2005 (conforme art. 1º, § 2º, da Recomendação).

[38] O Relatório de Andamentos Processuais deverá conter, no mínimo, as seguintes informações: I – a data da petição; II – as folhas em que se encontra nos autos; III – quem é o peticionante e o que pede de forma resumida; IV – se a recuperanda já se pronunciou sobre o pedido (caso não seja ela a peticionante); V – se o administrador judicial e o Ministério Público se manifestaram sobre o pedido (se o julgador entender que devam ser ouvidos); VI – se a matéria foi decidida, indicando o número de folhas da decisão; VII – o que se encontra pendente de cumprimento pelo cartório/secretaria; e VIII – observação do administrador judicial sobre a petição, se pertinente (conforme art. 3º, § 2º, da Recomendação).

[39] O Relatório dos Incidentes Processuais deverá conter, no mínimo, as seguintes informações: I – a data da distribuição do incidente e o número de autuação; II – o nome e CPF/CNPJ do credor; III – o teor da manifestação do credor de forma resumida; IV – o teor da manifestação da recuperanda de forma resumida (caso não seja ela a peticionante); V – o teor da manifestação do administrador judicial e do Ministério Público (se o julgador entender que devam ser ouvidos); VI – se a matéria foi decidida, indicando o número de folhas da decisão e se o incidente já foi arquivado; VII – o valor apontado como devido ao credor e a classe em que deva ser incluído; e VIII – eventual observação do administrador judicial sobre o incidente (conforme art. 4º, § 2º, da Recomendação).

4. A LEI N. 14.112/2020

Até o momento, essas foram as Recomendações do CNJ específicas para os processos de insolvência empresarial, que, em sua maioria, acabaram sendo objeto de previsão pela nova Lei n. 14.112/2020, como se percebe, por exemplo, no estímulo à conciliação e mediação, em qualquer grau de jurisdição, de forma antecedente ou incidental (arts. 6º, § 9º; 20-A; 20-B; 22, I, *j*); na possibilidade de instauração de mediação ou conciliação nos CEJUSCs Empresariais[40] (art. 20-B, § 1º); na adoção de endereço específico na internet para comunicação e disponibilização de informações (art. 22, I, *k*); na exigência de constatação prévia (art. 51-A) e na apresentação de relatório mensal do devedor pelo Administrador Judicial (art. 22, II, *c* e *h*).

Ainda no sistema da pré-insolvência, com o mote de equalização da crise sem a necessidade de um complexo processo judicial, não apenas se autorizou que as empresas em dificuldade realizassem mediação e conciliação de forma preventiva, como se potencializou sobremaneira essa negociação, inclusive suspendendo a execução das dívidas correlatas, atendendo a um dos principais reclamos da jurisprudência, que, como visto, foi devidamente regulamentada pelo CNJ, mantendo-se igualmente a recuperação extrajudicial.

Decerto, em antecipação ao momento de crise aguda, são previstos alguns estímulos necessários para elevar as chances de recuperação, suspendendo processos, melhorando o ambiente de negociação, diminuindo os custos do processo e, de alguma forma, afastando eventuais danos à imagem da empresa.

Ademais, ainda na diretriz das Recomendações, a nova legislação previu a possibilidade de uma verificação antecipada da viabilidade do processo recuperacional, por meio da denominada *constatação prévia* (art. 51-A). Nesse caso, consoante já assinalado, há uma análise preliminar da regularidade documental e das reais condições de funcionamento da empresa, antes do deferimento do processamento da recuperação, sem a oitiva da outra parte e sem que nenhuma das partes possa apresentar quesitos, melhorando o acesso à Justiça das empresas viáveis e, em contrapartida, dificultando a

---

[40] Os Cejuscs são centros judiciais de solução de conflitos instalados por todo o Brasil, previstos no CPC e na Lei de Mediação, e que será fundamental em caso de incremento no número de demandas, permitindo que os empresários e as empresas realizem uma negociação prévia, evitando-se o ajuizamento de ações de cobrança e de insolvência e, por conseguinte, diminuindo o número de novas demandas.

benesse pelas atividades inviáveis (ou de má-fé) de que queiram fazer uso de forma abusiva e predatória[41].

Definiu-se, ainda, o dever de criação e manutenção de banco de falências e recuperações judiciais, disponível na internet (art. 196), facilitando o acesso aos processos de insolvência por todos os atores do feito e por todo o sistema de justiça, centralizando dados importantes para pesquisas estatísticas, permitindo o tratamento e direcionamento de políticas públicas.

A nova Lei n. 14.112/2020 inseriu também dispositivos correspondentes à jurisprudência consolidada nas Cortes Superiores, como se percebe, por exemplo, na determinação de que todos os prazos previstos na norma ou que dela decorram deverão ser contados em dias corridos (art. 189, § 1º, I), bem assim na disposição que prevê que as decisões prolatadas nos processos de insolvência serão passíveis de agravo de instrumento, exceto no que diz respeito à previsão expressa em sentido contrário (art. 189, § 1º, II). Trata-se da exata dicção de entendimentos do Superior Tribunal de Justiça[42].

Logo, o novel diploma demonstra ser produto do diálogo entre as instituições da República, em busca da eficiência, da celeridade e da segurança jurídica ao sistema de insolvência, com o descongestionamento da Justiça, fomentando o empreendedorismo e, principalmente, maximizando o bem-estar social.

A norma jurídica é considerada eficiente e, por conseguinte, almejada, no aspecto econômico, quando dela decorrer a satisfação do maior número de indivíduos de uma sociedade (maximização da utilidade)[43].

---

[41]   Conforme consta do Ato normativo n. 0007684-39.2019.2.00.0000 do CNJ, "segundo estudo realizado pela Pontifícia Universidade Católica de São Paulo em amostra de processos em curso nas varas de falência e recuperação empresarial do Tribunal de Justiça do Estado de São Paulo, há maior índice de sucesso nos processos de recuperação judicial em que tal prática foi adotada".

[42]   Em relação à forma de contagem, ver REsp n. 1.699.528/MG, 4ª Turma, Rel. Min. Luis Felipe Salomão, j. 10.04.2018, *DJe* 13.06.2018; em relação ao cabimento do agravo de instrumento, ver REsp n. 1.722.866/MT, 4ª Turma, Rel. Min. Luis Felipe Salomão, j. 25.09.2018, *DJe* 19.10.2018.

[43]   GUIMARÃES, Márcio Souza. Direito das empresas em dificuldade. In: PINHEIRO, Armando Castelar; PORTO, Antônio J. Maristrello; SAMPAIO, Patrícia Regina Pinheiro (coord.). *Direito e Economia*: diálogos. Rio de Janeiro: Editora FGV, 2019. p. 367.

RECUPERAÇÃO DE EMPRESAS E FALÊNCIA: DIÁLOGOS ENTRE A DOUTRINA E A JURISPRUDÊNCIA

Na perspectiva da Análise Econômica do Direito[44], a legislação de insolvência será mais eficiente sempre que resultar em redução dos custos de transação, aumento do ganho social, diminuição da assimetria de informações, redução da litigiosidade, previsibilidade de sanções e prêmios, melhoria da segurança jurídica, incentivo ao sistema de crédito, refreamento de condutas abusivas, redução do sacrifício dos envolvidos, entre outros consectários.

Nesse panorama, já diante de uma maturidade social da economia brasileira, o novo marco legal trouxe acréscimos consideráveis nas oportunidades de interação estratégica dos atores econômicos envolvidos no contexto da empresa em crise – à luz da teoria dos jogos[45], em que os agentes econômicos são maximizadores racionais de satisfação e conhecedores da situação de escassez[46] –, prevendo um conjunto de medidas *ex ante* e *ex post*, incen-

---

[44] Jairo Saddi lembra que, "quando se define falência (ou recuperação de empresas), é comum nos atermos a definições jurídicas: trata-se de um processo de execução coletiva, meio de realização de direitos do credor. No entanto, precisamos nos lembrar também de que o substrato que permeia o tema tem natureza econômica: como lembra Thomas Felsberg, empresas insolventes são unidades produtivas exatamente iguais às solventes, com a exceção de que seus passivos se encontram desestruturados; fora isso, geram empregos, compram e transformam matérias-primas, vendem produtos acabados – enfim, produzem riquezas. Portanto, além da visão tradicional da execução coletiva, há de se considerar o assunto por uma perspectiva mais voltada à análise econômica do direito" (SADDI, Jairo. Análise econômica da falência. In: TIMM, Luciano Benetti (org.). *Direito e economia no Brasil*: estudos sobre a análise econômica do direito. 3. ed. Indaiatuba: Editora Foco, 2019. p. 366).

[45] Perfazendo a aplicação do dilema dos prisioneiros entre cooperar e não cooperar, temos "da perspectiva do devedor, a aprovação do plano depende do seu sucesso no que diz respeito ao convencimento dos demais jogadores em aderir ao plano de reestruturação proposto. Estes últimos, por sua vez, deverão analisar os custos e benefícios de cada uma das opções (aprovação do plano ou decretação da quebra do devedor) antes de decidir seu comportamento estratégico na votação. Caso os credores optem pela aprovação do plano, terão que suportar as perdas nele previstas. A alternativa, contudo, é vantajosa na maior parte das vezes, considerando que eventual decretação da quebra dificultará ainda mais o recebimento do crédito" (GUIMARÃES, Márcio Souza. Op. cit., p. 369).

[46] "O pensamento econômico funda-se no pressuposto de que os agentes econômicos são racionais e, portanto, agem racionalmente, e que os recursos são escassos e tem valor, a busca da melhor, mais eficiente alocação, a maximização de seu uso, deve produzir o máximo de bem-estar. Da combinação desses pressupostos, resulta que os agentes, de forma racional, tentam maximizar sua satisfação individual, transferindo seus recursos para aquelas posições e/ou situações que lhe ofereçam o máximo bem-estar ou mínimo de prejuízo" (SZTAJN, Raquel.

Cap. 3 • AS RECOMENDAÇÕES DO CNJ EM MATÉRIA DE RECUPERAÇÃO JUDICIAL E FALÊNCIA | **43**

tivando e reprimindo comportamentos, estimulando a cooperação desde o momento da pré-insolvência[47], passando pelos termos do Plano de Recuperação até eventual pedido ou decisão de quebra, prevendo o magistrado como intenso participante desse arquétipo na busca de uma solução equilibrada dos interesses envolvidos, com a preservação da engrenagem econômica e, principalmente, com a proteção da função social decorrente dessa atividade.

O espírito sempre foi de que a recuperação judicial é pilar do desenvolvimento econômico e de que a falência é mecanismo de preservação de benefícios econômicos e sociais advindos da atividade empresarial, por meio da liquidação imediata dos bens do devedor e da rápida realocação de ativos na economia[48].

Aliás, o normativo vem na linha do que foi implementado pelas legislações mais modernas do mundo, notadamente dos países da União Europeia[49], sem deixar de lado a racionalidade e as particularidades do sistema brasileiro.

A evolução natural interpretativa da norma, muito provavelmente ajudará o país a melhorar seu posicionamento no ranking *Doing Business,* do Banco Mundial, em que um dos principais indicadores é a "Resolução de Insolvência", além de atender as recomendações da Insol Internacional, melhorando o ambiente de negócios.

Em arremate, para além das modificações já encartadas, apenas a título de registro complementar – porque certamente serão objeto de exame e possível sugestão de regulamentação pelo Grupo de Trabalho do Conselho Nacional de Justiça –, devem ser destacadas ainda as seguintes proposições da Lei n. 14.112/2020:

a) adotou os procedimentos de insolvência transnacional da Lei Modelo da UNCITRAL; regulamentou o financiamento do devedor, definindo regras para o *DIP Financing*[50], aumentando significati-

---

Notas de análise econômica contratos e responsabilidade civil. *Revista de Direito Mercantil Industrial e Econômico e Financeiro,* São Paulo, v. 36, n. 111, jul.-set. 1998. p. 9-29).

[47] Como são exemplos, o incremento dos métodos consensuais de solução de conflito, o maior incentivo à recuperação extrajudicial, previsão do instrumento da constatação prévia, pontos também de destaque nas Resoluções do CNJ.

[48] Art. 75, § 2º, da LREF

[49] Diretiva Diretiva (UE) 2019/1023 do Parlamento Europeu e do Conselho, de 20 de junho de 2019.

[50] DIP, sigla em inglês para "debt-in-possession".

vamente a possibilidade de acordos e de manutenção da atividade viável, bem assim oferecendo uma maior proteção ao credor que aporta recursos em subsídio à empresa em crise;

b) normatizou a consolidação formal e substancial, permitindo que grupos empresariais sob controle societário comum proponham a recuperação, com a coordenação de atos processuais, bem como autorizou, quando se constatar a interconexão e a confusão patrimonial, a consolidação de ativos e passivos dos devedores integrantes do grupo econômico;

c) permitiu que os credores apresentassem um plano de recuperação em caso de rejeição daquele proposto pelo devedor, favorecendo um melhor balanceamento entre os interesses das partes;

d) regulamentou a questão do passivo tributário, definindo prazos de parcelamento da dívida tributária das empresas com pleito recuperacional;

e) avançou no tratamento da recuperação extrajudicial, além de ter aprimorado e desburocratizado o tratamento da micro e pequena empresa em dificuldade, com alternativas de menor custo, assim como do produtor rural, com fundamento nos entendimentos jurisprudenciais;

f) possibilitou a extensão do prazo de pagamento dos créditos trabalhistas e sua inclusão na recuperação extrajudicial, desde que ocorra a autorização, em negociação coletiva, pelo sindicato profissional;

g) autorizou a suspensão das ações e execuções também em relação à recuperação extrajudicial;

h) no que toca à falência, estabeleceu ditames que permitirão uma liquidação célere das empresas inviáveis, com a rápida realocação de recursos na economia e o fomento do empreendedorismo, viabilizando o rápido retorno do falido à atividade econômica e autorizando a venda de todos os bens da massa falida, no prazo máximo de 180 dias.

5. CONCLUSÃO

A nova Lei n. 14.112/2020 revela-se um importante avanço institucional, tendo a virtude de maximizar o racional econômico da Lei n. 11.101/2005 e minimizar os impactos decorrentes das incertezas e dos riscos relacionados ao processo de insolvência empresarial.

O arcabouço legal, como se percebe, teve o propósito de estimular ainda mais a sobrevivência de empresas viáveis, auxiliando-as nesse intento, e de rechaçar a manutenção das inviáveis, sempre com olhar de obtenção de melhores resultados do ponto de vista econômico e, por consequência, social, trazendo ganho de valor, de bem-estar, diminuindo o risco dos negócios e incrementando as condições de crédito, atraindo investimentos nacionais e estrangeiros, assim como fomentando oportunidades para toda a economia[51].

Nesse passo, o Congresso Nacional, ouvindo toda a sociedade, as instituições da República e os diversos atores econômicos para a elaboração da nova lei, conseguiu conciliar soluções que gerem o melhor resultado possível para as múltiplas partes, calibrando o interesse de credores e devedores, permitindo que a empresa se reorganize e volte a ser economicamente viável, fazendo com que o Brasil venha a conquistar um sistema de insolvência mais equilibrado e muito mais eficiente, alinhando-se às legislações mais modernas sobre o assunto.

Por sua vez, o espírito do Grupo de Trabalho do CNJ, por meio das Recomendações, foi e, com mais razão, será – no futuro – de colaborar com o marco legal da insolvência, propondo mecanismos de aprimoramento do sistema recuperacional e falimentar, orientando e fomentando a conduta de magistrados, partes e demais interessados no processo de insolvência, incentivando a superação consensual de controvérsias, minimizando as consequências decorrentes das externalidades econômicas vivenciadas no mundo, especialmente as relacionadas à pandemia, minimizando, assim, as perdas e permitindo, na medida do possível, ganhos de bem-estar para toda a sociedade.

REFERÊNCIAS BIBLIOGRÁFICAS

ARABI, Abhner Youssif Mota. A atuação do CNJ como mecanismo legitimador do Poder Judiciário. *Caderno Virtual do Instituto Brasiliense de Direito Público*, v. 1, 2012. Disponível em: https://www.portaldeperiodicos. idp.edu.br/cadernovirtual/article/view/697/475. Acesso em: jan. 2021.

GUIMARÃES, Márcio Souza. Direito das empresas em dificuldade. In: PINHEIRO, Armando Castelar; PORTO, Antônio J. Maristrello; SAMPAIO, Patrícia Regina Pinheiro (coord.). *Direito e Economia*: diálogos. Rio de Janeiro: Editora FGV, 2019.

LISBOA, Marcos de Barros; DAMASO, Otávio Ribeiro; SANTOS, Bruno Carazza dos; COSTA, Ana Carla Abrão. A racionalidade econômica

---

[51] LISBOA; DAMASO; SANTOS; COSTA. Ob. cit., p. 32.

da nova Lei de Falências e de Recuperação de Empresas. In: PAIVA, Luiz Fernando Valente de (coord.). *Direito falimentar e a nova Lei de Falência e Recuperação de Empresas*. São Paulo: Quartier Latin, 2005.

MENDES, Gilmar Ferreira; BRANCO, Paulo Gonet. *Curso de direito constitucional*. 15. ed. São Paulo: Saraiva Educacional, 2020.

SADDI, Jairo. Análise econômica da falência. In: TIMM, Luciano Benetti (org.). *Direito e economia no Brasil*: estudos sobre a análise econômica do direito. 3. ed. Indaiatuba: Editora Foco, 2019.

SALOMÃO, Luis Felipe. Para melhorar o ambiente de negócios. *O Globo*, edição de 11.03.2020.

SALOMÃO, Luis Felipe. *Superior Court Minister praises reform of Brazilian bankruptcy law, CNJ working group activities*. Entrevista publicada na agência de notícias Debtwire, em 02.12.2020.

SALOMÃO, Luis Felipe; COSTA, Daniel Carnio. Coronavírus e a recuperação de empresas. *Folha de São Paulo*, edição de 20.04.2020.

SALOMÃO, Luis Felipe; COSTA, Daniel Carnio. Revolução na insolvência empresarial. *O Estado de S. Paulo*, em 04.12.2020.

SALOMÃO, Luis Felipe; COSTA, Daniel Carnio; ARAÚJO, Valter Shuenquener de. Achatar a curva de crescimento das ações judiciais. *O Globo*, em 09.06.2020, e *Consultor Jurídico*, em 09.06.2020.

SALOMÃO, Luis Felipe; DRUMOND, Mônica. Métodos *online* de resolução de litígios. *Revista Justiça & Cidadania*, edição 239, ano 21, p. 16-19, jul. 2020.

SCALZZILI, João Pedro; SPINELLI, Luis Felipe; TELLECHEA, Rodrigo. *Recuperação de empresas e falências*. São Paulo: Almedina, 2016.

SILVA, José Afonso. *Curso de direito constitucional positivo*. 43. ed. São Paulo: Malheiros, 2020.

SZTAJN, Raquel. Notas de análise econômica contratos e responsabilidade civil. *Revista de Direito Mercantil Industrial e Econômico e Financeiro*, São Paulo, v. 36, n. 111, jul.-set. 1998.

DECISÕES JUDICIAIS

BRASIL – STJ, REsp 1.699.528/MG, 4ª Turma, Rel. Min. Luis Felipe Salomão, j. 10.04.2018, *DJe* 13.06.2018.

BRASIL – REsp 1.722.866/MT, 4ª Turma, Rel. Min. Luis Felipe Salomão, j. 25.09.2018, *DJe* 19.10.2018.

BRASIL – STF, ADI 3.367, Rel. Min. Cezar Peluso, j. 13.04.2005, *DJ* 22.09.2006.

BRASIL – STF, MS 28.611-MC-AgR, Rel. Min. Celso de Mello, j. 14.10.2010, *DJE* 1º.04.2011.

BRASIL – STF, MS 28.872-AgR, Rel. Min. Ricardo Lewandowski, j. 24.02.2011, *DJE* 18.03.2011.

BRASIL – STF, MS 26.163, Rel. Min. Cármen Lúcia, j. 24.04.2008, *DJE* 04.09.2008.

BRASIL – STF, MS 27.621, Rel. p/ o ac. Min. Ricardo Lewandowski, j. 07.12.2011, P, *DJE* 11.05.2012.

4

AS RECOMENDAÇÕES DO CONSELHO NACIONAL DE JUSTIÇA EM MATÉRIA DE RECUPERAÇÃO JUDICIAL E FALÊNCIAS

SAMANTHA MENDES LONGO

Sumário: 1. Introdução – 2. As recomendações do Conselho Nacional de Justiça – 3. Conclusão – Referências bibliográficas.

1. INTRODUÇÃO

O Conselho Nacional de Justiça ("CNJ"), em dezembro de 2018, sob a presidência do Ministro Antonio Dias Toffoli, criou um Grupo de Trabalho para debater e sugerir medidas voltadas à modernização e à efetividade da atuação do Poder Judiciário nos processos de recuperação empresarial e de falência.[1]

Uma das atribuições do referido grupo, formado por ministros, desembargadores, juízes, advogados e administradores judiciais, é apresentar propostas de recomendações, provimentos, instruções, orientações e outros atos normativos, destinadas ao aperfeiçoamento das atividades dos órgãos do Poder Judiciário.

Desde sua criação, o grupo debateu e apresentou algumas recomendações, todas aprovadas pelos conselheiros do CNJ.[2]

---

[1]   Conselho Nacional de Justiça. *Portaria 162, de 19 de dezembro de 2018*. Disponível em: https://atos.cnj.jus.br/atos/detalhar/2787.

[2]   Dada a relevância do grupo, por meio da Portaria 6/2020, o prazo de duração foi estendido por mais um ano.

Em setembro de 2020, o atual Presidente do CNJ, Ministro Luiz Fux, renovou os trabalhos do grupo por mais um ano, nomeando novos membros.[3]

Neste artigo, abordaremos, ainda que brevemente, as seis recomendações aprovadas pelo CNJ e que têm ajudado a trazer celeridade e eficiência aos processos de recuperação judicial e falências. São elas: Recomendação 56, que trata da especialização de varas com competência recuperacional e falimentar; Recomendação 57, que cuida da constatação prévia; Recomendação 58, que estimula a autocomposição no sistema de insolvência; Recomendação 63, que trouxe medidas para mitigar os efeitos da Covid-19; Recomendação 71, que dispõe sobre a criação de CEJUSCs empresariais; e Recomendação 72, que apresenta modelos de relatórios do administrador judicial.

Cabe pontuar que as recomendações, ao contrário das resoluções, não têm força vinculante; não são obrigatórias, nos termos do art. 102, § 5º, do Regimento Interno do CNJ. São atos normativos que dão orientações gerais, que recomendam, como o próprio nome indica, alguma prática. Por meio da recomendação, medidas são sugeridas, mas cabe a cada magistrado avaliar o caso concreto e o contexto local para formar sua convicção, decidindo seguir ou não a recomendação.

2. AS RECOMENDAÇÕES DO CONSELHO NACIONAL DE JUSTIÇA

(i) Recomendação nº 56/2019: criação de varas especializadas

A primeira recomendação do grupo de trabalho foi a que recomendou a criação de varas especializadas em matéria de insolvência. Essa recomendação foi aprovada em outubro de 2019, na mesma sessão em que as recomendações 57 e 58 a seguir tratadas foram também aprovadas.

A ideia foi incentivar os Tribunais de Justiça a criarem varas especializadas em recupera**ção empresarial e falência nas comarcas que recebam uma quantidade** significativa de casos novos (uma média anual de 221 casos novos, principais e incidentes), pois os estudos revelam que o juízo especializado é mais eficiente na condução do processo.

Sabendo-se que os processos falimentares e recuperacionais têm características próprias, distanciando-se do clássico dualismo autor x réu das

---

[3] Conselho Nacional de Justiça. *Portaria 199, de 30 de setembro de 2020.* Disponível em: https://atos.cnj.jus.br/atos/detalhar/3502.

Cap. 4 • AS RECOMENDAÇÕES DO CNJ EM MATÉRIA DE RECUPERAÇÃO JUDICIAL E FALÊNCIAS | 51

demandas comuns, já que há muitos e distintos interesses envolvidos nesses processos coletivos, o cuidado do magistrado na condução do processo deve ser ainda maior.

Nesse ato, também foi recomendada a criação de Câmaras especializadas quando no Tribunal houver vara especializada, o que faz todo o sentido, pois não parece razoável que o processo de recuperação seja julgado por juiz especialista na matéria, mas eventuais recursos contra a decisão do juiz especializado sejam decididos por julgadores não tão afetos à matéria.

É, por exemplo, o que acontece hoje no Tribunal de Justiça do Rio de Janeiro, que conta com sete varas empresariais, mas nenhuma Câmara empresarial, cabendo destacar que, após a recomendação 56, o Tribunal já iniciou movimento pela especialização em segundo grau de jurisdição.

(ii) Recomendação nº 57/2019: constatação prévia

A Recomendação nº 57 trata da constatação prévia, uma prática criada pelo magistrado Daniel Carnio Costa e que se mostrou de grande valia para dar segurança ao magistrado no momento do deferimento do pedido de processamento da recuperação judicial.

A recuperação empresarial deve ser concedida para empresas viáveis, cujas atividades merecem ser preservadas em função da geração de benefícios em favor do interesse público e social. Se a empresa se mostra inviável de plano, o benefício da recuperação não merece ser concedido e a falência é a medida prevista em lei.

A ideia da constatação prévia é, portanto, identificar a real condição da empresa que está em crise e procura o Poder Judiciário visando obter o deferimento da recuperação judicial e a concessão do *stay period*, ou seja, a suspensão das execuções em curso contra ela.

O juiz pode nomear um profissional da sua confiança para no prazo de cinco dias, sem oitiva de qualquer parte, apresentar um laudo de constatação das reais condições de funcionamento da devedora e de verificação da regularidade documental. Como se sabe, são inúmeros os documentos apresentados pela devedora com sua petição inicial, sendo certo que muitos deles são contábeis, econômicos e financeiros, o que não é a expertise do magistrado.

Essa prática recomendada pelo CNJ foi, inclusive, positivada recentemente na Lei de Recuperações e Falências, com as alterações promovidas pela Lei nº 14.112/2020. Diz o art. 51-A:

> Após a distribuição do pedido de recuperação judicial, poderá o juiz, quando reputar necessário, nomear profissional de sua confiança,

com capacidade técnica e idoneidade, para promover a constatação exclusivamente das reais condições de funcionamento da requerente e da regularidade e da completude da documentação apresentada com a petição inicial.

(iii) Recomendação nº 58/2019: o uso da mediação

A terceira recomendação a ser aprovada em 2019 foi a que cuidou da mediação e outros métodos adequados de solução de conflitos nos processos de insolvência. Como tivemos a oportunidade de destacar em recente obra sobre o tema, o principal objetivo dessa recomendação "é trazer ao conhecimento de muitos magistrados uma ferramenta que poderá ser de grande utilidade nos processos de recuperação e falências, que abrangem interesses múltiplos e pressupõem como já visto, ampla negociação".[4]

Embora o ato se refira especialmente à mediação, considerando os seus propósitos, a expressão mediação deve ser compreendida em sentido amplo como qualquer método de solução de conflito, como a conciliação e a negociação.

A busca pelo consenso deve ocorrer no curso da demanda para solucionar distintos conflitos. O art. 2º traz um rol exemplificativo de situações em que a mediação pode ser usada. São elas: nos incidentes de verificação de crédito; para auxiliar na negociação de um plano de recuperação judicial; para pactuação da consolidação substancial; para solucionar disputas entre os sócios/acionistas do devedor; para pactuar acerca da participação dos entes reguladores no processo; e nas diversas situações que envolvam credores não sujeitos à recuperação ou credores extraconcursais.

Caberá ao magistrado responsável pela condução do processo homologar os acordos, podendo sempre exercer o controle de legalidade sobre o conteúdo transacionado.

A mediação pode contar com um mediador nomeado pelo juiz e pode ser feita extrajudicial ou judicialmente. As regras para escolha do mediador estão previstas em detalhes no ato e o procedimento pode se dar entre duas ou mais partes, dependendo do seu objeto, podendo ser conduzido de forma presencial ou virtual.

A recomendação esclarece que a mediação deverá ser incentivada em qualquer grau de jurisdição, inclusive no âmbito dos Tribunais Superiores,

---

[4] NETTO, Antonio Evangelista de Souza; LONGO, Samantha Mendes. *A recuperação empresarial e os métodos adequados de solução de conflitos*. Porto Alegre: Paixão Editores, 2020. p. 162.

estabelecendo, ainda, que o encaminhamento das partes à mediação não implica a suspensão ou a interrupção do processo e dos prazos previstos na Lei nº 11.101/2005, salvo se assim decidir o magistrado ou se as partes assim estipularem.

A prática tem mostrado que os métodos de autocomposição de controvérsias são totalmente compatíveis com os processos de recuperação empresarial, cabendo ao Poder Judiciário explorar cada vez mais essa ferramenta, que poderá contribuir substancialmente para o soerguimento de empresas em dificuldade.

A recuperação empresarial, lembre-se, possui natureza essencialmente negocial, uma vez que credores e devedor devem negociar e ajustar as novas formas de pagamento das dívidas. Exige-se um esforço múltiplo de todos os personagens envolvidos, no sentido de alcançar o soerguimento da empresa, para que ela continue exercendo sua função social, gerando empregos, recolhendo tributos e fomentando a economia. Nada mais natural, portanto, que os métodos de autocomposição sejam estimulados e usados em processos de negociação coletiva.

Nesse sentido, importante destacar que a recentíssima Lei nº 14.112/2020, que alterou a Lei nº 11.101/2005, traz uma nova Seção II-A dedicada justamente às conciliações e às mediações antecedentes ou incidentais aos processos, não deixando nenhuma dúvida quanto ao cabimento, à compatibilidade e à importância dos métodos consensuais. Passa a ser, inclusive, função do Administrador Judicial estimular a adoção desses métodos, fiscalizando a regularidade das negociações e o respeito à boa-fé nessas tratativas, para trazer maior efetividade econômico-financeira e proveito social para os agentes econômicos envolvidos.

(iv) Recomendação nº 63/2020: medidas para mitigar o impacto da Covid-19

A Recomendação nº 63 foi mais uma clara demonstração de como o grupo de trabalho se mantém antenado com a realidade: trata-se de ato aprovado no início da pandemia da Covid-19, em março de 2020, e que buscou dar um norte a vários magistrados em um momento extremamente delicado de isolamento social e fechamento do comércio em geral.

Na recomendação, sugere-se a adoção pelos magistrados de algumas medidas para mitigar o impacto decorrente da Covid-19. Entre elas, a prioridade na análise de pedidos de levantamento de valores em favor das recuperandas ou de credores. Sem dúvidas, receber valores depositados judicialmente é uma forma de amenizar os prejuízos decorrentes da grave crise econômica ocasionada pelo isolamento social.

Também se recomendou a realização de assembleia geral de credores (AGC) na modalidade *on-line* nos casos em que o conclave se mostre urgente, conferindo a todos um ambiente de tranquilidade para a realização das AGCs virtuais, até então, extremamente raras.

A prorrogação do *stay period* nos casos de adiamento da AGC e a possibilidade de o devedor apresentar aditamento ao plano de recuperação judicial em virtude dos efeitos da pandemia também foram medidas sugeridas. A prática mostrou que muitas empresas em recuperação apresentaram aditivos ao plano já aprovado, de forma a se adequar à nova realidade.

Também é recomendado ao AJ que continue a realizar a fiscalização das atividades do devedor de forma virtual ou remota e sugere-se aos magistrados que tenham especial cautela na apreciação de pedidos de despejo por falta de pagamento e a realização de atos de constrição em desfavor das empresas. Tudo de forma a preservar as empresas atingidas pela pandemia, em atenção ao princípio estampado no art. 47 da Lei nº 11.101/2005.

(v) Recomendação nº 71/2020: disseminação dos métodos autocompositivos no ambiente empresarial

A Recomendação nº 71 incentiva a criação por todos os Tribunais do Brasil de um espaço, presencial ou virtual, dedicado especialmente aos empresários/empresas e seus credores para resolverem seus conflitos de forma célere, eficiente e menos custosa, tanto financeira como emocionalmente: o CEJUSC Empresarial (Centro Judiciário de Solução de Conflito e Cidadania Empresarial).

Como se extrai da leitura dos seus Considerandos, o CNJ registrou e considerou algumas iniciativas de Tribunais de Justiça que criaram, no curso da pandemia, espaços dedicados à solução pacífica de conflitos empresariais.

O Tribunal de Justiça do Estado do Paraná foi o pioneiro ao criar, em abril de 2020, o primeiro CEJUSC voltado especialmente à área de recuperação empresarial e falência.[5] Quase que concomitantemente, o Tribunal de São Paulo criou, através do Provimento nº 11 da Corregedoria-Geral, um projeto piloto de conciliação e mediação pré-processuais para tratar das disputas empresariais decorrentes dos efeitos da Covid-19 e, em junho de 2020, o Tribunal de Justiça do Estado do Rio de Janeiro implementou o Regime Especial de Tratamento de Conflitos Relativos à Recuperação Empresarial e

---

[5] Tribunais se preparam para grande demanda de recuperações. *Valor Econômico*, 22 de abril de 2020. Disponível em: https://valor.globo.com/legislacao/noticia/2020/04/22/tribunais-se-preparam-para-grande-demanda-de-recupe-racoes-judiciais.ghtml.

Falência (RER), que visa promover a realização de mediações afetas a questões relativas ao direito da insolvência, no âmbito pré-processual e processual.

Além dessas três iniciativas, os Tribunais de Justiça do Espírito Santo e do Rio Grande do Sul também criaram seus espaços dedicados à solução pacífica dos conflitos empresariais. Um belíssimo movimento que inspirou a Recomendação nº 71/2020.

Como previsto na recomendação, o Tribunal, ao implementar o CEJUSC Empresarial, deve adotar as seguintes providências no que tange aos mediadores, conciliadores e negociadores: a) realizar o cadastro de mediadores e conciliadores, bem como de câmaras de mediação e conciliação; b) providenciar a capacitação específica de conciliadores e mediadores em matéria empresarial; e c) instituir a remuneração e a forma de pagamento dos conciliadores e mediadores empresariais, de acordo com a organização interna de cada Tribunal.

A escolha do profissional que irá auxiliar as partes na busca da autocomposição será das próprias partes. Se elas não conseguirem alcançar um acordo, será designado um profissional que já esteja cadastrado no CEJUSC ou na Câmara privada parceira do Tribunal.[6]

Sobre a participação dos advogados nos procedimentos, as partes poderão estar acompanhadas de advogados ou defensores públicos. E, caso só uma das partes esteja acompanhada de advogado, determina a suspensão do procedimento até que todas estejam devidamente assistidas.

Com relação ao procedimento, a recomendação prevê o passo a passo para preenchimento do formulário eletrônico, *upload* dos documentos e comunicação aos demais envolvidos. Em sessenta dias o procedimento deve ser concluído, podendo as partes requerer sua prorrogação. Chegando a um acordo, esse deverá ser homologado pelo juiz competente.

(vi) Recomendação nº 72/2020: relatórios do Administrador Judicial

Por fim, a última recomendação do grupo já aprovada pelo CNJ diz respeito à atividade do administrador judicial, auxiliar da Justiça que ao

---

[6] A recomendação permite que os Tribunais de Justiça se utilizem de Câmaras Privadas de Mediação e Conciliação para realizarem os procedimentos de mediação, negociação ou conciliação, exigindo apenas que essas Câmaras estejam previamente cadastradas no respectivo Tribunal de Justiça. Essas parcerias entre os CEJUSCs e as Câmaras privadas já são realidade em alguns Tribunais de Justiça do país. Permitir que mediadores não cadastrados, ou seja, mediadores extrajudiciais possam realizar mediações empresariais nos CEJUSCs é muito salutar tendo em vista que não é usual ter mediadores judiciais com experiência em direito empresarial.

desempenhar bem suas funções ajuda a garantir a efetividade da própria prestação jurisdicional.

O que se buscou nesse ato foi divulgar boas práticas já adotadas por administradores judiciais, com a padronização mínima de procedimentos nos processos de recuperação judicial e de falência, pois, não obstante a Lei nº 11.101/2005 discipline diversas espécies de procedimentos, ela deixa de estabelecer requisitos formais para os atos.

Essa lacuna acaba sendo preenchida por cada profissional de uma maneira diferente, o que dificulta o desempenho, de maneira célere e eficaz, das atividades dos magistrados, administradores judiciais e demais auxiliares do Juízo, prejudicando, ao final, os credores e as recuperandas.

O ato traz, portanto, alguns modelos de relatórios que podem ser adotados pelos administradores judiciais, se o magistrado responsável pelo processo assim determinar. São quatro modelos: (i) Relatório da Fase Administrativa; (ii) modelo padrão de RMA – Relatório Mensal de Atividades do devedor; (iii) Relatório de Andamentos Processuais; e (iv) Relatório dos Incidentes Processuais.

O Relatório da Fase Administrativa conterá um resumo das análises feitas pelo AJ para a confecção de edital com a relação de credores. Como se sabe, a Lei nº 11.101/2005 determina ao AJ que apresente a lista de credores, após o exame das habilitações e divergências administrativas. Mas, na prática, muitos AJs apresentam a lista sem explicar os motivos pelos quais o crédito foi ou não incluído. Essa justificativa é extremamente útil aos credores e às recuperandas, que passam a conhecer o entendimento do AJ para, querendo, apresentar impugnação ao juiz.

O RMA – Relatório Mensal de Atividades do devedor está previsto no art. 22, II, "c", da Lei nº 11.101/2005, mas lei não explicita quais informações ele deve trazer ao magistrado e aos credores. A ideia então da Recomendação foi trazer um modelo com as informações mínimas que o AJ deve trazer no RMA.

O Relatório de Andamentos Processuais, por sua vez, é uma sugestão de documento que irá auxiliar o magistrado na organização e na condução do processo que, por ter muitos envolvidos, costuma ter um número alto de petições protocoladas. Com esse relatório, que poderá ser apresentado pelo AJ ao juiz na frequência que ele achar conveniente, o magistrado estará informado das recentes petições protocoladas e o que se encontra pendente de apreciação.

Por fim, sugeriu-se a apresentação de Relatório dos Incidentes Processuais, que conterá as informações básicas sobre cada incidente ajuizado e em que fase processual se encontra. É mais uma contribuição que o AJ pode dar ao desenvolvimento regular e eficaz do processo, já que, além do processo principal de recuperação judicial, são abertos diversos incidentes processuais para cada habilitação ou impugnação de crédito. Como o administrador é intimado para se manifestar sobre cada incidente de crédito, nada mais natural que ele tenha o controle dos incidentes e colabore com o magistrado.

Uma postura proativa e diferenciada é o que se espera de todo o administrador judicial.

A recomendação ainda prevê que os administradores judiciais apresentem aos magistrados um questionário modelo para processos de falência, sendo incumbidos de inserir os dados dos relatórios e do questionário nos campos próprios dos sistemas de acompanhamento de processos de cada tribunal, quando existente. Esse questionário tem por fim criar uma base de dados sobre as falências, o que irá contribuir para a melhoria de todo o sistema de insolvência.

3. CONCLUSÃO

As seis recomendações aprovadas pelo Conselho Nacional de Justiça em matéria de recuperações e falências mostram que o grupo de trabalho tem desenvolvido um importante papel em prol da disseminação de boas práticas e de medidas voltadas à modernização e à efetividade da atuação do Poder Judiciário.

A sintonia das recomendações do CNJ com a realidade prática é tamanha que a análise da recentíssima Lei nº 14.112/2020, que alterou diversos dispositivos da Lei nº 11.101/2005, mostra que o CNJ foi pioneiro ao tratar de alguns temas.

A nova lei, por exemplo, positivou: (i) a constatação prévia, objeto da Recomendação nº 57/2019; (ii) o uso dos métodos adequados de solução de conflitos no âmbito dos processos de recuperação e falências, na esteira da Recomendação nº 58/2019; (iii) as negociações, conciliações ou mediações pré-processuais entre devedor e credores a serem realizadas nos CEJUSCs, como tratado na Recomendação nº 71/2020.

Melhorar o ambiente da insolvência, conferindo mais agilidade, dinâmica, eficiência e transparência aos processos é uma meta a ser perseguida, todos os dias, pelos que atuam na área. E os integrantes do grupo, liderados pelo Ministro do Superior Tribunal de Justiça Luis Felipe Salomão e pelo Conselheiro Henrique Ávila, têm se dedicado a essa tarefa.

O grupo, cujos trabalhos foram recentemente renovados por mais um ano, certamente trará outras relevantes recomendações e continuará contribuindo para o desenvolvimento sadio e eficiente dos processos de recuperação empresarial e falências.

REFERÊNCIAS BIBLIOGRÁFICAS

CONSELHO NACIONAL DE JUSTIÇA. *Recomendação nº 56, de 30 de outubro de 2019.* DJe/CNJ, nº 229, de 30.10.2019, p. 2. Disponível em: https://atos.cnj.jus.br/atos/detalhar/3068.

CONSELHO NACIONAL DE JUSTIÇA. *Recomendação nº 57, de 30 de outubro de 2019.* DJe/CNJ, nº 229, de 30.10.2019, p. 3-4. Disponível em: https://atos.cnj.jus.br/atos/detalhar/3069.

CONSELHO NACIONAL DE JUSTIÇA. *Recomendação nº 58, de 30 de outubro de 2019.* DJe/CNJ, nº 229, de 30.10.2019, p. 4-6. Disponível em: https://atos.cnj.jus.br/atos/detalhar/3070.

CONSELHO NACIONAL DE JUSTIÇA. *Recomendação nº 63, de 31 de março de 2020.* DJe/CNJ nº 89, de 31.03.2020, p. 2-3. Disponível em: https://atos.cnj.jus.br/atos/detalhar/3261.

CONSELHO NACIONAL DE JUSTIÇA. *Recomendação nº 71, de 5 de agosto de 2020.* DJe/CNJ nº 256, de 07.08.2020, p. 2-4. Disponível em: https://atos.cnj.jus.br/atos/detalhar/3434.

CONSELHO NACIONAL DE JUSTIÇA. *Recomendação nº 72, de 19 de agosto de 2020.* DJe/CNJ, nº 272, de 21.08.2020, p. 2-9. Disponível em: https://atos.cnj.jus.br/atos/detalhar/3426.

CONSELHO NACIONAL DE JUSTIÇA. *Portaria nº 162, de 19 de dezembro de 2018.* Disponível em: https://atos.cnj.jus.br/atos/detalhar/2787.

CONSELHO NACIONAL DE JUSTIÇA. *Portaria nº 199, de 30 de setembro de 2020.* Disponível em: https://atos.cnj.jus.br/atos/detalhar/3502.

COSTA, Daniel Carnio; FAZAN, Eliza. *Constatação prévia em processos de recuperação judicial de empresas.* Curitiba: Juruá, 2019.

NETTO, Antonio Evangelista de Souza; LONGO, Samantha Mendes. *A recuperação empresarial e os métodos adequados de solução de conflitos.* Porto Alegre: Paixão Editores, 2020.

SALOMÃO, Luis Felipe; SANTOS, Paulo Penalva dos. *Recuperação judicial, extrajudicial e falência:* teoria e prática. 3. ed. Rio de Janeiro: Forense, 2017.

O *STAY PERIOD* NO NOVO SISTEMA DE RECUPERAÇÃO DE EMPRESAS

5

O *STAY PERIOD* NO NOVO SISTEMA DE RECUPERAÇÃO DE EMPRESAS

João de Oliveira Rodrigues Filho

Sumário: I. Introdução – II. O *stay period* e suas características – III. A jurisprudência sobre o *stay period* – IV. *Stay period* na reforma da Lei 11.101/2005
– Reflexões – V. Conclusões – Referências bibliográficas.

I. INTRODUÇÃO

A nova ordem constitucional de 1988 estabeleceu uma série de fundamentos para a República Federativa do Brasil, entre os quais cabe destacar a
livre-iniciativa, prevista no art. 1º, IV, da Constituição Federal.

Para afirmar esse valor fundante, o texto constitucional, em seu art.
170, *caput*, prevê que a ordem econômica do país é fundada na valorização
do trabalho humano e na livre-iniciativa, cuja finalidade é de assegurar a
todos existência digna, conforme os ditames da justiça social, observando
como princípios, entre outros, os da propriedade privada e da função social
da propriedade.

Com a afirmação de uma economia de livre mercado, temos a empresa
como expressão do exercício do direito de propriedade através da coordenação dos fatores de produção (capital, mão de obra, insumos e tecnologia)
em busca de lucro, mas cuja atividade deve observar sua função social, uma
vez que ela não pode ser um fim em si mesmo, mas um instrumento para
assegurar a todos uma existência calcada na dignidade das pessoas.

Essa função social da empresa está associada à existência de polos econômicos dos quais devem surgir empregos, renda, arrecadação de tributos

e circulação de riquezas mediante a produção de produtos e serviços e a constituição e a manutenção de novas relações jurídicas negociais nos mais variados mercados existentes.

Diante da ordem constitucional decorrente da Magna Carta de 1988, da estabilização da moeda em 1994 e da adoção das políticas de privatizações, ao lado do fortalecimento e do amadurecimento das instituições e da ordem democrática, o Brasil foi alçado de maneira definitiva na economia global, tornando-se um dos mercados mundiais de maior relevância.

Um novo capítulo do caminho de modernização do ambiente econômico brasileiro ocorreu com o início da vigência da Lei 11.101/2005, que remodelou por completo o sistema de insolvência brasileiro, até então regido pelo Decreto-lei 7.661/1945.

De acordo com o relatório do Substitutivo do PLC 71/2003[1], o Senador Ramez Tebet reconheceu a necessidade de mudança da legislação de insolvência do país, que já não mais atendia às necessidades da sociedade e da economia, *verbis*:

> O PLC nº 71, de 2003, tem por objetivo ab-rogar e substituir a atual Lei de Falências, posta em vigor pelo quase sexagenário Decreto-Lei nº 7.661, de 21 de junho de 1945, que, muito embora tenha, por seus reconhecidos méritos, servido durante tanto tempo à disciplina da matéria, não é mais adequado às necessidades da sociedade e da economia brasileira, dadas as numerosas e profundas alterações que ocorreram nas práticas empresariais no Brasil e no mundo nas últimas seis décadas.

A Lei 11.101/2005 promoveu uma ruptura dos paradigmas até então existentes no direito de insolvência brasileiro, para afastar-se de um sistema com alta carga de intervenção judicial no instrumento de soerguimento da empresa até então existente, que era a concordata, para introduzir o instituto da recuperação judicial, com participação determinante dos credores na discussão e na deliberação dos meios de recuperação no plano proposto pelo devedor, privilegiando-se solução de mercado para o enfrentamento da crise econômico-financeira do empresário.

A recuperação judicial surge, então, no direito brasileiro, com inspiração na legislação de insolvência norte-americana e fundada na efetiva participação

---

[1]   Disponível em: https://legis.senado.leg.br/sdleg-getter/documento?dm=3499286&ts=1567528230880&disposition=inline.

dos credores em relação ao destino da empresa em crise, conforme princípio 9, constante do relatório do Substitutivo do PLC 71/2003, *verbis*:

> **9) PARTICIPAÇÃO ATIVA DOS CREDORES.** Fazer com que os credores participem ativamente dos processos de falência e de recuperação, a fim de que, em defesa de seus interesses, otimizem os resultados obtidos, diminuindo a possibilidade de fraude ou malversação dos recursos da empresa ou da massa falida.

II. O *STAY PERIOD* E SUAS CARACTERÍSTICAS

Um dos pilares da recuperação judicial é o *stay period*, segundo o qual, com o deferimento do processamento do pedido de recuperação judicial pelo devedor, as ações e as execuções existentes contra o devedor devem ser suspensas, pelo prazo de 180 dias, a fim de que o devedor possa construir um plano com previsão de meios voltados à superação da sua crise econômico--financeira e apresentá-lo aos seus credores, os quais decidirão se a empresa possui viabilidade econômica para o seu cumprimento e soerguimento ou se a atividade deve ser liquidada pela falência.

Como foi mencionado anteriormente, a Lei 11.101/2005 teve forte inspiração na legislação norte-americana, da qual foi trazido o instituto. E o *automatic stay* também foi de lá trazido, com o objetivo de conferir um período de tranquilidade na discussão coletiva sobre os meios de soerguimento. Segundo Bussel e Skeel Jr.[2]:

> Under § 362(a) the filing of a petition in bankruptcy operates as a stay against a variety of acts affecting the debtor, property of the debtor, property of estate or property held by estate. This stay is known as the automatic stay.
>
> *The automatic stay is one of the fundamental debtor protections provided by the bankruptcy laws. It gives the debtor a breathing spell from his creditors. It stops all the collection efforts, all harassment, and all foreclosures actions. It permits the debtor to attempt a repayment or reorganization plan, or simply to be relieved of the financial pressures that drove him into bankruptcy.*

---

[2] WARREN, William D.; BUSSEL, Daniel J.; SKEEL JR., David A. *Bankruptcy*. 10. ed. Foundation Press, 2015. p. 161.

> *The automatic stay also provides creditor protection. Without it, certain creditors would be able to persue their own remedies against the debtor's property. Those who acted first would obtain payment of the claims in preference to and to the detriment of other creditors. Bankruptcy is designed to provide na orderly liquidation procedure under which all creditors are treated equally. A race of diligence by creditors for the debtor's assests preventes that.* (H. Rep. No. 95-595, 1978 U.S.C.C.A.N. 6296-6297).

Certamente, de nada adiantaria prever um procedimento de reestruturação empresarial com participação dos credores, acaso estes tivessem liberdade para perseguir seus créditos de maneira individualizada. Isso somente contribuiria com a inefetividade da recuperação judicial e poderia ensejar abuso de poder econômico, pois apenas os credores com mais recursos lograriam êxito na perseguição de seus respectivos créditos, em detrimento de outros privados de condições para o exercício de seus direitos.

Com a adoção do *stay period*, ficam paralisadas quaisquer tentativas de credores voltadas a atingir o patrimônio do devedor, estabelecendo a prelazia da regra da *par conditio creditorum*, na qual os credores de mesma espécie devem ter tratamento igualitário dentro do direito de insolvência.

Ao lado da isonomia de credores da mesma espécie, o *automatic stay* permitirá que o devedor não sofra medidas das mais variadas frentes contra o seu patrimônio de modo a se concentrar na construção do projeto de superação de sua crise econômico-financeira.

Todavia, esse alívio ao devedor precisa ser temporário, sob pena de se impor uma assimetria concorrencial diante dos demais *players* do mercado, os quais não gozarão da proteção legal justamente porque operam com sucesso em seus negócios. O prolongamento indiscriminado do *stay period* seria neutralizar o erro do mau empresário, conferindo-lhe um prêmio legal indevido por exercer a empresa de maneira malsucedida, enquanto seus concorrentes estariam sujeitos a quaisquer ações contra seu patrimônio em pontuais situações de litígio.

O texto original do § 4º do art. 6º da Lei 11.101/2005 assim estava disposto:

> § 4º Na recuperação judicial, a suspensão de que trata o *caput* deste artigo em hipótese nenhuma excederá o prazo improrrogável de 180 (cento e oitenta) dias contado do deferimento do processamento da recuperação, restabelecendo-se, após o decurso do prazo, o di-

reito dos credores de iniciar ou continuar suas ações e execuções, independentemente de pronunciamento judicial.

Optou o legislador pela improrrogabilidade do *automatic stay* na tentativa de harmonizar a necessidade da existência de um período de proteção ao devedor, para engendrar as negociações com seus credores e de uma limitação ao favor legal, para evitar o prolongamento indevido do instituto em detrimento do próprio mercado.

Entretanto, a realidade demonstrou que o prazo de 180 dias era insuficiente para a conclusão das negociações entre o postulante à recuperação e seus credores. Mesmo em varas judiciais especializadas, o excesso de volume de processos em andamento, a burocracia judiciária, situações mais complexas de negociação, entre outras hipóteses, contribuíram para inúmeros pedidos de prorrogação do *stay period*, a fim de que a discussão do plano pudesse ser concluída.

III. A JURISPRUDÊNCIA SOBRE O *STAY PERIOD*

A partir da constatação e do enfrentamento da realidade de insuficiência do período de 180 dias para o *automatic stay*, o Poder Judiciário começou a se debruçar sobre o tema, mesmo havendo texto legal expresso no sentido da improrrogabilidade do instituto.

Numa perspectiva pós-positivista[3] do direito, na qual se busca ir além da legalidade estrita, mas sem menosprezar o direito posto, ao proporcionar uma leitura do texto legal ao lado de elementos axiológicos, sem recorrer a critérios metafísicos, para se preservar a higidez científica do tema e a integridade do próprio direito posto, iniciou-se um processo de depuração

---

[3] A reformulação do positivismo ante ao desenvolvimento e à complexidade social é imperiosa, sendo que para a efetividade do direito no século XXI, podemos afirmar: 1. a impossibilidade da neutralidade científica; 2. a pluralidade de normas jurídicas, que não podem ser reduzidas a uma estrutura comum, pois dentro do sistema jurídico verifica-se a existência de normas de direito estatal e não estatal. Ainda, nem todas as normas são imperativas e coativas; 3. a pluralidade de fontes do direito com a consequente verificação da importância da construção jurisprudencial; 4. a coerência do sistema jurídico; 5. a discricionariedade judicial embasada no raciocínio; 6. a possibilidade do questionamento da validade da lei (SIQUEIRA JR., Paulo Hamilton. *Teoria do Direito*. São Paulo: Saraiva, 2009. p. 184).

sobre quais seriam os casos nos quais a flexibilização do texto legal estaria em consonância com a própria *ratio essendi* da recuperação judicial.

Os critérios eleitos pela jurisprudência nacional para permitir a prorrogação do *stay period* observaram a exclusão de determinadas ocorrências. Em havendo morosidade da recuperanda, do ponto de vista negocial ou processual, não seria possível a extensão do prazo de 180 dias no caso concreto. Outro empecilho à concessão da prorrogabilidade seria a ausência de limitação temporal.

A matéria foi pacificada no âmbito do Colendo Superior Tribunal de Justiça. De acordo com os precedentes a seguir, é possível verificar a aceitação da prorrogabilidade do *automatic stay*, desde que o credor não tenha concorrido para atraso no procedimento e com o estabelecimento de limitação temporal à sua extensão:

> Recurso especial. Recuperação judicial. Embargos de declaração. Omissão, contradição ou obscuridade. Não ocorrência. Prazo de suspensão de ações e execuções individuais movidas contra o devedor. Prorrogação. Possibilidade. Precedentes. 1 – Pedido de recuperação judicial formulado em 14/11/2013. Recurso especial interposto em 9/11/2015 e atribuído à Relatora em 1/9/2016. 2 – Controvérsia que se cinge em definir se a suspensão das ações e execuções individuais movidas contra empresa em recuperação judicial pode extrapolar o limite legal previsto no § 4º do art. 6º da Lei 11.101/2005, ficando seu termo final condicionado à realização da Assembleia Geral de Credores. 3 – Ausentes os vícios do art. 535 do CPC, rejeitam-se os embargos de declaração. 4 – O mero decurso do prazo de 180 dias previsto no art. 6º, § 4º, da LFRE não é bastante para, isoladamente, autorizar a retomada das demandas movidas contra o devedor, uma vez que a suspensão também encontra fundamento nos arts. 47 e 49 daquele diploma legal, cujo objetivo é garantir a preservação da empresa e a manutenção dos bens de capital essenciais à atividade na posse da recuperanda. Precedentes. 5 – O processo de recuperação é sensivelmente complexo e burocrático. Mesmo que a recuperanda cumpra rigorosamente o cronograma demarcado pela legislação, é aceitável supor que a aprovação do plano pela Assembleia Geral de Credores ocorra depois de escoado o prazo de 180 dias. 6 – Hipótese em que o Tribunal de origem assentou que a prorrogação é necessária e que a recorrida não está contribuindo, direta ou indiretamente, para a demora na realização da assembleia de credores, não se justificando, portanto,

o risco de se frustrar a recuperação judicial pela não prorrogação do prazo. 7 – A análise da insurgência do recorrente, no que se refere à existência ou não de especificidades que autorizam a dilação do prazo de suspensão das ações e execuções em trâmite contra a recorrida, exigiria o reexame de fatos e provas, o que é vedado em recurso especial pelo enunciado n. 7 da Súmula/STJ. 8 – Recurso especial não provido (REsp 1.610.860/PB, 3ª Turma, Rel. Min. Nancy Andrighi, j. 13.12.2016, *DJe* 19.12.2016).

Agravo interno no agravo em recurso especial. Autos de agravo de instrumento na origem. Decisão monocrática que negou provimento ao reclamo. Inconformismo da agravante. 1. As questões postas em discussão foram dirimidas pela Corte Estadual de forma suficiente, fundamentada e sem omissões, devendo ser afastada a alegada violação ao artigo 1.022 do CPC/15. Consoante entendimento do Superior Tribunal de Justiça, não importa negativa de prestação jurisdicional o acórdão que adota, para a resolução da causa, fundamentação suficiente, porém diversa da pretendida pela casa bancária, decidindo de modo integral a controvérsia posta. 2. É assente a orientação jurisprudencial da Segunda Seção desta Corte no sentido de admitir a prorrogação do prazo de que trata o artigo 6º, § 4º, da Lei n. 11.101/2005 (Lei de Falência e Recuperação Judicial e Extrajudicial), o qual determina a suspensão do curso da prescrição, bem como de todas as ações e execuções em face do devedor pelo período de 180 (cento e oitenta) dias, consoante as peculiaridades do caso concreto. Incidência do enunciado contido na Súmula 83/STJ. 3. Agravo interno desprovido (AgInt no AREsp 1.356.729/PR, 4ª Turma, Rel. Min. Marco Buzzi, j. 07.10.2019, *DJe* 11.10.2019).

O tema também foi bem sintetizado pelo Enunciado nº 9 do Grupo de Câmaras Reservadas em Direito Empresarial do Egrégio Tribunal de Justiça de São Paulo, consolidando o entendimento sobre tema, *in verbis*: "A flexibilização do prazo do 'stay period' pode ser admitida, em caráter excepcional, desde que a recuperanda não haja concorrido com a superação do lapso temporal e a dilação se faça por prazo determinado".

Como é possível perceber, a jurisprudência conferiu maior segurança jurídica ao instituto, sob o prisma de sua efetividade, ao perceber que a improrrogabilidade legal do *automatic stay* poderia ser um evento contrário à própria recuperação judicial, na medida em que, por se tratar de um processo complexo e burocrático, nem sempre as negociações entre o devedor e seus credores ocorreriam dentro do prazo de 180 dias.

E, não havendo o desfecho sobre a deliberação da existência ou não da viabilidade econômica da atividade que busca o soerguimento, não seria salutar que as ações e as execuções contra a devedora tivessem seu curso restabelecido, sem que ela tivesse contribuído para a demora na conclusão das negociações, pois haveria o esvaziamento patrimonial desordenado da empresa, o que tornaria inócua a própria existência da recuperação judicial.

IV. *STAY PERIOD* NA REFORMA DA LEI 11.101/2005 – REFLEXÕES

A reforma da Lei 11.101/2005 pela Lei 14.112/2020 trouxe maior estabilidade ao entendimento jurisprudencial sobre a prorrogação do *stay period*, na medida em que positivou essa possibilidade e estabeleceu critérios para sua aplicação.

A nova redação do § 4º do art. 6º da Lei 11.101/2005 assim está disposta:

> § 4º Na recuperação judicial, as suspensões e a proibição de que tratam os incisos I, II e III do *caput* deste artigo perdurarão pelo prazo de 180 (cento e oitenta) dias, contado do deferimento do processamento da recuperação, prorrogável por igual período, uma única vez, em caráter excepcional, desde que o devedor não haja concorrido com a superação do lapso temporal.

Daniel Carnio Costa e Alexandre Correa Nasser de Melo[4] explicam a razão da opção legislativa sobre a possibilidade, agora, de prorrogação do *automatic stay*:

> A alteração legislativa que permite a citada prorrogação do prazo uma única vez foi elaborada sob o fundamento de possibilitar um ambiente de relativa estabilidade para o devedor enquanto formula e negocia o plano de recuperação judicial. Isso ocorre porque em diversos casos a complexidade das operações pode acarretar difi-

---

[4] COSTA, Daniel Carnio; MELO, Alexandre Correa Nasser de. *Comentários à Lei de Recuperação de Empresas e Falência*. Curitiba: Juruá, 2021. p. 69-70.

Cap. 5 • O *STAY PERIOD* NO NOVO SISTEMA DE RECUPERAÇÃO DE EMPRESAS | **69**

> culdade de conclusão das negociações e aprovação do plano dentro dos 180 dias iniciais de suspensão.
>
> (...)
>
> Todavia, conforme a Lei 11.101/200, art. 6º, § 4º-A, II, caso os credores apresentem proposta de plano de recuperação judicial (Lei 11.101/2005, arts. 6º, I ou 56, § 4º), as suspensões e a proibição que tratam os incs. I, II e III do *caput* do art. 6º serão renovadas por mais 180 dias, contados do decurso do prazo previsto no § 4º deste artigo ou da realização da AGC prevista na Lei 11.101/2005, art. 56, § 4º.
>
> Sendo assim, nessa hipótese, excepcionalmente, é possível que o prazo de stay perdure por até 570 dias (até 360 dias previstos no art. 6º, § 4º, mais 30 dias para apresentação do plano alternativo, mais 180 dias, previstos no art. 6º, § 4º-A, II).

A nova redação legal, para além de prever a prorrogabilidade do *stay*, determinou dois critérios para a sua aplicação, quais sejam, a ausência de ato da devedora que contribuísse com o atraso nas negociações e no processo e a limitação temporal, conforme explicação doutrinária acima mencionada.

Da leitura do novo texto da lei é possível formular dois questionamentos: seria a prorrogação do *stay* obrigatória ao juiz, acaso presentes os requisitos legais? Poderia haver redução dos prazos previstos na lei ou a prorrogação deveria ocorrer obrigatoriamente por mais 180 dias?

Em relação ao primeiro questionamento, sempre respeitados os posicionamentos em contrário, é possível entender pela sua superação, tendo em vista que, ao se deparar com a existência de negociações do devedor com seus credores, sem que o postulante à recuperação judicial tivesse dado causa a eventual morosidade no procedimento, dificilmente haveria fundamento idôneo para o Poder Judiciário indeferir a prorrogação do *stay period*, para evitar comprometimento ao próprio instituto.

Já em relação ao prazo de prorrogabilidade, mais uma vez com as devidas vênias, é possível sustentar não haver obrigatoriedade de imposição dos 180 dias mencionados na lei, de modo a se permitir uma concessão de prazo menor, desde que atendidas as particularidades do processo, a complexidade da operação e das negociações, além do estágio que se encontra a fase de discussão entre o devedor e seus credores, bem como o comportamento das partes.

Ao se aplicar o prazo de 180 dias indistintamente na prorrogação do *stay period*, sem a consideração dos elementos dos autos, do comportamento das partes e do estágio atual das negociações, poderia haver um prolongamento indevido do procedimento e uma intervenção judicial indevida no próprio processo de reestruturação, considerando que a recuperação judicial envolve diferentes posições econômicas, as quais, muitas vezes, se utilizam de expedientes jurídicos para aumento do seu poder de negociação em determinado caso.

Sendo o *stay period* um favor legal concedido à empresa em crise, o seu prolongamento sem justificativa pode ocasionar uma indevida oneração ao mercado, por não permitir aos *players* a adoção das medidas necessárias ao exercício dos atos de defesa ao seu direito de propriedade, bem como por prejudicar a competitividade em relação aos demais empresários do mesmo segmento da recuperanda, que precisarão enfrentar todas as situações obstadas pela blindagem legal, mesmo operando normal e de maneira bem-sucedida no mercado.

De outro lado, prorrogar o *automatic stay* por um prazo muito exíguo desfavorecerá a construção de um plano de recuperação judicial sustentável, ao impor a necessidade de o devedor aceitar condições que podem não ser cumpridas ao longo do tempo, tão somente para evitar a convolação de sua recuperação judicial em falência.

V. CONCLUSÕES

A alteração legislativa relativa ao *automatic stay* brasileiro veio em boa hora para positivar o entendimento jurisprudencial sobre o tema, conferindo maior segurança jurídica na sua aplicação e em sua confiabilidade perante o mercado.

Os requisitos estabelecidos na lei estão em consonância com a realidade do instituto, dentro daquilo que ordinariamente acontece nos processos de recuperação judicial do país.

De fato, a postura proativa e cooperativa do devedor além da limitação temporal é imprescindível para que a prorrogação do *stay period* não desrespeite a tramitação séria e célere da recuperação judicial e não imponha ônus ao ambiente de empreendedorismo em proporção além do que a necessária para a discussão dos meios de soerguimento da atividade e da busca de uma solução de mercado à crise econômico-financeira.

De outro lado, é importante que o prazo de prorrogação seja aplicado segundo as necessidades do caso concreto, de modo a se evitar intervenção judicial no processo de negociação, em prejuízo de qualquer das partes, respeitando-se a posição econômica de cada um e conferindo o direito nos limites do que for necessário para a busca escorreita de uma solução de mercado para o soerguimento da atividade, nos moldes pretendidos pelo legislador.

REFERÊNCIAS BIBLIOGRÁFICAS

BUSSEL, Daniel J; SKEEL JR., David A. *Bankruptcy*. 10. ed. Foundation Press, 2015.

COSTA, Daniel Carnio; MELO, Alexandre Correa Nasser de. *Comentários à Lei de Recuperação de Empresas e Falência*. Curitiba: Juruá, 2021

SIQUEIRA JR, Paulo Hamilton. *Teoria do Direito*.1ª edição. São Paulo: Saraiva, 2009.

6

O *STAY PERIOD* NO NOVO SISTEMA DE RECUPERAÇÃO DE EMPRESAS

MARLON TOMAZETTE

Sumário: 1. Introdução – 2. *Stay period* na recuperação judicial: 2.1 Suspensão da prescrição; 2.2 Suspensão das execuções: 2.2.1 Execuções fiscais; 2.2.2 Credores proprietários – 2.3 Proibição de medidas sobre o patrimônio do devedor – 2.4 Prazo do *stay period* – 3. *Stay period* na falência – 4. *Stay period* na recuperação extrajudicial – 5. *Stay period* no reconhecimento do processo estrangeiro principal – Referências bibliográficas.

1. INTRODUÇÃO

Nos processos que lidam com a insolvência do devedor, em sentido amplo, há sempre um caráter coletivo no tratamento da crise, seja para reorganizar o negócio, seja para liquidá-lo. Para permitir essa liquidação ou reorganização, a Lei n. 11.101/2005 sempre trouxe uma previsão de proteção do patrimônio do devedor e do próprio devedor contra a maioria das medidas dos credores, providenciando um período de suspensão/proibição de medidas contra o devedor e sobre o seu patrimônio (*stay period*[1]).

O art. 6º da Lei n. 11.101/2005, que tratava desse tema para a falência e recuperação judicial, foi objeto de alterações pela Lei n. 14.112/2020, afetando o conteúdo dessa medida. Além disso, a Lei n. 14.112/2020 expandiu

---

[1] EPSTEIN, David G. *Bankruptcy and related law in a nutshell*. 6. ed. St. Paul: West Group, 2002. p. 149; TABB, Charles Jordan. *The law of bankruptcy*. New York: Foundation Press, 1997. p. 146.

a aplicabilidade dessa medida em novos dispositivos, permitindo que a suspensão se aplique também nos processos de recuperação extrajudicial e no reconhecimento de processo estrangeiro principal de insolvência.

Para entender melhor essas mudanças, será apresentada a atual configuração do *stay period* para a recuperação judicial, apresentando-se as eventuais modificações no processo de falência, no processo de recuperação extrajudicial e no reconhecimento do processo estrangeiro de insolvência.

2. *STAY PERIOD* NA RECUPERAÇÃO JUDICIAL

O art. 6º da Lei n. 11.101/2005 continua a prever a suspensão das execuções e da prescrição contra o devedor. Foi acrescentada a proibição das medidas de constrição sobre o patrimônio do devedor. Esse efeito se dá automaticamente a partir da decisão de processamento da recuperação judicial. Embora existam exceções e limites temporais, a medida é essencial para proteger a massa de credores e o devedor de um tumulto que impeça que se alcance o resultado buscado nesses processos[2].

O objetivo é dar tranquilidade, dar um fôlego[3] para o devedor negociar o acordo da recuperação judicial. Se tudo fosse mantido como era antes do pedido de recuperação judicial, o devedor seria bombardeado por ações e medidas individuais dos credores de bloqueio e até de expropriação de bens. Para evitar isso é que se impõe essa suspensão por determinado período, para que o devedor tenha condições de se concentrar na negociação do acordo.

2.1 Suspensão da prescrição

Com a Lei n. 14.112/2020, tal suspensão, que já era prevista desde o texto original da Lei n. 11.101/2005, passou a atingir apenas as obrigações sujeitas ao próprio regime da Lei n. 11.101/2005. Ficou apenas especificado que a suspensão da prescrição não abrange todas as obrigações do devedor, mas apenas aquelas sujeitas ao processo em questão.

---

[2]   RESTREPO, Cláudia. A Pro Debtor and Majority Approach to the "Automatic Stay" Provision of the Bankruptcy Code—In re Cowen Incorrectly Decided. *Boston College Law Review*, v. 59, issue 9, (2018). Disponível em: lawdigitalcommons.bc.edu/bclr/vol59/iss9/537/. Acesso em: 7 jan. 2021.

[3]   CAMPINHO, Sérgio. *Falência e recuperação de empresa*: o novo regime de insolvência empresarial. Rio de Janeiro: Renovar, 2006. p. 143.

Cap. 6 · O *STAY PERIOD* NO NOVO SISTEMA DE RECUPERAÇÃO DE EMPRESAS | 75

Assim, se a obrigação está abrangida pela Lei n. 11.101/2005, participando do processo, a prescrição da pretensão para a exigibilidade da referida obrigação fica suspensa dentro dos parâmetros previstos. De outro lado, caso se trate de um crédito extraconcursal (ex.: garantido por alienação fiduciária), sua prescrição continua a correr normalmente, em qualquer tipo de processo.

2.2 Suspensão das execuções

Além da suspensão da prescrição, haverá a suspensão das execuções contra o devedor, inclusive daquelas dos credores particulares dos sócios solidários. No texto original da Lei n. 11.101/2005, falava-se em suspensão de todas as ações e execuções, mas, como havia muitas ações que continuavam a correr, preferiu-se, ao alterar o texto, deixar claro que a suspensão é apenas das execuções. Repita-se que a ideia é dar um tempo de tranquilidade para que o devedor possa negociar o seu acordo.

Em qualquer caso, a suspensão das execuções também se limita às obrigações abrangidas pelo processo, permitindo-se o prosseguimento de execuções por obrigações extraconcursais. Isso não significa que as obrigações extraconcursais não sofrerão nenhum impacto, pois o art. 6º, §§ 7º-A e 7º-B, vai tratar dessas situações, dizendo que não haverá a suspensão do processo, mas protegendo os bens essenciais do devedor.

Além disso, é certo que continua válida a orientação do STJ firmada na Súmula 581 que diz: "a recuperação judicial do devedor principal não impede o prosseguimento das ações e execuções ajuizadas contra terceiros devedores solidários ou coobrigados em geral, por garantia cambial, real ou fidejussória". Vale dizer, continuarão a correr normalmente as execuções contra os coobrigados do devedor que pediu recuperação judicial[4].

Nem todas as medidas judiciais serão suspensas, pois o que se quer evitar é uma quebra de igualdade entre os credores ou um tumulto que impeça o credor de negociar um acordo. Desse modo, não são suspensas as ações de conhecimento, até a definição do valor devido[5]. Definido o valor, não se inicia a fase de cumprimento de sentença, ficando suspenso o processo. Também não são suspensas as execuções fiscais ou as ações dos credores não abrangidos

---

[4]   EPSTEIN, David G. *Bankruptcy and related law in a nutshell*. 6. ed. St. Paul: West Group, 2002. p. 152; TABB, Charles Jordan. *The law of bankruptcy*. New York: Foundation Press, 1997. p. 170.

[5]   MAMEDE, Gladston. *Direito empresarial brasileiro*: falência e recuperação de empresas. São Paulo: Atlas, 2006. v. 4, p. 76.

pelo processo (Lei n. 11.101/2005, art. 49, §§ 3º e 4º), as quais terão regras especiais de tramitação.

2.2.1 Execuções fiscais

A suspensão da prescrição prevista na Lei n. 11.101/2005 não se aplica aos créditos fiscais, na medida em que a questão da prescrição nos créditos tributários depende de lei complementar, pois representa uma norma geral de direito tributário (CF/1988, art. 146). Nesse sentido, o STF vem afirmando que o "art. 146, III, *b*, da Constituição Federal dispõe caber a lei complementar estabelecer normas gerais em matéria de legislação tributária, especialmente sobre obrigação, lançamento, crédito, prescrição e decadência tributários"[6].

Nas recuperações judiciais, havia uma previsão genérica de não suspensão das execuções fiscais, a qual foi revogada e substituída por uma nova previsão que diz que não se aplica às execuções fiscais a suspensão prevista no art. 6º, I, II e III, da Lei n. 11.101/2005. Logo, as execuções fiscais continuam a correr, a prescrição continua a correr e as medidas constritivas podem ser adotadas. Contudo, o juízo da recuperação passa a ter competência para determinar a substituição das medidas constritivas que recaiam bens de capital essenciais do devedor até o encerramento da recuperação judicial.

2.2.2 Credores proprietários

Existem determinados credores que são, em última análise, garantidos por um direito de propriedade. Fala-se aqui daqueles indicados nos arts. 49, § 3º, e 86, II, da Lei n. 11.101/2005 (alienação fiduciária, arrendamento mercantil, compra e venda com reserva de domínio, promessa de compra e venda de imóveis, com cláusula de irrevogabilidade e irretratabilidade, e adiantamento de contrato de câmbio à exportação).

Numa falência, em regra, esses credores poderão promover o pedido de restituição do bem (Lei n. 11.101/2005, art. 85) de sua propriedade e utilizá-lo para sua satisfação. De outro lado, até por conta dessa condição muito favorável numa falência, tais credores não participam do acordo de recuperação judicial. Em razão disso, eles não sofrem a suspensão das execuções e da prescrição ou a proibição de atos de constrição, justamente por

---

6   STF, RE 917.285, Tribunal Pleno, Rel. Dias Toffoli, j. 18.08.2020, *DJe*-243, Divulg. 05.10.2020, Public. 06.10.2020.

não serem abrangidos pela recuperação judicial. Apesar disso, há pequenas mudanças nas ações.

De fato, as medidas tomadas pelos credores proprietários não sofrem a suspensão ou a proibição de que trata o art. 6º da Lei n. 11.101/2005. Contudo, embora não participem do acordo, eles não devem atrapalhar a realização do acordo. Para compatibilizar interesses, o art. 6º, § 7º-A, da Lei n. 11.101/2005 atribuiu ao juízo da recuperação judicial a competência para determinar a suspensão dos atos de constrição que recaiam sobre bens essenciais às atividades do devedor, durante o período de suspensão já mencionado.

No choque entre o interesse do credor proprietário e a preservação do negócio, dá-se prevalência à preservação durante o prazo de suspensão. Se o bem é essencial para a atividade, a continuação do negócio justifica sua proteção, ao menos durante certo prazo. Ultrapassado o prazo, os direitos dos credores voltam a poder ser exercidos normalmente, sem restrição.

Em complemento, o art. 49, § 3º, da Lei n. 11.101/2005 veda a venda ou a retirada de bens de capital essenciais durante o mesmo prazo. Nesse dispositivo, fala-se em bens de capital, no sentido de bens utilizados na atividade produtiva, que estejam na posse do devedor e não esvaziem os direitos do credor proprietário. Nessa situação, considerou-se que os recebíveis poderiam ser utilizados pelo credor normalmente, pois não seria um bem de capital[7]. Além disso, é certo que a previsão do art. 49, § 3º, fala em retirada ou alienação do estabelecimento, envolvendo uma apreensão ou uma venda.

Vê-se, portanto, que as previsões do art. 49, § 3º, e do art. 6º, § 7º-A, são diferentes. A previsão do art. 49, § 3º, é automática, já a do art. 6º, § 7º-A, depende de uma intervenção judicial. O art. 49, § 3º, fala em retirada do estabelecimento ou venda, ao passo que o art. 6º, § 7º-A, fala em atos de constrição de modo geral, abrangendo qualquer tipo de ato que possa impedir o uso do bem pelo devedor.

Registre-se, por fim, que foi mantido o art. 199 da Lei n. 11.101/2005 que diz que em nenhuma hipótese ficará suspenso o exercício de direitos pelos credores dos contratos de locação, arrendamento mercantil ou de qualquer outra modalidade de arrendamento de aeronaves ou de suas partes. Vale dizer, o arrendador de uma aeronave ou de uma turbina não terá seus direitos suspensos, mesmo durante o período de suspensão.

---

[7] STJ, REsp 1.758.746/GO, 3ª Turma, Rel. Min. Marco Aurélio Bellizze, j. 25.09.2018, *DJe* 01.10.2018.

2.3 Proibição de medidas sobre o patrimônio do devedor

Além da suspensão da prescrição e das execuções, haverá também uma proibição de medidas de caráter constritivo sobre o patrimônio do devedor. A ideia é que o patrimônio do devedor deve estar a sua disposição para o eventual acordo com seus credores. Logo, não se admite que credores individuais mantenham seus direitos em detrimento da coletividade nesses processos. Assim, o devedor poderá ter um início tranquilo de recuperação[8].

Por essas razões, qualquer forma de penhora, retenção, arresto, sequestro, busca e apreensão e constrição judicial ou extrajudicial sobre os bens do devedor fica proibida. Repita-se que a ideia é manter o patrimônio existente do devedor à disposição das finalidades de cada processo. Em última análise, trata-se de uma prevalência dos interesses da coletividade de credores sobre a individualidade desses credores.

Mais uma vez, tal efeito limita-se aos credores abrangidos pelo processo. Desse modo, um credor que participa do processo não pode reter bens do devedor ou buscar judicialmente medidas de penhora, arresto, sequestro ou qualquer medida de constrição do patrimônio do devedor. De outro lado, um credor não sujeito ao processo, como o credor garantido por alienação fiduciária, poderá realizar a busca e apreensão dos bens que lhe foram dados em garantia.

2.4 Prazo do *stay period*

No regime original da Lei n. 11.101/2005, o prazo de suspensão das execuções e da prescrição era de 180 dias para a recuperação judicial (art. 6º, § 4º), mas a jurisprudência vinha admitindo a prorrogação do prazo[9], não de forma generalizada.

Com a Lei n. 14.112/2020, foi mantido o prazo de 180 dias, mas prevendo-se apenas uma prorrogação, por igual período, em caráter excepcional, desde que o devedor não tenha concorrido para a demora. Assim, as execuções e a prescrição ficam, a princípio, suspensas por 180 dias, admitindo-se uma prorrogação por mais 180 dias, em caráter excepcional. O mesmo prazo é aplicável para a proibição das medidas de constrição sobre o patrimônio do devedor.

---

[8] TABB, Charles Jordan. *The law of bankruptcy*. New York: Foundation Press, 1997. p. 146.

[9] STJ, AgInt no AgInt no REsp 1.621.080/DF, 4ª Turma, Rel. Min. Antonio Carlos Ferreira, j. 19.10.2020, *DJe* 26.10.2020.

Encerrados esses prazos iniciais de 180 ou 360 dias, tudo volta ao normal, isto é, as execuções e as prescrições voltam a correr e medidas sobre o patrimônio do devedor podem ser tomadas. Contudo, a suspensão das execuções e da prescrição e a proibição de medidas sobre o patrimônio do devedor podem continuar por mais 180 dias, nos casos de apresentação de um plano alternativo pelos credores.

A princípio, compete ao devedor apresentar um plano de recuperação judicial, em 60 dias, após a decisão de processamento, como uma espécie de proposta de acordo. Dentro dos prazos previstos na Lei n. 11.101/2005, tal plano deveria ser submetido e apreciado pelos credores dentro dos 180 dias da suspensão ou pelo menos dos 360 dias, no caso de prorrogação. Ocorre que, a realidade vem mostrando que é bem difícil conseguir uma votação nesse prazo. Assim, se não houver uma deliberação sobre o plano dentro do prazo inicial de suspensão de 180 ou 360 dias, passa-se a admitir que os credores também apresentem um plano alternativo para votação, nos 30 dias seguintes. Nesse caso, a suspensão e a proibição continuam a ser aplicadas, mesmo depois do prazo inicial de suspensão, por mais 180 dias após o decurso do prazo inicial.

A mesma faculdade para os credores é aberta, se o plano foi submetido à deliberação e foi rejeitado, mas a assembleia aprovou a abertura de prazo de 30 dias para os credores elaborarem um plano alternativo de recuperação. Também nesse caso, a suspensão e a proibição continuarão por mais 180 dias, da data da assembleia que rejeitou o plano do devedor e abriu prazo para apresentação do plano alternativo.

3. *STAY PERIOD* NA FALÊNCIA

Do mesmo modo que na recuperação judicial, na falência a suspensão se impõe como uma tentativa de evitar uma quebra da ordem de preferência legal para pagamento dos credores. O processo de falência funciona como uma execução coletiva que quer pagar todos os credores, reunindo todos os bens do devedor. Como nem sempre é possível o pagamento de todos os credores, optou-se por estabelecer uma ordem legal de prioridades para pagamento dos credores, concentrada nesse processo coletivo. Continuar a permitir medidas individuais seria permitir um grande tumulto e um potencialmente desvirtuamento da ordem de pagamento. Sem a suspensão, a falência não funcionaria.

Assim como na recuperação judicial, a suspensão e a proibição se limitam aos credores abrangidos pelo processo. Não ficam suspensas as ações de conhecimento, até a definição do valor devido (Lei n. 11.101/2005, art. 6º, §

1º). No regime original da Lei n. 11.101/2005, também não eram suspensas as execuções fiscais, que tinham, porém, restrições no seu prosseguimento até o pagamento. Com a Lei n. 14.112/2020, passa a haver a suspensão das execuções fiscais em face do devedor falido.

A ideia é que o patrimônio do devedor deve estar à disposição do administrador judicial para a liquidação patrimonial forçada. Como nas falências o objetivo do processo é pagar os credores de acordo com uma ordem de preferência, os créditos fazendários, de modo geral, inclusive os fiscais, devem se submeter a uma ordem de pagamento. Dentro dessa perspectiva, foi criado, pelo art. 7º-A da Lei n. 11.101/2005, o incidente de classificação do crédito fazendário, havendo previsão expressa de suspensão das execuções fiscais no caso (Lei n. 11.101/2005, art. 7º-A, § 4º, V).

Essa suspensão perdura até o fim do processo de falência, mas, ao contrário do regime anterior, não se cogita da continuação das execuções ou da prescrição. Com a Lei n. 14.112/2020, foi revogada a continuação das ações após o encerramento da falência, pois, agora o encerramento da falência também será causa de extinção das obrigações do falido (Lei n. 11.101/2005, art. 158, VI). Logo, as execuções e a prescrição não voltarão a correr, exceto no que tange aos créditos fiscais, pois qualquer hipótese de extinção desses créditos teria que vir por meio de lei complementar.

4. *STAY PERIOD* NA RECUPERAÇÃO EXTRAJUDICIAL

Na recuperação extrajudicial, tal medida não era, a princípio, prevista, pois não havia um período de negociação, pois o acordo já seria firmado extrajudicialmente e, se possuísse uma adesão expressiva, vincularia todos os créditos das classes abrangidas. Contudo, a Lei n. 14.112/2020 mudou essa ideia, passando a trazer uma recuperação extrajudicial diferente, que pode contar com um período de negociação, além de ter reconhecido a necessidade de aplicar a mesma suspensão, a partir do pedido.

Com as mudanças trazidas pela Lei n. 14.112/2020, o devedor pode pedir a homologação da recuperação extrajudicial se o acordo já conta com a adesão de pelo menos 1/3 (um terço) dos créditos totais abrangidos por cada classe, desde que assuma o compromisso de, em até 90 dias, alcançar a concordância de credores que representem mais da metade dos créditos de cada espécie abrangidos pelo plano de recuperação extrajudicial. Pensando nisso é que foi introduzido o art. 163, § 8º, na Lei n. 11.101/2005, trazendo a previsão da suspensão, nos mesmos moldes da recuperação judicial.

Portanto, se o devedor pede a homologação judicial do plano de recuperação extrajudicial, que conte com a anuência de pelo menos 1/3 dos créditos totais abrangidos por cada classe, ele obterá de imediato a suspensão das execuções, da prescrição e das medidas de constrição em relação ao seu patrimônio. Para que esse efeito seja produzido automaticamente e ratificado pelo juiz, ao receber o pedido, é fundamental que ele tenha assumido o compromisso de alcançar o quórum legal (maioria absoluta dos créditos de cada classe) em 90 dias.

Além disso, mesmo que o devedor não precise do período de negociação, a suspensão também se aplicará, pois o art. 163, § 8º, fala em aplicação da suspensão a partir do pedido de recuperação extrajudicial, desde que alcance o quórum mínimo de 1/3 dos créditos de cada classe. Assim, se existe mais do que o quórum mínimo, está preenchido o requisito necessário para que a suspensão se opere. Mesmo sem um período de negociação, o devedor precisar de uma folga para vincular os credores aos termos do plano de recuperação extrajudicial, evitando, desse modo, medidas que possam inviabilizar o cumprimento do acordo já negociado.

5. STAY PERIOD NO RECONHECIMENTO DO PROCESSO ESTRANGEIRO PRINCIPAL

Quando surgiu a Lei n. 11.101/2005, em nenhum momento tratou-se especificamente da insolvência internacional[10] no texto original da Lei. Com a Lei n. 14.112/2020, foi trazido um capítulo inteiro para a Lei n. 11.101/2005 – arts. 167-A a 167-Y – tratando da insolvência transnacional. Tal tema será objeto de um estudo mais à frente, mas, desde já, é oportuno mencionar a suspensão trazida pelo art. 167-M da Lei n. 11.101/2005.

O sistema brasileiro seguiu o padrão da Lei Modelo da UNCITRAL –*United Nations Commission On International Trade Law* – com pequenas diferenças. Adota-se, assim, no país, o universalismo modificado[11], reconhecendo um processo de insolvência como principal, mas permite-se o surgimento de processos não principais em outros países, para tratar de

---

[10] CAMPANA, Paulo Fernando. *Falência Transnacional. GEP – Grupo de Estudos Preparatórios do Congresso de Direito*. Disponível em: www.congressodireitocomercial.org.br/site/images/stories/pdfs/gep6.pdf. Acesso em: 7 fev. 2021.

[11] HANNAN, Neil. *Cross-Border Insolvency*: the enactment and interpretation of the UNCITRAL Model Law. Australia: Springer, 2017. p. 2.

ativos e estabelecimentos ali localizados. Essa convivência de vários processos de insolvência passa necessariamente por práticas de cooperação entre as cortes locais.

A insolvência transnacional sempre vai lidar com processos de caráter coletivo, seja uma liquidação, seja uma reorganização ou seus equivalentes, para lidar com um estado de insolvência. Podem conviver vários processos diferentes em países diversos, sendo um deles o processo principal e os demais processos não principais. O processo principal será aquele em que o devedor tenha o seu centro de interesses principais, entendido como o núcleo vital das suas atividades. O centro de interesses principais é presumido o local do domicílio da pessoa física ou da sede estatutária da pessoa jurídica, salvo prova em contrário.

Se existe um processo de insolvência estrangeiro, é possível que o representante desse processo requeira no Brasil o reconhecimento desse processo estrangeiro, independentemente de atuação diplomática ou dos tribunais superiores. Havendo o reconhecimento do processo estrangeiro no Brasil, ocorrerá automaticamente a suspensão das execuções, das medidas sobre o patrimônio do devedor e da prescrição (Lei n. 11.101/2005, art. 167-M). Tal efeito não ocorrerá se já existir à época do reconhecimento um processo brasileiro concorrente. Em todo caso, a suspensão deverá considerar os termos do já citado art. 6º da Lei n. 11.101/2005, para os processos equivalentes no Brasil.

REFERÊNCIAS BIBLIOGRÁFICAS

BRASIL. STF, RE 917.285, Tribunal Pleno, Rel. Dias Toffoli, j. 18.08.2020, *DJe*-243, Divulg. 05.10.2020, Public. 06.10.2020.

BRASIL. STJ, AgInt no AgInt no REsp 1.621.080/DF, 4ª Turma, Rel. Min. Antonio Carlos Ferreira, j. 19.10.2020, *DJe* 26.10.2020.

BRASIL. STJ, REsp 1.758.746/GO, 3ª Turma, Rel. Min. Marco Aurélio Bellizze, j. 25.09.2018, *DJe* 01.10.2018.

CAMPANA, Paulo Fernando. *Falência Transnacional. GEP – Grupo de Estudos Preparatórios do Congresso de Direito.* Disponível em: www.congressodireitocomercial.org.br/site/images/stories/pdfs/gep6.pdf. Acesso em: 7 fev. 2021.

CAMPINHO, Sérgio. *Falência e recuperação de empresa*: o novo regime de insolvência empresarial. Rio de Janeiro: Renovar, 2006.

EPSTEIN, David G. *Bankruptcy and related law in a nutshell.* 6. ed. St. Paul: West Group, 2002.

HANNAN, Neil. *Cross-Border Insolvency*: the enactment and interpretation of the UNCITRAL Model Law. Australia: Springer, 2017.

MAMEDE, Gladston. *Direito empresarial brasileiro*: falência e recuperação de empresas. São Paulo: Atlas, 2006. v. 4.

RESTREPO, Cláudia. A Pro Debtor and Majority Approach to the "Automatic Stay" Provision of the Bankruptcy Code—*In re Cowen* Incorrectly Decided. *Boston College Law Review*, v. 59, issue 9, 2018. Disponível em: lawdigitalcommons.bc.edu/bclr/vol59/iss9/537/. Acesso em: 7 jan. 2021.

TABB, Charles Jordan. *The law of bankruptcy*. New York: Foundation Press, 1997.

O PRINCÍPIO DA COOPERAÇÃO – ENTRE PARTE E ENTRE JUÍZOS – NO SISTEMA DE INSOLVÊNCIA BRASILEIRO

7

O PRINCÍPIO DA COOPERAÇÃO – ENTRE PARTE E ENTRE JUÍZOS – NO SISTEMA DE INSOLVÊNCIA BRASILEIRO

MAURÍCIO PESSOA

JULIA NOLASCO GARCIA

Sumário: 1. Introdução – 2. O princípio da cooperação – 3. A manifestação do princípio da cooperação no âmbito do plano de recuperação judicial, sob a ótica dos credores e do devedor – 4. Manifestação do princípio da cooperação no âmbito do plano de recuperação judicial, sob a ótica do órgão julgador – 5. Conclusão – Referências bibliográficas.

1. INTRODUÇÃO

Neste artigo pretendemos refletir brevemente sobre a manifestação do princípio da cooperação no sistema de insolvência brasileiro, notadamente no que toca ao instituto da recuperação judicial.

À vista da importância do dever de colaboração dos credores, do devedor e do magistrado no âmbito do processo recuperacional, trataremos da alteração de paradigma introduzida pela Lei n. 11.101/2005 quanto ao importante papel dos credores no direito concursal, observando também a relevância da necessária colaboração do devedor para a efetiva superação de sua crise econômico-financeira.

De outro lado, abordaremos a atuação do Poder Judiciário diante da aprovação do plano de recuperação judicial, delineando os limites de sua ingerência.

Desse modo, partindo da premissa do que se entende por princípio da cooperação, sem a pretensão de esgotar o assunto, enfocaremos os reflexos desse princípio no processo de recuperação judicial, com subsídio doutrinário e jurisprudencial.

2. O PRINCÍPIO DA COOPERAÇÃO

Um dos grandes problemas a afligir o processo judicial está diretamente relacionado ao papel desempenhado pelas partes e pelo juiz. Não é à toa que uma das preocupações do Código de Processo Civil de 2015 é alcançar um equilíbrio entre os poderes, as faculdades e os deveres dos sujeitos processuais, para que, ao final, se obtenha uma tutela jurisdicional justa e efetiva.

A ideia de que as partes devem participar adequadamente do processo e de que o juiz com elas deve dialogar já era reconhecida pela doutrina na égide do Código de Processo Civil de 1973, como um desdobramento do princípio do contraditório que, segundo Humberto Theodoro Júnior, "não mais pode ser visto apenas como garantia de audiência bilateral das partes, mas que tem função democrática de permitir a todos os sujeitos da relação processual a possibilidade de influir, realmente, sobre a formação do provimento jurisdicional"[1].

No Código de Processo Civil de 2015 o princípio está previsto em seu art. 6º, que assim dispõe: "todos os sujeitos do processo devem cooperar entre si para que se obtenha, em tempo razoável, decisão de mérito justa e efetiva".

O dever de cooperação, segundo Cassio Scarpinella Bueno, deve ser entendido como "diálogo, no sentido de troca de informações possíveis e necessárias para *melhor* decidir"[2]. Vale dizer, as partes e o juiz devem dialogar entre si e trabalhar em conjunto, privilegiando aquilo que a doutrina tem denominado de modelo cooperativo.

Para Luiz Guilherme Marinoni e Daniel Mitidiero, o modelo cooperativo nada mais é do que o modelo de processo justo, que "visa organizar o papel das partes e do juiz na conformação do processo, estruturando-o com uma verdadeira comunidade de trabalho"[3].

---

[1] THEODORO JÚNIOR, Humberto. *Curso de direito processual civil* – teoria geral do direito processual civil, processo de conhecimento e procedimento comum. 56. ed. Rio de Janeiro: Forense, 2015. v. 1, p. 81.

[2] BUENO, Cassio Scarpinella. *Curso sistematizado de direito processual civil*: teoria geral do direito processual civil. São Paulo: Saraiva, 2014. v. 1, p. 132-133.

[3] MARINONI, Luiz Guilherme; MITIDIERO, Daniel. *Comentários ao Código de Processo Civil*: arts. 1º ao 69. Sérgio Cruz Arenhart e Daniel Mitidiero (coord.). São Paulo: RT, 2016. p. 149.

O dever de cooperação, assim, implica o dever de colaboração das partes com o juiz e do juiz com as partes na busca da prolação de uma decisão justa. Conforme ensinam Luiz Rodrigues Wambier e Eduardo Talamini, "por um lado, espera-se um relacionamento lhano e probo entre as partes, o juiz e seus auxiliares etc. Por outro, impõe-se o diálogo permanente entre esses sujeitos"[4].

A partir desse modelo, pautado na colaboração, amplia-se aos litigantes o direito de ser ouvido e de participar no processo, o que permite que venham, de alguma forma, a influenciar a decisão a ser proferida pela autoridade competente. Logo, se de um lado o juiz tem o dever de conduzir o processo, de outro as partes têm o direito de se manifestarem previamente à prolação da decisão.

A participação de todos os sujeitos do processo, todavia, deve ser entendida de forma ampla, incluindo não só as partes e o juiz, mas também eventuais terceiros intervenientes, auxiliares da justiça, e até mesmo o Ministério Público quando atuar na condição de fiscal da lei[5].

Dessa maneira, o que se espera do princípio da cooperação é a atuação dos sujeitos processuais, de forma equilibrada, a fim de evitar-se imperfeições processuais e atitudes indesejáveis que eventualmente possam dilatar, desnecessariamente, a marcha processual e a consequente efetividade da tutela jurisdicional[6].

3. A MANIFESTAÇÃO DO PRINCÍPIO DA COOPERAÇÃO NO ÂMBITO DO PLANO DE RECUPERAÇÃO JUDICIAL, SOB A ÓTICA DOS CREDORES E DO DEVEDOR

Uma das principais inovações trazidas pela Lei n. 11.101/2005 ao extinguir o regime da concordata e positivar pela primeira vez no sistema jurídico brasileiro o instituto da recuperação judicial foi a de possibilitar maior ingerência dos credores no âmbito do processo recuperacional da empresa em crise, deixando de lado a restrita participação prevista no diploma legal anterior (Decreto-lei n. 7.661/1945).

---

4   WAMBIER, Luiz Rodrigues; TALAMINI, Eduardo. *Curso avançado de processo civil*: teoria geral do processo. 16. ed. São Paulo: RT, 2016. v. 1.

5   BUENO, Cassio Scarpinella. *Novo Código de Processo Civil anotado*. 2. ed. São Paulo: Saraiva, 2016. p. 53.

6   THEODORO JÚNIOR, Humberto. *Curso de direito processual civil – teoria geral do direito processual civil, processo de conhecimento e procedimento comum*. 56. ed. Rio de Janeiro: Forense, 2015. v. 1, p. 84.

Em evidente contraposição ao modelo anterior, no qual a participação dos credores era mínima e o protagonismo do magistrado vigorava, a instituição do procedimento da recuperação judicial conferiu aos credores a possibilidade de participarem durante o processo concursal.

Fernando Campos Salles de Toledo e Adriana V. Pugliesi destacam que a Lei n. 11.101/2005 atribuiu aos credores um novo papel, uma vez que esses "saíram de meros expectadores no Decreto Lei n. 7.661, e passaram a protagonistas no atual regime, na medida em que a eles caberá decidir o destino da empresa em crise: recuperação ou falência"[7].

Não é à toa que um dos princípios norteadores da recuperação judicial é a participação ativa dos credores, a qual é manifestada sobretudo pelo exercício do direito de voz e voto acerca do plano apresentado pela empresa devedora, por ocasião da assembleia geral de credores (Lei n. 11.101/2005, art. 35, I, *a*).

O direito de voto e de ampla participação dos credores a respeito das condições propostas no plano de recuperação judicial, por expressa opção do legislador, quebrou o paradigma anterior e aproximou o processo concursal daquilo que a doutrina denomina de modelo cooperativo.

Isso porque a assembleia geral de credores viabiliza o efetivo diálogo entre o devedor e os credores, permitindo a negociação do plano de recuperação judicial oferecido pela empresa em crise em uma tentativa de equilibrar ambos os interesses. É nesse palco que os credores expõem suas opiniões sobre os termos do plano e que eventuais alterações podem ser realizadas, desde que haja concordância do devedor e que não cause prejuízo aos direitos dos credores ausentes (Lei n. 11.101/2005, art. 56, § 3º).

A instalação da assembleia geral de credores permite, assim, o diálogo entre o devedor e seus maiores interessados – os credores – a respeito de qualquer matéria prevista no plano, de maneira a conferir maior efetividade ao procedimento, já que a aprovação do plano de recuperação judicial, em regra, depende do voto da maioria qualificada dos credores (Lei n. 11.101/2005, art. 45).

A participação ativa dos credores sujeitos à recuperação justamente por influenciar diretamente o destino da empresa em crise, já que a eles é concedida a prerrogativa de aprovar ou não o plano de recuperação, deve observar o princípio da boa-fé e da lealdade, sem deixar que apenas os

---

[7] TOLEDO, Paulo Fernando Campos Salles; PUGLIESI, Adriana V. A preservação da empresa e seu saneamento. In: BEZERRA FILHO, Manoel Justino; CARVALHOSA, Modesto (coord.). *Tratado de direito empresarial* – recuperação empresarial e falência. São Paulo: RT, 2016. v. 5, p. 184.

interesses meramente individuais sobreponham ao interesse predominantemente coletivo inerente ao sistema de insolvência brasileiro, sob pena de o exercício anormal do direito de voto ser considerado abusivo[8].

Além disso, em que pese a Lei n. 11.101/2005 ter conferido ampla participação dos credores, isso não significa dizer que apenas eles devem interagir, haja vista que a colaboração do devedor também é imprescindível para criar um ambiente de cooperação no processo recuperacional, de modo a otimizar a prestação jurisdicional.

Um dos exemplos mais evidentes de colaboração do devedor no âmbito do direito de insolvência é a apresentação de um plano de recuperação judicial viável, contendo elementos consistentes que convençam os credores da efetiva reestruturação da empresa em crise, para que, então, seja ultimada sua aprovação.

Nessa direção, Manoel Justino Bezerra Filho pondera que o devedor deve "convencer os credores de que seu plano é consistente e de que o sacrifício dos credores será recompensado pelo pagamento que será feito mais adiante, demonstrando ainda que este pagamento trará mais benefícios do que o imediato decreto de quebra"[9].

Outro evidente exemplo de colaboração do devedor recai sobre a lisura da relação de credores por ele apresentada. Isso porque a omissão de eventuais

---

[8] Sobre o voto abusivo, Eduardo Azuma Nishi ensina que: "a abusividade do credor se caracteriza quando proferido fora dos limites impostos pelos fins econômicos ou sociais, pela boa-fé ou pelos bons costumes, tal como estatuído no artigo 187 do Código Civil. Caracteriza ainda a abusividade quando o credor, pelo seu voto, rejeita o plano não embasado em elementos racionais ou quando há plena ausência de justos motivos para a adoção, pelos credores, do voto contrário ao plano, ou melhor, de motivos conscientemente plausíveis dentro da lógica que embasa o processo de recuperação. Também a abusividade existe quando presentes elementos de fraude, ausência de transparência quanto aos interesses disciplinados no plano, benefícios exclusivos do credor ou prejuízo exclusivo do devedor ou de terceiros. A simples não justificação do voto não caracteriza a abusividade, mesmo porque a lei não prevê a justificativa para a rejeição do plano de recuperação. Todavia, a postura omissa do credor, não se dispondo a nenhum tipo de negociação, pretendendo, tão somente, a convolação da falência do devedor, é indicativa de abusividade" (NISHI, Eduardo Azuma. Voto abusivo nas assembleias gerais de credores. In: WAISBERG, Ivo; RIBEIRO, José Horácio H. R.; SACRAMONE, Marcelo Barbosa (coord.). *Direito comercial, falência e recuperação de empresas* – temas. São Paulo: Quartier Latin, 2019. p. 261).

[9] BEZERRA FILHO, Manoel Justino. *Lei de Recuperação de Empresas e Falência*. 14. ed. São Paulo: RT, 2019. p. 214.

credores e a discrepância de valores podem gerar inúmeras impugnações e habilitações, em detrimento da celeridade e da efetividade do processo.

A esse respeito, Ruy Coppola Jr. assinala que

> (...) quanto mais fiel à realidade for a relação apresentada pelo devedor, menor serão as discussões. Isso porque, publicada referida relação, os credores que dela discordarem devem apresentar suas habilitações ou divergências perante o administrador judicial, se tempestivas, ou perante o juízo, se intempestivas. Se corretamente arrolados os créditos pelo devedor, nenhuma discussão será necessária, abreviando-se tempo, trabalho e custos aos credores, já "não muito satisfeitos" por terem de renegociar seus créditos[10].

Ainda sob a ótica do devedor, outro exemplo em prol do modelo cooperativo é a elaboração de um plano de recuperação cujas cláusulas não violem os princípios gerais de direito, a Constituição Federal e as disposições de caráter cogente previstas na Lei n. 11.101/2005, sob pena de virem a ser invalidadas mediante o controle de legalidade exercido pelo Poder Judiciário[11], conforme será visto mais adiante.

A interação no processo concursal, portanto, deve ser mútua. Credores e devedor devem trabalhar juntos, na medida de seus interesses, a fim de promoverem a finalidade almejada pelo instituto da recuperação judicial, qual seja, superar a crise econômico-financeira do devedor, com a manutenção da fonte produtiva, do emprego dos trabalhadores e, consequentemente, dos interesses dos credores, a concretizar, assim, a preservação da empresa, sua função social e o estímulo à atividade econômica (Lei n. 11.101/2005, art. 47).

A cooperação entre devedor e credores se mostra, portanto, fundamental para garantir o sucesso de qualquer processo de Recuperação Judicial[12].

Nesse sentido, Melina Martins Merlo afirma que a Lei n. 11.101/2005 buscou "criar um ambiente negocial amplo, em que se mitigassem os

---

[10] COPPOLA JUNIOR, Ruy. Advocacia empresarial, CPC/2015 e seus reflexos na recuperação judicial de empresas. *Revista dos Tribunais*, v. 970, p. 109-128, ago. 2016.

[11] SAN'TANA, Maria Fabiana Seonane Dominguez. Os limites do plano de recuperação judicial. WAISBERG, Ivo; RIBEIRO, José Horácio H. R.; SACRAMONE, Marcelo Barbosa (coord.). *Direito comercial, falência e recuperação de empresas* – temas. São Paulo: Quartier Latin, 2019. p. 160.

[12] ALVES, Alexandre Ferreira de Assumpção; TEIXEIRA, Pedro Freitas. A função socioeconômica e o princípio da cooperação entre devedor e credores na recuperação judicial. *Revista de Direito Recuperacional e Empresa*, v. 9, jul.-set. 2018.

comportamentos desleais e oportunistas e ao mesmo tempo conferisse celeridade e eficiência ao procedimento jurisdicional"[13].

Na mesma direção, João Pedro Scalzilli, Luis Felipe Spinelli e Rodrigo Tellechea, ao comentarem os objetivos da Lei n. 11.101/2005, ressaltam que[14]:

> (...) uma das principais funções da legislação de insolvência é propiciar um ambiente de cooperação entre os agentes envolvidos, sobretudo, nos processos recuperatórios, com a participação ativa dos credores, alocando em sua esfera de ação boa parcela do poder decisório sobre o esforço de soerguimento da empresa, posto que eles – os credores –são os mais afetados com as medidas propostas pelo devedor. A experiência econômica demonstra que os resultados globais das recuperações tendem a ser melhores quando as partes diretamente envolvidas no empreendimento cooperam entre si.

Como se vê, a participação mútua dos credores e do devedor, sobretudo na fase de elaboração do plano e no ato da deliberação assemblear, exerce relevante papel no direito concursal. É indispensável a colaboração de ambos para se alcançar um procedimento mais justo e efetivo, já que a conjugação de esforços torna mais provável o sucesso do soerguimento da empresa em crise e, por consequência, o pagamento dos credores, garantindo a preservação da empresa, a promoção de sua função social e o estímulo à atividade econômica.

4. MANIFESTAÇÃO DO PRINCÍPIO DA COOPERAÇÃO NO ÂMBITO DO PLANO DE RECUPERAÇÃO JUDICIAL, SOB A ÓTICA DO ÓRGÃO JULGADOR

É certo que muito embora a Lei n. 11.101/2005 tenha ampliado a participação dos credores no processo concursal, sobretudo pelo fato de o poder de decisão do plano de recuperação judicial ficar, em regra, concentrado nas mãos dos próprios credores mediante o exercício do direito de voto no

---

[13] MERLO, Melina Martins. Abuso do direito de voto na recuperação judicial. In: WAISBERG, Ivo; RIBEIRO, José Horácio H. R.; SACRAMONE, Marcelo Barbosa (coord.). *Direito comercial, falência e recuperação de empresas* – tema. São Paulo: Quartier Latin, 2019. p. 364.

[14] SCALZILLI, João Pedro; SPINELLI, Luis Felipe; TELLECHEA, Rodrigo. *Recuperação de empresas e falência*: teoria e prática na Lei 11.101/2005. São Paulo: Almedina, 2016. p. 78.

ato assemblear, isso não significa que o magistrado deve deixar de exercer o controle de legalidade do plano, ainda que integralmente aprovado pela assembleia geral de credores.

Vale dizer, a despeito de credores terem se tornado os protagonistas do direito concursal, o magistrado não deve reduzir-se ao papel de mero homologador do plano[15], sobretudo quando verificar que está acometido de ilegalidades formais ou substanciais.

Muito embora não se ignore o polêmico debate existente a respeito da soberania da assembleia geral de credores, assim como a tendência, notadamente jurisprudencial, de conferir-se uma postura menos intervencionista ao órgão julgador, tal como imprimido pelo atual entendimento do Superior Tribunal de Justiça, no sentido de que não cabe ao magistrado "se imiscuir no aspecto da viabilidade econômica da empresa, uma vez que tal questão é de exclusiva apreciação assemblear"[16] – é inegável que o Poder Judiciário deve prezar pela legalidade do conteúdo do plano recuperacional, aproximando o processo concursal do modelo cooperativo.

---

[15] Nesse sentido, Manoel Justino Bezerra Filho anota que: "é necessário considerar que o juiz não atua como simples espectador do processo de recuperação e falência; ao contrário, o juiz preside o feito e, nesta qualidade de presidente do feito, sempre decidirá o que entender de direito, de acordo com a lei e não necessariamente de acordo com o que a assembleia haja deliberado. Evidentemente, se a decisão da assembleia tiver sido tomada de acordo com as formalidades da lei e se tal decisão não ofende qualquer interesse protegido pelo direito nem transgride qualquer norma de direito público, deve o juiz acatar a deliberação da assembleia. No entanto, não se pode perder de vista que a assembleia tem poder deliberativo, enquanto o poder jurisdicional continua em mãos do juiz, por óbvio" (BEZERRA FILHO, Manoel Justino; CARVALHOSA, Modesto. *Tratado de direito empresarial* – recuperação empresarial e falência. São Paulo: RT, 2016. v. 5, p. 222).

[16] REsp 1.359.311/SP, 4ª Turma, Rel. Min. Luis Felipe Salomão, j. 09.09.2014, *DJe* 30.09.2014; REsp 1.630.932/SP, 3ª Turma, Rel. Min. Paulo de Tarso Sanseverino, j. 18.06.2019, *DJe* 01.07.2019; AgInt nos EDcl no AREsp 1.571.924/RJ, 3ª Turma, Rel. Min. Marco Aurélio Bellizze, j. 24.08.2020, *DJe* 01.09.2020. No mesmo sentido: TJSP, AI 2128074-77.2019.8.26.0000, 1ª Câmara Reservada de Direito Empresarial, Foro Central Cível, 1ª Vara de Falências e Recuperações Judiciais, Rel. Des. Azuma Nishi, j. 10.07.2020; TJSP, AI 2108307-53.2019.8.26.0000, 2ª Câmara Reservada de Direito Empresarial, Foro de Santo Anastácio – Vara Única, Rel. Des. Sérgio Shimura, j. 03.12.2019; TJSP, AI 2114310-24.2019.8.26.0000, 1ª Câmara Reservada de Direito Empresarial, Foro de Barueri, 1ª Vara Cível, Rel. Des. Gilson Delgado Miranda, j. 26.08.2019; TJSP, AI 2153125-27.2018.8.26.0000, 1ª Câmara Reservada de Direito Empresarial, Foro de Jaú, 1ª Vara Cível, Rel. Des. Alexandre Lazzarini, j. 03.10.2018, Registro: 03.10.2018.

A esse respeito e a propósito, o Superior Tribunal de Justiça aprovou a tese n. 1 na edição n. 37 da "Jurisprudência em Teses", com a seguinte redação:

> Embora o juiz não possa analisar os aspectos da viabilidade econômica da empresa, tem ele o dever de velar pela legalidade do plano de recuperação judicial, de modo a evitar que os credores aprovem pontos que estejam em desacordo com as normas legais.

Na mesma direção, o Enunciado 44 do Conselho da Justiça Federal dispõe que "a homologação de plano de recuperação judicial aprovado pelos credores está sujeita ao controle judicial de legalidade".

Desse modo, ainda que o atual entendimento jurisprudencial, em regra, impeça o magistrado de exercer o controle de legalidade da viabilidade econômica do plano (*v.g.*, deságio, prazo e forma de pagamento, carência, índice de correção monetária e juros), a soberania da assembleia geral não deve prevalecer nas hipóteses em que o plano de recuperação judicial afronta os princípios gerais do direito, a Constituição Federal, as regras de ordem pública e a Lei n. 11.101/2005.

Nessa linha, João Pedro Scalzilli, Luis Felipe Spinelli e Rodrigo Tellechea, ao tratarem dos limites do juiz na análise do plano, destacam que "antes de homologar a aprovação do plano, o juiz deve aferir a regularidade do processo decisório", isto é, se "foram atendidos os requisitos de validade dos atos jurídicos em geral, e se ele não fere os princípios gerais de direito, a Constituição Federal, a própria LREF e suas normas cogentes"[17].

Igualmente, Marcelo Barbosa Sacramone, ao tecer considerações sobre a intervenção judicial na aprovação do plano de recuperação judicial, ressalta que "a deliberação da Assembleia Geral de Credores não prevalece se afrontar norma cogente"[18].

As Câmaras Reservadas de Direito Empresarial do Tribunal de Justiça de São Paulo têm colaborado com o procedimento de insolvência ao referendarem decisões proferidas pelo Juízo de primeiro grau que reconhecem a ilegalidade de determinadas cláusulas previstas no plano aprovado, sob o fundamento de violarem normas de ordem pública estabelecidas pela Lei n.

---

[17] SCALZILLI, João Pedro; SPINELLI, Luis Felipe; TELLECHEA, Rodrigo. *Recuperação de empresas e falência*: teoria e prática na Lei 11.101/2005. São Paulo: Almedina, 2016. p. 326-327.

[18] SACRAMONE, Marcelo Barbosa. *Comentários à Lei de Recuperação de Empresas e Falência*. São Paulo: Saraiva Educação, 2018. p. 263.

11.101/2005. O Tribunal, ao julgar os recursos de agravos de instrumento interpostos contra decisão homologatória do plano, tem reconhecido, inclusive de ofício, a ilegalidade de disposições que não observam preceitos de ordem pública, à luz do efeito translativo do recurso[19-20]. Como principal exemplo, cita-se a disposição do plano que prevê prazo superior ao determinado pela lei de regência para o pagamento dos credores trabalhistas[21] (Lei n. 11.101/2005, art. 54).

Verifica-se, assim, que no âmbito do sistema de insolvência, especialmente no que toca ao processo de recuperação judicial, a cooperação sob a ótica do órgão julgador tem sido manifestada mediante o controle de legalidade de disposições previstas no plano que atentem contra a Constituição

---

[19] Segundo Nelson Nery Junior e Rosa Maria de Andrade Nery, o efeito translativo "transfere ao tribunal o exame e o reexame das matérias de ordem pública, independentemente de haverem sido alegadas pelas partes. Isto porque não se trata de efeito devolutivo" (NERY JUNIOR, Nelson; NERY, Rosa Maria de Andrade. *Código de Processo Civil comentado*. 17. ed. São Paulo: RT, 2018. p. 1.279).

[20] Nesse sentido: BRASIL. Tribunal de Justiça do Estado de São Paulo, AI 2083852-24.2019.8.26.0000, 2ª Câmara Reservada de Direito Empresarial, Foro Central Cível, 2ª Vara de Falências e Recuperações Judiciais, Rel. Des. Grava Brazil, j. 26.11.2019, Registro: 05.12.2019; BRASIL. Tribunal de Justiça de São Paulo, AI 2103726-29.2018.8.26.0000, 1ª Câmara Reservada de Direito Empresarial, Foro Central Cível – 2ª Vara de Falências e Recuperações Judiciais, Rel. Des. Azuma Nishi, j. 22.08.2018, Registro: 24.08.2018; BRASIL. Tribunal de Justiça de São Paulo, AI 2259270-10.2018.8.26.0000, 1ª Câmara Reservada de Direito Empresarial, Foro de Franca – 5ª Vara Cível, Rel. Des. Fortes Barbosa, j. 18.02.2019, Registro: 18.02.2019; BRASIL. Tribunal de Justiça do Estado de São Paulo, AI 2140739-28.2019.8.26.0000, 2ª Câmara Reservada de Direito Empresarial, Foro Central Cível – 2ª Vara de Falências e Recuperações Judiciais, Rel. Des. Araldo Telles, j. 26.11.2019, Registro: 29.11.2019; BRASIL. Tribunal de Justiça do Estado de São Paulo, AI 2073040-54.2018.8.26.0000, 2ª Câmara Reservada de Direito Empresarial, Foro de Presidente Prudente – 3ª Vara Cível, Rel. Des. Grava Brazil, j. 10.12.2018, Registro: 19.12.2018.

[21] Nesse sentido: BRASIL. Tribunal de Justiça do Estado de São Paulo, AI 2011083-81.2020.8.26.0000, 2ª Câmara Reservada de Direito Empresarial, Foro Central Cível, 1ª Vara de Falências e Recuperações Judiciais, Rel. Des. Sérgio Shimura, j. 31.07.2020, Registro: 31.07.2020; BRASIL. Tribunal de Justiça do Estado de São Paulo, AI 2138052-78.2019.8.26.0000, 1ª Câmara Reservada de Direito Empresarial, Foro de Bebedouro, 2ª Vara, Rel. Des. Alexandre Lazzarini, j. 25.09.2019, Registro: 27.09.2019; BRASIL. Tribunal de Justiça do Estado de São Paulo, AI 2158811-97.2018.8.26.0000, 1ª Câmara Reservada de Direito Empresarial, Foro de Sorocaba, 3ª Vara Cível, Rel. Des. Azuma Nishi, j. 13.03.2019, Registro: 14.03.2019.

Federal, os princípios gerais do direito e as regras de natureza cogente estabelecidas pela Lei n. 11.101/2005.

5. CONCLUSÃO

À guisa de conclusão e sem qualquer pretensão satisfativa, procuramos demonstrar que a cooperação no processo recuperacional não se concretiza somente entre credores e devedor; ela se estende e dela participa, também, o juízo recuperacional, especialmente ao purgar, inclusive de ofício, as ilegalidades insertas no plano de recuperação judicial.

A *ratio* da Lei n. 11.101/2005 não é privilegiar os interesses de credores e devedor em desfavor da atividade estatal judiciária a relegar aquele que a exerce à condição de mero agente homologador de vontades expressas em conclaves formais; é, sim, equilibrar os interesses individuais patrimoniais ao interesse social, o que só é possível com a concretização do dever de cooperação.

REFERÊNCIAS BIBLIOGRÁFICAS

ALVES, Alexandre Ferreira de Assumpção; TEIXEIRA, Pedro Freitas. A função socioeconômica e o princípio da cooperação entre devedor e credores na recuperação judicial. *Revista de Direito Recuperacional e Empresa*, v. 9, jul.-set. 2018.

BEZERRA FILHO, Manoel Justino. *Lei de recuperação de empresas e falência*. 14. ed. São Paulo: RT, 2019.

BUENO, Cassio Scarpinella. *Curso sistematizado de direito processual civil*: teoria geral do direito processual civil. São Paulo: Saraiva, 2014. v. 1.

BUENO, Cassio Scarpinella. *Novo Código de Processo Civil anotado*. 2. ed. São Paulo: Saraiva, 2016.

COPPOLA JUNIOR, Ruy. Advocacia empresarial, CPC/2015 e seus reflexos na recuperação judicial de empresas. *Revista dos Tribunais*, v. 970, p. 109-128, ago. 2016.

MARINONI, Luiz Guilherme; MITIDIERO, Daniel. *Comentários ao Código de Processo Civil*: arts. 1º ao 69. Sérgio Cruz Arenhart e Daniel Mitidiero (coord.). São Paulo: RT, 2016.

MERLO, Melina Martins. Abuso do direito de voto na recuperação judicial. In: WAISBERG, Ivo; RIBEIRO, José Horácio H. R.; SACRAMONE, Marcelo Barbosa (coord.). *Direito comercial, falência e recuperação de empresas* – tema. São Paulo: Quartier Latin, 2019.

NERY JUNIOR, Nelson; NERY, Rosa Maria de Andrade. *Código de Processo Civil comentado*. 17. ed. São Paulo: RT, 2018.

NISHI, Eduardo Azuma. Voto abusivo nas assembleias gerais de credores. In: WAISBERG, Ivo; RIBEIRO, José Horácio H. R.; SACRAMONE, Marcelo Barbosa (coord.). *Direito comercial, falência e recuperação de empresas* – temas. São Paulo: Quartier Latin, 2019.

SACRAMONE, Marcelo Barbosa. *Comentários à Lei de Recuperação de Empresas e Falência*. São Paulo: Saraiva Educação, 2018.

SAN'TANA, Maria Fabiana Seonane Dominguez. Os limites do plano de recuperação judicial. WAISBERG, Ivo; RIBEIRO, José Horácio H. R.; SACRAMONE, Marcelo Barbosa (coord.). *Direito comercial, falência e recuperação de empresas* – temas. São Paulo: Quartier Latin, 2019.

SCALZILLI, João Pedro; SPINELLI, Luis Felipe; TELLECHEA, Rodrigo. *Recuperação de empresas e falência*: teoria e prática na Lei 11.101/2005. São Paulo: Almedina, 2016.

THEODORO JÚNIOR, Humberto. *Curso de direito processual civil* – teoria geral do direito processual civil, processo de conhecimento e procedimento comum. 56. ed. Rio de Janeiro: Forense, 2015. v. 1.

TOLEDO, Paulo Fernando Campos Salles; PUGLIESI, Adriana V. A preservação da empresa e seu saneamento. In: BEZERRA FILHO, Manoel Justino; CARVALHOSA, Modesto (coord.). *Tratado de direito empresarial* – recuperação empresarial e falência. São Paulo: RT, 2016. v. 5.

WAMBIER, Luiz Rodrigues; TALAMINI, Eduardo. *Curso avançado de processo civil*: teoria geral do processo. 16. ed. São Paulo: RT, 2016. v. 1.

8

O PRINCÍPIO DA COOPERAÇÃO – ENTRE PARTE E ENTRE JUÍZOS – NO SISTEMA DE INSOLVÊNCIA BRASILEIRO

ALEXANDRE NASSER DE MELO

Sumário: 1. Introdução – 2. A eficiência do sistema de insolvência por meio da cooperação – 3. Como as partes cooperam – 4. Como os juízos cooperam – 5. Considerações finais – Referências bibliográficas.

1. INTRODUÇÃO

Há poucas décadas não se imaginava o quanto a atividade empresarial se tornaria encadeada e globalizada. Em que pese isso se traduza em diversos desafios, são notáveis os esforços engendrados pelos legisladores, operadores do direito e juízes para encontrar soluções que garantam ordem ao que poderia ser um caos[1].

Diante de relações comerciais intrincadas e que traspõem as fronteiras nacionais, o risco sistêmico é intensificado, o que significa que a crise em determinada empresa ou setor pode originar consequências que atingem outros agentes econômicos ou setores da economia, de forma que nem sempre é possível prever todos os desdobramentos. Por isso, a legislação comercial cria mecanismos para amenizar essas consequências.

---

[1] WESSELS, Bob; MARKELL, Bruce; KILBORN, Jason. *International Cooperation in Bankruptcy and Insolvency Matters*. New York: Oxford University Press, 2009. p. xiii.

Não se pode olvidar, ainda, que a atividade empresarial envolve riscos por sua própria natureza, e que a liberdade de empreender, garantida e positivada nos arts. 1º, IV, e 170 da Constituição Federal, não é plena se não compreender, também, a possibilidade de insucesso.

Ao empresário cabe o dever de agir com diligência e boa-fé na condução dos negócios, mas não há obrigação de ser bem-sucedido. A pandemia de Covid-19 deixou isso ainda mais evidente: uma empresa pode entrar em uma situação de crise independentemente da gestão ou da conduta do empreendedor, apenas pela volatilidade do cenário econômico e pelas diversas circunstâncias às quais está sujeita.

A insolvência, outrora tratada como crime, como pecado ou como sinônimo de desonestidade passível das mais severas punições[2], atualmente é entendida como mero desenrolar – não incomum – da atividade empresarial. Nada impede que aquele que hoje figura na posição de credor solvente, torne-se, no futuro, um devedor insolvente.

Partindo dessas premissas, as leis, os códigos e os guias de boas práticas vêm sendo elaborados ou atualizados com base no consenso de que o princípio da cooperação, de ampla abrangência, deve pautar a conduta das partes envolvidas nos processos de insolvência e de que, somente por meio da cooperação, poderá ser atingido o resultado mais eficiente: a superação da crise instaurada ou a rápida realocação de ativos na economia.

Na abordagem deste tema, o presente capítulo analisa (i) o alcance da eficiência por meio da cooperação; (ii) a cooperação entre partes; e (iii) a cooperação entre juízos no sistema de insolvência brasileiro.

2. A EFICIÊNCIA DO SISTEMA DE INSOLVÊNCIA POR MEIO DA COOPERAÇÃO

Até o final do século XX, os sistemas de insolvência estavam mais orientados para a tutela dos interesses do devedor, quando inspirados pelo modelo romano-germânico; ou mais orientados para a tutela dos interesses do credor, se inspirados pelo modelo anglo-saxão. Mas, no final do século passado, o princípio

---

[2] COSTA, Daniel Carnio. Novas teorias sobre processos de insolvência e gestão democrática de processos. In: COSTA, Daniel Carnio (coord.). *Comentários completos à Lei de Recuperação de Empresas e Falências*. Curitiba: Juruá, 2015. vol. I, p. 30; SCALZILLI, João Pedro; SPINELLI, Luis Felipe; TELLECHEA, Rodrigo. *Recuperação de empresas e falência*: teoria e prática na Lei 11.101/2005. 3. ed. rev., atual. e ampl. São Paulo: Almedina, 2018. p. 54.

de divisão equilibrada do ônus entre credores e devedores emergiu, passando a orientar também o sistema brasileiro desde a promulgação da Lei nº 11.101/2005.

Ambas as partes – credores e devedor – devem colaborar para a consecução do objetivo dos sistemas de insolvência, que não é beneficiar uma ou outra parte, mas sim a coletividade, preservando os benefícios sociais decorrentes da atividade empresarial.

Quando o sistema de insolvência é considerado eficiente, o desenvolvimento econômico e o bom funcionamento dos mercados são promovidos, por meio de maior segurança jurídica e redução dos riscos para aqueles que desejam empreender. Como exemplo disso, verifica-se que a forma de lidar com a insolvência é um dos aspectos levados em consideração para a classificação das economias no *ranking Doing Business*, que mede a regulamentação do ambiente de negócios[3].

Pugliesi[4] afirma, abarcando uma noção de interdependência no meio empresarial, que o sistema de insolvência visa manter saudáveis os elos da cadeia de relações do mercado. Assim, a cooperação em prol do resultado mais útil, sobretudo para a coletividade, é essencial. Para isso, muitas vezes, as partes deverão privar-se de benefícios individuais e imediatos, e suportar algum ônus em alguma medida, para preservar a segurança jurídica e a estabilidade do mercado.

Nesse sentido, adota-se o critério de Kaldor-Hicks, que parte da premissa de que "as normas devem ser planejadas com o objetivo de causar o máximo de bem-estar para o maior número de pessoas, de modo que os ganhos totais compensem, de forma teórica, as eventuais perdas sofridas por alguns"[5].

Trata-se de minimizar os impactos das insolvências individuais sobre a economia como um todo, limitando tanto os prejuízos gerais como os particulares, de forma que o sistema de insolvência tem papel fundamental na busca de resultados econômicos eficientes[6].

---

[3] WORLD BANK GROUP. *Doing Business: medindo a regulamentação do ambiente de negócios*. Classificação das Economias. Disponível em: <https://portugues. doingbusiness.org/pt/rankings>. Acesso em: 12 jan. 2021.

[4] PUGLIESI, Adriana Valéria. *Direito falimentar e preservação da empresa*. São Paulo: Quartier Latin, 2013. p. 265.

[5] RIBEIRO, Marcia Carla Pereira; GALESKI JUNIOR, Irineu. *Teoria geral dos contratos*: contratos empresariais e análise econômica. Rio de Janeiro: Elsevier, 2009. p. 86.

[6] LISBOA, Marcos de Barros; DAMASO, Otávio; CARAZZA, Bruno; COSTA, Ana Carla A. A racionalidade econômica na nova Lei de Falências e de Recuperação

A Comissão de Comércio Exterior da Organização das Nações Unidas (*United Nations Commission on International Trade Law* – UNCITRAL) orienta a modernização do Direito Comercial dos países-membros, incluindo um guia sobre a legislação aplicável à insolvência, contribuindo para a criação de um sistema jurídico internacional mais coerente e eficiente. Para isso, exige que tribunais e administradores cooperem uns com os outros o máximo possível[7]. No ano de 2005, o guia foi publicado[8] "para ser usado como referência pelas autoridades e órgãos legislativos nacionais na preparação de novas leis e regulamentos ou na revisão e adequação das leis e regulamentos existentes", enfatizando que é preciso conciliar a necessidade de resolver a dificuldade financeira do devedor, de forma rápida e eficiente, mas também tutelar os interesses das várias partes que são atingidas por essa dificuldade financeira, principalmente credores, sócios ou acionistas.

Portanto, não se pretende impedir que os credores busquem a defesa de seus interesses, mas sim prevenir que o façam em detrimento de um bem maior, que consiste no interesse social: reestruturação da empresa, manutenção de empregos e da cadeia produtiva, maximização do valor dos ativos, pagamento de impostos etc. Pode-se, pois, concluir que o princípio da cooperação é imprescindível para que possam ser concretizados os demais princípios do sistema de insolvência.

Além disso, o princípio da eficiência orienta a Administração Pública, incluindo o Poder Judiciário, e impõe um constante aprimoramento da gestão processual com foco na otimização de procedimentos e recursos. A cooperação judiciária é um meio para atingir esse fim ao potencializar a atividade jurisdicional por meio da interação menos burocrática entre os juízos e por evitar a desnecessária repetição de atos processuais[9].

---

de Empresas. In: PAIVA, Luiz Fernando Valente da (coord.). *Direito falimentar e nova Lei de Falências e de Recuperação de Empresas.* São Paulo: Quartier Latin, 2005. p. 35.

[7] SILVERMAN, Ronald. Advances in cross-border insolvency cooperation: the Uncitral Model Law on cross-border insolvency. *ILSA Journal of International & Comparative Law*, vol. 6, n. 265, 2000, p. 266.

[8] UNCITRAL. *Legislative Guide on Insolvency Law.* New York: United Nations Publication, 2005.

[9] ARAGÃO, Nilsiton Rodrigues de Andrade. Fundamentos da cooperação judiciária nacional. *Revista Eletrônica de Direito Processual – REDP*, Rio de Janeiro, ano 14, vol. 21, n. 3, set.-dez. 2020, p. 455.

O sistema de insolvência deve propiciar um ambiente formal de negociação e cooperação, para que, por meio de incentivos corretos, credores e devedores busquem a melhor solução para a superação da crise[10].

Conforme explica Daniel Carnio Costa[11], o Brasil superou o dualismo pendular, optando por estabelecer como vetor de aplicação dos institutos da insolvência empresarial a tutela do interesse social, considerando esse interesse prevalecente sobre os interesses das partes diretamente envolvidas na crise da empresa. Por meio da cooperação é possível conciliar e compatibilizar diversos interesses, incluindo os sociais e os econômicos.

3. COMO AS PARTES COOPERAM

Em economia de mercado, com base na livre concorrência e na alta competitividade entre empresas – tanto nacional como internacionalmente – pode parecer paradoxal exigir cooperação. Da mesma forma, na esfera judicial pode parecer paradoxal exigir cooperação entre partes que estão em litígio. No entanto, a base dos sistemas de insolvência consiste na superação dos problemas de ação coletiva enfrentados pelos credores e na prevenção de ações individuais precipitadas que produziriam uma desnecessária perda de ativos para todos os envolvidos[12].

De fato, a evolução do sistema de insolvência deixou para trás o conceito de "corrida de credores", ou seja, a satisfação dos créditos não se opera por ordem de chegada, em que os primeiros a executar receberiam os escassos recursos do devedor, e os últimos nada receberiam. A cooperação favorece o conjunto de credores quando, por meio de procedimentos coletivos e compulsórios, possibilita a maximização dos ativos do devedor e o pagamento de forma ordenada[13]. Quanto ao sistema recuperacional, considera-se que o

---

[10] LISBOA, Marcos de Barros; DAMASO, Otávio; CARAZZA, Bruno; COSTA, Ana Carla A. Op. cit., p. 35-36.

[11] COSTA, Daniel Carnio. Recuperação judicial de empresas: as novas teorias da divisão equilibrada de ônus e da superação do dualismo pendular. *Justiça & Cidadania*, edição 207, 20 nov. 2017.

[12] WESSELS, Bob; MARKELL, Bruce; KILBORN, Jason. *International Cooperation in Bankruptcy and Insolvency Matters*. New York: Oxford University Press, 2009. p. 15.

[13] SALAMA, Bruno Meyerhof; CROCCO, Fabio. A racionalidade econômica do direito falimentar: reflexões sobre o caso brasileiro. In: ABRÃO, Carlos Henrique; ANDRIGHI, Fatima Nancy; BENETI, Sidnei (coords.). *10 anos de vigência da*

plano de recuperação "é um negócio de cooperação celebrado entre devedor e credores, homologado pelo juiz"[14].

Portanto, apesar de parecer paradoxal exigir que partes litigantes cooperem, essa cooperação baseia-se em alcançar uma decisão mais eficiente e com maior celeridade. Nesse sentido, há profunda relação com os arts. 6º e 8º do Código de Processo Civil, que preveem a cooperação entre todos os sujeitos do processo para que se obtenha, em tempo razoável, uma decisão justa e efetiva, e que o juiz deve aplicar o ordenamento jurídico observando, entre outros aspectos, a razoabilidade e eficiência.

Quando há cooperação entre as partes, é possível reduzir a burocracia, as delongas, e realizar o ativo de forma mais coerente ou manter a atividade empresarial – o que resulta em benefícios sociais, econômicos e também em benefícios para os credores.

Como explica Axelrod[15], há situações em que há incentivos no curto prazo para que as partes não cooperem, favorecendo o imediatismo, mas é possível promover a cooperação aumentando a importância do futuro, ou seja, dos benefícios no médio e no longo prazo. Além disso, a noção de reciprocidade – de que o credor solvente de hoje pode ser o devedor insolvente no futuro, em busca dessa mesma cooperação para a superação de uma crise – pode incentivar uma conduta menos gananciosa e improdutiva. Axelrod[16] também menciona a estratégia de alterar o valor das recompensas, por isso o regulador estabelece punições para o comportamento não cooperativo, por litigância de má-fé e sanções em caso de fraudes processuais, entre outras condutas tipificadas como crime no âmbito da Lei nº 11.101/2005.

A conduta oportunista não prejudica apenas a contraparte naquele dado momento em que ocorre, mas sim, outras partes com quem o oportunista poderia interagir e realizar transações no futuro, além de prejudicar o sistema econômico como um todo, pois resulta em uma redução da confiança.

Ainda é preciso haver uma mudança na cultura de litigar do brasileiro, que é muito mais baseada em posição, do que em interesse. "Assim, partes

---

Lei de Recuperação e Falência (Lei n. 11.101/2005). São Paulo: Saraiva, 2015. p 386-387.

[14] SZTAJN, Rachel; FRANCO, Vera Helena de Mello. *Falência e recuperação da empresa em crise*. São Paulo: Campus, 2008. p. 234.

[15] AXELROD, Robert. *The evolution of cooperation*. New York: Basic Books Inc Publishers, 1984. p. 117.

[16] AXELROD, Robert. Idem, p. 125.

opostas firmam posições opostas, muitas vezes ignorando o fato de que podem ter interesses comuns, ainda que projetados para o futuro"[17].

Para isso, cabe também ao juiz conduzir o processo de forma ativa e eficiente, ao administrador judicial propiciar a transparência, bem como deve haver incentivos para o diálogo (mediação) entre as partes sempre que necessário.

A Recomendação nº 58 do CNJ recomenda aos magistrados responsáveis pelo processamento e julgamento dos processos de recuperação empresarial e falência, de varas especializadas ou não, que promovam, sempre que possível, o uso da mediação, com base nos arts. 3º, § 3º, e 334 do Código de Processo Civil. Diante disso, o legislador inseriu a Seção II-A no texto reformado da Lei nº 11.101/2005, para que, assim, restasse expressamente prevista a possibilidade da utilização da conciliação e da mediação em recuperações judiciais e falências. Afinal, a recuperação judicial possui natureza de negociação coletiva, então, o bom ambiente negocial contribui para o sucesso do processo.

4. COMO OS JUÍZOS COOPERAM

Quanto à cooperação entre juízos, a Recomendação nº 350, de 27 de outubro de 2020 do CNJ prevê que os tribunais brasileiros instituam mecanismos de cooperação entre os órgãos do Poder Judiciário e outras instituições e entidades, por considerar que essa cooperação contribui para uma maior desburocratização e agilidade para o cumprimento de atos judiciais fora da esfera de competência do juízo requerente ou em intersecção com ele. Para isso, recomendou-se que todos os tribunais adotassem meios de cooperação e comunicação entre órgãos judiciários, para harmonizar e agilizar as rotinas e procedimentos forenses, dando prioridade ao uso dos meios eletrônicos. De fato, quando há cooperação entre juízos, privilegia-se a celeridade e são evitadas as decisões conflitantes.

Diante desta relevância, a Lei nº 13.105/2015 (Código de Processo Civil) trata, em seu Capítulo II do Título III, da cooperação nacional.

A vinculação da cooperação judiciária ao princípio da razoável duração do processo é destacada pelo próprio CPC, ao indicar, no *caput* do artigo 69, que o "pedido de cooperação jurisdicional

---

[17]   COPPOLA JUNIOR, Ruy. Advocacia empresarial, CPC/2015 e seus reflexos na recuperação judicial de empresas. *Revista dos Tribunais*, vol. 970, ago. 2016, p. 09.

deve ser prontamente atendido". A presteza na efetivação das tutelas jurisdicionais é um dos principais benefícios extraídos da desburocratização da relação entre os juízos. A utilização de vias de comunicação mais eficazes e a realização unificada de atos para vários processos podem ser vistas como uma forma de evitar dilações indevidas no trâmite processual[18].

Segundo Aragão[19], o estabelecimento de divisões de competência destina-se a facilitar o desempenho da jurisdição por meio da especialização, mas essa divisão não deve ser vista como fundamento para isolamento dos órgãos jurisdicionais ou para disputas de poder, pois os órgãos jurisdicionais compõem um sistema integrado. Conforme dispõe o Código de Processo Civil, em seu art. 67, "aos órgãos do Poder Judiciário, estadual ou federal, especializado ou comum, em todas as instâncias e graus de jurisdição, inclusive aos tribunais superiores, incumbe o dever de recíproca cooperação [...]". Sérgio Campinho[20] afirma que o CPC destaca que "a cooperação deve conferir efetividade a medidas e providências visando à recuperação e preservação de empresas e à facilitação de habilitação de crédito nos processos falimentar e recuperacional".

No sistema de insolvência há uma comunhão de interesses em relação ao patrimônio do devedor, da qual decorre a *vis attractiva* do juízo recuperacional ou falimentar, para que o patrimônio possa ser gerido de forma a cumprir os objetivos de preservação da empresa (na recuperação) ou de maximização do valor dos ativos (na falência). A universalidade desse juízo é fundamental, conforme determina o art. 76 da Lei nº 11.101/2005, tanto como a cooperação com outros juízos, órgãos e entidades.

Com isso, as medidas que buscam adimplemento de obrigações são processadas e julgadas no juízo universal, protegendo o interesse coletivo dos credores e respeitando a ordem hierárquica estabelecida em Lei.

A cooperação jurisdicional também é implementada quando se verifica a necessidade de resguardar bens essenciais à atividade empresarial, uma vez que o juízo concursal pode determinar a suspensão ou a substituição

---

[18] ARAGÃO, Nilsiton Rodrigues de Andrade. Fundamentos da cooperação judiciária nacional. *Revista Eletrônica de Direito Processual – REDP*, Rio de Janeiro, ano 14, vol. 21, n. 3, set.-dez. 2020, p. 455.

[19] ARAGÃO, Nilsiton Rodrigues de Andrade. Idem, p. 457.

[20] CAMPINHO, Sergio. *Curso de direito comercial*: falência e recuperação de empresa. 11. ed. São Paulo: SaraivaJur, 2020. p. 442.

da constrição que recaia sobre esses bens durante o *stay period,* conforme determina o art. 6º, §§ 7º-A e 7º-B, da Lei nº 11.101/2005.

A cooperação internacional está prevista nos arts. 26 e 27 do Código de Processo Civil. A reforma da Lei nº 11.101/2005, igualmente, atribuiu a devida relevância à cooperação judiciária diante da insolvência transnacional. Em âmbito internacional, é evidente que há diferenças entre os sistemas de insolvência nacionais devido às diferenças culturais e de costumes, de estrutura, de mercado ou do sistema jurídico como um todo. Sistemas jurídicos diversos, cada qual com suas características, passaram a estar cada vez mais em contato. As insolvências transfronteiriças impeliram esses sistemas a parcerias, obrigando-os a escolher entre encontrar meios de cooperação ou observar a ruína de empresas viáveis e a diminuição do valor dos ativos. Esses foram motivos para buscar maior cooperação com contrapartes estrangeiras[21].

Por meio da inserção do Capítulo VI-A, passa a constar expressamente na Lei nº 11.101/2005 a cooperação entre juízes e outras autoridades competentes do Brasil e de outros países em casos de insolvência transnacional, para aumentar a segurança jurídica para a atividade econômica e para o investimento – retomando-se a ideia de cooperação para a eficiência.

Conforme os arts. 167-A a 167-D, a insolvência transnacional pressupõe cooperação direta entre juízes de insolvência para fins de reconhecimento de processos estrangeiros e concessões de medidas de assistência e proteção. O art. 167-P esclarece que o juiz deverá cooperar diretamente ou por meio do administrador judicial, na máxima extensão possível, com a autoridade estrangeira ou com representantes estrangeiros, na persecução dos objetivos do sistema de insolvência transnacional. A cooperação, de acordo com o art. 167-Q, poderá ser implementada por quaisquer meios. Os incisos I a V mencionam alguns exemplos, mas cabe ao juiz averiguar qual é a melhor medida de cooperação aplicável ao caso concreto, conforme as circunstâncias, a legislação da contraparte estrangeira, as tecnologias de comunicação disponíveis, entre outros fatores.

Nesse sentido, a Lei Modelo da UNCITRAL[22] já previa a cooperação entre as várias partes em uma insolvência transnacional como imprescindível para a eficiência dos sistemas de insolvência. Os objetivos da Lei Modelo só

---

[21] WESSELS, Bob; MARKELL, Bruce; KILBORN, Jason. *International Cooperation in Bankruptcy and Insolvency Matters.* New York: Oxford University Press, 2009. p. 12.

[22] UNCITRAL. *Legislative Guide on Insolvency Law.* New York: United Nations Publication, 2005.

podem ser alcançados enquanto as partes se comunicarem e cooperarem entre si o máximo possível[23].

A efetividade da justiça, dentro de um cenário de intensificação das relações entre as nações e seus povos, seja no âmbito comercial, migratório ou informacional, demanda cada vez mais um Estado proativo e colaborativo. As relações jurídicas não se processam mais unicamente dentro de um único Estado Soberano, pelo contrário, é necessário cooperar e pedir a cooperação de outros Estados para que se satisfaça as pretensões por justiça do indivíduo e da sociedade. [...] Em verdade, a noção de soberania comporta hoje a inevitabilidade da cooperação internacional. Em seu dever de prover a justiça, o Estado precisa desenvolver mecanismos que possam atingir bens e pessoas que podem não mais estar em seu território[24].

Nos últimos anos, tem havido um crescimento exponencial do número de pedidos de cooperação jurídica que o Brasil requer de países estrangeiros (cooperação ativa) e também um aumento dos pedidos que recebe (cooperação passiva)[25].

A boa-fé e a priorização dos princípios e fins do sistema de insolvência – *par conditio creditorum*, maximização do valor dos ativos, função social e preservação da empresa, divisão equilibrada de ônus, entre outros – devem guiar a cooperação e a relação entre juízos e partes.

Além disso, uma das principais funções da cooperação entre os juízos e também entre administradores judiciais é a divulgação imediata e completa de informações relevantes, promovendo a transparência. Mesmo grande parte das informações sigilosas devem ser compartilhadas com os demais administradores judiciais ou juízos, conforme exige a lei, respeitados os adequados limites de confidencialidade. A cooperação, portanto, também se desdobra

---

[23] SILVERMAN, Ronald. Advances in cross-border insolvency cooperation: the Uncitral Model Law on cross-border insolvency. *ILSA Journal of International & Comparative Law*, vol. 6, n. 265, 2000, p. 270.

[24] BRASIL. Secretaria Nacional de Justiça. Departamento de Recuperação de Ativos e Cooperação Jurídica Internacional. *Manual de cooperação jurídica internacional e recuperação de ativos*: cooperação em matéria civil. Secretaria Nacional de Justiça, Departamento de Recuperação de Ativos e Cooperação Jurídica Internacional (DRCI). 3. ed. Brasília: Ministério da Justiça, 2012. p. 15.

[25] BRASIL. Secretaria Nacional de Justiça. Idem, p. 16.

em transparência e confidencialidade entre as partes e os juízos, conforme as circunstâncias do caso.

Para que isso seja realizado de forma mais eficiente e represente, de fato, um ganho de celeridade – ao invés de atuações conflitantes – é possível estabelecer acordos ou protocolos de cooperação, estabelecendo, por exemplo, meios de comunicação, prazos, procedimentos ou outras orientações a serem seguidas pelos juízos, administradores judiciais e juízes conforme o caso concreto, evitando a morosidade ou a onerosidade que pode surgir quando há processos paralelos em andamento. Segundo Vasconcelos e Chaves Júnior[26], o universo das possibilidades de cooperação entre juízos é insuscetível de ser prévia e taxativamente delimitado, pois tudo dependerá de cada caso em sua irrepetível singularidade. Isso possibilita uma postura criativa do magistrado em busca da eficiência.

Com isso, "a cooperação jurídica internacional deixa de ser exclusivamente um ato de cortesia entre os Estados e [...] se apresenta como essencial à sua própria manutenção. [...] a estabilidade do sistema econômico-financeiro, e tantos outros temas a cargo dos Estados dependem cada vez mais da cooperação jurídica internacional"[27].

Como define Volpe Camargo[28], cooperação jurisdicional é o conjunto de atos de gestão adequada de processos e intercâmbio processual entre juízos diversos para uma prestação jurisdicional de forma plena, econômica, racional e eficiente.

5. CONSIDERAÇÕES FINAIS

O juízo concursal busca compatibilizar interesses diversos – incluindo o interesse social e a vontade dos credores ou devedores –, e isso somente é possível por meio da cooperação, tanto entre as partes como entre juízos.

No caso das partes, o oportunismo – aqui visto como uma conduta oposta à cooperação – é um obstáculo para a celeridade processual, uma vez

---

[26] VASCONCELOS, Antônio Gomes de; CHAVES JR., José Eduardo de Resende. Cooperação Judiciária na Administração da Justiça e no Processo do Trabalho. In: COLNAGO, Lorena M. Rezende; NAHAS, Thereza Cristina (ord.). *Processo do trabalho atual*. São Paulo: RT, 2016. p. 273-274.

[27] BRASIL. Secretaria Nacional de Justiça. Op. cit., p. 20.

[28] CAMARGO, Luiz Henrique Volpe. *A centralização de processos como etapa necessária do incidente de resolução de demandas repetitivas*. Tese de doutorado. Pontifícia Universidade Católica de São Paulo – PUC-SP, São Paulo, 2017, p. 303.

que impõe delongas e atritos que poderiam ser evitados. Ademais, reduz a confiança no ambiente de negócios e prejudica o mercado, obstando também os benefícios decorrentes das atividades empresariais.

A cooperação entre os órgãos do Poder Judiciário e outras instituições e entidades, priorizando a concretização dos princípios e das finalidades do sistema de insolvência, torna-se especialmente relevante em um cenário em que a atividade empresarial é cada vez mais globalizada, pois pode envolver competências nacionais e internacionais, e tratar de interesses dos mais diversos.

Diante disso, verifica-se que a legislação brasileira de insolvência tem avançado no sentido de criar e promover mecanismos que estimulam a cooperação e, com isso, a eficiência de todo o sistema financeiro.

REFERÊNCIAS BIBLIOGRÁFICAS

ARAGÃO, Nilsiton Rodrigues de Andrade. Fundamentos da cooperação judiciária nacional. *Revista Eletrônica de Direito Processual – REDP*, Rio de Janeiro, ano 14, vol. 21, n. 3, set.-dez. 2020, p. 450-474.

AXELROD, Robert. *The evolution of cooperation*. New York: Basic Books Inc Publishers, 1984.

BRASIL. Secretaria Nacional de Justiça. Departamento de Recuperação de Ativos e Cooperação Jurídica Internacional. *Manual de cooperação jurídica internacional e recuperação de ativos*: cooperação em matéria civil. Secretaria Nacional de Justiça, Departamento de Recuperação de Ativos e Cooperação Jurídica Internacional (DRCI). 3. ed. Brasília: Ministério da Justiça, 2012.

CAMARGO, Luiz Henrique Volpe. *A centralização de processos como etapa necessária do incidente de resolução de demandas repetitivas*. Tese de doutorado. Pontifícia Universidade Católica de São Paulo – PUC-SP, São Paulo, 2017.

CAMPINHO, Sergio. *Curso de direito comercial*: falência e recuperação de empresa. 11. ed. São Paulo: SaraivaJur, 2020.

COPPOLA JUNIOR, Ruy. Advocacia empresarial, CPC/2015 e seus reflexos na recuperação judicial de empresas. *Revista dos Tribunais*, vol. 970, ago. 2016.

COSTA, Daniel Carnio. Novas teorias sobre processos de insolvência e gestão democrática de processos. In: COSTA, Daniel Carnio (coord.). *Comentários completos à Lei de Recuperação de Empresas e Falências*. Curitiba: Juruá, 2015. vol. I.

COSTA, Daniel Carnio. Recuperação judicial de empresas: as novas teorias da divisão equilibrada de ônus e da superação do dualismo pendular. *Justiça & Cidadania*, edição 207, 20 nov. 2017.

LISBOA, Marcos de Barros; DAMASO, Otávio; CARAZZA, Bruno; COSTA, Ana Carla A. A racionalidade econômica na nova Lei de Falências e de Recuperação de Empresas. In: PAIVA, Luiz Fernando Valente da (coord.). *Direito falimentar e nova Lei de Falências e de Recuperação de Empresas*. São Paulo: Quartier Latin, 2005.

PUGLIESI, Adriana Valéria. *Direito falimentar e preservação da empresa*. São Paulo: Quartier Latin, 2013.

RIBEIRO, Marcia Carla Pereira; GALESKI JUNIOR, Irineu. *Teoria geral dos contratos*: contratos empresariais e análise econômica. Rio de Janeiro: Elsevier, 2009.

SALAMA, Bruno Meyerhof; CROCCO, Fabio. A racionalidade econômica do direito falimentar: reflexões sobre o caso brasileiro. In: ABRÃO, Carlos Henrique; ANDRIGHI, Fatima Nancy; BENETI, Sidnei (coords.). *10 anos de vigência da Lei de Recuperação e Falência (Lei n. 11.101/2005)*. São Paulo: Saraiva, 2015.

SCALZILLI, João Pedro; SPINELLI, Luis Felipe; TELLECHEA, Rodrigo. *Recuperação de empresas e falência*: teoria e prática na Lei 11.101/2005. 3. ed. rev., atual. e ampl. São Paulo: Almedina, 2018.

SILVERMAN, Ronald. Advances in cross-border insolvency cooperation: the Uncitral Model Law on cross-border insolvency. *ILSA Journal of International & Comparative Law*, vol. 6, n. 265, 2000.

SZTAJN, Rachel; FRANCO, Vera Helena de Mello. *Falência e recuperação da empresa em crise*. São Paulo: Campus, 2008.

UNCITRAL. *Legislative Guide on Insolvency Law*. New York: United Nations Publication, 2005.

VASCONCELOS, Antônio Gomes de; CHAVES JR., José Eduardo de Resende. Cooperação judiciária na administração da justiça e no processo do trabalho. In: COLNAGO, Lorena M. Rezende; NAHAS, Thereza Cristina (ord.). *Processo do trabalho atual*. São Paulo: RT, 2016.

WESSELS, Bob; MARKELL, Bruce; KILBORN, Jason. *International Cooperation in Bankruptcy and Insolvency Matters*. New York: Oxford University Press, 2009.

WORLD BANK GROUP. *Doing Business: medindo a regulamentação do ambiente de negócios*. Classificação das Economias. Disponível em: <https://portugues.doingbusiness.org/pt/rankings>. Acesso em: 12 jan. 2021.

A NOVA REGULAÇÃO DA ESSENCIALIDADE DE BENS E AS EXECUÇÕES DE CRÉDITOS NÃO SUJEITOS, FISCAIS E TRABALHISTAS

9

OS IMPACTOS DA LEI Nº 14.112, DE 24 DE DEZEMBRO DE 2020, DE ATUALIZAÇÃO DAS RECUPERAÇÕES JUDICIAIS, EXTRAJUDICIAIS E DA FALÊNCIA DO EMPRESÁRIO E DA SOCIEDADE EMPRESÁRIA NAS RELAÇÕES DE TRABALHO

ALEXANDRE AGRA BELMONTE

Sumário: 1. Introdução – 2. Art. 6º – 3. Art. 10 – 4. Art. 22 – 5. Art. 36 – 6. Art. 41 – 7. Art. 50 – 8. Art. 51 – 9. Art. 54 – 10. Art. 60 – 11. Art. 76 – 12. Art. 82-A – 13. Art. 83 – 14. Art. 84 – 15. Arts. 141 E 142 – 16. Art. 151 – 17. Art. 159 – 18. Art. 161 – 19. Conclusão – Fontes consultadas.

1. INTRODUÇÃO

O texto do art. 170 da Constituição Federal não deixa dúvidas de que a livre-iniciativa é um direito fundamental.

Com efeito, a liberdade de empreender tem importância ímpar para um país, porque movimenta a produção, a prestação de serviços, o comércio e, dependendo da vertente, o turismo, o lazer e a cultura, além de gerar oportunidades de trabalho, investimentos e tributos para o Estado e/ou o país, contribuindo para a arrecadação necessária à realização dos seus fins sociais.

Assim, a preservação dos empreendimentos deve ser objeto de constante preocupação, com direcionamento de políticas públicas que ao mesmo tempo incentivem um ambiente propício para os negócios, e permitam, reunindo os credores e o devedor, buscar a superação negociada das dificuldades financeiras conjunturais ou estruturais que atinjam as empresas, ou seja, visando a sua recuperação.

Como nem sempre a superação dessas dificuldades é possível, o gerenciamento judicial da quebra, muitas vezes realizada mediante transferência do negócio para preservação de sua continuidade e/ou venda de ativos, possibilita o pagamento parcial ou total dos créditos, notadamente os dos trabalhadores, pela natureza alimentar.

O Decreto-Lei nº 7.661/1945, que regulava as falências e concordatas foi produzido num cenário em que, pelo equivocado dimensionamento da importância dos negócios para o país e a sociedade, o tratamento dado era basicamente jurídico, sem se atentar para a realidade do mercado e das soluções negociadas: o magistrado possuía amplos poderes para deferimento ou não da concordata; eram restritas as opções de pagamento do crédito; a transferência dos negócios e ativos caracterizava sucessão, tornando-as pouco atrativas para os investidores; na maioria das vezes eram ínfimos os créditos pagos na falência, inclusive porque, tal como ocorria na concordata, a transferência dos negócios e ativos caracterizava sucessão e isso não atraía investidores, não gerando assim arrecadação para a massa pagar credores.

Os princípios do estímulo à atividade econômica e da preservação ou conservação da empresa são impositivos ao cumprimento de sua função social, razão pela qual a Lei nº 11.101/2005, editada no governo Lula, deu outra dinâmica às recuperações e falências.

Não se justificava que o regime regulador dos riscos da insolvência continuasse passivo e concentrado unicamente na pessoa do empresário e no ajuste das relações entre credores e ativo do devedor. Os riscos e efeitos da insolvência se refletem no mercado, impondo-se a reunião de esforços efetivos para a recuperação do negócio e/ou o melhor aproveitamento geral no pagamento dos credores.

Enfim, a Lei nº 11.101/2005 colocou nas mãos dos credores o poder de decisão antes concentrado nas mãos do magistrado; criou novas opções de pagamento, aumentando assim as possibilidades de solução do débito; estabeleceu nova ordem de credores, inclusive com limitações de créditos a empregados; e autorizou a transferência de negócios e ativos sem caracterizar sucessão, permitindo assim maior proveito de arrecadação para a massa, em benefício dos credores.

Enquanto a recuperação tem por finalidade sanear as dívidas da empresa e a continuidade dos negócios (art. 47), a falência tem por escopo, através da administração da quebra, a liquidação destinada à satisfação dos créditos. Em ambas, o regramento para a verificação dos créditos é o mesmo: formação do quadro dos credores concorrentes e a organização da habilitação para o pagamento dos créditos.

No âmbito trabalhista, o *caput* do art. 449 da CLT estabelecia que "Os direitos oriundos da existência do contrato de trabalho subsistirão em caso de falência, concordata ou dissolução da empresa".

Os credores trabalhistas eram privilegiados em relação à totalidade de seus créditos, mas na falência, por exemplo, como quem comprasse o negócio ou ativos tornava-se sucessor, isso não atraía investidores e a massa não arrecadava numerário para pagamento dos credores trabalhistas. Embora formalmente privilegiados pela norma, na prática o efeito era contrário.

A Lei nº 11.101/2005 corrigiu essa distorção por meio dos arts. 60, parágrafo único, e 141.

Decorridos quinze anos da edição da Lei nº 11.101/2005, verificou-se a necessidade de flexibilizá-la, de forma a facilitar a efetiva obtenção de meios para pagamento dos credores, incentivar negociações e se adequar aos prazos do atual CPC.

Uma das alterações promovidas pela Lei nº 14.112, de 24 de dezembro de 2020, permite que o titular da empresa em crise obtenha financiamento, mediante empréstimo de risco, na fase de recuperação judicial, visando salvá-la da falência. Se, no entanto, a falência for decretada antes da liberação de todo o crédito obtenível mediante financiamento, o contrato será resolvido, sem multas ou encargos.

O referido empréstimo, obtido por meio de alienação fiduciária ou outra forma semelhante depende de autorização judicial e admite como garantia bens pessoais do titular da empresa e bens da empresa.

A nova lei também autoriza o parcelamento de novos débitos e aumenta a possibilidade de parcelamentos das dívidas tributárias das empresas em recuperação judicial, em até 120 prestações.

Outrossim, torna possível a apresentação de plano de recuperação da empresa por parte dos credores. Caso o plano de recuperação judicial apresentado pelo devedor venha a ser rejeitado, a assembleia poderá aprovar no prazo de 30 dias a apresentação de um plano de recuperação da empresa pelos credores.

A nova lei, por meio dos novéis arts. 20-A a 20-D, dedicou normas destinadas às conciliações e mediações antecedentes ou incidentais aos processos de recuperação judicial, incentivando assim a aproximação das partes e a busca de soluções negociadas.

Outras alterações foram feitas na Lei nº 11.101/2005, para corrigir distorções, agregar novos institutos e atualizar procedimentos.

Paralelamente à lei, desde o ano de 2018, a Comissão do CNJ, presidida pela presidência e coordenada pelo Ministro Luís Felipe Salomão, da qual fazemos parte, tem atuado por meio de resoluções e recomendações destinadas a dar às recuperações judiciais, extrajudiciais e falências a celeridade compatível à urgência de soluções na recuperação e quebra de empresas, bem como maior segurança e publicidade nos procedimentos, nas decisões e na escolha e atuação do administrador da massa.

Entre outros, a suspensão de execuções trabalhistas durante a recuperação judicial foi objeto de veto presidencial, bem como a isenção de impostos sobre o lucro da venda de bens e a concessão de benefícios tributários na renegociação de dívidas de pessoa jurídica em recuperação judicial.

Iremos nos restringir aos dispositivos atinentes às relações de trabalho, notadamente os alterados.

2. ART. 6º

A nova redação do art. 6º da Lei nº 11.101/2005 tem por fim desde logo estabelecer, de forma clara e completa, o alcance e efeitos da decretação da falência ou do deferimento do processamento da recuperação judicial.

Para isso, foram incluídos na lei vigente os incisos I a III, determinando esses efeitos. Entre eles, a proibição de qualquer forma de retenção, arresto, penhora, sequestro, busca e apreensão, constrição judicial ou extrajudicial sobre os bens do devedor, oriundas de demandas judiciais ou extrajudiciais cujos créditos ou obrigações se sujeitem à recuperação judicial ou à falência, bem como esclarecendo que a suspensão não atinge as ações e sim apenas as execuções que dizem respeito a créditos ou obrigações sujeitas à recuperação judicial ou à falência.

O § 2º do art. 6º da Lei vigente foi mantido, garantindo assim ao credor trabalhista pleitear, perante o administrador judicial, habilitação, exclusão ou modificação de créditos derivados da relação de trabalho, mas as ações de natureza trabalhista, inclusive as impugnações a que se refere o art. 8º desta Lei, serão processadas perante a justiça especializada até a apuração do respectivo crédito, que será inscrito no quadro geral de credores pelo valor determinado em sentença.

Na redação original da Lei nº 11.101/2005, o prazo de suspensão da prescrição e das ações e execuções era improrrogável, com restabelecimento, após o decurso do prazo, do direito dos credores de iniciarem ou continuarem suas ações e execuções, independentemente de pronunciamento judicial (§ 4º do art. 6º).

Esse texto foi substituído pela nova redação do § 4º do art. 6º, introduzida pela Lei nº 14.112, de 24 de dezembro de 2020, de modo que as suspensões e a proibição de qualquer forma de retenção, arresto, penhora, sequestro, busca e apreensão, constrição judicial ou extrajudicial sobre os bens do devedor, oriundas de demandas judiciais ou extrajudiciais cujos créditos ou obrigações se sujeitem à recuperação judicial ou à falência, perdurarão pelo prazo de cento e oitenta dias, contados do deferimento do processamento da recuperação, prorrogável por igual período, uma única vez, em caráter excepcional, desde que o devedor não haja concorrido com a superação do lapso temporal.

O novo texto permite a prorrogação em caráter excepcional uma única vez, mas se o devedor tiver concorrido para a superação do lapso temporal, por exemplo, não apresentando, no prazo estabelecido no novel § 4º-A do art. 6º, plano alternativo em caso de rejeição, não serão aplicáveis, conforme inciso I incluído pela nova lei, as suspensões e a proibição suprarreferidas.

No novel inciso II do art. 4º-A é estabelecido que, na hipótese de rejeição do plano de recuperação judicial, se os credores apresentarem plano alternativo no prazo no prazo de trinta dias contados do final do prazo de cento e oitenta dias após o deferimento do processamento da recuperação, ou da assembleia geral de credores, as suspensões e a proibição acima referidas perdurarão por cento e oitenta dias após o deferimento do processamento da recuperação.

O § 5º do art. 6º da Lei nº 11.101/2005, em sua redação original determinava a aplicação do disposto no § 2º, supratranscrito, à recuperação judicial, durante o período de suspensão do curso da prescrição e de todas as ações e execuções, mas estabelecendo que após o fim da suspensão, as execuções trabalhistas poderão ser normalmente concluídas, ainda que o crédito já esteja inscrito no quadro geral de credores.

Esse texto foi substituído pela nova redação do § 5º do art. 6º, que simplesmente determina, durante o período de suspensão do curso da prescrição e das execuções de créditos ou obrigações sujeitas à recuperação judicial ou à falência, o direito de pleitear, perante o administrador judicial, habilitação, exclusão ou modificação de créditos derivados da relação de trabalho, com o processamento das ações de natureza trabalhista, inclusive as impugnações contra a relação de credores, até a apuração do respectivo crédito, com inscrição no quadro geral de credores pelo valor determinado em sentença.

As alterações feitas no art. 6º da Lei nº 11.101/2005 visaram dar agilidade à apresentação de plano alternativo de recuperação, sem o que a empresa em recuperação não se beneficiará dos prazos de suspensão da prescrição e das execuções.

Pelo caráter geral da norma, produz efeitos também na área trabalhista, não beneficiando com os prazos de suspensão da prescrição e das execuções, a empresa em recuperação judicial que não apresentar, após a rejeição, plano alternativo de recuperação.

O novel § 9º do art. 6º estabelece que o processamento da recuperação judicial ou a decretação da falência não autoriza o administrador judicial a recusar a eficácia da convenção de arbitragem, não impedindo ou suspendendo a instauração de procedimento arbitral.

Diante do que dispõe o art. 507-A da CLT ("Nos contratos individuais de trabalho cuja remuneração seja superior a duas vezes o limite máximo estabelecido para os benefícios do Regime Geral de Previdência Social, poderá ser pactuada cláusula compromissória de arbitragem, desde que por iniciativa do empregado ou mediante a sua concordância expressa, nos termos previstos na Lei nº 9.307, de 23 de setembro de 1996"), e do art. 114, § 2º, da CF ("Recusando-se qualquer das partes à negociação coletiva ou à arbitragem, é facultado às mesmas, de comum acordo, ajuizar dissídio coletivo de natureza econômica, podendo a Justiça do Trabalho decidir o conflito, respeitadas as disposições mínimas legais de proteção ao trabalho, bem como as convencionadas anteriormente"), a norma tem eficácia na área trabalhista.

Com efeito, ela ajusta a Lei nº 11.101/2005 às soluções extrajudiciais, vedando ao administrador judicial recusar a eficácia da convenção de arbitragem, quer quanto aos créditos em geral, quer quanto àqueles que dizem especificamente respeito aos trabalhistas, estabelecendo que o processamento da recuperação judicial ou a decretação da falência não impede e nem suspende a instauração do procedimento arbitral.

O novel art. 6º-C veda a atribuição de responsabilidade a terceiros em decorrência do mero inadimplemento de obrigações do devedor falido ou em recuperação judicial, ressalvadas as garantias reais e fidejussórias, bem como as demais hipóteses reguladas por esta Lei.

3. ART. 10

Foram mantidos os §§ 1º e 2º, que dispõem:

§ 1º Na recuperação judicial, os titulares de créditos retardatários, excetuados os titulares de créditos derivados da relação de trabalho, não terão direito a voto nas deliberações da assembleia geral de credores.

§ 2º Aplica-se o disposto no § 1º deste artigo ao processo de falência, salvo se, na data da realização da assembleia geral, já houver sido homologado o quadro geral de credores contendo o crédito retardatário.

4. ART. 22

O legislador introduziu no inciso I do art. 22 a alínea "s", com a seguinte redação:

> Ao administrador judicial compete, sob a fiscalização do juiz e do Comitê, além de outros deveres que esta Lei lhe impõe:
>
> I – na recuperação judicial e na falência:
>
> (...)
>
> s) arrecadar os valores dos depósitos realizados em processos administrativos ou judiciais nos quais o falido figure como parte, oriundos de penhoras, de bloqueios, de apreensões, de leilões, de alienação judicial e de outras hipóteses de constrição judicial, ressalvado o disposto nas Leis 9.703, de 17 de novembro de 1998, e 12.099, de 27 de novembro de 2009, e na Lei Complementar 151, de 5 de agosto de 2015.

A norma em comento alcança as relações processuais de trabalho quanto aos depósitos recursais de que trata o art. 899 da CLT, quanto ao período anterior a 11.11.2017, eis que a partir da vigência da Lei nº 13.467/2017, o novel § 10 do art. 899 da CLT, por aquela incluído na legislação trabalhista dispensa do depósito as empresas em recuperação judicial.

O novo dispositivo tem por fim colocar uma pá de cal na discussão sobre a titularidade do depósito recursal e das apreensões feitas até o pedido de recuperação ou decretação da falência. Os valores que forem apurados passam a ser da massa, para classificação e pagamento como créditos de caráter geral dos credores trabalhistas.

5. ART. 36

Relativamente à assembleia geral de credores, foram mantidos os §§ 5º e 6º:

§ 5º Os sindicatos de trabalhadores poderão representar seus associados titulares de créditos derivados da legislação do trabalho ou decorrentes de acidente de trabalho que não comparecerem, pessoalmente ou por procurador, à assembleia.

§ 6º Para exercer a prerrogativa prevista no § 5º deste artigo, o sindicato deverá:

I – apresentar ao administrador judicial, até 10 (dez) dias antes da assembleia, a relação dos associados que pretende representar, e o trabalhador que conste da relação de mais de um sindicato deverá esclarecer, até 24 (vinte e quatro) horas antes da assembleia, qual sindicato o representa, sob pena de não ser representado em assembleia por nenhum deles; e

6. ART. 41

Também mantido foi o texto do art. 41, *verbis*:

A assembleia geral será composta pelas seguintes classes de credores:

I – titulares de créditos derivados da legislação do trabalho ou decorrentes de acidentes de trabalho;

(...)

§ 1º Os titulares de créditos derivados da legislação do trabalho votam com a classe prevista no inciso I do *caput* deste artigo com o total de seu crédito, independentemente do valor.

7. ART. 50

Por meio do acrescentamento do § 3º à norma original do art. 50 da Lei nº 11.101/2005, o novo comando exclui, na área trabalhista, sucessão ou responsabilidade por dívidas de qualquer natureza a terceiro credor, investidor ou novo administrador em decorrência, respectivamente, da mera conversão de dívida em capital, aporte de novos recursos na devedora ou substituição dos administradores desta.

Além da vedação à caracterização de sucessão pela venda do estabelecimento ou empresa, destinada a atrair recursos para a continuidade da empresa em recuperação, a norma a complementa, para esclarecer que a mera conversão de dívida em capital, aporte de novos recursos na devedora ou substituição dos administradores também não caracteriza a assunção do terceiro que aporta novos recursos na devedora, muito menos a substituição dos sócios ou controladores que investem na devedora como oportunidade de negócio assumem a responsabilidade pelas dívidas trabalhistas anteriores.

8. ART. 51

O inciso IX do art. 51 foi alterado para determinar a instrução da petição inicial de recuperação judicial com a relação, subscrita pelo devedor, não apenas de todas as ações judiciais em que este figure como parte, inclusive as de natureza trabalhista, com a estimativa dos respectivos valores demandado, mas também e a relação dos procedimentos arbitrais, com a mesma estimativa.

Alterando a redação do inciso IX do art. 51, o legislador correta e oportunamente estabelece a necessidade de relacionar não apenas todas as ações judiciais, *como também os procedimentos arbitrais* em que o devedor figure como parte, inclusive as de natureza trabalhista, com a estimativa dos respectivos valores demandados.

O dispositivo interage com o art. 507-A da CLT, que prevê a pactuação de cláusula compromissória de arbitragem nas relações individuais de trabalho e com o art. 114, § 2º, da CF, que faz referência à arbitragem como meio de composição de conflitos coletivos de trabalho.

A nova redação também interage com o novel § 9º do art. 6º, que estabelece que o processamento da recuperação judicial ou a decretação da falência não autoriza o administrador judicial a recusar a eficácia da convenção de arbitragem, não impedindo ou suspendendo a instauração de procedimento arbitral.

Foi mantido o inciso IV, que determina a instrução da petição inicial com "a relação integral dos empregados, em que constem as respectivas funções, salários, indenizações e outras parcelas a que têm direito, com o correspondente mês de competência, e a discriminação dos valores pendentes de pagamento".

9. ART. 54

O *caput* do dispositivo determina que "O plano de recuperação judicial não poderá prever prazo superior a 1 (um) ano para pagamento dos créditos derivados da legislação do trabalho ou decorrentes de acidentes de trabalho vencidos até a data do pedido de recuperação judicial".

O parágrafo único da redação original estabelecia que o plano de recuperação judicial não poderia prever prazo superior a um ano para pagamento dos créditos derivados da legislação do trabalho ou decorrentes de acidentes de trabalho vencidos até a data do pedido de recuperação judicial.

124 RECUPERAÇÃO DE EMPRESAS E FALÊNCIA: DIÁLOGOS ENTRE A DOUTRINA E A JURISPRUDÊNCIA

O texto antes constante do parágrafo único passa a constar como § 1º, com a manutenção da redação original e foi acrescentado o novel § 2º, para restringir a dois anos o prazo para o pagamento dos créditos de natureza estritamente salarial de até cinco salários mínimos por trabalhador, vencidos nos três meses anteriores ao pedido de recuperação judicial, desde que: apresente garantias julgadas suficientes pelo juiz (inciso I); resulte de aprovação pelos credores titulares de créditos derivados da legislação do trabalho ou decorrentes de acidentes de trabalho (inciso II) e que seja garantida a integralidade do pagamento dos créditos trabalhistas, ou seja, dos valores que superem o limite acima referido (inciso III).

10. ART. 60

O art. 60 da Lei nº 11.101/2005 estabelece que, "Se o plano de recuperação judicial aprovado envolver alienação judicial de filiais ou de unidades produtivas isoladas do devedor, o juiz ordenará a sua realização, observado o disposto no art. 142 desta Lei".

No parágrafo único estatui que "O objeto da alienação estará livre de qualquer ônus e não haverá sucessão do arrematante nas obrigações do devedor de qualquer natureza, incluídas, mas não exclusivamente, as de natureza ambiental, regulatória, administrativa, penal, anticorrupção, tributária e trabalhista, observado o disposto no § 1º do art. 141 desta Lei".

Por meio da inclusão na Lei nº 11.101/2005 do art. 60-A, o legislador esclarece que "A unidade produtiva isolada de que trata o art. 60 desta Lei poderá abranger bens, direitos ou ativos de qualquer natureza, tangíveis ou intangíveis, isolados ou em conjunto, incluídas participações dos sócios".

Cuidando-se de empresa em que a alienação de ativos, como parte do plano acertado com os credores, visa a arrecadação de numerário para a massa como forma de recuperação, não tinha mesmo sentido a aparente limitação legal da alienação judicial apenas a filiais ou unidades produtivas isoladas, ou que pudessem essas alienações agora previstas expressamente pelo legislador gerar sucessão.

Todavia, por cautela e de forma oportuna esclarece o legislador, no novel parágrafo único que "O disposto no *caput* deste artigo não afasta a incidência do inciso VI do *caput* e do § 2º do art. 73 desta Lei".

O referido inciso VI do *caput* e o § 2º do art. 73 da Lei nº 11.101/2005 estabelecem, respectivamente:

VI – quando identificado o esvaziamento patrimonial da devedora que implique liquidação substancial da empresa, em prejuízo de credores não sujeitos à recuperação judicial, inclusive as Fazendas Públicas.

§ 2º A hipótese prevista no inciso VI do *caput* deste artigo não implicará a invalidade ou a ineficácia dos atos, e o juiz determinará o bloqueio do produto de eventuais alienações e a devolução ao devedor dos valores já distribuídos, os quais ficarão à disposição do juízo.

11. ART. 76

Ficou mantida a redação do art. 76, que dispõe que o juízo da falência é indivisível e competente para conhecer todas as ações sobre bens, interesses e negócios do falido, ressalvadas as causas trabalhistas, fiscais e aquelas não reguladas nesta Lei em que o falido figurar como autor ou litisconsorte ativo.

De igual sorte, foi mantido o parágrafo único, que estabelece que todas as ações, inclusive as excetuadas no *caput* deste artigo, terão prosseguimento com o administrador judicial, que deverá ser intimado para representar a massa falida, sob pena de nulidade do processo.

12. ART. 82-A

O novel dispositivo veda a extensão da falência ou de seus efeitos, no todo ou em parte, aos sócios de responsabilidade limitada, aos controladores e aos administradores da sociedade falida, admitindo, contudo, a desconsideração da personalidade jurídica.

A respeito, o parágrafo único estatui que "A desconsideração da personalidade jurídica da sociedade falida, para fins de responsabilização de terceiros, grupo, sócio ou administrador por obrigação desta, somente pode ser decretada pelo juízo falimentar com a observância do art. 50 da Lei nº 10.406, de 10 de janeiro de 2002 (Código Civil) e dos arts. 133, 134, 135, 136 e 137 da Lei nº 13.105, de 16 de março de 2015 (Código de Processo Civil), não aplicada a suspensão de que trata o § 3º do art. 134 da Lei nº 13.105, de 16 de março de 2015 (Código de Processo Civil)".

13. ART. 83

A nova ordem de classificação dos créditos na falência, estabelecida pela nova redação do art. 83 da Lei nº 11.101/2005 passou a ser a seguinte:

126 | RECUPERAÇÃO DE EMPRESAS E FALÊNCIA: DIÁLOGOS ENTRE A DOUTRINA E A JURISPRUDÊNCIA

- créditos derivados da legislação trabalhista, limitados a 150 (cento e cinquenta) salários mínimos por credor, e aqueles decorrentes de acidentes de trabalho;
- os créditos gravados com direito real de garantia até o limite do valor do bem gravado;
- os créditos tributários, independentemente da sua natureza e do tempo de constituição, exceto os créditos extraconcursais e as multas tributárias;
- créditos quirografários, a saber:
  a) aqueles não previstos nos demais incisos deste artigo;
  b) os saldos dos créditos não cobertos pelo produto da alienação dos bens vinculados ao seu pagamento; e
  c) os saldos dos créditos derivados da legislação trabalhista que excederem o limite estabelecido de 150 salários mínimos por credor, excetuados os decorrentes de acidentes do trabalho;
- multas contratuais e as penas pecuniárias por infração das leis penais ou administrativas, incluídas as multas tributárias;
- créditos subordinados, a saber:
  a) os previstos em lei ou em contrato; e
  b) os créditos dos sócios e dos administradores sem vínculo empregatício cuja contratação não tenha observado as condições estritamente comutativas e as práticas de mercado;
- os juros vencidos após a decretação da falência, conforme previsto no art. 124 desta Lei.

Iremos nos ater apenas aos dispositivos que dizem respeito às relações de trabalho.

Quanto ao inciso I, a alteração de redação foi apenas gramatical: "créditos derivados da legislação trabalhista" e não da legislação do trabalho e "aqueles decorrentes de acidentes de trabalho" e não "os decorrentes de acidentes de trabalho".

Tais créditos permanecem preferenciais e têm precedência no pagamento sobre todos os demais, no limite de cento e cinquenta salários mínimos por credor, exceto os derivados de acidentes do trabalho, que são ilimitados.

Quanto ao saldo que supera o limite de cento e cinquenta salários mínimos e que não seja decorrente de acidente do trabalho, permanece constituindo crédito trabalhista quirografário (inciso VI, *c*).

O § 4º, que estabelecia que os créditos trabalhistas cedidos a terceiros seriam considerados quirografários, foi substituído por dois dispositivos: O § 5º, que dispõe que, "Para os fins do disposto nesta Lei, os créditos cedidos a qualquer título manterão sua natureza e classificação", e o § 6º, que estabelece que, "Para os fins do disposto nesta Lei, os créditos que disponham de privilégio especial ou geral em outras normas integrarão a classe dos créditos quirografários".

14. ART. 84

O art. 84, que estabelece ordem de classificação dos créditos extraconcursais, foi totalmente reformulado.

No tocante à área trabalhista, o inciso I-D estabelece que, entre outras, serão consideradas extraconcursais as remunerações devidas ao administrador judicial e aos seus auxiliares, aos reembolsos devidos a membros do Comitê de Credores, e aos créditos derivados da legislação trabalhista ou decorrentes de acidentes de trabalho relativos a serviços prestados após a decretação da falência.

A eficácia da nova redação quanto ao conteúdo do dispositivo, está em que além das remunerações devidas ao administrador judicial e aos seus auxiliares, e créditos derivados da legislação trabalhista ou decorrentes de acidentes de trabalho relativos a serviços prestados após a decretação da falência, também os reembolsos devidos a membros do Comitê de Credores serão considerados créditos extraconcursais e pagos com precedência sobre os mencionados no art. 83.

A norma mantém a situação atualmente existente, de pagamento dos créditos trabalhistas, incluindo os derivados de acidentes do trabalho originados de serviços prestados após a decretação da falência, com precedência sobre os créditos trabalhistas antigos, em vez deles irem para o fim da fila.

15. ARTS. 141 E 142

O art. 141, ao tratar da alienação conjunta ou separada de ativos, inclusive da empresa ou de suas filiais, agora remete ao art. 142, que adquiriu nova redação quanto às modalidades de alienação, que passam a ser: leilão eletrônico, presencial ou híbrido; processo competitivo organizado promovido por agente especializado e de reputação ilibada, cujo procedimento deverá ser detalhado em relatório anexo ao plano de realização do ativo ou ao plano de recuperação judicial, conforme o caso; e qualquer outra modalidade, desde que aprovada nos termos da Lei nº 11.101/2005.

Foi mantido o inciso II: "o objeto da alienação estará livre de qualquer ônus e não haverá sucessão do arrematante nas obrigações do devedor, inclusive as de natureza tributária, as derivadas da legislação do trabalho e as decorrentes de acidentes de trabalho".

Também foi mantido o § 2º: "Empregados do devedor contratados pelo arrematante serão admitidos mediante novos contratos de trabalho e o arrematante não responde por obrigações decorrentes do contrato anterior".

Foi acrescentado o § 3º: "A alienação nas modalidades de que trata o art. 142 desta Lei poderá ser realizada com compartilhamento de custos operacionais por 2 (duas) ou mais empresas em situação falimentar".

16. ART. 151

Foi mantido o art. 151 em sua redação original: "Os créditos trabalhistas de natureza estritamente salarial vencidos nos 3 (três) meses anteriores à decretação da falência, até o limite de 5 (cinco) salários mínimos por traba-lhador, serão pagos tão logo haja disponibilidade em caixa".

17. ART. 159

A redação do art. 159, que trata da extinção das obrigações do falido por sentença, teve a sua redação alterada, mantidos apenas os §§ 4º, 5º e 6º.

O § 3º sofreu modificação quanto ao prazo e alcance da sentença decla-ratória de extinção das obrigações do falido, nos seguintes termos: "Findo o prazo, o juiz, em 15 (quinze) dias, proferirá sentença que declare extintas todas as obrigações do falido, inclusive as de natureza trabalhista".

As alterações visaram dar a um só tempo agilidade, segurança e publi-cidade ao requerimento de extinção das obrigações do falido.

O novel § 3º do art. 159 se adequa ao prazo de quinze dias do Código de Processo Civil, em substituição ao original da lei, de cinco dias e esclarece que a sentença de extinção abrange as obrigações de natureza trabalhista.

18. ART. 161

O § 1º foi alterado, agora estatuindo que "Estão sujeitos à recuperação extrajudicial todos os créditos existentes na data do pedido, exceto os créditos de natureza tributária e aqueles previstos no § 3º do art. 49 e no inciso II do *caput* do art. 86 desta Lei, e a sujeição dos créditos de natureza trabalhista e por acidentes de trabalho exige negociação coletiva com o sindicato da respectiva categoria profissional".

19. CONCLUSÃO

As alterações legislativas promovidas pela Lei nº 14.112, de 24 de dezembro de 2020 compatibilizam a Lei nº 11.101/2005 às exigências do mercado, imprimindo a agilidade e a segurança que são almejadas para a recuperação de empresas e falências, além de garantir espaço à arbitragem e introduzir novos institutos, inclusive relacionados à obtenção de crédito. Corrige falhas na legislação em vigor e incorpora a jurisprudência formada nos quinze anos de sua vigência, notadamente a do Superior Tribunal de Justiça.

As alterações que impactam as relações de trabalho não ofendem a Constituição Federal e não as precarizam, preservando a preferência no recebimento dos créditos trabalhistas no concurso de credores.

FONTES CONSULTADAS

BRASIL. Lei nº 11.101, de 9 de fevereiro de 2005, *DOU* de 09.02.2005. Disponível em: http://www.planalto.gov.br/ccivil_03/_ato2004-2006/2005/lci/l11101.htm. Acesso em: 18 fev. 2021.

BRASIL. Lei nº 14.112, de 24 de dezembro de 2020, *DOU* de 24.12.2020. Disponível em: http://www.planalto.gov.br/ccivil_03/_ato2019-2022/2020/lei/L14112.htm. Acesso em: 18 fev. 2021.

10

A NOVA REGULAÇÃO DA ESSENCIALIDADE DE BENS E AS EXECUÇÕES DE CRÉDITOS NÃO SUJEITOS, FISCAIS E TRABALHISTAS

BEATRIZ FANECA LEITE DE SOUZA

TATIANA FLORES GASPAR SERAFIM

Sumário: Introdução – O concurso "imperfeito" de credores formado pela recuperação judicial: o debate sobre essencialidade dos bens do devedor – A nova regulamentação da Lei 14.112/2020 – Breve paralelo entre a normatização brasileira e a norte-americana – Conclusão – Referências bibliográficas.

INTRODUÇÃO

Passados quase 15 anos de vigência da Lei 11.101/2005 ("LFR"), a comunidade jurídica, formada pelos agentes econômicos, sujeitos de direito e todos os entes cujas atividades orbitam em decorrência da LFR, terão que lidar com a relevante e substancial alteração introduzida pela Lei 14.112, sancionada em 24 de dezembro de 2020.

Nesse período, com a consolidação da dicotomia criada pela LFR entre credores sujeitos aos efeitos da recuperação judicial e aqueles não sujeitos, observou-se a evolução da jurisprudência, que foi – e ainda é – acompanhada por intenso debate a respeito dos desafios de conciliar e tutelar os interesses de credores sujeitos ao processo recuperacional, sem que sejam negligenciados os direitos dos credores que a esse procedimento não se sujeitam. Esse embate não deve descurar nem afetar a preservação da empresa, princípio positivado no art. 47 da LFR[1] e vetor principal das preocupações do legislador.

---

[1] Para o estudo aprofundado sobre o desenvolvimento do princípio da preservação da empresa e seu tratamento do direito brasileiro, v. CEREZETTI, Sheila Neder.

Conciliar todos esses interesses e ainda garantir que sejam alcançados os objetivos na LRF foi (e continuará sendo) extremamente desafiador.

Porém, a Lei 14.112/2020 teve o mérito inegável de positivar parte das soluções criadas e testadas pelos aplicadores do direito na vigência da LFR, buscando trazer clareza e uniformidade interpretativa e, com isso, espera-se, segurança jurídica.

Para procurar entender o real alcance da nova regulação, importante compreender a origem do debate e da sua evolução no ambiente jurisprudencial, cujo resultado encontra-se, em grande parte e como antecipado, abarcado pela Lei 14.112/2020, precisamente no art. 6º, inc. III, §§ 4º, 7º-A, 7º-B e 11, da LRF.

O CONCURSO "IMPERFEITO" DE CREDORES FORMADO PELA RECUPERAÇÃO JUDICIAL: O DEBATE SOBRE ESSENCIALIDADE DOS BENS DO DEVEDOR

Nos termos do art. 49 da LFR, a recuperação judicial atinge os créditos existentes, ainda que não vencidos, na data do protocolo de distribuição do pedido de recuperação judicial perante o Poder Judiciário. Os créditos sujeitos ao processo recuperacional não podem ser executados em face do devedor ou, se já estiverem sendo objeto de execuções, devem ser suspensos pelo prazo de 180 dias[2], o denominado *stay period*.

A doutrina é unânime em justificar a pertinência do período de suspensão das ações e execuções em curso em face do devedor em recuperação judicial, uma vez que o *automatic stay* impede a corrida desorganizada e

---

A recuperação judicial de sociedade por ações: o princípio da preservação da empresa na lei de recuperação e falência. São Paulo: Malheiros, 2012. p. 157-237. O art. 47 não foi alterado pela Lei 14.112/2020.

O intérprete sempre deve interpretar e encarar a recuperação judicial como um procedimento (uma ferramenta) para a construção da solução da crise e a preservação de valor da empresa em atividade, mediante a restrição ao exercício individual de certos direitos e prerrogativas – tanto do devedor, quanto dos credores, com o objetivo de promover uma solução coletiva mais eficiente (COSTA, Daniel Carnio; MELO, Alexandre Correa Nasser de. *Comentários à Lei de Recuperação de Empresas e Falência* – Atualizado até o dia 25/12/2020 de acordo com a Lei 14.112, de 24 de dezembro de 2020. Curitiba: Juruá, 2020. p. 28-39).

[2] Conforme o vigente art. 6º, § 4º, da LRF, tal como alterado pela Lei 14.112/2020.

Cap. 10 • A NOVA REGULAÇÃO DA ESSENCIALIDADE DE BENS E AS EXECUÇÕES DE CRÉDITOS | **133**

quase sempre predatória[3] dos credores sobre os bens do devedor, frustrando a perspectiva de construção de um ambiente de negociação sadio, além da manutenção da atividade viável e o saneamento da crise econômico-financeira da empresa devedora[4]. A suspensão das ações e execuções ajuizadas contra a recuperanda é conhecida em diversos sistemas concursais pelo mundo e recomendada pelo Banco Mundial[5] e UNCITRAL[6].

Porém, a LRF exclui do alcance do processo de recuperação judicial e, portanto, do *stay period,* determinados créditos. Dentre eles, os créditos ilíquidos objeto de ações judiciais em curso[7], os créditos tributários[8], os créditos detidos por credores titulares de garantias fiduciárias de bens móveis ou imóveis, arrendador mercantil, proprietário ou promitente vendedor de imóvel, que tenham contratos com cláusula de irrevogabilidade ou irretratabilidade, inclusive em incorporação imobiliária e proprietários em contrato de venda com reserva de domínio (conforme art. 49, § 3º, da LFR), os créditos decorrentes de contratos de adiantamento de contrato de câmbio (conforme art. 49, § 4º, da LFR), dentre outros.

A não sujeição de seu crédito ao processo de recuperação judicial permite a essa categoria de credor promover todas as medidas executivas,

---

[3] Sobre os efeitos deletérios da busca individual dos credores pela satisfação de seus créditos, mesmo com resultados econômicos piores para todos os envolvidos no procedimento, inclusive em um cenário de liquidação, veja WARREN, Elizabeth; WESTBROOK, Jay Lawrence. *The Law of Debtors and Creditors* – Text, Cases, and Problems. 4. ed. New York: Aspen, 2001. p. 515-516.

[4] SACRAMONE, Marcelo Barbosa. *Comentários à Lei de Recuperação de Empresas e Falências.* São Paulo: Saraiva, 2018. p. 64. No mesmo sentido: TABB, Charles Jordan. *The Law of Bankruptcy.* Westbury: The Foundation Press, 1997. p. 146; SALOMÃO, Luis Felipe; GALDINO, Flávio (coord.). *Análise de impacto legislativo na recuperação e na falência.* Rio de Janeiro: JC, 2020. p. 125-126.

[5] World Bank. *Principles for effective insolvency and creditor/debtor regimes,* 2016, p. 22. Disponível em: <http://pubdocs.worldbank.org/en/919511468425523509/ICR-Principles-Insolvency-Creditor-Debtor-Regimes-2016.pdf>. Acesso em: 6 fev. 2021.

[6] UNCITRAL. *Legislative guide on insolvency law,* 2004, p. 83-107. Disponível em: <http://www.uncitral.org/pdf/english/texts/insolven/05-80722_Ebook.pdf>. Acesso em: 6 fev. 2021.

[7] Conforme art. 6º, § 1º, que não foi alterado pela Lei 14.112/2020.

[8] Conforme antigo art. 6º, § 7º, da LRF: "As execuções de natureza fiscal não são suspensas pelo deferimento da recuperação judicial, ressalvada a concessão de parcelamento, nos termos do Código Tributário Nacional e da legislação ordinária específica" (Revogado pela Lei 14.112/2020).

judiciais e extrajudiciais, em face do devedor, concomitante e paralelamente à recuperação judicial. Portanto, em tese, um credor não sujeito ao concurso recuperacional poderia promover a constrição dos bens da empresa em recuperação judicial para satisfazer exclusivamente seu crédito[9].

Porém, tal regra nunca foi absoluta, tendo o legislador, desde 2005, estabelecido que certos titulares de créditos aprioristicamente excluídos do processo de recuperação judicial, deveriam respeitar o *stay period*, justamente para que não se prejudicasse a efetiva reestruturação do devedor[10].

É a regra contida no art. 49, § 3º, *in fine*, da LFR, que determina que credores proprietários fiduciários, arrendadores e credores por reserva de domínio, conservam seus direitos de propriedade sobre o bem, estando imunes aos efeitos restritivos do deferimento do processamento da recuperação judicial. Todavia, e daí a exceção, se o bem garantido for *de capital essencial*, a retirada ou apreensão ficarão suspensas durante o *stay period*. Cessado este, não haverá mais restrição ao direito do credor, que poderá praticar (ou retomar) os atos executivos que julgar convenientes na perseguição do bem e do seu crédito.

Ao se permitir que no curso do processo recuperacional coexistam credores sujeitos e credores não sujeitos à recuperação judicial, não parece exagero concluir que o legislador de 2005 criou um concurso "imperfeito" de credores. Realmente, a LFR permite que na mesma recuperação judicial existam credores sujeitos ao processo de recuperação e que devem se curvar ao *stay period*; credores não sujeitos à recuperação e que, a princípio, estariam imunes aos efeitos do *stay period* e, ainda, credores não sujeitos que poderiam ser impactados pelo *stay period* se, e somente se, fossem proprietários de bens de capital essencial[11].

Nesse ambiente legal, não havia clareza sobre a real extensão dos efeitos da execução individual dos credores não sujeitos à recuperação judicial e nem qual deveria ser o impacto (se é que deveria haver algum) da recuperação judicial nas execuções individuais. Faltou também, desde o início, clareza sobre qual seria o juízo competente para (1) determinar as ordens de bloqueio

---

[9]   O princípio da responsabilidade patrimonial encontra-se positivado tanto no Código Civil (arts. 391 e 942), quanto no Código de Processo Civil (art. 789).

[10]   SACRAMONE, Marcelo Barbosa. Op. cit. (nota 4), p. 211.

[11]   Vide ensinamentos de BEZERRA FILHO, Manoel Justino. *Lei de Recuperação de Empresas e Falências*: Lei 11.101/2005: comentado artigo por artigo. 13. ed. São Paulo: RT, 2018. p. 178-187.

Cap. 10 • A NOVA REGULAÇÃO DA ESSENCIALIDADE DE BENS E AS EXECUÇÕES DE CRÉDITOS | 135

e constrição dos bens do devedor em recuperação e (2) julgar se o bem cuja remoção ou apreensão o credor requeria era (ou não) bem de capital essencial.

O concurso imperfeito de credores gerou, desde o início da vigência da LFR, acirrados debates, até que se cristalizou o conceito de que o juízo da recuperação judicial é universal[12], o *único com visão abrangente da situação do devedor e do concurso de credores, podendo prever as consequências diretas e indiretas de cada ato de constrição*[13], a despeito de nem todos os créditos ou credores, estarem sujeitos ao procedimento recuperacional.

Tanto que o Superior Tribunal de Justiça, privilegiando nesse particular o princípio da preservação da empresa[14], sedimentou o entendimento de que, embora a recuperação judicial não suspenda a execução fiscal, o juízo da recuperação é o *único* competente para decidir sobre atos de constrição ou alienação de bens e direitos da recuperanda. O juiz da execução fiscal até poderia determinar a ordem de constrição, porém caberá sempre ao juízo da recuperação efetivá-la ou suspendê-la.

Também para as execuções trabalhistas, reconheceu-se a prevalência do juízo da recuperação sobre ordens de constrição autorizadas naqueles juízos, a fim de garantir a finalidade da LRF[15].

Parte da doutrina defende que o fato de a competência do juiz da recuperação judicial ser funcional e absoluta, tornando nulos os atos praticados pelo juízo cível, trabalhista ou fiscal de liquidação de ativos da devedora em recuperação, durante o *stay period*[16].

---

[12] Para o histórico da evolução doutrinária e jurisprudencial sobre ser o juízo da recuperação judicial um juízo universal, vide DEZEM, Renata Mota Maciel Madeira. *A universalidade do juízo da recuperação judicial*. São Paulo: Quartier Latin, 2017, principalmente p. 175-219 e 285-329.

[13] COSTA, Daniel Carnio; MELO, Alexandre Correa Nasser de. Op. cit. (nota 1), p. 67.

[14] AgInt no CC 148.148/SP, 2ª Seção, Rel. Min. Ricardo Villas Bôas Cueva, j. 17.02.2020.

[15] CC 129.720/SP, 2ª Seção, Rel. Min. Raul Araújo, j. 14.10.2015; AgInt no RCD no CC 155.496/RJ, Rel. Min. Marco Aurélio Bellizze, j. 31.03.2020; AgInt no CC 160.445/SP, Rel. Min. Marco Aurélio Bellizze, j. 03.09.2019; TRT-2ª Região, 0000084-94.2011.5.02.0014, Rel. Des. Benedito Valentini, j. 07.12.2020; TRT-2ª Região, 0000898-45.2012.5.02.0314, Rel. Des. Antero Arantes Martins, j. 26.11.2020. No mesmo sentido, há diversos julgados tanto do STJ, quanto dos Tribunais estaduais em matéria cível, envolvendo eventuais créditos não sujeitos à recuperação judicial.

[16] COSTA, Daniel Carnio; MELO, Alexandre Correa Nasser de. Op. cit. (nota 1), p. 67.

A possibilidade da suspensão de execuções ajuizadas por credores fiduciários ou por quaisquer outros não sujeitos à recuperação (como credores de créditos de adiantamento de contrato de câmbio) gerou grande controvérsia. Por construção pretoriana, fixou-se o entendimento[17] de que as ações e execuções promovidas por esses credores poderiam prosseguir desde que os *bens de capital essencial* não fossem retirados da posse da recuperanda, ou seja procurou-se conferir, a partir desse entendimento, uma aplicação mais *extensiva* – e nesse sentido protetiva do devedor – da regra do art. 49, § 3º, já que a lei se limita a mencionar credores fiduciários ou titulares de garantia real sobre determinados bens. Desde então, passou a haver intensa discussão, muito intensamente, tanto na doutrina como na jurisprudência, sobre o conceito de bem de capital.

Para LAMY FILHO e BULHÕES PEDREIRA:

> A análise dos bens de produção permite identificar como suas características: (a) são efeito da atividade produtiva, ou da combinação de serviços de recursos humanos e naturais (ou de outros bens de capital): resultam da acumulação de serviços contidos em fluxos criados por atos de produção; (b) são duráveis ou permanentes, diferentemente dos bens de consumo, destruídos quando utilizados: cada quantidade de fruto, caça, pescado ou água consumida em qualquer dos métodos de produção deixa de existir como bem econômico, enquanto que os bens de capital podem ser utilizados durante o período de tempo mais ou menos longo; (c) sua criação exige tempo: o método indireto de produção é mais demorado que o direto, porque pressupõe a prévia criação do bem de capital; e (d) são produção: constituem, portanto, terceira modalidade de recursos, ao lado dos humanos e naturais. Esses bens são ditos "de capital" no sentido original da palavra, como adjetivo, em virtude da importância no processo de produção (como fonte de serviços produtivos que contribui para a criação de outros bens) ou da durabilidade ou permanência (em contraste com os bens de consumo)[18].

Na mesma linha, SACRAMONE ensina que: "bens de capital devem ser entendidos os maquinários ou as instalações para a produção da atividade.

---

[17] COSTA, Daniel Carnio; MELO, Alexandre Correa Nasser de. Op. cit. (nota 1), p. 71.

[18] LAMY FILHO, Alfredo; BULHÕES PEDREIRA, José Luiz. *Direito das companhias*. Rio de Janeiro: Forense, 2009. vol. 2, p. 1320-1321.

Recursos financeiros, como o crédito cedido fiduciariamente, ainda que importante para a manutenção da atividade não devem ser considerados bem de capital"[19].

A dificuldade na definição de bem de capital pode ser explicada, em parte, porque o conceito não é apenas meramente jurídico, envolvendo também e especialmente aspectos econômicos:

> O conceito de "bem de capital", além de bem jurídico, é de classificação econômica, cabendo, portanto, defini-lo valendo-se do ensino dos estudiosos dessa área:
>
> "Os economistas usam o termo capital para se referir ao estoque de equipamentos e estruturas usados para a produção. Ou seja, o capital da economia representa o estoque de bens produzidos no passado que está sendo usado no presente para se produzirem novos bens e serviços. No caso da nossa empresa produtora de maçãs, o estoque de capital inclui as escadas usadas para subir nas macieiras, os caminhões usados para transportar as maçãs, os galpões usados para armazenar as maçãs e até as próprias macieiras" (MANKIW, 2005, p. 404).
>
> "O termo 'capital' usualmente tem diferentes significados, inclusive na linguagem comum é entendido como 'certa soma em dinheiro'. Todavia, o conceito a ser apreendido aqui é: 'capital é o conjunto (estoque) de bens econômicos heterogêneos, tais como máquinas, instrumentos, terras, matérias primas etc., capaz de reproduzir bens e serviços'" (RIZZIERI, 2002, p. 22).
>
> "São bens que servem para a produção de outros bens, especialmente os bens de consumo, tais como máquinas, equipamentos, material de transporte e instalações de uma indústria. Alguns autores usam a expressão bens de capital como sinônimo de bens de produção; outros preferem usar esta última expressão para designar algo mais genérico, que inclui ainda os bens intermediários (matéria-prima depois de algumas transformações, como, por exemplo, o aço e as matérias-primas)" (SANDRONI, 1999, p. 51)[20].

---

[19] SACRAMONE, Marcelo Barbosa. Op. cit. (nota 4), p. 211.

[20] LIMA, Eduardo de Carvalho; FREIRE, Lucas Alves; REZENDE, Bernardo Henrique de Melo. A compreensão do crédito como bem de capital na Lei 11.101/2005 e suas consequências para o mercado financeiro: esvaziamento de garantia fiduciária e implicações na mensuração de risco em operações

Em harmonia com a doutrina, porém não sem críticas[21], em 2018 o Superior Tribunal de Justiça decidiu que dinheiro não poderia ser considerado bem de capital. Conferiu-se a seguinte interpretação à expressão do art. 49, § 3º, "bem de capital essencial" é o "bem corpóreo (móvel ou imóvel), que se encontra na posse direta do devedor, e sobretudo, que não seja perecível nem consumível, de modo que possa ser entregue ao titular da propriedade fiduciária, caso persista a inadimplência, ao final do 'stay period'"[22].

Acrescente-se a isso que, para a aplicação da restrição contida na parte final do art. 49, § 3º, da LFR, o *bem de capital* também precisa ser *essencial*, ou seja, imprescindível para manutenção da fonte produtora empresarial, condição sem a qual se inviabiliza por completo o soerguimento da recuperanda, considerados os limites e as circunstâncias do caso concreto.

Portanto, havendo risco de constrição e excussão de ativo, cabe às devedoras provar que o bem cuja proteção se busca obter é *de capital* e que também é *essencial* para o desenvolvimento da atividade empresarial. Se a devedora não se desincumbir deste ônus probatório, o juiz deverá autorizar a retirada, venda ou constrição do bem[23].

Ainda que o estabelecimento de diretrizes legais interpretativas sobre quais bens podem (ou não) ser alienados, constritos ou retirados do estabelecimento do devedor em recuperação judicial forneçam elementos que contribuem para disciplinar a questão, a jurisprudência foi consolidando o prudente entendimento de submeter todas as discussões envolvendo os

---

financeiras. Disponível em: <https://revistapgbc.bcb.gov.br/index.php/revista/article/download/1061/48/>. Acesso em: 4 fev. 2021.

[21] RODRIGUES FILHO, João de Oliveira. Bens de capital essenciais na recuperação judicial – uma visão a partir do fenômeno da desmonetização e do exercício de empresa em ambientes virtuais. *Migalhas*, 27.11.2019. Disponível em: <https://migalhas.uol.com.br/coluna/insolvencia-em-foco/315939/bens-de-capital-essenciais-na-recuperacao-judicial---uma-visao-a-partir-do-fenomeno-da-desmonetizacao-e-do-exercicio-de-empresa-em-ambientes-virtuais>. Acesso em: 6 fev. 2021.

[22] REsp 1.758.746/GO, Rel. Min. Marco Aurélio Bellizze, j. 25.09.2018.

[23] A esse respeito, CARNIO e MELO ensinam que "a teoria da essencialidade de bens na recuperação judicial garante que as empresas não tenham, durante o prazo do *stay period*, retirados de sua posse, bens que são de fato indispensáveis à atividade empresarial, o que obrigatoriamente deve ser demonstrado e comprovado pelas empresas para terem direito a esse benefício legal. [...] a comprovação da essencialidade compete ao devedor, que deverá demonstrar, pautado por documentos, a importância da utilização dos bens que pretende defender. Caso não o faça, o credor receberá autorização para a retirada do bem" (Op. cit. (nota 1), p. 71).

Cap. 10 · A NOVA REGULAÇÃO DA ESSENCIALIDADE DE BENS E AS EXECUÇÕES DE CRÉDITOS | **139**

aspectos patrimoniais da empresa em recuperação ao crivo do juízo universal[24], independentemente de o crédito ser ou não sujeito ao processo recuperacional, ainda mais enquanto perdurar o *stay period*. Conquanto simples, a saída encontrada pelos Tribunais de concentrar as decisões sobre tais questões ao juízo da recuperação mostrou-se eficiente para preservar os interesses coletivos em disputa.

Conforme se verá, a Lei 14.112/2020 positivou exatamente essa solução e ainda trouxe inovações que, certamente, passarão a ser aplicadas pelos magistrados, notadamente para o caso de constrições de ativos da empresa em recuperação vindos de execuções fiscais.

A NOVA REGULAMENTAÇÃO DA LEI 14.112/2020

Ao art. 6º da LFR foram introduzidos os incisos I, II e III que estabelecem que "a decretação da falência ou o deferimento do processamento da recuperação judicial implica":

> I – suspensão do curso da prescrição das obrigações do devedor sujeitas ao regime desta Lei;
>
> II – suspensão das execuções ajuizadas contra o devedor, inclusive daquelas dos credores particulares do sócio solidário, relativas a créditos ou obrigações sujeitos à recuperação judicial ou à falência;
>
> III – proibição de qualquer forma de retenção, arresto, penhora, sequestro, busca e apreensão e constrição judicial ou extrajudicial sobre os bens do devedor, oriunda de demandas judiciais ou extrajudiciais cujos créditos ou obrigações sujeitem-se à recuperação judicial ou à falência.

Já os §§ 7º-A, 7º-B e 11[25] da LFR passaram a positivar que a regra geral do artigo 6º da mesma Lei não se aplica aos créditos com origem em propriedade

---

[24] Sobre a conveniência de deixar à cargo do juízo encarregado da recuperação judicial julgar as questões atinentes aos bens da recuperanda, vide SCALZILLI, João Pedro; SPINELLI, Luis Felipe; TELLECHEA, Rodrigo. *Recuperação de empresas e falências*: teoria e prática na Lei 11.101/2005. 3. ed. São Paulo: Almedina, 2018. p. 169-170.

[25] Lei Federal 14.112/2020, art. 6º:
"§ 7º-A. O disposto nos incisos I, II e III do *caput* deste artigo não se aplica aos créditos referidos nos §§ 3º e 4º do art. 49 desta Lei, admitida, todavia, a

140 | RECUPERAÇÃO DE EMPRESAS E FALÊNCIA: DIÁLOGOS ENTRE A DOUTRINA E A JURISPRUDÊNCIA

fiduciária, arrendamento mercantil, compromisso de compra e venda irre-tratável, contrato de compra e venda com reserva de domínio e contrato de adiantamento de contrato de câmbio, aos créditos que são objeto de execução fiscal e aos créditos apurados na Justiça do Trabalho, enquadrados nos incisos VII e VIII do art. 114 da CF[26]. Contudo, o legislador conferiu expressamente ao juiz poderes para disciplinar os interesses dessa categoria de credores não sujeitos a recuperação judicial.

Positivou-se no art. 6º, § 7º-A, ademais, que eventuais constrições de ativos da empresa em recuperação que tenham como origem os créditos referidos nos §§ 3º e 4º do art. 49[27], poderão ser *suspensas* durante o *stay period* se recaírem sobre bens essenciais à manutenção da atividade empresarial.

Já a solução conferida pelo art. 6º, §§ 7º-B e 11, às restrições com origem em execuções fiscais ou de execuções de créditos oriundos da Justiça do Trabalho, em decorrência dos incisos VII e VIII do art. 114 da CF, é distinta e, até certa medida, não usual, pois o juízo universal poderá *substituir* os atos

---

competência do juízo da recuperação judicial para determinar a suspensão dos atos de constrição que recaiam sobre bens de capital essenciais à manutenção da atividade empresarial durante o prazo de suspensão a que se refere o § 4º deste artigo, a qual será implementada mediante a cooperação jurisdicional, na forma do art. 69 da Lei nº 13.105, de 16 de março de 2015 (Código de Processo Civil), observado o disposto no art. 805 do referido Código.

§ 7º-B. O disposto nos incisos I, II e III do *caput* deste artigo não se aplica às execuções fiscais, admitida, todavia, a competência do juízo da recuperação judicial para determinar a substituição dos atos de constrição que recaiam sobre bens de capital essenciais à manutenção da atividade empresarial até o encerramento da recuperação judicial, a qual será implementada mediante a cooperação jurisdicional, na forma do art. 69 da Lei nº 13.105, de 16 de março de 2015 (Código de Processo Civil), observado o disposto no art. 805 do referido Código. [...]

§ 11. O disposto no § 7º-B deste artigo aplica-se, no que couber, às execuções fiscais e às execuções de ofício que se enquadrem respectivamente nos incisos VII e VIII do *caput* do art. 114 da Constituição Federal, vedados a expedição de certidão de crédito e o arquivamento das execuções para efeito de habilitação na recuperação judicial ou na falência".

[26] Os incs. VII e VII do art. 114 da CF refere-se aos créditos com origem em execução de penalidade administrativa impostas aos empregadores pelos órgãos de fiscalização do trabalho, contribuições sociais e seus acréscimos legais.

[27] Ou seja, aqueles pertencentes a credores fiduciários, arrendadores mercantis, proprietários ou promitentes vendedores de imóvel, cujos contratos possuam cláusula de irrevogabilidade ou irretratabilidade ou irretratável, ou proprietário em contrato de compra e venda com reserva de domínio e contrato de adiantamento de contrato de câmbio.

de constrição que recaiam sobre bens essenciais à manutenção da atividade empresarial *até o encerramento da recuperação judicial* para os casos de arrecadações originárias de execuções fiscais.

Portanto, está claro que é possível a constrição de bens de um devedor em recuperação judicial por um credor não sujeito a seus efeitos, porém a restrição poderá ser suspensa ou substituída (no caso de execuções fiscais) se o devedor provar que o ativo constrito é um *bem de capital essencial*. E a decisão que julgar sobre a essencialidade deste bem de capital, conforme ensina COELHO[28] deverá ser bem fundamentada, não se admitindo "menções genéricas acerca da essencialidade [...], devendo o juízo recuperacional explicitar completamente os motivos pelos quais a atividade econômica da recuperanda não poderia ter prosseguimento, sem a posse plena daquele bem".

Todavia, em que pese ter positivado a construção jurisprudencial de conferir ao juiz da recuperação a possibilidade de suspender a arrecadação sobre bens de capital essenciais durante o período do *stay period* ou mesmo de substituir eventual constrição até o encerramento da recuperação judicial, a Lei, de outro lado, também conferiu tratamento diferenciado aos credores não sujeitos.

Como visto, aos credores titulares de posições fiduciárias tanto para os créditos fiscais como para aqueles apurados na Justiça do Trabalho, enquadrados nos incisos VII e VIII do art. 114 da CF, portanto, com origem em execução de penalidade administrativa impostas aos empregadores pelos órgãos de fiscalização do trabalho, contribuições sociais e seus acréscimos legais, não é ordenada a sujeição aos limites e termos recuperacionais para a satisfação de seus créditos.

Nos termos da LRF, tal como alterada, em se tratando de execuções de créditos fiscais, bem como daqueles decorrentes dos incisos VII e VIII do art. 114 da CF, o juiz da recuperação judicial não poderá suspender e muito menos revogar a constrição eventualmente deferida. Caberá ao juiz universal, conforme o caso e analisando as provas trazidas pela devedora e eventual parecer do administrador judicial, decidir sobre a *substituição* da constrição, a fim de que ela recaia sobre outro bem que não seja considerado *de capital essencial*.

Conquanto tenha seus méritos de positivar o que a jurisprudência consolidou, a Lei não avançou sobre consectários essenciais que emergem

---

[28] COELHO, Fábio Ulhoa. *Comentários à Lei de Falências e de Recuperação de Empresas*. 14. ed. São Paulo: RT, 2021. p. RB 6.5.

como decorrência imediata de seu novo espectro de aplicação e incidência. Em outras palavras, o legislador deixou abertas algumas hipóteses que deveria regular. Por exemplo, caso o devedor não tenha outro bem para ofertar em substituição, qual atitude o juiz deve tomar? Como tutelar o interesse do credor tributário? A partir de uma rápida reflexão, não se descarta a possibilidade de o juiz da recuperação, iluminado pelo princípio da preservação da empresa, mitigar a aplicação do § 7º-B, para conferir ao fisco, o mesmo destino dos credores fiduciários, suspendendo a constrição até o prazo final do *stay period*.

De outro lado, havendo mais de um bem passível de constrição, parece possível sustentar que o juiz conferisse ao titular de crédito fiscal e daquele decorrente de ações julgadas na Justiça do Trabalho (art. 114, VII, da CF) a possibilidade de escolher qual dos bens deve permanecer constrito até o encerramento da recuperação judicial.

Como se pode ver, com sua nova disciplina, a Lei 14.112/2020 deu um norte ao devedor e ao credor, esclarecendo qual o alcance de seus direitos e qual a melhor forma de essa interação entre o juízo da recuperação e os juízos singulares que presidem as execuções individuais dos credores não sujeitos atender à finalidade da LFR, sem descurar da tutela dos interesses dos credores não sujeitos ao procedimento recuperacional.

Chama atenção, ademais, que a gama de créditos não sujeitos à recuperação judicial e que podem originar execuções individuais paralelas e independentes à recuperação judicial, não se resumem aos créditos mencionados nos §§ 7º-A, 7º-B e 11 do art. 6º. Os créditos existentes após o pedido de recuperação judicial, por exemplo, também são considerados como não sujeitos e não há uma regulamentação para a hipótese de haver constrição de ativos na execução individual. Outrossim, mesmo diante desta lacuna legal, o legislador poderá se orientar pela construção jurisprudencial que já sinalizava a competência do juízo universal para suspender eventual constrição, desde que o bem constrito prove-se ser *de capital essencial.*

Finalmente, a preservação da empresa em recuperação judicial não pode se sobrepor a direitos creditórios legalmente constituídos. Por serem exceções, a regra dos §§ 7º-A e 7º-B devem ser interpretadas restritivamente, sob pena de comprometer a segurança e a clareza idealizada pelo legislador.

Portanto, continua sendo fundamental o papel do Poder Judiciário de analisar criteriosamente e com base em argumentos técnicos e contábeis, de forma fundamentada, sobre a essencialidade do bem de capital constrito, respeitando tanto os princípios da proteção legal concedida para empresas em situação recuperacional, quanto os direitos legítimos dos credores, sujeitos ou não ao processo recuperacional.

BREVE PARALELO ENTRE A NORMATIZAÇÃO BRASILEIRA E A NORTE-AMERICANA

É notório que a LFR brasileira é inspirada no sistema norte-americano. No que se refere à sujeição de credores ao procedimento de insolvência, os conceitos colhidos do sistema jurídico estrangeiro foram integralmente incorporados pela LFR.

Na jurisdição norte-americana, ocorre a *sujeição universal* de todo e qualquer credor ao procedimento de insolvência, independentemente da natureza jurídica do crédito. Portanto, credores fiduciários, fiscais e laborais extraconcursais também estão subordinados ao andamento do procedimento principal, ao menos conquanto perdurar o *stay period*.

Consideradas as questões que consolidam o caso prático, é permitido a esses credores o chamado *relief*, ou seja, a possibilidade de o credor onerar bens da empresa em recuperação, desde que[29] a propriedade do bem em questão não seja nominalmente atribuída à recuperanda ou que tal *propriedade não seja necessária à efetividade do procedimento recuperacional*. Em outras palavras, também no sistema norte-americano há uma análise criteriosa para que o direito de crédito individual de um credor não afete ou prejudique o procedimento de recuperação judicial.

CONCLUSÃO

A positivação do conceito do juízo universal, inclusive com um cuidado maior em descrever de que forma o juiz da recuperação judicial pode interferir nas execuções individuais de credores não sujeitos ao processo recuperacional, bem como quais são os critérios balizadores dessa atuação, trouxe clareza e, com isso, maior segurança jurídica ao tormentoso problema da coexistência de credores sujeitos e não sujeitos a recuperação judicial.

Embora os critérios sejam abertos e dependam da análise do caso a caso, constata-se que as alterações introduzidas na LFR ao lidar com o assunto de forma mais sistemática, acabam por também assegurar o direito originário de credores fiduciários e extraconcursais, de vender, constringir ou apreender bens da empresa em recuperação, desde que reste provado que o bem não é *de capital* e nem *essencial à atividade empresarial* e que tal alienação/constrição ou apreensão impactará negativamente os interesses da coletividade

---

[29] Nesse sentido, veja-se o 11 USC, *section* 362, d, 2 (a) e (b).

de credores envolvidos no processo recuperacional, principalmente durante o *stay period*.

REFERÊNCIAS BIBLIOGRÁFICAS

BEZERRA FILHO, Manoel Justino. *Lei de Recuperação de Empresas e Falências*: Lei 11.101/2005: comentada artigo por artigo. 13. ed. São Paulo: RT, 2019.

CEREZETTI, Sheila Neder. *A recuperação judicial de sociedade por ações*: o princípio da preservação da empresa na Lei de Recuperação e Falência. São Paulo: Malheiros, 2012.

COELHO, Fábio Ulhoa. *Comentários à Lei de Falências e de Recuperação de Empresas*. 14. ed. São Paulo: RT, 2021.

COSTA, Daniel Carnio; MELO, Alexandre Correa Nasser de. *Comentários à Lei de Recuperação de Empresas e Falência* – atualizado até o dia 25/12/2020 de acordo com a Lei 14.112, de 24 de dezembro de 2020. Curitiba: Juruá, 2020.

DEZEM, Renata Mota Maciel Madeira. *A universalidade do juízo da recuperação judicial*. São Paulo: Quartier Latin, 2017.

LAMY FILHO, Alfredo; BULHÕES PEDREIRA, José Luiz. *Direito das companhias*. Rio de Janeiro: Forense, 2009. v. 2.

LIMA, Eduardo de Carvalho; FREIRE, Lucas Alves; REZENDE, Bernardo Henrique de Melo. A compreensão do crédito como bem de capital na Lei 11.101/2005 e suas consequências para o mercado financeiro: esvaziamento de garantia fiduciária e implicações na mensuração de risco em operações financeiras. Disponível em: <https://revistapgbc. bcb.gov.br/index.php/revista/article/download/1061/48/>. Acesso em: 4 fev. 2021.

SACRAMONE, Marcelo Barbosa. *Comentários à Lei de Recuperação de Empresas e Falências*. São Paulo: Saraiva, 2018.

SALOMÃO, Luis Felipe; GALDINO, Flávio (coord.). *Análise de impacto legislativo na recuperação e na falência*. Rio de Janeiro: JC, 2020.

SCALZILLI, João Pedro; SPINELLI, Luis Felipe; TELLECHEA, Rodrigo. *Recuperação de empresas e falências*: teoria e prática na Lei 11.101/2005. 3. ed. São Paulo: Almedina, 2018.

TABB, Charles Jordan. *The Law of Bankruptcy*. Westbury: The Foundation Press, 1997.

UNCITRAL. *Legislative guide on insolvency law*, 2004. Disponível em: http://www.uncitral.org/pdf/english/texts/insolven/05-80722_Ebook.pdf. Acesso em: 6 fev. 2021.

WARREN, Elizabeth; WESTBROOK, Jay Lawrence. *The Law of Debtors and Creditors* – Text, Cases, and Problems. 4. ed. New York: Aspen, 2001.

WORLD BANK. *Principles for effective insolvency and creditor/debtor regimes*, 2016, p. 22. Disponível em: <http://pubdocs.worldbank.org/en/919511468425523509/ICR-Principles-Insolvency-Creditor-Debtor-Regimes-2016.pdf>. Acesso em: 6 fev. 2021.

UNCITRAL. Legislative guide on insolvency law. 2004. Disponível em: https://www.uncitral.org/pdf/english/texts/insolven/05-80722_Ebook.pdf. Acesso em 6 fev. 2021.

WARREN, Elizabeth; WESTBROOK, Jay Lawrence. The Law of Debtors and Creditors – Text, Cases and Problems. 4. ed. New York: Aspen, 2001.

WORLD BANK. Principles for effective insolvency and creditor/debtor regime. 2016. p. 22. Disponível em: http://pubdocs.worldbank.org/en/919511468425523509/ICR-Principles-Insolvency-Creditor-Debtor-Regimes-2016.pdf. Acesso em 6 fev. 2021.

HABILITAÇÃO E IMPUGNAÇÃO DE CRÉDITOS NO NOVO SISTEMA DE INSOLVÊNCIA

11

HABILITAÇÃO E IMPUGNAÇÃO DE CRÉDITOS NO NOVO SISTEMA DE INSOLVÊNCIA

ALEXANDRE ALVES LAZZARINI

Sumário: I. Introdução – II. A origem do crédito – III. O art. 7º da Lei n. 11.101/2005 – IV. O art. 7º-A da Lei n. 11.101/2005 – V. O art. 14 da Lei n. 11.101/2005 – VI. O art. 16 da Lei n. 11.101/2005 – VII. O art. 17 da Lei n. 11.101/2005 – VIII. Conclusão.

I. INTRODUÇÃO

Passados 15 anos de vigência, a Lei n. 11.101, de 09.02.2005, recebe profunda modificação pela Lei n. 14.112, de 24.12.2020, que traz ajustes decorrentes da experiência adquirida no referido período, tanto em tempo de normalidade, como em períodos de crises aprofundadas (a quebra do sistema financeiro internacional no final da primeira década dos anos 2000; e a pandemia de Covid-19, a partir do início do ano 2020), com perspectivas diferentes de soluções, inclusive pela questão da *acessibilidade* às informações, que difere da *ausência* delas.

Essa questão das *informações* tem grande relevo no sistema da insolvência, pois é a base dos elementos necessários para que o *devedor* (empresa em recuperação ou em falência) apresente aos *credores* (e à sociedade em geral, conforme o caso) qual a sua situação, de maneira específica quanto a sua condição financeira, de modo a viabilizar a análise e a reflexão sobre a conveniência de sua manutenção no mercado, conforme os arts. 47 e 75 da Lei n. 11.101/2005, observando-se a nova redação deste último, que foi dada pela Lei n. 14.112/2020.

Assim, impõe-se para que o princípio da preservação da empresa prevaleça sobre o princípio que determina a retirada do mercado de sociedades ou empresários não recuperáveis (e, nesse caso, o melhor aproveitamento dos ativos) que existam informações adequadas quanto à situação patrimonial da empresa, de maneira específica em relação às dívidas existentes.

Na recuperação judicial essas informações são exigidas já no momento de seu requerimento, ou seja, devem acompanhar a petição inicial, conforme o art. 51 da Lei n. 11.101/2005, destacando-se os seus incisos III, IV, IX e XI.

Na recuperação extrajudicial a necessidade dessas informações tem previsão no art. 163 (alterado pela Lei n. 14.112/2020) e § 1º.

E na falência temos os arts. 83 e 84, também alterados substancialmente pela Lei n. 14.112/2020, que, por sua vez, repercutem nas recuperações judicial e extrajudicial.

Essas são as bases para o início do procedimento de verificação e habilitação dos créditos, objeto dos arts. 7º a 20 da Lei n. 11.101/2005, que sofreu diversas alterações pela Lei n. 14.112/2020.

II. A ORIGEM DO CRÉDITO

Tema muitas vezes mal compreendido, a questão da origem do crédito é de extrema relevância, não só para a sua classificação por sua natureza, mas, também, para se evitar a criação de créditos inexistentes ou a alteração de sua natureza.

Por isso, a exigência do art. 9º, II, para o caso de habilitação de crédito pelo credor, e como requisito na relação de credores que acompanha o pedido de recuperação judicial, conforme o art. 51, III. Na falência, deve o falido apresentar a relação de credores (art. 99, III), sob pena de desobediência, não fazendo referência à *origem* do crédito, o que, diante da sistemática, também deve ser informado.

A origem do crédito, por óbvio, também pode ser objeto de questionamento na impugnação.

Os créditos, em regra, são representados por documentos, que podem ser títulos executivos judiciais ou extrajudiciais (arts. 515 e 784 do CPC) ou não.

Os títulos executivos judiciais têm precedente discussão sobre a existência e regularidade do crédito, eis que submetido ao contraditório, até que ocorra o pronunciamento da autoridade competente. Ou seja, a origem está na decisão judicial que estabelece a obrigação pecuniária, por exemplo.

Entretanto, o mesmo não ocorre com os créditos representados por título executivos extrajudiciais ou documentos desprovidos de executividade (exemplo, o cheque prescrito e todas as situações que autorizam a ação monitória, conforme art. 700 do CPC).

Não é raro aparecerem créditos representados por cheques e notas promissórias "emitidos" em data próxima ao pedido de recuperação judicial ou da falência, em clara *simulação*, sem que se encontre qualquer registro de operações mercantis que justifiquem a suas existências.

Também não são raras as confissões de dívidas por serviços prestados, de maneira vaga e/ou não contabilizada, como "serviços de consultoria".

Merece cuidado, também, a cessão de crédito, em especial quando sucessivas, já que pode dificultar as *exceções pessoais* (arts. 290 e 294 do Código Civil).

III. O ART. 7º DA LEI N. 11.101/2005

O art. 7º, que trata da verificação dos créditos pelo administrador judicial, não foi alterado pela Lei n. 14.112/2020.

O seu *caput* tem a seguinte redação:

> Art. 7º A verificação dos créditos será realizada pelo administrador judicial, com base nos livros contábeis e documentos comerciais e fiscais do devedor e nos documentos que lhe forem apresentados pelos credores, podendo contar com o auxílio de profissionais ou empresas especializadas.

Na recuperação judicial e na falência cabe ao administrador judicial *conferir* os créditos que foram declarados pela recuperanda ou falida, bem como as habilitações e as divergências que forem apresentadas pelos credores (art. 7º, § 1º), de modo a publicar o segundo edital com a relação de credores (art. 7º § 2º).

Essa verificação tem por finalidade *atestar* a consistência dos créditos relacionados pela recuperanda, fazendo os devidos ajustes quando necessários, à luz das informações existentes. Em tese, em uma recuperação judicial (e na recuperação extrajudicial), partindo da suposição de que a crise é financeira e não de desordem organizacional, essas informações devem existir e serem acessíveis.

Todavia, na falência, essa suposição, na prática, é de difícil concretização, muito embora os documentos (livros comerciais incluídos) devam ser arrecadados (art. 108). Não é raro que o falido deixe de apresentar relação de credores ou que seus livros sejam incompletos ou inexistentes. Essa circunstância não é impeditiva para que o administrador judicial providencie as publicações do primeiro edital (informando que nenhum credor foi relacionado, por exemplo) e, depois, o segundo edital, caso necessário (algum credor habilitou-se).

Na falência, por conta desses problemas, costuma-se ver alguns equívocos.

O primeiro é o administrador judicial informar que não tem como publicar o primeiro edital por falta de elementos. Em tese, tem condições de publicar constando o nome do requerente da falência, ao menos.

O segundo é que o requerente da falência deve habilitar o seu crédito, se não consta da lista de credores. Lembre-se que a admissão de um título executivo extrajudicial, por exemplo, como suficiente para requerer a falência, não o qualifica, por si só, a integrar o quadro de credores, em especial pelo fato de que, para tanto, há a necessidade de prova da *origem* do crédito.

O terceiro importa no encerramento da falência por falta de credores habilitados. Ora, a falência é um concurso de credores e não há razão jurídica e lógica para a manutenção do processo de falência no caso de não existir credores aptos a receber seu crédito.

IV. O ART. 7º-A DA LEI N. 11.101/2005

O art. 7º-A, com os seus incisos e 8 parágrafos, foi inserido pela Lei n. 14.112/2020, trazendo solução procedimental para os créditos da Fazenda Pública na falência.

Isso pelo fato de que estabelece que a Fazenda Pública terá seu procedimento de classificação de seu crédito, mesmo que instaurado *de ofício* pelo juiz, no momento do art. 7º, § 1º, e do art. 99, § 1º (antigo parágrafo único), acabando com antiga discussão se o crédito deve ou não ser habilitado. Ordena-se, assim, o que deve ser exigido das Fazendas Públicas e o procedimento a ser adotado, inclusive quanto aos prazos para informarem seus créditos quando não declarados, por exemplo.

Merece especial destaque o § 4º, I e II:

§ 4º Com relação à aplicação do disposto neste artigo, serão observadas as seguintes disposições:

I – a decisão sobre os cálculos e a classificação dos créditos para os fins do disposto nesta Lei, bem como sobre a arrecadação dos bens, a realização do ativo e o pagamento aos credores, competirá ao juízo falimentar;

II – a decisão sobre a existência, a exigibilidade e o valor do crédito, observado o disposto no inciso II do *caput* do art. 9º desta Lei e as demais regras do processo de falência, bem como sobre o eventual prosseguimento da cobrança contra os corresponsáveis, competirá ao juízo da execução fiscal;

(...)

Veja-se que esses dois incisos estabelecem os limites de atuação entre o juízo falimentar e o juízo da execução fiscal, estando o inciso I em consonância com a nova redação do art. 6º, § 7º-B, conforme a Lei n. 14.112/2020, referente a recuperação judicial:

> § 7º-B. O disposto nos incisos I, II e III do *caput* deste artigo *não se aplica às execuções fiscais*, admitida, *todavia*, a competência do juízo da recuperação judicial para determinar a substituição dos atos de constrição que recaiam sobre bens de capital essenciais à manutenção da atividade empresarial até o encerramento da recuperação judicial, a qual será implementada mediante a cooperação jurisdicional, na forma do art. 69 da Lei nº 13.105, de 16 de março de 2016 (Código de Processo Civil), observado o disposto no art. 805 do referido Código.

Assim, o inciso I do § 4º do art. 7º-A também resolve antigo problema na falência que com frequência gera conflitos *positivos* de competência, em especial quanto à arrecadação de bens (por exemplo, aqueles penhorados no juízo da execução fiscal), realização do ativo (venda dos referidos bens) e o pagamento. Como é possível verificar, semelhante problema é resolvido na recuperação judicial, no art. 6º, § 7º-B.

O inciso II traz duas novidades relevantes.

A primeira no momento que estabelece a competência do juízo da execução fiscal para a "decisão sobre a existência, a exigibilidade e o valor do crédito", bem como o prosseguimento em relação aos corresponsáveis pela dívida fiscal. Em outras palavras, passa a ter o mesmo tratamento que o crédito trabalhista (art. 6º, § 2º).

Ora, não é incomum nas falências a constatação da prescrição ou da decadência do crédito fiscal. Por essa norma, caso o administrador judicial ou qualquer credor, por exemplo, verifique a ocorrência desses prazos extintivos, deverá postular no juízo da execução fiscal, pelas vias adequadas, não mais se admitindo a declaração pelo juízo falimentar no incidente do respectivo crédito.

A segunda novidade que deve ser destacada nesse inciso II diz respeito aos corresponsáveis. Ou seja, compete ao juízo da execução fiscal decidir, independentemente da falência, se a execução fiscal deve prosseguir em face deles. Assim, a inclusão do crédito fiscal no quadro de credores da falência não autoriza a suspensão da execução fiscal em face dos corresponsáveis; caso o credor fiscal receba seu crédito do corresponsável, deve comunicar tal fato ao juízo da falência.

Essa regra, deve ficar ressaltado, na hipótese da execução fiscal excepciona o disposto no art. 6º, inciso II, com a redação da Lei n. 14.112/2020, que determina a "suspensão das execuções ajuizadas contra o devedor, inclusive daquelas dos *credores particulares do sócio solidário*", que são os *sócios de responsabilidade ilimitada*.

V.   O ART. 14 DA LEI N. 11.101/2005

O art. 14 trata da homologação, como quadro geral de credores, a relação de credores do art. 7º, § 2º, sendo a sua redação alterada, com acréscimos, pela Lei n. 14.112/2020, como é possível verificar:

> Art. 14. Caso não haja impugnações, o juiz homologará, como quadro-geral de credores, a relação dos credores de que trata o § 2º do art. 7º, ressalvado o disposto no art. 7º-A desta Lei.

Na redação original, o art. 14 fazia referência ao art. 18 (que não foi alterado). Essa supressão não altera o conteúdo da norma, pois continua sendo a exceção à regra do art. 18, quando não exista *impugnação*, que não se confunde com *habilitação*.

Entretanto, há a ressalva ao novo art. 7º-A, que trata dos créditos fiscais, que pode estabelecer uma controvérsia. O art. 7º-A trata de créditos da Fazenda Pública na falência, sendo que os créditos tributários são incluídos no quadro de credores (art. 83, III).

Ora, ao estabelecer procedimento específico para os créditos tributários (art. 7º-A) e incluir a ressalva no art. 14, a interpretação adequada é que a relação de credores a ser homologada não depende da solução dos créditos tributários. Observe-se que o art. 7º-A, § 3º, incisos III e IV, determina que: a) o valor dos créditos controversos serão objeto de reserva integral, ou seja, prevalece o valor declarado pela Fazenda Pública; b) os créditos incontroversos serão imediatamente incluídos no quadro geral de credores.

Vale lembrar que o art. 7º-A, § 4º, IV, estabelece que "o administrador judicial e o juízo falimentar deverão **respeitar a presunção de certeza e liquidez** de que trata o art. 3º da Lei nº 6.830, de 22 de setembro de 1980, sem prejuízo do disposto nos incisos II e III deste parágrafo".

VI. O ART. 16 DA LEI N. 11.101/2005

O art. 16 é modificado pela Lei n. 14.112/2020, passando a ter a seguinte redação:

> Art. 16. Para fins de rateio na falência, deverá ser formado quadro-geral de credores, composto pelos créditos não impugnados constantes do edital de que trata o § 2º do art. 7º desta Lei, pelo julgamento de todas as impugnações apresentadas no prazo previsto no art. 8º desta Lei e pelo julgamento realizado até então das habilitações de crédito recebidas como retardatárias.
>
> § 1º As habilitações retardatárias não julgadas acarretarão a reserva do valor controvertido, mas não impedirão o pagamento da parte incontroversa.
>
> § 2º Ainda que o quadro-geral de credores não esteja formado, o rateio de pagamentos na falência poderá ser realizado desde que a classe de credores a ser satisfeita já tenha tido todas as impugnações judiciais apresentadas no prazo previsto no art. 8º desta Lei, ressalvada a reserva dos créditos controvertidos em função das habilitações retardatárias de créditos distribuídas até então e ainda não julgadas.

Ao contrário da redação original, a norma limita a sua aplicação ao rateio na falência.

Importante destacar que a hipótese de reserva de crédito prevista nos seus §§ 1º e 2º diz respeito a valores controvertidos nas habilitações e impugnações de crédito, seguindo o sistema do antigo *caput* e parágrafo único do art. 16 original.

São situações específicas, que devem ser decididas pelo juízo da falência, enquanto as reservas previstas no § 3º do art. 6º são valores estimados, pois pendente demanda ainda não julgada, no juízo comum, ou com algum questionamento, quando o crédito é trabalhista, na Justiça do Trabalho.

Também em relação à Fazenda Pública há regra específica quanto à reserva de crédito, o art. 7º-A, § 3º, III ("os créditos serão objeto de reserva integral até o julgamento definitivo quando rejeitados os argumentos apresentados de acordo com o inciso II deste parágrafo").

O *caput* do art. 16 estabelece que na falência o quadro de credores deverá ser formado pelos créditos não impugnados e aqueles que, se impugnados, no prazo do art. 8º, já tenham sido julgados.

Interessante, porém, que o § 2º autoriza o pagamento, mediante rateio, "ainda que o quadro-geral de credores não esteja formado" e a "classe de credores a ser satisfeita já tenha tido todas as impugnações judiciais apresentadas no prazo previsto no art. 8º". No caso, essa regra deve ser lida conjuntamente com os arts. 83 e 84 (alterados pela Lei n. 14.112/2020), que tratam da classificação de créditos, bem como com o art. 149 (não modificado), que determina a ordem de pagamento dos credores.

Trata-se de importante observação, pois a leitura isolada do § 2º do art. 16 pode sugerir, de maneira equivocada, que, por exemplo, no caso de os credores quirografários preencherem a exigência nele estabelecida, poderá ser pago antes dos credores que têm melhor classificação no concurso (trabalhistas, com garantia real e tributário) e extraconcursais (art. 84).

VII. O ART. 17 DA LEI N. 11.101/2005

O art. 17, que não foi alterado, estabelece que o *agravo* (de instrumento) é o recurso pertinente da decisão que julga a impugnação de crédito, estabelecendo, assim, recurso específico contra esse tipo de decisão, sendo opção do legislador. E isso é reforçado pelo art. 189, § 1º, II, na forma da redação da Lei n. 14.112/2020.

Isso implica dizer que a utilização da *apelação* impõe o reconhecimento de erro grosseiro, não autorizando a aplicação do princípio da fungibilidade recursal, ou seja, o recurso não pode ser admitido. Embora pareça uma questão simples, não é raro a interposição da apelação.

Nessa parte recursal, a Lei n. 14.112/2020, ao alterar o art. 189, resolve a questão da forma de contagem dos prazos (§ 1º, inciso I) ao estabelecer que "todos os prazos nela previstos ou que dela decorram serão contados em dias corridos". O prazo recursal não está estabelecido na Lei de Falências e Recuperações Judiciais, mas no Código de Processo Civil, razão pela qual devem ser contados em dias úteis.

Lembre-se que os prazos contidos nos arts. 7º, §§ 1º e 2º, 8º, 11 e 12, por exemplo, devem ser contados em dias corridos, pois previstos na lei especial.

Por isso, merece atenção a aplicabilidade dessas alterações nos processos de recuperação judicial e falência em andamento, destacando-se a aplicabilidade imediata das normas de natureza processual (CPC, art. 14).

VIII. CONCLUSÃO

Com essas breves reflexões sobre a habilitação e a impugnação de créditos, verifica-se que a reforma da Lei n. 11.101/2005 vem a resolver diversas questões, dando uniformidade procedimental e viabilizando uma melhor eficiência da apuração dos créditos e sua liquidação, em especial na falência, bem como nos créditos tributários.

12

AS NOVIDADES NA HABILITAÇÃO E NA IMPUGNAÇÃO DE CRÉDITOS

GERALDO FONSECA

Sumário: 1. A relevância da verificação dos créditos – 2. Fase administrativa: habilitações e divergências de crédito – 3. Fase judicial: impugnações – 4. Quadro geral de credores – 5. Incidente de classificação do crédito público – Referências bibliográficas.

1. A RELEVÂNCIA DA VERIFICAÇÃO DOS CRÉDITOS

É impensável um procedimento concursal de insolvência empresarial sem a adequada apuração do passivo do devedor. Na falência, a organização da ordem dos créditos é indispensável para que o produto da alienação do ativo seja corretamente destinado, respeitando a classificação de prioridades definida pela lei; na recuperação, a verificação dos créditos é fundamental para se saber quais são os créditos sujeitos, bem como para se analisar se o plano de recuperação é viável para a superação da crise com o pagamento das dívidas, e se os sacrifícios propostos pelo devedor, como descontos, carências e parcelamentos, são adequados.

Há um procedimento próprio para a apuração do passivo, denominado pela lei de "verificação dos créditos", tratado entre os arts. 7º e 20, e dividido em duas fases: na primeira, depende do próprio devedor, dos credores e do administrador judicial, a este incumbindo as principais tarefas; na fase seguinte, o juiz também atua, decidindo ao final sobre a existência, a natureza e o valor do crédito.

Com a reforma promovida pela Lei 14.112/2020, o sistema de verificação de créditos ganhou alguns ajustes pontuais e passou a contar com um incidente próprio para os créditos da Fazenda Pública. O objetivo deste texto é apresentar o procedimento de verificação de créditos reformado, com holofote nas novidades principais.

2. FASE ADMINISTRATIVA: HABILITAÇÕES E DIVERGÊNCIAS DE CRÉDITO

O primeiro passo da verificação dos créditos é a relação apresentada pelo próprio devedor, tanto na recuperação judicial, em que a relação deve acompanhar a petição inicial (art. 51, III), quanto na falência, cuja sentença impõe ao devedor apresentar a relação em cinco dias (art. 99, III).

Nos atos de deferimento do processamento da recuperação judicial e de decretação da falência, o juiz nomeia o administrador judicial, a quem compete acessar os documentos e os livros do devedor, cabendo-lhe conferir a veracidade das informações constantes na relação inicial e investigar a fundo a contabilidade do devedor.

Além disso, cabe ao administrador judicial comunicar aos credores relacionados pelo devedor a circunstância de ter iniciado o processo concursal, para que possam participar do processo.

Compete a qualquer credor que não tenha crédito relacionado pelo devedor, ou que tenha crédito incorretamente indicado, pleitear a inclusão ou a correção. Trata-se, respectivamente, da habilitação e da divergência.

O administrador judicial é o destinatário das habilitações e divergências, cabendo-lhe disponibilizar um endereço eletrônico para receber tais manifestações. O que era recomendação doutrinária,[1] agora é imposição legal do novo art. 22, l.

Não é correto o endereçamento ao juízo da recuperação. No início da vigência da Lei 11.101/2005, quando os envolvidos ainda estavam experimentando as novidades, havia controvérsias sobre a admissibilidade da remessa da habilitação e da divergência ao juízo, e não ao administrador. Hoje, não cabe mais admitir o erro, a nosso ver.

O prazo para habilitações e divergências é de 15 dias, contados da publicação do edital de deferimento do processamento. Decorrido tal prazo, embora ainda assista ao credor o direito à impugnação e à habilitação retardatária, não

---

[1] COSTA, Daniel Carnio; RODRIGUES FILHO, João de Oliveira. *Prática de insolvência empresarial*: decisões judiciais em recuperação de empresas e falências. Curitiba: Juruá, 2019. p. 50.

Cap. 12 · AS NOVIDADES NA HABILITAÇÃO E NA IMPUGNAÇÃO DE CRÉDITOS | **159**

mais lhe é permitido pleitear a inclusão ou a correção de crédito diretamente ao administrador judicial. Contudo, como ao administrador judicial cabe conferir a veracidade dos créditos, visitando a documentação do devedor, mesmo o exercício tardio pode acabar instigando o administrador a reconhecer o crédito objeto da habilitação ou da divergência.

De toda sorte, ainda que venha a ser reconhecido o crédito, o habilitante retardatário não terá direito de voto em assembleia, a não ser que se trate de crédito de natureza trabalhista (art. 10, § 1º).

Não há necessidade de capacidade postulatória para o exercício da habilitação ou da divergência,[2] embora, evidentemente, a orientação de advogado é sempre recomendável.

Os requisitos formais da habilitação, aplicáveis à divergência, são enumerados no art. 9º, que, apesar da evolução tecnológica, ainda exige a apresentação do título original, salvo quando estiver instruindo outro processo, hipótese em que se admite apresentar cópia autenticada. A exigência dos títulos originais tem fundamento nos atributos das cambiais, em especial literalidade, independência, incorporação, autonomia e abstração, e na segurança, para se comprovar não terem sido endossados.

Todavia, a exigência é descasada da realidade empresarial cotidiana, em que os títulos em papel foram substituídos pelo meio exclusivamente eletrônico, irreversivelmente. Desde sua previsão original na Lei 11.101/2005, o requisito já era ultrapassado. Mesmo quando o título não é virtualmente criado, a exigência da apresentação do original se mostra antiquada. É que, com a informatização do processo judicial e a prevalência do processo eletrônico, nem sequer para o ajuizamento da execução se faz possível a apresentação do original, bastando que o portador declare que detém o título, assumindo responsabilidade por sua custódia.

---

[2] No mesmo sentido: CAMPINHO, Sérgio. *Falência e recuperação de empresa*: o novo regime da insolvência empresarial. Rio de Janeiro: Renovar, 2006. p. 99; COELHO, Fábio Ulhoa. *Comentários à nova Lei de Falências e de Recuperação de Empresas*. 7. ed. São Paulo: Saraiva, 2010. p. 47; MAMEDE, Gladston. *Direito empresarial brasileiro*: falência e recuperação de empresas. 4. ed. São Paulo: Atlas, 2010. v. 4, p. 99. Em sentido contrário: TOLEDO, Paulo Fernando Campos Salles. Comentários aos artigos 1.º a 34 da Lei n. 11.101, de 2005. In: TOLEDO, Paulo Fernando Campos Salles de; ABRÃO, Carlos Henrique (coord.). *Comentários à Lei de Recuperação de Empresas e Falência*. 2. ed. rev. e atual. São Paulo: Saraiva, 2007. p. 30; BRUSCATO, Wilges Ariana. *Manual de direito empresarial brasileiro*. São Paulo: Saraiva, 2011. p. 569.

RECUPERAÇÃO DE EMPRESAS E FALÊNCIA: DIÁLOGOS ENTRE A DOUTRINA E A JURISPRUDÊNCIA

Agora, com a imposição ao administrador para que receba as habilitações e as divergências por *e-mail*, fica absolutamente sem sentido a exigência de apresentação do título original. Escapou do legislador reformista a necessidade de revogação do parágrafo único do art. 9º.

As habilitações e as divergências são analisadas pelo administrador judicial, com os documentos contábeis e os livros do devedor. No prazo de 45 dias, compete ao administrador judicial fazer publicar edital contendo a nova relação de credores e o local e prazo em que serão disponibilizados os documentos que fundamentaram a relação (art. 7º, § 2º).

A publicação da relação de credores elaborada pelo administrador judicial marca o encerramento da fase administrativa da verificação dos créditos.

3. FASE JUDICIAL: IMPUGNAÇÕES

Com a publicação da relação de credores elaborada pelo administrador judicial, inicia-se o prazo de dez dias para que interessados apresentem impugnação (art. 8º).

Ao contrário das manifestações da fase anterior, a impugnação ato exercido em juízo: é ação de conhecimento, de natureza contenciosa, incidental à recuperação judicial, cuja decisão torna-se imutável pela coisa julgada material.[3] O objetivo da impugnação é fazer com que o quadro geral de credores não repita a relação apresentada pelo administrador judicial, por meio da inclusão, da modificação ou da exclusão de crédito.

A legitimidade ativa para a impugnação é ampla: podem promovê-la o comitê de credores, qualquer credor,[4] o devedor ou seus sócios e o Ministério Público. Evidentemente, não se legitima ao administrador judicial apresentar impugnação, porque estaria se voltando contra a sua própria relação.

---

[3] MOREIRA, Alberto Camiña. Notas sobre a impugnação de crédito na recuperação judicial de empresas. In: CIANCI, Mirna et al. (coord.). *Temas atuais das tutelas diferenciadas*: estudos em homenagem ao professor Donaldo Armelin. São Paulo: Saraiva, 2009. p. 7.

[4] Por se implicarem reciprocamente os créditos, admite-se que credor impugne crédito de outro, mesmo de classe diversa. "Essa *legitimidade cruzada*, por assim dizer, é uma característica dos processos concursais" (MOREIRA, Alberto Camiña. Notas sobre a impugnação de crédito na recuperação judicial de empresas. In: CIANCI, Mirna et al. (coord.). *Temas atuais das tutelas diferenciadas*: estudos em homenagem ao professor Donaldo Armelin. São Paulo: Saraiva, 2009. p. 7).

Cap. 12 · AS NOVIDADES NA HABILITAÇÃO E NA IMPUGNAÇÃO DE CRÉDITOS | 161

O destinatário da impugnação é o juízo em que tramita a recuperação judicial. Embora a lei preveja que, na hipótese de versar sobre crédito de natureza trabalhista a competência seja da Justiça especializada, inclusive com regramento procedimental próprio,[5] é comum se ver impugnações relativas a crédito trabalhistas tramitando perante o juízo recuperacional.

Além dos requisitos de qualquer petição inicial, a impugnação deve ser instruída com a documentação relativa ao crédito, devendo o impugnante indicar as demais provas que pretende produzir (art. 13). O valor da causa é o valor do crédito, quando se objetiva sua inclusão, exclusão ou alteração da classificação; e o valor da diferença, para mais ou para menos, se o pedido é de retificação.[6] Diferentemente do que ocorre com a habilitação de crédito, a impugnação deve ser apresentada por advogado, sendo indispensável a capacidade postulatória.

Embora cada impugnação deva ser autuada em apartado, as impugnações que tratam do mesmo crédito têm autuação única, para permitir processamento e decisão conjuntos, com fundamento na economia processual e no desejo de harmonia de decisões.

O credor que tiver crédito impugnado figura no polo passivo da impugnação, com prazo de cinco dias para contestar, juntar documentos e requerer a produção de outros meios de prova (art. 11).[7] Depois do prazo de defesa do credor impugnado, são ouvidos o devedor e o comitê de credores, também

---

[5] O procedimento especial da recuperação judicial, previsto nos arts. 11 a 15, deve ser observado mesmo nas impugnações que tramitem na Justiça do Trabalho, prevalecendo sobre os procedimentos previstos na Consolidação das Leis do Trabalho, salvo com relação à sistemática recursal. É nesse sentido a Instrução Normativa do Tribunal Superior do Trabalho 27/2005.

[6] MOREIRA, Alberto Camiña. Notas sobre a impugnação de crédito na recuperação judicial de empresas. In: CIANCI, Mirna et al. (coord.). *Temas atuais das tutelas diferenciadas*: estudos em homenagem ao professor Donaldo Armelin. São Paulo: Saraiva, 2009. p. 6; TOLEDO, Paulo Fernando Campos Salles. Comentários aos artigos 1.º a 34 da Lei n. 11.101, de 2005. In: TOLEDO, Paulo Fernando Campos Salles de; ABRÃO, Carlos Henrique (coord.). *Comentários à Lei de Recuperação de Empresas e Falência*. 2. ed. rev. e atual. São Paulo: Saraiva, 2007. p. 11.

[7] José Alexandre Tavares Guerreiro sustenta, com acerto, que outros interessados, além do credor titular do crédito impugnado, podem contestar a impugnação (Comentários ao Capítulo II, Seção II: artigos 7.º a 20. *In*: SOUZA JUNIOR, Francisco Satiro de; PITOMBO, Antônio Sérgio A. de Moraes (coord.). *Comentários à Lei de Recuperação de Empresas e Falências*: Lei 11.101/2005, artigo por artigo. 2. ed. rev., atual. e ampl. São Paulo: RT, 2007. p. 154).

em cinco dias. Na sequência, o administrador judicial tem igual prazo para emitir parecer, instruindo-o com as informações que dispuser acerca do crédito impugnado (art. 12).

Apesar de o procedimento da impugnação não prever expressamente, caso algum dos intervenientes (credor impugnado, comitê de credores, devedor ou administrador judicial) apresente documento, deverá ser franqueada às partes a manifestação, nos termos do aplicável art. 437, § 1º, do CPC, sob pena de nulidade, em respeito ao princípio do contraditório.

Encerrados os prazos para manifestação dos interessados, passa-se ao que seria equivalente, no procedimento comum ordinário, à fase de saneamento e julgamento antecipado. As impugnações maduras, que não dependem de dilação probatória, são decididas por sentença, com a fixação do valor e da classificação de crédito. Nas demais, o juiz fixa os pontos controvertidos, decide as questões processuais pendentes e determina a produção de provas, designando audiência de instrução e julgamento, se necessária a prova oral (art. 15).

Nas impugnações ainda pendentes de dilação probatória, deve o juiz determinar a reserva de valor para satisfação do crédito impugnado (art. 16).[8] Embora a legislação reformista tenha tratado apenas da reserva de valor nas habilitações e nas impugnações tardias (art. 10, § 8º), é certo que deve se proceder à reserva toda vez que se avizinhar assembleia ou pagamento a credores sem que tenha sido julgada a impugnação.

Embora o ato judicial que resolve as impugnações tenha natureza de sentença, é recorrível por agravo de instrumento (art. 17), cuja legitimidade é dos mesmos que podem apresentá-la.

4. QUADRO GERAL DE CREDORES

O quadro geral de credores é a representação do passivo do devedor, a que se chega como conclusão dos procedimentos de verificação dos créditos.

É formado automaticamente se nenhuma impugnação for apresentada, devendo o juiz proceder à homologação da relação de credores apresentada pelo administrador judicial (art. 14). Afinal, a ausência de impugnação por

---

[8] De ofício, diferentemente do que ocorria sob a legislação anterior (TOLEDO, Paulo Fernando Campos Salles. Comentários aos artigos 1.º a 34 da Lei n. 11.101, de 2005. In: TOLEDO, Paulo Fernando Campos Salles de; ABRÃO, Carlos Henrique (coord.). *Comentários à Lei de Recuperação de Empresas e Falência.* 2. ed. rev. e atual. São Paulo: Saraiva, 2007. p. 40).

qualquer dos legitimados é tida como concordância tácita com a relação elaborada pelo administrador.

Havendo impugnações e transcorrido o prazo de manifestação do devedor, do comitê e do administrador judicial, o juiz age na forma do art. 15: determina a inclusão dos créditos não impugnados; decide as impugnações que não dependem de novas provas; nas demais, fixa os pontos controvertidos; decide as questões processuais; e determina a produção de provas.

Ainda, nas impugnações pendentes de decisão, o juiz determina a reserva de valor para satisfação do crédito impugnado (art. 16), típica medida antecipatória.

Mesmo que ainda haja impugnações pendentes de solução, o quadro geral pode ser concluído, levando em conta as decisões proferidas até o momento da consolidação do quadro, como prevê o art. 10, § 7º. Da mesma forma, o encerramento da recuperação judicial pode ocorrer ainda que não tenha se consolidado o quadro geral de credores, por autorização do art. 10, § 9º.

A lei incluiu um prazo decadencial para o exercício do direito de habilitação na falência: é de três anos, contados da publicação da sentença de quebra.

5. INCIDENTE DE CLASSIFICAÇÃO DO CRÉDITO PÚBLICO

A Lei 14.112/2020 incluiu no sistema o art. 7º-A, tratando do incidente de classificação do crédito público. O tema é pertinente apenas à falência, já que os créditos fiscais continuam não sujeitos à recuperação judicial.

Em razão da preferência do crédito tributário (art. 186 do CTN) e da dispensa de ação para habilitação (art. 187 do CTN), a classificação do crédito fiscal se dá pela instauração, de ofício, de incidente próprio, com a intimação eletrônica da Fazenda Pública para apresentar a relação dos créditos inscritos em dívida ativa.

A forma de manifestação da Fazenda Pública varia conforme o momento processual da fase de verificação dos créditos na falência, exatamente como regram os arts. 7º a 18.

O edital de decretação da falência (art. 99, § 1º) é o ponto de partida para a habilitação dos créditos, no prazo de 15 dias, diretamente ao administrador judicial. Em 45 dias, caberá ao administrador verificar as manifestações e a contabilidade do devedor, para formar a sua relação de credores, que também é publicada em edital. A partir desse segundo edital, inicia-se o prazo de 10 dias para as impugnações, dirigidas ao juízo da recuperação judicial.

O incidente de classificação de crédito público é instaurado em favor da Fazenda Pública credora que conste da relação de credores publicada no edital de decretação da falência ou que se manifeste alegando crédito. São incluídos os créditos inscritos em dívida ativa. Enquanto não inscrito, ou tendo a exigibilidade suspensa, o crédito não participa do incidente de classificação, o que ocorrerá quando vier a ser inscrito ou cair a suspensão da exigibilidade. Caso a Fazenda Pública não se manifeste, o incidente é arquivado, podendo a Fazenda reabri-lo a qualquer momento (art. 7º-A, § 5º).[9]

Depois de feita a manifestação fazendária no incidente, o falido, os demais credores e o administrador judicial podem apresentar suas objeções ao crédito, em 15 dias. Na sequência, a Fazenda Pública tem 10 dias para prestar seus esclarecimentos, e o incidente caminha para a decisão sobre o crédito. Enquanto não houver julgamento definitivo, os créditos são reservados para posterior rateio na classe dos créditos tributários; havendo decisão confirmando a existência e o valor dos créditos, esses são incluídos em definitivo no quadro geral de credores. Antes de homologar o quadro geral, contudo, administrador e Fazenda credora devem se manifestar sobre o *status* do crédito, a fim de serem mantidos ou excluídos.

Em todos esses procedimentos, a Fazenda Pública não contará com o prazo em dobro previsto no art. 183 do CPC, porque já são prazos especiais destinados especificamente à Fazenda Pública. Além disso, não haverá condenação sucumbencial no incidente, independentemente de se processar por habilitação, tempestiva ou retardatária, ou impugnação (art. 7º-A, § 8º).

Ao juízo falimentar compete decidir sobre cálculos e a classificação dos créditos; ao juízo da execução fiscal compete decidir sobre a existência, a exigibilidade e o valor do crédito (se não houver execução fiscal instaurada, compete ao juízo que seria competente para a execução fiscal, na forma do art. 76). Sobre arrecadação de bens, realização do ativo e pagamento, decide o juiz da falência; sobre prosseguimento da execução contra corresponsáveis, decide o juiz da execução fiscal, tudo conforme o art. 7º-A, § 4º.

Todo o regramento previsto no art. 7º-A se aplica também às penalidades administrativas impostas pelos órgãos de fiscalização das relações de trabalho (art. 114, VII, da Constituição Federal), às contribuições sociais (arts. 114, VIII, e 195, I, *a*, e II, da Constituição Federal, e aos créditos do Fundo de Garantia por Tempo de Serviço (Lei 8.036/1990).

---

[9] BARROS NETO, Geraldo Fonseca. *Reforma da Lei de Recuperação Judicial e Falência*: comentada e comparada. Rio de Janeiro: Forense, 2021. p. 18.

REFERÊNCIAS BIBLIOGRÁFICAS

BARROS NETO, Geraldo Fonseca. *Reforma da Lei de Recuperação Judicial e Falência*: comentada e comparada. Rio de Janeiro: Forense, 2021.

BRUSCATO, Wilges Ariana. *Manual de direito empresarial brasileiro*. São Paulo: Saraiva, 2011.

CAMPINHO, Sérgio. *Falência e recuperação de empresa*: o novo regime da insolvência empresarial. Rio de Janeiro: Renovar, 2006.

COELHO, Fábio Ulhoa. *Comentários à nova Lei de Falências e de Recuperação de Empresas*. 7. ed. São Paulo: Saraiva, 2010.

COSTA, Daniel Carnio; RODRIGUES FILHO, João de Oliveira. *Prática de insolvência empresarial*: decisões judiciais em recuperação de empresas e falências. Curitiba: Juruá, 2019.

GUERREIRO, José Alexandre Tavares. Comentários ao Capítulo II, Seção II: artigos 7º a 20. In: SOUZA JUNIOR, Francisco Satiro de; PITOMBO, Antônio Sérgio A. de Moraes (coord.). *Comentários à Lei de Recuperação de Empresas e Falências*: Lei 11.101/2005, artigo por artigo. 2. ed. rev., atual. e ampl. São Paulo: RT, 2007. p. 144-162.

MAMEDE, Gladston. *Direito empresarial brasileiro*: falência e recuperação de empresas. 4. ed. São Paulo: Atlas, 2010. v. 4.

MOREIRA, Alberto Camiña. Notas sobre a impugnação de crédito na recuperação judicial de empresas. In: CIANCI, Mirna et al. (coord.). *Temas atuais das tutelas diferenciadas*: estudos em homenagem ao professor Donaldo Armelin. São Paulo: Saraiva, 2009. p. 1-18.

TOLEDO, Paulo Fernando Campos Salles de. Comentários aos artigos 1.º a 34 da Lei n. 11.101, de 2005. In: TOLEDO, Paulo Fernando Campos Salles de; ABRÃO, Carlos Henrique (coord.). *Comentários à Lei de Recuperação de Empresas e Falência*. 2. ed. rev. e atual. São Paulo: Saraiva, 2007. p. 1-89.

AS NOVAS FUNÇÕES DO ADMINISTRADOR JUDICIAL

13

AS NOVAS FUNÇÕES DO ADMINISTRADOR JUDICIAL

CLARISSA SOMESOM TAUK

Sumário: 1. Introdução – 2. As funções lineares e transversais do administrador judicial – 3. Novas atribuições do administrador judicial comuns à recuperação judicial e à falência – 4. Novas atribuições do administrador judicial exclusivas à recuperação judicial – 5. Novas atribuições do administrador judicial exclusivas à falência – 6. Conclusão – Referências bibliográficas.

1. INTRODUÇÃO

O administrador judicial presta um papel de relevância no procedimento de insolvência, afastando-se da figura de mero auxiliar do juízo para ocupar o posto de agente imparcial, desvinculado dos polos (tutela dos interesses dos credores ou dos devedores) e comprometido com o resguardo dos interesses sociais e econômicos do exercício empresarial.

A função da administração judicial será preferencialmente prestada por profissionais que detenham conhecimento nas áreas de direito, administração de empresas, economia e contabilidade. Contudo, segundo as novas diretrizes da Lei, a formação acadêmica não é o principal para a boa atuação do profissional, mais relevante *é* a maneira como a atividade será desenvolvida, em que o profissional tenha experiência comprovada e estrutura organizacional adequada ao desempenho dessas funções.

O presente artigo tem por escopo estudar a recente alteração legislativa, implementada pela Lei 14.112, de 24 de dezembro de 2020, que inaugurou atribuições ao administrador judicial. Com o objetivo de preservar a atividade empresarial, o legislador privilegiou os princípios da transparência, da independência, da eficiência, da celeridade e da economia processual. Para tanto, conferiu ao administrador judicial uma atuação orientada pela independência e pela imparcialidade, comprometida com as funções de fiscalização ativa, de agente condutor das resoluções alternativas de conflitos entre devedor e credores e, principalmente, como o responsável pela efetiva e regular tramitação dos processos de falência e de recuperação judicial.

2. AS FUNÇÕES LINEARES E TRANSVERSAIS DO ADMINISTRADOR JUDICIAL

O processo de insolvência, tradicionalmente, pauta-se em duas linhas de trabalho, paralelas e simultâneas, chamadas de "funções lineares", que são direcionadas ao administrador judicial. Tais linhas preocupam-se com as funções normalmente desenvolvidas por esse agente no curso do processo, como na recuperação judicial, em que fica responsável pela formação da lista de credores, ou na falência, em que detém a incumbência de realizar a arrecadação de ativos, a avaliação, a alienação e o pagamento dos credores.

Para além das funções lineares, deve o administrador judicial, em respeito ao indicado pela nova legislação, atuar de forma ampliada, exercendo trabalhos que decorrem não do texto expresso da norma, mas de sua adequada interpretação, garantindo que o procedimento de insolvência atinja seus objetivos com eficiência.

Assim, a reforma da Lei trouxe *nítida a visão de uma* "função transversal" do administrador judicial, direcionando sua atuação para a busca do sucesso dos processos de insolvência. Dessa forma, na recuperação judicial deve o profissional voltar-se para a manutenção dos benefícios socias e econômicos que decorrem da atividade empresarial, viabilizando a negociação entre credores e devedores em um ambiente transparente e confiável. Ao passo que, na falência, deve o profissional pautar-se na venda célere dos ativos, permitindo a retirada do mercado de uma empresa improdutiva, abrindo espaço para a movimentação da economia através de sua substituição por uma atuação produtiva, ou garantindo a venda da empresa em bloco, preservando diretamente empregos e rendas.

Sobre relevante tema, ensinam os renomados doutrinadores Carnio Costa e Nasser de Melo:

> Esses objetivos somente serão atingidos, com eficiência, se o administrador judicial atuar de forma comprometida com o resultado do processo, exercendo funções que vão além daquelas expressamente

previstas em lei e que perpassam simultaneamente as duas linhas de trabalho paralelas e simultâneas previstas para os procedimentos falimentares e recuperacionais. Essas outras atribuições são chamadas de funções transversais do administrador judicial (...) A reforma da lei acolheu a percepção da existência de funções transversais do administrador judicial, relacionadas à interpretação adequada de suas funções e à necessidade de que sua atuação seja pautada pelo comprometimento com o resultado eficaz do processo, com a economia processual, com independência e profissionalismo (2021, p. 102).

Por essas diretrizes, espera-se que o administrador judicial desempenhe suas funções amplamente, tanto as lineares quanto as transversais, pautado no comprometimento com o sucesso e a eficiência social dos processos de insolvência, contribuindo ativamente para a economia do país.

Com a nomeação, o administrador judicial passa a exercer um importante papel de auxiliar do juízo, devendo voltar-se para a execução de atos que maximizem a utilidade do processo de recuperação judicial ou de falência.

As competências atribuídas ao administrador judicial se encontram elencadas no art. 22 da Lei 11.101/2005, que apresenta uma regência comum e uma específica à recuperação judicial e à falência, certo que a nova redação manteve as funções originariamente dispostas, agregando novas previsões, que serão o foco central do presente trabalho.

3. NOVAS ATRIBUIÇÕES DO ADMINISTRADOR JUDICIAL COMUNS À RECUPERAÇÃO JUDICIAL E À FALÊNCIA

Em linhas gerais, as recentes alterações contemplam previsões relevantes e que refletem a atualidade. Agora, compete ao administrador judicial estimular a resolução de conflitos por meios alternativos, como é a conciliação e a mediação. Ainda, manter endereço em rede mundial de computadores com informações sobre o processo e possibilidade de consulta às principais peças. No mais, deve possibilitar o envio das habilitações e das divergências de forma eletrônica com modelos utilizados pelos credores, bem como direcionar a resposta de ofícios e solicitações enviadas por outros juízos de forma direta, sem a necessidade de previa deliberação judicial.

Entre as novidades apresentadas, parece que uma das de maior relevância encontra-se no estímulo aos meios alternativos de resolução de conflitos, exposto no art. 22, I, *j*: "estimular, sempre que possível, a conciliação, a mediação e outros métodos alternativos de solução de conflitos relacionados à recuperação judicial e à falência, respeitados os direitos de terceiros (...)".

O Conselho Nacional de Justiça, ao editar a Recomendação CNJ 58, de 22.10.2019, já vinha orientando que os magistrados responsáveis pelo processamento e julgamento dos processos de recuperação empresarial e falências, de varas especializadas ou não, promovessem, sempre que possível, o uso da mediação. E, o Enunciado 45, aprovado na I Jornada de Prevenção e Solução Extrajudicial de Litígios, promovida pelo Conselho da Justiça Federal, pacificou o entendimento de que "a mediação e conciliação são compatíveis com a recuperação judicial, a extrajudicial e a falência do empresário e da sociedade empresária, bem como em casos de superendividamento, observadas as restrições legais".

A ampliação dos mecanismos convencionais de solução de controvérsias, diversos da tradicional atividade jurisdicional, alinha-se à perspectiva do sistema multiportas (*Multi-door Courthouse System*), que se caracteriza justamente pela oferta variada de meios adequados para a resolução apropriada de disputas.

Oportuno mencionar que a reforma do texto buscou estimular os mecanismos de pré-insolvência, criando ambiente para que empresas devedoras busquem a renegociação coletiva de suas dívidas de forma predominantemente extrajudicial, com mínima intervenção judicial. Para tanto, o legislador entendeu por bem inserir a Seção II-A (art. 20-A e ss.) no texto reformado para que restasse expressamente prevista a possibilidade da utilização da conciliação e da mediação em recuperações judiciais e falências.

A atuação do administrador judicial enquanto mediador de conflitos contempla a função transversal de sua gestão. Sendo ele o agente que acompanha de perto o desenvolvimento e evolução do processo, poderá identificar de maneira mais célere as vontades e frustrações das partes envolvidas, indicando o gargalo da negociação e com isso permitindo que as tratativas evoluam para acordos que contemplem o desejo comum.

Deve o profissional, na medida do possível, incentivar que credores e devedores solucionem seus conflitos pelo uso da mediação, para que questões pontuais possam ser superadas de forma mais célere, contribuindo para a eficiência do procedimento de insolvência.

4. NOVAS ATRIBUIÇÕES DO ADMINISTRADOR JUDICIAL EXCLUSIVAS À RECUPERAÇÃO JUDICIAL

No âmbito das atribuições do administrador judicial exclusivas à recuperação judicial, opera-se como ponto de destaque a função fiscalizatória que exerce sobre os atos praticados pelo devedor. A fiscalização deve incidir sobre fatos relevantes ao transcurso saudável do processo concursal, garantindo com isso o cumprimento dos objetivos do processo de insolvência, traduzindo-o em benefícios sociais e econômicos, com respeito aos princípios nele incidentes.

Essa notável função se orienta pela tutela dos interesses dos credores, devendo o administrador judicial acompanhar o cumprimento do plano de recuperação judicial e das obrigações impostas à recuperanda, bem como averiguar a lisura na gestão patrimonial durante o período de vida do processo.

Como resultado deve o administrador judicial elaborar relatórios mensais das atividades do devedor e, para tanto, diante da novidade trazida pela alínea *c*, inciso II do art. 22, deverá fiscalizar a veracidade e a conformidade das informações que são prestadas pelo devedor.

Observa-se que foi mantida a antiga determinação de apresentação do relatório mensal, que já vinha sendo desempenhado pelo administrador judicial, inclusive sob pena de destituição (conforme previsão do art. 23, parágrafo único).

Contudo, a *mens legis* é reforçar ao administrador judicial a sua função de fiscalizador dos atos praticados pela recuperanda, devendo agora verificar a plausibilidade e a veracidade da documentação que é apresentada. Evita-se, assim, que o seu relatório seja mera reprodução das informações passadas pelo devedor, figurando o administrador judicial como replicador do conteúdo sem o exercício de uma postura de sindicância.

Amplia-se a responsabilização do administrador judicial, que não se compromete apenas com a lisura da análise que faz sobre as informações que lhe são passadas pela devedora para a elaboração do seu relatório mensal, deve ir além e buscar referendar a veracidade do que foi apresentado, contemplando as informações com a realidade da empresa.

A norma de regência da matéria encontra alicerce no Princípio da Transparência, que deve permear todo o processo de insolvência. Com base nisso, deve o relatório mensal apresentado pelo administrador judicial ser minucioso, claro e dotado de informações técnico-jurídicas, contábil e financeira com relação à atividade da empresa, bem como quanto ao cumprimento das obrigações assumidas no âmbito do processo recuperacional. Tudo a permitir aos agentes do processo conhecimento amplo sobre o desenrolar do feito. Não se olvide que o relatório mensal municia o órgão julgador para a tomada de decisões fundamentadas, sendo, por tais colocações, medida prática voltada a garantir transparência e segurança ao processo de recuperação judicial.

De igual importância, a reforma da lei recuperacional positiva prática já adotada por alguns administradores judiciais, que rotineiramente indicavam ao Juízo eventuais ilegalidades do plano de recuperação judicial apresentado, sendo essa a nova previsão da alínea *h*, inciso II, do art. 22. Assim, deve o profissional também apresentar "relatório sobre o plano de recuperação judicial" e, para tanto, deverá fiscalizar a conformidade e a veracidade das informações prestadas pelo devedor, realizando uma espécie de controle de legalidade do plano apresentado, cotejando-o com a realidade fática da empresa.

A intenção do legislador atual é direcionar o administrador judicial para a obrigatoriedade de fiscalização sobre as informações prestadas, conferindo se os dados apresentados possuem lastro na realidade da empresa.

Cumpre mencionar que na tramitação legislativa do projeto de reforma da Lei 11.101/2005 foi acolhida pelo Senado emenda que alterou as alíneas *c* e *h* em estudo. Figurou-se, na redação original aprovada pela Câmara dos Deputado, que deveria o profissional da administração judicial *atestar* a veracidade e a conformidade das informações prestadas pela devedora. A questão orbitou justamente sobre o alcance da obrigação funcional desse profissional, que, segundo as argumentações, estaria obrigado a atuar em grau de perícia ou auditoria.

Em esclarecimento, indicando que a ideia do legislador seria apenas a de conferir ao administrador judicial a obrigação de atuar com um olhar fiscalizador, Carnio Costa e Nasser de Melo ensinam:

> A correta interpretação que se dá a esse dispositivo legal indica que cabe ao administrador judicial fazer a conferência das documentações e informações prestadas pela devedora, não se conformando com a simples indicação feita pela própria devedora. Trata-se, aliás, de obrigação funcional básica e trivial, típica daqueles que exercem funções fiscalizatórias. Como referido, isso não significa que caberá ao administrador judicial auditar as contas da empresa devedora. A conferência se faz com base nos documentos aos quais o administrador judicial tem acesso em razão de sua atividade. Nesse sentido, por exemplo, se a devedora afirma ter efetuado vendas, devem ser verificadas as notas fiscais correspondentes; se afirma ter auferido lucro ou sofrido prejuízo no período, deve ser verificado seu balanço; se afirma ter contratado ou demitido funcionários, deve ser verificada a documentação pertinente. Esse é o nível de fiscalização a que se refere a lei (2021, p. 108).

Certo é que a responsabilidade do profissional mantém-se sob a ótica *subjetiva*. Portanto, caso a empresa devedora preste informação divorciada do seu contexto real, o administrador judicial somente será responsabilizado na hipótese de configurado o dolo ou a culpa em sua fiscalização. Assim, somente a intenção inequívoca de omitir a irregularidade nas informações que foram indicadas pela devedora ou a negligência/imperícia em seu exame é que poderão acarretar a responsabilização da administração judicial.

Outra determinação expressa pela reforma da lei reside na disposição para que o administrador judicial acompanhe o decurso das tratativas e a regularidade das negociações entre devedor e credor, assegurando, inclusive, que tais partes não adotem posturas protelatórias, inúteis ou, em geral, prejudiciais ao regular andamento das negociações, devendo as tratativas ser regidas pelos termos convencionados pelos interessados.

Pode ainda, o administrador judicial, na falta de acordo, propor regras que serão homologadas pelo juízo. Sendo o profissional da administração agente que detém conhecimento mais aprofundado sobre os aspectos fáticos e jurídicos do caso, estando em constante aproximação com as partes, saberá identificar o empecilho nas negociações, incentivando solução construtiva de consensos, que acarretem maior efetividade econômico-financeira e proveito social para os agentes envolvidos (art. 22, II, *e*, *f* e *g*).

5. NOVAS ATRIBUIÇÕES DO ADMINISTRADOR JUDICIAL EXCLUSIVAS À FALÊNCIA

No cenário falimentar o administrador judicial desempenha como função principal a busca pela maximização do valor dos ativos, devendo envidar esforços nesse sentido. Dessa feita, tão logo assinado o termo de compromisso, o primeiro ato desempenhado pelo profissional será a arrecadação dos ativos e documentos do falido (art. 108) e lavratura do auto de arrecadação inventariando os bens da massa falida.

Nessa toada, a liquidação célere dos ativos arrecadados cumpre com o objetivo do processo de falência, que reside na transformação dos bens em pecúnia direcionando os valores auferidos para a satisfação dos credores da massa, retirando do mercado aquela empresa falida que tem seus ativos vinculados a uma atividade improdutiva.

Por esta razão, a atual sistemática legal descrita na alínea *j*, inciso III, do art. 22, impõe que a alienação ocorra no prazo máximo de cento e oitenta dias, contados da data da juntada do auto de arrecadação, evitando-se com isso gastos desnecessários para a manutenção dos bens por longos períodos ou a sua deterioração.

Observa-se que a novidade objetiva resolver uma das grandes dificuldades dos processos falimentares, que é justamente a demora na liquidação dos ativos.

Importante mencionar que o legislador atual direciona a regra de venda antecipada para a totalidade dos bens que compõem a massa, ao passo que a redação anterior conferia ao administrador judicial o dever de requerer a venda antecipada apenas dos bens perecíveis, deterioráveis ou sujeitos a considerável desvalorização ou de conservação arriscada ou dispendiosa (art. 113).

O legislador ainda vai além e traz a previsão de sanção ao administrador judicial inerte, que perde o prazo estipulado pelo artigo, punindo-o com a destituição da função. Nesse ponto, resta a ressalva de que se a alienação não for realizada por motivos alheios à vontade do administrador judicial não deverá ele ser punido, sendo a análise casuística e sujeita ao bom senso do julgador.

Prosseguindo com as inovações do art. 22, a alínea *c* do inciso III atribui ao administrador judicial o papel de representante judicial e extrajudicial da massa, incluindo os processos arbitrais. Isso ocorre em razão da perda da legitimidade *ad causam* do devedor, não lhe sendo mais possível representar a falida nos polos ativo ou passivo de ações judiciais, procedimentos administrativos e procedimentos arbitrais. Caberá ao administrador a representação processual da massa falida sob pena de nulidade.

Por oportuno, a alínea *s* faz previsão da arrecadação de valores de eventuais depósitos realizados em processos administrativos ou judiciais nos quais o falido figure como parte, oriundos de penhoras, bloqueios, apreensões, leilões, de alienação judicial e de outras hipóteses de constrição judicial, ressalvando os depósitos de tributos e contribuições federais, estaduais e municipais (Lei 9.703/1998, Lei 12.099/2009 e Lei Complementar 151/2015).

6. CONCLUSÃO

Realizado o levantamento sobre os pontos principais incidentes sobre as funções do administrador judicial propiciados pela reforma da Lei, é importante considerá-los diante do atual cenário em que se encontra a atividade empresarial e a economia.

A crise empresarial, agravada com o advento da Pandemia da Covid-19, produz efeitos que se espraiam ao redor de um amplo leque de interesses: empregados, fornecedores, agentes financeiros, fisco e outros. Nesse sentido, é clara a percepção que as alterações realizadas foram substancialmente favoráveis para conferir celeridade ao processo de insolvência, sem se descuidar da tutela dos interesses de todos os envolvidos nesse cenário. Diante da crescente quantidade de empresas em crise econômica, há um importante papel do administrador judicial de coibir práticas ilícitas capazes de macular o direito de diversos setores da sociedade, o que denota a importância do profissional na atualidade.

Por fim, vale salientar que qualquer forma de maximizar a proteção da atividade empresarial é bem aceita sob o aspecto do respeito aos princípios do valor social do trabalho e da livre-iniciativa. As mudanças aprimoram importantes funções do administrador judicial, sobretudo diante da atual crise econômica vivida.

REFERÊNCIAS BIBLIOGRÁFICAS

COSTA, Daniel Carnio; MELO, Alexandre Nasser de. *Comentários à Lei de Recuperação de Empresas e Falência.* Curitiba: Juruá, 2021.

REZENDE, Bruno G. S. P de; MAURO, Maria da Penha Nobre; ALVES, Luís Alberto Carvalho. A Lei de Recuperação de Empresas em perspectiva. *Revista Justiça & Cidadania*, Rio de Janeiro, n. 218, dez. 2018.

SALOMÃO, Luis Felipe; GALDINO, Flávio (coord.). *Análise de impacto legislativo na recuperação e na falência.* Rio de Janeiro: JC, 2020.

SALOMÃO, Luis Felipe; PENALVA, Paulo. *Recuperação judicial, extrajudicial e falência* – teoria e prática. 5. ed. Rio de Janeiro: Forense, 2020.

SOUZA NETTO, Antônio Evangelista; TSOUROUTSOGLOU, Irini. Utilização de procedimentos autocompositivos pré-processuais para resolução de disputas empresariais decorrentes dos efeitos da pandemia do Covid-19. *Migalhas*: Migalhas de Peso, 17 jan. 2020.

14

NOVAS FUNÇÕES DO ADMINISTRADOR JUDICIAL

Bruno Galvão S. P. de Rezende

Sumário: 1. Introdução – 2. A Lei nº 14.112/2020 e o administrador judicial – 3. Alterações comuns ao procedimento de recuperação judicial e falência – 4. Alterações específicas na recuperação judicial – 5. Alterações específicas na falência – 6. Conclusão – Referências bibliográficas.

1. INTRODUÇÃO

Sabe-se que em agosto de 2016 iniciou-se a caminhada do Executivo e do Legislativo para o aprimoramento da Lei nº 11.101/2005, impulsionada por dezenas de encontros com a participação de especialistas e suas diferentes e complementares searas de atuação, engajados na melhoria do arcabouço legislativo do tratamento da crise da atividade empresarial[1].

Cuidou, então, o Deputado Federal Hugo Leal, de capitanear o avanço legislativo, materializando-o através de um Substitutivo de Plenário ao Projeto de Lei nº 10.220/2018[2], que adotou, por questão de técnica legislativa, o

---

[1]   BRASIL. Ministério da Economia. *Nova Lei de falências vai melhorar os resultados de recuperações judiciais no país.* Brasília, DF, 2020, Disponível em: https://www.gov.br/economia/pt-br/assuntos/noticias/2020/dezembro-1/nova-lei-de-falencias-vai-melhorar-os-resultados-de-recuperacoes-judiciais-no-pais. Acesso em: 30 jan. 2021.

[2]   Declarado prejudicado em face da aprovação da Subemenda Substitutiva Global Reformulada de Plenário ao Projeto de Lei nº 6.229, de 2005, adotada pelo

número do Projeto de Lei n° 6.229/2005, o qual se mostrou como uma crível "vacina" aos efeitos deletérios que fatalmente seriam advindos da aprovação do texto inicial.

Na retrospectiva da tramitação legislativa, vale rememorar que o Parecer n° 165/202-PLEN/SF[3] de relatoria do Senador Rodrigo Pacheco enfrentou as 78 Emendas de Plenário, cujo texto revisado fora apresentado em 01.12.2020 e tratou, em uma análise panorâmica, dos seguintes temas, ora agrupados por suas similitudes de natureza:

> Somente Falência (6 Emendas); somente Recuperação Judicial (28 Emendas); Recuperação Judicial e Falência (7 Emendas); Recuperação Extrajudicial (3 Emendas); Produtor Rural (3 Emendas); *Stay Period* (4 Emendas); Crédito Trabalhista (14 Emendas); Administrador Judicial (2 Emendas); Tributário/Fiscal (15 Emendas); Conciliação e Mediação (2 Emendas); Ampliação dos sujeitos aos efeitos da Lei (10 Emendas); Garantia real e/ou Fidejussória (3 Emendas); Não Sucessão na Aquisição de Bens em Recuperação Judicial e Falência (3 Emendas)[4].

As Emendas de n° 1 a n° 5 e n° 32 foram retiradas; a Emenda de n° 15 foi acolhida – *para incluir a expressão "bens de capital" ao texto do dispositivo que prevê a proteção de bens essenciais à atividade econômica do devedor durante o* stay period. A de n° 62, que também foi acolhida, *visava ajustar a redação do § 13 do art. 6° para explicitar que as cooperativas médicas também estão sujeitas à Lei.* Ressalta-se, contudo, que a redação do § 13 do art. 6° foi vetada pelo Presidente da República[5].

Nessa esteira, foram 56 Emendas rejeitadas ao todo, sendo 15 do âmbito Tributário/Fiscal. Houve, todavia, o acolhimento total das Emendas n° 15 e n° 62; o acolhimento parcial da n° 30 e, por fim, o acolhimento da n° 16 na

---

Relator da Comissão Especial (Sessão Deliberativa Extraordinária Virtual de 26/08/2020 – 13h55 – 106ª Sessão).

[3] BRASIL. Senado Federal. *Parecer n° 165, de 2020 – PLEN/SF.* Brasília, DF: Senado Federal, 2020. Disponível em: https://legis.senado.leg.br/sdleg-getter/documento?dm=8908589&ts=1606427911328&disposition=inline. Acesso em: 30 jan. 2021.

[4] Levantamento e divisão por natureza de tema realizado pelo autor deste artigo acadêmico, sendo digno de nota que existem emendas que tratam de temas coincidentes.

[5] Conforme Mensagem n° 752, de 24 de dezembro de 2020.

forma de subemenda a fim de se aperfeiçoar a redação, além de outras 13 Emendas do Relator também para fins de ajustes redacionais.

Tendo sido aprovada na Câmara dos Deputados em 26.08.2020 e no Senado Federal em 25.11.2020, agora a Lei 14.112/2020, em vigor desde o dia 23 de janeiro de 2021 – se bem implementada – pode vir a alavancar o Brasil para a vanguarda das legislações mundiais, sendo considerada como uma das mais importantes pautas nas agendas, Executiva e Legislativa, para a manutenção da atividade empresarial e melhoria do ambiente de negócios do nosso país, trazendo um possível horizonte de cicatrização da economia e fomento a retomada do seu crescimento.

2. A LEI Nº 14.112/2020 E O ADMINISTRADOR JUDICIAL

Adequando a digressão histórica ao objeto deste estudo, sabe-se que o art. 22 da Lei nº 11.101/2005 ("LFR") elenca, exemplificativamente, as competências atribuídas ao A.J. comuns e específicas à recuperação judicial e à falência, valendo aqui ressaltar que essas foram mantidas na Lei, de modo que as alterações implementadas consistem em uma ampliação do rol de atividades.

Rebobinando-se a tramitação legislativa, compartilha-se que o tema "administração judicial" não ocupou, de pronto, a pauta central dos encontros, sendo inclusive tido como despiciendo, ou não essencial, pelo Ministério da Economia (considerando que a Lei é de iniciativa do Executivo). Mas não se podia deixar a função carente de melhoria, razão pela qual insistimos em uma reapreciação.

O ponto de partida foi objetivo e traduzido em uma provocação construtiva advinda do dia a dia da prática forense: o A.J. deve ter a sua atuação no microssistema judicial do tratamento da crise da atividade empresarial incrementada? Quais seriam os benefícios advindos sob as óticas jurídica, econômica e financeira para os objetivos maiores da Lei?

Tal fato, não se tem dúvida, deu azo a uma significativa releitura legislativa da função que, ante sua capacidade de irradiar feixes de efeitos nas relações que gravitam no tratamento da crise da atividade empresarial, se mostram de conhecimento fundamental.

Como resultado, observa-se que a expressão "administrador judicial" está mencionada em 33 ocasiões que, de concreto, modernizam a atividade e encampam diligências, que surgiram da implementação prática das funções do A.J.:

NOVAS FUNÇÕES: RECUPERAÇÃO JUDICIAL E FALÊNCIA	Lei 14.112/2020
Estimular métodos autocompositivos	Art. 22, I, *j*
Estrutura de suporte, atendimento e comunicação na recuperação judicial (*website*) e novas atribuições na fase administrativa	Art. 22, I, *k, l*
Comunicação direta com outros juízos e órgãos públicos	Art. 22, I, *m*
Atuação transnacional	Art. 167-A, § 2º; art. 167-P, *caput*, §§ 2º e 3º
Publicação de Avisos	Art. 36; art. 191

NOVAS FUNÇÕES NA RECUPERAÇÃO JUDICIAL	Lei 14.112/2020
Regras para a negociação do Plano de Recuperação Judicial	Art. 22, II, *g*
Supervisão das negociações do Plano de Recuperação Judicial	Art. 22, II, *e*; art. 22, II, *f*
Fiscalizar a veracidade e a conformidade das informações prestadas pelo devedor	Art. 22, II, *c*; art. 22, II, *h*
Relatório e diligências para alienação de ativos	Art. 66, § 1º, I e II
Supervisionar a regularidade dos mecanismos de adesão ao Plano de Recuperação Judicial	Art. 39, § 5º; art. 56-A, § 2º

NOVAS FUNÇÕES NA FALÊNCIA	Lei 14.112/2020
Incidente de verificação de créditos da Fazenda Pública	Art. 7º-A
Otimizar a liquidação de ativos – prazo	Art. 22, III, *j*
Plano detalhado de venda de ativos – melhor resultado da liquidação	Art. 99, § 3º
Atuação exclusiva junto ao falido – para diligenciar o cumprimento de suas obrigações	Art. 104, I, II, V, XI
Diligenciar o encerramento abreviado da falência frustrada	Art. 114-A

E, levando em conta esse novel cenário, analisam-se as alvissareiras modificações que, de tão estruturais, estruturantes e significativas cunham não somente novas e mais atribuições ao A.J., mas um "novo" A.J. Vejamos.

3. ALTERAÇÕES COMUNS AO PROCEDIMENTO DE RECUPERAÇÃO JUDICIAL E FALÊNCIA

Neste primeiro momento abordamos o acréscimo das alíneas *k*, *l* e *m* ao inciso I do art. 22 da LFR.

O distanciamento físico imposto pela pandemia sanitária da Covid-19 não conseguiu romper o contato social, realizado por meio digital. A catástrofe que assolou o mundo também despertou o melhor de muitos e sua capacidade de reinvenção, adaptação e ação. Não diferente foi o papel desempenhado pelo Poder Judiciário, que implementou com agilidade diversas medidas para garantir o pleno acesso e funcionamento da função jurisdicional de forma remota.

Pode-se dizer que a pandemia acelerou um processo inevitável de incremento da utilização dos meios digitais para a gestão do processo[6], aqui representados nos dispositivos em comento. Cabe ao A.J., portanto, desenvolver um *website* privado, mas com acesso público, aos interessados no processo.

E aqui fica evidente que a obrigação transcende a mera disponibilização de peças processuais, devendo o A.J., em prol da transparência, manter sítio público com informações atualizadas dos processos de insolvência, disponibilizando, como exemplo, modelos de pedidos de inclusão e retificação de créditos na fase administrativa.

Diversas outras medidas práticas podem ser adotadas pelo A.J. a fim de facilitar a compreensão do processo e a concretização de direitos, diminuindo a judicialização e aumentando a efetividade da tutela jurídica, que em muito podem contribuir para o bom andamento dos processos, tais como: cronograma dos principais eventos do processo; relação de credores atualizada com *status* do julgamento dos créditos; informativos em geral; vídeos explicativos; resumo dos planos recuperacionais; serviço de atendimento ao credor com profissionais especializados, entre outros.

A imprescindibilidade do *website* do A.J. se extrai também da nova redação do artigo 191 o qual preconiza que, salvo disposição específica, as publicações da LFR passarão a ser realizadas também em sítio eletrônico, sendo intuitivo ser o sítio mantido pela A.J., seja por uma questão de razoabilidade, seja após uma leitura conjunta das novas disposições do art. 22 com a nova redação do art. 36, esta última que determina a disponibilização no *website* da A.J. do edital convocatório para a "A.G.C.", em substituição ao jornal de grande circulação.

---

[6] Vide, em especial, a Recomendação nº 63/20 do CNJ.

Ou seja, a Lei nº 14.112/2020, alargando as funções do rol não exaustivo da LFR, trouxe o importante encargo ao A.J. de realizar a publicidade formal de atos processuais, inovação legislativa que, diga-se, comunga com a eficiência, a celeridade e a economicidade.

Como reflexo, a obrigação de envio de cartas aos credores já antes prevista na LFR, deve abarcar um tutorial com informações para acesso ao *website* do A.J., sugerindo-se, aqui, a utilização do QR Code com vídeo explicativo para facilitar o uso da ferramenta, e que seja requisitado, ainda, a informação do endereço eletrônico e o telefone celular dos credores – para fim de obtenção da autorização e realização de atos de cientificação, como o previsto na parte final do já citado art. 191, não havendo vedação, inclusive, que o juízo delegue mais essa função de comunicação oficial ao A.J., como corolário do princípio da economia processual.

Deverá o A.J., em respeito à privacidade de tratamento de dados pessoais (positivado na LGPD[7]), instituir em seu *website* parecida disciplina para o acesso aos processos judiciais eletrônicos[89], exigindo prévio cadastro para fins de liberação do acesso à cópias dos documentos extraídos dos processos, por conterem informações de particulares com possíveis restrições de livre circulação pela internet e captação pelos mecanismos de busca. O cadastro, aliás, possibilita que o A.J. empregue efetividade e velocidade na informação dos interessados quanto aos eventos do processo.

Observa-se, nesse ponto, que o A.J. deve ter cautela no tratamento de informações sensíveis que envolvam a possibilidade de confidencialidade e/ou restrição de acesso, tais como informações de natureza estratégico-comercial das recuperandas, mormente quando possuir ações negociadas em

---

[7] BRASIL. *Lei nº 13.709, de 14 de agosto de 2018*. Lei Geral de Proteção de Dados Pessoais (LGPD). Brasília, DF: Planalto, [2018]. Disponível em: http://www.planalto.gov.br/ccivil_03/_ato2015-2018/2018/lei/L13709.htm. Acesso em: 30 jan. 2021.

[8] BRASIL. *Lei nº 11.419, de 19 de dezembro de 2006*. Dispõe sobre a informatização do processo judicial; altera a Lei nº 5.869, de 11 de janeiro de 1973 – Código de Processo Civil, e dá outras providências. Brasília, DF: Planalto, [2006]. Disponível em: http://www.planalto.gov.br/cCivil_03/_Ato2004-2006/2006/Lei/L11419.htm. Acesso em: 30 jan. 2021.

[9] BRASIL. Conselho Nacional de Justiça. *Resolução nº 121, de 5 de outubro de 2010*. Dispõe sobre a divulgação de dados processuais eletrônicos na rede mundial de computadores, expedição de certidões judiciais e dá outras providências. Brasília, DF: Planalto, [2010]. Disponível em: https://atos.cnj.jus.br/files/resolucao_121_05102010_01042019173153.pdf. Acesso em: 30 jan. 2021.

bolsa de valores, levando sempre à consulta prévia do juízo ao identificar possível situação de sigilo.

A necessidade de endereço eletrônico para recebimento de habilitações/divergências na fase administrativa e disponibilização de modelos a serem utilizados pelos credores também mostra-se como uma positivação muito bem-vinda, notadamente em razão de a prática forense já ter demonstrado o benefício extraído dessas medidas que favorecem a otimização da análise das habilitações e das divergências de crédito.

Na recuperação judicial, o valor do crédito influencia diretamente no peso do voto a ser considerado nas deliberações da A.G.C. em algumas classes, razão pela qual a relação de credores confeccionada administrativamente pelo A.J. ganha especial relevância, considerando que tem o potencial de facilitar ao credor o exercício de seus direitos (através do fornecimento de orientações e modelos necessários para a fase administrativa), além de diminuir a judicialização, na medida em que, quanto mais créditos forem resolvidos administrativamente, menos impugnações e habilitações serão ajuizadas. Trocando em miúdos: o êxito na fase de verificação administrativa impacta diretamente no escorreito exercício do voto pelos credores.

Na falência, a análise do crédito é fundamental para garantir a paridade dos credores que, por sua vez, é imprescindível no regime concursal falimentar de pagamento dos créditos, inclusive influindo na questão dos rateios, já que, conforme a discussão acerca do crédito se prolonga no tempo, quem se prejudica diretamente é o próprio credor que corre o risco de perder eventuais rateios realizados enquanto seu crédito está *sub judice,* em detrimento à efetividade do sistema liquidatório.

Assim, a diligência contida na alínea *l* corporifica e instrumentaliza outras alterações legislativas trazidas com a Lei nº 14.112/2020 que denotam a importância atribuída à consolidação do crédito (legitimidade, valor e/ou classificação) nos processos de recuperação judicial e falência.

Outra nova atribuição relevante do A.J é a de proceder *às respostas aos ofícios e às solicitações enviadas por outros juízos e órgãos públicos.* Por evidente, qualquer ato que envolva atividade jurisdicional inderrogável será desenquadrado dessa medida, por exemplo, a resposta de consulta sobre a possibilidade de realização de atos de constrição.

Na prática, o A.J., com essa salutar medida, desonera a tramitação do processo com entraves por vezes meramente burocráticos ou ordinatórios operando a comunicação direta com outros juízos e orgãos, por exemplo: informando o valor do crédito constante nas relações de credores e no quadro geral de credores; informação de *objeto e pé* de algum andamento processual;

respostas de ofícios da justiça do trabalho; data do encerramento do *stay period*, e assim por diante.

4. ALTERAÇÕES ESPECÍFICAS NA RECUPERAÇÃO JUDICIAL

Por seu turno, volta-se a atenção para as alterações propostas ao inciso II, consistentes no acréscimo das alíneas *c* e *h* do art. 22 da LFR.

A questão de "atestar" ou não a "veracidade e conformidade" das informações do devedor foi um dispositivo proposto que gerou "polêmica" na nova disciplina do A.J., o que, decerto, teria sido facilmente evitado com uma análise dos arts. 31, 32 e 33 em vigor da LFR, que trazem a necessidade de o A.J. bem e fielmente desempenhar o cargo e assumir todas as funções a ele inerentes, de modo que, em caso de o profissional não honrar com a missão a qual lhe foi confiada pelo Juízo, a legislação já se encarregava de dispor os mecanismos legais para que o mesmo seja responsabilizado.

Então, por evidente, quis o legislador impedir o "copia e cola" das informações da atividade empresarial, financeiras e não financeiras e a sua intitulação como "relatório", ou – e não se sabe o que é pior – a inclusão do *disclaimer* (aviso legal) que vinha sendo empregado por alguns auxiliares em seus relatórios mensais de que o A.J – "não garante nem confirma a correção, a precisão ou, ainda, que as informações prestadas pelas Recuperandas estejam completas e apresentem todos os dados relevantes" – tudo que se mostrava, na realidade, *contra legem*.

A Emenda nº 30, ao tentar trocar o verbo "atestar" por "opinar", sob o pálio da justificativa *de que o poder de atestar a veracidade e conformidade é típico de auditor,* claramente motivada por erro de premissas, na prática tenderia a esvaziar as funções e as obrigações do A.J., o que não seria condizente inclusive com os dispositivos da Lei que permanecem em vigor e com a realidade dos processos e a natureza e importância da função do A.J.

A razão do veto parcial da Emenda em questão, fala por si só, reforçada na Emenda de Redação– que, por sua natureza, não tem o condão de modificar o conteúdo da norma, mas somente aprimorar o texto –, trazida para aclarar o alcance e o objetivo da troca do termo "atestando" por "fiscalizando" com a justificativa de *que o administrador judicial, pessoa natural ou jurídica, de confiança do juízo, fiscalize a veracidade e conformidade, ou não, das informações prestadas pelo devedor.* Nada mais coerente.

Sedimentam-se as responsabilidades do A.J. e o que se espera de sua atuação, não bastando o comprometimento apenas com as informações simplesmente apresentadas pelo devedor, mas sim, que verifique a veracidade daquelas informações obrigando-se, de toda sorte, ao exame fidedigno do desenvolvimento daquela atividade empresarial.

O objetivo precípuo não é procurar irregularidades muito menos punir quem está em dificuldade (a presunção que urge é a de boa-fé e de que a crise é uma das facetas possíveis do empreendedorismo), mas sim, de atacar um conhecido mal que assola o estudo sobre a tomada de decisão por parte dos agentes econômicos relacionada à assimetria informacional, que gera a seleção adversa reduzindo a eficiência do equilíbrio do mercado.

A previsão dos relatórios mensais do A.J. encontra alicerce no princípio da transparência, buscando viabilizar o mais amplo acesso aos credores de todas as informações pertinentes ao andamento do processo e das atividades da devedora, além de, obviamente, servir como importante ferramenta de auxílio aos interessados, conferindo subsídios para tomada de decisões fundamentadas, salvaguardando a previsibilidade dos efeitos do processo sobre as relações jurídicas por ele afetadas.

A natureza *sui generis* da atuação do A.J., em distinção, por exemplo, a uma auditoria independente, ou mesmo de uma perícia pontual, leva à inafastável conclusão de que o A.J., através de seus relatórios, garante a transparência necessária e o suprimento de informações relevantes e verídicas aos interessados no processo recuperacional – mediante uma atuação cada vez mais abrangente.

Por esse motivo que, na oportunidade de elaboração de artigo em coautoria com o Deputado Federal Hugo Leal[10], defendemos a necessidade de robustecimento e padronização dos relatórios do administrador judicial, que devem ser confeccionados de forma holística, contando com informações financeiras, não financeiras e jurídicas revestidas de pertinência, clareza e segurança.

Sob esse enfoque, o CNJ, através da Recomendação n° 72/20[11], em seu anexo II, trouxe as diretrizes mínimas do que se espera do relatório mensal de atividades elaborado pelo A.J. (o que já está sendo objeto de aprofundamento pelos Tribunais Estaduais), que não podem se limitar a representar os dados

---

[10] REZENDE, Bruno G. S. P.; LEAL, Hugo. O P.L. 10.2020/2018 da Câmara dos Deputados: um olhar com foco na eficiência econômico-financeira do sistema da insolvência. *Justiça & Cidadania*, Rio de Janeiro, n. 228, p. 24-29, set. 2019. Disponível em: https://www.editorajc.com.br/edicao/228/.

[11] BRASIL. Conselho Nacional de Justiça. *Recomendação n° 72, de 19 de agosto de 2020*. Brasília, DF: Planalto, [2020]. Disponível em: https://atos.cnj.jus.br/files/original201650202008245f442032966ff.pdf. Acesso em: 30 jan. 2021.

contábeis sem também efetuar uma análise dos indicadores de performance, mormente no que tange aos seus resultados.

Além disso, conforme previsto expressamente na alínea *h*, os relatórios mensais também devem informar eventual ocorrência das condutas previstas no art. 64 da LFR, o que invariavelmente corrobora o espectro do dever de fiscalização, posto que, caso o A.J. não o faça, dificilmente será possível identificar atuação dos gestores da Recuperanda que, porventura, se enquadrem no referido artigo.

Por seu turno, relevante sobressaltar que a alínea *h* também introduz um novo relatório a ser apresentado pelo A.J. – relatório sobre o plano de recuperação judicial –, contendo, por exemplo: síntese do plano sob a ótica dos requisitos dos arts. 53 e 54 da LFR (tempestividade, resumo do laudo econômico-financeiro e do laudo de avaliação, resumo dos meios de recuperação); descrição das condições de pagamento por classe; alienação de ativos; indicação de cláusulas relevantes – tudo com o objetivo maior de privilegiar a transparência do processo, conferindo subsídios ao Juízo, além de mais uma vez facilitar o acesso e a compreensão das informações pelos credores[12].

Adentra-se, nesta oportunidade, no estudo dos demais acréscimos propostos ao inciso II, consistentes na inclusão das alíneas *e*, *f* e *g* do art. 22 da LFR.

A pesquisa do Núcleo de Estudos de Processos de Insolvência – NEPI da Pontifícia Universidade Católica de São Paulo e da Associação Brasileira de Jurimetria, denominada "Observatório da Insolvência", demonstrou que o tempo de duração da etapa de negociação não é diretamente afetado pelas condições previstas no plano no que tange à dilatação dos prazos de pagamentos, mas sim, pelo que chamou de *resultado contraintuitivo*, dada a complexidade e a necessidade de compor interesses diversos, ou seja, pela dificuldade de se chegar a um consenso entre as partes.

A regra geral é a de que as partes definam, em consenso, as regras da negociação. Não existindo acordo, exsurge a figura do A.J. como sendo fundamental no auxílio das tratativas entre as partes a fim de viabilizar a negociação, propondo as regras a serem homologadas pelo Juízo, com vistas a corrigir o principal ponto de desalinho que atrasa a votação definitiva dos planos recuperacionais.

---

[12] Comunicado CG nº 786/2020 (Processo nº 2020/75325) do Tribunal de Justiça de São Paulo.

A aprovação do plano de recuperação judicial deve representar a vontade soberana e lídima da maioria de credores, resultado de sua reflexão e definição de voto, para isso vem ao encontro da necessidade se erigir o A.J. também como o agente garantidor e fomentador das tratativas.

Não é à toa que sobrevieram algumas decisões de Tribunais brasileiros "anulando" aprovações de planos recuperacionais imiscuindo-se nas suas questões econômico e financeiras – certamente instigados pela forma de deliberação e formação da vontade dos credores em conclave –, o que levou ao emblemático voto[13] da lavra do Ministro Luis Felipe Salomão, que trouxe guia e contenção através do Tribunal da Cidadania, fincando a premissa de que não cabe ao Judiciário *se imiscuir no aspecto da viabilidade econômica da empresa*, aplicando inclusive a lição de Canotilho, alcunhada de "metodologia fuzzy", trazendo um alerta de que os magistrados devem adotar a costumeira cautela ao adentrarem *a seara judicial do controle dos direitos econômicos.*

A Análise Econômica do Direito, e também as teorias econômicas desde a "mão invisível" até mesmo a atual Economia Comportamental, perpassando pela Teoria dos Jogos e o equilíbrio ponderado por John Nash, e seus reflexos no microssistema judicial do tratamento da crise empresarial demonstram a necessidade de se levar em consideração as vicissitudes humanas em um cenário repentino de competição para a satisfação creditória contra a empresa em crise e o racional envolvendo as tomadas de decisões dos agentes; ou seja, além da questão do *default,* ainda descortina-se ao mesmo tempo um ambiente judicial de litígio e a necessidade de equacionamento dos próprios interesses com interesses de terceiros, que se encontram na mesma situação. Interesses contrapostos que precisam ser concertados com muita habilidade.

A Lei nº 14.112/2020 concretiza ao A.J. sua função como agente que viabiliza, facilita, sem olvidar de fiscalizar, as tratativas a serem intentadas entre credores e empresas em recuperação com vistas ao consenso de medidas para o soerguimento da atividade, havendo sido tais proposições inspiradas, principalmente, pelo estudo do tratamento da insolvência dispensado pelo

---

[13] BRASIL. Superior Tribunal de Justiça, da 4ª Turma. Recurso Especial 1.359.311/SP (2012/0046844-8). Relator: Ministro Luís Felipe Salomão. Brasília, 9 set. 2014. *Revista Eletrônica da Jurisprudência*, Brasília, 30 set. 2014. Disponível em: https://ww2.stj.jus.br/processo/revista/inteiroteor/?num_registro=201200468448&dt_publicacao=30/09/2014. Acesso em: 30 jan. 2021.

Direito Português, regulado pelo Código da Insolvência e da Recuperação de Empresas – CIRE[14-15].

Essas regras já podem ser, de pronto, facilmente aplicadas nos processos de recuperação judicial, na toada, inclusive, do negócio jurídico processual, tais como: ferramentas de diálogo para negociação monitorada pelo A.J; colaboração na condução do acordo; fomento de comissões de credores e utilização de agentes especializados em negociação; ampla e igualitária informação; suspensão de medidas constritivas em face do devedor e não mitigação dos direitos dos credores durante a fase de negociação. A medida *é salutar para assegurar que as partes não adotem expedientes dilatórios, inúteis ou, em geral, prejudiciais ao regular andamento das negociações.*

A implementação do acompanhamento e da fiscalização das condutas das partes na negociação poderá se dar desde o simples pedido de ser copiado na comunicação eletrônica, ou com a criação de *chat* para comunicação/ negociação monitorado pelo A.J., ou mesmo mediante a confecção de um formulário mensal com o extrato das tratativas.

E a razão nos parece evidente, pois sabe-se que a Lei e a jurisprudência acenam para a manutenção da atividade empresarial em detrimento da bancarrota, através de mecanismos como o *cram down* ou a perquirição da abusividade no exercício do direito de voto. Sabemos também que o nosso arcabouço legislativo é acanhado quanto ao teste do melhor interesse dos credores (*best-interest-of-creditors*) – análise do melhor proveito econômico da recuperação do crédito.

Assim, reforça-se a necessidade de se viabilizar a ampla negociação dos planos recuperacionais, que tendem a levar à reestruturação da dívida da recuperanda, novando suas relações com os credores.

Ainda sob esse prisma, vale-se novamente das lições da doutrina portuguesa, que deve passar a inspirar mais um *standard* de definição da Recuperação Judicial brasileira, corporificado no "dever de renegociação" (decorrente

---

[14] PORTUGAL. Decreto-Lei nº 53/2004. Código da Insolvência e da Recuperação de Empresas. *Diário da República*, nº 66, Série I-A, Portugal, 18 mar. 2004. Disponível em: https://dre.pt/legislacao-consolidada/-/lc/34529075/view. Acesso em: 30 jan. 2021.

[15] Art. 17º-D, nº 10, do CIRE, que dispõe acerca da necessidade de as negociações entabuladas no Processo Especial de Revitalização (PER) respeitarem os "Princípios Orientadores" aprovados na Resolução do Conselho de Ministros nº 43/2011 e inspirados nos *Statement of Principles for a Global Approach to Multi-Creditor Workouts II*, chamados *INSOL Principles* produzidos pela *INSOL International*.

da boa-fé), que pode ser resumido na premissa de que proposta razoável do devedor (exercitada, esclarecida e com o maior sacrífico econômico-financeiro possível para fim de soerguimento e reestruturação) deve ensejar uma resposta razoável do credor (debatida, ponderada e em cooperação com o primado da preservação da empresa e a utilidade econômico-financeira na sua manutenção, inclusive para a coletividade de credores).

O A.J. desponta nesse prisma como profissional apto a fomentar e a fiscalizar a solução consensual entre as partes, a fim de torná-la acessível e eficaz, o que reduzirá o tempo de deliberação consensual para o plano de reestruturação, bem como os ônus no sentido geral do processo de recuperação, o que contribui de forma inconteste para a extração do melhor proveito e destino da atividade empresarial.

5. ALTERAÇÕES ESPECÍFICAS NA FALÊNCIA

Chega-se, finalmente, nas considerações sobre algumas inovações para função do A.J. na falência, assim previstas nos arts. 22, III, *j*, e 99, § 3º, da LFR.

Essas novas normas coadunam com as matrizes principiológicas introduzidas pela Lei nº 14.112/2020 de incentivo à aplicação produtiva dos recursos econômicos a partir da célere liquidação de ativos com vistas ao rápido recomeço (*fresh start*) e fomento ao empreendedorismo, possivelmente rompendo com a "pecha" de ineficiência econômica que recaiu sobre o procedimento falimentar em virtude de suas deficiências crônicas.

Com o advento da reforma legislativa o racional da rápida liquidação foi encorpado, notadamente diante da nova redação do mencionado art. 75, que dispõe em seu § 2º que a falência é mecanismo que deve promover a "liquidação imediata" do devedor e a "rápida realocação útil de ativos na economia".

Neste ponto, ao confrontar o art. 22, III, *j*, e o art. 99, § 3º, cabe traçar breve distinção entre o "prazo de venda" e o "plano de venda dos ativos". O prazo de venda é de no máximo de 180 dias, contados a partir da juntada do auto de arrecadação, sob pena de destituição, salvo por impossibilidade fundamentada reconhecida por decisão judicial.

Já o plano de venda deverá ser apresentado em 60 dias contados da assinatura do termo da nomeação e deve primar pelos preceitos contidos no art. 75 da mesma lei, considerando ainda as novas regras previstas para a realização do leilão insertas no art. 142, que inclusive poderá contar com serviço de terceiros como consultores, corretores e leiloeiros (art. 142 § 2º-A, III), além da possibilidade da realização de processo competitivo através de agente especializado, por exemplo, em liquidação de ativos estressados.

O que se verifica, portanto, é que o prazo de venda deve ser considerado na elaboração do plano de venda, de modo que, quanto mais detalhado e embasado esse plano for, mais injustificado seria cogitar qualquer penalidade ao A.J., caso não seja cumprido o prazo de 180 dias. Isto é, quanto melhor desenvolvido for o plano, mais subsídios produzirá o A.J. para que o Juízo consiga analisar o caso concreto e então eventualmente extrair a fundamentação necessária para proferir sua decisão.

Para arrebatar, a Lei atual materializa o caráter forçado da venda dos ativos, conforme a nova redação do art. 142, § 2º-A, o que também reforça a rápida solução para o procedimento falimentar.

Corroborando o acima exposto, a Lei nº 14.112/2020 incluiu art. 144-A, que dispõe que em caso de terem sido frustradas as tentativas de venda dos bens (com escalonamento de diminuição de preço) e na ausência de proposta concreta dos credores, os bens poderão ser considerados sem valor de mercado e destinados à doação, que, por sua vez, caso também não obtenha interessados, serão devolvidos ao falido.

Ou seja, a Lei não deixou brecha para que os ativos sustentem um prolongamento improdutivo do processo de falência, havendo disposto, além dos novos mecanismos para viabilizar uma liquidação célere e efetiva, uma solução nos casos em que ela não seja frutífera.

Nesse prisma de rápida "reciclagem da atividade econômica" e a fim de evitar a deterioração dos ativos pelo decurso do tempo, entendeu-se conveniente estabelecer delimitação temporal exígua para liquidação dos bens, valendo aqui ressaltar que também foram ajustadas as regras para venda dos bens em consonância com esta premissa.

Em linhas conclusivas, a reforma trouxe nova roupagem de celeridade e eficiência ao processo falimentar, sendo uma dessas formas a rápida liquidação de ativos, a fim de evitar a deterioração dos bens pelo decurso do tempo e assegurando uma maior satisfação de créditos aos credores, diminuindo os custos com manutenção dos bens não vendidos e a ineficiência do crédito malparado, firme na premissa de que estes aspectos se traduzem em atratividade para realização de negócios e, consequentemente, investimentos para o Brasil.

6. CONCLUSÃO

A partir das digressões aqui realizadas, sucede-se que as alterações legislativas apresentam uma releitura da função do A.J., consistentes em novas atribuições que, por seu turno, trazem maiores responsabilidades, consolidando o A.J. como profissional indispensável para adequada condução e profícuo desfecho dos processos de insolvência.

O corpo de administração judicial deve ser especializado complementarmente, com ampla interação de competências. E de nada adianta que esses conhecimentos sejam genéricos ou superficiais.

Assim mostra de extremo relevo, hoje imprescindível, que o A.J., a partir de uma estruturação interdisciplinar, possa fazer uma abordagem ampla e multifacetada do processo, da atividade empresarial e das relações envolvidas, de modo a permitir uma melhor e rápida identificação e compreensão acerca de suas reais necessidades, permitindo-se, por sua vez, que essas necessidades sejam abordadas e tratadas com maior agilidade e efetividade.

O A.J. não é, por conclusão lógica, somente um fiscal das atividades da devedora na recuperação judicial, ou exclusivamente um liquidante na falência, mas sim, um verdadeiro agente potencializador de soluções para o fomento e preservação dos benefícios econômicos e sociais da atividade empresarial no sistema judicial do tratamento das mazelas da atividade empresarial.

REFERÊNCIAS BIBLIOGRÁFICAS

BRASIL. Conselho Nacional de Justiça. *Recomendação nº 72, de 19 de agosto de 2020*. Brasília, DF: Planalto, [2020]. Disponível em: https://atos.cnj. jus.br/files/original201650202008245f442032966ff.pdf. Acesso em: 30 jan. 2021.

BRASIL. Conselho Nacional de Justiça. *Resolução nº 121, de 5 de outubro de 2010*. Dispõe sobre a divulgação de dados processuais eletrônicos na rede mundial de computadores, expedição de certidões judiciais e dá outras providências. Brasília, DF: Planalto, [2010]. Disponível em: https://atos.cnj.jus.br/files/resolucao_121_05102010_01042019173153. pdf. Acesso em: 30 jan. 2021.

BRASIL. *Lei nº 11.419, de 19 de dezembro de 2006*. Dispõe sobre a informatização do processo judicial; altera a Lei nº 5.869, de 11 de janeiro de 1973 – Código de Processo Civil, e dá outras providências. Brasília, DF: Planalto, [2006]. Disponível em: http://www.planalto.gov.br/cCivil_03/_Ato2004-2006/2006/Lei/L11419.htm. Acesso em: 30 jan. 2021.

BRASIL. *Lei nº 13.709, de 14 de agosto de 2018*. Lei Geral de Proteção de Dados Pessoais (LGPD). Brasília, DF: Planalto, [2018]. Disponível em: http://www.planalto.gov.br/ccivil_03/_ato2015-2018/2018/lei/L13709. htm. Acesso em: 30 jan. 2021.

BRASIL. Ministério da Economia. *Nova Lei de falências vai melhorar os resultados de recuperações judiciais no país*. Brasília, DF, 2020, Disponível em: https://www.gov.br/economia/pt-br/assuntos/noticias/2020/dezembro-1/nova-lei-de-falencias-vai-melhorar-os-resultados-de-recuperacoes-judiciais-no-pais. Acesso em: 30 jan. 2021.

BRASIL. Senado Federal. *Parecer nº 165, de 2020 – PLEN/SF*. Brasília, DF: Senado Federal, 2020. Disponível em: https://legis.senado.leg.br/sdleg-getter/documento?dm=8908589&ts=1606427911328&disposition=inline. Acesso em: 30 jan. 2021.

BRASIL. Superior Tribunal de Justiça, da 4ª Turma. Recurso Especial 1.359.311/SP (2012/0046844-8). Relator: Ministro Luís Felipe Salomão. Brasília, 9 set. 2014. *Revista Eletrônica da Jurisprudência*, Brasília, 30 set. 2014. Disponível em: https://ww2.stj.jus.br/processo/revista/inteiroteor/?num_registro=201200468448&dt_publicacao=30/09/2014. Acesso em: 30 jan. 2021.

PORTUGAL. Decreto-Lei nº 53/2004. Código da Insolvência e da Recuperação de Empresas. *Diário da República*, nº 66, Série I-A, Portugal, 18 mar. 2004. Disponível em: https://dre.pt/legislacao-consolidada/-/lc/34529075/view. Acesso em: 30 jan. 2021.

REZENDE, Bruno G. S. P.; LEAL, Hugo. O P.L. 10.2020/2018 da Câmara dos Deputados: um olhar com foco na eficiência econômico-financeira do sistema da insolvência. *Justiça & Cidadania*, Rio de Janeiro, n. 228, p. 24-29, set. 2019. Disponível em: https://www.editorajc.com.br/edicao/228/.

SISTEMA DE PRÉ--INSOLVÊNCIA EMPRESARIAL — MEDIAÇÃO E CONCILIAÇÃO ANTECEDENTES

15

SISTEMAS DE PRÉ-INSOLVÊNCIA EMPRESARIAL – MEDIAÇÃO E CONCILIAÇÃO ANTECEDENTES NA LEI Nº 14.112/2020

RICARDO VILLAS BÔAS CUEVA

Sumário: 1. Introdução – 2. Experiências internacionais com procedimentos de negociação pré-insolvência – 3. Recomendação CNJ nº 58/2019 – 4. Conciliação e mediação na Lei nº 14.112/2020 – 5. Considerações finais – Referências bibliográficas.

1. INTRODUÇÃO

Em boa hora, a Lei nº 14.112, de 24 de dezembro de 2020, alterou a Lei de Recuperação Judicial e Extrajudicial (Lei nº 11.101/2005) para, entre outras medidas, introduzir instrumentos de pré-insolvência empresarial por meio de conciliações e mediações.

Com efeito, mecanismos de prevenção e simplificação da crise das empresas são características essenciais do direito falimentar no mundo, segundo vários indicadores internacionais, que acentuam a importância da resolução precoce das crises de insolvência, a fim de maximizar o valor recuperado pelos credores e minimizar o custo global para a economia. Ferramentas de alerta, tais como o treinamento e a consultoria financeira para empresas em dificuldade, e procedimentos preventivos de reestruturação dos débitos na fase anterior à judicialização podem permitir que o devedor avalie com propriedade a extensão de seus riscos, além de ensejar a negociação informal e prévia à fase propriamente concursal. A falta dessas medidas pode levar empresas em dificuldades temporárias, mas superáveis, a enredar-se em custosas e lentas recuperações judiciais que muitas vezes reduzem o valor dos ativos e impedem uma rápida realocação de recursos materiais e humanos para usos mais produtivos, limitando a possibilidade de novos negócios e reduzindo o dinamismo empresarial. Além disso, as pequenas e médias empresas precisam contar com procedimentos simplificados, predefinidos e previsíveis que assegurem a reestruturação da dívida para aquelas viáveis e uma rápida liquidação para que não se sustentem.[1]

Na União Europeia, por exemplo, a Diretiva 2019/1023 estabelece regras relativas a regimes de reestruturação preventiva para devedores em dificuldade financeira a fim de evitar a insolvência e garantir a viabilidade da empresa. Para tanto, prevê mecanismos de alerta precoce, que podem incluir advertências, caso certos tipos de pagamentos não sejam tempestivamente efetuados, serviços de consultoria prestados por entidades públicas ou privadas e incentivos para que terceiros tenham acesso a informações sobre acerca da situação financeira da empresa. Contemplam-se também regimes de reestruturação preventiva de fácil acesso a empresas em dificuldade, suspendendo-se medidas de execução por período não superior a quatro meses (art. 6º, 6).

Entre nós, já se recomendava a utilização da mediação e da conciliação nesse contexto, a exemplo do enunciado 45 da I Jornada de Prevenção e Solução Extrajudicial de Litígios: "A mediação e conciliação são compatíveis com a recuperação judicial, a extrajudicial e a falência do empresário e da sociedade empresária, bem como em casos de superendividamento, observadas as restrições legais".[2]

Além disso, o Projeto de Lei nº 1.397/2020, de autoria do Deputado Hugo Leal, previa sistemática de negociação preventiva como forma de ajudar as empresas a se manter em funcionamento e a superar o momento de crise por meio da negociação extrajudicial com seus credores, mas sob a proteção de uma ordem de *stay* judicial de 90 dias. No projeto aprovado na Câmara dos Deputados, previa-se a figura do negociador, ao qual caberia o importante papel de informar o juízo a respeito das negociações e apresentar relatório circunstanciado, mas prevaleceu, no Senado, o entendimento de que o caráter facultativo das negociações não seria compatível com a nomeação de negociador.

Sobreviveu, enfim, na nova lei o impulso inicial de estimular negociações na fase pré-concursal, como veremos após examinar algumas experiências nacionais e internacionais, bem como a disciplina proposta na Recomendação CNJ nº 58/2019.

---

[1] OECD, Design of insolvency regimes across countries, 2018.

[2] A I Jornada de Prevenção e Solução Extrajudicial de Litígios foi realizada pelo Centro de Estudos Judiciários do Conselho da Justiça Federal (CEJ/CJF) em agosto de 2016.

2. EXPERIÊNCIAS INTERNACIONAIS COM PROCEDIMENTOS DE NEGOCIAÇÃO PRÉ-INSOLVÊNCIA

Vários países já adotam modelos simplificados de negociação prévia à insolvência, tendo em vista a necessidade de simplificar e abreviar procedimentos. As soluções consensuais são preferíveis às soluções adjudicadas, as quais tendem a se protrair no tempo, acarretando custos elevados e levando à liquidação de ativos, em detrimento da preservação da empresa e dos empregos.

Na Espanha, foi criado, em 2013, um procedimento extrajudicial simples e ágil, com prazos curtos, destinado a estimular acordos para a novação, a quitação ou a moratória da dívida. Embora a lei que o instituiu faça referência a um "mediador", não se trata propriamente de mediação, pois não há autonomia da vontade, sendo os credores obrigados a participar da negociação requerida pelo devedor, a qual é conduzida por notário, registrador ou por câmara de indústria, serviços e navegação. O profissional designado deve ser idôneo e independente. Seu papel é impulsionar e controlar o normal desenvolvimento do procedimento, que pode ser requerido por pessoas físicas e jurídicas cujas dívidas não excedam 5 milhões de euros, mediante formulário, sem necessidade de advogado.[3]

Em Portugal, há vários caminhos para recuperar as empresas em crise. Além da recuperação judicial, há instrumentos híbridos que incluem fases judiciais e extrajudiciais, como o procedimento especial de revitalização, um procedimento pré-concursal aplicável a pessoas físicas e jurídicas em sérias dificuldades para cumprir suas obrigações, seja por falta de liquidez, seja por incapacidade de obter crédito. Tal procedimento se inicia mediante a apresentação de declaração escrita do devedor e de, no mínimo, um credor, após o que o juiz nomeia um administrador provisório, que coordena as negociações, além de verificar os créditos e administrar os bens do devedor. Em seguida, o devedor comunica o início do processo aos credores que não tenham assinado a declaração e os convida a participar das negociações, devendo fornecer-lhes toda a informação relevante. O prazo para concluir os entendimentos é de dois meses e pode ser ampliado, uma única vez, por um mês, por meio de

---

[3] Cf. GARCÍA-CRUCES, José Antonio. Las soluciones negociadas como respuesta a la insolvência empresarial em el derecho español. In: GARCÍA-CRUCES, José Antonio (org.). *Las soluciones negociadas como respuesta a la insolvência empresarial*: reformas em el derecho comparado y crisis economica. Cizur Menor, Thomson Reuters/Arazandi, 2014.

acordo prévio entre o devedor e o administrador provisório. Nesse período fica suspensa a exigibilidade dos créditos. Há também um procedimento de reorganização extrajudicial das empresas, que começa com requerimento ao instituto estatal para apoio às pequenas e médias empresas, que deve conter plano de negócios no qual se demonstre ser a empresa capaz de, ao final de cinco anos, apresentar coeficiente de autonomia financeira superior a 15 ou 20%, conforme seja pequena ou média, além de um coeficiente de liquidez superior a 1.05. O instituto tem quinze dias para se manifestar, rejeitando ou acolhendo o pedido ou, ainda, propondo melhoras. O acolhimento do pedido suspende a exigibilidade dos créditos pelo período para conclusão do acordo: três meses, com possível extensão de um mês.[4]

Na França, a partir de 1985, desenvolveu-se um direito pré-concursal que inclui alertas e várias modalidades de soluções negociadas. Em 2005, a lei de salvaguarda das empresas acrescentou novas modalidades de negociação, que, desde então, vêm se desdobrando. Hoje, há quatro soluções mais ou menos negociadas: a) conciliação; b) salvaguarda como comitês de credores; c) salvaguarda financeira acelerada e d) salvaguarda acelerada. A conciliação é um acordo entre o devedor e seus principais credores, confidencial e contratual. A salvaguarda com comitê de credores consiste em concurso aberto sem estado de insolvência e puramente voluntário por parte do devedor. A salvaguarda financeira acelerada, inspirada no *prepack* americano, combina elementos da conciliação e da salvaguarda e pode ter duração máxima de dois meses. Por fim, a salvaguarda acelerada estende o alcance da modalidade anterior às empresas que necessitam reestruturação ampla do passivo, com prazo máximo de três meses.[5]

No Reino Unido, o *Corporate Insolvency and Governance Act*, de junho de 2020, amplia o repertório de mecanismos já existentes, como o *Light-Touch Administration* (LTA), inserindo o *Moratorium*, que permite às empresas reestruturação ao abrigo de ordem de *stay*, sem o ajuizamento das ações

---

[4] Cf. SERRA, Catarina. La recuperación negociada de empresas bajo la ley portuguesa. Para una lectura sistemática de los acuerdos de recuperación o restruturación de empresas. In: GARCÍA-CRUCES, José Antonio (org.). *Las soluciones negociadas como respuesta a la insolvencia empresarial*: reformas en el derecho comparado y crisis económica. Cizur Menor, Thomson Reuters/Arazandi, 2014.

[5] Cf. PÉROCHON, Françoise. Las soluciones negociadas del derecho francés: la conciliación y las salvaguardias con comités de acreedores. In: GARCÍA-CRUCES, José Antonio (org.). *Las soluciones negociadas como respuesta a la insolvencia empresarial*: reformas en el derecho comparado y crisis económica. Cizur Menor, Thomson Reuters/Arazandi, 2014.

tradicionais de insolvência empresarial. Concede-se à devedora uma proteção do *stay* por 20 dias úteis, mediante a demonstração de que suas atividades foram afetadas pela crise da pandemia (com utilização de um critério de avaliação flexível – *more likely than not*). Estimula-se, com isso, a negociação coletiva com os credores, de forma simplificada, menos onerosa e burocrática. Por outro lado, o LTA, inspirado no Capítulo 11 do Código de Insolvência dos EUA, assegura que o devedor permaneça na administração dos negócios, protegido pela suspensão da execução de suas dívidas.[6]

No Chile, tem-se por aprovado o acordo quando vencido o prazo para sua impugnação, ou seja, a eficácia concursal do ajuste não depende de pronunciamento judicial de validação, mas apenas do decurso de prazo ou da rejeição das impugnações. Em regra, a intervenção judicial não se dá de ofício, mas apenas a requerimento da parte, e limita-se aos aspectos formais do acordo – como nas hipóteses de colusão para obter vantagens indevidas ou de apresentação de informações falsas –, não se referindo ao conteúdo do ajuste. Na recuperação simplificada ou extrajudicial, inspirada nos acordos preventivos extrajudiciais argentinos, há uma etapa puramente negocial, que apenas vincula os subscritores do acordo. Na etapa seguinte, a homologação judicial não depende de uma apreciação de fundo, mas do preenchimento de três requisitos: a) a assinatura de credores representativos de três quartos do passivo em cada classe; b) o ato deve ser solene, certificado por agente dotado de fé pública, e c) a apresentação de um informe, subscrito por um observador designado pelo devedor e seus principais credores, relativo à viabilidade do acordo, ao montante provável de ressarcimento dos créditos em um cenário de liquidação e à observância dos critérios legais de determinação dos créditos e de preferências.[7]

3. RECOMENDAÇÃO CNJ Nº 58/2019

A Recomendação CNJ nº 58/2019, do Conselho Nacional de Justiça, busca promover as soluções consensuais. Em seu art. 2º, elenca, a título exemplificativo, hipóteses de mediação na recuperação judicial:

---

[6] V. DLA Piper – Robert Russel and Sarah Letson. UK Corporate Insolvency and Governance Bill – as at 23 June 2020. Disponível em: https://www.lexology.com/library/detail.aspx?g=76b58461-5855-4e7f-ba0f-3af204a5366b.

[7] Cf. SERRANO, Juan Luis Goldenberg. Los acuerdos de reorganización de le empresa deudora en el derecho concursal chileno. In: GARCÍA-CRUCES, José Antonio (org.). *Las soluciones negociadas como respuesta a la insolvencia empresarial*: reformas en el derecho comparado y crisis económica. Cizur Menor, Thomson Reuters/Arazandi, 2014.

I – nos incidentes de verificação de crédito, permitindo que devedor e credores cheguem a um acordo quanto ao valor do crédito e escolham um dos critérios legalmente aceitos para atribuição de valores aos bens gravados com direito real de garantia, otimizando o trabalho do Poder Judiciário e conferindo celeridade à elaboração do Quadro Geral de Credores;

II – para auxiliar na negociação de um plano de recuperação judicial, aumentando suas chances de aprovação pela Assembleia Geral de Credores sem a necessidade de sucessivas suspensões da assembleia;

III – para que devedor e credores possam pactuar, em conjunto, nos casos de consolidação processual, se haverá também consolidação substancial;

IV – para solucionar disputas entre os sócios/acionistas do devedor;

V – em casos de concessionárias/permissionárias de serviços públicos e órgãos reguladores, para pactuar acerca da participação dos entes reguladores no processo; e

VI – nas diversas situações que envolvam credores não sujeitos à recuperação, nos termos do § 3º do art. 49 da Lei no 11.101/2005, ou demais credores extraconcursais.

Observa-se, desde logo, que o alcance da mediação na Recomendação CNJ nº 58/2019 é maior do que o disposto na Lei nº 14.112/20020, embora os dispositivos que cuidam das hipóteses de aplicação do instituto sejam meramente exemplificativos. A lei parece enfatizar a mediação judicial,[8] embora faça também menção a "câmara especializada" (arts. 20-B, § 1º, e 20-D). Na Recomendação do CNJ, a mediação é, em regra, extrajudicial, facultando-se ao magistrado nomear, a qualquer tempo, mediador, de ofício ou a requerimento do devedor, do administrador judicial ou de credores que detenham percentual relevante dos créditos do devedor.

De modo inovador, a Recomendação procura criar critérios mínimos para a escolha do mediador. Nos termos do § 2º do art. 3º: "Para exercer a função, além da qualificação para o atuar como mediador, o profissional deverá ter experiência em processos de insolvência e em negociações complexas com múltiplas partes, podendo tais requisitos serem dispensados na hipótese de nomeação por consenso entre as partes ou de nomeação de um comediador que possua referida experiência".

---

[8] V. arts. 11 a 13 e 24 a 29 da Lei nº 13.140/2015.

Outra inovação relevante trazida pela Recomendação é o procedimento de escolha do mediador. O requerente pode indicar até três nomes, cabendo à contraparte, caso aceite, escolher um dos nomes. Se forem múltiplas as contrapartes, o magistrado deve verificar se há consenso (art. 3º, § 3º). Não havendo consenso, o magistrado deve solicitar a um centro de mediação que indique um mediador (art. 3º, § 4º), admitindo-se em certas hipóteses que o magistrado nomeie alguém de sua livre escolha (art. 3º, § 5º).

A Recomendação prevê, ainda, o concurso de comediadores e/ou a consulta a técnicos especializados, zelando pela autonomia no exercício das funções de mediador e definindo critérios mínimos para o pagamento dos honorários do mediador (art. 3º, §§ 6º a 9º).

Também há previsão de "mediação *on-line* por meio de plataformas digitais, quando justificada a utilidade ou necessidade, especialmente nos casos em que haja elevado número de participantes e credores sediados no exterior, cabendo ao mediador ou ao Centro de Mediação prover os meios para a sua realização" (art. 4º).

É bom lembrar que a Recomendação CNJ nº 58/2019 foi aprovada no contexto de várias experiências bem-sucedidas de mediação durante a recuperação judicial. O caso mais célebre talvez seja o da recuperação judicial do Grupo Oi, na qual houve mediações presenciais envolvendo grandes credores, acionistas e a própria agência reguladora do setor de telefonia. Além disso, houve mediações on-line dirigidas a um grande número de credores. Por meio de plataforma virtual criada especialmente para o processo, foram realizados acordos com dezenas de milhares de pequenos credores. Outros exemplos são as mediações nas recuperações judiciais da Livraria Saraiva, da Sete Brasil, Isolux Corsán e Superpesa Companhia de Transportes Especiais e Intermodais.[9]

4. CONCILIAÇÃO E MEDIAÇÃO NA LEI Nº 14.112/2020

A Lei nº 14.112/2020 acrescentou a Seção II-A ao Capítulo II da Lei de Recuperação Judicial (Lei nº 11.101/2005). Com isso, o art. 20 da LRJ desdobrou-se nos arts. 20-A a 20-D, que tratam das conciliações e mediações antecedentes ou incidentais aos processos de recuperação judicial.

---

[9] Cf. WALD FILHO, Arnoldo; LONGO, Samantha Mendes. A mediação da recuperação empresarial. In: WALD, Arnoldo; LONGO, Samantha Mendes (coords.). *Desafios e soluções da recuperação empresarial antes, durante e depois da Covid-19*. Porto Alegre: Paixão Editores, 2020.

O art. 20-B elenca, em caráter não exaustivo, as hipóteses em que se admite conciliação e mediação: a) nas fases pré-processual e processual de disputas entre sócios, bem como nos litígios que envolvem credores extraconcursais; b) em conflitos que envolverem concessionárias ou permissionárias de serviços públicos em recuperação judicial e órgãos reguladores ou entes públicos; c) nos casos em que houver créditos extraconcursais contra empresas em recuperação, durante o período de calamidade pública, para permitir a continuidade de ser serviços essenciais; e d) em negociação de dívidas entre a empresa em dificuldade e seus credores, antes da recuperação.

Nessa última hipótese, é possível a concessão de tutela de urgência cautelar para suspender as execuções, pelo prazo de até 60 dias (art. 20-B, § 1º). Um *stay period* curto e bem definido, que pode se revelar útil para garantir efetividade às negociações pré-concursais. Mas há condições rigorosas para esse benefício. Em primeiro lugar, a empresa deve preencher os requisitos legais para requerer recuperação judicial. Procura-se com isso impedir a decretação de moratórias sem fundamento. Em segundo, a tutela de urgência somente poderá ser concedida caso o procedimento de conciliação ou mediação já houver sido instaurado perante o CEJUSC competente. Percebe-se aqui, mais uma vez, a preocupação em evitar abusos. Por outro lado, a limitação das mediações e conciliações aptas a assegurar o benefício do *stay period* ao aparato estatal de justiça parece constranger em excesso as múltiplas possibilidades de negociações pré-concursais.

Não se admite o uso da conciliação e da mediação em controvérsias acerca da natureza jurídica e da classificação dos créditos, assim como sobre critérios de votação em assembleia geral de credores (art. 20-B, § 2º). Muito prudente e acertado o dispositivo. Os meios adequados de solução de conflitos destinam-se a discussões substantivas entre os credores e o devedor, que possam apontar soluções concretas para a crise de insolvência (temporária, mas remediável, presume-se), e não para debates técnico-jurídicos melhor deixados ao Poder Judiciário. Do contrário, a segurança jurídica e a isonomia poderiam ser comprometidas.

O cuidado com a segurança jurídica e com a limitação a eventuais condutas oportunistas dos credores levou o legislador a exigir que o acordo alcançado por meio de conciliação ou de mediação seja homologado por juiz competente (art. 20-C) e que o período de suspensão das execuções seja deduzido do *stay period* global da recuperação, caso ela seja requerida (art. 20-B, § 3º). Não bastasse isso, caso a recuperação seja requerida em até 360 dias do acordo, o credor, terá reconstituídos seus direitos e garantias nas condições originalmente contratadas (art. 20-C, parágrafo único).

A nova disciplina da conciliação e da mediação antecedentes ou incidentais à recuperação judicial ou extrajudicial certamente acrescenta importantes requisitos para a disseminação, com segurança, desses instrumentos consensuais de resolução de conflitos, os quais já vêm sendo utilizados com sucesso, como lembrado acima. No Superior Tribunal de Justiça também se registram iniciativas nesse sentido. No REsp 1.692.985/SP, em decisão monocrática de maio de 2018, o relator, Ministro Bellizze, antes mesmo, portanto, da nova lei, procurou assegurar a primazia dos métodos de solução consensual de conflitos:

> O Código de Processo Civil de 2015 impõe ao Poder Judiciário o dever de estimular os métodos de solução consensual de conflitos, inclusive no curso do processo judicial e em qualquer fase que se encontre (art. 3º, § 3º, CPC/2015). Para desincumbir-se desse dever, o legislador cuidou ainda de assegurar aos Juízes o auxílio de mediadores e conciliadores judiciais (art. 139, V, CPC/2015), determinando-se aos Tribunais a criação de centros judiciários de solução consensual das controvérsias, os quais deveriam atuar em fases pré-processuais e processuais (art. 165 do CPC/2015). Desse modo, diante da possibilidade vislumbrada de uma solução consensual, é de se determinar a instauração de mediação entre as partes, o que colabora para a consolidação do permanente incentivo e aperfeiçoamento dos mecanismos consensuais de solução de litígios. Para tanto, tendo em vista a inexistência do centro de solução consensual das controvérsias no âmbito do STJ (embora já previsto no Regimento Interno), designo [mediadores]. Suspendo o andamento deste processo por 60 dias.

O Ministro Buzzi, ao apreciar o Pedido de Tutela Provisória 1.409-RJ, teve oportunidade de assegurar a realização programa de mediação na recuperação judicial da OI S.A, tendo em vista inexistir qualquer vedação na Lei nº 11.101/2005.

5. CONSIDERAÇÕES FINAIS

É inequívoca a tendência mundial de implementar procedimentos que conferem às empresas em crise a proteção da suspensão das execuções individuais e a criação de um ambiente de negociação com seus credores, mas sem a necessidade de utilização das ações convencionais de recuperação empresarial judicial.

A nova disciplina das conciliações e das mediações antecedentes ou incidentais aos processos de recuperação judicial (arts. 20-A a 20-D da Lei nº 11.101/2005, com a redação dada pela Lei nº 14.112/2020), embora aquém das boas práticas internacionais e das propostas inicialmente apresentadas ao Congresso Nacional, não deixa de ser um passo significativo para a ampla disseminação de soluções consensuais nas fases pré-processual e processual.

A ênfase na mediação e na conciliação tem o mérito de sincronizar-se à política cristalizada no CPC/2015 e na Lei de Mediação, voltada a enraizar entre nós a nova cultura dos meios adequados de resolução de controvérsias, mas talvez venha revelar-se excessivamente tímida em face dos desafios do mundo contemporâneo, particularmente a crise sem precedentes causada pela pandemia.

A experiência internacional e a opinião de especialistas quanto às boas práticas requeridas nessas circunstâncias convergem para a necessidade de um amplo repertório de instrumentos concretamente dirigidos a resolver problemas específicos de certos segmentos do universo empresarial. Soluções padronizadas e simplificadas, por exemplo, podem ser mais adequadas às pequenas e médias empresas, que, em geral, devem também contar com orientação e consultoria que permitam reestruturar a dívida e propor soluções para a crise ou, caso a atividade não se demonstre viável, permitir uma rápida saída para todos envolvidos.

Certamente não há fórmula única para tratar de problemas tão complexos, mas é importante não perder de vista as ideias de promover segurança jurídica, satisfação dos interesses de todos os envolvidos, eficiência econômica e um bom ambiente de negócios que não desestimule novos começos e a permanente busca de inovação tecnológica.

REFERÊNCIAS BIBLIOGRÁFICAS

ALMEIDA FILHO, Agostinho Teixeira de. A aprovação do substitutivo de plenário ao Projeto de Lei 6.229/2005 e o impacto para a recuperação judicial (incluindo a mediação). In: SALOMÃO, Luis Felipe; GALDINO, Flávio (coords.). *Análise de impacto legislativo na recuperação e na falência*. Rio de Janeiro: J & C, 2020.

CUEVA, Ricardo Villas Bôas; COSTA, Daniel Carnio. Reforma da Lei de Recuperação Judicial, Extrajudicial e Falência: a necessidade de instrumentos simplificados de negociação prévia. In: WALD, Arnoldo; LONGO, Samantha Mendes (coords.). *Desafios e soluções da recuperação empresarial antes, durante e depois da Covid-19*. Porto Alegre: Paixão Editores, 2020.

GARCÍA-CRUCES, José Antonio. Las soluciones negociadas como respuesta a la insolvencia empresarial en el derecho español. In: GARCÍA-CRUCES, José Antonio (org.). *Las soluciones negociadas como respuesta a la insolvencia empresarial*: reformas en el derecho comparado y crisis económica. Cizur Menor, Thomson Reuters/Arazandi, 2014.

OECD, Design of insolvency regimes across countries, Economics Department working paper nº 1504 (ECO/WKP(2018)52), Sept. 2018.

PÉROCHON, Françoise. Las soluciones negociadas del derecho francés: la conciliación y las salvaguardias con comités de acreedores. In: GARCÍA-CRUCES, José Antonio (org.). *Las soluciones negociadas como respuesta a la insolvencia empresarial*: reformas en el derecho comparado y crisis económica. Cizur Menor, Thomson Reuters/Arazandi, 2014.

SERRA, Catarina. La recuperación negociada de empresas bajo la ley portuguesa. Para una lectura sistemática de los acuerdos de recuperación o restruturación de empresas. In: GARCÍA-CRUCES, José Antonio (org.). *Las soluciones negociadas como respuesta a la insolvencia empresarial*: reformas en el derecho comparado y crisis económica. Cizur Menor, Thomson Reuters/Arazandi, 2014.

SERRANO, Juan Luis Goldenberg. Los acuerdos de reorganización de le empresa deudora en el derecho concursal chileno. In: GARCÍA-CRUCES, José Antonio (org.). *Las soluciones negociadas como respuesta a la insolvencia empresarial*: reformas en el derecho comparado y crisis económica. Cizur Menor, Thomson Reuters/Arazandi, 2014.

WALD FILHO, Arnoldo; LONGO, Samantha Mendes. A mediação da recuperação empresarial. In: WALD, Arnoldo; LONGO, Samantha Mendes (coords.). *Desafios e soluções da recuperação empresarial antes, durante e depois da Covid-19*. Porto Alegre: Paixão Editores, 2020.

16

SISTEMA DE PRÉ-INSOLVÊNCIA EMPRESARIAL – MEDIAÇÃO E CONCILIAÇÃO ANTECEDENTES

GUSTAVO DA ROCHA SCHMIDT

JULIANA BUMACHAR

Sumário: 1. Introdução – 2. Os métodos consensuais de solução de conflitos: vantagens comparativas e benefícios para a empresa em situação de pré-insolvência. O caso OI – 3. A mediação e a conciliação antecedentes na Lei nº 14.112/2020 – 4. Conclusões – Referências bibliográficas.

1. INTRODUÇÃO

Diz-se que o sistema de solução de conflitos, no Brasil, perdeu o caráter unidimensional. Até bem recentemente, o único caminho para a resolução de um litígio era o Judiciário. O cenário mudou, significativamente, nos últimos anos. A mudança, que se iniciara em 1996, com a aprovação da Lei de Arbitragem (Lei nº 9.307/1996), ganhou força em 2015, com a edição do novo Código de Processo Civil (Lei nº 13.015/2015), e, sobretudo, com a entrada em vigor da Reforma da Lei de Arbitragem (Lei nº 13.129/2015) e da Lei de Mediação (Lei nº 13.140/2015). Hoje, são várias portas de entrada e, também, diferentes portas de saída. É nesse sentido que se fala em "Tribunal Multiportas" ou "Sistema Multiportas". Conforme assinalam Antonio do Passo Cabral e Leonardo Carneiro da Cunha, é "como se houvesse, no átrio do fórum, várias portas; a depender do problema apresentado, as partes seriam encaminhadas para a porta da mediação; ou da conciliação; ou da arbitragem; ou da própria justiça estatal"[1].

---

[1] CABRAL, Antonio do Passo; CUNHA, Leonardo Carneiro da. Negociação direta ou resolução colaborativa de disputas (*collaborative law*); "Mediação sem

Por sua natureza, o emprego dos métodos extrajudiciais de solução de conflitos depende de acordo prévio das partes. É escolha que deriva da autonomia da vontade e, por isso mesmo, não há a necessidade de que a via a ser utilizada esteja prevista em lei. Como explicitado no Enunciado nº 81 da I Jornada Prevenção e Solução Extrajudicial de Litígios, organizada pelo Centro de Estudos Judiciários do Conselho da Justiça Federal (CEJ/CJF), "a conciliação, a arbitragem e a mediação, previstas em lei, não excluem outras formas de resolução de conflitos que decorram da autonomia privada, desde que o objeto seja lícito e as partes sejam capazes".

A Lei nº 11.101/2005 (Lei de Recuperação de Empresas e Falências), em sua redação original, nada dispunha a respeito do tema. Havia, em função disso, certa insegurança jurídica na utilização de vias alternativas de solução de litígios pelas empresas submetidas ao regime recuperacional. O referido vácuo normativo foi preenchido recentemente, com a edição da Lei nº 14.112/2020, que introduziu toda uma nova seção na Lei de Recuperação e Falências, disciplinando nos arts. 20-A a 20-D as conciliações e mediações antecedentes ou incidentais aos processos de recuperação judicial.

Pretende-se, neste artigo, contextualizar a importância do emprego dos métodos extrajudiciais de solução de conflitos como instrumental voltado para auxiliar no soerguimento de empresas em situação de dificuldade financeira, bem como delimitar o alcance das normas sobre o tema introduzidas no regime jurídico aplicável à insolvência empresarial pela Lei nº 14.112/2020.

Para tanto, o presente ensaio será dividido em três tópicos. No primeiro deles, será feita breve análise das vantagens comparativas que derivam do uso dos mecanismos consensuais de solução de conflitos, em relação à justiça estatal, tendo por pano de fundo a realidade das empresas em situação de dificuldade. O segundo tópico será dedicado ao exame das normas que disciplinam o assunto na Lei de Recuperação de Empresas (Lei nº 11.101/2005). Ao final, serão compendiadas as principais conclusões constantes do presente trabalho.

---

mediador". In: ZANETTI JR., Hermes; CABRAL, Trícia Navarro Xavier. *Justiça Multiportas*: mediação, conciliação, arbitragem e outros meios de solução de conflitos. Salvador: JusPodivm, 2006. p. 710.

2. OS MÉTODOS CONSENSUAIS DE SOLUÇÃO DE CONFLITOS: VANTAGENS COMPARATIVAS E BENEFÍCIOS PARA A EMPRESA EM SITUAÇÃO DE PRÉ-INSOLVÊNCIA. O CASO OI

Existem inúmeros métodos de solução extrajudicial de conflitos. Não é em todos que a resolução do litígio ocorre de forma consensual. Na arbitragem, por exemplo, a controvérsia é equacionada por um terceiro (o árbitro), imparcial e especialista na temática controvertida, o qual, nos limites da convenção arbitral, de forma semelhante ao juiz estatal, decide quem tem razão, aplicando o direito ao caso concreto. Diz-se, nesse sentido, que a arbitragem é método heterocompositivo de solução de litígios.

Já a mediação, a conciliação e a negociação são formas autocompositivas de resolução de conflitos. Nelas, as partes, com ou sem o auxílio de um terceiro, solucionam suas controvérsias consensualmente. Na negociação, as próprias partes, mediante diálogo e sem a intervenção de terceiro, buscam diretamente chegar a um termo quanto ao litígio. Enquanto isso, tanto na mediação quanto na conciliação, um terceiro (o mediador ou o conciliador), neutro e imparcial, auxilia as partes na composição do conflito.[2]

Mediação e conciliação, contudo, não se confundem. A distinção é sutil: enquanto na mediação[3] o terceiro (mediador) deve levar as partes, elas próprias, a construir o caminho para o acordo, sem influir diretamente nas escolhas feitas, na conciliação permite-se que o conciliador exerça um papel mais ativo na condução do diálogo, apresentando sugestões às partes, na busca da solução consensual.

---

[2] Veja-se, a respeito das diferenças entre negociação, mediação e conciliação: GARCEZ, José Maria Rossani. *ADRS*: Métodos alternativos de solução de conflitos: análise estrutural dos tipos, fundamentos e exemplos na prática nacional/internacional. Rio de Janeiro: Lumen Juris, 2013. p. 13-22 e 29-72.

[3] Na lição de Carlos Eduardo de Vasconcelos, mediação é o "método dialogal de solução ou transformação de conflitos interpessoais em que os mediandos escolhem ou aceitam terceiro(s) mediador(es), com aptidão para conduzir o processo e facilitar o diálogo, a começar pela apresentações, explicações e compromissos iniciais, sequenciando com narrativas e escutas alternadas dos mediandos, recontextualizações e resumos do(s) mediador(es), com vistas a se construir a compreensão das vivências afetivas e materiais da disputa, migrar das posições antagônicas para a identificação dos interesses e necessidades comuns e para o entendimento sobre as alternativas mais consistentes, de modo que, havendo consenso, seja concretizado acordo" (VASCONCELOS, Carlos Eduardo de. *Mediação de conflitos e práticas restaurativas*. São Paulo: Método, 2014. p. 54).

Nada obstante, para os fins da Lei n° 13.140/2015, "considera-se mediação a atividade técnica exercida por terceiro imparcial sem poder decisório, que, escolhido ou aceito pelas partes, as auxilia e estimula a identificar ou desenvolver soluções consensuais para a controvérsia" (art. 1°, parágrafo único)[4], não tendo havido, por parte do legislador, a preocupação, ou qualquer rigor técnico, em diferenciar os dois institutos. Assim, para os fins da Lei de Mediação, mediação e conciliação se equiparam, para todos os efeitos legais. E mais: a mediação poderá ser feita pela via eletrônica, inclusive por aplicativo especificamente confeccionado para tal fim, nos termos do art. 46[5] da Lei.

A doutrina[6], de forma relativamente uniforme (com pequenas variações), costuma apontar as seguintes vantagens na adoção dos métodos não adversariais de solução de conflitos (sempre sob uma ótica comparativa com o processo judicial): (i) a celeridade na resolução do conflito; (ii) significativa redução de custos com o litígio; (iii) minimização das incertezas quanto ao resultado; (iv) confidencialidade do procedimento; e (v) a preservação do relacionamento das partes envolvidas no conflito. Reconhece-se, também, que a adesão, no âmbito empresarial, a métodos consensuais de resolução de litígios gera uma boa imagem pública, pois passa uma importante mensagem para os consumidores de que a empresa com eles efetivamente se importa.

Como se vê, é tudo que uma empresa em situação de insolvência (ou pré-insolvência) almeja: que os conflitos com os empregados, fornecedores, consumidores e parceiros comerciais sejam resolvidos com rapidez, ao menor custo possível, de forma confidencial, com a preservação do relacionamento existente entre as partes e controlando-se minimamente o resultado da disputa.

É lembrar que, para a reestruturação da empresa em situação de dificuldade, é essencial o envolvimento tanto da sociedade empresária quanto

---

[4] Esclarecem Humberto Dalla e Marcelo Mazzola que, para que se possa falar em mediação, três elementos essenciais devem estar presentes, obrigatoriamente: (i) existência de sujeitos em conflitos; (ii) clara contraposição de interesses; e (iii) um terceiro neutro capacitado a facilitar a busca pelo acordo. *Vide*: DALLA, Humberto; MAZZOLA, Marcelo. *Manual de mediação e arbitragem*. São Paulo: Saraiva Educação, 2019. p. 50.

[5] "Art. 46. A mediação poderá ser feita pela internet ou por outro meio de comunicação que permita a transação à distância, desde que as partes estejam de acordo."

[6] Por todos, vide: MERLO, Ana Karina França. Mediação, conciliação e celeridade processual. *Âmbito Jurídico*, 1° out. 2012. Disponível em: https://ambitojuridico. com.br/cadernos/direito-processual-civil/mediacao-conciliacao-e-celeridade--processual/. Acesso em: 3 mar. 2021.

daqueles que com ela possuem vínculo relacional, seja empregatício, seja comercial, como empregados, clientes e, também, fornecedores. Com efeito, não raramente há o interesse e a intenção, de parte a parte, de se preservar os vínculos já constituídos, em uma relação de mútua dependência, mas o desgaste, inclusive emocional, gerado pela inadimplência impede que soluções criativas possam ser empregadas. Em tais circunstâncias, a mediação pode contribuir, imensamente, na preservação das relações empresariais e trabalhistas existentes, facilitando o diálogo entre as partes e permitindo que se identifiquem soluções econômico e financeiramente sustentáveis, que atendam aos interesses de todos os envolvidos, em benefício não apenas da empresa, mas daqueles que com ela se relacionam.

Mais do que isso, a facilitação do diálogo entre os sujeitos de uma empresa em recuperação (judicial ou extrajudicial) não se restringe às relações dela (devedora) com os seus credores, mas assume especial importância, igualmente, nas relações mantidas entre os próprios credores. Nesse sentido, a mediação pode também contribuir para que propostas sustentáveis sejam apresentadas pelo Comitê de Credores, constituído nos termos do disposto no § 2º do art. 52 da Lei nº 11.101/2005, após o deferimento da recuperação judicial.

De fato, seja de forma antecedente à recuperação judicial, seja em caráter incidental ao procedimento recuperacional, a mediação pode contribuir, significativamente, para melhorar a comunicação entre as partes e para conferir maior celeridade ao processo. Pode contribuir, ainda, para a apresentação de um plano de recuperação judicial mais transparente, realístico e sustentável, que se adeque aos interesses dos credores, mas também às reais possibilidades da empresa em recuperação, aumentando o comprometimento de todos com o seu cumprimento.

A mediação (aí incluídos todos os métodos não adversariais de solução de conflitos) revela-se, portanto, um valioso instrumento para ajudar no atendimento do princípio da preservação da empresa, insculpido no art. 47 da Lei nº 11.101/2005, potencializando o envolvimento dos credores na análise e na discussão do plano de recuperação, o que implica em maior credibilidade em relação ao plano apresentado, em função da participação ativa dos envolvidos, sobretudo em sua discussão e aprovação. O mediador atua como um facilitador do diálogo, em um ambiente sigiloso, conduzindo as partes a um estado de cooperação que propicie a aprovação do plano de reestruturação da empresa. Na dicção de Ronaldo Vasconcelos:

> (...) o plano de recuperação representa a verdadeira "alma" do processo de recuperação. Portanto, impõe-se que a sua discussão

(com vistas à elaboração do acordo com o regime de comunhão de interesses) seja realizada com maior maturidade possível e, principalmente, propiciando meios para a extração da mais objetiva análise da viabilidade econômica do plano de recuperação e da empresa em si[7].

É emblemático, nesse sentido, o uso da mediação eletrônica na recuperação judicial[8] da OI. Conflitos intermináveis, com milhares de credores, foram prontamente resolvidos, via plataforma *on-line*[9], com drástica redução de custos. Todos saíram ganhando[10].

É verdade que, antes da edição da Lei nº 14.112/2020, no bojo do caso OI, houve relevante discussão a respeito da possibilidade de emprego da mediação no processo de recuperação judicial da empresa. Por maioria de votos, prevaleceu o entendimento, no âmbito Egrégia 8ª Câmara Cível do TJRJ, relatora a Desembargadora Monica Maria Costa di Piero, de que seria possível a mediação, conforme se extrai do seguinte trecho da ementa do julgado:

(...)

2. A controvérsia posta nos autos reside em aferir a possibilidade de o Juízo Recuperacional exercer controle prévio de legalidade, traçando, antecipadamente, parâmetros a serem seguidos pelos credores e pelas empresas recuperandas, antes mesmo de iniciado o procedimento de mediação.

3. A valorização do mecanismo da autocomposição vem sendo comumente reiterada pelo Poder Legislativo por intermédio da edição de várias leis com escopo de estimular a solução consensual

---

[7] VASCONCELOS, Ronaldo. A mediação na recuperação judicial: compatibilidade entre as Leis 11.101/05, 13.105/15 e 13.140/15. In: CEREZETTI, Sheila Christina Neder; MAFFIOLETI, Emanuelle Urbano (coord.). *Dez anos da Lei 11.101/2005 – estudos sobre a lei de recuperação e falências*. São Paulo: Almedina, 2015. p. 458.

[8] TJRJ, 7ª Vara Empresarial, Processo nº 0203711-65.2016.8.19.0001, Juiz de Direito Fernando Viana.

[9] Vale conhecer, a propósito, a plataforma eletrônica construída para a recuperação judicial: Oi – Plataforma da Recuperação Judicial do Grupo Oi. Disponível em: http://www.credor.oi.com.br. Acesso em: 5 mar. 2021.

[10] Sobre o tema, confira-se a entrevista concedida pela advogada Samantha M. Longo. *Migalhas*, 9 abr. 2019. Disponível em: https://www.migalhas.com.br/quentes/299960/mediacao-online-foi-fundamental-para-recuperacao-judicial--da-oi--explica-advogada. Acesso em: 8 mar. 2021.

dos litígios, envolvendo os interessados na busca de um resultado que alcance um benefício mútuo.

4. O novo Código de Processo Civil, reconhecendo a importância do instituto, elencou os mecanismos de autocomposição de conflitos no rol das normas fundamentais do processo civil, previstas nos parágrafos 2º e 3º, de seu art. 3º.

5. De certo que conciliação e a mediação são informadas pelos princípios da independência, da imparcialidade, da autonomia da vontade, da confidencialidade, da oralidade, da informalidade e da decisão informada (art.166, do CPC/15).

6. Com efeito, a Lei nº 11.101/2005 não traz qualquer vedação à aplicabilidade da instauração do procedimento de mediação no curso de processos de Recuperação Judicial e Falência.

7. Assim, na forma do art.3º da Lei nº 13.140/2015, o qual disciplina "que pode ser objeto de mediação o conflito que verse sobre direitos disponíveis ou sobre direitos indisponíveis que admitam transação", não remanesce dúvidas sobre a sua aplicação aos processos de Recuperação Judicial e Falência.

8. Não se perde de vista, contudo, que embora a Lei da Mediação (Lei nº 13.140/2015) seja a regra especial do instituto, sua interpretação deve se dar em harmonia com o ordenamento jurídico pátrio e, principalmente, no caso, com a Lei de Recuperação Judicial.

9. Em se tratando de procedimento de mediação, a minuta elaborada pelas empresas recuperandas não pode ser de cunho vinculativo e não encerra "acordo de adesão", eis que, se assim o fosse, estaria divorciada da natureza jurídica do instituto proposto, o qual pressupõe a criação de um ambiente para que as partes sejam as protagonistas de uma solução conjunta para o seu impasse, a qual será alcançada, consensualmente, por intermédio de concessões mútuas.

10. Tendo em vista que a mediação não deve ser solução pronta, com a estipulação prévia de paradigmas por uma das partes, qualquer pretensão nesse sentido, ainda que sob as vestes de conferir legalidade e celeridade ao procedimento, iria de encontro ao próprio instituto.

11. Diante da índole negocial que o plano de recuperação judicial apresenta, constituindo-se negócio jurídico de caráter contratual, com determinações específicas, a atuação do Estado-Juiz se restringirá à verificação se os interesses das partes para alcançar a finalidade recuperatória estão desrespeitando ou extrapolando os limites da lei.

12. Considerando que o procedimento de mediação pressupõe que as partes tenham espaçosa oportunidade de, no curso do processo, negociar e eventualmente transacionar acerca das condições e dos valores de pagamento do crédito em discussão, não há como o julgador antecipar quais as soluções poderão ser alcançadas pelas partes.

13. Não se está dizendo que poderão as partes obrar em descompasso com ordenamento jurídico em vigor, assim como em desarmonia com os princípios regentes do processo de recuperação judicial, porém, não compete ao Poder Judiciário atuar como um órgão consultivo prévio, mormente sobre situações hipotéticas, já que sua função primordial é a solução de conflitos.

14. Não encerrando o consenso qualquer ilegalidade, deverá se ter em vista que a composição eficiente pressupõe a escolha de um método adequado ao seu tratamento e que o resultado propicie um benefício mútuo e positivo para ambas os polos envolvidos.

15. Constituindo-se a mediação como uma forma de autocomposição de conflitos, apenas posteriormente ao procedimento é que poderá ser aferido se o acordo engendrado entre as partes suplantará os limites impostos pelo art. 304 e segs. do CC/02 e art. 45, § 3º, da LRF. (...)[11].

Induvidosamente, a anterior aprovação do Enunciado nº 45 da I Jornada Prevenção e Solução Extrajudicial de Litígios, de 2016, organizada pelo Centro de Estudos Judiciários do Conselho da Justiça Federal (CEJ/CJF), teve papel preponderante no reconhecimento da possibilidade de utilização das soluções extrajudiciais de solução de conflitos no campo da recuperação de empresas em dificuldade. Ali, ficou assentado que "a mediação e conciliação são compatíveis com a recuperação judicial, a extrajudicial e a falência do empresário e da sociedade empresária, bem como em casos de superendividamento, observadas as restrições legais"[12]. Também o art. 3º, § 3º, do CPC/2015 já sinalizava a importância de se incentivar, na esfera judicial e extrajudicial, a conciliação, a mediação e outros métodos de solução consensual de conflitos.

---

[11] TJRJ, 8ª Câmara Cível, Apelação Cível nº 0018957-54.2017.8.19.0000, Rel. Des. Monica Maria Costa Di Piero, julgado em 29.08.2017, publicado em 13.09.2017.

[12] Disponível em: https://www.cjf.jus.br/cjf/corregedoria-da-justica-federal/centro--de-estudos-judiciarios-1/publicacoes-1/cjf/corregedoria-da-justica-federal/cen-tro-de-estudos-judiciarios-1/prevencao-e-solucao-extrajudicial-de-litigios/?_authen-ticator=60c7f30ef0d8002d17dbe298563b6fa2849c6669. Acesso em: 8 mar. 2021.

Cap. 16 · PRÉ-INSOLVÊNCIA EMPRESARIAL – MEDIAÇÃO E CONCILIAÇÃO ANTECEDENTES | **217**

Assim é que, na linha do decidido pela instância inferior, o Colendo STJ, por decisão monocrática do Ministro Marco Buzzi, no Pedido de Tutela de Urgência nº 1.049/RJ[13], referendou, ainda que em caráter provisório e precário, a orientação externada pelo TJRJ, permitindo o prosseguimento da mediação instaurada no processo de recuperação judicial da OI.

Mais recentemente, em 2019, considerando "os diversos casos exitosos de procedimentos de mediação instaurados em processos de insolvência em curso perante as varas especializadas dos Estados de São Paulo e do Rio de Janeiro" e, ainda, a necessidade de "criação de um ambiente seguro e propício para negociação e acordos", foi editada a Recomendação nº 58, do Conselho Nacional de Justiça, incentivando "os magistrados responsáveis pelo processamento e julgamento dos processos de recuperação empresarial e falências,

---

13 STJ, Tutela Provisória 1.049/RJ, Min. Marco Buzzi, 09.11.2017: "... a Corte estadual, ao manter a decisão do r. juízo da recuperação judicial, entendeu que '(...) a Lei nº 11.101/2005 não traz qualquer vedação à aplicabilidade da instauração do procedimento de mediação no curso de processos de Recuperação Judicial e Falência'. Acrescentou, ademais, que '(...) na forma do art. 3º da Lei nº 13.140/2015, o qual disciplina 'que pode ser objeto de mediação o conflito que verse sobre direitos disponíveis ou sobre direitos indisponíveis que admitam transação', não remanesce dúvidas sobre a sua aplicação aos processos de Recuperação Judicial e Falência' (fls. 186/215). Dessa forma, não se vislumbra, a existência de teratologia ou flagrante ilegalidade nas razões do v. acórdão recorrido, de modo a se permitir a concessão da tutela de urgência requerida, valendo destacar, quanto à temática ora debatida, o Enunciado 45, da I Jornada de Prevenção e Solução Extrajudicial de Litígios do Conselho da Justiça Federal, no sentido de que '(...) A mediação e conciliação são compatíveis com a recuperação judicial, a extrajudicial e a falência do empresário e da sociedade empresária, bem como em caso de superendividamento, observadas as restrições legais'. Na mesma linha de entendimento, o escólio doutrinário acerca da matéria sustenta a aplicabilidade dos institutos da mediação e conciliação no bojo da recuperação judicial, *verbis*: '(...) A Lei nº 11.101/2005 consolidou a cultura de segunda oportunidade – não só envolvendo a recuperação extrajudicial, mas também a possibilidade não vetada de obtenção de pactos para recuperação de créditos e elaboração do plano de recuperação – e há pouco tempo o Brasil acolheu o impacto de uma cultura de solução consensual de conflitos com o marco regulatório da Mediação – Lei nº 13.140/2015 – e com o Código de Processo Civil de 2015 (Lei nº 13.105), que a integra o procedimento comum' (*ut. Recuperação Judicial, extrajudicial e falência*: teoria e prática. SALOMÃO, Luis Felipe e SANTOS, Paulo Penalva. Rio de Janeiro. Forense: 3ª ed. 2017, pag. 111). Com efeito, em sede de cognição sumária, não se verifica, assim, a presença cumulativa dos requisitos ensejadores da concessão excepcional de tutela provisória de urgência por este Superior Tribunal de Justiça, sendo de rigor o indeferimento do pedido almejado pelo ora requerente".

de varas especializadas ou não, que promovam, sempre que possível, nos termos da Lei nº 13.105/2015 e da Lei nº 13.140/2015, o uso da mediação, de forma a auxiliar a resolução de todo e qualquer conflito entre o empresário/ sociedade, em recuperação ou falidos, e seus credores, fornecedores, sócios, acionistas e terceiros interessados no processo"[14].

Evidentemente, a figura do mediador não se confunde com a do administrador judicial. São funções distintas e não devem, em hipótese alguma, ser exercidas pela mesma pessoa. As competências do administrador judicial encontram-se descritas no art. 22 da Lei de Recuperação de Empresas. Conquanto caiba ao administrador judicial, na forma da alínea *j* do aludido artigo, "estimular, sempre que possível, a conciliação, a mediação e outros métodos alternativos de solução de conflitos relacionados à recuperação judicial e à falência", a mediação propriamente dita deve ser conduzida por terceiro, com habilitação e conhecimento técnico específico. Inclusive, há potencial conflito de interesses entre as duas funções. É papel do administrador judicial, por exemplo, montar o quadro de credores, apontando o valor correto devido pela empresa em dificuldade. Ao passo que mediações podem ter por objetivo, precisamente, viabilizar a concessão de desconto no montante devido, bem como encontrar soluções, em um ambiente negocial, que viabilizem a aprovação do plano de recuperação judicial.

O profissional responsável pela condução da mediação deve ter (i) sensibilidade no trato com as pessoas; (ii) vocação para promover a comunicação eficiente e (iii) capacitação técnica, além de agir com ética, imparcialidade e autonomia, nos termos da Resolução nº 125/2010 do CNJ.

3. A MEDIAÇÃO E A CONCILIAÇÃO ANTECEDENTES NA LEI Nº 14.112/2020

Sepultando qualquer controvérsia ainda existente sobre o assunto, o art. 20-A da Lei de Recuperação de Empresas, nela introduzido pela Lei nº 14.112/2020, enfatiza que "a conciliação e a mediação deverão ser incentivadas em qualquer grau de jurisdição, inclusive no âmbito de recursos em segundo grau de jurisdição e nos Tribunais Superiores, e não implicarão a suspensão dos prazos previstos nesta Lei, salvo se houver consenso entre as partes em sentido contrário ou determinação judicial". É, portanto, conforme já apregoava o art. 3º, § 3º, do CPC/2015, dever de todos os atores do processo o de estimular, não apenas antes, mas também no curso do processo recuperacional, o uso das vias não adversariais de solução de litígios.

---

[14] CNJ, Recomendação nº 58, de 22 de outubro de 2019. *DJe* de 30.10.2019.

A nova legislação, na forma dos seus arts. 20-A a 20-D, prevê a possibilidade de emprego das soluções consensuais de conflitos em dois momentos procedimentais distintos: antes da distribuição do pedido de recuperação judicial e durante o processo judicial correlato. No primeiro caso, diz-se que a mediação (ou conciliação) é antecedente, de natureza pré-processual. Ao passo que, no segundo, se fala que a mediação (ou conciliação) é incidental ao processo de recuperação judicial.

A expressão "antecedente", utilizada para legislador, pode passar a errônea impressão de que o ato seria preparatório à apresentação do pedido de recuperação judicial. A intenção objetiva da lei, todavia, é a de que, sendo frutífera a mediação pré-processual (antecedente), o processo recuperacional seja descartado, ante o sucesso na reestruturação das dívidas da empresa, desafogando-se o Judiciário de mais um processo desnecessário.

Nesse sentido, a posterior distribuição de pedido de recuperação judicial não é condição para a deflagração da mediação pré-processual. Ao contrário, a intenção do legislador é evitar a judicialização do tema, viabilizando o reequacionamento das dívidas da empresa em dificuldade, sem a necessidade de intervenção judicial. Tanto isso é verdade que, a teor do parágrafo único do art. 20-C da Lei, em caso de deflagração do processo recuperacional (judicial ou extrajudicial) no prazo de até 360 (trezentos e sessenta) dias da celebração de eventual acordo, firmado na fase conciliatória antecedente, "o credor terá reconstituídos seus direitos e garantias nas condições originalmente contratadas". A ideia, quanto a este particular, é evitar o risco de o credor, após já ter renegociado a sua dívida, ter que submeter o seu crédito, em condições já pioradas, a nova alteração, por força da aprovação do plano de recuperação da empresa. Naturalmente, nenhum prejuízo suportará a recuperanda, podendo deduzir do montante devido ao credor os valores eventualmente pagos a ele. De mais a mais, se o acordo já tiver sido regularmente cumprido, a dívida será tida por extinta. Neste caso, os efeitos pactuados deverão ser integralmente respeitados, conforme disposto na parte final do referido dispositivo legal.

O espectro de incidência das soluções consensuais, na fase pré-processual, não poderia ser mais amplo[15]. Pode a empresa devedora valer-se tanto

---

[15] Inclusive, sustenta Diogo Rezende de Almeida que o rol do art. 20-B seria meramente exemplificativo. Assim, "desde que o conflito tenha como objeto direito transacionável, é possível o emprego de mediação, conciliação ou outro método autocompositivo" (ALMEIDA, Diogo Rezende. A Reforma da Lei de Recuperação Judicial e Falência (Parte II). *GEN Jurídico*, 13.01.2021. Disponível em: http://genjuridico.com.br/2021/01/13/reforma-lei-de-recuperacao-judicial-falencia-2/. Acesso em: 8 mar. 2021.

da mediação como da conciliação para equacionar "disputas entre os sócios e acionistas de sociedade em dificuldade" (art. 20-B, I), bem como "na hipótese de negociação de dívidas e respectivas formas de pagamento entre a empresa em dificuldade e seus credores" (art. 20-B, IV)[16].

Em nenhuma hipótese, contudo, a resolução consensual do conflito poderá versar "sobre a natureza jurídica e a classificação de créditos, bem como sobre critérios de votação em assembleia-geral de credores" (art. 20-B, § 2º). Em tal hipótese, por envolver norma de ordem pública, o acordo será ineficaz, no bojo do processo de recuperação judicial. Cabe ao juiz da recuperação judicial, inarredavelmente, a decisão a respeito da natureza jurídica e da classificação dos créditos, para fins de definição do quadro geral de credores, sob pena de se admitir que, por acordo das partes interessadas, seja burlado o *par conditio creditorum*[17]. Bem leciona Paulo Furtado Coelho Filho, a respeito:

> A Lei 13.140/2015, em seu artigo 3º, estabelece que "pode ser objeto de mediação o conflito que verse sobre direitos disponíveis ou sobre direitos indisponíveis que admitam transação". Em regra, na falência e na recuperação judicial estão em jogo direitos disponíveis, decorrentes de relações de natureza patrimonial mantidas entre o devedor e os credores. Porém, certas normas da legislação de insolvência são inspiradas por interesses superiores ao de cada uma das partes. Quer pela consideração de que na falência os credores não podem ser tratados de forma igual em razão da insuficiência do

---

[16] Os incisos II e III do art. 20-B têm aplicação já no curso da recuperação judicial, sendo irrelevantes na fase pré-processual: "Art. 20-B. (...) II – em conflitos que envolverem concessionárias ou permissionárias de serviços públicos em recuperação judicial e órgãos reguladores ou entes públicos municipais, distritais, estaduais ou federais; III – na hipótese de haver créditos extraconcursais contra empresas em recuperação judicial durante período de vigência de estado de calamidade pública, a fim de permitir a continuidade da prestação de serviços essenciais (...)".

[17] Como bem elucidam Daniel Costa Carnio e Alexandre Correa Nasser de Melo, muito embora "a conciliação e a mediação sejam incentivadas, a Lei traz expressa ressalva que é vedada a composição acerca da classificação de créditos e da natureza jurídica, o que poderia ser utilizado para burlar o concurso de credores reclassificando créditos conforme o interesse e conveniência das recuperandas e ferindo o par conditio creditorum. Assim, fica ressalvado ao Juízo a decisão acerca da natureza e classificação do crédito em suas respectivas classes" (COSTA, Daniel Carnio; MELO, Alexandre Correa Nasser de. *Comentários à Lei de Recuperação de Empresas e Falência*: Lei 11.101, de 09 de fevereiro de 2005. Curitiba: Juruá, 2021. p. 96).

Cap. 16 · PRÉ-INSOLVÊNCIA EMPRESARIAL – MEDIAÇÃO E CONCILIAÇÃO ANTECEDENTES | 221

patrimônio do devedor, que pela necessidade de uma deliberação legítima dos credores na recuperação judicial, não é dado aos credores ajustarem entre si a mudança da natureza do seu crédito, para obter uma posição mais favorável em relação a outros credores na falência, ou com o propósito de ter mais influência na deliberação sobre o plano de recuperação judicial[18].

Perceba-se, por relevante, que a opção pela mediação (ou conciliação) em nada afeta o decurso dos prazos previstos na Lei, salvo havendo acordo entre as partes em sentido contrário.

Nada obstante, na hipótese de negociação do valor de dívidas ou da respectiva forma de pagamento, em caráter antecedente à distribuição do pedido de recuperação judicial (art. 20-B, IV, da Lei), poderá a empresa em dificuldade se valer da tutela de urgência referida no § 1º do art. 20-B, "a fim de que sejam suspensas as execuções contra elas propostas pelo prazo de até 60 (sessenta) dias, para tentativa de composição com seus credores, em procedimento de mediação ou conciliação já instaurado perante o Centro Judiciário de Solução de Conflitos e Cidadania (Cejusc) do tribunal competente ou da câmara especializada, observados, no que couber, os arts. 16 e 17 da Lei nº 13.140, de 26 de junho de 2015". Nesse sentido, conforme a atenta percepção do Ministro Ricardo Villas Bôas Cueva e de Daniel Costa Carnio, a nova lei "oferece à devedora a essencial proteção do *stay*, típico da recuperação judicial, a fim de se criar um ambiente adequado à negociação coletiva. Considerando que a determinação de suspensão das ações deve ser judicial – só uma decisão judicial pode ter o condão de suspender o andamento de ações judiciais – o mecanismo oferece à devedora a oportunidade de requerer ao juízo competente a medida de *stay* com natureza cautelar, eventualmente preparatória de futura recuperação judicial"[19].

Incidiu o legislador aqui em uma pequena impropriedade técnica. Isso porque a hipótese não é, propriamente, de tutela de urgência, de caráter

---

[18] OLIVEIRA FILHO, Paulo Furtado. Das conciliações e das mediações antecedentes ou incidentais aos processos de recuperação judicial. In: OLIVEIRA FILHO, Paulo Furtado (coord.). *Lei de Recuperação e Falências*: pontos relevantes e controversos da reforma pela Lei 14.112/20. São Paulo: Foco, p. 23.

[19] CUEVA, Ricardo Villas Bôas; COSTA, Daniel Carnio. Os mecanismos de pré-insolvência nos PLs 1397/2020 e 4458/2020. *Folha Diária*, 22.10.2020. Disponível em: http://www.folhadiaria.com.br/materia/54/3506/politica/nacional/os-mecanismos-de-pre-insolvencia-nos-pls-1397-2020-e-4458-2020#.YEYXgZ1KhjU. Acesso em: 8 mar. 2020.

cautelar, mas sim de tutela de evidência. É irrelevante a existência, ou não, de *periculum in* mora, para o deferimento da liminar. Pode-se dizer, inclusive, que o *periculum in mora* seria presumido. Não precisa a parte evidenciá-lo, na formulação do pedido. E nem pode o juiz deixar de deferir a tutela, por não vislumbrar risco de dano de difícil ou impossível reparação. Com efeito, demonstrada a situação de pré-insolvência, deve o magistrado deferir a suspensão das execuções, à luz do § 1º do art. 20-B da Lei. O ônus probatório que recai sobre a empresa é demonstrar, a não deixar margem a dúvida, de que está em situação de dificuldade financeira e que precisa se reorganizar financeiramente para seguir com as suas atividades[20].

Instituída a mediação, podem as partes, de comum acordo, postular a prorrogação do prazo de suspensão das execuções em curso, em sendo factível o acordo, na forma do art. 16[21] da Lei de Mediação. Há que se admitir, também, na lacuna da lei, a prorrogação excepcional do prazo, em mais um período de 60 (sessenta) dias, a pedido da empresa devedora, se ela demonstrar que a negociação coletiva avançou significativamente, mas que existem aspectos ainda pendentes de definição. Prevalece aqui o princípio da preservação da empresa. Seria um contrassenso, ademais, prestigiar o emprego da mediação, como método de solução de conflitos, e encerrá-la impositivamente, em função do decurso do prazo legal, mesmo quando o procedimento caminha para a solução consensual. A prorrogação, entretanto, há de ficar restrita a uma única vez, em sintonia com a regra do art. 6º, § 4º[22], da Lei nº 11.101/2005, com a redação dada pela Lei nº 14.112/2020[23].

---

[20] Em sentido contrário, entendendo que a hipótese é de típica tutela de urgência, de caráter cautelar, a exigir a demonstração do risco de dano irreparável ou de difícil reparação, sob pena de indeferimento do pedido, veja-se: OLIVEIRA FILHO, Paulo Furtado. Op. cit., p. 19-20.

[21] "Art. 16. Ainda que haja processo arbitral ou judicial em curso, as partes poderão submeter-se à mediação, hipótese em que requererão ao juiz ou árbitro a suspensão do processo por prazo suficiente para a solução consensual do litígio. § 1º É irrecorrível a decisão que suspende o processo nos termos requeridos de comum acordo pelas partes. § 2º A suspensão do processo não obsta a concessão de medidas de urgência pelo juiz ou pelo árbitro".

[22] "Art. 6º (...) § 4º Na recuperação judicial, as suspensões e a proibição de que tratam os incisos I, II e III do *caput* deste artigo perdurarão pelo prazo de 180 (cento e oitenta) dias, contado do deferimento do processamento da recuperação, prorrogável por igual período, uma única vez, em caráter excepcional, desde que o devedor não haja concorrido com a superação do lapso temporal".

[23] Adotando orientação em sentido contrário à do texto: OLIVEIRA FILHO, Paulo Furtado. Op. cit., p. 22-23.

Cap. 16 · PRÉ-INSOLVÊNCIA EMPRESARIAL – MEDIAÇÃO E CONCILIAÇÃO ANTECEDENTES | **223**

Neste ínterim procedimental, enquanto não encerrada a mediação, com a lavratura do termo respectivo, fica suspenso o prazo prescricional, de forma a evitar qualquer prejuízo ao credor de boa-fé. É o que preconiza o parágrafo único do art. 17 da Lei nº 13.140/2015: "Enquanto transcorrer o procedimento de mediação, ficará suspenso o prazo prescricional".

Com isso, protege-se o devedor, com a ordem de *stay period*, estimulando-se o processo de negociação coletiva, antes mesmo da deflagração do processo recuperacional, sem se descuidar do credor, que tem os seus direitos preservados[24]. Remedia-se, ainda, no lúcido comentário de Daniel Costa Carnio e Alexandre Correa Nasser de Melo, "o ajuizamento de centena de outras ações relacionadas ao inadimplemento da devedora em razão da ordem de stay e da coletivização da solução desses conflitos"[25].

Obviamente, a ordem de *stay*, fruto do deferimento da tutela prevista no § 1º do art. 20-B, não pode ser usada, estrategicamente, para viabilizar a ampliação indevida do prazo de 180 dias previsto no art. 6º, § 4º, da Lei de Recuperação e Falências. Exatamente por isso, estabelece o § 3º do aludido art. 20-B que o período de suspensão na fase de negociação pré-processual deverá ser deduzido do *stay period* consagrado no art. 6º da Lei.

Eventual acordo, se obtido, à luz do que estatui o *caput* do art. 20-C, deverá ser reduzido a termo e homologado pelo juízo competente para o processo de recuperação judicial (art. 3º da Lei). Evidentemente, deve o magistrado rejeitar homologação ao acordo, se versar sobre direitos que não são passíveis de transação ou que violem normas de ordem pública.

---

[24] CUEVA, Ricardo Villas Bôas; COSTA, Daniel Carnio. Op. cit.: "O sistema de pré-insolvência criado pelo PL 4458/20 cria estímulos para que empresas devedoras busquem a renegociação coletiva de suas dívidas de forma predominantemente extrajudicial, com mínima intervenção judicial. A utilização da mediação e da conciliação preventivas necessita da criação de estímulos para que seja eficaz e adequada. Nesse sentido, é preciso proteger o devedor de execuções individuais, como condição para que se crie um espaço adequado para realização dos acordos com os credores. Os credores somente se sentarão à mesa para negociar se não puderem prosseguir nas suas execuções individuais. Por outro lado, a devedora somente terá condições de propor um acordo aos seus credores se tiver um espaço de respiro e uma proteção contra os ataques patrimoniais provenientes de ações individuais. Da mesma forma, um credor somente se sentirá seguro para negociar se houver uma proteção ao acordo entabulado, evitando-se que seja prejudicado pelo uso sucessivo de um processo de insolvência. De igual modo, deve-se cuidar para que os devedores não façam uso predatório dessa ferramenta, apenas com o intuito de prolongar a proteção do *stay* contra os credores".

[25] COSTA, Daniel Carnio; MELO, Alexandre Correa Nasser de. Op. cit., p. 96.

O procedimento de mediação, assim como o de conciliação, poderá ser conduzido eletronicamente, ou por sessões virtuais, conforme art. 20-D da Lei, e deverá ser instaurado, mandatoriamente, no âmbito do Centro Judiciário de Solução de Conflitos e Cidadania (Cejusc) do tribunal competente ou de câmara privada especializada. Neste particular, entendeu o legislador que, eventualmente, pode ser mais conveniente para os interessados que a mediação ocorra no ambiente estritamente privado, por instituição renomada na área das soluções extrajudiciais de litígios. A propósito, existem inúmeras câmaras especializadas no Brasil, aptas a prestar serviços na área de mediação, com notoriedade e reputação ilibada.

4. CONCLUSÕES

Ao fim de tudo que se expôs, fica claro a vantajosidade do emprego das soluções consensuais de conflito para as empresas em dificuldade. A mediação e a conciliação permitem que eventuais litígios sejam resolvidos com rapidez, ao menor custo possível, de forma confidencial, com a preservação do relacionamento existente entre a empresa e seus colaboradores e parceiros comerciais.

Para a reestruturação da empresa viáveis, mas em dificuldade momentânea, é essencial o envolvimento tanto da sociedade empresária, quanto daqueles que com ela possuem vínculo relacional (empregatício ou comercial). A mediação, nesse sentido, tem, muito a contribuir para facilitar o diálogo entre as partes e permitir que se identifiquem soluções sustentáveis, que atendam aos interesses de todos os envolvidos.

A Lei de Recuperação de Empresas, com as alterações introduzidas pela Lei nº 14.112/2020, positivou, definitivamente, a possibilidade de emprego das vias não adversarias de resolução de litígios como instrumento voltado a permitir a superação de eventual crise financeira, de caráter momentâneo, de empresas viáveis, nos termos dos seus arts. 20-A a 20-D.

A intenção do legislador é a de que, sendo frutífera a mediação (ou conciliação) pré-processual, o processo recuperacional seja descartado, ante o sucesso na reestruturação das dívidas da empresa, desafogando-se o Judiciário de mais um processo desnecessário. Ao mesmo tempo, buscou o legislador equilibrar os interesses da empresa devedora e dos credores.

Caberá à jurisprudência, com o apoio da doutrina, fixar os limites e as possibilidades na utilização da mediação pré-processual, levando em consideração sempre, como norte interpretativo, o princípio *mater* da preservação da empresa, sem, evidentemente, descuidar dos interesses dos credores.

REFERÊNCIAS BIBLIOGRÁFICAS

ALMEIDA, Diogo Rezende. A Reforma da Lei de Recuperação Judicial e Falência (Parte II). *GEN Jurídico*, 13 jan. 2021. Disponível em: http://genjuridico.com.br/2021/01/13/reforma-lei-de-recuperacao-judicial-falencia-2/. Acesso em: 8 mar. 2021.

CABRAL, Antonio do Passo; CUNHA, Leonardo Carneiro da. Negociação direta ou resolução colaborativa de disputas (*collaborative law*); "Mediação sem mediador". In: ZANETTI JR., Hermes; CABRAL, Trícia Navarro Xavier. *Justiça Multiportas*: mediação, conciliação, arbitragem e outros meios de solução de conflitos. Salvador: JusPodivm, 2006.

COSTA, Daniel Carnio; MELO, Alexandre Correa Nasser de. *Comentários à Lei de Recuperação de Empresas e Falência*: Lei 11.101, de 09 de fevereiro de 2005. Curitiba: Juruá, 2021.

CUEVA, Ricardo Villas Bôas; COSTA, Daniel Carnio. Os mecanismos de pré-insolvência nos PLs 1397/2020 e 4458/2020. *Folha Diária*, 22 out. 2020. Disponível em: http://www.folhadiaria.com.br/materia/54/3506/politica/nacional/os-mecanismos-de-pre-insolvencia-nos-pls-1397-2020-e-4458-2020#.YEYXgZ1KhjU. Acesso em: 8 mar. 2020.

DALLA, Humberto; MAZZOLA, Marcelo. *Manual de mediação e arbitragem*. São Paulo: Saraiva Educação, 2019.

GARCEZ, José Maria Rossani. *ADRS*: Métodos alternativos de solução de conflitos: análise estrutural dos tipos, fundamentos e exemplos na prática nacional/internacional. Rio de Janeiro: Lumen Juris, 2013.

MERLO, Ana Karina França. Mediação, conciliação e celeridade processual. *Âmbito Jurídico*, 1º out. 2012. Disponível em: https://ambitojuridico.com.br/cadernos/direito-processual-civil/mediacao-conciliacao-e-celeridade-processual/. Acesso em: 3 mar. 2021.

OLIVEIRA FILHO, Paulo Furtado. Das conciliações e das mediações antecedentes ou incidentais aos processos de recuperação judicial. In: OLIVEIRA FILHO, Paulo Furtado (coord.). *Lei de Recuperação e Falências*: pontos relevantes e controversos da reforma pela Lei 14.112/20. São Paulo: Foco, 2021.

VASCONCELOS, Carlos Eduardo de. *Mediação de conflitos e práticas restaurativas*. São Paulo: Método, 2014.

VASCONCELOS, Ronaldo. A mediação na recuperação judicial: compatibilidade entre as Leis 11.101/05, 13.105/15 e 13.140/15. In: CEREZETTI, Sheila Christina Neder; MAFFIOLETI, Emanuelle Urbano (coord.). *Dez anos da Lei 11.101/2005* – estudos sobre a Lei de Recuperação e Falências. São Paulo: Almedina, 2015.

OS CEJUSCS EMPRESARIAIS

17

OS CEJUSCS EMPRESARIAIS

GIOVANA FARENZENA

Sumário: 1. Introdução – 2. Os CEJUSCs empresariais: conceitos e princípios – 3. A nova Lei de Recuperação Judicial e Falências e as conciliações e mediações antecedentes ou incidentais: arts. 20-A, 20-B, 20-C e 20-D – 4. Considerações finais – Referências bibliográficas.

1. INTRODUÇÃO

A Lei 14.112, promulgada em 24 de dezembro de 2020, introduziu várias mudanças à Lei de Recuperação Judicial e Falências. Entre essas inovações, merecem destaque as questões concernentes à aplicabilidade e ao procedimento da mediação empresarial, por meio dos Cejuscs, nos processos de recuperação judicial e falência, que são escopo deste artigo.

A relevância do tema pauta-se na problemática envolvendo a análise de casos práticos acerca do assunto e sobre como os aplicadores do Direito irão enfrentar as recepções trazidas pela nova lei.

Diante da complexidade que reveste o processo recuperacional, verifica-se que a nova lei traz dispositivos que pretendem incentivar a composição entre devedor e credor antecedente à própria instauração do processo de recuperação judicial, impulsionando o contexto negocial que precede o procedimento.

A discussão posta em análise abarca desafios de ordem prática e levanta questões tais como as incertezas sobre a instauração do procedimento perante os Cejuscs empresariais, celeridade na tramitação dos incidentes de habilitação e impugnação de créditos, quais credores irão compor o polo passivo no procedimento, a urgência no exame do pedido e remessa ao Cejusc, a utilização de uma plataforma eletrônica para uso do gabinete, serventia cartorária, advogados e partes, entre outras inquietações.[1]

Objetivando o enfrentamento da temática, no primeiro ponto do trabalho impõe-se identificar os principais conceitos relacionados à mediação e aos Cejuscs Empresariais, destacando os princípios basilares elencados no art. 166 do Código de Processo Civil brasileiro.

Já na segunda parte, almeja-se analisar os arts. 20-A, 20-B, 20-C e 20-D da nova Lei de Recuperação Judicial e Falências, tangenciando os dispositivos com lições advindas de casos práticos.

Por fim, propõe-se problematizar os dispositivos da nova Lei 14.112 com reflexões acerca da aplicação no âmbito dos processos judiciais, o que será feito com uma análise propositiva nas considerações finais.

2. OS CEJUSCS EMPRESARIAIS: CONCEITOS E PRINCÍPIOS

Para o escopo de adentrar nos elementos que compõem o presente trabalho, forçoso conceituar os procedimentos da mediação, conciliação e arbitragem. A princípio, cumpre referir que a mediação é um processo informal, voluntário, no qual um terceiro, neutro, assiste duas ou mais partes na resolução de um conflito existente[2], sendo um método de resolução de conflitos cuja relação social e o diálogo entre os componentes é o elemento central. Desse modo, o papel do mediador é de atuar como catalisador de soluções, mantendo-se neutro e assegurando que as informações fluam, para que se alcance uma cooperação recíproca que resolva o conflito.

---

[1] LONGO, Samantha Mendes; SALES, Gabriela de Barros. A utilização da mediação nas reestruturações de empresas. *Revista de Direito Recuperacional e Empresa*, vol. 14, out.-dez. 2019, p. 2. As autoras pontuam questões a serem discutidas no seguinte trecho: "Em razão da complexidade jurídica presente nesses casos, é possível visualizar diversos desafios de ordem prática, como: (i) a garantia de participação de todos os *players* no processo judicial; (ii) a conciliação de interesses antagônicos entre credores, devedores e interessados; (iii) a celeridade na tramitação dos incidentes de habilitação e impugnação de crédito; e (iv) a participação de todos os credores na Assembleia Geral de Credores".

[2] PAIVA, L. F. Valente de; JUNQUEIRA, T. Braga. A efetividade da mediação no sistema americano. Um incentivo à recente experiência brasileira. In: VV.AA. *Recuperação judicial*: análise comparada Brasil-Estados Unidos. São Paulo: Almedina. p. 125-139.

Sobre a mediação empresarial, em específico, o autor Diego Faleck conceitua o procedimento como sendo uma "facilitação, por um terceiro neutro, de negociação para a resolução de disputa, entre partes de relações comerciais. Mediadores não têm o poder de impor uma decisão vinculante. Todavia, a intervenção de mediadores é extremamente eficaz para assistir partes a resolverem disputas em menor tempo, com menor gasto de recursos e com maior preservação de relacionamentos comerciais".[3]

De modo sucinto, cumpre diferenciar a mediação da conciliação e da arbitragem. A conciliação é o meio de resolução de disputas em que as partes confiam a uma terceira pessoa a função de aproximá-las, com empoderamento, e orientá-las na construção de um acordo. Nela, o terceiro facilitador pode adotar uma posição mais ativa, porém neutra, buscando uma efetiva harmonização social e a restauração, dentro dos limites possíveis, da relação social existente.[4]

Por sua vez, a arbitragem consiste no julgamento do litígio por terceiro imparcial, escolhido pelas partes, que o fazem por meio da denominada "convenção de arbitragem",[5] que compreende a cláusula compromissória e o compromisso arbitral. Com isso, as partes convencionam que as demandas decorrentes de determinado negócio jurídico serão resolvidas por um juízo arbitral a ser instaurado.

Com efeito, a utilização de métodos alternativos de solução de controvérsias, principalmente no âmbito de processos visando à reestruturação de empresas, não encontrava respaldo na antiga Lei 11.101/2005, sendo que ela apenas estabelecia, em seu art. 189,[6] a aplicação do Código de Processo Civil no que couber, desde que não seja incompatível com os princípios da

---

[3] FALECK, Diego. Mediação empresarial: introdução e aspectos práticos. *Revista de Arbitragem e Mediação*, vol. 42, p. 263-278, jul.-set. 2014. RT Online, p. 01.

[4] De acordo com entendimento do Conselho Nacional de Justiça (CNJ) disponível em: https://www.cnj.jus.br/programas-e-acoes/conciliacao-e-mediacao/. Acesso em: 18 jan. 2021.

[5] WALD, Arnoldo. Direito internacional e arbitragem: estudos em homenagem ao Prof. Cláudio Finkelstein. *Revista de Arbitragem e Mediação*, vol. 64, p. 207-210, jan.-mar. 2020. RT Online.

[6] "Art. 189. Aplica-se, no que couber, aos procedimentos previstos nesta Lei, o disposto na Lei nº 13.105, de 16 de março de 2015 (Código de Processo Civil), desde que não seja incompatível com os princípios desta Lei. Disponível em: http://www.planalto.gov.br/ccivil_03/_ato2004-2006/2005/lei/l11101.htm. Acesso em: 18 jan. 2021.

Lei de Recuperação Judicial e Falências, possibilitando, assim, o permissivo legal para instauração de mediação em processos de recuperação judicial.[7]

No que se refere aos princípios basilares da conciliação e da mediação, o art. 166[8] do Código de Processo Civil dispõe que esses métodos alternativos de solução de controvérsias devem se submeter aos princípios da independência, da imparcialidade, da autonomia da vontade, da confidencialidade, da oralidade, da informalidade e da decisão informada.

Entre os referidos princípios, destacam-se os da independência, da imparcialidade, da oralidade, da informalidade e da decisão informada, os quais vão conceituados pelos ensinamentos dos autores Mitidiero, Marinoni e Arenhart:

> Por independência e imparcialidade tem-se a ideia de que o mediador e o conciliador devem atuar como terceiros imparciais, sujeitando-se às mesmas causas de impedimento e suspeição impostos ao juiz (arts. 144-145, CPC). (...) A oralidade e a informalidade devem informar os procedimentos da autocomposição, evitando-se formalismos desnecessários e burocráticos. A decisão informada (ou consentimento informado) importa a prerrogativa das partes de obterem informações suficientes a respeito da mediação e da conciliação, e de seus direitos, deveres e opções frente a esses métodos, de modo que a eleição dessas técnicas seja a mais consciente possível.[9]

Forçoso reconhecer, ainda, que o princípio da isonomia das partes encontra destaque na mediação empresarial, pois significa que ela "deve ser suficientemente atenta à necessidade de equalizar o nível existente entre as partes".[10]

---

[7] LONGO, Samantha Mendes; SALES, Gabriela de Barros. A utilização da mediação nas reestruturações de empresas. *Revista de Direito Recuperacional e Empresa*, vol. 14, out.-dez. 2019, p. 4.

[8] "Art. 166. A conciliação e a mediação são informadas pelos princípios da independência, da imparcialidade, da autonomia da vontade, da confidencialidade, da oralidade, da informalidade e da decisão informada". Disponível em: http://www.planalto.gov.br/ccivil_03/_ato2015-2018/2015/lei/l13105.htm. Acesso em: 18 jan. 2021.

[9] MARINONI, Luiz Guilherme; ARENHART, Sérgio Cruz; MITIDIERO, Daniel. *Código de Processo Civil comentado*. 6. ed. São Paulo: Thomson Reuters Brasil, 2020. Livro eletrônico.

[10] MARINONI, Luiz Guilherme; ARENHART, Sérgio Cruz; MITIDIERO, Daniel. *Código de Processo Civil comentado*. 6. ed. São Paulo: Thomson Reuters Brasil, 2020. Livro eletrônico.

Assim, a submissão do princípio da isonomia das partes na mediação em processos de recuperação judicial está na equalização do nível entre devedor e credor, colocando esse último em um âmbito que possibilite uma efetiva e justa negociação de eventual crédito.

Após identificar alguns conceitos e princípios concernentes à mediação empresarial, passa-se, então, ao segundo ponto do trabalho, que tratará da análise dos arts. 20-A, 20-B, 20-C e 20-D da nova Lei de Recuperação Judicial e Falências, tangenciando os dispositivos com lições advindas de casos práticos.

3. A NOVA LEI DE RECUPERAÇÃO JUDICIAL E FALÊNCIAS E AS CONCILIAÇÕES E MEDIAÇÕES ANTECEDENTES OU INCIDENTAIS: ARTS. 20-A, 20-B, 20-C E 20-D

Neste ponto propõe-se analisar os arts. 20-A, 20-B, 20-C e 20-D da nova Lei de Recuperação Judicial e Falências, tangenciando os dispositivos com lições advindas de casos práticos. Ainda, pretende-se elencar algumas relações com o tema da mediação empresarial no âmbito do direito norte-americano.

O Grupo de Trabalho (GT) do CNJ, ao aprovar a Recomendação nº 71 aos Tribunais brasileiros para "implementação de Centros Judiciários de Solução de Conflitos e Cidadania Empresariais, para o tratamento adequado de conflitos envolvendo matérias empresariais de qualquer natureza e valor"[11], considerou a situação econômica mundial decorrente da pandemia do novo coronavírus Covid-19, com provável aumento da utilização do Poder Judiciário para demandar empresas que, por conta da crise, sofreram impactos negativos deixando de honrar com os compromissos anteriormente assumidos.

Com o objetivo de enfrentar essa situação, o referido GT entendeu pela adoção de medidas de "achatamento da curva de demandas", incentivando a negociação prévia à recuperação empresarial. Para tanto, impõe-se necessária a implementação de práticas de utilização de meios adequados de solução de conflitos, especialmente na área empresarial, a notória especialização do mediador para conflitos empresariais, a utilização de política remuneratória condizente com a complexidade e repercussão econômica da causa e com o grau de especialização do mediador, a estruturação das instalações e a capacitação dos mediadores que compõem os Cejuscs.

---

[11] Disponível em: https://atos.cnj.jus.br/atos/detalhar/2787. Acesso em: 18 jan. 2021.

O que se observa, pelo menos em linhas gerais, é que a Recomendação nº 71 seria um referencial prático e experimental ao que está disposto na Lei 11.101, nos arts. 20-A, 20-B, 20-C e 20-D.

Dando um passo atrás, pode-se inferir que algumas das disposições da Recomendação e da própria lei trazem consigo ideias advindas do direito norte-americano. A doutrina norte-americana presenteia com ensinamentos sobre a mediação no âmbito dos processos judiciais de recuperação e falência, destacando os benefícios do uso do procedimento, o qual usa o método de solução alternativa principalmente para diminuir os custos e os prejuízos do litígio.[12]

Voltando à Lei nº 11.101, o art. 20-A dispõe sobre o incentivo dos Tribunais de primeira instância e dos superiores para a realização de conciliação e mediação, consignando que sua utilização não implica a suspensão

---

[12] MARTIN, Jarrod B. *A user's guide to Bankruptcy Mediation and settlement conferences*. Transactions: Tenn. J. Bus. L., 2009 – HeinOnline, p. 01. "Bankruptcy judges and bankruptcy attorneys have sought and employed various methods of alternative dispute resolution (ADR) to address problems caused by increased bankruptcy filings, bloated dockets, and high litigation costs. ADR can reduce the strain on both the overburdened court system and litigants' monetary bottom line by providing fast and inexpensive ways to avoid traditional bankruptcy litigation". Tradução livre: "Os juízes e advogados que atuam em processos falimentares buscaram e empregaram vários métodos de resolução alternativa de disputas (ADR) para resolver os problemas causados pelo aumento dos pedidos de falência, registros e altos custos de litígio. O ADR pode reduzir a pressão sobre o sistema judiciário sobrecarregado e os resultados financeiros dos litigantes, fornecendo maneiras rápidas e baratas de evitar o litígio de falência tradicional". Ver também PECK, James M. Plan Mediation as an Effective Restructuring Tool. Singapore Academy of Law. April, 2019, p. 03. "To improve the odds of getting to an agreement, the core motivations and aims of each participant in the negotiations must be uncovered and understood. That often will occur in private meetings with coffee, phone calls, email exchanges and text messages. What happens between formal sessions can be the most important time spent. People are different in private than they are in public, and they are influenced by circumstances that may not be readily visible to the mediator". Tradução livre: "Para aumentar as chances de chegar a um acordo, as motivações e objetivos centrais de cada participante nas negociações devem ser descobertos e compreendidos. Isso geralmente ocorre em reuniões privadas com café, telefonemas, trocas de e-mail e mensagens de texto. O que acontece entre as sessões formais pode ser o tempo mais importante gasto. As pessoas são diferentes em privado e em público e são influenciadas por circunstâncias que podem não ser facilmente visíveis para o mediador".

dos prazos previstos na Lei, salvo se existir consenso entre as partes ou por determinação judicial.

Já o art. 20-B disciplina a questão da admissão de conciliação e mediação antecedente aos processos de recuperação judicial em um rol taxativo. Nos incisos I a IV, verifica-se que a possibilidade de utilização desses métodos alternativos está concentrada em determinados casos, por exemplo, disputas entre sócios e acionistas, credores não sujeitos à recuperação judicial, conflitos entre concessionárias de serviços públicos, entre outros.

O ponto central da discussão está nos §§ 1º e 3º[13] do art. 20-B, eis que tratam da dedução de 60 dias, no caso do pedido de recuperação judicial, do prazo de 180 dias do art. 6º, § 4º, da Lei 11.101/2005, conhecido pela doutrina e pela jurisprudência como *stay period*. O que se observa é que o referido dispositivo, que traz consigo a improrrogabilidade do prazo, encontra com entendimento consolidado na jurisprudência quanto à possibilidade de prorrogação dos 180 dias para suspensão de ações e execuções em face da empresa devedora. Assim, evidencia-se, com cautela, a aplicabilidade desse abatimento dos 60 dias, eis que o mesmo possibilita o fôlego necessário às devedoras, mormente à complexidade dos processos recuperação judicial.

O art. 20-C dispõe sobre a obrigatoriedade da homologação do acordo obtido por meio de conciliação ou de mediação pelo juiz competente, destacando-se, assim, a possibilidade do exercício do controle de legalidade pela autoridade judicial. O parágrafo único desse dispositivo diz que o requerimento de recuperação judicial ou extrajudicial no prazo de 360 dias contados do acordo firmado em conciliação ou mediação possibilita ao credor a reconstituição de seus direitos e garantias nas condições originalmente contratadas.

---

[13] "§ 1º Na hipótese prevista no inciso IV do *caput* deste artigo, será facultado às empresas em dificuldade que preencham os requisitos legais para requerer recuperação judicial obter tutela de urgência cautelar, nos termos do art. 305 e seguintes da Lei nº 13.105, de 16 de março de 2015 (Código de Processo Civil), a fim de que sejam suspensas as execuções contra elas propostas pelo prazo de até 60 (sessenta) dias, para tentativa de composição com seus credores, em procedimento de mediação ou conciliação já instaurado perante o Centro Judiciário de Solução de Conflitos e Cidadania (Cejusc) do tribunal competente ou da câmara especializada, observados, no que couber, os arts. 16 e 17 da Lei nº 13.140, de 26 de junho de 2015. (...) § 3º Se houver pedido de recuperação judicial ou extrajudicial, observados os critérios desta Lei, o período de suspensão previsto no § 1º deste artigo será deduzido do período de suspensão previsto no art. 6º desta Lei."

Por fim, o art. 20-D destaca a permissão para realização dos procedimentos e sessões por meio virtual. O que se observa é que a pandemia do Coronavírus fez com que a atividade jurisdicional procurasse meios de continuar sendo exercida em meios e plataformas virtuais, do mesmo modo que pode ser feito nas sessões de conciliação ou mediação. Assim, caso a autocomposição seja virtual, as partes poderão escolher o melhor meio de comunicação com a serventia e com os demais interessados, a qual deverá constar em termo de compromisso, sendo que o meio de comunicação eleito deverá ser objeto de convenção processual. Também existe a possibilidade de que os Tribunais de Justiça se utilizem de Câmaras Privadas de Mediação e Conciliação previamente cadastradas junto ao órgão.

Ainda, observa-se que a conciliação e a mediação em caráter antecedente aos processos de recuperação judicial já vinham sendo utilizadas nos tribunais estaduais brasileiros. Um caso que ganhou grande repercussão foi o da recuperação judicial da Livraria Saraiva.[14] No processo, o Juízo da 2ª Vara de Falências e Recuperações Judiciais da Comarca de São Paulo/SP determinou a instauração de um procedimento de mediação preventiva, em que foi possível o ajuste do Plano de Recuperação Judicial antes da sua deliberação em assembleia, com o objetivo de atender às necessidades dos credores, conforme a possibilidade e a realidade financeira da empresa.[15]

---

[14] JUSCELINO, Cristhiane Bessas. Considerações sobre a mediação na recuperação judicial: o caso Saraiva. *Revista de Direito Recuperacional e Empresa*, vol. 13, jul.-set. 2019.

[15] LONGO, Samantha Mendes; SALES, Gabriela de Barros. A utilização da mediação nas reestruturações de empresas. *Revista de Direito Recuperacional e Empresa*, vol. 14, out.-dez. 2019, p. 6. Veja-se o que as autoras evidenciam sobre as recuperações judiciais das empresas Sete Brasil, Grupo Isolux Corsán e Oi S.A. Sobre o assunto, destaca-se o seguinte trecho do artigo: "De modo similar, o Juízo da 3ª Vara Empresarial (TJRJ) determinou a instauração de um procedimento de mediação na Recuperação Judicial da Sete Brasil durante a fase de elaboração do Plano. Nesse caso, foi estabelecido um acordo entre a Recuperanda e a Petrobrás antes da AGC, para a manutenção de contratos essenciais à manutenção da atividade produtiva da empresa devedora. A dificuldade enfrentada nesta negociação decorreu do fato de que a Petrobrás figura em três diferentes papéis em relação à Sete Brasil, sendo sua sócia, cliente e operadora. Após muitas tratativas entre as partes, o Plano de Recuperação Judicial da Sete Brasil foi aprovado após a 14ª sessão da Assembleia Geral de Credores e segue na sua fase de cumprimento. A mediação também foi utilizada pelo Juízo da 1ª Vara de Falências e Recuperações Judiciais (TJSP) no caso do Grupo Isolux Corsán, como forma de garantir a adequação do Plano de Recuperação Judicial, antes da sua deliberação em AGC. Nesse processo, o Administrador Judicial sugeriu a instauração do procedimento,

Cap. 17 · OS CEJUSCS EMPRESARIAIS | 237

Assim, com a experiência de vários tribunais estaduais, pode-se dizer que a indicação da mediação, como um dos meios para solucionar conflitos em recuperação judicial, auxilia o trabalho de juízes, administradores judiciais, mediadores e advogados na condução e participação em mediação em processos de recuperação judicial.

4. CONSIDERAÇÕES FINAIS

A inovação trazida pela Lei 14.112, de 24 de dezembro de 2020, mormente no que concerne aos artigos que disciplinam as conciliações e as mediações antecedentes ou incidentais aos processos de recuperação judicial, converge para a criação de um ambiente de negociação mais acolhedor e permissivo, permitindo ao devedor e aos credores a satisfação do crédito.

Sendo a busca pelo consenso a própria ideia da mediação, somando-se ao fato de que há a promoção de um estado de confiança entre os componentes e partes, espera-se positivamente resultados que possam facilitar a negociação e o próprio andamento do processo de recuperação judicial, primando pela observância da celeridade, da economia processual e da isonomia das partes. Assim, a instauração dos Cejuscs empresariais vem permeada com a ideia de democratização e regida pelo princípio da acessibilidade, ao passo que concede aos participantes o acesso e a possibilidade de solucionar suas controvérsias com o referido permissivo legal.

Sobre a conciliação ou a mediação a ser instaurada nos processos de recuperação judicial, questiona-se, principalmente, sobre os efeitos e as consequências quanto à aplicação dos §§ 1º e 3º do art. 20-B da Lei 11.101. Em reflexões incipientes, a maior preocupação consiste no prazo de 60 dias para suspensão das execuções contra o devedor, em que, caso haja pedido de recuperação judicial ou extrajudicial, será deduzido do período de suspensão previsto no art. 6º da Lei, o qual é denominado *stay period*. Se antes a jurisprudência consolidada estava por prorrogar o prazo de suspensão de 180 dias, questiona-se sobre a viabilidade e a aplicabilidade do abatimento

---

após diversas suspensões da AGC, a pedido dos credores financeiros. Ao reunir os credores que manifestaram interesse em participar da mediação e as devedoras em um local neutro, o escritório do AJ, as partes puderam alcançar um acordo que acabou levando à aprovação do Plano. Na Recuperação Judicial do Grupo Oi (grupo com mais de 55 mil credores e dívida de R$ 64 bilhões, que presta serviços em 5.570 municípios brasileiros, possui mais de 70 milhões de usuários, recolhe mais de R$ 10 bilhões em impostos por ano e gera cerca de 140 mil empregos), a mediação teve um papel relevantíssimo".

desses 60 dias, dada a complexidade e a organização do próprio processo recuperacional.

Por fim, conclui-se que o legislador deu o primeiro passo para facilitar os processos de mediação, porém somente vai ser possível afirmar que a mediação será incorporada nos processos de RJ se os demais operadores compreenderem a sua importância e as vantagens que proporciona, seja pela iniciativa de advogados, juízes e administradores judiciais, seja também por decisões das cortes superiores que valorizem e assegurem a eficácia dos acordos que forem celebrados no âmbito da mediação que vier a ser realizada nos processos de recuperação judicial e seus incidentes.

REFERÊNCIAS BIBLIOGRÁFICAS

FALECK, Diego. Mediação empresarial: introdução e aspectos práticos. *Revista de Arbitragem e Mediação*, vol. 42, p. 263-278, jul.-set. 2014. RT Online.

JUSCELINO, Cristhiane Bessas. Considerações sobre a mediação na recuperação judicial: o caso Saraiva. *Revista de Direito Recuperacional e Empresa*, vol. 13, jul.-set. 2019.

LONGO, Samantha Mendes; SALES, Gabriela de Barros. A utilização da mediação nas reestruturações de empresas. *Revista de Direito Recuperacional e Empresa*, vol. 14, out.-dez. 2019.

MARINONI, Luiz Guilherme; ARENHART, Sérgio Cruz; MITIDIERO, Daniel. *Código de Processo Civil comentado*. 6. ed. São Paulo: Thomson Reuters Brasil, 2020. Livro eletrônico.

MARTIN, Jarrod B. *A user's guide to Bankruptcy Mediation and settlement conferences*. Transactions: Tenn. J. Bus. L., 2009 – HeinOnline.

PAIVA, L. F. Valente de; JUNQUEIRA, T. Braga. A efetividade da mediação no sistema americano. Um incentivo à recente experiência brasileira. In: VV.AA. *Recuperação judicial*: análise comparada Brasil-Estados Unidos. São Paulo: Almedina.

WALD, Arnoldo. Direito internacional e arbitragem: estudos em homenagem ao Prof. Cláudio Finkelstein. *Revista de Arbitragem e Mediação*, vol. 64, p. 207-210, jan.-mar. 2020. RT Online.

18

CEJUSCS EMPRESARIAIS

Mediação empresarial de insolvência pré-processual e processual e sua efetividade no contexto dos Centros Judiciários de Solução de Conflitos e Cidadania – CEJUSCs e das Câmaras privadas

MARCELO VIEIRA DE CAMPOS

LUIS CLÁUDIO MONTORO MENDES

Sumário: 1. Considerações iniciais – 2. Mediação empresarial – 3. Mediação empresarial de insolvência – 4. CEJUSCs empresariais e Câmaras privadas – 5. Conclusões – Referências bibliográficas.

1. CONSIDERAÇÕES INICIAIS

Não há como negar a eficiência dos métodos alternativos de solução de conflitos para a solução de um sem-número de demandas de forma célere e efetiva por meio da composição ou da autocomposição entre as partes, afastando a litigiosidade extrema de demandas que, atualmente, exigem do Judiciário brasileiro tempo, investimento e pessoal para dar conta de sem-número de litígios[1] e opções de recursos que postergam uma prestação jurisdicional final e que contemplem ambas as partes.

---

[1] Segundo a 16ª edição do Relatório Justiça em Números 2020, com base nas informações circunstanciadas a respeito do fluxo processual no sistema de justiça brasileiro coletadas em 2019, o Poder Judiciário finalizou o ano de 2019 com 77,1 milhões de processos em tramitação, que aguardavam alguma solução definitiva. Tal número representa uma redução no estoque processual, em relação a 2018, de aproximadamente 1,5 milhão de processos em trâmite, sendo a maior queda

A Constituição de 1988 inaugurou e provocou transformações relevantes para o sistema de justiça, o que fez com que houvesse uma redefinição do papel e das funções tradicionais do Judiciário. Tais mudanças contribuíram muito para o seu crescente protagonismo, acarretando uma "explosão de litigiosidade".

A litigiosidade crescente encontrou uma estrutura despreparada, com mecanismos e padrões arcaicos, impossibilitados de responder com eficiência, sobretudo, aos anseios da sociedade moderna, que começou a expandir seu grau de entendimento relativos aos direitos conquistados pela Constituição.

Esse contexto contribuiu para a necessidade de colocar a reforma da justiça na agenda das políticas das reformas que o Estado brasileiro deveria priorizar. Inobstante algumas reformas e aprimoramentos na legislação, foi, em dezembro de 2004, com a aprovação da Emenda Constitucional 45, resultado do movimento iniciado em 1992, que ganhou força o movimento de adoção de novas formas de resolução de conflitos, que pudessem diminuir as demandas no Judiciário, mas também atendessem os anseios dos jurisdicionados no tempo e na forma como essas demandas eram dirimidas.

Em outras palavras, a conquista da denominada "Reforma do Judiciário" representou não só o novo marco constitucional de redesenho institucional dos órgãos da justiça, como também permitiu o aperfeiçoamento normativo com a previsão de modernos institutos para celeridade e efetividade da prestação jurisdicional. Para regulação desses novos mecanismos processuais, promoveu-se a inédita celebração de dois "Pactos Republicanos" assinados pelos chefes dos três Poderes constituídos da República.

Notadamente, os "Pactos Republicanos" simbolizaram importante instrumento de cooperação e diálogo entre os Poderes Judiciário, Executivo e Legislativo, celebrando a correta compreensão de respeito ao princípio constitucional de independência e harmonia dos Poderes, ideário do Estado democrático de Direito. A independência e a proximidade dos Poderes demonstrou uma grande união pelo aperfeiçoamento das normas legais e de políticas públicas, sempre pautadas no compromisso de fortalecimento da democracia.

Vale asseverar que instituições republicanas que dialogam e trabalham em conjunto, entre si e com a sociedade, são fundamentais para a concretização da cidadania.

---

de toda a série histórica contabilizada pelo CNJ, com início a partir de 2009 (Disponível em: https://www.cnj.jus.br/wp-content/uploads/2020/08/WEB-V-3-Justi%C3%A7a-em-N%C3%BAmeros-2020-atualizado-em-25-08-2020.pdf. Acesso em: 19 fev. 2021).

Destarte, os "Pactos" consolidaram-se em um novo marco político de sintonia, diálogo, colaboração e esforço dos três Poderes, na continuidade do aperfeiçoamento do sistema de Justiça, por meio de leis mais ágeis e eficientes, com políticas públicas de democratização do acesso à justiça, de concretização dos direitos humanos e fundamentais, na implantação de políticas voltadas à resolução e à composição dos conflitos. Objetivou, assim, construir políticas públicas voltadas ao acesso universal dos cidadãos e à promoção de justiça e pacificação social.

Em continuidade às políticas voltadas às formas de resolução e composição dos conflitos, basilar para a adoção dos métodos adequados de solução dos conflitos, no âmbito do Poder Judiciário no Brasil, foi sua implementação como política do Conselho Nacional de Justiça, o qual, entre outros, criou os Centros Judiciários de Solução de Conflitos e Cidadania (CEJUSCs)[2] e os Núcleos Permanentes de Métodos Consensuais de Solução de Conflitos (NUPEMEC) pela Resolução CNJ 125/2010, bem como a promoção, pelos Tribunais, das Semanas Nacionais pela Conciliação (quando os Tribunais são incentivados a juntar as partes e promover acordos nas fases pré-processual e processual)[3].

Somando-se aos esforços do CNJ, dos marcos legais ocorridos em 2015, ou seja, Lei de Mediação (Lei 13.140/2015) e do Novo Código de Processo Civil (Lei 13.105/2015), espera-se um aumento gradativo na adesão às formas não adversariais de resolução dos conflitos, tanto que, na Justiça Estadual, o número de CEJUSCs vem crescendo ano a ano, sendo que das 362 unidades em 2014, ao final do ano de 2019 já se podia contar com 1.284 CEJUSCs instalados.

2. MEDIAÇÃO EMPRESARIAL

Sendo a mediação empresarial uma espécie do gênero da mediação, a atuação em casos que envolvam empresas ou seus sócios em litígio deve contar com uma inegável especialização dos mediadores, tendo em vista a complexidade dos processos e seus temas.

Além dos conhecimentos dos ramos societário e empresarial pelo profissional incumbido na condução dos trabalhos, importante que esse mediador

---

[2]   Classificados em 2016 no conceito de unidade judiciária, pela edição da Resolução CNJ 219/2016.

[3]   Em 2007, de 3 a 8 de dezembro, na Gestão da ex-Ministra Ellen Gracie, aconteceu a primeira Semana Nacional pela Conciliação, com a campanha *Conciliar é Legal.*

busque um razoável entendimento do nicho de atuação das empresas em litígio, sendo um diferencial a experiência em litígios similares dentro do ramo de negócios em debate, respeitando as singularidades de cada segmento da economia e criando uma identificação imprescindível das partes com o mediador para que se obtenha sucesso não apenas na mediação, mas eficácia em composições justas e isonômicas.

Assim, a especialização da Câmara e a formação do mediador e do facilitador propiciam o ambiente necessário para o recebimento das demandas de forma direcionada e favorece a visão dos possíveis cenários que poderiam resultar da continuação do processamento da demanda pelas vias regulares, bem como viabilizar a orientação das partes em sua composição dentro das singularidades do caso, não cabendo simples soluções salomônicas ou baseadas apenas na ponderação dos valores envolvidos.

A especialização sobre o qual as Câmaras devem apoiar-se não é a aquela de caráter *informal* ou *intuitivo*, mas aquela com enfoque predominantemente *técnico*.

3. MEDIAÇÃO EMPRESARIAL DE INSOLVÊNCIA

A mediação empresarial de insolvência por sua vez, situa-se em um nicho mais especializado da espécie empresarial, tendo características próprias no contexto de seus conflitos.

Os institutos de soerguimento previstos pela Lei 11.101/2005 têm a finalidade de criar um ambiente de apoio às empresas, ou seja, quando essas se encontram em situação de crise econômico-financeira, podem buscar apoio em uma das alternativas previstas (recuperação judicial e a recuperação extrajudicial) para que sejam lançadas novamente às suas atividades.

Tais ferramentas de reversão de crise, se utilizadas de forma correta e no tempo certo, podem servir como verdadeiros trampolins para que empresas possam retornar à sua plenitude (lucro, geração de emprego, pagamento de impostos, desenvolvimento local etc.) mas, infelizmente, os empresários brasileiros não adotam esse pragmatismo quando da crise de suas empresas e tentam revertê-la de todas as maneiras antes de decidirem por uma das alternativas que lhe são oferecidas pela Lei 11.101/2005.

Tal postura, motivada pelo entendimento da maioria dos empresários como um caminho vexatório, acaba levando, muitas vezes, à ineficiência do próprio sistema de insolvência, acarretando um círculo vicioso que não traz benefício para nenhuma das partes.

O adiamento do enfrentamento do problema impõe à empresa em crise a necessidade de buscar alternativas para sobreviver por intermédio de acordos individuais e descoordenados com parte de seus credores, os quais acabam, na maioria das vezes, sendo descumpridos. Após várias tentativas, ao final, ingressam com seu pedido de recuperação judicial.

A utilização de subterfúgios para prolongar uma situação insustentável de crise, no âmbito empresarial, acaba por destruir a credibilidade do empresário com seus credores, fragilizando o elo mais importante quando submetidos ao processo de solução adequada do conflito e trazendo uma responsabilidade maior ao mediador que estiver atuando no caso.

Somando-se a esse fato – falta de credibilidade do empresário –, existe a singularidade da mediação empresarial, por se tratar de uma negociação entre apenas um devedor com diversos credores. Dessa forma, a mediação de insolvência não pode ser vista como centenas de mediações independentes, pois se trata do mesmo devedor e todos os acordos devem estar calçados pela capacidade de geração de caixa desse devedor.

A isonomia é uma igualdade material que deve pautar cada grupo pertencente ao conjunto desses acordos e todos terão que dividir o mesmo fluxo de caixa futuro que será gerado a partir das expectativas do devedor, as quais precisam ser (re)defendidas com base nas peculiaridades de seu negócio e das condições macroeconômicas vislumbradas a partir daquele momento.

Assim, como primeiro elemento de resgate dessa credibilidade, a atenção aos números do devedor quando de suas projeções e fluxo de caixa futuro podem auxiliar muito a divisão desse bolo, pois as fatias por grupo de credores podem ser maiores ou menores, mas todos devem acreditar que o tamanho do bolo foi previsto de forma, no mínimo, responsável.

Inegável o vanguardismo dos Grupos de Trabalho criados pelas Portarias 162/2018 e 199/2020 do CNJ[4] que, através de suas recomendações, formaram e consolidaram as melhores práticas quando da condução de processos de insolvência, em especial, a aplicabilidade da mediação em processos do gênero.

Outro elemento que deve ser considerado reside na inserção expressa da mediação pré-processual no contexto da Lei 11.101/2005[5], fornecendo

---

[4] Grupo de trabalho criado pelo Conselho Nacional de Justiça composto por especialistas do direito de insolvência, atualmente coordenado pelo Ministro Luis Felipe Salomão.

[5] Art. 20-A da Lei 11.101/2005, em conformidade com as alterações trazidas pela Lei 14.112/2020.

previsibilidade quanto aos benefícios e às limitações desse recurso, mas inegável a possibilidade do acesso a uma ferramenta de crise mais amena do que a interposição, de imediato, do pedido de recuperação judicial, existindo uma grande expectativa dos operadores de direito falimentar de que a mediação, em especial, a pré-processual, venha a viabilizar o soerguimento de muitas empresas, fornecendo às pequenas e microempresas uma alternativa financeiramente viável para seu soerguimento.

Importante destacar que, como grande trunfo da mediação pré-processual, a empresa devedora poderá requerer a suspenção das execuções contra elas propostas pelo prazo de até 60 dias, via tutela de urgência cautelar e, para segurança dos credores, os acordos fechados perderão sua validade, reconstituindo aos credores seus direitos e garantias nas condições originalmente contratadas, caso a empresa devedora venha a ingressar com seu pedido de recuperação judicial em até um ano.

Essas duas previsões da Lei garantiram o sucesso do instituto, salvaguardando a empresa devedora durante o período de mediação e garantindo aos credores seus direitos originais caso a devedora venha a interpor posteriormente sua recuperação judicial.

4. CEJUSCS EMPRESARIAIS E CÂMARAS PRIVADAS

Quando nos concentramos na mediação empresarial exercida por Câmaras especializadas, os casos têm sido majoritariamente processados por Câmaras privadas até 2020, conforme nos elucida a Profa. Daniella Monteiro Gabbay[6], ao afirmar que a mediação empresarial vem experienciando um aumento gradual de casos, mas, a nosso ver, tal aumento está muito aquém das necessidades do mundo empresarial atual, cingindo-se a contendas de valores mais elevados.

A complexidade desses casos advém da natureza dos conflitos e não somente dos valores envolvidos, sendo necessário o atendimento de todas os conflitos do gênero, não importando seu valor, tendo em vista que nos situamos em um País com mais de 17 milhões de pequenos negócios, que, juntos, representam 99% de todas as empresas do país, representando cerca de 30% do PIB e que oferecem 55% dos empregos formais.

---

[6] Doutora e Mestre pela Faculdade de Direito da Universidade de São Paulo (USP) e Professora da graduação e pós-graduação da Escola de Direito de São Paulo da Fundação Getulio Vargas (FGV DIREITO SP). Autora de artigos, pesquisas e livros e advogada na área de solução de disputas, mediação e arbitragem.

Sobre a realidade da mediação empresarial brasileira, analisando os dados de duas Câmaras especializadas na área empresarial[7], nas quais as mediações decorreram de previsão contratual ou pela adoção da mediação após a deflagração do conflito, foram realizados um total de 65 casos entre os anos de 2012 e 2017, tendo por valor médio o montante de R$ 54.867.758,61 cada, ou seja, longe da realidade das MEs e das PMEs.

Para suprir esse vácuo de especialização nos casos de empresas menores, o Grupo de Trabalho criado pela Portaria 162/2018 do CNJ, elaborou o texto da Recomendação 71/2020, recomendando aos tribunais brasileiros a implementação de CEJUSCs empresariais visando ao tratamento especializado aos conflitos que envolvem matérias empresariais, sejam na fase pré-processual, sejam em demandas já ingressadas, sem limitação quanto à matéria ou ao valor, incluindo as causadas pela crise deflagrada pela pandemia (Covid-19). Importante o prestígio que a Recomendação sob comento dá ao trabalho desenvolvido até então pelas Câmaras privadas, reconhecendo expressamente, em seu texto, sua existência, desde que previamente cadastradas no respectivo Tribunal de Justiça.

No sentido de instrumentalizar essas Câmaras, a Recomendação sob comento impõe a necessidade de que seja providenciada a capacitação específica de conciliadores e mediadores em matéria empresarial ou que sejam cadastrados profissionais com tal especialização, afastando a hipótese de que as partes se submetam a sessões de mediação ineptas, recomendando a utilização do meio virtual para a realização dos trabalhos.

Conectados com a necessidade da prestação desse serviço à comunidade empresarial, os Tribunais de vários Estados já aprovaram a criação de seus centros de solução de conflitos empresariais, em sua maioria virtuais, destacando que ainda não temos notícias quanto aos procedimentos e aos sistemas que serão adotados para a administração do contexto dessas mediações de insolvência, no conjunto dos trabalhos que compõem o processo de soerguimento de empresas, seja judicial ou não.

De qualquer forma, o profissional que venha a se compromissar com tais mediações deverá conhecer mais do que somente o direito, mas ter conhecimentos que lhe favoreça a compreensão da projeção do fluxo de caixa da empresa devedora e de sua atividade, para lidar com as pressões dos grupos de credores, fazendo os mesmos compreenderem que exigências descabidas poderão desandar o processo de soerguimento como um todo, levando a

---

[7] Estudos elaborados através dos dados disponíveis nos sites das Câmaras CAM--CCBC e FIESP/CIESP.

novos descumprimento e maior frustração quanto ao alcance e sucesso dos CEJUSCs empresariais.

5. CONCLUSÕES

Não é sempre que os operadores de um segmento do direito podem vivenciar intensos debates em sua área de especialização, os quais provêm do clamor de uma sociedade que vivenciou uma grave crise entre os anos de 2014 e 2018 e, atualmente, enfrenta uma crise econômica generalizada causada pela pandemia do Coronavírus.

Como resposta direta à expectativa gerada por instrumentos mais eficazes de insolvência a fim de atender aos anseios de nossa sociedade em crise, iniciaram-se intensos debates desde dezembro de 2016[8] que culminaram na atualização das disposições da Lei de insolvências com a inclusão de práticas consolidadas pela jurisprudência, bem como novas previsões acerca de ferramentas e procedimentos, os quais serão objeto de intensos debates jurisprudenciais nos próximos anos.

O reconhecimento legislativo da mediação pré-processual e a mediação como uma alternativa para os processos de recuperação judicial e falência consagra os esforços dos especialistas integrantes do Grupo de Trabalho do CNJ[9]

---

[8] Grupo de trabalho criado pela Portaria 467 do Ministério da Fazenda, de 16.12.2016, com a finalidade de debater temas voltados ao sistema de insolvência brasileiro, medida que acabou por instigar o posterior envolvimento de diversos especialistas do direito falimentar e institutos relacionados para que tal debate se aprofundasse, culminando todos os esforços no trabalho do Deputado Hugo Leal para a consolidação das melhores práticas adereçadas a incorporar o Projeto de Lei 6.229/2005, o qual, aprovado, tramitou no Senado em tempo recorde através do PL 4.458/2020, formando a Lei 14.112/2020, responsável pelas alterações hoje em vigor.

[9] Formação atual pela Portaria 199/2020: Ministro Luís Felipe Salomão, Conselheiro Henrique de Almeida Ávila, Ministro Paulo Dias de Moura Ribeiro, Ministro Alexandre de Souza Agra Belmonte, Desembargadora Mônica Maria Costa Di Piero, Desembargador Agostinho Teixeira de Almeida Filho, Desembargador José Roberto Coutinho de Arruda, Desembargador Marcelo Fortes Barbosa Filho, Desembargador Alexandre Alves Lazzarini, Juiz Daniel Carnio Costa, Dr. Luiz Roberto Ayoub, Dr. Flávio Antônio Esteves Galdino, Dr. Marcelo Vieira de Campos, Dr. Paulo Penalva Santos, Dra. Samantha Mendes Longo, Dr. Bruno Galvão Souza Pinto de Rezende, Dr. Luiz Fernando Valente de Paiva, Dra. Juliana Bumachar, Dra. Victória Vaccari Villela Boacnin, Juíza Giovana

e de magistrados pioneiros que foram precursores nesse caminho[10] e abre uma via larga para que a insolvência, como um todo, possa experienciar novas técnicas e se aperfeiçoar na prestação de serviços para a comunidade empresarial.

Assim, os Tribunais iniciaram os trabalhos para a composição de seus CEJUSCs empresariais, mantendo, conforme Recomendação 71 do CNJ, o reconhecimento da atuação das Câmaras privadas, simbiose a qual acabará por construir as melhores práticas a serem disseminadas em ambos os casos, fortalecendo a mediação no contexto dos CEJUSCs e das Câmaras privadas, favorecendo a maior aceitação e consolidação da mediação empresarial de insolvência no Brasil e o atendimento de todos os setores da sociedade e tamanhos de demandas.

REFERÊNCIAS BIBLIOGRÁFICAS

GABBAY, Daniela Monteiro. Mediação empresarial em números: onde estamos e para onde vamos? Disponível em: https://www.aasp.org.br/em-pauta/mediacao-empresarial-em-numeros-onde-estamos-e-para-onde-vamos/. Acesso em: 25 jan. 2021.

PODER360. Brasil abre 1,4 milhão de novas micro e pequenas empresas em 2020. 06.10.2020. Disponível em: https://www.poder360.com.br/economia/brasil-abre-14-milhao-de-novas-micro-e-pequenas-empresas-em-2020/#:~:text=2020)%2C%20foi%20comemorado%20o%20dia,PIB%E2%80%%209D%%202C%20afirmou%20o%20Sebrae. Acesso em: 26 jan. 2021.

ROGERS, Nancy H.; BORDONE, Robert C.; SANDER, Frank E. A.; MCEWEN, Craig A. *Designing systems and processes for managing disputes*. 2. ed. New York: Wolters Kluwer, 2019.

Farenzena, Juíza Anglisey Solivan de Oliveira e Dr. Geraldo Fonseca de Barros Neto.

[10] Tais como os Magistrados Fernando Cesar Ferreira Viana, da 7ª Vara Empresarial do Rio de Janeiro, e Dra. Andrea Galhardo de Palma, da 2ª Vara Regional Empresarial e de Conflitos de Arbitragem de São Paulo.

A CONSTATAÇÃO PRÉVIA

19

A CONSTATAÇÃO PRÉVIA E SUA RELAÇÃO COM O PROCESSAMENTO DA RECUPERAÇÃO JUDICIAL

PEDRO IVO LINS MOREIRA

Sumário: 1. Introdução – 2. A perícia e a constatação prévia – 3. Os debates doutrinários e jurisdicionais sobre a constatação prévia – 4. O escopo da constatação prévia e o modelo de suficiência recuperacional (MSR) – 5. O procedimento da constatação prévia – 6. Conclusão – Referências bibliográficas.

1. INTRODUÇÃO

Não é novidade que o processamento de uma recuperação judicial traz grandes impactos para o mundo dos negócios e dos créditos, já que dentre seus efeitos está a suspensão de todas as execuções que correm contra o devedor (art. 6º da Lei 11.101/2005).

Consequências dessa natureza impõem uma carga elevada de responsabilidade e cautela ao juiz da causa, demandando-lhe análise bastante criteriosa sobre a presença dos requisitos legais necessários para o deferimento da recuperação judicial[1].

---

[1] Sobre as repercussões econômicas da recuperação judicial, vejamos a lição do Prof. Fábio Ulhoa Coelho: "Nem toda empresa merece ou deve ser recuperada. A reorganização de atividades econômicas é custosa. Alguém há de pagar pela recuperação, seja na forma de investimentos no negócio em crise, seja na de perdas parciais ou totais de crédito. (...) Mas se é a sociedade brasileira como um todo que arca, em última instância, com os custos da recuperação das empresas, é

O problema é que essa análise criteriosa costuma demandar conhecimento técnico alheio ao Direito[2], o que torna a tarefa prevista no art. 52 da Lei 11.101/2005 um tanto desafiadora e complexa.

Nesse contexto, muitos juízes passaram a compreender que seria prudente contar com a visão de um perito de sua confiança antes de deliberar sobre o processamento do pedido, pois desse modo eles teriam acesso a informações mais consistentes e fidedignas sobre a presença dos pressupostos legais e da situação do devedor. À essa técnica deu-se o nome de perícia prévia[3].

Os bons resultados colhidos na prática judicial fizeram com que a perícia prévia fosse se consolidando no cenário da insolvência brasileira até sua efetiva incorporação ao art. 51-A do diploma de insolvência pela Lei 14.112/2020, que a rebatizou de *constatação prévia*.

---

necessário que o Judiciário seja criterioso ao definir quais merecem ser recuperadas. Não se pode erigir a recuperação das empresas um valor absoluto. Não é qualquer empresa que deve ser salva a qualquer custo" (*Comentários à Lei de Falências e de Recuperação de Empresas*. 14. ed. São Paulo: RT, 2021. Versão eletrônica).

[2] Como bem aponta o Prof. Manoel Justino Bezerra Filho: "há urgente necessidade de que o juiz que cuida desses procedimentos tenha uma assessoria técnica por parte de administradores, economistas e contadores, preferencialmente corpo técnico de carreira do próprio Judiciário, para que todos esses aspectos econômicos determinantes possam ser corretamente avaliados pelo magistrado que, à semelhança dos advogados, não tem formação econômica, contábil, empresarial, o que seria suprido pelo corpo técnico profissional" (*Lei de Recuperação de Empresas e Falências*: Lei 11.101/05: comentada artigo por artigo. 9. ed. São Paulo: RT, 2013. p. 55-56).

[3] "Recuperação judicial. Pedido de processamento. Determinação de realização de perícia prévia, para auxiliar o juízo na apreciação da documentação contábil (art. 51 II LRF) e constatar a real situação de funcionamento da empresa. Possibilidade. Decisão mantida. Assistência técnica de perito permitida pela lei. Juiz que não dispõe de conhecimentos técnicos suficientes para apreciar a regularidade da documentação contábil apresentada. Art. 189 LRF c/c art. 145 CPC. Com relação à constatação da real situação de funcionamento da empresa, não pode o julgador mostrar-se indiferente diante de um caso concreto, em que haja elementos robustos a apontar a inviabilidade da recuperação ou mesmo a utilização indevida e abusiva da benesse legal. O princípio da preservação da empresa não deve ser tratado como valor absoluto, mas sim aplicado com bom senso e razoabilidade, modulado conforme a intenção do legislador e espírito da lei. Ativismo. Precedentes. Decisão de deferimento do processamento que irradia importantes efeitos na esfera jurídica de terceiros. Decisão integralmente mantida por seus próprios e jurídicos fundamentos. Recuso desprovido" (TJSP, AI 0194436-42.2012.8.26.0000, Des. Teixeira Leite, 1ª CRDE, *DJ* 02.10.2012).

Em razão das dúvidas que costumam cercar toda novidade legislativa, os próximos tópicos serão dedicados ao estudo da constatação prévia à luz do texto legal, do arcabouço teórico e das principais controvérsias, buscando pavimentar um caminho interpretativo que seja seguro e consentâneo com as finalidades e princípios que foram traçados pelo legislador.

2. A PERÍCIA E A CONSTATAÇÃO PRÉVIA

Antes da positivação do art. 51-A, os juízes precisavam recorrer às normas gerais do Código de Processo Civil para legitimar a realização da perícia prévia, o que era feito por meio da interpretação sistemática do art. 189 da Lei 11.101/05 com os arts. 139, VI, 156, 370 e 481 do CPC.

De todo modo, o rápido caminho percorrido entre o nascimento da perícia prévia até a sua efetiva positivação é reflexo de uma combinação de fatores: bons resultados colhidos na prática; ampla aplicação pelos juízes de 1º Grau; e reconhecimento de sua efetividade pelos órgãos de cúpula, a exemplo das Câmaras Especializadas do Tribunal de Justiça de São Paulo e do Conselho Nacional de Justiça.

Diante desse cenário, o legislador percebeu a necessidade de incorporar à lei a prática judicial da perícia prévia, uma vez que seu regramento seria capaz de lhe conferir maior sistematicidade e segurança jurídica. Foi assim que nasceu o instituto da constatação prévia[4].

A diferença marcante entre a perícia e a constatação prévia é procedimental, pois esta é dotada de contornos muito particulares que foram adaptados ao dinamismo e à celeridade exigidos pela crise empresarial. Aliás, são essas particularidades que sugeriram a utilização de uma nomenclatura diversa, cuja principal vantagem é evitar a aplicação inadvertida de regras incompatíveis previstas no Código de Processo Civil[5].

---

[4] É o que consta no parecer (PPP1) apresentado ao plenário da Câmara dos Deputados pelo Dep. Hugo Leal: "(...) por se tratar de prática jurisprudencial sem regulação expressa, observa-se uma indesejável variação no procedimento aplicado pelos juízes, o que coloca em risco a segurança jurídica nas recuperações judiciais de empresas (...) a previsão legal se faz necessário para regular o procedimento em todas as suas fases, com o objetivo de garantir a segurança jurídica em processos de recuperação de empresas".

[5] Mesmo que a denominação do instituto tenha sido alterada, é certo que a nomeação de um especialista para auxiliar o juiz em questões que dependam de conhecimento técnico ou científico se enquadra no conceito normativo de perícia (arts. 156 e 464 do CPC). Nesse sentido, Daniel Amorim Assumpção das Neves:

3. OS DEBATES DOUTRINÁRIOS E JURISDICIONAIS SOBRE A CONSTATAÇÃO PRÉVIA

O procedimento de constatação prévia despertou e continua despertando muitas críticas por parte da doutrina e de integrantes do Poder Judiciário, dentre as quais podemos elencar: i) a insegurança jurídica provocada pela falta de previsão legal do instituto; ii) o atraso e a demora prejudiciais à implementação de medidas vitais para a superação da crise do devedor; e, por fim iii) a incompreensão sobre o papel a ser desempenhado pelo juiz no exame do art. 52 da Lei 11.101/2005.

De plano, podemos afirmar que a primeira crítica foi superada pela positivação da constatação prévia, não havendo mais que se falar em ausência de previsão legal. Embora a positivação não resolva – *de imediato e por si só* – todos os problemas ligados à insegurança jurídica, acredita-se que o período de amadurecimento e uniformização envolvendo a aplicação do art. 51-A poderá ser abreviado com auxílio dos órgãos de cúpula do Judiciário[6].

No tocante à alegação de que a constatação prévia causa demora perniciosa à efetividade da recuperação judicial, entende-se que, além de não haver base empírica nesse sentido, o prazo legal de cinco dias para a entrega do laudo é extremamente razoável, sendo pouco crível que o destino do devedor esteja em xeque por conta disso[7].

"A prova pericial é meio de prova que tem como objetivo esclarecer fatos que exijam um conhecimento técnico específico para a sua exata compreensão. Como não se pode exigir conhecimento pleno do juiz a respeito de todas as ciências humanas e exatas, sempre que o esclarecimento dos fatos exigir tal espécie de conhecimento, o juízo se valerá de um auxiliar especialista, chamado de perito" (*Novo Código de Processo Civil comentado*. Salvador: JusPodivm, 2016. p. 764).

[6] Como vem sendo feito com os enunciados do Grupo de Câmaras de Direito Empresarial do Tribunal de Justiça de São Paulo (Enunciado VII) e com as recomendações desenvolvidas pelo Conselho Nacional de Justiça (Rec. 57/19).

[7] Mesmo durante a constatação prévia, o princípio da inafastabilidade (art. 5º, XXXV, da CF/88) e o poder geral de cautela permitirão que sejam antecipados certos efeitos do *stay period* (art. 305 do CPC c/c art. 6º) para lidar com situações concretas que coloquem em risco a recuperação judicial pretendida, ao menos até a deliberação sobre o processamento do feito. A crítica, no entanto, serve de advertência aos juízes de 1º grau sobre a indispensável celeridade da constatação prévia, inclusive no que tange à movimentação processual, sob pena de prejuízo ao devedor e descrédito perante a comunidade jurídica.

Já quanto à terceira crítica, de fato, há pouco consenso na doutrina e na jurisprudência sobre qual seria o objeto, a extensão e a profundidade do juízo de admissibilidade previsto no art. 52 da Lei 11.101/2005.

Para os críticos da constatação prévia, o juiz deveria, ao receber a petição inicial, promover apenas uma análise meramente formal dos requisitos indicados nos arts. 48 e 51 da Lei 11.101/2005. Estando formalmente em termos tais documentos – *independentemente de sua consistência* – o processamento da recuperação judicial deve ser deferido.

Os adeptos da constatação prévia, por sua vez, compreendem que o exame meramente formal não é suficiente para atender aos fins da Lei 11.101/2005, cabendo ao juiz checar a *integridade do pedido de recuperação judicial*, que contempla tanto a verificação das reais possibilidades de superação da crise quanto a investigação da consistência da documentação apresentada.

Isso porque, na visão de seus partidários, o sacrifício imposto aos credores pela recuperação judicial somente se justifica caso o devedor apresente elementos mínimos – *de forma clara, segura e transparente* – de que a sua atividade empresarial gera os benefícios que a Lei 11.101/2005 pretende promover no seu art. 47. Ou seja, a recuperação judicial só deve ser deferida quando há elementos concretos de geração de empregos, tributos, produtos, serviços e riquezas.

Com as alterações promovidas pela Lei 14.112/2020, o legislador pretendeu adotar essa última visão. A partir de agora, o juízo de admissibilidade do art. 52 precisará ser compreendido à luz do art. 51-A, o que significa que as *reais condições de funcionamento* e a *completude e regularidade documental* passam a integrar o rol dos requisitos necessários a serem cumpridos para o processamento da recuperação judicial (arts. 47, 48, 51 e 51-A da Lei 11.101/2005).

4. O ESCOPO DA CONSTATAÇÃO PRÉVIA E O MODELO DE SUFICIÊNCIA RECUPERACIONAL (MSR)

De acordo com o *caput* do art. 51-A e de seus §§ 5º, 6º e 7º, a constatação prévia pode e deve checar as reais condições de funcionamento do devedor; a regularidade e a completude[8] da documentação apresentada na petição

---

[8] A inserção dos conceitos "regularidade" e "completude" reacenderá o debate sobre o tipo de avaliação judicial que deve ser realizada em relação à documentação

inicial; o local do principal estabelecimento do devedor, bem como se há utilização fraudulenta do processo[9].

Esses fatores serão examinados pelo profissional de confiança nomeado pelo juiz, que produzirá um laudo sobre a adequação formal e material do pedido de recuperação judicial.

Sobre o método a ser aplicado na constatação prévia, Daniel Carnio Costa e Eliza Fazan sugerem a utilização do "modelo de suficiência recuperacional (MSR)" – *um modelo avaliativo composto por 30 perguntas* – que foi desenvolvido para oferecer parâmetros objetivos a serem verificados pelo perito[10].

As 30 perguntas do MSR são distribuídas em três matrizes distintas dedicadas aos arts. 47, 48 e 51, da seguinte forma: i) 12 perguntas sobre a matriz "índice de suficiência recuperacional (ISR)", que trata das dimensões preconizadas pelo art. 47; ii) 5 perguntas sobre os requisitos essenciais do art. 48, que compõem a matriz "índice de adequação documental essencial (IADe)"; e iii) 13 perguntas sobre a matriz "índice de adequação documental útil (IADu)", no intuito de certificar que a documentação do art. 51 corresponde à realidade fática.

---

do art. 51 da Lei 11.101/2005. A jurisprudência do TJSP é praticamente pacífica, no sentido de que a avaliação deve ser meramente formal, não cabendo questionamento sobre a veracidade, fidedignidade ou qualidade dos documentos apresentados. Contudo, partindo da premissa que o legislador não usa palavras inúteis, nos parece que o comando do art. 51-A é contrário à ideia de um controle meramente formal. Essa visão é compartilhada por Daniel Carnio Costa e Eliza Fazan: "a expressão 'estando em termos os documentos' exige do juiz uma verificação do conteúdo dos documentos, de modo a analisar a consistência da referida documentação e sua correspondência com a realidade fática da empresa. Essa é a interpretação que melhor garante as finalidades do sistema recuperacional" (*Constatação prévia em processo de recuperação judicial de empresas*: o modelo de suficiência recuperacional (MSR). Curitiba: Juruá, 2019. p. 43).

[9] Embora não esteja previsto expressamente no art. 51-A da Lei 11.101/2005, a integridade do pedido de recuperação judicial também exige uma análise sumária de eventual litisconsórcio ativo necessário, o que poderá ser certificado pelo perito caso encontre elementos que induzam a tanto.

[10] Daniel Carnio Costa é conhecido como o precursor da perícia prévia, que foi desenvolvida durante sua experiência como juiz na 1ª Vara de Falências do Estado de São Paulo. Eliza Fazan, por sua vez, compartilhou de seu amplo conhecimento técnico como perita e administradora judicial para desenvolver o aspecto contábil do MSR.

Cap. 19 · CONSTATAÇÃO PRÉVIA E A RELAÇÃO COM A RECUPERAÇÃO JUDICIAL | **257**

Após a diligência *in loco*, o perito nomeado deverá responder cada uma das perguntas – *atribuindo a pontuação "zero", "cinco" ou "dez"* – e justificar o motivo de sua resposta. A depender da pontuação final e das circunstâncias concretas, o caso será de emenda, deferimento ou indeferimento do pedido de processamento da recuperação judicial.

Sob a ótica do MSR, infere-se que as *reais condições de funcionamento da empresa* somente poderiam ser constatadas após vistoria *in loco e* análise da documentação contábil. Feito isso, o perito estaria apto a responder as 12 perguntas sobre: i) a manutenção da fonte produtora e condições de superar a crise econômica; ii) a manutenção do emprego; iii) a função social da atividade econômica; iv) os interesses dos credores; que correspondem às dimensões segregadas dos benefícios estampados no art. 47 da Lei 11.101/2005.

Considerando os parâmetros acima, percebe-se que há uma linha tênue separando as *reais condições de funcionamento* da *viabilidade econômica do devedor*, cujo exame pelo Poder Judiciário é vedado expressamente (art. 51-A, § 5º). Por conta disso, tanto o perito quanto o juiz precisam avaliar tais parâmetros com extrema cautela para não usurpar o papel que cabe aos credores[11].

Na prática, o juiz vai se deparar com situações de fato que podem revelar zona de certeza negativa – *o devedor, de fato, não reúne condições reais de funcionamento*; zona de certeza positiva – *o devedor, apesar da crise, ostenta condições reais de funcionamento*; e zonas cinzentas – *há dúvidas se as condições estão presentes ou não*[12].

Sendo assim, nos parece que o juiz só poderá indeferir o processamento da recuperação judicial quando a situação do devedor estiver inserida na zona de certeza negativa, ou seja, quando estiver cabalmente demonstrado que não há funcionamento da empresa (paralisação ostensiva) ou que há uma tentativa de utilização fraudulenta do processo[13].

---

[11] Nas palavras do Dep. Hugo Leal (PPP1): "(...) basta verificar se a empresa, ainda que em situação crítica, encontra-se em funcionamento ou em condições de funcionar, gerando aqueles benefícios econômicos e sociais acima referidos, que são decorrentes da atividade empresarial".

[12] Em caso de dúvida, deve prevalecer a decisão em favor do processamento do pedido da recuperação judicial, o que significa transferir a palavra final a respeito do tema aos credores.

[13] i) TJSP, AP 2037004-52.2014.8.26.0000, Des. Maia da Cunha, 1ª CRDE, *DJ* 24.04.2014; ii) TJSP, AP 1006058-41.2013.8.26.0068, Des. Teixeira Leite, 1ª CRDE, *DJ* 17.12.2015; iii) TJSP, AP 1017640-29.2018.8.26.0564, Des. Cesar Ciampolini, 1ª CRDE, *DJ* 29.01.2020; iv) TJSP, AP 1068236-17.2019.8.26.0100, Des. Maurício

O legislador compreendeu que em tais casos o indeferimento não se dá com base no que, tecnicamente, se entende por "análise da viabilidade econômica", mas em razão da falta de um pressuposto lógico[14], qual seja: não há atividade legítima a ser preservada pela recuperação judicial[15].

No que se refere à completude e à regularidade documental (arts. 48 e 51), as perguntas do MSR são destinadas a cumprir duas finalidades: i) atestar que estão preenchidos os requisitos essenciais; ii) certificar que a documentação apresentada na petição inicial corresponde à realidade fática, isto é, não foi "manipulada" ou "fabricada" exclusivamente para a recuperação judicial.

Pessoa, 2ª CRDE, *DJ* 25.03.2020; v) TJSP, AP 2272968-49.2019.8.26.0000, Des. Araldo Telles, 2ª CRDE, *DJ* 31.05.2020.

[14] Reconhece-se que é quase impossível sustentar que não há análise de viabilidade econômica pelo Poder Judiciário quando ele indefere o processamento da recuperação judicial de empresas inativas e paralisadas. O esforço argumentativo não vale a pena. É mais honesto reconhecer que essa análise existe, mas é tolerada em razão de seus benefícios. Sendo assim, a melhor exegese é aquela que extrai dos arts. 47, 48 e art. 51-A o fundamento legal para permitir que o juiz promova um controle de "viabilidade econômica mínima", que corresponde à aferição de que a empresa realmente funciona ou possui reais condições de funcionar, o que é entendido como "requisito mínimo" ou "pressuposto lógico" para legitimar as limitações a serem impostas aos credores, por força do art. 52. Nessa linha de raciocínio, o provimento que é vedado pela parte final do § 5º do art. 51-A é aquele que adentra na avaliação econômica de empresas que, apesar da crise, estão em atividade. Nesse sentido, confira-se a lição do Professor Fábio Ulhoa Coelho: "É decorrência lógica do disposto no art. 48 da LF que apenas o empresário e a sociedade empresária em atividade estão legitimados para o pedido de recuperação judicial. Se a empresa está inativa, não há objeto a se recuperar" (Op. cit., RB-57.5).

[15] É o que consta no parecer do Dep. Hugo Leal (PPP1), senão vejamos: "(...) a capacidade de a empresa em crise gerar empregos e renda, circular produtos, serviços, riquezas e recolher tributos é pressuposto lógico para deflagração do processo de recuperação judicial e diretamente ligado ao interesse processual. A recuperação judicial se aplica às empresas em crise, mas com capacidade de gerar benefícios econômicos e sociais no exercício de sua atividade empresarial, e que empresas absolutamente inviáveis, incapazes de gerar benefícios econômicos e sociais, devem ser liquidadas no processo de falência. A identificação da real condição da empresa em crise é essencial para a correta aplicação do remédio legal e que não se deve aplicar recuperação judicial para empresas absolutamente inviáveis, cujas atividades não merecem ser preservadas em função da ausência de benefícios que deveriam ser gerados em favor do interesse público e social".

Embora não exista norma que imponha a adoção do MSR, o que permitirá a coexistência de outros modelos de constatação prévia, podemos listar algumas vantagens que a tornam altamente recomendável.

Em primeiro lugar, o modelo de suficiência recuperacional corresponde à concretização das ideias que efetivamente influenciaram o legislador, já que Daniel Carnio Costa participou ativamente da comissão de juristas que auxiliou na redação do texto da reforma da Lei 11.101/2005. Em segundo lugar, suas ideias centrais já foram testadas junto à 1ª Vara de Falências e Recuperações Judiciais de São Paulo, tendo apresentado resultados muito positivos. Por fim, o MSR tem a vantagem de oferecer fórmula padronizada e objetiva, que são atributos fundamentais para segurança jurídica e uniformização na aplicação do art. 51-A[16].

5. O PROCEDIMENTO DA CONSTATAÇÃO PRÉVIA

Ao receber o pedido de recuperação judicial, o juiz – *reputando necessário* – poderá determinar a constatação prévia, sendo dispensável a oitiva do devedor ou de qualquer outro sujeito processual a respeito do tema[17].

---

[16]   Como contraponto, poderia ser alegado que o risco da má aplicação do MSR não pode ser desconsiderado, pois nem todos os juízes são *experts* em matéria de insolvência e nem compartilham dos mesmos valores e princípios. Assim, haveria terreno fértil para insegurança jurídica, especialmente porque o modelo é dotado de 30 (trinta) perguntas, o que permitirá uma miríade de interpretações. Para superar essa objeção, primeiro, devemos reconhecer que a adoção do MSR não impedirá que ocorram distorções na sua aplicação, inclusive com extinções prematuras ou indevidas de pedidos de recuperação judicial. Contudo, equívocos isolados e pontuais – *que sem dúvida existem e continuarão existindo* – não podem ser pinçados (*cherry picking*) para tentar deslegitimar toda a gama de benefícios que o modelo oferece (relação custo-benefício). De todo modo, entendemos que uma recomendação oficial de utilização de formulário-padrão MSR será capaz de resolver grande parte dos problemas. Se não bastasse, a previsão de recurso no § 4º do art. 51-A foi pensada justamente para remediar esse tipo de problema. Em arremate, a regionalização e especialização das Varas de Recuperação e Falência tendem a provocar a diminuição dos equívocos interpretativos, na medida em que os juízes estarão mais habituados com a aplicação das ferramentas previstas na Lei 11.101/2005 (ver Rec. 56 do CNJ).

[17]   Observe-se que a redação do art. 51-A, *caput*, denota o caráter facultativo da constatação prévia, cabendo somente ao juiz aquilatar a pertinência e a necessidade de contar com o auxílio de um profissional. Além disso, registre-se que o legislador não condicionou a determinação de constatação prévia à presença de indícios concretos de abuso, fraude ou irregularidade, já que a própria

Para que a diligência preserve a efetividade e para que seus objetivos não sejam frustrados, haverá casos em que será recomendável que ela seja determinada e realizada sem a prévia ciência do devedor, o que, por vezes, demandará a instauração de um incidente apartado sob sigilo provisório (art. 51-A, *caput* c/c §§ 3º e 4º).

Na decisão que determina a constatação prévia, o juiz nomeará pessoa – *física ou jurídica* – de sua confiança, com capacidade técnica e idoneidade. Revela-se altamente recomendável que o nomeado tenha experiência na área de insolvência e disponha de conhecimento (ou equipe) multidisciplinar, porquanto estão amalgamadas no objeto da verificação questões contábeis, econômicas e jurídicas.

Ainda sobre a nomeação, caso seja deferido o processamento da recuperação judicial, não há impedimento legal para que o perito que executou a constatação prévia venha a ser nomeado administrador judicial[18].

Após vistoria no estabelecimento do devedor e análise da escrituração empresarial, o laudo a ser entregue deverá versar – *de forma clara, fundamentada e objetiva* – sobre as reais condições de funcionamento do devedor e sobre a regularidade e completude dos documentos referidos nos arts. 48 e

---

complexidade técnica da matéria impede que muitos juízes cheguem a esse tipo de conclusão.

[18] Nesse ponto, reside acirrada controvérsia sobre um possível conflito de interesse, pois o profissional que atua no ramo da administração judicial – *aventando futura nomeação para o cargo* – estaria inclinado a auxiliar o devedor e a elaborar laudo de constatação prévia favorável ao processamento da recuperação judicial. A preocupação, porém, nos parece exagerada. Considerando que a reputação e a confiabilidade são os maiores ativos de quem se dedica à administração judicial, compreende-se que dificilmente o profissional os colocaria em xeque, sobretudo tendo ciência de que seu laudo sofrerá escrutínio posterior por parte dos credores. As posturas desviadas de administradores judiciais são interpretadas pelos juízes como quebra de confiança e as nomeações tendem a não se repetir. Pontue-se, outrossim, que mesmo no caso de indeferimento a diligência será devidamente remunerada e nada impede que o juiz adote a prática de repetir a nomeação até que haja uma recuperação judicial com o deferimento do processamento do pedido. De toda forma, neste campo impera a discricionariedade e a prudência do julgador, que deverá – *no exercício de seu livre convencimento* – nomear quem ele entenda capaz, imparcial, confiável e idôneo para o desempenho da tarefa. É preciso registrar, todavia, que existem muitos juízes que preferem não misturar as funções para evitar esse tipo de discussão. Para estes juízes, o profissional que executou a constatação prévia não poderá ser nomeado para a função de administrador judicial no mesmo processo.

Cap. 19 · CONSTATAÇÃO PRÉVIA E A RELAÇÃO COM A RECUPERAÇÃO JUDICIAL | **261**

51, acompanhado de parecer pelo deferimento, indeferimento ou pela necessidade de emenda, ocasião em que o perito esclarecerá quais são os pontos a serem regularizados (art. 51-A, §§ 5º e 7º).

Entre as situações que podem ser verificadas na constatação prévia, podemos destacar: i) ausência de atividade empresarial em funcionamento; ii) descumprimento de um dos requisitos essenciais previstos no art. 48; iii) irregularidade ou incompletude documental; iv) indícios contundentes de utilização fraudulenta da ação de recuperação judicial; v) incompetência do juízo em razão do principal estabelecimento estar localizado em local diverso; vi) hipótese de litisconsórcio ativo necessário[19] (art. 51, II, *e* c/c art. 69-J da Lei 11.101/2005 e art. 114 do CPC)[20].

É evidente que todas essas situações precisam ser verificadas e corrigidas – *caso isso se mostre possível* – antes do processamento da recuperação judicial, sob pena de prejuízo aos credores e graves distúrbios à ordem processual.

Quanto ao prazo, considerando que a constatação prévia é regida pelo princípio da celeridade, o laudo deverá ser apresentado em cinco dias a contar da nomeação do perito (art. 51-A, § 2º)[21]. No entanto, de nada adianta a imposição legal de prazo se a agilidade também não for observada pela serventia e pelo juiz (art. 189-A)[22].

---

[19] A apuração da consolidação substancial não faz parte do objeto principal da constatação prévia. Cuida-se, portanto, de uma hipótese de verificação fortuita e circunstancial, que poderá ser constatada durante o exame dos registros contábeis pelo perito. Assim, identificado indício robusto de consolidação substancial, mostra-se prudente a sua menção no laudo, no intuito de assegurar a emenda da inicial para correção e ampliação do polo ativo. A respeito do tema, vale conferir os seguintes acórdãos: i) TJSP, AI 2172093-71.2019.8.26.0000, 2ª CRDE, Des. Maurício Pessoa, *DJ* 30.01.2020; ii) TJSP, AI 2138841-43.2020.8.26.0000, Des. Cesar Ciampolini, 1ª CRDE, *DJ* 06.10.2020.

[20] Paralelamente, o perito também poderá fazer constar no laudo todas as circunstâncias relevantes que foram verificadas na diligência e que ele reputa necessário chegar ao conhecimento do juiz para a boa aplicação da Lei 11.101/2005.

[21] Se algum obstáculo à realização da diligência for criado pelo devedor, de forma a prejudicar a execução da constatação, deve o perito reportar esse fato e solicitar ao juízo as medidas cabíveis, inclusive a prorrogação de prazo para concluir o seu laudo. Neste caso, a consequência por eventual atraso deve ser tolerada pelo devedor, pois foi ele quem deu causa.

[22] Para medidas cautelares nessa fase, conferir o exposto na nota de rodapé 8 e os seguintes julgados: i) TJSP, AI 2116504-31.2018.8.26.0000, Des. Azuma Nishi, 1ª CRDE, *DJ* 26.09.2018; ii) TJSP, AI 2057230-05.2019.8.26.0000, Des. Grava Brazil, 2ª CRDE, *DJ* 03.05.2019.

Protocolado o laudo, o devedor será intimado de seu resultado concomitantemente à intimação da decisão que determinar a emenda da petição inicial, deferir ou indeferir o processamento e poderá impugná-la mediante a interposição do recurso cabível (art. 51-A, § 4º).

Por fim, a remuneração do profissional nomeado deverá ser arbitrada somente após a apresentação do laudo, evitando-se que esse tema seja fonte de discórdia e atrase o exame do processamento da recuperação judicial (art. 51-A, § 1º)[23].

6. CONCLUSÃO

Como visto, a finalidade da constatação prévia é, basicamente, auxiliar o juiz no exame das reais condições de funcionamento da atividade econômica do devedor, bem como da regularidade e completude da documentação que acompanha a petição inicial.

Implicitamente, o legislador adicionou novos pressupostos[24] ao processamento da recuperação judicial, de modo que a expressão "estando em termos a documentação" contida no art. 52 deverá ser compreendida à luz dos arts. 47, 48, 51 e 51-A da Lei 11.101/2005.

Tais mudanças materializam dois princípios que guiaram a reforma legislativa promovida pela Lei 14.112/2020: i) a instituição de mecanismos legais que evitem um indesejável comportamento estratégico dos participantes da recuperação judicial; e ii) a melhoria do arcabouço institucional.

---

[23] A vantagem de nomear como administrador judicial o profissional que realizou a constatação prévia é a diminuição dos custos do processo, já que a remuneração estabelecida na forma do art. 24 já seria suficiente para compensar os trabalhos anteriores do art. 51-A da Lei 11.101/2005.

[24] Essa adição de novos pressupostos, no entanto, não irá – *necessariamente* – implicar no aumento do número de indeferimentos, conforme bem ponderou, baseado em dados estatísticos, Daniel Carnio Costa. Além disso, o autor registrou o seguinte: "a (...) constatação prévia não só não cria dificuldade de acesso à Justiça, como acaba funcionando como um catalisador de acesso à ordem jurídica justa. (...) Onde se faz a perícia prévia, há uma indicação exata de quais são os documentos faltantes ou de quais são as irregularidades a serem sanadas. Há, ainda, a ajuda prestada pelo próprio perito à devedora, num trabalho de regularização da documentação inicial. Por outro lado, onde não se faz perícia prévia, a devedora tem maiores dificuldades em suprir falhas documentais diante da ausência de qualquer auxílio e de uma indicação mais detalhada das providencias de regularização documental" (Op. cit., p. 81-82).

Acredita-se que o fortalecimento do controle judicial por meio da constatação prévia reduzirá os incentivos que levam alguns devedores a abusarem da recuperação judicial e, consequentemente, os custos sociais e econômicos advindos de um processamento indevido. No entanto, sua principal função – *como já mencionado* – é agregar uma visão técnica capaz de subsidiar a avaliação contida no juízo de admissibilidade, o que inequivocamente representa uma melhoria do arcabouço institucional.

Ao fim e ao cabo, o que determinará a eficiência do instituto será seu apropriado manejo pelos juízes de 1º grau e, nesse aspecto, a doutrina e a jurisprudência cumprirão papeis fundamentais para o desenvolvimento da experiência jurídica.

REFERÊNCIAS BIBLIOGRÁFICAS

BEZERRA FILHO, Manoel Justino. *Lei de Recuperação de Empresas e Falências*: Lei 11.101/05: comentada artigo por artigo. 9. ed. São Paulo: RT, 2013.

COELHO, Fábio Ulhoa. *Comentários à Lei de Falências e de Recuperação de Empresas*. 14. ed. São Paulo: RT, 2021. Versão eletrônica.

COSTA, Daniel Carnio; FAZAN, Eliza. *Constatação prévia em processo de recuperação judicial de empresas*: o modelo de suficiência recuperacional (MSR). Curitiba: Juruá, 2019.

NEVES, Daniel Amorim Assumpção. *Novo Código de Processo Civil comentado*. Salvador: JusPodivm, 2016.

20

CONSTATAÇÃO PRÉVIA E PADRONIZAÇÃO DE PROCEDIMENTOS: O MODELO DE SUFICIÊNCIA RECUPERACIONAL

ELIZA FAZAN

Sumário: 1. Introdução – 2. Breve histórico da constatação prévia – 3. Aspectos sobre padronização na elaboração e no reporte de informações e seus benefícios – 4. Uso de padrões na constatação prévia: modelo de suficiência recuperacional (MSR) – 5. Evidenciação da constatação prévia: conteúdo do laudo de constatação das reais condições de funcionamento do devedor e da regularidade documental – 6. Conclusões e considerações finais – Referências bibliográficas.

1. INTRODUÇÃO

O procedimento de Constatação Prévia consiste numa análise sumária das condições de uma empresa requerente, relativamente a:

a) atividades em desenvolvimento e ativos disponíveis;

b) documentos apresentados no pedido e relativos aos requisitos do artigo 48;

c) documentos apresentados no pedido e relativos aos requisitos do artigo 51;

d) emprego de pessoas;

e) informações suficientes para análise dos seus credores;

f) relevância do emprego na região onde se localiza.

A identificação da real condição da empresa em crise, ainda que realizada de forma sumária, é essencial para a correta aplicação do remédio legal, pois, uma empresa sem atividades e sem ativos para desenvolvê-la, sem pessoas nela trabalhando e sem os documentos essenciais e úteis ao processo, respectivamente àqueles requeridos pelos arts. 48/48-A e 51 da Lei 11.101/2005, não terá condições para sua reestruturação e, consequentemente, de soerguer-se, uma vez que mesmo que analisada de forma sumária, não apresenta os elementos para, sequer, dar início ao processo judicial.

A constatação prévia se presta a esse papel: atender a necessidade de identificação sumária de quem é/são a(s) Requerente(s), o que faz(em), como faz(em), como se dá a atuação no mercado, em que estado se encontram seus ativos, os empregos que gera(m) e por fim, mas não menos importante, como se encontram os documentos que instruíram o pedido inicial. Dessa verificação sumária e da evidenciação técnica das apurações, resultará o "laudo de constatação das reais condições de funcionamento do devedor e da regularidade documental" (Lei 14.112/2020), tal qual como consta do novo texto da Lei 11.101/2005, que foi alterada pela Lei 14.112/2020, cuja vigência se deu a partir de 23.01.2021.

2. BREVE HISTÓRICO DA CONSTATAÇÃO PRÉVIA

A Constatação Prévia era uma prática conhecida como Perícia Prévia que teve sua aplicação inicial realizada de maneira empírica na 1ª Vara de Falências e Recuperações Judiciais. O sucesso do procedimento, à época, estava diretamente relacionado à experiência do magistrado e à especialização da vara, destinada unicamente a receber processos de recuperações judiciais e falências.

A prática se expandiu para outras varas e regiões brasileiras e, como o Brasil possui dimensões continentais, com pluralidade de Tribunais e, por consequência, de varas judiciais, especializadas ou não, a aplicação desse procedimento nem sempre atendeu aos objetivos para os quais foi concebido na 1ª Vara de Falências e Recuperações Judiciais de São Paulo, de forma que, por vezes, a prática da perícia prévia foi adotada com o rito pericial previsto no CPC, desvirtuando a característica sumária dessa verificação inicial e tendo como consequência, resultados diferentes e nem sempre benéficos ao rito recuperacional, em outras varas e regiões.

Assim, houve críticas ao procedimento, pois não tinha uma metodologia padrão e, embora a prática tenha sido bastante difundida entre os magistrados brasileiros, a ausência de uma regulação acerca da forma como essa prática deveria ser utilizada acabou gerando preocupações.

Até constar do texto da Lei 11.101/2020, introduzido pela Lei 14.112/2020, esse procedimento foi também debatido no âmbito do Conselho Nacional de Justiça (CNJ), em Grupo de Trabalho criado pela Portaria 162, de 19 de dezembro de 2018, justamente para debater e sugerir medidas voltadas à modernização e à efetividade da atuação do Poder Judiciário nos processos de recuperação judicial e de falência. Na reunião de instalação do Grupo de Trabalho, foram identificadas algumas práticas que seriam objeto de análise pelos seus integrantes, um grupo de notáveis, e, dentre elas, a Perícia Prévia em recuperação judicial de empresas. O CNJ então, acatou por unanimidade, sugestão apresentada pelo Doutor Daniel Carnio Costa, para edição de um ato normativo regulando o procedimento da Perícia Prévia que, todavia, foi rebatizada e passou a ser chamada de Constatação Prévia. Do Ato Normativo 0007684-39.2019.2.00.0000 do Conselho Nacional de Justiça, publicado em 31 de outubro de 2019, constou texto norteando a prática da Constatação Prévia no Brasil.

Com a aprovação do Projeto de Lei nas duas casas legislativas, a Lei 11.101/2005 passou a vigorar com seu texto alterado pela Lei 14.112/2020, e dela passou a constar o art. 51-A, que trata da Constatação Prévia, *in verbis*:

Art. 51-A. Após a distribuição do pedido de recuperação judicial, **poderá o juiz**, quando reputar necessário, nomear profissional de sua confiança, com capacidade técnica e idoneidade, para promover a constatação exclusivamente das reais condições de funcionamento da requerente e da regularidade e da completude da documentação apresentada com a petição inicial.

§ 1º A remuneração do profissional de que trata o *caput* deste artigo deverá ser arbitrada posteriormente à apresentação do laudo e deverá considerar a complexidade do trabalho desenvolvido.

§ 2º O juiz deverá conceder o **prazo máximo de 5 (cinco) dias** para que o profissional nomeado apresente **laudo de constatação das reais condições de funcionamento do devedor e da regularidade documental.**

§ 3º A constatação prévia será determinada sem que seja ouvida a outra parte e sem apresentação de quesitos por qualquer das partes, com a possibilidade de o juiz determinar a realização da diligência sem a prévia ciência do devedor, quando entender que esta poderá frustrar os seus objetivos.

§ 4º O devedor será intimado do resultado da constatação prévia concomitantemente à sua intimação da decisão que deferir ou indeferir o processamento da recuperação judicial, ou que determinar a emenda da petição inicial, e poderá impugná-la mediante interposição do recurso cabível.

§ 5º A constatação prévia consistirá, objetivamente, na **verificação das reais condições de funcionamento da empresa e da regularidade documental**, vedado o indeferimento do processamento da recuperação judicial baseado na análise de viabilidade econômica do devedor.

§ 6º Caso a constatação prévia detecte indícios contundentes de utilização fraudulenta da ação de recuperação judicial, o juiz poderá indeferir a petição inicial, sem prejuízo de oficiar ao Ministério Público para tomada das providências criminais eventualmente cabíveis.

§ 7º Caso a constatação prévia demonstre que o principal estabelecimento do devedor não se situa na área de competência do juízo, o juiz deverá determinar a remessa dos autos, com urgência, ao juízo competente. (grifos nossos)

Após a regulação e a inclusão desse Ato no texto do então projeto de alteração da Lei, agora à ela incorporado, restavam questões de ordem prática, como a indeterminação de como o perito avaliaria sumariamente as condições das reais condições da empresa devedora e dos documentos apresentados, e como evidenciaria essa constatação sumária para o magistrado.

Foi então desenvolvido por Costa e Fazan (2019), o Modelo de Suficiência Recuperacional, que se trata de um modelo padronizado e objetivo, que visa garantir previsibilidade e segurança jurídica para todos os envolvidos no processo de recuperação judicial. Além disso, com base na análise da existência de interesse processual (revelado pela capacidade de a empresa gerar os benefícios sociais e econômicos que a lei busca preservar) e na regularidade da documentação essencial e útil (aspecto relevante para garantir transparência no procedimento e sucesso nas negociações que serão realizadas durante o curso do processo), a decisão do magistrado, que afeta grande número de agentes, será baseada em elementos fáticos, apurados por profissional competente e de sua confiança.

O modelo, publicado em obra lançada em 2019, oferece possibilidade de que o perito forneça informações seguras e objetivas ao magistrado, para que possa decidir sobre o início ou não do processo de recuperação judicial, padronizando o procedimento de constatação sumária.

Cap. 20 · CONSTATAÇÃO PRÉVIA E PADRONIZAÇÃO DE PROCEDIMENTOS | 269

Superada a questão da avaliação objetiva das condições reais da devedora e a forma sumária pela qual o procedimento deve ser executado, restam pontos ainda a serem debatidos, como, por exemplo, a evidenciação desses resultados em "laudo de constatação das reais condições de funcionamento do devedor e da regularidade documental", pois o reporte a ser elaborado pelo profissional de confiança do juiz, também deve ser padronizado. As razões para essa padronização são debatidas no próximo tópico.

3. ASPECTOS SOBRE PADRONIZAÇÃO NA ELABORAÇÃO E NO REPORTE DE INFORMAÇÕES E SEUS BENEFÍCIOS

A padronização de procedimentos é necessária em todas as áreas humanas, haja vista que numa sociedade organizada, há leis para reger as mais variadas formas de convívio social, normas procedimentais em agências reguladoras de atividades em geral, bancos centrais, comissões de valores mobiliários, governos, conselhos profissionais etc.

Comparativamente e para aprofundar o debate, no cenário contábil global, a padronização de informações ocorreu por meio do IFRS[1], adotado no Brasil a partir de 2008 com a sanção da Lei 11.638/2007, constituindo-se hoje, em importante, senão essencial, meio de informação em processos decisórios para os agentes envolvidos, principalmente governos, empresas e investidores, pois reduzem a assimetria de informações financeiras que são recorrentemente reportadas pelas mais diversas empresas ao redor do mundo, uma vez que essas normas padronizadas, trouxeram em seu bojo características de transparência, responsabilidade, eficiência e comparabilidade aos mercados financeiros em todo o mundo, sendo utilizadas hoje em mais de 160 países, o que facilita a leitura de informações financeiras das empresas por analistas e interessados, independentemente do país onde estão sediados, traduzindo-se em uma liguagem universal a ser utilizada na medida das necessidades de seus usuários (IFRS, 2021).

No judiciário brasileiro, há muitas iniciativas no sentido de padronizar procedimentos e informações que são úteis aos processos. Na área

---

[1] IFRS – *International Financial Reporting Standards* são um conjunto de normas internacionais de contabilidade, emitidas e revisadas pelo IASB – *International Accounting Standards Board* (Conselho de Normas Internacionais de Contabilidade), que visam uniformizar os procedimentos contábeis e as políticas existentes entre os países, melhorando a estrutura conceitual e proporcionando a mesma interpretação das demonstrações financeiras.

da insolvência, importante pontuar a recente iniciativa da Corregedoria do Tribunal de Justiça de São Paulo, que editou o Comunicado 786/2020, contendo modelos padronizados de relatórios e documentos a serem apresentados nos processos ligados à área da insolvência, o que, certamente, incrementa a transparência das informações prestadas e também facilita aos agentes envolvidos, a utilização dessas informações, já que padronizadas.

Com relação à Constatação Prévia, **o modelo de suficiência recuperacional** se propôs ao mesmo objetivo, pois o roteiro padronizado de análise sumária das condições das devedoras e dos documentos que acompanham o pedido inicial proporciona objetividade no procedimento, maior transparência, responsabilidade e eficiência nas informações fornecidas aos agentes envolvidos no procedimento recuperacional, logo em seu início. A padronização da forma pela qual se executa a constatação prévia proporciona que a análise dos dados dela oriundos sejam traduzidos em uma linguagem universal a ser interpretada pelos magistrados de qualquer tribunal e comarca localizado em nosso país, e relativos a qualquer processo recuperacional, da mesma forma e com os mesmos critérios, reduzindo a subjetividade da constatação sumária inicial.

Superada a questão da objetividade na execução da Constatação Prévia, a evidenciação dos dados a partir do modelo de suficiência recuperacional requer também atenção no que tange à padrão para reporte. É preciso que as características qualitativas como clareza, confiabilidade, relevância, organização dos dados e elementos verificados, sejam logicamente organizados e reportados em "laudo de constatação das reais condições de funcionamento do devedor e da regularidade documental", que também contenha informações padronizadas, tudo, a facilitar a utilização da informação.

4. USO DE PADRÕES NA CONSTATAÇÃO PRÉVIA: MODELO DE SUFICIÊNCIA RECUPERACIONAL (MSR)

O Modelo de Suficiência Recuperacional (MSR), atualizado nesse artigo em relação à 1ª edição do livro publicado em 2019, com as alterações promovidas pela lei 14.112/2020, permanece não envolvendo análise de viabilidade do negócio, mas tão somente e de maneira padronizada, busca sumariamente analisar as condições da devedora no desenvolvimento das suas atividades, bem como a regularidade das informações e documentos que acompanharam o pedido inicial.

Foi organizado em **três matrizes de análise,** cujos itens a serem apreciados estão relacionados aos arts. 47, 48/48-A e 51 da Lei 11.101/2005, e, **uma matriz avaliativa** que sumariza os resultados apurados pelo Perito. Traduz-se num roteiro padronizado para a Constatação Prévia, cujas informações dele oriundas, entre outras análises contábeis-financeiras, e laudos fotográficos, devem estar logicamente organizadas no laudo a ser apresentado.

A **primeira matriz** contempla a constatação das reais condições de funcionamento da devedora, levando em conta as dimensões contidas no art. 47 da Lei 11.101/2005, sejam elas: a manutenção da fonte produtora e condições de superar a crise econômica; a manutenção do emprego; a função social e estímulo à atividade econômica; e o interesse dos credores. Contempla pontuação máxima de 120 pontos, cujo mínimo atribuído como necessário, no modelo, é 40, 1/3 dos itens delineados. Os pontos apurados nessa matriz constituem o índice de suficiência recuperacional (ISR).

A **segunda matriz** contempla a verificação da documentação essencial ao pedido de recuperação judicial elaborado pela devedora, elencada no art. 48 da Lei 11.101/2005, com a novidade do art. 48-A, introduzido pela Lei 14.112/2020, que acresceu a obrigatoriedade de comprovação da instituição de conselho fiscal pela devedora que estiver constituída sob a forma de companhia aberta. Numa pontuação total máxima de 60 pontos (ou 50 caso a requerente não seja companhia de capital aberto), 60 pontos são necessários (ou 50 caso a requerente não seja companhia de capital aberto) e, caso não atinja esse patamar, o perito deve constar em seu laudo o apontamento de necessidade de emenda da inicial. Os pontos apurados nessa matriz constituem o índice de adequação da documentação essencial (IADe).

A **terceira matriz** contempla a verificação da documentação útil ao pedido de recuperação judicial elaborado pela devedora, elencada no art. 51 da Lei 11.101/2005, com as novidades introduzidas pela Lei 14.112/2020, que, além de alterar alguns dispositivos, delineando o conteúdo dos documentos, acresceu outras três exigências documentais. Contempla, então, um total de 160 pontos, dos quais, para o pronto deferimento, recomenda-se que ao menos 70% dos itens estejam atendidos; vale dizer que dos 160 pontos possíveis, 112 são minimamente desejáveis para o pronto deferimento, com a necessidade de complementação da documentação, em prazo sugerido de 30 dias. Os pontos apurados nessa matriz constituem o índice de adequação da documentação útil (IADu).

Para as três matrizes padronizadas de constatação prévia, em cada item, o perito apontará se concorda, atribuindo nota 10; discorda parcialmente, atribuindo nota 5; ou que não concorda, atribuindo nota 0 (zero). Toda a avaliação realizada, nesse modelo, deve ser justificada no campo observações.

A matriz avaliativa considera os *scores* de cada uma das três matrizes de verificação, assim como as pontuações de corte, que, utilizada e evidenciada pelo perito no laudo de constatação prévia, sinalizará ao magistrado as reais condições de funcionamento da requerente e da regularidade e completude da documentação apresentada com a petição inicial.

As figuras em sequência apresentam o modelo de suficiência recuperacional.

Figura 1 – Matriz avaliativa dos resultados auferidos na aplicação do modelo de suficiência recuperacional.

	Condições	Resultados obtidos	Percentual obtido
Dimensões do Art. 47: 120 pontos possíveis			
Manutenção da fonte produtora e condições de superar a crise econômica	≥ 40 pontos:　　deferir (33,33%)	40	33%
Manutenção do emprego		40	33%
Função social e estímulo à atividade econômica	< 40 pontos:　　indeferir	20	17%
Interesse dos credores		20	17%
Soma aritmética dos resultados das dimensões do art. 47		**120**	**100%**
Documentos requisitados no art. 48: 50 ou 60 pontos possíveis			
Art. 48 - Certidões e legalidade do pedido	50 ou 60 pontos: deferimento (100%)　　　< 50 ou < 60 pontos: emenda da inicial	60	100%
Resultado da dimensão do art. 48		**60**	**100%**
Dimensão do art. 51: 160 pontos possíveis			
Art. 51 - Petição inicial e documentos que a acompanham	160 pontos: deferimento (100%)　　< 160 pontos e ≥ 112 pontos: deferimento para complementação ao AJ e nos autos em 30 dias (70%)　　< 112 pontos: emenda da inicial	160	100%
Resultado da dimensão do art. 51		**160**	**100%**

Fonte: Adaptado de Costa e Fazan (2019).

Figura 2 – Primeira matriz padronizada para constatação prévia: dimensões do art. 47 da Lei 11.101/2005.

Fundamento legal	Dimensão	#	Item a ser verificado	Julgamento do analista	Pontuação atribuída	Justificativa teórica / Racional para a avaliação do item
Art. 47	Manutenção da fonte produtora e condições de superar a crise econômica	1	Existe receita operacional vinculada à atividade empresarial?	Concordo	10	
		2	Globalmente, a estrutura física utilizada pela entidade é suficiente para a consecução de seus negócios?	Concordo	10	
		3	A entidade dispõe de ativos em quantidade suficiente para continuar a produzir?	Concordo	10	
		4	Os ativos destinados à produção / desenvolvimento da atividade principal, estão em estado adequado?	Concordo	10	
		5	O número atual de funcionários permite que a entidade continue a produzir / vender / prestar serviços ou mercadorias com vistas a retomar a normalidade de suas operações?	Concordo	10	
	Manutenção do emprego	6	O potencial de empregabilidade é significativo?	Concordo	10	
		7	A empregabilidade é relevante na região onde atua?	Concordo	10	
		8	A empresa gera empregos indiretos?	Concordo	10	
	Função social e estímulo à atividade econômica	9	A entidade é um player relevante em seu segmento de atuação?	Concordo	10	
		10	Os produtos/serviços produzidos pela entidade **não possuem** substitutos no mercado?	Concordo	10	
	Interesse dos credores	11	É possível calcular a moeda de liquidação (Ativo total / Passivo total sujeito a não sujeito à recuperação judicial) na data do pedido? Informar a moeda de liquidação.	Concordo	10	
		12	É possível aferir a rentabilidade média dos ativos? (Lucro Operacional ajustado/ Ativo total). Informar a rentabilidade média dos ativos.	Concordo	10	
			Total		**120**	
			Índice de Suficiência Recuperacional (ISR)		**120**	

Fonte: Adaptado de Costa e Fazan (2019).

Figura 3 – Segunda matriz padronizada para constatação prévia: documentos essenciais previstos nos arts. 48 e 48-A da Lei 11.101/2005.

Fundamento legal	Dimensão	#	Item a ser verificado	Justificativa teórica / Racional para inclusão do item	Julgamento do analista	Pontuação atribuída	Justificativa resumida
Art. 48 Art. 48-A	Certidões e legalidade do pedido	1	Comprovante de que desenvolve a atividade regular há mais de 2 (dois) anos	Disposição expressamente contida no art. 48	Concordo	10	
		2	Comprovante de não ter sido falida e, se o foi, comprovante de que as responsabilidades decorrentes da falência, estejam declaradas extintas por sentença transitada em julgado	Disposição expressamente contida no art. 48	Concordo	10	
		3	Comprovante de não ter obtido concessão de recuperação judicial há menos de cinco anos, seja no rito normal, seja no rito especial para Microempresas e Empresas de Pequeno Porte	Disposição expressamente contida no art. 48	Concordo	10	
		4	Comprovante de que a entidade não foi condenada por nenhum crime previsto na lei 11.101/2005	Disposição expressamente contida no art. 48	Concordo	10	
		5	Comprovante de que os administradores não tenham sido condenados por nenhum crime previsto na lei 11.101/2005.	Disposição expressamente contida no art. 48	Concordo	10	
		6	Comprovação de que a entidade mantém conselho fiscal em funcionamento	Disposição expressamente contida no art. 48-A	Concordo	10	
			Total			60	
			Índice de Adequação Documental Essencial (IADe)			60	

Fonte: Adaptado de Costa e Fazan (2019).

Cap. 20 • CONSTATAÇÃO PRÉVIA E PADRONIZAÇÃO DE PROCEDIMENTOS | **275**

Figura 4 – Terceira matriz padronizada para constatação prévia: documentos úteis previstos no artigo 51 da Lei 11.101/2005.

Fundamento legal	Dimensão	#	Item a ser verificado	Justificativa teórica / Racional para inclusão do item	Julgamento do analista	Pontuação atribuída	Justificativa resumida
Art. 51	Petição inicial	1	Exposição, na petição inicial, das causas concretas da situação patrimonial do devedor e das razões da crise econômico-financeira	Disposição expressamente contida no art. 51	Concordo	10	
			Apresentou as demonstrações contábeis relativas aos 3 (três) últimos exercícios sociais e as levantadas especialmente para instruir o pedido, confeccionadas com estrita observância da legislação societária aplicável e compostas obrigatoriamente de:				
		2	a) balanço patrimonial;	Disposição expressamente contida no art. 51	Concordo	10	
		3	b) demonstração de resultados acumulados;	Disposição expressamente contida no art. 51	Concordo	10	
		4	c) demonstração do resultado desde o último exercício social; e	Disposição expressamente contida no art. 51	Concordo	10	
		5	d) relatório gerencial de fluxo de caixa e sua projeção	Disposição expressamente contida no art. 51	Concordo	10	
		6	e) descrição das sociedades de grupo societário, de fato ou de direito	Disposição expressamente contida no art. 51	Concordo	10	
		7	Relação nominal completa dos credores, sujeitos ou não à recuperação judicial, inclusive aqueles por obrigação de fazer ou de dar, com a indicação do endereço físico e eletrônico de cada um, a natureza, conforme estabelecido nos arts. 83 e 84 desta Lei, e o valor atualizado do crédito, com a discriminação de sua origem, e o regime dos vencimentos	Disposição expressamente contida no art. 51	Concordo	10	
		8	Relação integral dos empregados, em que constam as respectivas funções, salários, indenizações e outras parcelas a que têm direito, com o correspondente mês de competência, e a discriminação dos valores pendentes de pagamento	Disposição expressamente contida no art. 51	Concordo	10	
		9	Certidão de regularidade do devedor no Registro Público de Empresas, o ato constitutivo atualizado e as atas de nomeação dos atuais administradores	Disposição expressamente contida no art. 51	Concordo	10	
		10	Relação dos bens particulares dos sócios controladores e dos administradores do devedor	Disposição expressamente contida no art. 51	Concordo	10	
		11	Extratos atualizados das contas bancárias do devedor e de suas eventuais aplicações financeiras de qualquer modalidade, inclusive em fundos de investimento ou em bolsas de valores, emitidos pelas respectivas instituições financeiras	Disposição expressamente contida no art. 51	Concordo	10	
		12	Certidões dos cartórios de protestos situados na comarca do domicílio ou sede do devedor e naquelas onde possui filial	Disposição expressamente contida no art. 51	Concordo	10	
		13	Relação, subscrita pelo devedor, de todas as ações judiciais e procedimentos arbitrais em que este figure como parte, inclusive as de natureza trabalhista, com a estimativa dos respectivos valores demandados	Disposição expressamente contida no art. 51	Concordo	10	
		14	Relatório detalhado do passivo fiscal	Disposição expressamente contida no art. 51	Concordo	10	
		15	Relação de bens e direitos integrantes do ativo não circulante, incluídos aqueles não sujeitos à recuperação judicial, acompanhada dos negócios jurídicos celebrados com os credores de que trata o § 3º do art. 49 desta Lei.	Disposição expressamente contida no art. 51	Concordo	10	
		16	Escrituração contábil regular que lastreie as demonstrações financeiras apresentadas	Disposição expressamente contida no art. 51	Concordo	10	
			Total			160	
			Índice de Adequação Documental Útil (IADu)			160	

Fonte: Adaptado de Costa e Fazan (2019).

5. EVIDENCIAÇÃO DA CONSTATAÇÃO PRÉVIA: CONTEÚDO DO LAUDO DE CONSTATAÇÃO DAS REAIS CONDIÇÕES DE FUNCIONAMENTO DO DEVEDOR E DA REGULARIDADE DOCUMENTAL

A evidenciação do procedimento de Constatação Prévia é realizada por meio de Laudo Técnico, que deve ser apresentado pelo perito nomeado em cinco dias a partir da nomeação, independentemente de publicação da decisão que o nomeou. Assim como o procedimento de verificação por meio do modelo de suficiência recuperacional, a padronização do conteúdo do laudo técnico também proporcionará transparência, higidez e racionalidade na utilização dos dados nele contidos, pelos interessados, notadamente o magistrado, devedora e credores.

O conteúdo mínimo sugerido e apresentado abaixo é resultante da análise de Laudos de Constatação Prévia já emitidos e que foram utilizados de forma eficaz pelos interessados.

Capítulo 1: Considerações iniciais, contendo relato sobre as atividades desenvolvidas pela(s) requerente(s) e dados gerais e introdutórios ao laudo de constatação prévia com aspectos específicos da(s) sociedade(s) objeto da constatação prévia.

Capítulo 2: Dados do pedido inicial e societários, com breve histórico do pedido e dados de controladores e administradores da(s) requerente(s).

Capítulo 3: Dados da constatação das reais condições de funcionamento da(s) requerente(s) e da regularidade e completude da documentação apresentada com a petição inicial, com evidenciação das três matrizes avaliativas que integram o modelo de suficiência recuperacional e da matriz que resume a avaliação realizada, todas, com os respectivos resultados auferidos pelo perito nomeado.

Capítulo 4: Análises das demonstrações contábeis apresentadas junto ao pedido inicial, apontando os principais ativos e passivos, bem como eventuais inconsistências verificadas quando comparadas à escrituração da(s) devedora(s); dados dos colaboradores e das folhas de pagamentos; dados da relação de credores apresentada pela(s) devedora(s) e do endividamento tributário e fiscal, bem como das garantias existentes sobre os endividamentos, cruzadas ou não.

Capítulo 5: Capítulo conclusivo com resumo do quanto apurado, incluindo e não se limitando a breve resumo das atividades desenvolvidas e locais onde são desenvolvidas; dados societários, de controle e de administração, resumidos; evidenciação da matriz que sintetiza os resultados da aplicação do modelo de suficiência recuperacional; dados resumidos de endividamento, sujeitos e não sujeitos ao concurso de credores e de eventuais garantias identificadas, cruzadas ou não; resumo de condições verificadas para eventual consolidação substancial.

Capítulo 6: Destinado aos anexos e laudos fotográficos.

6. CONCLUSÕES E CONSIDERAÇÕES FINAIS

O presente artigo cuidou de arguir sobre a constatação prévia, com um breve histórico sobre sua origem, sobre a atual previsão legal, contida no art. 51-A da Lei 11.101/2005, introduzido pela Lei 14.112/2020 e sobre a necessidade da instituição de padrões para evidenciação de informações sobre essa verificação sumária, necessária para tornar as informações dela decorrentes, inteligíveis a qualquer interessado, em qualquer jurisdição brasileira, tendo o presente artigo cuidado de fundamentar os benefícios oriundos do estabelecimento de padrões para as informações que são recorrentemente reportadas e utilizadas em processos decisórios. Foram apresentadas também as matrizes avaliativas integrantes do modelo de suficiência recuperacional, já atualizadas pelas alterações introduzidas pela Lei 14.112/2020 e também sugestão de conteúdo mínimo para o laudo técnico, que deve ser elaborado pelo perito nomeado para o *múnus* da constatação prévia.

REFERÊNCIAS BIBLIOGRÁFICAS

BRASIL. *Lei n. 11.101/2005, de 9 de fevereiro de 2005*. Regula a recuperação judicial, a extrajudicial e a falência do empresário e da sociedade empresária. Disponível em: http://www.planalto.gov.br/ccivil_03/_ato2004-2006/2005/lei/l11101.htm. Acesso em: 8 fev. 2021.

BRASIL. *Lei n. 11.638/2007, de 28 de dezembro de 2007*. Altera e revoga dispositivos da Lei nº 6.404, de 15 de dezembro de 1976, e da Lei no 6.385, de 7 de dezembro de 1976, e estende às sociedades de grande porte disposições relativas à elaboração e divulgação de demonstrações financeiras. Disponível em: http://www.planalto.gov.br/ccivil_03/_ato2007-2010/2007/lei/l11638.htm. Acesso em: 8 fev. 2021.

BRASIL. *Lei n. 14.112/2020, de 24 de dezembro de 2020*. Altera as Leis nos 11.101, de 9 de fevereiro de 2005, 10.522, de 19 de julho de 2002, e 8.929, de 22 de agosto de 1994, para atualizar a legislação referente à recuperação judicial, à recuperação extrajudicial e à falência do empresário e da sociedade empresária. Disponível em: http://www.

planalto.gov.br/ccivil_03/_ato2019-2022/2020/lei/L14112.htm#:~:text=LEI%20N%C2%BA%2014.112%2C%20DE%2024%20DE%20DEZEMBRO%20DE%202020&text=Altera%20as%20Leis%20nos,empres%C3%A1rio%20e%20da%20sociedade%20empres%C3%A1ria. Acesso em: 8 fev. 2021.

BEZERRA FILHO, Manoel Justino. *Lei de Recuperação de Empresas e Falências* – comentada artigo por artigo. São Paulo: Saraiva, 2016.

CAVALLI, Cássio. *Empresa, direito e economia*. Rio de Janeiro: Forense, 2013.

CONSELHO NACIONAL DE JUSTIÇA (CNJ). *Ato Normativo nº 0007684-39.2019.2.00.0000, de 31 de outubro de 2019*. Ato Normativo. Grupo de trabalho. Modernização e efetividade de recuperações empresariais e falência. Portaria nº 162, de 19 de dezembro de 2018. Apresentação de projeto de recomendação. Verificação prévia ao deferimento do processamento da recuperação judicial. Constatação das reais condições de funcionamento da empresa. Completude e regularidade da documentação apresentada pelo devedor. Disponível em: https://cnj.jusbrasil.com.br/jurisprudencia/786830253/ato-normativo-ato-76843920192000000/inteiro-teor-786830300. Acesso em: 8 fev. 2021.

COSTA, Daniel Carnio. Atualidades da falência e recuperação judicial. *Carta Forense*, São Paulo, p. b18-b19, 10 fev. 2011.

COSTA, Daniel Carnio (coord.). *Comentários completos à Lei de Recuperação de Empresas e Falências*. Curitiba, Juruá, 2015. v. 1, 2 e 3.

COSTA, Daniel Carnio. Novas teorias sobre processos de insolvência e gestão democrática de processos. In: COSTA, Daniel Carnio et al. *Comentários completos à Lei de Recuperação de Empresas e Falências*. Curitiba: Juruá, 2015.

COSTA, Daniel Carnio. Reflexões sobre processos de insolvência: divisão equilibrada de ônus, superação do dualismo pendular e gestão democrática de processos. In: ELIAS, Luis Vasco (org.). *10 anos da Lei de Recuperação Judicial e Falências* – reflexões sobre a reestruturação empresarial no Brasil. São Paulo: Quartier Latin, 2015. v. 1.

COSTA, Daniel Carnio; FAZAN, Eliza. *Constatação prévia em processos de recuperação judicial de empresas*: o Modelo de Suficiência Recuperacional (MSR). Curitiba: Juruá, 2019.

INTERNACIONAL FINANCIAL REPORTING STANDARDS (IFRS). Disponível em: https://www.ifrs.org/use-around-the-world/why-global-accounting-standards/. Acesso em: 8 fev. 2021.

RECUPERAÇÃO JUDICIAL DE GRUPOS ECONÔMICOS – CONSOLIDAÇÃO PROCESSUAL E CONSOLIDAÇÃO SUBSTANCIAL

21

RECUPERAÇÃO JUDICIAL DE GRUPOS ECONÔMICOS: CONSOLIDAÇÃO PROCESSUAL E CONSOLIDAÇÃO SUBSTANCIAL

HENRIQUE ÁVILA

Nossa antiga Lei de Falências (Decreto-lei 7.661, de 21.06.1945), instituída no Estado-Novo varguista, havia já há muito dado sua contribuição ao Direito Concursal. Seus dispositivos mostravam-se, já nos anos noventa do século passado, absolutamente incompatíveis com a evolução da economia brasileira ao longo de mais de cinco décadas de vigência – a ampliação e a diversificação do mercado interno, o consequente aumento da participação das atividades de serviço na economia e o crescimento de quase cinco vezes do Produto Interno Bruto entre 1945 e 1995[1].

Entre 1993 e 2003, a proposta enviada pelo Poder Executivo para modernizar o direito falimentar brasileiro tramitou na Câmara dos Deputados, tendo recebido quase cinco centenas de emendas dos Parlamentares. No Senado Federal, a tramitação foi mais ágil. Em pouco menos de um ano, a redação final aprovada pelo Senado retornava à Casa iniciadora para reanálise da matéria e, por fim, foi remetida para apreciação presidencial em fevereiro de 2005. A nova lei fora promulgada às vésperas do sexagésimo aniversário da peça.

Se foram necessários sessenta anos para que as normas que regiam a falência e a concordata merecessem uma definitiva atualização, pouco mais

---

[1] BRASIL. Instituto Brasileiro de Geografia e Estatística. Séries históricas: Brasil: População, Produto Interno Bruto, Produto Interno Bruto "per capita" e deflator implícito do Produto Interno Bruto 1901/2000. Disponível em: https://seculoxx. ibge.gov.br/economicas/contas-nacionais.html. Acesso em: 28 jan. 2021.

de quinze anos separam a entrada em vigor da Lei de Recuperação Judicial e Falência da promulgação da Lei nº 14.112, de 24 de dezembro de 2020.

Nossos parlamentares, sensíveis à necessidade de aprimoramento de nossa legislação falimentar, apresentaram trinta projetos de lei em com propostas para o aperfeiçoamento da disciplina legal do Direito Falimentar. Também o Poder Executivo propôs, em 2018, um projeto de ampla reforma da legislação de insolvência.

Também o Poder Judiciário, por meio do Conselho Nacional de Justiça, vinha apresentando suas contribuições para esse importante debate. Por iniciativa do Ministro Dias Toffoli, então presidente do Supremo Tribunal Federal e do CNJ, abraçada também pela gestão do Ministro Luiz Fux, instituiu-se, em dezembro de 2018, grupo de trabalho para contribuir com a modernização da atuação do Judiciário nos processos de recuperação judicial e falência. O grupo encaminhou ao Plenário do CNJ proposições que foram acolhidas e consolidadas em diversas resoluções e recomendações. Os atos, bem recebidos pelos operadores jurídicos, instituíram uma cultura moderna nas práticas judiciárias de gestão de processos de falência e de recuperação.

Ao final de quase dois anos de intensas discussões entre o Parlamento, a sociedade civil organizada, empresários e associações do setor – o que redundou na aprovação da Lei –, a novel legislação promove vigoroso *aggiornamento* do sistema brasileiro do direito da empresa em crise, positivando posições jurisprudenciais consolidadas e alinhando-o às melhores práticas internacionais atualmente vigentes.

Entre os aspectos abordados pela nova lei ("LRF") destaca-se a disciplina dada à recuperação de grupos formais e informais de sociedades empresárias, em que sociedades controladoras e controladas ou sociedades coligadas atuam sob condução una para a exploração do mercado.

As normas previstas na Seção IV-B da LRF dialogam fortemente com a consolidada jurisprudência, apropriando-se da melhor doutrina e das soluções adotadas por outros países para oferecer instrumentos eficientes para colaborar com o soerguimento da atividade do grupo empresário.

Antes da entrada em vigor da nova lei, aplicava-se, de modo subsidiário, a legislação processual civil aos procedimentos previstos na Lei de Recuperação Empresarial, em conformidade com que dispõe o art. 189 desse diploma legal. Esse dispositivo vinha emprestando fundamento à formação de litisconsórcios ativos nos pedidos de recuperação empresarial, por conta da afinidade de questões por ponto comum de fato ou de direito, nos termos do art. 113, III, do CPC (ROQUE, 2019).

Essa modalidade denomina-se consolidação processual. Por meio dela, duas ou mais sociedades postulam simultaneamente sua recuperação ao juízo competente. Cada uma das sociedades empresárias apresentará seu quadro geral de credores e proporá as medidas de restabelecimento em planos específicos, apesar de reunidas em um único processo. O projeto impõe, por exemplo, a apresentação individualizada de documentos para cada uma das empresas devedoras (art. 69-G, § 1º), o que conforma o instituto como mecanismo puramente procedimental – ou seja, desprovido de conteúdo material – para garantir a coordenação dos atos processuais envolvendo o grupo societário.

Admitida pacificamente pela jurisprudência (CALÇAS, 2015, p. 476-477), a consolidação processual foi textualmente incorporada nos art. 69-G a 69-I da LRF. Como condição para a admissão da consolidação processual, exige-se que os devedores "integrem grupo sob controle societário comum" (art. 69-G, *caput*).

O litisconsórcio ativo formado entre empresas sob controle societário comum para o requerimento de recuperação judicial em processo único tem natureza facultativa. Além de o *caput* do art. 69-G prever que a consolidação poderá ser requerida pelos devedores, não há disposição de lei ou peculiaridade da natureza da relação jurídica controvertida que, nos termos do art. 114 do CPC, imponha a litigância simultânea – ainda que se admita a figura do litisconsórcio ativo necessário. Por isso, a iniciativa para a formação da consolidação processual é das sociedades devedoras, não se admitindo a formação de litisconsórcio por parte de credores ou de outros interessados.

Além da possibilidade de nomeação de um único administrador judicial (art. 69-H), a prática de atos processuais coordenados simplifica o processo, evitando a multiplicidade de atos repetitivos, e previne a prolação de decisões entre si divergentes.

É importante frisar que a consolidação processual preserva integralmente a autonomia de cada sociedade empresária sob o regime de recuperação. O desfecho da recuperação judicial de um dos integrantes do grupo empresário não se estende, necessariamente, aos demais. Nesse caso, haverá o desmembramento do processo, nos termos do art. 69-I, §§ 4º e 5º.

Como se trata de coordenação procedimental do agir dos devedores em recuperação empresarial, ainda que se permita a apresentação de um plano único de solvibilidade, a lei demanda a apresentação de meios autônomos por cada devedor para a composição de seu respectivo passivo. Além disso, a deliberação acerca do plano de restabelecimento da capacidade econômico-financeira deve ser separada e independente pelo conjunto de credores das sociedades empresárias individualmente tomadas. Os quóruns de instalação e de deliberação, por exemplo, deverão ser verificados em referência aos credores de cada devedor (art. 69-I, § 2º).

A consolidação substancial, prevista no art. 69-J e seguintes da LRF, é instituto de conteúdo material que tem como consequência a desconsideração da autonomia patrimonial de cada credor. A impossibilidade de se estabelecer, com razoável margem de segurança, a titularidade de cada um dos ativos e dos passivos das sociedades componentes do grupo econômico pode, inclusive, vir até mesmo a configurar confusão patrimonial ou desvio de finalidade, modalidades de abuso da personalidade jurídica previstas no art. 50 do Código Civil.

Esse fenômeno foi reconhecido pelos tribunais e aplicado aos casos de recuperação empresarial submetidos ao Judiciário.

A remansosa jurisprudência do Superior Tribunal de Justiça afirma que, a partir do momento em que um conjunto de sociedades reunidas sob um mesmo grupo econômico sejam geridas "sob unidade gerencial, laboral e patrimonial", o destino das empresas se entrelaça irremediavelmente (MELO, 2017).

Veja-se, como exemplo, paradigmática decisão:

> Processual Civil. Recurso especial. Ação de embargos do devedor à execução. Acórdão. Revelia. Efeitos. Grupo de sociedades. Estrutura meramente formal. Administração sob **unidade gerencial, laboral e patrimonial.** Gestão fraudulenta. Desconsideração da personalidade jurídica da pessoa jurídica devedora. Extensão dos efeitos ao sócio majoritário e às demais sociedades do grupo. Possibilidade.
>
> – A presunção de veracidade dos fatos alegados pelo autor em face à revelia do réu é relativa, podendo ceder a outras circunstâncias constantes dos autos, de acordo com o princípio do livre convencimento do Juiz. Precedentes.
>
> – Havendo gestão fraudulenta e pertencendo a pessoa jurídica devedora a grupo de sociedades sob o mesmo controle e com estrutura meramente formal, o que ocorre quando as diversas pessoas jurídicas do grupo exercem suas atividades sob **unidade gerencial, laboral** e **patrimonial,** é legítima a desconsideração da personalidade jurídica da devedora para que os efeitos da execução alcancem as demais sociedades do grupo e os bens do sócio majoritário.
>
> – Impedir a desconsideração da personalidade jurídica nesta hipótese implicaria prestigiar a fraude à lei ou contra credores.

– A aplicação da teoria da desconsideração da personalidade jurídica dispensa a propositura de ação autônoma para tal. Verificados os pressupostos de sua incidência, poderá o Juiz, incidentemente no próprio processo de execução (singular ou coletivo), levantar o véu da personalidade jurídica para que o ato de expropriação atinja os bens particulares de seus sócios, de forma a impedir a concretização de fraude à lei ou contra terceiros (STJ, REsp 332.763/SP, Rel.ª Min.ª Nancy Andrighi, 3ª T. j. 30.04.2002).

Contudo, não havia entendimento pacificado a respeito das situações em que a consolidação judicial deveria ser efetivada no âmbito dos processos individualmente tomados.

O magistrado da 1ª Vara de Falência e Recuperação Judicial da comarca da Capital no Tribunal de Justiça de São Paulo, Daniel Carnio Costa (2017), mapeou em obra doutrinária três entendimentos a respeito do reconhecimento da consolidação substancial.

O primeiro deles ocorre sempre que os credores levem em conta a força econômica e o patrimônio do grupo econômico no negócio jurídico celebrado com a devedora. Nesse caso, seria dispensada a desconsideração da personalidade jurídica da devedora para a ocorrência da consolidação.

A segunda corrente, além da ideia de integração do devedor a determinado grupo empresarial pelo mercado, demanda também que esteja caracterizada a hipótese de aplicação da desconsideração da personalidade jurídica, em conformidade com as regras de regência previstas no Código Civil.

O art. 69-J da LRF, no entanto, abraça a *liberal trend*, modelo adotado na *substantive consolidation* dos Estados Unidos da América. Nessa situação, é ao juiz que compete autorizar a consolidação de ativos e passivos dos devedores integrantes de um mesmo grupo econômico quando satisfeitos determinados requisitos, quando constatada "a interconexão e a confusão entre ativos ou passivos dos devedores, de modo que não seja possível identificar a sua titularidade sem excessivo dispêndio de tempo ou de recursos".

Vê-se de pronto que confusão patrimonial qualificada é condição necessária para o reconhecimento da consolidação substantiva.

No entanto, a interconexão e a confusão patrimonial não são condições suficiente para que o magistrado decrete a consolidação substantiva. Os incisos do art. 69-J listam quatro condições para a reunião dos ativos e dos passivos do grupo societário, bastando a satisfação de duas delas: (a) existência de garantias cruzadas; (b) relação de controle ou dependência; (c) identidade total ou parcial do quadro societário; e (d) atuação conjunta no mercado entre os postulantes.

A opção do legislador atendeu a legítimos questionamentos quanto ao uso indiscriminado da consolidação substancial, o que vinha a acarretar imprevisibilidade e insegurança jurídica entre os credores. Ocorre que as expectativas (legítimas) dos credores veem-se frustradas por conta da devedora que, ao final, acaba resguardada pelos beneplácitos da recuperação empresarial. A adoção de critérios objetivos, mais rígidos, era aguardada pelos profissionais atuantes na área (REFINETTI; COELHO, 2018).

É interessante notar que a lei afasta, expressamente, a possibilidade de extensão da falência (ou de seus efeitos) a empresas integrantes do mesmo grupo econômico (art. 82-A). Trata-se de opção legislativa que supera o entendimento jurisprudencial consolidado no Superior Tribunal de Justiça.

Contudo, ao permitir a desconsideração da personalidade jurídica da sociedade falida, nos termos do art. 50 do Código Civil e dos arts. 133 a 137 do Código de Processo Civil, a norma autoriza a "responsabilização de terceiros, grupo, sócio ou administrador por obrigação" da devedora.

A consolidação substancial debatida no curso da tramitação do PL 6.229/2005 e efetivamente adotada na LRF por conta das alterações promovidas pela Lei nº 14.112, de 2020, pressupõe a existência de alguma disfunção societária para seu reconhecimento, ou seja, trata-se de consolidação obrigatória. Nada se previu a respeito da chamada consolidação voluntária, que ocorre quando, por conveniência, os credores julguem conveniente a reunião de ativos e passivos de todas as empresas recuperandas pertencentes ao mesmo grupo econômico – no caso, por não haver expressa vedação, parece-nos razoável confiar a opção à autonomia da vontade dos interessados, cuja deliberação deve ser tomada pelo concurso de credores de cada uma das empresas devedoras (CEREZETTI, 2015, p. 778).

Com a admissão da consolidação substancial, os grupos empresários passam a ser "tratados como se pertencessem a um único devedor" (art. 69-K). Um único plano de recuperação será apresentado a todos os credores das devedoras ora consolidadas. Também as garantias fidejussórias e os créditos reciprocamente estabelecidos entre as devedoras são extintos. As garantias reais dos credores não são atingidas pela consolidação processual, salvo se anuído pelo credor.

O pedido recuperatório simultâneo enfrenta críticas daqueles que consideram ser injusto fazer com que os credores de empresa solvente acabem por sacrificar seus créditos para suportar a sociedade insolvente, ainda que pertencentes a um mesmo grupo econômico (NEGRÃO, 2020).

Em tempos de aguda crise, a sensibilidade e o empenho de todos os atores envolvidos merecem reconhecimento, a fim de que possamos aplicar às empresas brasileiras as melhores e mais modernas práticas internacionais na resolução de insolvências.

REFERÊNCIAS BIBLIOGRÁFICAS

BANCO MUNDIAL. *Doing business 2020*: comparing business regulation in 190 economies. Washington, 2020. Disponível em: https://openknowledge. worldbank.org/bitstream/handle/10986/32436/9781464814402.pdf. Acesso em: 22 jan. 2021.

BANCO MUNDIAL. *The economy in the time of Covid-19*: semiannual report on the Latin America and Caribbean Region. Washington, 2020. Disponível em: https://openknowledge.worldbank.org/bitstream/ handle/10986/33555/9781464815706.pdf. Acesso em: 23 jan. 2021.

BRASIL. Instituto de Pesquisas Econômicas Aplicadas. *Produto Interno Bruto (real)*. Disponível em: http://www.ipeadata.gov.br/ExibeSerie. aspx?serid=38414. Acesso em: 23 jan. 2021.

CALÇAS, Manoel de Queiroz Pereira. Reflexões sobre o litisconsórcio ativo entre empresas componentes de grupo econômico na recuperação judicial. In: YARSHELL, Flávio Luiz; PEREIRA, Guilherme Setoguti J. *Processo societário*. São Paulo: Quartier Latin, 2015. v. 2.

CEREZETTI, Sheila Neder. Grupos de sociedades e recuperação judicial: o indispensável encontro entre Direitos Societário, Processual e Concursal. In: YARSHELL, Flávio Luiz; PEREIRA, Guilherme Setoguti J. *Processo societário*. São Paulo: Quartier Latin, 2015. v. 2.

CEREZETTI, Sheila Neder; SATIRO, Francisco. A silenciosa "consolidação" da consolidação substancial. *Revista do Advogado*, São Paulo, ano XXXVI, n. 131, out. 2016, p. 216-223.

COSTA, Daniel Carnio. Recuperação de grupos de empresas. *Valor Econômico*, 16.03.2017. Disponível em: https://valor.globo.com/legislacao/ noticia/2017/03/16/recuperacao-de-grupos-de-empresas.ghtml. Acesso em: 21 jan. 2021.

FMI [Fundo Monetário Internacional]. *World Economic Outlook*: April 2020. Disponível em: https://www.imf.org/external/datamapper/datasets/ WEO. Acesso em: 24 jan. 2021.

IBGE. *Demografia das empresas e estatísticas de empreendedorismo*: 2017. Rio de Janeiro: IBGE, 2019. Disponível em: https://biblioteca.ibge.gov.br/ visualizacao/livros/liv101671.pdf. Acesso em: 21 jan. 2021.

MELO, Alexandre Nasser de et al. As complexidades dos processos de falência ou de recuperação judicial de grandes grupos econômicos. *Nasser de Melo Advogados Associados*, 22 nov. 2017. Disponível em: https://www.nasserdemelo.com.br/as-complexidades-dos-processos-de-falencia-ou-de-recuperacao-judicial-de-grandes-grupos-economicos/. Acesso em: 1º fev. 2021.

MENEGUIN, Fernando; SILVA, Rafael Silveira e (orgs.). *Avaliação de impacto legislativo*: cenários e perspectivas para sua aplicação. Brasília: Senado Federal, 2017.

NEGRÃO, Ricardo. *Curso de direito comercial e de empresa*: teoria geral da empresa e direito societário. 16. ed. São Paulo: Saraiva, 2020. v. 1.

NEGRÃO, Ricardo. *Curso de direito comercial e de empresa*: recuperação de empresas, falência e procedimentos concursais administrativos. 14. ed. São Paulo: Saraiva, 2020. v. 3.

REFINETTI, Domingos; COELHO, Guilherme Gaspari. Consolidação substancial e recuperação judicial: um tema ainda tormentoso. *Jota*, 6 out. 2018. Disponível em: https://www.jota.info/opiniao-e-analise/artigos/consolidacao-substancial-e-recuperacao-judicial-06102018. Acesso em: 1º fev. 2021.

ROQUE, André Vasconcelos. Consolidação processual e substancial na recuperação judicial: o que é isso? *Migalhas*, 12 fev. 2019. Disponível em: https://www.migalhas.com.br/coluna/insolvencia-em-foco/296121/consolidacao-processual-e-substancial-na-recuperacao-judicial-o-que-e-isso. Acesso em: 1º fev. 2021.

SANTA CRUZ, André. *Direito empresarial*. 10. ed. São Paulo: Método, 2020.

TOLEDO, Paulo Fernando Campos Salles de. A necessária reforma da Lei de Recuperação de Empresas. *Revista do Advogado*, São Paulo, ano XXXVI, n. 131, out. 2016, p. 171-175.

22

RECUPERAÇÃO JUDICIAL DE GRUPOS ECONÔMICOS – CONSOLIDAÇÃO PROCESSUAL E CONSOLIDAÇÃO SUBSTANCIAL

PEDRO FREITAS TEIXEIRA

Sumário: 1. Os dezesseis anos da Lei 11.101/2005 – 2. O processo reformista da Lei 11.101/2005 – 3. A consolidação processual e substancial na Lei 14.112/2020 – 4. Conclusão – Referências bibliográficas.

O sistema de insolvência brasileiro foi radicalmente alterado pela Lei nº 11.101, de 9 de fevereiro de 2005 (Lei de Falências e Recuperação de Empresas), que veio para substituir, de certa forma, o antigo sistema das concordatas, instituído no regime jurídico brasileiro pelo Decreto-lei 7.661/1945[1], diploma atualmente revogado que, por diversos motivos que fogem ao escopo deste artigo, praticamente, inviabilizava a reabilitação de empresas em situação de crise econômico-financeira.

Apesar da alteração radical do sistema de insolvência, a necessidade de reforma da Lei 11.101/2005 é tema recorrente desde 2005, no âmbito do Congresso Nacional, tanto é que o primeiro Projeto de Lei para alterar a Lei 11.101/2005 foi apresentado em 23 de novembro de 2005 – PL 6.229/2005. Desde então, mais de 30 outros Projetos de Lei foram apresentados por Deputados e Senadores. Diante desse cenário, as perguntas em torno da movimento legislativo eram basicamente: (i) a Lei 11.101/2005 atende aos

---

[1] Se fosse possível comparar os institutos jurídicos, seria mais adequado relacionar a recuperação judicial com a concordata preventiva. A concordata preventiva no Brasil foi instituída pelo Decreto 917/1890 como mecanismo de prevenção à falência, assim como a moratória.

principais objetivos almejados?; (ii) se a Lei 11.101/2005 é considerada uma boa norma, quais são os pontos que merecem ajustes ou aprimoramentos?; e (iii) no tocante ao tema deste artigo, a ausência total de regulamentação da crise de grupos econômicos ou plurissocietários contribui para o aumento da insegurança jurídica do sistema?

1. OS DEZESSEIS ANOS DA LEI 11.101/2005

Em que pese os seus dezesseis anos em vigor, o instituto recuperacional pode ser considerado novo em função do conhecimento ainda restrito de sua utilização e do potencial de êxito quando conduzido e requerido oportunamente. Por vezes, as sociedades empresárias ou empresários individuais, temerosos quanto às consequências jurídicas, financeiras e operacionais da recuperação, deixam de recorrer em tempo adequado ao instituto, assumindo a consequência desastrosa da falência (requerida ou confessada), que poderia ser evitada com o sucesso do procedimento judicial de recuperação requerida em tempo adequado.

É certo que o temor dos administradores ou do próprio empresário se justifica a partir da análise quanto à taxa de sucesso dos planos de recuperação a que se submeteram algumas sociedades, sobretudo as de médio porte, as quais, por diversos motivos, dentre os quais, a insegurança jurídica relacionada a determinadas hipóteses que a Lei 11.101/2005 não regulamentou ou não tratou de forma adequada à época, não conseguem se recuperar e são forçadas a encarar suas quebras.

Não há dúvidas de que a Lei 11.101/2005 locupletou-se de um sucesso impulsionado por anos de recessão econômica pós-promulgação e teve sua adoção expandida em progressões geométricas em todo o país nesta última década[2] também em razão de sucessivas crises políticas e econômicas. Porém, como destacado anteriormente e corroborado pelos números a seguir expostos, o sucesso do instituto nem sempre se traduz em atividades empresárias, de fato, reestruturadas.

---

[2]   "De acordo com o Indicador Serasa Experian de Falências e Recuperações Judiciais, os pedidos de recuperação judicial em outubro de 2019 registraram crescimento de 16% com relação ao mesmo mês do ano anterior. Foram 124 solicitações, ante 107 realizadas em 2018. No comparativo com setembro/19, o aumento foi de 32%". Disponível em: https://www.serasaexperian.com.br/sala-de-imprensa/pedidos-de-recuperacao-judicial-crescem-16-em-outubro--revela-serasa-experian. Acesso em: 18 mar. 2020.

De acordo com dados do Banco Central do Brasil abaixo destacados, atualizados até outubro de 2020, em que é possível visualizar a probabilidade (esquerda) e o tempo (direita) de normalização ou falência das sociedades empresárias após o pedido de recuperação judicial, a taxa de normalização pós-pedido de recuperação é substancialmente inferior às taxas de falência, deixando claro que, em que pese os inúmeros fatores econômico-financeiros propriamente ditos, o arcabouço legal, até então vigente, era ineficiente, tendo em vista que poucas sociedades conseguiram a normalização de suas atividades.

Neste gráfico é possível compreender que, no Brasil, quando uma microempresa ingressa com pedido de recuperação judicial, a chance de se recuperar é de apenas 9%. Já para uma grande empresa, a chance de recuperação sobe para 24%. Com relação ao fator tempo do processo, é possível verificar que o tempo médio do processo é de 4 anos, contra 2,9 anos na média da América Latina e Caribe, conforme constado pelo Relatório *Doing Business* 2020[3].

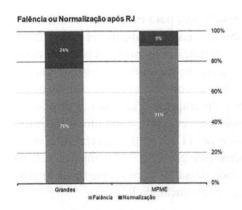
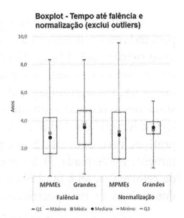

Fonte: Banco Central do Brasil

No Brasil, em retrospecto aos dezesseis anos de vigência da Lei 11.101/2005, afigura-se inegável sua fundamental contribuição para o avanço do regime da insolvência empresarial. Porém, a Lei 11.101/2005 não atendeu adequadamente às sociedades empresárias brasileiras em crise quanto ao acesso a crédito durante o processo de recuperação judicial. Ao contrário.

---

[3] Disponível em: https://portugues.doingbusiness.org/pt/reports/global-reports/doing-business-2020. Acesso em: 18 dez. 2020.

Conforme demonstrado nos gráficos abaixo, o número de pedidos de recuperação judicial é bastante significativo, principalmente, nos anos de maior crise econômica[4]. Porém, infelizmente, essa não é a realidade quando observamos no gráfico o número de empresas em foram de fato recuperadas.

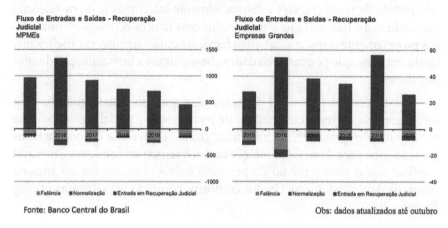

Fonte: Banco Central do Brasil   Obs: dados atualizados até outubro

Assume-se, assim, como premissa básica para este artigo, assim como para toda essa coletânea de artigos sobre a recente reforma da Lei 11.101/2005, promovida pela Lei 14.112/2005, que a condição fundamental para o sucesso das recuperações judiciais é a existência de mecanismos legais robustos que ofereçam segurança jurídica e soluções concretas para as mais variadas situações vivenciadas durante a crise da empresa. Para isso, o arcabouço legal e jurisprudencial tem que ser sólido, previsível e alinhado às melhores práticas internacionais. Nesse ponto, a Lei 11.101/2005 parecia ser absolutamente inadequada. Debater e superar esse problema foi o objetivo central da reforma da lei e também será o foco dessa coletânea a partir da análise dos mais diversos aspectos da respectiva alteração da lei.

A crise econômica oriunda da pandemia de Covid-19 em 2020, por sua vez, apenas agravou sobremaneira esse cenário de crise e incertezas.

2. O PROCESSO REFORMISTA DA LEI 11.101/2005

Diante desse cenário, o Brasil finalmente aprovou a primeira grande reforma da Lei 11.101/2005 (Recuperação Judicial, Extrajudicial e Falência),

---

[4] Apesar dos dados do Banco Central do Brasil estarem atualizados até outubro de 2020, ainda não é possível concluir que este número de recuperações judiciais está diretamente relacionado à pandemia ou se os reais impactos decorrentes da Covid-19 serão sentidos de forma mais significativa em 2021.

que há muito vinha sendo discutida por diversos estudiosos e profissionais da área, por meio da Lei 14.112/2020, relatada pelo Deputado Hugo Leal (PSD/RJ), na Câmara dos Deputados, e, posteriormente, pelo Senador Rodrigo Pacheco (DEM/MG), no Senado Federal.

A discussão teórica dessa reforma de grande impacto e relevância para as empresas brasileiras e, via de consequência, para a melhora do ambiente de negócios no Brasil, teve início em dezembro de 2016, quando o governo brasileiro decidiu tomar algumas medidas concretas para se tornar um destino mais seguro para investidores estrangeiros, sendo este, sem dúvidas, um dos principais caminhos para superar a crise econômica iniciada em 2014 e, significativamente, aprofundada pela atual pandemia da Covid-19 que impôs uma série de medidas restritivas, acertando em cheio boa parte da economia mundial, principalmente, a de países em desenvolvimento como é o caso do Brasil.

Devido às duras críticas ao anteprojeto elaborado pela primeira comissão de reforma e, mais tarde, ao próprio Projeto de Lei 10.220/2018, principalmente, diante de todas as alterações promovidas pelas autoridades fiscais, a reforma perdeu o apoio de muitos setores da economia, incluindo os membros da própria comissão de especialistas em insolvência formada para apresentar uma proposta de reforma da Lei.

Em 2019, sob o governo do Presidente Jair Bolsonaro, destacando a atuação do Ministro Paulo Guedes, o tema entrou novamente na pauta da agenda econômica do país, ou seja, a organização da economia brasileira, a diminuição do custo brasil, o programa de privatizações e o desenvolvimento de um sistema mais eficiente de reorganização das empresas foram consideradas matérias essenciais para superação da crise econômica.

Nesse sentido, o novo Governo estabeleceu uma meta bastante ousada para melhora da posição do Brasil no *ranking* do *Doing Business*, importante indicativo criado pelo Banco Mundial para medir, analisar e comparar as regulamentações aplicáveis às empresas e o seu cumprimento em mais de cento e noventa economias, sempre com objetivo de demonstrar a realidade do ambiente de negócios de cada país analisado.

Atualmente, o Brasil ocupa a 124ª colocação e o objetivo governo é que, em 2022, o país possa estar entre os 50 primeiros colocados.

Dessa forma, considerando que, dentre muitas variáveis analisadas, as relacionadas a insolvência dependiam de ajustes pontuais, em maio de 2019, o Ministério da Economia criou uma nova comissão para trabalhar na formulação de um Projeto de Lei (Projeto Substitutivo 6.229/2005), a partir de algumas premissas fundamentais: (i) segurança jurídica do sistema de insolvência; (ii) modernização, desburocratização e celeridade dos processos de recuperação judicial, extrajudicial e falência; (iii) reequilíbrio entre devedor e credores; (iv) o fomento do crédito durante a recuperação judicial (*DIP Financing*); (v) a introdução no ordenamento jurídico brasileiro de um sistema de pré-insolvência, já adotado em diversos países; (vi) melhorias no sistema falimentar, principalmente, para viabilizar a venda do ativo de forma célere, atendendo, assim, de forma mais adequada o interesse dos credores da massa falida; (vii) a regulamentação da recuperação judicial do produtor rural devido ao posicionamento majoritário do Superior Tribunal de Justiça quanto ao tema; (viii) a regulamentação da participação do fisco no âmbito da recuperação judicial e falência, objetivando tornar menos litigiosa a relação entre o devedor e as fazendas públicas; (ix) a incorporação da Lei Modelo da UNCITRAL e a devida regulamentação da insolvência transnacional no ordenamento jurídico brasileiro; e, por fim, (x) as melhorias no sistema da recuperação extrajudicial; sempre por meio de uma ampla e profunda discussão com os diversos setores afetados pela crise econômica, buscando o maior consenso sobre os principais pontos a serem reformados.

É importante destacar, ainda, que a reforma da legislação é apenas uma parte do processo reformista brasileiro em termos de tratamento da crise da empresa. Desde o início, há uma clara compreensão de que, além da necessidade de termos uma lei moderna e que contemple ferramentas poderosas para enfrentamento das crises, também é preciso criar um ambiente de aplicação efetiva dessa lei.

Nesse sentido, paralelamente ao processo de reforma legislativa, foi criado em 2018, pelo Ministro Dias Toffoli (Portaria 162/2018), o Grupo de Trabalho do CNJ para modernizar, ampliar a efetividade e desburocratizar a atuação do Poder Judiciário nos casos de recuperação de empresas e falências. Esse grupo teve sua atuação prorrogada pela Portaria 199/2020 editada pelo Min. Luiz Fux.

Os trabalhos do Grupo de Trabalho do CNJ visaram melhorar a atuação do Poder Judiciário nos processos de insolvência empresarial, compartilhando boas práticas judiciais especializadas com todos os magistrados brasileiros e aprimorando a atuação do administrador judicial. Foram editadas, entre 2019 e 2020, seis recomendações, todas elas aprovadas por unanimidade pelo Plenário do Conselho Nacional de Justiça.

Percebe-se, ainda, que as recomendações editadas pelo CNJ foram coordenadas com as alterações legais, demonstrando de forma evidente os rumos bem definidos do movimento reformista brasileiro.

3. A CONSOLIDAÇÃO PROCESSUAL E SUBSTANCIAL NA LEI 14.112/2020

A fim de restringir o presente artigo a um ponto específico da reforma legislativa promovida pela Lei 14.112/2020, destaca-se, dentre os mais diversos temas, a regulamentação da interseção dos principais aspectos processuais, societários e concursais dos grupos econômicos em crise, sendo esta uma das grandes novidades trazidas pelo texto da reforma. A referida matéria está disciplinada na Seção IV-B que foi acrescida à Lei 11.101/2005[5].

Atualmente, diante das complexidades socioeconômicas vivenciadas não apenas no Brasil, mas em diversos outros países do mundo, tem sido cada vez mais comum a organização das atividades empresárias em grupos econômicos ou plurissocietários, particularmente, naquelas com atuação transnacional, de direito[6] ("grupos formais") ou de fato[7] ("grupos informais"), ambos reconhecidos pelo ordenamento jurídico brasileiro.

No entanto, até a recente reforma legislativa, o direito da empresa em crise, no Brasil, não contava com regras processuais ou materiais para disciplinar as hipóteses em que a crise não afeta apenas uma sociedade empresária, mas, sim, um conjunto de sociedades organizadas em grupo – organização

---

[5] Nesse cenário, Sheila Cerezetti pontuou que "três são as soluções encontradas por alguns sistemas concursais para enfrentas as dificuldades trazidas pelo concurso de sociedades que pertencem a grupo societário: (i) subordinar os créditos de sociedades do grupo aos créditos de terceiros; (ii) tornar mais rígidas as regras de deveres e responsabilidade de administradores; e (iii) consolidar o concurso e/ou as dívidas do grupo. Em certa medida, a primeira solução encontra acolhida no ordenamento brasileiro, uma vez que o art. 83, VIII, 'b', classifica como subordinados os créditos detidos por sócios da devedora. A segunda, que no sistema brasileiro abrangeria não apenas deveres de administradores, mas também de acionistas controladores, encontra respaldo na legislação acionária brasileira, mas, como visto acima, é dotada de baixa eficácia. A terceira é justamente aquela que busca lidar com a crise de forma conjugada e será objeto de atenção nos itens que se seguem" (CEREZETTI, Sheila C. Neder. Grupos de sociedade e recuperação judicial: o indispensável encontro entre direitos societário, processual e concursal. In: YARSHELL, Flávio Luiz; PEREIRA, Guilherme Soteguti J. (coord.). *Processo societário*. São Paulo: Quartier Latin, 2015. v. II, p. 735-789).

[6] O grupo de direito refere-se a sociedades que, muito embora juridicamente independentes, subordinam-se por acordo a uma direção comum e atendem um mesmo interesse. Os grupos de direito são regulamentados nos arts. 265 a 277 da Lei 6.404/1976.

[7] Hipótese em que sociedades controladoras e controladas ou sociedades coligadas atuam sob condução una para a exploração do mercado.

da empresa plurissocietária, sendo certo que a crise de uma sociedade poderá afetar diretamente as demais em razão da interconexão das relações jurídicas e, consequentemente, das responsabilidades cruzadas, assim como, a sua reestruturação poderá ser essencial para recuperação das demais sociedades do grupo[8], daí a necessidade de regulamentação, decorrente, principalmente, da construção jurisprudencial, conforme será exposto a seguir.

Diante do cenário da crise econômico-financeira de um grupo econômico ou plurissocietário, duas são as hipóteses da chamada consolidação[9] – processual e substancial.

Com relação a consolidação processual, mais simples e amplamente aceita pela doutrina e jurisprudência, o objetivo principal é operacionalizar o processo de reestruturação empresarial de forma mais eficiente, atendendo aos princípios da celeridade e da economia processual. Em síntese, a consolidação processual é o instituto por meio do qual duas ou mais sociedades formulam conjuntamente pedido de recuperação judicial ao juízo competente.

---

[8] A opção pelo pedido de recuperação conjunto deve ser sempre precedida do entendimento de quais sociedades podem ou não ser consideradas como participantes do grupo de sociedades empresárias requerentes. Por isso, a prévia e correta compreensão dos conceitos societários relacionados a grupos de direito ou de fato é fundamental. É importante destacar, à título de esclarecimento, que o pedido de recuperação judicial conjunto passa tão somente pela identificação da relação jurídica ou fática de grupo entre as devedoras, na forma do art. 113 do CPC, sendo certo que o deferimento da medida não necessita da identificação ou comprovação da crise de todas as requerentes. De acordo com a disciplina da Lei 11.101/2005, tanto para os casos de grupos societários como para sociedades individualmente consideradas, o pedido de recuperação judicial não está condicionado a comprovação de insuficiência patrimonial ou de estado de insolvência fundado no inadimplemento ou na dificuldade de cumprimento pontual das obrigações, mas apenas na indicação dos principais fatores que justificam o estado momentâneo de "crise econômico-financeira), na forma do art. 51, inciso I. Portanto, não será necessária a comprovação da insolvência ou a viabilidade das sociedades requerentes, exigindo-se, conforme a reforma dispôs, o atendimento aos requisitos ordinários para formulação do pedido". Cf. CEREZETTI, Sheila C. Neder. Grupos de sociedade e recuperação judicial: o indispensável encontro entre direitos societário, processual e concursal. In: YARSHELL, Flávio Luiz; PEREIRA, Guilherme Soteguti J. (org.). *Processo societário*". São Paulo: Quartier Latin, 2015. v. II, p. 735-789.

[9] Essa divisão conceitual entre a consolidação processual e substancial também é reconhecida pela UNCITRAL – *Legislative Guide on Insolvency Law* – Parth Three: Treatment of enterprise groups in insolvency, Viena, 2012.

Nesse ponto, vale ressaltar que a aplicação subsidiária do Código de Processo Civil aos procedimentos previstos na Lei 11.101/2005, conforme disposto no art. 189, sempre foi utilizada pela jurisprudência como fundamento à formação de litisconsórcios ativos nos pedidos de recuperação judicial[10], tendo em vista a afinidade de questões em comum de fato ou de direito, na forma do art. 113, II e III, do CPC (art. 46 do CPC de 1973)[11].

---

[10] Atualmente, os pedidos de recuperação judicial em consolidação processual são bastante aceitos pela jurisprudência, apesar da resistência inicial quanto ao processamento conjunto da recuperação judicial, em razão, principalmente, (i) da inexistência de regulamentação específica; e (ii) as preocupações com a tutela de credores, principalmente nos casos em que a recuperação judicial em grupo era processada em comarcas distantes e distintas à da sede de outras sociedades do mesmo grupo, dificultando, salvo com grave ônus, a participação ativa do processo decisório no âmbito da recuperação judicial. Por isso, no início, normalmente, os pedidos eram aceitos quando as sociedades do grupo estavam "sediadas na mesma comarca" (TJSP, Apel. 625.206-4/2-00, Rel. Des. Pereira Calças, *DJ* 09.06.2009 e TJSP, AgrInst 645.330-4/4-00, Rel. Des. Pereira Calças, *DJ* 15.09.2009). Posteriormente, a jurisprudência passou a exigir para o processamento apenas, (i) a comprovação de elementos que justifiquem a apresentação de plano único (TJSP, AgrInst 2116130-54.2014.8.26.0000, Rel. Des. Tasso Duarte de Melo, *DJ* 13.11.2014); e (ii) a consequente aprovação da referida condição pelos credores submetidos ao processo recuperacional (TJSP, AgrInst 0281187-66.2011.8.26.0000, Rel. Des. Pereira Calças, *DJ* 26.06.2012). As exigências não se justificavam, tendo em vista que (i) o litisconsórcio ativo não depende do interesse das partes em lidar conjuntamente com a crise mediante a apresentação de um plano único; e, mais importante, (ii) o processamento do pedido de recuperação judicial em conjunto dependeria tão somente da decisão do magistrado à luz do cumprimento dos requisitos dispostos no art. 113 do CPC, não sendo necessária, assim, a manifestação dos credores acerca da consolidação processual, sendo certo que caberá a esses, posteriormente, a decisão mais importante de toda e qualquer recuperação judicial, qual seja, a aprovação (ou não) do plano de recuperação judicial proposto. Cf. CEREZETTI, Sheila C. Neder. Grupos de sociedade e recuperação judicial: o indispensável encontro entre direitos societário, processual e concursal. In: YARSHELL, Flávio Luiz; PEREIRA, Guilherme Soteguti J. (org.). *Processo societário*. São Paulo: Quartier Latin, 2015. v. II, p. 735-789.

[11] O inciso II do art. 113 do CPC apresenta como fundamento para o pedido de recuperação conjunto a existência de um estado comum de crise econômico--financeira, entendida como causa de pedir remota. Já o inciso III do mesmo artigo, justifica-se em razão da identificação de afinidade de questões por ponto comum de fato ou de direito, que decorre justamente da existência de um grupo societário entre as requerentes, apesar de que nessas hipóteses nem sempre estão claras ou necessariamente presentes a comunhão de direitos e obrigações, nem

Com efeito, destaca-se que litisconsórcio ativo – consolidação processual – formado entre sociedades do mesmo grupo econômico para o requerimento de recuperação judicial tem natureza de litisconsórcio facultativo comum. Na forma do art. 69-G, *caput*, a consolidação processual poderá ser requerida pelos devedores, não havendo disposição de lei ou peculiaridade da natureza da relação jurídica controvertida que, nos termos do art. 114 do CPC, imponha a litigância simultânea, ainda que se admita a figura do litisconsórcio ativo necessário. Dessa forma, a iniciativa para a formação da consolidação processual será sempre das sociedades devedoras, não sendo possível a formação de litisconsórcio à revelia do grupo econômico.

É importante ressaltar que a consolidação processual produz efeitos por si só, gerando maior eficiência, celeridade e economia ao processo de reestruturação empresarial, não havendo, portanto, qualquer relação direta e obrigatória entre a consolidação processual e o tratamento conjunto de ativos e passivos ou consolidação substancial.

Nesse ponto, na forma do novo art. 69-G, § 1º, combinado o também novo art. 69-I, o legislador foi preciso ao dispor que, apesar do pedido de recuperação de devedores que integrem grupo societário sob controle comum poder ser processado em consolidação processual, as requerentes deverão, necessariamente, apresentar toda a documentação em separado, devendo ser mantida sua a independência funcional e de seus ativos e passivos, de modo que o plano de reestruturação possa ser desenvolvido e proposto de acordo com a realidade econômico-financeira de cada uma das partes.

Nesse sentido, apesar da autuação de um único processo, as requerentes apresentarão toda a documentação obrigatória (arts. 48 e 51 da Lei 11.101/2005), bem como os planos de recuperação judicial (art. 53 da Lei 11.101/2005), sempre de forma individualizada.

---

haja compartilhamento de fundamento de fato ou de direito para os direitos e obrigações especificamente tratados. Por fim, ainda sobre o aspecto processual, cabe ressaltar que, em tese, a consolidação processual se referirá a casos em que o litisconsórcio não é nem necessário (facultativo – as requerentes poderiam ter optado pelo pedido individualizado) nem unitário, tendo em vista, em regra, a recuperação judicial produzirá efeitos processuais autônomos, ou seja, na seara do processo concursal, a convolação em falência de uma das partes não necessariamente imporá a falência das demais partes do processo. Nesse sentido, identifica-se uma relação de pluralidade de demandas que se unem formalmente em um processo único, tratar-se-ia, assim, de um litisconsórcio facultativo comum, salvo as hipóteses excepcionais em que se demandará, para além da consolidação processual, também a consolidação substancial.

De acordo com o art. 69-I, § 1º, ainda que ser admita a apresentação de plano único, a hipótese não se confunde com a consolidação substancial, pois este plano deverá ser subdividido, de modo a descrever separadamente os meios de recuperação idealizados para que cada um dos devedores, individualmente, supere a crise momentânea. Nesse sentido, vale ressaltar ainda que, na forma do mesmo dispositivo legal, os credores de cada sociedade deliberarão em assembleias independentes[12], considerando que as medidas a serem discutidas são específicas para cada sociedade, apesar de pertenceram a um mesmo grupo, garantindo, assim, a autonomia patrimonial de cada devedor.

No que diz respeito à competência, alinhado à jurisprudência do Superior Tribunal de Justiça, o novo art. 69-G, § 2º, esclareceu que é competente para julgar e processar a recuperação judicial, extrajudicial ou falência sob consolidação processual, o juízo onde está localizado o principal estabelecimento do grupo de sociedades em recuperação judicial.

Em seguida, preenchidos os requisitos essenciais para requerimento da judicial (arts. 48 e 51) e definida a competência para processar e julgar a medida, o novo art. 69-H da Lei 11.101/2005 determina que apenas um administrador judicial deverá ser nomeado, efetivando, assim, os princípios da eficiência e economia processual, garantindo (i) a harmonia dos atos praticados, evitando a multiplicidade de ordens ou diligências idênticas ou, ainda, o risco de decisões conflitantes; e (ii) a redução de custos para os devedores[13].

Nesse sentido, nas palavras de Sheila Cerezetti, "a consolidação processual permite o alinhamento das mais diversas fases na caminhada processual da recuperação judicial das devedoras. Pode-se, assim, falar na atuação de apenas um administrador judicial, na reunião conjunta de comitês de credores, na simplificação da apuração de créditos, na facilitada troca de informações para que se obtenha precisa compreensão da situação societária e financeira das devedoras, e na adoção dos mesmos prazos processuais para os importantes momentos da recuperação, tais como para apresentação das relações de credores e dos planos de recuperação judicial,

---

[12]   Os quóruns de instalação e de deliberação deverão ser verificados, exclusivamente, em referência aos credores de cada devedor, e serão elaboradas atas para cada um dos devedores.

[13]   É importante ressaltar que, considerando a pluralidade de sociedades devedoras, a remuneração do administrador judicial será sempre correspondente a complexidade do trabalho.

bem como para realização de assembleia de credores para deliberação sobre proposta das devedoras"[14].

Por fim, na forma do art. 69-I, §§ 4º e 5º, a reforma legislativa não deixou dúvidas acerca da consolidação processual não impedir que alguns devedores obtenham a concessão da recuperação judicial enquanto outros possam ter a falência decretada, tendo em vista que a realidade econômico-financeira de cada sociedade é, em rega, autônoma, e será analisada individualmente durante o processo pelos respectivos credores. Caso essa hipótese venha a ocorrer, o processo será desmembrado em tantos autos quantos forem necessários.

Não há dúvidas de que o ponto mais polêmico deste tema coube à regulamentação da chamada consolidação substancial.

De acordo com a Exposição de Motivos do PL 10.220/2018 apresentada na Câmara dos Deputados[15], "no caso de consolidação substancial, ativos e passivos, de devedores deverão ser tratados como se pertencessem a um único agente econômico e os devedores apresentarão um plano unitário, que será submetido a uma assembleia geral de credores à qual serão convocados os credores de todos os devedores. A rejeição do plano implica a convolação da recuperação judicial em falência de todos os devedores sob consolidação substancial. Trata-se de instrumento que visa induzir a proposição de planos consistentes e inibir o isso de fraudes".

Nesse sentido, a consolidação substancial, excepcional e que demandará sempre maior cuidado, suscita controvérsia na doutrina e na jurisprudência, tendo em vista a interferência na esfera jurídica de inúmeras partes com objetivo de compor direitos e interesses dos evolvidos – devedores e credores.

Em síntese, essa modalidade de consolidação consiste no tratamento – total ou parcial – do passivo e do ativo das sociedades em consolidação processual em um único plano de recuperação, desconsiderando, assim, a autonomia patrimonial e o fato de que cada sociedade devedora pertencente ao grupo econômico em recuperação judicial deveria, em tese, responder individualmente por suas dívidas.

---

[14] CEREZETTI, Sheila C. Neder. Grupos de sociedade e recuperação judicial: o indispensável encontro entre direitos societário, processual e concursal. In: YARSHELL, Flávio Luiz; PEREIRA, Guilherme Soteguti J. (coord.). *Processo societário*. São Paulo: Quartier Latin, 2015. v. II, p. 735-789.

[15] Disponível em: https://www.camara.leg.br/proposicoesWeb/prop_mostra-rintegra;jsessionid =node013jgjnov4l3jouy7n263hgo4q8316169.node0?-codteor=1658833&filename=PL+10220/2018. Acesso em: 15 jan. 2021.

No âmbito do sistema de insolvência, a consolidação substancial encontra respaldo nos próprios princípios que regem os mecanismos de reestruturação empresarial. Ou seja, ainda que excepcional, o objetivo não será a tutela de uma ou outra sociedade devedora, nem mesmo a proteção de um ou outro credor, mas, sim, a preservação da atividade empresária organizada sob a estrutura de um grupo econômico ou plurissocietário que reúne interesses diversos, a partir de plano de recuperação único que proponha uma solução conjunta para todo grupo de sociedades, direta ou indiretamente, conexas, tendo em vista que soluções individuais seriam difíceis ou de impossível superação.

Evidentemente, isso não significa que este instrumento deva ser utilizado de forma irrestrita[16]. Como será demonstrado a seguir, a Lei 14.112/2020 estabeleceu critérios bastante rígidos e objetivos de modo que esta medida seja sempre considerada excepcional, oferecendo à jurisprudência parâmetro claros e objetivos, de modo que haja entendimento harmônico acerca da admissão dessa modalidade de consolidação.

A determinação de critérios ou parâmetros é o ponto que gera a maior controvérsia neste tema. Porém, é importante ressaltar que a controvérsia acerca dos parâmetros a serem considerados para que a consolidação substancial seja aceita não é exclusividade da doutrina ou jurisprudência brasileira. No sistema norte-americano, pioneiro no tratamento da crise de grupos econômicos ou plurissocietários, são identificados diferentes parâmetros ou testes para verificar a adequação da medida[17].

---

[16] Segundo a pesquisa empírica denominada 1ª fase do Observatório da Insolvência, organizada pelo Núcleo de Estudos de Processos de Insolvência – NEPI da PUC-SP e pela Associação Brasileira de Jurimetria – ABJ, foi constatado que dentre todos os pedidos de recuperação judicial realizados e com o processamento deferido em tramite perante as duas varas especializadas na Capital do Estado de São Paulo, 41,4% foram requeridos com pedido de reconhecimento de litisconsórcio ativo, sendo que em 76, 1% dos litisconsórcios deferidos houve consolidação substancial. Isso se explica porque, na prática, muitas vezes a consolidação substancial é utilizada como regra por grupos em recuperação judicial, por inércia dos envolvidos no processo (WAISBERG, Ivo; SACRAMONE, Marcelo Barbosa; NUNES, Marcelo Guedes; CORRÊA, Fernando 1ª fase do Observatório da Insolvência de iniciativa do Núcleo de Estudos de Processos de Insolvência – NEPI da PUCSP e da Associação Brasileira de Jurimetria – ABJ, 2019, p. 9. Disponível em: https://abj.org.br/wpcontent/uploads/2018/01/ ABJ_resultados_observatorio_1a_fase.pdf. Acesso em: 15 jan. 2021).

[17] Cf. CEREZETTI, Sheila C. Neder. Grupos de sociedade e recuperação judicial: o indispensável encontro entre direitos societário, processual e concursal. In:

No primeiro dos casos[18] sobre a *substantive consolidation* houve o entendimento de que o requerente da consolidação substancial deveria necessariamente comprovar: (i) a identidade substancial entre as sociedades empresárias que seriam consolidadas; e (ii) a efetiva necessidade da consolidação como forma de evitar prejuízo ao grupo ou garantir algum benefício econômico.

A partir da satisfação dos referidos requisitos, o credor dissidente, se houvesse, teria que obrigatoriamente provar (i) que confiava no pagamento do seu crédito por apenas uma das sociedades devedoras; e (ii) que a consolidação substancial prejudicaria substancialmente o seu direito de crédito. Ultrapassadas essas etapas, caso as provas fossem devidamente apresentadas, a autorização da consolidação ficaria a cargo do exclusivamente do juiz que deverá, se assim entender, fundamentar no sentido de que, apesar dos eventuais prejuízos pontuais, os benefícios da consolidação substancial seriam superiores ao tratamento do passivo/ativo de forma segregada.

Em outro caso[19], a jurisprudência norte-americana aplicou teste diverso, segundo o qual o requerente deveria comprovar necessariamente que (i) os seus credores não tinham a percepção de que existiam identidades jurídicas distintas, considerando as sociedades do grupo como uma única unidade econômica; ou (ii) as atividades das sociedades devedoras eram tão inter-relacionadas que a consolidação substancial seria benéfica não apenas para o grupo, mas para todos os credores se considerados, particularmente, os custos incorridos para esclarecer quais obrigações se referem à quais sociedades devedoras.

Por último, em caso mais recente[20], o *Third Circuit* afastou decisão da *Delaware Bankruptcy Court*[21], que primeiro havia se aproximado do teste aplicado em *Auto-Train Corp* e, posteriormente, se alinhou ao que foi determinado no caso *Union Savings Bank v. Augie/Restivo Banking Company*, decidindo que a consolidação substancial dependeria da comprovação pelas devedoras de que (i) antes do pedido de recuperação, a unidade das personalidades jurídicas

---

YARSHELL, Flávio Luiz; PEREIRA, Guilherme Soteguti J. (org.). *Processo societário*. São Paulo: Quartier Latin, 2015. v. II, p. 735-789.

[18] In re Auto-Train Corp 810 F. 2d 270 (D.C. Cir. 1987). No mesmo sentido, Eleventh Circuit – Case: Eastgroup Props v. S. Motel Ass'n, 935 F.2d 245 (11th Cir. 1991).

[19] In re Augie/Restivo Banking Co. Union Savings Bank v. Augie/Restivo Banking Company, Ltd. (In re Augie/Restivo Banking Co.), 860 F.2d 515 (2d Cir. 1988). No mesmo sentido, Ninth Circuit – Case: In re Bonham (229 F.3d 750 (9th Cir. 2000).

[20] In re Owens Corning 419 F.3d 195 (3d Cir. 2005).

[21] 316 B.R. 168 (Bankr. D. Del. 2004).

era tão significativa que os credores eram induzidos a entender que se tratava de apenas uma sociedade; ou (ii) os ativos e passivos estavam tão entrelaçados que a individualização seria praticamente impossível ou até prejudicial a todos os credores, considerando os custos incorridos para essa separação.

Observa-se, assim, que a jurisprudência norte-americana, mesmo tendo sido este o país que concebeu pela primeira vez a consolidação substancial, até hoje ainda não pacificou os parâmetros/testes necessários para a adequação da medida, tendo em vista que as peculiaridades dos casos concretos podem alterar significativamente a interpretação do juiz e até mesmo dos credores.

No Brasil, em decisão paradigma sobre o tema[22], Daniel Carnio Costa, juiz titular da 1ª Vara de Falência e Recuperação Judicial de São Paulo, definiu os seguintes parâmetros para avaliar a adequação da consolidação substancial: (i) interconexão das empresas; (ii) existência de garantias cruzadas; (iii) confusão de patrimônio e de responsabilidade; (iv) atuação conjunta das empresas integrantes do grupo econômico no mercado; (v) existência de coincidência de diretores; (vi) existência de coincidência decomposição societária; (vii) relação de controle e/ou dependência; (viii) Existência de desvio de ativos através de empresas integrantes do grupo econômico.

Ademais, a doutrina brasileira reconhece dois cenários distintos a respeito do reconhecimento da consolidação substancial, quais sejam: (i) consolidação voluntária: nesses casos, os próprios credores reconhecem a força econômica do grupo e consideram que a consolidação substancial é um importante fator para preservação da atividade empresária e, via de consequência, recuperação de seus créditos; (ii) consolidação obrigatória: nesses casos, além da percepção do devedor como integrante de determinado grupo econômico ou plurissocietário pelo mercado, existe a caracterização da confusão patrimonial ou desvio de finalidade, modalidades de abuso da personalidade jurídica previstos no art. 50 do Código Civil[23], que dariam ensejo à desconsideração da personalidade jurídica[24].

---

[22] TJSP, Processo de Recuperação Judicial do Grupo Urbplan, autuado sob o nº 1041383-05.2018.8.26.0100, 1ª Vara de Falências e Recuperação Judicial do foro de São Paulo, p. 4584.

[23] Esse entendimento foi encampado pela jurisprudência e aplicado no campo do Direito das Empresas em Crise. Segundo o STJ, a partir do momento em que um conjunto de sociedades reunidas sob um mesmo grupo econômico girem "sob unidade gerencial, laboral e patrimonial", o destino das empresas se entrelaça indissociavelmente.

[24] Nesse aspecto, vale destacar o entendimento da Sheila Cezeretti, no sentido de que "uma certa proximidade entre a desconsideração e a consolidação substancial

A reforma legislativa promovida pela Lei 14.112/2005 adotou uma terceira via, na medida em que o novo art. 69-J da Lei 11.101/2005 estabeleceu que o juiz pode, excepcionalmente e independentemente da realização de assembleia, autorizar a consolidação substancial de ativos e passivos dos devedores integrantes do mesmo grupo econômico, desde que verifique a interconexão e a confusão entre ativos ou passivos dos devedores, de modo que não seja possível identificar a sua titularidade sem excessivo dispêndio de tempo ou recursos – bastante comum quando se trata de grupo econômico de fato. Ademais, também deverão ser comprovadas ao menos duas das seguintes hipóteses: (i) existência de garantias cruzadas; (ii) relação de controle ou dependência; (iii) identidade total ou parcial do quadro societário; e (iv) a atuação conjunta no mercado entre as postulantes.

Esse dispositivo deixa claro o propósito do legislador brasileiro em se aproximar à uma das correntes doutrinárias e jurisprudenciais aplicada à *substantive consolidation* nos Estados Unidos, particularmente, em linha ao que fora decidido em *Union Savings Bank v. Augie/Restivo Banking Company*, conforme exposto acima. De acordo com o texto legal, a consolidação substancial será medida excepcional e apenas autorizada pelo juiz em casos de confusão patrimonial, ou seja, a consolidação poderá ser requerida sempre que houver evidências concretas da confusão patrimonial e mais, a apuração da titularidade dos ativos ou dos passivos de cada devedor exigir "excessivo dispêndio de tempo e de recursos".

---

justifica-se pela (i) excepcionalidade da sua adoção, e (ii) atuação bastante específica de uma e outra solução, sendo que a desconsideração é reconhecida apenas para o específico fim de satisfação de um determinado crédito, cuja cobrança resulta no afastamento temporário da personalidade jurídica de uma sociedade, de forma que os bens sejam utilizados para pagamento de dívida de outra, enquanto a consolidação ocorre apenas para lidas com os créditos sujeitos à recuperação judicial em que ela é adotada. Ambas, portanto, não têm o condão de extirpar a personalidade jurídica das devedoras, as quais permanecem juridicamente independentes, salvo se o plano contiver previsão de operação societária que disponha de forma distinta. Todavia, não se pode deixar de notar que a desconsideração permite que os bens da controladora sejam utilizados para satisfação de específicos débitos da controlada (ou o contrário, em caso de desconsideração inversa), enquanto a consolidação substancial gera uma aglomeração a de ativos das devedoras para fazer frente aos créditos contra elas existentes" (CEREZETTI, Sheila C. Neder. Grupos de sociedade e recuperação judicial: o indispensável encontro entre direitos societário, processual e concursal. In: YARSHELL, Flávio Luiz; PEREIRA, Guilherme Soteguti J. (coord.). *Processo societário*. São Paulo: Quartier Latin, 2015. v. II, p. 735-789).

Nesse contexto, percebe-se que a consolidação substancial regulamentada pela Lei 14.112/2020 ficou centrada na figura do juiz, pressupondo a existência de alguma disfunção societária para seu reconhecimento — aproximando-se, assim, da consolidação obrigatória. A reforma não tratou expressamente da consolidação voluntária, que ocorre quando, como mencionado, por mera liberalidade dos credores caso considerem que a consolidação de ativos e passivos do grupo é benéfica para a recuperação de seus créditos – porém, a ausência de previsão expressa é compensada também ausência de vedação expressa, o que dá a entender que credores que representem mais da metade do total de créditos presentes à assembleia, na forma do art. 42 – regra geral[25], poderão optar pela consolidação substancial.

Portanto, na forma do novo art. 69-K, autorizada a consolidação substancial e, via de consequência, a apresentação de um plano único, os ativos e passivos dos devedores serão tratados como se pertencessem a um único devedor, tendo em vista que, conforme mencionado acima, a autonomia patrimonial é momentaneamente afastada em prol da preservação da atividade empresária exercida pelo grupo econômico ou plurissocietário. Nesse sentido, o legislador também foi preciso e correto ao extinguir as garantias fidejussórias e creditícias por um devedor em face do outro do mesmo grupo societário. Além disso, em linha com o sistema já vigente, a consolidação substancial não terá qualquer reflexo sobre a garantia real dos credores, exceto em caso de aprovação expressa do titular dessa garantia.

Por fim, o art. 69-L, determina que, uma vez admitida a consolidação substancial, os devedores apresentarão plano único, discriminando medidas de recuperação que abranjam todo o grupo, não havendo a hipótese de tratamentos diferenciados. Este plano único será submetido e deliberado por uma assembleia geral única de credores, sendo convocados à participação todos os credores do grupo consolidado.

Sem dúvidas, a consolidação substancial altera significativamente o poder de voto de cada credor em assembleia, tendo em vista que o passivo consolidado influencia diretamente o percentual detido por cada credor

---

[25] Diferentemente do entendimento de parte da doutrina, considera-se o quórum do art. 42 – regra geral – como o mais adequado para deliberação acerca da consolidação substancial voluntária, tendo em vista que a Lei 11.101/2005 foi taxativa ao definir as hipóteses em que o quórum da regra geral não seria aplicável – "deliberações sobre o plano de recuperação judicial nos termos da alínea *a* do inciso I do *caput* do art. 35 desta Lei, a composição do Comitê de Credores ou forma alternativa de realização do ativo nos termos do art. 145 desta Lei".

para fins de aprovação do plano de recuperação, na forma do art. 45 da Lei 11.101/2005.

Outro aspecto relevante do texto aprovado é o reconhecimento expresso de que, na eventualidade de o plano único ser rejeitado ou descumprido, a recuperação judicial será convolada em falência para todo o grupo econômico, em decorrência da confusão patrimonial. Diante disso, não é possível a falência de somente um devedor e a recuperação judicial dos demais, a exemplo do que poderá ocorrer na consolidação processual, pois o destino de um devedor influenciará diretamente o destino de todos os demais.

4. CONCLUSÃO

Não há dúvidas de que a reforma da Lei 11.101/2005, promovida pela Lei 14.112/2005, foi desenvolvida em linha com a mais qualificada doutrina/jurisprudência e, particularmente, no tocante ao tema da consolidação processual e substancial, se inspirou bastante em doutrina e exemplos internacionais, principalmente, o norte-americano[26], onde já era identificado o uso da *substantive consolidation* na prática dos procedimentos recuperacionais desde a década de 1960[27], ainda sob as regras do antigo *Chapter XI*[28]. A opção do legislador brasileiro por regulamentar a consolidação processual e parametrizar a consolidação substancial visou dar uma resposta às duras críticas ao sistema em razão do abuso da utilização da consolidação substancial como instrumento causador de insegurança jurídica, tanto para devedores como para credores.

As críticas endereçadas a um ou outro aspecto da regulamentação são naturais, ainda mais em se tratando de um tema que provoca debates acalorados na doutrina especializada, nacional e estrangeira.

No entanto, em tempos de grave crise multisetorial em todos os lugares do mundo, provocada em grande medida pela triste pandemia da Covid-19,

---

[26] Cf. TUCKER, Maxwell, Substantive Consolidation: The Cacophony Continues. *American Bankrupcty Institute Law Review 18* (2010), p. 189. Os primeiros casos, como um *equitable remedy*, tinha fundamento no chamado *equitable power* dos juízos falimentares no sistema norte-americanos.

[27] HERZOG, Asa S., Bankruptcy Law – Modern Trends. *in Journal of the National Association of Referees in Bankruptcy 37* (1963), p. 20.

[28] Vide Soviero v. Franklin Nat'L Bank, 328 F. 2d 446 (2d Cir. 1964), Chemical Bank N.Y. Trust Co. V. Kheel, 369 F. 2d 845 (2d Cir 1966), In re Flora Mir Candy Corp., 432 F. 2d 1060 (2d Cir. 1975), e In re Continental Vinding Mach. Corp., 517 F. 2d 997 (2d Cir, 1976).

a adoção de critérios e parâmetros mais objetivos e rígidos terão o objetivo de reger a interpretação dos mais diversos juízos, especializados ou não, espalhados por todo o Brasil. Nesse sentido, o realinhamento de nossa legislação às melhores e mais modernas práticas internacionais no tocante à resolução de insolvências é motivo de orgulho por todo o trabalho que foi desenvolvido, desde 2016, por dezenas de profissionais que dedicaram tempo e estudo aos mais diversos temas tratados na reforma promovida pela Lei 14.112/2020.

REFERÊNCIAS BIBLIOGRÁFICAS

CEREZETTI, Sheila C. Neder. Grupos de sociedade e recuperação judicial: o indispensável encontro entre direitos societário, processual e concursal. In: YARSHELL, Flávio Luiz; PEREIRA, Guilherme Soteguti J. (org.). *Processo societário*. São Paulo: Quartier Latin, 2015. v. II.

COELHO, Fábio Ulhoa. *Comentários à Lei de Falências e de Recuperação de Empresas*. São Paulo: RT, 2016.

HERZOG, Asa S. Bankruptcy Law – Modern Trends. *Journal of the National Association of Referees in Bankruptcy* 37, 1963.

SANTOS, Paulo Penalva; SALOMÃO, Luis Felipe. *Recuperação judicial, extrajudicial e falência*: teoria e prática. 4. ed. Rio de Janeiro: Forense, 2019.

TUCKER, Maxwell. Substantive Consolidation: The Cacophony Continues. *American Bankrupcty Institute Law Review* 18, 2010.

UNCITRAL. *Legislative Guide on Insolvency Law* – Parth Three: Treatment of enterprise groups in insolvency, Viena, 2012.

WAISBERG, Ivo; SACRAMONE, Marcelo Barbosa; NUNES, Marcelo Guedes; CORRÊA, Fernando. 1ª fase do Observatório da Insolvência de iniciativa do Núcleo de Estudos de Processos de Insolvência – NEPI da PUC-SP e da Associação Brasileira de Jurimetria – ABJ, 2019.

A NOVA DISCIPLINA DO VOTO ABUSIVO

23

ASSEMBLEIA GERAL DE CREDORES: A NOVA DISCIPLINA DO VOTO ABUSIVO

MOACYR LOBATO DE CAMPOS FILHO

Sumário: 1. Introdução – 2. O exercício do voto no direito empresarial – 3. O voto e o abuso de direito – 4. O direito de voto nas sociedades por ações – 5. O voto abusivo nos processos de insolvência empresarial: 5.1 O abuso de voto nos tribunais – 6. A nova disciplina do voto abusivo – 7. Conclusão – Referências bibliográficas.

1. INTRODUÇÃO

Ao longo dos últimos vinte anos, o direito que cuida da crise e da insolvência no Brasil tem sido objeto de modificações as quais refletem a necessidade e a urgência de o país estar preparado, do ponto de vista normativo, a enfrentar desafios crônicos e historicamente assentados, no campo econômico e com efeitos na esfera social, aos quais se agregaram outros novos, com especial destaque para os efeitos da gravíssima crise sanitária de amplitude planetária, desconhecida para muitas gerações.

Tudo isso, somado à reconhecida necessidade de dotar a legislação de regência de mecanismos de comprovada eficiência em outros países e de promover alguma uniformização de procedimentos e condutas aconselháveis nas situações próprias na chamada "Insolvência internacional".

Esse esforço resultou na edição da Lei 14.112, de 24 de dezembro de 2020, que deu nova redação à Lei 11.101, de 2005, à época, reconhecidamente um avanço no cotejo com a lei que lhe antecedera, de meados do século XX.

São pontuais as alterações promovidas no corpo do tópico alusivo à Assembleia Geral de Credores (Capítulo II, Seção IV) da Lei de Recuperação e Falência, especialmente, no tocante ao abuso no exercício do direito de voto.

É sobre esse tema a reflexão que ora se oferece.

2. O EXERCÍCIO DO VOTO NO DIREITO EMPRESARIAL

É o voto o instrumento que traduz a legitimação da participação na vida e nos destinos de uma comunidade, cujo objetivo comum se expressa pela adoção e pelo reconhecimento do princípio majoritário. Assim, observa-se nas sociedades democráticas, sobretudo ocidentais, nos processos políticos de escolha de representantes e mandatários. Nas sociedades politicamente organizadas, são as assembleias que, em concepção clássica, veiculam desejos e aspirações de toda coletividade, traduzindo, em propostas e projetos de lei, os instrumentos adequados à satisfação de tantos e tão complexos interesses que essas mesmas sociedades revelam.

No campo do denominado direito empresarial, a previsão legal de assembleias, como instâncias próprias à deliberação, não constitui mais novidade. Sem observações sobre natureza e evolução histórica, atento aos modestos limites das presentes considerações, cabe o registro no sentido de que as assembleias gerais se caracterizam como instância própria e soberana de discussões e decisões dos acionistas de sociedades por ações, conforme posto na Lei 6.404/1976.

Na mesma linha, nos processos falimentares, há muito, existe previsão legal de realização de assembleia geral para definição do modo de realização do ativo que seja mais consentânea aos interesses dos credores não satisfeitos.

O mecanismo da participação dos acionistas no âmbito do direito societário e dos credores nos processos falimentares a ser utilizado nas assembleias é o voto, a exemplo do que sucede nas relações políticas de sociedades politicamente organizadas.

3. O VOTO E O ABUSO DE DIREITO

É longa a trajetória do reconhecimento de exercício abusivo do voto no direito comercial brasileiro. Foi objeto de inserção de dispositivos que o coibissem na esfera do direito civil, inicialmente reconhecida a obrigação de indenizar aquele que, por ação ou omissão voluntária, negligência, imperícia ou imprudência, causasse dano ou prejuízo a outrem, nos termos do que previa o art. 159 do Código Civil de 1916. A ideia de culpa surge como elemento nuclear da responsabilização.

O Código Civil de 2002, sem embargo da quase literal transposição do enunciado do art. 159 do Código de 1916, acrescentando, todavia, o dano exclusivamente moral, trouxe, incorporado ao texto, o abuso de direito, categorizado entre os atos ilícitos e emoldurado pela vulneração dos fins econômicos e sociais, boa-fé e bons costumes[1].

O ato ilícito é aquele contrário ao direito porque é antijurídico, culpável e lesivo. Fato jurídico amplo, na medida em que produz efeitos jurídicos não desejados pelo agente. Será ilícito propriamente dito (art. 186 do CC) ou abuso de direito (ilícito funcional, art. 187 do CC). Há, na verdade, uma ampliação da ideia do ato ilícito, para considerar precursor da responsabilidade civil aquele ato praticado no exercício regular de um direito; o ato é, assim, originalmente lícito, mas exercido para além dos limites estabelecidos pela boa-fé objetiva, bons costumes e fim econômico ou social.

Nas palavras de Tartuce (2019, p. 477):

> Resumindo essa construção, pode-se chegar à conclusão de que o abuso de direito é um ato lícito pelo conteúdo, ilícito pelas consequências, tendo natureza jurídica mista – entre o ato jurídico e o ato ilícito – situando-se no mundo dos fatos jurídicos em sentido amplo. Em outras palavras, a ilicitude do abuso de direito está presente na forma de execução do ato. Desse conceito conclui-se que a diferença em relação ao ato ilícito tido como puro reside no fato de que o último é ilícito no todo, quanto ao conteúdo e quanto às consequências.

4. O DIREITO DE VOTO NAS SOCIEDADES POR AÇÕES

Não obstante a assembleia geral esteja presente na disciplina das sociedades empresárias, notadamente nas sociedades por ações e no direito

---

[1] Observam Cristiano Chaves de Faria e Nelson Rosenvald: "A teoria do abuso do direito somente despontou no final do século XIX, como superação de concepções individualistas, que entendiam o direito subjetivo como poder da vontade e da expressão maior da liberdade individual, e, assim, ilimitado. Concedida a liberdade e a autodeterminação ao ser humano racional, deveria ele, eventualmente, arcar com a responsabilidade pelas condutas ofensivas ao ordenamento jurídico e, portanto, ilícitas. A introdução do abuso do direito permite vislumbrar uma via intermediária entre o permitido e o proibido" (FARIA, Cristiano Chaves de; ROSENVALD, Nelson. *Curso de direito civil* – parte geral e LINDB. 10. ed. rev., ampl. e atual. Salvador: JusPodivm, 2012. v. 1, p. 674).

concursal, com ênfase no processo de recuperação judicial, as diferenças entre os modelos são abissais. Nas SAs., as assembleias são previstas em lei para que ocorram com regularidade de períodos (assembleias ordinárias), admitida a realização de outras (extraordinárias), cujo conjunto temático ultrapasse o rol de matérias postas em lei para as AGOs, revelador de conteúdo residual motivador de sua convocação.

Por sua vez, no domínio do direito concursal, porém, as assembleias gerais de credores são episódicas, circunstanciais. Dependem, quanto à apreciação do plano de recuperação originariamente oferecido pelo devedor, por exemplo, da presença de uma objeção, única que seja como requisito indispensável à sua convocação. A comunhão de interesses que resulta da efetiva instalação da AGC nos feitos concursais estabelece vínculos efêmeros, rigorosamente transitórios, nos quais os interesses coletivos, próprios e ínsitos à companhia, cedem vez àqueles manifestamente individuais, presididos, naturalmente, pelo interesse imediato na solução do crédito não pago.

Referida assimetria que se verifica entre as assembleias gerais de sociedades empresárias e nas assembleias dos processos de insolvência empresarial, desdobra-se, inevitavelmente, na esfera da extensão do voto abusivo, num e noutro campo.

O alcance do abuso de direito será mais amplo em matéria societária, na medida em que tal exercício abusivo ocorrerá quando o acionista age com o fim de causar dano à companhia ou a outros acionistas, ou de obter, para si ou para outrem, vantagem a que não faz jus e de que resulte, ou possa resultar, prejuízo para a companhia ou outros acionistas, nos exatos termos do art. 115, *caput*, da Lei 6.404, de 1976.

O voto abusivo, assim tipificado no art. 39, § 6º, da Lei 11.101, acrescido pela redação conferida pela Lei 14.112/2020, proferido no interesse e de acordo com o seu juízo de conveniência, somente poderá ser declarado nulo por abusividade, quando manifestamente exercido para obter vantagem ilícita para si ou para outrem.

Ainda no campo das considerações sobre o art. 115 da Lei 6.404/1976, observa França (2014, p. 61):

> Parece inegável que tal regra filia-se diretamente ao & 243, 2, da Lei Acionária Alemã de 1965. Mas ela vai mais longe, pois além de inibir o voto proferido com o intuito de obter vantagens indevidas ("obter, para si ou para outrem, vantagem a que não faz jus e de que resulte, ou possa resultar, prejuízo para a companhia ou para outros acionistas"), pune também o voto proferido *ad aemulationem* ("com o fito de causar dano à companhia ou a outros acionistas").

O art. 115 da LSA contém, como se sabe, o regramento do abuso do direito de voto e do conflito de interesses na seara do direito societário.

5. O VOTO ABUSIVO NOS PROCESSOS DE INSOLVÊNCIA EMPRESARIAL

Para efeito de abuso do direito de voto em matéria de insolvência empresarial, é o *caput* do art. 115 da lei em comento que tem, em parte, servido de linha auxiliar às decisões que desconsideram os votos proferidos em assembleia geral de credores quando reveladores de exercício abusivo por parte de seus titulares.

Entretanto, a toda evidência, após a edição da Lei 11.101/2005 e antes que viesse a lume Lei 14.112, de 24 de dezembro de 2020, é o art. 187 da Lei 10.406/2002 – Código Civil –, ao inserir o abuso de direito entre os atos ilícitos, que confere sustentação ao reconhecimento de abusividade no exercício do direito de voto nas assembleias gerais de credores. Nesse ponto, há necessidade de algum registro sobre determinados aspectos diretamente relacionados à ocorrência de voto abusivo dado por credor em assembleia geral, na esfera de processos recuperacionais, sobretudo.

Não obstante os poderes conferidos aos credores reunidos em assembleia geral para decidirem sobre o destino do empresário ou da sociedade empresária em situação de crise econômico-financeira ou de estado falimentar, não lhes outorgou a lei prerrogativa absoluta de poder decisório ou excludente de apreciação, pelo juiz, da conformidade de atos praticados, ao qual compete, em caráter inafastável, o controle da legalidade de todos os atos praticados e desenvolvidos no âmago dos feitos em questão.

Nesse sentido, a preciosa lição de Manuel Justino Bezerra Filho, citado no Agravo de Instrumento 099076-36.2013.8.26.0000, Rel. Des. José Reynaldo, proferido pela 2ª Câmara Reservada de Direito Empresarial do TJSP:

> Observe-se desde logo que o poder da assembleia geral não é decisório, não se substituindo ao poder jurisdicional. Evidentemente, a assembleia, constituída por credores diretamente interessados no bom andamento da recuperação, deverá levar sempre ao juiz as melhores deliberações, que atendam de forma mais eficiente ao interesse das partes envolvidas na recuperação, tanto devedor quanto credores. No entanto, até pelo constante surgimento de interesses em conflito neste tipo de feito, sempre competirá ao poder jurisdicional a decisão, permanecendo com a assembleia o poder deliberativo, dependente da jurisdição para sua implementação nos autos do

processo. Sem embargo, sempre que chamada à manifestação, a jurisprudência vinha entendendo que a decisão da AGC deveria ser acatada pela jurisdição. Esse entendimento agora parece começar a mudar, a partir de decisões que têm sido tomadas pelos Tribunais, no sentido de que "as deliberações desse plano estão sujeitas aos requisitos de validade dos atos jurídicos em geral, requisitos esses que estão sujeitos a controle jurisdicional" (STJ, REsp 1.314.209/SP, Rel. Min Nancy Andrighi, j. 22.05.2012 e TJSP, AgIn 013632-29.2011.8.26.0000, Rel. Pereira Calças, j. 26.02.2012).

O controle jurisdicional, entretanto, deve ater-se à legalidade das cláusulas e das condições estampadas no plano, da observância das regras procedimentais dos atos praticados, sem imiscuir-se na análise de viabilidade da empresa ou do mérito da proposta dirigida aos credores.

No modelo brasileiro, inaugurado pela Lei 11.101/2005, cabe ao Poder Judiciário, por meio do processo de recuperação judicial, ajudar na criação de um ambiente de negociação equilibrado entre credores e devedor, mediante deliberação daqueles, de um plano de recuperação que, ao tempo em que satisfaça minimamente aos interesses dos credores, também viabilize a manutenção dos interesses da empresa e de todos os benefícios dela decorrentes[2].

Assente na jurisprudência dos tribunais brasileiros que compete, ao juiz, o controle dos aspectos legais do plano de recuperação, sem que lhe seja aberta a possibilidade de interferência na conformação e no mérito desse mesmo plano. Não se têm, todavia, a despeito do entendimento pacificado na jurisprudência, critérios objetivos postos em lei, sobre os limites de referido controle.

Em reflexão de grande ressonância nos meios vinculados ao estudo e ao tratamento do tema em questão, Carnio (2017) propôs que o controle de legalidade do plano deverá observar quatro fases. A primeira consiste no exame da legalidade de suas cláusulas; a segunda corresponde à verificação da presença de vícios do negócio que macularam a higidez do plano; a terceira seria o exame da legalidade da decisão majoritária dos credores em relação aos dissidentes da deliberação assemblear vitoriosa.

---

[2]   CARNIO, Daniel. O critério tetrafásico de controle judicial do plano de recuperação judicial. *Migalhas*, 2017. Disponível em: https://migalhas.uol.com.br/coluna/insolvencia-em-foco/267199/o-criterio-tetrafasico-de-controle-judicial--do-plano-de-recuperacao-judicial. Acesso em: 25 jan. 2021.

Finalmente, a quarta fase compreenderia a análise de eventual abusividade do voto do credor. Nesse sentido, o voto será considerado abusivo se não for utilizado de forma compatível com o exercício do seu direito e com a função social da recuperação judicial. Quer dizer, não podem os votos representar óbice à realização do interesse público e social que inspiram o processo recuperacional[3].

O instituto da recuperação judicial foi introduzido no sistema jurídico brasileiro pela Lei 11.101/2005, norma programa de densa carga principiológica, de conformidade com o estabelecido em seu art. 47[4].

A recuperação, nos moldes em que insculpida em lei, e cujo art. 47 permaneceu inalterado por força das novas disposições da Lei 14.112/2020, transcende limites próprios da negociação entre devedor e seus credores, indo alojar-se em abrigo constitucional, porquanto instrumento de preservação da empresa, dos interesses dos trabalhadores, de manutenção de fonte produtora, além de princípios e valores constitucionais, como função social da propriedade e estímulo à atividade econômica.

5.1   O abuso de voto nos tribunais

Coube à jurisprudência estabelecer contornos necessários à configuração do voto abusivo, sobretudo em sede de recuperação judicial, à míngua de previsão legal no texto originário da Lei 11.101/2005. Em julgamento realizado pela 2ª Câmara Reservada de Direito Empresarial do TJSP, ficou assentado que "... o direito de voto a ser exercido pelos credores não pode ultrapassar o limite imposto pelos fins sociais, econômico, a boa-fé ou os bons costumes, revelando-se, nestes casos, abuso de direito"[5].

O mesmo Tribunal de Justiça de São Paulo, por sua 2ª Câmara Reservada de Direito Empresarial entendeu, trazendo à colação o ensinamento de José Eduardo Pimenta, que não pode haver presunção de intenção abusiva do

---

[3]   Idem.

[4]   REsp 1337.989/SP, Min. Luis Felipe Salomão, j. 08.05.2018. Disponível em: https://stj.jusbrasil.com.br/jurisprudencia/595923428/recurso-especial-resp-1337989-sp-2011-0269578-5/inteiro-teor-595923431. Acesso em: 12 jan. 2021.

[5]   Agravo de Instrumento 0099076-46.2203.8.26.0000, 2ª Câmara Reservada de Direito Empresarial, Rel. Des. José Reynaldo, j. 03.02.2014. No mesmo sentido: TJRJ, Agravo de Instrumento 0037321-84.2011.8.19.2000, 5ª Câmara Cível, Rel. Des. Milton Fernandes de Souza; TJMG, Agravo de Instrumento 1000019154137400, 1ª Câmara Cível, Rel. Des. Alberto Vilas Boas, j. 10.03.2020.

credor, cabendo, ao magistrado, o dever de sustentar sua decisão em elementos probatórios trazidos a seu conhecimento[6].

No âmbito do Superior Tribunal de Justiça, vale ressaltar a vigilância exercida contra o abuso de direito de voto, no sentido de assegurar o interesse da sociedade na superação do regime de crise empresarial. Assume realce, a possibilidade de aprovação pelo juiz, do plano de recuperação, na forma do § 1º do art. 58 da Lei 11.101/2005, ainda que contra decisão assemblear com o intuito de evitar o "abuso da minoria" ou de "posições individualistas" sobre o interesse da sociedade[7].

"A jurisprudência, verificado o abuso de direito, (...), aponta para a homologação da recuperação judicial com relativização dos requisitos para o 'cram down'"[8-9].

6. A NOVA DISCIPLINA DO VOTO ABUSIVO

A nova redação dada à Lei 11.101/2005, por meio da Lei 14.112/2020, acresceu, entre outros, o § 6º ao art. 39, introduzindo normatização ao voto exercido de forma abusiva em matéria de direito concursal, com a seguinte dicção:

> Art. 39. (...)
>
> § 6º O voto será exercido pelo credor no seu interesse e de acordo com o seu juízo de conveniência e poderá ser declarado nulo por abusividade somente quando manifestamente exercido para obter vantagem ilícita para si ou para outrem.

Assim posta a norma, resta claro que o reconhecimento e a declaração de abusividade no exercício do voto terão de ser judiciais, cabendo, ao magistrado, aferir eventual exercício abusivo do direito, balizado pela iniciativa voltada à obtenção de vantagem ilícita para si ou para terceiro.

---

6   Agravo de Instrumento 0146029-05-2012.8.26.0000, Rel. Des. Araldo Telles, j. 10.04.2015.

7   REsp 1.337.989/SP, Rel. Min. Luis Felipe Salomão, j. 08.05.2018.

8   REsp 1.864.115/MG, Rel. Min. Marco Aurélio Bellizze, j. 20.04.2020.

9   O abuso do direito, entretanto, demanda efetiva comprovação de sua ocorrência, sob pena de não admitir seu reconhecimento (STJ, REsp 1.758.734/PE, Rel. Min. Moura Ribeiro, j. 27.09.2019).

Desse modo, o voto será – ou poderá ser – declarado nulo por abusividade, somente na medida em que se possa averiguar comportamento do titular do crédito que, em assembleia geral de credores, use o poder de seu voto para seu benefício exclusivo ou daqueles a quem interessa beneficiar.

Assim, o voto proferido, tendo em conta o contexto da recuperação judicial e os objetivos legalmente estabelecidos, escapa ao alcance inibidor da norma. Em outras palavras, a Lei 11.101/2005, em sua redação originária, não obrigava o credor a votar de acordo com os objetivos da recuperação, porquanto silente o texto[10].

O fim social ou econômico que integra a estrutura normativa do voto exercido com abuso de direito, na apreciação judicial do abuso, vê-se contido pela opção do legislador ao caracterizá-lo voltado à obtenção de vantagem ilícita, mesmo que não exclusivamente para o credor votante.

O escopo da recuperação judicial, inspirado no feixe de princípios catalogados no art. 47 da Lei 11.101/2005, não poderá ser medido pelo voto dado pelo titular do crédito, cuja responsabilidade estará circunscrita ao exercício do direito correspondente à sua condição de credor, nos limites de seu interesse e de acordo com seu juízo de conveniência[11].

7. CONCLUSÃO

Desde o direito de dispor do corpo do obrigado até a arena das deliberações assembleares, onde a reunião majoritária dos votos manifestados indica os caminhos a serem seguidos, com expressa vedação de meios coercitivos de cobrança incompatíveis com a dignidade humana, muito sofrimento foi

---

[10] "(...) Se fosse este o objetivo, teria a legislação deixado a concessão da recuperação Judicial à decisão do magistrado, ou, nos moldes da antiga Concordata, se limitaria a apurar a regularidade dia documentos instrutórios do pedido" (PIMENTA, Eduardo Goulart. Os limites jurisdicionais do direito de voto em recuperação de empresas. *Revista NEJ Eletrônica*, vol. 18, n. 1, 2013, p. 151-161).

[11] "Neste ponto, é bom notar que o credor vota considerando o seu interesse que legitima seu voto. Não se pode impor a ele a obrigação de aprovar o plano. Mas pode ocorrer eventual abuso no exercício do voto ou conflito de interesses, esses serão confrontados com as diretrizes da lei" (WALD, Arnoldo; WAISBERG, Ivo. Comentários aos artigos 47 a 49 da Lei de Falência e Recuperação de Empresas. In: LIMA, Sérgio Mourão Corrêa; CORRÊA-LIMA, Osmar Brina (orgs.). *Comentários à Lei de Falência e Recuperação de Empresas*. Rio de Janeiro: Forense, 2009. p. 321).

imposto a muitos, que não tinham como pagar, e a outros, que dependiam de forma absoluta do cumprimento das obrigações de que eram titulares.

O fato é que a negociação entre devedor e seus credores, conferida e inspecionada por um juiz, ou mesmo a liquidação de patrimônio que venha a ser definida por esses mesmos credores, constitui uma das expressões máximas de conquistas das quais podemos orgulhar-nos, vencida a primeira quadra do século XXI.

Ao poder atribuído a um, segue-se a correspondente responsabilidade.

Essa singela e delicada equação assegura o equilíbrio necessário ao exercício do direito, limitado pela inibição do excesso atribuído ao uso indevido ou abusivo.

REFERÊNCIAS BIBLIOGRÁFICAS

BEZERRA FILHO, Manuel Justino. *Lei de Recuperação de Empresas e Falência.* 9. ed. São Paulo: RT, 2013.

BORBA, José Edwaldo Tavares. *Direito societário.* 13. ed. rev. e atual. Rio de Janeiro: Renovar, 2012.

BRASIL. Superior Tribunal de Justiça. Recurso Especial 0655662-67.2017.8.13.0000/ MG 2019/0278504-0. Recurso Especial. Agravo de Instrumento. Recuperação Judicial. Cram Down. Preenchimento dos requisitos. (...). Recorrente: Banco Bradesco S/A. Recorrido: Transvalente Logistica Limitada – em recuperação judicial. Rel. Min. Marco Aurélio Bellizze, 22 abril 2020. Disponível em: https://stj.jusbrasil.com.br/jurisprudencia/859486641/recurso-especial-resp-1864115-mg-2019-0278504-0/decisao-monocratica-859486651. Acesso em: 22 jan. 2021.

BRASIL. Superior Tribunal de Justiça. Recurso Especial 0000182-79.2016.8.17.0000/PE 2018/0000227-5. Civil. Processo Civil. Recurso Especial. Irresignação manifestada na vigência do NCPC. Pedido de Recuperação Judicial convolado em falência. (...). Recorrente: Irmãos Coutinho indústrias de Couros S/A. Recorrido: Companhia Energética de Pernambuco. Relator: Min. Moura Ribeiro, 30 set. 2019. Disponível em: https://stj.jusbrasil.com.br/jurisprudencia/875839445/recurso-especial-resp-1758734-pe-2018-0000227-5/decisao-monocratica-875839455. Acesso em: 24 jan. 2021.

BRASIL. Superior Tribunal de Justiça. Recurso Especial 1.337.989/SP 2011/0269578-5. Recurso Especial. Direito Empresarial. Recuperação Judicial. Plano. Aprovação Judicial. Cram Down (...). Recorrente: Banco do Brasil S/A. Recorrido: W. S. Indústria e Comércio Ltda. Relator: Min.

Luis Felipe Salomão, 08 maio 2018. Disponível em: https://stj.jusbrasil. com.br/jurisprudencia/595923428/recurso-especial-resp-1337989-sp-2011-0269578-5/inteiro-teor-595923431. Acesso em: 12 jan. 2021.

FARIA, Cristiano Chaves de; ROSENVALD, Nelson. *Curso de direito civil – parte geral e LINDB*. 10. ed. rev., ampl. e atual. Salvador: JusPodivm, 2012. v. 1.

FRANÇA, Erasmo Valladão e Azevedo. *Conflito de interesses nas assembleias de S.A (e outros escritos sobre conflitos de interesses)*. 2. ed. rev. e aum. São Paulo: Malheiros, 2014.

MINAS GERAIS, Tribunal de Justiça. AI 10000191541374000. Rel. Alberto Vilas Boas. 17 mar. 2020. Disponível em: https://tj-mg.jusbrasil. com.br/jurisprudencia/822303170/agravo-de-instrumento-cv-ai-10000191541374000-mg/inteiro-teor-822303220. Acesso em: 22 jan. 2021.

PIMENTA, Eduardo Goulart. Os limites jurisdicionais do direito de voto em recuperação de empresas. *Revista NEJ Eletrônica*, vol. 18, n. 1, 2013, p. 151-161.

PATROCÍNIO, Daniel Moreira do. O abuso de voto no processo de recuperação judicial de empresas. *Revista Brasileira de Direito Civil – RDBCivil*, Belo Horizonte, v. 15, jan.-mar. 2018, p. 71-95.

RIO DE JANEIRO. Tribunal de Justiça. AI 0037321-84.2011.8.19.0000. Rel. Milton Fernandes de Souza. Nova Iguaçu, 13 dez. 2011. Disponível em: https://tj-rj.jusbrasil.com.br/jurisprudencia/388268403/agravo-de-instrumento-ai-373218420118190000-rio-de-janeiro-nova-iguacu-1-vara-civel/inteiro-teor-388268421. Acesso em: 25 jan. 2021.

SÃO PAULO. Tribunal de Justiça. AI 0106661-86.2012.8.26.0000. Rel. Francisco Loureiro. 03 jul. 2014. Disponível em: https://tj-sp. jusbrasil.com.br/jurisprudencia/128026260/agravo-de-instrumento-ai-1066618620128260000-sp-0106661-8620128260000/inteiro-teor-128026268. Acesso em: 22 jan. 2021.

SÃO PAULO. 1ª Câmara Reservada de Direito Empresarial do Tribunal de Justiça de São Paulo. AI 2017379-32.2014.8.26.0000. Rel. Enio Zuliani. 11 set. 2014. Disponível em: https://tj-sp.jusbrasil. com.br/jurisprudencia/140540498/agravo-de-instrumento-ai-20173793220148260000-sp-2017379-3220148260000/inteiro-teor-140540505. Acesso em: 25 jan. 2021.

SÃO PAULO. 2ª Câmara Reservada de Direito Empresarial. AI 0099076-46.2013.8.26.0000. Rel. José Reynaldo. 03 fev. 2014. Disponível em: https://tj-sp.jusbrasil.com.br/jurisprudencia/122401113/agravo-de-

instrumento-ai-990764620138260000-sp-0099076-4620138260000/
inteiro-teor-122401123. Acesso em: 22 jan. 2021.

SÃO PAULO. 2ª Câmara Reservada de Direito Empresarial do Tribunal de Justiça de São Paulo. AI 0146029-05.2012.8.26.0000. Rel. Ricardo Negrão. 10 abril 2015. Disponível em: https://tj-sp.jusbrasil.com.br/jurisprudencia/681449785/agravo-de-instrumento-ai-21778611220188260000-sp-2177861-1220188260000/inteiro-teor-681449804. Acesso em: 24 jan. 2021.

TARTUCE, Flávio. *Direito civil*: direito das obrigações e responsabilidade civil. 14. ed. Rio de Janeiro: Forense, 2019.

WALD, Arnoldo;WAISBERG, Ivo. Comentários aos artigos 47 a 49 da Lei de Falência e Recuperação de Empresas. In: LIMA, Sérgio Mourão Corrêa; CORRÊA-LIMA, Osmar Brina (orgs.). *Comentários à Lei de Falência e Recuperação de Empresas*. Rio de Janeiro: Forense, 2009.

24

A NOVA DISCIPLINA DO VOTO ABUSIVO

Luiz Fernando Valente de Paiva

Sumário: 1. Introdução – 2. Do posicionamento da jurisprudência até a entrada em vigor da Lei 14.112/2020 – 3. Da nova disciplina introduzida pela Lei 14.112/2020 – Referências bibliográficas.

1. INTRODUÇÃO

A Lei 11.101/2005 ("Lei de Recuperação de Empresas e Falências" ou "LRE") introduziu em nosso sistema legal dois institutos de recuperação que têm natureza essencialmente contratual. Por meio dos processos de recuperação extrajudicial e judicial, o devedor tem, de um lado, certa liberdade para propor alterações das obrigações sujeitas aos procedimentos de recuperação. Já os credores, de outro lado, têm a faculdade de aceitar as modificações propostas pelo devedor ou de votar contra o plano apresentado (ou recusar-se a ele aderir) ou, mais recentemente, propor um plano alternativo.

É uma regra elementar de estado de direito que ninguém é obrigado a fazer nada senão em virtude de lei. Em um estado de direito com liberdade econômica ninguém é obrigado a contratar contra a sua vontade. Assim, se as partes possuem liberdade para contratar e negociar as disposições contratuais livremente, observadas limitações legais ou regulatórias, como regra geral, ninguém é obrigado a aceitar as modificações das condições contratadas contra sua vontade.

O legislador da LRE introduziu exceção a tal regra geral, de tal forma que as condições bilaterais pactuadas entre devedor e credor podem ser alteradas pela vontade da maioria dos credores de um devedor em recuperação judicial ou extrajudicial, observados certos parâmetros da paridade de tratamento entre credores. Assim, a novação recuperacional[1] autoriza que as condições de um contrato sejam alteradas à revelia de uma ou de algumas das partes[2].

Se de um lado a redação original da LRE deu enorme poder aos devedores para proporem e obterem alterações das condições contratuais à revelia da minoria dos credores, de outro, os credores também ganharam muito poder ao receberem o direito de votar no plano de recuperação proposto pelo devedor, podendo levá-lo à falência na hipótese de rejeição do plano.

O direito de voto conferido ao credor de um devedor em recuperação judicial constitui peça angular, essencial, do instituto da recuperação judicial e em regra não pode ser afastado, sob pena de desvirtuar o equilíbrio de forças pretendido pelo legislador e contrariar a própria natureza contratual do instituto. O direito de voto de um credor está para a recuperação judicial assim como o direito de voto de um cidadão está para a democracia. Em ambos os casos e a supressão do direito fulmina de morte o sistema.

O fato de ser o voto um direito que não se pode afastar do credor não significa dizer que esse pode exercê-lo como bem entender, podendo o juiz desconsiderar o voto de credores ou a manifestação de vontade do devedor em razão de abuso de direito, conforme definição contida no Enunciado nº 45 das Jornadas de Direito Comercial do Conselho da Justiça Federal. O exercício abusivo do direito do credor tornava inválida a manifestação de vontade, devendo o voto deixar de ser computado e o respectivo crédito excluído da base de cálculo para fins de apuração do atingimento do quórum para aprovação do plano[3].

Ocorre que a LRE era silente quanto às condutas que poderiam caracterizar abuso de voto e justificar a sua desconsideração[4]. A doutrina e a jurisprudência desenvolveram teses e firmaram posições na tentativa de definir os contornos do que deveria ser considerado uma conduta abusiva do credor. Na construção dos limites da licitude do voto do credor ante a ausência de previsão legal, a jurisprudência, em sua aparente maioria, assumiu

---

[1] CALÇAS, p. 125.

[2] Com a introdução da possibilidade de os credores apresentarem plano alternativo nos termos do art. 56, § 4º, da LRE, introduzido pela Lei 14.112/2020, as condições contratuais podem ser alteradas à revelia do próprio devedor em recuperação judicial.

[3] SCALZILLI, p. 472.

[4] Dada a ausência de previsão da LRE acerca do tema, CEREZETTI pontuava a necessidade de o intérprete aplicar o Código Civil, da aplicação subsidiária à lei concursal, p. 301.

uma posição pró-devedor, rompendo com o equilíbrio original de forças pretendido pelo legislador. Há ao menos um caso em que foi considerado abusivo o voto do credor único de uma classe pelo mero fato de que seu voto implicaria na rejeição do plano[5].

A lacuna da lei e a adoção de posições não uniformes e, em alguns casos, a exacerbada proteção ao devedor, passaram a gerar insegurança jurídica àqueles que fornecem crédito. Isso porque os financiadores já não mais sabiam, no momento de conceder o crédito, se teriam ou não seu voto considerado por ocasião de eventual recuperação judicial do tomador ou crédito. Esse impacto de imprevisibilidade no crédito foi detectado pelo Banco Mundial nos levantamentos anuais que são feitos para comparar a efetividade dos regimes de insolvência de centenas de economias ao redor do mundo.

O legislador de 2020 compreendeu a necessidade de dar segurança jurídica a quem concede crédito como forma de fomentar a atividade econômica e optou por introduzir o art. 39, § 6º, na LRE. Esse novo dispositivo legal define as hipóteses nas quais o voto de um credor pode ser considerado abusivo, realinhando os incentivos pretendidos pelo legislador de 2005, reequilibrando as forças entre devedor e credores e trazendo maior previsibilidade e segurança jurídica ao sistema de insolvência brasileira.

Importante mencionar que a Lei 14.112/2020 trouxe a possibilidade de ser dispensada a realização de assembleia de credores para deliberar sobre o plano de recuperação judicial quando o devedor apresentar manifestação por escrito de credores suficientes para demonstrar o atingimento do quórum para aprovação do plano. O mecanismo de manifestação de vontade por escrito no sentido de aderir ou aprovar o plano de recuperação não é novo, pois se assemelha à comprovação da adesão de credores ao plano de recuperação extrajudicial previsto nos arts. 162 e 163, *caput*, da LRE em vigor desde 2005.

O que é relevante para a tema aqui examinado é que o art. 39, § 6º, da LRE se aplica tanto à manifestação de vontade externada pelo credor ao exercer seu voto em assembleia geral de credores que deliberar sobre o plano de recuperação judicial, quanto à manifestação por escrito de adesão ou de concordância com o plano apresentado pelo devedor. Na mesma linha, não parece existir empecilho para que esse dispositivo seja aplicado de forma analógica à manifestação de vontade do credor em relação ao plano de recuperação extrajudicial.

---

[5] "A circunstância de ser credor único não representa abuso... o credor único de uma classe não pode estar condenado a votar em favor do plano" (MOREIRA, p. 187).

2. DO POSICIONAMENTO DA JURISPRUDÊNCIA ATÉ A ENTRADA EM VIGOR DA LEI 14.112/2020

A análise da jurisprudência produzida nos últimos anos permite identificar uma série de fundamentos utilizados para o afastamento do voto do credor contrário à aprovação do plano de recuperação. Em julgado que parece ser o condutor do posicionamento adotado pelo Superior Tribunal de Justiça na lacuna da LRE, fixou-se o entendimento segundo o qual o magistrado deve agir com sensibilidade na verificação dos requisitos do *cram down*, adotando como principal referência o princípio da preservação da empresa, sobretudo quando um credor domina a deliberação da AGC de forma absoluta e se sobrepõe àquilo que parece ser o interesse da coletividade de credores[6].

Do breve exame dos julgados da 1ª Câmara Reservada de Direito Empresarial do TJSP, verifica-se a adoção dos seguintes fundamentos principais na análise da matéria: **(i)** o art. 187 do Código Civil é parâmetro de análise da abusividade do voto[7]; **(ii)** para exame da abusividade do voto, não são aplicáveis as regras da Lei das S.A.[8]; **(iii)** para não ser abusivo, o voto contra a homologação do PRJ necessita ter lógica econômica, i.e., o cenário falimentar não deve ser mais favorável do que o cenário de aprovação do PRJ[9]; **(iv)** é indicativa de abusividade de voto a postura omissa e relutante às negociações[10]; e **(v)** sobretudo quando há poucos credores que se opõem à homologação do PRJ, a recusa deve ser pormenorizadamente justificada, do contrário, ter-se-á voto abusivo[11].

Por sua vez, a 2ª Câmara Reservada de Direito Empresarial do TJSP adota os seguintes fundamentos **(i)** a abusividade se analisa por meio dos filtros da boa-fé ou dos fins econômicos e sociais[12]; **(ii)** há indício de abusividade de voto quando um ou mais credores possuem valor expressivo de crédito e pretendem se sobrepor aos interesses dos demais credores[13]; **(iii)** outro indício da

---

6   REsp 1.337.989/SP.
7   TJSP, Agravo de Instrumento 2225124-06.2019.8.26.0000.
8   TJSP, Agravo de Instrumento 2249013-86.2019.8.26.0000.
9   TJSP, Agravo de Instrumento 2073090-80.2018.8.26.0000.
10 TJSP, Embargos de Declaração Cível 2256530-79.2018.8.26.0000 e TJSP, Agravo de Instrumento 2171797-49.2019.8.26.0000.
11 TJSP, Agravo de Instrumento 2152902-74.2018.8.26.0000.
12 TJSP, Agravo de Instrumento 2233531-98.2019.8.26.0000.
13 TJSP, Agravo de Instrumento 2186907-88.2019.8.26.0000, acórdão que faz referência expressa a precedentes do STJ nesse sentido.

abusividade de voto é a criação e o favorecimento de subclasses favorecidas em detrimento dos demais credores, com o voto favorável dos beneficiados[14]; **(iv)** o voto que se opõe à homologação de PRJ que contém opções de pagamento incertas e imprecisas, pois isso retira a necessária liquidez do PRJ, não é abusivo [15]; e **(v)** o voto fundamentado na demonstração de prejuízo ao credor e ilegalidades no PRJ, ainda que isso implique rejeição do PRJ somente por um credor (notadamente, o principal e com crédito de maior valor), não é abusivo[16].

3. DA NOVA DISCIPLINA INTRODUZIDA PELA LEI . 14.112/2020

O art. 39, § 6º, da LRE, introduzido pela Lei 14.112/2020, é expresso ao, de um lado, determinar que o voto deve ser exercido pelo credor no seu interesse e de acordo com o seu juízo de conveniência e, de outro lado, prever que somente poderá ser declarado nulo por abusividade quando manifestamente exercido para obter vantagem ilícita para si ou para outrem. Houve, portanto, inequívoca intenção do legislador em reduzir a amplitude das teses adotadas para impor restrições ao direito de voto do credor durante o período de lacuna da lei.

(a) Interesse do próprio credor. O primeiro aspecto a ser observado desse novo dispositivo é que o voto deve ser exercido no interesse do próprio credor[17] e não no interesse de terceiro. A Lei 14.112/2020 introduziu também o § 7º no art. 39 da LRE, segundo o qual a celebração de promessa de cessão ou a cessão de crédito habilitado deve ser imediatamente comunicada ao juízo da recuperação judicial[18]. Os §§ 6º e 7º do art. 39 da LRE não deixam quaisquer dúvidas acerca da obrigação de o credor: (i) comunicar a cessão do seu crédito; e (ii) se abster do direito de votar quando já cedeu o crédito e não tem mais interesse nas obrigações objeto do plano.

Não há nenhuma consequência prevista em lei para a hipótese de o credor deixar de fazer a imediata comunicação da cessão ou promessa de

---

[14] TJSP, Agravo de Instrumento 2155088-70.2018.8.26.0000.

[15] TJSP, Agravo de Instrumento 2046326-91.2017.8.26.0000.

[16] TJSP, Agravo de Instrumento 2221901-50.2016.8.26.0000.

[17] COSTA, Daniel Carnio, p. 132.

[18] A esse respeito, a Jornada Paulista de Direito Comercial do Instituto dos Advogados de São Paulo já recomendava, em seu Enunciado 8, que o administrador judicial indagasse aos credores presentes se participavam da assembleia geral de credores na qualidade de cessionários ou promitentes cedentes.

cessão do crédito[19]. É preciso enfatizar, conforme já pudemos fazer em outro trabalho[20], que a cessão de créditos não só é um negócio jurídico lícito, assumindo o novo titular do crédito todos os direitos do credor original na recuperação judicial, o que inclui o direito de voto, como a existência de mercado secundário de créditos de devedores em recuperação judicial é extremamente saudável para o sistema e que, nos países que possuem regimes de insolvência mais bem desenvolvidos, o mercado de créditos estressados é bastante ativo.

(b) Juízo de Conveniência. O segundo aspecto que se extrai do § 6º do art. 39 da LRE é que o voto deve ser proferido segundo o juízo de conveniência do próprio credor. Acerca desse aspecto, dois elementos parecem relevantes. O primeiro elemento, que é subjetivo e se confunde com o primeiro aspecto acima mencionado, consiste na previsão da ótica da conveniência de quem a decisão de voto deve ser tomada. A decisão sobre aprovar ou rejeitar o plano deve ser tomada unicamente sob ótica da conveniência do próprio credor, a quem cabe, com exclusividade, fazer o juízo do valor acerca da proposta apresentada. Nesse sentido, e para que se possa eventualmente averiguar se a decisão foi tomada a partir dos interesses do credor ou terceiro, é que a lei introduziu a obrigação de imediata comunicação ao juízo da recuperação judicial na hipótese de transferência do crédito.

"É direito do credor votar contrariamente ao plano, sempre que entender que lhe é imputado sacrifício maior do que o necessário"[21-22] e "não há abuso de voto quando o credor, devidamente informado da condição econômico financeira do devedor e dos termos do plano, entende que o mesmo não se configura na forma mais eficiente de apuração de seus direitos"[23].

A lei afastou, portanto, as teses que apontavam para a obrigação de o credor ponderar ou levar em consideração o interesse coletivo ao decidir pela aceitação ou recusa da proposta do devedor[24]. Não há qualquer ilicitude se o

---

[19] COELHO, p. 149.

[20] COLOMBO, p. 108.

[21] BARROS NETO, p. 49.

[22] DE LUCCA, embora reconheça o direito do credor de votar contra o plano, ressalta que não basta o interesse em votar contra, pois o interesse há de ser legítimo, p. 226.

[23] PIMENTA, Eduardo Goulart. *Direito, economia e recuperação de empresas.* Porto Alegre: Fi, 2019. p. 228, apud COELHO, p. 149.

[24] Antes do advento da Lei 14.112/2020, Garbi defendia que, a par de ser o credor o melhor juiz por conhecer as reais possibilidades de êxito do plano, cabia ao magistrado a interferência nas negociações para garantir o resultado mais justo a todos os envolvidos, p. 99.

credor, seja ele o credor original, seja o cessionário do crédito, levar em consideração na sua tomada de decisão apenas o seu interesse individual e privado de credor, pensando apenas em seu benefício de forma egoísta[25], conduta aliás que é a esperada no momento da celebração do contrato bilateral com sua contraparte. O fato de o devedor ajuizar pedido de recuperação judicial não impõe ao credor a obrigação de alterar a valoração dos critérios levados em consideração para tomar a decisão de celebração do contrato original, nem a obrigação em zelar pelo interesse dos demais credores individual ou coletivamente considerados.

Já o segundo elemento é objetivo e diz respeito à conveniência em si da decisão a ser tomada. O art. 143, I, do Decreto-lei 7.661/1945, repetindo disposição de legislações anteriores, previa como fundamento para o credor opor embargos à concordata a previsão de que a falência lhe seria mais benéfica do que a proposta ofertada por ocasião da distribuição do pedido de favor legal. A redação original da LRE não continha sequer esse parâmetro, tendo sido muito discutida entre nós a aplicação da teoria do *best-interest-of-creditors* do direito norte-americano, segundo a qual o plano de recuperação só pode ser confirmado pelo juiz se todos os credores receberem valor igual ou maior do que receberiam no caso de falência[26]. Em sentido contrário, não havia discussão quanto à inexistência de abuso se o credor votasse contra um plano que propusesse um pagamento em condições piores do que esse credor receberia em um exercício fictício de falência.

Embora possa parecer um conceito da fácil compreensão, na prática a sua aferição pode não ser tão simples por diversos motivos. A começar pelo cálculo do custo do dinheiro no tempo e a comparação entre a previsão de tempo para recebimento na falência e na recuperação judicial. Além disso, há o custo de oportunidade em um pagamento de valor menor, mas de forma mais acelerada, sem contar a hipótese de dação de um ativo em pagamento, com a incerteza do valor que será apurado com a respectiva venda. Finalmente, há planos que contêm a previsão de *cash sweep*, ou seja, a destinação aos credores do caixa excedente decorrente de um resultado mais benéfico do que aquele projetado pelo plano de recuperação cujo resultado é incerto.

A par da dificuldade, é de se esperar que cada credor faça uma comparação, ainda que não minuciosa, entre o cenário de liquidação na falência e o do recebimento na forma do plano proposto. O ponto é que podem existir tantas variáveis, conforme mencionado acima, que o peso de cada variável é

---

[25]   NISHI, p. 250.
[26]   MUNHOZ, p. 195.

subjetivo[27]. Não existe uniformidade de critérios objetivos de forma a se obter um resultado único, uniforme, coletivo e independentemente de quem faz a avaliação, sobre o valor de recebimento do valor presente que um credor receberia na hipótese de uma falência vir a ser decretada.

A adoção da comparação entre o que o credor receberia na falência e o que lhe é proposto no plano de recuperação como critério para definição da abusividade de um voto, na hipótese de o credor votar contra o plano que lhe propiciasse em tese um pagamento maior do que receberia na falência, conteria um grau de subjetividade altíssimo, com necessidade de complexa produção de provas[28] e elevado grau de litigiosidade[29]. Além disso, seria lícito ao credor ponderar se o devedor está indo no limite de suas forças, ou se está carreando a maior parte do sacrifício aos seus credores.

Finalmente, como mais uma forma de reequilibrar as forças e realinhar incentivos no processo de recuperação judicial, foi introduzida na LRE a possibilidade de os credores rejeitarem o plano proposto pelo devedor e, na mesma assembleia de credores, deliberarem pela apresentação de um plano alternativo. Ora, parece intuitivo que os credores tomarão essa decisão se vislumbrarem a possibilidade de apresentar um plano de recuperação que, no juízo de conveniência de cada credor, seja mais benéfico do que o plano apresentado pelo devedor. Assim, se adoção do critério para a abusividade do voto fosse a oferta pelo devedor de um pagamento melhor do que o credor receberia na falência, não haveria um único caso no qual os credores teriam a

---

[27] "Evidente que, nas hipóteses de abusividade por contrariar o fim econômico ou social do instituto da recuperação judicial ou mesmo pela quebra de boa-fé, existe a dificuldade de sua comprovação vez que, ainda que houvesse a necessidade da justificativa do voto, existe, ainda a subjetividade e complexidade da análise do plano, sendo estes alguns dos inúmeros fatores a definir a decisão, diante de outros inúmeros motivos e razões envolvidos na decisão, por cada um dos credores" (NISHI, p. 261).

[28] Dantas menciona, ao propor a distribuição dinâmica do ônus da prova e reconhecer a complexidade da sua produção, o risco de imputar ao credor a produção de prova diabólica (p. 433).

[29] A preocupação do legislador em evitar a fixação de critérios que levem a um excesso de litigiosidade na apuração do abuso de direito não é nova: "Importante requisito legal inserido no art.187 do Código Civil para a configuração do abuso de direito é a necessidade de que o agente aja de forma 'manifestamente' excessiva aos limites impostos pela função social, pelos bons costumes e pela boa-fé. Como argumenta José de O. Ascensão, o objetivo dessa qualificação é evitar que qualquer exercício jurídico pudesse ser objeto de um controle judicial exaustivo, que estimularia uma demasiada litigiosidade" (BUSCHINELLI, p. 67).

possibilidade de exercer o direito de decidirem pela apresentação de um plano alternativo que lhes conferisse um pagamento ou condições ainda melhor do que aquelas propostas pelo devedor, pois seus votos seriam considerados nulos. Em outras palavras, o direito de propor um plano alternativo tem como pressuposto o direito de os credores votarem contra um plano que lhe oferece melhores condições de pagamento do que receberiam em uma falência.

Também por esses motivos, a nova redação da LRE estabeleceu que o critério para a tomada de decisão quanto à aprovação ou à rejeição do plano de recuperação judicial proposto pelo devedor é de conveniência exclusiva do credor, segundo os critérios por ele atribuídos, desde que justificáveis. "A satisfação do próprio crédito, conforme entenda mais conveniente o procedimento de recuperação judicial ou de falência, não é vantagem ilícita, mas exercício regular de um direito próprio. Por vantagem ilícita para si ou para outrem deve ser interpretada a obtenção de vantagens que extrapolam sua condição de credor"[30]. A rigor, a investigação acerca da motivação do credor só se justifica se estiver presente o terceiro aspecto trazido pelo dispositivo legal em análise.

(c) Vantagem ilícita. A resposta definitiva quanto à conceituação da abusividade é dada pelo terceiro requisito trazido pelo § 6º do art. 39 da LRE e reside no exercício do voto para obter vantagem ilícita para si ou para outrem. A regra geral quanto ao abuso do exercício de direito prevista no art. 187 do Código Civil[31] recebeu, com a inserção no nosso sistema legal do § 6º do art. 39 da LRE, a devida delimitação no que diz respeito ao abuso do direito de voto em processo de recuperação judicial.

A intenção do legislador foi clara no sentido de reequilibrar as forças em um processo de recuperação judicial, privilegiando o ato de vontade externado pelo credor ao proferir seu voto e limitando as hipóteses nas quais o voto pode ser considerado abusivo e, por consequência, desconsiderado. Segundo a interpretação combinada dos arts. 187 do Código Civil (regra geral) e 39, § 6º, da LRE (regra específica), só excede manifestamente a finalidade econômica do direito de voto[32] aquele credor que o exerce voto com a finalidade

---

[30] SACRAMONE, p. 220.

[31] "Art. 187. Também comete ato ilícito o titular de um direito que, ao exercê-lo, excede manifestamente os limites impostos pelo seu fim econômico ou social, pela boa-fé ou pelos bons costumes."

[32] A análise da finalidade econômica da postura e voto do credor não é nova em nosso direito concursal. No início do século passado, em análise a comportamento de credor pignoratício em processo de concordata regido pela Lei nº 2.024, de

de obter vantagem ilícita para si ou para outrem. Portanto, somente quando exercido com a **manifesta**[33] intenção de obter vantagem ilícita é que o voto pode ser considerado abusivo e afastado.

Assim, quando o voto é exercício não na qualidade de credor, mas objetivando alijar o devedor do mercado por ser concorrente do votante ou na hipótese do credor fabricante que pretende, com a falência, obter a interrupção das atividades do devedor distribuidor e a resolução do respectivo contrato de distribuição para efetuar as vendas diretamente daquele mercado, o abuso estará caracterizado[34]. Da mesma forma, o voto é abusivo se exercido no interesse do cessionário concorrente do devedor (voto objetivando a quebra do devedor) ou no interesse do cessionário sócio que estaria impedido de votar pela previsão do art. 43 da LRE e que, com um voto favorável e a aprovação do plano, pode obter uma vantagem ilícita.

Não constitui, por si só, conforme apontado acima, intenção de obter vantagem ilícita o exercício de voto contrário ao plano que poderia potencialmente oferecer ao credor um pagamento melhor do que aquele que receberia em um cenário de falência, nem o voto objetivando a apresentação do plano alternativo para a conversão da dívida em capital ou aporte de recursos por um investidor, com a diluição dos acionistas.

Para concluir, o legislador da Lei 14.112/2020 optou por sanear a lacuna da redação original da LRE quanto à matéria do abuso do direito de voto, promovendo um reequilíbrio de forças, privilegiando a natureza contratual do instituto da recuperação judicial e a manifestação de vontade do credor, estabelecendo que o voto deve ser proferido no interesse do credor, segundo o seu juízo exclusivo de conveniência e somente pode ser considerado abusivo e anulado quando exercido com a manifesta intenção de obter vantagem ilícita para si ou para outrem.

REFERÊNCIAS BIBLIOGRÁFICAS

BARROS NETO, Geraldo Fonseca de. *Reforma da Lei de Recuperação Judicial e Falência*: comentada e comparada. Rio de Janeiro: Forense, 2021.

---

17 e dezembro de 1908, afirmava que deveria ser presumido "o conluio entre o devedor e credor que desistir de suas garantias para votar na concordata, quando nenhum interesse de ordem econômica aconselhava tal procedimento, e o seu voto incluiu na concordata" (FERREIRA, p. 366).

[33] BUSCHINELLI, p. 111.

[34] SACRAMONE, p. 220.

BRASIL. Superior Tribunal de Justiça, 4ª Turma, REsp 1.337.989/SP, Rel. Min. Luis Felipe Salomão, j. 08.05.2018, *DJe* 04.06.2018.

BRASIL. AgInt no AREsp 1.529.896/RS, 4ª Turma, Rel. Min. Antonio Carlos Ferreira, j. 10.08.2020, *DJe* 14.08.2020.

BUSCHINELLI, Gabriel Saad Kik. *Abuso de direito de voto na assembleia geral de credores.* São Paulo: Quartier Latin, 2014.

CALÇAS, Manoel de Queiroz Pereira. Novação recuperacional. *Revista AASP*, set. 2009.

CEREZETTI, Sheila Christina Neder. *A recuperação judicial de sociedade por ações* – o princípio da preservação da empresa na Lei de Recuperação e Falência. São Paulo: Malheiros, 2012.

COELHO, Fábio Ulhoa. *Comentários à Lei de Falências e de Recuperação de Empresas.* 14. ed. São Paulo: Thomson Reuters/Revista dos Tribunais, 2021.

COLOMBO, Giuliano; PAIVA, Luiz Fernando V. de. Recuperação judicial e cessão de créditos: a polêmica do direito de voto. *Revista AASP*, set. 2009.

COSTA, Daniel Carnio. *Comentários à Lei de Recuperação de Empresas e Falência.* Curitiba: Juruá, 2021.

DANTAS, Rodrigo D'Orio. Reflexões sobre o voto abusivo nas assembleias gerais de credores. In: WAISBERG, Ivo; RIBEIRO, José Horário H. R.; SACRAMONE, Marcelo Barbosa (coord.). *Direito comercial, falência e recuperação de empresas* – temas. São Paulo: Quartier Latin, 2019.

DE LUCCA, Newton. Abuso de direito de voto de credor na assembleia geral de credores. DE LUCCA, Newton; DOMINGUES, Alessandra de Azevedo; LEONARDI ANTONIO, Nilva M. (coord.). *Direito recuperacional II*: aspectos teóricos e práticos. São Paulo: Quartier Latin, 2012.

FERREIRA, Waldemar. *Curso de direito commercial.* São Paulo: Salles Oliveira Rocha & C., 1927. vol. 2.

GARBI, Carlos Alberto. O tratado da autonomia privada no âmbito concursal. In: WAISBERG, Ivo; RIBEIRO, José Horácio Halfeld (org.). *Temas de direito da insolvência* – estudos em homenagem ao professor Manoel Justino Bezerra Filho. São Paulo: Editora IASP, 2017.

MOREIRA, Alberto Camiña. Abuso do credor e do devedor na recuperação judicial. In: CEREZETTI, Sheila Neder; MAFFIOLETTI, Emmanuelle (coords.). *Dez anos da Lei 11.101/05*: estudos sobre a Lei de Recuperação e Falências. São Paulo: Almedina, 2015.

MUNHOZ, Eduardo Secchi. Anotações sobre os limites do poder jurisdicional. *Revista de Direito Bancário e do Mercado de Capitais*, ano 10, vol. 36.

NISHI, Eduardo Azuma. Voto abusivo nas assembleias gerais de credores. In: WAISBERG, Ivo; RIBEIRO, José Horário H. R.; SACRAMONE, Marcelo Barbosa (coord.). *Direito comercial, falência e recuperação de empresas* – temas. São Paulo: Quartier Latin, 2019.

SACRAMONE, Marcelo Barbosa. *Comentários a Lei de Recuperação de Empresas e Falência*. 2. ed. São Paulo: Saraiva Educação, 2021.

SÃO PAULO. Tribunal de Justiça; Agravo de Instrumento 2225124-06.2019.8.26.0000; Relator: Azuma Nishi; Órgão Julgador: 1ª Câmara Reservada de Direito Empresarial; Foro de Sorocaba – 6ª Vara Cível; Data do Julgamento: 14.10.2020; Data de Registro: 17.08.2020.

SÃO PAULO. Tribunal de Justiça; Agravo de Instrumento 2249013-86.2019.8.26.0000; Relator: Azuma Nishi; Órgão Julgador: 1ª Câmara Reservada de Direito Empresarial; Foro de Sorocaba – 6ª Vara Cível; Data do Julgamento: 03.08.2020; Data de Registro: 03.08.2020.

SÃO PAULO. Tribunal de Justiça; Agravo de Instrumento 2073090-80.2018.8.26.0000; Relator(a): Cesar Ciampolini; Órgão Julgador: 1ª Câmara Reservada de Direito Empresarial; Foro de Bragança Paulista – 4ª Vara Cível; Data do Julgamento: 07.11.2018; Data de Registro: 09.11.2018.

SÃO PAULO. Tribunal de Justiça; Embargos de Declaração Cível 2256530-79.2018.8.26.0000; Relator: Azuma Nishi; Órgão Julgador: 1ª Câmara Reservada de Direito Empresarial; Foro de Laranjal Paulista – 1ª Vara; Data do Julgamento: 27.11.2019; Data de Registro: 02.12.2019 e TJSP; Agravo de Instrumento 2171797-49.2019.8.26.0000; Relator: Azuma Nishi; Órgão Julgador: 1ª Câmara Reservada de Direito Empresarial; Foro Central Cível – 1ª Vara de Falências e Recuperações Judiciais; Data do Julgamento: 10.06.2020; Data de Registro: 10.06.2020.

SÃO PAULO. Tribunal de Justiça; Agravo de Instrumento 2152902-74.2018.8.26.0000; Relator(a): Alexandre Lazzarini; Órgão Julgador: 1ª Câmara Reservada de Direito Empresarial; Foro Central Cível – 1ª Vara de Falências e Recuperações Judiciais; Data do Julgamento: 21.11.2018; Data de Registro: 07.12.2018.

SÃO PAULO. Tribunal de Justiça; Agravo de Instrumento 2233531-98.2019.8.26.0000; Relator(a): Sérgio Shimura; Órgão Julgador: 2ª Câmara Reservada de Direito Empresarial; Foro de Piracicaba – 2ª Vara Cível; Data do Julgamento: 14.08.2020; Data de Registro: 14.08.2020.

SÃO PAULO. Tribunal de Justiça; Agravo de Instrumento 2186907-88.2019.8.26.0000; Relator: Sérgio Shimura; Órgão Julgador: 2ª Câmara

Reservada de Direito Empresarial; Foro de Ferraz de Vasconcelos – 3ª Vara; Data do Julgamento: 05.05.2020; Data de Registro: 05.05.2020.

SÃO PAULO. Tribunal de Justiça; Agravo de Instrumento 2155088-70.2018.8.26.0000; Relator(a): Ricardo Negrão; Órgão Julgador: 2ª Câmara Reservada de Direito Empresarial; Foro Central Cível – 2ª Vara de Falências e Recuperações Judiciais; Data do Julgamento: 04.02.2019; Data de Registro: 12.04.2019.

SÃO PAULO. Tribunal de Justiça; Agravo de Instrumento 2046326-91.2017.8.26.0000; Relator(a): Ricardo Negrão; Órgão Julgador: 2ª Câmara Reservada de Direito Empresarial; Foro de Santa Bárbara d'Oeste – 1ª Vara Cível; Data do Julgamento: 25.04.2018; Data de Registro: 25.04.2018.

SÃO PAULO. Tribunal de Justiça; Agravo de Instrumento 2221901-50.2016.8.26.0000; Relator(a): Grava Brazil; Órgão Julgador: 2ª Câmara Reservada de Direito Empresarial; Foro de Barueri – 6ª Vara Cível; Data do Julgamento: 13.08.2018; Data de Registro: 17.08.2018.

SCALZILLI, João Pedro; SPINELLI, Luis Felipe; TELLECHEA, Rodrigo. *Recuperação de empresas e falência*: teoria e prática na Lei 11.101/2005. São Paulo: Almedina, 2016.

VENDA DE UPI E ATIVOS SEM SUCESSÃO

25

VENDA DE UPI E ATIVOS SEM SUCESSÃO

Cezar Augusto Rodrigues Costa

Sumário: 1. O conceito de unidade produtiva isolada – 2. A definição legal e jurisprudencial – 3. A alienação das unidades produtivas isoladas – 4. A sucessão do adquirente – 5. Créditos tributários e trabalhistas – 6. A inovação legislativa – Referência bibliográfica.

1. O CONCEITO DE UNIDADE PRODUTIVA ISOLADA

Neste trabalho trataremos da venda das unidades produtivas isoladas dentro do processo de recuperação judicial, entretanto, sem a sucessão do arrematante nos deveres e nas obrigações anteriores à alienação. Trata-se de tema que adquire complexidade, entre outros motivos, por envolver questões conceituais não definidas completamente pela lei e ainda em construção na jurisprudência, como o significado e o alcance da expressão unidade produtiva isolada; o conceito de sucessão e a sua aplicação diante de regra especial e, também, por não dizer respeito a uma simples alienação, porque realizada no bojo de um processo recuperacional, que está judicializado, onde o concurso de credores começa a ser delineado e que demanda o controle pela assembleia geral, pelo administrador, pelo Ministério Público e pelo juiz.

A matéria recuperacional das empresas está em constante evolução, pois é um assunto novo em nosso país, pretensamente consolidado em 2005, portanto, com apenas 15 anos e que se comunica com muitos ramos do direito, por exemplo, o Direito do Trabalho, posto que não há empresa sem trabalhador; com o Direito Tributário, nas relações fiscais; com o Direito Empresarial e a sua vasta ramificação, envolvendo o Direito das Empresas, as relações cambiais, além das especializações que atendem ao objeto social de cada empreendimento. Por isso, neste ramo do Direito, o da Recuperação de Empresas, a jurisprudência, pela sua agilidade e produção diária, mostra-se como uma ferramenta importante não somente na solução dos litígios, porém, como mais um balizador da atividade empresarial, orientando o empreendedor na condução dos negócios segundo os limites legais e propiciando o *compliance*. Desse modo, utilizaremos neste trabalho algumas referências jurisprudenciais que para além de ilustrar ajudarão a explicar o seu conteúdo.

2. A DEFINIÇÃO LEGAL E JURISPRUDENCIAL

Primeiramente vamos estabelecer o conceito de unidade produtiva isolada (UPI), sendo que na Lei de Recuperação Judicial (Lei 11.101/2005), em especial do que este trabalho trata, as UPIs aparecem nos arts. 60, *caput*, 60-A, 140, II, e 166:

> Art. 60. Se o plano de recuperação judicial aprovado envolver alienação judicial de filiais ou de *unidades produtivas isoladas* do devedor, o juiz ordenará a sua realização, observado o disposto no art. 142 desta Lei.
>
> (...)
>
> Art. 60-A. A *unidade produtiva isolada* de que trata o art. 60 desta Lei poderá abranger bens, direitos ou ativos de qualquer natureza, tangíveis ou intangíveis, isolados ou em conjunto, incluídas participações dos sócios.
>
> Art. 140. A alienação dos bens será realizada de uma das seguintes formas, observada a seguinte ordem de preferência:
>
> (...)
>
> II – alienação da empresa, com a venda de suas filiais ou *unidades produtivas isoladamente*;
>
> Art. 166. Se o plano de recuperação extrajudicial homologado envolver alienação judicial de filiais ou de *unidades produtivas isoladas* do devedor, o juiz ordenará a sua realização, observado, no que couber, o disposto no art. 142 desta Lei.

Por um tempo pairou uma completa indefinição sobre o conceito de unidade produtiva isolada, de certa forma amenizada pela inclusão do art. 60-A na Lei de Recuperação Judicial pela Lei 14.112, de 24 de dezembro de 2020, mas o melhor entendimento sempre nos pareceu aquele que tinha como paradigma o art. 1.142 do Código Civil: "Considera-se estabelecimento todo complexo de bens organizado, para exercício da empresa, por empresário, ou por sociedade empresária". Por essa definição, a unidade produtiva consiste em um conjunto de bens que se organizam para a exploração de uma atividade econômica visando à produção ou à circulação de bens e serviços, em consonância com o que dispõe o art. 966 do Código Civil, ao definir o empresário.

Cabe frisar que o *caput* do art. 60 da Lei 11.101/2005 comporta a interpretação restritiva, que não admite a analogia, pois o legislador se refere a **(i)** filiais e **(ii)** unidades produtivas isoladas, que se assemelham, embora não sejam iguais, de modo que não repete no mesmo artigo o que poderia dizer com uma só palavra. Destarte, ao usar essas distintas expressões, indica que não quer a ampliação para outros bens que não tenham a mesma característica ou funcionalidade. Nesse caso, porque diante de situação que restringe o patrimônio da empresa, a interpretação ampliativa deve ser evitada.

Assim, pelo que se desenvolveu nos dois últimos parágrafos, exemplificativamente, a marca, um equipamento, o imóvel, não podem integrar o conceito de unidade produtiva isolada, porque em verdade são objetos singulares que conjuntamente com outros constituirão a unidade produtiva isolada, que a própria denominação está a indicar, é unitária e distinta dos bens considerados individualmente. Esses bens separados, entretanto, têm autonomia para serem alienados sem que se lhes possa atribuir o *status* de unidade produtiva isolada.

Esses bens destacados são simplesmente funcionais, servindo ao desenvolvimento da unidade produtiva, sendo, portanto, a ela ligados e capazes de permitir a continuidade da exploração econômica na hipótese de alienação da UPI. Dessa forma, quando da aquisição da unidade produtiva integral o adquirente poderá dar continuidade a atividade empresarial tal qual fazia o alienante, mantendo os empregos, pagando os tributos e gerando progresso, o que não ocorreria se a arrematação incidisse apenas sobre um dos bens isoladamente.

Entretanto, como mencionado antes, o art. 60-A é muito recente, o que por enquanto lhe salvaguarda do controle judicial, e, em tese, ampliou o conceito de unidade produtiva isolada atendendo a uma corrente jurisprudencial que vinha se formando no sentido de incluir alguns itens que a compõem, para abranger bens, direitos ou ativos de qualquer natureza, tangíveis ou intangíveis, isolados ou em conjunto, aí incluídas as participações dos sócios.

Essa ampliação conceitual das unidades produtivas isoladas empreendida pelo art. 60-A pode parecer que não tem maiores consequências, ou mesmo que tem natureza meramente explicativa, mas, em tese, estendeu os efeitos do parágrafo único do art. 60 a esses bens, liberando-os da sucessão e dos ônus na hipótese de arrematação, o que a doutrina e a jurisprudência terão que pacificar, sobretudo porque o parágrafo único está atrelado ao art. 60, *caput*, que é anterior topograficamente ao art. 60-A, o que autoriza a hermenêutica de que o arrematante só está liberado dos ônus nas situações previstas no art. 60, *caput*.

Embora o art. 60-A se refira, expressamente, a unidade produtiva isolada de que trata o art. 60, o que permite tê-lo como uma norma explicativa e, portanto, integrativa do conceito de unidade produtiva isolada, nem sempre é fácil entender a racionalidade legislativa, e a melhor técnica, se é que o legislador efetivamente queria dar uma explicação conceitual, sugere que o art. 60-A e o seu parágrafo único deveriam estar inseridos no art. 60, possivelmente, com mais de um parágrafo. O fato é que a técnica mal empregada gera dúvidas, o que não convém quando se está diante de matéria relevante. Acrescente-se a essa dúvida a utilização do verbo poderá, que dá ensejo a uma incerteza sobre o alcance do conceito de UPI constante do art. 60, *caput*, pois, bastava que o legislador fosse afirmativo, utilizando somente a expressão *abrange*.

3. A ALIENAÇÃO DAS UNIDADES PRODUTIVAS ISOLADAS

Passando propriamente para a venda das unidades produtivas isoladas, foi muito festejado o resultado do julgamento no Superior Tribunal de Justiça, do Recurso Especial 1.689.187, em 11 de maio de 2020, relatado pelo Ministro Ricardo Villas Bôas Cueva, flexibilizando a forma de alienação das UPIs para os casos excepcionais, de forma a viabilizar a venda, ratificando o conteúdo do voto da 2ª Câmara Cível do Tribunal de Justiça do Estado do Rio de Janeiro, relatado pela Desembargadora Elizabeth Filizzola Assunção, em 10 de junho de 2015. Essa matéria, entretanto, não foi pacificada pelo arresto acima, que é recente, de maio de 2020, posto que em julho, também de 2020, o Tribunal de Justiça de São Paulo, na apelação 2237160-80.2019.8.26.0000, relatada pelo desembargador Gilson Delgado Miranda, da 1ª câmara reservada de direito empresarial, entendeu de modo diverso, privilegiando apenas as hipóteses legalmente previstas no art. 142 da Lei 11.101/2005. Na fundamentação do acórdão foram utilizadas as lições de Fábio Ulhoa Coelho e Manoel Justino Bezerra Filho, cujos trechos transcrevemos exatamente como consta da página 14 do acórdão e que mostram que o tema ainda é controvertido:

Se o plano de recuperação judicial aprovado pela Assembleia estabelece, como uma das medidas destinadas à reorganização da empresa em crise, a venda de filial ou unidade produtiva isolada, determina a lei que isso se realize na mesma forma prevista para a realização ordinária do ativo de falidos. Em outros termos, a venda será obrigatoriamente feita mediante hasta pública (leilão, propostas ou pregão). Não pode o plano estabelecer mesmo que com isso consintam todos os credores e o devedor a venda direta a terceiro nele identificado. A obrigatoriedade da hasta visa otimizar o procedimento e assegurar a recuperação da empresa em crise" (Fábio Ulhoa Coelho, "Comentários à nova lei de falências e de recuperação de empresas [Lei n. 11.101, de 9-2-2005]", 2ª edição, São Paulo, Saraiva, 2005, p. 171).

A venda decidida será feita na forma do art. 142, ou seja, por leilão com lances orais, propostas fechadas ou pregão. Ao fazer remissão ao art. 142, a lei estabelece que a venda deverá ser feita por leilão, por propostas fechadas ou por pregão, sempre, porém judicialmente. Não se pode dar à remissão ao art. 142 maior elasticidade, para permitir a venda na forma dos arts. 144 ou 145, dispositivos que não se aplicam à recuperação, mas apenas à falência" (Manoel Justino Bezerra Filho, "Lei de recuperação de empresas e falência: Lei 11.101/2005: comentada, artigo por artigo", 14ª edição, São Paulo, Thomson Reuters Brasil, 2019, p. 234).

Entretanto, sem embargo de toda a polêmica causada pelo artigo 142 da Lei de Recuperação de Empresas, que trata da alienação de empresas e que exigia um procedimento com maiores formalidades para a alienação das UPIs, a Lei 14.112, de 24 de dezembro de 2020, não somente revogou boa parte dele como lhe deu nova redação, de modo que o processo de alienação passou a ser bem menos rígido, desprezando a conjuntura do mercado como obstáculo para a venda (§ 2º-A, I), afastando a aplicação do conceito de preço vil (§ 2º-A, V), além do que condicionando à aprovação da assembleia geral de credores e do juiz, com a manifestação do administrador e do comitê de credores, nas hipóteses de processo competitivo organizado promovido por agente especializado e de reputação ilibada e de qualquer outra modalidade de alienação desde que aprovada nos termos da lei recuperacional (§ 3º-B, I e III), o que pode conduzir ao entendimento de que em relação ao leilão eletrônico, presencial ou híbrido (art. 142, I), só se manifestarão o Ministério Público, a fazenda e o juiz (§ 7º).

Todavia, também foram estabelecidas formas de alienação restritivas, embora em menor escala, e a expressão ampla *qualquer outra modalidade*, inserida pela nova regra no inciso V do art. 142, condiciona a que seja essa outra modalidade aprovada nos termos da lei recuperacional, o que reclama uma interpretação sistemática que não invalida ou torna obsoletas as decisões e as lições doutrinárias logo acima mencionadas.

É, portanto, possível a venda da UPI, conforme autorização expressa do art. 60, com as ressalvas que apresentamos em relação aos demais ativos, conforme o art. 60-A, embora reconhecendo que a jurisprudência vem admitindo a ampliação conceitual das UPIs. A questão que segue diz respeito à sucessão do arrematante nos ônus que eventualmente recaem sobre a unidade alienada.

4. A SUCESSÃO DO ADQUIRENTE

Nesse ponto, uma leitura rápida do parágrafo único do art. 60 e do art. 141, também com a nova redação dada pela Lei 14.112, de 24 de dezembro de 2020, em especial o inciso II, demonstra que a sucessão se opera incondicionalmente, inclusive em relação aos créditos tributários. Cabe ainda destacar que esses dispositivos legais foram alvo de ação direta de inconstitucionalidade, manejada no Supremo Tribunal Federal pelo Partido Democrático Trabalhista, em 2 de agosto de 2007, na qual, sob a relatoria do Ministro Ricardo Lewandowski, a Corte Suprema concluiu pela improcedência do pedido (ADIn 3.934-2 DF) em 27 de maio de 2009.

5. CRÉDITOS TRIBUTÁRIOS E TRABALHISTAS

Curioso o alcance do parágrafo único do art. 60 ao abranger os créditos de natureza tributária afastando-os da sucessão, quando o art. 57 exige a apresentação de certidões negativas de débitos tributários juntamente com o plano aprovado pela assembleia geral de credores para o fim de análise da viabilidade pelo Judiciário, dando aos créditos dessa natureza um *status* diferenciado em relação aos outros, entendendo o legislador que é importante que o devedor esteja com as dívidas tributárias regularizadas, afinal, o fisco detém um patrimônio que é público, irrenunciável e indisponível.

A jurisprudência vem, de certo modo, mitigando a exigência dessas certidões, contudo, não há como deixar de reconhecê-las como requisitos fundamentais para a concessão da recuperação, posto que se não está com as obrigações tributárias em dia ao devedor só resta o processo falimentar. Assim, se alienação se dá sobre unidade produtiva isolada que é sujeito passivo de execução fiscal, mas teve o plano aprovado e concedido sem que as certidões fossem apresentadas, a sucessão parece se operar, pois, o sucessor adquire a UPI com todos os seus ônus.

Ademais, em relação aos débitos tributários, embora o Código Tributário Nacional excepcione a sucessão em relação às unidades produtivas isoladas, como se comentará adiante, no art. 185 presume fraudulenta a alienação ou a oneração de bens ou rendas por sujeito passivo em débito para com a Fazenda Pública, regularmente inscrito como dívida ativa, ou seja, antes mesmo do processo executivo. Cabe lembrar que a redação deste artigo foi dada pela Lei Complementar 118, de 9 fevereiro de 2005, a mesma que estabeleceu a exceção à sucessão.

Não é tarefa simples, sobretudo diante dos tratamentos especializados das matérias tributária e trabalhista, pacificar uma hermenêutica capaz de estabelecer a abrangência de determinada lei sobre outros institutos de igual importância e protegidos por lei diversa, especialmente quando a ponderação de valores e interesses os coloca em semelhante patamar. Aqui temos a preservação da unidade produtiva, carregada de interesse público pela manutenção de empregos e renda; o interesse de proteção das verbas trabalhistas, ligadas ao princípio da dignidade; e o crédito fiscal, garantidor da consecução dos misteres estatais. Desse modo, não se pode tranquilamente afirmar que determinada regra é especial sobre a outra quando entram em conflito, notadamente quando a legislação mais nova não tratou de revogar expressamente qualquer delas.

Cabe lembrar que o art. 6º, alterado pela recentíssima Lei 14.112, de 24 de dezembro de 2020, não revogou expressamente qualquer dispositivo que trate expressamente da sucessão na legislação trabalhista e no código tributário, este gozando do *status* de lei complementar. É o caso, então, de deixar para a doutrina e a jurisprudência especializada a seguinte indagação: será que essas hipóteses de sucessão tratadas na legislação trabalhista e tributária, que historicamente sempre tiveram tratamento privilegiado, exatamente pelo interesse eminentemente público que incorporam, podem ser tidas como revogadas tacitamente?

Dúvidas à parte, é certo que em relação a dívida tributária o art. 133 do Código Tributário Nacional impôs, como regra, a sucessão nos débitos fiscais: "a pessoa natural ou jurídica de direito privado que adquirir de outra, por qualquer título, fundo de comércio ou estabelecimento comercial, industrial ou profissional, e continuar a respectiva exploração, sob a mesma ou outra razão social ou sob firma ou nome individual, responde pelos tributos, relativos ao fundo ou estabelecimento adquirido, devidos até à data do ato: (...)".

Todavia, em 9 de fevereiro de 2005, a Lei Complementar 118, contemporânea à lei de recuperação de empresas, alterou parte do art. 133 do Código Tributário Nacional e excepcionou, expressamente, no § 1º e no inciso II desse parágrafo, a alienação judicial de filial ou unidade produtiva isolada em processo de recuperação judicial. Segundo o § 1º: "o disposto no *caput* deste artigo não se aplica na hipótese de alienação judicial: (...) II – de filial ou unidade produtiva isolada, em processo de recuperação judicial".

6. A INOVAÇÃO LEGISLATIVA

Voltando ao art. 60, parágrafo único, da Lei de Recuperação de Empresas, observa-se que esse trata das obrigações do devedor comum, sobre as quais há de incidir a regra geral, qual seja a do art. 1.146 do Código Civil: "O adquirente do estabelecimento responde pelo pagamento dos débitos anteriores à transferência, desde que regularmente contabilizados, continuando o devedor primitivo solidariamente obrigado pelo prazo de um ano, a partir, quanto aos créditos vencidos, da publicação, e, quanto aos outros, da data do vencimento". Assim, pelo Código Civil se operará a sucessão, porém, a Lei de Recuperação de Empresas é especial e nesse ponto revogou a regra geral, de modo que se se tratar de filial ou unidade produtiva isolada não se dará a sucessão.

Contudo, o parágrafo único do art. 60 da Lei de Recuperação de Empresas vai mais longe e alcança os débitos de natureza tributária, *inclusive* (essa expressão foi destacada pelo legislador). Sai, portanto, da órbita dos débitos em geral para alcançar um especial que tem, como já mencionado, um tratamento historicamente privilegiado. Então, há de ser invocada a interpretação restritiva, uma vez que a redação do dispositivo estabelece "que o objeto da alienação estará livre de qualquer ônus e não haverá sucessão do arrematante nas obrigações do devedor". Se esta parte da redação é tão abrangente porque o legislador destacou em seguida o crédito tributário? A resposta está no parágrafo anterior deste trabalho, ou seja, a primeira parte do parágrafo único do art. 60 só abrange os créditos sem privilégios e a única exceção em relação aos privilegiados se dá em relação aos tributários, mesmo assim quando se referirem às filiais e às unidades produtivas isoladas (art. 60, *caput*).

Sobre as relações trabalhistas, cuja regra geral de sucessão está no art. 448-A da Consolidação das Leis do Trabalho: "caracterizada a sucessão empresarial ou de empregadores prevista nos artigos 10 e 448 desta Consolidação, as obrigações trabalhistas, inclusive as contraídas à época em que os empregados trabalhavam para a empresa sucedida, são de responsabilidade do sucessor", a Lei 14.112, de 24 de dezembro de 2020, deu nova redação ao art. 141 da Lei 11.101/2005, incluindo o inciso II, para estabelecer que "o objeto da alienação estará livre de qualquer ônus e não haverá sucessão do arrematante nas obrigações do devedor, inclusive as de natureza tributária, as derivadas da legislação do trabalho e as decorrentes de acidentes de trabalho".

Essa inovação legislativa produziu uma alteração significativa na questão sucessória em relação aos créditos tributários e trabalhistas, especialmente se considerada a ampliação do conceito de unidade produtiva isolada empreendido pelo novo art. 60-A da Lei de Recuperação de Empresas, que incluiu o vocábulo *ativos* na sua redação, mas, especialmente em relação aos créditos trabalhistas, esses só aparecem no que diz respeito à sucessão de empresas no art. 141, II, pois não foram mencionados no art. 60, parágrafo único.

A partir do que apontamos podemos concluir que o art. 60, parágrafo único, trata, segundo o *caput*, da alienação de filiais e unidades produtivas isoladas, que entendemos que não são expressões sinônimas, e para essas afasta a sucessão, *inclusive* para as obrigações de natureza tributária, com as ressalvas apresentadas neste trabalho. O art. 141, *caput*, trata da alienação conjunta ou separada de ativos, inclusive de empresas ou filiais, e no inciso II afasta da sucessão as obrigações de natureza tributária, trabalhista e de infortunística. Nesse dispositivo legal não há qualquer menção às unidades produtivas isoladas, embora o faça, expressamente, em relação às filiais, deixando a dúvida para ser satisfeita pela jurisprudência se em relação às unidades produtivas isoladas a sucessão se opera sobre os créditos trabalhistas, posto que não mencionadas após o *inclusive* pelo art. 60, parágrafo único.

Caminhando para a conclusão ressaltamos que vivemos tempos de pandemia, com uma crise mundial, embora não seja de hoje a crise econômica que o país vem experimentando, o que leva as empresas a buscarem liquidez, especialmente aquelas que se encontram dentro ou em vias de um processo recuperacional, cuja reestruturação está fragilizada, o acesso aos financiamentos se torna mais difícil, o parcelamento e os deságios começam a alterar o fluxo de caixa e outras medidas vão se mostrando ineficazes, momento em que a venda de ativos surge como um meio por vezes mais eficaz para a retomada do crescimento e da superação das dificuldades econômico-financeiras.

Ao lado desse quadro, no campo legislativo, o art. 47, de forte conteúdo programático, coloca como objetivo da recuperação viabilizar a superação da crise econômico-financeira do devedor, reconhecendo a função social do empreendimento, que para tanto deve ser preservado, contudo, a empresa, incorpórea e ficcional, só existe com o empresário, os empregados, os credores, devedores, fornecedores, ou seja, um enorme feixe de relações jurídicas que juntos viabilizam a atividade empresarial, mas que, isolados, têm interesses próprios.

Assim, quando a empresa procura o socorro no Judiciário, este, observando estritamente a legalidade, deve cuidar para que os interesses aparentemente coletivos, porque demandados em nome próprio pelas empresas, não prejudiquem direitos individuais ou de uma coletividade de credores, buscando pacificar os conflitos. Nesse ponto, um instrumento importante de pacificação interna é a assembleia geral de credores, cujas decisões gozam de soberania e, ordinariamente, devem ser respeitadas, mas quando a deliberação não é unânime e o dissenso é levado ao Judiciário, por mais que a tendência seja a de se observar apenas a legalidade, algumas questões fáticas acabam por precisar do controle.

Como questões fáticas que devem se submeter ao controle do processo de recuperação da empresa em relação a alienação das UPIs, que como já salientado, são um importante instrumento de formação de capital, lembramos que os eventuais adquirentes sabem disso e por vezes se aproveitam da fragilidade empresarial para obter vantagens que acabam pondo em risco a possibilidade de recuperação, como, exemplificativamente, os *vulture funds*, que em uma tradução literal significam fundos abutres, especializados na compra de ativos de empresas em dificuldades, também chamados de ativos estressados, *distressed assets*, e o fazem adquirindo a preço baixo para vendê-los no futuro em períodos de alta. A liberação da sucessão também traz questões complexas, como, também exemplificativamente, em relação aos coobrigados, à difusão das decisões que repercutem na recuperação judicial, pois, há empresas com demandas judiciais fora do juízo da recuperação e que se sujeitam a coisa julgada que por vezes colide com o decidido pela assembleia geral. Essas e tantas outras são algumas questões vividas no cotidiano forense que se alternam entre de fato e de direito e precisam ser resolvidas.

A venda de UPIs e a liberação da sucessão não são matérias simples e este trabalho visa a trazer apenas alguns questionamentos, pois cada caso individualmente reclamará uma solução própria. A Lei 14.112/2020 procurou aperfeiçoar a Lei 11.101/2005, mas ainda deixou questões que demandarão um concerto da doutrina e da jurisprudência, pois não há dúvida acerca da necessidade de uniformização de alguns temas, sobretudo conceituais, como a própria definição de unidade produtiva isolada, apesar da ampliação operada pela nova lei, e o alcance da liberação da sucessão. Enfim, por mais que a Lei 14.112, de 24 de dezembro de 2020, a jurisprudência e a doutrina tenham buscado o aperfeiçoamento e o melhor entendimento dos temas que tratamos neste trabalho, muito há para ser construído e a prática empresarial se amoldando a esses padrões, pelo seu dinamismo, muito contribuirá para a retomada do crescimento econômico não só das próprias empresas, isoladamente, mas do país.

REFERÊNCIA BIBLIOGRÁFICA

SOUZA JUNIOR, Francisco Satiro de; PITOMBO, Antônio Sérgio A. de Moraes (coords.). *Comentários à Lei de Recuperação de Empresas e Falência – Lei 11.101/2005.* São Paulo: RT, 2007.

26

VENDA DE ATIVOS NA RECUPERAÇÃO JUDICIAL

ANDRÉ SANTA CRUZ

MARIA FABIANA DOMINGUEZ SANT'ANA

Sumário: 1. Introdução – 2. Modalidades de alienação de ativos – 3. Ausência de sucessão do adquirente – 4. Conclusão – Referências bibliográficas.

1. INTRODUÇÃO

Tão importante quanto a repactuação das dívidas e a obtenção de dinheiro novo por meio do *DIP Financing*, a venda de ativos na recuperação judicial é um dos instrumentos mais utilizados para o sucesso de uma restruturação e manutenção da atividade econômica da empresa devedora de forma sustentável, já que implica uma injeção direta de capital na sociedade.

A redação original da Lei 11.101/2005 ("LREF") já previa a possibilidade de venda de ativos por empresas em recuperação judicial, em seus arts. 60[1] e 66[2], e a reforma operada na legislação concursal pela Lei 14.112/2020, que foi sancionada pelo Presidente da República no dia 24.12.2021, trouxe maior

---

[1] "Art. 60. Se o plano de recuperação judicial aprovado envolver alienação judicial de filiais ou de unidades produtivas isoladas do devedor, o juiz ordenará a sua realização, observado o disposto no art. 142 desta Lei."

[2] "Art. 66. Após a distribuição do pedido de recuperação judicial, o devedor não poderá alienar ou onerar bens ou direitos de seu ativo permanente, salvo evidente utilidade reconhecida pelo juiz, depois de ouvido o Comitê, com exceção daqueles previamente relacionados no plano de recuperação judicial."

clareza a essas previsões, conceituando, por exemplo a unidade produtiva isolada ("UPI") em seu artigo 60-A[3].

Ademais, a venda de ativos por meio de autorização judicial passou a ter um procedimento específico para impugnação pelos credores, inclusive com a possibilidade de convocação de assembleia geral para deliberar sobre a questão.

Sem a pretensão de esgotar o tema, o presente artigo abordará as mudanças ocorridas na LREF no que tange à venda dos ativos da empresa devedora e a forma como essas mudanças impactam o princípio da maximização dos ativos e a segurança jurídica que deve ser conferida ao potencial adquirente.

2. MODALIDADES DE ALIENAÇÃO DE ATIVOS

Conforme mencionado, a LREF prevê duas modalidades de venda de ativos na recuperação judicial: (i) com autorização dos credores, mediante a aprovação do plano de recuperação judicial (art. 60), e (ii) com autorização do juiz (art. 66).

O § 3º-B do art. 142, inserido na LREF pela Lei 14.112/2020, reforça essas hipóteses ao prever que a realização de processo competitivo deverá ter aprovação da assembleia geral de credores, constar em disposição de plano de recuperação judicial aprovado ou ter a aprovação do juiz, depois de ouvido o administrador judicial e o comitê de credores, caso esse tenha sido formado.

Importante destacar que a alienação de filiais ou de unidades produtivas isoladas (UPIs) somente poderá ocorrer por meio de autorização do plano de recuperação judicial devidamente aprovado pela assembleia geral de credores. Assim, a venda mediante autorização judicial poderá envolver apenas bens integrantes do ativo permanente, não produtivos ou que não possam ser caracterizados como UPIs[4]. Nesse sentido:

---

[3]   "Art. 60-A. A unidade produtiva isolada de que trata o art. 60 desta Lei poderá abranger bens, direitos ou ativos de qualquer natureza, tangíveis ou intangíveis, isolados ou em conjunto, incluídas participações dos sócios."

[4]   Nesse sentido, insta ressaltar que na redação original da Lei 11.101/2005 não havia um conceito de UPI, tendo a doutrina e a jurisprudência delineado sua definição ao longo do tempo como "todo e qualquer conjunto de bens e/ou ativos, tangíveis ou intangíveis, móveis ou imóveis, representativos ou úteis à exploração de uma atividade empresarial, incluindo ações, direitos, contratos, bens móveis ou imóveis e filiais" (PAIVA, Luiz Fernando Valente de; COLOMBO, Giuliano. *10 anos da Lei de Recuperação de Empresas e Falências*: reflexões sobre

Ao contrário da alienação por UPI, que exige necessariamente a aprovação por Assembleia Geral de Credores, pois poderá comprometer a viabilidade econômico-financeira da empresa, a alienação dos ativos permanentes não relacionados diretamente à atividade empresarial poderá ser realizada por aprovação no plano de recuperação judicial pela Assembleia Geral de Credores ou, antes dou depois dessas Assembleia e mesmo sem previsão no plano de recuperação, por decisão judicial[5].

Na redação original da LREF, a alienação por autorização judicial pressupunha o reconhecimento de "evidente utilidade" pelo juiz[6], requisito que foi eliminado pela Lei 14.112/2020. No entanto, o § 1º do art. 66[7] passou a prever que, após a decisão do juiz que autorizar a alienação, os credores que representem mais de 15% do valor total dos créditos sujeitos à recuperação judicial poderão manifestar interesse na realização de assembleia geral de

---

a reestruturação empresarial no Brasil. In: ELIAS, Luís Vasco (coord.). São Paulo: Quartier Latin, 2015. p. 273).

[5] SACRAMONE, Marcelo Barbosa. *Comentários à Lei de Recuperação de Empresas e Falência*. São Paulo: Saraiva, 2018. p. 285.

[6] A expressão "evidente utilidade" deveria "ser interpretada em consonância com o interesse público que preside o processo de recuperação, ou seja, o juiz deve autorizar a prática de atos sempre que contribuam para a reorganização da empresa viável, mantendo-se a fonte produtiva importante para o desenvolvimento econômico do país" (MUNHOZ, Eduardo Secchi. *Comentários à Lei de Recuperação de Empresas e Falência*: Lei n. 11.101/2005 – artigo por artigo. 2. ed. São Paulo: RT, 2007. p. 316).

[7] "§ 1º Autorizada a alienação de que trata o *caput* deste artigo pelo juiz, observar-se-á o seguinte: I – nos 5 (cinco) dias subsequentes à data da publicação da decisão, credores que corresponderem a mais de 15% (quinze por cento) do valor total de créditos sujeitos à recuperação judicial, comprovada a prestação da caução equivalente ao valor total da alienação, poderão manifestar ao administrador judicial, fundamentadamente, o interesse na realização da assembleia geral de credores para deliberar sobre a realização da venda; II – nas 48 (quarenta e oito) horas posteriores ao final do prazo previsto no inciso I deste parágrafo, o administrador judicial apresentará ao juiz relatório das manifestações recebidas e, somente na hipótese de cumpridos os requisitos estabelecidos, requererá a convocação de assembleia geral de credores, que será realizada da forma mais célere, eficiente e menos onerosa, preferencialmente por intermédio dos instrumentos referidos no § 4º do art. 39 desta Lei. § 2º As despesas com a convocação e a realização da assembleia geral correrão por conta dos credores referidos no inciso I do § 1º deste artigo, proporcionalmente ao valor total de seus créditos."

credores para deliberar sobre a venda, mediante a prestação de caução no valor equivalente ao da alienação.

Essa manifestação deverá ser fundamentada e será apresentada ao administrador judicial nos 5 dias subsequentes à publicação da decisão que autorizar a alienação. O administrador judicial, então, terá 48 horas para apresentar ao juiz relatório das manifestações recebidas e, se cumpridos os requisitos legais, irá requerer a convocação da assembleia, cuja realização deverá ocorrer "da forma mais célere, eficiente e menos onerosa", correndo suas despesas por conta dos credores que se manifestaram.

Diante dessa inovação, fica a dúvida se a referida alienação poderia também ser impugnada por meio de agravo de instrumento interposto contra a decisão autorizativa, caso o quórum de 15% do valor total dos créditos sujeitos à recuperação judicial não seja atingido. Ainda, caso haja assembleia e os credores rejeitem a alienação do ativo, seria permitido à devedora recorrer dessa decisão, alegando utilidade/necessidade da venda?

Em princípio, pensamos que a resposta aos questionamentos acima deve ser positiva, principalmente em respeito ao princípio da inafastabilidade da jurisdição, também chamado de cláusula de acesso à justiça, previsto no inciso XXXV do art. 5º da Constituição Federal[8]. No entanto, apenas o tempo poderá dizer como a jurisprudência agirá nesses casos.

O art. 60 da LREF prevê que as alienações realizadas com autorização do plano de recuperação judicial devem ser feitas observado "o disposto no art. 142" da LREF, ou seja, por meio de um dos seguintes procedimentos competitivos: (i) leilão eletrônico; (ii) processo competitivo promovido por um agente especializado e de reputação ilibada, cujo procedimento deverá ser detalhado em relatório anexo ao plano de realização do ativo ou ao plano de recuperação judicial; ou (iii) qualquer outra modalidade, desde que aprovada nos termos da LREF.

Vale destacar que a antiga redação do citado dispositivo previa a possibilidade de alienação também por propostas fechadas ou pregão (sendo este uma combinação de propostas fechadas com lances orais). Não obstante essas duas modalidades tenham sido revogadas pela Lei 14.112/2020, pensamos que ainda poderão ser utilizadas com base na possibilidade de utilização de "qualquer outra modalidade", nos termos do inciso V do art. 142, bem como no fato de o próprio plano de recuperação judicial e respectivo edital poderem dispor sobre a modalidade que será utilizada e seus requisitos.

---

[8] "Art. 5º (...) XXXV – A lei não excluirá da apreciação do Poder Judiciário lesão ou ameaça a direito."

Cap. 26 · VENDA DE ATIVOS NA RECUPERAÇÃO JUDICIAL | **355**

O art. 143 prevê a possibilidade de impugnação da alienação realizada nos termos do art. 142, que pode ser feita tanto pelo devedor quanto por quaisquer credores e pelo Ministério Público, no exíguo prazo de 48 (quarenta e oito) horas, contado da arrematação.

Nesse sentido, a Lei 14.112/2020 incluiu no sistema concursal a possibilidade de convolação da recuperação judicial em falência no caso de esvaziamento patrimonial da devedora, "que implique liquidação substancial da empresa, em prejuízo de credores não sujeitos à recuperação judicial, inclusive as Fazendas Públicas" (art. 73, VI).

Assim, caberia indagar se o Fisco também poderá impugnar a venda perante o juízo da recuperação, sob a justificativa de pretenso prejuízo ao cumprimento das obrigações fiscais. Em princípio, parece-nos que não, porque a oposição pelo Fisco não se compatibiliza com a segurança jurídica nem com os princípios da preservação da empresa e da maximização do valor dos ativos do devedor.

No entanto, o *caput* do art. 143 da LRF[9] dispõe que "quaisquer credores" poderão apresentar impugnações à alienação de ativos, razão pela qual, sendo o Fisco um credor, conclui-se que ele também poderia se opor à venda de ativos prevista no plano de recuperação judicial[10].

Nesse caso, parece correto exigir que o Fisco, como "qualquer credor", também observe o prazo preclusivo de 48 horas previsto no mesmo dispositivo legal para tal oposição, sob pena de gerar uma enorme insegurança jurídica à recuperação judicial, na medida em que a alienação de ativos poderia ser impugnada pelo Fisco a qualquer momento, com a possibilidade de desfazimento da venda sem uma limitação de tempo para tanto.

---

[9] "Art. 143. Em qualquer das modalidades de alienação referidas no art. 142 desta Lei, poderão ser apresentadas impugnações por quaisquer credores, pelo devedor ou pelo Ministério Público, no prazo de 48 (quarenta e oito) horas da arrematação, hipótese em que os autos serão conclusos ao juiz, que, no prazo de 5 (cinco) dias, decidira sobre as impugnações e, julgando-as improcedentes, ordenara a entrega dos bens ao arrematante, respeitadas as condições estabelecidas no edital."

[10] Nesse sentido, vale destacar que recente decisão proferida pelo Tribunal de Justiça de São Paulo aceitou pedido de falência realizado pela Fazenda Nacional contra empresa devedora com base no art. 97, IV, da LREF, que dispõe que qualquer credor poderá requerer a falência do empresário e da sociedade empresária (TJSP, Apelação Cível 1001975-61.2019.8.26.0491, Rel. Des. Alexandre Lazzarini, 1ª Câmara de Direito Empresarial, j. 16.07.2020).

O § 1º do art. 143 prevê que se a impugnação for baseada no valor da venda do ativo, somente será recebida se estiver acompanhada "de oferta firme do impugnante ou de terceiro para a aquisição do bem, respeitados os termos do edital, por valor presente superior ao valor de venda, e de depósito caucionário equivalente a 10% (dez por cento) do valor oferecido" (art. 143, § 1º).

Essa nova previsão tem como objetivo impedir ou, ao menos, desencorajar a apresentação de impugnações aventureiras, que visam apenas a retardar o andamento processual, tanto que o § 2º do art. 143 prevê que a oferta realizada nos termos do parágrafo antecedente vincula o impugnante e/ou o ofertante como se arrematantes fossem. Ainda, o § 4º do mesmo artigo prevê que "a suscitação infundada de vício na alienação pelo impugnante será considerada ato atentatório a dignidade da justiça e sujeitará o suscitante a reparação dos prejuízos causados e às penas previstas na Lei nº 13.105, de 16 de março de 2015 (Código de Processo Civil), para comportamentos análogos".

O art. 144 da LRF prevê que, "havendo motivos justificados, o juiz poderá autorizar, mediante requerimento fundamentado do administrador judicial ou do comitê, modalidades de alienação judicial diversas das previstas no art. 142". O dispositivo está em consonância com decisão da Terceira Turma do Superior Tribunal de Justiça, que entendeu pela possibilidade de flexibilização da forma de alienação de UPI em casos excepcionais, autorizando a realização de venda direta no caso analisado, a fim de viabilizar a alienação[11].

---

[11] Com efeito, no julgamento do Recurso Especial 1.689.187, antes da reforma da LREF, a 3ª Turma do STJ teve que decidir se a venda de UPI deve ser feita sempre por hasta pública, em respeito à parte final do art. 60 da lei 11.101/2005, ou se é possível, excepcionalmente, realizar venda direta. O relator, Ministro Ricardo Villas Bôas Cueva, reconheceu que "a posição que prepondera na doutrina é no sentido de que a alienação das UPI na recuperação judicial está condicionada à realização de hasta pública". No entanto, o Ministro ponderou que "a despeito de a transparência e a concorrência estarem melhor garantidas com a realização de hasta pública para a alienação de UPI, sendo esta a regra que deve ser aplicada na maior parte dos casos, como defende a doutrina majoritária, existem situações em que a flexibilização da forma de alienação é a única maneira de viabilizar a venda". A conclusão do voto foi a seguinte: "(i) a alienação de UPI na RJ deve seguir a regra dos arts. 60 e 142 da Lei 11.101/2005 (venda por hasta pública) e (ii) essa regra somente pode ser afastada em situações excepcionais, que devem estar explicitamente justificadas. Nessas hipóteses, as condições do negócio devem estar minuciosamente descritas no PRJ, que deve ter votação destacada deste ponto, ser aprovado por maioria substancial dos credores e, posteriormente, homologado pelo juízo".

Esse precedente é importante, na medida em que o entendimento até então majoritário se fixou no sentido de afastar a sucessão do adquirente da UPI apenas no caso de alienação realizada nos termos do art. 142, ou seja, por meio de processo competitivo[12]. A alienação de bens diretamente entre o devedor e o adquirente não é impedida pelo ordenamento jurídico, mas "a não sucessão das obrigações pelo arrematante apenas ocorrerá se a alienação ocorrer por [hasta pública]"[13].

3. AUSÊNCIA DE SUCESSÃO DO ADQUIRENTE

Uma das inovações mais importantes da LREF foi desonerar o bem alienado na forma de UPI de todo e quaisquer ônus e obrigações, sobretudo as trabalhistas e tributárias, a fim de viabilizar a venda.

De fato, parece lógico que não haveria nenhum interessado em adquirir uma filial ou uma UPI de uma empresa em recuperação judicial, se corresse o risco de ter que arcar com todos os débitos trabalhistas e fiscais.

Assim, o parágrafo único do art. 60 da LREF, ao dispor que a UPI estará livre de qualquer ônus e não haverá sucessão ao adquirente das obrigações da recuperanda, inclusive as de natureza tributária, deu a proteção e a segurança necessárias ao potencial comprador.

Vale destacar que a redação do parágrafo único do art. 60 no Projeto de Lei 4.458/2020, que deu origem à Lei 14.112/2020, aumentava o escopo de segurança do potencial adquirente, prevendo expressamente que não haveria sucessão do arrematante nas obrigações do devedor "de qualquer natureza, incluídas, mas não exclusivamente, as de natureza ambiental, regulatória, administrativa, penal, anticorrupção, tributária e trabalhista". Essa previsão também estava expressamente incluída no § 3º do art. 66.

No entanto, essas inclusões foram objeto de veto presidencial, no qual se afirmou que tais disposições contrariariam os arts. 186, II, e 225 da Constituição Federal, notadamente "no que tange às obrigações ambientais, haja vista que a responsabilidade pela reparação de eventual dano ambiental causado recairá não apenas sobre aquele que o houver causado, mas também sobre aquele que houver adquirido o bem que sofreu/sofre o dano a ser reparado".

---

[12] TJSP, Agravo de Instrumento 0057674-82.2013.8.26.0000, 2ª Câmara Reservada de Direito Empresarial, Rel. Des. Araldo Telles, j. 30.09.2013.

[13] SACRAMONE, Marcelo Barbosa. *Comentários à Lei de Recuperação de Empresas e Falência*. São Paulo: Saraiva, 2018. p. 272.

Ou seja, segundo as razões do veto, sendo a obrigação decorrente de dano ambiental *propter rem*, nos termos do RE 698.284 do STF, não poderia ela ser "separada" do bem objeto da alienação. Com relação às obrigações de natureza anticorrupção, e ainda segundo as razões do veto, a ausência de sucessão violaria a probidade e a boa administração pública, causando insegurança jurídica e prejuízo ao erário.

Destarte, manteve-se a redação original do parágrafo único do art. 60 sem alteração[14], não havendo disposição sobre a ausência de sucessão do adquirente no caso de venda realizada por autorização judicial (art. 66), o que poderia nos levar a pensar que, nesse caso, haveria sucessão.

Não obstante, a interpretação sistemática da LREF impede essa conclusão: se a alienação de filiais e/ou UPIs, que é mais gravosa aos credores, pode ser realizada sem sucessão, a alienação ou a oneração de outros ativos não circulantes da devedora também deverá ser realizada sem responsabilidade do adquirente, desde que observado o art. 142[15].

Destaque-se que, desde o início da vigência da LREF, a questão da sucessão do adquirente em caso de venda de filial ou UPI foi bastante controversa, mas o Supremo Tribunal Federal entendeu que o afastamento da sucessão trabalhista e tributária previsto na LREF é legítimo, na medida em que dá concretude a valores constitucionais como os da livre-iniciativa e da função social da propriedade, que se manifestam por meio da atividade empresarial[16].

---

[14] "Art. 60. (...) Parágrafo único. O objeto da alienação estará livre de qualquer ônus e não haverá sucessão do arrematante nas obrigações do devedor, inclusive as de natureza tributária, observado o disposto no § 1º do art. 141 desta Lei."

[15] SACRAMONE, Marcelo Barbosa. *Comentários à Lei de Recuperação de Empresas e Falência*. São Paulo: Saraiva, 2018. p. 286-287.

[16] O Supremo Tribunal Federal reconheceu a constitucionalidade do referido dispositivo legal no julgamento da Ação Direta de Inconstitucionalidade 3.934, cujo acórdão teve a seguinte ementa: "Ação direta de inconstitucionalidade. Artigos 60, parágrafo único, 83, I e IV, c, e 141, II, da Lei 11.101/2005. Falência e recuperação judicial. Inexistência de ofensa aos artigos 1º, III e IV, 6º, 7º, I, e 170, da Constituição Federal de 1988. ADI julgada improcedente. I – Inexiste reserva constitucional de lei complementar para a execução dos créditos trabalhistas decorrente de falência ou recuperação judicial. II – Não há, também, inconstitucionalidade quanto à ausência de sucessão de créditos trabalhistas. III – Igualmente não existe ofensa à Constituição no tocante ao limite de conversão de créditos trabalhistas em quirografários. IV – Diploma legal que objetiva prestigiar a função social da empresa e assegurar, tanto quanto possível, a preservação dos postos de trabalho. V – Ação direta julgada improcedente" (STF, ADI 3.934-2, Rel. Min. Ricardo Lewandowski, j. 27.05.2009).

E, tanto na esfera trabalhista como na fiscal, a jurisprudência atual é pacífica no sentido de que o adquirente da UPI não sucede a devedora nas suas obrigações, tendo essa previsão, inclusive, sido inserida no § 1º do art. 133 do Código Tributário Nacional[17].

Não obstante, para que a ausência de sucessão seja aplicável, a alienação deve ocorrer por meio de processo competitivo, como visto acima, e o adquirente não pode ser (i) sócio da sociedade devedora ou sociedade controlada pela devedora; (ii) parente, em linha reta ou colateral até o 4º grau, consanguíneo ou afim, do falido ou de sócio da sociedade falida; ou (iii) identificado como agente do falido ou da devedora com o objetivo de fraudar a sucessão (art. 141, § 1º, da LREF).

Como se vê, a LREF buscou dar segurança jurídica ao potencial adquirente de bens de empresas devedoras, de forma a aumentar a atratividade da venda. De fato, não havendo risco de sucessão nas obrigações de qualquer natureza da empresa em recuperação judicial, a aquisição de seus bens é bastante segura para investidores e configura um importante instrumento de arrecadação de valores para o soerguimento da sociedade.

4. CONCLUSÃO

Diante do exposto, a LREF previu a possibilidade de alienação de ativos dentro de um processo de recuperação judicial, seja por meio de autorização dos credores reunidos em assembleia geral, seja por meio de autorização judicial, sendo ambas as modalidades seguras para os potenciais adquirentes, já que o bem será transferido livre de todo e qualquer ônus.

Para tanto, a alienação deve ser feita por uma das modalidades de processo competitivo previstas no art. 142 da LREF, de modo a garantir a lisura do procedimento e aumentar o preço da venda, em benefício da coletividade de credores e em observância ao princípio da maximização dos ativos.

---

[17] "Art. 133. A pessoa natural ou jurídica de direito privado que adquirir de outra, por qualquer título, fundo de comércio ou estabelecimento comercial, industrial ou profissional, e continuar a respectiva exploração, sob a mesma ou outra razão social ou sob firma ou nome individual, responde pelos tributos, relativos ao fundo ou estabelecimento adquirido, devidos até à data do ato: (...) § 1º O disposto no *caput* deste artigo não se aplica na hipótese de alienação judicial: (...) II – de filial ou unidade produtiva isolada, em processo de recuperação judicial. (Incluído pela Lei Complementar nº 118, de 2005)."

REFERÊNCIAS BIBLIOGRÁFICAS

MUNHOZ, Eduardo Secchi. *Comentários à Lei de Recuperação de Empresas e Falência*: Lei n. 11.101/2005 – artigo por artigo. 2. ed. São Paulo: RT, 2007.

PAIVA, Luiz Fernando Valente de; COLOMBO, Giuliano. Venda de ativos na recuperação judicial: evolução, desafios e oportunidades. In: ELIAS, Luís Vasco (coord.). *10 anos da Lei de Recuperação de Empresas e Falências*: reflexões sobre a reestruturação empresarial no Brasil. São Paulo: Quartier Latin, 2015.

SACRAMONE, Marcelo Barbosa. *Comentários à Lei de Recuperação de Empresas e Falência*. São Paulo: Saraiva, 2018.

DELIBERAÇÃO DOS CREDORES NA RJ — APROVAÇÃO DE PLANO POR ADESÃO E AGC VIRTUAL

27

A LEI 14.112/2020 E AS NOVAS FORMAS DE DELIBERAÇÃO DOS CREDORES

MARCELO FORTES BARBOSA FILHO

Sumário: 1. Introdução – 2. A crise atual e os procedimentos concursais – 3. A AGC como órgão da recuperação judicial – 4. A modernização de assembleias e reuniões – 5. A adaptação do rito assemblear ao formato digital – 6. A preparação da AGC virtual – 7. O desenvolvimento dos trabalhos na AGC virtual – 8. A documentação da AGC virtual – 9. A aprovação de propostas por adesão – 10. Outros meios alternativos de manifestação dos credores – 11. A exigência de homologação judicial – 12. Conclusão – Referências bibliográficas.

1. INTRODUÇÃO

Não há a menor dúvida de que a pandemia da Covid-19 ("Coronavírus") constituiu o evento mais grave deste início de século para a humanidade como um todo, importando num choque violento, com a geração de uma crise sanitária e econômica gravíssima. O rápido alastramento da enfermidade e o assustador crescimento do número de mortos se somaram à quebra das cadeias de produção e consumo, com a imposição de uma profunda alteração dos hábitos quotidianos, diminuindo o deslocamento das pessoas, afetando profundamente a atuação individual de cada qual e sua interação nos grupos sociais, por mais primários que sejam, como é o caso da família.

Acompanhando a grande perplexidade gerada, surgiu, como consequência, uma demanda coletiva por soluções compatíveis e rápidas, aptas a mitigar os efeitos nefastos da pandemia e evitar fossem tornados mais profundos e permanentes os prejuízos suportados de maneira difusa, o que haveria de ser espelhado, também, na legislação, refletindo, em particular no âmbito do microssistema normativo dos procedimentos concursais, na afirmação da necessidade da flexibilização das formas rituais e de um aperfeiçoamento de regras de interação dos credores com o devedor em crise.

2. A CRISE ATUAL E OS PROCEDIMENTOS CONCURSAIS

É notório que, diante de cataclismas econômicos, a utilização dos instrumentos de salvaguarda da atividade empresarial enfrenta um aumento superlativo e, naturalmente, respondendo à primeira das demandas acima descritas, adaptações teriam de ser implementadas para evitar os chamados "pontos de estrangulamento" processuais, procurando um equílibrio entre os ritos e as exigências da prática, com o fim de fazer fluir o trâmite das recuperações judiciais com a eficiência mínima necessária e sem a perda da segurança em sua condução.

Por ser a recuperação judicial uma ferramenta de construção de soluções negociadas entre o devedor e seus credores, o aperfeiçoamento das formas de colheita da manifestação de vontade colocou-se, nesta conjuntura, como imprescindível e ganhou uma importância muito destacada. É, por via deste procedimento concursal, gerado um enlace negocial marcado pelo emprego do princípio majoritário, com vinculação de ausentes e dissidentes, a partir da formação da colheita de uma vontade coletiva dos credores, o que restaria, imediatamente, impedido diante da adoção de medidas de afastamento social destinadas a evitar ou abrandar a progressão do alastramento nova doença letal, dado seu confronto direto com a realização de reuniões presenciais, em que aglomerações são quase que inevitáveis.

Em sincronia com a realidade, o emprego dos instrumentos disponibilizados pela tecnologia da informação se tornou urgente, para que não fossem, simplesmente, paralisados os processos, no aguardo do retorno a uma normalidade cada vez mais distante, ainda mais agora, muitos meses depois do reconhecimento formal da extensão mundial do contágio por um vírus antes desconhecido, o que ocorreu a partir de um comunicado da Organização Mundial de Saúde datado de 11 de março de 2020.

A Lei 14.112, de 24 de dezembro de 2020, já estava sendo gestada desde o ano de 2018, quando foram iniciados os debates tendentes a uma reforma (a partir do Projeto de Lei 10.220), mas, fundamentalmente, surgiu destas necessidades atuais, que deram velocidade ao processo legislativo, e, ao alterar a Lei 11.101, promoveu a atualização deste diploma básico, adicionando meios alternativos para a formação de uma vontade coletiva consolidada, culminando, conforme um regime majoritário, numa declaração una.

Cap. 27 · A LEI 14.112/2020 E AS NOVAS FORMAS DE DELIBERAÇÃO DOS CREDORES | 365

Novas regras rituais foram acrescentadas, com a nítida função de ser promovida uma flexibilização, que não é puramente emergencial, mas, isso sim, veio para, com um caráter de evolução permanente, compatibilizar a atuação dos atores do processo com a evolução da tecnologia e com a utilização prática de instrumentos mais ágeis e menos custosos.

3. A AGC COMO ÓRGÃO DA RECUPERAÇÃO JUDICIAL

A inegável relevância da assembleia geral de credores, como órgão deliberativo dotado de hierarquia superior aos demais inseridos no âmbito de uma recuperação judicial, merece, então, ser destacada.

Se sua convocação, no âmbito da falência, não é frequente, podendo ser qualificada de rara, eis que, normalmente, apenas voltada para o implemento de formas diferenciadas de liquidação de ativos, há de se ter em conta que, no âmbito da recuperação judicial, tal como concebida na Lei 11.101, o resultado do procedimento depende, fundamentalmente, dos resultados extraídos das votações realizadas, ou seja, do conteúdo das deliberações emitidas pela coletividade de credores reunidos.

Numa recuperação judicial, a tutela jurisdicional não recai sobre um empresário individual ou coletivo e sobre um administrador específico. Seu objeto é a empresa, como estrutura econômica complexa, formada pela reunião e disposição racional de elementos heterogêneos, constituída como uma organização de pessoas, bens e atos voltada à produção e à circulação de mercadorias e serviços destinados ao mercado, com o fim de obtenção de lucro.

Não se trata do exercício de mero assistencialismo, não sendo assegurada a manutenção dos mesmos administradores à testa dos negócios, não se tendo em mente beneficiar indivíduos inaptos, desidiosos ou sem integridade ética e moral. A finalidade primordial é a de atender às necessidades sociais da dinâmica econômica, estabelecidos mecanismos de superação de crises pontuais ou sistêmicas, com a preservação dos enlaces a partir dos quais é gerada riqueza.

O interesse da empresa em recuperação não se confunde com o interesse dos grupos nela envolvidos, havendo de ser dissociada a ruína de um empresário qualquer da ruína da empresa, permitindo que esta última sobreviva ao primeiro,[1] havendo os credores concursais, confrontados seus interesses

---

[1]   SALOMÃO FILHO, Calixto. Comentários à Lei de Recuperação de Empresas e Falência. Coord. Francisco Satiro de Souza Junior e Antônio Sérgio A. de

e o do devedor, de dispor sobre propostas apresentadas (ressalvada, agora, a possibilidade de ser um plano elaborado pelos próprios credores, nos termos dos novos §§ 4º, 5º e 6º do art. 55 da Lei 11.101 já modificada) e, com o exercício do direito de voto, explicitar sua concordância ou discordância quanto a medidas ou meios indicados como aptos a constituir uma resposta adequada à conjuntura de crise empresarial.

Há, então, com a formação deste concurso limitado, a submissão dos créditos envolvidos a uma parcial perda de sua eficácia, vinculado seu pagamento a uma novação submetida a uma condição resolutiva, em consonância com os arts. 59 e 61 da Lei 11.101, a qual só se torna definitiva quando um plano aprovado pelo conjunto dos credores e posteriormente homologado for implementado com sucesso, tendo sua eficácia desfeita ou destruída na hipótese contrária.

A recuperação judicial, portanto, ostenta a natureza de ação constitutiva. A tutela jurisdicional, a partir deste procedimento especial e concursal, atua no sentido de viabilizar uma remodelação patrimonial e uma reorganizar estrutural na empresa, extinguindo relações obrigacionais e substituindo-as por outras, de conteúdo diferente, estabelecido no plano analisado pelos credores.

As obrigações são remoldadas de acordo com as regras estabelecidas neste plano, o que só pode ser implementado com sucesso se for profícua a interação entre os credores e o devedor, podendo eles travarem tratativas e estabelecerem parâmetros guiados pela racionalidade econômica, que desembocam nas deliberações tomadas na assembleia geral de credores.

4. A MODERNIZAÇÃO DE ASSEMBLEIAS E REUNIÕES

Uma modernização de assembleias ou reuniões realizadas no âmbito interno das sociedades, ao longo da última década, foi sendo introduzida paulatinamente, viabilizada a participação remota de sócios e a adoção dos avanços da tecnologia da informação e comunicação na formulação de proposições e questionamentos, assim como na emissão dos votos dos sócios para a apreciação de propostas de deliberação, deixada de lado, de uma vez por todas, a imprescindibilidade do comparecimento físico e presencial a um lugar designado como um ponto geográfico.

Com a promulgação da Lei 12.431/2011 (acrescido um parágrafo único ao art. 121 da Lei 6.404/1976, agora renumerado), as companhias abertas

---

Moraes Pitombo. São Paulo: RT, 2005. p. 50-52; NEGRÃO, Ricardo. *A eficiência do processo judicial na recuperação da empresa*. São Paulo: Saraiva, 2010. p. 141.

puderam adotar esses novos procedimentos, objeto de regulamentação pelas Instruções CVM 481/2009, 561/2015 e 570/2015, ocorrendo, com a edição da Medida Provisória 931/2020 (convertida na Lei 14.030, de 28.07.2020), um salutar alargamento da utilização da tecnologia para que, também, nas sociedades limitadas (e, extensivamente, organizadas a partir de outro tipo, em especial nas companhias fechadas), o exercício dos direitos de sócio pudesse ter maior amplitude possível, evitando (ou, ao menos, reduzindo muitíssimo) limitações causadas por dificuldades de deslocamento e eventos fortuitos.

Em outras partes do mundo, essa forma de atuação não era novidade e já havia sido implantada. Desde 2000, com o pioneirismo do Estado de Delaware, a legislação norte-americana passou a aceitar a atuação remota de acionistas, restando consolidada a prática (Model Business Corporation Act, Section 7.09), tendo a União Europeia, com a edição da Diretiva 2007/36, seguido o mesmo caminho.

Às sociedades em geral, foi conferida a escolha dos meios mais eficientes possíveis para a atuação do sócio em seu âmbito interno, tendo o Departamento Nacional de Registro Empresarial e Integração (DREI) especificado regras para reuniões e assembleias semipresenciais e digitais na IN 81/2020 (Anexo IV – Manual de Registro de Sociedade Limitada – Seção III).

Foi, em paralelo, percorrido um longo caminho de atualizaçao da prática dos atos processuais, trazidos, também, aos poucos, para contemporaneidade, prevista a possibilidade da forma eletrônica ou digital, com o mesmo conteúdo, mas com supressão de entraves burocráticos, otimização de tempo e redução de custos, o que é previsto, genericamente, no art. 192 do CPC de 2015, se bem que, ao longo do texto deste diploma, seja mencionada fartamente a utilização da rede mundial de computadores (Internet) e a consecução de atos com o uso de arquivos e programas digitais ("software") (por exemplo, arts. 12, § 1º, 105, § 1º, 156, § 2º, 209, § 1º, 228, § 2º, 257, 422, 741, 745, 746, § 3º, 927, § 5º, 943, 1.007, § 3º, 1.019, III, 1.053),[2] deixando seu emprego, ao longo da última década, de ser apenas uma mera esperança, para se tornar uma realidade.

E, com um teor emergencial, além disso, o art. 12, *caput,* da Lei 14.010, de 10 de junho de 2020, foi autorizada a realização de assembleias sob forma virtual em condomínios edilícios, para os fins dos arts. 1.349 e 1.350 do Código Civil de 2002, popularizando, de certa maneira, nas grandes aglomerações urbanas de nosso país, o uso destes mecanismos disponibilizados

---

[2] DINAMARCO, Pedro da Silva. *Comentários ao Código de Processo Civil.* Coord. José Roberto F. Gouvêa e João Francisco N. da Fonseca. São Paulo: Saraiva, 2020. vol. IV, p. 154-160.

pela tecnologia da informação (tendo várias empresas se especializado na prestação de serviços voltados para sua organização, sobretudo com a criação de programas de computador).

A Lei 14.112, com o acréscimo do § 4º ao art. 39 da Lei 11.101, mais exatamente de seu inciso II, está, portanto, sintonizada com esta mesma tendência, que já havia se feito sentir em diferentes pontos do ordenamento jurídico. Agora, também no âmbito dos procedimentos concursais, a lei admite expressamente a "votação realizada por meio de sistema eletrônico que reproduza as condições de tomada de voto da assembleia geral de credores".

Foi trilhado o caminho antes aberto por decisões pontuais e que, frente à premência de soluções concretas para recuperações judiciais em andamento, já haviam autorizado a reunião em ambiente virtual (e, dentre estas, o exemplo mais conhecido é o do Grupo Odebrecht – Processo 1057756-77.2019.8.26.0100, da 1ª Vara de Falências e Recuperações Judiciais da Comarca da Capital do Estado de São Paulo; TJSP, AI 2055988-74.2020.8.26.0000 e AI 2057008-03.2020.8.26.0000, Rel. Des. Alexandre Lazzarini), respaldadas pelo art. 2º, parágrafo único, da Recomendação CNJ 63, de 31 de março de 2020.

5. A ADAPTAÇÃO DO RITO ASSEMBLEAR AO FORMATO DIGITAL

Pressupõe-se, obviamente, que o formato digital ostente segurança e permita ampla publicidade, sendo ordenadas intervenções (organizado o exercício do direito de manifestação dos credores, como maneira de lhe dar concretude e efetividade) e definidas garantias para a manutenção de conexões eletrônicas e a identificação de pessoas.

O detalhamento desse formato digital, porém, não poderia ser incluído no texto legal. Os meios de comunicações e transmissão de dados nunca se desenvolveram tanto quanto nos últimos cento e vinte anos e nada indica que, por algum motivo, o ritmo deste progresso será reduzido, havendo de ser viabilizada a absorção das novas tecnologias sem a necessidade de alterações constantes do texto legal.

A contínua evolução tecnológica precisa, paulatinamente, se conjugar com a necessidade de salvaguarda dos direitos dos atores envolvidos no procedimento concursal e de documentação das assembleias, tudo recomendando, sem a mínima dúvida, seja esse detalhamento feito com a edição de regulamentos e de decisões interlocutórias específicas, destinadas a enfrentar peculiaridades ou dificuldades concretas e conceber soluções.

No Estado de São Paulo, a Corregedoria-Geral da Justiça fez publicar, em 24 de agosto de 2020, como resultado do trabalho de comissão de trabalho especialmente constituída, o Comunicado CG 890/2020, editando regras regulamentares da organização, do desenvolvimento e da documentação de assembleias gerais de credores realizadas sob forma virtual, que podem servir de base para uma análise mais precisa.

6. A PREPARAÇÃO DA AGC VIRTUAL

Com a adoção de um formato digital, a fase preparatória ganha uma relevância extrema. O cuidado com a organização da assembleia devem ser minucioso, pois desta verificação dependerá a validade da assembleia e das deliberações tomadas.

A adoção da forma virtual depende, em regra, de um requerimento formulado pelo devedor ou pelo Administrador Judicial, justificando a opção, especificando a plataforma escolhida e fornecendo uma minuta de edital de convocação, em que, necessariamente, precisa ser indicada a forma de cadastramento dos credores, com a fixação de um prazo para a entrega de documentos destinados à identificação de cada qual ou de seus representantes.

Aprovada a minuta de edital, a publicação será ordenada pelo juiz, com mesma antecedência mínima de quinze dias e os mesmos requisitos do art. 36 da Lei 11.101, com o acréscimo do prazo de cadastramento (que deverá terminar vinte quatro horas antes do início da assembleia, de acordo com o item 2.iv do referido Comunicado CG 809/2020, podendo o juiz antecipá-lo, para quarenta e oito horas, sendo muito expressivo o número de credores), sempre prevista nova identicação na data do conclave, confirmando os dados derivados do cadastramento já realizado, certificada a presença.

No próprio edital, haverá, também, de ser divulgado um canal de transmissão da assembleia e um canal de comunicação com o Administrador Judicial, a partir do qual, fornecido um endereço eletrônico (de "e-mail") ou um número de telefone celular, os credores interessados poderão receber, individualmente, informações e dirimir dúvidas, bem como, dependendo da complexidade do procedimento, poderá ser designada uma reunião preparatória destinada à explicação de procedimentos.

7. O DESENVOLVIMENTO DOS TRABALHOS NA AGC VIRTUAL

A plataforma digital escolhida deverá oportunizar um amplo acesso dos interessados, com acessibilidade máxima e, inclusive, com o uso de "smartphones", havendo de ter capacidade para a recepção de todos os credores listados e sua participação ampla.

A conexão há de ser contínua, garantida sua permanência por longo período (fixado num mínimo de vinte e quatro horas pelo Comunicado CG 809/2020) e e permitir que a mesa diretiva dos trabalhos possa exercer suas atribuições, bem como funcionalidade ampla na colheita de votos.

Na presidência dos trabalhos, logo após a conferência dos presentes e a instalação formal da assembleia e a escolha de uma Secretário, o Administrador Judicial deve formar uma fila para manifestações e exercer seu poder de condução dos atos, fazendo respeitar a ordem do dia e podendo limitar o tempo conferido a cada credor para fazer questionamentos, feita sempre a advertência quanto à necessidade da presença no momento da votação, sob pena de ser computada a abstenção.

A colheita dos votos pode, conforme o caso, ser automatizada, conferida a faculdade de ser feita declaração apartada (previsto seu encaminhamento até o encerramento da assembleia, conforme o item 3.v do Comunicado CG 890/2020), mostrando-se essencial a possibilidade de comunicar problemas técnicos, passíveis, muitas vezes, inclusive, a serem superados com a realização de uma simples ligação telefônica.

Interrupções por problemas técnicos podem, infelizmente, impor a necessidade de paralisação dos trabalhos, quando, então, será necessária a designação de nova data para sua retomada, cabendo ter em mente a necessidade de uma inicial adaptação às vicissitudes e dificuldades que podem envolver o aprendizado de técnicas novas e muito diferenciadas das antigas e usuais, de reunião de pessoas num ambiente virtual, o que certamente impõe o uso de muita paciência e bastante bom senso.

8. A DOCUMENTAÇÃO DA AGC VIRTUAL

O novo formato das assembleias gerais de credores há de provocar muitos benefícios quanto à documentação do ato.

A gravação é essencial para sanar qualquer dúvida quanto a tudo que houver ocorrido. O conteúdo efetivo do ato fica integralmente preservado, o que é utilíssimo, em especial se tiverem sido opostas impugnações pelo devedor ou por um credor, questionando a validade de uma votação ou propondo alguma violação a seus direitos subjetivos. O formato digital, então, facilita, em muito, uma verificação mediante o exercício da cognição judicial.

Não se dispensa, porém, a elaboração de uma ata, tal qual previsto no § 7º do próprio art. 39, redigida pelo Secretário designado e subscrita pelo

Administrador Judicial, referenciando os principais eventos, especificando o resultado das votações e as deliberações aprovadas, indicada eventual suspensão e retomada dos trabalhos. Este documento deve ser juntado aos autos, formalizando a conclusão da assembleia geral de credores, sempre acompanhada por uma lista de presentes, sendo recomendável, se possível, sua leitura ao final da assembleia (item 4.ii do Comunicado CG 890/2020).

9. A APROVAÇÃO DE PROPOSTAS POR ADESÃO

A Lei 14.112 acrescentou um outro meio alternativo para a manifestação dos credores, este consistente na adesão dos credores, satisfazendo o quórum de aprovação majoritária, o que provoca a dispensa da realização de uma assembleia.

A adesão constitui um instrumento poderoso de expressão da autonomia privada, pressupondo a pré-formulação de cláusulas albergadas num plano e sua colocação à disposição dos credores concursais, como uma oferta pronta e acabada, para que o consentimento seja colhido de um a um, compondo, ao final, um todo único. Há uma proposta negocial e múltiplas aceitações, simplificando, em muito, a formação de uma maioria e a composição de uma declaração coletiva.

A utilização desta forma de colheita da vontade coletiva dos credores depende, no entanto, do número de componentes de cada classe e da disponibilidade do devedor de manter tratativas suficientemente amplas.

Como é promovida uma integração parcelada da vontade dos credores a uma proposta do devedor, isso impõe, para o sucesso na obtenção de uma maioria em cada classe, numa acomodação prévia de interesses, mais plausível de ocorrer quando o número de credores não é muito expressivo e quando o devedor está disposto a dialogar abertamente e não tentar impor uma fórmula de pagamentos pré-moldada.

Nesse sentido, ao contrário do que ocorre normalmente num âmbito puramente contratual, as conversações preliminares não são suprimidas. Elas, ao contrário, devem ser intensificadas, ganhando um colorido diferente, pois é viável poupar muito tempo, evitando a publicação de editais e o cumprimento de prazos intermediários, com uma redução sensível nos custos intermediários de tramitação da recuperação judicial.

Além do próprio plano, qualquer outra deliberação assemblear, conforme o art. 45-A da Lei 11.101 pode ser substituída pela adesão dos credores, sempre buscando a formação de uma maioria, o que pode ser útil quando proposto um aditivo e diante de situações dotadas de certa urgência.

Há de ser colhida a manifestação dos credores num único termo ou por termos individualizados, sendo imprescindível que os documentos dotados de clareza total, evitando possa ser potencilizada a menor dúvida quanto a sua destinação e seu conteúdo, e capazes de permitir a conferência da autenticidade de assinaturas ou da suficiência de poderes de representação.

Muito embora não haja previsão específica na lei, o juiz poderá de fixar um limite temporal para a colheita de adesões, de maneira a evitar possa o andamento do processo ficar em compasso de espera, sem uma evolução satisfatória e compatível com as exigências da resolução do grave desequílibrio conjuntural ensejador do requerimento de recuperação judicial. A adesão só pode ser utilizada num sentido positivo, de aprovação da proposta formulada, não sendo possível contrapor uma proposta negativa feita por um grupo de credores e tendente à convolação em falência, o que implica, caso não seja obtida a maioria esperada pelo devedor, na imprescindibilidade da convocação de uma assembleia geral de credores, com a vinculação a um rito dotado de maior complexidade e exigente do dispêndio de mais tempo para sua preparação. Esta realidade não pode ser ignorada e um prazo há de ser estabelecido e, uma vez vencido, uma assembleia deve ser convocada e, caso obtida a maioria por adesão num momento posterior, a assembleia designada é cancelada.

A questão da revogação da adesão coloca-se, neste âmbito, como uma problemática específica. A manifestação unitária, de um único credor, não pode ser tida como concludente e, se não for inserida uma cláusula de irrevogabilidade no termo apresentado, haverá de ser admitida a possibilidade de ser emitida uma declaração em sentido contrário, extinguindo os efeitos da anterior, até a conclusão do rito, ou seja, até a homologação judicial.

10. OUTROS MEIOS ALTERNATIVOS DE MANIFESTAÇÃO DOS CREDORES

Dando flexibilidade ao regramento da matéria, o texto legal permite, também, o uso de quaisquer outros meios alternativos de manifestação da vontade dos credores, deixando espaço para a criatividade e para a inovação.

O inciso III do § 4º do art. 39 criou uma certa discricionariedade judicial, permitindo a adoção de qualquer "mecanismo reputado suficientemente seguro pelo juiz".

Permite-se, por exemplo, a admissão da colheita de votos encaminhados por correio eletrônico (e-mail), algo que já foi repudiado no passado, diante da falta de previsão legal específica (TJSP, AI 2055988-74.2020.8.26.0000, Câm.

Res. à Falência e Recuperação Judicial, Rel. Des. Elliot Akel, j. 13.12.2011), ou o emprego de meios híbridos, não sendo possível descartar, até mesmo, no futuro, a possibilidade de serem utilizados simples aplicativos para "smartphones".

11. A EXIGÊNCIA DE HOMOLOGAÇÃO JUDICIAL

Há uma explícita preocupação com a segurança dos resultados obtidos a partir do uso destes meios alternativos de manifestação dos credores. Esta preocupação é totalmente justificável, ainda mais em se tratando da aprovação ou rejeição de um plano de recuperação judicial, dada a gravidade dos efeitos extraídos da vontade coletiva declarada a partir da realização de uma assembleia virtual, da adesão a uma proposta do devedor ou do uso de qualquer outro meio extranumerário, como decorre da conjugação do § 5º do art. 39 com o § 4º do art. 45-A da Lei 11.101.

Cabe enfatizar a necessidade de uma atuação cuidadosa do Administrador Judicial, que assume um papel central no âmbito das assembleias realizadas em ambiente virtual, na presidência dos trabalhos, mas que, também, efetiva uma conferência de toda documentação relativa à adesão de credores, sempre exigida sua manifestação por meio de parecer.

Quanto ao Ministério Público, apesar do texto legal nada mencionar sobre sua atuação diante de assembleias realizadas em ambiente virtual, será obrigatória sua fiscalização acerca da regularidade específica de manifestações realizadas por adesão, havendo de ser colhido parecer antes da homologação do juiz.

São colocados filtros jurídicos específicos, cujo destinatário é o juiz, a quem incumbe, por fim, uma análise final da regularidade dos ritos e do conteúdo de deliberações emitidas, não descuidando dos aspectos formais e materiais ligados à preservação da legalidade, atento ao conteúdo dos documentos e dos pareceres trazidos aos autos.

12. CONCLUSÃO

A Lei 14.112, de 24 de dezembro de 2020, ao possibilitar a realização da assembleia geral de credores em ambiente virtual, viabilizar a formação da vontade coletiva de credores por via da adesão e abrir espaço para a flexibilização de ritos para a colheita de deliberações imprescindíveis ao desenvolvimento dos procedimentos concursais atualizou um regramento que deve estar voltado para necessidades práticas, extraídas do quotidiano, com uma perpectiva de futuro. O advento do novo diploma legislativo, sem dúvida, decorreu de um evento inesperado e marcante, cujos reflexos ainda não estão plenamente definidos, correspondente à pandemia da Covid-19 ("Coronavírus"), mas houve uma preocupação de permenência, com visão de futuro, procurando atualizar e otimizar a legislação concursal.

Os resultados só serão sentidos com o passar do tempo, com o uso dos novos mecanismos alternativos. Alguns são mais imediatos, como no caso da participação remota de credores em assembleias, evitando deslocamentos e mantendo a possibilidade de ampla manifestação. Outros precisam ser maturados, dependendo da confiança ganha com o uso repetido, como no caso da adesão.

Foi, de toda maneira, estabelecido um destino definido e correto, basta não se perder durante o trajeto.

REFERÊNCIAS BIBLIOGRÁFICAS

COSTA, Daniel Carnio; MELO, Alexandre Nasser de. *Comentários à Lei de Recuperação de Empresas e Falência*. Curitiba: Juruá, 2021.

DINAMARCO, Pedro da Silva. *Comentários ao Código de Processo Civil*. Coord. José Roberto F. Gouvêa e João Francisco N. da Fonseca. São Paulo: Saraiva, 2020. vol. IV.

GODOY, Cláudio Luiz Bueno de et al. *Código Civil comentado*. Coord. Cezar Peluso. 14. ed. Barueri: Manole, 2020.

MIRANDA, Custódio Piedade Ubaldino. *Contrato de adesão*. São Paulo: Atlas, 2002.

NEGRÃO, Ricardo. *A eficiência do processo judicial na recuperação da empresa*. São Paulo: Saraiva, 2010.

ORLEANS E BRAGANÇA, Gabriel de; SACRAMONE, Marcelo Barbosa; VASCONCELOS, Ronaldo. A pandemia do coronavírus e a revisão dos planos de recuperação judicial. In: CARVALHOSA, Modesto; KUYVEN, Fernando (coords.). *Impactos jurídicos e econômicos da Covid-19*. São Paulo: RT, 2020.

SALOMÃO FILHO, Calixto. *Comentários à Lei de Recuperação de Empresas e Falência*. Coord. Francisco Satiro de Souza Junior e Antônio Sérgio A. de Moraes Pitombo. São Paulo: RT, 2005.

SCALZILLI, João Pedro; SPINELLI, Luis Felipe; TELLECHEA, Rodrigo. *Recuperação de empresas e falência*. 2. ed. São Paulo: Almedina, 2017.

28

DELIBERAÇÃO DOS CREDORES NA RJ – AGC VIRTUAL E APROVAÇÃO DO PLANO POR ADESÃO

FLAVIO GALDINO

Sumário: 1. Introdução – 2. A reforma da Lei de RJ – 3. AGCs virtuais – 4. Voto por adesão – 5. Conclusão – Referências bibliográficas.

1. INTRODUÇÃO

Em última análise, a recuperação judicial ("RJ") é uma negociação estabelecida entre os devedores e os credores, tendo como pano de fundo um processo judicial, de modo a que o Poder Judiciário possa controlar tal negociação[1], ao menos quanto aos seus aspectos procedimentais, uma vez que é possível que o resultado dela seja a expropriação de direitos de parte a parte.

O protagonismo dos credores no processo de recuperação judicial pode ser evidenciado nas disposições que a Lei nº 11.101/2005 dedica à assembleia geral de credores ("AGC"): uma seção inteira do capítulo das disposições comuns à RJ e à falência é direcionado ao regramento do conclave. Assim, o art. 35 elenca atribuições fundamentais da AGC, chegando a estipular, de

---

[1] Consoante as vozes mais autorizadas: "Com efeito, a recuperação judicial, diferentemente da concordata, não é um favor legal alcançado pelo juiz, mas uma negociação estabelecida com os credores em assembleia geral de credores, no seio de um procedimento judicial" (AYOUB, Luiz Roberto; CAVALLI, Cássio. *A construção jurisprudencial da recuperação judicial de empresas.* 3. ed. Rio de Janeiro: Forense, 2017. Livro digital).

maneira ampla, que o referido órgão terá competência para deliberar sobre qualquer matéria não taxativamente listada que "possa afetar os interesses dos credores".

A principal atribuição da AGC na RJ é prevista na alínea *a* do inciso I do art. 35, que determina caber ao órgão deliberar sobre a "aprovação, rejeição ou modificação do plano de recuperação judicial apresentado pelo devedor" ("PRJ"). A reforma da Lei nº 11.101/2005 reforça tal protagonismo ao estabelecer expressamente a possibilidade de proposição em AGC de PRJ pelos credores (o chamado "Plano Alternativo"). Tem-se, portanto, que a AGC é o órgão supremo de deliberação no âmbito da RJ, refletindo a vontade dos credores.

Nos termos da Lei (art. 36), a AGC será convocada pelo juiz por meio de edital publicado no diário oficial eletrônico e disponibilizado no sítio eletrônico do administrador judicial, com antecedência mínima de 15 dias. O referido edital conterá as informações de local, data e hora da assembleia em primeira e em segunda convocação, bem como informará a forma como os credores poderão ter acesso à cópia do PRJ a ser submetido à deliberação. A AGC será presidida pelo administrador judicial ("AJ"), o qual designará um secretário entre os presentes. Para participar do conclave, o credor deve assinar a lista de presença, que será encerrada no momento da instalação.

Das referidas normas legais, infere-se que todo o procedimento de deliberação dos credores foi pensado tendo como parâmetro uma reunião presencial e formal para coleta dos votos. A "presença" dos credores era entendida como uma forma de estimular o diálogo e otimizar as deliberações e, ainda, de controlar a regularidade dos votos e da votação como um todo. Com efeito, à ocasião da elaboração e posterior edição da Lei nº 11.101/2005, não era possível se cogitar de uma forma eficaz e segura de reunião em ambiente digital ou virtual, visto que as ferramentas tecnológicas que hoje permitem conferências virtuais só se desenvolveram anos após a edição da lei.

2. A REFORMA DA LEI DE RJ

O mundo contemporâneo, porém, oferece essa oportunidade. Com atenção à evolução tecnológica, foi apresentado o Projeto de Lei nº 10.220/2018, "para atualizar a legislação referente à recuperação judicial, à recuperação extrajudicial e à falência do empresário e da sociedade empresária". Nesse sentido, o PL propunha uma ampla reforma da Lei nº 11.101/2005, sempre com vistas à modernização de seu procedimento. Um importante avanço do PL consistia na proposta de acréscimo do § 4º ao art. 39 da lei, dispondo que "[q]ualquer deliberação prevista nesta Lei, para ocorrer por meio de assembleia geral de credores, poderá ser substituída, com idênticos efeitos, por" termo de adesão firmado por credores, votação realizada por sistema eletrônico ou outro mecanismo reputado suficientemente seguro pelo juiz. Essa proposta de alteração foi ressaltada na Exposição de Motivos do PL nº 10.220/2018, quando foi destacado que o voto eletrônico seria benéfico à recuperação judicial, "conferindo maior celeridade ao processo".

Na Câmara dos Deputados, o PL nº 10.220/2018 foi apensado ao PL nº 6.229/2005, o qual previa pontuais alterações na lei, sendo certo que no decorrer da tramitação deste último PL, desde 2005, diversos outros projetos foram apensados. A discussão legislativa culminou em Substitutivo de Plenário ao Projeto de Lei nº 6.229/2005. Na apresentação do Substitutivo, foi indicado como um vetor fundamental da reforma normativa a melhoria do arcabouço institucional, "incluindo a supressão de procedimentos desnecessários, incentivando o uso intensivo dos meios eletrônicos de comunicação, o estímulo a uma maior profissionalização do administrador judicial, bem como a busca de maior especialização dos juízes de direito encarregados do julgamento dos processos recuperacionais e falimentares".

Após discussões durante o trâmite do Projeto na Câmara dos Deputados, foi consolidada a Redação Final do PL nº 6.229/2005, que mantinha a previsão de substituição das deliberações assembleares por termo de adesão firmados por credores, votação realizada por meio de sistema eletrônico ou qualquer outro mecanismo que o juiz considere seguro. Com a remessa ao Senado Federal, passou-se a cuidar do PL nº 4.458/2020, o qual, após discussões parlamentares e apresentação de emendas de redação, foi aprovado. Após vetos do Presidente e subsequente sanção, tornou-se a Lei nº 14.112/2020, que acrescentou parágrafos ao art. 39, interessando aqui os seguintes:

> Art. 39. (...)
>
> § 4º Qualquer deliberação prevista nesta Lei a ser realizada por meio de assembleia geral de credores poderá ser substituída, com idênticos efeitos, por:
>
> I – *termo de adesão firmado por tantos credores quantos satisfaçam o quórum de aprovação específico, nos termos estabelecidos no art. 45-A desta Lei;*
>
> II – *votação realizada por meio de sistema eletrônico que reproduza as condições de tomada de voto da assembleia geral de credores; ou*
>
> III – *outro mecanismo reputado suficientemente seguro pelo juiz.*
>
> § 5º As deliberações nos formatos previstos no § 4º deste artigo serão fiscalizadas pelo administrador judicial, que emitirá parecer

sobre sua regularidade, previamente à sua homologação judicial, independentemente da concessão ou não da recuperação judicial.

Dessa brevíssima referência ao processo legislativo, infere-se que, com a entrada em vigor da Lei nº 14.112/2020, a AGC deixará de ser estritamente presencial (nem sequer deve ser considerada preferencialmente presencial), sendo compatível, também, com procedimentos virtuais e votos por adesão. Na verdade, tal tendência já vinha sendo admitida pela jurisprudência e pela doutrina (em certa medida) antes mesmo da edição da reforma, conforme será exposto a seguir.

A verdade é que hoje existem instrumentos tecnológicos para controle por meio virtual da regularidade dos votos e das votações em ambiente virtual, sendo certo que a utilização desses expedientes revela inegável eficiência.

3. AGCS VIRTUAIS

Com a entrada em vigor da Lei nº 14.112/2020, os conclaves presenciais deixarão de ser o único caminho para coleta das manifestações dos credores na RJ, na medida em que a lei expressamente admite a substituição da tomada de votos no âmbito da AGC por um procedimento eletrônico. Apesar de a referida alteração legislativa ser uma relevante mudança de paradigmas, apta a modernizar o procedimento de RJ, a possibilidade de AGCs em modalidade virtual já vinha sendo debatida e admitida na jurisprudência, especialmente com a eclosão da pandemia da Covid-19. De fato, não raro a jurisprudência se antecipa ao legislador.

Com efeito, além de funcionar como modo eficaz de dar seguimento à RJ, sem violar as normas sanitárias de combate à Covid-19, o expediente virtual tem a potencialidade de eliminar barreiras físicas e econômicas que se colocam contra os credores e devedores, na medida em que afasta a necessidade de deslocamento e presença física para participação da AGC. Diante desses benefícios, a flexibilização do procedimento estritamente presencial já era vislumbrada mesmo antes da pandemia[2], ainda que haja considerações de que os meios virtuais reduzem a qualidade do diálogo que as reuniões presenciais proporcionam. No exame de benefícios e malefícios da utilização dos meios

---

[2] Em processo de recuperação eu tramitou em São Paulo, por exemplo, houve transmissão ao vivo para Macapá através de videoconferência: TJSP, Processo 1088747-75.2015.8.26.0100, Juiz Paulo Furtado de Oliveira Filho, 2ª Vara de Falências e Recuperações Judiciais do Foro Central Cível, Decisão em 25.07.2019.

virtuais, prevaleceu na jurisprudência e depois na legislação o entendimento de que os benefícios são mais relevantes.

Com a disseminação da Covid-19, o deslocamento e a aglomeração de pessoas se tornaram uma impossibilidade fática e um risco à saúde pública, inviabilizando por completo a realização de AGCs presenciais. De imediato, a doutrina identificou a necessidade patente de serem realizadas AGCs integralmente digitais[3]. Com a reforma da Lei nº 11.101/2005, o que poderia ser um expediente para enfrentar uma situação excepcional passa a ser a regra.

Diante da percepção de que o conclave, em diversos casos, não poderia esperar o retorno da situação sanitária à normalidade, o Conselho Nacional de Justiça ("CNJ") indicou, em sua Recomendação nº 63/2020 (antes mesmo da aprovação da reforma da Lei), que os juízos autorizassem a realização de AGCs virtuais, cabendo aos administradores judiciais providenciarem sua organização. Nesse sentido, os juízos das recuperações judiciais passaram a paulatinamente admitir a AGCs em ambiente *on-line*, como se vê exemplificativamente em decisões tomadas em processos relevantes em SP, RS, SC e RJ[4].

A providência, porém, não é aceita sem críticas pela totalidade dos envolvidos na recuperação judicial. Em determinado caso, os credores questionaram a validade de AGC realizada em meio virtual sem que antes fosse dada a oportunidade de se manifestarem sobre a conveniência do conclave virtual. O TJSP, porém, rejeitou a argumentação, considerando viável a adoção do sistema virtual, o qual, além de reduzir custos, permitiria a mais ampla participação dos credores (sem entender que tivesse havido violação ao princípio do contraditório).

---

[3] Por todos, SCALZILLI, João Pedro; SPINELLI, Luis Felipe; TELLECHEA, Rodrigo. *Pandemia, crise econômica e lei de insolvência.* Porto Alegre: Buqui, 2020. p. 52-55.

[4] TJSP, Processo 1057756-77.2019.8.26.0100, Juiz João de Oliveira Rodrigues Filho, 1ª Vara de Falências e Recuperações Judiciais da Comarca de São Paulo, Decisão em 23.03.2020. Decisao confirmada pelo TJSP: TJSP, AI 2057008-03.2020.8.26.0000, Rel. Des. Alexandre Lazzarini, 1ª Câmara Reservada de Direito Empresarial, julgamento monocrático em 30.03.2020; TJRS, Processo 5020185-14.2020.8.21.0001, Juíza Giovana Farenzena, Vara de Direito Empresarial, Recuperação de Empresas e Falência da Comarca de Porto Alegre, Decisão em 01.04.2020; TJSC, Processo 0311501-33.2018.8.24.0023, Juiz Luiz Henrique Bonatelli, Vara Regional de Recuperações Judiciais, Falências e Concordatas da Comarca da capital, Decisão em 16.04.2020; TJRJ, AI 0052425-04.2020.8.19.0000, Rel. Des. Luiz Roldão de Freitas Gomes Filho, 2ª Câmara Cível, j. 05.10.2020.

Outro argumento que já foi apresentado aos tribunais para fundamentar pedido de invalidação do conclave virtual foi a falta de convocação específica dos credores para a AGC virtual. O TJSP afastou a tese, afirmando que, tendo sido publicado edital de convocação à assembleia presencial, a dispensa de novo edital não acarreta prejuízos aos credores[5].

Um terceiro argumento levantado para embasar pedidos de anulação de AGCs realizadas em ambiente eletrônico consiste na alegação de restrição de acesso e nas dificuldades de conexão que envolvem a reunião virtual. Em determinado processo, uma associação representando diversos credores questionou a viabilidade da realização de AGC virtual. Segundo a associação, a reunião *on-line* iria de encontro aos interesses dos credores que representa, a maioria dos quais era produtor rural, sem hábito de utilizar nem mesmo *e-mail*. Por essa razão, pleiteou a concessão de maior prazo para a organização dos credores e que fosse admitida a realização de assembleia mista, com votos por escrito, o que foi admitido[6]. Parece evidente que as reuniões virtuais podem apresentar dificuldades de acesso eletrônico, assim como as reuniões presenciais podem apresentar dificuldades de acesso físico – todavia, também parece evidente que as vantagens em termos de eficiência sobrepujam com larga vantagem os eventuais problemas.

Como se vê, os tribunais se encontram sensíveis à situação de anormalidade vivida com a pandemia da Covid-19 e vêm deferindo a realização de assembleias gerias de credores na modalidade virtual, na esteira da Recomendação nº 63/2020 do CNJ.

Diante da falta de regramento para a matéria, foi necessária a formulação de normas internas por parte dos tribunais para orientar os julgadores nas discussões acerca dos pressupostos para a realização virtual da AGC. Nesse sentido, a Corregedoria-Geral de Justiça do TJSP emitiu o Comunicado CG nº 809/2020, indicando os pressupostos formais do requerimento de AGC virtual e do edital de convocação para a reunião virtual. Além disso, foram estipulados os requisitos a serem cumpridos pelas plataformas digitais para que adequadamente recebam o conclave. Por fim, tem-se a indicação de cautelas específicas a serem tomadas pelos AJs para garantir a segurança das deliberações tomadas em AGC virtual. Este é o ponto central: as determinações do tribunal visam a conferir maior segurança à deliberação, aos votos

---

[5]   TJSP, AI 2207481-98.2020.8.26.0000, Rel. Des. Grava Brazil, 2ª Câmara Reservada de Direito Empresarial, j. 21.11.2020.

[6]   TJSP, AI 2180471-79.2020.8.26.0000, Rel. Des. Ricardo Negrão, 2ª Câmara Reservada de Direito Empresarial, j. 14.10.2020.

e à votação como um todo, de modo a garantir a efetiva participação dos credores e assegurar a fiscalização judicial sobre a adequação do conclave.

Tal evolução jurisprudencial é elogiada pela doutrina, que destaca diversos benefícios da realização eletrônica de AGCs, como a redução de gastos e a eliminação de barreiras geográficas – o que é muito sensível em RJs de empresas com operações em âmbitos nacionais ou internacionais. Por essa razão, conclui-se que a continuidade da realização virtual das AGC após o fim da pandemia seria uma tendência jurisprudencial mesmo que não houvesse reforma legislativa nesse sentido[7]. Obviamente, com a previsão agora expressa na legislação, a realização da AGC virtual é uma possibilidade a ser considerada em qualquer caso, segundo nos parece, em caráter preferencial em relação aos conclaves presenciais.

A manutenção das AGCs virtuais já era provável mesmo sem a superveniência imediata de lei admitindo os conclaves eletrônicos, em função de uma interpretação sistemática e até mesmo histórica da Lei nº 11.101/2005. Tem-se, portanto, que a Lei nº 14.112/2020, ao contemplar expressamente a hipótese, respondeu a um anseio da doutrina e da jurisprudência, que ficou evidenciado pela crise sanitária ocasionada pela pandemia da Covid-19.

Na verdade, a crise do novo coronavírus não modificou procedimentos apenas relacionados à recuperação judicial. Como visto, a emergência sanitária que se instalou no Brasil e no mundo impede de maneira objetiva qualquer reunião de pessoas, inviabilizando, assim, qualquer tipo de conclave presencial (como aulas, eventos esportivos e até reuniões familiares, como casamentos e cerimônias fúnebres). Assim, para reforçar a conclusão de que a virtualização das deliberações assembleares inaugurada pela Lei nº 14.112/2020 já vinha sendo uma realidade no ordenamento brasileiro, vale citar brevemente o caso das assembleias gerais ordinárias no bojo das sociedades por ações.

---

[7] Por todos, PRIMA, Bruno. Assembleia virtual na recuperação judicial. *Jota*. Disponível em: https://www.jota.info/opiniao-e-analise/artigos/assembleia-virtual-na-recuperacao-judicial-06042020; DELLORE, Luiz. Assembleia geral de credores (AGC) online? Sim; mas, mesmo depois da pandemia do covid-19?. *Migalhas*. Disponível em: https://www.migalhas.com.br/coluna/insolvencia--em-foco/325595/assembleia-geral-de-credores-agc-online-sim-mas-mesmo-depois-da-pandemia-do-covid-19; QUEIROZ, Camila Carlstrom Santos; GONÇALVES, Bruno Pedrosa. Assembleia geral de credores virtual: o futuro antecipado pela Covid-19. *Conjur*. Disponível em: https://www.conjur.com.br/2020-jun-23/queiroz-goncalves-assembleia-geral-credores-virtual. Acesso em: 15 jan. 2021.

Com efeito, o art. 121 da Lei nº 6.404/1976 ("Lei das S/A") determina que a assembleia geral, "convocada e instalada de acordo com a lei e o estatuto, tem poderes para decidir todos os negócios relativos ao objeto da companhia e tomar as resoluções que julgar convenientes à sua defesa e desenvolvimento". Assim como se passa na redação original da Lei nº 11.101/2005, a Lei das S/A orientou o regramento das assembleias gerais tendo como base sua realização presencial. Assim, o art. 124 da Lei das S/A estabelece que a convocação para o conclave será feita mediante anúncios contendo local, data e hora da assembleia, além da ordem do dia. O § 2º do art. 124 prevê que a assembleia deverá preferencialmente ser realizada no edifício onde a companhia tiver sede, ou em outro local no Município da sede em caso de força maior. Em relação à periodicidade do conclave, o art. 132 da Lei das S/A determina que as assembleias gerais ordinárias devem ser realizadas "[a]nualmente, nos 4 (quatro) primeiros meses seguintes ao término do exercício social".

Com a pandemia da Covid-19, o cumprimento desse prazo se tornou absolutamente inviável para a maioria das companhias, em função da impossibilidade de convocação de reuniões presenciais. Para remediar esse problema foi editada a Medida Provisória nº 931/2020, que, inserida "no conjunto de medidas do Ministério da Economia que objetivam minimizar os efeitos negativos da pandemia do novo Coronavírus (Covid-19)", determinou a prorrogação da data limite para a realização das assembleias societárias para sete meses após o término do exercício social, bem como permitiu a realização das assembleias pelo meio virtual. A regulamentação determinou ainda que, "excepcionalmente durante o exercício de 2020, a Comissão de Valores Mobiliários poderá prorrogar os prazos estabelecidos na Lei nº 6.404, de 1976, para companhias abertas" e a CVM editou a Instrução nº 622/2020, que altera a Instrução CVM nº 481/2009, para permitir expressamente a realização de assembleias total ou parcialmente digitais. Posteriormente, a Medida Provisória nº 931/2020 foi convertida na Lei nº 14.030/2020, alterando a Lei das S/A para definitivamente consignar a possibilidade de realização de assembleias digitais no âmbito das sociedades por ações (assim como das cooperativas e das sociedades limitadas). Aqui também, o que seria a resposta emergencial a uma situação excepcional passou a integrar a regra.

É lícito concluir que a pandemia da Covid-19 acelerou o processo de modernização de conclaves também em relação às assembleias gerais ordinárias das sociedades empresárias. Tem-se, portanto, que a digitalização dos atos decisórios e a realização de reuniões em ambiente digital vêm se tornando uma realidade em todos os âmbitos do direito empresarial, sendo as alterações legislativas recentes, com a Lei nº 14.112/2020 e a Lei nº 14.030/2020,

Cap. 28 · DELIBERAÇÃO DOS CREDORES E APROVAÇÃO DO PLANO POR ADESÃO | **383**

a positivação da necessária modernização dos procedimentos previstos nas legislações de direito comercial.

4. VOTO POR ADESÃO

Como visto no item anterior, um dos incisos do § 4º acrescentado ao art. 39 da Lei nº 11.101/2005 pela Lei nº 14.112/2020 afirma ser possível a substituição eficaz da deliberação assemblear, entre outras alternativas, por "termo de adesão firmado por tantos credores quantos satisfaçam o quórum de aprovação específico".

Previamente à aprovação da Lei nº 14.112/2020, já era possível observar alguns poucos casos em que a jurisprudência admitia que as deliberações dos credores fossem feitas por meio de petições apresentadas nos autos do processo. Esse expediente é válido, pois não compromete a segurança e a higidez da votação, possibilitando inclusive a fiscalização judicial prévia sobre os votos (o que é inviável em relação a votos manifestados presencialmente em AGCs).

Antes do mais, no ambiente da recuperação extrajudicial, na qual o devedor apresenta o Plano de Recuperação juntamente com a petição inicial com a qual requer a instauração do procedimento, a prática já indicava a utilização de termos de adesão para demonstração do atingimento do quórum de aprovação do Plano ou, ainda, a apresentação de petição (ou petições) pelos credores, sufragando o Plano. E a jurisprudência já admitira tal procedimento de aprovação por petição também no âmbito de RJs[8].

Demais disso, o entendimento pela possibilidade do voto válido fora da AGC, feito por posterior adesão ao plano de recuperação, também já fora sufragado em julgado de do TJSP da relatoria do saudoso Des. Romeu Ricúpero, que reafirmara que a sede primária para a deliberação dos credores é a AGC. No entanto, diante do caso concreto, em que havia intensa pulverização dos credores em diversos Estados do Brasil e baixo comparecimento à AGC presencial, o Tribunal considerou viável a posterior declaração de voto para aprovar o plano de recuperação por parte de credores que não compareceram justificadamente à AGC[9]. A verdade é que a experiência demonstra que, especialmente para credores titulares de créditos pequenos, o comparecimento à AGC é ineficiente, pois em recuperações de empresas que operam em âmbito

---

[8] TJSP, AI 2233360-83.2015.8.26.0000, Rel. Des. Carlos Alberto Garbi, 2ª Câmara Reservada de Direito Empresarial, j. 11.05.2016.

[9] TJSP, AI 0282057-82.2009.8.26.0000, Rel. Des. Romeu Ricupero, Câmara Reservada à Falência e Recuperação, j. 06.04.2010.

nacional ou mesmo internacional o custo do comparecimento presencial pode ser maior do que o valor do crédito.

Além das hipóteses de apresentação ulterior do voto, realizada após a conclusão da AGC por aqueles que não tenham dela participado, a jurisprudência também já se deparou até mesmo com casos envolvendo a posterior mudança, por parte do credor, do voto por ele proferido em AGC, o que suscita outros questionamentos jurídicos. Em determinado caso, um credor se insurgiu contra a posterior retificação de voto de outros credores com vistas a aprovar o plano. Apesar de o recurso ter sido julgado prejudicado em decisão monocrática devido à convocação de nova AGC, o TJSP expressamente consignou a possibilidade de credores postularem em juízo a retificação de seus votos desfavoráveis para evitar a decretação da quebra, em razão da natureza negocial do plano de recuperação[10].

Medida semelhante em outro caso no qual o plano de recuperação foi rejeitado em razão de não ter alcançado o quórum necessário para sua aprovação no âmbito da AGC virtual. Posteriormente, a empresa devedora celebrou transação com determinados credores, que modificaram seu voto para aprovar o plano. A medida foi questionada por outros credores, mas sua validade foi confirmada pelo TJSP, tendo como norte a preservação da empresa e o favorecimento de seu soerguimento[11].

É importante ressaltar, porém, que nem todos os julgados demonstram uma visão flexível do Poder Judiciário. Pode-se referir exemplificativamente um caso em que o PRJ foi rejeitado em AGC e o Juízo convolou a RJ em falência. Contra essa decisão insurgiu-se um credor, alegando a configuração de erro substancial em seu voto para fundamentar a mudança de abstenção para aprovação. O pedido foi rejeitado pelo TJSP, ao argumento de que a manifestação consciente de vontade na assembleia geral de credores não pode ser alterada posteriormente, sob pena de subversão da AGC[12]. Com todas as vênias esse argumento não se sustenta diante da natureza negocial e contratual da RJ.

Em todos esses casos, ratifica-se a importância e a validade do voto por adesão ou por petição. Mesmo quando não se colocam outras questões

---

[10] TJSP, AI 2092347-62.2016.8.26.0000, Rel. Des. Francisco Loureiro, julgamento monocrático em 13.06.2016.

[11] TJSP, AI 0021405-49.2010.8.26.0000, Rel. Des. Lino Machado, Câmara Reservada à Falência e Recuperação, j. 23.11.2010.

[12] TJSP, AI 2169334-37.2019.8.26.0000, Rel. Des. Ricardo Negrão, 2ª Câmara Reservada de Direito Empresarial, j. 29.09.2020.

referentes à manifestação extemporânea e/ou à retificação da manifestação, parece fora de dúvida que, sob o prisma da eficiência, a aprovação do plano sem a necessidade de realização de um conclave (presencial ou mesmo virtual) deveria ser um objetivo a ser perseguido, de modo que a votação por adesão deveria ser estimulada em todos os processos.

5. CONCLUSÃO

À guisa de conclusão pode-se afirmar que: (i) a realização de AGCs nas RJs tem por escopo estimular o diálogo e otimizar as deliberações e, ainda, controlar a regularidade dos votos e da votação como um todo. Sempre que possível, em prol da eficiência, (ii) deve-se perseguir a aprovação dos PRJs sem a necessidade de realização de AGCs, evitando, assim, o respectivo dispêndio de tempo e dinheiro, devendo ser estimulado o procedimento de votação por petição e/ou por adesão. Sendo necessária por quaisquer razões a realização de AGC para debate e deliberação (e votação do PRJ), (iii) deve-se dar preferência, sempre que possível, ainda em prol da eficiência, à utilização de meios virtuais para realização do conclave, observadas as cautelas necessárias quanto à segurança e à regularidade na coleta dos votos dos credores.

REFERÊNCIAS BIBLIOGRÁFICAS

AYOUB, Luiz Roberto; CAVALLI, Cássio. *A construção jurisprudencial da recuperação judicial de empresas*. 3. ed. Rio de Janeiro: Forense, 2017. Livro digital.

DELLORE, Luiz. Assembleia geral de credores (AGC) online? Sim; mas, mesmo depois da pandemia do covid-19? *Migalhas*. Disponível em: https://www.migalhas.com.br/coluna/insolvencia-em-foco/325595/assembleia-geral-de-credores-agc-online-sim-mas-mesmo-depois-da-pandemia-do-covid-19.

PRIMA, Bruno. Assembleia virtual na recuperação judicial. *Jota*. Disponível em: https://www.jota.info/opiniao-e-analise/artigos/assembleia-virtual-na-recuperacao-judicial-06042020.

QUEIROZ, Camila Carlstrom Santos; GONÇALVES, Bruno Pedrosa. Assembleia geral de credores virtual: o futuro antecipado pela Covid-19. *Conjur*. Disponível em: https://www.conjur.com.br/2020-jun-23/queiroz-goncalves-assembleia-geral-credores-virtual. Acesso em: 15 jan. 2021.

SCALZILLI, João Pedro; SPINELLI, Luis Felipe; TELLECHEA, Rodrigo. *Pandemia, crise econômica e lei de insolvência*. Porto Alegre: Buqui, 2020.

PLANO DE RECUPERAÇÃO JUDICIAL APRESENTADO PELOS CREDORES

29

A MEDIAÇÃO NA RECUPERAÇÃO JUDICIAL E SUA INCLUSÃO NA LEI DE FALÊNCIAS (COM REDAÇÃO DETERMINADA PELA LEI 14.112, DE 25.12.2020)

ANDRÉA GALHARDO PALMA

Sumário: Introdução – 1. As peculiaridades da recuperação judicial e sua compatibilidade com o instituto da mediação – 2. Alguns casos bem-sucedidos no Brasil – 3. Os entraves culturais e estruturais – 4. A importância de uma política nacional de incentivo ao uso das ADRs – 5. Conclusão – Referências bibliográficas.

INTRODUÇÃO

A aplicação da mediação na matéria de insolvência, até há pouco tempo era rechaçada pela maioria dos operadores do direito e alguns acadêmicos, por entender não ser adequada ao procedimento concursal, tão específico e carregado de normas cogentes, equilibrando-se no eterno dualismo pendular da legislação brasileira de insolvência, preconizado por Fábio Konder Comparato,[1] ora pendente para o interesse do devedor, em manter seu negócio, ora para a proteção dos interesses dos credores, para satisfação do respectivo crédito; além do princípios basilares da preservação da empresa, maximização dos ativos e *par conditio creditorium*.

---

[1]   COMPARATO, Fábio Konder. *Aspectos jurídicos da macroempresa*. São Paulo: RT, 1970. p. 98-101.

Hoje a moderna visão doutrinária, advinda da influência norte-americana, no final da década de 1980, com a edição do Chapter 11, é de superação desse dualismo, reconhecendo na recuperação judicial da empresa em crise, mas viável economicamente, uma ferramenta jurídica para superação da crise, com a necessária distribuição de ônus entre devedor e credores, de forma a preservar a atividade empresarial saudável, bem como os benefícios econômicos e sociais dela.[2]

A Lei 11.101/2005, segundo Carnio Costa foi fortemente influenciada pelo Bankruptcy Code dos EUA, adotando um sistema prestigia primordialmente a função social e a preservação da empresa (art. 47[3], LFRE) ao invés do interesse do devedor ou credores propriamente ditos, estabelecendo uma distribuição equilibrada de ônus entre devedor e credores. Ao devedor cabe demonstrar a viabilidade econômica do seu plano, cumprimento estrito de sua execução, honrando com o pagamentos dos credores e tributos, mantendo a continuidade da empresa; aos credores cabe anuir ao ônus do pagamento novado, diferido ou alongado, com vistas ao sucesso e soerguimento da atividade da empresa viável, mas em crise. Cabe ao juiz, o controle e a fiscalização dessa distribuição equilibrada de ônus, que na verdade resulta de intensa negociação entre devedores e credores até a aprovação do plano.

Carnio Costa, ainda, menciona que "na teoria de divisão equilibrada de ônus na recuperação judicial é, na verdade, um passo adiante no raciocínio da superação do dualismo pendular. Na medida em que se reconhece que a recuperação judicial deve ser aplicada e interpretada com foco na realização dos objetivos maiores do sistema dentro qual as relações de direito material estão inseridas, observa-se que credores e devedores (inseridos no contexto da recuperação judicial) devem assumir ônus a fim de viabilizar o atingimento do resultado útil do processo e todos os benefícios econômicos e sociais decorrentes da manutenção da atividade empresarial.

---

[2] COSTA, Daniel Carnio. Recuperação judicial de empresas – as novas teorias da divisão equilibrada de ônus e da superação do dualismo pendular. *Revista Justiça e Cidadão*, edição 207, 2017. V. também: A teoria da superação do dualismo pendular e a teoria da divisão equilibrada de ônus na recuperação judicial de empresas. *Biblioteca Jurídica da PUC-SP*, Tomo Direito Comercial, vol. 1, jul. 2018, tópicos 1-3.

[3] Lei 11.101/2005, art. 47: "A recuperação judicial tem por objetivo viabilizar a superação da situação de crise econômico-financeira do devedor, a fim de permitir a manutenção da fonte produtora, do emprego dos trabalhadores e dos interesses dos credores, promovendo, assim, a preservação da empresa, sua função social e o estímulo à atividade econômica".

Cabem ao juiz o controle e a fiscalização dessa distribuição equilibrada de ônus, que na verdade resulta de intensa negociação entre devedores e credores até a aprovação do plano. É nesse contexto de intensa negociação prévia que a mediação se insere, como mais um instrumento adequado aos fins da própria Lei 11.101/2005, que, em seu art. 161, prevê inclusive a possibilidade de o devedor propor e negociar com os credores plano de recuperação extrajudicial, demonstrando que a mediação é terreno fértil para a elaboração de um plano de recuperação para a empresa em crise, que contemple essa saudável distribuição de ônus entre devedor e credores, tendo um terceiro imparcial, facilitador da comunicação entre as partes, expert na área, e que possa num ambiente de confidencialidade, auxiliar na aproximação de interesses convergentes, encurtando o procedimento, altamente ritualístico e moroso, evitando impugnações necessárias, tornando-o célere e eficaz ao final.

O Brasil já dispõe de uma sólida base normativa dos métodos alternativos consensuais[4] ou extrajudiciais iniciada com a Lei de Arbitragem (Lei 9.307/1996), as alterações no CPC/2015 elegendo a "obrigatoriedade" ao menos na tentativa conciliação e da mediação, na fase judicial; o advento da Resolução 125/2010 do Conselho Nacional de Justiça e da Lei de Mediação (Lei 13.140/2015) consagraram o instituto no nosso sistema, bem como as subsequentes Recomendações 58 e 71, também do Conselho Nacional de Justiça (CNJ), específicas para área empresarial. Com a recente Lei 14.112, de 25.12.2020, que alterou alguns dispositivos da Lei 11.101/2005 (Lei de Recuperação Judicial e Falências), a mediação passou a integrar expressamente o sistema normativo da insolvência, como um dos métodos alternativo pré-insolvência, antecedente ao pedido de recuperação judicial ou falência, mas também na via judicial, após instaurado o procedimento, em harmonia com as anteriores recomendações do CNJ que já recomendavam o uso do método pelos juízes nacionais. Mas, qual o momento adequado para utilização da mediação? pela via extrajudicial ou judicial, antes ou depois da elaboração do plano? ou depois de sua aprovação? E quais matérias não poderia o mediador atuar? Quais as peculiaridades no regime recuperacional? São perguntas que pretendemos responder, mais judicial e pragmático, que acadêmico.

É cediço que a própria natureza dinâmica da atividade empresarial e suas constantes mudanças no cenário econômico, demandam soluções também

---

[4] GRINOVER, Ada Pellegrini. Os métodos consensuais de solução de conflito no novo CPC. In: VVAA. *O novo Código de Processo Civil*: questões controvertidas. São Paulo: Atlas, 2015. p. 1-11.

dinâmicas, dotadas de especificidade.[5] É nesse contexto que não só a mediação empresarial, mas as negociações extrajudiciais e a arbitragem, inserem-se como principais métodos escolhidos alternativamente à via judicial.

1. AS PECULIARIDADES DA RECUPERAÇÃO JUDICIAL E SUA COMPATIBILIDADE COM O INSTITUTO DA MEDIAÇÃO

A recuperação judicial, tal como prevista no art. 47 da Lei 11.101/2005,[6] tem por escopo possibilitar o soerguimento e preservação da empresa em crise econômico-financeira, mas que ainda se encontra viável para o funcionamento, produção de riqueza e trabalho.

A Lei erigiu o princípio da preservação e função social da empresa como o fiel da balança na composição dos interesses do devedor, credores e trabalhadores.[7]

---

[5] BRAGA NETO, Adolfo. A mediação empresarial na prática. In: BRAGA NETO, Adolfo; BERTASI, Maria Odete Duque; RANZOLIN, Ricardo Borges (coords.). *Temas de mediação e arbitragem II*. São Paulo: Lex, 2018. p. 255-256.

[6] Lei 11.101/2005: "Art. 47. A recuperação judicial tem por objetivo viabilizar a superação da situação de crise econômico-financeira do devedor, a fim de permitir a manutenção da fonte produtora, do emprego dos trabalhadores e dos interesses dos credores, promovendo, assim, a preservação da empresa, sua função social e o estímulo à atividade econômica".

[7] Nesse sentido, v. SACRAMONE. Marcelo Barbosa. *Comentários à Lei de Recuperação de Empresas e Falências*. São Paulo: Saraiva, 2018. p. 224: "A preservação da empresa, erigida como objetivo do instituto da recuperação judicial pela Lei n. 11.101/2005, procura romper com esse movimento pendular. A empresa, conceito econômico e que poderia ser transplantado para o sistema jurídico com diferentes perfis 227, é preponderantemente caracterizada em seu perfil funcional no direito brasileiro como atividade. Sua preservação é pretendida pela LREF como um modo de se conciliar os diversos interesses afetados com o seu desenvolvimento. Como fonte geradora de bem-estar, a função social da atividade empresarial é justamente se desenvolver e circular riquezas, de modo a permitir a distribuição de dividendos a sócios, mas também de promover a oferta de bens e serviços aos consumidores, aumentar a concorrência entre os agentes econômicos, gerar a oferta de postos de trabalho e o desenvolvimento econômico nacional. A LREF, nesse ponto, rompe com a dinâmica das legislações anteriores para considerar a superação da crise econômico-financeira como um modo de satisfação não apenas de interesses de credores e devedores, o que uma solução simplesmente liquidatória já poderia assegurar. Reconhece-se que a preservação da empresa e sua função social assegura também o atendimento dos interesses

Cap. 29 · A MEDIAÇÃO NA RECUPERAÇÃO JUDICIAL E SUA INCLUSÃO NA LEI DE FALÊNCIAS | 393

A peculiaridade de seu procedimento reside no fato de que, desde seu processamento a empresa ou empresário devedor tem as ações e execuções suspensas, sua autonomia administrativa limitada, passando a atuar de forma coordenada com os interesses da maioria dos credores listados no procedimento, os quais deverão também cooperar para a viabilidade econômica do plano, opinando sobre ele, sem criar obstáculos injustificados que impeçam a restruturação da empresa em crise, mas viável.

Além disso, complexidade do procedimento e suas diversas fases ensejam inúmeras questões que exigem do desde: 1) análise judicial objetiva dos requisitos legais do processamento (art. 51, I a IX, e parágrafos, da LREF); 2) deferimento do processamento (art. 52); 3) verificação e habilitação de créditos; 4) elaboração do plano; 5) aprovação ou objeção pelos credores; com instauração ou não da Assembleia Geral; 6) classificação dos créditos e ordem dos respectivos pagamentos, segundo o critério legal; 7) análise de questões incidentais (ex.: consolidação consubstancial, travas bancária, etc.); 8) fase de execução do plano até o encerramento da recuperação, exigem uma capacitação específica seja do juiz, seja do administrador do judicial ou advogados.

E, por tratar a recuperação de equilibrar os interesses do devedor, dos credores e terceiros, possibilitando e exigindo que haja cooperação entre eles, e que possam votar as questões em assembleia, num ambiente de negociação, é que sua natureza se compatibiliza com o instituto da mediação.

Na mediação, por meio de diferentes técnicas (facilitativa, avaliativa, transformativa ou adaptativa[8]) o mediador, terceiro isento, *expert* na área,

---

de terceiros, dos empregados, dos consumidores e de toda a nação. Mais do que um simples objetivo do instituto, a preservação da empresa reflete os valores sobre os quais toda a Lei Falimentar é erigida. Por sua imposição, orientam-se o intérprete e aplicador diante de eventuais conflitos ou omissões legislativas como fundamento norteador para a superação das lacunas ou aparentes contradições". Ainda sobre o princípio da preservação da empresa e sua abordagem de direito comparado, ver: CEREZETTI, Sheila Christina Neder. *A recuperação judicial de sociedades por ações* – o princípio da preservação da empresa na Lei de Recuperação e Falência. São Paulo: Malheiros, 2012. p. 88-151.

[8]   Na mediação facilitativa é o método mais tradicional, surgida nos EUA em meados de 1960. Nela o mediador não sugere solução, apenas aproxima as partes, que buscaram por si o consenso. Na mediação avaliativa, originária dos *settlements conferences* (audiências conciliatórias realizadas por terceiros nos processos judiciais americanos), o mediador além de aproximar, propõe sugestões sobre o mérito da discussão, avaliando os dados objetivos, apresentando opções. Na mediação adaptativa o mediador alterna a técnica de acordo com a necessidade do caso. Por fim, na mediação narrativa, mais utilizada nas disputas familiares,

auxiliará os players (devedor, dos credores e terceiros) na composição desses interesses, de forma a encurtar o procedimento, tornando-o mais célere e eficaz.

A figura do mediador, não se confunde com a do administrador judicial, auxiliar nomeado sob confiança do juízo, cujas funções são específicas, previstas no art. 22, I e II, §§ 1º a 4º, da Lei 11.101/2005 (LREF) e intrinsecamente relacionadas à elaboração da lista dos credores, exame dos livros contábeis da empresa ou empresário devedor formação do quadro geral dos credores fiscalização do devedor, verificação de erros, fraudes ou inconsistências, fiscalizar o plano de recuperação, apresentar relatórios mensais ao juiz, inclusive sobre a execução do plano, e requerer a falência em caso de descumprimento. Nem poderia ser diferente, a atuação do administrador judicial (AJ) é incompatível com o princípio da confidencialidade e imparcialidade da mediação.

O administrador judicial tem o dever de reportar todo e qualquer fato objetivo ao juízo, e não atua na confidencialidade, e nem tem a missão de compor interesses das partes em jogo.

A Lei 13.140/2015 é clara quanto à exigência de imparcialidade e independência do mediador (art. 2º), que atuará preservando a autonomia de vontade das partes, num ambiente de confidencialidade. Aplicam-se ao mediador, segundo a supracitada Lei, as mesmas hipóteses legais do impedimento e suspeição do juiz (art. 5º).

Fixada a premissa de que o administrador judicial não pode ser ao mesmo tempo mediador, qual seria então o perfil desse mediador na área recuperacional?

O mediador apto atuar na área recuperacional, além das exigências legais básicas previstas nos arts. 9º, 11 e 12 da Lei 13.140/2015, precisa ter conhecimento específico e experiência na área, bem como conhecer o procedimento legal. A simples formação, com certificado de 40 horas em curso básico, não garante essa *expertise*. A compreensão das diversas fase do procedimento, dos diversos interesses em jogo facilita o diálogo e a propositura de soluções por parte do mediador, fomentando um maior ambiente de negociação entre as partes.

---

a postura do mediador é de ouvir e interpretar subjetivamente a fala das partes, a fim de conduzir a aproximação para o consenso (LONGO, Samantha Mendes; SOUZA NETTO, Antonio Evangelista. *A recuperação empresarial e os métodos alternativos de solução de conflitos*. Porto Alegre: Paixão Editores, p. 63-65).

Cap. 29 • A MEDIAÇÃO NA RECUPERAÇÃO JUDICIAL E SUA INCLUSÃO NA LEI DE FALÊNCIAS | 395

A prática na Vara Empresarial de São Paulo tem nos ensinado que o melhor momento para nomeação do mediador é desde o início do processo de recuperação judicial, isto é, desde o deferimento, porque atuará desde o início em sintonia com o administrador judicial.

O diagnóstico da empresa realizado pelo administrador judicial facilitará o trabalho do mediador desde o início, buscando a aproximação do devedor com os credores e terceiros interessados para uma futura elaboração de um plano viável economicamente, sem que seja objeto futuro de objeções e assembleias gerais, que só tornaria mais moroso o procedimento. O mediador atuará então em todas as fases do processo.

Questão recorrente onde encontrar esse mediador *expert* e como seria sua remuneração, de forma que não gerasse mais um ônus para a empresa em crise. Pois bem, a Lei 13.140/2015, prevê em seu art. 12 que os Tribunais criarão e manterão cadastros atualizados de mediadores habilitados e autorizados a atuar em mediação judicial, cuja exigência mínima seria de obter capacitação, com certificação advinda de curso de formação e aperfeiçoamento realizados nos Tribunais ou na Escola de Formação de Magistrados; e que serão remunerados conforme uma tabela fixada pelos Tribunais e custeados pelas partes (art. 13 da Lei 13.140/2019).

Em São Paulo, o Tribunal de Justiça editou a Resolução 809/2019, em 20.03.2019,[9] estabelecendo um tabela de valores para mediadores judiciais, de acordo com patamares remuneratórios (básico, intermediário, avançado e extraordinário) relativos às faixas de autoatribuição (art. 2º, § 1º), indicada pelos próprios mediadores quando do cadastramento.

A dificuldade inicial era localizar, num cadastro único, onde havia mediadores com capacitação diversa, localizar aqueles com *expertise* na área empresarial e recuperacional, os quais atuantes no mercado privado, com enorme experiência, com certificações até no exterior, mas sem a do TJSP ou CNJ, não se mostravam atraídos à atuarem na área judicial. Felizmente, o Tribunal de Justiça de São Paulo, por meio do Numepec (Núcleo Permanente de Métodos Consensuais de Solução de Conflitos, cujas funções estão elencadas na Resolução 125/10 do CNJ) e convênio com as Câmaras de Mediação como a da AASP, passou a flexibilizar o rigor do art. 12, possibilitando o cadastramento provisório desses profissionais e adequação futura do certificado básico da instituição, podendo eles serem, nomeados pelos juízo ou indicados pelas partes, para adequação futura dos certificados.

---

[9] Resolução 809, de 27.03.2019 – *DJE* 21.03.2019, p. 1. Acesso também pelo site: tjsp.jus.br/Download/Conciliacao/resolucao809-2019-pdf.

A remuneração desses mediadores, agora cadastrado de acordo com a *expertise*, segue o patamar, avançado ou extraordinário, em virtude da expertise e da complexidade da causa, cabendo ao magistrado do feito fazer o juízo de proporcionalidade, compatibilizando a complexidade da causa, *a expertise* do mediador, o número de sessões de mediação a realizar, fixando-se desde o início um valor provisório, para ao final sopesar, de acordo com o resultado da mediação, o valor em definitivo, existente ou não o acordo.

O cadastramento ainda necessita ser aprimorado, devendo haver um específico para as Varas Especializadas em matéria empresarial e insolvência, sugestão que já fica aos Numepecs espalhados pelo país, para facilitar a nomeação desses profissionais pelo magistrado.

Questão importante é quanto ao escopo da mediação na área recuperacional e em quais matérias o mediador poderia atuar sem violar as normas cogentes existentes quanto, por exemplo, à verificação e classificação dos créditos, proteção dos trabalhadores quando à prioridade no recebimento dentro de um ano, preservação das garantias etc.

Embora a Recomendação 58 do CNJ traga uma diretriz importante sobre tais matérias objeto da mediação,[10] prevendo em seu art. 2º a possibilidade de usar a mediação:

> I – nos incidentes de verificação de créditos, permitindo que o devedor e credores cheguem a um acordo quanto ao valor do créditos e escolham um dos critérios legalmente aceitos para atribuição de valores aos bens gravados com direito real de garantia, otimizando o trabalho do Poder Judiciário, e conferindo celeridade à elaboração do Quadro Geral dos Credores;
>
> II – para auxiliar na negociação de um plano de recuperação judicial, aumentando as suas chances de aprovação pela assembleia geral de credores sem a necessidade de sucessivas suspensões da assembleia;
>
> III – para que credor e devedores possam pactuar, em conjunto, nos casos de consolidação processual, se haverá consolidação substancial;
>
> IV – para solucionar disputas entre sócios/acionistas do devedor;
>
> V – em casos de concessionárias/permissionárias de serviços públicos e órgãos reguladores, para pactuar acerca da participação dos entes reguladores no processo; e

---

[10] Recomendação 58, de 22.10.2019. Disponível em: atos.cnj.jus.br.

VI – nas diversas situações que envolvam credores não sujeitos à recuperação, nos termos do § 3º do art. 49 da Lei n.11.101/2005, ou demais credores extraconcursais.

§ 1º É vedada a mediação acerca de classificação dos créditos.

Entendo que a mediação deve ser utilizada basicamente como auxílio para elaboração do plano de recuperação, com a atuação facilitadora e avaliativa do por meio de negociações entre devedor e credores, num ambiente neutro e confidencial. Vejo com cautela a utilização nos incidentes de verificação de crédito, de atribuição específica e cogente do administrador judicial, de acordo com art. 7º da Lei 11.101/2005, que muitas vezes poderá encontrar inconsistências e fraudes que deverão ser reveladas ao juízo.

A decisão sobre consolidação substancial primordialmente cabe ao juízo e também aos credores, em sede de assembleia geral, nada impedindo que essa questão passe também pelo ambiente de negociação na mediação, mas sempre observado o princípio da preservação da empresa da *par conditio creditorum* e da maximização dos ativos que deve permear também o escopo da mediação. Quanto às disputas satélites envolvendo sócios, adquirentes[11] na hipótese de empresa recuperanda incorporadora imobiliária sem a proteção do regime de afetação, adequada se mostra a mediação para compor esses interesses e não afetar o soerguimento da atividade empresarial.

As demais matérias envolvam credores não sujeitos à recuperação, nos termos do § 3º do art. 49 da Lei 11.101/2005, ou demais credores extraconcursais perfeitamente aplicável também a mediação. Correta a vedação quanto ao uso da mediação no regime de classificação de crédito, também outra norma cogente da Lei 11.101/2005.

Interessante notar que a Lei Portuguesa 6/2018[12] criou um Estatuto do mediador de recuperação de empresas – chamada por eles de revitalização – onde disciplina desde a habilitação, formação, direito e deveres do mediador, bem como o escopo da mediação ao dispor no art. 18 que: "cabe ao mediador analisar a situação econômico-financeira do devedor, aferir conjuntamente com o devedor as suas perspectivas de recuperação, auxiliar o devedor na

---

[11] Sobre o regime de afetação dos contratos de incorporação imobiliária e sua implicação da recuperação judicial v. CHALHUB, Melhim Namem. *Incorporação imobiliária*. 5. ed. Rio de Janeiro: Forense, 2019. p. 133-138.

[12] Assembleia da República, Lei 6/2018, aprovada em 15.12.2017, promulgada em 06.02.2018. Fonte: *Diário da República*, 1ª série – nº 38-22.02.2018, p. 1028.

elaboração de uma proposta de acordo de restruturação e nas negociações a estabelecer com seus credores relativas à mesma". Restringe nitidamente o escopo da abordagem.

É preciso notar que não há um modelo único para mediação na recuperação judicial, pois cada caso concreto exige um desenho de disputa a ele adequado. O mais importante é a capacitação não só do mediador, mas dos advogados, juízes e auxiliares da justiça, daí a importância das Varas Especializadas Empresariais, de Falências e Recuperação Judicial, bem como dos Centros Judiciários de Solução de Conflitos e Cidadania Empresariais, para tratamento adequado dos conflitos envolvendo matérias de qualquer natureza e valor, inclusive aquelas decorrentes da crise da pandemia do Covid-19, na fase pré-processual. Conforme Recomendação 71 do CNJ, de 05.08.2020.[13]

Ressalte-se que, considerando a natureza peculiar e específica das matérias objeto das disputas na área recuperacional e nas lides societárias satélites, envolvendo desde disputas entre sócios, dissolução do vínculo societário ante quebra da *affectio societatis,* violação de acordo de acionistas, alteração do controle acionário etc., a utilização da escolha do método adequado para resolver o litígio é cada vez mais colocada em cheque pelo *stakeholders*: partes, advogados, considerando a necessidade de preservar os valores econômicos e sociais da empresa, ou para minimizar suas consequências no mercado, preferindo-se a adoção da mediação ou mesmo da arbitragem, onde possa ser garantido o sigilo das informações e a confidencialidade dos procedimentos.

Os critérios, como custo, tempo de duração da disputa, confidencialidade, finalidade da decisão, são os que mais pesam na escolha do método adequado, segundo Aymoré.[14]

Contudo, o custo de uma arbitragem é muito superior a um processo judicial estatal, o que justifica muitas vezes a empresa, em especial a em crise, a busca ainda o Judiciário para solução dos mais variados conflitos, inclusive os societários. O valor da causa para ingresso com a ação, geralmente com pedidos de tutela de urgência, em 1% favorece a busca da solução estatal no Brasil, em que pese o crescimento da arbitragem e da mediação nos últimos anos. Daí porque, a mediação judicial, menos onerosa, vem ganhando também cada vez mais espaço, seja na fase pré-processual ou pós ajuizamento da demanda.

---

[13] Recomendação 71 do CNJ, de 05.08.2020. Disponível em: atos.cnj.jus.br.

[14] AYMORÉ, Matheus Carreteiro. Métodos de resolução de conflitos nos contratos empresariais: uma visão prática. *Métodos extrajudiciais de solução de conflitos empresariais* – adjudicação, *dispute boards*, mediação e arbitragem. São Paulo: IOB Sage, 2017. p. 34.

Os dados do CNJ, da Justiça Estadual de 1º grau em números, para o ano de 2020 comprovam essa realidade apontou que cerca de 20.669.278 casos novos, sendo 7.201.344 na área de conhecimento, com uma média de julgamento de 4 anos e 6 meses.[15]

Nesse sentido, em boa hora sobreveio a edição da Lei 14.112, de 25.12.2020, que alterou a Lei de Falências de Recuperação Judicial e Falências (Lei 11.101/2005), ao estabelecer na Seção II-A, respectivamente, arts. 20-A e 20-B que o uso da mediação (e conciliação) deverão ser incentivadas em qualquer grau de jurisdição, inclusive nos Tribunais Superiores, não importando em suspensão dos prazos, salvo se haja consenso entre as partes.[16]

Já o art. 20-B elenca as hipóteses, ao menu ver não exaustivas, em que serão admitidas as conciliações e mediações antecedentes ou incidentais aos processos de recuperação judicial:

I – nas fases pré-processual e processual de disputas entre sócios e acionistas de sociedade em dificuldade ou em recuperação judicial, bem como nos litígios que envolverem credores não sujeitos à recuperação judicial, nos termos §§ 3º e 4º do art.49 desta Lei, ou de credores extraconcursais;

II – em conflitos que envolverem concessionárias ou permissionárias de serviços públicos em recuperação judicial e órgãos reguladores ou entes públicos municipais, distritais, estaduais ou federais;

III – na hipótese de haver créditos extraconcursais contra empresas em recuperação judicial durante o período de vigência de estado de calamidade pública, a fim de permitir a continuidade da prestação de serviços essenciais;

IV – na hipótese de negociação de dívidas e respectivas formas de pagamento entre empresa em dificuldade e seus credores, em caráter antecedente ao ajuizamento de pedido de recuperação judicial.

§ 1º Na hipótese prevista no inc. IV, do *caput* deste artigo, será facultado às empresas em dificuldades que preenchem os requisitos

---

[15] Disponível em: https://www.cnj.jus.br/pesquisas-judicarias/justica-em-numeros/, p. 52.

[16] "Art. 20-A. A conciliação e a mediação deverão ser incentivadas em qualquer grau de jurisdição, inclusive no âmbito de recursos em segundo grau de jurisdição e nos Tribunais Superiores, e não implicarão a suspensão dos prazos previstos nesta Lei, salvo se houver consenso entre as partes em sentido contrário ou determinação judicial". Disponível em: https//www.planalto.gov.br.

legais para requerer recuperação judicial obter tutela de urgência cautelar, nos termos do art. 305, e seguintes da Lei. 13.105, de 16 de março de 2015 (Código de Processo Civil), a fim de que sejam suspensas as execuções contra elas propostas pelo prazo de até 60 (sessenta) dias, para tentativa de composição com seus credores, em procedimento de mediação ou conciliação já instaurado perante o Centro Judiciário de Conflitos e Cidadania (CEJUSC) do tribunal competente ou da câmara especializada, observados, no que couber, os arts. 16 e 17 da Lei 13.140, de 26 de junho de 2015.

§ 2º São vedadas a conciliação e a mediação sobre a natureza jurídica e a classificação de créditos, bem como de critérios de votação em assembleia geral de credores.

§ 3º Se houver pedido de recuperação judicial ou extrajudicial, observados os critérios desta Lei, o período de suspensão previsto no § 1º deste artigo será deduzido do período de suspensão previsto, no art. 6º desta Lei.

Ora, agora não só as disputas satélites à recuperação judicial ou à falência poderão ser objeto de mediação, numa negociação ampla. Lembre-se os casos de construtoras e incorporadoras que ao pedirem RJ ou Falência criavam um problema imenso aos consumidores contratantes, ante a ausência do regime de afetação desses contratos, mas que agora podem na via pré-processual ou judicial negociarem, legítima e paralelamente, com os demais credores habilitados na RJ ou falência.

A questão do *stay* de 60 dias, via tutela de urgência, só para a hipótese do inc. IV, limitou um pouco a possibilidade de deferimento nas demais hipótese, melhor seria que a Lei autorizasse de forma automática o *stay*, desde que as partes aderissem à mediação, sem necessidade de judicializar previamente a questão.

Contudo, tais dispositivos constituem imenso avanço ao regime de insolvência brasileiro.

No mais, a escolha do método ou desenho de disputa (*design processes*) passa indubitavelmente pela análise da estrutura judiciária do país, vale dizer quanto mais facilitado o acesso, ainda que moroso, menor a busca pelos meios alternativos; quanto mais custoso o processo judicial, maior a busca por meio alternativos ou adequados à solução da demanda.

Nos EUA, o custo de ingresso de um processo judicial é imenso, se comparado com o Brasil, e os preparativos para instrução, *cross examination* igualmente custosos, fazendo com que o termo da autocomposição via negociação ou mesmo métodos heterocompositivos, como a mediação, *expert determination*, *dispute boards* e arbitragem são rotineiramente utilizados, a par da tradição cultural já existente, com especial atenção para uso da mediação.

O desenho de disputa e seu gerenciamento, segundo Bordone[17] dependerá muito do contexto socioeconômico e cultural, da colaboração das partes envolvidas, dos interesses em jogo, e da função do terceiro facilitador, no caso da negociação e mediação – que gerenciará disputa criando valores em comum.

Hodiernamente, tem sido comum a inclusão nos contratos empresariais de cláusulas escalonadas ou interligadas uso integrado dos métodos alternativos de solução de conflitos (*multi-tiered dispute resolution clause*), por exemplo, prevendo como "design process" a mediação e arbitragem ou mediação, dispute boards e arbitragem, ou, segundo Carreteiro "um caminho a ser percorrido para a tentativa de se alcançar uma solução ao conflito existente". O objetivo é fazer com que as partes consigam se beneficiar dos menores custos e maior flexibilidade dos principais métodos de resolução de conflitos.[18]

Por ora, basta dizer que a mediação é compatível com a recuperação judicial, eficaz para elaboração de um plano de soerguimento factível, viável e consensual, e para as disputas empresárias satélites, que poderão até mesmo ser resolvidas, ausente o consenso, na via arbitral.

2. ALGUNS CASOS BEM-SUCEDIDOS NO BRASIL

A compatibilidade da mediação com o processo de recuperação judicial vem sendo constatada nos diversos casos exitosos em que foi utilizada, tanto no Rio de Janeiro, como em São Paulo como bem asseverou Longo: na recuperação do Grupo Oi, da recuperação da Livraria Saraiva, da Sete Brasil, Isolux Corsán, Surpepesa Cia de Transportes Especiais e Intermodais.[19]

---

[17]   BORDONE, Robert C.; SANDER, Frank E. A.; MCEWEN, Craig A.; ROGERS, Nancy H. *Designing systems and processes for managing disputes*. EUA: Wolters Kluwer Law & Business, 2013. p. 23.

[18]   AYMORÉ, Matheus Carreteiro. Métodos de resolução de conflitos nos contratos empresariais: uma visão prática. *Métodos extrajudiciais de solução de conflitos empresariais* – adjudicação, *dispute boards*, mediação e arbitragem. São Paulo: IOB Sage, 2017. p. 48.

[19]   LONGO, Samantha Mendes; SOUZA NETTO, Antonio Evangelista. *A recuperação empresarial e os métodos alternativos de solução de conflitos*. Porto Alegre: Paixão Editores, p. 156.

No caso específico da recuperação do Grupo Oi,[20] que tramita na 7ª Vara Empresarial do Rio de Janeiro, segundo Longo havia 55.000 credores, um passivo de 564 bilhões, mais de 30 mil incidentes processuais em curso e cerca de R$ 640 milhões de créditos foram mediados, com acordos, extinguindo milhares de demandas. Foram instauradas tanto mediações presenciais, e por meio de plataformas *on-line*, criada pela FGV Projetos, que abrangeu enorme quantidade de credores, espalhados no Brasil e no exterior, com o seguinte escopo: a) programa de acordo com os credores – até R$ 50.000,00; b) mediação com incidentes processuais e, c) mediação com créditos ilíquidos, sem prejuízo das mediações com os importantes credores fornecedores para definição de seus créditos, ficando a plataforma eletrônica à disposição por três meses até a realização da AGC.[21]

Segundo, ainda, a proposta de mediação apresentada pelo grupo Oi considerou que: a) 85% dos seus credores detinham crédito até R$ 50.000,00; b) diversos credores dependiam diretamente das recuperandas para sua sobrevivência; c) a mediação proporcionaria maior representatividade dos credores e legitimidade da AGC; e d) milhares de processos judiciais seriam extintos. As recuperandas estabeleceram algumas balizas previas para mediação como: a) aceitação do acordo pelo credor implicaria na renúncia à discussão do valor devido; b) o pagamento do crédito seria realizado na proporção de 90% antes da AGC e 10% na forma do plano de recuperação judicial; e c) credor deveria outorgar a procuração a mandatário escolhido pelo juízo recuperacional para a votação na AGC. Em que pese a limitação do escopo, definida unilateralmente pelo Grupo Oi, o fato é que houve adesão maciça da maior parte dos pequenos credores que iriam aguardar anos, ou talvez nem recebessem seus créditos.

No caso da recuperação judicial da Livraria Saraiva,[22] ocorrida da 2ª Vara de Falências e Recuperações Judiciais de São Paulo – Capital, foi determinada uma mediação prévia à apresentação do plano e a segunda na fase da AGC, e segundo o juiz Paulo Furtado Filho, de 248 credores convidados à mediação, compareceram 200 às sessões de mediação, que foram divididas entre sete mediadores, dividindo-se os credores e 7 subgrupos, identificados

---

[20] Idem, v. também TJ-RJ, AI 001943-25.25.2017.8.19.000, 8ª CC, Rel. Monica Maria Costa Di Pietro.

[21] LONGO, Samantha Mendes; SOUZA NETTO, Antonio Evangelista. *A recuperação empresarial e os métodos alternativos de solução de conflitos*. Porto Alegre: Paixão Editores, p. 150.

[22] 2ª Vara de Falências e Recuperação Judicial da Capital-SP, Processo 119642-14.2018.8.26.0100.

com sucesso os interesses em jogo, que culminaram com adesão da maioria ao plano, antes da AGC, conforme o interesse de cada uma das classes e com a concordância da empresa recuperanda em promover reestruturação de sua gestão, com a alteração da atual administração.

Nas recuperações judiciais da Sete Brasil (RJ), do Grupo Isolux Corsán (SP) a atuação da mediação deu-se, respectivamente na fase de elaboração do plano e para a sua adequação, mas antes da assembleia geral. Já no caso da recuperação judicial da Superpesa Cia de Transportes Especiais e Itermodais (RJ) a mediação deu-se na fase de cumprimento do plano, a fim de que as partes chegassem a um consenso acerca de uma reintegração de posse movida pela UFRJ contra a recuperanda que inviabilizaria o plano.[23]

Indiscutível, portanto, que o instituto da mediação se harmoniza com o procedimento de recuperação judicial e falimentar, para compor os interesses em jogo em busca de um consenso, com vistas a garantir não só a satisfação dos interesses dos credor e da recuperanda, como assegurar a preservação da atividade empresarial e maximização dos seus ativos.

Inquestionável avanço e a legitimação da mediação como meio adequado aos processos de recuperação judicial das empresas em crise, em que pese os entraves culturais e estruturais ainda existentes no Brasil.

3. OS ENTRAVES CULTURAIS E ESTRUTURAIS

Atribui-se a dificuldade da implantação mais efetiva dos métodos alternativos ou adequados de soluções de conflitos ao aspecto cultural brasileiro, à natureza do sistema jurídico brasileiro, de Civil Law, baseado num sistema legal de codificações dispostos de forma hierárquica, com natureza adversarial em contraposição aos sistemas do Common Law, fundado na predominância dos precedentes, mais voltados para cultura da negociação e mediação extrajudicial dos conflitos.

Outro fator de grande influência seria a formação acadêmica dos advogados, treinados nas faculdades de direito para atuar contenciosamente nos litígios, e não promover a autocomposição pela via da negociação, ou outros métodos consensuais como a mediação. O professor Kazuo Watanabe usa a expressão a "cultura da sentença" em detrimento à cultura da

---

[23] LONGO, Samantha Mendes; SOUZA NETTO, Antonio Evangelista. *A recuperação empresarial e os métodos alternativos de solução de conflitos.* Porto Alegre: Paixão Editores, p. 157.

pacificação[24] para demonstrar o quanto a cultura do litígio está arraigada no Brasil.

Mas não é por isso que a cultura da pacificação ou da utilização dos meios adequados de solução de conflito não será estimulada. Muito pelo contrário, há um grande movimento nesse sentido, tendo como marcos regulatórios: a Resolução 125, do CNJ/2010, com as alterações promovidas no Código de Processo Civil (arts.165-175), determinando a criação dos Centros Judiciários de Soluções Consensuais de Conflitos e Cidadania (CEJUCS), a utilização da conciliação e mediação extra e judicialmente, e a edição da Lei 3.140/2015, denominação Lei de Mediação.[25]

A necessidade de capacitação dos advogados e, também dos mediadores, especialmente nas lides empresariais – mais complexas, exigindo formação e específicas – é um dos principais fatores passo o sucesso das ADRs.[26]

Outro aspecto, de natureza estrutural, seria a dificuldade de acesso à informação da maioria das pessoas à utilização dos métodos consensuais de solução dos conflitos, a qualidade dos mediadores cadastrados nos CEJUSCs, muitas vezes sem a *expertise* necessária para, no caso de demandas empresariais, mais especificamente societárias, é praticamente a regra.

Além disso, a remuneração dos mediadores desses centros judiciais atrelados a tabelas de valores impostas pelo CNJ e Tribunais, não atualizadas, seria mais um fator para não tornar atraente o cadastramento dos mediadores experientes e altamente capacitados que atuam na área privada, nas diversas Câmaras de Mediação e Arbitragem existentes espalhadas pelo País.

Felizmente, desde a Resolução 125, do CNJ/2010, a preocupação com a formação e capacitação dos mediadores e a participação do Judiciário como fomentador da utilização desses métodos extrajudiciais de solução de conflito tem feito toda a diferença, especialmente para as lides empresariais.

---

[24] WATANABE, Kazuo. Cultura da sentença e da pacificação. *Estudos em homenagem à professora Ada Pellegrini Grinover*. São Paulo: DPJ, 2005. p. 485.

[25] GRINOVER, Ada Pellegrini. Os métodos consensuais de solução de conflito no novo CPC. *O novo Código de Processo Civil*: questões controvertidas. São Paulo: Atlas, 2015. p. 1-11.

[26] LIMA, Flávio Pereira. O advogado é o pior inimigo da mediação? In: BRAGA NETO, Adolfo; BERTASI, Maria Odete Duque; RANZOLIN, Ricardo Borges (coords.). *Temas de mediação e arbitragem II*. São Paulo: Lex, 2018. p. 315.

4. A IMPORTÂNCIA DE UMA POLÍTICA NACIONAL DE INCENTIVO AO USO DAS ADRS

A par da superação dos entraves culturais e estruturais acima abordados, imprescindível a participação do Poder Judiciário como fomentador de uma política nacional de solução adequada dos conflitos empresariais, já que demandas de pequena, média e grande complexidade, também na área recuperacional e societária, intensificaram-se fortemente, por ocasião da pandemia da Covid-19.

Nesse sentido de suma importância foi a edição da Recomendação 71 do CNJ, em 05.08.2020, para criação dos CEJUSCs (Centros Judiciários de Solução de Conflito e Cidadania) Empresariais, estabelecendo inclusive a possibilidade de cadastramento de mediadores e Câmaras de Mediação Especializadas para atuarem em conjunto.

Em São Paulo, o projeto-piloto de mediação pré-processual para apoio à renegociação de obrigações relacionadas aos empresários e sociedades empresárias, incluindo empresários individuais, micro e pequenas empresas decorrentes dos efeitos da Covid-19, criado pela E. Corregedoria-Geral de Justiça, em andamento, constitui um grande avanço e estímulo utilização das ADRs, com um diferencial importante: a participação do Poder Judiciário como legitimador e intermediador do processo, ao oportunizar a aproximação das partes e o mediador, por elas escolhido ou nomeado pelo juiz, na falta de consenso, por simples peticionamento eletrônico, numa via fácil e acessível. Cinco juízes participam desse projeto, de forma voluntária e sem qualquer custo adicional ao TJSP.[27]

No Paraná, Rio Grande do Sul, Espírito Santo e Rio de Janeiro também tiveram iniciativas parecidas.[28] Só assim, parece que a cultura da sentença poder suplantada pela cultura da pacificação, partindo da atuação de todos os players (partes, advogados, mediadores) nesse processo, incluindo o Poder Judiciário, como estimulador, legitimador das ADRs.

5. CONCLUSÃO

Apesar dos entraves culturais e estruturais acima expostos, a utilização da mediação, negociação nos processos recuperacionais, disputas societárias

---

[27] Ver Provimentos da E. CGJ/SP 11 e 19, ambos de 2020.

[28] Ver Ato Normativo 17/2020 do TJRJ; Ato Normativo 025/2020 do TJRS; Ato Normativo Conjunto 022/2020 do TJES.

e empresariais, em geral, tem sido um movimento de curva crescente, posto que o Brasil já dispõe de uma sólida base normativa desses métodos alternativos consensuais ou extrajudiciais, iniciada com a Lei de Arbitragem (Lei 9.307/1996), as alterações no CPC/2015, e fortalecida com o advento da Resolução 125/10 do CNJ e Lei de Mediação (13.140/2015), e agora pela Lei 14.112/2020.

A existência de inúmeras Câmaras de Mediação e Arbitragem espalhadas pelo país, com alto grau de expertise, estrutura e tecnicidade para solução dessas disputas, demonstra que a escolha está no caminho certo, é eficiente, embora necessite de fomento, que parte do estímulo por meio de uma política nacional de promoção da ADRs, que já vinha sendo timidamente desenvolvida em 2010, mas que se fortaleceu diante da situação adversa imposta pela crise gerada pela pandemia da Covid-19.

A pandemia da Covid-19 despertou a urgência na promoção desses meios alternativos, com um olhar especial, para as empresas em crise, não se restringindo apenas a disputas societárias e empresariais complexas, mas também àquelas de pequena e média complexidade.

É nesse cenário atual que a mediação terá o terreno hábil para florescer com força, já que menos custosa e demorada que a arbitragem e o processo judicial, contando agora com uma política nacional direcionada ao fortalecimento dos meios consensuais, alternativos à via adversarial.

REFERÊNCIAS BIBLIOGRÁFICAS

AYMORÉ, Matheus Carreteiro. Métodos de resolução de conflitos nos contratos empresariais: uma visão prática. *Métodos extrajudiciais de solução de conflitos empresariais* – adjudicação, *dispute boards*, mediação e arbitragem. São Paulo: IOB Sage, 2017.

BORBA, José Edvaldo Tavares. *Direito societário*. 16. ed. São Paulo: Atlas, 2018.

BORDONE, Robert C.; SANDER, Frank E. A.; MCEWEN, Craig A.; ROGERS, Nancy H. *Designing systems and processes for managing disputes.* New York: Wolters Kluwer Law & Business, 2013.

BRAGA NETO, Adolfo. A mediação empresarial na prática. In: BRAGA NETO, Adolfo; BERTASI, Maria Odete Duque; RANZOLIN, Ricardo Borges (coords.). *Temas de mediação e arbitragem II*. São Paulo: Lex, 2018.

BUNAZAR, Maurício; LEÃO, Leandro; SARHAN JÚNIOR, Suhel; ROSIO, Roberto; VIDO, Elisabete. *Vade Mecum conjugado civil e empresarial.* 2. ed. São Paulo: Saraiva, 2019-2020.

CARBONNEAU, Thomas E. *Arbitration in a Nutshell*. USA: West Thomson Reuters, 2012.

CARMONA, Carlos Alberto. *Arbitragem e processo*: um comentário à Lei nº 9307/96. 3. ed. São Paulo: Atlas, 2009.

CEREZETTI, Sheila Christina Neder. *A recuperação judicial de sociedades por ações* – o princípio da preservação da empresa na Lei de Recuperação e Falência. São Paulo: Malheiros, 2012.

CHALHUB, Melhim Namem. *Incorporação imobiliária*. 5. ed. Rio de Janeiro: Forense, 2019.

CNJ. *Justiça em Números-2020*. Disponível em: https://www.cnj.jus.br/pesquisas-judicarias/justica-em-numeros/.

COMPARATO, Fábio Konder. *Aspectos jurídicos da macroempresa*. São Paulo: RT, 1970.

COSTA, Daniel Carnio. A teoria da superação do dualismo pendular e a teoria da divisão equilibrada de ônus na recuperação judicial de empresas. *Biblioteca Jurídica da PUC-SP*, Tomo Direito Comercial, vol. 1, jul. 2018, tópicos 1-3.

COSTA, Daniel Carnio. Recuperação judicial de empresas – as novas teorias da divisão equilibrada de ônus e da Superação do dualismo pendular. *Revista Justiça e Cidadão*, edição 207, 2017.

CUNHA, Leonardo Carneiro. A mediação no contexto de solução multiportas de solução de disputas. In: CABRAL, Trícia Navarro Xavier; CURY, Cesar Felipe (coords.). *Lei de mediação comentada artigo por artigo*. São Paulo: Foco, 2018.

FERREIRA, Olavo A. V. Alves; LUCON, Paulo Henrique dos Santos (coords.). *Arbitragem*: atualidades e tendências. São Paulo: Migalhas, 2019.

FINKELSTEIN, Cláudio. Limitações à confidencialidade na arbitragem comercial: publicidade e transparência. In: BRAGA NETO, Adolfo; BERTASI, Maria Odete Duque; RANZOLIN, Ricardo Borges (coords.). *Temas de mediação e arbitragem II*. São Paulo: Lex, 2018.

FISHER, Roger; URY, William; PATTON, Bruce. *Como chegar ao sim*: a negociação de acordo de concessões. Trad. Vera Ribeira e Ana Luiza Borges. Rio de Janeiro: Imago, 2005.

GRINOVER, Ada Pellegrini. Os métodos consensuais de solução de conflito no novo CPC. *O novo Código de Processo Civil*: questões controvertidas. São Paulo: Atlas, 2015.

LEITE, Marcelo Lauar. *Intervenção judicial em conflitos societários*. Rio de Janeiro: Lumen Juris, 2019.

LEMES, Selma Maria Ferreira. Pesquisa: arbitragem em números e valores, p. 1. Disponível em: http://selmalemes.adv.br/artigos/Na%C%A1lise-%20 Pesquisa-%20Arbitragens%20Ns%20%20%20%20Valores%20 _2010%20a%202016_pdf.

LIMA, Flávio Pereira. O advogado é o pior inimigo da mediação? In: BRAGA NETO, Adolfo; BERTASI, Maria Odete Duque; RANZOLIN, Ricardo Borges (coords.). *Temas de mediação e arbitragem II*. São Paulo: Lex, 2018.

LONGO, Samantha Mendes; SOUZA NETTO, Antonio Evangelista. *A recuperação empresarial e os métodos alternativos de solução de conflitos*. Porto Alegre: Paixão Editores, 2020.

PERETTI, Luís Alberto Salton. A organização da instrução probatória em arbitragem: a autonomia privada na gestão do procedimento arbitral. In: BRAGA NETO, Adolfo; BERTASI, Maria Odete Duque; RANZOLIN, Ricardo Borges (coords.). *Temas de mediação e arbitragem II*. São Paulo: Lex, 2018.

SACRAMONE, Marcelo Barbosa. *Comentários à Lei de Recuperação de Empresas e Falências*. São Paulo: Saraiva, 2018.

SANDER, Frank E. A. Varietis of dispute processing. In.: LEVIN, A. Leo; WHELLER, Russell R. *The Pound Conference*: Perspectives on Justice in the Future. Saint Paul: West Publishing, 1979.

SIOUF FILHO, Alfred Habib. Negociação para resolução de controvérsias. In: SALLES, Carlos Alberto de; LORENCINI, Marco Antonio Garcia Lopes; SILVA, Paulo Eduardo Alves da (coords.). *Negociação, mediação e arbitragem*: curso básico para programas de graduação em Direito. São Paulo: Método, 2012.

STEIN, Raquel. *Arbitrabilidade no direito societário*. Rio de Janeiro: Renovar, 2014.

TELLECHEA, Rodrigo; SPINELLI, Luis Felipe; SCALZILLI, João Pedro. *Recuperação de empresas e falências*: teoria e prática na Lei n. 11.101/2005. São Paulo: Almedina, 2018.

TUCCI, Rogério Cruz. *Precedente judicial como fonte do direito*. São Paulo: RT, 2004.

WATANABE, Kazuo. Cultura da sentença e da pacificação. *Estudos em homenagem à professora Ada Pellegrini Grinover*. São Paulo: DPJ, 2005.

30

O PLANO DE RECUPERAÇÃO JUDICIAL APRESENTADO PELOS CREDORES – CONSEQUÊNCIAS E CONTROVÉRSIAS

JULIANA BUMACHAR

Sumário: I. Introdução – II. O que é o plano de recuperação judicial? – III. A legitimidade para propositura do plano de recuperação judicial anterior à Lei 14.112/2020 – IV. Legitimação extraordinária dos credores para apresentação de plano de recuperação judicial em nome da recuperanda – V. Conclusão – Referências bibliográficas.

I. INTRODUÇÃO

A Lei 11.101/2005 ("LRF") foi radicalmente alterada pela Lei 14.112/2020. As modificações promovidas na legislação falimentar entraram em vigor no dia 23.01.2021. E uma das novidades introduzidas na LRF é, precisamente, a possibilidade de os credores apresentarem o plano de recuperação judicial alternativo, caso o plano apresentado pelo devedor não seja aprovado na Assembleia Geral de Credores ou caso o plano de recuperação judicial não seja submetido à votação em assembleia dentro do prazo de 180 dias[1].

---

[1] "Art. 6º (...) § 4º Na recuperação judicial, as suspensões e a proibição de que tratam os incisos I, II e III do *caput* deste artigo perdurarão pelo prazo de 180 (cento e oitenta) dias, contado do deferimento do processamento da recuperação, prorrogável por igual período, uma única vez, em caráter excepcional, desde que o devedor não haja concorrido com a superação do lapso temporal."

Assim, uma vez iniciada a assembleia geral de credores, se o plano de recuperação judicial for rejeitado, deverá o administrador judicial facultar aos credores a possibilidade de que estes, no prazo de 30 dias a contar do término da assembleia, apresentem um plano de recuperação judicial alternativo, que será novamente colocado em votação. Para tanto, a proposta deverá ser aprovada por credores que representem mais de 50% dos créditos presentes na assembleia, tudo isso conforme determina o art. 56[2], §§ 4º, 5º e 6º, da LRF.

O dispositivo em questão confere legitimidade extraordinária aos credores para, caso estes venham a rejeitar o plano de recuperação judicial proposto pela devedora, apresentarem um novo plano a ser votado em assembleia de credores e, assim, evitarem a falência do devedor. No entanto, em que pese a iniciativa do legislador seja digna de aplausos, alguns problemas de ordem prática poderão surgir.

Este artigo, portanto, se presta a discutir, de forma não exaustiva, o alcance do referido dispositivo legal. Para melhor compreensão do tema, o artigo será dividido em três tópicos. No primeiro capítulo, será feita uma explanação sobre o que é o plano de recuperação judicial e sua importância para o processo recuperacional. Na sequência, será abordada a legitimidade exclusiva da devedora para propositura do plano de recuperação judicial antes da promulgação da Lei 14.112/2020 e, por fim, será feito o exame da legitimidade extraordinária dos credores para apresentarem o instrumento em nome do devedor, conforme a nova sistemática jurídica em vigor.

---

[2] "Art. 56. Havendo objeção de qualquer credor ao plano de recuperação judicial, o juiz convocará a assembleia geral de credores para deliberar sobre o plano de recuperação. (...) § 6º O plano de recuperação judicial proposto pelos credores somente será posto em votação caso satisfeitas, cumulativamente, as seguintes condições: I – não preenchimento dos requisitos previstos no § 1º do art. 58 desta Lei; II – preenchimento dos requisitos previstos nos incisos I, II e III do *caput* do art. 53 desta Lei; III – apoio por escrito de credores que representem, alternativamente: a) mais de 25% (vinte e cinco por cento) dos créditos totais sujeitos à recuperação judicial; ou b) mais de 35% (trinta e cinco por cento) dos créditos dos credores presentes à assembleia geral a que se refere o § 4º deste artigo; IV – não imputação de obrigações novas, não previstas em lei ou em contratos anteriormente celebrados, aos sócios do devedor; V – previsão de isenção das garantias pessoais prestadas por pessoas naturais em relação aos créditos a serem novados e que sejam de titularidade dos credores mencionados no inciso III deste parágrafo ou daqueles que votarem favoravelmente ao plano de recuperação judicial apresentado pelos credores, não permitidas ressalvas de voto; e VI – não imposição ao devedor ou aos seus sócios de sacrifício maior do que aquele que decorreria da liquidação na falência."

II. O QUE É O PLANO DE RECUPERAÇÃO JUDICIAL?

O plano de recuperação judicial é o documento mais importante para as partes envolvidas no processo de reorganização de uma sociedade empresária em dificuldade. Isso porque "depende exclusivamente dele a realização ou não dos objetivos associados ao instituto, quais sejam, a preservação da atividade econômica e cumprimento de sua função social"[3].

Com relação à natureza jurídica do instituto da Recuperação Judicial e, via de consequência, do plano de recuperação judicial, a doutrina o classifica como um contrato judicial, com feição novativa. Nesse sentido é a lição, por todos, de Fábio Ulhoa Coelho:

> (...) o instituto da recuperação Judicial deve ser visto com a natureza de um contrato judicial, com feição novativa, realizável através de um plano de recuperação, obedecidas, por parte do devedor, determinadas condições de ordem objetiva e subjetiva para sua implementação. A proposta do devedor é formulada em juízo e sua vontade vem inicialmente manifestada na petição inicial e complementada com a apresentação do plano de recuperação[4].

O regime jurídico aplicável ao plano de recuperação judicial está previsto no art. 53 da LRF, o qual preconiza que o devedor irá apresentá-lo no prazo improrrogável de 60 dias da publicação da decisão que deferir o processamento da recuperação judicial, sob pena de convolação em falência.

A finalidade da norma do art. 53 da LRF é provar aos credores que o valor da empresa em funcionamento não é só superior ao que seria obtido caso se decidisse liquidá-la, como, por igual, que sua continuidade melhor atende aos múltiplos interesses envolvidos (i.e., dos empregados, dos credores, dos consumidores e da coletividade). Como bem ensina Marlon Tomazette:

> O projeto apresentado pelo devedor deverá expor a sua atual situação econômico-financeira e a situação dos seus ativos, para que todos tenham a ciência do seu real estado. (...) A ideia aqui é apresentar a real situação do devedor, para que os credores possam

---

[3] COELHO, Fábio Ulhoa. *Comentários à Lei de Falências e de Recuperação de Empresas*. 7. ed. rev. São Paulo: Saraiva, 2010.

[4] CAMPINHO, Sérgio. *Curso de direito comercial*: falência e recuperação de empresa. 8. ed. rev. e atual. São Paulo: Saraiva, 2017. p. 34.

analisar a viabilidade ou não da recuperação. O laudo de avaliação de bens e ativos será a representação, com preços de mercado, dos ativos integrantes do patrimônio do devedor, abrangendo aí os móveis, imóveis, as marcas, as patentes, os créditos, e tudo que integrar o ativo do devedor. O laudo econômico-financeiro, por sua vez, será uma demonstração mais detalhada do patrimônio do devedor, analisando ativo, passivo, receitas, despesas e seu fluxo de caixa[5].

O plano de recuperação judicial deve conter, obrigatoriamente, (i) discriminação pormenorizada dos meios de recuperação a serem empregados, podendo o devedor se valer de alguma das opções listadas no art. 50 da LFRE, e seu resumo; (ii) demonstração de sua viabilidade econômica; e (iii) laudo econômico-financeiro e de avaliação dos bens e ativos do devedor, subscrito por profissional legalmente habilitado ou empresa especializada.

O art. 50 da LFR traz uma lista exemplificativa de meios de Recuperação Judicial, pois "o que pretendeu o legislador foi conferir plena liberdade à sua confecção, de modo a possibilitar o devedor elaborá-lo segundo as suas reais necessidades e peculiaridades, nunca perdendo de vista que deve ser ele atrativo a seus credores, a quem cabe, em última ratio, aprová-lo"[6].

Por fim, diferentemente do que ocorre no U.S. Bankruptcy Code, em que os credores auferem legitimidade extraordinária para apresentar o plano de recuperação judicial caso a devedora não o faça em um determinado prazo, na atual LRF a consequência para a devedora que não apresenta o plano de forma tempestiva é severa: a recuperação judicial é convolada em falência[7], pouco importando se a recuperanda poderia ter condições de superar a crise econômico-financeira que a fez ajuizar o pedido de recuperação judicial.

Sendo o plano de recuperação judicial a peça mais importante do processo de recuperação judicial, correspondendo ao documento que servirá para demonstrar como a sociedade irá se reerguer e pagar seus credores,

---

[5] TOMAZETTE, Marlon. *Curso de direito empresarial*: falência e recuperação de empresas. 3. ed. São Paulo: Atlas, 2014. vol. 3, p. 191.

[6] CAMPINHO, Sérgio. *Falência e recuperação de empresa* – o novo regime da insolvência empresarial. Rio de Janeiro: Renovar, 2006.

[7] Parcela respeitável da doutrina brasileira questiona essa opção legislativa. Por exemplo: Julio Kahan Mandel, citado por Sheila Neder Cerezetti, "sugere que o magistrado não deve decretar a falência caso essa medida não reflita o interesse dos credores e da sociedade" (Da convolação da recuperação judicial em falência. *Revista de Direito Bancário e de Mercado de Capitais*, 36, p. 245-246, 2007).

Cap. 30 · O PLANO DE RECUPERAÇÃO JUDICIAL APRESENTADO PELOS CREDORES | 413

constitui, ainda, título executivo judicial – passível de execução forçada por seus credores – caso ele venha a ser inadimplido[8].

III. A LEGITIMIDADE PARA PROPOSITURA DO PLANO DE RECUPERAÇÃO JUDICIAL ANTERIOR À LEI 14.112/2020

Antes da reforma da LRF, a recuperanda era a única legitimada para apresentação do seu plano de recuperação judicial, muito embora seja bastante comum que os credores proponham modificações no documento, conforme a evolução das negociações com o devedor. Todavia, essas mudanças e aditamentos só têm validade caso sejam apresentadas nos autos diretamente pela recuperanda – e nunca pelo credor. Veja-se, portanto, que, quando da edição da LRF, o legislador brasileiro optou por restringir a legitimidade para apresentar o plano ao devedor.

Sheila Neder Cerezetti criticou[9] esse ponto da LRF, pois, segundo a ilustre jurista, o aspecto da legitimidade para apresentação do plano não deveria

---

[8] "Art. 59. O plano de recuperação judicial implica novação dos créditos anteriores ao pedido, e obriga o devedor e todos os credores a ele sujeitos, sem prejuízo das garantias, observado o disposto no § 1º do art. 50 desta Lei. § 1º A decisão judicial que conceder a recuperação judicial constituirá título executivo judicial, nos termos do art. 584, inciso III, do *caput* da Lei nº 5.869, de 11 de janeiro de 1973 – Código de Processo Civil."

[9] "Nesse sentido, a fase postulatória da recuperação judicial já deveria conter em si um reflexo do princípio e buscar abranger da melhor maneira possível os interessados. A restrição da legitimidade ativa, tal qual contida na Lei de Recuperação e Falência, não parece ir ao encontro desse postulado. Portanto, de acordo com os dispositivos legais em vigor, somente se o devedor assim desejar a recuperação judicial será solicitado ao juízo competente. Não se permite que os demais interessados – como, por exemplo, credores, trabalhadores, acionista ou grupo de acionistas, órgão governamental ou comunidade de que o devedor participe – postulem a abertura de processo destinado ao saneamento da empresa em crise. (...) O assunto em pauta tangencia, conforme já afirmado, aquele discurso imediatamente acima, na medida em que também cuida da atribuição de competência a apenas um dos interessados no procedimento de recuperação – qual seja, o devedor – para a formulação de um documento que dispõe sobre inúmeros direitos e abrange pessoas direta e indiretamente nele tratadas. A regra de convolação da recuperação judicial em falência por desrespeito ao prazo de apresentação do plano, cumulada com a legitimidade exclusiva do devedor para a formulação do plano, permite que esse único agente seja o responsável pela decisão acerca do futuro da empresa. Impossível não notar que os demais interessados para os quais a recuperação seria favorável sofrem com o disposto

ser restrito apenas ao devedor, que é apenas um dos muitos interessados no processo de recuperação, e deveria ser ampliada aos demais interessados – como os credores – a fim de que houvesse a sobreposição do interesse da coletividade ao do indivíduo que administra a empresa.

Como bem recorda Jorge Lobo, referindo-se ao momento que precedeu à edição da LRF, "o substitutivo (Emenda n. 1 – CAE) do Senador Ramez Tebet, ao cuidar do plano, no art. 53, baseou-se na lei norte americana, especialmente no Capítulo 11, Seção 1.121, USC de 1978"[10]. Extrai-se, portanto, do magistério do supracitado doutrinador, que o artigo 53 da LRF tem clara inspiração no US Bankruptcy Code, o qual, diga-se de passagem, também foi objeto de discussões relevantes sobre ampliação do rol de legitimados para apresentarem o plano de recuperação judicial.

Thomas H. Jackson, respeitado e notório jurista norte-americano, também foi um defensor da ampliação do rol de legitimados para apresentar o plano de recuperação judicial:

> A ampliação do rol de legitimados, além de ser coerente com uma perspectiva de consideração a mais amplos interesses, também se coaduna, ao menos no que tange à atribuição de legitimidade aos credores, com ideias daqueles que encontram no concurso um mecanismo para a melhor satisfação dos credores, uma vez que, sob essa perspectiva, os instrumentos para lidar com a crise empresarial deveriam ter início quando estiverem no interesse dos credores como um grupo[11].

De toda forma, a recuperanda ainda é a principal legitimada para apresentar a proposta de renegociação de suas dívidas, de modo que os credores apenas terão essa faculdade se (i) o plano de recuperação judicial apresentado

---

nessa norma e ficam sujeitos à opção do devedor. A solução encontrada pelo legislador parece mais uma vez conter a presunção de que a recuperação é mecanismo positivado em benefício apenas do devedor, sem considerar o interesse dos demais participantes" (CEREZETTI, Sheila Christina Neder. *A recuperação judicial de sociedades por ações*: o princípio da preservação da empresa na Lei Recuperação e Falência. São Paulo: Malheiros, 2012. p. 250/251-252/253).

[10] LOBO, Jorge. *Comentários à Lei de Recuperação de Empresas e Falência.* Coords. Paulo F. C. Salles de Toledo e Carlos Henrique Abrão. 5. ed. rev., atual. e ampl. São Paulo: Saraiva, 2012. p. 207.

[11] JACKSON, Thomas H. *The Logic and Limits of Bankruptcy Law.* Cambridge: Harvard University Press, 1986. p. 21.

pela devedora não for submetido à votação dentro do prazo de 180 dias a contar do deferimento do processamento do pedido de recuperação judicial ou se (ii) o plano de recuperação judicial apresentado pela devedora não for aprovado em assembleia geral de credores e, ainda, (iii) a proposta de apresentação do plano de recuperação judicial alternativo for aprovada pelos credores que representem mais da metade dos créditos presentes à assembleia geral de credores. Ou seja, a legitimidade dos credores permanece sob condição suspensiva, o que ao nosso ver constitui um acerto do legislador. Isso porque, quem possui mais conhecimento sobre a real condição financeira do devedor do que o próprio empresário em recuperação judicial?

Antes da reforma da LRF, as únicas alternativas que as recuperanda tinham para evitar a falência eram (i) apresentar um aditivo ao plano em plena assembleia geral de credores ou (ii) negociar a suspensão do conclave para apresentar uma proposta que atenda os interesses da maioria, o que nem sempre era uma tarefa fácil, dado a animosidade das partes. A hipótese de suspensão da AGC está prevista no § 9º do art. 56 da Lei 11.101, com a limitação de 90 dias contados da instalação do conclave.

Com a reforma da LRF e agora, ante a possibilidade de os credores apresentarem um plano alternativo em nome do devedor, privilegia-se o princípio da preservação da empresa, pois mesmo se as negociações entre devedora e credores falharem – o que culmina com a falência da empresa – ainda é permitido que os credores a salvem, apresentado um novo plano alternativo para o soerguimento da empresa. Assim, a recuperanda poderá continuará a exercer sua função social, mantendo e criando empregos, gerando riqueza para o país, inclusive mediante o pagamento de impostos.

Diga-se mais: não necessariamente a apresentação de um plano alternativo pelos credores será algo que trará malefícios ao empresário, pois a alternativa para o devedor seria a decretação da falência da sociedade empresária, o que poderia trazer impactos mais severos e gravosos do que a manutenção do negócio. De toda forma, esse plano apresentado pelos credores deverá refletir a real capacidade financeira da devedora para que seja crível e executável e que não venha a ser descumprido, com a consequente decretação da falência da empresa, colocando-a em situação ainda mais sensível do que a que se encontrava anteriormente.

IV. LEGITIMAÇÃO EXTRAORDINÁRIA DOS CREDORES PARA APRESENTAÇÃO DE PLANO DE RECUPERAÇÃO JUDICIAL EM NOME DA RECUPERANDA

Como visto no capítulo anterior, a legitimidade dos credores para apresentação do plano alternativo é condicionada ao preenchimento de certos

RECUPERAÇÃO DE EMPRESAS E FALÊNCIA: DIÁLOGOS ENTRE A DOUTRINA E A JURISPRUDÊNCIA

requisitos. Primeiro, caso a devedora não submeta seu plano de recuperação judicial para votação dentro do prazo de 180 dias a contar do deferimento do processamento do pedido ou na hipótese de o plano de recuperação judicial apresentado pelo devedor tenha sido rejeitado em assembleia. Além disso, nesta última hipótese, que pelo menos a maioria dos credores concorde em apresentar o plano alternativo, o qual será novamente colocado em votação no prazo não superior a 30 dias, contados a partir da assembleia geral de credores que rejeitou o plano proposto pela empresa em recuperação judicial.

Esse plano alternativo deverá cumprir os mesmos requisitos que o plano apresentado pelo devedor, isto é, deverá conter (i) discriminação pormenorizada dos meios de recuperação a serem empregados; (ii) demonstração de sua viabilidade econômica e (iii) laudo econômico-financeiro e de avaliação dos bens e ativos do devedor, subscrito por profissional legalmente habilitado ou empresa especializada.

Parece-nos, por relevante, que o prazo concedido aos credores é demasiadamente exíguo, o que talvez acabe por frustrar o exercício desse direito pelos credores, já que muitas das vezes, nem mesmo o devedor – maior conhecedor da sua capacidade financeira – consegue se organizar para elaborar o plano de recuperação judicial em 60 dias[12].

O plano de recuperação judicial proposto pelos credores possui algumas limitações materiais. A primeira delas é que não poderá se valer da prerrogativa do art. 58, § 1º, da LRF, que trata sobre o *cram down*. Significa dizer que o plano alternativo deverá ser aprovado na exata forma do quórum previsto no art. 45 da LRF[13]. Isto é, nas Classes I e IV, a proposta deverá ser aprovada

---

[12] "Art. 53. O plano de recuperação será apresentado pelo devedor em juízo no prazo improrrogável de 60 (sessenta) dias da publicação da decisão que deferir o processamento da recuperação judicial, sob pena de convolação em falência, e deverá conter: I – discriminação pormenorizada dos meios de recuperação a ser empregados, conforme o art. 50 desta Lei, e seu resumo; II – demonstração de sua viabilidade econômica; e III – laudo econômico-financeiro e de avaliação dos bens e ativos do devedor, subscrito por profissional legalmente habilitado ou empresa especializada. Parágrafo único. O juiz ordenará a publicação de edital contendo aviso aos credores sobre o recebimento do plano de recuperação e fixando o prazo para a manifestação de eventuais objeções, observado o art. 55 desta Lei."

[13] "Art. 45. Nas deliberações sobre o plano de recuperação judicial, todas as classes de credores referidas no art. 41 desta Lei deverão aprovar a proposta. § 1º Em cada uma das classes referidas nos incisos II e III do art. 41 desta Lei, a proposta deverá ser aprovada por credores que representem mais da metade do valor total

Cap. 30 • O PLANO DE RECUPERAÇÃO JUDICIAL APRESENTADO PELOS CREDORES | 417

pela maioria simples dos presentes e, nas Classes II e III, a proposta deverá ser aprovada por credores que representem mais da metade do valor total dos créditos presentes à assembleia e, cumulativamente, pela maioria simples dos credores presentes.

A segunda limitação, que já foi adiantada acima, impõe que o plano alternativo preencha os requisitos do art. 53 da LRF.

O terceiro requisito prevê que o plano apresentado pelos credores tenha o apoio de mais de a) mais de 25% de todos os créditos sujeitos à recuperação judicial ou b) mais de 35% dos créditos dos credores presentes à assembleia que votarão o plano alternativo, na forma das alíneas a e b do inciso III do § 6º do art. 56 da Lei 14.112/2020.

Além disso, o novo plano não poderá imputar obrigações adicionais não previstas em contratos já celebrados pelo devedor e deverá prever a isenção das garantias pessoais prestadas por pessoais naturais em favor dos credores, sem que seja permitida a ressalva de votos. Por fim, a LRF estipulou que o plano elaborado pelos credores não poderá impor um sacrifício maior aos sócios do que aquele que decorreria da decretação de falência da empresa.

Por fim, como já mencionado, os credores também terão legitimidade para apresentar o plano alternativo caso a devedora não o submeta para votação dentro do prazo previsto no art. 6º, § 4º, da LRF, de modo a evitar que a recuperanda atrase o processo, sem qualquer justificativa.

Parece muito claro que a reforma da LRF deixou ainda mais evidente o sistema de ônus e bônus existente no sistema falimentar brasileiro, sobretudo nessa parte que tratou sobre a legitimação extraordinária dos credores. Assim, ao mesmo tempo que a lei outorgou maior poder de barganha aos credores diante da devedora, já que basta que rejeitam o plano de recuperação judicial da recuperanda para que possam apresentar um instrumento que, supostamente, seja mais alinhado com seus interesses, o plano alternativo deverá exonerar as pessoas naturais com relação às obrigações por elas prestadas.

---

dos créditos presentes à assembleia e, cumulativamente, pela maioria simples dos credores presentes. § 2º Nas classes previstas nos incisos I e IV do art. 41 desta Lei, a proposta deverá ser aprovada pela maioria simples dos credores presentes, independentemente do valor de seu crédito. (Redação dada pela Lei Complementar nº 147, de 2014) § 3º O credor não terá direito a voto e não será considerado para fins de verificação de *quorum* de deliberação se o plano de recuperação judicial não alterar o valor ou as condições originais de pagamento de seu crédito."

Além disso, a Lei foi sábia ao vetar que os credores apresentem um plano de recuperação judicial que implique em onerosidade excessiva ao devedor e seus sócios. Isso porque, em alguns casos, é mais vantajoso para os sócios liquidar a empresa do que insistir na manutenção de uma atividade que não mais consiga cumprir com a sua função social.

Em hipóteses tais, em que haja a apresentação de plano alternativo pelos credores, deverá haver uma total cooperação entre os credores e o devedor, cooperação essa que muitas das vezes é difícil de ser alcançada em razão dos conflitos de interesses que existem entre os credores e a empresa em recuperação judicial.

Como é de se imaginar, a apresentação do plano alternativo pelos credores certamente será objeto de inúmeras e acaloradas discussões, tanto no âmbito da doutrina quanto no bojo da jurisprudência, sobretudo porque existem inúmeros argumentos tanto para defender quanto para criticar o instituto. Como todo e qualquer instituto normativo novo, é extremamente comum o surgimento de inúmeras dúvidas sobre o assunto. Por exemplo: Poderá o devedor se recusar em cumprir a proposta apresentada pelos credores? Como alcançar o equilíbrio entre a capacidade de pagamento do devedor e a proposta apresentada pelos credores? Como implementar medidas propostas pelos credores quando essas prescindirem de aprovação de atos internos da companhia?

Como todo e qualquer negócio jurídico, o plano de recuperação judicial precisa ser celebrado por agente capaz, ter objeto lícito, possível e determinado (ou determinável), além de atender a forma prescrita em lei. Com relação à capacidade da sociedade empresária, essa é exercida por seus órgãos internos, cujas atribuições são previamente fixadas pelos seus atos constitutivos.

Assim, na hipótese de apresentação de um plano de recuperação judicial pelos credores que preveja a cisão da empresa ou o aumento do capital social mediante conversão do crédito em participação acionária, fica a pergunta: como essas medidas serão implementadas? Os acionistas e/os administradores podem recusar-se a cumpri-las por entenderem que a medida não é benéfica para a sociedade empresária? Ao nosso ver, a recusa pode ser justificável, pois "ninguém será obrigado a fazer ou deixar de fazer alguma coisa senão em virtude de lei". E vale lembrar que a nossa jurisprudência[14] sedimentou-se no sentido de que é permitido ao Judiciário realizar o controle de legalidade das cláusulas previstas em plano de recuperação judicial, sem que isso viole o

---

[14] REsp 1.660.195/PR, 3ª Turma, Rel. Min. Nancy Andrighi, j. 04.04.2017, *DJe* 10.04.2017.

princípio da soberania da Assembleia de Credores, o que confere espaço para que o devedor se recuse a cumprir a proposta dos credores nessas situações.

Outro aspecto relevante é como os credores irão se organizar para apresentar um plano de recuperação judicial que contemple, ao mesmo tempo, a capacidade de pagamento da devedora e a expectativa de recebimento do seu crédito? Muito se vê em processos de recuperação judicial sociedades oferecendo deságios que superam a faixa dos 50%, 60% do valor do crédito, além do pagamento em prazo superior ao de uma década, de forma a viabilizar o soerguimento da empresa, e é natural que isso incomode o credor, pois seu interesse é receber o crédito preferencialmente sem desconto e de forma mais célere possível. No entanto, essas condições oferecidas pelo devedor são essenciais para que ele possa readequar seu fluxo de caixa e angariar recursos para seu capital de giro. Se isso for ignorado pelos credores quando da apresentação do plano de recuperação judicial alternativo, a proposta culminará com um plano que simplesmente não poderá ser adimplido pelo devedor, que certamente terá sua falência decretada. E, com isso, todos saem perdendo. Perde o devedor e seus sócios, que irão à falência. Perdem os credores, que tiveram a expectativa de recebimento de seu crédito ceifada em razão do descumprimento de um plano apresentado que não era factível.

V. CONCLUSÃO

Este artigo vai chegando ao seu final, com algumas importantes conclusões: a opção do legislador em conferir legitimidade extraordinária para os credores apresentarem o plano de recuperação judicial parece acertada; também acertou o legislador em condicionar essa legitimidade à não aprovação do plano de recuperação judicial da devedora, pois tal prerrogativa outorgada aos credores pode funcionar como triunfo para salvar a empresa e evitar sua falência, privilegiando-se tanto o princípio da função social da empresa quanto a maximização dos ativos do devedor. Acertou também o legislador ao conceder essa legitimação extraordinária na hipótese de a devedora não submeter seu plano para votação dentro do prazo do *stay period*, o que impede a desvirtuação do processo de recuperação judicial. Além disso, a lei também criou mecanismos para proteger o devedor de eventuais propostas abusivas apresentadas pelos credores.

No entanto, pecou o legislador por não instituir mecanismos para facilitar a aplicação do dispositivo e, sobretudo, por não ter proibido a inserção no plano de recuperação judicial apresentado pelos credores de medidas de reestruturação que dependam da concretização de atos praticados por órgãos internos da sociedade.

De toda forma, caberá tanto à doutrina quanto à jurisprudência o enfrentamento das controvérsias que irão surgir a respeito, sendo essencial que tais questões sejam examinadas da forma mais isonômica possível, considerando os interesses e as possibilidades tanto dos credores como do devedor, de sorte a viabilizar que se tenha um ambiente seguro para o bom andamento dos processos de recuperação judicial.

REFERÊNCIAS BIBLIOGRÁFICAS

CAMPINHO, Sérgio. *Curso de direito comercial*: falência e recuperação de empresa. 8. ed. rev. e atual. São Paulo: Saraiva, 2017.

CAMPINHO, Sérgio. *Falência e recuperação de empresa* – o novo regime da insolvência empresarial. Rio de Janeiro: Renovar, 2006.

CEREZETTI, Sheila Christina Neder. *A recuperação judicial de sociedades por ações*: o princípio da preservação da empresa na Lei Recuperação e Falência. São Paulo: Malheiros, 2012.

COELHO, Fábio Ulhoa. *Comentários à Lei de Falências e de Recuperação de Empresas*. 7. ed. rev. São Paulo: Saraiva, 2010.

JACKSON, Thomas H. The Logic and Limits of Bankruptcy Law. Cambridge: Harvard University Press, 1986.

LOBO, Jorge. *Comentários à Lei de Recuperação de Empresas e Falência*. Coords. Paulo F. C. Salles de Toledo e Carlos Henrique Abrão. 5 ed. rev., atual. e ampl. São Paulo: Saraiva, 2012.

MANDEL, Julio Kahan. Da convolação da recuperação judicial em falência. *Revista de Direito Bancário e de Mercado de Capitais*, 36, p. 245-246, 2007.

TOMAZETTE, Marlon. *Curso de direito empresarial*: falência e recuperação de empresas. 3. ed. São Paulo: Atlas, 2014. vol. 3.

FINANCIAMENTO DIP

31

O FINANCIAMENTO DE EMPRESAS EM RECUPERAÇÃO JUDICIAL (*DIP FINANCING*)

Marcelo Navarro Ribeiro Dantas

André Santa Cruz

Maria Fabiana Dominguez Sant'Ana

Paulo Roberto Bastos Pedro

No último dia 24 de dezembro, com o objetivo de atualizar a legislação brasileira nos temas relativos à recuperação e à falência do empresário ou da sociedade empresária[1], foi sancionada a Lei 14.112/2020. Entre as diversas mudanças promovidas, destaca-se a inclusão do inédito tema do financiamento do devedor durante a recuperação judicial, que consta da Seção IV-A da Lei (arts. 69-A a 69-E).

Esse financiamento é conhecido como *DIP Financing*, ou *Debtor in Possession Financing*, nomenclatura importada do sistema norte-americano e que corresponde ao financiamento concedido às empresas que se encontram

---

[1] A despeito de o art. 1º da Lei 11.101/2005 só se referir ao empresário (individual) e à sociedade empresária, é inegável que a legislação também se aplica à empresa individual de responsabilidade – EIRELI que explora atividade empresarial. Nesse sentido: SCALZILLI, João Pedro; SPINELLI, Luís Felipe; TELLECHEA, Rodrigo. *Recuperação de empresas e falência*: teoria e prática na Lei 11.101/2005. 3. ed. São Paulo: Almedina, 2018. p. 145-146.

em situação de crise e que, em conformidade com o *Chapter 11*, continuam operando sob administração dos seus dirigentes, sócios e diretores, com autonomia para disporem de seus bens ao longo do processo de reorganização[2].

Antes de iniciarmos o estudo do *DIP Financing* e das consequências que imaginamos que podem ocorrer com a sua previsão legal, vale destacar que existem duas formas principais de financiamento do devedor em crise, classificadas de acordo com o momento do processo de soerguimento em que este é concedido: "aquele que é concedido entre o ingresso do pedido de recuperação judicial e a aprovação do plano de recuperação (financiamento DIP) e aquele previsto no plano de recuperação (*exit finance* – financiamento saída)"[3]. Ainda, cabe diferenciar também o financiamento, que é um o aporte de recursos sob a forma de dívida, do investimento, que é o aporte de recursos voltados à aquisição de participação societária[4].

Feitas essas observações, voltemos à temática do artigo: nos últimos anos, ficou evidente que um dos grandes problemas enfrentados pelos empresários e sociedades empresárias durante o processo de recuperação judicial era a obtenção de crédito para o desenvolvimento de suas atividades e cumprimento do plano de recuperação judicial aprovado pelos credores. Percebeu-se, ao longo de mais de uma década de vigência da atual legislação, que sem a entrada de "dinheiro novo" no caixa do devedor, torna-se inviável suprir a falta de capital de giro para cobrir as despesas operacionais mais básicas, como pagamento de salários e de fornecedores essenciais, por exemplo.

De fato, a Lei 11.101/2005 trouxe importantes inovações para o sistema de insolvência brasileiro, introduzindo a possibilidade de recuperação judicial e extrajudicial de empresários e sociedades empresárias em dificuldades. No entanto, não havia nenhum instrumento como o que estamos tratando neste texto.

---

[2] "O financiamento DIP é disciplinado pela Seção 364 do *Bankruptcy Code*, que estabelece generosos incentivos legais para que financiadores emprestem recursos em operações DIP. A Seção 364 é sugestivamente intitulada 'obtaining credit' (obtendo crédito). Em comum, todas as modalidades de financiamento DIP asseguram aos financiadores prioridade no pagamento em relação aos credores existentes" (CAVALLI, Cassio. Disponível em: https://www.cassiocavalli.com.br/financiamento-dip-ou-como-financiar-empresas-em-recuperacao-judicial/).

[3] MUNHOZ, Eduardo Secchi. Financiamento e investimento na recuperação judicial. In: CEREZETTI, Sheila C. Neder; MAFFIOLETTI, Emanuelle Urbano (coord.). *Dez anos da Lei 11.101/05*: estudos sobre a lei de recuperação e falência. São Paulo: Almedina, 2015. p. 280.

[4] Op. cit., p. 271.

Cap. 31 · O FINANCIAMENTO DE EMPRESAS EM RECUPERAÇÃO JUDICIAL | **425**

Como é sabido, após o deferimento do processamento do pedido de recuperação judicial, o devedor deverá apresentar um plano de recuperação contendo uma fórmula de pagamento de suas obrigações vencidas e vincendas, ou seja, fará o devedor uma reestruturação de suas atividades, adequando o seu fluxo de caixa (presente e futuro) ao pagamento de suas obrigações, bem como à continuidade de seus negócios.

Os planos de recuperação judicial, como o passar dos anos, foram ficando cada vez mais complexos e, principalmente, ousados, sendo certo que as previsões de deságio (desconto sobre o valor original do crédito), reparcelamento do pagamento e carência se mostram extremamente comuns no atual cenário dos processos recuperatórios.

Analisando os planos com uma régua temporal, verificamos que os percentuais do deságio foram crescendo gradativamente, ou seja, descontos que, inicialmente, eram de 15%, foram se tornando cada vez mais agressivos, alcançando, na atualidade, percentuais de 70%, 80% e até 90% sobre o valor original dos créditos.

Podemos afirmar que um dos motivos para que os deságios se tornassem cada vez maiores é justamente a dificuldade que os devedores em recuperação enfrentam para a obtenção de crédito novo no mercado. E, na ausência desse "dinheiro novo", o caixa utilizado para o pagamento do passivo sujeito à recuperação judicial é o mesmo necessário para a continuação dos negócios.

Importante mencionarmos que a Lei 11.101/2005 é, sem dúvida, um marco na modernização do direito concursal brasileiro. Porém, apesar de inspirada na legislação de direito falimentar norte-americana (*Bankruptcy Code* de 1978), deixou de regular o *DIP Financing* de forma adequada e expressa.

Com efeito, na redação original da Lei 11.101/2005, o tema do financiamento do devedor podia ser analisado à luz de quatro dispositivos: o art. 27, II, *c*, o art. 66, o art. 67 e o art. 84, V, os quais nos faziam concluir que **(a)** as obrigações contraídas após o pedido de recuperação judicial eram extraconcursais; **(b)** o DIP tinha prioridade de pagamento após (i) as despesas com Administrador Judicial, (ii) credores trabalhistas, (iii) quantias fornecidas à massa pelos credores, (iv) despesas para arrecadação, administração e realização do ativo; e (v) custas judiciais incorridas pela massa; *e* **(c)** cabia ao juiz autorizar atos de endividamento necessários e a constituição de garantias antes da aprovação do plano de recuperação judicial, seja a pedido do devedor, seja a pedido do comitê de credores[5].

---

5   Para um estudo mais aprofundado, cf. KIRSCHBAUM, Débora. A recuperação judicial no Brasil: governança, financiamento extraconcursal e votação do Plano. p. 131. Disponível em: https://www.teses.usp.br/teses/disponiveis/2/2132/

Como se pode perceber, essas disposições contidas na redação original da Lei 11.101/2005 não eram lá muito animadoras, especialmente se analisarmos a questão sob a ótica daquele que concede o crédito.

Em que pese o art. 67 da LRF admitir que o novo crédito possuía natureza extraconcursal, antes da alteração promovida pela Lei 14.112/2020, o crédito novo gerado durante a recuperação judicial era o quinto e último dentro da ordem de pagamento dos créditos extraconcursais, somente sendo pago após o pagamento dos honorários do administrador judicial e seus auxiliares, das quantias fornecidas para a massa falida, das despesas com arrecadação e venda dos ativos e das custas do processo de falência e das ações e execuções em que a massa falida tivesse sido vencida. Enfim, os novos créditos oriundos do processo de recuperação judicial eram pagos junto com os tributos gerados pela massa falida após a quebra. Sem dúvidas, uma posição não muito animadora, temos que admitir.

E a situação podia ser ainda pior: considerando a obrigação do administrador judicial de pagar os créditos do art. 151 da LRF tão logo dispusesse de dinheiro em caixa, o credor que concedesse crédito novo a um devedor em recuperação judicial ficava ainda mais longe na ordem de pagamento, em caso de convolação da recuperação judicial em falência.

Assim, é inegável que essa insuficiência de previsibilidade legislativa sobre o Financiamento DIP na redação original da Lei 11.101/2005 causava uma enorme insegurança jurídica para o financiador, que, diferentemente do que ocorre no direito americano, enfrentava aqui a ausência de preferência e, ainda, a possibilidade de ser impactado pela eventual perda da garantia.

Nesse sentido, considerando-se que um dos maiores desafios de um sistema jurídico falimentar é proporcionar mecanismos eficientes para estimular a concessão de empréstimos às empresas endividadas[6], após 15 anos de vigência da Lei 11.101/2005 concluiu-se que ela precisava ser alterada, para incluir expressamente o *DIP Financing*.

Isso ocorreu, principalmente, porque nos últimos anos o *DIP Financing* passou a figurar em recuperações judiciais brasileiras de forma mais frequente,

---

tde03062011104905/publico/Tese_doutorado_Deborah_Kirschbaum.pdf. Acesso em: 9 ago. 2020.

[6] FELSBERG, Thomas Benes; CAMPANA FILHO, Paulo Fernando. Os desafios do financiamento das empresas em recuperação judicial. In: MEDEIROS NETO, Elias Marques; SIMÃO FILHO, Adalberto (coord.). *Direito dos negócios aplicado*. São Paulo: Almedina, 2015. vol. 1, p. 273.

especialmente nos processos que envolviam empresas de grande porte ou grandes conglomerados empresariais[7].

Assim é que a Lei 14.112/2020 dedicou uma Seção inteira para regular a concessão de financiamento às empresas que estejam em recuperação judicial (Seção IV-A – Do Financiamento do Devedor e do Grupo Devedor durante a Recuperação Judicial, arts. 69-A a 69-F), o que, por si só, já configura estrondoso avanço em relação ao sistema de insolvência previsto originalmente na Lei 11.101/2005.

A novel alteração legislativa no art. 69-A dispõe que, durante o processo de recuperação judicial, "o juiz poderá, depois de ouvido o Comitê de Credores, autorizar a celebração de contratos de financiamento com o devedor, garantidos pela oneração ou pela alienação fiduciária de bens e direitos, seus ou de terceiros, pertencentes ao ativo não circulante, para financiar suas atividades e as despesas de reestruturação ou de preservação do valor de seus ativos".

Ou seja, a alteração legislativa permite que o devedor obtenha financiamentos para suas atividades, mediante autorização judicial, caso haja necessidade de concessão de garantias ao financiador, o que é algo bastante comum na prática. E a garantia poderá dar-se, inclusive, por meio de alienação fiduciária de bens ou direitos do devedor ou de terceiros, como por exemplo bens de seus sócios ou administradores, em pleno compasso com as modalidades de contratações realizadas por instituições financeiras na concessão de créditos durante o exercício regular de uma atividade empresarial.

Outro aspecto importante é a natureza extraconcursal que o financiamento DIP detém, agora expressamente reconhecida no art. 69-B, valendo destacar que a extraconcursalidade do referido crédito deverá perdurar mesmo se houver "modificação em grau de recurso da decisão autorizativa da contratação do financiamento". Ademais, tampouco podem ser alteradas "as garantias outorgadas pelo devedor em favor do financiador de boa-fé, caso o desembolso de recursos já tenha sido efetivado".

Essa previsão do art. 69-B é fundamental, porque confere maior segurança jurídica ao investidor e, assim, serve de elemento incentivador primordial para a concessão de empréstimos às empresas em processo de recuperação judicial.

Importante também a possibilidade de "constituição de garantia subordinada sobre um ou mais ativos do devedor em favor do financiador de devedor

---

[7]   Citem-se, por exemplo, os casos da OAS e do Grupo Aralco.

em recuperação judicial, dispensando a anuência do detentor da garantia original", ou seja, o devedor poderá conceder uma garantia de segundo grau ao financiador, sem que exista a necessidade de consentimento do credor originário, nos termos do art. 69-C. Evidentemente, o credor detentor originário da garantia fica protegido, já que o § 1º do art. 69-C prevê que "a garantia subordinada, em qualquer hipótese, ficará limitada ao eventual excesso resultante da alienação do ativo objeto da garantia original".

Verifica-se do novo texto que o legislador, efetivamente, buscou trazer maior flexibilização à disponibilização de garantias pelo devedor em crise, com claro intuito de promover o incremento dos investimentos realizados no âmbito da recuperação judicial. Não obstante, certo é que as garantias fiduciárias, muito exigidas no mercado, ficaram de fora desse alcance, conforme se verifica do atual § 2º do art. 69-C: "O disposto no *caput* deste artigo não se aplica a qualquer modalidade de alienação fiduciária ou de cessão fiduciária".

Um avanço também é a regra do art. 69-E, que contém dispositivo cujo objetivo é proporcionar uma melhor e maior oferta de crédito aos devedores em recuperação judicial, admitindo que o financiador seja "qualquer pessoa, inclusive credores, sujeitos ou não a recuperação judicial, familiares, sócios e integrantes do grupo do devedor", ou seja, o financiamento DIP não é algo restrito a instituições financeiras, podendo qualquer pessoa – inclusive os próprios credores, sujeitos ou não a recuperação judicial, como antigos e novos fornecedores – efetivarem a concessão de créditos ao devedor em crise. Os financiadores podem até mesmo serem sócios e familiares. Essa ampla viabilidade de financiadores é interessante, porque deve atrair para essas operações novos atores do mercado de crédito, como *fintechs* e investidores-anjos[8].

Na mesma linha, a garantia do financiamento poderá ser outorgada por qualquer pessoa, inclusive "o próprio devedor e os demais integrantes de seu grupo, estejam ou não em recuperação judicial". Assim, a garantia não necessariamente precisa ser um bem do devedor em recuperação judicial: poderá ser de outra sociedade pertencente ao seu grupo, mesmo que esta não esteja em recuperação, ou de seus dirigentes e sócios, aumentando o âmbito de possibilidades para o devedor e dando maior garantia de recebimento do crédito pelo concedente, o que certamente criará mecanismos para uma oferta creditícia mais abrangente e segura.

Outro ponto crucial da reforma legislativa, que merece aplausos, é a previsão contida no art. 69-D, o qual estabelece que, no caso de transformação

---

[8] Investimento-anjo é modalidade de investimento que, no Brasil, tem disciplina nos arts. 61-A a 61-D da Lei Complementar 123/2006.

da recuperação judicial em falência, o valor do *DIP Financing* efetivamente entregue ao devedor será considerado crédito extraconcursal e terá preferência de pagamento, nos termos do art. 84, que, na sua nova redação, assim dispõe: "Serão considerados créditos extraconcursais e serão pagos com precedência sobre os mencionados no art. 83 desta Lei, na ordem a seguir, aqueles relativos: I-A – às quantias referidas nos arts. 150 e 151 desta Lei; I-B – ao valor efetivamente entregue ao devedor em recuperação judicial pelo financiador, em conformidade com o disposto na Seção IV-A do Capítulo III desta Lei". Caso ainda não tenha havido a liberação integral dos valores, o contrato de financiamento será automaticamente rescindido e, por fim, as garantias constituídas serão conservadas até o limite dos valores efetivamente recebidos pelo devedor antes da sentença de quebra.

Em suma, o administrador judicial deverá efetuar o pagamento das despesas indispensáveis à administração da falência, como remoção dos bens ou despesas necessárias para uma eventual continuação provisória das atividades, além do pagamento dos salários em atraso, vencidos nos três meses anteriores a decretação da falência, cujo valor não poderá ultrapassar o limite de 5 (cinco) salários mínimos por trabalhador, nos termos dos arts. 150 e 151 da LRF.

Logo após o pagamento dos créditos acima, caso estes realmente existam, deverão ser pagos os credores que concederam créditos na forma de *DIP Financing*, ou seja, os financiadores terão tratamento prioritário na ordem de pagamento dos créditos, se a recuperação judicial passar a falência.

Houve, pois, uma melhora de tratamento considerável do financiamento DIP na ordem de pagamentos em caso de falência: na redação original da Lei 11.101/2005, conforme já exposto, o financiador do devedor em crise ficava em último lugar entre os credores extraconcursais (antigo inciso V do art. 84), mas após as alterações provocadas pela Lei 14.112/2020 ele fica em segundo lugar, atrás apenas dos credores das quantias referidas nos arts. 150 e 151 da LRF.

Não obstante essas previsões legais inéditas e, a nosso ver, benéficas, a Lei 14.112/2020 deixou exclusivamente nas mãos do magistrado a decisão de autorizar ou não a concessão do financiamento à empresa devedora, não havendo sequer a previsão de análise e manifestação do administrador judicial sobre a questão, mas apenas do comitê de credores, órgão que, como se sabe, quase não existe, na prática[9].

---

[9] "O comitê de credores exerce um papel absolutamente marginal nos regimes de crise regulados pela LFRE, sendo raros os casos em que chega a ser constituído"

Além disso, o novo texto legal não traz qualquer regulamentação sobre a forma de pagamento do empréstimo durante o processo de recuperação judicial, questão fundamental para conferir uma mais efetiva segurança jurídica ao investidor, o que, por sua vez, é crucial para estimular o financiamento das empresas em crise no Brasil.

Entendemos que a inclusão do *DIP Financing* na legislação falimentar brasileira supre uma lacuna importante no nosso ordenamento jurídico e, especialmente, traz maior previsibilidade e segurança jurídica ao potencial investidor, o que permitirá, a nosso ver, o desenvolvimento local de um mercado atrativo e seguro para o financiador de empresas em crise.

No mais, considerando-se que a obtenção de dinheiro novo é praticamente indispensável à manutenção das atividades de empresas em crise, há de ser ter em mente objetivos muito bem definidos, para que o empréstimo obtido aumente o valor da empresa devedora em benefício dos credores, e para que o investidor tenha as suas condições de prioridade garantidas.

Muito mais importante que o novo instrumento é a perspectiva que terá o devedor de buscar novos créditos para o cumprimento do seu plano de recuperação judicial, crédito esse que seguramente terá preço e condição de pagamento melhores, haja vista a possibilidade de concessão de garantias ao potencial financiador.

Tais medidas incentivarão o mercado a investir em empresas que estão passando por um difícil momento econômico-financeiro, mas que podem sobreviver e honrar tanto os antigos como os novos créditos contraídos.

Visualizamos também uma possível melhoria nos planos de recuperação judicial para os antigos credores, porque, como já ficou dito, os planos têm se mostrado cada vez mais ousados em relação aos créditos antigos, ou seja, o credor originário vem contribuindo com o maior sacrifício dos planos, cenário este que esperamos possa ser alterado com as novas modalidades de financiamento DIP.

Finalmente, esperamos que as alterações legislativas comentadas possam auxiliar as empresas em crise na obtenção de novos créditos e, principalmente, possam ser um fator positivo para o cumprimento do seu plano de reestruturação com o recebimento dos créditos por toda a coletividade de credores (extraconcursais e concursais).

(SCALZILLI, João Pedro; SPINELLI, Luís Felipe; TELLECHEA, Rodrigo. *Recuperação de empresas e falência*: teoria e prática na Lei 11.101/2005. 3. ed. São Paulo: Almedina, 2018. p. 280).

REFERÊNCIAS BIBLIOGRÁFICAS

BEZERRA FILHO, Manoel Justino. *Lei de Recuperação de Empresas e Falência – Lei 11.101/2005*: comentada artigo por artigo. 12. ed. São Paulo: RT, 2018.

CAVALLI, Cassio. Disponível em: https://www.cassiocavalli.com.br/financiamento-dip-ou-como-financiar-empresas-em-recuperacao-judicial/.

COELHO, Fábio Ulhoa. *Curso de direito comercial*. 17. ed. São Paulo: RT, 2016. vol. 3.

FELSBERG, Thomas Benes; CAMPANA FILHO, Paulo Fernando. Os desafios do financiamento das empresas em recuperação judicial. In: MEDEIROS NETO, Elias Marques; SIMÃO FILHO, Adalberto (coord.). *Direito dos negócios aplicado*. São Paulo: Almedina, 2015. vol. 1.

MUNHOZ, Eduardo Secchi. Financiamento e investimento na recuperação judicial. In: CEREZETTI, Sheila C. Neder; MAFFIOLETTI, Emanuelle Urbano (coord.). *Dez anos da Lei 11.101/05*: estudos sobre a lei de recuperação e falência. São Paulo: Almedina, 2015.

SACRAMONE, Marcelo Barbosa. *Comentários a Lei de Recuperação de Empresas e Falência*. São Paulo: Saraiva, 2018.

SCALZILLI, João Pedro; SPINELLI, Luís Felipe; TELLECHEA, Rodrigo. *Recuperação de empresas e falência*: teoria e prática na Lei 11.101/2005. 3. ed. São Paulo: Almedina, 2018.

32

FINANCIAMENTO DIP

EDUARDO SECCHI MUNHOZ

Sumário: I. Introdução – II. Princípios regulatórios – III. Disciplina do financiamento DIP na lei brasileira – IV. Conclusão – Referências bibliográficas.

I. INTRODUÇÃO

A Lei 14.112/2020 promoveu modificações profundas na Lei 11.101/2005 com o declarado objetivo de tornar mais eficiente o sistema brasileiro voltado a lidar com a crise da empresa[1].

O aprimoramento desse sistema é fundamental, porque, como apontam a literatura econômica e a jurídica, cuida-se de fator fundamental para a resiliência econômica[2]. A lei falimentar, portanto, deve ser vista não como um instrumento para lidar com a patologia, nem possuir caráter punitivo, com base na ideia de que o insucesso empresarial decorreria da má-fé do empresário. Ao contrário, a lei falimentar deve considerada um importante instrumento de política pública, voltado a assegurar um ambiente econômico dotado de resiliência, que confira às empresas efetiva capacidade de lidar com eventuais crises.

---

[1] Para facilidade de referência, será utilizada a expressão *sistema falimentar* para denominar de forma abrangente esse sistema.

[2] GILSON, S. Coming through in a crisis: how Chapter 11 and debt restructuring industry are helping to revive the US economy. *Journal of Applied Corporate Finance*, v. 24, p. 23-35, 2012.

Nesse contexto, as mudanças trazidas pela Lei 14.112/2020 relacionadas com o chamado Financiamento DIP assumem especial relevância. Define-se como Financiamento DIP[3] aquele que é concedido à empresa no período compreendido entre o início do processo judicial voltado à sua recuperação (no Brasil, a recuperação judicial) e a apreciação do seu plano de recuperação pelos credores.

O acesso ao Financiamento DIP é, segundo a literatura econômica, um dos fatores essenciais a determinar o sucesso do processo de recuperação da empresa[4]. Bem por isso, não apenas nos Estados Unidos, onde está estabelecido um sólido mercado de Financiamento DIP[5], mas também na Europa[6], onde na maior parte dos países esse mercado é incipiente, reconhece-se a relevância de incentivar esse tipo de financiamento, durante o processo de recuperação da empresa.

O objeto deste trabalho é examinar a regulação do Financiamento DIP pela lei falimentar brasileira, após a edição da Lei 14.112/2020. O trabalho organiza-se da seguinte forma. Primeiro, serão destacados os princípios fundamentais da regulação para incentivar o Financiamento DIP. Em seguida, à luz desses princípios, serão examinadas as normas da lei brasileira sobre a matéria. Ao final, serão apresentadas considerações sobre os potenciais efeitos que essas mudanças poderão trazer sobre a realidade econômica.

II. PRINCÍPIOS REGULATÓRIOS

A regulação jurídica do Financiamento DIP deve lidar com os seguintes objetivos fundamentais: (i) segurança jurídica; (ii) concessão de proteções especiais em relação a credores anteriores; e (iii) sistema de controle *ex ante* da contratação[7].

---

[3] A expressão tem origem no sistema norte-americano, aludindo à ideia de que o financiamento é concedido à empresa, cujos sócios e administradores permanecem com o poder de comandar a sua gestão (*debtor-in-posssession* – DIP), durante o processo judicial de recuperação (*Chapter 11, Bankruptcy Code*).

[4] Cf. LOPUCKI, L. Bankruptcy survival. *UCLA Law Review*, v. 62, p. 970-1015.

[5] Cf. LOPUCKI, L. Bankruptcy survival, cit.

[6] Cf. DIRETIVA (UE) 2019/1023, "sobre os regimes de reestruturação preventiva, o perdão de dívidas e as inibições, e sobre as medidas destinadas a aumentar a eficiência dos processos relativos à reestruturação, à insolvência e ao perdão de dívidas", itens 66, 67 e 68.

[7] Cf. MUNHOZ, E. Financiamento e investimento na recuperação judicial. In: CEREZETTI, S. et al. (coord.). *Dez anos da Lei 11.101/2005*: estudos sobre a Lei de Recuperação e Falência. São Paulo: Almedina, 2015. p. 280.

Cap. 32 • FINANCIAMENTO DIP | **435**

A intervenção da regulação jurídica é essencial para buscar o equilíbrio da equação *risco-retorno*, necessária para ampliar o acesso ao Financiamento DIP. Diante do risco elevado de emprestar recursos a empresas em crise, é preciso estabelecer uma disciplina jurídica específica que possa criar as condições necessárias para viabilizar esse tipo de operação e para reduzir o seu custo.

Quanto à segurança jurídica, o primeiro aspecto a ser analisado refere-se à necessidade de proteger a validade e a eficácia do negócio jurídico pelo qual o Financiamento DIP é implementado. Essa proteção deve ocorrer em relação (i) a possíveis alegações de fraude contra credores ou figuras afins, por credores anteriores; (ii) ao risco de sucessão em obrigações do devedor; e (ii) a eventuais recursos interpostos no curso do processo de recuperação judicial.

A empresa em recuperação envolve um conjunto de credores, cujos direitos foram inadimplidos. Assim, todo e qualquer negócio jurídico que contemple a oneração ou a alienação de bens do devedor poderia ser considerado nulo ou ineficaz, em virtude da incidência de figuras como (i) fraude contra credores (art. 158, Código Civil), (ii) fraude à execução (art. 792, Código de Processo Civil), ou (iii) ineficácias objetivas e ação revocatória, incidentes no caso de falência (arts. 129 e 130, Lei 11.101/2005).

Diante desse quadro, é preciso conferir ao negócio de Financiamento DIP a segurança de que, uma vez contratado de acordo com os requisitos legais, não poderá ser posteriormente alegada sua invalidade ou ineficácia, em virtude de créditos anteriores inadimplidos pelo devedor.

Além disso, é preciso assegurar ao Financiador DIP que não será considerado sucessor de obrigações do devedor. É natural que o Financiamento DIP estabeleça ao financiador uma série de direitos que lhe conferem a capacidade de influenciar a tomada de decisões pelo devedor (sobretudo, por meio dos chamados *covenants*). Também é muito comum que os principais bens ou direitos do devedor sejam onerados em garantia do Financiamento DIP.

Essas características podem acarretar ao provedor do Financiamento DIP o risco de ser considerado sucessor em dívidas do devedor, sobretudo, em virtude de precedentes judiciais que aplicam de forma abusiva a teoria da desconsideração da personalidade jurídica, algo comum, sobretudo, nas ações trabalhistas e tributárias. Nessa linha, também é importante oferecer ao provedor do Financiamento DIP a segurança de que a celebração do negócio, ainda que envolva *covenants* e garantias sobre bens relevantes do devedor, não acarretará a sucessão em obrigações de qualquer natureza.

Por último, o risco de o negócio de Financiamento DIP ser, de qualquer forma, modificado ou mesmo invalidado em virtude de decisões judiciais futuras, proferidas no âmbito de recursos interpostos contra a decisão que inicialmente o tiver autorizado.

Sabe-se que o tempo do processo não observa o tempo das necessidades da empresa. A função primordial do Financiamento DIP é oferecer à empresa em crise uma fonte de recursos financeiros que lhe permita continuar o desenvolvimento de suas atividades até o momento em que lhe seja possível negociar o plano de recuperação com a coletividade de seus credores. É evidente, portanto, que o Financiamento DIP deve ser célere – no prazo de semanas ou poucos meses –, sob pena de esvaziar-se completamente a sua finalidade.

Assim, não é possível imaginar que, antes da implementação do Financiamento DIP, seja possível buscar uma decisão judicial definitiva (não sujeita a recurso) que venha a autorizar sua realização. No Brasil, dado o sistema recursal, uma decisão definitiva poderia levar muitos anos.

Isso acrescenta um risco relevante para o provedor do Financiamento DIP. Se ele desembolsar os recursos financeiros ao devedor antes de uma decisão judicial definitiva, poderia, no futuro, uma vez julgado um recurso interposto contra a operação, ver o negócio jurídico ser invalidado, ou perder as garantias que lhe foram outorgadas. Esse risco é de tal ordem que implica a inviabilização da maior parte das operações ou eleva sobremaneira o seu custo. Afinal, o financiador deverá aceitar o cenário de vir a perder os recursos desembolsados ao devedor, em virtude da posterior anulação das garantias que contratou justamente para assegurar o recebimento do seu crédito.

Para eliminar esse risco, a disciplina jurídica deve conferir ao financiador a segurança de que, depois de consumado o negócio, desde que tenham sido cumpridos os requisitos legais próprios, não será possível que uma decisão judicial futura venha a invalidar ou tornar ineficazes as suas garantias ou demais direitos previstos no contrato. Trata-se do que a prática norte-americana denominou de *mootness doctrine*[8].

Além da segurança, a regulação jurídica do Financiamento DIP deve orientar-se no sentido de conceder ao financiador proteções ou benefícios especiais, de modo a equilibrar os riscos derivados desse tipo de operação.

Muito comum é oferecer ao Financiamento DIP uma posição prioritária no caso da futura falência do devedor. No caso de insucesso da recuperação, sobrevindo a falência, a possibilidade de recuperação de crédito do financiador será mais elevada, na medida em que terá posição hierárquica superior a outras categorias de crédito.

---

[8]   Cf. MUNHOZ, E. *Mootness doctrine* e o direito brasileiro. In: ELIAS, V. (coord). *10 Anos da Lei de Recuperação de Empresas e Falência*: reflexões sobre a reestruturação empresarial no Brasil. São Paulo: Quartier Latin, 2015. p. 113.

Todavia, esse benefício, em geral, não é suficiente. O Financiamento DIP costuma ser concedido sob a confiança de que a empresa terá condições de recuperar-se. A falência é sempre um cenário dotado de muita incerteza, em que a possibilidade de recebimento do crédito pelos credores dificilmente pode ser assegurada, por mais alta que seja a prioridade na ordem hierárquica de créditos. Ademais, a falência pode levar tempo para ser decretada desde a contratação do Financiamento DIP. Nesse período, pode haver substancial modificação do patrimônio do devedor (bens e dívidas), comprometendo sua capacidade futura de pagamento.

Por isso, o financiador raramente se contenta com a prioridade que lhe é conferida pela lei no caso de falência. Ao contratar o Financiamento DIP, exige a concessão de garantias que vinculem bens específicos do devedor ao pagamento de seu crédito.

Para atender a esse objetivo, a regulação jurídica deve buscar soluções que permitam ao devedor oferecer bens em garantia para levantar o Financiamento DIP. É muito comum que, quando do início do processo de recuperação judicial, a empresa em crise já tenha onerado em favor de seus credores a integralidade, ou boa parte, dos seus bens. Nesse contexto, observadas determinadas condições, é razoável conceder ao juiz o poder de determinar o compartilhamento de garantias entre o provedor do Financiamento DIP e credores anteriores. É possível que o compartilhamento não prejudique o credor anterior, na medida em que o valor do bem, objeto da garantia, seja substancialmente superior ao valor do seu crédito. Esse pode ser um dos requisitos para que o juiz possa determinar o compartilhamento, de modo a equilibrar o interesse individual do credor titular da garantia com o interesse da coletividade de credores na recuperação da empresa, que pode ser beneficiado pelo Financiamento DIP.

Finalmente, é relevante que o Financiamento DIP seja submetido a um controle *ex ante*. Dadas as proteções especiais que lhe são concedidas pela lei, com repercussão sobre direitos da coletividade de credores, não seria adequado deixar que o tema ficasse submetido à liberdade de contratar do devedor.

Esse controle deve envolver a participação dos credores, dos demais órgãos da recuperação, culminando com sua autorização por meio de decisão judicial. Essa a experiência dominante no direito comparado[9].

---

[9] Cf. a disciplina constante da Seção 364 do *Bankruptcy Code* norte-americano.

Numa abordagem sintética, adequada para os objetivos do presente trabalho, esses são os princípios que a regulação jurídica deveria observar em relação ao Financiamento DIP. Cabe, agora, examinar como a lei brasileira em vigor cuida da matéria.

III. DISCIPLINA DO FINANCIAMENTO DIP NA LEI BRASILEIRA

Com o advento da Lei 14.112/2020, o Financiamento DIP passou a receber tratamento específico em todo um capítulo da LFR, intitulado "Do Financiamento do Devedor e do Grupo Devedor durante a Recuperação Judicial" (arts. 69-A a 69-F).

O art. 69-A procura definir Financiamento DIP, o que é relevante dado o regime jurídico especial que lhe é atribuído. Define como tal aquele que é obtido pelo devedor "durante a recuperação judicial", após autorização do juiz, nos termos dos arts. 66 e 67 da lei. Delimitado o conceito, verifica-se que a LFR define regras específicas para esse tipo de financiamento, com o objetivo de incentivá-lo.

Inicialmente, merecem destaque os arts. 66-A e 69-B, que visam a tutelar a validade e a eficácia do negócio jurídico pelo qual se implementa o Financiamento DIP. Como consequência de tais dispositivos, desde que observados os requisitos próprios, não poderá ser invalidada ou tornada ineficaz a garantia outorgada ao financiador pelos credores anteriores, com fundamento em fraude contra credores, fraude à execução, ou figuras afins de que se cuidou anteriormente.

Além disso, os dispositivos introduzem no direito positivo brasileiro orientação similar à da doutrina da *mootness doctrine* da experiência norte-americana[10]. Isso porque, após a "consumação do negócio jurídico com o recebimento dos recursos correspondentes pelo devedor", as garantias outorgadas ao "financiador de boa-fé" não poderão ser invalidadas, ainda que no julgamento superveniente de recursos.

Essa solução não ofende o princípio do duplo grau de jurisdição, por uma série de razões. O duplo grau de jurisdição não se encontra definido explicitamente no texto constitucional como garantia fundamental. A doutrina processual considera que tal princípio decorre do *devido processo legal* e da garantia de *acesso à jurisdição*.

---

[10] Cf. MUNHOZ, E. *Mootness doctrine* e o direito brasileiro, cit.

Ainda que admitido o seu caráter constitucional, o princípio não é de forma alguma afetado, porque os arts. 66-A e 69-B não afastam o direito de recorrer, nem a possibilidade de obter tutela recursal específica para impedir o Financiamento DIP. O credor, ou outros titulares do interesse de recorrer, têm a possibilidade de valer-se de recurso para revisar a decisão judicial de grau inferior, inclusive, para impedir a efetivação do negócio jurídico.

A limitação estabelecida pelo dispositivo é de natureza meramente temporal e baseada em um evento concreto, que envolve direitos de terceiro. Se houver autorização judicial expressa válida e vigente, ou seja, se, no momento da consumação do negócio jurídico, não houver nenhuma outra decisão, em grau de recurso, suspendendo os seus efeitos, então, esse poderá ser realizado e eventual decisão proferida no futuro haverá de observar um limite: não poderá tornar inválida ou ineficaz a alienação ou a oneração de bens realizadas anteriormente em favor do terceiro de boa-fé.

Por isso, não se tem dúvida em afirmar que a limitação ao conteúdo de decisões judiciais futuras constante dos arts. 66-A e 69-B é perfeitamente compatível com as garantias constitucionais processuais. E, numa perspectiva sistemática e teleológica, tal limitação é legítima porque visa a atender a um imperativo essencial para que outras finalidades próprias da lei falimentar (sobretudo, a preservação da empresa e sua função social), também de estatura constitucional (arts. 5º, XIII, e 170, III) possam vir a ser atendidas.

De fato, como se viu, se a proteção do Financiamento DIP dependesse de uma decisão judicial transitada em julgado, este seria inviabilizado ou fortemente restringido, comprometendo o atendimento das finalidades precípuas do sistema falimentar.

Cumpre examinar, neste ponto, conceito de *financiador de boa-fé,* constante dos arts. 66-A e 69-B. A boa-fé do financiador se caracteriza pela ausência da intenção de, em conluio com o devedor, prejudicar ou fraudar os demais credores (elemento subjetivo). A ideia é similar ao conceito de *consilium fraudis,* próprio do instituto da fraude contra credores (art. 158, Código Civil). Assim, não elide a boa-fé do financiador o mero conhecimento de que o devedor possui créditos anteriores inadimplidos ou, ainda, o conhecimento de que credores do devedor opõem-se à efetivação da operação, inclusive, eventualmente, mediante a interposição de recursos. A situação é similar à que se verifica em relação ao terceiro de boa-fé para efeito da incidência da regra da inoponibilidade das exceções pessoais nos títulos de crédito abstratos[11].

---

[11]   Cf. ASCARELLI, T. *Teoria geral dos títulos de crédito*. São Paulo: Red Livros, 1999. p. 130-137.

O art. 69-C traz também uma novidade importante. Trata-se da possibilidade de o juiz determinar que o credor do Financiamento DIP possa compartilhar garantias com credor anterior, ainda que sem a anuência deste. A regra é semelhante à encontrada no direito norte-americano[12] e visa a atender ao objetivo, já ressaltado anteriormente, de viabilizar o Financiamento DIP nas hipóteses em que a integralidade dos bens do devedor já está onerada no momento da recuperação judicial.

A regra brasileira autoriza somente, no entanto, a outorga de garantia *subordinada* ao crédito anterior. De forma diversa da experiência norte-americana, não permite o compartilhamento em condições iguais (*pari passu*) ou em que o credor do Financiamento DIP teria prioridade (*prime lien*).

Embora a norma do art. 69-C signifique um avanço importante, ela encontra um fator que restringe significativamente sua efetividade. É que o compartilhamento não pode ser determinado no caso de alienação fiduciária (art. 69-C, § 2º), que corresponde, de longe, à garantia mais utilizada no mercado brasileiro. O compartilhamento contemplado no dispositivo, portanto, está limitado às hipóteses de penhor, hipoteca, ou outras garantias reais, cada vez menos frequentes na realidade brasileira.

A Lei 14.112/2020 procurou, ainda, elevar a prioridade do Financiamento DIP na ordem hierárquica de recebimento de créditos na falência. Para tanto, estabeleceu no art. 84, I-B, que, na falência, o Financiamento DIP tem prioridade sobre todos os demais créditos do devedor, com exceção daqueles previstos no inciso I-A do mesmo dispositivo. Trata-se, sem dúvida, de um benefício importante, mas que pode ser mitigado na maioria dos casos concretos, novamente, em razão do tratamento dispensado à alienação fiduciária.

Antes dos créditos extraconcursais previstos no art. 84, inclusive o Financiamento DIP, há de se observar os pedidos de restituição, nos termos do art. 85 e ss. da Lei. Entre eles, o direito de o credor garantido por alienação fiduciária retirar o bem objeto de garantia da massa falida, vindo posteriormente a aliená-lo, caso em que restituirá à massa apenas o valor que eventualmente remanescer após o pagamento do seu crédito. Isso significa que, antes do pagamento dos créditos extraconcursais do art. 84, no caso de falência, os credores de alienação fiduciária, que no mercado atual representam a esmagadora maioria dos credores financeiros das empresas, poderão alienar os respectivos bens e receber com precedência sobre qualquer outro credor o resultado dessa alienação. Ou seja, na prática, o crédito titular de alienação fiduciária tem precedência sobre o Financiamento DIP, no caso de falência.

---

[12] Cf. Seção 364, *Bankruptcy Code*.

Logo, a prioridade na falência ao credor do Financiamento DIP somente terá relevância se o devedor possuir bens livres de alienação fiduciária em valor suficiente para servir ao seu pagamento. Essa, porém, é uma situação dificilmente verificada na realidade, já que, na maior parte dos casos, a empresa que ingressa em recuperação judicial e, mais ainda, a empresa cuja falência é decretada, tem a integralidade ou a maior parte de seus bens onerados por alienação fiduciária.

Nesses casos, a prioridade oferecida ao Financiamento DIP na falência terá pouco significado. Essa constatação destaca a relevância de prever meios para que o devedor possa oferecer garantias para o Financiamento DIP no momento de sua contratação (por exemplo, com a ampliação da regra do compartilhamento).

Por último, ainda com o objetivo de incentivar o Financiamento DIP, vale ressaltar que os arts. 69-E e 69-F procuraram ampliar a qualquer pessoa a possibilidade de conceder Financiamento DIP ou de oferecer garantias para sua contratação, inclusive, credores anteriores, sócios administradores ou outras pessoas ligadas ao devedor.

Finalmente, cumpre examinar o mecanismo de aprovação do Financiamento DIP, ou seja, como é exercido o controle *ex ante,* de que se cuidou anteriormente.

Segundo o art. 69-A, ele dependerá de autorização judicial expressa, após ouvido o Comitê de Credores. Além disso, evidentemente, poderão se manifestar sobre o Financiamento DIP o administrador judicial e quaisquer credores que tenham interesse sobre a matéria. Estes poderão, inclusive, apresentar recursos contra eventual decisão judicial que venha a autorizar o Financiamento DIP.

A Lei 14.112/2020 não criou, porém, um procedimento específico para a obtenção da autorização judicial. Por exemplo, determinando documentos mínimos que deveriam ser apresentados pelo devedor, prazo para sua avaliação pelos credores, administrador judicial ou comitê de credores, designação de audiência para eventual oitiva das partes, entre outros atos que poderiam ser previstos. A lei norte-americana, ao alocar ao juiz o poder de autorizar o Financiamento DIP, preocupa-se em disciplinar um procedimento com características semelhantes. A falta dessa disciplina no Brasil, porém, poderá ser facilmente suprida pela evolução jurisprudencial sobre o tema. O princípio básico deve ser o de assegurar o direito à ampla informação e ao contraditório, de modo que o juiz, no momento de decidir, possa avaliar o Financiamento DIP em todos os seus aspectos legais.

É correta a orientação da lei, por outro lado, de alocar a decisão sobre o Financiamento DIP ao juiz, e não à assembleia geral de credores, como chegou a constar em algumas versões de projetos de modificação da lei. A assembleia geral de credores não é o órgão adequado para decidir a respeito do Financiamento DIP, por uma série de razões. Entre as mais importantes, (i) o conflito de interesses entre as diversas categorias de credores, que podem ser afetadas de modo distinto pelo Financiamento DIP, (ii) a dificuldade de, em curto espaço de tempo, estabelecer uma negociação coordenada com o conjunto de credores, (iii) a contaminação da decisão sobre o Financiamento DIP com os elementos próprios da negociação do plano de recuperação (o credor dificilmente autorizaria o Financiamento DIP sem saber qual seria o tratamento do seu crédito no plano de recuperação), que deverá ocorrer em momento futuro. Por tudo isso, caso o Financiamento DIP fosse objeto de decisão da assembleia de credores, hipótese não recomendável, como se viu, o quórum de aprovação jamais poderia deixar de considerar as diferentes classes de credores, como algumas propostas de reforma da lei chegaram a contemplar.

Por esses motivos, aqui sinteticamente expostos, a melhor solução é endereçar ao juiz o poder de aprovar, ou não, o Financiamento DIP, assegurado o direito à ampla informação e ao contraditório aos credores e aos demais órgãos da recuperação judicial, como está estabelecido na lei brasileira, em linha, por exemplo, com o direito norte-americano (Seção 364, *Bankruptcy Code*).

Caberá ao juiz, diante dos diversos interesses em jogo, após exercido o contraditório, autorizar, ou não, o Financiamento DIP. O critério a ser seguido para a decisão judicial é assegurar a preservação da empresa por meio do Financiamento DIP com o menor prejuízo possível à posição jurídica dos credores anteriores.

IV. CONCLUSÃO

A mudança da lei falimentar brasileira, promovida em 2020, foi positiva para o Financiamento DIP, ainda incipiente na realidade brasileira, a despeito de constituir um fator determinante para o sucesso da recuperação da empresa.

A mudança que, possivelmente, provocará efeitos práticos mais significativos foi a introdução de regra similar à *mootness doctrine* norte-americana. Ao proteger a validade e a eficácia do Financiamento DIP, após a consumação do negócio e o desembolso dos recursos em favor do devedor, inclusive, contra eventuais decisões judiciais futuras, elimina-se um risco muito relevante, capaz de inviabilizar a maior parte das operações ou de torná-las excessivamente onerosas. A mudança da lei neste ponto modifica substancialmente a equação de riscos até recentemente vigente no Brasil a respeito da matéria.

Também representam avanços importantes (i) a possibilidade de o juiz determinar o compartilhamento de garantia com credor anterior, ainda que de forma subordinada, para a obtenção de Financiamento DIP (art. 69-B); e (ii) a elevação do Financiamento DIP na ordem de prioridade de recebimentos, no caso de falência (art. 84, I-B). E a de ampliar o rol de pessoas que podem prover o Financiamento DIP (arts. 69-E e 69-F).

Esses fatores, porém, têm sua efetividade fortemente limitada pela disciplina atual da alienação fiduciária, de longe, a mais frequente no mercado financeiro brasileiro. O compartilhamento de garantias previsto na lei não se aplica à alienação fiduciária; e, no caso de falência, a alienação fiduciária tem precedência sobre o Financiamento DIP.

Assim, tendo em vista que boa parte dos bens do devedor, no caso de recuperação judicial ou de falência, em geral, estará onerada por alienação fiduciária, é de se antever a dificuldade que este terá para oferecer garantias necessárias à contratação do Financiamento DIP. E, por outro lado, como estará esvaziada a prioridade legal concedida ao Financiamento DIP no caso de falência. Nesse aspecto, embora o espírito da lei fosse positivo, acredita-se que esta terá pouca efetividade.

Para mudar essa realidade, parece indispensável alargar as hipóteses em que o juiz pode determinar o compartilhamento de garantias, (i) seja para incluir a alienação fiduciária como garantia passível de compartilhamento, (ii) seja para determinar que a garantia do provedor do Financiamento DIP seja tratada em posição de igualdade com a dos credores anteriores, ou até com prioridade.

Para essa mudança, porém, é preciso um avanço institucional importante no sistema falimentar brasileiro. É preciso que o mercado financeiro reconheça haver segurança e estabilidade suficientes para confiar que as decisões judiciais a respeito do tema observarão com rigor os limites impostos pela lei, de modo a evitar sacrifícios excessivos ou indesejáveis a seus créditos e garantias anteriores. A ausência dessa confiança leva a soluções que limitam de forma cabal qualquer possibilidade de adotar no Brasil instrumentos consagrados na prática internacional, a respeito da matéria. O resultado é a redução drástica da efetividade dos instrumentos de recuperação da empresa brasileira em crise.

De toda sorte, a nota final deste trabalho é de um otimismo realista. Especificamente em relação ao Financiamento DIP, a mudança da lei trouxe avanços importantes. Caberá à doutrina e à jurisprudência dar os contornos adequados às novidades legislativas, de modo a conferir segurança e previsibilidade, como é necessário ao bom desenvolvimento dos processos de recuperação judicial de empresas. Este trabalho espera contribuir para esse objetivo, tão importante para o desenvolvimento da economia brasileira.

REFERÊNCIAS BIBLIOGRÁFICAS

ASCARELLI, T. *Teoria geral dos títulos de crédito*. São Paulo: Red Livros, 1999.

GILSON, S. Coming through in a crisis: how Chapter 11 and debt restructuring industry are helping to revive the US economy. *Journal of Applied Corporate Finance*, v. 24, p. 23-35, 2012.

LOPUCKI, L. Bankruptcy survival. *UCLA Law Review*, v. 62, p. 970-1015.

MUNHOZ, E. Financiamento e investimento na recuperação judicial. In: CEREZETTI, S. et al. (coord.). *Dez anos da Lei 11.101/2005*: estudos sobre a Lei de Recuperação e Falência. São Paulo: Almedina, 2015.

MUNHOZ, E. *Mootness doctrine* e o direito brasileiro. In: ELIAS, V. (coord.). *10 Anos da Lei de Recuperação de Empresas e Falência*: reflexões sobre a reestruturação empresarial no Brasil. São Paulo: Quartier Latin, 2015.

RECUPERAÇÃO JUDICIAL DO PRODUTOR RURAL

33

PRESSUPOSTOS DO PEDIDO DE RECUPERAÇÃO JUDICIAL DO PRODUTOR RURAL: EVOLUÇÃO DA JURISPRUDÊNCIA E INOVAÇÕES INTRODUZIDAS PELA LEI Nº 14.112/2020

ANGLIZEY SOLIVAN DE OLIVEIRA

Sumário: 1. Introdução – 2. Evolução da jurisprudência no Superior Tribunal de Justiça – 3. Pressupostos do pedido – 4. Nova redação do art. 48 da Lei nº 11.101/2005 dada pela Lei nº 14.112/2020 – 5. Conclusão – Referências bibliográficas.

1. INTRODUÇÃO

O Código Civil/2002 (CC), inspirado no direito italiano, adotou a chamada teoria da empresa e definiu no art. 966 a figura do empresário como aquele que exerce profissionalmente atividade econômica organizada para a produção ou circulação de bens e prestação de serviços, destinada ao mercado com objetivo de geração de lucros para quem a explora[1].

A empresa em termos pragmáticos e sucintos é o exercício dessa atividade econômica de forma organizada. Apesar disso, os empresários e as sociedades empresárias estão obrigados a solicitar inscrição no Registro Público de Empresas Mercantis antes do início da atividade, do contrário estarão em situação irregular (art. 967).

---

[1] COELHO, Fábio Ulhoa. *Curso de direito comercial*. 16. ed. São Paulo: Saraiva, 2012. v. 1.

Ocorre que, o CC regulamentou de forma diferenciada a situação dos produtores rurais ao estabelecer, nos arts. 971 e 984, que estes, na condição de pessoa natural ou jurídica, têm a faculdade de requerer inscrição no Registro Público de Empresas Mercantis para fins de submissão ao regime jurídico empresarial.

A propósito, o art. 970 do CC prevê tratamento diferenciado para o empresário rural e para o pequeno empresário quanto a inscrição e seus efeitos. Esse benefício visa simplificar o próprio ato da inscrição, as obrigações tributárias, e as exigências da escrituração contábil-fiscal, o que, evidentemente, só se justifica para o pequeno empresário rural, que desenvolve sua atividade dentro de uma estrutura mínima, diferentemente daquela praticada pelos integrantes da cadeia do agronegócio[2].

A inscrição, portanto, é uma opção do produtor rural resultante da autonomia da vontade diante de uma faculdade prevista na lei, que pode ser exercida em qualquer momento da sua existência, segundo o seu arbítrio, e leva à migração do regime civil para o empresarial, com todos os efeitos daí decorrentes.

Quanto à distinção do tratamento dispensado aos produtores rurais, Francisco Satiro[3] esclarece que:

> Pelo art. 966, portanto, não é o registro que faz de alguém, empresário, mas o fato de exercer atividade empresária. Antes da inscrição – e, portanto, da declaração pública do seu estado – o agente que exerce profissionalmente atividade econômica organizada para a produção ou circulação de bens ou serviços já é empresário, mas por conta da obrigatoriedade do art. 967, exerce irregularmente a empresa, se não tiver procedido à previa inscrição no Registro do Comércio. Ocorre que o art. 967 não se aplica ao produtor rural por conta do comando do art. 971. Logo, sua atividade é empresária e regular independentemente de qualquer registro, tenha ele efeito declaratório ou constitutivo.

---

[2]   Agronegócios são "a soma total das operações de produção e distribuição de suprimentos agrícolas, das operações de produção nas unidades agrícolas, do armazenamento, processamento e distribuição dos produtos agrícolas e itens produzidos a partir deles". John Davis e Ray Goldberg assim os definiram em 1957. NEVES, Marcos Fava. *Doutor Agro*. São Paulo: Gente, 2012. p. 227.

[3]   SATIRO, Francisco. "Agro é pop": a questão da recuperação judicial do produtor rural individual e seus efeitos sobre as obrigações do devedor, 2020. Disponível em: https://usp-br.academia.edu/FranciscoSatiro. Acesso em: 23 fev. 2021.

Cap. 33 · PRESSUPOSTOS DO PEDIDO DE RECUPERAÇÃO JUDICIAL DO PRODUTOR RURAL | 449

O período de atividade rural antecedente à inscrição é considerado regular justamente em razão de, por escolha legislativa, a inscrição ser faculdade e não requisito de regularidade da atividade (CC, arts. 971 e 984), que é aferida no sentido fático e apenas marcará sua submissão ao novo regime jurídico.

O sistema de recuperação judicial, por sua vez, exige o preenchimento, pelo devedor, da conjugação dos requisitos previstos nos arts. 1º e 48 da Lei nº 11.101/2005: comprovação da condição de empresário ou sociedade empresária – diferentemente do que ocorre com a falência – e a regularidade da atividade há pelo menos dois anos.

Não obstante as disposições do Código Civil antes citadas, após a edição da Lei nº 11.101/2005 se estabeleceu controvérsia sobre a regularidade da atividade do produtor rural anteriormente à data da inscrição na Junta Comercial e os créditos sujeitos ao regime recuperacional[4].

Essas primeiras considerações emolduram o principal objetivo deste trabalho, que é o exame dos pressupostos do pedido de recuperação judicial do produtor rural, pela ótica da jurisprudência do Superior Tribunal de Justiça (STJ) e das modificações trazidas pela Lei nº 14.112/2020.

2. EVOLUÇÃO DA JURISPRUDÊNCIA NO SUPERIOR TRIBUNAL DE JUSTIÇA

A jurisprudência do Superior Tribunal de Justiça, sintetizada em três principais acórdãos, demonstra, em certa medida, a discussão que foi travada nos tribunais estaduais durante alguns anos.

Em 2013, a matéria foi inaugurada no julgamento do Recurso Especial nº 1.193.115-MT[5], pela Terceira Turma, no qual a relatora Ministra Nancy Andrighi manteve todos os requerentes no polo ativo da ação, independentemente da efetiva inscrição no momento do pedido, levando em consideração

---

[4]   Manoel Justino Bezerra Filho observou "uma certa confusão com a lei anterior, o Decreto-Lei nº 7.661/1945, que exigia, em seu artigo 158, a prova de 'exercer regularmente o comércio há mais de dois anos', enquanto a lei atual exige 'exercer regularmente suas atividades'" (Recuperação judicial do empresário rural. Disponível em: https://www.tmabrasil.org/blog-tma-brasil/artigos-noticias-em-geral/ recuperacao-judicial-do-empresario-rural. Acesso em: 19 fev. 2021).

[5]   BRASIL. Superior Tribunal de Justiça. REsp 1.193.115/MT. Rel. Ministra Nancy Andrighi, Rel. p/ acórdão Ministro Sidnei Beneti, Terceira Turma. Brasília, DF, j. 20.08.2013. Disponível em: https://www.stj.jus.br/sites/portalp/Processos/ Consulta-Processual. Acesso em: 19 fev. 2021.

a situação fática dos autos – o plano já tinha sido aprovado pela unanimidade dos credores e as obrigações vencidas dentro do biênio se encontravam cumpridas. Entretanto, prevaleceu o entendimento do voto-vista do Ministro Sidnei Beneti, segundo o qual a inscrição na Junta Comercial deve necessariamente ocorrer antes do ajuizamento da ação, não podendo ser suprida pela inscrição posterior, que, no caso concreto, havia sido realizada 55 dias após aquela data.

Quase seis anos depois, a Quarta Turma do STJ, na apreciação do Recurso Especial nº 1.800.032/MT[6], entendeu, por maioria, que o produtor rural tem direito à recuperação judicial quando comprovado o tempo de atividade exigido pela lei e inscrição na Junta Comercial até a data do pedido.

A tônica do julgamento foi a definição da natureza e do alcance da inscrição. O relator, Ministro Marco Buzzi, em voto acompanhado pela Ministra Isabel Gallotti, defendeu que a inscrição do produtor rural perante a Junta Comercial tem feição constitutiva, o que impede que os efeitos da recuperação judicial alcancem créditos anteriores à sua efetivação, consolidados sob regime jurídico diverso.

A divergência foi aberta pelo Ministro Raul Araújo ante o entendimento de que a natureza do registro do produtor rural é constitutiva *ex tunc*. Dessa forma, seus efeitos são aptos a retroagir porque a condição de empresário regular já existia e, assim, todos os créditos constituídos e inadimplidos até a data do pedido ficam sujeitos à recuperação judicial, desde que tenham relação com a atividade empresarial.

O Ministro Luis Felipe Salomão acompanhou o entendimento em voto-vista com discreta divergência quanto à natureza do registro, que sustentou ser declaratória, seguido pelo Ministro Antonio Carlos Ferreira.

Recentemente, por ocasião do julgamento do Recurso Especial nº 1.811.953-MT[7], relatado pelo Ministro Marco Aurélio Bellizze, a Terceira Turma voltou ao assunto e, alinhando-se aos precedentes, decidiu, também por maioria, que o produtor rural deve ter efetivado a sua inscrição antes do

---

[6] BRASIL. Superior Tribunal de Justiça. REsp 1.800.032/MT. Rel. Ministro Marco Buzzi, Rel. p/ acórdão Ministro Raul Araújo, Quarta Turma. Brasília, DF, j. 05.11.2019. Disponível em: https://www.stj.jus.br/sites/portalp/Processos/Consulta-Processual. Acesso em: 19 fev. 2021.

[7] BRASIL. Superior Tribunal de Justiça. REsp 1.811.953/MT. Rel. Ministro Marco Aurélio Bellizze, Terceira Turma. Brasília, DF, j. em 06.10.2020. Disponível em: https://www.stj.jus.br/sites/portalp/Processos/Consulta-Processual. Acesso em: 19 fev. 2021.

Cap. 33 · PRESSUPOSTOS DO PEDIDO DE RECUPERAÇÃO JUDICIAL DO PRODUTOR RURAL | 451

ajuizamento da ação de recuperação judicial, por se tratar de condição de procedibilidade do pedido. Para o Ministro Villas Bôas Cueva, não obstante ter seu posicionamento vencido, apesar de ambas as linhas de interpretação estarem assentadas em argumentação consistente, somente aquela que considera ter o registro natureza constitutiva atende aos princípios da segurança jurídica e da proteção ao crédito.

Assim, embora sem unanimidade, prevaleceu o entendimento de que, atendidos os requisitos do art. 966 do CC, a atividade exercida pelo produtor rural é considerada regular independentemente da inscrição de seus atos constitutivos no Registro Público de Empresas Mercantis, por ser mera faculdade concedida àquele que deseja obter qualificação como empresário ou sociedade empresária.

Esse foi o alicerce de sustentação da corrente que considera irrelevante o tempo transcorrido entre a data da inscrição e o ajuizamento da ação, importando apenas a comprovação do exercício de fato da atividade rural pelo biênio legal e a prévia inscrição, considerando sujeitos todos os créditos constituídos e inadimplidos até a data do pedido, desde que tenham relação com a atividade empresarial.

3. PRESSUPOSTOS DO PEDIDO

A petição inicial correspondente ao pedido de recuperação judicial deve atender às normas do Código de Processo Civil (CPC) naquilo que não for incompatível com seus princípios (art. 189 da Lei nº 11.101/2005).

Porém, nem todos os requisitos elencados no art. 319 do CPC deverão constar da petição inicial da ação de recuperação judicial, pois este tipo de pleito:

> (...) não envolve análise judicial de mérito acerca do plano de recuperação judicial, de modo que a petição inicial não se delongará na exposição das causas e fundamentos do pedido, bem como não necessitará indicar as provas com que a empresa pretende demonstrar a verdade dos fatos alegados e também, não necessitará requerer a citação do réu[8].

---

[8] AYOUB, Luis Roberto; CAVALLI, Cassio. *A construção jurisprudencial da recuperação judicial de empresas*. 3. ed. rev., atual. e ampl. Rio de Janeiro: Forense, 2017. p. 86.

RECUPERAÇÃO DE EMPRESAS E FALÊNCIA: DIÁLOGOS ENTRE A DOUTRINA E A JURISPRUDÊNCIA

Embora os incisos I a XI do art. 51 da Lei nº 11.101/2005 se refiram a documentos que instruem a petição inicial, devem constar do corpo da peça a exposição das causas concretas da situação patrimonial do devedor e as razões da crise econômico-financeira (inciso I). Tratando-se de informações subjetivas elaboradas pelo devedor e relacionadas à causa de pedir, não faz nenhum sentido que constem de declaração em anexo.

Os documentos descritos nos demais incisos do art. 51 acompanham a petição inicial, cuja instrução deficiente enseja a determinação de emenda (art. 321 do CPC) e caso não atendida satisfatoriamente e dentro do prazo legal levará ao indeferimento do pedido e não à decretação da falência. A possibilidade de emenda, no entanto, não se destina a suprir requisitos absolutos que devam estar integralmente satisfeitos até o momento da distribuição da ação, como é o caso da comprovação da inscrição no Registro Público de Empresas Mercantis e do lapso temporal de atividade, não se admitindo que seja computado período posterior ao pedido com o fito de completar o biênio legal.

Na reforma da lei, o § 6º do inciso II do art. 51 estabeleceu que os documentos exigidos pelo inciso II do *caput* foram substituídos por aqueles do § 3º do art. 48. Isso significa que o empresário individual rural está obrigado apenas a apresentação do Livro Caixa Digital do Produtor Rural (LCDPR), da Declaração do Imposto sobre a Renda da Pessoa Física (DIRPF) e do Balanço Patrimonial.

A exigência de juntada da certidão de regularidade do devedor no Registro Público de Empresas Mercantis na petição inicial (art. 51, inc. V), ratifica a necessidade de prévia inscrição, ainda que a atividade rural seja considerada regular independentemente dessa providência (art. 1º da Lei nº 11.101/2005).

O produtor rural pessoa natural poderá optar pelo procedimento especial destinado a recuperação judicial de Microempresas e Empresas de Pequeno Porte (art. 70-A da Lei nº 11.101/2005) quando o valor da causa não exceder R$ 4.800.000,00 (quatro milhões e oitocentos mil reais), correspondente ao montante dos créditos sujeitos à recuperação judicial, desde que afirme sua opção na petição inicial. Nesse caso, poderá apresentar livros e escrituração contábil simplificados, nos termos da legislação específica (Lei Complementar nº 123/2006).

Ainda que o art. 70-A remeta ao § 3º do art. 48 da citada Lei nº 11.101/2005, que prevê os meios pelos quais a pessoa natural poderá comprovar o tempo de exercício da atividade, não há razão plausível para se negar às sociedades empresárias rurais o mesmo direito ao procedimento especial.

4. NOVA REDAÇÃO DO ART. 48 DA LEI Nº 11.101/2005 DADA PELA LEI Nº 14.112/2020

A Lei nº 11.101/2005, como visto, passou por recente atualização com a promulgação da Lei nº 14.112/2020, que acolheu parte da Emenda nº 11, de autoria do Deputado Federal Alceu Moreira, presidente da Frente Parlamentar da Agropecuária (FPA), produzindo significativas mudanças no sistema de insolvência das empresas no Brasil.

A reforma manteve intacta a redação do *caput* do artigo 48, que diz respeito à exigência de exercício regular da atividade há mais de dois anos, que deve ser atendida cumulativamente com os requisitos dos incisos I a IV do mesmo artigo.

A redação do § 2º foi modificada para admitir que a pessoa jurídica comprove o período de atividade, mediante entrega de Escrituração Contábil Fiscal (ECF) ou por meio de obrigação legal de registros contábeis que venha a substitui-la, entregues tempestivamente. Trata-se de mera atualização do texto legal, já que a partir de 2015 (ano-calendário 2014) a Declaração de Informações Econômico-Fiscais da Pessoa Jurídica (DIPJ) foi substituída pela Escrituração Contábil Fiscal (ECF), consoante Instrução Normativa RFB nº 1.422/2013[9].

O recém-incluído § 3º encerra o dilema a respeito da possibilidade de o produtor rural pessoa natural requerer recuperação judicial ao definir expressamente os documentos para comprovação do tempo de sua atividade rural: o Livro Caixa Digital do Produtor Rural (LCDPR), a Declaração do Imposto sobre a Renda da Pessoa Física (DIRPF) e o Balanço Patrimonial, todos entregues tempestivamente. O § 4º admite que, no período em que não for exigível a entrega do LCDPR, possa ser entregue o livro-caixa utilizado para a elaboração da DIRPF.

O livro-caixa registra toda a movimentação diária de recebimentos e pagamentos (entradas e saídas) efetuada pelo ente, seja físico ou jurídico, em certo período. A pessoa física com receita bruta superior a R$ 4.800.000,00 ao ano deverá apresentar o livro-caixa na forma digital[10], permanecendo

---

[9] RECEITA FEDERAL DO BRASIL. *Normas.* Instrução Normativa nº 1.422, de 19 de dezembro de 2013. Dispõe sobre a Escrituração Contábil. Disponível em: http://normas.receita.fazenda.gov.br/sijut2consulta/link.action?visao=anotado&idAto=48711. Acesso em: 28 fev. 2021.

[10] RECEITA FEDERAL DO BRASI. *Normas.* Instrução Normativa RFB nº 1.903, de 24 de julho de 2019. Dispõe sobre a tributação de resultados da atividade rural de

obrigatória a elaboração na forma mecânica para a pessoa física com receita inferior a tal montante.

A Declaração de Ajuste Anual do Imposto de Renda da Pessoa Física (DIPF) é apresentada em plataforma digital perante a Receita Federal do Brasil, que possui campo específico para que sejam registradas as atividades e operações rurais, informando o imóvel explorado, receitas e despesas, apuração do resultado, movimento de rebanho, bens da atividade rural e dívidas vinculadas à atividade rural.

O Balanço Patrimonial é o relatório contábil destinado ao registro das movimentações econômico-financeiras e patrimoniais de uma empresa, em determinado período, ou seja, as informações sobre bens, direitos, obrigações, investimentos, fontes e aplicações de recursos.

A parte final do § 3º diz que esses documentos devem ter sido entregues tempestivamente, isto é, apresentados aos órgãos reguladores competentes dentro do prazo previsto. Considerando, porém, que a pessoa física não é obrigada a confeccionar Balanço Patrimonial, é possível relativizar a exigência de um documento não obrigatório, ou a própria tempestividade.

O § 5º, por sua vez, prevê que as informações contábeis relativas a receitas, bens, despesas, custos e dívidas deverão ser organizadas de acordo com a legislação pertinente, obedecer ao padrão contábil exigido e guardar obediência ao regime de competência. Estabelece ainda que o Balanço Patrimonial seja confeccionado por contador habilitado.

Essas normas, pode-se afirmar, são bastante coerentes pelo fato de imporem um padrão mínimo à documentação que instrui a petição inicial, uma vez que o deferimento do processamento irradiará importantes efeitos, dentre os quais a suspensão de ações e de execuções contra o devedor.

Esses documentos devem ser elaborados segundo o padrão de contabilidade definido pelo Conselho Federal de Contabilidade (CFC) e as regras do art. 1.179 e seguintes do CC, cuja regularidade e completude conferirão transparência e reduzirão a denominada assimetria de informação entre as partes desde a propositura da ação. A sua análise minuciosa permitirá detectar eventuais manipulações contábeis em discrepância com a realidade do devedor, bem como a utilização de práticas oportunistas ou negligentes.

Quando a crise da empresa exige solução fornecida pelos sistemas de recuperação judicial ou extrajudicial, as decisões quanto as medidas de

---

pessoas físicas. Disponível em: http://normas.receita.fazenda.gov.br/sijut2consulta/link.action?visao=anotado&idAto=102488. Acesso em: 28 fev. 2021.

reestruturação saem da esfera individual do devedor e envolvem todos aqueles com os quais ele se relaciona. O êxito das escolhas dos meios para superação da crise depende muito da qualidade da informação econômico-financeira e contábil compartilhada entre as partes desde o início do processo.

A exatidão deve ser exigida e considerada já na petição inicial, exatamente nos termos do art. 52, segundo o qual, estando a documentação "em conformidade", o juiz deferirá o pedido.

Na fase deliberativa, o juiz, caso se sinta apto, pode realizar cognição direta desses documentos, nos limites da lei, ou determinar a realização da constatação prévia.

A constatação prévia é instituto incluído pela recente reforma no art. 51-A, segundo o qual o juiz poderá: "(...) nomear um profissional de sua confiança, com capacidade técnica e idoneidade para promover a constatação das reais condições de funcionamento da requerente e da regularidade e da completude da documentação apresentada juntamente com a petição inicial"[11]. Trata-se de instrumento que, bem utilizado, pode contribuir para maximizar o acerto da decisão inaugural, confirmando ou não informações relevantes para o exame do pedido.

A problemática de quais créditos estão sujeitos à recuperação judicial não será aqui analisada, mas merece registro a redação do § 6º do art. 51, que trouxe uma inovação ao prever que nos casos de recuperação judicial do produtor rural, pessoa natural ou jurídica, somente se sujeitarão os créditos que, além de regularmente constituídos, tenham relação com a atividade rural e estejam discriminados nos documentos mencionados nos §§ 2º e 3º.

A intenção do legislador é conferir transparência e estimular a adoção de boas práticas contábeis pelo setor, mas remanesce a questão de que, mesmo tendo o seu crédito devidamente constituído, o credor dependerá de ato unilateral do devedor – discriminação em documentos contábeis e fiscais – para ter o seu crédito incluído no rol inicial.

Outro aspecto a ser examinado alude ao fato de o produtor rural poder comprovar o tempo de exercício da atividade por outros meios de prova admitidos em direito, além daqueles descritos na própria lei. Ou seja, se o rol de documentos introduzidos pelo § 3º do art. 48 da Lei nº 11.101/2005 é *numerus clausus* ou meramente exemplificativo, caso em que poderia ser substituído

---

[11] COSTA, Daniel Carnio; MELO, Alexandre Correa Nasser de. *Comentários à Lei de Recuperação Judicial e Falência*: Lei 11.101, de 9 de fevereiro de 2005. Curitiba: Juruá, 2021. p. 160-161.

ou combinado com outros, como notas fiscais de compra e venda ou extratos emitidos por órgãos de controle de comercialização de gado e similares.

Anteriormente à reforma da lei, a jurisprudência admitia que essa prova pudesse ser feita por qualquer meio em direito admitido. Mas, a partir da nova redação do § 3º do art. 48, que elegeu quais são os documentos aptos a provar o tempo de atividade, o autor deverá observar a enumeração legal, com expressa ressalva às considerações acima acerca do balanço patrimonial.

Ponto interessante também é analisar se diferentes práticas rurais podem ser consideradas para o cômputo do tempo de atividade, isto é, definir se eventual alteração do ramo dentro do biênio prejudicaria o preenchimento do requisito temporal.

Nesse momento é oportuno esclarecer o que é atividade rural, tarefa pouco fácil diante da imprecisão dos conceitos constantes na legislação.

O Estatuto da Terra (Lei nº 4.504/1964), no art. 4º, VI, define empresa rural como aquela que explora econômica e racionalmente imóvel rural, seja para atividade agrícola ou para pecuária[12].

Por sua vez, a Lei nº 8.023/1990, que altera a legislação do Imposto de Renda sobre o resultado da atividade rural[13], no art. 2º, define o que é atividade rural para a finalidade específica desta lei.

A Lei nº 13.986/2020, que alterou a Lei nº 8.929/1994 (instituiu a Cédula de Produtor Rural), deu nova redação ao art. 1º e descreveu de forma mais ampla o que se considera produtos rurais[14].

---

[12] "Art. 4º Para os efeitos desta Lei, definem-se: (...) VI – 'Empresa Rural' é o empreendimento de pessoa física ou jurídica, pública ou privada, que explore econômica e racionalmente imóvel rural, dentro de condição de rendimento econômico da região em que se situe e que explore área mínima agricultável do imóvel segundo padrões fixados, pública e previamente, pelo Poder Executivo. Para esse fim, equiparam-se às áreas cultivadas, as pastagens, as matas naturais e artificiais e as áreas ocupadas com benfeitorias; (...)."

[13] "Art. 2º Considera-se atividade rural: I – a agricultura; II – a pecuária; III – a extração e a exploração vegetal e animal; IV – a exploração da apicultura, avicultura, cunicultura, suinocultura, sericicultura, piscicultura e outras culturas animais; V – a transformação de produtos decorrentes da atividade rural, sem que sejam alteradas a composição e as características do produto 'in natura', feita pelo próprio agricultor ou criador (...)."

[14] "Art. 1º Fica instituída a Cédula de Produto Rural (CPR) (...) § 2º Para os efeitos desta Lei, produtos rurais são aqueles obtidos nas atividades: I – agrícola, pecuária, de floresta plantada e de pesca e aquicultura, seus derivados, subprodutos

As normas retrocitadas não definem exatamente o que é atividade rural nem produtor rural (a Lei nº 8.023/1990 se refere à atividade rural, mas para fins fiscais), em contrapartida, refletem o alargamento dos vários conceitos diante dos progressos humano e tecnológico do setor.

De acordo com Renato Buranello[15]:

> O fator determinante para a caracterização do produtor rural, empresário rural ou empresa rural é a atividade, qual seja, a sucessão encadeada e organizada de produção e circulação para o mercado de bens abrangidos por agricultura, pecuária, reflorestamento, pesca e aquicultura, resultantes da produção e circulação de bens destinados ao mercado.

Desse modo, verifica-se que o exercício de qualquer dessas atividades do setor primário da economia pode, em tese, ser somado para a composição do biênio exigido pela Lei nº 11.101/2005.

5. CONCLUSÃO

A doutrina e a jurisprudência avançaram no sentido de reconhecer o direito à recuperação judicial do empresário individual rural, o que foi consolidado com a edição da Lei nº 14.112/2020.

Os instrumentos previstos na Lei nº 11.101/2005 emergiram da ideia central de que é mais eficiente para a economia de um país a preservação da empresa em atividade e que para o soerguimento da atividade empresarial é crucial que as negociações sejam feitas diretamente entre devedor e credores. Aliás, essa é a evolução entre a concordata (Decreto-lei nº 7.661/1945), e a recuperação judicial e a extrajudicial introduzidas pela Lei nº 11.101/2005, pois, enquanto a primeira era considerada um "favor legal" ao comerciante, as novas ferramentas implementadas objetivam a preservação da atividade da empresa.

A importância desses novos mecanismos, entretanto, não pode ficar reservada apenas à conciliação dos interesses da relação de direito privado, estabelecida entre o devedor e os seus credores.

---

e resíduos de valor econômico, inclusive quando submetidos a beneficiamento ou a primeira industrialização (...)".

[15] BURANELLO, Renato. *Cédula de produto rural*: mercados agrícolas e financiamento de produção. Londrina: Thoth, 2021. p. 229.

Há interesse público no propósito de preservação da empresa porque o desaparecimento de elos da cadeia produtiva pode restringir a oferta de bens e serviços, afetar a disponibilidade de postos de trabalho, impactar negativamente a arrecadação tributária, atingindo em cheio o bem-estar da sociedade e comprometendo a função social desempenhada pela empresa (art. 47 da Lei nº 11.101/2005).

Do ponto de vista legal, não há razão para que seja negado o acesso à recuperação judicial a um empresário individual rural que preencha os requisitos legais, e merece idêntico tratamento jurídico concedido aos demais empresários.

Mesmo a alegação de vulnerabilidade do credor diante da perspectiva da mudança do regime civil para o empresarial para atender ao requisito do artigo 48 da Lei nº 11.101/2005, não pode restringir direitos consagrados na lei, no caso a faculdade conferida ao produtor rural de migrar de um regime para outro, por livre vontade, a qualquer tempo, desde que antes da data do pedido de recuperação judicial.

Espera-se, por derradeiro, que a recente positivação das normas traga maior segurança jurídica, tanto para afastar as incertezas do mercado de crédito por meio da obtenção da adequada precificação dos riscos quanto para assegurar ao empresário rural o acesso a instrumentos legais de manutenção da atividade viável, encerrando antigas discussões sobre o tema.

REFERÊNCIAS BIBLIOGRÁFICAS

AYOUB, Luis Roberto; CAVALLI, Cassio. *A construção jurisprudencial da recuperação judicial de empresas*. 3. ed. rev., atual. e ampl. Rio de Janeiro: Forense, 2017.

BEZERRA FILHO, Manoel Justino. Recuperação judicial do empresário rural. Disponível em: https://www.tmabrasil.org/blog-tma-brasil/artigos-noticias-em-geral/recuperacao-judicial-do-empresario-rural. Acesso em: 19 fev. 2021.

BRASIL. Superior Tribunal de Justiça. REsp 1.193.115/MT. Rel. Ministra Nancy Andrighi, Rel. p/ acórdão Ministro Sidnei Beneti, Terceira Turma. Brasília, DF, j. 20.08.2013. Disponível em: https://www.stj.jus.br/sites/portalp/Processos/Consulta-Processual. Acesso em: 19 fev. 2021.

BRASIL. Superior Tribunal de Justiça. REsp 1.800.032/MT. Rel. Ministro Marco Buzzi, Rel. p/ acórdão Ministro Raul Araújo, Quarta Turma. Brasília, DF, j. 05.11.2019. Disponível em: https://www.stj.jus.br/sites/portalp/Processos/Consulta-Processual. Acesso em: 19 fev. 2021.

BRASIL. Superior Tribunal de Justiça. REsp 1.811.953/MT. Rel. Ministro Marco Aurélio Bellizze, Terceira Turma. Brasília, DF, j. em 06.10.2020. Disponível em: https://www.stj.jus.br/sites/portalp/Processos/Consulta-Processual. Acesso em: 19 fev. 2021.

BURANELLO, Renato. *Cédula de produto rural*: mercados agrícolas e financiamento de produção. Londrina: Thoth, 2021.

COELHO, Fábio Ulhoa. *Curso de direito comercial*. 16. ed. São Paulo: Saraiva, 2012. v. 1.

COSTA, Daniel Carnio; MELO, Alexandre Correa Nasser de. *Comentários à Lei de Recuperação Judicial e Falência*: Lei 11.101, de 9 de fevereiro de 2005. Curitiba: Juruá, 2021.

NEVES, Marcos Fava. *Doutor Agro*. São Paulo: Gente, 2012.

RECEITA FEDERAL DO BRASIL. *Normas*. Instrução Normativa nº 1.422, de 19 de dezembro de 2013. Dispõe sobre a Escrituração Contábil. Disponível em: http://normas.receita.fazenda.gov.br/sijut2consulta/link. action?visao=anotado&idAto=48711. Acesso em: 28 fev. 2021.

RECEITA FEDERAL DO BRASIL. Instrução Normativa RFB nº 1.903, de 24 de julho de 2019. Dispõe sobre a tributação de resultados da atividade rural de pessoas físicas. Disponível em: http://normas.receita.fazenda. gov.br/sijut2consulta/link.action?visao=anotado&idAto=102488. Acesso em: 28 fev. 2021.

SATIRO, Francisco. "Agro é pop": a questão da recuperação judicial do produtor rural individual e seus efeitos sobre as obrigações do devedor, 2020. Disponível em: https://usp-br.academia.edu/FranciscoSatiro. Acesso em: 23 fev. 2021.

34

CRÉDITOS SUJEITOS À RECUPERAÇÃO JUDICIAL DO PRODUTOR RURAL

Bruno Oliveira Castro

Emília Vilela

Sumário: 1. A necessidade de alteração da Lei nº 11.101/2005 – 2. A promulgação da Lei nº 14.112, em 24.12.2020 – 3. A possibilidade de o produtor rural pessoa física requerer a recuperação judicial – 4. Os créditos sujeitos e não sujeitos ao processo de recuperação judicial do produtor rural – Referências bibliográficas.

1. A NECESSIDADE DE ALTERAÇÃO DA LEI Nº 11.101/2005

É consabido que o ato normativo que regula a Falência, Recuperação Judicial e Extrajudicial do empresário e sociedade empresária é a Lei nº 11.101/2005. E, em que pese se considere a contemporaneidade dessa legislação, alguns poucos anos de vigência foram suficientes para o surgimento de diversos pontos críticos da norma, que, por sua vez, geraram controvérsias interpretativas e, consequentemente, colocaram em xeque a segurança jurídica dos institutos, dos envolvidos e dos interessados.

Nesse quesito, vale ilustrar as temáticas da suspensão das execuções em desfavor do devedor empresário e coobrigados, dos créditos com garantia de natureza fiduciária, da supressão de garantias, da possibilidade de recuperação judicial ao produtor rural, da prorrogação do *stay period*, da possibilidade de apresentação de novo plano recuperacional, da constatação prévia, do controle prévio de legalidade do plano de recuperação judicial, das dívidas fiscais, do encerramento da recuperação judicial, entre outras que movimentaram a jurisprudência brasileira e provocaram a atuação do Superior Tribunal de Justiça para assegurar a uniformidade da interpretação e aplicação da Lei nº 11.101/2005.

Verifica-se, pois, que o movimento dos operadores da seara do direito empresarial e de insolvência é (e sempre foi) intenso no sentido de salvaguardar a atividade empresarial e agentes econômicos que por inúmeros fatores se veem em situação de crise econômico-financeira, proporcionando a esses alternativas e ferramentas de superação e preservação da função social da empresa, do emprego, do interesse dos credores e dos trabalhadores, seja pelo próprio instituto da Recuperação Judicial, seja da Extrajudicial, seja mesmo da Falência, que, por seu turno, tem como objetivo precípuo destinar a atividade empresarial que não logrou êxito com o empresário falido para outro agente continuar a explorar o negócio.

2. A PROMULGAÇÃO DA LEI Nº 14.112, EM 24.12.2020

Fato é que, imbuído da necessidade de alterações na Lei nº 11.101/2005, o Congresso Nacional Brasileiro, notadamente a Câmara dos Deputados, em 26.08.2020, aprovou o PL 6.229/2005 com demais projetos anexos, notadamente o PL 10.220/2018, e o Senado Federal aprovou o PL 4.558/2020, em 25.11.2020, tendo, pois, o Presidente da República do Brasil, Jair Bolsonaro, sancionado o ato normativo, com vetos a questões trabalhistas e tributárias, mediante a promulgação da Lei nº 14.112, em 24.12.2020.

Veja-se, a celeridade em que os projetos de leis para a reforma da Lei de Falência e Recuperação Judicial e Extrajudicial de Empresas tramitaram no Congresso Brasileiro, notadamente no ano de 2020, justifica-se pela forte influência do momento pandêmico de Coronavírus que o mundo e o Brasil atravessam, que traz consigo uma série de medidas de prevenção de expansão da doença, entre elas a necessidade de isolamento social e de se evitar aglomerações, o que, por conseguinte, ocasiona o fechamento de vários estabelecimentos empresariais e, mais do que isso, a diminuição de circulação e alcance dos consumidores, de tomadores de serviços.

E esse cenário, indiscutivelmente, provocou um cenário de disfunção generalizada do mercado, trazendo à tona e de forma abrupta e repentina a situação de crise econômico-financeira para inúmeros empresários, de praticamente todos os segmentos do mercado, donde, pois, explica-se a necessidade de melhorias no sistema de insolvência, notadamente, o brasileiro, a fim de se dar uma resposta rápida e adequada a essa situação, oportunizando aos empresários vários mecanismos de superação da crise, de solução do inadimplemento e preservação da atividade empresarial e aos credores institutos e ferramentas de proteção do seu crédito.

Cap. 34 • CRÉDITOS SUJEITOS À RECUPERAÇÃO JUDICIAL DO PRODUTOR RURAL | **463**

Pois bem. O presente artigo pretende tratar de uma das principais alterações da Lei de Falência e Recuperação Judicial e Extrajudicial de Empresas, que é a recuperação judicial do produtor rural pessoa física, disposta no art. 48, §§ 2º, 3º, 4º e 5º, da Lei nº 11.101/2005[1] e, mais do que isso, quais os créditos sujeitos e não sujeitos aos efeitos recuperacionais e a repercussão disso no mercado de um modo geral.

3. A POSSIBILIDADE DE O PRODUTOR RURAL PESSOA FÍSICA REQUERER A RECUPERAÇÃO JUDICIAL

Nesse quadrante, de acordo com o art. 1º da Lei nº 11.101/2005[2], a Recuperação Judicial, instituto pelo qual torna-se viável a superação da situação

---

[1] "Art. 48. Poderá requerer recuperação judicial o devedor que, no momento do pedido, exerça regularmente suas atividades há mais de 2 (dois) anos e que atenda aos seguintes requisitos, cumulativamente: I – não ser falido e, se o foi, estejam declaradas extintas, por sentença transitada em julgado, as responsabilidades daí decorrentes; II – não ter, há menos de 5 (cinco) anos, obtido concessão de recuperação judicial; III – não ter, há menos de 5 (cinco) anos, obtido concessão de recuperação judicial com base no plano especial de que trata a Seção V deste Capítulo; IV – não ter sido condenado ou não ter, como administrador ou sócio controlador, pessoa condenada por qualquer dos crimes previstos nesta Lei. § 1º A recuperação judicial também poderá ser requerida pelo cônjuge sobrevivente, herdeiros do devedor, inventariante ou sócio remanescente. § 2º No caso de exercício de atividade rural por pessoa jurídica, admite-se a comprovação do prazo estabelecido no *caput* deste artigo por meio da Escrituração Contábil Fiscal (ECF), ou por meio de obrigação legal de registros contábeis que venha a substituir a ECF, entregue tempestivamente. § 3º Para a comprovação do prazo estabelecido no *caput* deste artigo, o cálculo do período de exercício de atividade rural por pessoa física é feito com base no Livro Caixa Digital do Produtor Rural (LCDPR), ou por meio de obrigação legal de registros contábeis que venha a substituir o LCDPR, e pela Declaração do Imposto sobre a Renda da Pessoa Física (DIRPF) e balanço patrimonial, todos entregues tempestivamente. § 4º Para efeito do disposto no § 3º deste artigo, no que diz respeito ao período em que não for exigível a entrega do LCDPR, admitir-se-á a entrega do livro-caixa utilizado para a elaboração da DIRPF. § 5º Para os fins de atendimento ao disposto nos §§ 2º e 3º deste artigo, as informações contábeis relativas a receitas, a bens, a despesas, a custos e a dívidas deverão estar organizadas de acordo com a legislação e com o padrão contábil da legislação correlata vigente, bem como guardar obediência ao regime de competência e de elaboração de balanço patrimonial por contador habilitado."

[2] "Art. 1º Esta Lei disciplina a recuperação judicial, a recuperação extrajudicial e a falência do empresário e da sociedade empresária, doravante referidos simplesmente como devedor."

de crise econômico-financeira, mediante renegociação dos débitos, a fim de permitir a manutenção da fonte produtora, do emprego dos trabalhadores e dos interesses dos credores, promovendo, assim, a preservação da empresa, sua função social e o estímulo à atividade econômica, destina-se ao empresário ou à sociedade empresária devedores.

Com base nisso, o produtor rural será considerado empresário se, e somente se, estiver devidamente inscrito na Junta Comercial, valendo-se da faculdade disposta no art. 971 do Código Civil[3], quando, então, poderá lançar mão do instituto recuperacional, devendo, para tanto, comprovar o exercício regular da atividade por mais de dois anos, mediante a apresentação de outros documentos oficiais como "Livro Caixa Digital do Produtor Rural (LCDPR), ou por meio de obrigação legal de registros contábeis que venha a substituir o LCDPR, e pela Declaração do Imposto sobre a Renda da Pessoa Física (DIRPF) e balanço patrimonial" – vide §§ 3º e 4º do art. 48 da Lei nº 11.101/2005.

Ou seja, a legislação recuperacional atual sedimentou a discussão e a dissonância jurisprudencial que havia acerca do tema – legitimidade do produtor rural e comprovação do biênio legal – e, na linha dos entendimentos já esposados pelo Superior Tribunal de Justiça (Recurso Especial 1.800.032/MT e Recuso Especial 1.811.953/MT), positivou a possibilidade de o produtor rural pessoa física ter acesso à recuperação judicial sem que nesse ponto tenha que comprovar o biênio regular de atividade pela inscrição na Junta Comercial, mas sim pela disponibilização de outros documentos hábeis ao suprimento dessa formalidade.

Veja-se, indiscutivelmente, que o permissivo legal alhures externado decorre muito do fato de que a atividade rural tem importantíssima participação na geração de riquezas do Brasil, na medida em que representa grande parcela do Produto Interno Bruto (PIB) brasileiro, sendo responsável por quase 25% de sua totalidade, segundo estudo capitaneado pelo Centro de Estudos Avançados em Economia Aplicada (CEPEA), de forma que, sendo o produtor rural fonte produtora de renda, riquezas, tributos e garantidor de empregos e postos de trabalhos com distribuição de rendas, a postura legislativa não poderia ser outra se não possibilitar a esse agente econômico

---

[3] "Art. 971. O empresário, cuja atividade rural constitua sua principal profissão, pode, observadas as formalidades de que tratam o art. 968 e seus parágrafos, requerer inscrição no Registro Público de Empresas Mercantis da respectiva sede, caso em que, depois de inscrito, ficará equiparado, para todos os efeitos, ao empresário sujeito a registro."

Cap. 34 · CRÉDITOS SUJEITOS À RECUPERAÇÃO JUDICIAL DO PRODUTOR RURAL | 465

trilhar o caminho da recuperação judicial, como uma tentativa de superação da crise econômico-financeira.

Por outro lado, não se pode desconsiderar a repercussão negativa que tudo isso ocasionará nas relações de fornecimento de crédito ao setor rural. Os credores, pois, correspondentes às operações de empréstimos e financiamentos concedidos às pessoas físicas dos produtores rurais justificadamente, observarão os riscos e as exigências legais cabíveis ao caso, notadamente no que concerne ao instituto da recuperação judicial, na medida em que, certamente, estarão compelidos a condições de pagamento e deságios agressivos, o que, por sua vez, inevitavelmente, provocará uma desaceleração na concessão de crédito privado ao setor do agronegócio.

Até porque, sem muita dificuldade, em processos de recuperação judicial do produtor rural empresas que fomentam a atividade veem-se na situação em que realizam o financiamento creditório sob o compromisso de o produtor rural futuramente entregar o produto agrícola ao credor, que, por sua vez, negocia a venda do grão a terceiros. Contudo, à luz da proteção dos ativos do devedor rural, ou mesmo por força de busca e apreensão, esses produtos não são recepcionados pelas empresas credoras, que, por sua vez, para não responderem às penalidades contratuais, ficam compelidas a readquirir o produto a preços diversos daquele inicialmente ajustado.

E é por essa e outras razões que as empresas de fornecimento de insumos agrícolas, como sementes, adubos e químicos, ou mesmo as instituições financeiras, bancos e cooperativas, na condição de credores, quando da concessão do crédito e/ou empréstimo financeiro, devem exigir a apresentação das demonstrações financeiras do produtor rural, tais como o balanço patrimonial, Demonstração de Resultado do Exercício (DRE) ou Demonstração do Fluxo de Caixa, a fim de aquilatar o risco do crédito disponibilizado. E, mais que isso, quando envolvidos no processo de recuperação judicial do financiado (produtor rural) devem realizar o comparativo desses documentos apresentados na oportunidade da postulação do crédito com aqueles escancarados no processo por ocasião do cumprimento do art. 51 da Lei nº 11.101/2005, apurando-se a regularidade do controle contábil da operação de crédito, para o fim de, já no nascedouro do procedimento recuperacional, chamar a atenção do juízo competente acerca da ocorrência de eventual fraude, desvio ou esvaziamento patrimonial.

Pois bem. Em que pese o efeito mercadológico ruim acima esposado, que, naturalmente, será sentido primeiramente pela cadeia empresarial rural, vale trazer à tona o fato de que ao tempo em que se positivou a possibilidade de o produtor rural pessoa física requerer a sua recuperação judicial, a Lei nº 11.101/2005, com a edição da Lei nº 14.112/2020, também fez exclusões e restrições de créditos importantes dos efeitos da recuperação judicial do produtor rural, na evidente tentativa de equalização da relação devedor-credor.

4. OS CRÉDITOS SUJEITOS E NÃO SUJEITOS AO PROCESSO DE RECUPERAÇÃO JUDICIAL DO PRODUTOR RURAL

Nessa toada, é consabido que todos os créditos existentes na data do pedido de recuperação judicial submetem-se aos efeitos respectivos do procedimento recuperacional, ainda que não vencidos[4], excluindo-se dessa premissa os créditos de credor titular de posição de proprietário fiduciário de bens móveis ou imóveis, prevalecendo-se os direitos de propriedade, nos termos do art. 49, § 3º, da Lei nº 11.101/2005[5]. Porém, além dessa exceção legal, impende salientar que a Lei nº 14.112/2020 acresceu os §§ 6º e 7º ao art. 49 da Lei nº 11.101/2005[6], dispondo que também ficam excluídos do sistema da recuperação judicial do produtor rural os créditos não oriundos da atividade rural e não contabilizados e os decorrentes de recursos controlados.

Isso quer dizer que apenas estarão submetidos aos efeitos do processo recuperacional do produtor rural os créditos que decorram exclusivamente da atividade rural e que estejam devidamente discriminados nos documentos contábeis pertinentes, sobre o que, pois, já se verifica uma problemática futura que poderá ser enfrentada, visto que o produtor rural, quando se equipara

---

[4] "Art. 49. Estão sujeitos à recuperação judicial todos os créditos existentes na data do pedido, ainda que não vencidos."

[5] "§ 3º Tratando-se de credor titular da posição de proprietário fiduciário de bens móveis ou imóveis, de arrendador mercantil, de proprietário ou promitente vendedor de imóvel cujos respectivos contratos contenham cláusula de irrevogabilidade ou irretratabilidade, inclusive em incorporações imobiliárias, ou de proprietário em contrato de venda com reserva de domínio, seu crédito não se submeterá aos efeitos da recuperação judicial e prevalecerão os direitos de propriedade sobre a coisa e as condições contratuais, observada a legislação respectiva, não se permitindo, contudo, durante o prazo de suspensão a que se refere o § 4º do art. 6º desta Lei, a venda ou a retirada do estabelecimento do devedor dos bens de capital essenciais a sua atividade empresarial."

[6] "Art. 49. (...) § 6º Nas hipóteses de que tratam os §§ 2º e 3º do art. 48 desta Lei, somente estarão sujeitos à recuperação judicial os créditos que decorram exclusivamente da atividade rural e estejam discriminados nos documentos a que se referem os citados parágrafos, ainda que não vencidos. § 7º Não se sujeitarão aos efeitos da recuperação judicial os recursos controlados e abrangidos nos termos dos arts. 14 e 21 da Lei nº 4.829, de 5 de novembro de 1965."

Cap. 34 · CRÉDITOS SUJEITOS À RECUPERAÇÃO JUDICIAL DO PRODUTOR RURAL | 467

a empresário com a inscrição na Junta Comercial, em regra, transforma-se no Empresário Rural Individual, modalidade empresarial essa que inexiste uma segregação patrimonial, na medida em que não há, *a priori*, uma pessoa jurídica instaurada, de forma que o empresário rural individual terá um único patrimônio que responderá por todas as suas dívidas, decorrente de atividade empresária ou não, revelando, pois, esse ponto, um grande universo de discussão doutrinária e jurisprudencial. Sem olvidar que a contabilização das dívidas, para além da responsabilização contábil fiscal, é de encargo exclusivo do agente rural que, por sua vez, ao seu alvitre, poderá optar por qual crédito discriminar!

E mais, os créditos voltados ao fomento da atividade rural, notadamente os financiamentos oficiais (recursos controlados), disciplinados por instruções do Conselho Monetário Nacional e tratados pelos arts. 14 e 21 da Lei nº 4.829, de 5 de novembro de 1965, que tenham sido renegociados antes do pedido de recuperação judicial[7], ficam de fora da recuperação judicial do produtor rural.

Também seguem a esteira dos créditos excluídos da recuperação judicial do produtor rural àqueles relativos à dívida constituída nos últimos três anos anteriores ao pedido de recuperação com finalidade de aquisição de propriedade rural, nos moldes do § 9º do art. 49 da Lei nº 11.101/2005[8], e aqueles decorrentes de operações compromissadas e de derivativos, nos moldes do art. 193-A da Lei nº 11.101/2005[9], sendo, pois, esses últimos créditos não

---

[7] "§ 8º Estarão sujeitos à recuperação judicial os recursos de que trata o § 7º deste artigo que não tenham sido objeto de renegociação entre o devedor e a instituição financeira antes do pedido de recuperação judicial, na forma de ato do Poder Executivo."

[8] "§ 9º Não se enquadrará nos créditos referidos no *caput* deste artigo aquele relativo à dívida constituída nos 3 (três) últimos anos anteriores ao pedido de recuperação judicial, que tenha sido contraída com a finalidade de aquisição de propriedades rurais, bem como as respectivas garantias."

[9] "Art. 193-A. O pedido de recuperação judicial, o deferimento de seu processamento ou a homologação do plano de recuperação judicial não afetarão ou suspenderão, nos termos da legislação aplicável, o exercício dos direitos de vencimento antecipado e de compensação no âmbito de operações compromissadas e de derivativos, de modo que essas operações poderão ser vencidas antecipadamente, desde que assim previsto nos contratos celebrados entre as partes ou em regulamento, proibidas, no entanto, medidas que impliquem a redução, sob qualquer forma, das garantias ou de sua condição de excussão, a restrição do exercício de direitos, inclusive de vencimento antecipado por inexecução, e a compensação previstas contratualmente ou em regulamento."

sujeitos à recuperação judicial não só do produtor rural, mas também dos demais agentes econômicos.

Veja-se, apesar de a Lei nº 11.101/2005, alterada pela Lei nº 14.112/2020, promover a restrição de créditos sujeitos ao concurso recuperacional do produtor rural, o respectivo ato normativo não apresenta qualquer forma alternativa ou regime de execução específico/diferenciado para o alcance desses créditos, permitindo aos credores o exercício autônomo do seu direito de crédito na forma geral.

E, nesse quadrante, ressalvadas as limitações quanto aos bens essenciais, verifica-se que estarão livres a execução as dívidas pessoais do produtor rural pessoa física e, ainda, os créditos vinculados ao Sistema Nacional de Crédito Rural (SNCR), notadamente, os créditos oficiais, oferecidos pelo Banco do Brasil, Banco da Amazônia e Banco do Nordeste, e demais instituições financeiras e cooperativas de crédito, desde que a disponibilização de crédito ocorra em consonância com as diretrizes do Banco Central e do Conselho Monetário Nacional, conforme previsto na Lei nº 4.829/1965, que, por sua vez, representam uma fatia considerável do passivo do empresário rural.

Outrossim, vale destacar o quão impactante pode se tornar a previsão do art. 193-A da Lei nº 11.101/2005 (acrescido pela Lei nº 14.112/2020), mormente porque não é incomum que os produtores rurais, a fim de dirimir os riscos inerentes aos aspectos financeiros da atividade, valham-se do mercado derivativo para proteger as variações dos preços, garantindo que o resultado da venda dos seus produtos seja suficiente para cobrir os custos e pagar o principal, o que se verifica nos contratos a termos, contratos futuros, opções de compra e venda e operações de *swaps*, de forma que permitir o vencimento antecipado e a compensação dessas operações, nos moldes do artigo supramencionado, não importando o valor do mercado no momento, pode provocar a perda de qualquer previsão de lucro ou resultado positivo da operação, caindo, pois, por terra toda a segurança que se busca nos mercados instáveis e de oscilações de preços dos produtos rurais.

E, não bastasse tudo isso, vale trazer à tona a questão de que o PL nº 6.229/2005 e o PL nº 4.458/2020, originários da Lei nº 14.112/2020, tinham a previsão de exclusão das obrigações previstas em Cédula de Produto Rural/CPR[10], independentemente da garantia oferecida, que, por sua vez, fora

---

[10]   Lei 8.929/1994: "Art. 11. Não se sujeitarão aos efeitos da recuperação judicial os créditos e as garantias cedulares vinculados à CPR com liquidação física, em caso de antecipação parcial ou integral do preço, ou, ainda, representativa de operação de troca por insumos (barter), subsistindo ao credor o direito à restituição de

objeto de veto presidencial. O veto foi derrubado pelo Congresso Nacional e, portanto, vale a regra comentada. Nesse sentido, é importante destacar as nuances que permeiam a Cédula de Produto Rural/CPR quando se trata da sujeição dessa operação à recuperação judicial, na medida em que, se for garantida por penhor agrícola ou hipoteca, submete-se à classe II por tratar de garantia real ao cumprimento da obrigação, caso não tenha garantia atrelada, representa crédito quirografário, a ser incluída na classe III e, caso for garantida por alienação fiduciária, será excluída da recuperação judicial, por força do § 3º do art. 49 da Lei n. 11.101/2005[11].

Nesse ponto ainda, merecem destaque as previsões dispostas na Lei nº 13.986/2020, conhecida como Lei do Agro, que, por seu turno, modificou substancialmente as disposições das cédulas de crédito rural e criou a possibilidade do "patrimônio rural em afetação" (art. 7º)[12] garantir as Cédula Imobiliária Rural (CIR) e a Cédula de Produto Rural (CPR). E, sobre isso, é bem verdade que essa legislação conferiu ao produtor rural a possibilidade de alavancagem do seu patrimônio, na medida em que com a segregação de apenas um imóvel será possível alcançar o acesso a vários créditos. Agora, é

---

tais bens que se encontrarem em poder do emitente da cédula ou de qualquer terceiro, salvo motivo de caso fortuito ou força maior que comprovadamente impeça o cumprimento parcial ou total da entrega do produto. Parágrafo único. Caberá ao Ministério da Agricultura, Pecuária e Abastecimento definir quais atos e eventos caracterizam-se como caso fortuito ou força maior para os efeitos deste artigo."

[11] "Art. 49. (...) § 3º Tratando-se de credor titular da posição de proprietário fiduciário de bens móveis ou imóveis, de arrendador mercantil, de proprietário ou promitente vendedor de imóvel cujos respectivos contratos contenham cláusula de irrevogabilidade ou irretratabilidade, inclusive em incorporações imobiliárias, ou de proprietário em contrato de venda com reserva de domínio, seu crédito não se submeterá aos efeitos da recuperação judicial e prevalecerão os direitos de propriedade sobre a coisa e as condições contratuais, observada a legislação respectiva, não se permitindo, contudo, durante o prazo de suspensão a que se refere o § 4º do art. 6º desta Lei, a venda ou a retirada do estabelecimento do devedor dos bens de capital essenciais a sua atividade empresarial."

[12] "Art. 7º O proprietário de imóvel rural, pessoa natural ou jurídica, poderá submeter seu imóvel rural ou fração dele ao regime de afetação. Parágrafo único. No regime de afetação de que trata o *caput* deste artigo, o terreno, as acessões e as benfeitorias nele fixadas, exceto as lavouras, os bens móveis e os semoventes, constituirão patrimônio rural em afetação, destinado a prestar garantias por meio da emissão de Cédula de Produto Rural (CPR), de que trata a Lei nº 8.929, de 22 de agosto de 1994, ou em operações financeiras contratadas pelo proprietário por meio de Cédula Imobiliária Rural (CIR)."

bem verdade também que a lei previu maior segurança ao respectivo credor de receber o seu crédito, quando dispõe no art. 10, § 4º, I[13], que as garantias de "patrimônio de afetação" não serão atingidas pelos efeitos da decretação da falência, insolvência civil ou recuperação judicial do proprietário de imóvel rural, havendo, ainda, quem diga que não se aplicará aqui a ressalva da essencialidade do bem.

Portanto, tem-se que o acesso ao produtor rural pessoa física à recuperação judicial encontra-se positivamente legitimado nos termos do art. 48, §§ 2º, 3º, 4º e 5º, da Lei nº 11.101/2005 (alterada pela Lei nº 14.112/2020), e, em que pese se considere tenha aberto a porta de ingresso de pedido de recuperação judicial pelo produtor rural, isso para além de provocar o recrudescimento do fornecimento do crédito pelo credor, certamente e plausivelmente, esse cuidará de tratar as demonstrações financeiras do produtor rural com mais acurácia, inclusive e especialmente em sede de recuperação judicial, a fim de se salvaguardar de possível fraude. Sem olvidar da hipótese de enquadramento dos créditos nas inúmeras restrições e limitações dispostas na novel lei, tudo isso, no afã de se buscar e/ou estabelecer um ponto de equilíbrio entre os envolvidos nas operações, mormente diante da situação de crise econômico-financeira do produtor rural.

REFERÊNCIAS BIBLIOGRÁFICAS

BEZERRA FILHO, Manoel Justino. *Lei de Recuperação de Empresas e Falência*: Lei 11.101/2005: comentada artigo por artigo. 12. ed. São Paulo: RT, 2017.

BRASIL. Lei nº 11.101/2005 (Lei de Falências e de Recuperação Judicial, alterada pela Lei nº 14.112, de 2020).

BRASIL. Lei nº 13.986/2020 (Lei do Agro).

COSTA, Daniel Carnio; MELO, Alexandre Nasser. *Comentários à Lei de Recuperação de Empresas e Falência*: Lei 11.101, de 09 de fevereiro de 2005. Curitiba: Juruá, 2021.

---

[13] "Art. 10. (...) § 4º O patrimônio rural em afetação ou a fração destes vinculados a CIR ou a CPR, incluídos o terreno, as acessões e as benfeitorias fixadas no terreno, exceto as lavouras, os bens móveis e os semoventes: I – não são atingidos pelos efeitos da decretação de falência, insolvência civil ou recuperação judicial do proprietário de imóvel rural; e II – não integram a massa concursal."

RECUPERAÇÃO JUDICIAL, FALÊNCIA E GARANTIAS CIVIS

35

APONTAMENTOS SOBRE AS GARANTIAS CIVIS NA RECUPERAÇÃO JUDICIAL E NA FALÊNCIA

MARCO AURÉLIO BEZERRA DE MELO

Sumário: 1. Introdução – 2. Objetivos do juízo recuperacional e do juízo falimentar – 3. Generalidades das garantias civis e efeitos em relação ao concurso de credores – 4. Questões jurídicas relevantes – 4.1 Alienação fiduciária em garantia e cessão fiduciária de créditos – 4.2 Penhor de títulos de crédito na recuperação judicial – 4.3 Situação jurídica do avalista e demais coobrigados solidários da sociedade empresária em recuperação judicial – Referências bibliográficas.

1. INTRODUÇÃO

O presente trabalho tem por objetivo trazer à reflexão da comunidade jurídica algumas questões de ordem prática no enfrentamento da satisfação dos credores com garantias pessoais ou reais, na difícil compatibilização entre o respeito à segurança jurídica e à autonomia privada presentes na elaboração desses acertos contratuais com a fundamental função preservar a empresa em caso de recuperação judicial ou de extrair o máximo dos ativos do falido com proteção a créditos privilegiados como é o caso dos trabalhadores que fazem jus à especial proteção, tendo em mente a melhor satisfação possível dos créditos falimentares, na forma da lei que se preocupa com o tratamento equânime dos credores de mesma classe como sucesso com os credores com credito real frente aos credores quirografários.

O que se verifica no diálogo entre a doutrina e a jurisprudência é a adoção ora da devida proteção especial do credor com garantia real ou pessoal, ora da preservação da atividade empresarial em se tratando de recuperação judicial ou da liquidação dos ativos da sociedade empresária insolvente com a liquidação dos seus ativos e o pagamento aos credores dentro da ideia de uma melhor justiça concreta possível.

Em primeiro lugar, importa discorrer, ainda que brevemente, sobre as garantias civis mais utilizadas no direito brasileiro sob o ponto de vista de como se estruturam tais arranjos negociais pessoais ou reais, conforme o caso, para em seguida focar na função que exerce no âmbito da atividade empresarial e, por via de consequência, na própria economia a partir da vivência prática dos empresários em atenção ao respeito às normas jurídicas, aos costumes e à justiça contratual (*lex mercatoria*). Fundamental o reconhecimento de que a efetividade das garantias com respeito à autonomia privada e à segurança jurídica pode contribuir para uma permanente confiança e, por conseguinte, baratear a captação de recursos financeiros para o desenvolvimento da economia com fomento à produção e criação de novos empregos.

Em sequência, é relevante buscar na exegese da Lei 11.101/2005 qual o escopo primaz da recuperação judicial e da falência, apontando em que ponto haverá contato dessa questão com as garantias creditícias.

Já a caminho da conclusão, serão abordadas três garantias muito comuns na dinâmica do juízo recuperacional: garantia fiduciária (móveis, imóveis e a cessão de créditos fiduciários), o penhor agrícola e o aval que gera solidariedade entre o devedor e o garante coobrigado.

2. OBJETIVOS DO JUÍZO RECUPERACIONAL E DO JUÍZO FALIMENTAR

Importa, ainda que em breves palavras, apontar quais os objetivos que animam a recuperação judicial ou extrajudicial e a falência, tendo em vista o necessário diálogo de tais metas com a proteção legítima dos interesses dos credores dotados de garantia real ou pessoal perante a sociedade empresária em busca do soerguimento ou já falida. A compatibilização é tarefa árdua, levada a efeito, primeiramente pela lei, e após pela produção jurisprudencial.

Pois bem. O art. 47 da Lei 11.101/2005 é muito feliz ao dizer que "a recuperação judicial tem por objetivo viabilizar a superação da situação de crise econômico-financeira do devedor, a fim de permitir a manutenção da fonte produtora, do emprego dos trabalhadores e dos interesses dos credores, promovendo, assim, a preservação da empresa, sua função social e o estímulo à atividade econômica".

Verifica-se com razoável clareza a alta densidade axiológica da norma jurídica apontada, cujo objetivo primaz é a busca da preservação da empresa como se encontra muito bem explicitada na doutrina de Luis Felipe Salomão e Paulo Penalva Santos[1] quando ensinam que "a regra, portanto, é buscar salvar a empresa, desde que economicamente viável. O legislador colocou, à disposição dos atores principais, no cenário da empresa em crise, as soluções da recuperação extrajudicial e judicial. A medida extrema da falência só deve ser decretada quando for inviável preservar a atividade".

Em outro giro, o objetivo material da falência que, consequentemente acaba por acarretar o afastamento do devedor de suas atividades empresariais, encontra-se regulamentado no art. 75 da Lei 11.101/2005. São eles: "I – preservar e a otimizar a utilização produtiva dos bens, dos ativos e dos recursos produtivos, inclusive os intangíveis, da empresa; II – permitir a liquidação célere das empresas inviáveis, com vistas à realocação eficiente de recursos na economia; e III – fomentar o empreendedorismo, inclusive por meio da viabilização do retorno célere do empreendedor falido à atividade econômica".

Da lição dos autores citados[2], podemos perceber que a separação entre empresa e empresário, liquidação das empresas não recuperáveis, proteção aos trabalhadores, celeridade e eficiência do processo e a maximização do valor dos ativos do falido são alguns princípios marcantes na Lei 11.101/2005 aplicáveis, sobretudo, à falência.

3. GENERALIDADES DAS GARANTIAS CIVIS E EFEITOS EM RELAÇÃO AO CONCURSO DE CREDORES

Ensina o professor Ebert Chamoun que em eras remotas do desenvolvimento da sociedade, o corpo do devedor respondia pelas suas obrigações[3], sendo possível, por exemplo, pela Lei das XII Tábuas, aplicar ao devedor a pena de escravidão e até mesmo de morte. Na hipótese de concurso de credores como ocorre na recuperação judicial e, sobretudo, na falência cabia a pena de esquartejamento do corpo do devedor.

Sobre esse período, escreve o professor Caio Mário da Silva Pereira[4] que a Tábua III dispunha que o devedor respondia com o próprio corpo, "sobre que incidia o poder do credor. E tão longe se levava o princípio, que sobre o devedor

---

[1] SALOMÃO, Luis Felipe; SANTOS, Paulo Penalva. *Recuperação judicial, extrajudicial e falência. teoria e prática*. 5. ed. Rio de Janeiro: Forense, 2020. p. 24.

[2] Obra citada, p. 24-47.

[3] CHAMOUN, Ebert. *Instituições de direito romano*. 6. ed. Rio de Janeiro: Ed. Rio, 1977. p. 281.

[4] PEREIRA, Caio Mário da Silva. *Instituições de direito civil*. 20. ed. Rio de Janeiro: Forense, 2009. vol. IV, p. 273.

insolvente se instaurava uma espécie de concurso creditório macabro, transportando-o além do Tibre, onde se lhe tirava a vida repartindo-se o cadáver".

Com o início da humanização do direito das obrigações, já na velha Roma, surge a *Lex Poetelia Papiria*, em 326 a.C., inaugurando ao que hodiernamente se chama de sujeição patrimonial do devedor em contraposição à sujeição corporal que se findara.

O término da sujeição corporal estava a exigir da fértil imaginação e senso pragmático do povo romano a criação de mecanismos de garantia do credor que levasse em consideração a máxima atual de que é o patrimônio que responde pelas obrigações do devedor (art. 391, CC e 789, CPC), assegurando ao titular do crédito maior garantia no recebimento do que lhe é devido. A *fiducia cum creditore*, o penhor (*pignus datum*) e a hipoteca (*pignus obligatum hypotheca*) foram criadas sucessivamente, aperfeiçoando o sistema de garantias reais[5].

No direito civil pátrio, as garantias pessoais típicas são a fiança e o aval. Nestas, é uma outra pessoa estranha à obrigação original que se dispõe a adimplir a obrigação caso o devedor não o faça. Em que pese opiniões em contrário, o garante pessoal não tem propriamente uma dívida no sentido técnico (*schuld*), mas tem responsabilidade patrimonial (*haftung*), pois para tanto aquiesceu.

No âmbito das garantias reais típicas, temos o penhor, a anticrese, a hipoteca e a alienação fiduciária em garantia. Esses institutos guardam a semelhança de existir um bem ou vários, vinculado ao cumprimento de uma obrigação, permitindo-se a sua excussão para conferir ao credor a efetividade de seu direito.

Nas garantias reais, a proteção do credor é muito maior, tendo em vista que não fica na dependência do patrimônio genérico do devedor ou de seu eventual avalista ou fiador. Nos direitos reais de garantia, o bem sobre o qual incide o gravame somente vai ser liberado do ônus, em regra, por ocasião do adimplemento, ainda que o devedor o aliene, pois ao credor é conferido o poder de sequela, além da preferência, o que confere a tal credor possibilidade, em caso de falência, de receber o seu crédito antes do pagamento aos credores quirografários.

Entre as garantias reais, a que melhor tutela o interesse do credor frente a um possível processo de recuperação judicial ou de falência é a alienação

---

5   ALVES, José Carlos Moreira. *Direito romano*. 5. ed. Rio de Janeiro: Forense, 1983. vol. I, p. 427-433.

fiduciária em garantia, pois como cediço e se verá mais adiante, a propriedade, ainda que resolúvel, é do credor e, portanto, não estarão sujeitos à recuperação judicial da sociedade empresária devedora, ainda que não seja dado ao credor fiduciário o direito de vender ou retirar do estabelecimento do devedor bens que sejam essenciais para a sua atividade empresarial (art. 49, § 3º, Lei 11.101/2005).

Podemos conceituar os direitos reais de garantia como direitos subjetivos constituídos pelo devedor ou por um terceiro em favor do credor, mediante a afetação de um bem, cujo valor representativo, no momento da execução, garantirá o cumprimento da obrigação. Importante destacar nesse momento inaugural do estudo que a garantia, conquanto seja real, não é a *coisa em si*, mas sim o *valor que esta representa* no momento em que o credor buscar a satisfação, pelos meios processuais cabíveis, do seu crédito que restou inadimplido.

Normalmente, o devedor é quem dá o bem em garantia para o credor, mas nada obsta que um terceiro denominado dador de garantia que, embora não figure como o devedor principal, tenha entregado patrimônio seu para garantir dívida alheia (REsp, 4ª Turma, Rel. Min. Luis Felipe Salomão, j. 21.05.2013, *DJe* 01.07.2013).

A aderência ou simplesmente afetação, da qual ressaem a sequela e a ambulatoriedade (art. 1.419, CC), a preferência real, efeito importante para o credor no concurso de credores (art. 1.422, CC) e exequibilidade (arts. 1.422, CC[6] e 784, V, CPC), vedação ao pacto comissório (art. 1.428, CC), indivisibilidade (arts. 1.421 e 1.429, CC) e a acessoriedade são as características mais relevantes.

Em acatamento à importância das garantias reais, mesmo diante da aceitação de inúmeros mecanismos para a efetivação da recuperação judicial da sociedade em crise previstas no art. 50 da Lei 11.101/2005, o § 1º deste dispositivo legal prevê que "na alienação de bem objeto de garantia real, a supressão da garantia ou sua substituição somente serão admitidas mediante aprovação expressa do credor titular da respectiva garantia". Mesmo diante da

---

[6]   No tocante à hipoteca, importante frisar que o art. 1.476 do Código Civil possibilita ao devedor hipotecante estabelecer várias hipotecas sobre o mesmo bem, seja em favor do próprio credor, seja em relação a um novo credor. Nessa hipótese, surge a indagação sobre quem deverá receber primeiro, sendo assegurada tal prerrogativa observando-se a regra da prioridade, ou seja, o direito pertencerá a quem primeiro protocolar o contrato de hipoteca no registro de imóveis, produzindo efeito, inclusive, na hipótese de concurso de credores decorrente de falência.

busca da preservação da atividade empresarial, a lei não olvida da segurança jurídica do credor com garantia real, reafirmando os atributos das garantias reais previstas no Código Civil, ressalvando apenas, por óbvio, a aceitação expressa do titular do direito.

Estabelece o parágrafo único do art. 1.422 do Código Civil que exceptuam--se da preferência as dívidas que, em virtude de outras leis, devam ser pagas precipuamente a quaisquer outros créditos. Trata-se do privilégio legal que não se confunde com a preferência, levando a que o chamado credor privilegiado receba antes do credor com garantia real (arts. 958, 961, 964 e 965, CC).

Insta salientar que na classificação dos créditos na falência, o art. 83 da Lei 11.101/2005 preconiza que após os créditos derivados da legislação trabalhista, limitados a 150 salários mínimos por credor, e aqueles decorrentes de acidentes de trabalho, *serão pagos os créditos gravados com direito real de garantia até o limite do valor do bem gravado*, sendo este, conforme dispõe o parágrafo primeiro do citado dispositivo, a importância efetivamente arrecadada com sua venda, ou, no caso de alienação em bloco, o valor de avaliação do bem individualmente considerado.

O direito real de garantia é acessório, pois depende da configuração de um direito creditício pessoal principal a que visa garantir. Aplica-se, portanto, *in casu*, a máxima jurídica de que o acessório segue a sorte do principal. Extinta a obrigação principal, extingue-se o direito real de garantia, mas o contrário não acontece (art. 1.430, CC). No caso do estudo do presente texto, temos que o valor que sobejar da alienação forçada do bem pela massa falida, seguirá o seu caminho na falência em classe inferior das preferências, isto é, como credor quirografário.

Outro exemplo interessante poderia ser consultado no art. 1.483 do Código Civil, revogado pelo Código de Processo Civil de 2015, mas cuja orientação foi mantida, ora inserida no Diploma Processual, em seu art. 877, § 4º, que prevê a remição da execução hipotecária em processo de falência ou de insolvência civil. Nesse caso, poderá ser remida a execução pela massa falida ou pelo concurso de credores, tomando-se por base o preço da avaliação, dispensando-se a praça e, se este não for o bastante para pagar o total da dívida ao credor hipotecário, este deverá se habilitar no concurso de credores na qualidade de credor quirografário e, portanto, sem preferência ou privilégio.

4. QUESTÕES JURÍDICAS RELEVANTES

Apontamos aqui algumas situações importantes envolvendo garantias e o juízo recuperacional e falimentar.

4.1 Alienação fiduciária em garantia e cessão fiduciária de créditos

Alienação fiduciária em garantia é o direito real de garantia pelo qual o devedor aliena ao credor, para fins de garantia, a propriedade de um bem em caráter resolúvel e a posse indireta, permanecendo o devedor com a posse direta, tornando-se proprietário pleno com a quitação integral da obrigação à qual adere[7].

Por ela atribui-se ao credor da obrigação a propriedade resolúvel e a posse indireta, restando ao devedor a posse direta e a possibilidade, se quitar o financiamento, de consolidar em suas mãos a propriedade plena. A propriedade do credor é temporária, resolúvel, pois o devedor aliena o bem com a firme expectativa de recuperar o domínio, e assim sucederá obrigatoriamente no momento do adimplemento da obrigação que materializa o implemento da condição resolutiva prevista no pacto[8].

A causa da sua constituição é a realização de um negócio jurídico *bilateral, oneroso, comutativo, fiduciário, acessório, e formal*, pois a forma escrita é da sua essência. Constitui-se com o registro no cartório de títulos e documentos quando tem por objeto bens móveis ou no cartório do registro de imóveis se tiver como objeto um bem imóvel.

---

[7] TARTUCE, Flávio. *Direito civil*: direito das coisas. 9. ed. Rio de Janeiro: Forense, 2017. p. 630.

[8] A peculiaridade da transferência do bem para o credor com escopo de garantia levou a que parte da doutrina, identifique a alienação fiduciária em garantia como sendo um *direito real EM garantia* diverso dos chamados *direitos reais DE garantia* que seriam as clássicas figuras do penhor, hipoteca e anticrese (por todos: ALVES, José Carlos Moreira. *Da alienação fiduciária em garantia*. Rio de Janeiro: Forense, 1973. p. 134). Ao que parece, tal perspectiva influenciou na confecção do atual Código Civil que trata a propriedade fiduciária como uma espécie de propriedade (arts. 1.361 a 1.368-B) e os direitos reais de garantia em título próprio que cuida do penhor, hipoteca e anticrese (arts. 1.419 a 1.510). Entretanto, com a devida vênia, não vemos motivo para tal diferenciação, pois todos os quatro institutos possuem uma estrutura diversa entre si, mas a mesma função de garantia creditícia real. A propósito, na contemporaneidade e na dogmática posta, o art. 1.367 do Código Civil é explícito ao dispor que "a propriedade fiduciária em garantia de bens móveis ou imóveis sujeita-se às disposições do Capítulo I do Título X do Livro III da Parte Especial deste Código e, no que for específico, à legislação especial pertinente, não se equiparando, para quaisquer efeitos, à propriedade plena de que trata o art. 1.231. (Redação dada pela Lei nº 13.043, de 2014)".

Em nosso ponto de vista, o constituto possessório se faz presente na constituição da propriedade fiduciária, pois realmente aquele que possuía em nome próprio – devedor fiduciante – passa a possuir em nome do credor fiduciário, tornando-se possuidor direto em relação ao possuidor indireto e proprietário resolúvel até o completo adimplemento da obrigação principal.

Pelo sistema de desdobramento da posse que acontece na propriedade fiduciária, ficando o credor como proprietário resolúvel e possuidor indireto do imóvel, sendo o devedor possuidor direto, em caso de falência do devedor fiduciante, é assegurado ao titular do crédito o pedido de restituição (art. 85 da Lei 11.101/2005) à massa falida na hipótese de esta ter arrecadado o objeto alienado, conforme prevê o art. 7º do Dec.-lei nº 911/1969 para bens móveis, 20 e 32 da Lei 9.514/1997 para imóveis e cessão fiduciária de créditos, respectivamente. Se for do interesse da massa falida, mediante autorização do Comitê, o contrato poderá ser mantido com o consequente pagamento das prestações ao credor fiduciário, na forma do que dispõe o art. 118 da Lei 11.101/2005.

O tratamento das garantias fiduciárias na falência é bem delineado pela Lei 11.101/2005, isto é, em consonância com a natureza e efeitos jurídicos próprios ao instituto, não acarretando, portanto, maiores dificuldades.

Mais sofisticado vem a ser o tratamento na recuperação judicial. Isso porque ao mesmo tempo em que ao credor é assegurada a recuperação liminar do bem alienado fiduciariamente, seja móvel ou imóvel, em caso de inadimplemento, há que se analisar se aquela retirada de inopino pode ser prejudicial para o soerguimento da sociedade empresária em dificuldades financeiras.

Nesse diapasão, correto se mostra o teor do § 3º do art. 49 da Lei 11.101/2005 quando exclui o proprietário fiduciário de bens móveis ou imóveis dos efeitos da recuperação judicial. O arrendador mercantil, titulares de direito decorrentes de promessa de compra e venda com cláusula de irrevogabilidade ou irretratabilidade e alienante que vendeu a coisa com reserva de domínio também estão na mesma situação, pois em tais casos os direitos ali previstos não são protagonizados pela sociedade empresária recuperanda, não se mostrando justo que sofram os efeitos da recuperação judicial a que se refere o art. 6º da citada Lei.

Tal perspectiva estende-se também à cessão fiduciária de créditos imobiliários a que se refere o art. 18 da Lei 9.514/1997, pois tal contrato "opera a transferência ao credor da titularidade dos créditos cedidos, até a liquidação da dívida garantida". Não se justifica, sob o ponto de vista estritamente técnico-jurídico, que o proprietário resolúvel do crédito fiduciariamente cedido tenha que se submeter aos mesmos efeitos de credores da empresa

Cap. 35 · AS GARANTIAS CIVIS NA RECUPERAÇÃO JUDICIAL E NA FALÊNCIA | **481**

em soerguimento. Nesse ângulo de visada, os direitos estabelecidos no art. 19[9] da Lei 9.514/1997 permanecem, em regra, imunes à recuperação judicial do cedente.

A mesma linha de raciocínio acima se aplica para a cessão fiduciária de créditos mobiliários disciplinada pelo art. 66-B da Lei 4.728/1965[10] com a redação conferida pela Lei 10.931/2004.

Note-se que até mesmo na falência do devedor cedente, se não tiver havido a tradição dos títulos representativos do crédito, é assegurado ao cessionário fiduciário pedido de restituição na forma do art. 85 e seguintes da Lei 11.101/2005.

Apontadas tais premissas que guardam consonância com a lógica jurídica das garantias fiduciárias, resta saber se a Lei 11.101/2005 traz algum limite para a energia do credor fiduciário em relação à possibilidade de recuperar imediatamente a posse do bem alienado fiduciariamente em caso de inadimplemento comprovado.

Será necessário sopesar o interesse legítimo do credor fiduciário com a finalidade maior da recuperação judicial que vem a ser a superação da situação de crise econômico-financeira do devedor? A resposta é afirmativa se o bem arrendado ou alienado fiduciariamente for fundamental para a continuidade do exercício da atividade empresarial. O inadimplemento da obrigação pela recuperanda não possibilitará a recuperação judicial liminar do bem em favor do credor fiduciário ou do arrendador.

Em tal situação excepcional, o credor terá que sacrificar temporariamente o seu direito em prol de um valor social maior, devendo ficar submetido, assim como os outros credores, ao prazo de 180 dias de suspensão, prorrogável por igual período, referidas nos incisos I, II e III, do art. 6º,

---

[9] "Art. 19. Ao credor fiduciário compete o direito de: I – conservar e recuperar a posse dos títulos representativos dos créditos cedidos, contra qualquer detentor, inclusive o próprio cedente; II – promover a intimação dos devedores que não paguem ao cedente, enquanto durar a cessão fiduciária; III – usar das ações, recursos e execuções, judiciais e extrajudiciais, para receber os créditos cedidos e exercer os demais direitos conferidos ao cedente no contrato de alienação do imóvel; IV – receber diretamente dos devedores os créditos cedidos fiduciariamente. § 1º As importâncias (...) contrato".

[10] "Art. 66-B. O contrato de alienação fiduciária (...) encargos... § 4º No tocante à cessão fiduciária de direitos sobre coisas móveis ou sobre títulos de crédito aplica-se, também, o disposto nos arts. 18 a 20 da Lei nº 9.514, de 20 de novembro de 1997".

conforme sabiamente impõe a parte final do parágrafo terceiro do art. 49 da Lei 11.101/2005 que proíbe "a retirada do estabelecimento do devedor dos bens de capital essenciais a sua atividade empresarial".

O Superior Tribunal de Justiça tem entendimento firme no sentido de que com vistas à preservação da atividade empresarial, do direito do credor e da própria viabilidade do plano de recuperação judicial, ao juízo universal compete definir a essencialidade do bem que se pretende consolidar no domínio do proprietário fiduciário, para os fins de mitigação da regra prevista no § 3º do art. 49 da Lei 11.101/2005, como se pode ver no seguinte aresto:

> Agravo interno no agravo em recurso especial. Embargos à execução. Decisão monocrática que conheceu do agravo e deu provimento ao reclamo da parte adversa. Insurgência recursal da embargada. 1. **Nos termos da jurisprudência deste Tribunal Superior, o controle dos atos de constrição patrimonial, como forma de preservar tanto o direito creditório quanto a viabilidade do plano de recuperação judicial, deve prosseguir sob a supervisão do Juízo universal, único competente para determinar a essencialidade dos bens constritos.** 2. Agravo interno desprovido (AgInt no AREsp 1.542.089/SP, 4ª Turma, Rel. Min. Marco Buzzi, j. 04.05.2020, *DJe* 07.05.2020). (grifos nossos)

Mesmo com a admissão da chamada *trava bancária* em favor dos créditos que sejam garantidos por cessão fiduciária que, em tese, não se submeteria ao processo da recuperação judicial, há sólida jurisprudência[11] em favor da mitigação dessa compreensão quando o exercício de tal direito pelas instituições financeiras puder, de acordo com o caso concreto, dada a essencialidade do bem para a atividade empresarial, colocar em risco ou até mesmo inviabilizar o soerguimento da empresa, objetivo maior em razão de sua imanente função social.

Apenas a título de ilustração do quão perigoso pode ser o esquecimento da diretriz jurídica acima referida pelo juízo processante da recuperação judicial, cumpre trazer à memória lamentável incidente ocorrido em 5 de abril de 2019, no qual, em razão de uma decisão judicial liminar favorável ao credor arrendador de uma aeronave na posse direta de importante empresa aérea em recuperação judicial deferida. No caso, foi inviabilizado o voo que seguia de Brasília para Congonhas, sendo que após o decurso de considerável

---

[11]   STJ, REsp 1.853.363/GO, Rel. Min. Paulo de Tarso Sanseverino, j. 11.02.2020.

Cap. 35 · AS GARANTIAS CIVIS NA RECUPERAÇÃO JUDICIAL E NA FALÊNCIA | **483**

período de tempo, os passageiros e tripulantes foram retirados da aeronave pelos Oficiais de Justiça[12] com ampla repercussão jornalística em grave dano à imagem da recuperanda e receio de dano por parte dos consumidores do serviço aéreo por ela prestado.

4.2 Penhor de títulos de crédito na recuperação judicial

A cessão fiduciária de créditos, vinculados a bens móveis ou imóveis, não se confunde com o penhor de títulos de crédito.

Com efeito, os direitos assegurados, em regra, ao credor fiduciário, arrendador mercantil e titular de direito decorrente de promessa de compra e venda com cláusulas de irrevogabilidade e irretratabilidade são diversos do direito conferido ao credor pignoratício de títulos de créditos, cujo devedor seja uma sociedade empresária submetida ao regime da recuperação judicial.

A especialidade contida na norma do § 3º do art. 49 da Lei 11.101/2005 afasta o seu § 5º[13] que, no âmbito das garantias reais, se refere, dentre outros créditos, ao penhor sobre títulos de crédito. Aponta, sobre o tema, Melhim Namem Chalhub[14] que "é inaplicável a regra do § 5º do art. 49 porque essa se refere exclusivamente aos créditos garantidos por penhor, no qual o devedor empenha o crédito, mas conserva a propriedade. Assim, encontrando-se no patrimônio do devedor, os créditos pignoratícios devem ser incluídos no plano de recuperação".

Assinala o art. 1.431 do Código Civil que o penhor provoca a "transferência efetiva da posse que, em garantia do débito ao credor ou a quem o represente, faz o devedor, ou alguém por ele, de uma coisa móvel, suscetível de alienação". Digno de destaque a circunstância jurídica de que a lei fala em posse (direta) e não em propriedade, posto que esta permanece nas mãos do

---

[12] Disponível em: https://g1.globo.com/df/distrito-federal/noticia/2019/04/05/voo-da-avianca-e-impedido-de-decolar-em-brasilia-apos-aviao-ser-penhorado-por-oficiais-de-justica.ghtml. Acesso em: 23 maio 2020.

[13] Art. 49, § 5º da Lei 11.101/2005: "Tratando-se de crédito garantido por penhor sobre títulos de crédito, direitos creditórios, aplicações financeiras ou valores mobiliários, poderão ser substituídas ou renovadas as garantias liquidadas ou vencidas durante a recuperação judicial e, enquanto não renovadas ou substituídas, o valor eventualmente recebido em pagamento das garantias permanecerá em conta vinculada durante o período de suspensão de que trata o § 4º do art. 6º desta Lei".

[14] CHALHUB, Melhim Namem. *Alienação fiduciária, incorporação imobiliária e mercado de capitais*. Rio de Janeiro: Renovar, 2012. p. 237.

devedor pignoratício, assim como a posse indireta em razão do desdobramento possessório, consequência lógica do penhor comum.

Com relação especificamente ao penhor de títulos de crédito, conforme já tivemos ocasião de assinalar[15], o credor que dá o seu título em garantia pignoratícia continua como titular do direito creditício, apenas transferindo, para fins de garantia, a posse da cártula ao credor pignoratício. Embora existam algumas semelhanças, não há propriamente uma cessão de crédito.

O credor pignoratício decorrente de penhor de títulos de crédito, pela sua própria estrutura e função, submete-se aos efeitos da recuperação judicial em relação à sociedade empresária que empenhou seus créditos, devendo eventuais valores recebidos pelo titular do crédito em nome desta relação jurídica, permanecerem retidos em conta vinculada durante o período de suspensão de que trata o § 4º do art. 6º da Lei 11.101/2005.

4.3 Situação jurídica do avalista e demais coobrigados solidários da sociedade empresária em recuperação judicial

Questão interessante é a que diz respeito ao exercício dos direitos creditícios quando a sociedade empresária em recuperação é devedora e há um garantidor que se vincule solidariamente pelo adimplemento da obrigação. Em que pese a possibilidade de outras garantias reais e pessoais resultarem na solidariedade passiva como a própria fiança, desde que assim esteja previsto expressamente, é do aval que pretendemos aqui tratar pela clareza com que tal instituto importa em solidariedade passiva e preservação da autonomia da relação jurídica entre credor e o avalista.

Como cediço, a lei estabelece que o dador de aval é responsável da mesma maneira que a pessoa por ele avalizada, a indicar solidariedade passiva e autonomia entre a obrigação assumida pelo avalizado e pelo próprio avalista (art. 32 da LUG – Dec. 57.663/1966 e art. 899, CC). Nas precisas palavras de Mário Delgado[16] "trata-se de ato cambiário praticado por terceiro, que se responsabiliza e torna-se coobrigado pelo pagamento da obrigação constante do título, respondendo solidariamente com o emitente do título".

Pelos naturais efeitos do aval, frente ao avalista, o credor não poderia ter o seu direito afetado em razão da sociedade empresária devedora (avalizada)

---

[15] MELO, Marco Aurélio Bezerra. *Direito civil*: coisas. 3. ed. Rio de Janeiro: Forense, 2019. p. 460.

[16] DELGADO, Mário. *Código Civil comentado*: doutrina e jurisprudência. Anderson Schreiber et al. 2. ed. Rio de Janeiro: Forense, p. 618.

Cap. 35 · AS GARANTIAS CIVIS NA RECUPERAÇÃO JUDICIAL E NA FALÊNCIA | **485**

estar em recuperação não fosse a previsão legal contida no art. 59 da Lei 11.101/2005, o qual estabelece que o plano de recuperação judicial implica *novação* dos créditos anteriores ao pedido. Ainda que a lei ressalve a permanência das garantias pessoais e reais (art. 50, § 1º, da Lei 11.101/2005), isto não significa necessariamente que o credor esteja autorizado a cobrar a dívida do avalista mesmo estando em curso o processo judicial de recuperação judicial com a aprovação do plano e a referida novação dos créditos.

A doutrina já apontava e a jurisprudência que se sucedeu acompanhou a ideia de que a novação prevista na Lei 11.101/2005 não é a mesma a que se refere o art. 360 do Código Civil, na qual um dos efeitos é o da extinção das obrigações acessórias e garantias da dívida, sempre que não houver disposição convencional em sentido contrário (art. 364, CC). Importa, outrossim, trazer à consideração que o art. 49, § 1º, da Lei 11.101/2005 é claro ao estabelecer que "os credores do devedor em recuperação judicial conservam seus direitos e privilégios contra os coobrigados, fiadores e obrigados de regresso".

Na doutrina de Fábio Ulhoa Coelho[17], colhemos o preciso ensinamento no sentido de que "a recuperação judicial do garantido (*avalizado* ou *afiançado*) não importa nenhuma consequência relativamente ao direito do credor exercitável contra o garante (*avalista* ou *fiador*). Por isso, a recuperação judicial daquele não importa a suspensão da execução contra este".

Nessa toada, com muita felicidade, o Tribunal da Cidadania editou o verbete 581 com o seguinte teor: "A recuperação judicial do devedor principal não impede o prosseguimento das ações e execuções ajuizadas contra terceiros devedores solidários ou coobrigados em geral, por garantia cambial, real ou fidejussória". Já tivemos ocasião de relatar alguns recursos envolvendo tal questão como esse que trazemos à guisa de ilustração:

> Agravo de instrumento. Direito Processual Civil. Impugnação ao cumprimento de sentença. Execução judicial promovida em face de sociedade empresária em recuperação judicial e sua coobrigada. Obrigação solidária. Impugnação rejeitada. Inconformismo manifestado pelo impugnante. 1- Com a aprovação do plano de recuperação judicial, e sua homologação pelo juízo, opera-se a novação das obrigações da recuperanda, nos termos do art. 59, *caput*, da Lei 11.101/05; 2- Uma das consequências da decisão de homologação do plano é a de que as execuções individuais deverão ser extintas,

---

[17] COELHO, Fábio Ulhoa. *Comentários à Lei de Falências e de Recuperação de Empresas*. 12. ed. São Paulo: Ed. RJ, 2017. p. 185.

devendo prosseguir no juízo universal da falência. Precedentes do E. STJ; 3- No caso de obrigação solidária, nada impede que a execução prossiga contra os demais coobrigados, nos termos do verbete nº 581 do E. STJ; 4- No presente caso, deve ser acolhida a impugnação ao cumprimento de sentença para que seja extinta a execução em relação à agravante, cabendo ao agravado optar por prosseguir com a execução em relação à segunda executada ou habilitar seu crédito em face da agravante no juízo universal da recuperação judicial; 5- Provimento do recurso (TJRJ, 16ª CC, Agravo de Instrumento 0062169.23.2020.8.19.0000, Rel. Des. Marco Aurélio Bezerra de Melo, j. 01.12.2020).

Quando essa questão se encontrava devidamente equacionada pela justiça, eis que surge nova polêmica envolvendo a possibilidade de renúncia por parte dos credores de uma mesma classe por ocasião da aprovação do plano de recuperação judicial.

Nada obsta que o credor com garantia que lhe permita cobrar de algum coobrigado que pode, por exemplo, ser o sócio da sociedade em soerguimento ou outra empresa que mantenha vínculos societários próximos com esta, aceite o período de suspensão das cobranças e execuções ou mesmo renuncie a garantia pessoal ou real a que faz jus. Trata-se, à toda evidência de direito disponível. A indagação difícil que se faz é a seguinte: tal estipulação obriga a eventuais credores que não participaram do acerto negocial que deu origem ao plano? A representação feita pelos credores da classe do credor que não anuiu junto à assembleia é suficiente para vinculá-lo?

A Terceira Turma do STJ no julgamento do Recurso Especial 1.700.487/MT (j. 02.04.2019), enfrentou essa questão e, por maioria, vencidos o Ministro Ricardo Cueva e a Ministra Nancy Andrighi, entendeu pela possibilidade de que a supressão das garantias, alcancem igualmente os credores que não votaram a favor de tal deliberação na assembleia de credores. Acompanhado pelos Ministros Moura Ribeiro e Paulo de Tarso Sanseverino, colhe-se do voto do Ministro Marco Aurélio Bellizze, a quem coube a relatoria, o que se segue, *verbis:*

> Nesse contexto, tem-se absolutamente descabido restringir a supressão das garantias reais e fidejussórias, tal como previsto no plano de recuperação judicial aprovado pela assembleia geral, somente aos credores que tenham votado favoravelmente nesse sentido, conferindo tratamento diferenciado aos demais credores da mesma classe, em manifesta contrariedade à deliberação majoritária.

Malgrado o óbvio reconhecimento de que se trata de questão extremamente controvertida em que há efetivamente nos votos vencedores a busca pela facilitação da preservação da empresa e o respeito ao critério majoritário por ocasião da aprovação do plano de recuperação judicial, entendemos que, no caso, deve ser prestigiada a segurança jurídica e a autonomia privada, o que ocorrerá com a manutenção dos efeitos das garantias estabelecidas em favor dos credores da sociedade em crise que e esse direito não renunciaram expressamente. Sob tal prisma, nosso pensamento se aproxima do que fora externado no voto vencido da lavra do Ministro Ricardo Villas Bôas Cueva:

> Assim, considerando-se que: i) a regra geral da LREF é a de que a novação atinge apenas as obrigações da sociedade em recuperação, com expressa ressalva das garantias concedidas aos credores; ii) a extensão da novação aos coobrigados depende de inequívoca manifestação do credor nesse sentido, pois a novação não se presume; iii) em relação às garantias reais, a lei de regência estabelece expressamente a necessidade de aprovação do credor na hipótese de alienação do objeto da garantia e (iv) no caso de declarada a falência, remanesce o interesse do credor com garantia real na manutenção do gravame sobre o bem, **a conclusão que melhor equaciona o binômio "preservação da empresa viável x preservação das garantias" é a de que a cláusula que estende a novação aos coobrigados seria apenas legítima e oponível aos credores que aprovarem o plano de recuperação sem nenhuma ressalva, não sendo eficaz, portanto, no tocante aos credores que não se fizeram presentes quando da assembleia geral de credores, abstiveram-se de votar ou se posicionaram contra tal disposição.** Solução em sentido contrário, ou seja, a submissão ao plano de recuperação de credores que votaram contra a cláusula que prevê a exclusão de garantias, importa verdadeira afronta à segurança jurídica e seus consectários, visto que um credor que concede crédito e recebe em troca uma garantia, certamente precisa de segurança mínima de que essa garantia será respeitada, mesmo em caso de recuperação ou falência, na forma como prevista na Lei nº 11.101/2005. (grifos no original)

Será de todo oportuna a afetação de um futuro recurso especial para que com a técnica dos julgamentos repetitivos, a Segunda Seção do Superior Tribunal de Justiça pacifique essa questão tão relevante sob o ponto de vista econômico e social quanto interessante na perspectiva da técnica jurídica.

REFERÊNCIAS BIBLIOGRÁFICAS

ALVES, José Carlos Moreira. *Da alienação fiduciária em garantia*. Rio de Janeiro: Forense, 1973.

ALVES, José Carlos Moreira. *Direito romano*. 5. ed. Rio de Janeiro: Forense, 1983. vol. I.

CHALHUB, Melhim Namem. *Alienação fiduciária, incorporação imobiliária e mercado de capitais*. Rio de Janeiro: Renovar, 2012.

CHAMOUN, Ebert. *Instituições de direito romano*. 6. ed. Rio de Janeiro: Ed. Rio, 1977.

COELHO, Fábio Ulhoa. *Comentários à Lei de Falências e de Recuperação de Empresas*. 12. ed. São Paulo: Ed. RJ, 2017.

DELGADO, Mário. *Código Civil comentado*: doutrina e jurisprudência. In: SCHREIBER, Anderson; TARTUCE, Flávio; SIMÃO, José Fernando; MELO, Marco Aurélio Bezerra. 2. ed. Rio de Janeiro: Forense, 2020.

MELO, Marco Aurélio Bezerra de. *Direito civil*: coisas. 3. ed. Rio de Janeiro: Forense, 2019.

PEREIRA, Caio Mário da Silva. *Instituições de direito civil*. 20. ed. Rio de Janeiro: Forense, 2009. vol. IV.

SALOMÃO, Luis Felipe; SANTOS, Paulo Penalva. *Recuperação judicial, extrajudicial e falência*: teoria e prática. 5. ed. Rio de Janeiro: Forense, 2020.

TARTUCE, Flávio. *Direito civil*: direito das coisas. 9. ed. Rio de Janeiro: Forense, 2017.

36

GARANTIAS REAIS, RECUPERAÇÃO JUDICIAL E FALÊNCIA. ALGUMAS QUESTÕES POLÊMICAS A RESPEITO DO PENHOR AGRÍCOLA, DA ALIENAÇÃO FIDUCIÁRIA EM GARANTIA DE IMÓVEL E DA HIPOTECA DE SEGUNDO GRAU

FLÁVIO TARTUCE

Sumário: 1. Visão geral sobre o tema – 2. Penhor agrícola: perecimento do bem e reclassificação do crédito – 3. Alienação fiduciária em garantia de bem imóvel e recuperação judicial. A polêmica a respeito da garantia dada por terceiro – 4. Requalificação do crédito na falência e hipoteca de segundo grau – Referências bibliográficas.

1. VISÃO GERAL SOBRE O TEMA

A Lei n. 11.101/2005, ao tratar da recuperação judicial, da recuperação extrajudicial e da falência do empresário e da sociedade empresária, trouxe uma ordem de classificação dos créditos no seu art. 83. Assim, nos termos da norma, em sua redação atual, no que interessa a este estudo e já alterada pela Lei n. 14.112/2020, "a classificação dos créditos na falência obedece à seguinte ordem: [...] II – os créditos gravados com direito real de garantia até o limite do valor do bem gravado; [...] VI – créditos quirografários, a saber: a) aqueles não previstos nos demais incisos deste artigo".

Como é notório, os créditos com garantia real são aqueles relativos aos direitos reais de garantia, em especial os que recaem sobre coisa alheia. O vínculo real existente, com efeitos *erga omnes*, faz com que exista a preferência dos créditos com essas garantias, que são o penhor, a hipoteca e a anticrese, previstos nos incisos VIII, IX e X do art. 1.225 do Código Civil. Esse também é o caso da alienação fiduciária em garantia, que igualmente será analisada neste estudo, no que diz respeito aos imóveis.

Sobre a presença desse vínculo real no penhor e na hipoteca, não deixa dúvidas o art. 1.419 do Código Civil, ao estabelecer que, "nas dívidas garantidas por penhor, anticrese ou hipoteca, o bem dado em garantia fica sujeito, por vínculo real, ao cumprimento da obrigação". Anote-se que o que diferencia uma garantia real de uma garantia pessoal ou *fidejussória* é justamente a vinculação de uma coisa no primeiro caso, e do patrimônio pessoal do garantidor no segundo.[1]

Quanto à preferência existente em favor do credor, o art. 1.422 da codificação privada estabelece que o credor hipotecário e o pignoratício "têm o direito de excutir a coisa hipotecada ou empenhada, e preferir, no pagamento, a outros credores, observada, quanto à hipoteca, a prioridade no registro". O seu parágrafo único traz como ressalva o tratamento em leis especiais, como é o caso justamente da Lei n. 11.101/2005, *in verbis*: "excetuam-se da regra estabelecida neste artigo as dívidas que, em virtude de outras leis, devam ser pagas precipuamente a quaisquer outros créditos". Como explica Marco Aurélio Bezerra de Melo, "a preferência estabelecida no artigo anotado assegura ao credor hipotecário e pignoratício que receba antes dos credores quirografários, ou seja, sendo a coisa excutida, primeiramente recebe o credor preferencial e depois aquele que não goza de nenhuma prerrogativa especial no tocante ao recebimento do crédito. Significa então que esse credor, em eventual execução, preferirá, no que se refere ao pagamento de dívidas, aos demais credores quirografários".[2] Pontue-se, em complemento, o teor do art. 961 do Código Civil, segundo o qual "o crédito real prefere ao pessoal

---

[1] A respeito desses direitos reais, explica Fábio Ulhoa Coelho, "os credores com garantia real são o hipotecário (seu crédito é atendido com o produto da venda imóvel hipotecado), o pignoratício (cuja garantia, o penhor, recai sobre bem móvel) e os caucionados (que têm por garantia títulos de crédito transmitidos por endosso-caução). Também vale a pena aqui tomar o exemplo das instituições financeiras titulares de Cédula de Crédito (rural, industrial, comercial ou à exportação) e dos debenturistas titulares de debêntures com garantia real (LSA, art. 58, *caput*)" (COELHO, Fábio Ulhoa. *Curso de direito comercial*. 8. ed. São Paulo: Saraiva, 2008. v. 3: Direito de empresa. p. 366).

[2] MELO, Marco Aurélio Bezerra de. *Código Civil comentado*: doutrina e jurisprudência. Rio de Janeiro: Forense, 2019. p. 1068.

de qualquer espécie; o crédito pessoal privilegiado, ao simples; e o privilégio especial, ao geral".

Quanto à alienação fiduciária sobre bens imóveis, que será aqui analisada em uma de suas polêmicas, apesar de ser um direito real de garantia sobre coisa própria, há norma específica na Lei n. 11.101/2005, que a exclui da natureza dos créditos *concursais*, tendo natureza *extraconcursal*. Trata-se do seu art. 49, § 3º. Como regra geral, o seu *caput* preceitua que "estão sujeitos à recuperação judicial todos os créditos existentes na data do pedido, ainda que não vencidos". Todavia, conforme a norma que ora interessa,

> [...] tratando-se de credor titular da posição de proprietário fiduciário de bens móveis ou imóveis, de arrendador mercantil, de proprietário ou promitente vendedor de imóvel cujos respectivos contratos contenham cláusula de irrevogabilidade ou irretratabilidade, inclusive em incorporações imobiliárias, ou de proprietário em contrato de venda com reserva de domínio, seu crédito não se submeterá aos efeitos da recuperação judicial e prevalecerão os direitos de propriedade sobre a coisa e as condições contratuais, observada a legislação respectiva, não se permitindo, contudo, durante o prazo de suspensão a que se refere o § 4º do art. 6º desta Lei, a venda ou a retirada do estabelecimento do devedor dos bens de capital essenciais a sua atividade empresarial.

Apesar de o último comando tratar de recuperação judicial, tem-se entendido que a conclusão é a mesma para os casos de falência. Como se extrai de julgado recente do Superior Tribunal de Justiça, "na hipótese dos autos o juízo do soerguimento já decidiu sobre o caráter extraconcursal das dívidas da empresa recuperanda garantidas por alienação fiduciária. Esta Corte Superior também já confirmou a extraconcursalidade do crédito, no julgamento do Ag. Int. no AREsp 1.127.032/RJ, Rel. Ministro Marco Aurélio Bellizze, Terceira Turma, j. 12/12/2017, *DJe* 2/2/2018" (STJ, EDcl no Ag. Int. no CC 145.379/SP, Rel. Min. Moura Ribeiro, Segunda Seção, j. 14.03.2018, *DJe* 20.03.2018). Além disso, outro acórdão superior explica a razão da norma, ao julgar que,

> [...] ainda que o crédito continue a figurar no plano de recuperação judicial devidamente homologado, não se submeterá à novação efetivada nem perderá o direito de se valer da execução individual, nos termos da lei de regência, para efetivar a busca da posse dos bens de sua propriedade. [...]. Isso porque a instituição de tal

privilégio (LF, art. 49, § 3º) foi opção legislativa com nítido intuito de conferir crédito para aqueles que estão em extrema dificuldade financeira, permitindo que superem a crise instalada. Não se pode olvidar, ademais, que o credor fiduciário de bem móvel ou imóvel é, em verdade, o real proprietário da coisa (propriedade resolúvel e posse indireta), que apenas fica depositada em mãos do devedor (posse direta) até a solução do débito. [...]. Deveras, tais créditos são imunes aos efeitos da recuperação judicial, devendo ser mantidas as condições contratuais e os direitos de propriedade sobre a coisa, pois o bem é patrimônio do fiduciário, não fazendo parte do ativo da massa. Assim, as condições da obrigação advinda da alienação fiduciária não podem ser modificadas pelo plano de recuperação, com a sua novação, devendo o credor ser mantido em sua posição privilegiada (STJ, REsp 1.207.117/MG, Rel. Min. Luis Felipe Salomão, Quarta Turma, j. 10.11.2015, *DJe* 25.11.2015).

Expostas as regras gerais a respeito das garantias reais no âmbito da recuperação judicial e da falência, pontue-se que todas as questões relativas ao tema devem ser analisadas de acordo com os princípios que regem a Lei n. 11.101/2005, muito bem expostos por Luis Felipe Salomão e Paulo Penalva Santos, em obra referencial sobre o assunto.[3] Segundo eles, são onze os regramentos fundamentais dessa norma específica, a saber: *a)* preservação da empresa, aplicável à recuperação; *b)* separação do conceito de empresa e de empresário; *c)* recuperação das sociedades viáveis e liquidação das não recuperáveis; *d)* proteção aos trabalhadores; *e)* redução do custo e do crédito; *f)* celeridade e eficiência do processo; *g)* segurança jurídica; *h)* participação ativa dos credores; *i)* maximização do valor dos ativos do falido; *j)* desburocratização da recuperação quanto ao micro e pequeno empresário; e *k)* rigor na punição dos crimes.

A par dessa realidade, as eventuais reclassificações dos créditos com garantias reais no âmbito da falência não podem ferir a *segurança jurídica*, bem como a *redução do custo e do crédito*. No que concerne a esses princípios, ponderam os últimos doutrinadores, com total razão, que, "na verdade, pretendeu o legislador garantir segurança jurídica aos credores e investidores, bem assim aos atores das diversas atividades econômicas, por isso que a Lei n. 11.101/2005 cumpre papel importante de retroalimentar o sistema. De fato, com previsibilidade e adequada regulação, a intenção do legislador era

---

3   SALOMÃO, Luis Felipe; SANTOS, Paulo Penalva. *Recuperação judicial, extrajudicial e falência*. 5. ed. Rio de Janeiro: Forense, 2020. p. 24-46.

produzir a redução do 'custo e do crédito' – o que, de fato, em parte não se verificou na prática, pois o Brasil possui um dos maiores *spreads* bancários do mundo. A pujança da economia de um país depende, fundamentalmente, da atividade empresarial – cujo oxigênio é a concessão do 'crédito'. Por isso, a regra é uma máxima da *lex mercatoris*, no sentido de que, quanto menor o risco, maior o crédito e o volume de negócios, com taxas baseadas no perigo global. Em caso de crise do tomador do empréstimo, com superveniente impetração de recuperação judicial ou mesmo falência, a instituição financeira quer ver garantido seu crédito, diminuindo o risco de perda total dos recursos".[4] Por óbvio, tais afirmações não se aplicam apenas às instituições financeiras, mas também a outras empresas que investem no Brasil.

2. PENHOR AGRÍCOLA: PERECIMENTO DO BEM E RECLASSIFICAÇÃO DO CRÉDITO

Como afirmo doutrinariamente em uma das minhas obras, a palavra "penhor" vem de *pignus* ou *pignoris*, tendo três acepções, como bem demonstra Rubens Limongi França. A primeira delas é de contrato – no sentido de negócio que visa a sua constituição –, como aqui se deu. A segunda é de objeto – a própria coisa empenhada –, e a terceira acepção é de direito real em garantia, como antes pontuado.[5] Como se retira do art. 1.431 do Código Civil, "constitui-se o penhor pela transferência efetiva da posse que, em garantia do débito ao credor ou a quem o represente, faz o devedor, ou alguém por ele, de uma coisa móvel, suscetível de alienação".

Nesse contexto, como regra geral, o penhor é constituído sobre bens móveis, ocorrendo a transferência efetiva da posse do bem do devedor ao credor, também como premissa geral. Diz-se duplamente "em regra", uma vez que, no penhor rural, industrial, mercantil e de veículos, as coisas empenhadas continuam em poder do devedor, que as deve guardar e conservar, conforme estabelece o parágrafo único do art. 1.431 do CC/2002. Com a celebração do negócio, a posse indireta da coisa é transmitida ao credor pignoratício, por meio de uma tradição ficta ou presumida, o *constituto possessório*. Em complemento, nem sempre o penhor recairá sobre coisa móvel, como em algumas dessas modalidades especiais de penhor convencional.

---

[4] SALOMÃO, Luis Felipe; SANTOS, Paulo Penalva. *Recuperação judicial, extrajudicial e falência*, cit., p. 38.

[5] TARTUCE, Flávio. *Direito civil*. 12. ed. Rio de Janeiro: Forense, 2020. v. 4: Direito das coisas. p. 681.

RECUPERAÇÃO DE EMPRESAS E FALÊNCIA: DIÁLOGOS ENTRE A DOUTRINA E A JURISPRUDÊNCIA

Como partes do penhor, inicialmente, há o *devedor pignoratício*, aquele que dá a coisa em garantia, proprietário do bem, tendo a dívida em seu desfavor. Esse sujeito passivo da relação pode ser o próprio devedor ou terceiro. A outra parte é o *credor pignoratício*, que tem o crédito e o direito real de garantia a seu favor.

A instituição do penhor deve ser efetivada por instrumento, seja ele público ou particular. Sua constituição é um ato jurídico formal, pela exigência de forma escrita, sob pena de nulidade absoluta, nos termos do art. 166, inciso IV, da codificação material privada. Conforme o art. 1.432 do CC/2002, sendo feito por instrumento particular, deve ainda ser levado a registro, por qualquer dos contratantes, em regra, no Cartório de Títulos e Documentos. O registro é elemento essencial para a constituição e a eficácia real ou *erga omnes* do penhor.

Não sendo preenchido tal fator de eficácia, o negócio jurídico assume feição contratual, com efeitos *inter partes* apenas, perdendo a sua faceta de garantia real. Conforme se extrai de julgado do Superior Tribunal de Justiça,

> [...] tratando-se de veículos automotores dados em penhor cedular, para a eficácia da garantia em relação a terceiros, é necessário o seu registro no Cartório de Registro de Títulos e Documentos ou na repartição competente para expedir licença ou registrá-los (STJ, REsp 200.663/SP, Rel. Min. Barros Monteiro, Quarta Turma, j. 02.03.2004, *DJ* 17.05.2004, p. 228).

Sobre o *penhor convencional especial rural*, tema de que se pretende tratar, por sua relevância prática, constitui-se sobre imóveis, mediante instrumento público ou particular, devidamente registrado no Cartório de Registro de Imóveis de situação da coisa (art. 1.438, *caput*, do CC/2002). Trata-se de modalidade especial, primeiramente, por recair sobre imóveis e não sobre bens móveis, como ocorre no penhor comum. Tem-se, portanto, a garantia sobre *bens imóveis por acessão física industrial ou intelectual* que estão incorporados a um imóvel, por uma atividade humana concreta e efetiva ou pela simples vontade do seu proprietário.

Como subespécie de penhor convencional rural, o *penhor agrícola* é aquele que tem por objeto os seguintes bens, descritos no art. 1.442 da codificação privada: *a)* máquinas e instrumentos de agricultura; *b)* colheitas pendentes, ou em via de formação; *c)* frutos acondicionados ou armazenados; *d)* lenha cortada e carvão vegetal; *e)* animais do serviço ordinário de estabelecimento agrícola. Todos esses bens devem estar adstritos a um imóvel, onde se desenvolve a atividade agrária.

A categoria está tratada, igualmente, pela antiga Lei n. 492/1937, que conceitua o penhor rural em seu art. 1º, *caput*, do seguinte modo: "constitui-se o penhor rural pelo vínculo real, resultante do registro, por via do qual agricultores ou criadores sujeitam suas culturas ou animais ao cumprimento de obrigações, ficando como depositários daqueles ou destes". Repise-se que as culturas ou plantações são consideradas *bens imóveis por acessão industrial*, havendo uma incorporação ao solo por atividade humana concreta e efetiva. Quanto aos animais, são *bens imóveis por acessão intelectual*, bens móveis incorporados ao imóvel rural pela vontade do proprietário.

Conforme o parágrafo único do mesmo art. 1º da Lei n. 492/1937, o *penhor rural* compreende o *penhor agrícola* e o *penhor pecuário*, conforme a natureza da coisa dada em garantia. Nesse contexto de definição, o *penhor rural é gênero, do qual são espécies o penhor agrícola e o penhor pecuário*, tratados separadamente também pela codificação geral privada. Esclareça-se que essa norma especial continua em vigor naquilo que não é incompatível ou regulamentado pelo Código Civil.

Como outra regra básica essencial, estabelece o art. 1.443 do Código Civil que o penhor agrícola que recai sobre colheita pendente, ou em via de formação – exatamente como aqui se deu –, abrange a imediatamente seguinte, no caso de frustrar-se ou ser insuficiente a que se deu em garantia. Em casos tais, tem-se claramente um *negócio jurídico aleatório*, em que o risco é sua causa. Em complemento, preceitua o seu parágrafo único que, se o credor não financiar a nova safra, poderá o devedor constituir com outrem novo penhor, em quantia máxima equivalente à do primeiro; o segundo penhor terá preferência sobre o primeiro, abrangendo este apenas o excesso apurado na colheita seguinte.

Como tenho defendido doutrinariamente, na linha do entendimento majoritário, a hipótese é de *sub-rogação real*, de substituição de uma coisa por outra, por determinação legal.[6] O art. 1.443 do Código Civil, especialmente o seu parágrafo único, merece aplicação conjunta com o § 1º do art. 7º da Lei n. 492/1937, segundo o qual,

> [...] sendo objeto do penhor agrícola a colheita pendente ou em via de formação, abrange ele a colheita imediatamente seguinte no caso de frustrar-se ou ser insuficiente a dada em garantia. Quando, porém, não quiser ou não puder o credor, notificado com 15 dias de antecedência, financiar a nova safra, fica o devedor com o direito

---

6   TARTUCE, Flávio. *Direito civil*, cit., p. 708.

de estabelecer com terceiro novo penhor, em quantia máxima equivalente ao primitivo contrato, considerando-se, qualquer excesso apurado na colheita, apenhado à liquidação da dívida anterior.

Como questão polêmica relevante para a proposta deste texto, destaco o meu entendimento doutrinário no sentido de que a utilização do bem dado em garantia para a transformação em outro produto – como, por exemplo, da cana que é transformada em açúcar ou em etanol, tão comum na prática brasileira –, durante o processo de recuperação judicial, posteriormente transformado em falência, não pode gerar, como consequência, o perecimento ou a insubsistência dos bens, com a extinção automática da garantia real e a eventual reclassificação do crédito.[7]

Como *primeiro argumento* para essa minha conclusão, pontuo que o nosso sistema jurídico, notadamente diante dos últimos comandos transcritos, traz uma ideia de *continuidade da garantia real*, de conservação do negócio jurídico de garantia, com o fim de assegurar os direitos do credor. Como explica Marco Aurélio Bezerra de Melo, ao comentar o art. 1.443 do Código Civil,

> [...] é necessário que se estabeleça uma forma de salvaguardar o interesse do credor pignoratício sem que a sociedade brasileira corra o risco da paralisação da produção. Essa é a razão pela qual diz o artigo comentado que o penhor agrícola que recai sobre colheita pendente, ou em via de formação, abrange a imediatamente seguinte, no caso de frustrar-se ou ser insuficiente a que se deu em garantia.[8]

Diante das palavras transcritas, não pode o credor pignoratício ser punido, perdendo o privilégio de um crédito com garantia real, se nada fez ou não colaborou para a perda dos bens, que estavam na posse do devedor. A esse propósito, merece destaque aresto do Tribunal do Rio Grande do Sul, que manteve a natureza real de crédito relativo a penhor rural em sede de recuperação judicial, diante da possibilidade de sua substituição dos bens, por sua natureza fungível, inclusive por dinheiro.[9] Pontue-se que o Superior

---

[7] Nessa situação, a extinção do penhor estaria fundada no art. 1.436, inc. II, do Código Civil, segundo o qual "extingue-se o penhor: [...] II – perecendo a coisa".

[8] MELO, Marco Aurélio Bezerra de. *Código Civil comentado*, cit., p. 1088.

[9] Como se retira do trecho final da ementa, que afastou a possibilidade de sua classificação como quirografário, "no que tange ao terceiro crédito, este decorre

Tribunal de Justiça tem decisões anteriores, relativas à concordata, segundo as quais,

> [...] "desaparecendo os bens dados em penhor, para garantia de contrato de financiamento bancário, e estando em concordata a devedora, a execução pode prosseguir com a penhora de outros bens da mesma natureza e qualidade. O crédito não se transforma em quirografário, a ponto de submeter o credor aos efeitos da concordata" (REsp 199.671/SP, Rel. Min. Luis Felipe Salomão) (STJ, Ag. Rg. no Ag. Rg. no Ag. 740.680/RJ, Rel. Min. Raul Araújo, Quarta Turma, *DJe* 23.09.2013, p. 904).

Como *segundo argumento* a ser levado em conta, tem-se considerado como fato essencial à manutenção da garantia real, com privilégio e eficácia *erga omnes*, o seu registro anterior à abertura da recuperação judicial, não importando a perda superveniente dos bens dados em garantia, inclusive no caso de convolação da recuperação judicial em falência.[10]

---

da cédula de crédito rural pignoratícia n. B30531077-0, garantida por penhor levado a efeito em cédula rural sobre dez mil sacas de trigo tipo indústria, da safra 2012/2013, situação jurídica esta que coaduna com o tipo de título de crédito em exame, o qual não exige que o bem dado em garantia seja entregue previamente. [...]. Assim, a garantia não resta afastada, tendo em vista que o penhor não resta desconstituído com o perecimento ou alienação do bem fungível, que pode ser perfeitamente substituído, desde que atendidos os parâmetros atinentes a igual qualidade e quantidade do produto ofertado em penhor. Ademais, não foi convencionado pelas partes que a garantia dada seria sobre bem infungível, foi estabelecida aquela sobre produto agrícola fungível, o que dá azo a sua substituição. Inteligência do art. 85 do Código Civil. [...]. Dessa forma, não há como desconstituir a garantia real pela inexistência das referidas sacas de trigo, uma vez que plenamente possível a substituição do produto em questão por outro de igual qualidade e quantidade devido à fungibilidade deste, ainda, caso não seja entregue este, ainda será possível a resolução no valor equivalente àquele" (TJRS, Agravo de Instrumento 70066998881, Rel. Jorge Luiz Lopes do Canto, Quinta Câmara Cível, j. 29.06.2016).

10 Nesse sentido, a ilustrar, do Tribunal Paulista: "Recuperação judicial. Impugnação do agravante com a pretensão de classificar a totalidade do seu crédito como portador de garantia real (penhor), vez que a administradora judicial reconheceu parte dele como quirografário. Julgamento de improcedência e retificação, de ofício, da totalidade do crédito como quirografário. Ausência de nulidade da decisão por *reformatio in pejus*. Valor e classificação que devem ser aferidos pelo magistrado com esteio nos elementos constantes nos autos e do

498 | RECUPERAÇÃO DE EMPRESAS E FALÊNCIA: DIÁLOGOS ENTRE A DOUTRINA E A JURISPRUDÊNCIA

Como *terceiro* e *último argumento*, com o mero deferimento do processamento da recuperação judicial, ficam suspensos o curso e a propositura de todas as ações e execuções em face da empresa, nos termos do art. 6º, *caput*, da Lei n. 11.101/2005.[11] Assim, as empresas credoras nada podem fazer para receber os seus créditos, notadamente quanto à transformação do bem, não se podendo defender que as correspondentes garantias reais estão extintas no sentido de gerar a reclassificação do crédito, com garantia real, para crédito comum e quirografário.

Como última nota sobre essa temática, uma questão a ser considerada, novamente para a subsistência do penhor agrícola com natureza real, diz respeito à utilização dos recursos durante a recuperação judicial, ainda que sejam insuficientes para a continuidade do plano, e a sua reversão em prol da universalidade dos credores, tendo havido pagamento parcial no curso da alienação. Nesse contexto, destaco outro julgado do Superior Tribunal de Justiça que, em situação em que se discutia a destinação a ser dada aos montantes gerados em decorrência do uso de cana-de-açúcar dada em garantia, julgou pela interpretação sistemática no que diz respeito ao penhor agrícola de bens essenciais à atividade do devedor em recuperação, resguardando-se

---

modo que entender correto, independente do pedido. Inteligência do art. 15, II, da Lei n. 11.101/2005. Recuperação Judicial. Impugnação do agravante com a pretensão de classificar a totalidade do seu crédito como portador de garantia real (penhor). Mútuo firmado entre as partes e que restou garantido por penhor de direitos de crédito da devedora devidamente registrado no Registro de Títulos e Documentos. Atendimento ao requisito do art. 1.432 do Código Civil. Acordos firmados na execução que não extinguiram a obrigação original, tampouco o penhor (art. 1.436, I, do Código Civil), sobretudo porque cuidaram de estabelecer a manutenção das garantias anteriores e que não se tratavam de novação. Mera ausência do registro dos subsequentes aditamentos/acordos que não compromete a higidez da garantia. Interpretação à luz do princípio da boa-fé contratual. Classificação na Classe II (garantia real) apenas do valor efetivamente disponibilizado à mutuária (R$ 45.000.000,00), nos termos da cláusula 3, letra *a*, do primeiro aditivo ao mútuo. Saldo remanescente que merece classificado na Classe III (quirografários). Recurso parcialmente provido" (TJSP, Agravo de Instrumento 2105074-82.2018.8.26.0000, Acórdão 11661567, São Paulo, Segunda Câmara Reservada de Direito Empresarial, Rel. Des. Araldo Telles, j. 30.07.2018, *DJESP* 10.08.2018, p. 1753).

[11] Lei n. 11.101/2005. "Art. 6º A decretação da falência ou o deferimento do processamento da recuperação judicial suspende o curso da prescrição e de todas as ações e execuções em face do devedor, inclusive aquelas dos credores particulares do sócio solidário".

o direito do credor de ter a garantia reconstituída, na hipótese de convolação em falência.[12]

3. ALIENAÇÃO FIDUCIÁRIA EM GARANTIA DE BEM IMÓVEL E RECUPERAÇÃO JUDICIAL. A POLÊMICA A RESPEITO DA GARANTIA DADA POR TERCEIRO

A alienação fiduciária em garantia constitui um negócio jurídico que traz como conteúdo um *direito real de garantia sobre coisa própria*. Isso porque o devedor fiduciante aliena o bem adquirido a um terceiro, o credor fiduciário, que paga o preço ao alienante originário. Constata-se que o credor fiduciário

---

[12] Vejamos a ementa do aresto: "Recurso especial. Recuperação judicial. Agravo de instrumento. Plano de recuperação aprovado. Novação de créditos anteriores ao pedido de recuperação. Inexistência de esvaziamento, substituição ou supressão de garantias reais (penhora agrícola de safras). Harmonização entre o art. 50, § 1º, da Lei n. 11.101/05 e o art. 1.443 do Código Civil. 1. Discussão vertida no curso de processo de recuperação judicial grupo econômico (grupo alta paulista) especializado na produção e comercialização de açúcar e álcool extraídos das lavouras de cana-de-açúcar. 2. Polêmica em torno do garantia real consubstanciada em penhor agrícola de safras de cana-de-açúcar, produtos e subprodutos, relativa à colheita de 2011/2012. 3. A finalidade da recuperação judicial é permitir o soerguimento da empresa atingida por dificuldades. 4. Perderia o seu sentido o processo de recuperação de sociedades empresárias em dificuldades financeiras se os créditos abarcados pela recuperação restassem ilesos a alterações. 5. A lógica do sistema de recuperação é singela, atribuindo-se a maioria de credores, conforme o volume de seus créditos, a decisão acerca de seu destino. 6. O interesse dos credores/contratantes, no curso de processo recuperacional, é preservado pela sua participação na assembleia geral, quando então poderão aquiescer com a proposta, se lhes for favorável, alterá-la parcialmente, ou remodelá-la substancialmente, desde que a maioria e o devedor com isso consinta e a proposta não venha a afetar apenas aqueles que da assembleia não participaram. 7. Nesse panorama, deve-se preservar o plano de recuperação. 8. Preservação não apenas dos interesses dos credores, mas também das próprias garantias contratadas, fazendo, na espécie, aplicar-se o art. 1.443 do CCB, cuja incidência não ofende o quanto disposto no § 1º do art. 50 da Lei n. 11.101/05, já que não se estará a substituir o penhor agrícola das safras, nem a suprimi-lo, restando a garantia hígida, acaso sobrevenha o insucesso da recuperação. 9. Impedir a empresa em recuperação de transformar as suas colheitas no produto que será objeto de renda para o pagamento das suas diuturnas obrigações, e de cumprir os contratos consoante esquematizado no plano, apenas malograria o objetivo principal da recuperação. 10. Recurso Especial provido" (STJ, REsp 1.388.948/SP, Rel. Min. Paulo de Tarso Sanseverino, Terceira Turma, *DJE* 08.04.2014).

é o proprietário da coisa, tendo, ainda, um direito real sobre a coisa que lhe é própria. Como pagamento de todos os valores devidos, o devedor fiduciante adquire a propriedade, o que traz a conclusão de que a propriedade do credor fiduciário é resolúvel, restrita ou limitada.[13]

Exatamente no mesmo sentido dessa minha definição, ao tratar da alienação fiduciária em garantia de bem imóvel, o art. 22 da Lei n. 9.514/1997 conceitua o instituto como sendo "o negócio jurídico pelo qual o devedor, ou fiduciante, com o escopo de garantia, contrata a transferência ao credor, ou fiduciário, da propriedade resolúvel de coisa imóvel". A norma é clara ao preceituar que a propriedade do credor fiduciário é resolúvel, pois, pago o preço, geralmente de um financiamento, o devedor fiduciante consolida a propriedade em seu nome (art. 25 da Lei n. 9.514/1997).

Além da natureza como direito real de garantia sobre coisa própria, em favor do credor fiduciário, a Lei n. 13.043/2014 incluiu o art. 1.368-B no Código Civil, prevendo que a alienação fiduciária em garantia de bem móvel ou imóvel confere direito real de aquisição ao devedor fiduciante, seu cessionário ou sucessor. Nos termos do seu parágrafo, em complemento, o credor fiduciário que se tornar proprietário pleno do bem, por efeito de realização da garantia, mediante consolidação da propriedade, adjudicação, dação ou outra forma pela qual lhe tenha sido transmitida a propriedade plena, passa a responder pelo pagamento dos tributos sobre a propriedade e a posse, taxas, despesas condominiais e quaisquer outros encargos, tributários ou não, incidentes sobre o bem objeto da garantia, a partir da data em que vier a ser imitido na posse direta do bem.

Esse novo diploma traz duas regras, como se percebe. O seu *caput* enuncia que, ao lado do direito real de garantia sobre coisa própria – a favor do credor fiduciário, repise-se –, o devedor fiduciante ou seu substituto tem um direito real de aquisição sobre a coisa, assim como ocorre com o compromisso de compra e venda de imóvel registrado na matrícula do bem. Essa inovação fez com que a alienação fiduciária passasse a ter uma *natureza mista*, de dois direitos reais sobre coisa alheia. Melhor explicando, na perspectiva do credor, a alienação fiduciária em garantia continua sendo um direito real de garantia sobre coisa própria. No entanto, sob o ponto de vista do devedor, há um direito real de aquisição.

Como segunda constatação, retirada do art. 1.368-B do Código Civil, o credor fiduciário – que passa a ser o proprietário definitivo do bem em virtude do inadimplemento do devedor fiduciante, ou por outro motivo de

---

[13] TARTUCE, Flávio. *Direito civil*, cit., Capítulo 9.

Cap. 36 • GARANTIAS REAIS, RECUPERAÇÃO JUDICIAL E FALÊNCIA | 501

consolidação do domínio – deve responder por todos os encargos relativos à coisa, caso das obrigações *propter rem* ou próprias da coisa. O preceito inclui expressamente os tributos e as despesas de condomínio.

De todo modo, não se pode negar que, sempre, a alienação fiduciária em garantia constitui um direito real, a fazer com que o crédito correspondente tenha essa natureza. Não se trata, ademais, de uma compra e venda – que é um contrato típico tratado entre os arts. 481 e 532 do Código Civil –, mas de um negócio real que traduz um direito real de garantia e um direito real de aquisição, nos termos da lei civil.

Pois bem, nos termos do antes citado art. 49, § 3º, da Lei n. 11.101/2005, o crédito relativo à alienação fiduciária em garantia, seja de bens móveis ou imóveis, está excluído da recuperação judicial.[14] Eventualmente, contudo,

---

[14] Sobre esse comando, contudo, explica o Ministro Luis Felipe Salomão que, "da leitura dos dispositivos legais e à luz dos princípios que regem o processo recuperacional, a exceção alusiva ao crédito fiduciário contida no art. 49, § 3º, da Lei significa que, muito embora o credor fiduciário não se submeta aos efeitos da recuperação e que lhe sejam resguardados os direitos de proprietário fiduciário, não está ele livre para simplesmente fazer valer sua garantia durante o prazo de suspensão das ações a que se refere o art. 6º, § 4º. Mesmo no caso de créditos garantidos por alienação fiduciária, os atos de satisfação que importem providência expropriatória devem ser sindicáveis pelo Juízo da recuperação. E isso por uma razão simples: não é o credor fiduciário que diz se o bem gravado com a garantia fiduciária é ou não essencial à manutenção da atividade empresarial e, portanto, indispensável à realização do Plano de Recuperação Judicial, mas sim o Juízo condutor do processo de recuperação. Por essa ótica, afirmar que o credor fiduciário não se subsume à recuperação judicial significa, primeiramente, que ele não pode ser compelido às tratativas do Plano, aos acordos a que chegou a assembleia de credores. Por outro lado, dizer que sua propriedade fiduciária também é preservada significa não ser possível, em princípio, a utilização do bem dado em garantia para satisfazer créditos de terceiros incluídos no Plano. No entanto, a satisfação do próprio crédito fiduciário está limitada pelo imperativo maior de preservação da empresa, contido na parte final do § 3º do art. 49 e no *caput* do art. 47, de modo que é o Juízo da recuperação que vai ponderar, em cada caso, os interesses em conflito, o de preservar a empresa, mediante a retenção de bens essenciais ao seu funcionamento, e o de satisfação do crédito tido pela Lei como de especialíssima importância. Em suma, o fato de o crédito fiduciário não se submeter à recuperação judicial não torna o credor livre para satisfazê-lo de imediato e ao seu talante. Preservam-se o valor do crédito e a garantia prestada, mas se veda a realização da garantia em prejuízo da recuperação" (SALOMÃO, Luis Felipe; SANTOS, Paulo Penalva. *Recuperação judicial, extrajudicial e falência*, cit., p. 257-258).

caso seja reconhecido o direito de crédito relativo a essa garantia, o seu enquadramento deve se dar no inciso II do art. 83 da Lei n. 11.101/2005 pela presença indubitável de uma garantia real.

Pensar ao contrário enfraqueceria sobremaneira a alienação fiduciária em garantia quando a legislação acabou por trazer o contrário, ao tratar de um crédito extraconcursal na recuperação judicial. Não se pode esquecer que, pela essência da Lei n. 9.514/1997, a alienação fiduciária em garantia constitui um dos mecanismos de *maior força* para o recebimento do crédito pelo credor. E, no meu entender, não importa se o bem imóvel dado em garantia seja da propriedade de outra pessoa, natural ou jurídica. O legislador não fez qualquer distinção a respeito dessa hipótese, não cabendo ao intérprete fazê-lo, notadamente para os fins de falência.

No âmbito do Tribunal de Justiça de São Paulo, contudo, há divergência a respeito desse tema. De início, há a corrente que afasta a aplicação da regra do art. 49, § 3º, da Lei n. 11.101/2005 para o caso de alienação fiduciária em garantia prestada por terceiro. Esse é o entendimento que se retira do Enunciado n. VI do Grupo de Câmaras Reservadas de Direito Empresarial da Corte Bandeirante, aprovado em abril de 2019: "inaplicável o disposto no art. 49, § 3º, da Lei n. 11.101/05, ao crédito com garantia prestada por terceiro, que se submete ao regime recuperacional, sem prejuízo do exercício, pelo credor, de seu direito contra o terceiro garantidor".

As próprias justificativas do enunciado jurisprudencial demonstram a mencionada divergência, havendo uma corrente minoritária na Corte, à qual estou filiado, segundo a qual a alienação fiduciária em garantia prestada por terceiros também tem natureza extraconcursal.[15] Essas mesmas justificativas

---

[15] As justificativas do enunciado estão em: https://www.conjur.com.br/dl/tj-sp-publica-quatro-novos-enunciados.pdf. Acesso em: 27 jan. 2021. No mesmo sentido: "Recuperação judicial. Manutenção da posse e propriedade da recuperanda sobre imóvel rural essencial à sua atividade, objeto de alienação fiduciária, nos termos do art. 49, § 3º, da Lei n. 11.101/2005. Pretensão do credor agravante de autorização para o prosseguimento perante o Cartório de Registro de Imóveis de procedimento de consolidação da propriedade do bem. Cabimento. Medida que não impacta sobre a posse do bem, resguardada por anterior decisão no mesmo processo até a data da assembleia geral de credores. Inocorrência outrossim de qualquer interferência sobre os ativos da recuperanda, visto nem mesmo ser o imóvel de sua propriedade, mas de terceiro. Consolidação outrossim que não se confunde com a venda do bem, a ser objeto de futuro leilão extrajudicial. Decisão de Primeiro Grau reformada. Agravo de instrumento do banco-credor provido" (TJSP, Agravo de Instrumento 2146221-59.2016.8.26.0000, Acórdão

Cap. 36 · GARANTIAS REAIS, RECUPERAÇÃO JUDICIAL E FALÊNCIA | 503

citam julgado do Superior Tribunal de Justiça na linha dessa posição minoritária na Corte Bandeirante.[16]

Reitero a minha posição doutrinária, no sentido de o legislador não ter feito qualquer distinção a respeito da titularidade da propriedade do imóvel para os fins de aplicação da norma falimentar. Destaco, nesse contexto e em complemento, a argumentação desenvolvida pelo Ministro Marco Aurélio Bellizze no último *decisum* mencionado, que tem o meu apoio doutrinário, no sentido de que "o afastamento do credor titular da condição de proprietário fiduciário dos efeitos da recuperação judicial disposto no art. 49, § 3º, da Lei n. 11.101/05 é coerente com toda a sistemática legal arquitetada para albergar o instituto da propriedade fiduciária. Porque distanciado o referido instituto dos interesses dos sujeitos envolvidos, tem-se por irrelevante a identificação pessoal do fiduciante ou do fiduciário com o bem imóvel ou com o próprio recuperando, simplificando-se assim o sistema de garantia, de forma que o bem imóvel estará indissociavelmente vinculado ao crédito garantido". E mais, segundo o Ministro Bellizze,

> [...] por essa razão, tem-se expressamente assegurado no comando legal que "prevalecerão os direitos de propriedade sobre a coisa e as condições contratuais", afastando por completo não apenas

---

10025851, Jardinópolis, Segunda Câmara Reservada de Direito Empresarial, Rel. Des. Fabio Tabosa, j. 28.11.2016, *DJESP* 09.02.2017).

[16] "Recurso especial. Direito Empresarial e Civil. Ação de recuperação judicial. Credor titular de propriedade fiduciária. Garantia prestada por terceiro. Incidência do art. 49, § 3º, da Lei n. 11.101/05. Extensão. Recurso especial conhecido e provido. 1. Debate-se nos autos a necessidade de o bem imóvel objeto de propriedade fiduciária ser originariamente vinculado ao patrimônio da recuperanda para fins de afastamento do crédito por ele garantido dos efeitos da recuperação judicial da empresa. 2. Na propriedade fiduciária, cria-se um patrimônio destacado e exclusivamente destinado à realização da finalidade de sua constituição, deslocando-se o cerne do instituto dos interesses dos sujeitos envolvidos para o escopo do contrato. 3. O afastamento dos créditos de titulares de propriedade fiduciária dos efeitos da recuperação, orientado por esse movimento que tutela a finalidade de sua constituição, independe da identificação pessoal do fiduciante ou do fiduciário com o bem imóvel ou com o próprio recuperando, simplifica o sistema de garantia e estabelece prevalência concreta da propriedade fiduciária e das condições contratuais originárias, nos termos expressos pelo art. 49, § 3º, da Lei n. 11.101/05. 4. Recurso especial conhecido e provido" (STJ, REsp 1.549.529/SP, Rel. Min. Marco Aurélio Bellizze, Terceira Turma, j. 18.10.2016, *DJe* 28.10.2016).

o bem, mas o próprio contrato por ele garantido, dos efeitos da recuperação judicial.

Outrossim, impõe-se notar que, diante do arcabouço legislativo existente, no caso concreto, fica evidente que o credor fiduciário cercou-se dos meios jurídicos cabíveis para blindar-se dos efeitos da situação de crise vivida pela empresa recuperanda, ônus que foi voluntariamente assumido pelo terceiro que livremente dispôs de bem imóvel pessoal em favor da empresa devedora. Desse modo, não se pode impor ao credor proprietário fiduciário que seu crédito seja repactuado, afastando-se as condições contratuais expressamente ressalvadas pelo legislador, e ainda ele sofra a novação *sui generis* da legislação recuperacional, inviabilizando a execução da garantia porquanto afastada a eventual mora (STJ, REsp 1.549.529/SP, Rel. Min. Marco Aurélio Bellizze, Terceira Turma, j. 18.10.2016, *DJe* 28.10.2016).

Estando totalmente filiado às palavras transcritas, espero, portanto, que a questão seja pacificada no âmbito da jurisprudência superior, exatamente na linha do último acórdão.

4. REQUALIFICAÇÃO DO CRÉDITO NA FALÊNCIA E HIPOTECA DE SEGUNDO GRAU

A hipoteca é o direito real de garantia sobre coisa alheia que recai sobre bens imóveis, como regra, em que não há a transmissão da posse da coisa entre as partes. São partes desse negócio jurídico de garantia real: *a) devedor hipotecante* – aquele que dá a coisa em garantia, podendo ser o próprio devedor ou terceiro; e *b) credor hipotecário* – tem o benefício do crédito e do direito real, sendo dotado, entre os efeitos, de direito de preferência sobre a coisa garantida. Em havendo hipoteca convencional, envolvendo imóvel, como é comum nos casos de dívidas elencadas em recuperação judicial ou falência, lembro que ela deve ser registrada no Cartório de Registro de Imóveis do local da coisa, atendendo-se ao art. 1.492 do CC/2002 e ao art. 167, inc. I, n. 2, da Lei n. 6.015/1973.

Ademais, não há qualquer vedação para que o bem dado em hipoteca seja alienado, o que engloba a sua venda ou mesmo a constituição de uma nova hipoteca. Conforme o art. 1.475 do Código Civil, é nula a cláusula que proíbe ao proprietário alienar imóvel hipotecado (*cláusula de inalienabilidade*). Como decorrência natural da possibilidade de alienação do bem hipotecado, admite-se, no Direito Civil Brasileiro, a *sub-hipoteca ou a hipoteca de segundo grau*. Enuncia o art. 1.476 da própria codificação que o dono do imóvel hipotecado pode constituir outra hipoteca sobre ele, mediante novo título, em favor do mesmo ou de outro credor. Não há limite objetivo numérico na lei para a sua constituição, cabendo até mais de duas hipotecas. Sigo a corrente doutrinária que sustenta a necessidade de se observar a solvibilidade do bem para essas novas constituições ou gravações, o que visa a garantir a existência de um "crédito responsável".[17]

Como não poderia ser diferente, o credor da primeira hipoteca tem *prioridade* e *preferência na satisfação da dívida*. Nessa linha, determina o art. 1.477 do Código Civil que, salvo o caso de insolvência do devedor, o credor da segunda hipoteca, embora vencida, não poderá executar o imóvel antes de vencida a primeira. Conforme o seu parágrafo único, não se considera insolvente o devedor por faltar ao pagamento das obrigações garantidas por hipotecas posteriores à primeira.

De toda sorte, em havendo pendência de debate judicial a respeito de eventual leilão do bem hipotecado, não se pode, automaticamente, reclassificar o crédito, passando ele a ser quirografário. Além disso, se a arrematação for invalidada judicialmente, o deslinde da questão será diferente. Nesse contexto, é interessante, antes da reclassificação do crédito, que se determine a reserva do crédito, conforme consta do art. 16 da Lei n. 11.101/2005, *in verbis*: "O juiz determinará, para fins de rateio, a reserva de valor para satisfação do crédito impugnado. Parágrafo único. Sendo parcial, a impugnação não impedirá o pagamento da parte incontroversa".

Como último tema de relevo, Sílvio de Salvo Venosa demonstra polêmica a respeito da possibilidade de o segundo credor hipotecário executar a sua dívida vencida, quando não vencida a primeira obrigação. Aponta que o entendimento majoritário, de longa data, posiciona-se no sentido da possibilidade de execução, devendo apenas ser observada a regra da prioridade de satisfação patrimonial do bem hipotecado em primeiro lugar, com a notificação do primeiro credor para que atue no processo. E leciona: "se seguida ao pé da letra a dicção desse art. 1.477, fácil seria a fraude, bastando o conluio do devedor com o primeiro credor hipotecário. Sendo intimado o credor da primeira hipoteca, deverá intervir no processo, a fim de exercer a preferência".[18]

---

[17] Como destaco em: TARTUCE, Flávio. *Direito civil*, cit., p. 749. Cito, na mesma linha, os entendimentos de Gustavo Tepedino, Maria Celina Bodin de Moraes, Heloisa Helena Barboza, Silvio Rodrigues e Carvalho Santos.

[18] VENOSA, Sílvio de Salvo. *Código Civil interpretado*. São Paulo: Atlas, 2010. p. 1328.

Para chegar a esse entendimento, o jurista utiliza a solução constante do revogado art. 826 do Código Civil de 1916, que ainda teria aplicação prática, pelo viés doutrinário. Dispunha essa norma que "a execução do imóvel hipotecado far-se-á por ação executiva. Não será válida a venda judicial de imóveis gravados por hipotecas, devidamente inscritas, sem que tenham sido notificados judicialmente os respectivos credores hipotecários que não forem de qualquer modo partes na execução".

Como consequência desse entendimento doutrinário, opino que, se o segundo credor hipotecário pode tomar as medidas antecipadas para receber o seu crédito antes mesmo do primeiro credor hipotecário, não se justifica que, estando suspenso o resultado do primeiro leilão, o seu crédito perca a natureza real, passando a ser um crédito comum ou quirografário.

REFERÊNCIAS BIBLIOGRÁFICAS

COELHO, Fábio Ulhoa. *Curso de direito comercial*. 8. ed. São Paulo: Saraiva, 2008. v. 3: Direito de empresa.

MELO, Marco Aurélio Bezerra de. *Código Civil comentado*: doutrina e jurisprudência. Rio de Janeiro: Forense, 2019.

SALOMÃO, Luis Felipe; SANTOS, Paulo Penalva. *Recuperação judicial, extrajudicial e falência*. 5. ed. Rio de Janeiro: Forense, 2020.

TARTUCE, Flávio. *Direito civil*. 12. ed. Rio de Janeiro: Forense, 2020. v. 4: Direito das coisas.

VENOSA, Sílvio de Salvo. *Código Civil interpretado*. São Paulo: Atlas, 2010.

A NOVAÇÃO NA LEI 11.101/2005 E NO CÓDIGO CIVIL

37

A NOVAÇÃO NO CÓDIGO CIVIL E NA LEI DE RECUPERAÇÃO JUDICIAL E FALÊNCIA (LEI Nº 11.101/2005)

PABLO STOLZE GAGLIANO

Sumário: 1. Introdução – 2. Passando em revista a novação no Código Civil brasileiro – 3. A novação recuperacional (art. 59 da Lei de Recuperação Judicial e Falência) – 4. Conclusões – Referências bibliográficas.

1. INTRODUÇÃO

O objetivo deste trabalho é, partindo de uma linha de cotejo entre a novação consagrada no Código Civil e o correlato instituto previsto no art. 59 da Lei de Recuperação Judicial e Falência, compreender a estrutura desse último, salientando as suas características e efeitos mais relevantes.

2. PASSANDO EM REVISTA A NOVAÇÃO NO CÓDIGO CIVIL BRASILEIRO[1]

Para a adequada compreensão do nosso objeto de estudo, é fundamental que passemos em revista o instituto jurídico da novação regulada pela Lei Civil.

Consiste em uma forma especial de pagamento disciplinada nos arts. 360 a 367 do Código Civil brasileiro.

---

[1] Tópico baseado em nossa obra *Novo curso de direito civil* – Obrigações. 22. ed. São Paulo: Saraiva, 2021. vol. II, escrita em coautoria com Rodolfo Pamplona Filho.

A novação se dá quando, por meio de uma estipulação negocial, as partes criam uma *nova obrigação*, destinada a substituir e extinguir a obrigação anterior.

"Trata-se", no dizer do magistral RUGGIERO, "de um ato de eficácia complexa, que repousa sobre uma vontade destinada a extinguir um crédito pela criação de um novo"[2].

"Novar", em linguagem corrente, portanto, é criar uma obrigação nova para substituir e extinguir a anterior.

FLÁVIO TARTUCE ensina que se trata de "uma forma de pagamento indireto em que ocorre a substituição de uma obrigação anterior por uma obrigação nova, diversa da primeira criada pelas partes"[3].

Concordamos com ANTUNES VARELA, no sentido de ser inteiramente inútil a discussão a respeito da finalidade da novação: se se trata de modo satisfatório ou não satisfatório de pagamento, uma vez que a resposta a essa indagação dependerá do sentido que se dê à ideia de satisfação do interesse do credor[4].

Quanto aos requisitos da novação, apontam-se[5]:

a) *a existência de uma obrigação anterior*: só se poderá efetuar a novação se juridicamente existir uma obrigação anterior a ser novada. Ressalte-se, porém, que se a obrigação primitiva for simplesmente anulável, essa invalidade não obstará a novação. Ora, se o ato anulável pode ser confirmado, nada impede que a relação obrigacional aí compreendida seja extinta, e substituída por uma outra, por meio da novação. Tal não será possível se a obrigação inicial for nula ou estiver extinta;

b) *a criação de uma nova obrigação, substancialmente diversa da primeira*: este é um requisito que deve ser estudado com atenção. Ora, consoante já dissemos, a novação consiste na convenção pactuada

---

[2] RUGGIERO, Roberto de. *Instituições de direito civil*. Campinas: Bookseller, 1999. vol. 3, p. 263.

[3] TARTUCE, Flávio. *Manual de direito civil* – volume único. 10. ed. São Paulo: Método, 2020. p. 382.

[4] VARELA, João de Matos. *Das obrigações em geral*. 7. ed. Coimbra: Almedina, 1997. p. 230 (nota de rodapé).

[5] GAGLIANO, Pablo Stolze; PAMPLONA FILHO, Rodolfo. *Novo curso de direito civil* – Obrigações. 22. ed. São Paulo: Saraiva, 2021. vol. II, p. 216-220.

entre os sujeitos da relação obrigacional, no sentido de criarem uma nova obrigação, destinada a substituir e extinguir a anterior. (...) É preciso, pois, que haja *diversidade substancial* entre a obrigação antiga e a nova. Em outras palavras, o conteúdo da obrigação há que ter sofrido modificação substancial, mesmo que o objeto da prestação não haja sido alterado (se houver alteração de partes, por exemplo, poderá ser reconhecida a diversidade substancial necessária para se caracterizar a novação, mesmo que o objeto da obrigação permaneça o mesmo). Aliás, simples modificações setoriais de um contrato não traduzem novação. Assim, quando a instituição financeira apenas concede o parcelamento da dívida, aumenta o prazo para pagamento, ou recalcula a taxa de juros aplicada, não necessariamente estará realizando uma novação;

c) *o ânimo de novar (animus novandi)*: este é o requisito anímico (subjetivo) da novação. Para que esta se configure, portanto, é indispensável que as partes tenham o propósito de novar. Aliás, ausente o *animus novandi*, não se configura a novação, porque não desaparece a obrigação original.

Reunidos esses requisitos, teremos o fenômeno novatório.

No que toca a sua tipologia, a novação poderá ser:

a) objetiva – modalidade mais comum e de fácil compreensão, ocorre quando as mesmas partes de uma relação obrigacional convencionam a criação de uma nova obrigação, para substituir e extinguir a anterior (art. 360, I, CC);

b) subjetiva – ocorre *quando um novo devedor sucede ao antigo, ficando este quite com o credor ou* quando, em virtude de obrigação nova, outro credor é substituído ao antigo, ficando o devedor quite com este (art. 360, II e III, CC).

Sobre as espécies de novação, escrevem ANA CAROLINA BRANDÃO e TERESA MONTEIRO MAFRA[6], em excelente texto:

A novação objetiva é a modalidade mais comum e ocorre nas hipóteses nas quais o devedor contrai com o credor uma nova

---

[6] BRANDÃO, Ana Carolina; MAFRA, Tereza Cristina Monteiro. A novação na recuperação judicial. *Revista Brasileira de Direito Empresarial*, Brasília, v. 2, n. 1, p. 138-139, jan.-jul. 2016.

512 | RECUPERAÇÃO DE EMPRESAS E FALÊNCIA: DIÁLOGOS ENTRE A DOUTRINA E A JURISPRUDÊNCIA

dívida a fim de extinguir a primeira (art. 360, I, do CC). As partes envolvidas na obrigação continuam as mesmas, mas é criada uma nova obrigação para substituir e extinguir a anterior. (TARTUCE, 2015, p. 180/181)

Na novação subjetiva há a substituição de uma das partes envolvidas na obrigação, razão pela qual essa modalidade de novação se subdivide em três hipóteses: (i) por mudança do devedor (novação subjetiva passiva); (ii) por mudança do credor (novação subjetiva ativa); e (iii) por mudança de credor e devedor (novação subjetiva mista).

Há novação subjetiva passiva quando um novo devedor sucede ao antigo, ficando o credor quite em relação a este. Não é necessário que haja uma modificação no objeto da obrigação, mas apenas dos sujeitos. A doutrina entende que a novação subjetiva passiva pode existir de dois modos: por expromissão e por delegação. (STOLZE, 2011, p. 224)

A novação subjetiva passiva por expromissão acontece quando a substituição do devedor se dá por simples ato do credor, independentemente do consentimento do devedor substituído. Já a novação subjetiva passiva por delegação acontece quando o devedor indica uma terceira pessoa que assumirá o débito, com a anuência do credor. (STOLZE, 2011, p. 224).

Já a novação subjetiva ativa se dá quando há uma alteração do credor da relação jurídica Obrigacional (art. 360, II, do CC).

Por fim, a novação mista ocorre quando além da alteração do sujeito (credor ou devedor), há, também, uma mudança no conteúdo ou objeto da relação obrigacional.

Quanto aos efeitos da novação, já escrevemos[7]:

O principal efeito da novação é liberatório, ou seja, a extinção da primitiva obrigação, por meio de outra, criada para substituí-la.

Em geral, realizada a novação, extinguem-se todos os acessórios e garantias da dívida (a exemplo da hipoteca e da fiança), sempre que não houver estipulação em contrário (art. 364, primeira parte, do CC/2002). Aliás, quanto à fiança, o legislador foi mais além, ao

---

[7] GAGLIANO, Pablo Stolze; PAMPLONA FILHO, Rodolfo. *Novo curso de direito civil* – Obrigações. 22. ed. São Paulo: Saraiva, 2021. vol. II, p. 225.

Cap. 37 · A NOVAÇÃO NO CÓDIGO CIVIL E NA LEI DE RECUPERAÇÃO JUDICIAL E FALÊNCIA | 513

exigir que o fiador consentisse para que permanecesse obrigado em face da obrigação novada (art. 366 do CC/2002). Quer dizer, se o fiador não consentir na novação, estará consequentemente liberado.

Da mesma forma, a ressalva de uma garantia real (penhor, hipoteca ou anticrese) que tenha por objeto bem de terceiro (garantidor da dívida) só valerá com a anuência expressa deste (art. 364, segunda parte, do CC/2002). Exemplo: Caio hipotecou a um banco a sua fazenda, em garantia do empréstimo concedido ao seu irmão Tício, para a aquisição de uma casa própria. Se Tício e a instituição financeira resolverem novar, a garantia real hipotecária só persistirá com a expressa anuência de Caio.

Finalmente, ocorrida a novação entre o credor e um dos devedores solidários, o ato só será eficaz em face do devedor que novou, recaindo sobre o seu patrimônio as garantias do crédito novado, restando, por consequência, liberados os demais devedores (art. 365 do CC/2002). Obviamente, se a novação implica a constituição de uma nova obrigação para substituir e extinguir a anterior, somente o devedor que haja participado deste ato suportará as suas consequências.

E o que dizer se a solidariedade for ativa (entre credores)?

Nesse caso, responde-nos, com a sua peculiar inteligência, SÍLVIO DE SALVO VENOSA: "Em se tratando de solidariedade ativa, uma vez ocorrida a novação, extingue-se a dívida. A novação é meio de cumprimento. Segue-se o princípio geral da solidariedade ativa. Feita a novação por um dos credores solidários, os demais credores que não participaram do ato se entenderão com o credor operante, de acordo com os princípios da extinção da solidariedade ativa".

Finalmente, um importante aspecto deve ser considerado.

Em essência, toda a novação tem natureza jurídica negocial: não deve ser imposta por lei, dependendo de uma convenção firmada entre os sujeitos da relação obrigacional.

Em sua clássica obra Código Civil dos Estados Unidos do Brasil, CLÓVIS BEVILÁQUA aponta, como primeiro requisito da novação, o "acordo das partes"[8].

---

[8] BEVILÁQUA, Clóvis. *Código Civil dos Estados Unidos do Brasil comentado*. 4. ed. São Paulo: Livraria Francisco Alves, 1934. vol. IV, p. 161.

MARIA HELENA DINIZ, por sua vez, salienta que a novação "pressupõe a emissão de vontade, sem a qual não se terá nenhum negócio jurídico com força de novar"[9].

É, portanto, expressão da autonomia privada.

Convencionada, portanto, a formação de uma outra obrigação, a primitiva relação jurídica será considerada extinta, sendo substituída pela nova.

3. A NOVAÇÃO RECUPERACIONAL (ART. 59 DA LEI DE RECUPERAÇÃO JUDICIAL E FALÊNCIA)

O Direito não é uma ciência exata.

E para cada regra, costuma haver exceção: o *caput* do art. 59 da Lei 11.101, de 9 de fevereiro de 2005 (Lei de Recuperação Judicial e Falência) prevê uma modalidade peculiar de "novação legal", vale dizer, determinada por lei:

> Art. 59. O plano de recuperação judicial implica novação dos créditos anteriores ao pedido, e obriga o devedor e todos os credores a ele sujeitos, sem prejuízo das garantias, observado o disposto no § 1º do art. 50 desta Lei.

O presente dispositivo não sofreu profundo impacto a partir da publicação da Lei 14.112, de 24 de dezembro de 2020, que se limitou a consagrar a nova regra do seu § 3º[10].

Note-se que *o plano de recuperação não é, de per si, um ato novatório convencionado, mas sim, tão somente, o fundamento fático para a novação determinada pelo legislador.*

Vale dizer, fugindo da sua essência negocial, a novação prevista nesse dispositivo, em nosso sentir, decorre da própria norma legal.

Discordamos, *data venia*, daqueles que sustentam a sua natureza contratual[11].

---

9   DINIZ, Maria Helena. *Curso de direito civil brasileiro* – teoria geral das obrigações. 29. ed. São Paulo: Saraiva, 2014. p. 330.

10   Lei 14.112/2020: "Art. 59. (...) § 3º Da decisão que conceder a recuperação judicial serão intimadas eletronicamente as Fazendas Públicas federal e de todos os Estados, Distrito Federal e Municípios em que o devedor tiver estabelecimento".

11   BRANDÃO, Ana Carolina; MAFRA, Tereza Cristina Monteiro. A novação na recuperação judicial. *Revista Brasileira de Direito Empresarial*, Brasília, v. 2, n. 1, p. 142-143, jan.-jul. 2016.

Cap. 37 · A NOVAÇÃO NO CÓDIGO CIVIL E NA LEI DE RECUPERAÇÃO JUDICIAL E FALÊNCIA | 515

No Direito Civil, sem dúvida, a novação tem, no negócio jurídico – especialmente no contrato –, a sua nota essencial, porquanto, do ajuste firmado entre as partes deriva, diretamente, o efeito novatório, qual seja, a obrigação nova e a consequente extinção da obrigação anterior.

Diferentemente, a novação recuperacional consiste em um ato complexo em que a vontade dos envolvidos não é causa direta e imediata do efeito novatório, porquanto deriva da própria previsão legal (art. 59) concretizada na decisão que homologa o plano aprovado.

Julgado do Superior Tribunal de Justiça, cujo relator fora o eminente Min. LUIS FELIPE SALOMÃO, já pontuou tratar-se de uma novação *sui generis:*

> Agravo interno no recurso especial. Direito empresarial e civil. Recuperação judicial. Aprovação do plano. Novação. Execuções individuais ajuizadas contra a recuperanda. Extinção. Suspensão ou extinção de ações ajuizadas contra devedores solidários e coobrigados em geral. Impossibilidade. Interpretação dos arts. 6º, *caput*, 49, § 1º, 52, inciso III, e 59, *caput*, da Lei n. 11.101/2005. 1. *"A novação resultante da concessão da recuperação judicial após aprovado o plano em assembleia é sui generis, e as execuções individuais ajuizadas contra a própria devedora devem ser extintas, e não apenas suspensas"* (REsp 1.272.697/ DF, Rel. Ministro Luis Felipe Salomão, Quarta Turma, julgado em 02/06/2015, *DJe* 18/06/2015). 2. A Segunda Seção do STJ, em sede de recurso repetitivo, definiu a tese de que "a recuperação judicial do devedor principal não impede o prosseguimento das execuções nem induz suspensão ou extinção de ações ajuizadas contra terceiros devedores solidários ou coobrigados em geral, por garantia cambial, real ou fidejussória, pois não se lhes aplicam a suspensão prevista nos arts. 6º, *caput*, e 52, inciso III, ou a novação a que se refere o art. 59, *caput*, por força do que dispõe o art. 49, § 1º, todos da Lei n. 11.101/2005" (REsp 1.333.349/SP, Rel. Ministro Luis Felipe Salomão, Segunda Seção, julgado em 26/11/2014, *DJe* 02/02/2015). 3. Agravo interno não provido (AgInt no REsp 1.804.816/SP, 4ª Turma, Rel. Min. Luis Felipe Salomão, j. 15.08.2019, *DJe* 21.08.2019). (grifo nosso)

O principal aspecto a ser considerado, acerca dessa forma peculiar de *novação legal*, diz respeito, sobretudo, ao *animus novandi*, que não é identificado como uma decorrência direta e exclusiva da vontade das partes envolvidas no negócio jurídico – como se dá na novação tradicional (essencialmente convencional) – mas, sim, resulta da própria norma legal que aponta expressamente no sentido de o plano implicar "novação dos créditos anteriores ao pedido".

Como dito *supra*, o efeito novatório tem, no plano, a sua mera base fática, mas, por ser um ato peculiar e complexo, somente se consuma por determinação do próprio legislador (art. 59) após a homologação judicial do plano aprovado em assembleia de credores.

E note que essa aprovação sequer precisa ser unânime:

> A partir do momento em que não é necessário a unanimidade de aprovação dos credores, para a aprovação do plano de recuperação em assembleia geral, nem todos os credores podem concordar com o plano apresentado, em alguns casos porque a novação promovida pode ser prejudicial a tais credores, em especial aqueles que tinham suas obrigações garantidas, como por exemplo através de aval, endosso e fiança.

> A fim de resguardar esses direitos, o legislador, na contramão do que dispõe a lei civil, determinou que as garantias, das dívidas novadas, não seriam prejudicadas (art. 59, *caput*, da Lei nº 11.101/2005)[12].

O fato de as garantias não serem prejudicadas, de fato, afasta-se da diretriz geral da lei civil, no sentido da extinção da obrigação principal e respectivas garantias.

Nessa linha, aliás, o Superior Tribunal de Justiça:

> Agravo interno no agravo em recurso especial. Agravo de instrumento. Cumprimento de sentença. Recuperação judicial concedida em favor de devedor solidário. Ausência de suspensão ou extinção de ações ajuizadas contra os demais devedores solidários ou coobrigados em geral. Acórdão em sintonia com o entendimento firmado no STJ. Súmula 83 desta Corte. Agravo interno não provido. 1. O acórdão recorrido decidiu em consonância com a Jurisprudência desta Corte, que consolidou o entendimento no sentido de que: *"A recuperação judicial do devedor principal não impede o prosseguimen-*

---

[12] BRANDÃO, Ana Carolina; MAFRA, Tereza Cristina Monteiro. A novação na recuperação judicial. *Revista Brasileira de Direito Empresarial*, Brasília, v. 2, n. 1, p. 143, jan.-jul. 2016.

to das execuções nem induz suspensão ou extinção de ações ajuizadas contra terceiros devedores solidários ou coobrigados em geral, por garantia cambial, real ou fidejussória, pois não se lhes aplicam a suspensão prevista nos arts. 6°, caput, e 52, inciso III, ou a novação a que se refere o art. 59, caput, por força do que dispõe o art. 49, § 1°, todos da Lei n. 11.101/2005" (REsp 1.333.349/SP, Rel. Minha Relatoria, Segunda Seção, julgado em 26/11/2014, *DJe* 02/02/2015). 2. O entendimento firmado pela Corte Superior é que, de acordo com a regra do art. 275, o pagamento parcial por um dos devedores não exime os demais obrigados solidários quanto ao restante da obrigação não cumprida, cabendo ao credor acionar qualquer dos devedores. Precedentes. 3. Agravo interno não provido (AgInt no AREsp 1.709.579/DF, 4ª Turma, Rel. Min. Luis Felipe Salomão, j. 10.12.2020, *DJe* 15.12.2020). (grifo nosso)

Refletindo acerca dessa peculiar novação prevista no at. 59 da Lei de Recuperação e Falências, ponderam UINIE CAMINHA e SARAH MORGANNA MATOS MARINHO:

> Após a homologação judicial do plano aprovado pela assembleia de credores, opera-se a novação dos créditos a ele submetidos, de acordo com o que preceitua o art. 59 da nova lei falimentar, transcrito *"ipis literis"*: "O plano de recuperação judicial implica a novação dos créditos anteriores ao pedido, e obriga o devedor e todos os credores a ele sujeitos, sem prejuízo das garantias, observado o disposto no § 1º do art. 50 desta lei".
>
> Tal previsão legal é diametralmente oposta à da legislação anterior prevista para a concordata, que determinava expressamente não haver novação dos créditos a ela submetidos. No novo sistema legal, todavia, a novação dos créditos é essencial, pois a extinção do crédito originário garante que o plano de recuperação seja cumprido e exigido nos exatos moldes estabelecidos[13].

Outro aspecto merece também a nossa atenção.

---

[13]   CAMINHA, Uinie; MARINHO, Sarah Morganna Matos. A novação na recuperação judicial: análise das peculiaridades da aplicação do instituto de direito civil ao direito falimentar. *Revista NEJ – Eletrônica*, vol. 18, n. 1, p. 135-150, jan.-abr. 2013.

518 | RECUPERAÇÃO DE EMPRESAS E FALÊNCIA: DIÁLOGOS ENTRE A DOUTRINA E A JURISPRUDÊNCIA

Concordamos com a linha doutrinária que sustenta a *natureza complexa* da novação recuperacional.

De fato, como dissemos supra, esse instituto tem, no plano de recuperação, a sua base fática e somente se consuma por determinação do legislador (art. 59) após a decisão que defere a recuperação judicial.

Cuida-se, pois, não simplesmente de um ato novatório único, diretamente resultante de um negócio jurídico, mas de um conjunto de atos, senão um *procedimento novatório* operado por força de lei.

Segundo CAMINHA e MARINHO, citando JORGE LOBO:

> Não é tarefa simples definir qual seria a natureza jurídica da novação prevista no art. 59 da Lei nº 11.101/2005, já que ela variará de acordo com o que se considera a natureza jurídica da própria recuperação judicial e do plano de recuperação dela decorrente.
>
> Para Jorge Lobo, "A recuperação judicial é um ato complexo, uma vez que pode ser considerada sob vários aspectos, pois abrange um ato coletivo processual, um favor legal e uma obrigação *ex lege*".
>
> Segundo o citado doutrinador, seria ato coletivo processual, pois as vontades partes convergem até formarem uma única vontade, sob a direção e a fiscalização do Poder Judiciário.
>
> Seria também um favor legal, posto que, mediante o atendimento de alguns requisitos, garante ao devedor o saneamento da situação de crise financeira por meio da concessão de benefícios legais. Por fim, seria uma obrigação *ex lege*, uma vez que, homologado o plano de recuperação, ocorre a novação dos créditos submetidos ao regime de recuperação judicial[14].

Finalmente, um último ponto deve ser considerado.

De fato, a novação recuperacional é condicional[15], pois, caso seja decretada a falência (acontecimento futuro e incerto), opera-se a resolução

---

[14] CAMINHA, Uinie; MARINHO, Sarah Morganna Matos. A novação na recuperação judicial: análise das peculiaridades da aplicação do instituto de direito civil ao direito falimentar. *Revista NEJ – Eletrônica*, v. 18, n. 1, p. 140-141, jan.-abr. 2013.

[15] BRANDÃO, Ana Carolina; MAFRA, Tereza Cristina Monteiro. A novação na recuperação judicial. *Revista Brasileira de Direito Empresarial*, Brasília, v. 2, n. 1, p. 143-144, jan.-jul. 2016.

das obrigações novas, de maneira que "os credores terão reconstituídos seus direitos e garantias nas condições originalmente contratadas, deduzidos os valores eventualmente pagos e ressalvados os atos validamente praticados no âmbito da recuperação judicial" (art. 61, § 2º, da Lei 11.101/2005).

4. CONCLUSÕES

Após passarmos em revista a novação disciplinada pelo Código Civil, cuidamos de investigar a novação recuperacional, prevista no art. 59 da Lei de Recuperação Judicial e Falência.

Destacamos que, *essencialmente*, toda a novação tem natureza jurídica negocial: não deve ser imposta por lei, dependendo de uma convenção firmada entre os sujeitos da relação obrigacional.

É, pois, manifestação da autonomia privada.

Sucede que, de forma peculiar, a novação prevista no art. 59 da Lei de Recuperação Judicial e Falência, em nosso sentir, decorre da própria norma legal.

Pontuamos, aliás, a nossa discordância em face daqueles que sustentam a sua natureza contratual.

Cuidamos ainda de salientar um importante aspecto: as garantias (obrigações acessórias) existentes não são alcançadas pela novação.

E, por fim, após sustentarmos a sua natureza complexa, concluímos que, de fato, a novação recuperacional também é condicional, em face da previsão constante no art. 61, § 2º, da Lei 11.101/2005.

REFERÊNCIAS BIBLIOGRÁFICAS

BEVILÁQUA, Clóvis. *Código Civil dos Estados Unidos do Brasil comentado*. 4. ed. São Paulo: Livraria Francisco Alves, 1934. vol. IV.

BRANDÃO, Ana Carolina; MAFRA, Tereza Cristina Monteiro. A novação na recuperação judicial. *Revista Brasileira de Direito Empresarial*, Brasília, v. 2, n. 1, p. 138-139, jan.-jul. 2016.

CAMINHA, Uinie; MARINHO, Sarah Morganna Matos. A novação na recuperação judicial: análise das peculiaridades da aplicação do instituto de direito civil ao direito falimentar. *Revista NEJ – Eletrônica*, vol. 18, n. 1, p. 135-150, jan.-abr. 2013.

DINIZ, Maria Helena. *Curso de direito civil brasileiro* – teoria geral das obrigações. 29. ed. São Paulo: Saraiva, 2014.

GAGLIANO, Pablo Stolze; PAMPLONA FILHO, Rodolfo. *Novo curso de direito civil* – Obrigações. 22. ed. São Paulo: Saraiva, 2021. vol. II.

RUGGIERO, Roberto de. *Instituições de direito civil*. Campinas: Bookseller, 1999. vol. 3.

TARTUCE, Flávio. *Manual de direito civil* – volume único. 10. ed. São Paulo: Método, 2020.

VARELA, João de Matos. *Das obrigações em geral*. 7. ed. Coimbra: Almedina, 1997.

38

A NOVAÇÃO NA LEI 11.101/2005
E NO CÓDIGO CIVIL

José Fernando Simão

Maurício Bunazar

Sumário: I. Novação: conceito – II. Novação: caracterização e regime jurídico – III. Novação na Lei 11.101/2005 – IV. Conclusão – Referências bibliográficas.

I. NOVAÇÃO: CONCEITO

Em seus *Elementi di Diritto Privato Romano*, Talamanca ensina que "há novação quando uma obrigação se extingue porque substituída por uma nova"[1]. Segundo o autor, entre os requisitos para a configuração da novação está, além do *aliquid novi*, o *idem debitum*, ou seja, não poderia haver alteração do objeto da prestação; "não existe, em direito romano, a novação objetiva em sentido moderno[2].

Max Kaser aponta que "a novação tem, em Roma, um papel muito maior do que hoje, porque a alteração posterior da obrigação, nomeadamente a mudança da pessoa do credor ou do devedor, não era possível por simples contrato de alteração, mas só por novação (...)"[3].

---

[1]   TALAMANCA, Mario. *Elementi di Diritto Privato Romano*. Milano: Giuffrè, 2001. p. 335. Tradução livre.

[2]   Idem.

[3]   KASER, Max. *Direito privado romano*. 2. ed. Lisboa: Calouste Gulbenkian, 2011. p. 301.

Por essa razão, como bem faz notar Jorge Cesa Ferreira da Silva, muitos autores chegam mesmo a negar a utilidade da novação hoje, quando há a disposição dos agentes meios diversos de transmissão das obrigações como a cessão de crédito, a assunção de dívidas[4]; acrescente-se a cessão da posição contratual.

Não obstante as respeitáveis opiniões doutrinárias, a novação – mormente porque hoje admite-se a objetiva – tem, sim, utilidade prática inegável, o que se nota, por exemplo, pela quantidade de negócios jurídicos com eficácia novativa celebrados por instituições financeiras.

Sobre a distinção entre a *novatio* romana e a novação moderna, Pontes de Miranda ensina que "o que realmente se operou, como evolução do conceito, foi que se abstrai, hoje, do que foi a dívida anterior. Só se exige à novação ter surgido nova razão por que a antiga se extingue"[5].

Quanto à noção moderna, a doutrina, de modo geral, conceitua a novação como a extinção de uma obrigação em razão do surgimento de uma outra, cuja constituição, em regra, é voltada para a obtenção desse efeito extintivo[6].

Diz-se em regra porque embora no mais das vezes a novação seja eficácia almejada quando da constituição da nova obrigação, ela pode ser eficácia imposta pela lei, caso em que é chamada "*novatio* necessária"[7].

Assim, a novação não caracteriza negócio jurídico; não é negócio jurídico; a novação é eficácia, em regra, de negócio jurídico, mas pode, também, ser eficácia *ex lege*.

---

[4] Op. cit., p. 413.

[5] PONTES DE MIRANDA, Francisco Cavalcanti. *Tratado de direito privado*. 3. ed. Borsoi, 1971. t. XXV, p. 69.

[6] Paulo de Lacerda, com base nas lições de Windscheid, definiu-a como "acto pelo qual se cria nova obrigação para extinguir a primeira", pontuando que "novação não extingue a obrigação preexistente para crear outra nova (...), mas crea uma nova *para extinguir* a antiga" (*Dos effeitos das obrigações*. Rio de Janeiro: Freitas Bastos, 1934. p. 255). Em sentido semelhante, MARTINS-COSTA, Judith. *Comentários ao novo Código Civil*. Coord. Sálvio de Figueiredo Teixeira. Rio de Janeiro, 2003. vol. V, t. I, p. 503; SILVA, Jorge Cesa Ferreira da. *Adimplemento e extinção das obrigações*. Coord. Miguel Reale e Judith Martins-Costa. São Paulo: RT, 2007. p. 412. (Coleção Biblioteca de Direito Civil); TARTUCE, Flávio. *Direito das obrigações e responsabilidade civil*. 14. ed. Rio de Janeiro: Forense, 2019. p. 186.

[7] PONTES DE MIRANDA, Francisco Cavalcanti. *Tratado de direito privado*. 3. ed. Borsoi, 1971. t. XXV, p. 68.

Exemplo de novação como eficácia da lei tem-se justamente no art. 59 da Lei 11.101/2005, segundo o qual o plano de recuperação [*rectius*: a aprovação do plano] implica novação dos créditos anteriores ao pedido.

Pode-se, pois, conceituar a novação como a eficácia extintiva de obrigação anterior em virtude da constituição com *animus novandi* de outra obrigação ou em virtude de ato jurídico (que pode ser ou não negócio jurídico) a que a lei atribuiu eficácia novativa.

II. NOVAÇÃO: CARACTERIZAÇÃO E REGIME JURÍDICO

Classicamente concebe-se a noção de regime jurídico como conjunto de normas que disciplina certo instituto jurídico, tomada a expressão *instituto jurídico* em sentido amplíssimo.

Nesse sentido, o direito positivo brasileiro, durante longo período, conviveu com dois regimes jurídicos da novação, quais sejam aquele do revogado Código Comercial e o do Código Civil de 1916, cujas disposições foram quase que integralmente reproduzidas pelo vigente Código Civil.

Quanto ao regime jurídico que constava do Código Comercial, ele é bastante menos completo que aquele do Código Civil[8], mas foi por ele que primeiramente se positivou a possibilidade de alteração do objeto da prestação[9].

Tradicionalmente afirma-se que são necessários dos elementos para que se configure a novação: (i) o *animus novandi* e (ii) o *aliquid novi*.

O *animus novandi* é a intenção de novar, isto é, de constituir nova obrigação *para* extinguir a obrigação anterior. Embora o Código Comercial não o exigisse expressamente, nunca houve dúvida de sua necessidade. O Código

---

[8] "Art. 438. Dá-se novação: 1 – Quando o devedor contrai com o credor uma nova obrigação que altera a natureza da primeira. 2 – Quando um novo devedor substitui o antigo e este fica desobrigado. 3 – Quando por uma nova convenção se substitui um credor a outro, por efeito da qual o devedor fica desobrigado do primeiro. A novação desonera todos os coobrigados que nela não intervêm" (artigo nº 262).

[9] O artigo 438, n. 1, do Código Comercial dispunha que haveria novação quando a segunda obrigação alterasse a natureza da primeira. Carvalho de Mendonça ensina que "esta novação *mutato debito* é chamada objetiva [e] resulta, virtual e necessariamente, de qualquer alteração que, versando sobre o objeto da prestação ou sobre a natureza da obrigação, torne a segunda incompatível com a primeira" (MENDONÇA, José Xavier Carvalho de. *Tratado de direito comercial brasileiro*. 4. ed. Rio de Janeiro: Freitas Bastos, 1947. vol. VI, p. 416).

Civil de 1916 exigiu-a nos seguintes termos: "não havendo ânimo de novar, a segunda obrigação confirma simplesmente a primeira".

O atual Código Civil, em seu art. 361, fez constar que o ânimo de novar pode ser expresso ou tácito, desde que seja inequívoco. Seja como for, a doutrina moderna sempre admitiu que o ânimo de novar fosse tácito.

Em monografia clássica sobre a novação, José Soriano de Souza Neto ensina:

> No direito civil moderno nenhuma dúvida paira sobre o assumpto: é reconhecido, unanimemente, que, embora a novação não se presuma, não se supponha, todavia não precisa ser o *animus novandi* manifestado, expressamente, por palavras formaes e sacramentaes, mas pode resultar, implicitamente, tacitamente, dos termos do acto ou ainda dos factos e circumstancias, que rodeiam a convenção das partes. É, por conseguinte, questão de facto (...)[10].

Realmente, trata-se de questão de fato sujeita à interpretação e à prova. As dificuldades para a qualificação da eficácia de determinado negócio jurídico, em regra, encerram-se em saber se há ou não o ânimo de novar.

É bastante simplório afirmar que a distinção entre novação e dação em pagamento; ou entre novação e cessão de crédito; ou entre novação e assunção de dívida está em verificar se a obrigação original persiste ou não. Ora, diante do caso concreto, é justamente essa *quaestio facti* que desafia partes e julgador.

Para os casos em que não houve menção expressa ao *animus novandi*, caberá ao adjudicador recorrer às técnicas de interpretação do negócio jurídico para extrair a intenção das partes consubstanciada na declaração negocial (arts. 112 e 113 do CC, fundamentalmente). Entre esses critérios estão o da incompatibilidade entre as obrigações anterior e posterior; o conteúdo das negociações das partes; o comportamento posterior das partes, entre outros.

Embora seja – salvo engano – unânime na doutrina que o art. 361 não trouxe alteração normativa com relação ao art. 1.000 do Código Civil de 1916, isso não parece totalmente correto. Se é verdade que o art. 361 apenas explicitou o poder ser tácito o ânimo de novar, é também verdadeiro que incluiu a necessidade de que seja inequívoco, disposição essa que não constava da redação original.

---

[10] SOUZA NETO, José Soriano de. *Da novação*. 2. ed. São Paulo: Saraiva, 1937. p. 126-127.

Dizer que a intenção de constituir nova obrigação para extinguir a anterior há de ser inequívoca é mais do que simplesmente dizer que a novação não se presume; é necessário que, a partir da análise das peculiaridades caso concreto, esteja excluída qualquer outra possibilidade de qualificação para que, só então, seja dado ao intérprete concluir pela existência da novação.

A inequivocidade da intenção de novar é, portanto, mais um elemento para a interpretação do negócio jurídico.

Quanto ao *aliquid novi*, a doutrina majoritária entende-o essencial para a caracterização da novação. Pontes de Miranda, por exemplo, assevera que "é preciso que, em relação à dívida logicamente anterior, haja *aliquid novi*. O pacto de novar há de existir, mas é preciso, para que se nove, que algo exsurja de novo"[11].

Em sentido contrário e – até onde se tem ciência – em posição única, José Soriano de Souza Neto afirma que: "ainda não havendo nehuma diferença entre a primeira e a segunda obrigação, a novação se dará si as partes manifestarem, expressamente, que esta é a sua vontade (...). Basta que o crédito seja constituído *de novo* para que se distinga do anterior e, uma vez que as partes lhe dêem caracter extinctivo, nada pode impedir a novação"[12].

Jorge Cesa Ferreira da Silva, valendo-se das lições de Andrea Magazzù, após apresentar a posição de Soriano, critica-a, questionando sua utilidade teórica para a explicação do "mecanismo normativo" da novação[13].

A crítica não parece justa. A uma porque o fato de uma construção teórica aparentemente não ter utilidade prática não a invalida enquanto construção teórica; a duas porque é perfeitamente possível vislumbrar utilidade prática para a lição de Soriano.

Imagine-se, por exemplo, que o contrato original esteja sendo impugnado por fraude contra credores e que, em razão do disposto no art. 172 do Código Civil, não seja possível a confirmação. Imagine-se que, após a propositura da ação anulatória, sobrevenha patrimônio ao devedor que o torne solvente e que, então, as partes resolvam novar o contrato para, extinguindo a obrigação original e constituindo uma idêntica, pôr fim à ação de invalidade e garantir a manutenção do negócio jurídico.

Um outro exemplo: imagine-se que um homem casado pelo regime da comunhão parcial de bens aliena um seu imóvel (bem particular) sem a

---

[11]   Op. cit., p. 80.
[12]   Op. cit., p. 132-133.
[13]   Op. cit., p. 425.

outorga de sua esposa. Dias após a celebração do contrato, há o divórcio. Por conta do disposto no art. 1.649 do Código Civil, as partes resolvem novar a obrigação de modo a extinguir o primeiro contrato por meio da constituição de outro idêntico, suprimindo, assim, o interesse de agir da ex-mulher para a ação de invalidade.

Ademais, alterações que se qualifiquem como novas disposições sobre o *mesmo negócio jurídico* não implicam novação objetiva. A doutrina aponta que não configuram novação, por exemplo, alteração da data de vencimento; modo de execução da obrigação; taxa de juros; inserção de cláusula penal[14].

Essas modificações, quando acompanhadas da declaração expressa das partes da intenção de novar a obrigação, indiscutivelmente configurarão novação. À falta da declaração expressa, seria difícil enxergar a existência do *animus novandi*.

A razão, pois, está com José Soriano de Souza Neto.

Para além do *animus novandi*, a configuração da novação exige que a obrigação [*rectius*: negócio jurídico do qual, como eficácia, surge a obrigação, como ensina Pontes de Miranda] exista e não seja nula.

A novação volta-se à extinção de obrigação, por meio da constituição de outra com esse objetivo; como demonstra a unanimidade da doutrina, é imperativo lógico que só se possa extinguir aquilo que existe.

Quanto à nulidade, embora o negócio jurídico do qual se originou a novação exista, ele deve ser anatematizado a qualquer tempo e, especificamente quanto à eficácia novativa, o Código Civil nega efeitos ao negócio jurídico nulo. O nulo não se convalida com o decurso do tempo[15].

A Súmula 286 do Superior Tribunal de Justiça dispõe que: "A renegociação de contrato bancário ou a confissão da dívida não impede a possibilidade de discussão sobre eventuais ilegalidades[16] dos contratos anteriores".

Havendo ilegalidade do contrato ele será nulo e, portanto, não poderá ser novado, renegociado ou sujeito à confissão de dívida.

---

[14] SOUZA NETO, José Soriano de. *Da novação*. 2. ed. São Paulo: Saraiva, 1937. p. 138; MENDONÇA, José Xavier Carvalho de. *Tratado de direito comercial brasileiro*. 4. ed. Rio de Janeiro: Freitas Bastos, 1947. vol. VI, p. 416; *Tratado de direito privado*. 3. ed. Borsoi, 1971. t. XXV, p. 73.

[15] Para uma análise profunda e sistemática do tema, ver BUNAZAR, Maurício. *A invalidade do negócio jurídico*. São Paulo: RT, 2020.

[16] Ilegalidade é termo de pouca técnica. Melhor seria a adoção da linguagem ponteana: invalidade por força de nulidade.

Nessa hipótese, não há novação. Jorge Cesa entende que o negócio jurídico ao qual se pretendia dar eficácia novativa é nulo por falta de causa[17]. Pontes de Miranda afirma que o novo negócio jurídico pode ser válido, "por ser *outro*, em que se transladou a causa do ato jurídico anterior"[18].

Não se afigure adequado reconduzir a solução da questão ao plano da validade. As hipóteses de nulidade estão previstas na lei – ainda quando se trate de nulidade virtual – e, entre elas, não se encontra a ausência de causa.

A falta de causa, que pode ou não ocorrer – não ocorrerá quando, por exemplo, houver translado da causa do outro negócio, como apontou Pontes de Miranda –, poderá, conforme o caso, suscitar a incidência do regime jurídico do enriquecimento sem causa, mais especificamente do art. 885 do Código Civil[19].

Em relação à anulabilidade, o Código Civil de 2002 sofreu alteração de texto comparativamente ao Código Civil de 1916. Este Código, em seu art. 1.008, dispunha que a novação era uma forma de confirmação do negócio jurídico anulável. O Código Civil vigente simplesmente afirma que os negócios jurídicos anuláveis são passíveis de novação. A redação atual é mais técnica na medida em que, como demostra a melhor doutrina, nem toda novação de obrigação anulável implicará confirmação; somente haverá confirmação quando estiverem presentes os requisitos do art. 173 do Código Civil, designadamente o reconhecimento da invalidade e a manifestação da vontade de mantê-lo[20].

Quanto aos efeitos da novação, eles vêm previstos nos arts. 364, 365 e 366 do Código Civil. Em brevíssima síntese, a novação, salvo disposição em contrário, implica extinção dos acessórios e garantias da dívida anterior.

Os artigos arrolados consagram aquilo que Pontes de Miranda chamou *princípio da intangibilidade não consentida da esfera jurídica alheia*, o qual significa que, em regra, não se pode agravar a posição jurídica alheia sem que haja consentimento. Por isso, para que as garantias se mantenham é necessário ressalva expressa e, caso sejam garantias reais ou fidejussórias prestadas por terceiros, há a necessidade da concordância do garante; no caso de solidariedade passiva, somente sobre os bens do que contrair a nova obrigação subsistem as preferências e garantias do crédito novado, isto é, os demais devedores solidários não respondem pela nova dívida.

---

[17]   Op. cit., p. 453.

[18]   Op. cit., p. 96.

[19]   "Art. 885. A restituição é devida, não só quando não tenha havido causa que justifique o enriquecimento, mas também se esta deixou de existir."

[20]   Confira-se SILVA, Jorge Cesa Ferreira da. Op. cit., p. 452 e PONTES DE MIRANDA, Francisco Cavalcanti. Op. cit., p. 93.

III. NOVAÇÃO NA LEI 11.101/2005

Tradicionalmente, a concordata era considerada verdadeiro negócio jurídico celebrado entre devedor e seus credores, ainda que dependente de homologação judicial[21]. No entanto, com o advento do Decreto-lei 7.661/1945 a concordata foi desnaturada[22], convertendo-se em direito potestativo do devedor, ainda que condicionado aos requisitos legais.

Tanto no regime anterior ao do Decreto-lei 7.661/1945 como no regime posto por ele, a concordata, por disposição expressa, não implicava novação[23]:

Com a entrada em vigor da Lei 11.101/2005, a possibilidade de novas concordatas foi extinta, sendo o instituto substituído pelo procedimento de recuperação[24].

O art. 59 da 11.101/2005 dispõe que: "o plano de recuperação judicial implica novação dos créditos anteriores ao pedido, e obriga o devedor e todos os credores a ele sujeitos, sem prejuízo das garantias, observado o disposto no § 1º do art. 50 desta Lei".

Como já apontado, o texto legal tem pequena impropriedade; não é o plano que implica a novação, mas sim a sua homologação. A eficácia novativa, portanto, inicia-se com a homologação judicial do plano.

Quanto à eficácia novativa, o art. 59 ressalva as garantias, dispondo que, não obstante a novação, elas se mantêm. A Lei 11.101/2005 não estabelece um regime jurídico autônomo da novação, sujeitando-se ao regime jurídico do Código Civil, com a ressalva ao disposto na primeira parte do art. 364[25].

---

[21] FERREIRA, Waldemar Martins. *Instituições de direito comercial*. 3. ed. Rio de Janeiro: Freitas Bastos, 1951. vol. V, p. 289.

[22] Idem, p. 293.

[23] Decreto-lei 7.661/1945: "Art. 148. A concordata não produz novação, não desonera os coobrigados com o devedor, nem os fiadores dêste e os responsáveis por via de regresso".

[24] Manuel Justino Bezerra Filho aponta a existência de certa semelhança entre a concordata preventiva e a recuperação judicial (*Lei de Recuperação de Empresas e Falência comentada*. 13. ed. São Paulo: RT, 2018. p. 164).

[25] "Art. 364. A novação extingue os acessórios e garantias da dívida, sempre que não houver estipulação em contrário. Não aproveitará, contudo, ao credor ressalvar o penhor, a hipoteca ou a anticrese, se os bens dados em garantia pertencerem a terceiro que não foi parte na novação."

Para a coerência do ordenamento jurídico, é importante que não se imponham mutilações ao regime jurídico da novação para além do expressamente previsto na Lei 11.101/2005.

O Superior Tribunal de Justiça, de maneira coerente, entende que, "apenas após a homologação do plano de recuperação judicial é que se deve oficiar aos cadastros de inadimplentes para que providenciem a baixa dos protestos e inscrições em nome da recuperanda" (AREsp 555.308, Rel. Min. Ricardo Villas Bôas Cueva, 08.04.2015).

No mesmo sentido, o Enunciado 54 da I Jornada de Direito Comercial pontifica que "o deferimento do processamento da recuperação judicial não enseja o cancelamento da negativação do nome do devedor nos órgãos de proteção ao crédito e nos tabelionatos de protesto".

O enunciado está correto. O que tem eficácia novativa é a homologação do plano de recuperação judicial, não o mero deferimento do processamento, fase necessariamente anterior à recuperação judicial.

Há, no entanto, duas questões que, embora já pacificadas pelo Superior Tribunal de Justiça, merecem análise mais detida.

A primeira delas consiste na classificação da novação prevista na Lei 11.101/2005 como novação *sui generis*. Segundo o Superior Tribunal de Justiça:

> O "plano de recuperação judicial opera uma **novação *sui generis*** e sempre sujeita a condição resolutiva, que é o eventual descumprimento do que ficou acertado no plano, circunstância que a diferencia, sobremaneira, daquela outra, comum, prevista na lei civil" (REsp 1.333.349/SP, 2ª Seção, Rel. Min. Luis Felipe Salomão, j. 26.11.2014, *DJe* 02.02.2015).

A única especificidade da novação prevista na Lei 11.101/2005 é que ela não extingue as garantias. O fato de ela estar sujeita à condição resolutiva não a altera. Com efeito, a doutrina sempre admitiu que o negócio jurídico novativo fosse sujeito à condição[26].

Em havendo qualquer causa de extinção com eficácia *ex tunc* do negócio jurídico impõe-se a restituição das partes ao *statu quo ante*, o que implicará a restauração [*rectius*: eficacização] da obrigação anterior. O negócio jurídico novativo não é exceção.

---

[26] Nesse sentido, confira-se PONTES DE MIRANDA, Francisco Cavalcanti. Op. cit., p. 110.

530 | RECUPERAÇÃO DE EMPRESAS E FALÊNCIA: DIÁLOGOS ENTRE A DOUTRINA E A JURISPRUDÊNCIA

Não há, portanto, neste aspecto, nenhuma diferença entre a novação prevista no Código Civil e a novação prevista na Lei 11.101/2005.

A segunda questão é já bastante mais polêmica. O Superior Tribunal de Justiça fixou a seguinte tese:

> A recuperação judicial do devedor principal não impede o prosseguimento das execuções nem induz suspensão ou extinção de ações ajuizadas contra terceiros devedores solidários ou coobrigados em geral, por garantia cambial, real ou fidejussória, pois não se lhes aplicam a suspensão prevista nos arts. 6º, *caput*, e 52, inciso III, ou a novação a que se refere o art. 59, *caput*, por força do que dispõe o art. 49, § 1º, todos da Lei n. 11.101/2005. (Tese Julgada de acordo com o art. 543-C do CPC/1973 – Tema 885)[27].

Em sentido contrário à tese firmada, Eduardo Secchi Munhoz entende que a novação prevista na Lei 11.101/2005 não tem o condão de extinguir todas as garantias, mas apenas aquelas mencionadas expressamente no Código Civil, quais sejam todas as garantias ofertadas por terceiros, designadamente o penhor, a hipoteca, a anticrese e a fiança[28].

Se é verdade que a tese fixada pelo Superior Tribunal de Justiça vai além do texto legal – merecendo, pois, interpretação restritiva –, a interpretação de Eduardo Secchi Munhoz esvazia, por razões óbvias, o conteúdo normativo da Lei 11.101/2005.

Como ensinou Pontes de Miranda, as garantias, sejam quais forem, são constituídas mediante negócio jurídico *causa solvendi*. Elas pressupõem a existência de dívida logicamente anterior, ainda que cronologicamente posterior ao crédito; as garantias são, sempre e necessariamente, acessórios do crédito.

Como a novação se passa no plano da eficácia, há para o legislador ampla margem de liberdade para conformar o negócio jurídico novativo, pelo que nada impede que o legislador – como de fato fez – excepcione o regime

---

[27] Esse é o exato teor da Súmula 581 do STJ: "A recuperação judicial do devedor principal não impede o prosseguimento das ações e execuções ajuizadas contra terceiros devedores solidários ou coobrigados em geral, por garantia cambial, real ou fidejussória".

[28] SOUZA JUNIOR, Francisco Satiro de; PITOMBO, Antonio Sergio (coords.). *Comentários à Lei de Recuperação de Empresas e Falência*: Lei 11.101/2005. São Paulo: RT, 2007. p. 293-294.

jurídico geral da novação e o princípio jurídico da gravitação. No entanto, não é correto autonomizar a garantia de maneira absoluta.

A homologação do plano de recuperação implica novação, isto é, extingue as obrigações da devedora e, apenas por favor legal e em razão de o plano estar sujeito à condição resolutiva, mantêm-se as garantias. Isso não significa que as garantias possam ser executadas sem que haja dívida.

A análise dualista das obrigações há tempos já demonstrou que se é possível a existência de dívida sem responsabilidade (*Schuld* sem *Haftung*), é logicamente impossível a existência de responsabilidade sem dívida, afinal responder é responder por alguma dívida; ainda que se responda por *dívida alheia*, dívida há[29].

A homologação do plano de recuperação implica novação e, portanto, há a extinção de todas as obrigações da devedora sujeitas ao regime concursal. A manutenção das garantias por força da lei nada tem a ver com a exigibilidade da obrigação do garante. Ainda que por economia processual se entenda não ser o caso de extinguir os processos em curso, no mínimo, eles devem ser suspensos até que o plano de recuperação seja resolvido ou se torne definitivo.

IV. CONCLUSÃO

Embora parte da doutrina e o Superior Tribunal de Justiça entendam que a novação prevista na Lei 11.101/2005 é novação *sui generis*, a análise sistemática dessa lei e do Código Civil permite outra conclusão.

O regime jurídico da novação prevista na Lei 11.101/2005, com a ressalva da manutenção das garantias, é posto pelo Código Civil de 2002.

Disso decorre que, uma vez homologado o plano e até que ele se resolva, todas as dívidas da devedora sujeitas ao regime concursal são extintas pelas novas obrigações e, consequentemente, as obrigações acessórias, embora existentes, são inexequíveis.

Em suma, o fato de a lei especial afastar um dos efeitos na novação não a transforma em novação *sui generis*, pois em termos de existência o instituto se mantém hígido, ainda que reduzido eficacialmente.

Para sermos técnicos, o que faz a Lei 11.101/2005, reformada em 2020, é dizer que a garantia existe, é válida e ineficaz, ainda que de maneira provisória.

---

[29] Tecnicamente, o fiador responde por dívida alheia, mas dívida há.

REFERÊNCIAS BIBLIOGRÁFICAS

BEZERRA FILHO, Manuel Justino. *Lei de Recuperação de Empresas e Falência comentada*. 13. ed. São Paulo: RT, 2018.

BUNAZAR, Maurício. *A invalidade do negócio jurídico*. São Paulo: RT, 2020.

CARVALHO DE MENDONÇA, José Xavier. *Tratado de direito comercial brasileiro*. 4. ed. Rio de Janeiro: Freitas Bastos, 1947. vol. VI.

FERREIRA, Waldemar Martins. *Instituições de direito comercial*. 3. ed. Rio de Janeiro: Freitas Bastos, 1951. vol. V.

KASER, Max. *Direito privado romano*. 2. ed. Lisboa: Calouste Gulbenkian, 2011.

LACERDA, Paulo de. *Dos effeitos das obrigações*. Rio de Janeiro: Freitas Bastos, 1934.

MARTINS-COSTA, Judith. *Comentários ao novo Código Civil*. Coord. Sálvio de Figueiredo Teixeira. Rio de Janeiro, 2003. vol. V, t. I.

PONTES DE MIRANDA, Francisco Cavalcanti. *Tratado de direito privado*. 3. ed. Borsoi, 1971. t. XXV.

SILVA, Jorge Cesa Ferreira da. *Adimplemento e extinção das obrigações*. Coord. Miguel Reale e Judith Martins-Costa. São Paulo: RT, 2007. (Coleção Biblioteca de Direito Civil)

SOUZA JUNIOR, Francisco Satiro de; PITOMBO, Antonio Sergio (coords.). *Comentários à Lei de Recuperação de Empresas e Falência*: Lei 11.101/2005. São Paulo: RT, 2007.

SOUZA NETO, José Soriano de. *Da novação*. 2. ed. São Paulo: Saraiva, 1937.

TALAMANCA, Mario. *Elementi di Diritto Privato Romano*. Milano: Giuffrè, 2001.

TARTUCE, Flávio. *Direito das obrigações e responsabilidade civil*. 14. ed. Rio de Janeiro: Forense, 2019.

FRAUDES CIVIS E RECUPERAÇÃO JUDICIAL

39

FRAUDES CIVIS E RECUPERAÇÃO JUDICIAL

ÊNIO SANTARELLI ZULIANI

Sumário: 1. Nova lei para velhos problemas – 2. Fraudes civis – 3. Escolha do foro competente – 4. Fraude na distribuição de lucros e dividendos – 5. Fraude e a revocatória do art. 129 da Lei – Referências bibliográficas.

1. NOVA LEI PARA VELHOS PROBLEMAS

A insolvência do comerciante é o epicentro de um tsunami devastador. Em estudo pioneiro no qual defendeu o fim da concordata em nosso sistema para implementação de um plano de "reerguimento econômico-financeiro", com fiscalização de comissário nomeado pelo Judiciário, inspirado no modelo francês, FÁBIO KONDER COMPARATO[1] perguntou: qual o remédio jurídico contra os males da insolvência? E com elegante ironia respondeu: "O remédio é simplesmente... não ficar insolvente, o que talvez ainda acabe sendo editado por Decreto-lei". Enquanto não se publica o decreto, a ordem jurídica persegue soluções justas para algo que se agrava com o setor econômico conturbado pela pandemia da Covid-19.

A crise financeira de uma sociedade empresária produz todas as mazelas traumáticas para o regime econômico e as repercussões atingem os personagens das obrigações descumpridas e a circulação de riquezas (leia-se produção). Pior do que a volúpia dos credores cobiçando o que restou do patrimônio é o desamparo, porque quando a devedora é abandonada, acaba sendo empurrada para

---

[1] COMPARATO, Fábio Konder. *Aspectos jurídicos da macro-empresa*, p. 101.

a falência que mal serve para repartir as sobras entre os credores prioritários[2]. A recuperação judicial, nesse quadro caótico, surge como sopro de esperança, e instituída pela Lei 11.101, de 09.02.2005, sofreu uma completa alteração pela Lei 14.112, de 24.12.2020. O instituto é um projeto de reestruturação com mudanças sensíveis e inteligentes na forma de conduzir a sociedade e seus bens, reerguer a devedora – mesmo que à custa de sacrifícios dos direitos dos credores – tudo para descortinar fase de prosperidade e segurança comercial. Esse árduo desafio não é fácil de ser superado, dependente que é do equilíbrio da contabilidade e perseverança no desempenho fabril para que as dívidas, novadas, sejam quitadas com o comércio recuperando integrante ativo cuja contribuição não poderia ser desperdiçada.

O modelo repaginado afunda de vez no baú do esquecimento a velha concordata (quer a preventiva como a suspensiva) que o Decreto-lei 7.661, de 21.06.1945 regulava nos arts. 139 e seguintes, permitindo descontos iguais ao que se vê no varejo e prorrogações de prazo. Medida prevista no art. 103 da Lei 2.024/1908, exigia tratamento igual entre os credores, a não ser que todos consentissem com a desigualdade[3]. A concordata sempre foi muito criticada, sendo que OCTÁVIO MENDES[4], Professor de Direito Comercial da Faculdade de Direito de São Paulo, advertiu: "É rara, raríssima a concordata em que o devedor não entra em conchavos com um ou mais credores" e "outra consideração que tem sido feita contra as concordatas é a imoralidade que há em ver ostentando riqueza um comerciante que um ou dois anos antes celebrou concordata com os seus credores, causando-lhe grandes prejuízos". E havia defesa de peso, como CARVALHO DE MENDONÇA[5] com o argumento de que "precisamos ter é uma boa lei que discipline convenientemente esse instituto para que tudo fique dependendo de uma magistratura inteligente que, compenetrada do espírito da lei, aplique as suas disposições com critério, afastando sabiamente as artimanhas que são hoje as chagas da nossa concordata preventiva".

PONTES DE MIRANDA afirmava – e possui razão até hoje – que a concordata não é negócio contratual como muitos conceituam, mas, sim, direito que o Estado concedeu ao devedor, competindo ao Juiz garantir a ele

---

[2] INGLES DE SOUZA, ao apresentar seu *Projecto de Código Commercial*, em 1913, dizia que quanto maior for a ruína do devedor, menos capaz será de oferecer aos credores uma esperança longínqua de pagamento (I/47).

[3] FARIA, Antonio Bento de. *Código Commercial Brasileiro*, 3. ed., I, p. 935.

[4] MENDES, Octávio. *Fallencias e concordatas*, p. 334.

[5] MENDONÇA, José Xavier Carvalho de. *Das fallencias e dos meios preventivos de sua declaração*, vol. II, p. 185, § 942.

a tutela jurídica correspondente[6]. Embora os institutos não se comparem em suas estruturas principais, a recuperação judicial é um direito que a legislação, agora reformulada, confere às sociedades e comerciantes individuais (e produtores rurais igualmente). A questão da fraude que sempre caracterizou um sinal de alerta contra as concordatas, continua rondando os expedientes abertos para reorganização econômica e administrativa das sociedades em crise, sendo impossível esquecer o recado de festejado doutrinador: "o credor em geral pouco se importa com a boa-fé do devedor; falência e concordata (leia-se recuperação) são negócios maus e o que urge é tirar o maior proveito seja com transações suspeitas, seja com vantagens particulares impostas pela ameaça"[7].

As fraudes são tão velhas como o mundo e acompanham o homem em sua evolução, disse-o, com sabedoria, OSCAR DA CUNHA[8]. E de várias cores pode se vestir, garantiu CÂNDIDO NAVES[9]. A ambição é algo que o ser humano deve estimular de acordo com as regras legais exigidas na sociedade, e quando entra em cena a sobrevivência comercial ou a ganância de lucrar mais à custa de sacrifício de credores, trabalhadores e outros, a ilicitude derrota a ética. Os tema a ser explorado nesse texto envolve "fraudes civis na recuperação judicial" e a missão, honrosa, cabe reconhecer, foi aceita porque a matéria será esmiuçada por doutrinador que compartilha o espaço e que, certamente, engrandecerá a coluna. Essa fórmula de sucesso do "Diálogos" (título da obra) exige a exposição, para confronto dos operadores do direito, de ponto de vista do julgador e do professor sobre uma mesma temática, colhidos às cegas, ou seja, sem intercâmbio de consultas e até mesmo desconhecendo a identidade do parceiro com o qual se divide o espaço do livro.

2. FRAUDES CIVIS

Fraude é um termo com *status* de "palavrão" porque já denuncia comportamento repugnante e o estudo sobre seu enredo está em constante evolução, vivendo de porta aberta para recepcionar os novos golpes e crimes financeiros. Essa dinâmica ou ciência do mal enche o perfil endemoniado da fraude.

---

[6] PONTES DE MIRANDA, Francisco Cavalcanti. *Tratado de direito privado*, 3. ed., t. XXX, p. 22, § 3.455.

[7] MENDONÇA, José Xavier Carvalho de. *Tratado de direito comercial*, 4. ed., vol. VII, livro V, p. 502, § 1265.

[8] CUNHA, Oscar da. *O dolo e o direito judiciário civil*, p. 5.

[9] NAVES, Cândido. *Impulso processual e poderes do juiz*, p. 141, § 48.

A sua vibrante sonoridade corresponde aos seus impactos perturbadores, porque fraudar é mais bem digerido do que um roubo violento, embora nas duas situações as vítimas sofram danos. Seria o crime da moda aplicado por astutos e pilantras. O ladrão rouba constrangendo a vítima a lhe entregar os bens; o fraudador apropria-se do patrimônio da vítima, engana credores, lesa sócios e o próprio Estado, com artifícios maliciosos engenhosamente preparados, adotando estratégias não violentas para manter a falsa aparência que o acoberta no máximo tempo possível. NELSON HUNGRIA[10] dá início a uma excelente monografia esclarecendo a primazia do que chamou da substituição das barbáries primárias pela trapaça inteligente e, no capítulo seguinte, sustenta que, na essência, não há diferença de fraude civil e fraude penal, mas, sim, distinção quanto aos meios de repressão: "delito penal é o ataque à ordem jurídica, contra o qual, pela sua intensidade ou periculosidade, a única sanção adequada é a pena, e delito civil é o ataque à ordem jurídica, para cuja neutralização bastam as sanções atenuadas da indenização, da execução forçada, da restituição *in specie*, da anulação do ato, etc.".

Essa distinção é importantíssima para definir o método desse trabalho e excluir da abordagem os crimes falimentares, porque, para as situações em que a fraude foi tipificada, colorindo de figura penal as ações previsíveis, foram selecionadas reprimendas consideradas apropriadas como punição. A pauta do trabalho encomendado está centrada nas fraudes civis e suas repercussões em um instituto genuinamente de direito comercial e essa narrativa começa com análise da mesclagem das fontes (direito civil, empresarial e penal) sobre a interpretação dos negócios fraudulentos que ameaçam a integridade da recuperação judicial. Nem por isso, contudo, seria aconselhável não mencionar a posição de NELSON HUNGRIA sobre fraudes falimentares (obra citada, p. 71): "a fraude que caracteriza o crime de bancarrota qualificada ("falência fraudulenta") tem um sentido elástico: é todo ato voluntário do devedor comerciante no sentido de piorar seu estado de quebra ou agravar o prejuízo de seus credores".

Aí está a palavra que se torna uma chave na descoberta da interpretação: o interesse dos credores. No direito civil e pelo fato de o ato fraudulento provocar, deliberadamente, o dano, a sua revogação independe de fatores externos, merecendo uma aplicação dinâmica e prática ao objetivo da reparação: anula-se para retorno ao *status quo ante*, satisfazendo o lesado. O direito civil, contudo, não é decisivo para a interpretação e julgamento das questões

---

[10] HUNGRIA, Nelson. *Fraude penal*, 2. ed., p. 31.

empresariais ou como dizia ALFREDO ROCCO[11] o "comercialista terá de assumir o papel de civilista e ir, muitas vezes, mais longe nesse trabalho do que vai o próprio civilista". O direito civil seria "elemento de integração do regime das relações comerciais"[12], sendo importante preservar a autonomia do direito comercial nas suas leis novas quando o legislador não introduziu a aplicação de regras comuns[13] A interpretação sobre a intenção do negócio, a capacidade criativa e a conduta fraudulenta não estão restritas a tipos penais previamente descritos na legislação pertinente, mas, sim, presos a um nexo causal, o que amplia os horizontes[14].

3. ESCOLHA DO FORO COMPETENTE

Segundo o art. 3º da Lei 11.101/2005, o juízo competente para decretar a falência ou deferir a recuperação judicial é o "do local do principal estabelecimento" ou "da filial de empresa que tenha sede fora do Brasil". Essa é uma definição, segundo jurista português, que sempre foi adotada para definir o foro falimentar: leva-se em consideração o local em que o comerciante pratica e executa os atos de seu comércio ou a oficina, a fábrica e a loja em que trabalha[15]. Aqui no Brasil ninguém mais qualificado do que ALFREDO BUZAID[16] para explicar a razão de ordem ou a escolha do principal estabelecimento como catalizador da jurisdição una:

> É que tratando-se de execução geral coletiva (o ex-Ministro do STF fazia referência ao art. 7º do Decreto-lei 7661/45), o legislador julgou oportuno e necessário reunir todas as ações, pretensões ou direitos em um único processo, que se reveste de unidade e no qual concorrem todos os interessados; e como o principal estabelecimento preenche melhor que qualquer outro o requisito de concentração, pois nele estão os órgãos dirigentes da empresa, a sua contabilidade e o governo de seus negócios, claro é que somente o juízo, em

---

[11] ROCCO, Alfredo. *Princípios de direito comercial*, trad. Cabral de Moncada, p. 157, § 40.

[12] CORREIA, Ferrer A. *Lições de direito comercial*, p. 32, § 13.

[13] CAMPOS, Francisco. *Direito comercial*, p. 12.

[14] SAMMARCO, Giorgio. *La truffa contrattuale*, p. 4.

[15] MAGALHÃES, Barbosa de. *Do estabelecimento comercial*, p. 28, § 5º.

[16] BUZAID, Alfredo. Parecer "Falência – Litispendência", *Revista dos Tribunais*, vol. 307, p. 61.

cuja jurisdição se encontra o devedor, devia ser competente, com exclusão de qualquer outra, para nele ser processada a falência.

Por incrível que pareça são cometidas fraudes no direcionamento dos pedidos de recuperação, buscando fazer cair a ação em comarca ou vara que, por razões não declaradas, melhor atenda espúrios propósitos. O objetivo é fugir de uma vara especializada ou de locais em que os administradores nomeados atuem com rigor e estão sempre denunciando irregularidades ou até manter a atividade industrial e as decisões longe dos olhos do juiz da recuperação. Note-se que o juiz poderá nomear profissional de sua confiança para constatar as reais condições de funcionamento da requerente e da regularidade e da completude da documentação apresentada com a petição inicial (art. 51-A da Lei 11.101/2005) e isso será frustrado com malícia.

A falta de escrúpulos estimula o devedor que pretende mudar a competência a definir o principal estabelecimento onde está situado um escritório, às vezes distante milhares de quilômetros do local em que as atividades fabris são desenvolvidas. Esse tipo de "manobra" não escapou da análise de NELSON ABRÃO[17].

O colendo STJ, pelo Ministro LUIS FELIPE SALOMÃO (AgInt. no Conflito de Competência 147.714/SP, *DJ* 07.03.2017) deixou consignado que: "Nos termos do art. 3º da Lei 11.101/2005, o foro competente para o processamento da recuperação judicial e a declaração de falência é aquele onde se situe o principal estabelecimento da sociedade, assim considerado o local onde haja maior volume de negócios, ou seja, o local mais importante da atividade empresária sob o ponto de vista econômico". Essa diretriz foi seguida no AgInt. no Conflito de Competência 157.969/RS, Ministro RICARDO VILLAS BÔAS CUEVA, *DJ* de 04.10.2018. Nos dois casos, por razões um tanto estapafúrdias relacionadas com escritórios mantidos em outras localidades, pretendeu-se deslocar a competência vocacionada pelo desenvolvimento da atividade econômica e empresarial.

Importante demarcar bem esse assunto. Existe diferença entre "principal estabelecimento" e local em que foi definido como sendo a "sede da sociedade" e a doutrina é bem esclarecedora. CARVALHO DE MENDONÇA definia principal estabelecimento como o lugar onde o devedor "centraliza a sua atividade e influência econômica", cunhando expressão acertada e enigmática "no estabelecimento principal é que existe o termômetro do crédito

---

[17] ABRÃO, Nelson. *Curso de direito falimentar*, 4. ed., p. 68, § 51.

do comerciante, pois aí estão absorvidos todos os seus negócios"[18]. O juiz da recuperação deve ficar atento e agir de ofício contra transformações da competência, pretendendo impor conceito de principal estabelecimento fictício contra a sede real, porque se a devedora possuir sede definida em estatuto ou contrato contrariando o local em que os negócios são realizados e nos quais os créditos são obtidos e as dívidas contraídas, prevalece esse último[19]. Outro doutrinador orientava para definir principal estabelecimento pelo critério quantitativo, qual seja, onde o comerciante exerce maior atividade mercantil[20].

Como evitar que fraude crie o foro competente? Cabe ao juiz prestar atenção nesse detalhe, mesmo quando for examinar a inicial e não existir, ainda, representação de terceiros (credores). Constatado que se montou um esquema para dirigir petição longe do principal estabelecimento, o juiz deverá recusar a competência e encaminhar o pedido de recuperação ao foro competente para que, a partir daí, seja refeita a legalidade, quer pela pronta aceitação do que recebeu ou mediante conflito positivo de competência a ser resolvido pelos tribunais. O que não se deve admitir é a improbidade do devedor malicioso manipulando a seu bel-prazer as regras da competência.

4. FRAUDE NA DISTRIBUIÇÃO DE LUCROS E DIVIDENDOS

Antes de transcrever um dispositivo novo (art. 6º-A), não custa advertir que a fraude é capciosa ou está oculta em contratos que aparentam regularidade, e a sua finalidade é sempre de "iludir qualquer disposição de lei", enfatizava TEIXEIRA DE FREITAS[21]. OROZIMBO NONATO disse: "Fraude é palavra corrente e moente e, na concepção geral, significa burla, codilho, trapaça, malícias, engano, logração, endrômina, caborteirice. Na fraude, falando geralmente, avulta um ato ao fito de prejudicar direitos ou interesses"[22].

---

[18] MENDONÇA, José Xavier Carvalho de. *Tratado de direito comercial brasileiro*, 4. ed., vol. VII, livro V, parte I, p. 274, § 204.

[19] MARCONDES, Sylvio. Jurisdição falimentar, *Questões de direito mercantil*, p. 110.

[20] BARRETO FILHO, Oscar. *Teoria do estabelecimento comercial*, 2. ed., p. 145, § 109.

[21] FREITAS, Augusto Teixeira de. *Consolidação das leis civis*, 5. ed., p. 210, nota ao art. 358.

[22] NONATO, Orozimbo. *Fraude contra credores*, p. 7.

Surgiu o art. 6º-A, com a seguinte redação: "É vedado ao devedor, até a aprovação do plano de recuperação judicial, distribuir lucros ou dividendos a sócios e acionistas, sujeitando-se o infrator ao disposto no art. 168 desta Lei". O art. 168 penaliza aquele que cometer qualquer tipo de fraude que prejudique credores com reclusão de 3 a 6 anos e multa.

Os sócios e acionistas possuem direitos aos lucros e dividendos quando a sociedade apresentar resultados favoráveis. O direito de participar dos lucros (art. 109, I, da LSA) representa "o mais importante"[23], observando, na sua repartição, o que for convencionado no contrato, no estatuto da empresa ou na lei. Já os dividendos são pagos de acordo com o que for estabelecido ou sobre metade do lucro líquido ajustado como obrigatório (art. 202 da LSA). Nada de irregular há com a repartição dos lucros e dividendos, constituindo, aliás, a finalidade precípua do empreendedorismo ou uma obrigação decorrente da participação acionária. O que constitui fraude é distribuir lucros e dividendos na iminência do pedido de recuperação, representando um paradoxo esvaziar o caixa entre sócios e acionistas, reduzindo o quantitativo financeiro real do capital social, sem que os credores sejam pagos. É difícil até explicar essa contabilidade na inicial do pedido de recuperação, por ser necessário indicar o que os italianos chamam de "dissesto"[24] ou desarranjo econômico que conduziram ao estado ruinoso.

Evidente que distribuir lucros e dividendos quando a insolvência está batendo na porta de entrada da sociedade contraria a lógica de um sistema criado para recuperar o devedor probo e leal (paradigmas da boa-fé objetiva prevista no art. 422 do CC), porque a diluição do ativo rompe as expectativas geradas pela confiança patrimonial, base das perspectivas dos credores. É uma gestão até que temerária e que dificilmente "mereceria a aprovação de qualquer homem de negócios, ainda o mais inexperiente"[25]. Trata-se, sem dúvida, de um artifício enganoso e que caracteriza uma fraude civil que prejudica os credores e a própria credibilidade do instituto. O que se pode fazer diante dessa bizarrice?

O dispositivo (art. 6º-A) veda a distribuição de lucros e dividendos "até a aprovação do plano", o que pressupõe que o objetivo é repudiar ou repatriar o numerário distribuído entre a data em que o pedido de recuperação foi

---

[23] MIRANDA JÚNIOR, Darcy Arruda de. *Curso de direito comercial*, vol. 2, p. 120.

[24] FERRI, Giuseppe. *Manuale di diritto commerciale*, 2. ed., p. 325, § 266.

[25] Essa frase foi pinçada da obra de ORLANDO DE CARVALHO (*Critério e estrutura do estabelecimento comercial*, p. 650) quando explica o erro de solver todas as dívidas e descapitalizar, reduzindo o próprio valor da indústria.

Cap. 39 · FRAUDES CIVIS E RECUPERAÇÃO JUDICIAL | 543

protocolizado e a data em que o plano for aprovado pela assembleia geral dos credores (art. 56 da LF), que é pressuposto da decisão judicial de recuperação (art. 58 da LF). Se a distribuição se deu nesse interregno, trata-se de ato *contra legem* de ineficácia absoluta, gerando o dever de restituição imediata dos valores pelos contemplados, com juros e correção monetária. Aqui não se cogita de obrigar quem quer que seja a ingressar com ação contra os sócios e acionistas favorecidos, mas, sim, responsabilizar a devedora para que ela própria refaça o patrimônio desfalcado com distribuição proibida de lucros e dividendos, fixado um prazo adequado para a convocação dos beneficiários para retorno do dinheiro que é patrimônio a ser auferido pela massa de credores. A recusa em reequilibrar o caixa obriga decretar a falência, até porque não há excepcionalidade ou causa justa para transgressão do preceito.

E no caso de a distribuição ter sido realizada antes de ser protocolizado o pedido de recuperação? Essa é uma questão complexa e condicionada ao desempenho da devedora durante o procedimento, porque no caso de se confirmar o cumprimento do plano, com pagamento dos credores na forma proposta (sem as práticas que autorizem convolar a recuperação em falência – art. 73 da LF), a repartição de lucros e dividendos em data em que a crise financeira se avizinhava deixará o campo da ilegalidade ou de suspeita de ter sido realizada em fraude de credores. Se ninguém reclama e todos estão satisfeitos, não há o que remediar. O problema surge quando o plano é violado ou a falência é decretada.

Na hipótese de a devedora que distribuiu lucros e dividendos na antevéspera do pedido de recuperação não cumprir obrigações assumidas no plano e tiver a falência decretada, a revogação do ato se fará em benefício dos credores de forma automática, caso realizado dentro do termo legal (art. 129 da LF), que será definido observando os critérios do art. 99, II, da LF. Portanto, a distribuição de lucros e dividendos, se formalizada em até 90 dias antes do pedido de recuperação ou do 1º primeiro protesto de falta de pagamento (e não cancelado), será declarada ineficaz em relação à massa falida e, nesse caso, os sócios e acionistas favorecidos serão intimados para que realizem a restituição do valor atualizado, porque se não o fizerem serão processados por crime falimentar.

Cabe refletir sobre a possibilidade de uma tutela preventiva quando a devedora que distribuiu lucros e dividendos antes do pedido de recuperação descumprir obrigações do plano, evidenciando o claudicar próprio de quem se dirige para a falência: será admissível exigir que se promova a restituição dos valores em benefício dos credores mesmo não tendo sido, ainda, decretada a quebra? A primeira premissa para uma adequada resposta é a demora dos atos de recuperação, uma morosidade inexplicável diante do dinamismo que deve marcar a sequência dos atos com prazos cronometrados para acontecer. Ora, se há atraso nas decisões a serem tomadas (inclusive a falência pelo não cumprimento), esse tempo que se desperdiça para a produção da sentença poderá ser útil ou vantajoso para a massa. Daí a pertinência objetiva de tutelas cautelares, seja de urgência ou de evidência (CPC arts. 300 e 311).

São medidas autônomas porque, nos termos do art. 81 da LF, pode ser que os sócios e acionistas favorecidos estejam, também, falidos, o que os obriga repor os valores. Necessário pontuar, tal como fez o ilustre Ministro LUIS FELIPE SALOMÃO[26], que a extensão (do art. 81) só se aplica em caso de sociedade em nome coletivo e comandita simples, em que a responsabilidade dos sócios é ilimitada, "vedada a extensão na hipótese de LTDA. e S.A.". Para a sociedade limitada, o que pode ocorrer é a desconsideração, finalizou.

E mesmo que isso seja descartado, cabe, igualmente, a desconsideração da personalidade jurídica para atrair a responsabilidade dos sócios, tal como permitido pelo art. 82-A da LF, com base no art. 50 do CC. Evidencia-se a confusão patrimonial e o fato de não ser cumprida obrigação da recuperação, o que já denuncia perigo de calote coletivo. Ora, se a devedora que vai ganhar *status* de falida pagou lucros e dividendos de forma irregular, quando não deveria ou podia fazê-lo pela crise econômica financeira e não pagamento de dívidas (tanto que ingressou com recuperação), demonstra a existência de caixa único a ser fruído pelos sócios e pela empresa, englobando todos no ativo empresarial a evidenciar que o dinheiro entrou como lucro disponível quando deveria ser destinado aos compromissos legais e vencidos. Não é possível que o enriquecimento dos sócios e acionistas sobreviva diante da periclitante situação dos credores.

Tudo o que foi escrito aqui em torno de distribuição de lucros e dividendos como fraude aplica-se *in totum* para casos em que os resultados positivos sejam desviados de outra maneira ou como "exagerada renumeração dos administradores", uma maneira disfarçada de prejudicar os credores. COMPARATO explica que "o caso ocorre com frequência, quando estes (administradores) são também os controladores e pode combinar-se, ou não, com a falta de distribuição de dividendos"[27]. Certo o jurista português ANTÓNIO MENEZES CORDEIRO ao afirmar que "as pessoas são levadas,

---

[26] SALOMÃO, Luis Felipe. A teoria da desconsideração da personalidade jurídica na recuperação de empresa e na falência, *Recuperação judicial, extrajudicial e a falência*, 4. ed., p. 395.

[27] COMPARATO, Fábio Konder. *O poder de controle na sociedade anônima*, p. 325, § 121.

com muita facilidade, a disporem daquilo que não tem, tornando-se, assim, especialmente vulneráveis"[28].

5. FRAUDE E A REVOCATÓRIA DO ART. 129 DA LEI

A fraude contra credores, no plano civil, está prevista no art. 158 do CC e foi definida por FLÁVIO TARTUCE[29] como "a atuação maliciosa do devedor, em estado de insolvência ou na iminência de assim tornar-se, que dispõe de maneira gratuita ou onerosa o seu patrimônio, para afastar a possibilidade de responderem os seus bens por obrigações assumidas em momento anterior à transmissão". Corretíssimo o conceito, acrescentando, quanto à transferência gratuita de bens (liberalidades) que a velha doutrina já advertia que "a alienação gratuita de bens só é lícita a quem tem com que pagar aos seus credores"[30]. O patrimônio do devedor é a garantia dos credores, conforme arts. 391 do CC e 789 do CPC, o que equivale a dizer que assume o devedor compromisso legal de preservar seus bens com dívidas pendentes, o que legaliza o controle dos atos de disposição, seja pela fraude de credores, fraude à execução e revocatória falimentar.

Afirmou HUMBERTO THEODORO JÚNIOR[31], meu ilustre Professor de Direito Processual Civil na Faculdade de Direito de Uberaba, em Minas Gerais, que a "revocatória é uma ação pauliana que pressupõe devedor já respondendo por falência decretada e caracteriza-se por maior facilidade de repressão aos atos do falido, praticados em prejuízo da massa dos credores concorrentes". É reconhecida a ineficácia, o que significa que os atos praticados pelo falido, esvaziando o seu patrimônio, são inoponíveis à massa. Não repercutem ou não produzem qualquer efeito prático. Os bens são mantidos no patrimônio do falido (serão arrecadados) para garantia de pagamento dos credores.

A insolvência empresarial atrai as nuvens cinzentas da quebra e puxa as amarras da indisponibilidade de bens e bloqueio administrativo, um clima de funeral antecipado em que a sobrevida é vista como milagre dependente

---

[28] CORDEIRO, António Menezes. *Tratado de direito civil*, vol. XI, 1ª parte, p. 532, § 224.

[29] TARTUCE, Flávio. *Direito civil* – Lei de introdução e parte geral, 14. ed., vol. 1, p, 441, item 7.7.

[30] AMERICANO, Jorge. *Da ação pauliana*, p. 52, § 27.

[31] THEODORO JÚNIOR, Humberto. *Fraude contra credores*, p. 132, cap. VII, item 8.

da fraude. ANTONIO BUTERA[32] afirmou que esse estado de coisas envolvendo a cessação dos pagamentos "diffondono una luce sinistra sulla figura del comerciante e di diffidenza verso le perona".

O desespero anima atos ruinosos na esperança de salvar-se à última hora, em sacrifício dos demais credores[33] ou a tentação de ludibriar os credores, como se eles fossem vilões dignos de penalidades. A onda empurra para o ilícito até aqueles que se mantiveram éticos, sendo que as jogadas, esquemas, artifícios, maquinações são executados sem resíduos comprometedores, exigindo do juiz avaliação detalhadas de negócios clandestinos e sobre bens que continuam em poder da falida, de atos desprovidos de causa contratual ou de prova efetiva do pagamento contabilizado e até de relações íntimas de amigos e parentes vinculados ao processo de dilapidação dos bens na iminência da quebra. Não deve o juiz, orientava o mesmo VAMPRÉ, "descobrir fraude por toda a parte" e muito menos "exigir provas concludentes que, as mais das vezes, são impossíveis nos atos fraudulentos" (obra citada, p. 472). "Preço mesquinho da compra e venda" e "alienação de todos os bens" são indícios de fraude contra credores"[34].

Os institutos da falência e da recuperação judicial limitam, de certa forma, a capacidade de contratar do devedor comerciante, e essa restrição deriva de uma experiência humana histórica: o devedor está propenso a cometer fraudes em prejuízo dos credores. Seria o que foi corretamente chamado de "estado patológico"[35] do devedor. Daí a necessidade de se contar com um sistema racional para impedir que negócios fraudulentos desviem os bens e esvaziem a garantia dos credores. Esses atos não produzem efeitos para a massa; são ineficazes.

A lei subdivide a revocatória pelo elemento subjetivo ou intenção de prejudicar os credores. Na primeira ala (do art. 129 da LF), não importa se o contratante (terceiro adquirente, cessionário ou favorecido) tenha ou não conhecimento do estado de crise econômico-financeira do devedor, seja ou não intenção de fraudar credores. Os atos que são ineficazes, independente de *animus nocendi*, estão expressamente previstos nos itens I a VII, do mencionado art. 129. Assim, qualquer registro de transmissão de propriedade

---

[32] BUTERA, Antonio. *Dell'azione pauliana o revocatoria*, p. 235, § 60 bis.

[33] VAMPRÉ, Spencer, *Tratado elementar de direito comercial – Da fallência*, vol. III, p. 470.

[34] SCOVELLO, Sergio. *A presunção em matéria civil*, p. 103.

[35] LEONEL, George. *Da ação revocatória no direito da falência*, 2. ed., p. 53, item 37.

imóvel, depois da quebra, será ineficaz perante à massa, a não ser que exista uma prenotação antecedente (art. 129, VII), e foi essa a diretriz adotada no AgInt no Agravo em Recurso Especial 901.010/SC, *DJ* de 29.08.2016, relatado pelo Ministro LUIS FELIPE SALOMÃO. O mesmo se diga de atos gratuitos praticados nos dois anos anteriores da decretação da falência (art. 129, IV). O rol é taxativo ("elenco casuístico"[36]) ou *numerus clausus*[37], o que é coincidente com o regime da ineficácia objetiva: ocorreu a situação tipificada, a ineficácia exsurge automática (*ex lege*).

No segundo grupo (art. 130 da LF) passa a ser obrigatória a demonstração do intuito de prejudicar os credores, o que requer prova da cumplicidade entre os personagens (*consilium fraudis* ou conluio fraudulento) e demonstrativo do dano (*eventos damni*). A doutrina admite ter o legislador optado pela generalização, o que engloba tudo o que for fraude cometida com o propósito de prejudicar os credores ou "frustrar os objetivos da falência", pontua FÁBIO ULHOA COELHO[38]. O STJ decide de acordo com essa distinção e nunca tergiversou sobre a necessidade de ação revocatória, para reconhecer a ineficácia objetiva (art. 52) ou a subjetiva (art. 53), previstas no Decreto-lei 7.661/1945 (REsp 1.745.647/PR, Rel. Min. Ricardo Villas Bôas Cueva, *DJ* 08.10.2018).

A primeira questão a ser abordada diz respeito a eventuais fraudes cometidas pela sociedade devedora que pede a recuperação, porque toda essa regulamentação se refere à falência. Os planos de recuperação não livram os devedores das fraudes cometidas. Consta do art. 131 da Lei 11.101/2005 que "nenhum dos atos referidos nos incisos I, II, III e VI do *caput* do art. 129 desta Lei que tenham sido previstos e realizados na forma definida no plano de recuperação judicial ou extrajudicial será declarado ineficaz ou revogado". Esse dispositivo não merece ser interpretado ao pé da letra, porque se tais atos foram praticados com o intuito de prejudicar os credores (em fraude), serão revogados pelo critério do art. 130 (ineficácia subjetiva), se demonstrados os requisitos (conluio fraudulento e dano). O que o art. 131 veda é o reconhecimento da ineficácia objetiva, aquela que não depende de intenção.

O último debate está reservado ao art. 129, parágrafo único, que diz: "a ineficácia poderá ser declarada de ofício pelo juiz, alegada em defesa ou

---

[36]   BESSONE, Darcy. *Instituições de direito falimentar*, p. 122, § 79.

[37]   BEZERRA FILHO, Manoel Justino. *Lei de Recuperação de Empresas e Falência*, 10. ed., p. 303.

[38]   COELHO, Fábio Ulhoa. *Lei de Falências e de Recuperação de Empresas*, 2. ed., p. 130, § 297.

548 | RECUPERAÇÃO DE EMPRESAS E FALÊNCIA: DIÁLOGOS ENTRE A DOUTRINA E A JURISPRUDÊNCIA

pleiteada mediante ação própria ou incidentalmente no curso do processo". Embora a regra tenha sido redigida com o evidente propósito de reforçar o poder fiscalizador do juiz da falência e recuperação, contemplando-o com poderes de controle e de pronta arrecadação de bens da massa que foram desviados em fraude de credores, a comunidade judiciária nunca recebe com entusiasmo essas mensagens, apesar de sua inegável eficiência em termos de celeridade. Isso porque uma decisão de intensidade como a que arrecada bens para reforçar o quantitativo patrimonial da massa, sempre irradia defasagens em posições jurídicas de terceiros, que, pelo regime geral do contraditório efetivo (art. 5º, LV, da CF), esperavam ter chances de defesa e provar situações que lhes pudessem favorecer.

O juiz, como destinatário direto do dispositivo autoritário, procederá com a cautela que é ínsita da autoridade investida do poder jurisdicional, evitando decretar, de ofício, a ineficácia – ainda que evidenciadas as situações objetivas do art. 129 –, caso não detenha de um instrumental mínimo que lhe possa tranquilizar o espírito de quem decide com segurança jurídica. Afinal, trata-se de sentença, como exigia RIPERT[39], o que constitui um ato solene, fundamentado (art. 93, IX, da CF). O que o texto indica é que não há necessidade de ação revocatória formal (específica) para que se reconheça a ineficácia do negócio fraudulento que entra nas sete hipóteses do art. 129, o que não significa que possa de forma surpreendente e fora do contexto, reconhecer, de ofício, a ineficácia. Não é declaração de nulidade que o CPC permite no parágrafo único do art. 278, porque se o juiz se deparar com atos nulos que o falido celebrou depois da falência (art. 99, VI), aí sim recomenda-se agir de ofício[40] e de pronto.

Houve discussão, no passado, se caberia ao juiz da falência reconhecer a ineficácia objetiva quando do processamento das impugnações dos créditos habilitados e a melhor doutrina criticava decisões que não permitiam essa atividade[41]. Talvez aí esteja a referência para a boa interpretação do parágrafo único do art. 129 da LF: o juiz pode declarar a ineficácia objetiva independente de ação revocatória, desde que se observe minimante o devido processo legal, porque aí não haverá dano para o processo e para as partes. É preciso ter atenção com a circulação do bem de vida do negócio que será declarado

---

[39] RIPERT, Georges. *Tratado elemental de derecho comercial*, vol. IV, p. 340, § 2731.

[40] VALVERDE, Trajano de Miranda. *Comentários à Lei de Falências*, 3. ed., I, p. 354, § 365.

[41] FERREIRA, Valdemar Martins. *Questões de direito commercial – pareceres*, 1ª série, p. 301 e MENDONÇA, João Xavier Carvalho de. *Tratado de direito comercial brasileiro*, vol. VII, p. 556, nota de rodapé.

ineficaz, porque o adquirente pode ter transferido a outrem (terceiro adquirente) que, embora alvo da revocatória (art. 133, II, da LF), possui um fundo de direito diverso[42] do que contratou com o falido. E isso já ocorreu (REsp 1.567.462/RJ, Min. Moura Ribeiro, *DJ* 07.11.2016).

REFERÊNCIAS BIBLIOGRÁFICAS

ABRÃO, Nelson. *Curso de direito falimentar.* São Paulo: RT, 1993.

AMERICANO, Jorge. *Da ação pauliana.* São Paulo: Livraria Acadêmica-Saraiva, 1932.

AULETTA, Giuseppe G. *Revocatoria civile e falimentare.* Milano: Giuffrè, 1939.

BARBOSA DE MAGALHÃES, José Maria Vilhena. *Do estabelecimento comercial.* Lisboa: Ática, 1951.

BARRETO FILHO, Oscar. *Teoria do estabelecimento comercial.* São Paulo: Saraiva, 1988.

BESSONE, Darcy. *Instituições de direito falimentar.* São Paulo: Saraiva, 1995.

BEZERRA FILHO, Manoel Justino. *Lei de Recuperação de Empresas e Falência.* São Paulo: RT, 2014.

BUTERA, Antonio. *Dell'a azione pauliana o revocatoria.* Torino: Editrice Torinese, 1934.

BUZAID, Alfredo. Falência – Litispendência. *Revista dos Tribunais*, São Paulo, n. 307, 1961.

CAMPOS, Francisco. *Direito comercial.* Rio de Janeiro: Freitas Bastos, 1957.

CARVALHO, Orlando. *Critério e estrutura do estabelecimento comercial.* Coimbra: Atlantica Editora, 1967.

COELHO, Fábio Ulhoa. *Lei de Falências e de Recuperação de Empresas.* São Paulo: Saraiva, 2005.

COMPARATO, Fábio Konder. *O poder de controle na sociedade anônima.* São Paulo: RT, 1996.

COMPARATO, Fábio Konder. *Aspectos jurídicos da macro-empresa.* São Paulo: RT, 1970.

CORDEIRO, António Menezes. *Tratado de direito privado (XI).* Coimbra: Almedina, 2018.

---

[42]   AULETTA, Giuseppe G. *Revocatoria civile e falimentare*, p. 147.

CORREIA, A. Ferrer. *Lições de direito comercial*. Lisboa: Lex, 1994.

COVELLO, Sérgio Carlos. *A presunção em matéria civil*. São Paulo: Saraiva, 1983.

CUNHA, Oscar. *O dolo e o direito judiciário civil*. Rio de Janeiro: Typ. Jornal do Commercio, 1936.

FARIA, Antonio Bento de. *Código Commercial brasileiro*. Rio de Janeiro: Jacintho R. dos Santos, 1920.

FERREIRA, Waldemar Martins. *Questões de direito commercial* – pareceres. 1ª série. São Paulo: Typographia Siqueira, 1929.

FERRI, Giuseppe. *Manuale di diritto commerciale*. Torino: Editrice Torinese, 1955.

FREITAS, Augusto Teixeira de. *Consolidação das leis civis*. Rio de Janeiro: Jacintho Ribeiro, 1915.

INGLES DE SOUZA, Herculano Marcos. *Projecto de Código Commercial*. Rio de Janeiro: Imprensa Nacional, 1913.

LEONEL, Jayme. *Da ação revocatória no direito da falência*. São Paulo: Saraiva, 1951.

MARCONDES, Sylvio. *Jurisdição falimentar* – questões de direito mercantil. São Paulo: Saraiva, 1977.

MENDES, Octávio. *Fallencias e concordatas*. São Paulo: Saraiva, 1939.

MENDONÇA, José Xavier Carvalho de. *Das fallencias e dos meios preventivos de sua declaração*. São Paulo: Typ. Brazil de Carlos Gerke & Cia., 1899.

MENDONÇA, José Xavier Carvalho de. *Tratado de direito comercial brasileiro*. Rio de Janeiro: Freitas Bastos, 1947.

MIRANDA JÚNIOR, Darcy Arruda de. *Curso de direito comercial*. São Paulo: RT, 1982.

NAVES, Cândido. *Impulso processual e poderes do juiz*. Belo Horizonte, 1949.

NONATO, Orozimbo. *Fraude contra credores*. Rio de Janeiro: Jurídica Universitária, 1969.

PONTES DE MIRANDA, Francisco Cavalcanti. *Tratado de direito privado*. Rio de Janeiro: Borsoi, 1971.

RIPERT, Georges. *Tratado elemental de derecho comercial*. Trad. Felipe de Solá Canizares. Buenos Aires: Editora Argentina, 1954.

ROCCO, Alfredo. *Princípios de direito comercial*. São Paulo: Saraiva, 1931.

SALOMÃO, Luis Felipe. A teoria da desconsideração da personalidade jurídica na recuperação de empresa e na falência. In: SALOMÃO, Luis

Felipe; SANTOS, Paulo Penalva (org.). *Recuperação judicial, extrajudicial e falência* – teoria e prática. Rio de Janeiro: Forense, 2019.

SAMMARCO, Giorgio. *La truffa contrattuale*. Milano: Giuffrè, 1970.

TARTUCE, Flávio. *Direito civil* – Lei de introdução e parte geral. Rio de Janeiro: Forense, 2018.

THEODORO JR., Humberto. *Fraude contra credores*. Belo Horizonte: Del Rey, 1996.

VALVERDE, Trajano de Miranda. *Comentários à Lei de Falências*. Rio de Janeiro: Forense, 1962.

VAMPRÉ, Spencer. *Tratado elementar de direito comercial – Da fallencia*. Rio de Janeiro: F. Briguiet & Cia., 1925. vol. III.

40

FRAUDES CIVIS E RECUPERAÇÃO JUDICIAL

ANDERSON SCHREIBER

O termo "fraude" é empregado para designar, genericamente, todo "artifício malicioso para prejudicar terceiro".[1] No direito brasileiro, há diferentes espécies de fraude, subordinadas a regimes jurídicos específicos, que variam conforme a função desempenhada por cada instituto em particular (fraude à execução, fraude à lei, fraude contra credores, e assim por diante). Já Alvino Lima registrava que nunca se logrou, entre nós, construir uma teoria geral da fraude, baseada em pressupostos ou efeitos comuns.[2]

Ainda assim, o estudo das diferentes espécies de fraude no direito civil assumiu, pela própria feição da disciplina, contornos um pouco mais sistemáticos. Daí, aliás, a difusão da expressão "fraude civil", que não corresponde, a rigor, a uma figura específica no nosso ordenamento, mas vem usualmente empregada como gênero que se contrapõe à fraude criminal,[3] englobando

---

[1] BEVILAQUA, Clovis. *Teoria geral do direito civil*. Rio de Janeiro: Francisco Alves, 1955. p. 211.

[2] Como destacava Alvino Lima: "Nem a jurisprudência se aglutinou em torno de um mesmo princípio e nem a doutrina elaborou uma teoria geral e fundamental da fraude, traçando-lhe os preceitos básicos, capazes de constituírem um sistema de repressão uniforme de todo e qualquer ato fraudulento, qualquer que seja a sua modalidade, o seu aspecto e os seus efeitos" (LIMA, Alvino. *A fraude no direito civil*. São Paulo: Saraiva, 1965. p. 12).

[3] O exemplo mais notório de fraude criminal consiste no crime de estelionato, tipificado no art. 171 do Código Penal: "Art. 171. Obter, para si ou para outrem, vantagem ilícita, em prejuízo alheio, induzindo ou mantendo alguém em erro, mediante artifício, ardil, ou qualquer outro meio fraudulento: Pena – reclusão, de um a cinco anos, e multa, de quinhentos mil réis a dez contos de réis".

todas as modalidades de fraude que não constituem um delito. Nessa acepção, a fraude civil pode se referir não apenas às espécies de fraude típicas do direito civil (em especial, a fraude à lei e a fraude contra credores), mas à sua extensão a outros campos, como o direito empresarial e o direito falimentar.

A histórica preocupação com a repressão a práticas fraudulentas no campo das falências influencia, ainda hoje, a disciplina da recuperação de empresas, em especial a recuperação judicial. A Lei 11.101/2005 emprega a expressão "fraude" em diversos dispositivos, chegando ao ponto de tipificar como crime a "fraude contra credores", definida como o ato de "praticar, antes ou depois da sentença que decretar a falência, conceder a recuperação judicial ou homologar a recuperação extrajudicial, ato fraudulento de que resulte ou possa resultar prejuízo aos credores, com o fim de obter ou assegurar vantagem indevida para si ou para outrem" (art. 168). A pena imposta é de reclusão, por três a seis anos, e multa.

A criminalização da fraude poderia soar como uma opção forte do sistema jurídico brasileiro em defesa dos credores. Na prática, contudo, a tipificação penal da fraude contra credores não exerce um papel relevante no desincentivo a condutas que prejudicam os credores ou esvaziam o patrimônio de sociedades empresárias à beira do colapso. A ameaça de abertura de um processo criminal, muitas vezes, não amedronta suficientemente o mau empresário: a prova dos requisitos subjetivos para a configuração do crime não é simples, nem são frequentes os casos de condenação, restando reservada a utilidade do tipo penal para os casos mais extremos de prática fraudulenta. A criminalização da fraude também não satisfaz, frequentemente, o credor, que está mais interessado na recuperação dos seus créditos que em eventuais punições ao devedor. A punição penal, que encontra raízes no direito falimentar medieval, não atende, por si só, ao propósito central dos credores.

Daí a importância, que se verifica também no campo da falência e da recuperação de empresas, de mecanismos eficazes para a prevenção e a repressão à fraude de natureza civil (não criminal). A Lei 11.101/2005 refere-se à fraude em sentido civil em diferentes momentos: (a) no art. 19, ao prever a possibilidade de pedido de exclusão, outra classificação ou retificação de qualquer crédito, nos casos de descoberta de falsidade, dolo, simulação, *fraude* ou erro essencial; (b) no § 6º do art. 51-A, ao tratar da possibilidade de indeferimento da petição inicial quando detectados indícios contundentes de utilização *fraudulenta* da ação de recuperação judicial; (c) no art. 64, que disciplina a possibilidade de afastamento do devedor ou de seus administradores da condução da atividade empresarial quando agirem com dolo, simulação ou *fraude contra os interesses de seus credores*; (d) no art. 94, quando determina que será decretada a falência do devedor que lança mão de meio ruinoso *ou fraudulento* para realizar pagamentos, bem como do que realiza negócio simulado ou alienação de parte ou da totalidade de seu ativo a terceiro, com o objetivo de retardar pagamentos ou *fraudar credores*; (e) no art. 122, ao afastar a compensação de créditos cuja transferência se operou com *fraude* ou dolo; (f) no art. 130, quando declara ser revogável o ato praticado com a intenção de prejudicar credores, provando-se o *conluio fraudulento* entre o devedor e o terceiro que com ele contratar e o efetivo prejuízo sofrido pela massa falida; e, por fim, (g) no § 1º do art. 141, ao afastar a exclusão de ônus e da sucessão do arrematante nas obrigações do devedor na alienação de ativos, quando o arrematante for identificado como agente do falido com o objetivo de *fraudar* a sucessão.

Os termos "fraude" e "fraudulento" não assumem sentido idêntico em todas essas normas, mas uma compreensão sistemática destas diferentes hipóteses afigura-se possível à luz do domínio das bases da repressão à fraude no direito civil. Ao intérprete compete, de fato, retornar à dicotomia central no tratamento da fraude no Código Civil, que reprime, de um lado, a *fraude contra credores*, como causa de anulabilidade do negócio jurídico, e, de outro, a *fraude à lei*, como causa de nulidade do negócio jurídico.

Verifica-se a *fraude à lei* quando o negócio jurídico é celebrado com o objetivo de escapar à incidência de uma norma imperativa, alcançando um resultado vedado, de modo cogente, pela legislação.[4] Em outras palavras, "mediante a fraude à lei, obtém-se o que a lei proíbe usando-se o que a lei permite".[5] A constatação de fraude à lei enseja, nos termos do inciso VI do art. 166 da codificação, a nulidade do negócio jurídico,[6] em razão da infração à ordem pública tutelada pela norma imperativa.[7] Os efeitos do negócio jurídico celebrado em fraude à lei não são tolerados pela ordem jurídica.

---

[4] RODRIGUES, Silvio. *Direito civil*. São Paulo: Saraiva, 1997. vol. 1, p. 299: "Age em fraude à lei a pessoa que, para burlar princípio cogente, usa de procedimento aparentemente lícito. Ele altera deliberadamente a situação de fato em que se encontra, para fugir à incidência da lei".

[5] É a síntese precisa de PONTES DE MIRANDA, Francisco Cavalcanti. *Comentários ao Código de Processo Civil*. Rio de Janeiro: Forense, 1979. t. II, p. 511.

[6] "Art. 166. É nulo o negócio jurídico quando: (...) VI – tiver por objetivo fraudar lei imperativa".

[7] PEREIRA, Régis Fichtner. Da regra jurídica sobre a fraude à lei. *Revista de Direito Civil*, n. 50, out.-dez. 1989, p. 44: "Nessa linha de raciocínio, há que se concluir que o que importa é a finalidade pela qual determinada norma está a vigorar. Se a norma existe para proibir que determinado resultado se produza e este se produz, parece que os atos que o dão causa contornam o princípio

A *fraude contra credores*, por sua vez, configura-se quando o devedor insolvente, ou na iminência de se tornar insolvente, celebra negócios jurídicos que desfalcam seu patrimônio em detrimento da garantia que tal patrimônio representa para terceiros: seus credores (Código Civil, art. 158).[8] A doutrina tradicionalmente exige, para a configuração da fraude contra credores, a conjugação de um elemento objetivo (*eventus damni*) e de um elemento subjetivo (*consilium fraudis*). O *eventus damni* consiste no prejuízo objetivamente causado ao credor, por tornar o devedor insolvente ou por ter agravado ainda mais seu estado de insolvência. O *consilium fraudis* consiste, por sua vez, na intenção do devedor aliado com terceiro de ilidir os efeitos da cobrança pelos credores.[9] Conjuga-se, portanto, um elemento objetivo com um elemento subjetivo.

A exigência de demonstração tanto do *eventus damni* quanto do *consilium fraudis* tem passado por crescente flexibilização justamente no afã de permitir uma mais eficiente repressão à fraude. No que tange ao elemento subjetivo (*consilium fraudis*) já não se exige, com tanto rigor, a tormentosa prova da intenção de prejudicar (*animus nocendi*) a que certos autores aludiam no passado, bastando "a consciência de produzir o dano".[10] Ademais, o Código Civil brasileiro, como tantas outras codificações, dispensa o *consilium fraudis* na hipótese de transmissão gratuita de bens ou remissão de dívidas, permitindo a anulação do ato praticado pelo devedor "mesmo que ignore"

---

jurídico estabelecido e criam uma situação de contradição interna do Direito. Isto porque frequentemente o que menos importa em um negócio jurídico são os atos praticados. Importantes, sim, são os efeitos alcançados pelas pessoas através da prática desses atos. Estaria criada uma situação de contradição se através de determinados atos os efeitos fossem proibidos, por contrários à lei; e através da prática de atos diversos pudessem esses ser tolerados apenas porque não há tipificação legal expressa para tais atos".

[8] "Art. 158. Os negócios de transmissão gratuita de bens ou remissão de dívida, se os praticar o devedor já insolvente, ou por eles reduzido à insolvência, ainda quando o ignore, poderão ser anulados pelos credores quirografários, como lesivos dos seus direitos. § 1º Igual direito assiste aos credores cuja garantia se tornar insuficiente. § 2º Só os credores que já o eram ao tempo daqueles atos podem pleitear a anulação deles".

[9] AMARAL, Francisco. *Direito civil*: introdução. São Paulo: Saraiva, 2018. p. 608.

[10] De acordo com Caio Mário da Silva Pereira: "mais modernamente, e digamos, com mais acuidade científica, não se exige que o devedor traga a intenção deliberada de causar prejuízo (*animus nocendi*); basta que tenha a consciência de produzir o dano" (PEREIRA, Caio Mário da Silva. *Instituições de direito civil*. Rio de Janeiro: Forense, 2013. vol. I, p. 450-451).

seu próprio estado de insolvência (art. 158). Atenta aí o legislador ao fato de que, nas transmissões gratuitas, aquele que celebra o negócio jurídico com o devedor não sofrerá efetivo prejuízo com a anulação do negócio jurídico, já que é mero beneficiário da transmissão, não tendo dado nada em troca do que recebeu, enquanto o credor sofrerá prejuízo se o negócio for mantido. Basta, portanto, diante da transmissão gratuita de bens ou remissão de dívidas, a prova do *eventus damni*.

Na hipótese de transmissão onerosa de bens, o legislador também relativiza a exigência de *consilium fraudis* ao autorizar a anulação sempre que "a insolvência for notória, ou houver motivo para ser conhecida do outro contratante" (art. 159). A concepção voluntarista da fraude contra credores vai assim cedendo passagem a uma compreensão mais objetiva do instituto, dirigida à ampliação da proteção dos credores independentemente da caracterização de uma intenção maliciosa ou nociva do devedor. A intenção subjetiva do devedor é, de fato, irrelevante no campo civil, devendo assumir maior importância, aqui, o sopesamento entre os direitos dos credores e os direitos daqueles que celebram o negócio jurídico com o devedor, confiando na sua segurança. Sempre que a insolvência for notória, seja conhecida ou deva ser conhecida do outro contratante, a ordem jurídica privilegia o credor, cujo título jurídico sobre o patrimônio do devedor já existia ao tempo da celebração do negócio jurídico.[11]

Relativização interessante – sempre em favor do credor – verifica-se, também, na questão da preexistência do crédito. Historicamente, entendia-se que a fraude contra credores somente poderia se configurar diante de "credores", isto é, de titulares de um crédito já constituído. Atualmente, contudo, admite-se que o instituto seja manejado, excepcionalmente, para a tutela de créditos cuja constituição era iminente no momento da celebração do negócio fraudulento, embora ainda não formalmente constituídos, especialmente se verificado dolo do devedor direcionado a fraudar tais créditos.[12] O que se tem

---

[11] SCHREIBER, Anderson. Comentário ao art. 159. In: SCHREIBER, Anderson; TARTUCE. Flávio; SIMÃO, José Fernando; MELO, Marco Aurélio Bezerra de; DELGADO, Mário. *Código Civil comentado*: doutrina e jurisprudência. Rio de Janeiro: Forense, 2019. p. 100.

[12] Conforme relata FERRO, Marcelo Roberto. *O prejuízo na fraude contra credores*. Rio de Janeiro: Renovar, 1998. p. 141: "nossos tribunais, em louvável ousadia, têm admitido, ainda que de forma modesta, a desconsideração da anterioridade do crédito como pressuposto da ação pauliana diante dos casos de fraude para o futuro, constatando a existência de dolo específico, consubstanciado na intenção deliberada de praticar o ato para atingir os credores futuros".

aí, a rigor, é uma flexibilização do próprio requisito objetivo, já que o *eventus damni* passa a abarcar não apenas o prejuízo efetivo e imediato ao credor já constituído, mas também o prejuízo causado àquele que está na conhecida iminência de se tornar credor.

Quanto ao seu efeito jurídico, embora o Código Civil seja explícito ao afirmar, em múltiplas passagens, a anulabilidade do negócio como consequência da fraude contra credores,[13] parcela da doutrina tem sustentado que se trata, a rigor, de ineficácia relativa do negócio celebrado,[14] tese que, inclusive, já repercutiu no âmbito do Superior Tribunal de Justiça.[15] De outro

---

[13] "Art. 158. Os negócios de transmissão gratuita de bens ou remissão de dívida, se os praticar o devedor já insolvente, ou por eles reduzido à insolvência, ainda quando o ignore, poderão ser anulados pelos credores quirografários, como lesivos dos seus direitos. (...) Art. 159. Serão igualmente anuláveis os contratos onerosos do devedor insolvente, quando a insolvência for notória, ou houver motivo para ser conhecida do outro contratante. (...) Art. 165. Anulados os negócios fraudulentos, a vantagem resultante reverterá em proveito do acervo sobre que se tenha de efetuar o concurso de credores".

[14] "A circunstância de o nosso Código Civil falar, de maneira expressa, em anulação do ato defraudador dos direitos do credor não impede que a doutrina e jurisprudência mais modernas vejam, na espécie, um caso de ineficácia e não de nulidade, (...) assim, a previsão do Código Civil de que a 'anulação' decorrente da pauliana não autoriza o retorno do bem alienado à livre disponibilidade a execução dos credores (art. 165), permite à moderna doutrina qualificar o fenômeno sob a ótica da ineficácia, afastando-o, portanto, do sentido literal da norma legislada" (THEODORO JÚNIOR, Humberto. *Comentários ao novo Código Civil*. Rio de Janeiro: Forense, 2003. vol. 3, t. I, p. 399-400).

[15] "A fraude contra credores não gera a anulabilidade do negócio – já que o retorno, puro e simples, ao status quo ante poderia inclusive beneficiar credores supervenientes à alienação, que não foram vítimas de fraude alguma, e que não poderiam alimentar expectativa legítima de se satisfazerem à custa do bem alienado ou onerado. Portanto, a ação pauliana, que, segundo o próprio Código Civil, só pode ser intentada pelos credores que já o eram ao tempo em que se deu a fraude (art. 158, § 2º; art. 106, parágrafo único, do CC/1916), não conduz a uma sentença anulatória do negócio, mas sim à de retirada parcial de sua eficácia, em relação a determinados credores, permitindo-lhes excutir os bens que foram maliciosamente alienados, restabelecendo sobre eles, não a propriedade do alienante, mas a responsabilidade por suas dívidas" (STJ, REsp 506.312/MS, 1ª Turma, Rel. Min. Teori Zavascki, j. 15.08.2006). Confira-se, no mesmo sentido: "A ação pauliana cabe ser ajuizada pelo credor lesado (*eventus damni*) por alienação fraudulenta, remissão de dívida ou pagamento de dívida não vencida a credor quirografário, em face do devedor insolvente e terceiros adquirentes ou beneficiados, com o objetivo de que seja reconhecida a ineficácia

lado, continua-se a afirmar que, "no ordenamento jurídico brasileiro, em vista do disposto no art. 165 do Código Civil, os efeitos da pauliana se resumem à anulabilidade do ato, com a devolução dos bens ao patrimônio do devedor, cancelando o negócio em proveito do acervo sobre que se tenha de efetuar o concurso de credores e não apenas ao que a intentou".[16] Como se sabe, *ação pauliana* é aquela atribuída a quem pretenda a anulação do negócio jurídico celebrado em fraude contra credores – denominação que homenageia o pretor Paulo, responsável por sua consagração no direito romano.[17]

A previsão da fraude contra credores na codificação civil consiste na principal norma de proteção dos credores frente às tentativas do devedor de fraudar a garantia geral, consubstanciada no seu próprio patrimônio. Daí a doutrina, por vezes, vislumbrar em normas positivadas em outros campos do direito nada mais que especificações da fraude contra credores disciplinada no direito civil. Essa compreensão sistemática é relevante, mas não afasta peculiaridades que, naturalmente, podem e devem existir em atendimento à específica função que tais normas são destinadas a atender. Tais peculiaridades podem abranger desde requisitos diferenciados até consequências jurídicas diferenciadas, passando pelo emprego de técnicas legislativas distintas daquelas empregadas no Código Civil.

É precisamente o que se verifica no campo da falência e da recuperação de empresas, no qual cuida o legislador especial de conceder proteção específica à coletividade de credores do falido ou recuperando, prevenindo ou reprimindo eventual fraude aos seus direitos de crédito. É nesse sentido, por exemplo, que o art. 129 da Lei 11.101/2005 arrola uma série de atos reputados "ineficazes em relação à massa falida, tenha ou não o contratante conhecimento do estado de crise econômico-financeira do devedor, seja ou

---

(relativa) do ato jurídico – nos limites do débito do devedor para com o autor" (STJ, REsp 1.100.525/RS, 4ª Turma, Rel. Min. Luis Felipe Salomão, j. 16.04.2013).

[16] MARQUES, Roberta Silva Melo Fernandes Remédio. A ação/impugnação pauliana. Análise comparativa entre o direito português e o direito brasileiro. *Revista Brasileira de Direito Civil*, vol. 9, jul.-set. 2016, p. 132. No mesmo sentido: TARTUCE, Flávio. *Direito civil*. Rio de Janeiro: Forense, 2017. vol. 1, p. 366.

[17] "Qual a ação própria para anular o ato praticado em fraude contra credores? É a ação revogatória, também denominada pauliana, como que em homenagem a Paulo, que foi o pretor que a introduziu no direito romano" (SANTOS, João Manoel de Carvalho. *Código Civil brasileiro interpretado*. Rio de Janeiro: Freitas Bastos, 1964. vol. II, p. 412).

não intenção deste fraudar credores",[18] podendo tal ineficácia, de acordo com o parágrafo único do referido art. 129, "ser declarada de ofício pelo juiz, alegada em defesa ou pleiteada mediante ação própria ou incidentalmente no curso do processo". Note-se que o art. 129, embora nitidamente voltado a evitar a fraude contra credores, não apenas estipula um resultado específico distinto daquele descrito na codificação civil (ineficácia em oposição à anulabilidade), mas também descreve de modo objetivo, em caráter de *numerus clausus*, os atos que restam privados de eficácia, dispensando qualquer cogitação acerca de um conluio com terceiros (*consilium fraudis*) ou de um ânimo lesivo (*animus nocendi*). O dispositivo estabelece, ainda, o lapso temporal dentro do qual tais atos devem ser praticados para que se revelem ineficazes: (a) "dentro do termo legal",[19] nas hipóteses dos incisos I a III; (b) no biênio anterior à declaração de falência, nas hipóteses dos incisos IV e

---

[18] "Art. 129. São ineficazes em relação à massa falida, tenha ou não o contratante conhecimento do estado de crise econômico-financeira do devedor, seja ou não intenção deste fraudar credores: I – o pagamento de dívidas não vencidas realizado pelo devedor dentro do termo legal, por qualquer meio extintivo do direito de crédito, ainda que pelo desconto do próprio título; II – o pagamento de dívidas vencidas e exigíveis realizado dentro do termo legal, por qualquer forma que não seja a prevista pelo contrato; III – a constituição de direito real de garantia, inclusive a retenção, dentro do termo legal, tratando-se de dívida contraída anteriormente; se os bens dados em hipoteca forem objeto de outras posteriores, a massa falida receberá a parte que devia caber ao credor da hipoteca revogada; IV – a prática de atos a título gratuito, desde 2 (dois) anos antes da decretação da falência; V – a renúncia à herança ou a legado, até 2 (dois) anos antes da decretação da falência; VI – a venda ou transferência de estabelecimento feita sem o consentimento expresso ou o pagamento de todos os credores, a esse tempo existentes, não tendo restado ao devedor bens suficientes para solver o seu passivo, salvo se, no prazo de 30 (trinta) dias, não houver oposição dos credores, após serem devidamente notificados, judicialmente ou pelo oficial do registro de títulos e documentos; VII – os registros de direitos reais e de transferência de propriedade entre vivos, por título oneroso ou gratuito, ou a averbação relativa a imóveis realizados após a decretação da falência, salvo se tiver havido prenotação anterior."

[19] De acordo com COELHO, Fábio Ulhoa. *Comentários à Lei de Falência e de Recuperação de Empresas*. São Paulo: RT, 2016, versão eletrônica, "o termo legal da falência é o período anterior à decretação da quebra, que serve de referência para a auditoria dos atos praticados pelo falido". A LRF estabelece a fixação do termo legal como requisito da sentença que decreta a falência: "Art. 99. A sentença que decretar a falência do devedor, dentre outras determinações: (...) II – fixará o termo legal da falência, sem poder retrotraí-lo por mais de 90 (noventa) dias contados do pedido de falência, do pedido de recuperação judicial ou do 1º

V; (c) "após a decretação da falência", na hipótese do inciso VII. Excetua-se, apenas, a hipótese de trespasse irregular, prevista no inciso VI, para a qual o legislador não fixou um marco temporal preciso.

Técnicas inteiramente diversas são empregadas pelo art. 130 da mesma Lei 11.101/2005, segundo o qual "são revogáveis os atos praticados com a intenção de prejudicar credores, provando-se o conluio fraudulento entre o devedor e o terceiro que com ele contratar e o efetivo prejuízo sofrido pela massa falida". Tem-se, aqui, um paralelo evidente com a disciplina geral da fraude contra credores no Código Civil, com clara alusão aos seus tradicionais requisitos – *eventus damni* e *consilium fraudis*, tal como disciplinados no art. 158 do Código Civil.[20] Tem-se, portanto, que, ao lado de um rol específico traçado no art. 129, o legislador especial entendeu por bem estabelecer também uma norma mais geral, à imagem e semelhança daquela contemplada na codificação civil, no âmbito do disciplina dos defeitos do negócio jurídico.

Registre-se que, embora o art. 130 da Lei 11.101/2005 qualifique os atos praticados em fraude contra credores no âmbito falimentar como "revogáveis", o entendimento predominante é de que se trata, assim como previsto no art. 129 da mesma lei, de hipótese de *ineficácia* do ato praticado,[21] impugnável por meio da *ação revocatória* (LRF, art. 132).[22] A lei não fixa qualquer marco temporal para a prática dos atos que podem ser atacados pela via da ação revocatória, o que tem levado parcela da doutrina a sustentar que apenas os atos praticados no termo legal poderiam ser reputados ineficazes com base

---

(primeiro) protesto por falta de pagamento, excluindo-se, para esta finalidade, os protestos que tenham sido cancelados".

[20] "Percebe-se que a base inspiradora da ação do art. 130 é a ação pauliana do direito civil, exigindo-se a demonstração da fraude (*consilium fraudis*) e do prejuízo do ato advindo (*eventus damni*)" (CAMPINHO, Sérgio. *Falência e recuperação de empresa*. São Paulo: Saraiva, 2020. p. 350). Acerca da aferição do *consilium fraudis*, valem aqui as considerações tecidas no exame da disciplina do Código Civil, acerca da sua relativização.

[21] "A procedência do pedido da ação revocatória produz, imediatamente, a ineficácia do ato apanhado pelos artigos citados, e, de forma mediata, o efeito restitutório do bem à massa falida, para posterior rateio entre a coletividade de credores, sejam os créditos anteriores ou posteriores ao ato acoimado com a ineficácia" (STJ, REsp 1.180.714/RJ, 4ª Turma, Rel. Min. Luis Felipe Salomão, j. 05.04.2011).

[22] "Art. 132. A ação revocatória, de que trata o art. 130 desta Lei, deverá ser proposta pelo administrador judicial, por qualquer credor ou pelo Ministério Público no prazo de 3 (três) anos contado da decretação da falência."

no art. 130, sob pena de excessiva insegurança jurídica.[23] Tal interpretação, no entanto, afigura-se incompatível com a clara opção legislativa de não impor limites temporais ao âmbito de atuação da ação revocatória, opção que, embora possa parecer radical, explica-se pelo intuito de conferir a mais ampla proteção à coletividade de credores do falido.[24]

Questão diversa, em relação à qual não parece haver maiores controvérsias, reside nem definir o momento a partir do qual a ação revocatória pode ser ajuizada: a doutrina entende, de modo uníssono, que se trata de remédio para a tutela dos credores exclusivamente no âmbito da falência, apenas podendo tal ação ser ajuizada após a sua decretação.[25]

---

[23] "Como um dos requisitos formadores da sentença falimentar é justamente a definição do termo legal da falência (art. 99, II), simpatizamos com a ideia de que a extensão dos efeitos da ação revocatória do art. 130 deva ser examinada dentro desse contexto. A esfera de domínio da revocatória estaria, então, restrita ao período suspeito definido pelo juiz ao estabelecer o termo legal, estando a procedência da ação condicionada à comprovação da intenção do devedor de prejudicar os credores (*consilium fraudis*) e do prejuízo efetivo causado à massa (*eventos damni*)" (SCALZILLI, João Pedro; SPINELLI, Luis Felipe; TELLECHEA, Rodrigo. *Recuperação de empresas e falências*. São Paulo: Almedina, 2018. p. 895).

[24] GONÇALVES, Oksandro Osdival; SALLES, Thalita Almeida. Consolidação do ato revogável *vis à vis* a decadência do direito de propositura da ação revocatória. *Revista Brasileira de Direito Empresarial*, v. 5, n. 1, jan.-jun. 2019, p. 14: "é crível e natural que o legislador tenha tido o cuidado de não convalidar – pelo mero decurso do tempo – atos que possam ter contribuído expressivamente para agravar ou postar o devedor em estado falimentar. E este foi o objetivo do legislador na hipótese analisada, não se tratando, assim, de omissão, mas de silêncio intencional. Assim, é absolutamente possível admitir que o legislador tenha emprestado caráter excepcional às regras que regem as relações jurídicas quando o cenário é a falência. Para tanto, o legislador oportunizou à massa e aos credores rever negócios jurídicos possivelmente engendrados em prejuízo dos seus créditos, direitos e interesses, mesmo que tais atos já não mais pudessem ser atacados por meio da ação pauliana, em razão do decurso do prazo decadencial que fulmina esse direito na legislação civil".

[25] AZZONI, Clara Moreira. *Ação revocatória: a dimensão da dicotomia "ineficácia objetiva" e "ineficácia subjetiva" (artigos 129 e 130 da Lei 11.101/05)*. Tese (Doutorado) – USP, São Paulo, 2012, p. 55: "O marco que separa a fraude contra credores no âmbito do processo falimentar é a decretação da falência da sociedade empresária ou empresário individual, por meio da sentença proferida no bojo do processo de falência. A partir desse momento, o reconhecimento da fraude aos credores, em relação aos atos praticados no período anterior à quebra, deverá ser feito nos termos da legislação falimentar". Na jurisprudência, confira-se a seguinte decisão do TJGO, AI 5165310-54.2017.8.09.0000, Rel. Des. Sebastião

Constata-se, portanto, que o sistema de repressão à fraude no âmbito da Lei 11.101/2005 foi desenhado tendo em vista, predominantemente, o fenômeno jurídico da falência. Não se dedicou o legislador especial a esclarecer o regime jurídico aplicável à fraude contra credores no seio da recuperação judicial, em que pese se tratar de fraude tão ou mais danosa que a falimentar, tendo em vista o seu potencial de frustrar o escopo de preservação da empresa que caracteriza o próprio procedimento de recuperação, lesando não apenas os credores, mas toda a sociedade. Diante desta lacuna, deve o intérprete recorrer às regras gerais de fraude contra credores, constantes do Código Civil, buscando a construção de um sistema coerente e integrado de proteção aos credores do empresário em crise.

É de se indagar, nessa linha, qual seria o remédio disponibilizado pela ordem jurídica diante da prática de fraude contra credores no âmbito da recuperação judicial? Considerando tudo que já se expôs, pode-se concluir que a determinação do remédio aplicável varia a depender do momento em que a pretensão é formulada em juízo: (a) se anteriormente ao decreto de falência, enquanto ainda em curso a recuperação judicial, cabível será a ação pauliana, com base nos dispositivos mais gerais do Código Civil; (b) se posteriormente à decretação da falência, cabe a ação revocatória, com base na Lei 11.101/2005. Caso a ação pauliana já esteja em curso no momento da decretação da falência, tem-se suscitado a possibilidade de conversão da ação pauliana em ação revocatória.[26]

Não se trata de mera questão terminológica, havendo diferenças sensíveis entre estas duas espécies de ação, tais como: (a) a legitimidade ativa, que, na ação pauliana, se restringe aos credores lesados, e, na ação revocatória, se estende ao administrador judicial e ao Ministério Público (Lei 11.101/2005, art. 132);[27] (b) o prazo decadencial aplicável, que é de quatro anos para a ação

---

Luiz Fleury, j. 14.09.2017: "A ação revocatória é o meio utilizado para declarar a ineficácia dos atos praticados com a finalidade de frustrar a execução concursal do processo de falência na medida em que ferem o princípio da par conditio creditorum. Sendo então considerados ineficazes, não produzirão quaisquer efeitos perante a massa falida. A ação revocatória prevista nos artigos 130 e 134 da Lei 11.101/05, somente é aplicável ao procedimento falimentar, não se aplica o instituto quando o caso se trata de recuperação judicial".

[26] AZZONI, Clara Moreira. *Ação revocatória: a dimensão da dicotomia "ineficácia objetiva" e "ineficácia subjetiva" (artigos 129 e 130 da Lei 11.101/05)*. Tese (Doutorado) – USP, São Paulo, 2012, p. 367.

[27] "Art. 132. A ação revocatória, de que trata o art. 130 desta Lei, deverá ser proposta pelo administrador judicial, por qualquer credor ou pelo Ministério Público no prazo de 3 (três) anos contado da decretação da falência."

pauliana (CC, art. 178) e de três anos para a ação revocatória (Lei 11.101/2005, art. 132); (c) o termo *a quo* para a contagem dos respectivos prazos decadenciais, que, na ação pauliana, corresponde ao dia em que se realizou o negócio jurídico (CC, art. 178, II)[28] e, na ação revocatória, é a data da decretação da falência (Lei 11.101/2005, art. 132); (d) o efeito jurídico perseguido, que consiste na anulação do negócio jurídico no caso da ação pauliana e na revogação do ato (*rectius*, ineficácia) no caso da ação revocatória.

Registre-se que, apesar de sua incontestável importância, a fraude contra credores não é a única "fraude civil" passível de reconhecimento no âmbito da recuperação judicial e da falência. Não se verifica qualquer incompatibilidade entre, de um lado, o instituto da fraude à lei e, de outro, o regime específico da recuperação de empresas e da falência. Caso a empresa recuperanda celebre negócio jurídico com o intuito de contornar a incidência de lei imperativa, seja esta uma norma própria do regime de recuperação de empresas ou de qualquer outra seara jurídica, o referido negócio será nulo de pleno direito, nos termos do art. 166, VI, do Código Civil.

Além dos mecanismos gerais de repressão à fraude contra credores e à fraude à lei, anteriormente mencionados, a Lei 11.101/2005 conta, como já visto, com referências pontuais à fraude em diferentes dispositivos. Veja-se, por exemplo, o art. 19 daquele diploma legislativo que autoriza o administrador judicial, o comitê de credores, qualquer credor ou o Ministério Público a "pedir a exclusão, outra classificação ou a retificação de qualquer crédito, nos casos de descoberta de falsidade, dolo, simulação, fraude, erro essencial ou, ainda, documentos ignorados na época do julgamento do crédito ou da inclusão no quadro geral de credores". A referência à fraude neste preceito não se vincula, a rigor, à noção técnica de fraude contra credores, que se configura a partir de uma conduta do devedor com vistas ao esvaziamento de seu patrimônio, mas se associa, isso sim, a uma noção mais vaga de fraude como qualquer expediente que falseie a legitimidade ou a qualificação do crédito, cuja verificação ensejará, a depender do caso, a sua exclusão, reclassificação ou retificação.[29]

---

[28] "Art. 178. É de quatro anos o prazo de decadência para pleitear-se a anulação do negócio jurídico, contado: (...) II – no de erro, dolo, fraude contra credores, estado de perigo ou lesão, do dia em que se realizou o negócio jurídico".

[29] Nessa direção, o Tribunal de Justiça do Estado de São Paulo analisou caso em que se determinou o bloqueio de ativos financeiros em valor correspondente ao crédito de determinado credor trabalhista, em razão da suspeita de fraude cometida por seu advogado em ações trabalhistas, descoberta após a consolidação do quadro geral de credores: "A impugnação do crédito apontou que o advogado

Outro exemplo de alusão específica à fraude consta do art. 64 da Lei 11.101/2005, que estipula o afastamento do devedor ou de seus administradores da condução da atividade empresarial caso venham a agir em "fraude contra os interesses de seus credores".[30] Apesar da literalidade do dispositivo remeter à noção de fraude contra credores, a doutrina tem emprestado interpretação mais aberta ao preceito, de modo a abarcar um vasto leque de condutas ardilosas. Afirma-se, nessa direção, que "alguém que liste como bem que compõe o seu ativo patrimonial uma obra de arte pelo valor da tabela do artista, quando sabidamente tem um valor de mercado inferior, pode, de acordo com o contexto, estar fraudando suas contas".[31] Trata-se de interpretação consentânea com o escopo da norma de afastar da condução da atividade empresarial o devedor ou administrador desonesto ou inapto.[32]

---

que representava o agravante na ação trabalhista, Samuel Ferreira dos Passos, foi condenado em primeira instância pela prática de crime de estelionato, o qual foi materializado por meio de inserção de informações falsas no sistema do INSS para a obtenção indevida de benefícios previdenciários. A sentença proferida pelo juízo criminal indica que o advogado em apreço, juntamente com outros advogados e contadores, utilizava os dados de empresas inativas para forjar vínculos de emprego falsos, e com estes obter benefícios previdenciários indevidos. (...) Embora a sentença condenatória do antigo advogado do agravante não declare a prática de fraude perante à Justiça do Trabalho, a falida argumenta que tais fatos evidenciam a possibilidade de produção de prova testemunhal falsa na ação trabalhista, que teria resultado na sentença condenatória. Por conseguinte, já tendo havido o levantamento do crédito, é admissível o bloqueio de ativos financeiros que assegure o resultado útil da ação de exclusão do crédito habilitado, a bem da preservação da massa falida e o interesse de seus demais credores" (TJSP, AI 2054918-90.2018.8.26.0000, Rel. Des. Rômolo Russo, j. 18.10.2019).

[30] "Art. 64. Durante o procedimento de recuperação judicial, o devedor ou seus administradores serão mantidos na condução da atividade empresarial, sob fiscalização do Comitê, se houver, e do administrador judicial, salvo se qualquer deles: (...) III – houver agido com dolo, simulação ou fraude contra os interesses de seus credores."

[31] MAMEDE, Gladston. *Falência e recuperação de empresas*. São Paulo: Atlas, 2020, versão eletrônica.

[32] Registre-se, porém, que tal afastamento é medida excepcional, diante da nítida preocupação da Lei 11.101/2005 em preservar a atividade da empresa. Sobre o tema, ver SACRAMONE, Marcelo Barbosa. *Comentários à Lei de Recuperação de Empresas e Falência*. São Paulo: Saraiva, 2018. p. 280-281: "A regra assenta-se na premissa de que, ainda que esteja em crise econômico-financeira, o devedor é o proprietário dos ativos e não poderia ser, nem pelos próprios credores, expropriado. A manutenção do devedor na condução de sua atividade incentiva-o a requerer a recuperação judicial por ocasião de sua crise, na medida em que não

Como um último exemplo, a Lei 11.101/2005 estipula no seu art. 94, III, *b*, que pode ser decretada a falência do devedor que tenha realizado (ou, ao menos, tentado inequivocamente realizar) atos com o objetivo de "fraudar credores".[33] A prática destes atos ensejará a decretação da falência mesmo quando ocorra no âmbito de recuperação judicial já em curso, conforme esclarece expressamente a própria Lei 11.101/2005, no § 1º do seu art. 73, que contempla a convolação da recuperação judicial em falência.[34] Sobre este tema, merece destaque inovação trazida pelo Lei 14.112/2020, ao acrescentar no art. 73 uma nova hipótese de decretação de falência durante o processo de recuperação judicial, qual seja, "quando identificado o esvaziamento patrimonial da devedora que implique liquidação substancial da empresa, em prejuízo de credores não sujeitos à recuperação judicial, inclusive as Fazendas Públicas" (LRF, art. 73, VI).[35]

Esta nova hipótese legal, embora não se confunda tecnicamente com a fraude contra credores, guarda inegável semelhança de propósito com aquele defeito do negócio jurídico. Sua consequência, porém, é bastante distinta, pois o próprio art. 73, em seu também novo § 2º, determina que "a hipótese prevista no inciso VI do *caput* deste artigo não implicará a invalidade ou a ineficácia dos atos, e o juiz determinará o bloqueio do produto de eventuais

---

haveria risco de perda do controle de seus bens. Outrossim, a manutenção do devedor na condução de sua empresa mostra-se economicamente mais eficiente. A crise econômico-financeira que acomete a sua atividade empresarial não necessariamente é decorrente de um comportamento desidioso do devedor. Sua situação de iliquidez transitória poderá ser decorrente de fatores externos que não ligados à má gestão. Ao deter o conhecimento para a organização dos fatores de produção, o devedor pode ser o profissional mais apto ao desenvolvimento de sua atividade".

[33] "Art. 94. Será decretada a falência do devedor que: (...) III – pratica qualquer dos seguintes atos, exceto se fizer parte de plano de recuperação judicial: (...) b) realiza ou, por atos inequívocos, tenta realizar, com o objetivo de retardar pagamentos ou fraudar credores, negócio simulado ou alienação de parte ou da totalidade de seu ativo a terceiro, credor ou não."

[34] "Art. 73 (...) § 1º O disposto neste artigo não impede a decretação da falência por inadimplemento de obrigação não sujeita à recuperação judicial, nos termos dos incisos I ou II do *caput* do art. 94 desta Lei, ou por prática de ato previsto no inciso III do *caput* do art. 94 desta Lei."

[35] O § 3º do art. 73 esclarece que "considera-se substancial a liquidação quando não forem reservados bens, direitos ou projeção de fluxo de caixa futuro suficientes à manutenção da atividade econômica para fins de cumprimento de suas obrigações, facultada a realização de perícia específica para essa finalidade".

alienações e a devolução ao devedor dos valores já distribuídos, os quais ficarão à disposição do juízo". A consequência, portanto, é diversa da anulabilidade dos negócios jurídicos que resulta da aplicação das regras gerais de repressão à fraude contra credores.

Tem-se aí, em suma, um breve panorama da tutela contra as fraudes civis no âmbito da recuperação judicial e da falência. Impõe-se neste campo uma interpretação sistemática, que, atenta à unidade do ordenamento jurídico brasileiro, permita o eficiente manejo e a correta aplicação das diferentes normas gerais e especiais que se dedicam a prevenir e a reprimir a prática de atos fraudulentos em prejuízo dos credores e de toda a economia.

REFERÊNCIAS BIBLIOGRÁFICAS

AMARAL, Francisco. *Direito civil*: introdução. São Paulo: Saraiva, 2018.

AZZONI, Clara Moreira. *Ação revocatória: a dimensão da dicotomia "ineficácia objetiva" e "ineficácia subjetiva" (artigos 129 e 130 da Lei 11.101/05)*. Tese (Doutorado) – USP, São Paulo, 2012.

BEVILAQUA, Clovis. *Teoria geral do direito civil*. Rio de Janeiro: Francisco Alves, 1955.

CAMPINHO, Sérgio. *Falência e recuperação de empresa*. São Paulo: Saraiva, 2020.

COELHO, Fábio Ulhoa. *Comentários à Lei de Falência e de Recuperação de Empresas*. São Paulo: RT, 2016.

FERRO, Marcelo Roberto. *O prejuízo na fraude contra credores*. Rio de Janeiro: Renovar, 1998.

GONÇALVES, Oksandro Osdival; SALLES, Thalita Almeida. Consolidação do ato revogável *vis à vis* a decadência do direito de propositura da ação revocatória. *Revista Brasileira de Direito Empresarial*, v. 5, n. 1, jan.-jun. 2019.

LIMA, Alvino. *A fraude no direito civil*. São Paulo: Saraiva, 1965.

MARQUES, Roberta Silva Melo Fernandes Remédio. A ação/impugnação pauliana. Análise comparativa entre o direito português e o direito brasileiro. *Revista Brasileira de Direito Civil*, vol. 9, jul.-set. 2016.

PEREIRA, Caio Mário da Silva. *Instituições de direito civil*. Rio de Janeiro: Forense, 2013. vol. I.

PEREIRA, Régis Fichtner. Da regra jurídica sobre a fraude à lei. *Revista de Direito Civil*, n. 50, out.-dez. 1989.

PONTES DE MIRANDA, Francisco Cavalcanti. *Comentários ao Código de Processo Civil*. Rio de Janeiro: Forense, 1979. t. II.

RODRIGUES, Silvio. *Direito civil*. São Paulo: Saraiva, 1997. vol. 1.

SACRAMONE, Marcelo Barbosa. *Comentários à Lei de Recuperação de Empresas e Falência*. São Paulo: Saraiva, 2018.

SANTOS, João Manoel de Carvalho. *Código Civil brasileiro interpretado*. Rio de Janeiro: Freitas Bastos, 1964. vol. II.

SCALZILLI, João Pedro; SPINELLI, Luis Felipe; TELLECHEA, Rodrigo. *Recuperação de empresas e falências*. São Paulo: Almedina, 2018.

SCHREIBER, Anderson; TARTUCE, Flávio; SIMÃO, José Fernando; MELO, Marco Aurélio Bezerra de; DELGADO, Mário. *Código Civil comentado*: doutrina e jurisprudência. Rio de Janeiro: Forense, 2019.

TARTUCE, Flávio. *Direito civil*. Rio de Janeiro: Forense, 2017. vol. 1.

THEODORO JÚNIOR, Humberto. *Comentários ao novo Código Civil*. Rio de Janeiro: Forense, 2003. vol. 3. t. I.

A NOVA REGULAÇÃO DO ENCERRAMENTO DA RECUPERAÇÃO JUDICIAL

41

A NOVA REGULAÇÃO DO ENCERRAMENTO DA RECUPERAÇÃO JUDICIAL

NEY WIEDEMANN NETO

Sumário: 1. Introdução – 2. Período de supervisão judicial – 3. Processos incidentais – 4. Termo inicial do prazo – 5. Período de carência – 6. Prazo de supervisão por transação processual – 7. Possibilidade de não haver supervisão judicial – 8. Hipóteses de encerramento da recuperação judicial – 9. Conclusão – Referências bibliográficas.

1. INTRODUÇÃO

Antes das modificações advindas com a Lei n. 14.112/2020, o tema do encerramento da recuperação judicial evoluiu na doutrina e na jurisprudência, e a regra atual parece ter fixado os entendimentos majoritários consolidados ao longo do tempo.

O encerramento do processo judicial, deixando a empresa de ostentar a condição de estar "em recuperação judicial", assim como a exoneração do administrador judicial, traz vantagens para que ela retome a sua competividade em condições de maior equivalência com os demais integrantes do mercado. Da mesma forma, alivia a carga de trabalho do Poder Judiciário, que deixa de monitorar o processo, sem prejuízo de poder intervir em caso de necessidade.

Não há prejuízo aos credores, que poderão executar a empresa ou propor pedido de falência, caso haja descumprimento do plano. Apenas não caberá mais a convolação da recuperação judicial em falência. Isso permitirá à empresa deixar a condição de "em recuperação judicial" após seu nome empresarial. Esse cadastro negativo pode atrapalhar suas atividades na relação com fornecedores e instituições financeiras.

Com isso, o encerramento da recuperação judicial pode aumentar a sua eficiência operacional, contribuindo para o seu soerguimento, restando definitiva a novação operada com relação às suas dívidas no plano redefinidas. Também contribuiu para diminuir a carga de trabalho do próprio Poder Judiciário e reduzir os custos da empresa, inclusive com o pagamento da remuneração do administrador judicial, que será exonerado.

Havia algumas dúvidas e posicionamentos diversos nos tribunais a respeito de questões importantes envolvendo o encerramento da recuperação judicial. As alterações legislativas vieram para pacificar essas questões e trazer maior eficiência e agilidade ao processo.

2. PERÍODO DE SUPERVISÃO JUDICIAL

Na anterior redação do art. 61 da Lei n. 11.101/2005, constava que, após a homologação do plano aprovado em assembleia, o devedor permaneceria no estado de recuperação por dois anos.

Durante esse prazo, chamado de prazo de "supervisão judicial", permanece a fiscalização do Ministério Público e a atuação do Administrador Judicial. Se o plano for descumprido durante esse período, pode haver a convolação da recuperação em falência.

E completava o art. 63 que, se o devedor houvesse corretamente cumprido as obrigações no plano estipuladas que se vencessem dentro desse intervalo, o juiz decretaria, por sentença, encerrada a recuperação judicial.

Quanto a esse ponto, o entendimento é de que, se o devedor conseguiu até aqui superar todas as etapas do processo e preencheu as exigências legais, tendo por dois anos consecutivos, a contar da concessão da recuperação, cumprido as obrigações, pode haver o encerramento do caso. Presume-se que irá cumprir as demais obrigações que irão se vencer depois disso. O que importa é que estejam cumpridas as obrigações vencidas até então.[1]

Para encerrar a recuperação judicial, a empresa devedora deve ter cumprido todas as obrigações que se venceram no prazo de dois anos a contar da

---

[1] BEZERRA FILHO, Manoel Justino. *Lei de Recuperação de Empresas e Falência*. São Paulo: RT, 2011. p. 171.

Cap. 41 • A NOVA REGULAÇÃO DO ENCERRAMENTO DA RECUPERAÇÃO JUDICIAL | 573

concessão. Em caso de descumprimento de alguma obrigação, resta inviabilizado o encerramento da recuperação judicial.[2]

Então, o fato de haver obrigações a serem cumpridas após os dois anos iniciais não é óbice ao encerramento da recuperação judicial. O objetivo é limitar os aspectos negativos do prolongamento desse regime. Os credores permanecem com a garantia, caso haja descumprimento do plano, de promover a execução ou pedir a falência do devedor (arts. 62 e 94). Trata-se de um critério temporal formal, que não depende a realidade de cada plano.[3]

3. PROCESSOS INCIDENTAIS

Anteriormente, havia a discussão nos tribunais a respeito da situação dos processos incidentais, a saber, as habilitações e as impugnações de crédito em andamento, ainda não julgados quando do encerramento da recuperação judicial.

Na prática, a jurisprudência majoritária orientou-se no sentido do cabimento da conversão dos incidentes em processos autônomos de rito comum. Deixar de encerrar a recuperação judicial até que haja decisão final em todas as impugnações de crédito onera desnecessariamente o Poder Judiciário, as recuperandas e os credores interessados no rápido andamento do processo.

A simples existência de incidentes em processamento não é óbice ao encerramento da recuperação judicial.[4] O que importa é que as obrigações relativas ao período tenham sido cumpridas e que, por consequência, a recuperação não tenha sido convolada em falência. Não obstante, nos tribunais há várias decisões que entendiam que a pendência de incidentes seria óbice ao encerramento da recuperação judicial.

Essa é uma das relevantes questões que agora está pacificada com a alteração trazida pela Lei n. 14.112/2020, que assumiu explicitamente esse entendimento nas alterações que promoveu na Lei n. 11.101/2005.

---

[2] AYOUB, Luiz Roberto; CAVALLI, Cassio. *A construção jurisprudencial da recuperação judicial de empresas.* Rio de Janeiro: Forense, 2013. p. 302.

[3] MUNHOZ, Eduardo Secchi. Do procedimento de recuperação judicial. In: SOUZA JR. Francisco Satiro; PITOMBO, Antonio Sérgio A. Moraes (coord.). *Comentários à Lei de Recuperação de Empresas e Falência.* São Paulo: RT, 2007. p. 305.

[4] MANGE, Eduardo Foz. In: WAISBERG, Ivo; RIBEIRO, José Horário Halfeld (org.). *Temas de direito da insolvência* – estudos em homenagem ao Professor Manoel Justino Bezerra Filho. São Paulo: Editora IASP, 2017. p. 195.

Com a inserção do parágrafo único do art. 63 esse ponto restou superado de modo insofismável, e a inserção do § 9º no art. 10 reforçou esse entendimento, tornando explícita a opção do legislador pela conversão dos incidentes em ações autônomas para viabilizar o encerramento da recuperação judicial.

Se a assembleia de credores já aprovou o plano de recuperação judicial e esta já foi concedida pelo juiz, o objetivo do procedimento de verificação de crédito (definição do peso do voto dos credores) já está inteiramente prejudicado. Convertidos os incidentes, o juízo poderá posteriormente declarar o valor e a classificação do crédito objeto de disputa. Nesse caso, a solução da lide visa ao cumprimento do plano de recuperação.

4. TERMO INICIAL DO PRAZO

Outra possível dúvida poderia haver sobre o transcurso do prazo de dois anos nos casos em que ocorreu repactuação ou aditamento do plano de recuperação judicial, aprovada em assembleia geral de credores. Com efeito, o aditamento do plano de recuperação judicial após a sua aprovação e homologação é possível, bastando que não tenha ocorrido o encerramento do processo de recuperação judicial por sentença.

Em que pese a lei não mencionasse explicitamente essa hipótese, é algo que se consolidou nos tribunais. Aliás, no REsp 1.302.735, o STJ admitiu a modificação do plano, em que pese já transcorrido o prazo de dois anos, porque, na prática, não houve o encerramento da recuperação judicial.

Na II Jornada de Direito Comercial, promovida pelo Conselho da Justiça Federal, o Enunciado n. 77 já recomendava a admissão de modificações do plano, ainda que propostas após dois anos de concessão da recuperação judicial, desde que ainda não encerrada por sentença: *As alterações do plano de recuperação judicial devem ser submetidas à assembleia geral de credores, e a aprovação obedecerá ao quórum previsto no art. 45 da Lei n. 11.101/2005, tendo caráter vinculante a todos os credores submetidos à recuperação judicial, observada a ressalva do art. 50, § 1º, da Lei nº 11.101/2005, ainda que propostas as alterações após dois anos de concessão da recuperação judicial e desde que ainda não encerrada por sentença.*

Ocorre que, se houver o encerramento do processo de recuperação judicial, essa faculdade não será mais possível aos interessados, o que recomenda certa dose de cautela, já que modificações no cenário da economia global ou nacional podem inviabilizar o cumprimento do plano originalmente adotado.

Então, havendo aditamento ou modificação depois da homologação do plano original aprovado em assembleia pelos credores, a discussão é se

Cap. 41 · A NOVA REGULAÇÃO DO ENCERRAMENTO DA RECUPERAÇÃO JUDICIAL | 575

o prazo de supervisão judicial seguiria correndo ou recomeçaria a contar a partir dessa alteração. Em que pese haver entendimentos de tribunais no sentido do reinício do prazo, há que se ter em conta que o termo inicial do prazo sempre foi a concessão da recuperação judicial. Por isso, a posição que se afigura mais adequada é no sentido de que a mera homologação de aditamento ou modificação não importa em novo prazo de dois anos de supervisão judicial.[5]

Aliás, essa questão foi pontualmente enfrentada pelo STJ, no REsp 1.853.347, que definiu com maestria nesse sentido, ou seja, que o termo inicial do período de supervisão não é modificado pelo aditamento do plano, e ainda mencionou que a pendência de incidentes não é óbice ao encerramento da recuperação.

5. PERÍODO DE CARÊNCIA

Outra discussão que se estabeleceu nos tribunais diz respeito ao critério para definição do termo inicial do período de supervisão judicial quando o plano inclui período de carência. Discute-se, no ponto, se a fiscalização do cumprimento do plano somente teria início após findo eventual prazo de carência nele acolhido.

Com a alteração legislativa promovida pela Lei n. 14.112/2020, na parte final do *caput* do art. 61, "independentemente do eventual período de carência", essa questão agora restou superada. A empresa será fiscalizada a contar da concessão da sua recuperação, mesmo que pagamentos não sejam realizados por um período em razão da carência.

Antes, não havia previsão expressa em tal sentido. Haveria o prolongamento demasiado desse período, onerando a empresa e o Poder Judiciário sem justificativa. Não há fundamento nem sentido econômico ou jurídico para esse prolongamento do processo de recuperação judicial.[6]

6. PRAZO DE SUPERVISÃO POR TRANSAÇÃO PROCESSUAL

Situação igualmente interessante diz respeito à possibilidade do encerramento da recuperação judicial antes dos dois anos de supervisão, por acordo

---

[5] MANGE, Eduardo Foz. Op. cit., p. 197.

[6] COELHO, Fábio Ulhoa. *Comentários à Lei de Falências e de Recuperação de Empresas*. São Paulo: RT, 2017. p. 250.

de vontade dos interessados. Trata-se da figura do negócio jurídico processual, insculpido no art. 190 do Código de Processo Civil, que se aplica de forma subsidiária à Lei n. 11.101/2005, por força do seu art. 189.

O prazo de dois anos pode impor entraves no acesso ao crédito à recuperanda e maiores custos com o processo, e a própria assembleia de credores poderia deliberar a respeito da sua redução, permitindo o encerramento da recuperação em tempo inferior. Entretanto, aqui também a ideia não é pacífica e há decisões de tribunais entendendo que se trata de norma de ordem pública e que não poderia ser dito prazo de supervisão objeto de deliberação pelos credores.[7]

Mais uma vez, é situação que restou superada pela alteração promovida pela Lei n. 14.112/2020, conferindo ao juiz a faculdade de, ao homologar o plano e conceder a recuperação judicial, estabelecer o prazo de dois anos, prazo menor ou até mesmo prazo algum, dando essa por encerrada no ato.

7. POSSIBILIDADE DE NÃO HAVER SUPERVISÃO JUDICIAL

Na mesma sentença em que o juiz homologa o plano aprovado e concede a recuperação judicial, ele decide se submeterá o devedor à supervisão judicial ou não. Na hipótese de concessão sem supervisão judicial, ainda na mesma sentença deve encerrar o processo. Poderá, se entender necessário, determinar a manutenção do devedor em recuperação judicial, por até dois anos, com supervisão judicial.

É possível, e comum, que o plano de recuperação preveja obrigações ou medidas recuperacionais que perdurarão por um tempo posterior ao encerramento do processo. O plano deverá continuar sendo cumprido, mas a fiscalização, agora, será de exclusiva responsabilidade dos credores, e não mais do administrador judicial.[8]

A diferença mais substancial entre as duas hipóteses está na convolação da recuperação judicial em falência, que cabe apenas quando determinada a supervisão judicial, se ocorrer uma das situações descritas nos incisos IV, V

---

[7] MANDEL, Julio Kahan. In: WAISBERG, Ivo; RIBEIRO, José Horário Halfeld (org.). *Temas de direito da insolvência – estudos em homenagem ao Professor Manoel Justino Bezerra Filho*. São Paulo: Editora IASP, 2017. p. 563.

[8] COSTA, Daniel Carnio; MELO, Alexandre Correa Nasser de. *Comentários à Lei de Recuperação de Empresas e Falência*: Lei 11.101, de 09 de fevereiro de 2005. Curitiba: Juruá, 2021. p. 179.

ou VI do art. 73. Se o juiz dispensa a supervisão e encerra o processo de recuperação judicial, não caberá a convolação em nenhuma hipótese; nesse caso também se verificará a consolidação definitiva da novação recuperacional, que não poderá mais ser desconstituída. A falência do devedor recuperando não sujeito à supervisão judicial, se ocorrer, será em decorrência de pedido autônomo, feito com base no art. 94.

Quando o encerramento da recuperação decorrer de decisão em face do cumprimento das obrigações, com ou sem período de supervisão judicial, serão determinadas as providências insculpidas nos incisos do art. 63: o pagamento do saldo de honorários ao administrador judicial; a apuração do saldo das custas judiciais a serem recolhidas; a apresentação de relatório circunstanciado do administrador judicial; a dissolução do Comitê de Credores e a exoneração do administrador judicial; a comunicação ao Registro Público de Empresas e à Secretaria Especial da Receita Federal do Brasil do Ministério da Economia.

Na hipótese de o devedor ter sido afastado da condução de seu negócio, com a nomeação do gestor judicial, impende igualmente preveja a decisão a sua exoneração, embora seja omisso o art. 63 a respeito.[9]

Nos termos do art. 62, depois de encerrada a recuperação, no caso de descumprimento de qualquer obrigação prevista no plano de recuperação judicial, qualquer credor poderá requerer a execução específica ou a falência com base no art. 94 da Lei. Uma vez encerrada a recuperação judicial, o devedor não fica mais protegido contra atos constritivos de seu patrimônio, mesmo no que tange aos créditos não sujeitos à recuperação judicial.[10]

8. HIPÓTESES DE ENCERRAMENTO DA RECUPERAÇÃO JUDICIAL

Convém lembrar, contudo, que além das hipóteses de encerramento da recuperação por decisão judicial, com ou sem período de supervisão judicial, temos ainda duas hipóteses: o pedido de desistência da devedora beneficiada, que poderá ser apresentado a qualquer tempo e está sempre sujeito à aprovação

---

[9] CAMPINHO, Sérgio. *Falência e recuperação de empresa*: o novo regime da insolvência empresarial. Rio de Janeiro: Renovar, 2010. p. 185.

[10] SCALZILLI, João Pedro; SPINELLI, Luis Felipe; TELLECHEA, Rodrigo. *Recuperação de empresa e falência*: teoria e prática na Lei 11.101/2005. São Paulo: Almedina, 2018. p. 500.

pela assembleia de credores, na forma do § 4º do art. 52; e a convolação da recuperação judicial em falência, pelo descumprimento do plano, ainda durante o período de supervisão judicial, na forma do § 1º do art. 61.

No caso da homologação da desistência, o devedor volta à condição em que se encontrava antes de ajuizar a ação de recuperação judicial. Serão ineficazes as alterações de suas obrigações e os credores retomarão seus direitos originários.

No caso do descumprimento do plano, haverá a convolação da recuperação em falência, nos termos do art. 73. Decretada a falência, os credores terão reconstituídos seus direitos e garantias nas condições originalmente contratadas, deduzidos os valores eventualmente pagos e ressalvados os atos validamente praticados no âmbito da recuperação judicial.

9. CONCLUSÃO

À guisa de conclusão, pode-se mencionar que a respeito do encerramento da recuperação judicial, a Lei n. 14.112 trouxe importantes modificações, em especial com o § 9º do art. 10, com o art. 61, *caput*, e com o parágrafo único do art. 63, todos da Lei n. 11.101/2005. Essas alterações, por sua vez, vieram ao encontro de entendimentos da jurisprudência que já se orientam nessa direção, servindo para consolidá-los, trazendo maior segurança jurídica e previsibilidade à questão.

Com efeito, a etapa mais crítica e relevante da recuperação judicial medeia entre a formulação do pedido e a sua concessão, em que se estabelece a negociação com os credores, a partir da formulação de um plano viável ao soerguimento da atividade empresarial. A fase de supervisão, como sói acontecer inclusive em outros países, nem precisa acontecer, em regra, liberando a empresa para o retorno pleno de sua atividade, sem ostentar junto ao seu nome empresarial dita condição, o que poderá favorecer sua posição diante dos fornecedores e das instituições financeiras, além de eliminar carga de trabalho ao Poder Judiciário e os custos de manutenção do processo judicial e do administrador judicial.

Contudo, a abreviação ou a eliminação do período de supervisão judicial é providência que precisa ser aplicada com parcimônia e prudência. Há casos nos quais pode haver, por exemplo, a aprovação do plano com escassa maioria de votos ou que as condições do plano estão muito expostas às circunstâncias do mercado e da economia. Isso poderia sugerir a hipótese de seu aditamento futuro, que somente seria viável se a supervisão judicial ainda estivesse em curso.

REFERÊNCIAS BIBLIOGRÁFICAS

AYOUB, Luiz Roberto; CAVALLI, Cassio. *A construção jurisprudencial da recuperação judicial de empresas*. Rio de Janeiro: Forense, 2013.

BEZERRA FILHO, Manoel Justino. *Lei de Recuperação de Empresas e Falência*. São Paulo: RT, 2011.

CAMPINHO, Sérgio. *Falência e recuperação de empresa*: o novo regime da insolvência empresarial. Rio de Janeiro: Renovar, 2010.

COELHO, Fábio Ulhoa. *Comentários à Lei de Falências e de Recuperação de Empresas*. São Paulo: RT, 2017.

COSTA, Daniel Carnio; MELO, Alexandre Correa Nasser de. *Comentários à Lei de Recuperação de Empresas e Falência*: Lei 11.101, de 09 de fevereiro de 2005. Curitiba: Juruá, 2021.

MANDEL, Julio Kahan. In: WAISBERG, Ivo; RIBEIRO, José Horário Halfeld (org.). *Temas de direito da insolvência* – estudos em homenagem ao Professor Manoel Justino Bezerra Filho. São Paulo: Editora IASP, 2017.

MANGE, Eduardo Foz. In: WAISBERG, Ivo; RIBEIRO, José Horário Halfeld (org.). *Temas de direito da insolvência* – estudos em homenagem ao Professor Manoel Justino Bezerra Filho. São Paulo: Editora IASP, 2017.

MUNHOZ, Eduardo Secchi. Do procedimento de recuperação judicial. In: SOUZA JR., Francisco Satiro; PITOMBO, Antonio Sérgio A. Moraes (coord.). *Comentários à Lei de Recuperação de Empresas e Falência*. São Paulo: RT, 2007.

SCALZILLI, João Pedro; SPINELLI, Luis Felipe; TELLECHEA, Rodrigo. *Recuperação de empresa e falência*: teoria e prática na Lei 11.101/2005. São Paulo: Almedina, 2018.

42

ENCERRAMENTO DA RECUPERAÇÃO JUDICIAL: TEMPO E PROCESSO – ANÁLISE ECONÔMICA DO DIREITO RECUPERACIONAL

LUIZ ROBERTO AYOUB

EDSON ALVISI

Sumário: 1. Aspectos gerais – 2. *Law and economics* – 3. O procedimento de recuperação judicial e as alterações da reforma – 4. O tempo de homologação do procedimento de recuperação judicial e o risco Brasil – 5. Os casos VARIG, OGX e OI em uma breve análise econômica da razoável duração do procedimento de recuperação judicial – 6. Apontamentos finais – Referências bibliográficas.

1. ASPECTOS GERAIS

O presente artigo pretende aplicar os fundamentos da análise econômica do direito ao direito empresarial, especificamente ao procedimento de recuperação judicial, considerando particularmente o tempo e os impactos dessa demora não só em relação à eficiência, mas também ao desenvolvimento socioeconômico com o consequente aumento/diminuição do risco Brasil partindo de indicadores o ranking *doing business* (Banco Mundial).

É importante destacar que houve Reforma à Lei de Recuperação Judicial e Falência, Lei n. 11.101/2005, pela Lei n. 14.112/2020[1] na qual se estabelece-

---

[1] Uma primeira análise pode ser encontrada na introdução à lei. ALVISI, Edson; NUNES, Dones (orgs.). *Reforma à Lei de falência n. 11.101/2005*: comparativo e atualizações implementadas pela Lei n. 14.112 de 24 de dezembro de 2020. Rio de Janeiro: Instituto EDS, 2021.

ram modificações relacionadas a *deep finance, stay period* e ao procedimento de homologação do plano de recuperação. A questão central é se apreciar se tais mudanças, que teremos a oportunidade de esclarecer ao longo do artigo, produzirão (ou não) uma redução do prazo de encerramento da fase de recuperação judicial.

Para tanto, o artigo foi dividido em quatro partes: (*i*) *Law and Economics*; (*ii*) Procedimento de Recuperação judicial; (*iii*) o tempo de homologação do plano de recuperação e risco Brasil; e (*iv*) os casos Varig, Oi e OGX em uma análise econômica da razoável duração do processo.

As duas primeiras partes tratam das premissas teóricas e dogmáticas do texto, já que apresentam as duas vertentes da análise econômica do direito, a mais antiga centrada no mercado, e a nova que incorpora elementos mais amplos do raciocínio econômico para melhorar o desenvolvimento humano. Em seguida, descreve-se o procedimento de recuperação judicial como ele ocorre na lei, enfatizando suas alterações recentes, e dentro do possível, aspectos como eficiência, razoável duração do processo e custos sociais, sublinhados pela lógica da *Law and Economics*.

A terceira e quarta parte possuem um percurso de base mais empírica, uma vez que destacam mais diretamente os custos econômicos e sociais, ocasionados por um processo de recuperação judicial lento e moroso. Isso é realizado, inicialmente, a partir dos dados para o Brasil de pesquisas como o ranking *Doing Business* que destrincham o ambiente de negócios em diferentes países, em consonância com os dados quantitativos da Recuperação Judicial no país. Em seguida, são realizadas observações breves sobre os casos Varig, Oi e OGX, tendo em vista o processo de construção jurisprudencial do procedimento de recuperação judicial interpretando a legislação[2] vigente à época.

2. *LAW AND ECONOMICS*

A análise econômica do direito pode ser dividida em dois ramos: (*i*) o primeiro centrado somente nas regulações diretas ao mercado e (*ii*) um segundo que considera a regulação para além do mercado e seu impacto econômico[3]. Cada vez mais refletir sobre a lógica empresarial não se restringe aos aspectos econômicos em sentido estrito. Pelo contrário envolve a

---

[2] AYOUB, Luiz Roberto; CAVALLI, Cássio. *A construção jurisprudencial da recuperação judicial de empresas*. Rio de Janeiro: Forense, 2013.

[3] POSNER, Richard. A. Some Uses and Abuses of Economics in Law. *University of Chicago Law Review*, n. 46, 1979, p. 281 e ss.

necessidade de pensar eficiência, não discriminação, custos sociais, danos da responsabilidade civil, desenvolvimento social e os efeitos sistêmicos das consequências das decisões tomadas para as empresas e para as diversas instituições sociais.

O primeiro ramo centrado exclusivamente nas regulações do mercado remonta o próprio surgimento da economia enquanto ciência, tendo como seu primeiro e principal representante Adam Smith, cuja teoria se baseia na auto regulação do mercado que decorre naturalmente da busca egoística da felicidade individual e da concorrência, gerando o melhor resultado para todos e consequente ampliação da felicidade e do bem-estar geral. É a mão invisível do mercado, gerando o ponto ótimo entre oferta e demanda, levando a elevação dos padrões gerais de vida.

O segundo ramo remonta às teorias utilitaristas como a de Bentham, cuja grande contribuição para L&E é a introdução da concepção de que todos os indivíduos buscam a todo momento maximizar seus benefícios de forma racional em todos os aspectos de sua vida, é essa lógica que permite a transcendência da aplicação das normas econômicas para além da regulação mercantil ou empresarial. É possível fazer referência a pelo menos cinco desdobramentos contemporâneos deste ramo, nos quais passa a se aplicar a lógica econômica aos seguintes temas: (*i*) discriminação; (*ii*) teoria da firma; (*iii*) responsabilidade civil; (*iv*) teoria do direito; e (*v*) instituições.

Em relação à *discriminação,* o professor Gerald Becker será um dos precursores na aplicação da L&E para pensar o tema. Em seu livro de 1957, *The Economics of Discrimination*, o professor de Yale será um dos pioneiros nas reflexões de que a discriminação de minorias, em especial entre negros e brancos, traz efeitos deletérios para a sociedade como um todo. Em suas obras posteriores, como Human capital de 1964, The Economic Approach to Human Behaviour, de 1976, A Treatise on Family de 1981, as investigações continuarão a aprofundar como a economia poderá refletir sobre o comportamento humano e em formas de ampliar a qualidade de vida das pessoas e suas famílias.

Em relação à *teoria da firma,* Ronald Coase também figura dentre os precursores da moderna L&E por seu livro: *The Problem of Social Cost* de 1960[4]. Suas contribuições desdobram-se principalmente da reivindicação de

---

[4] Para uma contextualização breve da obra RODRIGUES JUNIOR, Otavio Luiz. Lançamento de obra de Ronald Coase reforça estudo entre Direito e Economia. Disponível em: https://www.conjur.com.br/2016-out-19/obra-ronald-coase-reforca-estudo-entre-direito-economia.

que o custo social seja analisado a partir de uma leitura integrada dos critérios jurídicos e econômicos. Dessa forma, Coase adota um olhar mais amplo sobre a vida social para além do viés econômico. Em 1991, Coase ganhou o Prêmio Nobel pela inovação que a sua teoria da firma promoveu na microeconomia, ao demonstrar que a regulação estatal direta não necessariamente oferece melhores resultados do que os obtidos pelos agentes privados no sistema do livre mercado[5].

Em relação à *responsabilidade civil*, o professor italiano Guido Calabresei é um dos precursores na *L&E*, devido à publicação do livro "Some Thoughts on Risk Distribution and the Law of Torts" em 1961. A sua inovação reside na introdução de considerações distributivas nas análises de eficiência econômica, tendo em vista que esta não é o único valor social. É dessa forma que Calabresi pensa a reconstrução do sistema jurídico a partir de considerações econômicas.

Em relação à *teoria do direito*, Richard Posner é sem sombra de dúvidas o nome mais produtivo e de maior impacto da L&E que chegou a ser conhecida como a "Escola de Chicago", dada a filiação dessa importante Universidade norte-americana, conhecida por sua matriz liberal. Estima-se que ele tenha escrito mais de 300 artigos e mais de 30 livros. Em primeiro lugar, Posner, "*Some uses and abuses of Economics in law*"[6], contextualiza o movimento da *L&E* numa dicotomia entre a aplicável ao mercado e a temas fora do mercado, este último mais contemporâneo. Em segundo lugar, ele é o responsável por inserir análise econômica dentro da tradição norte-americano do pragmatismo jurídico de Oliver Wendell Holmes[7]. Significa uma defesa do consequencialismo, ou seja, que ao aplicar o direito deve se adotar uma perspectiva adaptacionista, racionalista e estar atento às consequências sistêmicas da tomada de decisão.

Em relação às *instituições*, o ex-professor de Chicago e atual professor de Harvard, Cass Sunstein[8], tem publicado sistematicamente diversas

---

5   COASE, Ronald H. The nature of firm. *Economica*, vol. 4, issue 16, 1937, p. 386-405.

6   POSNER, Richard. A. Some Uses and Abuses of Economics in Law. *University of Chicago Law Review*, n. 46, 1979, p. 281 e ss.

7   POSNER, Richard. *Direito, pragmatismo e democracia*. Trad. Teresa Dias Carneiro. Rio de Janeiro: Forense, 2010. p. 46-66.

8   O professor chegou a assumir o OIRA, Office of Information and Regulatory Affairs, órgão responsável pela supervisão da regulação nos EUA, durante o governo Obama.

contribuições para a análise econômica do direito. Dentre elas, constam as inovações relativas ao *nudge*, o qual pode ser traduzido livremente como "empurrãozinho". A ideia básica é procurar uma sintonia fina ou equilíbrio dinâmico entre a liberdade individual (libertarianismo) de um lado e a indução de comportamento para fins socialmente relevantes de outro (paternalismo) para construção, por meio de um desenho institucional e das políticas públicas que estimulem certas escolhas, em esvaziar a possibilidade de escolhas individuais[9].

3. O PROCEDIMENTO DE RECUPERAÇÃO JUDICIAL E AS ALTERAÇÕES DA REFORMA

Antes de tudo, é importante recordar que a Lei n. 11.101/2005 surge com o objetivo de promover uma mudança de mentalidade em relação ao Decreto-lei n. 7.661/1945. Promovendo uma transição da mentalidade da concordata, que visava mera satisfação dos credores por meio da liquidação de bens, para uma com foco na função social da empresa através da recuperação judicial, reconhecido expressamente no art. 47 da LRF[10].

O procedimento de recuperação judicial pode ser descrito nas seguintes seis fases: (1) a postulação da recuperação judicial; (2) o deferimento do seu processamento; (3) a suspensão das ações e execuções; (4) a verificação dos créditos e impugnações; (5) o plano de recuperação; (6) a assembleia geral de credores e (7) o seu encerramento. Vejamos cada uma das fases e suas respectivas alterações, dedicando particular atenção ao encerramento.

A *postulação da recuperação judicial (1)* é apreciada pela justiça comum estadual, sendo o juízo definido a partir do principal estabelecimento do devedor ou, na filial, caso a empresa tenha a sede fora do Brasil[11]. Para tanto a petição inicial, deve ser instruída conforme os requisitos elencados no art. 51 da Lei n. 11.101/2005, a saber: (a) os fundamentos da crise econômico-financeira,

---

[9] SUNSTEIN, Cass. *Why nudge? The politics of libertarian paternalism*. Yale University Press, 2012. THALER, Richard; SUNSTEIN, Cass. *Nudge*: improving decisions about health, wealth and happiness. New Haven: Yale University Press, 2008.

[10] "Art. 47. A recuperação judicial tem por objetivo viabilizar a superação da situação de crise econômico-financeira do devedor, a fim de permitir a manutenção da fonte produtora, do emprego dos trabalhadores e dos interesses dos credores, promovendo, assim, a preservação da empresa, sua função social e o estímulo à atividade econômica."

[11] Lei n. 11.101/2005, art. 3º.

as causas da situação patrimonial do devedor; (b) demonstrações contábeis dos três últimos exercícios sociais, dentro das quais a alteração legislativa recente incluiu a descrição das sociedades de grupo societário, de fato ou de direito[12]; (c) a relação nominal completa dos credores, na qual se incluiu o endereço eletrônico como requisito na identificação dos mesmos; (d) relação integral dos empregados; (e) certidão de regularidade do devedor no Registro Público de Empresas atualizada; (f) relação dos bens dos sócios controladores e administradores; (g) extrato bancários do devedor e documentos referentes a investimentos; (h) certidões de protesto; (i) a relação de todas as ações judiciais e procedimentos arbitrais (este último incluído pela reforma efetuada pela Lei n. 14.112/2020) que o devedor figure como parte, com a estimativa dos respectivos valores demandados; e os dois últimos requisitos também incluídos pela alteração recente; (j) relatório detalhado do passivo fiscal; e (k) a relação de bens e direitos integrantes do ativo não circulante, incluídos aqueles não sujeitos à recuperação judicial, acompanhada dos negócios jurídicos celebrados com os credores proprietários de que trata o § 3º do art. 49 da Lei n. 11.101/2005.

A atualização legislativa inclui ainda previsão clara sobre a necessidade de apresentação de balanço preliminar do exercício anterior, devendo este ser juntado quando alcançado o prazo legal para sua entrega. Define ainda como valor da causa o montante total dos créditos sujeitos à recuperação judicial e comprovação de prazos e necessidade de apresentação de balanços diferenciados à pessoa jurídica que exerça atividade rural. A distribuição do pedido tem como efeito a impossibilidade alienar ou onerar bens e direitos sem o reconhecimento judicial da utilidade[13], porém a nova redação inclui procedimentos específicos para as situações nas quais tal alienação seja autorizada, tais como a possibilidade, para os credores com mais de 15% do valor da causa, de nos cinco dias seguintes à publicação da autorização manifestar ao Administrador Judicial (AJ) interesse de realização de assembleia para deliberação da venda, desde que devidamente fundamentada.

O *deferimento do processamento (2)* da recuperação judicial tem natureza decisória, não sendo um mero despacho ordinatório[14], tanto é que, dado o caráter decisório presente, cabe agravo de instrumento do seu deferimento[15].

---

[12] Lei n. 11.101/2005, art. 51, II, *e*.

[13] Lei n. 11.101/2005, art. 66.

[14] AYOUB, Luiz Roberto; CAVALLI, Cássio. Op. cit., p. 109.

[15] I JORNADA DE DIREITO COMERCIAL: 52. A decisão que defere o processamento da recuperação judicial desafia agravo de instrumento.

Cap. 42 · ENCERRAMENTO DA RECUPERAÇÃO JUDICIAL: TEMPO E PROCESSO | 587

Presentes os documentos exigidos, o juiz pode deferir o processamento da recuperação devendo no mesmo ato nomear AJ, determinar a dispensa de apresentação de certidões negativas para o exercício das atividades do devedor, praticar atos acautelatórios como ordenar a suspensão de ações e execuções contra o devedor[16]. Um dos efeitos do deferimento do processamento é a anotação da recuperação no Registro Público de empresas, bem como a obrigatoriedade de o devedor assinar os atos, contratos e demais documentos com o nome empresarial acrescido da expressão "em Recuperação Judicial"[17], após este aceite também não é possível desistir do processo sem que haja aprovação pela Assembleia Geral de Credores.

A *suspensão das ações e execuções (3)* que decorre do deferimento da recuperação judicial, tem como prazo inicial 180 dias, nos termos do art. 6º, § 4º, da Lei n. 11.101/2005, porém ganha com as alterações dadas pela Lei n. 14.112/2020, duas possibilidades de prorrogação, por igual período, sendo a primeira a critério do juiz e a segunda dos credores.

Esse período é denominado de *stay period*. Em linhas gerais, é neste período que deve ser realizada a verificação administrativa de créditos, a apresentação do Plano de Recuperação e a formação da Assembleia Geral de Credores e, se for o caso, concedida a recuperação. Vale ressaltar que, embora esta seja a regra, há situações em que a suspensão não ocorre[18], como no caso dos créditos não sujeitos à recuperação, as ações de busca e apreensão convertidas em depósitos, reclamações trabalhistas, ações fiscais[19] ou, ainda ações contra os coobrigados do devedor, como avalistas[20]. Afinal, o deferimento do processamento enseja a suspensão das execuções e não a extinção dela, ainda que o que se busque seja preservar a empresa. Ultrapassados os 180 dias, e suas possíveis prorrogações, retoma-se o curso das ações com objetivo de retirar da empresa devedora os bens, inclusive de capital, essenciais à sua atividade.

O instituto da *verificação de créditos e impugnações (4)* se constitui de procedimento que decorre naturalmente da suspensão das ações e execuções de sentença de decretação de falência, bem como da decretação de recuperação

---

[16]   Lei n. 11.101/2005, art. 52.

[17]   Lei n. 11.101/2005, art. 69.

[18]   Lei n. 11.101/2005, art. 52.

[19]   Lei n. 11.101/2005, art. 76.

[20]   I JORNADA DE DIREITO COMERCIAL: 43. A suspensão das ações e execuções previstas no art. 6º da Lei n. 11.101/2005 não se estende aos coobrigados do devedor.

588 RECUPERAÇÃO DE EMPRESAS E FALÊNCIA: DIÁLOGOS ENTRE A DOUTRINA E A JURISPRUDÊNCIA

judicial[21]. Nesse, estabelece-se o quadro geral de credores, na intenção de se identificar quais créditos estão sujeitos ao concurso de credores. É um instituto voltado para a legitimação de cada um dos credores que figuram em concurso[22]. Em oposição, a impugnação surge como ação incidental utilizada para questionar a legitimidade deste crédito, devendo ser peticionada no juízo recuperacional[23].

O *plano de recuperação judicial (5) é,* como bem coloca Rubens Approbato Machado, o "coração do processo de recuperação das empresas"[24]. Sua autoria é exclusiva da empresa devedora, deve convergir para que "os credores possam apreciar o plano de recuperação em assembleia de credores"[25]. A princípio, o plano de recuperação é imutável e o desvio de seus pactos poderá convolar a recuperação em falência, salvo hipóteses específicas de aditamento, dentro de certas condições econômico-financeiras, mediante a retificação pela AGC com exposição circunstanciada dos fundamentos[26]. Há o prazo de 60 dias, contados a partir da sentença de deferimento da recuperação judicial, para a apresentação do plano ao juízo responsável, devendo ser este plano único para todos os litisconsortes[27]. Assim, para além da descrição detalhada do plano, este deve apresentar a sua viabilidade econômica demonstrada[28].

O plano de recuperação judicial, antes de autoria exclusiva da empresa devedora, deve convergir para que "os credores possam apreciar o plano de recuperação em assembleia de credores"[29]. Há o prazo de 60 dias, contados a partir da decisão de deferimento da recuperação judicial, para a apresentação do plano ao juízo responsável, devendo ser este plano único, a depender da

---

21 AYOUB, Luiz Roberto; CAVALLI, Cássio. Op. cit., p. 159.

22 Ibidem, p. 159-160.

23 Com exceção da impugnação a crédito trabalhista. Cf.: AYOUB, Luiz Roberto; CAVALLI, Cássio. Op. cit., p. 195.

24 MACHADO, Rubens Approbato. Visão geral da Nova Lei 11.101, de 09 de fevereiro de 2005 que reforma o Decreto-lei 7.661, de 21.06.1945. (Lei de Falências) e cria o instituto da recuperação da empresa. In: MACHADO, Rubens Approbato. *Comentários à nova Lei de Falência e Recuperação de Empresas.* São Paulo: Quartier Latin, 2005. p. 37.

25 AYOUB, Luiz Roberto; CAVALLI, Cássio. Op. cit., p. 215.

26 COELHO, Fábio Ulhoa. *Comentários à Lei de Falência e Recuperação Judicial.* São Paulo: Saraiva, 2013. p. 241.

27 Idem, p. 216.

28 Idem, p. 218.

29 Idem, p. 215.

hipótese, para todos os litisconsortes[30]. Assim, para além da descrição detalhada do plano, este deve apresentar a sua viabilidade econômica demonstrada, bem como laudo econômico-financeiro[31]. Sobre os créditos trabalhistas, o plano não poderá prever prazo superior a 1 ano para o seu pagamento, com a exceção trazida pela nova legislação em relação aos casos: (i) de apresentação de garantias entendidas como suficientes pelo juízo responsável; (ii) aprovação pelos credores detentores destes créditos; e (iii) a garantia da integralidade do pagamento destes créditos. Nestas situações, estende-se o prazo para até 3 anos, porque o texto legal expressamente prevê o alongamento de dois anos, além do previsto no *caput* do art. 54 da LRF[32].

Quanto aos seus procedimentos, dentro do prazo de 30 dias, qualquer credor poderá manifestar as suas objeções ao juiz quanto ao plano de recuperação judicial[33]. Havendo tal objeção, o juiz deverá convocar a Assembleia Geral de Credores (AGC) para deliberar sobre o plano e, caso este seja rejeitado, o administrador judicial pautará na AGC a deliberação sobre a concessão de um prazo de 30 dias para a apresentação de novo plano por parte dos credores, a qual deve ser aprovada pela representação de mais da metade dos créditos *presentes* à AGC, a partir de requisitos taxados na reforma à Lei de Recuperação Judicial e Falências em seu art. 56, § 6º, da LRF. É um avanço ao se permitir maior participação no processo de reorganização. Caso não haja cumprimento, haverá a convolação da recuperação judicial em falência[34].

A atualização da LRF torna, também, mais clara a possibilidade do instituto do *dip finance*, que se traduz pela possibilidade de a empresa devedora tomar crédito e, em garantia, oferecer bens e créditos já ofertados. Isto se encontra, prioritariamente, na Seção IV-A do Capítulo III da lei (do art. 69-A ao art. 69-F).

O plano, por sua vez, poderá ser alterado, aprovado ou rejeitado a partir da *Assembleia Geral de Credores – AGC – (6)*, a qual é soberana[35]. A AGC figura, então, como um "órgão colegiado da recuperação judicial, com

---

[30] Idem, p. 216.

[31] Idem, p. 218. Também, cf. art. 53, LRF.

[32] Art. 54 e ss., LRF: "Art. 54. O plano de recuperação judicial não poderá prever prazo superior a 1 (um) ano para pagamento dos créditos derivados da legislação do trabalho ou decorrentes de acidentes de trabalho vencidos até a data do pedido de recuperação judicial".

[33] Art. 55 e ss., LRF.

[34] Art. 56 e ss., LRF.

[35] AYOUB, Luiz Roberto; CAVALLI, Cássio. Op. cit., p. 251.

atribuições consultivas e deliberativas"[36]. Fábio Ulhoa explica que a decisão assemblear é soberana, não podendo em regra ser alterada ou questionada pelo Judiciário, salvo em casos específicos de *abuso de direito, por exemplo de rejeição do plano pelo credor sem fundamentos*[37]. Entretanto, encontra seus limites na legalidade e nos seus procedimentos de deliberação, a despeito de sua soberania quanto ao plano de recuperação[38]. Aqui, vale uma crítica ao disposto no art. 39, § 6º, do referido diploma, ao tentar dispor em lei uma definição legal sobre o que é abuso. O direito se resolve no caso concreto, o que enseja a necessidade de que o Administrador judicial, que, na forma do art. 37 da lei, preside a Assembleia, exija a motivação dos votos eventualmente contrários à aprovação do plano. O abuso pode ocorrer de diversas formas e só poderá ser analisado através da sua fundamentação.

Uma outra inovação instituída pela reforma à LRF consta da possibilidade de se realizar a AGC por meio de um termo de adesão, bem como ter a sua votação em plataforma *on-line* e uma abertura para que outros meios e mecanismos, suficientemente[39] seguros. Assim, vê-se que a reforma busca dar uma maior aceitação às novas tecnologias que o Direito vem empregando.

Acompanha às reformas a possibilidade de que o quadro geral de credores seja formado com o julgamento das impugnações tempestivas e com as retardatárias, desde que até o momento de sua formação. Estas últimas, acarretam reserva de valor para o crédito discutido, e a recuperação judicial poderá ser encerrada, ainda que sem homologação do quadro geral de credores. Nestes casos, como em situações de ações incidentais de impugnação ou habilitação retardatária, observa-se o rito comum no prazo decadencial de 15 dias[40].

Cumpridas as exigências legais, o juiz concederá, nos termos do art. 58, o plano de recuperação aprovado pela AGC ou sem objeção dos credores, nos termos do art. 55 da LRF. A sentença judicial tem, portanto, a natureza de título executivo judicial[41].

Quanto ao *encerramento propriamente dito do processo de recuperação judicial* (7), o juiz determinará a manutenção do devedor em recuperação judicial, nos termos do art. 61 da LRF, até que sejam cumpridas todas as obrigações

---

[36]   Ibidem, p. 250.

[37]   COELHO, Fábio Ulhoa. Op. cit., p. 235.

[38]   Idem, p. 254.

[39]   Art. 39, § 4º e ss., LRF.

[40]   Art. 10 e parágrafos, LRF.

[41]   FAZZIO JÚNIOR, Waldo. *Lei de Falência e Recuperação de Empresas.* São Paulo: Atlas, 2008. p. 173.

previstas no plano que vencerem até o prazo máximo de dois anos depois de concedida a recuperação judicial[42]. Uma significativa alteração reside na modificação do texto do referido artigo ao deixar a critério do juiz o encerramento tão logo haja a homologação do plano, conforme se verá a seguir. Nesse período, os administradores, são mantidos na condução da atividade empresarial, sob a fiscalização do Comitê ou do administrador judicial[43].

A propósito, Manoel Justino Bezerra Filho destaca que é possível os pagamentos sejam feitos num intervalo superior ou inferior a estes dois anos[44]. Há efeitos diferentes, porém, para o descumprimento anterior ou posterior a este prazo. Nos termos do art. 61, § 1º, o descumprimento anterior ao prazo do plano acarretará a convolação da recuperação em falência. Nos termos do art. 62, depois desse prazo, o credor poderá ajuizar execução específica ou pedir a decretação da falência com base no art. 94[45-46].

Cabe destacar que juiz poderá decretar de ofício à falência, independente do pedido, durante o curso da recuperação judicial nas hipóteses do art. 73 e seus incisos, LRF[47], quais sejam: deliberação da AGC; não apresentação do plano de recuperação no prazo específico por lei; quando rejeitado o plano de recuperação judicial proposto pelos credores ou estes rejeitarem o plano proposto pelo devedor; e quando há o esvaziamento patrimonial do devedor. O efeito é que credores terão direitos e garantias reconstituídas nas condições originais, debitados os valores eventualmente recebidos durante a recuperação[48].

---

[42] LRF: "Art. 61. Proferida a decisão prevista no art. 58 desta Lei, o juiz poderá determinar a manutenção do devedor em recuperação judicial até que sejam cumpridas todas as obrigações previstas no plano que vencerem até, no máximo, 2 (dois) anos depois da concessão da recuperação judicial, independentemente do eventual período de carência".

[43] MARZAGÃO, Lídia Valério. A recuperação judicial. In: MACHADO, Rubens Approbato. *Comentários à nova Lei de Falência e Recuperação de Empresas*. São Paulo: Quartier Latin, 2005. p. 111.

[44] BEZERRA FILHO, Manoel Justino. *Nova Lei de Recuperação e Falências comentada*. São Paulo: RT, 2005. p. 172-173.

[45] COELHO, Fábio Ulhoa. Op. cit., p. 242.

[46] MARZAGÃO, Lídia Valério. A recuperação judicial. In: MACHADO, Rubens Approbato. *Comentários à nova Lei de Falências e Recuperação de Empresas*. São Paulo: Quartier Martin, 2005. p. 110.

[47] FAZZIO JÚNIOR, Waldo. *Lei de Falência e Recuperação de Empresas*. São Paulo: Atlas, 2008. p. 164.

[48] Em relação aos dois últimos itens, estes foram introduzidos pela lei de reforma à Lei de Recuperação Judicial e Falências.

Outra controvérsia dá-se em relação aos aspectos e procedimentos da recuperação judicial que ganham corpo nos tribunais, podendo ganhar destaques alguns exemplos para fins ilustrativos. Uma grande controvérsia acerca do procedimento de recuperação judicial diz respeito às possibilidades de o aditamento esticar o prazo de dois anos para o encerramento da recuperação judicial.

O STJ posicionou-se, a respeito da controvérsia, no REsp 1.853.477, de 5 de maio de 2020. O Min. Ricardo Villas Bôas Cueva relatou, em acórdão da Terceira Turma do órgão, que decidiu que aumento do prazo não é a regra, visto que não há uma ruptura propriamente dita na fase de execução, e, consequentemente, não haveria justificativa suficiente para se aumentar o prazo de dois anos (art. 61, LRF)[49].

Com base no que foi descrito acima, observa-se um panorama do que foi e do que a lei de reforma atualizou, em relação aos procedimentos de recuperação judicial. Merecem destaque, também, duas últimas alterações que inovam no cenário atual: agora, é possível que o Fisco peça a convolação da recuperação judicial em processo de falência, caso haja descumprimento no pagamento de parcelas[50]; e, também, há a possibilidade de cooperação judicial, através de institutos como a constrição de bens e a busca e apreensão, caso os credores não apresentem plano alternativo no prazo de 30 dias[51].

Nesse ponto referente ao fisco, como o tema dele se distancia, fica o registro de que esse "empoderamento do fisco", que não participa do processo de reorganização empresarial, poderá acarretar a quebra de agentes econômicos, acabando por maltratar o interesse público o que, por certo, despertará a atenção do egrégio Superior Tribunal de Justiça.

No próximo tópico, veremos como estes institutos e suas alterações e atualizações se dinamizam, a partir das análises internacionais, por meio do *Doing Business*. Com base nestes indicadores, que serão apresentados, é possível fazer certas estimativas das mudanças positivas perpetradas pela nova legislação.

---

[49] STJ, 3ª Turma, REsp 1.853.347/RJ (2019/0206278-0), Min. Ricardo Villas Bôas Cueva, 05.05.2020.

[50] Art. 10-A, § 4º-A, IV, LRF.

[51] Art. 6º, § 4º-A, LRF.

4. O TEMPO DE HOMOLOGAÇÃO DO PROCEDIMENTO DE RECUPERAÇÃO JUDICIAL E O RISCO BRASIL

François Ost define o tempo como uma "instituição social", que transcende a experiência física. O autor adota três teses a respeito do seu significado, segundo as quais o tempo é (i) uma experiência psíquica; (ii) um discurso performativo que dá sentido à vida em sociedade; e (iii) um conjunto de interações dialéticas que determina a força instituinte do direito[52].

Em uma análise econômica do direito do tempo do procedimento da recuperação judicial, pensar o tempo como esta "instituição social" significa pensá-lo não apenas a partir da perspectiva psicológica dos credores e devedores do "recuperando" (ou falido), mas como um conjunto de discursos e interações sociais que permitam que a vida da empresa ganhe sentido, preservando a sua função social, como determina o direito. A disciplina do tempo da recuperação judicial deve, portanto, gerar um processo de aprendizagem recíproca por meio dialógico, tendo em conta a memória do que ocorreu e as promessas de execução de um plano de recuperação judicial.

Para além de questões filosóficas sobre o tempo, cabe destacar que a razoável duração do processo é uma garantia aos direitos humanos fundamentais das pessoas, positivada no art. 8.1 da Convenção Americana de Direitos Humanos e no art. 5, LXXVII, introduzido pela E.C. b. 45/2004. Segundo Fabiana Splenger, há duas leituras dessa garantia: (i) tempo razoável como tempo legal; e (ii) tempo razoável como tempo médio. Confira-se:

> a – razoável duração do processo? Como deve ser interpretada essa expressão? A resposta poderia considerar duas hipóteses: – a) tempo razoável é o tempo legal, expressamente previsto na legislação processual; b) tempo razoável é o tempo médio efetivamente despendido no País, para cada espécie concreta de processo25. Nesses casos, a primeira opção reproduz um critério objetivo, sofrendo o desgaste de nem sempre existir, em cada etapa processual, tempo previamente definido em lei. Já a adoção da segunda hipótese traz a negativa da garantia constitucional, pois a média de duração dos processos no Brasil hoje se encontra muito acima do legal e do razoável[53].

---

[52]   OST, François. *O tempo do direito*. Editora Edusc, 2005. p. 12-13.

[53]   SPENGLER, Fabiana Marion. O tempo do processo e o tempo do processo e o tempo da mediação. *Revista Eletrônica de Direito Processual – REDP*, v. 8, n. 8, 2011.

Em relação ao tempo legal, já vimos no item anterior referente ao procedimento da recuperação judicial que o prazo para a finalização da mesma se dá, em linhas gerais, nos seguintes termos. Em primeiro lugar, há um prazo de 180 dias para a homologação do plano de recuperação judicial, ressalvada a possibilidade de prorrogação, sendo uma vez pelo juiz e uma vez pelos credores. Em segundo lugar, uma vez aprovado este plano, o processo de recuperação deve se encerrar em no máximo dois anos, conforme a legislação anterior. Portanto, o prazo máximo legal, se forem utilizadas todas as prorrogações, seria de cerca de três anos e meio.

Em relação ao tempo médio, é preciso levar em consideração indicadores de análises econômicas do direito já realizadas. O tempo médio brasileiro para a recuperação judicial costuma ser superior ao prazo legal e, ainda, superior à média dos países em desenvolvimento da América Latina. O descumprimento das promessas legais tende a depreciar a garantia da razoável duração do processo, assumida com a ratificação da CADH e na própria Constituição de 1988.

Por exemplo, a análise do ambiente de negócios realizada pelo Banco Mundial, intitulada *Doing Business*, busca mensurar a regulação e suas respectivas reformas. Realizada em cerca de 190 países, esta análise observa quatro áreas: (i) abrir um negócio; (ii) angariar crédito; (iii) tributação; e (iv) resolução de insolvência. Cabe uma avaliação preliminar de como as alterações legislativas recentes podem influenciar a pontuação dada para o Brasil neste último quesito.

Uma das métricas utilizada para fins de análise comparação neste estudo é o tempo médio necessário para fechar uma empresa insolvente. O Banco Mundial indica no *doing business* 2020 um período de quatro anos para os ambientes de negócio que analisa no Brasil[54], dado que se mantém desde 2007. O número é superior à média regional que é de 2,9 anos. Essa não mudança está longe de ser exclusividade nossa. Na edição 2020, destaca-se que dentre todas as áreas analisadas a menos reformada foi exatamente a que conta com essa métrica: a de resolução de insolvência, e em relação ao conjunto de medidas os países da América Latina e Caribe, pouco implementaram melhorias nos últimos dois anos, não tendo nenhuma das economias analisadas na região figurou entre os 10 com maiores melhorias no período.

É notório que as alterações regulatórias influenciam na escolha de se criar e formalizar negócios no país, como é possível perceber ao se debruçar sobre os números desta pesquisa para o país que embora tenha se iniciado

---

[54] Atualmente a análise se dá para São Paulo, desde 2004; e Rio de Janeiro, iniciado em 2014.

Cap. 42 • ENCERRAMENTO DA RECUPERAÇÃO JUDICIAL: TEMPO E PROCESSO | 595

no ano de 2004, apresenta dados como queda significativa entre os anos de 2006 para 2007, passando de 10 para 4 anos no tempo médio necessário para fechar uma empresa insolvente. O dado indica um possível reflexo da alteração legislativa de 2005 que introduz a opção da recuperação judicial com o objetivo, como destaca Luiz Roberto Ayoub, de "viabilizar uma negociação acerca do plano, e não para instaurar contencioso judicial"[55].

No entanto destaca-se que o custo % do valor da empresa para esse processo aumenta de 9 para 12%, entre esses mesmos anos, o que parece ser negativo se observado isoladamente. Porém entram em cena neste debate dos custos de falência[56], que podem ser classificados como: (i) custos *diretos* de falência; e (ii) custos *indiretos* de falência. Os primeiros, custos diretos, são aqueles mais objetivos e de fácil mensuração, sendo os custos administrativos do processo, como: honorários do Administrador Judicial, contador, advogado, taxas etc.; sendo somente estes analisados para composição deste percentual. Os custos indiretos, entretanto, são mais difíceis de serem delimitados: trata-se de custos de oportunidade, referentes à diminuição da produtividade, à redução de lucros, à perdas de oportunidades de investimentos, entre outras coisas[57]; de modo que quando essa análise se dá em conjunto com a redução em 6 anos do processo pode levar a um saldo positivo a depender das externalidades vigentes durante a resolução da insolvência.

As alterações recentes ainda não possuem efeitos mensuráveis, embora algumas apresentem elevado potencial para redução do tempo de resolução de insolvência e, consequentemente, do risco Brasil. Espera-se, contudo, uma redução do tempo do processo, o que tende a reduzir os custos em geral. Esse prognóstico se deve, principalmente, a inclusão da possibilidade de outras formas de votação pela Assembleia Geral de Credores; a possibilidade de encerramento do processo de recuperação judicial ainda que existam credores a ser incluídos no Quadro Geral de Credores; e a possibilidade de solicitação direta pelo Fisco de convolação da Recuperação em Falência. O processo torna-se mais eficiente, melhorando o ambiente de negócios no nosso país.

Além disso, outras alterações aumentam a margem de manobra das empresas para que se reestabeleçam e cumpram com seus compromissos,

---

[55] AYOUB, Luiz Roberto; CAVALLI, Cássio. Op. cit., p. 88.
[56] Essa nomenclatura se refere também aos custos, dentre outras situações, dos processos de recuperação judicial.
[57] JUPETIPE, Fernanda Karoliny Nascimento; MÁRIO, Poueri do Carmo. Um estudo sobre custos de falência: o caso da recuperação judicial da Varig S.A. *Pensar Contábil – CRCRJ*, Rio de Janeiro, v. 15, n. 57, p. 4-14, 2013.

como a regulamentação do *dip finance*, a possibilidade de prorrogação do *stay period* e a possibilidade de postergação de um para três anos do pagamento de créditos trabalhistas. Modificações essas que tendem a reduzir o custo indireto da insolvência, já que mantém a empresa em condições financeiras que permitam aproveitar oportunidades que levem a ganhos futuros.

Verifica-se com o levantamento dos números relativos às Recuperações Judiciais no país[58] que há um salto nos pedidos e consequentemente da quantidade de deferimentos entre os anos de 2014-2015, passando de 828 pedidos para 1287, e tem seu pico em 2016 com 1863 pedidos, um aumento de 225% em relação a 2014, mais que dobrando o número de empresas que optaram por esta saída para sua insolvência. É possível observar o panorama a partir de 2006[59] no gráfico a seguir:

Os dados relativos às recuperações judiciais não podem ser analisados de forma contextual descolados das informações de falências, a outra forma judicial prevista na legislação brasileira em vigor. Para tanto, optou-se por comparar a quantidade de pedidos realizados para as duas modalidades, conforme gráfico a seguir:

[58] Dados disponibilizados pela Serasa Experian. Disponíveis em: https://www.serasaexperian.com.br/conteudos/indicadores-economicos/. Análise dos autores.

[59] Embora a legislação atual tenha entrado em vigor no ano de 2005, 2006 é o primeiro ano no qual se tem 12 meses de dados, e por este motivo o ano inicial do comparativo.

Nota-se assim que há uma curva ascendente para as recuperações judiciais, em contraponto a uma queda nos pedidos de falência até o ano de 2015. Em seguida, os números da falência se aproximam da recuperação judicial consideravelmente, em especial nos anos de 2016 onde a diferença é de apenas 11. Pela primeira vez, o quantitativo de pedidos de recuperação judicial foi maior do que o de falências. No ano de 2019, quando a diferença entre os dois é de 30, pendendo neste ano para as falências. É no ano de 2020 que os pedidos de Recuperação Judicial superam consideravelmente o número de pedidos de falência, sendo 207 pedidos a mais, e sendo o primeiro ano que essa mudança pode ser notada no gráfico.

Esta tendência pode se justificar, ao menos parcialmente, pela construção de entendimentos em relação à Lei n. 11.101/2005 desenvolvida a partir do corpo jurisprudencial[60], tal como pela difusão do instituto e percepção pelos operadores do direito da efetivação do princípio norteador da Lei de Recuperação e Falências, a preocupação com a função social das empresas.

5. OS CASOS VARIG, OGX E OI EM UMA BREVE ANÁLISE ECONÔMICA DA RAZOÁVEL DURAÇÃO DO PROCEDIMENTO DE RECUPERAÇÃO JUDICIAL

Há três casos paradigmáticos envolvendo recuperação judicial, envolvendo grupos Varig, OGX e Grupo Oi. A análise deles terá como recorte apenas o tempo de duração de cada um deles, tendo em consideração o intervalo entre a homologação do plano de recuperação e o encerramento do processo, nos termos dos arts. 58 e 61 da LRF.

O objetivo da análise é apreciar em que medida é possível aferir se há uma violação à garantia convencional e constitucional da razoável duração do processo, dentro da perspectiva apresentada anteriormente. Isso é particularmente importante, tendo em vista que a maior duração tende a ampliar os custos dos quais os objetos estão envolvidos, e nas etapas do procedimento judicial, como forma de elucidar o cenário nacional em face aos indicadores econômicos do *Doing Business*.

---

[60] Cf. o destaque dado aos precedentes pelo novo CPC em seu "Art. 926. Os tribunais devem uniformizar sua jurisprudência e mantê-la estável, íntegra e coerente. § 1º Na forma estabelecida e segundo os pressupostos fixados no regimento interno, os tribunais editarão enunciados de súmula correspondentes a sua jurisprudência dominante. § 2º Ao editar enunciados de súmula, os tribunais devem ater-se às circunstâncias fáticas dos precedentes que motivaram sua criação". Assim como na LINDB, em seu art. 4º, "Quando a lei for omissa, o juiz decidirá o caso de acordo com a analogia, os costumes e os princípios gerais de direito".

598 | RECUPERAÇÃO DE EMPRESAS E FALÊNCIA: DIÁLOGOS ENTRE A DOUTRINA E A JURISPRUDÊNCIA

Para tanto, o presente item se desdobrará em dois eixos centrais. O primeiro eixo é mais descritivo no qual os casos são apresentados, sublinhando os marcos temporais. O segundo é mais analítico, uma vez que se parte dos parâmetros jurisdicionais sobre a razoável duração do processo para verificar se o tempo médio da recuperação judicial para além do descumprimento dos prazos legais chega a afetar a garantia convencional e constitucional.

Passemos aos casos nesta apresentação descritiva do primeiro eixo.

A **Varig** entrou com pedido de recuperação judicial em 17.06.2005, devido às suas dificuldades financeiras representadas numa dívida de cerca de 10 bilhões de reais. Trata-se do *leading case* relativo à aplicação da Lei de Recuperação Judicial e Falência, Lei n. 11.101/05 (LRF). O plano de recuperação foi aprovado em Assembleia Geral de Credores (AGC) no dia 19.12.2005 e, em 28 de dezembro do mesmo ano, foi concedida a recuperação judicial, tendo transcorrido cerca de nove dias entre a sua aprovação e a sua homologação judicial. As informações constam nos autos do Processo n. 0071323-87.2005.8.19.0001 no TJRJ.

Em relação ao caso, nas palavras de Luiz Roberto Ayoub, juiz da 1ª Vara Empresarial da Comarca do Rio de Janeiro responsável pelo caso, e Cássio Cavalli:

> O caso Varig foi um dos primeiros grandes casos de recuperação judicial no Brasil a enfrentar a interpretação do art. 60, parágrafo único da LRF. Em seu plano, havia a previsão de alienação de unidades produtivas isoladas. Os potenciais compradores dos ativos operacionais da Varig, entretanto, encontravam-se em um cenário de incerteza institucional, ante o fato de que não sabiam se haveria ou não sucessão no passivo trabalhista caso adquirissem unidades produtivas da Varig[61].

A propósito, o então juiz Luiz Roberto Ayoub, ao decretar em sentença pelo encerramento da recuperação judicial da empresa no dia 01.09.2009, entendeu pelo cumprimento do plano de recuperação dentro do prazo estipulado nos moldes do art. 63, LRF.

---

[61] AYOUB, Luiz Roberto; CAVALLI, Cássio. Op. cit., p. 236-237. De mesmo modo, também conferir: ALVES, Alexandre Ferreira Assumpção; SILVA, Priscilla Menezes da. Reflexões sobre o princípio da otimização dos ativos na Lei n. 11.101/05. Disponível em: http://www.publicadireito.com.br/artigos/?cod=b-0263bc40e0ff50f.

Cabe observar que, a concessão da recuperação judicial (28.12.2005) e o encerramento da recuperação (01.09.2009) transcorreu cerca de 3 anos e 8 meses, o que se encontra inferior à média geral de duração de 4 anos do procedimento de recuperação brasileiro, segundo os dados levantados pelo *doing business*. Por outro lado, o cumprimento das obrigações previstas no plano ultrapassou o prazo máximo de dois anos, idealizado pela LRF em seu art. 61[62-63], ao se considerar à legislação em vigor à época.

A empresa petrolífera **OGX**, que, posteriormente, veio a se chamar *Óleo e Gás Participações* teve o seu procedimento de recuperação judicial tramitando no processo de número 0377620-56.2013.8.19.0001, na 4ª Vara Empresarial do Tribunal de Justiça do Rio de Janeiro. A empresa lutava para se reestruturar de uma dívida de aproximadamente 13,8 bilhões de reais[64].

Em termos temporais, a recuperação judicial teve início em 30.10.2013 e o plano foi aprovado pela Assembleia Geral em 03.06.2014. O juiz concedeu a recuperação em 13.06.2014 e a encerrou em 02.08.2017.

Entre a aprovação pela AGC (03.06.2014) e a concessão pelo juízo (13.06.2014), transcorreu em apenas 10 dias. O tempo entre essa concessão e o encerramento (02.08.2017) foi de cerca de 3 anos e 2 meses. Como se pode perceber, o tempo é inferior à média brasileira apontada pelo *doing business de 4 anos*, mas ainda é superior aos 2 anos idealizados pelo art. 61 da LRF[65-66].

---

[62] Conforme nova redação, instituída pela Lei n. 14.112/2020: "Art. 61. Proferida a decisão prevista no art. 58 desta Lei, o juiz poderá determinar a manutenção do devedor em recuperação judicial até que sejam cumpridas todas as obrigações previstas no plano que vencerem até, no máximo, 2 (dois) anos depois da concessão da recuperação judicial, independentemente do eventual período de carência".

[63] Para mais detalhes sobre o procedimento de recuperação judicial, cf. AYOUB, Luiz Roberto; CAVALLI, Cássio. Op. cit., p. 302 e ss.

[64] Cf. EXAME. OGX, de Eike, encerra recuperação judicial. 2017. Disponível em: https://exame.com/negocios/ogx-de-eike-encerra-recuperacao-judicial/. Acesso em: 28 jan. 2021.

[65] Conforme nova redação, instituída pela Lei n. 14.112/2020: "Art. 61. Proferida a decisão prevista no art. 58 desta Lei, o juiz poderá determinar a manutenção do devedor em recuperação judicial até que sejam cumpridas todas as obrigações previstas no plano que vencerem até, no máximo, 2 (dois) anos depois da concessão da recuperação judicial, independentemente do eventual período de carência".

[66] Para mais detalhes sobre o procedimento de recuperação judicial, cf. AYOUB, Luiz Roberto; CAVALLI, Cássio. Op. cit., p. 302 e ss.

A questão da aprovação do plano em AGC foi utilizada pelo juízo competente para confrontar pontos questionados pelo Ministério Público[67]. Não seria, portanto, função do MP, mas, apenas da AGC ter domínio sobre a viabilidade financeira do plano de recuperação judicial, tendo esta sua autonomia quanto ao plano.

O **Grupo Oi** teve seu pedido de recuperação judicial tramitando no Processo n. 0203711-65.2016.8.19.0001 pela 7ª Vara Empresarial da Comarca da Capital do Rio de Janeiro após acessar à justiça para requerer a recuperação judicial, a partir da Lei n. 11.101/2005. Trata-se de um dos maiores processos de recuperação judicial da história brasileira[68-69]. Em termos financeiros, o Grupo Oi consta com a dívida de 64 bilhões de reais, além de 55 mil credores.

Em termos temporais, o pedido foi deferido no dia 29.06.2016 e a aprovação na AGC se deu em 19.12.2017. O juiz concedeu a recuperação em 05.02.2018. Posteriormente, houve um aditamento ao plano em 14.09.2020, cuja concessão do juiz se deu em 06.10.2020[70]. Ainda não há sentença encerrando o processo de recuperação judicial, embora uma estimativa seja que isso ocorra em outubro de 2021, tendo em vista o prazo de 12 meses fixado pelo juízo para o encerramento do mesmo em 05.10.2021[71].

Entre o pedido inicial (29.06.2016) e a concessão do juiz (05.02.2018), transcorreram cerca de um ano e sete meses. Entre a homologação pela AGC (19.12.2017) e a concessão pelo juízo (05.02.2018), deu-se 1 mês e 17 dias. Entre a concessão do juiz (05.02.2018) e o possível encerramento (05.10.2021), o que totalizaria um lapso temporal de cerca de 3 anos e 8 meses.

---

[67] Cf.: G1. Justiça aprova plano de recuperação judicial da OGX, de Eike Batista. 2014. Disponível em: http://g1.globo.com/economia/negocios/noticia/2014/06/justica-aprova-plano-de-recuperacao-judicial-na-ogx.html. Acesso em: 28 jan. 2021.

[68] Como se confere, por exemplo, em seguinte notícia: JUIZ homologa plano de recuperação judicial da Oi. 2020. Disponível em: https://www.conjur.com.br/2020-out-06/juiz-homologa-plano-recuperacao-judicial-oi#:~:text=Com%2055%20mil%20credores%2e,com%20R%24%2083%20bilh%C3%B5es). Acesso em: 6 out. 2020.

[69] Para além disso, tal processo é relativo às empresas Oi S.A., Telemar Norte Leste S.A., Oi Móvel S.A., Copart 4 Participações S.A., Copart 5 Participações S.A., Portugal Telecom International Finance B.V. e Oi Brasil Holdings Coöperatief U.A.

[70] A proposta de aditamento buscou entre outras coisas, criar unidades produtivas isoladas para alienação (UPI) e, assim, melhorar o pagamento dos credores.

[71] Cf.: AMARAL, Bruno. *Juiz homologa aditivo ao plano da RJ da Oi.* 2020. Disponível em: https://teletime.com.br/06/10/2020/juiz-homologa-aditivo-ao-plano-da-rj-da-oi/. Acesso em: 6 out. 2020.

Novamente, como se pode perceber, vale registrar que se trata de um tempo inferior à média brasileira geral, mas um prazo ainda superior aos dois anos idealizados pelo art. 61 da LRF[72-73].

Empresa	Tempo da recuperação judicial[74]
Varig	3 anos e 8 meses
OGX	3 anos e 2 meses
OI	3 anos e 8 meses

Passemos, neste momento, da etapa descritiva para o eixo analítico.

Preliminarmente, porém, é preciso esclarecer quais são os padrões jurisprudenciais para aferir se houve ou não descumprimento da garantia da razoável duração do processo. Os parâmetros para tal aferição foram reconhecidos, por exemplo, no caso *Sétimo Garibaldi vs. Brasil* (2009), da Corte Interamericana de Direitos Humanos[75], no qual as violações aos direitos humanos de um único trabalhador rural ligado ao Movimento dos Trabalhadores Sem Terra (MST), ocorreu na frente de muitas testemunhas, com colaboração das partes para o desfecho das investigações, embora com inúmeras falhas na investigação e na condução do processo que levaram à condenação do Brasil por violar a razoável duração assegurada pelos arts. 8º e 25 da CADH[76-77].

---

[72] Conforme nova redação, instituída pela Lei n. 14.112/2020: "Art. 61. Proferida a decisão prevista no art. 58 desta Lei, o juiz poderá determinar a manutenção do devedor em recuperação judicial até que sejam cumpridas todas as obrigações previstas no plano que vencerem até, no máximo, 2 (dois) anos depois da concessão da recuperação judicial, independentemente do eventual período de carência".

[73] Para mais detalhes sobre o procedimento de recuperação judicial, cf. AYOUB, Luiz Roberto; CAVALLI, Cássio. *A construção jurisprudencial da recuperação judicial de empresas*. Rio de Janeiro: Forense, 2013. p. 302 e ss.

[74] O tempo foi calculado, considerando o intervalo entre a homologação do plano pela AGC, concedida pelo juiz, e o encerramento do processo.

[75] "133. (...) A falta de razoabilidade no prazo para o desenvolvimento da investigação constitui, em princípio, por si mesma, uma violação das garantias judiciais. Nesse sentido, a Corte tem considerado quatro elementos para determinar a razoabilidade do prazo: a) complexidade do assunto, b) atividade processual do interessado, c) conduta das autoridades judiciais, e d) o efeito gerado na situação jurídica da pessoa envolvida no processo". Cf.: CORTE IDH. *Caso Sétimo Garibaldi vs. Brasil*. Sentença de 23 de setembro de 2009 – Exceções Preliminares, Mérito, Reparações e Custas, p. 37-38, §133.

[76] CORTE IDH. *Caso Sétimo Garibaldi vs. Brasil*. Op. cit., p. 39, §140.

[77] CORTE IDH. *Caso Sétimo Garibaldi vs. Brasil*. Op. cit., p. 37-39, §§133-141.

De forma mais objetiva, a Corte IDH reconheceu quatro parâmetros para aferir à violação à razoável duração do processo[78]: (i) a complexidade do assunto; (ii) a atividade processual do interessado; (iii) conduta dos membros judiciais; e (iv) os efeitos que a decisão judicial gera na situação jurídica dos envolvidos[79-80].

A *complexidade do assunto* tratado configura-se nas situações fáticas que envolvem o caso. Vitor Fonsêca destrincha esse em cinco outros critérios para verificação deste parâmetro: complexibilidade probatória; pluralidade dos sujeitos processuais ou vítimas; tempo transcorrido desde a violação inicial ao direito; se houve obstrução de prova; e, aspectos relativos à tecnicidade do processo[81]. Presentes tais critérios, pode-se medir este primeiro parâmetro da razoável duração processual.

A *atividade processual do interessado* é relativa aos atos e omissões processuais que obstruem ou prolongam o processo, por parte da própria parte autora – no processo civil – quanto da vítima – num processo criminal. Se estas ações ou omissões se encontram presentes, e o processo "demora", não se considera que não houve uma duração razoável ou que tal seja culpa exclusiva do Estado. Ao contrário, um processo razoável em duração é aquele que tais situações não se encontram presentes por parte dos interessados[82].

A *conduta das autoridades jurídicas* é o parâmetro relativo aos próprios membros do Judiciário, se estes atuam com diligência e celeridade, ou não. Entende-se, assim, que algumas irregularidades e falhas do próprio sistema de justiça, como uma sobrecarga de trabalho dos juízes e elevado número

---

[78] FONSÊCA, Vitor. *Processo civil e direitos humanos*. São Paulo: Thomson Reuters, 2018. p. 43.

[79] Sobre esta questão, o quarto elemento surgiu na doutrina processualista em termos mais recentes, a partir de 2008. Cf.: HITTERS, Juan Carlos; FAPPIANO, Oscar L. *Derecho internacional de los derechos humanos*. Buenos Aires: Ediar, 2012. p. 495.

[80] "A respeito da quantificação do que seria um prazo razoável, o Tribunal estabeleceu que a razoabilidade deve ser apreciada em relação à duração total do procedimento, incluindo os recursos eventualmente apresentados, até que seja proferida sentença definitiva que esgote a jurisdição". Cf.: FREITAS, Thamar de Simone Cavalieri. Artigo 8 – Garantias Judiciais. In: LEGALE, Siddharta; VAL, Eduardo Manuel; VASCONCELOS, Raphael; GUERRA, Sidney. *Comentários à Convenção Americana de Direitos Humanos – Pacto de São José da Costa Rica*. Curitiba: Instituto Memória, 2019. p. 96 e ss.

[81] FONSÊCA, Vitor. *Processo civil e direitos humanos*. São Paulo: Thomson Reuters, 2018. p. 43-44.

[82] FONSÊCA, Vitor. Op. cit., p. 45.

de processos, acabam por estender o processo sem a necessidade para tal, tornando o processo por demais prolongado[83].

Os *efeitos da duração do processo sobre os envolvidos* são o parâmetro relativo à situação dos interessados em razão do processo. Entende-se que certos casos necessitam de uma celeridade maior que outros. Por exemplo: uma criança, com necessidades relativas à sua saúde em urgência, à espera de uma indenização, não pode esperar o mesmo tempo que um processo que não exija uma resposta mais imediata do Judiciário[84].

Tomando por base cada um dos critérios, é possível apresentar as seguintes observações.

Quanto à complexidade do assunto, é inegável que a recuperação judicial de empresas do porte de uma Varig, OGX ou OI são extremamente complexas, dada a importância e tamanho de cada uma delas para o transporte aéreo, para a área de petróleo e para as telecomunicações. No caso da OGX, essa complexidade pode ser ilustrada com a necessidade da busca de créditos para auxiliar na recuperação no exterior do país, o que impacta no tempo. No caso da Oi, houve uma variedade de credores, pulverizados a demandar soluções negociadas por meio de mediações/conciliações, o que também impactou inegavelmente no tempo.

Quanto à atividade processual do interessado, cabe tecer considerações pontuais no sentido de que, nos casos Varig e OGX, o plano de recuperação judicial foi aprovado nos 180 dias, enquanto, no caso Oi, houve um pedido de aditamento do plano que pode ter interferido de algum modo no prazo da recuperação.

Quanto à conduta dos membros judiciais, cabem duas observações. A primeira é que o intervalo entre a aprovação do plano e a concessão da pelo juiz foi de 9 dias no caso da Varig, da OGX de 10 dias e Grupo Oi de 1 mês e 17 dias. O tempo de deferimento da recuperação, portanto, é bastante rápido nos casos paradigmáticos, sendo o primeiro caso da Varig o mais célere entre os três.

A segunda diz respeito ao intervalo de tempo entre a concessão da recuperação e efetivo encerramento do mesmo. De um lado, o prazo legal do art. 61 da Lei n. 11.101/2005 da LRF, dispõe que será de no máximo de dois anos. De outro, o tempo médio costuma ser superior a isso em cerca de 1 ano e meio. Por exemplo, no caso Varig, foi de 3 anos e 8 meses; no da OGX, de 3 anos e 2 meses; e no do Grupo OI de 3 anos e 8 meses. Esse intervalo é

---

[83] FONSÊCA, Vitor. Op. cit., p. 46.
[84] FONSÊCA, Vitor. Op. cit., p. 47.

superior não só ao prazo legal, mas à média latino-americana que tem sido de 2,9 anos, segundo os indicadores do *Doing Business*.

Quanto aos efeitos que a decisão judicial gera na situação jurídica dos envolvidos, cabe destacar que a permanência para além do prazo legal e acima da média latino-americana gera efeitos jurídicos nas esferas dos envolvidos, como, por exemplo, gastos no pagamento dos honorários dos administradores judiciais e dos contadores. Há outros efeitos decorrentes da ausência de recuperação judicial que não serão pontuados.

A despeito do prazo médio ser superior ao legal, compreender as razões para tanto demandaria uma análise substantiva e casuística que suplantaria o escopo do presente artigo para determinar individualmente do que decorreu esse descumprimento do prazo máximo de dois anos, se a um comportamento do juiz, se a um comportamento dos credores ou se ao comportamento das empresas em recuperação judicial. Seja como for, a complexidade dos casos e o comportamento judicial proativo, em especial na fase do deferimento inicial da recuperação, militam a favor de uma posição de que não houve uma violação do núcleo essencial da garantia da razoável duração do processo.

Não parece absurdo, a partir do princípio da proporcionalidade, tolerar o descumprimento do prazo máximo legal de dois anos do art. 61 da LRF em cerca de um ano e meio do prazo máximo, se levarmos em consideração a fórmula de peso da proporcionalidade[85], corrobora-se esta posição, lembrando, porém, que sob a "batuta" judicial, será definido se o prazo de monitoramento será mantido, conforme a lei hoje em vigor.

O peso abstrato da manutenção da função social da empresa é maior do que a satisfação irrestrita de credores que poderiam exterminá-la sem a continuidade da mesma e, ainda, sem uma satisfação ótima de todos os credores envolvidos.

O grau de restrição dos direitos em cerca de um ano e meio é pequena face às justificativas oferecidas pela complexidade envolvida.

As premissas empíricas, levantadas a partir dos indicadores do *Doing Bussiness*, revelam que, na prática, a média desses três casos (3 anos e meio) é superior em cerca de apenas 7 meses à média latino-americana (2,9 anos).

Ainda assim, o estado ideal a ser alcançado pela razoável duração do processo demanda que procuremos estratégias para reduzir o tempo médio de duração dos processos de recuperação judicial. Contudo, trata-se uma

---

[85] Sobre a estrutura interna da proporcionalidade, cf. ALEXY, Robert. Epílogo a la teoría de los derechos fundamentales. *Revista Española de Derecho Constitucional*, Año 22, núm. 66, Septiembre-Diciembre 2002.

possibilidade de resolução por meio de políticas públicas de administração judicial e não, pura e simplesmente, por posturas de condenação por violação do mesmo.

Por fim, vale destacar que, a partir de cada um dos casos paradigmáticos relativos à recuperação judicial e aplicação da LRF, tem ocorrido um aprendizado sobre as possibilidades dos institutos legais. O caso Varig como *leading case* que "deu vida" à LRF. O caso OGX reconheceu a autonomia da AGC na aprovação, rejeição ou alteração do plano de recuperação. O caso do Grupo Oi trouxe inovações, como a utilização da mediação/conciliação extrajudicial, homologada em 17.12.2018 pelo juízo recuperacional, cuja finalidade foi de buscar maior celeridade às resoluções das controvérsias relativas aos créditos que sofreram habilitação retardatária e incidentes de impugnação. Por exemplo, a Caixa Econômica Federal (CEF), o Itaú Unibanco, o Banco do Brasil, entre outros ingressaram no processo de solução amigável com o Grupo Oi[86].

A tendência, portanto, em que pese o fato de todos terem ultrapassado o prazo legal de no máximo dois anos, parece ser uma melhoria incremental da duração do mesmo em função das inovações legais e da implementação das mesmas decorrentes de cada um dos processos de recuperação judicial.

Veja-se, portanto, que a jurisprudência, que se tornou maior do que a própria lei, será responsável por definir o tempo razoável para a duração do monitoramento do processo, cabendo ao magistrado, na nova redação legal, definir se a sua fiscalização deverá ser mantida, ou não. Cada caso difere do outro e essa verificação não se dará em abstrato, mas sim a depender do caso concreto. Certo, porém, que quanto mais célere o encerramento do processo, melhor a pontuação no tocante à ambiência para negócios no país.

6. APONTAMENTOS FINAIS

Em desfecho, é possível compendiar as principais conclusões do presente artigo nas seguintes formulações sintéticas:

1. O moderno *Law and economics* não é centrado somente nas regulações diretas ao mercado, mas também um segundo que considera a regulação para além do mercado e seu impacto econômico, considerando aspectos do desenvolvimento humano a partir de elementos como (*i*) discriminação; (*ii*) teoria da firma; (*iii*) responsabilidade civil; (*iv*) teoria do direito; e (*v*) instituições.

---

[86] Cf. AJWALD – ADMINISTRAÇÃO JUDICIAL. *Recuperação Judicial Oi*. Disponível em: https://recuperacaojudicialoi.com.br/. Acesso em: 10 nov. 2020.

2. A Lei n. 11.101/2005 promoveu uma mudança de mentalidade em relação ao Decreto-lei n. 7.661/1945. A transição realizou uma transformação da concordata, que visava mera satisfação dos credores por meio da liquidação de bens, para uma com foco na função social da empresa através da recuperação judicial. A Reforma introduzida pela Lei n. 14.112/2020 deu continuidade a tal perspectiva para que a preservação da empresa contribua o desenvolvimento socioeconômico, o que está em mais sintonia com a evolução doutrinária do *law and economics* em sua acepção mais moderna.

3. O procedimento de recuperação judicial pode ser descrito nas seguintes sete fases: (1) a postulação da recuperação judicial; (2) o deferimento do seu processamento; (3) a suspensão das ações e execuções; (4) a verificação dos créditos e impugnações; (5) o plano de recuperação; (6) a assembleia geral de credores; e (7) o prazo para o seu encerramento.

4. Os casos paradigmáticos para compreensão destas fases do processo de recuperação judicial no Brasil envolveram os grupos empresariais Varig, OGX e Grupo Oi. O intervalo de tempo entre a concessão do juiz e o encerramento da recuperação judicial foi o seguinte: no caso Varig, 3 anos e 8 meses; no da OGX, 3 anos e 2 meses; e, no do Grupo OI, 3 anos e 8 meses. Entender sob bases empíricas o que efetivamente ocorre – e não apenas o que o legislador idealizou para o prazo máximo de encerramento da recuperação judicial – é uma forma de realizar uma análise econômica do direito, uma vez que quanto maior a duração, maiores tendem a ser os custos para a empresa e para o desenvolvimento econômico e social.

5. A análise econômica especificamente da duração do processo de recuperação judicial desses três casos paradigmáticos revelou o descumprimento, em todos eles, do prazo máximo de dois anos entre a concessão da recuperação e o seu encerramento, previsto no art. 61 da LRF, consoante a Lei n. 11.101/2005. Ultrapassa-se este, geralmente, em um ano e meio. Em confronto com a média latino--americano, listada pelo *Doing Business*, de 2,9 anos, verificou-se que o tempo médio no Brasil é superior em cerca de 7 meses. A complexidade dos casos e o comportamento judicial proativo, em especial na fase do deferimento inicial da recuperação, militam a favor de uma posição de que não houve uma violação do núcleo essencial da garantia da razoável duração do processo.

O estado ideal a ser alcançado pela razoável duração do processo de recuperação judicial demanda estratégias para reduzir o tempo médio de duração dos processos de recuperação judicial. Atingir padrões que coloquem o tempo de encerramento, pelo menos, dentro do tempo médio latino-americano de 2,9 anos tenderia a diminuir o risco Brasil e, consequentemente, atrair mais investimentos, o que promoveria desenvolvimento social e econômico.

Recomenda-se, por isso, fortemente, a formulação e implementação de políticas públicas que aprimorem a administração do processo de recuperação judicial, de modo a reduzir o tempo e os custos da mesma. Afinal, não basta, pura e simplesmente, condenar a violação à razoável duração do processo. Parece que a nova redação do art. 61, da lei em comento, busca esse resultado e já podemos antever que vamos obter resultados positivos, embora o seu alcance só virá a ser conhecido após a experiência prática.

REFERÊNCIAS BIBLIOGRÁFICAS

AJWALD – ADMINISTRAÇÃO JUDICIAL. *Recuperação Judicial Oi.* Disponível em: https://recuperacaojudicialoi.com.br/. Acesso em: 10 nov. 2020.

ALEXY, Robert. Epílogo a la teoría de los derechos fundamentales. *Revista Española de Derecho Constitucional*, Año 22, núm. 66, Septiembre-Diciembre 2002.

ALVES, Alexandre Ferreira Assumpção; SILVA, Priscilla Menezes da. Reflexões sobre o princípio da otimização dos ativos na Lei n. 11.101/05. Disponível em: http://www.publicadireito.com.br/artigos/?cod=b0263bc40e0ff50f.

ALVISI, Edson; NUNES, Dones (orgs.) *Reforma à Lei de falência n. 11.101/2005*: comparativo e atualizações implementadas pela Lei nº 14.112 de 24 de dezembro de 2020. Rio de Janeiro: Instituto EDS, 2021.

AMARAL, Bruno. Juiz homologa aditivo ao plano da RJ da Oi. 2020. Disponível em: https://teletime.com.br/06/10/2020/juiz-homologa-aditivo-ao-plano-da-rj-da-oi/. Acesso em: 6 out. 2020.

AYOUB, Luiz Roberto; CAVALLI, Cássio. *A construção jurisprudencial da recuperação judicial de empresas*. Rio de Janeiro: Forense, 2013.

COASE, Ronald H. The nature of firm. *Economica*, vol. 4, issue 16, 1937.

COELHO, Fábio Ulhoa. *Comentários à Lei de Falência e Recuperação Judicial*. São Paulo: Saraiva, 2013.

EXAME. OGX, de Eike, encerra recuperação judicial. 2017. Disponível em: https://exame.com/negocios/ogx-de-eike-encerra-recuperacao-judicial/. Acesso em: 28 jan. 2021.

FAZZIO JÚNIOR, Waldo. *Lei de Falência e Recuperação de Empresas*. São Paulo: Atlas, 2008.

FONSÊCA, Vitor. *Processo civil e direitos humanos*. São Paulo: Thomson Reuters, 2018.

FREITAS, Thamar de Simone Cavalieri. Artigo 8 – Garantias Judiciais. In: LEGALE, Siddharta; VAL, Eduardo Manuel; VASCONCELOS, Raphael; GUERRA, Sidney. *Comentários à Convenção Americana de Direitos Humanos – Pacto de São José da Costa Rica*. Curitiba: Instituto Memória, 2019.

G1. Justiça aprova plano de recuperação judicial da OGX, de Eike Batista. 2014. Disponível em: http://g1.globo.com/economia/negocios/noticia/2014/06/justica-aprova-plano-de-recuperacao-judicial-na-ogx.html. Acesso em: 28 jan. 2021.

JUIZ homologa plano de recuperação judicial da Oi. 2020. Disponível em: https://www.conjur.com.br/2020-out-06/juiz-homologa-plano-recuperacao-judicial-oi#:~:text=Com%2055%20mil%20credores%20e,com%20R%24%2083%20bilh%C3%B5es). Acesso em: 6 out. 2020.

JUPETIPE, Fernanda Karoliny Nascimento; MÁRIO, Poueri do Carmo. Um estudo sobre custos de falência: o caso da recuperação judicial da Varig S.A. *Pensar Contábil – CRCRJ*, Rio de Janeiro, v. 15, n. 57, p. 4-14, 2013.

MACHADO, Rubens Approbato. Visão geral da nova Lei 11.101, de 09 de fevereiro de 2005 que reforma o Decreto-lei 7.661, de 21.06.1945. (Lei de Falências) e cria o instituto da recuperação da empresa. In: MACHADO, Rubens Approbato (coord.). *Comentários à nova Lei de Falência e Recuperação de Empresas*. São Paulo: Quartier Latin, 2005.

MARZAGÃO, Lídia Valério. A recuperação judicial. In: MACHADO, Rubens Approbato (coord.). *Comentários à nova Lei de Falência e Recuperação de Empresas*. São Paulo: Quartier Latin, 2005.

OST, François. *O tempo do direito*. Editora Edusc, 2005.

POSNER, Richard. A. Some Uses and Abuses of Economics in Law. *University of Chicago Law Review*, n. 46, 1979.

POSNER, Richard. *Direito, pragmatismo e democracia*. Trad. Teresa Dias Carneiro. Rio de Janeiro: Forense, 2010.

SUNSTEIN, Cass. *Why nudge?* The politics of libertarian paternalism. Yale University Press, 2012.

THALER, Richard; SUNSTEIN, Cass. *Nudge*: improving decisions about health, wealth and happiness. New Haven: Yale University Press, 2008.

ALIENAÇÃO DE ATIVOS NA FALÊNCIA E A REGULAÇÃO DOS PREÇOS NOS LEILÕES JUDICIAIS

43

ALIENAÇÃO DE ATIVOS NA FALÊNCIA E A REGULAÇÃO DOS PREÇOS NOS LEILÕES JUDICIAIS

MAURO MARTINS

Sumário: 1. Alterações da Lei n. 14.112/2020 – 2. Regulação dos preços: 2.1 Função da falência – 2.2 A Lei n. 11.101/2005, a preocupação sempre existiu – 2.2.1 Ativo alienado abaixo do valor de mercado (caso Natan Joias) – 2.2.2 Procrastinação na venda de ativos (caso Viagens Marsans) – 3. Conclusão – Referências bibliográficas.

Desde 1850, quando o Brasil editou a primeira legislação falimentar genuinamente nacional, a cada severa crise econômica vivenciada pela nação, identificou-se a necessidade de se aperfeiçoar os mecanismos de retorno do empresário insolvente ao mercado.

Assim foi com a crise do Encilhamento em 1889, quando o Decreto n. 917, de 1890, alterou o Código Comercial. Quando ocorreu o colapso do capitalismo, em 1929, período denominado de "Grande Depressão", aprimorou-se o processo falimentar com o Decreto n. 5.746, de 1929. Da mesma forma que, ao final da II Guerra Mundial, a falência do comerciante foi remodelada com a promulgação do Decreto-lei n. 7.661, de 1945.

A partir de 2020, a nação brasileira passou a viver uma crise sanitária sem precedentes, comparável apenas com a Gripe Espanhola de 1918. A economia, que já havia sentido abalos pela crise global de 2008 e pela crise do petróleo de 2014, sofreu severos danos com a pandemia causada pela Covid-19.

Faz tempo que os processos falimentares não são modelos de eficiência. As falências da Mesbla e Casas da Banha, Supermercados Disco, decretadas nas décadas de 1990 e 1980, após 30 anos ainda não tiveram desfecho.

As alterações da Lei n. 14.112/2020 tiveram o objetivo de reduzir o prazo entre a decretação e o encerramento da falência da sociedade empresária.

1. ALTERAÇÕES DA LEI N. 14.112/2020

A Lei n. 14.112/2020 trouxe alterações substanciais à realização de ativos nos processos de recuperação judicial e falência, objetivando conferir maior celeridade e desburocratizando a alienação, adotando, outrossim, medidas destinadas a consolidar o princípio da maximização dos ativos.

A realização de ativos está prevista no Capítulo V, Da falência, Seção X, Da Realização do Ativo, arts. 139 a 148 da LRF.

O administrador judicial deve arrecadar os bens do falido, LRF, art. 22, III, *f*, em ato contínuo à assinatura do termo de compromisso, LRF, art. 108. Doravante, antes de completar 60 dias do termo de nomeação o administrador judicial deve apresentar plano detalhado de realização dos ativos com a estimativa de tempo não superior a 180 dias a partir da juntada de cada auto de arrecadação, LRF, art. 99, § 3º.

Outra novidade trazida pela Lei n. 14.112/2020 é a penalidade que o administrador judicial sofrerá, caso não realize o ativo, após 180 dias da juntada do auto de arrecadação, hipótese na qual sofrerá a destituição.

A alteração impôs expressamente a realização dos ativos em 180 dias contados da arrecadação, LRF, art. 142, § 2º-A, IV, sob pena de destituição do administrador judicial, LRF, art. 22, III, *j*.

A destituição impossibilita o administrador judicial de atuar em outros processos por 5 anos, LRF, art. 30, além de não ter direito aos honorários do período trabalhado, LRF, art. 24 § 3º.

Até a alteração da Lei n. 14.112/2020, a destituição estava restrita aos casos de não apresentação de relatórios, LRF, art. 23, e outros casos de desobediência, negligência ou prática de ato lesivo às atividades do devedor ou a terceiros, LRF, art. 31.

Ainda que a Lei n. 11.101/2005 não previsse relação entre a alienação de ativos e a consolidação do quadro geral de credores, a Lei n. 14.112/20, mais uma vez deixou evidente a necessidade de presteza, LRF, art. 142, § 2º-A, II.

A celeridade do rito de realização dos bens do falido possui uma relação direta com a preservação do valor de mercado. A manutenção dos ativos nem sempre é tarefa simples para os administradores judiciais. Grande parte das falências não tem capacidade financeira suficiente para as despesas necessárias para a apropriada conservação.

Cap. 43 · ALIENAÇÃO DE ATIVOS NA FALÊNCIA E A REGULAÇÃO DOS PREÇOS NOS LEILÕES | 613

À guisa de ilustração, cabe citar o caso da disputa da propriedade do campus do centro universitário da Lagoa (antiga UniverCidade) e o campus da universidade de Piedade (antiga Gama Filho) no processo falimentar da Galileo autuado sob o nº 0105323-98.2014.8.19.0001.

A imprensa noticia constantemente a deterioração dos imóveis. Ocorre que a manutenção deles é dispendiosa para as forças financeiras da Massa, além do fato da legitimidade da propriedade ainda estar em discussão no juízo falimentar, circunstâncias impeditivas da sua alienação.

Diante desse cenário, ainda que os administradores judiciais busquem a sua conservação contratando vigias, acompanhando a sanitização pela vigilância sanitária e fazendo reparos pontuais, entre outras medidas, não se afiguram as mesmas suficientes para a completa preservação dos imóveis.

Na linha da celeridade, foi preservada a orientação da alienação, preferencial, da empresa em bloco. Se não for possível, em filiais ou unidades produtivas e, na sua impossibilidade, da realização dos bens em bloco e por fim, individualmente, LRF, art. 140.

A orientação, além de estar em linha com o princípio da celeridade, preserva o valor dos ativos intangíveis não escriturados no Balanço Patrimonial. Por regra contábil, os ativos desenvolvidos *indoor* são de difícil escrituração pela falta do título aquisitivo (nota-fiscal, contrato etc.). Logo, o fundo de comércio, por exemplo, dificilmente conseguirá ser objeto de realização, leilão, individualmente.

Se a atividade empresarial for alienada em bloco, os intangíveis estarão "embutidos", o que potencializará o preço que será aproveitado pelos credores.

Permaneceu a previsão de que "o objeto da alienação estará livre de qualquer ônus e não haverá sucessão do arrematante nas obrigações do devedor, inclusive as de natureza tributária, as derivadas da legislação do trabalho e as decorrentes de acidentes de trabalho", LRF, art. 141, II.

O dispositivo nem seria necessário, pois os credores tributários, derivados da legislação do trabalho e outros já estão listados no concurso de credores (LRF, art. 83) ou são extraconcursais e devem receber na ordem da LRF, art. 84. Mas, manteve-se o disposto na LRF, art. 141, II, com o escopo de evitar insegurança jurídica, especialmente nas obrigações *propter rem*, o que estimula a competição pela aquisição dos ativos.

Neste contexto, há novidades, como se verifica na LRF, art. 60-A, sendo certo que a inclusão ratifica o respeito à alienação de ativos sem ônus que "poderá abranger bens, direitos ou ativos de qualquer natureza, tangíveis ou intangíveis, isolados ou em conjunto, incluídas participações dos sócios".

A Lei 14.112/2020 eliminou a previsão do art. 142 que previa três modalidades de realização do ativo: leilão, por lances orais; propostas fechadas; pregão.

A mais popular, leilão, foi mantida, as demais não. As propostas fechadas eram utilizadas quando havia outros aspectos a serem considerados além do preço. Esse foi o método usado para transferência do museu da Viação Aérea Rio-Grandense, VARIG (edital, 2014, p. 15.736). A preservação do acervo e acesso à população foram premissas consideradas para a transferência.

O pregão era composto de duas fases. A primeira *blind*, apresentação de propostas fechadas e a segunda, lances orais, fechada para propostas não inferiores a 90% da maior oferta.

O método era optado pelos administradores judiciais quando o ativo não possuía muita liquidez. A guisa de ilustração, menciona-se o caso da fazenda da Companhia Açucareira Paraíso S.A. Apenas os vizinhos da propriedade vislumbravam interesse. Enquanto se optou pelo leilão, não havia lances, forçando o valor para baixo. Quando se optou pelo pregão, o ativo foi vendido na primeira oportunidade (Auto de Pregão, 2016, p. 4.792).

Gize-se que, no tocante ao respeito a autonomia da vontade dos credores, descrita no plano, a Lei n. 14.112/2020 não interferiu, nem nas recuperações judiciais, LRF, art. 60, tampouco na recuperação extrajudicial LRF, art. 166.

Faz-se importante, outrossim, salientar que o novel diploma legal acrescentou limites à aludida autonomia, como se infere no art. 60-A, parágrafo único que, por sua vez, faz referência ao inciso VI do *caput* do art. 73, que configura outra inovação.

O juiz convolará o processo recuperacional em falimentar "quando identificado o esvaziamento patrimonial da devedora que implique liquidação substancial da empresa, em prejuízo de credores não sujeitos à recuperação judicial, inclusive as Fazendas Públicas", LRF, art. 73, VI.

Retomando a modalidade leilão, com a nova redação do LFR, art. 142, única que restou, após a alteração da Lei n. 14.112/2020, o certame pode ser realizado de forma eletrônica, presencial ou híbrida.

Embora a legislação não previsse as formas eletrônicas e hibridas, já eram as mesmas amplamente praticadas. Assim, a legislação consolidou os hábitos já praticados.

De forma genérica, a Lei n. 14.112/2020 não fechou as portas para outras modalidades. A LRF, art. 142, IV, possibilita "processo competitivo organizado promovido por agente especializado e de reputação ilibada, cujo procedimento deverá ser detalhado em relatório anexo ao plano de realização

Cap. 43 · ALIENAÇÃO DE ATIVOS NA FALÊNCIA E A REGULAÇÃO DOS PREÇOS NOS LEILÕES | 615

do ativo ou ao plano de recuperação judicial, conforme o caso", da mesma forma que também possibilita "qualquer outra modalidade, desde que aprovada nos termos desta Lei", LRF, art. 142, V.

Tema interessante é a competência para aprovar outra modalidade. Enquanto a LRF, art. 46, atribui a competência aos credores para aprovação em assembleia, a LRF, art. 144, elege o juiz competente para a apreciação.

Assembleia	Administrador judicial
LRF, art. 46. A aprovação de forma alternativa de realização do ativo na falência, prevista no art. 145 desta Lei, dependerá do voto favorável de credores que representem 2/3 (dois terços) dos créditos presentes à assembleia.	LRF, art. 144. Havendo motivos justificados, o juiz poderá autorizar, mediante requerimento fundamentado do administrador judicial ou do Comitê, modalidades de alienação judicial diversas das previstas no art. 142 desta Lei.

A dúvida foi sanada pela inclusão do § 3º-B do art. 142. Compete aos dois, juiz e assembleia, autorizar qualquer alienação diversa do leilão.

Art. 142. (...)

§ 3º-B. A alienação prevista nos incisos IV e V do *caput* deste artigo, conforme disposições específicas desta Lei, observará o seguinte:

I – será aprovada pela assembleia geral de credores;

II – decorrerá de disposição de plano de recuperação judicial aprovado; ou

III – deverá ser aprovada pelo juiz, considerada a manifestação do administrador judicial e do Comitê de Credores, se existente.

Uma das grandes inovações trazidas pela Lei n. 14.112/2020 está relacionada com o valor de arrematação dos bens da massa. O art. 142, § 2º-A, determina a realização deles independentemente de oscilações de mercado e ainda que em período desfavorável. De forma assertiva, declarou que a realização "não estará sujeita à aplicação do conceito de preço vil".

Logo, o cronômetro regressivo de 180 dias para alienar os bens da massa contados da apresentação do auto de arrecadação não deve ser interrompido.

Para facilitar o cumprimento do prazo pelo administrador judicial, que em caso de desobediência pode ser destituído, o art. 142, § 3º-A, determina a alienação por leilão em três chamadas. Na primeira, o bem não poderá ser arrematado por valor interior à avaliação, sendo certo que no segundo, com valor inferior a metade do valor da avaliação e na última chamada por lances livres.

Sob pena de nulidade do certame, após a Lei n. 14.112/2020, além do Ministério Público, as Fazendas Públicas também devem ser intimadas por meio eletrônico, LRF art. 142, § 7º-A.

A alienação somente poderá ser impugnada no prazo de 48 horas da arrematação e se acompanhadas de oferta firme do impugnante ou de terceiro para a aquisição. A impugnação deve ser instruída com o depósito caucionário equivalente a 10% do valor oferecido, LRF, art. 143, § 1º.

Se houver mais de uma impugnação, a oferta de maior valor presente seguirá, LRF, art. 143, § 1º. Por outro lado, a Lei n. 14.112/2020 introduziu "a suscitação infundada de vício na alienação pelo impugnante será considerada ato atentatório à dignidade da justiça e sujeitará o suscitante à reparação dos prejuízos causados e às penas...", LRF, art. 143, § 4º.

O conceito de celeridade na alienação dos ativos da massa falida passou a reger a lei falimentar, com penalidades ao administrador judicial e àqueles que impugnam sucessivamente os leilões sem apresentar melhor proposta.

2. REGULAÇÃO DOS PREÇOS

Há tempos que falidos e credores sofrem com os processos falimentares, valendo lembrar, por exemplo que as falências da Mesbla, decretada em agosto de 1999, e da Casas da Banha, decretada em abril de 1999, ainda não foram encerradas.

A falência das Casas da Banha (Processo n. 0014162-32.1999.8.19.0001) foi decretada em 26.04.1999 pelo hoje Ministro do STJ Luis Felipe Salomão. O Quadro Geral de Credores Trabalhista foi publicado em 22.10.2020. Até o momento, não houve pagamento de credores. Há um aviso aos advogados na página inicial do processo que diz não haver previsão de pagamento dos credores trabalhistas.

A falência da Mesbla (Processo n. 0050199-58.1999.8.19.0001) foi decretada em 30 de setembro de 1999. O Quadro Geral de Credores foi publicado em 06.02.2009. Em 07.05.2014, foi proferida decisão pelo Juízo da 7ª Vara Empresarial dando prazo de 20 dias para se iniciar o pagamento do rateio aos credores trabalhistas. Em 11.07.2017, nova decisão foi proferida, a fim de realizar um segundo rateio aos credores trabalhistas.

O drama dos intermináveis processos falimentares em que os credores sofrem, que martiriza os falidos, abarrota as serventias do Poder Judiciário, dificilmente pode ser atribuído a uma única causa.

O legislador, ao promover a reforma da LRF, sensibilizou-se diante do problema. Diversas alterações e inclusões para imprimir uma cadência acelerada ao rito processual foram trazidas pela Lei n. 14.112, de 2020.

Cap. 43 · ALIENAÇÃO DE ATIVOS NA FALÊNCIA E A REGULAÇÃO DOS PREÇOS NOS LEILÕES | 617

O administrador judicial passou a ser mais responsável por garantir a celeridade da realização dos ativos, permitindo um Ótimo de Pareto. Ao serem vendidos de forma mais rápida, evita-se a deterioração deles, logo alcançam valores mais expressivos.

A sociedade ganha com o retorno do bem ao mercado, os credores ganham, pois melhoram as expectativas de recebimento dos créditos, os falidos ganham ao permitir um retorno mais ligeiro ao empreendedorismo...

Portanto, o legislador combateu o sedentarismo processual ao (i) atribuir responsabilidade ao administrador judicial pelo andamento, (ii) ao descrever um procedimento ágil de três praças e (iii) ao combater impugnações infundadas ao valor de arrematação.

2.1 Função da falência

Anteriormente ao novel diploma legal, a legislação previa que a falência visava "preservar e otimizar a utilização produtiva dos bens, ativos e recursos produtivos, inclusive os intangíveis, da empresa".

Desde então, com os aperfeiçoamentos da Lei n. 14.112/2020, outros objetivos foram acrescentados ao art. 75 da LRF, permitindo a liquidação célere das empresas inviáveis e fomentando o empreendedorismo.

> Art. 75. A falência, ao promover o afastamento do devedor de suas atividades, visa a
>
> (...)
>
> II – permitir a liquidação célere das empresas inviáveis, com vistas à realocação eficiente de recursos na economia; e
>
> III – fomentar o empreendedorismo, inclusive por meio da viabilização do retorno célere do empreendedor falido à atividade econômica.

O legislador também acrescentou que "a falência é mecanismo de preservação de benefícios econômicos e sociais decorrentes da atividade empresarial, por meio da liquidação imediata do devedor e da rápida realocação útil de ativos na economia", LRF, art. 75, § 2º.

A preservação do benefício econômico da atividade empresarial está diretamente relacionada com o valor de mercado e sua liquidez.

O mercado precifica o ativo, especialmente aqueles relacionados com a atividade empresarial, com base na perspectiva de benefícios futuros que o

618 | RECUPERAÇÃO DE EMPRESAS E FALÊNCIA: DIÁLOGOS ENTRE A DOUTRINA E A JURISPRUDÊNCIA

investimento pode prover. Os consultores financeiros denominam de fluxo de caixa futuro. Certamente que a deterioração do ativo, impactará negativamente na capacidade de geração de caixa futura, reduzindo o valor de mercado do ativo.

A liquidez do bem, por sua vez, possui uma relação direta com o risco. Nem todos estão propensos a serem tomadores de risco, ainda que o valor esteja adequado. Por exemplo, a oferta de um veículo importado, BMW, que ainda não saiu da concessionária, "zero quilômetro", atrairá mais interessados do que ofertar o mesmo modelo usado com valor justo. A possibilidade de vícios afasta os interessados, diminuindo a liquidez.

Nesta perspectiva, a preservação dos ativos é fundamental para manter a liquidez do patrimônio.

Caso a liquidez seja afetada, haverá uma diminuição do número de interessados. Os poucos que restarem podem se unir para "derrubar o valor do ativo". Ao invés de competirem no leilão, podem combinar de não dar lances, para adquiri-lo na praça seguinte, por valor menor, o que não seria possível se a demanda for mantida alta.

Desse modo, pode-se concluir que as alterações analisadas no item 1 acima possibilita dar efetividade aos objetivos que o processo falimentar deve perseguir.

2.2 A Lei n. 11.101/2005, a preocupação sempre existiu

Desde 2005 que a legislação possui mecanismos de preservação dos bens da massa falida, encontrando-se antes previstos nos arts. 22, III, *j*, e 113 que permitiam a venda direta dos bens perecíveis e deterioráveis com autorização do Juízo. Porém, em razão da Lei n. 14.112/2020, permaneceu apenas o art. 113.

Durante a arrecadação dos bens, ao se deparar com bens perecíveis, o administrador judicial pode aliená-los imediatamente, mediante autorização judicial, ouvidos o Comitê e o falido no prazo de 48 horas.

No processo de falência da Hermes (Proc. nº 0398439-14.2013.8.19.0001), por exemplo, foi necessária a alienação dos bens perecíveis ("mercadoria de utilidade doméstica") divididos em lotes 01 e 02, logo após a decretação da falência, na modalidade direta, excepcionalmente, a fim de não perder os ativos da Devedora, em prol do maior benefício aos Credores, e interromper as despesas da Massa.

Destacam-se os fundamentos dos administradores judiciais:

> Considerando os custos de locação gerados para a manutenção e preservação do estoque objeto das propostas retromencionadas,

é entendimento desta Administração Judicial que para maior efetividade na captação de recursos para o pagamento do passivo falimentar, e minimização das despesas extraconcursais (encargos da massa), faz-se necessário a adoção de modalidade diversa das previstas pelo artigo 142, uma vez que estas ensejariam processo mais moroso, podendo até ensejar em maior perda de valor dos bens alienados, o que, a nosso entender, justifica a adoção do direcionamento do art. 144 da Lei 11.101/2005 (fls.12.555/12.558).

Em linha com a venda direta para preservação dos ativos, o art. 126 da LRF estabelece ainda que o Juiz deve analisar as relações patrimoniais que não estão previstas na lei, visando otimizar a utilização produtiva dos bens, LRF, art. 75.

No entanto, nem sempre é simples preservá-los. Até as alterações da Lei n. 14.112/2020, o mercado sempre insatisfeito, atuava de forma paradoxal. Ao mesmo tempo em que pleiteava a celeridade da realização dos ativos da massa, criava imbróglios com a querela do preço vil.

2.2.1 *Ativo alienado abaixo do valor de mercado (caso Natan Joias)*

Conforme o artigo "Reflexões Sobre o Princípio da Otimização dos Ativos na Lei n. 11.101/05", de Alexandre Ferreira de Assumpção Alves e Priscilla Menezes da Silva, os autores analisaram que, no caso da alienação dos bens da joalheria Natan, os credores foram prejudicados com a venda precipitada, pois as joias vendidas na modalidade de leilão, sofreram um deságio de 65% do valor de avaliação.

Os autores narraram que no processo de falência que tramita na 7ª vara empresarial do Rio de Janeiro, o administrador judicial alegou: "alto custo de guarda dos bens em questão (joias) e de grande desvalorização das unidades para venda em leilão" (ALVES et al., 2014, p. 18), porém os ativos foram alienados com a concordância do Ministério Público e autorização do Juízo.

2.2.2 *Procrastinação na venda de ativos (caso Viagens Marsans)*

O processo do Grupo Marsans Viagens é um exemplo da procrastinação vivida nos processos falimentares que atrasa a realização dos ativos e causa prejuízo aos credores devido aos custos de sua manutenção.

Em maio de 2016, ocorreu o leilão de bens da massa que se localizavam no Rio de Janeiro e em São Paulo. Apenas parte dos bens foi arrematado. O restante, o administrador judicial requereu perdimento por entender que os móveis e utensílios não possuíam mercado.

Quanto aos bens não arrematados em São Paulo, o Ministério Público, em 14.06.2016, manifestou-se contrariamente ao pedido e requereu a sua transferência para o Rio de Janeiro.

Ante o alto custo da transferência, que foi orçada em R$ 30.000,00 e o baixo custo dos bens, o Administrador Judicial requereu novo leilão *on-line* sem valor mínimo, realizado em 04.09.2017, que restou frustrado.

Quanto aos bens não arrematados no Rio de Janeiro, o Ministério Público manteve a posição de não permitir o perdimento para instituições de caridade, que poderiam dar melhor destinação social aos bens da massa, enquanto esta incorria em despesas para armazená-los.

Realizou-se leilão *on-line* sem valor mínimo pela terceira vez, em 04.06.2019, quando foram arrematados os bens localizados em São Paulo pela quantia de R$ 101,00.

O leilão dos bens localizados no Rio de Janeiro restou frustrado novamente. Por fim, o Administrador Judicial requereu novamente o perdimento, o que foi deferido pelo Juízo, sendo doados para a instituição de caridade Exército da Salvação em 10 de novembro de 2020.

3. CONCLUSÃO

A nova lei, como verificado, teve como principal desiderato conferir maior celeridade na tramitação dos processos falimentares, atendendo, de tal forma, aos anseios sociais e necessidades econômicas prementes.

No contexto aludido, foi facilitada a venda dos ativos da empresa falida, visando a, ao tempo em que se satisfaz com maior agilidade os interesses dos credores, permite que o procedimento falimentar chegue ao seu desfecho, em tempo minimamente razoável.

Entretanto, faz-se imperioso que os atores do processo implementem, de fato, as medidas previstas no novel diploma legal, sendo necessário que impugnações infundadas e que objetivam tão somente procrastinar o feito sejam rejeitadas com a aplicação das penalidades previstas na legislação processual civil.

Ademais, devem os prazos ser cumpridos, com rigor, evitando-se alargamentos desnecessários, muitas vezes com respaldo na jurisprudência, que tem se mostrado extremamente permissiva, tornando letra morta os dispositivos que estabelecem prazos peremptórios para inúmeras fases do procedimento.

A concretização dos objetivos colimados pela nova lei depende, por conseguinte, de sua efetiva aplicação, pelos juízes, sendo certo que o sistema introduzido por suas normas e princípios deve ser recebido com grande otimismo e expectativa, na comunidade jurídica.

REFERÊNCIAS BIBLIOGRÁFICAS

ALVES, A.; SILVA, P. Reflexões sobre o princípio da otimização dos ativos na Lei nr. 11.101/05. In: ENCONTRO NACIONAL DO CONPEDI, XXIII, 2014. Florianópolis. Disponível em: www.conpedi.org.br. Acesso em: 5 out. 2020.

RIO DE JANEIRO. Tribunal de Justiça. 4ª Vara Cível. Processo nº 0000991-41.2014.8.19.0014. Comarca de Campos dos Goytacazes. Autor: Companhia Açucareira Paraíso S.A e outro(s). Juiz de Direito Ricardo Lafayette Campos. Rio de Janeiro, 2014.

RIO DE JANEIRO. 1ª Vara Empresarial da Comarca da Capital. Processo nº 0071323-87.2005.8.19.0001. Autor: S.A. Viação Aérea Rio-Grandense e outros. Juiz de Direito Luiz Roberto Ayoub. Rio de Janeiro, 2005.

RIO DE JANEIRO. Tribunal de Justiça. Comarca da Capital. 3ª Vara Empresarial. Processo nº 0165950-68.2014.8.19.0001. Autor: Massa Falida de Expandir Participações S/A e outros. Juiz de Direito Luiz Alberto Carvalho Alves. Rio de Janeiro, 2014.

RIO DE JANEIRO. 7ª Vara Empresarial da Comarca da Capital. Processo nº 0105323-98.2014.8.19.0001. Autor: Galileo Administração de Recursos Educacionais S/A e outro. Juiz de Direito Fernando Viana. Rio de Janeiro, 2014.

44

ALIENAÇÃO DE ATIVOS NA FALÊNCIA E A REGULAÇÃO DOS PREÇOS NOS LEILÕES JUDICIAIS

RENATO MANGE

Sumário: 1. Modalidades de alienação – 2. Prazos e condições no processo falimentar – 3. Avaliação e arrematação – 4. Impugnações à arrematação – 5. Sociedade de credores para adjudicar bens da falida – 6. Regulação dos preços nos leilões judiciais – Referências bibliográficas.

1. MODALIDADES DE ALIENAÇÃO

As modalidades para a alienação dos ativos da falida estão disciplinadas no Capítulo V – **DA FALÊNCIA** – seção X – **DA REALIZAÇÃO DO ATIVO** – da Lei 11.101/2005 com as alterações e acréscimos determinados pela Lei 14.112/2020[1].

Inicialmente, no art. 140, são enumeradas as formas, em ordem de preferência, que deverão ser utilizadas para realizar os ativos da falida, quais sejam: **I** – alienação da empresa, com venda de seus estabelecimentos em bloco; **II** – alienação da empresa, com venda de suas filiais ou unidades produtivas isoladamente; **III** – alienação em bloco dos bens que integrem cada um dos estabelecimentos do devedor; **IV** – alienação dos bens individualmente considerados.

---

[1] Promulgada em 24 de dezembro de 2020.

Evidentemente, a alienação de toda a empresa (com prédios – ou contratos de locação –, máquinas e equipamentos, marcas, patentes, operações comerciais, e, inclusive, funcionários), ou seja, "em ordem de marcha", terá melhor preço. Essa forma, entretanto, é difícil de ser concretizada porque, se ocorreu a falência, o negócio ou sua maior parte estará muito desgastado. Em consequência, não é provável que haja empresário ou Grupo Econômico interessado em adquirir toda a companhia, inclusive a "parte ruim". Portanto, quando verificada a impossibilidade da recuperação da empresa em crise financeira, a decretação da falência deverá ocorrer com celeridade ou haver venda integral na Recuperação Judicial, como permitido pela norma incluída pela Lei de Dezembro de 2020[2], para que não haja a deterioração das atividades produtivas e comerciais.

As demais disposições da lei, gradualmente, disciplinam a divisão dos ativos em partes para serem vendidas em leilões judiciais (art. 140, I a IV). Será possível separar filiais ou criar Unidades Produtivas Isoladas – **UPIs** – que poderão ser linhas de produtos com suas marcas, máquinas e contratos comerciais. De qualquer forma restarão bens isolados (por exemplo, veículos, equipamentos de informática, móveis de escritório) que precisarão ser leiloadas individualmente. Por essa razão a lei permite que sejam utilizadas mais de uma forma de alienação (art. 140, § 1º).

A forma deverá ser, preferencialmente, leilão eletrônico, presencial ou híbrido (art. 142, I), ou seja, pode ser feito exclusivamente *on-line*, com a presença física dos licitantes ou híbrido. Atualmente, a maior parte dos leilões é eletrônico, permanecendo por 10 ou 15 dias para lances, em geral, no último dia é possível, no escritório do leiloeiro, promover lances orais ou prosseguir com lances no sistema eletrônico, caracterizando o leilão híbrido.

Poderá ser organizado processo competitivo por agente especializado (art. 142, IV), ou qualquer outra modalidade aprovada na forma da lei (art. 142, V). Essas duas modalidades deverão ser aprovadas pela Assembleia de Credores ou pelo Juiz, ouvidos o Administrador Judicial e os credores (§ 3º-B).

Todas essas formas de alienação, nas quais há competição entre os potenciais adquirentes, o Prof. Fábio Ulhoa Coelho classifica como vendas *ordinárias* (art. 142, I e IV)[3].

---

[2]   Art. 50, XVIII.
[3]   COELHO, Fábio Ulhoa. *Comentários à Lei de Falências e de Recuperação Judicial.* 14. ed. São Paulo: RT, 2021. p. 456.

Cap. 44 · ALIENAÇÃO DE ATIVOS NA FALÊNCIA E A REGULAÇÃO DOS PREÇOS NOS LEILÕES | 625

Poderá, ainda, haver a alienação *extraordinária sem competição*, cujas formas estão previstas nos arts. 46, 142, V – qualquer outra modalidade, aprovada nos termos desta lei – e 145. Para estas, na lição acima citada, o "quórum" de deliberação deverá observar se a venda é: **i)** interna para os credores ou veículo por eles criado; ou **ii)** externa para outros interessados ou credores e terceiros. Na *interna* será por maioria dos créditos (arts. 42 e 145), na *externa* deverá obter aprovação 2/3 dos créditos presentes na assembleia (art. 46)[4]. Essa inteligente e criativa interpretação do Prof. Fábio Ulhoa Coelho é necessária para conciliar o art. 145 – que remete ao art. 42 (maioria dos créditos) – com o art. 46, mantido pela legislação de 2020, e o art. 45-A, por ela introduzido, que se referem ao "quórum" maior (2/3).

2. PRAZOS E CONDIÇÕES NO PROCESSO FALIMENTAR

A seguir, a Lei de dezembro de 2020, revogando os parágrafos da lei de 2005 que disciplinavam as normas do edital dos leilões e condições da arrematação, dispõe sobre os prazos para realização dos certames para venda de bens. Para agilizar sua realização a Lei (art. 142, § 2º-A, I, II e III) disciplinou que: **i)** por ter caráter forçado a venda de bens deve se realizar independentemente da conjuntura do mercado; **ii)** não é necessário que haja a consolidação do quadro geral de credores; e **iii)** devem ocorrer no prazo de 180 dias a contar da lavratura do auto de arrematação[5]. Para assegurar o cumprimento desse prazo, determina que o Administrador que não o cumprir – salvo impossibilidade fundamentada reconhecida por decisão judicial – será destituído de seu cargo (art. 22, III, *j*).

Portanto, está patente na lei que, no prazo de seis meses deve ser liquidado o ativo da falida e os valores apurados, caso não seja ainda possível o pagamento aos credores, depositado em conta judicial (art. 147).

A lei, como condição dos leilões, determina que o Ministério Público e as Fazendas sejam intimadas – por meio eletrônico – das alienações de bens (art. 142, § 7º). Mas dispensa a Massa Falida de apresentação de certidões negativas fiscais – CNDs – (art. 146).

Qualquer que seja a forma de venda de bens ela terá a natureza de alienação judicial (art. 142, § 8º) e o título aquisitivo será o mandado judicial

---

[4]   Idem, p. 463.

[5]   "Art. 108. Ato contínuo à assinatura do termo de compromisso, o administrador judicial efetuará a arrecadação dos bens e documentos e a avaliação dos bens separadamente ou em bloco (...)."

(art. 140, § 3º). O Código de Processo Civil determina, quando houver leilão judicial, seja expedida carta de arrematação, entretanto, a Lei de Registros Públicos[6], em seu art. 167, I, nº 26, considera o mandado judicial como título hábil para registro no Cartório de Registro de Imóveis.

Há, ainda, a determinação (art. 141, II) que a alienação estará livre de quaisquer ônus e não haverá sucessão do arrematante nas obrigações do devedor (falido), inclusive de natureza tributária, as derivadas da legislação do trabalho[7] e as decorrentes de acidentes do trabalho. Há a ressalva que esse dispositivo não se aplicará se o arrematante for: **i)** sócio da sociedade falida, ou sociedade controlada pelo falido; **ii)** parente, em linha reta ou colateral até o quarto grau, consanguíneo ou afim, do falido ou de sócio da sociedade falida; ou **iii)** identificado como agente do falido com o objetivo de fraudar a sucessão. Essas mesmas exceções constam do Código Tributário Nacional[8]. O § 2º desse mesmo artigo faculta ao arrematante admitir, mediante novos contratos de trabalho, os funcionários da falida sem responder por obrigações da contratação anterior.

Encerrando as condições para a venda de bens da falida, a lei faculta que duas ou mais massas falidas possam realizar leilões em conjunto para compartilhar seus custos operacionais (art. 141, § 3º).

3. AVALIAÇÃO E ARREMATAÇÃO

O art. 108 determina que o Administrador Judicial, "ato contínuo à assinatura do termo de compromisso", efetuará a arrecadação dos bens e procederá sua avaliação. Evidentemente que em falências de grande porte, nas quais haverá muitos bens a avaliar, inclusive, em filiais, poderá ser necessário prazo adicional para realizar esse trabalho, o que está expressamente previsto na lei (art. 110, § 1º). As avaliações poderão ser feitas por peritos-avaliadores contratados, mediante autorização judicial, pelo Administrador judicial (art. 22, III, *h*). Em atenção aos princípios processuais o falido, por seus representantes (art. 108, § 2º), e os demais interessados (credores e Ministério Público) poderão se manifestar sobre as avaliações.

A Lei faculta (art. 111) que o juiz possa autorizar credores, de forma individual ou coletiva, a adquirir ou adjudicar, de imediato, os bens arrecadados

---

6   Lei 6.015/1973.

7   O STF decidiu pela constitucionalidade dessa norma – Ação Direta de Constitucionalidade 3.934-2/DF.

8   CTN – Lei 5.172/1966, art. 133, § 2º, I a III.

pelo valor da avaliação. Como a lei diz que essa modalidade será para preservar custos, deve-se interpretar que se destina a bens de pequeno valor. Há a ressalva, entretanto, que deverá ser atendida a regra de classificação e preferência entre eles. Se houver aquisição com pagamento – pelo valor de avaliação – terá preferência o lance do credor mais bem colocado na ordem de preferências. Entretanto, se for adjudicação, parece-nos que o credor quirografário, apenas poderá utilizar dessa forma, se não houver credores anteriores na ordem de classificação. Caso contrário haveria – pela adjudicação – recebimento de crédito em detrimento de credor anterior na ordem de pagamentos.

Os bens perecíveis, deterioráveis, sujeitos a considerável desvalorização ou de arriscada e dispendiosa conservação poderão ser vendidos antecipadamente, logo após a arrecadação e a avaliação (art. 113). Essa cautela para se evitar a desvalorização ou a perda dos bens da Massa Falida é necessária e já constava da legislação de 1945[9]. Para se evitar essa perda poderá o Administrador Judicial, se for conveniente, remover tais bens para local mais adequado, mas ficará responsável por sua guarda e conservação (art. 112).

O resultado do leilão, pela forma acima elencada, terá o seguinte critério: I – primeira chamada pelo valor da avaliação; II – segunda chamada, dentro de 15 dias seguintes, por 50% do valor da avalição; III – em terceira chamada, dentro de 15, por qualquer preço (art. 142, § 3º-A, I, II e III). Essa nova redação deixa bem claro que, aos leilões realizados nos processos falimentares, não se aplica a regra do Código de Processo Civil[10] que considera preço vil aquele inferior a 50% do valor da avaliação. A jurisprudência do Tribunal de Justiça de São Paulo já entendia que as normas do estatuto processual civil não eram aplicáveis aos processos falimentares[11]. Dessa forma fica evidente que o legislador de 2020 teve por objetivo dar a maior celeridade à realização dos ativos da falida.

4. IMPUGNAÇÕES À ARREMATAÇÃO

Dentro desse objetivo de liquidar os ativos rapidamente, as alterações no art. 143, que disciplina a impugnações à arrematação, também são firmes. De fato, mantido o prazo de 48 horas para apresentar impugnação, que deverá ser decidida em cinco dias pelo juiz, a lei acrescentou: i) a impugnação somente

---

[9]   Decreto-lei 7.661/1945, art. 73.

[10]   Art. 891, parágrafo único, do CPC.

[11]   Agravo de Instrumento 2247171-13.2015.8.26.0000, 1ª Câmara Reservada de Direito Empresarial, Relator Des. Ênio Zuliani, j. 28.03.2016.

será recebida se tiver oferta firme (do impugnante ou terceiro) superior ao maior lance ofertado, e com caução de 10% de seu valor; **ii)** se houver mais de uma impugnação prevalecerá a que apresentar a maior oferta; **iii)** a suscitação infundada de vício na alienação, que será considerada ato atentatório à dignidade de justiça[12], sujeitará o suscitante à reparação dos prejuízos e às penas previstas no Código de Processo Civil[13], podendo o Juiz fixar multa de até 20% do valor atualizado do bem, sem prejuízo da responsabilidade por perdas e danos.

5. SOCIEDADE DE CREDORES PARA ADJUDICAR BENS DA FALIDA

O art. 145, que teve nova redação na Lei de dezembro 2020, dispõe sobre a possibilidade dos credores, por meio de constituição de sociedade específica para essa finalidade, adjudicar os bens alienados na falência.

A lei disciplina que poderá ser por meio de sociedade, fundo ou outro veículo de investimento, no qual será permitida a participação de sócios da falida ou de terceiros interessados, inclusive mediante a conversão da dívida em capital. Nessa última hipótese poderá, aplicando-se as disposições do art. 158 – extinção de obrigações pelo pagamento de todos os créditos – a falida retomar suas operações.

Parece-nos que haverá duas hipóteses distintas: **i)** adjudicação em pagamento de créditos de parte dos bens objeto da alienação judicial para sociedade de credores; **ii)** conversão dos créditos, obedecido seu valor, em capital e, em consequência, a extinção das obrigações da falida com prosseguimento de suas atividades.

Essas deliberações deverão ser tomadas em Assembleia Geral de Credores (art. 36) e o "quórum" de deliberação será por maioria dos créditos (valor – art. 42) presentes à assembleia. Observadas as disposições do art. 46 quando for o caso, conforme ressalvado no item 1 acima.

Essa forma de liquidação – com sociedade de credores – poderia gerar a discussão de que não seria constitucional obrigar o credor a se associar aos demais. De fato, não há previsão para credores dissidentes, como havia na legislação de 1945[14] que determinava o pagamento a estes em rateio pro-

---

[12]   Art. 77, § 2º, do CPC.
[13]   Art. 903, § 6º, do CPC.
[14]   Decreto-lei 7.661/1945, art. 123, § 5º.

porcional ao valor de avaliação dos bens. Talvez, antevendo essa questão, o legislador determinou que não será considerada escrita qualquer restrição convencional à venda ou à circulação das participações na sociedade, no fundo de investimento ou outro veículo criado para essa finalidade (art. 145, § 4°). Por esse mecanismo não se obriga o credor a se associar ou, pelo menos, manter-se na sociedade, porque ele poderá vender sua participação e receber de imediato o valor.

Essa questão de credor não poder ser obrigado a se associar é controvertida na doutrina. O Ministro Luís Felipe Salomão e Paulo Penalva Santos sustentam que a maioria vincula a minoria[15], em sentido contrário Marcelo Sacramone entende que o credor não pode ser obrigado a se associar[16].

Importante, ainda, é consignar que lei (art. 145, § 1°) diz expressamente que à essa transferência – para sociedade ou fundo de investimento – aplica-se *irrestritamente* o disposto no art. 141, que libera o adquirente de quaisquer ônus e sucessão tributária e trabalhista.

6. REGULAÇÃO DOS PREÇOS NOS LEILÕES JUDICIAIS

O objetivo da nova lei de agilizar ao máximo a realização dos certames para a venda dos ativos da falida dificulta a regulação dos preços dos leilões judiciais. De fato, se deverá haver a venda, seja qual for a condição do mercado, se, em terceira chamada, será aceito qualquer valor, mesmo que muito abaixo da avaliação, poderá incentivar eventuais arrematantes a aguardar essa oportunidade e apresentar lances muito baixos. A contrapartida a essa possibilidade é que a Lei prevê que, em algumas hipóteses (art. 142, IV e V) o processo competitivo para venda de bens poderá ser aprovado pela Assembleia Geral de Credores – **AGC**. Portanto, poderão os credores, se houver bens de elevado valor – deliberar sobre a forma dos leilões e disciplinar que competirá à **AGC** aceitar ou não os lances ofertados. Sem prejuízo, como acima relatado, da possibilidade de constituição de sociedade de credores ou fundo de investimento para adjudicar bens da falida ou converter os créditos em capital. Na pratica forense pode-se vislumbrar que credores interessados em determinados ativos da falida poderão – via cessão de crédito – adquirir de credores insatisfeitos com essa solução seus créditos e, em consequência,

---

[15] SALOMÃO, Luís Felipe; SANTOS, Paulo Penalva. *Recuperação judicial, extrajudicial e falência*. Rio de Janeiro: Forense, 2012. p. 142.

[16] SACRAMONE, Marcelo. *Comentários à Lei de Recuperação de Empresas e Falência*. São Paulo: Saraiva, 2018. p. 476.

poder reunir os votos suficientes para, por maioria por valor (art. 42 da lei), deliberar na assembleia. São possibilidades que surgirão para atingir o objetivo da nova lei que é dar celeridade aos processos falimentares sem prejudicar o interesse dos credores.

REFERÊNCIAS BIBLIOGRÁFICAS

COELHO, Fábio Ulhoa. *Comentários à Lei de Falências e de Recuperação Judicial.* 14. ed. São Paulo: RT, 2021.

SACRAMONE, Marcelo. *Comentários à Lei de Recuperação de Empresas e Falência.* São Paulo: Saraiva, 2018.

SALOMÃO, Luis Felipe; SANTOS, Paulo Penalva. *Recuperação judicial, extrajudicial e falência.* Rio de Janeiro: Forense, 2012.

A DESBUROCRATIZAÇÃO DOS MEIOS DE VENDAS DE ATIVOS NA FALÊNCIA E NA RJ

45

A DESBUROCRATIZAÇÃO DOS MEIOS DE VENDA DE ATIVOS NA FALÊNCIA E NA RECUPERAÇÃO JUDICIAL

MARCELLO DO AMARAL PERINO

Sumário: 1. A reforma da Lei 11.101/2005, a desburocratização e a busca pela celeridade – 2. As novas medidas de desburocratização dos meios de realização de ativos e suas vantagens – 2.1 A possibilidade de adoção de mais de uma forma de alienação e a dispensa de formalidades para a transferência dos bens (art. 140, §§ 2º e 4º) – 2.2 O compartilhamento de custos operacionais (art. 141, § 3º) – 2.3 O leilão eletrônico como a principal modalidade de realização do ativo (art. 142, inc. I, e § 3º-A) –2.4 O caráter forçado da venda (art. 142, § 2º-A, inc. I) – 2.5 A venda independente da consolidação do quadro geral de credores e em prazo impositivo (art. 140, § 2º, c/c art. 142, § 2º-A, inc. II e IV) – 2.6 A não sujeição ao conceito de preço vil (art. 142, § 2º-A, inc. V) – 2.7 A alienação, por qualquer forma, sempre será considerada como judicial (art. 142, § 8º) – 2.8 O procedimento de impugnação à arrematação baseada no valor da venda (art. 143) – 2.9 A doação dos bens arrecadados e a devolução ao falido (art. 144) – 2.10 A dispensa da apresentação de certidões negativas pela massa falida (art. 146) – 3. Conclusão – Referências bibliográficas.

1. A REFORMA DA LEI 11.101/2005, A DESBUROCRATIZAÇÃO E A BUSCA PELA CELERIDADE

Com o advento da marcante e substancial reforma da Lei de Falências e Recuperação de Empresas pela entrada em vigor da Lei 14.112/2020, não se pode olvidar, em uma breve e rápida análise das novas ferramentas jurídicas trazidas, que a nossa legislação de insolvência subiu de patamar e se modernizou efetivamente; buscando, precipuamente, transformar nosso país em um destino mais atraente para os investimentos estrangeiros e seguro para a atividade empresarial.

E referida busca, por sem dúvidas, está diretamente atrelada à inclusão na lei de medidas que aumentam a eficiência e a celeridade dos processos de insolvência, retirando do sistema procedimentos burocráticos e que eternizavam a solução buscada no Poder Judiciário.

Com efeito, para nós operadores do direito, desburocratizar é eliminar ou diminuir a excessiva formalidade e rígida rotina exigida nos trâmites processuais, simplificando e agilizando a solução dos incidentes e litígios.

A reforma, pelo que se infere então, desburocratizou muitos procedimentos em prol do princípio da celeridade e da eficiência; tornando, como já dito, o sistema de insolvência brasileiro mais adequado e moderno às necessidades do mercado como um todo.

E, nessa toada, o sistema de realização de ativos recebeu atenção especial do legislador que inseriu na lei de insolvência novos instrumentos e mecanismos de alienação de bens ou ativos, seja na recuperação judicial da empresa (art. 60), seja no processo de falência (art. 139); possibilitando, como se verá, realizar as vendas *de forma menos burocrática, com muita celeridade e eficiência, dentro de prazo razoável e impositivo, e maximizando o valor dos ativos* (obtenção do maior valor).

Entre as medidas de desburocratização trazidas pela reforma da Lei de Falências e Recuperação Judicial e que estão previstas nos arts. 139 a 148, que veremos a seguir, se destacam: a) a possibilidade de adoção de mais de uma forma de alienação e a dispensa de formalidades para a transferência dos bens (art. 140, §§ 2º e 4º); b) o compartilhamento de custos operacionais (art. 141, § 3º); c) o leilão eletrônico como a principal modalidade de realização do ativo (art. 142, inc. I, e § 3º-A); d) o caráter forçado da venda (art. 142, § 2º-A, inc. I) e) a venda independente da consolidação do quadro geral de credores e em prazo impositivo (art. 140, § 2º, c/c art. 142, § 2º-A, inc. II e IV); f) a não sujeição ao conceito de preço vil (art. 142, § 2º-A, inc. V); g) a alienação, por qualquer forma, sempre será considerada como judicial (art. 142, § 8º); h) o procedimento de impugnação à arrematação baseada no valor da venda (art. 143); i) a doação dos bens arrecadados e a devolução ao falido (art. 144); e j) a dispensa da apresentação de certidões negativas pela massa falida (art. 146).

2. AS NOVAS MEDIDAS DE DESBUROCRATIZAÇÃO DOS MEIOS DE REALIZAÇÃO DE ATIVOS E SUAS VANTAGENS

De proêmio, não se pode olvidar que o legislador, na reforma da Lei de Falências e Recuperação de Empresas, efetivamente, consolidou várias

Cap. 45 • A DESBUROCRATIZAÇÃO DOS MEIOS DE VENDA DE ATIVOS NA FALÊNCIA | **635**

práticas anteriormente adotadas na condução dos respectivos processos e, notadamente, os posicionamentos majoritários encontrados nas decisões proferidas pelos nossos Tribunais Estaduais e pelas Cortes Superiores.

Destarte, referida circunstância evidencia o cuidado dos profissionais dedicados ao projeto da reforma em fazer valer a efetividade dos novos instrumentos e a regulamentação de outros já utilizados, tais como as recomendações do Conselho Nacional de Justiça; proporcionando, assim, um desenrolar mais célere aos processos de insolvência (falências e recuperações de empresa), o que, sem qualquer dúvida, permite reconhecer o avanço e a modernização da nossa legislação.

E, como dito alhures, o capítulo específico sobre a realização ou a realocação dos ativos foi extremamente bem cuidado pelo legislador, que fixou prazos curtos e procedimentos modernos e céleres para a efetivação das vendas.

Focado sempre no otimismo que a reforma traduziu, resta individualizar e especificar cada uma dessas mencionadas medidas, que são mesmo, como se verá, vantajosas para a rápida solução do processo de insolvência no que pertine à realocação de ativos.

2.1 A possibilidade de adoção de mais de uma forma de alienação e a dispensa de formalidades para a transferência dos bens (art. 140, §§ 2º e 4º)

De proêmio, não se pode olvidar que a possibilidade de adoção de mais de uma forma de alienação dos ativos da empresa falida ou em recuperação representa medida de *maximização do valor dos ativos*; já que, em cada caso concreto, se poderá combinar os procedimentos de alienação, levando-se em consideração, precipuamente, a natureza de cada um dos bens a serem vendidos.

Imagine, pois, uma falida que é proprietária de imóvel e que adquiriu várias ações de outras empresas na Bolsa de Valores. Para a alienação dos referidos bens se mostra viável a combinação do leilão eletrônico e do processo competitivo organizado e promovido por uma corretora de valores mobiliários; de sorte que a *especialização evidenciada* permite colher eficiência na liquidação e maximiza o valor obtido.

Noutra toada, verdadeiro instrumento de *desburocratização* e *celeridade* na realização do ativo se encontra no § 4º do art. 140, já que basta ao adquirente para promover a transmissão do bem alienado encaminhar para o registro competente o mandado judicial; dispensando, pois, as conhecidas formalidades que diariamente são impostas para a transferência dos bens.

2.2 O compartilhamento de custos operacionais (art. 141, § 3º)

Cuida-se de *medida de verdadeira economia e maximização do valor dos bens*, que consiste em compartilhar os custos operacionais das modalidades de alienação de ativos de duas ou mais empresas falidas; utilizando-se, por exemplo, a nosso ver, do mesmo processo competitivo de que trata o inciso IV do art. 142 da Lei de Falências e Recuperação de Empresas em uma única oportunidade, permitindo que os gastos com o procedimento sejam bem menores.

2.3 O leilão eletrônico como a principal modalidade de realização do ativo (art. 142, inc. I, e § 3º-A)

Diante da modernização dos canais de comunicação, o leilão eletrônico ou leilão *on-line* se tornou a principal e mais usada modalidade de realização do ativo, seja pela sua eficácia e rapidez, seja pela possibilidade de atingir vários licitantes sem limites de fronteiras. E sensível à grande eficácia dessa modalidade de alienação, conforme se vê de experiência na prática, o legislador tratou de regulamentá-la expressa e especificamente.

E, nas falências, acabou em regra por tornar prevalente a celeridade na realização dos ativos, deixando em segundo plano o valor encontrado na avaliação; notadamente porque a realocação dos recursos é o que mais interessa aos credores na realidade.

Assim, ao impor o prazo de 180 dias contados da data de apresentação do auto de arrecadação para a realização das vendas e ao regulamentar especificamente o leilão, a reforma permite que se aliene os bens em curto prazo, evitando as conhecidas frustrações decorrentes até mesmo da deterioração e dos gastos com manutenção, conservação e guarda. Obter ainda que um valor menor, mas de forma mais rápida, é sempre mais vantajoso para todos, principalmente para os credores que de alguma maneira receberão, mesmo que parcialmente, seus créditos e poderão empreender e investir na economia.

O grande acerto do legislador, nesse ponto, foi criar três chamadas para o leilão. Com efeito, na primeira chamada se impõe o pagamento do valor integral da avaliação, já na segunda chamada a imposição é de 50% do mencionado valor e, por fim, na terceira, a venda poderá ocorrer por qualquer preço, ainda que vil (art. 142, § 2º-A, inc. V). Somado à obrigatoriedade de se realizar três chamadas no leilão, a reforma determina que o leilão se encerre em no máximo 30 dias da primeira chamada, fato esse que reafirma a celeridade.

Vale ainda mencionar, como medida de desburocratização e celeridade do procedimento de realização de ativos, especificamente a revogação do § 1º do art. 142, que determinava a publicação de anúncio em jornal e em outros meios da alienação a ser realizada. Lembre-se que referida norma impunha a publicação com antecedência mínima de 15 dias para bens móveis e 30 dias para bens imóveis. Se se levar em consideração que a alienação com a regra atual se encerrará em 30 dias da primeira chamada, não há como negar o sucesso da reforma.

2.4 O caráter forçado da venda (art. 142, § 2º-A, inc. I)

A regra em comento traduz mecanismo de celeridade ao procedimento de alienação dos ativos, ainda que em detrimento da maximização, porquanto não impõe obstáculos ao momento da venda e não permite o seu adiamento, uma vez que sempre será realizada, independentemente de a conjuntura de mercado ser favorável ou não.

2.5 A venda independente da consolidação do quadro geral de credores e em prazo impositivo (art. 140, § 2º, c/c art. 142, § 2º-A, inc. II e IV)

Com a presente medida de celeridade e eficiência processual, busca-se evitar o perdimento de valor dos bens a serem alienados, mormente porque a consolidação do quadro geral de credores, diante dos inúmeros incidentes e impugnações, tende a demorar. Trata-se, pois, também de medida de maximização do valor a ser obtido, já que evita a deterioração dos bens e reduz os gastos com a guarda, o depósito e a manutenção. Anote-se que nenhum dos credores terá qualquer prejuízo com a medida, porquanto o dinheiro obtido com as vendas será depositado em conta judicial remunerada, como determina o art. 147 da Lei e, no momento oportuno, será utilizado para o pagamento dos créditos respeitada a ordem legal.

Além disso, a combinação das normas impõe *prazo impositivo* ao Administrador Judicial para que promova, nas falências, a alienação dos ativos no prazo máximo de 180 (cento e oitenta) dias contados da lavratura do auto de arrecadação; podendo até ser destituído caso não justifique o cumprimento dessa obrigação legal.

Referida medida denota o escopo da reforma, isto é, a busca da celeridade, impedindo que tenhamos processos intermináveis como se verificava num passado não tão distante e mostrando ao mercado a seriedade do nosso sistema judicial, permitindo, assim, que haja investimento.

2.6 A não sujeição ao conceito de preço vil (art. 142, § 2º-A, inc. V)

Na falência, frustrada a segunda chamada do leilão, a venda poderá se dar na terceira por qualquer valor ou preço, afastando-se o preço vil como

638 | RECUPERAÇÃO DE EMPRESAS E FALÊNCIA: DIÁLOGOS ENTRE A DOUTRINA E A JURISPRUDÊNCIA

entrave à alienação (art. 891 do CPC). A regra, na realidade, deixa de lado a maximização dos valores dos ativos e torna prevalente a celeridade procedimental, permitindo, assim, que se encerre rapidamente o processo falimentar e se evite o aumento dos custos e das despesas para as partes envolvidas – credores e devedores.

2.7 A alienação, por qualquer forma, sempre será considerada como judicial (art. 142, § 8º)

Reconhecer como judicial toda alienação realizada no processo falimentar e nas recuperações judiciais, por qualquer forma e desde que em consonância com a Lei de Falências e Recuperação de Empresas, permite reduzir a possibilidade de medidas jurídicas a serem utilizadas (por exemplo, a revisão da venda por onerosidade excessiva), já que considerá-la dessa forma impõe a concretização de verdadeira estabilização jurídica do ato de realização do ativo. Assim, não há como negar grande avanço legislativo ao se trazer, pela reforma, real medida de desburocratização, já que simplifica e agiliza, ao diminuir o rol de possíveis contrariedades, a solução do procedimento de venda de ativos.

2.8 O procedimento de impugnação à arrematação baseada no valor da venda (art. 143)

O novo rito procedimental da impugnação à arrematação trazido pela reforma da lei de insolvência traduz a real preocupação do legislador com os princípios da celeridade e da efetividade ao impor quatro novos parágrafos ao art. 143, que, efetivamente, diminuem a possibilidade de apresentação de contrariedades sem fundamentação ou mesmo protelatórias como se verificava diuturnamente.

A primeira inclusão da reforma está no § 1º do art. 143 e impõe ao impugnante, quando sua contrariedade estiver fundamentada no valor de venda do bem, que apresente oferta firme e maior que a obtida, sua ou de outrem, para a aquisição do bem, caucionando a impugnação com o depósito do montante de 10% do valor por ele oferecido.

Cuida-se de medida que restringe na prática a possibilidade de apresentação de impugnação, evitando, como já dito, a oferta de contrariedades infundadas e protelatórias, na medida em que deverá despender razoável valor para permitir o debate da alienação em juízo e ofertar proposta firme de aquisição. E vale anotar que não é simples apresentar *proposta firme*, já que se caracteriza pela sua irrevogabilidade, irrenunciabilidade, ausência de

Cap. 45 · A DESBUROCRATIZAÇÃO DOS MEIOS DE VENDA DE ATIVOS NA FALÊNCIA | **639**

ressalvas, condições ou termos, liquidez e capacidade de cumprimento (art. 427 do Código Civil).

De outro lado, o parágrafo seguinte *reforça a restrição mencionada*, porquanto vincula o impugnante ou terceiro ofertante à oferta apresentada quando do ajuizamento da impugnação, colocando-os na mesma posição de arrematante.

Já o § 3º traz em seu conteúdo verdadeira medida de desburocratização ao determinar que, havendo a apresentação de mais de uma impugnação, seguirá apenas a que ofertar o maior valor de aquisição entre todas.

E tal medida de desburocratização, pelo óbvio, maximiza o valor dos ativos.

Da mesma maneira, a reforma nesse tema repercute de forma positiva ao determinar, no § 4º, algumas sanções ao impugnante que suscitar vício infundado no procedimento de alienação (ato atentatório à dignidade da justiça). E, assim, não se pode negar que a possibilidade de condenação à reparação de danos e ao pagamento de multa de até 20% do valor atualizado do bem (art. 903, § 6º, CPC) são punições que restringem o aforamento protelatório de impugnações, permitindo, assim, a rápida e a célere resolução dos ativos. É de bom tom ressaltar, ainda, que apesar da prática já impor a adoção de tais medidas pelo juízo de insolvência, não se pode deixar de reconhecer a preocupação do legislador em deixar expressa a sua intenção de obter efetividade na venda dos bens.

2.9 A doação dos bens arrecadados e a devolução ao falido (art. 144)

Como corolário da nova medida prevista no art. 142, § 2º-A, V, não havendo sucesso na alienação os bens arrecadados serão doados ou, não havendo interessados, serão devolvidos ao falido. As duas medidas, por sem dúvidas, tem como fundamento o princípio da *celeridade* e buscam desonerar a massa de despesas com a guarda e a manutenção ou a conservação dos ativos, além de permitir que sejam realocados de alguma forma na cadeia de produção.

2.10 A dispensa da apresentação de certidões negativas pela massa falida (art. 146)

Verdadeira medida de desburocratização incluída pelo legislador na reforma da lei, conferindo, pois, celeridade na realização do procedimento de alienação do ativo nas falências. Além de tornar mais ágil a alienação, a medida debatida valoriza o princípio da maximização dos valores dos ativos, porquanto a ausência de exigência de certidões, notadamente as de caráter tributário, torna a venda mais interessante e atraente, possibilitando a obtenção de valores mais próximos aos de mercado.

3. CONCLUSÃO

Como podemos notar, todas as medidas debatidas e as demais inseridas na reforma indicam a preocupação e o cuidado do legislador e de todos os notáveis que participaram de toda a elaboração do projeto, efetivamente, em criar um sistema capacitado para superar crises e obter, diante do aprimoramento do texto legal, credibilidade no mercado, permitindo, assim, investimentos e grande movimentação da economia, o que resulta, como é sabido, riqueza e vantagens sociais diretas e indiretas.

Destarte, as alterações promovidas pela entrada em vigor da Lei 14.112/2020 em nossa Lei de Falências e Recuperação de Empresas, notadamente no atinente aos meios de vendas de ativos nos processos de insolvência, são marcantes e positivas para o ambiente econômico e empresarial, já que se permite dela extrair a modernização do nosso sistema judicial, colocando-nos em patamar superior ao que nos encontrávamos.

O aprimoramento da legislação, com verdadeiro escopo de desburocratização do sistema, trouxe mecanismos eficientes e eficazes na realocação de ativos na economia, possibilitando a sua rápida liquidação e preservação da empresa e dos direitos dos credores e devedores.

A reforma pelo certo não é perfeita. Muito se discutirá ainda. Contudo, não podemos esquecer que os diálogos entre os operadores do direito serão primordiais para corrigir as imperfeições, possibilitando a formação de irreprochável jurisprudência e doutrina mais que suficiente para uma correta interpretação da lei.

REFERÊNCIAS BIBLIOGRÁFICAS

COELHO, Fábio Ulhoa. *Comentários à Lei de Falências e de Recuperação de Empresas*. São Paulo: RT, 2021.

COELHO, Fábio Ulhoa. *Curso de direito comercial, direito de empresa*. Contratos, falência e recuperação de empresas. 17. ed. São Paulo: RT, 2016. vol. 3.

COSTA, Daniel Carnio. *Comentários à Lei de Recuperação de Empesas e Falência* – Lei 11.101, de 09 de fevereiro de 2005. Curitiba: Juruá, 2021.

COSTA, Daniel Carnio. *Insolvência empresarial*: temas essenciais. Curitiba: Juruá, 2019.

NEGRÃO, Ricardo. *Curso de direito comercial e de empresa* – recuperação de empresas, falência e procedimentos concursais administrativos. 13. ed. São Paulo: Saraiva, 2019.

NEGRÃO, Theotonio. *Código de Processo Civil e legislação processual em vigor*. 50. ed. São Paulo: Saraiva, 2019.

SCALZILLI, João Pedro e outros. *Recuperação de empresa e falência*: teoria e prática na Lei 11.101/2005. 3. ed. São Paulo: Almedina, 2018.

46

A DESBUROCRATIZAÇÃO DOS MEIOS DE VENDAS DE ATIVOS NA FALÊNCIA E NA RECUPERAÇÃO JUDICIAL

Ivo Waisberg

Sumário: Introdução – 1. Vetores – 1.1 Celeridade – 1.2 Flexibilização – 1.3 Segurança jurídica – 2. Procedimento – 3. Vigência.

INTRODUÇÃO

A Lei 14.112/2020 tem como objetivo a modernização do sistema brasileiro da insolvência. Entre seus pilares pode ser encontrada a melhoria do ambiente de negócios para facilitar tanto o acordo entre devedor e credores, como, principalmente, a facilitação das transações envolvendo ativos das sociedades em crise, propiciando soluções de mercado reais e efetivas.

Para atingir esse objetivo, a reforma trouxe regras mais claras visando precipuamente três objetivos: (i) celeridade para o procedimento falimentar; (ii) flexibilidade para a modelagem da alienação do ativo e (iii) dar segurança jurídica às transações ocorridas no ambiente de insolvência.

Esses vetores da reforma legislativa serão claramente identificados em vários dispositivos da lei, alguns dos quais analisados no presente estudo. A desburocratização significa, portanto, vendas mais seguras em processos mais céleres com maior flexibilidade para escolha da modalidade de venda.

Abaixo, vamos na parte 1 identificar algumas regras que concretizam esses vetores e na parte 2 detalhar alguns elementos de procedimento aplicáveis.

1. VETORES

1.1 Celeridade

a) Plano de realização de ativo e prazo máximo para venda – Obrigações do Administrador Judicial

A reforma do sistema de venda de bens na falência talvez seja a mais importante da lei. Com efeito, é fato incontroverso que a alienação de bens no processo falimentar atualmente é ineficiente em todos os sentidos: demorada para ocorrer e insegura. O resultado são processos intermináveis e vendas de baixo valor.

A Lei 14.112/2020 atuou em várias frentes para resolver esse problema central da falência.

Em primeiro lugar, instituiu a obrigação do Administrador Judicial apresentar um plano de realização do ativo em 60 dias da decretação da quebra, plano que não poderá prever prazo superior a 180 dias para finalizar a venda dos ativos da massa falida, nos termos do art. 99, § 3º:

> Art. 99. (...) § 3º Após decretada a quebra ou convolada a recuperação judicial em falência, o administrador deverá, no prazo de até 60 (sessenta) dias, contado do termo de nomeação, apresentar, para apreciação do juiz, plano detalhado de realização dos ativos, inclusive com a estimativa de tempo não superior a 180 (cento e oitenta) dias a partir da juntada de cada auto de arrecadação, na forma do inciso III do *caput* do art. 22 desta Lei.

O prazo de 180 dias é ratificado no inciso IV do § 2º-A do art. 142:

> Art. 142. (...) § 2º-A. (...) IV – deverá ocorrer no prazo máximo de 180 (cento e oitenta) dias, contado da data da lavratura do auto de arrecadação, no caso de falência;

Aqui já se inicia uma revolução. O Administrador Judicial, profissional que deve ser capacitado, não mais pode ficar exercendo sua função a esmo, sem planejar como levar a cabo a primordial tarefa de vender os ativos da massa.

Logo nos primeiros dois meses ele deverá informar aos credores qual o plano detalhado para a venda dos bens e seu cronograma. O plano deverá expor detalhadamente: como realizará a venda (em bloco, separadamente, da empresa inteira, qualquer modelo permitido em lei), qual procedimento adotará (daqueles previstos nos arts. 142 e seguintes) e, principalmente, quando isso será feito dentro do prazo de seis meses da arrecadação. Ou seja, o Administrador Judicial deve apresentar um plano crível e cumpri-lo, não podendo arrastar a falência. O descumprimento do prazo, em regra, acarreta a destituição, nos termos do art. 22, III, *j*:

> Art. 22. (...) III – (...) j) proceder à venda de todos os bens da massa falida no prazo máximo de 180 (cento e oitenta) dias, contado da data da juntada do auto de arrecadação, sob pena de destituição, salvo por impossibilidade fundamentada, reconhecida por decisão judicial;

A impossibilidade comprovada para evitar a destituição deve ser algo imprevisível na data de elaboração do plano e ocorrido no momento de implementação desse. Não bastam motivos habituais ou corriqueiros e, menos ainda, alegação de falta de tempo ou dificuldades de mercado. Ainda nesse caso, se fundamentada a impossibilidade, o juiz deve, em regra, substituir o Administrador Judicial ou reduzir sua remuneração, desde que a venda ocorra em tempo curto após a decisão judicial.

b) Venda imediata

Outra regra importante para garantir a celeridade do processo de venda dos bens está inserida no art. 142, § 2º-A, I:

> Art. 142. (...) § 2º-A. A alienação de que trata o *caput* deste artigo: I – dar-se-á independentemente de a conjuntura do mercado no momento da venda ser favorável ou desfavorável, dado o caráter forçado da venda;

Embora pareça uma regra simples, tal dispositivo é fundamental, pois evita que a administração judicial possa postergar a venda ou a realização do plano apresentado para realização do ativo em razão de suposta possível futura melhoria das condições de venda. A determinação da lei é a venda imediata dentro do prazo máximo de 180 dias. Nitidamente, a legislação optou por garantir uma alienação célere e um fim mais rápido do procedimento, ao invés de privilegiar a eternização de litígios sobre o momento ideal de venda ou de valor estimado. E fez de forma correta a opção.

Ressalte-se, portanto, que a alegação de falta de condições de mercado não é uma justificativa aceitável pela lei para deixar de realizar a venda na

RECUPERAÇÃO DE EMPRESAS E FALÊNCIA: DIÁLOGOS ENTRE A DOUTRINA E A JURISPRUDÊNCIA

forma prevista no plano de realização do ativo apresentado. E, como veremos mais adiante, a lei dá solução também para a falta de compradores para os bens.

Por fim, outra regra que garante a celeridade da alienação de bens é a determinação de que a venda não depende da consolidação do quadro geral de credores, uma desculpa comumente usada para postergar a realização do ativo.[1]

1.2 Flexibilização

A reforma da lei trouxe ao art. 142 uma grande flexibilização nas modalidades de venda que podem ser utilizadas na falência.

Além da venda por leilão, eletrônico, presencial ou híbrido, a lei prevê como meios ordinários de realização de ativos outras modalidades que podem ser muito eficientes e céleres.

A mais importante é a prevista no inciso IV:

> Art. 142. (...) IV – processo competitivo organizado promovido por agente especializado e de reputação ilibada, cujo procedimento deverá ser detalhado em relatório anexo ao plano de realização do ativo ou ao plano de recuperação judicial, conforme o caso;

Com isso, a legislação permite que, para a venda de bens mais complexos ou sofisticados, seguindo as melhores prática de mercado, a massa falida possa utilizar de um processo competitivo diferente do leilão, organizado por agente especializado.[2] Isso quer dizer que um agente de mercado – consultoria e assessoria financeira, por exemplo – pode comandar um procedimento para atração e negociação do ativo, de forma transparente, visando maximizar o preço e a atratividade. Esse mecanismo é largamente utilizado para compra e venda de empresas.

O processo competitivo, dessa forma organizada, é um meio ordinário de venda, podendo ser definido pelo Administrador Judicial, ouvido o comitê de credores e aprovado pelo juiz no plano de realização do ativo, respeitados os 180 dias da lei. Ou por aprovação assemblear, com a aprovação da maioria

---

[1] "Art. 142. (...) § 2º-A. (...) II – independerá da consolidação do quadro geral de credores."

[2] A lei, mais à frente, ratifica a possibilidade da massa contratar terceiros para auxiliar na venda do ativo, no art. 142, § 2º-A, III: "poderá contar com serviços de terceiros como consultores, corretores e leiloeiros".

simples dos credores presentes em assembleia.[3] O efeito dessa venda é o mesmo do leilão, para todos os fins.

Aqui vale notar que as modalidades previstas nos incisos I e IV são exemplificativas, isto é, outras formas de venda podem ser usadas desde que aprovadas nos termos da lei, seja uma autorização simples do juízo quando permitido, seja a sociedade de credores ou outro mecanismo conforme prevê o art. 145.

> Art. 145. Por deliberação tomada nos termos do art. 42 desta Lei, os credores poderão adjudicar os bens alienados na falência ou adquiri-los por meio de constituição de sociedade, de fundo ou de outro veículo de investimento, com a participação, se necessária, dos atuais sócios do devedor ou de terceiros, ou mediante conversão de dívida em capital.
>
> § 1º Aplica-se irrestritamente o disposto no art. 141 desta Lei à transferência dos bens à sociedade, ao fundo ou ao veículo de investimento mencionados no *caput* deste artigo.
>
> (...)
>
> § 4º Será considerada não escrita qualquer restrição convencional à venda ou à circulação das participações na sociedade, no fundo de investimento ou no veículo de investimento a que se refere o *caput* deste artigo.

A sociedade ou fundo de credores receberá os ativos livre de sucessão, como se terceiro adquirente fosse. A flexibilidade da forma de venda é ainda garantida de forma inequívoca no inciso V do art. 142:

> Art. 142. (...) V – qualquer outra modalidade, desde que aprovada nos termos desta Lei.

Portanto, os credores podem decidir por venda de forma diversa das expressamente previstas no art. 142.

---

[3] "Art. 142. (...) § 3º-B. A alienação prevista nos incisos IV e V do *caput* deste artigo, conforme disposições específicas desta Lei, observará o seguinte: I – será aprovada pela assembleia geral de credores; II – decorrerá de disposição de plano de recuperação judicial aprovado; ou III – deverá ser aprovada pelo juiz, considerada a manifestação do administrador judicial e do Comitê de Credores, se existente."

RECUPERAÇÃO DE EMPRESAS E FALÊNCIA: DIÁLOGOS ENTRE A DOUTRINA E A JURISPRUDÊNCIA

Por fim, diz a lei ainda, que o juiz pode autorizar venda em forma diversa das previstas no art. 142 sem necessidade de assembleia, nos termos do art. 144:

> Art. 144. Havendo motivos justificados, o juiz poderá autorizar, mediante requerimento fundamentado do administrador judicial ou do Comitê, modalidades de alienação judicial diversas das previstas no art. 142 desta Lei.

Isto é, interpretando-se os arts. 142 e 144 da lei sob a ótica dos vetores interpretativos já expressos, temos que desde que aprovada nos termos da lei conforme o caso: (i) por assembleia ou (ii) definição do juiz por sugestão do Administrador Judicial ou do comitê de credores, ou (iii) previsão do plano de recuperação judicial ou, ainda, (iv) mera autorização do juízo, não há vedação a nenhuma forma de venda. E a todas elas se aplicam as regras de inexistência de preço vil abaixo abordada, de natureza de alienação judicial e de não sucessão.

1.3 Segurança jurídica

a) Proteção do investidor

A Lei 14.112/2020 trouxe um princípio geral, aplicável à recuperação judicial e à falência, de proteção à boa-fé do adquirente de bens. Isto é, o grande foco é garantir àquele que se interessa pela aquisição de bens em processos de insolvência que não haverá risco após concluído o negócio realizado nos termos da lei.

Esse princípio pode ser encontrado em especial em algumas passagens. Vale destacar o art. 66-A:

> Art. 66-A. A alienação de bens ou a garantia outorgada pelo devedor a adquirente ou a financiador de boa-fé, desde que realizada mediante autorização judicial expressa ou prevista em plano de recuperação judicial ou extrajudicial aprovado, não poderá ser anulada ou tornada ineficaz após a consumação do negócio jurídico com o recebimento dos recursos correspondentes pelo devedor.

Como se vê, a lei trouxe àquele que adquire um bem da empresa em crise a segurança de não ter reversão posterior a finalização da aquisição. Uma vez consumado o negócio previsto na Lei 11.101/2005, posterior decisão judicial não pode atingir o adquirente, podendo apenas regrar a destinação do recurso ou situações entre devedor e credores ou entre credores. Essa regra é fundamental para trazer segurança ao mercado. O princípio da lei positivado agora é a proteção do investidor e do negócio celebrado. Ou seja, garantir um ambiente seguro para aqueles que compram bens ou fornecem financiamento durante os procedimentos de insolvência.[4]

Outra regra importante sobre segurança jurídica é a do § 8º do art. 142, a qual determina que todas as alienações feitas nos termos do art. 142 serão consideradas alienações judiciais para todos os fins de direito, com todos os efeitos desse tipo de alienação benéficos aos adquirentes.[5] Essa definição positivada encerra qualquer tipo de discussão sobre a natureza da venda feita nos processos de insolvência e traz grande avanço legislativo. Agora, o adquirente sabe que qualquer compra realizada em meio a um procedimento da Lei 11.101/2005, desde que seguidas as suas regras, será uma alienação judicial.

b) Fim do preço vil

Talvez a mudança que mais segurança e celeridade trará às vendas no ambiente falimentar é o fim do preço vil. Com o perdão do trocadilho infame, o conceito equivocado mas culturalmente aceito de preço vil é um grande vilão da ineficiência falimentar. Esta é a disposição expressa, e não passível de qualquer interpretação, do art. 142 § 2º-A, V:

> Art. 142. (...) § 2º-A. A alienação de que trata o *caput* deste artigo: (...)
>
> V – não estará sujeita à aplicação do conceito de preço vil.

O novo foco da falência é a venda rápida dos bens. O pior que pode ocorrer para os credores é uma falência se arrastar por anos à procura de um comprador que pague o que um terceiro estima valer o bem. O bem vale o que o mercado paga.

---

[4] Tal princípio é ainda ratificado expressamente na parte do financiamento das recuperandas – DIP – no art. 69-B: "A modificação em grau de recurso da decisão autorizativa da contratação do financiamento não pode alterar sua natureza extraconcursal, nos termos do art. 84 desta Lei, nem as garantias outorgadas pelo devedor em favor do financiador de boa-fé, caso o desembolso dos recursos já tenha sido efetivado".

[5] "Art. 142. (...) § 8º Todas as formas de alienação de bens realizadas de acordo com esta Lei serão consideradas, para todos os fins e efeitos, alienações judiciais."

Não parece haver dúvida que se um perito, honesto e competente, avalia um bem em R$ 1.000.000,00 e após o processo público de venda a maior oferta é de R$ 500.000,00, quem está errado é o avaliador e não o mercado comprador. E se a proposta for ainda menor, vamos supor R$ 200.000,00, só se poderia concluir que a avaliação estaria ainda mais errada.

Em nossa visão a lei poderia ter até mesmo acabado com a necessidade de avaliação, que muitas vezes atrasa o processo de falência e não tem benefício prático algum, principalmente agora na nova sistemática. Como veremos mais abaixo, a avaliação foi mantida unicamente para as vendas com leilão. Para as demais modalidades não se exige avaliação.

A venda feita por qualquer modalidade aprovada nos termos da lei não se sujeita ao conceito de preço vil, nem na falência nem na recuperação judicial.

A impossibilidade de se discutir a validade de uma alienação no procedimento de insolvência com base no argumento teórico do preço vil resultará em maior rapidez para o processo e segurança para o proponente.

2. PROCEDIMENTO

Além dos dispositivos acima que concretizam os vetores da lei, existem ainda regras procedimentais que buscam também dar concretude a tais objetivos.

Em primeiro lugar, especificamente no que se refere à modalidade de venda por leilão prevista no art. 142, a lei foi alterada para propor um sistema simplificado.

Com efeito, o § 3º-A do art. 142 determina que será publicado um edital somente para a ocorrência de três certames, sendo que, no primeiro será exigido o valor da avaliação, no segundo 50% desse valor e no terceiro a venda será feita por qualquer preço.[6]

Esse sistema garante um custo menor pela publicação única bem como a oportunidade tríplice de se alienar o bem. Mais que isso, dispõe expressamente

---

[6] "Art. 142. (...) § 3º-A. A alienação por leilão eletrônico, presencial ou híbrido dar-se-á: I – em primeira chamada, no mínimo pelo valor de avaliação do bem; II – em segunda chamada, dentro de 15 (quinze) dias, contados da primeira chamada, por no mínimo 50% (cinquenta por cento) do valor de avaliação; e III – em terceira chamada, dentro de 15 (quinze) dias, contados da segunda chamada, por qualquer preço."

Cap. 46 · A DESBUROCRATIZAÇÃO DOS MEIOS DE VENDAS DE ATIVOS NA FALÊNCIA | **651**

sobre a venda a qualquer preço, dando aplicação a regra de fim do conceito de preço vil já abordada acima (tópico 1.3, b).

O art. 143 traz a regulamentação das potenciais impugnações às vendas realizadas. Esse artigo se aplica a toda e qualquer venda ocorrida nos termos da Lei 11.101/2005, não somente à alienação por leilão.

> Art. 143. Em qualquer das modalidades de alienação referidas no art. 142 desta Lei, poderão ser apresentadas impugnações por quaisquer credores, pelo devedor ou pelo Ministério Público, no prazo de 48 (quarenta e oito) horas da arrematação, hipótese em que os autos serão conclusos ao juiz, que, no prazo de 5 (cinco) dias, decidirá sobre as impugnações e, julgando-as improcedentes, ordenará a entrega dos bens ao arrematante, respeitadas as condições estabelecidas no edital.
>
> § 1º Impugnações baseadas no valor de venda do bem somente serão recebidas se acompanhadas de oferta firme do impugnante ou de terceiro para a aquisição do bem, respeitados os termos do edital, por valor presente superior ao valor de venda, e de depósito caucionário equivalente a 10% (dez por cento) do valor oferecido.
>
> § 2º A oferta de que trata o § 1º deste artigo vincula o impugnante e o terceiro ofertante como se arrematantes fossem.
>
> § 3º Se houver mais de uma impugnação baseada no valor de venda do bem, somente terá seguimento aquela que tiver o maior valor presente entre elas.
>
> § 4º A suscitação infundada de vício na alienação pelo impugnante será considerada ato atentatório à dignidade da justiça e sujeitará o suscitante à reparação dos prejuízos causados e às penas previstas na Lei nº 13.105, de 16 de março de 2015 (Código de Processo Civil), para comportamentos análogos.

O art. 143 permite expressamente que a venda seja impugnada, legitimando para tal o devedor, qualquer credor ou o Ministério Público. Até esse ponto não há novidade.

Duas são as razões previstas na lei para a impugnação: discordância quanto ao preço e vício formal.

No primeiro caso, isto é, questionamento do preço, vale lembrar que não existe mais o preço vil para efeito das vendas da Lei 11.101/2025, portanto, essa alegação não pode suportar uma impugnação.

Para contestar o preço, o impugnante, seja quem for, deve necessariamente apresentar uma proposta firme sua ou de terceiro juntamente com uma caução de ao menos 10% do preço ofertado. Essas condições (oferta superior e caução) são elementos necessários para o recebimento da impugnação. Ou seja, se ausentes, o juiz não pode nem ao menos receber e processar a impugnação, devendo indeferi-la de plano.

Caso existam mais de uma impugnação com base em preço e todas atenderem aos requisitos mínimos para serem processadas, somente aquela que representar a oferta de maior valor prosseguirá, extinguindo-se as demais.

Se a base da impugnação não estiver ligada ao preço, e sim a algum vício formal da venda, o juiz deve decidir rapidamente, segundo a lei em cinco dias. A improcedência da impugnação nesse caso será considerada ato atentatório à dignidade da justiça, podendo gerar multa ao impugnante bem como o dever de indenizar a massa e/ou os credores. Pode o juiz, nesse caso, também, exigir caução para dar prosseguimento à impugnação.

Por fim, o art. 144-A resolve a questão da inexistência de interessados, para evitar que a falência deixe de se extinguir em razão da necessidade da guarda de bens não alienados.[7] De forma objetiva, a lei determina que caso não haja interessado nos bens, e os credores não façam proposta nos termos do art. 145, os bens deverão ser doados. Se não for encontrado interessado em receber a doação, serão devolvidos ao falido. Essa solução, lógica e coerente, dá destinação útil aos bens não alienados durante o processo.

3. VIGÊNCIA

Por fim, vale notar que as regras abordadas neste breve estudo são de aplicação imediata, inclusive aos processos em curso. Assim, as alienações e as impugnações devem seguir o rito previsto na Lei 14.112/2020, bem como as regras sobre proteção ao investidor, celeridade e inexistência de preço vil também serão aplicadas.

---

[7] "Art. 144-A. Frustrada a tentativa de venda dos bens da massa falida e não havendo proposta concreta dos credores para assumi-los, os bens poderão ser considerados sem valor de mercado e destinados à doação. Parágrafo único. Se não houver interessados na doação referida no *caput* deste artigo, os bens serão devolvidos ao falido."

A PARTICIPAÇÃO DO FISCO NO PROCESSO DE INSOLVÊNCIA

47

A PARTICIPAÇÃO DO FISCO NO PROCESSO DE INSOLVÊNCIA

FILIPE AGUIAR DE BARROS

Sumário: 1. Introdução – 2. Falência – 3. Recuperação judicial – 4. Conclusão.

1. INTRODUÇÃO

O art. 187 da Lei nº 5.172, de 25 de outubro de 1966 – Código Tributário Nacional (CTN), e o art. 29 da Lei nº 6.830/1980 – Lei de Execuções Fiscais (LEF)[1] consagram uma visão (no nosso sentir, equivocada e ultrapassada) de que, para proteger os interesses do Fisco em casos de insolvência, seria adequado afastá-lo dos respectivos processos ou procedimentos, uma antinomia em relação ao título do presente artigo.

Assim como a Fazenda Pública possui prerrogativas processuais diferenciadas em sua atuação em juízo, necessitaria, também, de uma espécie de superproteção nos concursos de credores, inclusive aquelas decorrentes de insolvência. Por uma leitura isolada dos citados dispositivos legais, os créditos fiscais deveriam ser livremente cobrados mediante a via da execução fiscal, cabendo, conforme o caso, ao devedor (ou interventor ou gestor judicial) ou ao administrador judicial (ou liquidante), sob supervisão do juízo (ou

---

[1] A origem dos dispositivos remonta ao art. 60 do Decreto-lei nº 960/1938, complementado pelo art. 1º da Lei nº 4.839/1965, que veio a refletir no art. 186 do CTN.

órgão responsável), *sponte propria*, adotar as providências necessárias para a regularização do passivo fiscal.

Diz-se que "na prática, a teoria é outra". Quanto à participação do Fisco nos processos de insolvência, não apenas a realidade prática, mas a própria legislação, se analisada de forma sistemática, distancia-se da conclusão supracitada, extraída, como dito, a partir de uma leitura isolada dos arts. 187 do CTN e 29 da LEF.

São precisamente esses os aspectos que se pretende abordar neste artigo, especificamente em relação aos institutos da falência e da recuperação judicial, considerando as significativas alterações promovidas pela Lei nº 14.112, de 24 de dezembro de 2020.

2. FALÊNCIA

Tamanha a incompatibilidade dos arts. 187 do CTN e 29 da LEF com o caráter universal do juízo falimentar, com o princípio da *par conditio creditorum*, com os arts. 186 e 188 do CTN, e, mais recentemente, com os arts. 83 e 84 da Lei nº 11.101/2005, a jurisprudência logo desenhou uma solução para o problema, através da Súmula 44 do extinto Tribunal Federal de Recursos (TFR): "Ajuizada a execução fiscal anteriormente à falência, com penhora realizada antes desta, não ficam os bens penhorados sujeitos a arrecadação no Juízo falimentar; proposta a execução fiscal contra a massa falida, a penhora far-se-á no rosto dos autos do processo da quebra, citando-se o síndico".

Portanto, apenas os atos constritivos realizados antes da decretação da falência seriam preservados; após, somente o juízo falimentar poderia praticá-los, razão pela qual o juízo da execução fiscal deveria determinar a penhora no rosto dos autos do processo falimentar. Mesmo quanto aos atos constritivos anteriores, uma vez realizada a expropriação, eventual produto deveria ser remetido, pelo juízo da execução fiscal, ao juízo falimentar (art. 108, § 3º, da Lei nº 11.101/2005).

Apesar de engenhosa, essa solução, baseada na distinção entre o concurso material e o concurso formal, não se revelou produtiva, eis que, para além de conflitos de competência entre os juízos envolvidos, acabou por inverter a lógica da legislação: as Fazendas Públicas passaram a se sujeitar – assim como os demais credores – ao concurso material, sem, todavia, usufruir dos benefícios de uma atuação mais direta no processo de falência, em cooperação com o administrador judicial. A prerrogativa desenhada pelo legislador se tornou uma *capitis deminutio* para as Fazendas Públicas, na medida em que se tornaram "qualquer credor" para os ônus, mas não para os bônus (ex.: art. 97, IV, da Lei nº 11.101/2005).

Cap. 47 · A PARTICIPAÇÃO DO FISCO NO PROCESSO DE INSOLVÊNCIA | 657

Surgiu, então, a tese da habilitação "facultativa", segundo a qual as Fazendas Públicas poderiam optar por habilitar seus créditos na falência. Contudo, a pouca jurisprudência existente a respeito do tema, o surgimento de diversas controvérsias a respeito da concomitância das execuções fiscais e da falência (e dos limites de competência dos respectivos juízos) e a existência de significativas dificuldades operacionais/estruturais para uma atuação direta no processo falimentar[2] geraram, para as Fazendas Públicas, um cenário de insegurança que acabou por obstar a adoção generalizada da habilitação facultativa.

Em meio a esse confuso cenário, entrou em vigor a Lei nº 14.112/2020, que inseriu na Lei nº 11.101/2005 o novo art. 7º-A (incidente de classificação de crédito público), definindo, com precisão, qual o papel de cada agente envolvido, na hipótese de o devedor falido possuir dívidas com as Fazendas Públicas e incentivando a cooperação entre todos eles.

Apesar de não solucionar todos os problemas associados ao tema (principalmente as dificuldades operacionais/estruturais de atuação das Fazendas Públicas e as alterações necessárias no CTN, sujeitas a reserva de lei complementar), essa inovação legislativa, ao conferir aos créditos fazendários um tratamento similar ao já consagrado para os créditos trabalhistas, representa um gigantesco avanço para uma participação efetiva das Fazendas Públicas nos processos falimentares, permitindo que seus créditos sejam devidamente classificados, reservados ou, quando o caso, discutidos, sempre no âmbito do juízo competente.

3. RECUPERAÇÃO JUDICIAL

Se as Fazendas Públicas, enquanto credoras, estão, em menor ou maior grau, sujeitas à falência, seria no mínimo inusitado que estivessem totalmente alheias às recuperações judiciais, na medida em que, ao menos com relação aos créditos com fatos geradores mais antigos, não deveriam receber i) tratamento

---

[2] Até os dias atuais, sequer a Procuradoria-Geral da Fazenda Nacional – PGFN (órgão que, em tese, possui uma melhor e mais especializada estrutura de cobrança que os demais órgãos de Advocacia Pública) dispõe de solução informatizada capaz de simular os cálculos e a classificação de seus créditos para efeito de informação na falência, bem como para adequada imputação de pagamentos realizados no bojo do processo falimentar, controle do seu encerramento e outros aspectos relevantes. Tal contexto, aliado a algumas indefinições de parâmetros de cálculo, controvérsias jurisprudenciais e inconsistências legislativas, dificulta sobremaneira essa atuação.

superior ao conferido àqueles credores que lhe precedem na hipótese de quebra, ou seja – ressalvadas as situações específicas das restituições em dinheiro (art. 84, I-C), dos créditos com fato gerador durante a falência (art. 84, V), do FGTS (sujeito ao disposto no art. 83, I, por força do art. 2º, § 3º, da Lei nº 8.844/1994) e das multas de qualquer natureza (subquirografárias, nos termos do art. 83, VII) – aos titulares dos créditos previstos nos arts. 84 e 83, I e II, da Lei nº 11.101/2005, ressalvada a anuência destes; e ii) nem ser obrigadas a receber um tratamento pior do que aquele que fariam jus em eventual falência.

No entanto, a Lei nº 11.101/2005 e a Lei Complementar nº 118/2005 apostaram, originalmente, num sistema baseado num equilíbrio muito mais tênue do que a racionalidade acima exposta. Os créditos fiscais (silenciou-se a respeito dos demais créditos fazendários, não passíveis de inscrição em dívida ativa) não estariam sujeitos à recuperação judicial, mas seriam equacionados através de parcelamento ordinário (e não especial/temporário, como os famosos "REFIS") diferenciado em relação às opções ordinariamente oferecidas às demais empresas, e as alienações judiciais de filiais e de unidades produtivas isoladas não ensejariam sucessão de passivos (regra mais restrita do que a prevista para as alienações judiciais em processo de falência).

Como contrapartida (afinal, tanto o parcelamento de dívidas sem a exigência de garantias quanto essa blindagem parcial em relação à sucessão implicam assunção de riscos de esvaziamento patrimonial e consequente fraude a eventual futura ordem de pagamentos da falência), exigir-se-ia regularidade fiscal no momento da concessão da recuperação judicial (ou seja, após a aprovação do plano ou *cram down*), razão pela qual, inclusive durante o *stay period*, as execuções fiscais poderiam prosseguir livremente, como incentivo para que o devedor buscasse logo a regularização.

No entanto, nada disso se concretizou.

O parcelamento somente veio com a Lei nº 13.043/2014[3], com condições que, além de dissociadas da realidade das recuperações judiciais, eram inferiores aos sucessivos parcelamentos especiais/temporários ("REFIS")[4], até então periodicamente oferecidos aos devedores em geral). Controvérsias surgiram a respeito dos limites do conceito de "unidade produtiva isolada" (e,

---

[3] Apesar de restrita à seara federal, cumpre rememorar que o § 4º do art. 155-A do CTN traz uma norma de transição aplicável aos entes que não tenham editado legislação específica.

[4] Necessário registrar, contudo, que esses mesmos parcelamentos especiais também forem oferecidos aos devedores em recuperação judicial.

consequentemente, da cláusula de não sucessão de passivos), já que o que se pretendia, em muitos casos, era, de fato, a alienação da empresa, com a venda de seus estabelecimentos em bloco, acarretando riscos a essas operações e reduzindo o interesse dos investidores.

A jurisprudência, insatisfeita não apenas com o desenho (de fato bastante questionável) definido pelo legislador, como também com as dificuldades supracitadas, primeiro afastou (sem declaração de inconstitucionalidade) a exigência de regularidade fiscal para concessão de recuperação judicial e, em seguida, inviabilizou o prosseguimento das execuções fiscais (mesmo em relação atos meramente constritivos, ou seja, prévios a eventuais expropriações) em face de devedores em recuperação judicial, inclusive após o esgotamento do *stay period* (até mesmo após a concessão da recuperação judicial!). Embora o argumento inicialmente utilizado pela jurisprudência fosse a mora legislativa, nem a citada Lei nº 13.043/2014, nem abertura de sucessivos parcelamentos especiais, foi capaz de sensibilizá-la.

A recuperação judicial foi, então, progressivamente se tornando um grande pesadelo (talvez o maior de todos) das cobranças promovidas pelo Fisco, sendo mais prejudicial do que a própria falência, na medida em que a inércia imposta ao Fisco gerou induziu comportamentos absolutamente indesejáveis: ausência de esforços para a regularização do passivo fiscal, esvaziamento patrimonial, não recolhimento sequer dos tributos correntes, entre outros.

E logo os efeitos negativos passaram a ser notados também pelos demais *players*, tendo em vista a ocorrência de alguns efeitos reflexos, tais como perda de credibilidade do instituto da recuperação judicial (apelidada de nova concordata ou de moratória tributária), excesso de litigiosidade, manutenção de recuperações judiciais artificialmente ativas com o exclusivo intuito de preservação das blindagens, uso da recuperação judicial por devedores (ou com planos de recuperação judicial) manifestamente inviáveis, concorrência desleal etc.

O cenário começou a mudar com a Lei nº 13.988/2020, que disciplinou a transação fiscal em nível federal e cuja regulamentação pela Portaria PGFN nº 9.917/2020 ofertou diversas condições diferenciadas em favor das empresas em recuperação judicial. Mesmo num cenário de agravamento da crise econômica, decorrente da pandemia provocada pela Covid-19, empresas passaram a buscar a renegociação de suas dívidas, e a jurisprudência passou a sinalizar uma possível mudança de postura, principalmente com relação à exigência de regularidade fiscal.

É nesse contexto que chega, em excelente momento, a Lei nº 14.112/2020, mitigando substancialmente os problemas acima relatados, a partir das seguintes medidas (em regra, aplicáveis, inclusive, aos casos em curso, mesmo àqueles com recuperação judicial já concedida):

1. possibilidade de transação (art. 10-C da Lei nº 10.522/2002) de créditos inscritos em dívida ativa em condições muito mais vantajosas[5] do que as previstas para as demais empresas na Lei nº 13.988/2020[6], porém com convolação da recuperação judicial em falência em caso de seu descumprimento (tal como previsto para as obrigações sujeitas ao plano de recuperação judicial);

2. direito subjetivo dos devedores a parcelamento (arts. 10-A e 10-B da Lei nº 10.522/2002) das dívidas em até 120 meses, com escalonamento crescente das parcelas (permitindo um maior fôlego nos primeiros 24 meses), admitindo-se, ainda, para os débitos administrados pela Secretaria Especial Receita Federal do Brasil (RFB) a liquidação de até 30% mediante utilização de créditos decorrentes de prejuízo fiscal e de base de cálculo negativa da CSLL, parcelando-se o saldo remanescente (também de forma escalonada), em até 84 meses, porém, em ambos os casos, com convolação da recuperação judicial em falência em caso de descumprimento (tal como previsto para as obrigações sujeitas ao plano de recuperação judicial);

3. suspensão das execuções fiscais a partir da mera proposta de transação (art. 10-C, VI, da Lei nº 10.522/2002) e possibilidade de o juízo da recuperação judicial determinar a substituição de atos constritivos que recaiam sobre bens de capital essenciais da recuperanda (art. 6º, § 7º-B, da Lei nº 11.101/2005), até o encerramento da recuperação judicial, o que viabiliza a obtenção ou a manutenção da regularidade fiscal com fundamento na segunda hipótese referida no art. 206 do CTN;

---

[5] Parcelamento em até 120 meses (145 nas hipóteses dos §§ 3º e 4º do art. 11 da Lei nº 13.988/2020) e descontos de até 100% (observado o limite de máximo de 70% de redução sobre o valor consolidado das dívidas) da correção monetária/juros/multas/encargo legal; parâmetros mais objetivos (inclusive com menção explícita ao prognóstico de recuperabilidade em caso de falência) para análise das propostas, que, enquanto rejeitadas, suspenderão o andamento das execuções fiscais; condições diferenciadas para dificultar rescisão por inadimplência. Essa modalidade de transação não exige, em regra, a apresentação de garantias.

[6] É importante ressaltar que a referida Lei também disciplina outras relevantes modalidades de transação: por adesão no contencioso tributário e por adesão de pequeno valor.

4. definição do conceito de unidade produtiva isolada, com a permissão de venda integral da recuperanda mediante previsão no plano de recuperação judicial, desde que garantidas aos credores não submetidos ou não aderentes ao plano de recuperação judicial condições, no mínimo, equivalentes àquelas que teriam em eventual falência;

5. manutenção da exigência de regularidade fiscal para concessão da recuperação judicial (art. 57 da Lei nº 11.101/2005 e art. 191-A do CTN), cuja obtenção é viabilizada, direta ou indiretamente, entre outros[7], mediante os instrumentos supracitados; e

6. permissão para que as recuperandas que estejam regulares em relação às contribuições destinadas à seguridade social contratem com o Poder Público e recebam incentivos fiscais ou creditícios, sem exigências adicionais de comprovação regularidade fiscal entre o momento do deferimento do processamento e da concessão da recuperação judicial.

Vale ressaltar, ademais, que os novos arts. 10-A a 10-C da Lei nº 10.522/2002 não obrigam a recuperanda a inserir no parcelamento ou na transação, conforme o caso, todas as suas dívidas, viabilizando que ela opte por questioná-las administrativa ou judicialmente (a esse respeito, interessante a possibilidade de uso do negócio jurídico processual, objeto da Portaria PGFN nº 742/2018), o que também supera uma das críticas existentes em relação ao modelo original do parcelamento do art. 10-A da Lei nº 10.522/2002.

Por outro lado, apesar do art. 10-C da Lei nº 10.522/2002 não se aplicar aos demais entes federativos, revela-se provável que o seu § 4º – aliado à possibilidade de convolação da recuperação judicial em falência em caso de descumprimento e às dificuldades até impostas pela jurisprudência à cobrança dos créditos pelas Fazendas Públicas – acabem por incentivá-los a adotar medidas similares. O mesmo se diga em relação aos arts. 10-A e 10-B, tendo em vista, inclusive, o que já prevê o § 4º do art. 155-A do CTN.

Também os devedores em recuperação extrajudicial receberam a devida atenção, na medida em que podem firmar transação com fundamento na Lei nº 13.988/2020, nos termos da Portaria PGFN nº 9.917/2020, além das modalidades de parcelamento ordinário asseguradas pela Lei nº 10.522/2002 aos devedores em geral e de eventuais parcelamentos especiais que venham a surgir.

---

[7] Negócio jurídico processual de que trata a Portaria PGFN nº 742/2018, suspensão de exigibilidade por decisão judicial, apresentação de garantia, pedido de revisão de dívida inscrita (Portaria PGFN nº 33/2018) etc.

Os parágrafos acima não significam que as melhorias promovidas pela Lei nº 14.112/2020 representam a solução perfeita em relação ao tema da participação do Fisco nas recuperações judiciais. Elas representam avanços substanciais e que eram os melhores possíveis para o contexto de um país que aguardava, há mais de cinco décadas, a regulamentação da transação fiscal.

Se as Fazendas Públicas, atualmente, têm melhores condições de cooperar com as recuperações judiciais a elas não se sujeitando, mas sim com renegociações em paralelo, que assim seja, enquanto necessário for, na medida em que o efetivo êxito do modelo adotado é algo que interessa a todos os envolvidos, principalmente às próprias recuperandas.

A Lei nº 14.112/2020 inaugura um novo equilíbrio ao sistema da Lei nº 11.101/2005. Um equilíbrio, agora, robusto, completo e coerente com o cenário de eventual falência[8]. Resta-nos o desafio de preservar esse equilíbrio, sob pena de causar um novo efeito dominó na legislação brasileira de insolvência.

4. CONCLUSÃO

A Lei nº 14.112, de 24 de dezembro de 2020, redesenhou a participação do Fisco nas falências e nas recuperações judiciais, tornando o sistema mais racional. O tratamento insuficiente e contraditório desses temas pela legislação brasileira ensejava ineficiência, insegurança e litigiosidade.

Ainda que se possa conceber a necessidade de novos avanços no futuro (a exemplo da sujeição de determinados créditos fiscais – que atendam, por exemplo, a um requisito temporal – à recuperação judicial), a citada reforma da Lei nº 11.101/2005, entre outras relevantes medidas: i) regulamenta a participação das Fazendas Públicas nos processos de falência e ii) oferece possibilidades de parcelamento e transação para os devedores em recuperação judicial (sendo certo que a possibilidade de transação também está disponível aos devedores em recuperação extrajudicial, nos termos da Lei nº 13.988/2020), em patamares similares ou mesmo superiores àqueles comumente observados em relação aos credores sujeitos aos planos de recuperação judicial, com a finalidade de viabilizar o equacionamento do passivo fiscal federal.

---

[8] Acredita-se que, principalmente com a transação e o parcelamento, o Fisco passará a dar, nas recuperações judiciais, uma contribuição superior àqueles credores que o precedem em eventual falência.

Resta, contudo, saber qual será o comportamento da jurisprudência e, no caso das recuperações judiciais, também dos demais entes federativos, para concluir se as soluções propostas pela Lei nº 14.112, de 24 de dezembro de 2020, realmente se tornarão – na prática – uma realidade em benefício de todos ou se continuaremos em interminável "jogo de perde-perde".

48

A PARTICIPAÇÃO DO FISCO NO PROCESSO DE RECUPERAÇÃO JUDICIAL E FALÊNCIA DE EMPRESAS À LUZ DA LEI 14.112/2020 E DA JURISPRUDÊNCIA

BENEDITO GONÇALVES

RENATO CESAR GUEDES GRILO

Sumário: Introdução – 1. A não submissão do crédito fiscal ao concurso de credores e o juízo universal de falência: compatibilidade promovida pelo entendimento do Superior Tribunal de Justiça – 2. O incidente de classificação de crédito público da Lei 14.112/2020 – 3. A situação do fisco perante a recuperação judicial – 4. A superveniência da Lei 14.112/2020 e a posição do fisco perante a recuperação judicial – Conclusão – Referências bibliográficas.

INTRODUÇÃO

O contexto envolvendo os créditos fiscais e os procedimentos falimentar e de recuperação judicial sofreu profunda mudança com o advento da Lei 14.112/2020, que alterou a Lei 11.101/2005.

O chamado "incidente de classificação de crédito público" (art. 7º-A da Lei 11.101/2005), por exemplo, é de importância nuclear na inserção do fisco na falência das empresas, trazendo para nós diversas reflexões acerca da repercussão em entendimentos jurisprudenciais já firmados.

Na nova sistemática, cada Fazenda Pública credora terá instaurado um incidente de classificação de crédito público, com intimação eletrônica para que, no prazo de 30 dias, apresente diretamente ao administrador judicial ou em juízo, a depender do momento processual, a relação completa de seus créditos inscritos em dívida ativa, acompanhada dos cálculos, da classificação e das informações sobre a situação atual.

Em relação ao instituto da recuperação judicial, as recentes Leis 14.112/2020 e 13.988/2020 trouxeram diversas mudanças na forma como o crédito público é inserido em um contexto empresarial em recomposição. Assim, foram previstas novas modalidades de parcelamento, com condições mais favoráveis às empresas em recuperação, além da possibilidade de transação e de suspensão das execuções fiscais, conforme exporemos mais à frente.

As alterações legais promovidas na falência e na recuperação judicial alcançam profundamente a condição dos créditos fiscais, de modo que, daqui em diante, é razoável supor que serão reabertos os debates na jurisprudência em torno de temas essenciais, como a suspensão dos atos constritivos nas execuções fiscais e a exigência de certidão negativa para homologação judicial do plano de recuperação.

Essas questões serão o cerne do presente estudo, que examinará as alterações na legislação, promovidas pelas Leis 14.112/2020 e 13.988/2020, à luz da atual jurisprudência do Superior Tribunal de Justiça.

1. A NÃO SUBMISSÃO DO CRÉDITO FISCAL AO CONCURSO DE CREDORES E O JUÍZO UNIVERSAL DE FALÊNCIA: COMPATIBILIDADE PROMOVIDA PELO ENTENDIMENTO DO SUPERIOR TRIBUNAL DE JUSTIÇA

A Lei de Execuções Fiscais (LEF), que regula o procedimento especial de cobrança dos créditos públicos do fisco, e o Código Tributário Nacional (CTN), lei complementar que estabelece as normas gerais de direito tributário em complemento ao Sistema Tribunal Nacional da CF/1988, trazem disposições normativas que indicam uma atuação paralela das Fazendas Públicas na cobrança dos seus créditos, em relação às empresas em recuperação judicial ou em estado falimentar.

O art. 29 da LEF (Lei 6.830/1980) preceitua, em seu *caput*, que a cobrança judicial da Dívida Ativa da Fazenda Pública não é sujeita a concurso de credores ou habilitação em falência, concordata, liquidação, inventário ou arrolamento. O único concurso admitido pela Lei de Execuções Fiscais se dá entre pessoas jurídicas de direito público[1] (art. 29, parágrafo único). De modo

---

[1] Referido concurso de preferência foi considerado constitucional pelo Supremo Tribunal Federal (Súmula 563-STF: O concurso de preferência a que se refere o

Cap. 48 · A PARTICIPAÇÃO DO FISCO NO PROCESSO DE RECUPERAÇÃO JUDICIAL E FALÊNCIA | 667

semelhante à disposição da LEF, o art. 187 do CTN, *caput*, estabelece que a cobrança judicial do crédito tributário não é sujeita a concurso de credores ou habilitação em falência, recuperação judicial, concordata, inventário ou arrolamento.

As disposições normativas dos arts. 29 da LEF (Lei 6.830/1980) e 187 do CTN se diferenciam apenas na regulação dos créditos, a primeira abrangendo todos os créditos da Fazenda Pública inscritos em dívida ativa, e a segunda se referindo apenas aos créditos de natureza tributário. Essencialmente, contudo, a norma jurídica que se extrai de ambos os dispositivos é a mesma: a Fazenda não se sujeita ao concurso de credores, habilitação em falência, recuperação judicial, concordata, inventário ou arrolamento.

Pela norma jurídica extraída dos dispositivos legais, a Fazenda Pública estaria de fora de qualquer procedimento de recuperação judicial ou de falência, podendo prosseguir na execução fiscal dos seus créditos, fazendo a constrição de bens e promovendo a respectiva excussão patrimonial do devedor. Assim, aparentemente, a solução legal estava direcionada no sentido de que as execuções fiscais teriam um destino paralelo aos processos de recuperação judicial ou de falência, sendo um procedimento com autonomia para se desenvolver de modo regular.

Como compatibilizar essa indiferença da cobrança do crédito público, em face do estado falimentar ou de recuperação empresarial, com o princípio do juízo universal da falência? O Tribunal Federal de Recursos (TFR), com a pretensão de dar uma compatibilidade entre os interesses do fisco e os processos falimentares em trâmite no juízo universal, sumulou o entendimento segundo o qual[2], ajuizada a execução fiscal anteriormente à falência, com penhora já consumada, os bens constritos não ficam a arrecadação no Juízo universal falimentar. Contudo, proposta a execução fiscal contra a massa falida, a futura penhora deve se submeter ao juízo universal, sendo a constrição patrimonial efetivada no rosto dos autos do processo da quebra.

---

parágrafo único, do art. 187, do Código Tributário Nacional, é compatível com o disposto no art. 9º, inciso I, da Constituição Federal) e também vem previsto no CTN, art. 187, parágrafo único.

[2] Súmula 44 do Tribunal Federal de Recursos (TFR): "Ajuizada a execução fiscal anteriormente à falência, com penhora realizada antes desta, não ficam os bens penhorados sujeitos a arrecadação no Juízo falimentar; proposta a execução fiscal contra a massa falida, a penhora far-se-á no rosto dos autos do processo da quebra, citando-se o síndico".

Em 2005, por ocasião da vigência da nova Lei de Falências e Recuperação judicial (Lei 11.101/2005), o art. 186 Código Tributário Nacional foi alterado pela LC 118/2005 para prever que, na falência: (i) o crédito tributário não prefere aos créditos extraconcursais ou às importâncias passíveis de restituição, nos termos da lei falimentar, nem aos créditos com garantia real, no limite do valor do bem gravado; (ii) a lei poderá estabelecer limites e condições para a preferência dos créditos decorrentes da legislação do trabalho; e (iii) a multa tributária prefere apenas aos créditos subordinados. A redação é semelhante à dos arts. 83 e 84 da Lei 11.101/2005.

Diante do regramento das regras de preferência do crédito dentro da falência, fica claro que os créditos do fisco podem ser inseridos dentro da sistemática de concorrência falimentar, dentro da sistemática do CTN e da Lei 11.101/2005. Portanto, em uma primeira conclusão, muito embora não sujeito à concurso de credores, como regra (arts. 29 da LEF e 187 do CTN), os créditos fiscais se submetem ao concurso, dentro da falência.

A compatibilidade fica garantia pela inteligência da citada Súmula 44/TFR, que vem sendo reafirmada pelo Superior Tribunal de Justiça, conforme se depreende de precedentes da Primeira Seção. É o caso do AgRg no CC 108.465/RJ (Rel. Min. Benedito Gonçalves, 1ª Seção, j. 26.05.2010, *DJe* 08.06.2010), no qual restou assentado que, ajuizada depois da quebra, ou mesmo nos casos em que, sendo pretérita, ainda não tenha havido ato de constrição, a execução fiscal também deverá prosseguir; todavia, a penhora eventualmente requerida deverá ser realizada por meio de averbação no rosto dos autos da falência, não sendo possível, no feito executivo, gravar bens singulares previamente arrecadados pelo síndico.

No mesmo sentido foram o REsp 1.773.485/SP (Rel. Min. Herman Benjamin, 2ª Turma, j. 11.04.2019, *DJe* 30.05.2019) e o AgInt no REsp 1.146.922/MG (Rel. Min. Og Fernandes, 2ª Turma, j. 21.06.2018, *DJe* 27.06.2018).

Entretanto, a Lei 14.112/2020 acrescentou o art. 7º-A à Lei 11.101/2005, criando o incidente de classificação de crédito público, no contexto da decretação do estado falimentar da empresa. Vejamos como funciona o novo instituto e no que ele tem potencialidade de influir na jurisprudência.

2. O INCIDENTE DE CLASSIFICAÇÃO DE CRÉDITO PÚBLICO DA LEI 14.112/2020

A Lei 14.112/2020, ao acrescentar o art. 7º-A à Lei 11.101/2005, criou o incidente de classificação de crédito público, com a pretensão de regular a situação dos créditos públicos no contexto falimentar.

Na falência, o juiz ordenará a publicação de edital eletrônico com a íntegra da decisão que a decreta e a relação de credores apresentada pelo falido. Além disso, a sentença que decretar a falência do devedor ordenará a intimação eletrônica, nos termos da legislação vigente e respeitadas as prerrogativas funcionais, respectivamente, do Ministério Público e das Fazendas Públicas federal e de todos os Estados, Distrito Federal e Municípios em que o devedor tiver estabelecimento, para que tomem conhecimento da falência.

Após realizadas as intimações e publicado o edital, o juiz instaurará, de ofício, para cada Fazenda Pública credora, incidente de classificação de crédito público e determinará a sua intimação eletrônica para que, no prazo de 30 dias, apresente diretamente ao administrador judicial ou em juízo, a depender do momento processual, a relação completa de seus créditos inscritos em dívida ativa, acompanhada dos cálculos, da classificação e das informações sobre a situação atual.

O procedimento inova no contexto da cobrança do crédito público, em relação às empresas que se encontrem em estado falimentar. A disposição normativa se refere expressamente aos créditos inscritos em dívida ativa; porém, os créditos não definitivamente constituídos, não inscritos em dívida ativa ou com exigibilidade suspensa, poderão ser informados em momento posterior.

Encerrado o prazo de 30 dias para que a Fazenda apresente a relação de seus créditos, o falido, os demais credores e o administrador judicial disporão do prazo de 15 dias para manifestar objeções, limitadamente, sobre os cálculos e a classificação para os fins da lei de falências. Ultrapassado o prazo para o falido, credores e administrador judicial, a Fazenda Pública será intimada para prestar, no prazo de 10 dias, eventuais esclarecimentos a respeito das manifestações.

Até que haja o julgamento definitivo dos argumentos apresentados pelo falido, credores e pelo administrador judicial, os créditos serão objeto de reserva integral. Em relação aos créditos incontroversos, desde que exigíveis, serão imediatamente incluídos no quadro geral de credores, observada a sua classificação.

O juiz, anteriormente à homologação do quadro geral de credores, concederá prazo comum de 10 dias para que o administrador judicial e a Fazenda Pública titular de crédito objeto de reserva manifestem-se sobre a situação atual desses créditos e, ao final do referido prazo, decidirá acerca da necessidade de mantê-la.

O novo dispositivo legal deixa claro que a decisão sobre os cálculos e a classificação dos créditos, bem como sobre a arrecadação dos bens, a realização do ativo e o pagamento aos credores, competirá ao juízo falimentar. Assim, resta reafirmada a competência do juízo universal, devendo ser discutido pelo Superior Tribunal de Justiça se o entendimento plasmado na Súmula 44 do TFR fica, ou não, superado. Como vimos acima, o entendimento anteriormente sumulado pelo Tribunal Federal de Recursos vinha sendo aplicado pela Primeira Seção do STJ. Em breve, a Seção deverá enfrentar o tema à luz desse direito superveniente, que trouxe peculiar regulação na forma de "incidente de classificação de crédito público".

Por outro lado, a decisão sobre a existência, a exigibilidade e o valor do crédito, bem como sobre o eventual prosseguimento da cobrança contra os corresponsáveis, competirá ao juízo da execução fiscal, segundo a nova redação dada pela Lei 14.112/2020. Além disso, dispõe a Lei de Falências que as execuções fiscais permanecerão suspensas até o encerramento da falência, sem prejuízo da possibilidade de prosseguimento contra os corresponsáveis.

Por fim, a nova redação do 7º-A à Lei 11.101/2005 afirma que não haverá condenação em honorários de sucumbência no incidente de classificação de créditos públicos.

3. A SITUAÇÃO DO FISCO PERANTE A RECUPERAÇÃO JUDICIAL

Também no caso da recuperação judicial, as disposições normativas dos arts. 29 da LEF (Lei 6.830/1980) e 187 do CTN parecem retirar o fisco da sujeição ao concurso na via da recuperação judicial, regulada pela Lei 11.101/2005.

Em verdade, a Lei 11.101/2005 e o CTN, alterado pela Lei complementar 118/2005, engendraram um mecanismo através do qual os créditos do fisco, de fato, não estariam sujeitos à recuperação judicial. Foi previsto, contudo, a possibilidade de parcelamento para as empresas em recuperação, conforme passou a dispor o art. 155-A, §§ 3º e 4º, do CTN.

Desse modo, o CTN previu que uma lei específica iria dispor sobre as condições de parcelamento dos créditos tributários do devedor em recuperação judicial. Caso não existente referida lei, determinou o Código Tributário que fossem aplicadas as leis gerais de parcelamento do ente da Federação ao devedor em recuperação judicial, não podendo, neste caso, ser o prazo de parcelamento inferior ao concedido pela lei federal específica.

Aberta a possibilidade de parcelamento dos créditos fiscais pelas empresas em recuperação judicial, de um outro lado, foi exigido pelo art. 57 da Lei 11.101/2005 a apresentação de certidões negativas de débitos tributários, após a juntada aos autos do plano aprovado pela assembleia geral de credores ou

Cap. 48 · A PARTICIPAÇÃO DO FISCO NO PROCESSO DE RECUPERAÇÃO JUDICIAL E FALÊNCIA | 671

decorrido o prazo previsto no art. 55 desta Lei sem objeção de credores. Portanto, pela Lei 11.101/2005, nenhuma recuperação judicial seria homologada pelo juízo sem a apresentação das certidões negativas de débitos tributários.

Evidentemente, essa exigência de apresentação das certidões negativas de débitos tributários poderia se dar na forma da chamada "certidão positiva com efeito de negativa", de acordo com o art. 206 do CTN. Desse modo, caso a empresa em recuperação judicial tivesse parcelado os seus débitos, obteria a certidão positiva com efeito de negativa, uma ver que o parcelamento fiscal é causa de suspensão da exigibilidade do crédito (art. 151, VI, do CTN).

É relevante anotar que a Terceira Turma do Superior Tribunal de Justiça, em acórdão publicado em 26.06.2020[3], entendeu que o princípio da preservação da empresa e a sua função social autorizavam o deferimento da recuperação judicial, no caso concreto que estava em análise, sem a apresentação das certidões negativas de créditos tributários[4].

Além disso, relevante anotar que a Corte Especial do Superior Tribunal de Justiça exarou entendimento segundo o qual o parcelamento tributário é direito da empresa em recuperação judicial que conduz a situação de regularidade fiscal, de modo que eventual descumprimento do que dispõe o art. 57 da 11.101/2005 só pode ser atribuído, ao menos imediatamente e por ora, à ausência de legislação específica que discipline o parcelamento em sede de recuperação judicial, não constituindo ônus do contribuinte, enquanto se fizer inerte o legislador, a apresentação de certidões de regularidade fiscal para que lhe seja concedida a recuperação[5].

Pois bem, o parcelamento mencionado no art. 155-A, §§ 3º e 4º, do CTN (redação da Lei Complementar 118/2005) somente veio com a Lei 13.043/2014, o qual, contudo, não se revelou muito atrativo em suas condições – especialmente se comparadas às condições ofertadas, recorrentemente, em parcelamentos especiais.

Paralelamente, além da compreensão externada em alguns julgamentos, segundo a qual deveria ser afastada a exigência de regularidade fiscal por ocasião da homologação judicial do plano de recuperação, foi se formando

---

[3] Importante destacar que referido acórdão foi suspenso por liminar do Supremo Tribunal Federal, em decisão do Ministro Luiz Fux proferida no dia 08.09.2020, nos autos da Reclamação 43.169.

[4] REsp 1.864.625/SP, 3ª Turma, Rel. Min. Nancy Andrighi, j. 23.06.2020, *DJe* 26.06.2020.

[5] REsp 1.187.404/MT, Corte Especial, Rel. Min. Luis Felipe Salomão, j. 19.06.2013, *DJe* 21.08.2013.

jurisprudência no sentido de obstar atos constritivos nas execuções fiscais em relação às empresas sujeitas à recuperação judicial[6].

Inclusive, foi afetado o tema 987 à sistemática de julgamentos repetitivos do Superior Tribunal de Justiça, com a seguinte questão submetida a julgamento: Possibilidade da prática de atos constritivos, em face de empresa em recuperação judicial, em sede de execução fiscal de dívida tributária e não tributária[7].

Ocorre que a vigência da Lei 14.112/2020 certamente desencadeará um novo debate em torno desses mesmos temas, envolvendo o instituto da recuperação judicial, conforme veremos a seguir.

4. A SUPERVENIÊNCIA DA LEI 14.112/2020 E A POSIÇÃO DO FISCO PERANTE A RECUPERAÇÃO JUDICIAL

Antes do advento da Lei 14.112/2020, a Lei 13.988/2020 disciplinou a transação fiscal em nível federal e ofereceu diversas condições diferenciadas em favor das empresas em recuperação judicial.

Nesse sentido, a Lei 13.988/2020 passou a prever a possibilidade de transação na cobrança da dívida ativa da União, das autarquias e das fundações públicas federais. Referida transação poderá ser proposta, respectivamente,

---

[6] "Com efeito, a Segunda Seção possui firme o entendimento de que embora a execução fiscal não se suspenda, os atos de constrição e de alienação de bens voltados contra o patrimônio social das sociedades empresárias submetem-se ao juízo universal, em homenagem ao princípio da conservação da empresa. A edição da Lei n. 13.304/2014, que instituiu o parcelamento especial em favor das empresas em recuperação judicial – benefício que, em tese, teria o condão de suspender a exigibilidade do crédito tributário da sociedade recuperanda – não alterou o entendimento pacificado na Segunda Seção sobre o tema. (AgRg no CC 136.130/ SP, Rel. Ministro Raul Araújo, Rel. p/ Acórdão Ministro Antonio Carlos Ferreira, Segunda Seção, julgado em 13/05/2015, *DJe* 22/06/2015)" (AgInt no CC 159.771/ PE, 2ª Seção, Rel. Min. Luis Felipe Salomão, j. 24.02.2021, *DJe* 30.03.2021).

[7] "Processual civil. Recurso especial. Submissão à regra prevista no Enunciado Administrativo 03/STJ. Proposta de afetação como representativo da controvérsia. Execução fiscal. Empresa em recuperação judicial. Prática de atos constritivos. 1. Questão jurídica central: 'Possibilidade da prática de atos constritivos, em face de empresa em recuperação judicial, em sede de execução fiscal'. 2. Recurso especial submetido ao regime dos recursos repetitivos (afetação conjunta: REsp 1.694.261/SP, REsp 1.694.316 e REsp 1.712.484/SP)" (ProAfR no REsp 1.694.261/ SP, 1ª Seção, Rel. Min. Mauro Campbell Marques, j. 20.02.2018, *DJe* 27.02.2018).

pela Procuradoria-Geral da Fazenda Nacional e pela Procuradoria-Geral Federal, de forma individual ou por adesão, ou por iniciativa do devedor, ou pela Procuradoria-Geral da União, em relação aos créditos sob sua responsabilidade.

Essa transação, pode contemplar: a concessão de descontos nas multas, nos juros de mora e nos encargos legais relativos a créditos a serem transacionados que sejam classificados como irrecuperáveis ou de difícil recuperação, conforme critérios estabelecidos pela autoridade fazendária; o oferecimento de prazos e formas de pagamento especiais, incluídos o diferimento e a moratória; e o oferecimento, a substituição ou a alienação de garantias e de constrições.

Nos termos da Lei 13.988/2020, estão incluídos como créditos irrecuperáveis ou de difícil recuperação, para os fins da concessão de descontos, aqueles devidos por empresas em processo de recuperação judicial, liquidação judicial, liquidação extrajudicial ou falência.

Dentro desse contexto, conforme asseverado pelo procurador da Fazenda Nacional, Filipe Aguiar de Barros, em palestra realizada durante o Seminário "As recentes alterações na Lei de Recuperação Empresarial e Falência", promovido pela Escola Judicial Desembargador Edésio Fernandes (ESEF) do Tribunal de Justiça de Minas Gerais (TJMG), ainda que inseridas em num cenário de crise econômica, decorrente da pandemia provocada pela pandemia do vírus Covid-19, empresas passaram a buscar a renegociação de suas dívidas, e a jurisprudência sinalizou uma possível mudança, principalmente com relação à exigência de regularidade fiscal.

A Lei nº 14.112/2020[8] advém com a finalidade de melhorar os processos envolvendo a falência e a recuperação de empresas, tornando-os mais céleres e eficientes. Primeiro, é importante destacar as alterações promovidas na Lei 10.522/2002, nos arts. 10-A, 10-B e 10-C. Nos termos da nova regulamentação legal, o empresário ou a sociedade empresária que pleitear ou tiver deferido o processamento da recuperação judicia (arts. 51, 52 e 70 da Lei 11.101/2005),

---

[8] "A nova lei [Lei nº 14.112/20] é considerada passo importante para facilitar a recuperação do crescimento. Segundo o procurador-chefe de defesa da 5ª região da Fazenda Nacional, Filipe Aguiar Barros, que trabalhou no projeto quando estava na Secretaria de Fazenda, o texto vai proporcionar um início célere e talvez um fim antecipado da recuperação judicial. Também haverá maior segurança jurídica quanto ao tempo de duração do processo (180 dias, prorrogáveis por igual período)". Disponível em: https://www.agazeta.com.br/economia/taxa-de-recuperacao-judicial-de-empresas-deve-dobrar-em-4-anos-diz-waldery-1220. Acesso em: 13 abr. 2021.

poderá liquidar os seus débitos para com a Fazenda Nacional existentes, ainda que não vencidos até a data do protocolo da petição inicial da recuperação judicial, de natureza tributária ou não tributária, constituídos ou não, inscritos ou não em dívida ativa, mediante a opção por parcelamento da dívida consolidada em até 120 prestações mensais e sucessivas. As prestações do novo parcelamento serão calculadas observando percentuais mínimos, aplicados sobre o valor da dívida consolidada por ocasião do parcelamento.

Alternativamente a essa possibilidade de parcelamento (art. 10-A da Lei 10.522/2002) e às demais modalidades de parcelamento instituídas por lei federal porventura aplicáveis, o empresário ou a sociedade empresária que tiver o processamento da recuperação judicial deferido poderá, até a apresentação de certidões negativas tributárias para a homologação judicial do plano, submeter à Procuradoria-Geral da Fazenda Nacional proposta de transação relativa a créditos inscritos em dívida ativa da União, nos termos da Lei 13.988/2020. A apresentação da proposta de transação suspenderá o andamento das execuções fiscais, salvo oposição justificada por parte da Procuradoria-Geral da Fazenda Nacional, a ser apreciada pelo respectivo juízo (art. 10-C, VI, da Lei 10.522/2002).

Para os tributos passíveis de retenção na fonte, de desconto de terceiros ou de sub-rogação, e para o Imposto sobre Operações de Crédito, Câmbio e Seguro e sobre Operações relativas a Títulos e Valores Mobiliários – IOF, retido e não recolhido ao Tesouro Nacional, o art. 10-B da Lei 10.522/2002 (inserido pela Lei 14.112/2020), prevê que o empresário ou a sociedade empresária que pleitear ou tiver deferido o processamento da recuperação judicial também poderá parcelar os seus débitos para com a Fazenda Nacional. Nesse caso, especificamente, o prazo é de até 24 parcelas mensais e consecutivas, calculadas de modo a observar percentuais mínimos, aplicados sobre o valor da dívida consolidada, indicados no dispositivo legal.

Essas são substanciais mudanças que certamente passarão a influenciar na formação da jurisprudência dos Tribunais sobre as questões envolvendo o fisco e a recuperação judicial. É preciso que cada novo aspecto da legislação seja minuciosamente examinado pela doutrina mais abalizada, de modo a aprofundar o debate em torno das novidades legislativas.

CONCLUSÃO

As alterações legislativas nos processos de falência e de recuperação judicial, envolvendo os créditos do fisco, parecem caminhar no sentido de aproximação entre o princípio da preservação da empresa e o interesse na satisfação dos créditos públicos.

Embora tenha sido mantida a exigência de regularidade fiscal para concessão da recuperação judicial (art. 57 da Lei 11.101/2005 e art. 191-A do CTN), sua obtenção pode ser viabilizada agora mediante os novos e mais favoráveis parcelamentos previstos, bem como pela via do instituto da transação tributária.

Certamente a jurisprudência revisitará os temas da suspensão dos atos constritivos nas execuções fiscais e da inexigibilidade das certidões negativas para a homologação do plano de recuperação, à luz do direito superveniente.

Parece-nos que, longe de traduzirem uma solução ideal para o tema da participação do Fisco nas recuperações judiciais, as alterações legislativas indicam um norte no sentido adequado, apontando para o desenho de um reestabelecimento de equilíbrio entre as empresas e o fisco.

REFERÊNCIAS BIBLIOGRÁFICAS

COELHO, Fábio Ulhoa. *Comentários à nova Lei de Falências e de Recuperação de Empresas.* 6. ed. São Paulo: Saraiva, 2009.

COELHO, Fábio Ulhoa. *Curso de direito comercial.* 3. ed. atual. de acordo com o novo Código Civil. São Paulo: Saraiva, 2002.

FAZZIO JUNIOR, Waldo. *Manual de direito comercial.* 9. ed. São Paulo: Atlas, 2008.

FAZZIO JUNIOR, Waldo. *Nova Lei de Falências e Recuperação de Empresas.* 2. ed. São Paulo: Atlas, 2005.

MAMEDE, Gladston. *Direito empresarial brasileiro*: empresa e atuação empresarial. 4. ed. São Paulo: Atlas, 2010. vol. 1.

MAMEDE, Gladston. *Direito empresarial brasileiro*: falência e recuperação de empresas. 3. ed. São Paulo: Atlas, 2009. vol. 4.

TRANSAÇÃO FISCAL

49

A TRANSAÇÃO FISCAL SOB O ENFOQUE DA RECUPERAÇÃO JUDICIAL

PAULO ASSED ESTEFAN

Sumário: 1. Introdução – 2. Bases para um novo entendimento com o fisco – 3. As possibilidades de transação com o fisco – 4. Tendência de formação de novo entendimento jurisprudencial – 5. Conclusão – Referências bibliográficas.

1. INTRODUÇÃO

Às vésperas do Natal de 2020 foi sancionada a Lei n° 14.112 que alterou, em substanciais aspectos, a Lei n° 11.101/2005, na tentativa de melhorar os instrumentos legais que cuidam da insolvência no direito brasileiro, dentre eles, o instituto da Recuperação Judicial de empresas.

As pessoas jurídicas, em especial, as sociedades empresárias, são compostas por diversos sistemas interdependentes que se comunicam e, também, se retroalimentam. Empresários, fornecedores de bens e serviços, consumidores e a sociedade em geral encontram-se envolvidos, em maior ou menor intensidade, na empreitada empresarial. E o Fisco não escapa disso.

Ao abandonar o sistema liquidatório e almejar a preservação da atividade produtiva[1], o legislador brasileiro inspirou-se no modelo norte-americano,

---

[1] O Ministro Luis Felipe Salomão aponta: "A regra, portanto, é buscar salvar a empresa, desde que economicamente viável. O legislador colocou, à disposição dos atores principais, no cenário da empresa em crise, as soluções de recuperação extrajudicial e judicial. A medida da falência só deve ser decretada quando for inviável preservar a atividade. Além disso, valores de débitos considerados insignificantes não têm o condão de acarretar quebra. Também é repudiado o

buscando criar um ambiente propício a renegociação entre os credores e o devedor. Daí percebe-se que a aglutinação dos credores e o período de suspensão de suas atuações individuais (*stay period*) apresentam-se como pedras basilares do sistema de soerguimento adotado pelo legislador.

Vale dizer: o passivo da empresa em crise é consolidado e, a partir daí, inicia-se a renegociação conjunta na esperança do advento da novação instrumentalizada no plano de recuperação aprovado.

Não se desconhece que o recolhimento de tributos é uma engrenagem tão importante quanto as demais (empregos, clientes, fornecedores, desenvolvimento tecnológico, dentre outros), merecendo atenção. Até porque, o soerguimento da atividade empresarial sem solução do débito fiscal é canhestro e ilusório. Contudo, por várias razões, o mesmo legislador brasileiro houve por bem excetuar alguns credores, deixando-os, ao menos no imaginário legislativo, livres para atuação individualizada em busca de seus créditos. A Fazenda Pública seguiu nessa trilha.

Portanto, o quadro legislativo estava configurado com integral alijamento do Fazenda do processo recuperacional, sendo permitido a esta que prosseguisse perseguindo o recebimento de seus créditos.

Nessa letra legal, a Fazenda Pública estava numa posição, como se vê, privilegiada, até porque, o legislador cuidou de exigir a apresentação das certidões negativas de débitos tributários para que fosse concedida a recuperação judicial. Na vida forense, entretanto, a história era outra.

Na complexidade formada pela situação legal do Fisco perante a recuperanda, a doutrina e a jurisprudência acabaram por identificar que as sociedades empresárias em crise e que buscavam a tutela do Poder Judiciário para auxiliá-los na revitalização, dificilmente conseguiam gerar sinergia com o Fisco[2], o que, num entendimento amplamente majoritário nos Tribunais, acabou por desencadear decisões que repeliam as ações das Fazenda Públicas contra o patrimônio da devedora. Não raras vezes, tudo isso desembocava num soerguimento frágil, porquanto a empresa ainda carregava um passivo fiscal não tratado.

Pois bem. As sociedades empresárias que ajuízam recuperação judicial não podem listar as obrigações fiscais na relação de credores submetida

---

requerimento de falência como substitutivo da ação de cobrança" (SALOMÃO, Luis Felipe; SANTOS, Paulo Penalva. *Recuperação judicial, extrajudicial e falência*: teoria e prática. 2. ed. Rio de Janeiro: Forense, 2015. p. 15).

[2] BRASÍLIA. Superior Tribunal de Justiça, Recurso Especial nº 1.864.625, Recorrente: Fazenda Nacional, Relator: Ministra Nancy Andrighi, Brasília, 23 de junho de 2020, *Diário Oficial da União*, Brasília, 26 jun. 2020.

Cap. 49 · A TRANSAÇÃO FISCAL SOB O ENFOQUE DA RECUPERAÇÃO JUDICIAL | 681

ao processo, o que atualmente permanece, já que tais débitos continuam excluídos. Como efeito da impossibilidade de submeter o Fisco ao processo recuperacional, as execuções da Fazenda não são suspensas.

Por outro lado, a jurisprudência tem se pautado por não permitir os atos de constrição que recaiam sobre bens essenciais à preservação da atividade produtiva[3].

Aliás, tal entendimento foi consolidado na reforma, através da redação do art. 6º, § 7º-B: o disposto nos incisos I, II e III do *caput* deste artigo não se aplica às execuções fiscais, admitida, todavia, a competência do juízo da recuperação judicial para determinar a substituição dos atos de constrição que recaiam sobre bens de capital essenciais à manutenção da atividade empresarial até o encerramento da recuperação judicial, a qual será implementada mediante a cooperação jurisdicional, na forma do Código de Processo Civil.

2. BASES PARA UM NOVO ENTENDIMENTO COM O FISCO

Ora, sem ser admitida no processo, a Fazenda não pode objetar o plano de recuperação judicial apresentado pela devedora[4], caso entenda que as condições de pagamento de seus títulos sejam inadequadas ou que venham a prejudicar a solvência da recuperanda.

A alternativa prevista da LRF era a devedora apresentar, após os credores aprovarem o plano, as certidões negativas de débito fiscal como condição para o juiz conceder a recuperação judicial (LRF, art. 57).

Também não funcionou. Por muito tempo a jurisprudência pendulou. Inúmeras foram as decisões dispensando a apresentação das CND's[5]. Ora pela inexistência de lei que previsse condições razoáveis para o pagamento do débito fiscal, ora porque a norma que surgiu foi considerada ineficiente e eivada de inconstitucionalidade[6].

---

[3] RIO DE JANEIRO. Tribunal de Justiça do Estado do Rio de Janeiro, Agravo de Instrumento nº 0059608-60.2019.8.19.0000, Agravante: União, Relator: Des. Norma Suely Fonseca Quintes, *Diário Oficial*, Rio de Janeiro, 18 jul. 2020.

[4] Com as alterações da Lei nº 14.112, os credores também podem propor plano alternativo, LRF, art. 56 § 4º.

[5] RIO DE JANEIRO. Tribunal de Justiça do Estado do Rio de Janeiro, Agravo de Instrumento nº 0043545-62.2016.8.19.0000, Agravante: Clio Livraria Comercial Ltda., Relator: Des. Renata Machado Cotta, Rio de Janeiro, 12 de dezembro de 2016, *Diário Oficial*, Rio de Janeiro, 12 dez. 2016.

[6] Nesse sentido: STJ, REsp 1.864.625/SP, Rel. Min. Nancy Andrighi.

Contudo, ainda restaria ao Fisco o prosseguimento das execuções como descrita na LRF, art. 6º, § 7º, atualmente, LRF, art. 6º, § 7º-B. Mais uma vez as investidas do fisco não chegaram a bom termo.

A jurisprudência havia se consolidado no sentido de que a recuperação judicial era um remédio também para crise de liquidez, o que afastava a penhora de valores nas contas das recuperandas. Também não era possível a penhora de bens essenciais à atividade. Caso contrário, o Fisco estaria caminhando de encontro aos objetivos da recuperação judicial.

Portanto, fica evidente que o legislador necessitava propor soluções para "desengatar" a engrenagem do Fisco a fim de conferir efetividade à preservação da função social da empresa[7], estimulando da atividade econômica, conservando os empregos e o interesse dos credores.

Os ajustes trazidos pela Lei nº 14.112/2020 podem ser analisados por dois ângulos. O primeiro, pela possibilidade de o Fisco requerer a falência da devedora. O segundo, pelas opções de transação que contemplam parcelamentos, deságios, percentuais de amortização em caso de alienação de ativos entre outras medidas.

Inicialmente, cabe pontuar que a novel norma se aplica apenas aos pedidos de recuperação judicial ou extrajudicial ajuizados a partir de 23 de janeiro de 2021.

Ademais, a sociedade empresária em crise somente pode propor transação à PGFN com base no art. 10-C da Lei 10.522 até a apresentação das certidões exigidas para concessão da recuperação judicial após os credores aprovarem o plano por ausência de oposição ou por maioria em assembleia, na forma da LRF, art. 45.

Logo, existem duas premissas temporais para solicitar a transação à PGFN:

1º) A pedido de recuperação judicial ou extrajudicial ajuizados a partir de 23 de janeiro de 2021;

2º) Não ter ocorrido a concessão da recuperação judicial, LRF, art. 58.

---

[7] Ana Frazão explica: "Logo, não há dúvida de que o reconhecimento da função social dos bens de produção representou uma importante etapa da consolidação da função social da empresa, ao ressaltar que o patrimônio desta não poderia estar comprometido apenas com os interesses do empresário ou dos sócios da sociedade empresária, mas deveria atender igualmente aos interesses da coletiva" (*Função social da empresa*: repercussões sobre a responsabilidade civil de controladoras e administradores de S/As. Rio de Janeiro: Renovar, 2011. p. 110).

Porém, a Lei nº 14.112, art. 5º, prevê exceção. Nos processos ajuizados antes da vigência da Lei nº 14.112, ainda que a recuperação judicial já tenha sido concedida, terão as devedoras o prazo de 60 dias (contados da regulamentação da transação) para apresentar proposta à PGFN, desde que cumpram com as demais exigências e desde que o processo não tenha sido encerrado.

Por seu turno, as obrigações com o Fisco não precisam estar vencidas na data da distribuição da recuperação, o que assemelha a regra geral, como descrito na LRF, art. 49, "estão sujeitos à recuperação judicial todos os créditos existentes na data do pedido, ainda que não vencidos".

Repise-se, por cautela, que as obrigações fiscais não se submetem à recuperação judicial. Então, o Fisco (i) não apresenta divergência, impugnação ou habilitação, (ii) não pode objetar o plano e, (iii) tampouco, votar em assembleia (LRF, art. 39).

Logo, a análise está restrita a identificar que o objeto de transação com o Fisco trazida pela Lei nº 14.112 se assemelha a regra geral dos créditos submetidos à LFR, mas isso não significa que as obrigações tributárias também sejam tuteladas pela legislação recuperacional.

A transação em comento abarca as obrigações de natureza tributária ou não tributária, constituídos ou não, inscritos ou não em dívida ativa, Lei nº 10.522, art. 10-A, da mesma forma que os créditos das autarquias e das fundações públicas federais, Lei nº 10.522, art. 10-A, § 8º.

A restrição é apenas ao número de transações. Só será permitido um parcelamento por devedora, que poderá contemplar todas as obrigações com a Fazenda. Pleitear um segundo parcelamento não será permitido, conforme Lei nº 10.522, art. 10-A, § 5º.

Outra inovação: nem todos as obrigações precisam ser objeto de transação com o Fisco. Respeitam-se aquelas que estão sob discussão judicial, Lei nº 10.522, art. 10-A, § 1º-C. A condição é oferecer garantia idônea e suficiente aceita pela Fazenda Nacional em juízo que não poderá ser incluída no plano de recuperação judicial, tampouco bem essencial à atividade empresária.

Outra hipótese em que se pode excluir a obrigação da transação está prevista na Lei nº 10.522, art. 10-A, § 1º-C, II: *apresentação de decisão judicial que determine a suspensão da exigibilidade.*

3. AS POSSIBILIDADES DE TRANSAÇÃO COM O FISCO

A Lei nº 14.112/2020 tanto alterou o microssistema judicial do tratamento da crise da atividade empresarial, como modificou a Lei nº 10.522/2002.

Esmiuçando-se as condições, vê-se três possibilidades descritas nos arts. 10-A ("opção A"), 10-B ("opção B") e 10-C ("opção C") da Lei nº 10.522, com as novas redações.

A primeira alternativa de restruturação do passivo fiscal, opção A, é aplicável para as obrigações em geral. Os critérios para a transação são objetivos, o que difere da terceira possibilidade, opção C. Essa possui critérios mais subjetivos, exige contrapartidas relacionadas com a função social da atividade empresarial.

A opção B é aplicável exclusivamente aos tributos retidos na fonte e não recolhidos ou então aos tributos devidos por sub-rogação, por exemplo substituição tributária do IPI.

Vamos a elas:

Opção A

A primeira possibilidade de parcelamento das obrigações com a Fazenda contém as seguintes premissas, Lei nº 10.522, art. 10-A:

- Parcelamento em até 120 prestações mensais e sucessivas, respeitando os seguintes percentuais aplicados sobre o valor da dívida consolidada:

  a) da 1ª até 12ª, cada prestação deve corresponder no mínimo a 0,5% do valor da dívida consolidada;

  b) da 13ª até 24ª, cada prestação deve corresponder no mínimo a 0,6% do valor da dívida consolidada;

  c) da 25ª prestação não há percentual mínimo. Se for distribuído de forma aritmética até a 120ª prestação, cada uma corresponderá a 0,90% do valor consolidado da dívida.

Dentro deste cenário, as possibilidades não terminaram. Pelo art. 10-A, VI, a devedora poderá liquidar até 30% da dívida consolidada no parcelamento com a utilização de créditos decorrentes (i) de prejuízo fiscal e (ii) de base de cálculo negativa da CSLL, ou com outros créditos próprios relativos aos tributos administrados pela Secretaria Especial da Receita Federal do Brasil. Por exemplo, PIS ou COFINS, IPI.

No nosso entendimento, a alteração da Lei nº 14.112 não pode ser confundida com a compensação da base de cálculo da apuração do IR e do CSLL que já estavam previstos no Decreto nº 9.580/2018, art. 35, e Lei nº 8.981/1995, arts. 15 e 16.

	Lei nº 14.112	Decreto nº 9.580 e Lei nº 8.981
Diferenças	Liquidar até 30% da dívida consolidada	Redução de até 30% da base de cálculo do tributo
Fundamentação	Lei nº 10.522, art. 10-A, VI	Decreto nº 9.580, art. 35
Exemplo	A dívida totaliza R$1.000.000,00. Os prejuízos somam R$1 milhão, 30%, corresponde a R$ 300 mil. Logo, a devedora passa a dever R$ 700 mil.	O lucro antes do imposto de renda do exercício de 2020 foi de R$ 1.000.000,00. Em 2019, a devedora incorreu em um prejuízo de R$ 1milhão. A base de 2020 pode ser reduzida em até 30% dos prejuízos acumulados, ou seja, em até R$ 300 mil. Logo, o IR incidirá sobre R$ 700 mil.

Além do efeito da utilização dos prejuízos serem bem maiores na Lei nº 14.112, por abater direto da dívida consolidada, pode ser utilizado por sociedades empresárias que apura os tributos pelo regime presumido.

Outra diferença está no fato de abater da dívida, enquanto o Decreto nº 9.580 prevê apenas a redução da base de cálculo. Dessa forma, até se pode pagar menos, mas não poderia diminuir a dívida.

Caso a devedora opte por liquidar 30% da dívida com prejuízo fiscal, o número de parcelas será reduzida de 120 para 84. Continuam os percentuais de 0,5% e de 0,6% das obrigações consolidadas das 12 e 24 primeiras prestações respectivamente, Lei nº 10.522, art. 10-A, VI.

Para a infelicidade do devedor, não é integral a utilização (i) de prejuízo fiscal e (ii) de base de cálculo negativa da Contribuição Social sobre o Lucro Líquido (CSLL). Os "tetos" estão descritos na Lei nº 10.522, art. 10-B.

A devedora poderá pleitear outro programa previsto pelo Governo Federal que entender mais vantajoso para si, Lei nº 10.522, art. 10-A, § 1º-A.

O outro lado da moeda, Lei nº 10.522, art. 10-A, § 2º-A. Para aderir ao parcelamento a devedora deverá:

- fornecer informações bancárias, extratos de fundos e demais aplicações financeiras à PGFN;
- informar sobre eventual comprometimento de recebíveis à PGFN;
- amortizar o saldo devedor do parcelamento a cada alienação de bens e direitos integrantes do ativo não circulante realizada durante o período de vigência do plano de recuperação judicial[8];

---

[8] O limite máximo de amortização é de 30% do produto da alienação. O percentual será aferido pela diferença entre o valor total do passivo fiscal e o valor total de dívidas do devedor, na data do pedido de recuperação judicial.

$$\text{Amortização \%} = \frac{\text{Passivo Fiscal}}{\text{Obrigações com terceiros}}$$

- manter a regularidade fiscal;
- cumprir regularmente as obrigações para com o FGTS.

A recuperanda será excluída do parcelamento se inadimplir seis parcelas consecutivas ou de nove parcelas alternadas. Caso existam cinco ou menos, basta a inadimplência de uma parcela para a exclusão, Lei nº 10.522, art. 10-A, § 4º.

A nova redação da Lei nº 10.522 também descreve outras possibilidades de exclusão do parcelamento como (i) o esvaziamento patrimonial, (ii) decretação de falência, (iii) concessão de medida cautelar fiscal, nos termos da Lei nº 8.397, de 1992, e a (iv) declaração de inaptidão da inscrição no CNPJ.

As consequências da exclusão do parcelamento descritas pela Lei nº 10.522, art. 10-A, § 4º-A, são:

- a exigibilidade imediata da totalidade do débito confessado;
- a execução automática das garantias;
- o restabelecimento em cobrança dos valores liquidados com os créditos (i) de prejuízo fiscal e (ii) da base de cálculo negativa da CSLL;
- a faculdade de a Fazenda Nacional requerer a convolação da recuperação judicial em falência.

Opção B

A segunda opção está restrita aos tributos retidos na fonte e não recolhidos ou tributos devidos por sub-rogação e não recolhidos, incluindo-se o IOF relativo a Títulos e Valores Mobiliários retido e não recolhido ao Tesouro Nacional, Lei nº 10.522, art. 14.

Até então, estes tributos não eram passíveis de parcelamento. Desse modo, com a Lei nº 14.112, o legislador trouxe mais uma oportunidade para equacionamento deste passivo das empresas em crise.

Neste caso, o número de parcelas é menor. Ao invés de 120 parcelas, apenas 24 mensais e consecutivas. Cada uma das seis primeiras prestações não podem ser inferiores a 3% do valor da dívida consolidada.

Da mesma forma que as 6 parcelas seguintes não podem ser inferiores a 6% do valor da dívida consolidada, enquanto a legislação não impõe percentual mínimo para as 12 últimas parcelas, se distribuídas de forma aritmética corresponderia a 0,8333% do valor consolidado da dívida.

Opção C

Alternativamente ao parcelamento de que trata o art. 10-A da Lei nº 10.522, a sociedade empresária em crise poderá propor outra espécie de transação de suas obrigações inscritas em dívida ativa da União.

O número de parcelas continua igual, 120 parcelas, mas poderá ser acrescido mais 12 meses quando constatado que o devedor em recuperação judicial desenvolve projetos sociais, Lei nº 10.522, art. 10-C, § 1º.

Neste cenário, não há previsão de percentuais mínimos em relação à dívida fiscal para as 24 primeiras parcelas, o que permitiria valores nominais inferiores das prestações iniciais.

O valor consolidado da dívida também poderá sofrer redução. Dependendo do caso, alcança até 70% do valor consolidado, maior do que a previsão de 30% do art. 10-A.

Caberá à PGFN, em juízo de conveniência e oportunidade aceitar a proposta da devedora. A análise deve ser elabora de forma motivada, observados o interesse público e os princípios da isonomia, da capacidade contributiva, da transparência, da moralidade, da livre concorrência, da preservação da atividade empresarial, da razoável duração dos processos e da eficiência.

Entre outros parâmetros (Lei nº 10.522, art. 10-C, III) a PGFN deve observar (i) a recuperabilidade do crédito, inclusive considerando eventual prognóstico em caso de falência, (ii) a proporção entre o passivo fiscal e o restante das dívidas do sujeito passivo, (iii) o porte e a quantidade de vínculos empregatícios mantidos pela pessoa jurídica.

Da mesma forma que a hipótese do art. 10-A, o legislador também exigiu a apresentação de informações bancárias, incluídos extratos de fundos e aplicações financeiras, bem como que a devedora informe sobre eventual comprometimento de recebíveis. Impôs manter regularidade fiscal perante a União, manter o Certificado de Regularidade do FGTS, entre outras.

A devedora também será excluída do parcelamento se inadimplir seis parcelas consecutivas ou nove parcelas alternadas. No caso de existirem apenas cinco parcelas, basta uma.

4. TENDÊNCIA DE FORMAÇÃO DE NOVO ENTENDIMENTO JURISPRUDENCIAL

Como visto, a Lei nº 14.112 trouxe alternativas para as sociedades empresariais em crise, através da recuperação judicial, superá-la. Agora, o legislador percebeu que a revitalização da atividade não conseguirá ser alcançada se não houver solução adequada e possível (considerando a mesma situação de colapso) para o passivo fiscal.

As Fazendas, outrora abandonadas, deverão ser intimadas da decisão que concedeu a recuperação judicial (LRF, art. 58, § 3º), para assegurar a efetiva aplicação da transação, propiciando uma recuperação mais ampla e possibilitando as sociedades em crise retomar a estabilidade operacional e financeira.

Caso o passivo fiscal não esteja equilibrado, provavelmente haverá recurso contra a concessão da recuperação judicial e poderão ser severas as consequências para a devedora, visto que o deferimento do efeito suspensivo da decisão impediria a execução da revitalização da empresa.

Destarte, a Lei nº 14.112 alterou a legislação recuperacional, inclusive no que se refere as possibilidades de transação entre o Fisco e seus devedores. Isso, por certo, trará novo paradigma ao posicionamento jurisprudencial, porquanto plausíveis as exigências para tratamento do débito tributário, não mais se justificando seja ele relevado por ocasião da concessão.

Não se olvida que os operadores do direito ainda deverão se debruçar sobre a *quaestio* que também é objeto do Tema 987 do Tribunal da Cidadania[9] (*possibilidade de atos constritivos, em face de empresa em recuperação judicial, em sede de execução fiscal*), que não nos parece ainda ter totalmente sucumbido ao novo regramento, pois, na prática, ainda deverão os estados e municípios instituir programas efetivos de parcelamento fiscal, para, assim, aperfeiçoarem o sistema proposto a viabilizar o equacionamento do passivo fiscal quando da concessão da recuperação judicial.

5. CONCLUSÃO

As três opções de transação agregam valor para a superação da crise da atividade empresária, especificamente para a solução das comumente graves pendências fiscais. O objetivo do legislador não é falir as sociedades deficitárias, tampouco submeter, ou não, o Fisco à tutela do Poder Judiciário. A missão é criar sinergia que viabilize a superação da crise e o fórum apropriado são as recuperações judiciais. Caso contrário, a sociedade empresária não conseguirá "caminhar com as próprias pernas" ao deixar a recuperação judicial.

A intenção do legislador pode ser identificada ao comparar as opções. O maior desconto sobre o valor da dívida consolidada, 70%, é concedido com o compromisso da preservação dos empregos; possibilitando parcelamento que até então eram vedados, como os tributos retidos na fonte e não

---

[9] Em 14.03.2018, a Segunda Seção do STJ, em acórdão do Ministro Marco Aurelio Bellizze, não conheceu do Incidente de Uniformização de Jurisprudência e de ofício determinou a afetação do CC 144.433/GO à Corte Especial.

recolhidos; exigindo uma organização contábil e fiscal do patrimônio, entre outros exemplos.

Mas é fato que o legislador traçou uma nova rota. As devedoras deverão apresentar as certidões negativas de débito para pleitear a concessões das recuperações judiciais e tal condição não mais parece descabida ou desarrazoada, diante das novas medidas de facilitação para ajuste do passivo fiscal.

REFERÊNCIAS BIBLIOGRÁFICAS

BRASIL. Superior Tribunal de Justiça, Recurso Especial n° 1864625 SP 2019/0294631-9, 3ª Turma, Relator: Ministra Nancy Andrighi, Data de Julgamento: 23.06.2020, *DJe* 26.06.2020.

BRASIL. Supremo Tribunal Federal, Rcl: 43.169/SP 0102138-58.2020.1.00.0000, Relator: Luiz Fux, Data de Julgamento: 04.09.2020, Data de Publicação: 09.09.2020.

CAMPINHO, Sérgio. *O direito de empresa*: à luz do novo Código Civil. 7. ed. Rio de Janeiro: Renovar, 2006.

FRAZÃO, Ana. *Função social da empresa*: repercussões sobre a responsabilidade civil de controladoras e administradores de S/As. Rio de Janeiro: Renovar, 2011.

REQUIÃO, Rubens. *Curso de direito comercial*: de acordo com a Lei n° 11.101, de 9-2-2005 (nova lei de falências). 26. ed. São Paulo: Saraiva, 2005. vol. 1.

RIO DE JANEIRO. Tribunal de Justiça do Estado do Rio de Janeiro, Agravo de Instrumento n° 0059608-60.2019.8.19.0000, Agravante: União, Relator: Des. Norma Suely Fonseca Quintes, *Diário Oficial*, Rio de Janeiro, 18 jul. 2020.

RIO DE JANEIRO. Tribunal de Justiça do Estado do Rio de Janeiro, Agravo de Instrumento n° 0043545-62.2016.8.19.0000, Agravante: Clio Livraria Comercial Ltda., Relator: Des. Renata Machado Cotta, Rio de Janeiro, 12 dez. 2016.

SALOMÃO, Luis Felipe; SANTOS, Paulo Penalva. *Recuperação judicial, extrajudicial e falência*: teoria e prática. 2. ed. Rio de Janeiro: Forense, 2015.

TRF-3ª Região, Agravo de Instrumento n° 00219646820164030000/SP, Relator: Des. Federal Carlos Muta, 3ª Turma, Data de Julgamento: 24.05.2017, *e-DJF3* Judicial 1: 02.06.2017.

50

TRANSAÇÃO FISCAL NA RECUPERAÇÃO JUDICIAL

Luiz Eduardo Trindade Leite

Sumário: 1. Transação tributária – 2. Estoque do contencioso tributário nacional – 3. Os benefícios da transação fiscal na recuperação judicial – 4. Críticas à transação fiscal na recuperação judicial – 5. Conclusões – Referências bibliográficas.

1. TRANSAÇÃO TRIBUTÁRIA

A transação é uma das formas de extinção do crédito tributário previstas no art. 156[1] do Código Tributário Nacional (CTN). Embora adormecida por cinquenta e quatro anos, tendo sua previsão expressa no art. 171[2] do CTN desde 1966, sua inserção no ordenamento jurídico dependia de lei, e foi justamente a conversão da Medida Provisória 899/2019 na Lei 13.988/2020 que deu vida a esse importante instrumento de resolução de conflitos entre o contribuinte e o fisco, os quais convivem em uma espécie de "casamento compulsório-litigioso e patológico", marcado pelo conflito constante. Isso realmente faz sentido, pois o art. 171 do CTN prevê, na primeira parte do texto, a necessidade de lei; e na segunda, a existência de litígio.

---

[1] "Art. 156. Extinguem o crédito tributário: (...) III – a transação."

[2] "Art. 171. A lei pode facultar, nas condições que estabeleça, aos sujeitos ativo e passivo da obrigação tributária celebrar transação que, mediante concessões mútuas, importe em determinação de litígio e consequente extinção de crédito tributário. Parágrafo único. A lei indicará a autoridade competente para autorizar a transação em cada caso."

O art. 2º da Lei 13.988/2020 deixa claro que existem duas modalidades de transação, por adesão ou por proposta individual:

> Art. 2º Para fins desta Lei, são modalidades de transação as realizadas:
>
> I – por proposta individual ou por adesão, na cobrança de créditos inscritos na dívida ativa da União, de suas autarquias e fundações públicas, ou na cobrança de créditos que seja competência da Procuradoria-Geral da União;
>
> II – por adesão, nos demais casos de contencioso judicial ou administrativo tributário; e
>
> III – por adesão, no contencioso tributário de pequeno valor.

Portanto, ela ocorrerá por adesão do contribuinte aos editais publicados pela Fazenda Nacional ou por proposta individual que poderá partir tanto do contribuinte, nas situações que a lei permitir, quanto pela Fazenda Nacional.

2. ESTOQUE DO CONTENCIOSO TRIBUTÁRIO NACIONAL

A definição de tributo está descrita no art. 3º do CTN como: "toda prestação pecuniária compulsória, em moeda ou cujo valor nela se possa exprimir, que não constitua sanção de ato ilícito, instituída em lei e cobrada mediante atividade administrativa plenamente vinculada".

O tributo é uma das espécies de receitas da Fazenda Pública, sendo a mais importante para a manutenção da atividade estatal. A expressão "Fazenda Pública" também é utilizada para designar as pessoas jurídicas de direito público que figurem em ações judiciais, mesmo que a demanda não verse sobre a matéria estritamente fiscal ou financeira.[3]

Danielle Nascimento[4] assim define a importância das receitas tributárias:

> As atividades e os serviços prestados pelo Estado Fiscal brasileiro são custeadas majoritariamente por receitas tributárias, sendo a cultura de inadimplência, de impunidade e de resistência ao adim-

---

[3]   CUNHA, Leandro Carneiro da. *A Fazenda Pública em juízo*. 12. ed. São Paulo: Dialética, 2014. p. 15.

[4]   SOUZA, Danielle Nascimento de. *Neurodireito, psicologia e economia comportamental no combate à evasão fiscal*. Rio de Janeiro: Lumen Juris, 2019. p. 171.

plemento voluntário das obrigações fiscais fator que impossibilita o alcance dos objetivos fundamentais da República Federativa do Brasil, preconizados no artigo 3º da Carta Magna de 1988.

E por que pagamos tributos? Segundo a frase célebre do Juiz da Suprema Corte norte-americana Oliver Wendell Holmes, tributos são o que pagamos por uma sociedade civilizada.[5] Os tributos geram efeitos positivos ou negativos na economia, dependendo da dosagem da carga tributária, e como diz o médico e físico suíço-alemão Paracelso (século XVI), "a diferença entre o remédio e o veneno está na dose".

O auferimento da dose dos tributos e de seus efeitos na economia se dá por meio do peso da participação da carga tributária no produto interno bruto (PIB), a qual, em 2019, correspondeu a 36,9% do PIB, segundo o Instituto Brasileiro de Geografia e Estatística[6] (IBGE), dose essa que já está mais para veneno do que para remédio.

O sistema tributário nacional é complexo, confuso e caracterizado pela insegurança jurídica, chegando ao ponto de o mesmo órgão fazendário dar respostas diferentes ao mesmo questionamento de contribuintes em situações idênticas, por meio do procedimento de consulta,[7] que é a ferramenta do contribuinte para esclarecer dúvidas ou questões da legislação tributária.

Pela lei, o prazo máximo de resposta para a consulta é de 360 dias, embora este nem sempre seja respeitado; além disso, existe, ainda, a solução de divergência,[8] para quando o contribuinte tiver conhecimento de decisão divergente, diga-se do mesmo órgão fazendário, sobre idêntica matéria de consulta.[9] Na prática, as decisões administrativas demoram até cinco anos,

---

[5] CARVALHO, Cristiano. Análise econômica da tributação. In: TIMM, Luciano Benetti (org.). *Direito e Economia do Brasil*. 3. ed. Indaiatuba: Actual, 2019. p. 266.

[6] IBGE. Disponível em: https://www.ibge.gov.br/estatisticas/economicas/servicos/9052-sistema-de-contas-nacionais-brasil.html?=&t=resultados. Acesso em: 2 fev. 2021.

[7] Art. 46 do Decreto nº 70.235/1972.

[8] "§ 5º Havendo diferença de conclusões entre soluções de consultas relativas a uma mesma matéria, fundada em idêntica norma jurídica, cabe recurso especial, sem efeito suspensivo, para o órgão de que trata o inciso I do § 1º."

[9] "§ 10. O sujeito passivo que tiver conhecimento de solução divergente daquela que esteja observando em decorrência de resposta a consulta anteriormente formulada, sobre idêntica matéria, poderá adotar o procedimento previsto no § 5º, no prazo de trinta dias contados da respectiva publicação."

prazo que não atende aos interesses do mercado e das empresas, até porque até lá muitas vezes o negócio nem existe mais.[10]

E quando o contribuinte considera que a insegurança jurídica na esfera administrativa é ruim, ele recorre ao poder judiciário, na esperança de obter interpretações mais coerentes sobre as normas e suas aplicações; no entanto, não é bem assim que funciona. A insegurança jurídica virou regra geral quando se trata de disputas tributárias entre o fisco e o contribuinte. Os Tribunais Superiores, que deveriam pacificar os entendimentos sobre os conflitos, têm alterado, com frequência, seus entendimentos já firmados anteriormente, sem qualquer fato novo, gerando mais insegurança.

Humberto Ávila[11] explica que só existe segurança jurídica quando o direito for compreensível, estável e previsível. Em estudo realizado pela Ernest Young[12] (EY) sobre o estoque do contencioso tributário, verificou-se que ele vem subindo e alcançou a monta de R$ 3,4 trilhões em 2018, ultrapassando o equivalente à metade do PIB do País naquele ano (50,4%), sendo que a conclusão de um processo de contencioso tributário no Brasil leva em média 18 anos e 11 meses, na soma das etapas administrativas e judiciais.

O mesmo estudo demonstrou que em cinco anos de inadimplência fiscal, a dívida aumenta em mais 60% em razão dos juros, tornando-se praticamente impagável:

> Dos R$ 3,3 trilhões, 25% correspondem a tributos propriamente. O restante é multa – seja cumulativa, punitiva ou de outra natureza –, que pode adicionar 200% ao valor dos tributos devidos, considerando-se a Selic, a taxa básica que serve de referência para os juros praticados no Brasil. Qualquer empresa com cinco anos de inadimplência tributária está pagando 60% a mais, por conta dos juros.

---

[10] TORRES, Heleno. Concorrência desleal. In: MELLO, Fernando Figueiredo; PILAGALLO, Oscar. *Tributação e segurança jurídica*: a importância para o Brasil de uma eficiente rede de proteção. São Paulo: ETCO, 2019. p. 27.

[11] ÁVILA, Humberto. Pilares da segurança jurídica. In: MELLO, Fernando Figueiredo; PILAGALLO, Oscar. *Tributação e segurança jurídica*: a importância para o Brasil de uma eficiente rede de proteção. São Paulo: ETCO, 2019. p. 43.

[12] Disponível em: https://www.jota.info/paywall?redirect_to=//www.jota.info/tributos-e-empresas/tributario/contencioso-tribuario-processos-28112019. Acesso em: jan. 2021.

Roberto Quiroga[13] ressalta que nós estamos devendo mais encargos do que tributos e que um contencioso de R$ 3,3 trilhões é um problema insolúvel. O núcleo de tributação do INSPER[14] publicou resultado de sua pesquisa com dados do ano de 2019, trazendo informações muito preocupantes. O estudo revela que ao menos R$ 5,4 trilhões em cobrança de tributos foram alvo de disputa em processos judiciais e administrativos em 2019, evidenciando um aumento em relação ao ano de 2018 e sendo equivalente à 75% do PIB. Na mesma pesquisa, averiguou-se que a União responde por cerca de 70% do estoque de contencioso de processos nas esferas judiciais e administrativa. O instrumento processual hábil para a cobrança dos tributos pela Fazenda Nacional é a execução fiscal, um procedimento especial introduzido pela Lei 6.830/1980 que, embora dotado de vários privilégios e mecanismo exclusivos, vem se demonstrando ineficiente, caro e moroso, além de estar congestionando o poder judiciário.

Segundo dados publicados pelo Conselho Nacional de Justiça[15] (CNJ), as execuções fiscais representam 39% do total de casos pendentes e 70% das execuções pendentes no Poder Judiciário, com taxa de congestionamento de 87%. Segundo pesquisa do Instituto de Pesquisas Econômicas Aplicadas[16] (IPEA) na Justiça Federal, o tempo de duração de uma execução fiscal é de "oito anos, nove meses e dois dias". O mesmo estudo aponta que 27,7% das execuções são extintas por prescrição ou decadência. Em 17% dos casos, a execução é extinta pelo cancelamento da Certidão de Dívida Ativa (CDA), e em 11,5% das execuções há extinção sem o julgamento do mérito, ou seja, um total de 56,2% das execuções fiscais é inexitoso por culpa da própria Fazenda Pública.

---

[13] MOSQUEIRA, Roberto Quiroga. A complexidade da norma tributária no Brasil contemporâneo. In: MELLO, Fernando Figueiredo; PILAGALLO, Oscar. *Tributação e segurança jurídica*: a importância para o Brasil de uma eficiente rede de proteção. São Paulo: ETCO, 2019. p. 32.

[14] Disponível em: https://www.insper.edu.br/wpcontent/uploads/2021/01/Contencioso_tributario_relatorio2020_vf10.pdf. Acesso em: jan. 2021.

[15] Justiça em Números 2020: ano-base 2019/Conselho Nacional de Justiça – Brasília: CNJ, 2020. Sumário executivo. p. 6.

[16] BRASIL. Custo unitário do processo de execução fiscal na justiça federal: relatório de pesquisa. Brasília: Instituto de Pesquisas Econômicas Aplicadas (IPEA) 2011, p. 22.

De acordo com dados da Procuradoria-Geral da Fazenda Nacional[17] (PGFN), o estoque da dívida de empresas em recuperação judicial, em 2020, estaria em torno de R$ 109,6 bilhões de reais, sendo que R$ 96,2 bilhões estão em aberto, sem qualquer solução para seu pagamento.

Demonstrada a ineficiência das execuções fiscais, a Fazenda Nacional vem se conscientizando da necessidade de implementação de novos mecanismos de solução de litígios, mais eficientes e céleres para a recuperação de créditos fiscais – daí a transação fiscal.

3. OS BENEFÍCIOS DA TRANSAÇÃO FISCAL NA RECUPERAÇÃO JUDICIAL

A transação é a forma de resolução de litígios que visa colocar fim a uma demanda entre partes por concessão mútua de algum interesse controvertido.[18] A transação fiscal introduzida pela Lei 13.988/2020 aplica-se aos créditos em cobrança pela Fazenda Pública, de natureza tributária ou não tributária. É importante esclarecer que a expressão "crédito tributário" não se restringe apenas ao tributo, mas abrange as multas isoladas e qualificadas, como aquelas previstas no artigo 44, I e § 1º, da Lei 9.430/1996,[19] que se tornarão "crédito tributário principal" quando forem objeto de cobrança ou execução fiscal. No § 2º do art. 1º da Lei 13.988/2020 estão expressos os princípios que norteiam e que devem ser respeitados para a concessão da transação: a) isonomia; b) capacidade contributiva; c) transparência; d) moralidade; e) razoável duração dos processos; f) eficiência; e g) publicidade.

Os benefícios criados pelo instituto da transação estão fixados no art. 11 da Lei 13.988/2020 e podem contemplar as seguintes situações: a) concessão de descontos nas multas, nos juros de mora e nos encargos legais aos créditos

---

[17] BACELO, Joice. Fisco ganha superpoder com entrada em vigor da nova Lei de Falências. *Valor Econômico*, São Paulo, 22 jan. 2021. Legislação & Tributos, p. E1.

[18] FERRAZ, Beatriz Biaggi. *Transação em matéria tributária*. Rio de Janeiro: Lumen Juris, 2019. p. 5.

[19] "Art. 44. Nos casos de lançamento de ofício, serão aplicadas as seguintes multas: (...) I – de 75% (setenta e cinco por cento) sobre a totalidade ou diferença de imposto ou contribuição nos casos de falta de pagamento ou recolhimento, de falta de declaração e nos de declaração inexata; (...) § 1º O percentual de multa de que trata o inciso I do *caput* deste artigo será duplicado nos casos previstos nos arts. 71, 72 e 73 da Lei nº 4.502, de 30 de novembro de 1964, independentemente de outras penalidades administrativas ou criminais cabíveis."

classificados como irrecuperáveis ou de difícil recuperação; b) diferimento; c) moratória; d) oferecimento, substituição ou alienação de garantias e de constrições. Ressaltamos que as benesses mencionadas podem ser utilizadas de forma combinada, desde que abranjam todos os créditos inscritos em dívida ativa da União daquele contribuinte. Os critérios para aferição do grau de recuperabilidade das dívidas são: os parâmetros para aceitação da transação individual e a concessão de descontos, entre eles o insucesso dos meios ordinários e convencionais de cobrança e a vinculação dos benefícios a critérios preferencialmente objetivos que incluam ainda a idade da dívida inscrita, a capacidade contributiva do devedor e os custos da cobrança judicial.[20] A criação dos critérios ficou ao encargo da PGFN por meio de ato normativo para sua regulamentação, o que ocorreu pela publicação da Portaria PGFN 9.917, de 14 de abril de 2020. A mencionada portaria trouxe de forma clara os objetivos da transação em seu art. 3º:

> Art. 3º São objetivos da transação na cobrança da dívida ativa da União e do FGTS: (Redação dada pela Portaria PGFN nº 3026, de 11 de março de 2021)
>
> I – viabilizar a superação da situação transitória de crise econômico--financeira do sujeito passivo, a fim de permitir a manutenção da fonte produtora e do emprego dos trabalhadores, promovendo, assim, a preservação da empresa, sua função social e o estímulo à atividade econômica;
>
> II – assegurar fonte sustentável de recursos para execução de políticas públicas;
>
> III – assegurar que a cobrança dos créditos inscritos em dívida ativa seja realizada de forma a equilibrar os interesses da União e dos contribuintes e destes com os do FGTS; (Redação dada pela Portaria PGFN nº 3026, de 11 de março de 2021)
>
> IV – assegurar que a cobrança de créditos inscritos em dívida ativa seja realizada de forma menos gravosa para União, para o FGTS e para os contribuintes; (Redação dada pela Portaria PGFN nº 3026, de 11 de março de 2021)
>
> V – assegurar aos contribuintes em dificuldades financeiras nova chance para retomada do cumprimento voluntário das obrigações tributárias e fundiárias correntes. (Redação dada pela Portaria PGFN nº 3026, de 11 de março de 2021)

---

[20] BRASIL. Lei 13.988/2020, art. 14, V.

Percebe-se que o texto inserido no inciso I é praticamente uma repetição do art. 47 da Lei 11.101/2005.[21] Daí a conexão e a inserção das empresas em recuperação judicial ou falências no instituto da transação fiscal. A primeira menção legal sobre as empresas nessas condições aparece no § 5o[22] do art. 11 da Lei 13.988/2020, que classifica seus créditos como de difícil recuperação ou irrecuperáveis, situação mencionada no inciso I[23] do *caput* do mesmo artigo. Da mesma maneira, a Portaria PGFN 9.917/2020 estabeleceu formas objetivas para mensurar a capacidade de pagamento de qualquer contribuinte e sua real possibilidade em quitar seu passivo fiscal no prazo de cinco anos, sendo que o art. 23 estabelece um *rainting* de classificação de recuperabilidade dos créditos fiscais:

> Art. 23. Observada a capacidade de pagamento do sujeito passivo e para os fins das modalidades de transação previstas nesta Portaria, os créditos inscritos em dívida ativa da União e do FGTS serão classificados em ordem decrescente de recuperabilidade, sendo: (Redação dada pela Portaria PGFN nº 3026, de 11 de março de 2021)
>
> I – créditos tipo A: créditos com alta perspectiva de recuperação;
>
> II – créditos tipo B: créditos com média perspectiva de recuperação;
>
> III – créditos tipo C: créditos considerados de difícil recuperação;
>
> IV – créditos tipo D: créditos considerados irrecuperáveis.

No entanto, as líneas *a* e *b* do inciso III do art. 24 da Portaria PGFN 9.917/2020[24] consideram irrecuperáveis os débitos de contribuintes que estejam

---

[21] "Art. 47. A recuperação judicial tem por objetivo viabilizar a superação da situação de crise econômico-financeira do devedor, a fim de permitir a manutenção da fonte produtora, do emprego dos trabalhadores e dos interesses dos credores, promovendo, assim, a preservação da empresa, sua função social e o estímulo à atividade econômica."

[22] "§ 5o Incluem-se como créditos irrecuperáveis ou de difícil recuperação, para os fins do disposto no inciso I do *Caput* deste artigo, aqueles devidos por empresas em processo de recuperação judicial, liquidação judicial, liquidação extrajudicial ou falência."

[23] "I – a concessão de descontos nas multas, nos juros de mora e nos encargos legais relativos a créditos a serem transacionados que sejam classificados como irrecuperáveis ou de difícil recuperação, conforme critérios estabelecidos pela autoridade fazendária, nos termos do inciso V do *caput* do art. 14 desta Lei."

[24] "Art. 24. Para os fins do disposto nesta Portaria, são considerados irrecuperáveis os créditos inscritos em dívida ativa da União e do FGTS, quando: (...) III – de titularidade de devedores: a) falidos; b) em recuperação judicial ou extrajudicial."

em recuperação judicial, extrajudicial ou falência. Aqui cabe ressaltar significativas distinção e restrição colocadas pela Portaria em relação à Lei. A Lei 13.988/2020 não distinguia a aplicação da classificação dos créditos "difícil recuperação" e "irrecuperáveis" das empresas em recuperação judicial ou falidas, colocando-as no mesmo inciso; já a leitura conjunta dos arts. 23 e 24 da Portaria PGFN 9.917/2020 não deixa dúvidas de que a empresa que esteja em recuperação judicial ou extrajudicial ou falida necessariamente tem seus débitos tributários classificados como irrecuperáveis. Nesse aspecto, a transação fiscal lhe concede um benefício mais generoso, sem a necessidade de discussão sobre a classificação de grau de recuperabilidade de seus débitos tributários perante a Fazenda Nacional.

Segundo o art. 8º da Portaria PGFN 9.917/2020, os benefícios concedidos ao contribuinte poderão envolver: a) desconto sobre juros, multas e encargos legais em até 50%, não se aplicando ao principal; b) diferimento ou moratória, ressalvados os débitos de FGTS inscritos em Dívida Ativa; c) flexibilização das regras para aceitação, avaliação, substituição e liberação de garantias, bem como flexibilização das próprias regras de constrição ou alienação de bens e a possibilidade de utilização de créditos líquidos e certos do contribuinte em desfavor da União, reconhecidos em decisão transitada em julgado, ou de precatórios federais próprios ou de terceiros, para fins de amortização ou liquidação de saldo devedor transacionado.

No tocante ao benefício do parcelamento, inicialmente o prazo para a liquidação do passivo fiscal estava limitado em até 84 meses para as empresas submetidas aos regimes de tributação pelo lucro presumido ou lucro real, podendo ser de até 145 meses nas hipóteses de empresário individual, microempresa, empresa de pequeno porte, instituições de ensino, sociedades cooperativas e demais organizações da sociedade civil, quando for o caso, em recuperação judicial. Essa previsão constava no inciso III, § 2º, § 3º e nos incisos I e II, § 4º, do art. 11 da Lei 13.988/2020.[25] Com exceção da ampliação do prazo para empresários individuais, microempresas, empresas de pequeno

---

[25] "Art. 11. A transação poderá contemplar os seguintes benefícios: (...) § 2º É vedada a transação que: (...) III – conceda prazo de quitação dos créditos superior a 84 (oitenta e quatro) meses; (...) § 3º Na hipótese de transação que envolva pessoa natural, microempresa ou empresa de pequeno porte, a redução máxima de que trata o inciso II do § 2º deste artigo será de até 70% (setenta por cento), ampliando-se o prazo máximo de quitação para até 145 (cento e quarenta e cinco) meses, respeitado o disposto no § 11 do art. 195 da Constituição Federal. § 4º O disposto no § 3º deste artigo aplica-se também às: I – Santas Casas de Misericórdia, sociedades cooperativas e demais organizações da sociedade civil de que trata a Lei nº 13.019, de 31 de julho de 2014; e II – instituições de ensino (...)."

porte, instituições de ensino, sociedades cooperativas e demais organizações da sociedade civil, em recuperação judicial ou liquidação, não houve nenhum avanço em relação à própria Lei 13.043/2014, que inseriu o art. 10-A[26] na Lei 10.522/2002, criando para as empresas em recuperação judicial submetidas ao lucro real ou presumido a possibilidade de parcelamento especial nos mesmos 84 meses. Entretanto, o limite foi recentemente ampliado para 120 meses pela Lei 14.112, de 24 de dezembro de 2020, que, ao introduzir o art. 10-C na Lei 10.522/2002, disciplinou o tema em seu inciso I.[27]

No que se refere ao benefício do desconto sobre juros, multa e encargos legais, o inciso II[28] do art. 10-C da Lei 10.522/2020, também introduzido pela Lei 14.112 de 24 de dezembro de 2020, ampliou o limite fixado anteriormente em até 50% para até 70% do valor total dos créditos objetos da transação para as empresas optantes pelo regime de apuração do lucro real e do lucro presumido. Ou seja, o montante de desconto sobre juros, multa e encargos legais não pode ser superior a 70% do total do crédito transacionado.

É importante lembrar que a proposta de transação para empresas nessas condições pode partir da Procuradoria da Fazenda Nacional, conforme preceitua o art. 32, II,[29] da PGFN 9.917/2020, e essa iniciativa não tem limitação

---

[26] "Art. 10-A. O empresário ou a sociedade empresária que pleitear ou tiver deferido o processamento da recuperação judicial, nos termos dos arts. 51, 52 e 70 da Lei nº 11.101, de 9 de fevereiro de 2005, poderá parcelar seus débitos com a Fazenda Nacional, em 84 (oitenta e quatro) parcelas mensais e consecutivas, calculadas observando-se os seguintes percentuais mínimos, aplicados sobre o valor da dívida consolidada: Redação dada pela Lei nº 13.043, de 2014.

[27] Art. 10-C. Alternativamente ao parcelamento de que trata o art. 10-A desta Lei e às demais modalidades de parcelamento instituídas por lei federal porventura aplicáveis, o empresário ou a sociedade empresária que tiver o processamento da recuperação judicial deferido poderá, até o momento referido no art. 57 da Lei nº 11.101, de 9 de fevereiro de 2005, submeter à Procuradoria-Geral da Fazenda Nacional proposta de transação relativa a créditos inscritos em dívida ativa da União, nos termos da Lei nº 13.988, de 14 de abril de 2020, observado que: (Incluído pela Lei nº 14.112, de 2020) I – o prazo máximo para quitação será de até 120 (cento e vinte) meses, observado, no que couber, o disposto no § 3º do art. 11 da Lei nº 13.988, de 14 de abril de 2020; (Incluído pela Lei nº 14.112, de 2020)."

[28] "II – o limite máximo para reduções será de até 70% (setenta por cento)."

[29] "Art. 32. Sem prejuízo da possibilidade de adesão à proposta de transação formulada pela Procuradoria-Geral da Fazenda Nacional, nos termos do respectivo edital, a transação individual proposta pela Procuradoria-Geral da Fazenda Nacional é aplicável aos: (...) II – devedores falidos, em recuperação judicial ou extrajudicial, em liquidação judicial ou extrajudicial ou em intervenção extrajudicial."

temporal para ser apresentada. As empresas que já tiveram deferidos seus pedidos de processamentos de recuperação judicial, por sua vez, devem se atentar ao fato de que a apresentação de proposta individual por sua iniciativa obedece ao prazo previsto no art. 57[30] da Lei 11.101/2005; no entanto, para as empresas que já tiveram seus planos aprovados e até mesmo homologados, o prazo para apresentação de proposta é de 180 dias, contados da publicação da mencionada Portaria – considerando que foi publicada no Diário Oficial da União no dia 14 de abril de 2020, o prazo expirou em outubro de 2020.

E quais seriam as vantagens da transação fiscal em relação ao parcelamento especial previsto na Lei 13.988/2020? Em nosso juízo de avaliação, ambos os institutos oferecem o mesmo prazo de até 120 meses para a quitação do passivo fiscal; no entanto, em relação à parte financeira, a transação leva vantagem ao autorizar a redução em até 70% sobre o valor de juros, multa e encargos legais e ao oferecer a possibilidade de utilização de precatório próprio ou de terceiros para fins de amortização ou liquidação de saldo devedor transacionado, previsão que não existe no parcelamento.

Por sua vez, o parcelamento para as empresas sujeitas ao lucro real autoriza a liquidação de até 30% da dívida consolidada no parcelamento, com a utilização de créditos decorrentes de prejuízo fiscal e de base de cálculo negativa da Contribuição Social sobre o Lucro Líquido (CSLL) ou com outros créditos próprios relativos aos tributos administrados pela Secretaria Especial da Receita Federal do Brasil. Nesse caso, o restante da dívida poderá ser parcelado em até 84 (oitenta e quatro) vezes, sendo que da primeira à decima segunda prestação, o valor da parcela não poderá ser inferior a 0,5% sobre o saldo da dívida consolidada; da décima terceira à vigésima quarta prestação, 0,6%; e da vigésima quinta em diante, o percentual corresponde ao saldo remanescente, pagável em até 60 parcelas mensais e sucessivas.

Caberá uma análise financeira detalhada da situação de cada empresa para concluir o que lhe é mais vantajoso, visto que existem outros fatores importantes além do financeiro, dos quais o parcelamento não trata, como diferimento, moratória, utilização de precatório de terceiros e a possibilidade de oferecimento, substituição ou alienação de garantias e de constrições.

---

[30] "Art. 57. Após a juntada aos autos do plano aprovado pela assembleia geral de credores ou decorrido o prazo previsto no art. 55 desta Lei sem objeção de credores, o devedor apresentará certidões negativas de débitos tributários nos termos dos arts. 151, 205, 206 da Lei nº 5.172, de 25 de outubro de 1966 – Código Tributário Nacional."

4. CRÍTICAS À TRANSAÇÃO FISCAL NA RECUPERAÇÃO JUDICIAL

A primeira crítica que tecemos ao instituto da transação fiscal na recuperação judicial é justamente a limitação em 120 meses para as empresas em recuperação judicial quitarem seu passivo fiscal. A PGFN justifica que o tempo de 10 anos é o prazo médio de uma recuperação judicial; no entanto, geralmente o passivo fiscal é mais pesado e bem menos flexível do que o passivo junto aos credores concursais, daí a necessidade de um prazo maior apenas para acertar as contas com a Fazenda. O prazo é insuficiente para uma empresa com capacidade de pagamento extremamente reduzida, uma vez que a Fazenda Nacional provavelmente não será a única credora fiscal de uma empresa em recuperação judicial — ainda existem os Estados e os Municípios.

A segunda crítica recai sobre o condicionamento de o contribuinte desistir das impugnações ou dos recursos administrativos que tenham por objeto os créditos incluídos na transação e renunciar a quaisquer alegações de direito sobre as quais se fundem as referidas impugnações ou recursos, renunciar a quaisquer alegações de direito, atuais ou futuras, sobre as quais se fundem ações judiciais, inclusive as coletivas, ou recursos que tenham por objeto os créditos incluídos na transação, por meio de requerimento de extinção do respectivo processo com resolução de mérito, nos termos da alínea c[31] do inciso III do *caput* do art. 487 do Código de Processo Civil.

Embora a condicionante se aplique apenas aos créditos tributários objetos da transação, dando a opção de o contribuinte seguir discutindo administrativa ou judicialmente outros créditos tributários, trata-se de uma técnica legislativa historicamente repetida em programas de parcelamentos especiais que reforça a ofensa ao art. 5º da Constituição Federal, o qual garante que a lei não excluirá da apreciação do Poder Judiciário lesão ou ameaça de direito.

Sobre a possibilidade de o contribuinte questionar judicialmente a obrigação tributária objeto de confissão de dívida, o Superior Tribunal de Justiça já se pronunciou no julgamento do Recurso Especial Repetitivo 1.133.027, cuja *ratio decidendi* foi muito bem sintetizada por Daniel de Paiva Gomes:[32]

---

[31] "Art. 487. Haverá resolução de mérito quando o juiz: (...) III – homologar: (...) c) a renúncia à pretensão formulada na ação ou na reconvenção."

[32] GOMES, Daniel de Paiva. Capítulo V – A renúncia às alegações de direito, atuais e futuras, sobre as quais se funda a defesa do contribuinte enquanto condição à celebração de transação em matéria tributária. In: CONRADO, Paulo César;

(...) A confissão da dívida não inibe o questionamento judicial da obrigação tributária, no que se refere aos seus aspectos jurídicos. Quanto aos aspectos fáticos sobre os quais incide a norma tributária, a regra é que não se pode rever judicialmente a confissão de dívida efetuada com o escopo de obter parcelamento de débitos tributários. No entanto, como na situação presente, a matéria de fato constante de confissão de dívida pode ser invalidada quando ocorre defeito causador de nulidade do ato jurídico.

Embora a decisão se refira a parcelamento; ao nosso ver, se aplica também aos casos de transação em que houver ilegalidades ou inconstitucionalidades que versem sobre a norma que instituiu o tributo objeto da transação, bem como a quando houver erro de direito formal ou material. Um exemplo prático é o tema de afetação 736 STF, que discute a inconstitucionalidade da multa de 50% sobre o valor do crédito objeto do pedido de ressarcimento ou compensação, prevista no art. 74, §§ 15 e 17, da Lei 9.430/1996[33] (redação dada pela Lei 12.249/2010), para os casos de indeferimento dos pedidos de ressarcimento e de não homologação das declarações de compensação de créditos perante a Receita Federal, tendo como *leading case* o RE 796.939, pois trata-se de uma sanção automática, sem que o contribuinte incorra em ilícito. No caso de vitória da tese dos contribuintes, caso alguma empresa transacione sobre esse tema, esta terá o direito de questionar tal transação e, em caso de ter quitado a transação, poderá pedir a repetição de indébito tributário.

A terceira crítica recai sobre a impossibilidade de redução de multa de caráter punitivo associada à condição de o contribuinte desistir das impugnações ou dos recursos administrativos e de ações na justiça, que tenham por objeto os créditos incluídos na transação, pois boa parte dos recursos administrativos em trâmite no Conselho Administrativo de Recursos Fiscais (CARF) versa sobre

---

ARAÚJO, Juliana Furtado Costa (coords.). *Transação tributária na prática da Lei nº 13.988/2020*. São Paulo: Thomson Reuters Brasil, 2020. p. 367.

[33] "Art. 74. O sujeito passivo que apurar crédito, inclusive os judiciais com trânsito em julgado, relativo a tributo ou contribuição administrado pela Secretaria da Receita Federal, passível de restituição ou de ressarcimento, poderá utilizá-lo na compensação de débitos próprios relativos a quaisquer tributos e contribuições administrados por aquele Órgão. (...) § 15. Será aplicada multa isolada de 50% (cinquenta por cento) sobre o valor do crédito objeto de pedido de ressarcimento indeferido ou indevido. (...) § 17. Aplica-se a multa prevista no § 15, também, sobre o valor do crédito objeto de declaração de compensação não homologada, salvo no caso de falsidade da declaração apresentada pelo sujeito passivo."

redução ou afastamento de multas. Para exemplificar, em 2019, nos casos de julgamento que envolveram tributação sobre ágil, em 76% dos recursos julgados, a multa qualificada foi afastada;[34] o levantamento revela que quase 80% das multas qualificadas aplicadas pelos fiscais da Receita Federal são consideradas abusivas ou inaplicáveis aos casos. Portanto, ao não dar desconto sobre as multas qualificadas ou abusivas, a Fazenda Pública obriga o contribuinte a continuar litigando, seja administrativa ou judicialmente, quando há grandes possibilidades de anular ou reduzir de forma expressiva seu passivo fiscal.

Por fim, identificamos um problema de ordem interna na Fazenda Nacional que prejudica a celeridade necessária para a efetivação da transação. Trata-se de um conflito legislativo entre portarias da PGFN e MF, onde o art. 1°[35] da Portaria PGFN 9.917/2020 estabelece como condição de transação, que o débito tributário tenha inscrição e administração por parte da Procuradoria-Geral da Fazenda Nacional, devendo estar inscrito em dívida ativa, no entanto, o art. 2°[36] da Portaria MF 447/2018 estabelece que a Receita Federal tem o prazo de 90 dias para tentar cobrar o débito, antes de seu envio para a PGFN. Na prática, a Receita Federal tem mais 30 além dos 90 dias, assim, o somatório do tempo total é de 120 dias até um débito ser encaminhado para a PGFN, que ainda o analisa antes de sua inscrição em dívida ativa, porém, os débitos permanecem por muito mais tempo na Receita Federal, dependendo da capacidade laboral e estrutura de cada unidade da Receita Federal.

Além do prazo excessivo para inscrição em dívida ativa de um débito tributário, que ultrapassa quatro meses, existe um conflito de interesses entre a Receita Federal do Brasil e a Procuradoria da Fazenda Nacional. Tanto os funcionários da Receita Federal do Brasil, quanto os Procuradores da Fazenda Nacional, possuem metas de cobrança na recuperação de créditos fiscais em

---

[34] Disponível em: https://valor.globo.com/legislacao/noticia/2019/11/11/carf-reduz-multas-em-casos-de-agio. Acesso em: fev. 2021.

[35] "Art. 1° Esta Portaria disciplina os procedimentos, os requisitos e as condições necessárias à realização da transação na cobrança da dívida ativa da União e do Fundo de Garantia do Tempo de Serviço, cuja inscrição e administração incumbam à Procuradoria-Geral da Fazenda Nacional. (Redação dada pela Portaria PGFN n° 3026, de 11 de março de 2021)."

[36] "Art. 2° Dentro de 90 (noventa) dias da data em que se tornarem exigíveis, os débitos de natureza tributária ou não tributária devem ser encaminhados pela RFB à Procuradoria-Geral da Fazenda Nacional (PGFN), para fins de controle de legalidade e inscrição em Dívida Ativa da União, nos termos do art. 39, § 1°, da Lei n° 4.320, de 17 de março de 1946, e do art. 22 do Decreto-Lei n° 147, de 3 de fevereiro de 1967."

suas bases de dados, aí reside o conflito de interesses onde a Receita Federal não tem interesse em enviar de forma célere ou antes dos 120 dias os débitos para inscrição em dívida ativa, uma vez que ela tem o como objetivo receber os valores que estão na sua base de dados, tal situação demonstra um problema de "compliance corporativo fazendário" que instiga a litigiosidade e a judicialização desnecessária para a inscrição mais célere de um débito em dívida ativa.

De outra banda, a PGFN pressiona os contribuintes em recuperação judicial para que apresentem CND ao juízo recuperacional, necessária para a homologação do plano aprovado e a concessão da recuperação judicial segundo as exigências dos arts. 57 e 58 da Lei 11.101/2005. O argumento mais utilizado pela PGFN perante o juízo recuperacional é a demonstração da existência de vários instrumentos para o contribuinte compor seu passivo fiscal com a Fazenda, dentre eles a transação fiscal que dá desconto de até 70% sobre o crédito tributário, mas, o prazo de 120 dias acrescido do conflito de interesses fazendários acaba por prejudicar o exercício de um direito do contribuinte que corre contra o tempo para obter sua CND e o coloca numa situação vulnerável às mazelas da administração pública.

5. CONCLUSÕES

A) É inegável a importância do recolhimento dos tributos para a manutenção da atividade estatal; no entanto, estes devem ser realmente devidos, respeitando-se todos os princípios constitucionais para sua inserção e cobrança. Os abusos cometidos pelo fisco devem ser sempre combatidos pelo contribuinte. O atual estoque do contencioso fiscal é assustador, sendo que a inadimplência do contribuinte não é a única razão. A União Federal é responsável por criar boa parte do passivo fiscal em razão da alta carga tributária e de seus encargos, bem como pela complexidade e irracionalidade das normas tributárias criadas, tributando o que é indevido e aplicando multas desproporcionais.

B) Os parcelamentos extraordinários perderam a credibilidade, pois o contribuinte os utiliza apenas como um instrumento de rolagem de dívida. A transação se apresenta como um instrumento mais abrangente e com mais recursos do que o parcelamentos especial, de forma geral, devendo sempre se analisar caso a caso.

C) São indiscutíveis os avanços que a transação fiscal trouxe para os contribuintes que querem equacionar seu passivo fiscal, e ela com certeza será amplamente utilizada pelas empresas em recuperação judicial à medida que forem viáveis e exequíveis as transações propostas. No entanto, obrigar o contribuinte a renunciar às alegações de direito atuais ou futuras é uma coação que fere a Carta Magna e afronta os princípios da isonomia, da legalidade, da razoabilidade e da proporcionalidade. A Fazenda Nacional, ao manter condição, gera um forte desincentivo para o contribuinte desistir das ações e diminui a eficiência arrecadatória da transação fiscal, restringindo o ingresso de recursos aos cofres públicos que poderiam ser mais amplos.

D) Como sugestão para resolver o conflito entre o art. 1º da Portaria PGFN 9.917/2020 e o art. 2º[37] da Portaria MF 447/2018, caberia a edição e publicação de uma Portaria Conjunta da PGFN/RFB autorizando o envio imediato dos débitos ainda em cobrança na SRF para a PGFN, sem a adição dos 10% de encargos legais, quando o contribuinte estiver em recuperação judicial e fizer o requerimento administrativo. Tal medida administrativa evitará a judicialização do tema, onde os contribuintes poderão ingressar com mandado de segurança para que seus débitos sejam inscritos imediatamente em dívida ativa para conseguir cumprir uma condição legal necessária para transacionar seu passivo fiscal.

E) Por fim, a transação fiscal é um instrumento muito novo no ordenamento jurídico e já se apresenta com um grande potencial de desjudicializar demandas e de atingir a finalidade proposta de equacionar passivos fiscais e aumentar a arrecadação. Não temos dúvidas de que, com o passar do tempo, os ajustes serão feitos de acordo com as necessidades que serão identificadas e com os desafios que o instrumento enfrentará.

REFERÊNCIAS BIBLIOGRÁFICAS

ÁVILA, Humberto. Pilares da segurança jurídica. In: MELLO, Fernando Figueiredo; PILAGALLO, Oscar. *Tributação e segurança jurídica*: a importância para o Brasil de uma eficiente rede de proteção. São Paulo: ETCO, 2019.

---

[37] "Art. 2º Dentro de 90 (noventa) dias da data em que se tornarem exigíveis, os débitos de natureza tributária ou não tributária devem ser encaminhados pela RFB à Procuradoria-Geral da Fazenda Nacional (PGFN), para fins de controle de legalidade e inscrição em Dívida Ativa da União, nos termos do art. 39, § 1º, da Lei nº 4.320, de 17 de março de 1946, e do art. 22 do Decreto-Lei nº 147, de 3 de fevereiro de 1967."

BACELO, Joice. Fisco ganha superpoder com entrada em vigor da nova Lei de Falências. *Valor Econômico*, São Paulo, 22 jan. 2021.

BRASIL. Conselho Nacional de Justiça. Brasília Justiça em Números 2020: ano-base 2019/: CNJ, 2020. Disponível em: https://www.cnj.jus.br/wp-content/uploads/2020/08/WEB-V3-Justi%C3%A7a-em-N%C3%BAmeros-2020-atualizado-em-25-08-2020.pdf. Acesso em: jan. 2021.

BRASIL. Lei nº 5.172, de 25 de outubro de 1966 – Código Tributário Nacional. Disponível em: http://www.planalto.gov.br/ccivil_03/leis/l5172compilado.htm. Acesso em: fev. 2021.

BRASIL. Lei nº 9.430, de 27 de dezembro de 1996. Disponível em http://www.planalto.gov.br/ccivil_03/leis/l9430.htm. Acesso em: jan. 2021.

BRASIL. Lei nº 11.101 de 9 de fevereiro de 2005. Disponível em: http://www.planalto.gov.br/ccivil_03/_ato2004-2006/2005/lei/l11101.htm. Acesso em: fev. 2021.

BRASIL. Lei nº 10.522, de 19 de julho de 2002. Disponível em: http://www.planalto.gov.br/ccivil_03/leis/2002/l10522.htm. Acesso em: fev. 2021.

BRASIL. Lei nº 13.988, de 14 de abril de 2020. Disponível em: http://www.planalto.gov.br/ccivil_03/_ato2019-2022/2020/lei/l13988.htm. Acesso em: jan. 2021.

BRASIL. Lei nº 14.112, de 24 de dezembro de 2020. Disponível em: http://www.planalto.gov.br/ccivil_03/_ato2019-2022/2020/lei/L14112.htm. Acesso em: jan. 2021.

BRASIL. Procuradoria-Geral da Fazenda. Portaria PGFN nº 9.917, de 14 de abril de 2020. Disponível em: http://normas.receita.fazenda.gov.br/sijut2consulta/link.action?visao=anotado&idAto=10860. Acesso em: jan. 2021.

BRASIL. Superior Tribunal de Justiça. Recurso Especial nº 1.133.027/SP (2009/0153316-0), Rel. Min. Luiz Fux, j. 13.10.2010.

BRASIL. Supremo Tribunal Federal. Recurso Extraordinário nº 796.939, Rel. Min. Edson Fachin.

CARVALHO, Cristiano. Análise econômica da tributação. In: TIMM, Luciano Benetti (org.). *Direito e Economia do Brasil*. 3. ed. Indaiatuba: Actual, 2019.

CUNHA, Leandro Carneiro da. *A Fazenda Pública em juízo*. 12. ed. São Paulo: Dialética, 2014.

FERRAZ, Beatriz Biaggi. *Transação em matéria tributária*. Rio de Janeiro: Lumen Juris, 2019.

GOMES, Daniel de Paiva. Capítulo V – A renúncia às alegações de direito, atuais e futuras, sobre as quais de funda a defesa do contribuinte enquanto condição à celebração de transação em matéria tributária. In: CONRADO, Paulo César; ARAÚJO, Juliana Furtado Costa (coords.). *Transação tributária na prática da Lei n° 13.988/2020.* São Paulo: Thomson Reuters Brasil, 2020.

IBGE. Disponível em: https:// https://www.ibge.gov.br/estatisticas/economicas/servicos/9052-sistema-de-contas-nacionais-brasil.html?=&t=resultados. Acesso em: 2 fev. 2021.

IPEA. *Custo unitário do processo de execução fiscal na justiça federal: relatório de pesquisa.* Brasília: 2011. Disponível em: http://repositorio.ipea.gov.br/handle/11058/7862?mode=full. Acesso em: jan. 2021.

MOSQUEIRA, Roberto Quiroga. A complexidade da norma tributária no Brasil contemporâneo. In: MELLO, Fernando Figueiredo; PILAGALLO, Oscar. *Tributação e segurança jurídica*: a importância para o Brasil de uma eficiente rede de proteção. São Paulo: ETCO, 2019.

SILVA, Américo Luís Martins. *A execução da dívida ativa da Fazenda Pública.* 3. ed. rev., atual. e ampl. São Paulo: RT, 2013.

SOUZA, Danielle Nascimento de. *Neurodireito, psicologia e economia comportamental no combate à evasão fiscal.* Rio de Janeiro: Lumen Juris, 2019.

TORRES, Heleno Tavares. Concorrência desleal. In: MELLO, Fernando Figueiredo; PILAGALLO, Oscar. *Tributação e segurança jurídica*: a importância para o Brasil de uma eficiente rede de proteção. São Paulo: ETCO, 2019.

TORRES, Ricardo Lobo. *Curso de direito financeiro e tributário.* 20. ed. rev. e atual. até a EC 95/16 e de acordo com o NCPC. Rio de Janeiro: Renovar, 2018.

PLANO DE PARCELAMENTO FISCAL ESPECIAL PARA EMPRESAS EM RECUPERAÇÃO JUDICIAL

51

PLANO DE PARCELAMENTO FISCAL ESPECIAL PARA EMPRESAS EM RECUPERAÇÃO JUDICIAL

CATARINA DE MACEDO BUZZI

MARCO AURÉLIO GASTALDI BUZZI

Sumário: 1. Introdução – 2. O tratamento da dívida tributária na recuperação judicial – 2.1 A autocomposição no contexto da recuperação judicial e do parcelamento fiscal – 3. Considerações finais – Referências bibliográficas.

1. INTRODUÇÃO

Não há dúvidas de que a atividade empresária, economicamente organizada, é responsável pela geração e circulação de riquezas em qualquer sociedade fundada na ideia de livre iniciativa, protagonizando o desenvolvimento econômico, tecnológico, social e cultural, a geração de empregos, além de servir como fonte para a arrecadação de tributos.

A experiência histórica demonstra que a grande guinada dos rumos da humanidade se deu com a revolução industrial, na segunda metade do século XVIII, momento a partir do qual o mundo superou o *ethos vivendi* de produção artesanal, marcado por populações que viviam no campo e cujo produto do trabalho se destinava a consumo próprio, para assumir um processo produtivo em grande escala, com abertura e ampliação de mercados externos. Logicamente, sem fechar os olhos para desacertos cometidos durante esse período da história, é inconcebível imaginar o mundo contemporâneo, verdadeira aldeia global[1], sem a arena de concorrência e inovação

---

[1]   O conceito "Aldeia Global", cunhado por Marshall McLuhan, em sua obra *Understanding Media*, baseia-se em entendimento segundo o qual o mundo perpassou

que caracteriza a atividade empresarial, responsável, inclusive, por balizar as diretrizes de relações políticas domésticas e internacionais.

Assim, atentas ao papel relevante das empresas para a economia do Estado, diversas cartas constitucionais contemplaram princípios que consagram a livre iniciativa como base fundamental do próprio Estado Democrático de Direito, como o fez a Constituição da República Federativa do Brasil de 1988:

> Art. 1º A República Federativa do Brasil, formada pela união indissolúvel dos Estados e Municípios e do Distrito Federal, constitui-se em Estado Democrático de Direito e tem como fundamentos:
> (...)
> IV – os valores sociais do trabalho e da livre iniciativa;

Nos dizeres do jurista e professor Fábio Ulhoa Coelho:

> A empresa cumpre sua função social ao gerar empregos, tributos e riqueza, ao contribuir para o desenvolvimento econômico, social e cultural da comunidade em que atua, de sua região ou do país, ao adotar práticas empresariais sustentáveis visando à proteção do meio ambiente e ao respeitar os direitos dos consumidores, desde que com estrita obediência às leis a que se encontra sujeita[2].

---

por três grandes revoluções: a primeira seria a descoberta da escrita fonética, na Grécia antiga, marco responsável por transformar o ser humano rústico, tribal em um ser com um melhor desenvolvimento dos sentidos e maior complexidade de pensamentos; a segunda foi marcada pela invenção da imprensa, no século XV, a qual inaugurou o modelo de homem urbanizado, politizado, momento em que se deu o pontapé inicial para primeira a revolução industrial; a terceira, por sua vez, foi a chamada "Era Eletrônica", deflagrada pela invenção do telégrafo. O advento da nova fase significou a volta ao modelo do homem tribal, com a formação da denominada "Aldeia Global". Assim, a partir do advento da tecnologia e dos meios de comunicação, o mundo se apresentaria de forma conectada, globalizada, apesar das distâncias, verdadeira formação de uma espécie de aldeia contemporânea, o que oportunizaria uma intensa aproximação e troca cultural entre os povos. MCLUHAN, Marshall. *Understanding Media*. London: Routledge, 1964.

[2] COELHO, Fábio Ulhoa. *Curso de direito comercial. Direito de empresa.* 16. ed. São Paulo: Saraiva, 2012. vol. 1.

Em decorrência desses postulados, extrai-se o princípio da preservação da empresa, norte inspirador da Lei 11.101/2005, que veio a disciplinar os institutos da Recuperação Judicial e da Falência das sociedades empresárias, em substituição à disciplina do Decreto-lei 7.661/1945.

No que se refere à recuperação judicial, a mencionada lei designou expressamente os objetivos do processo de soerguimento:

> Art. 47. A recuperação judicial tem por objetivo viabilizar a superação da situação de crise econômico-financeira do devedor, a fim de permitir a manutenção da fonte produtora, do emprego dos trabalhadores e dos interesses dos credores, promovendo, assim, a preservação da empresa, sua função social e o estímulo à atividade econômica.

E especificamente no tocante ao crédito tributário, o art. 187, *caput*, do Código Tributário Nacional estabeleceu que "A cobrança judicial do crédito tributário não é sujeita a concurso de credores ou habilitação em falência, recuperação judicial, concordata, inventário ou arrolamento", disciplinando, atualmente, o seu art. 155, § 3º, que "Lei específica disporá sobre as condições de parcelamento dos créditos tributários do devedor em recuperação judicial".

No entanto, essa previsão legislativa contida no § 3º do art. 155, só aportou no ordenamento tributário com a Lei Complementar 118/2005, e por sua vez, a edição da lei específica ali mencionada só restou editada em 2014, sob o nº 13.043/2014.

Ayoub e Cavalli comentam que o sistema recuperacional envolve o tripé legislativo formado pela Lei 11.101/2005, pela Lei Complementar 118/2005 e pela Lei de Regulamentação do Parcelamento Especial do Passivo Tributário, entretanto, por quase dez anos, esse sistema andou de pé quebrado, já que, durante esse período, não houve criação de normas de regulamentação do parcelamento do passivo tributário de empresa em recuperação judicial. Por conta dessa lacuna legislativa, apresentou-se aos Tribunais a seguinte situação: a empresa devedora obtinha a aprovação do plano de recuperação judicial em assembleia geral de credores, mas, em seguida, passava a depender do parcelamento do seu passivo tributário para expedir a CND e, então, ter deferido o processamento do pedido de soerguimento. Entretanto, ante a ausência de regramento da matéria, não se tinha acesso a um plano de parcelamento tributário que atendesse às peculiaridades financeiras da devedora[3].

---

[3] AYOUB, Luiz Roberto; CAVALLI, Cássio. *A construção jurisprudencial da recuperação judicial de empresas*. 3. ed. rev., atual. e ampl. Rio de Janeiro: Forense, 2017. p. 53.

E prosseguem os mesmos autores afirmando que, então, a solução jurisprudencial construída firmou-se no sentido de conceder a recuperação, independentemente da juntada, com a petição inicial, das certidões negativas de débitos às quais aludem os arts. 57 e 68 da Lei de Recuperação e Falências[4], concluindo que o entendimento consagrado foi a forma mais eficiente para ajustar equitativamente os interesses do erário com os das empresas em situação de grave crise econômico-financeira[5].

Nesse cenário, houve rica discussão, tanto no campo da doutrina como nos Tribunais, polarizada, em síntese, de um lado pelos defensores da tese segundo a qual o parcelamento do crédito tributário na recuperação judicial é um direito do contribuinte, e não uma faculdade da Fazenda Pública, em oposição ao pensamento tradicional de que a ausência do regramento específico exigido pelo Código Tributário inviabilizaria o parcelamento especial, restando à empresa recuperanda apenas a opção de aderir ao parcelamento convencional.

No desenrolar dessa linha do tempo, sucedeu-se, então, a edição da Lei 13.043/2014, responsável por estabelecer o plano de parcelamento fiscal especial para as empresas em recuperação judicial e, recentemente, ao findar do ano de 2020, após a sucessão de alguns projetos de lei[6] que buscaram anteriormente regulamentar o parcelamento especial, finalmente outras inovações foram introduzidas pela Lei 14.112/2020, na qual se concentra o presente estudo, cujo objetivo, como já consignado, é discorrer acerca das novéis condições do plano de parcelamento fiscal especial para empresas em recuperação judicial.

2. O TRATAMENTO DA DÍVIDA TRIBUTÁRIA NA RECUPERAÇÃO JUDICIAL

Superada a introdução da temática, propõe-se, nesse tópico, adentrar efetivamente nos dispositivos legais que contemplam as condições do parcelamento fiscal especial para as empresas em recuperação judicial, bem

---

[4] STJ, AgRG no CC 110.764, 2ª Seção, Rel. Min. Luis Felipe Salomão, j. 24.11.2010.

[5] Ibidem, p. 55.

[6] Ayoub e Cavalli referenciam as seguintes propostas legislativas: a) PL 6.477/2005; b) PL 246/2003; c) PL 5.250/2005 (*A construção jurisprudencial da recuperação judicial de empresas*. 3. ed. rev., atual. e ampl. Rio de Janeiro: Forense, 2017. p. 53).

como tecer, ao final, breves considerações acerca da sistemática de mediação e conciliação nesse contexto.

Como já visto, pelo fato de o crédito tributário não estar sujeito ao plano de recuperação judicial, por expressa disposição legal (art. 187, *caput*, do CTN), o parcelamento especial é um direito do contribuinte submetido ao processo concursal, reconhecido tanto pela legislação infraconstitucional como pelos Tribunais Superiores.

O art. 155-A, § 4º, do Código Tributário Nacional estabeleceu que:

> A inexistência da lei específica a que se refere o § 3º deste artigo importa na *aplicação das leis gerais de parcelamento* do ente da Federação ao devedor em recuperação judicial, não podendo, neste caso, ser o prazo de parcelamento inferior ao concedido pela lei federal específica. (grifou-se)

De acordo com Salomão e Penalva[7], a Lei Geral de Parcelamento referida no mencionado dispositivo legal é a Lei 10.522/2002, a qual dispõe, em seu art. 10, que os débitos de qualquer natureza para com a Fazenda Nacional poderão ser parcelados em até 60 parcelas mensais, a exclusivo critério da autoridade fazendária, na forma e condições previstas nesta Lei.

Com isso, temos como ponto de partida que, numa leitura inicial desavisada, aparentemente toda e qualquer empresa, estivesse ela em situação regular ou em recuperação judicial, poderia parcelar seus débitos tributários em até 60 contribuições mensais.

Todavia, Salomão e Penalva alertam:

> Essa lei não supria a norma específica para parcelamento de sociedades em recuperação judicial referida no § 3º do art. 155-A do CTN, pois o contribuinte não tinha sequer o direito ao parcelamento em sessenta meses, tendo em vista que esse prazo era fixado a critério exclusivo do fisco. Além disso, o art. 11, § 1º, da Lei 10.522/2002, dispunha que a concessão do parcelamento ficava condicionada à apresentação prévia de garantia real ou fidejussória suficiente para o pagamento do débito.

---

[7] SALOMÃO, Luis Felipe; SANTOS, Paulo Penalva. *Recuperação judicial, extrajudicial e falência*: teoria e prática. 5. ed. Rio de Janeiro: Forense, 2020. p. 289.

E concluem:

> Parece evidente que a Lei Geral de Parcelamentos não representava um direito efetivo ao devedor de obter o parcelamento, mas sim uma faculdade de Fazenda Pública que fixava a seu critério o prazo e examinava as garantias que deveriam ser apresentadas. Logo, a Lei 10.522/2002 não poderia ser aplicada às empresas em recuperação judicial[8].

Diante desse quadro, atendendo aos anseios sociais e do próprio legislador infraconstitucional, adveio a Lei 13.043/2014, batizada como a Lei do Parcelamento Tributário Federal, que, então, incluiu o art. 10-A na Lei 10.522/2002 (Lei Geral), instituindo, finalmente, um parcelamento específico para o pagamento de dívidas tributárias afetas às empresas submetidas à recuperação judicial, nos seguintes moldes (redação anterior à Lei 14.112/2020):

> Art. 10-A. O empresário ou a sociedade empresária que pleitear ou tiver deferido o processamento da recuperação judicial, nos termos dos arts. 51, 52 e 70 da Lei nº 11.101, de 9 de fevereiro de 2005, poderão parcelar seus débitos com a Fazenda Nacional, *em 84 (oitenta e quatro) parcelas mensais e consecutivas*, calculadas observando-se os seguintes percentuais mínimos, aplicados sobre o valor da dívida consolidada:
> I – da 1ª à 12ª prestação: 0,666% (seiscentos e sessenta e seis milésimos por cento);
> II – da 13ª à 24ª prestação: 1% (um por cento);
> III – da 25ª à 83ª prestação: 1,333% (um inteiro e trezentos e trinta e três milésimos por cento); e
> IV – 84ª prestação: saldo devedor remanescente. (grifado)

Em que pese o referido avanço legislativo, Moreti[9], discorrendo acerca dessas condições de parcelamento, sustenta que a Lei 13.043/2014 veicula inúmeras sanções políticas para que o sujeito obtenha o parcelamento especial e prossiga na recuperação, chegando a impor à empresa devedora a renúncia

---

[8] Ibidem, p. 289.

[9] MORETI, Daniel. Recuperação judicial e tributos. Disponível em: https://www.ibet. com.br/wp-content/uploads/2019/04/Daniel-Moreti.pdf. Acesso em: 25 jan. 2021.

a quaisquer discussões (judicial ou administrativa) que digam respeito a esses débitos em sua totalidade. Além disso, ainda que o prazo de 84 meses para pagamento seja maior, se comparado àquele de 60 meses da lei geral, e com percentuais reduzidos nos primeiros meses, o diploma não possibilita qualquer tipo de redução ou abatimento, ou seja, oferece condições muito inferiores e desvantajosas, em contraste com prerrogativas garantidas em outros programas de parcelamento de débitos corriqueiramente instituídos pela União, pelos Estados e pelos Municípios[10].

Com tais argumentos, inúmeras eram as críticas ao plano especial de parcelamento fiscal para empresas em recuperação judicial, todas reclamando uma legislação que verdadeiramente atendesse aos anseios da situação peculiar da empresa em crise financeira.

Esse clamor foi ouvido pelo legislador e, então, no bojo do PL 6.229/2005, ladeado de outras proposições legislativas[11] que igualmente propunham a atualização da Lei de Recuperação Judicial e Falências e outros diplomas que regulamentam esses institutos, em 24 de dezembro de 2020, foi promulgada a Lei 14.112/2020.

Vale frisar que a aprovação da mencionada lei ocorreu sob circunstâncias excepcionais, em plena pandemia desencadeada pela Covid-19, de profundos impactos à atividade empresária, tanto formal quanto informal. Esse contexto reforçou a urgência de aperfeiçoamentos há muito reclamados, atinentes propriamente ao processo de soerguimento, a oferecer melhor proteção às

---

[10] O autor exemplifica com o Programa Especial de Regularização Tributária – PERT, instituído pela MP 783/2017, posteriormente convertida na Lei 13.496/2017, que estabeleceu a possibilidade de parcelamento de débitos com a União em 120 meses, com descontos que chegaram a 90% dos juros de mora e 50% das multas (MORETI, Daniel. Recuperação judicial e tributos. Disponível em: https://www.ibet.com.br/wp-content/uploads/2019/04/Daniel-Moreti.pdf. Acesso em: 25 jan. 2021).

[11] BRASIL. Câmara Legislativa do DF. Projeto de Lei Ordinária. PL 6.229/2005. Altera as Leis nºs 11.101, de 9 de fevereiro de 2005, 10.522, de 19 de julho de 2002, e 8.929, de 22 de agosto de 1994, para atualizar a legislação referente à recuperação judicial, à recuperação extrajudicial e à falência do empresário e da sociedade empresária. (Projetos apensados: 7.604/06, 4.130/08, 4.359/08, 4.586/09, 5.089/09, 5.704/09, 6.367/09, 7.976/14, 140/15, 2.212/15, 3.110/15, 4.593/16, 5.781/16, 6.150/16, 6.862/17, 7.044/17, 7.209/17, 8.252/17, 8.924/17, 9.722/18, 10.220/18, 10.858/18, 10.859/18, 11.000/18, 3.164/19, 4.270/19, 5.631/19, 5.760/19, 5.823/19, 5.839/19 e 5.916/19). 23.11.2005. Disponível em: https://www.camara.leg.br/pro-posicoesWeb/prop_mostrarintegra?codteor=358309&filename=PL+6229/2005. Acesso em: 8 fev. 2021.

empresas em situação de crise, salvaguardando sua operação e o interesse de credores, não só privados como estatais.

Quanto ao plano especial de parcelamento fiscal para empresas em recuperação judicial, as proposições iniciais de mudança tiveram berço no PL 10.220/2018 e, da leitura da sua justificativa, extrai-se que a *mens legis* era, a um só passo, não só oferecer condições de pagamento mais favoráveis para a empresa em soerguimento, mas também estabelecer proteções suficientes para a Fazenda Pública, tais como (i) decretação da falência como consequência da exclusão; (ii) mecanismos para inibir ou controlar eventual esvaziamento patrimonial no curso do parcelamento; (iii) tratamento mais gravoso a dívidas oriundas de condutas tipificadas como crime (apropriação de tributos retidos na fonte) e que possuem tratamento superprivilegiado na falência (restituição em dinheiro); e (iv) exigência de regularidade fiscal em relação às obrigações correntes[12].

Com essas bases, a Lei 14.112/2020 foi promulgada, e, no seu art. 3º, promoveu mudanças na disciplina então vigente (Lei 10.522/2002), estabelecendo, assim, o atual plano especial de parcelamento fiscal para empresas em recuperação judicial.

Da análise dos dispositivos, pode-se destacar pelo menos três pontos que são vistos como relevantes avanços em relação às condições anteriores: *a)* aumento do número de parcelas, de 84 para 120, com possibilidade de pagamento escalonado – parcelas mais suaves nos primeiros dois anos; *b)* possibilidade de uso do prejuízo fiscal e da base de cálculo negativa na receita federal, e *c)* não exigência do parcelamento de todas as dívidas.

Quanto ao aumento do número de parcelas e o pagamento escalonado, dispensa-se maiores digressões, já que o texto do art. 10-A, inc. V e alíneas, é bem objetivo acerca dessas condições, estabelecendo os percentuais de pagamento para adesão ao parcelamento:

> Art. 10-A. O empresário ou a sociedade empresária que pleitear ou tiver deferido o processamento da recuperação judicial, nos termos dos arts. 51, 52 e 70 da Lei nº 11.101, de 9 de fevereiro de

---

[12] BRASIL. Projeto de Lei 10.220/2018. Avulso da matéria. Altera a Lei nº 11.101, de 9 de fevereiro de 2005, e a Lei nº 10.522, de 19 de julho de 2002, para atualizar a legislação referente à recuperação judicial, à recuperação extrajudicial e à falência do empresário e da sociedade empresária. Disponível em: https://www.camara.leg.br/proposicoesWeb/prop_mostrarintegra?codteor=1661728&filename=Avulso+-PL+10220/2018. Acesso em: 28 jan. 2021.

Cap. 51 · PLANO DE PARCELAMENTO FISCAL ESPECIAL PARA EMPRESAS | 719

> 2005, poderá liquidar os seus débitos para com a Fazenda Nacional existentes, ainda que não vencidos até a data do protocolo da petição inicial da recuperação judicial, de natureza tributária ou não tributária, constituídos ou não, inscritos ou não em dívida ativa, mediante a opção por uma das seguintes modalidades:
>
> (...)
>
> V – parcelamento da dívida consolidada em até 120 (cento e vinte) prestações mensais e sucessivas, calculadas de modo a observar os seguintes percentuais mínimos, aplicados sobre o valor da dívida consolidada no parcelamento:
>
> a) da primeira à décima segunda prestação: 0,5% (cinco décimos por cento);
>
> b) da décima terceira à vigésima quarta prestação: 0,6% (seis décimos por cento);
>
> c) da vigésima quinta prestação em diante: percentual correspondente ao saldo remanescente, em até 96 (noventa e seis) prestações mensais e sucessivas; (...)

Em relação à possibilidade de uso do prejuízo fiscal e da base de cálculo negativa da Contribuição Social sobre o Lucro Líquido (CSLL) na Receita Federal, primeiramente cabe esclarecer que se trata de um sistema de compensação de prejuízos para empresas que passam por período de crise, e agora, com a nova lei, esses institutos passaram a poder ser utilizados para abater até 30% da dívida consolidada no parcelamento (art. 10-A, inc. VI).

Ademais, quanto à não exigência do parcelamento de todas as dívidas, indubitavelmente essa alteração também reduz o ônus do devedor, pois aqueles débitos contestados – via administrativa ou judicial – ou contestáveis não precisam ser obrigatoriamente negociados.

A Lei 14.112/2020 permite, ainda, que o devedor em recuperação judicial possa desistir de eventuais parcelamentos anteriores e aderir ao atual, se mais vantajoso (art. 10-A, § 3º), além de prever transações com descontos de até o limite de 70% sobre o valor total da dívida (art. 10-C, inc. II).

A reforma legislativa também elencou, no art. 10-A, § 4º, as causas de exclusão da recuperanda em relação ao benefício de parcelamento, a saber: I – a falta de pagamento de seis parcelas consecutivas ou de nove parcelas alternadas; II – a falta de pagamento de uma até cinco parcelas, se toda as demais estiverem pagas; III – a constatação, pela Receita Federal ou pela PGFN de eventual ato tendente ao esvaziamento patrimonial do sujeito passivo como forma de fraudar o cumprimento do parcelamento; IV – a decretação de falência ou extinção, pela liquidação, da pessoa jurídica optante; V – a declaração de inaptidão da inscrição no Cadastro Nacional da Pessoa Jurídica; ou VII – a extinção sem resolução do mérito ou a não concessão da recuperação judicial, bem como a convolação desta em falência; ou VIII – o descumprimento de quaisquer das condições previstas neste artigo, inclusive quanto ao disposto no § 2º-A deste artigo.

Por fim, uma das inovações mais expressivas da Lei foi conferir à Fazenda Pública a faculdade de requerer a convolação da recuperação judicial em falência, caso ocorra alguma das causas de exclusão antes referidas, nos termos do art. 10-A, § 4º-A, inc. IV.

2.1 A autocomposição no contexto da recuperação judicial e do parcelamento fiscal

Embora não seja objeto específico da temática ora em debate, é oportuno consignar que a nova Lei 14.112/2020 acrescentou, na disciplina de Recuperação Judicial e Falências, dispositivos específicos a regular o incentivo à mediação e à conciliação, de forma antecedente ou incidental ao processo de soerguimento (arts. 20-A a 20-D da Lei 11.101/2005), expressamente prevendo hipóteses nas quais dívidas passíveis de negociação sejam submetidas aos CEJUSCs (Centros Judiciários de Solução de Conflitos e Cidadania).

Merecem destaque alguns desses dispositivos:

> Art. 20-A. A conciliação e a mediação deverão ser incentivadas em qualquer grau de jurisdição, inclusive no âmbito de recursos em segundo grau de jurisdição e nos Tribunais Superiores, e não implicarão a suspensão dos prazos previstos nesta Lei, salvo se houver consenso entre as partes em sentido contrário ou determinação judicial.
>
> Art. 20-B. Serão admitidas conciliações e mediações antecedentes ou incidentais aos processos de recuperação judicial, notadamente:
> (...)
> Art. 20-D. As sessões de conciliação e de mediação de que trata esta Seção poderão ser realizadas por meio virtual, desde que o Cejusc do tribunal competente ou a câmara especializada responsável disponham de meios para a sua realização.

A inovação, a bem da verdade, positivou orientações outrora expedidas pelo Conselho Nacional de Justiça, sobretudo tocante à Recomendação

58/2019, a qual estimula os magistrados que presidem processos de recuperação judicial a promoverem a mediação, sempre que possível. Mais adiante, e em decorrência da crise disseminada pelo Coronavírus e seus catastróficos impactos na economia, o mesmo Conselho expediu novo ato, desta feita, a Recomendação 71/2020, que dispõe sobre a criação do Centros Judiciários de Solução de Conflitos e Cidadania – CEJUSC Empresarial e fomenta o uso de métodos adequados de tratamento de conflitos de natureza empresarial.

A propósito, é oportuno recordar que pelo menos duas recuperações judiciais, de grande repercussão nacional, lançaram mão da conciliação e da mediação para buscar saldar a dívida com seus credores: o "caso Varig" e o "caso Oi", e, após essas experiências, foi que esse conjunto de aparatos legais e recomendações passou a ser formulado pelo próprio judiciário, no afã de incentivar feitos como esses.

Segundo informações veiculadas no site da Câmara de Mediação e Arbitragem de Joinville/SC, Município catarinense de maior população e com forte vocação empresarial e industrial, no caso do Grupo Oi, com mais de 55 mil credores e dívida de R$ 64 bilhões, a mediação foi utilizada em diversos momentos desse complexo e relevante processo, inclusive de forma online, e com participação de credores públicos[13].

Há notícias de que, por intermédio do Programa de Acordo com Credores, o Grupo Oi já realizou 58.041 conciliações, que somavam R$ 3 bilhões, avaliando-se a experiência como bem sucedida, em decorrência da celeridade que essa estratégia imprime ao processo de soerguimento pelo qual a empresa passa[14].

Ademais, conforme veiculado no site do Governo Federal, em novembro de 2020, também lançando mão dessa via consensual, a Oi logrou êxito em obter acordo com a ANATEL, maior credora individual da empresa, para pagamento da dívida decorrente da aplicação de multas por infrações praticadas na prestação de serviços. A própria Advocacia-Geral da União reputou a transação como o maior acordo da história formalizado pela Procuradoria-Geral Federal e pela Anatel, e que apesar do desconto de 50% concedido, nos termos da Lei 13.988/2020, garantiu o pagamento de R$ 7,2

---

[13] Fortalecimento da mediação nas recuperações judiciais. Câmara de Mediação e Arbitragem de Joinville. Disponível em: http://www.cmaj.org.br/2019/03/13/fortalecimento-da-mediacao-nas-recuperacoes-judiciais/. Acesso em: 14 abr. 2021.

[14] A receita secreta da OI para acelerar a recuperação judicial. Disponível em: https://monitordomercado.com.br/noticias/16712-a-receita-secreta-da-oi-para-acelerar-a-. Acesso em: 14 abr. 2021.

bilhões que eram devidos à União. O acordo colocou fim a litígios judiciais entre a OI e a Anatel, com a extinção de 1.117 ações de execuções fiscais, 199 ações anulatórias, 82 ações cautelares e 300 embargos à execução, totalizando um universo de aproximadamente 1.700 ações judiciais[15].

A nova Lei 14.112/2020, portanto, insere, agora expressamente, a política dos meios mais adequados de resolução de conflitos no âmbito do processo recuperacional e falimentar, fomentando a solução pacífica das controvérsias.

A própria negociação de débitos tributários, que ocorre no âmbito da administração pública, a despeito de tecnicamente se tratar de um acordo por adesão, não deixa de ser, em última análise, uma forma de solução consensual de litígio. Isso porque, ao permitir que o devedor escolha o número de parcelas (ainda que dentro dos limites estabelecidos pela lei), a transação evita o processo de execução, moroso, dispendioso e muitas vezes fatal à atividade empresária.

A propósito, já se consignou que:

> A utilização da mediação no contexto da Administração Pública foi, por muito tempo, um tema controverso na doutrina, em razão do desconforto que causa quanto aos princípios norteadores deste tipo de procedimento, uma vez que, aparentemente, são eles conflitantes com os regentes da Administração Pública. Tal desconforto, contudo, não serviu de impedimento para que os métodos de solução fossem consagrados também no contexto do poder público, encontrando-se a saída na ponderação de princípios por meio do mecanismo de cedência recíproca[16].

Nessa linha de raciocínio, e a partir do entendimento de que a autocomposição no âmbito da administração pública é viável em decorrência da Lei 13.140/2015 (Lei de Mediação) e também do Código de Processo Civil de 2015, pode-se afirmar que o plano de parcelamento fiscal especial viabiliza

---

[15] AGU fecha acordo bilionário com o Grupo OI e transaciona o valor de 14,3 bilhões devido à Anatel. Disponível em: https://www.gov.br/agu/pt-br/comunicacao/noticias/agu-fecha-acordo-bilionario-com-o-grupo-oi-e-transaciona-o-valor--de-14-3-bilhoes-devido-a-anatel. Acesso em: 14 abr. 2021.

[16] BUZZI, Marco Aurélio Gastaldi. Mediação no âmbito da administração pública: aplicação prática dos princípios constitucionais como força motriz na gestão estatal. In: BRASIL. Superior Tribunal de Justiça. *Doutrina*: edição comemorativa: 30 anos do STJ. Brasília: Superior Tribunal de Justiça, 2019. p. 833-875. Disponível em: https://bdjur.stj.jus.br/jspui/handle/2011/131263. Acesso em: 8 fev. 2021.

inegável composição de interesses, além de constituir importante alternativa à judicialização de questões envolvendo o Poder Público e a empresa devedora em vias de recuperação judicial.

3. CONSIDERAÇÕES FINAIS

Da breve exposição acima, a qual está muito longe de exaurir todos os temas que tangenciam o assunto referente ao parcelamento fiscal para empresas em recuperação judicial (tais como suspensão de execuções fiscais em andamento, possibilidade de constrição de bens, dispensa ou exigibilidade da CND para processamento do pedido de recuperação judicial, sucessão tributária etc.), a primeira consideração a ser feita é que, sim, a reforma implementada pela nova Lei 14.112/2020 pode ser vista como positiva, pois ao mesmo tempo em que foi cautelosa ao disciplinar mecanismos destinados a preservar o interesse do fisco, ampliou as condições para o pagamento parcelado do débito.

Evidentemente, ainda há muito que se avançar nessa seara, mas qualquer mudança apta a repercutir nos cofres públicos, nas receitas arrecadas pelo Estado para manutenção de serviços essenciais, deve ser realizada de forma responsável, baseada em uma análise econômica do direito, ou seja, escorada em estudos que analisem as consequências micro e macroeconômicas da decisão, seja ela jurídica ou política.

De acordo com recentíssima matéria jornalística veiculada pelo "Valor Econômico", procuradores da Procuradoria-Geral da Fazenda Nacional noticiam que as empresas em recuperação judicial têm dívidas acumuladas no valor de R$ 106,5 bilhões, conforme levantamento realizado pelo órgão em novembro/2020, acrescentando que, desse total, R$ 8,9 bilhões estão em situação regular (o contribuinte apresentou garantia à dívida ou aderiu a um parcelamento, por exemplo). Todavia, esse índice de regularidade, de meros 8,38%, está muito abaixo do que se verifica para as empresas em geral[17].

Esses dados instigam ponderações sobre o tema em análise, pois se, por um lado, deve-se primar pelo princípio da preservação da empresa e da manutenção da atividade econômica, com todas as consequências disso,

---

[17] BACELO, Joice. PGFN tenta liberar ações e cobrar dívida bilionária de empresas em recuperação. *Valor Econômico*, Rio de Janeiro, 31 jan. 2021. Disponível em: https://valor.globo.com/legislacao/noticia/2021/01/31/pgfn-tenta-liberar-acoes--e-cobrar-divida-bilionaria-de-empresas-em-recuperacao.ghtml. Acesso em: 5 fev. 2021.

por outro vértice, não se olvide que, em um Estado Social prestacionista, a arrecadação de tributos não pode ser relegada, deixada em segundo, terceiro ou último plano.

Nesse ponto, é conveniente rememorar que a Constituição Federal não prestigia valores absolutos, nem mesmo quando trata de direitos e garantias fundamentais, como já firmou o Supremo Tribunal Federal. Portanto, ainda que a "quebra" seja vista culturalmente como "a morte do empresário", o processo de falência não pode – nem deve – ser evitado a todo e qualquer custo, até porque privilégios em demasia geram, inclusive, ociosidade na produção e desequilíbrios na concorrência de mercado. Ademais, de certo modo, a falência viabiliza que ativos até então mal geridos sejam reinseridos na economia, isto é, colocados à disposição do mercado, o qual poderá melhor utilizá-los.

No entanto, não se pode olvidar que é na manutenção das operações das empresas que reside – na maior parte dos casos – a garantia de satisfação dos credores, sobretudo estatais, que não podem perder de vista, a propósito, o potencial de arrecadação tributária, direto e indireto, a médio e longo prazo. Daí por que, também aos olhos do fisco, a recuperação judicial continua sendo um importante instrumento jurídico para que a situação de grave crise financeira seja superada, desde que observada, nos termos da legislação, a probabilidade de êxito do respectivo plano.

Diante dessas considerações, repisa-se que as inovações introduzidas pela Lei 14.112/2020, ao aperfeiçoarem o ordenamento jurídico no âmbito do processo de soerguimento, com ênfase no parcelamento fiscal, representam inegável avanço legislativo, pautado, vale frisar, em concessões de ambos os lados, tanto por parte do credor quanto do devedor. As novas diretrizes expostas ao longo desse texto reforçam, sim, a aptidão desses instrumentos legais em evitar que diversas empresas sejam levadas à bancarrota neste momento de extrema fragilidade econômica global.

Paralelamente, buscou-se aqui ressaltar que a regulamentação da sistemática dos métodos alternos de solução de conflitos na condução do processo de recuperação judicial é fator relevante ao contexto em que se insere o presente artigo, pois, para além de oferecer caminho mais rápido e seguro ao pagamento dos débitos da empresa, concorre para redução de contendas judiciais sobre o tema em foco.

REFERÊNCIAS BIBLIOGRÁFICAS

AYOUB, Luiz Roberto; CAVALLI, Cássio. *A construção jurisprudencial da recuperação judicial de empresas*. 3. ed. rev., atual. e ampl. Rio de Janeiro: Forense, 2017.

BACELO, Joice. PGFN tenta liberar ações e cobrar dívida bilionária de empresas em recuperação. *Valor Econômico*, Rio de Janeiro, 31.01.2021. Disponível em: https://valor.globo.com/legislacao/noticia/2021/01/31/pgfn-tenta-liberar-acoes-e-cobrar-divida-bilionaria-de-empresas-em-recuperacao.ghtml. Acesso em: 5 fev. 2021.

BRASIL. Câmara Legislativa do DF. Projeto de Lei Ordinária. PL 6.229/2005. Altera as Leis nºs 11.101, de 9 de fevereiro de 2005, 10.522, de 19 de julho de 2002, e 8.929, de 22 de agosto de 1994, para atualizar a legislação referente à recuperação judicial, à recuperação extrajudicial e à falência do empresário e da sociedade empresária. 23.11.2005. Disponível em: https://www.camara.leg.br/proposicoesWeb/prop_mostrarintegra?codteor=358309&filename=PL+6229/2005. Acesso em: 8 fev. 2021.

BRASIL. Lei n. 11.101/2005. Regula a recuperação judicial, a extrajudicial e a falência do empresário e da sociedade empresária. 09.02.2005. Disponível em: http://www.planalto.gov.br/ccivil_03/_Ato2004-2006/2005/Lei/L11101.htm. Acesso em: 8 fev. 2021.

BRASIL. Lei n. 14.112/2020. Altera as Leis nos 11.101, de 9 de fevereiro de 2005, 10.522, de 19 de julho de 2002, e 8.929, de 22 de agosto de 1994, para atualizar a legislação referente à recuperação judicial, à recuperação extrajudicial e à falência do empresário e da sociedade empresária. 24.12.2020. Disponível em: http://www.planalto.gov.br/ccivil_03/_ato2019-2022/2020/lei/L14112.htm#:~:text=LEI%20N%C2%BA%2014.112%2C%20DE%2024%20DE%20DEZEMBRO%20DE%202020&text=Altera%20as%20Leis%20nos,empres%C3%A1rio%20e%20da%20sociedade%20empres%C3%A1ria. Acesso em: 8 fev. 2021.

BRASIL. Projeto de Lei n. 10.220/2018. Avulso da matéria. Altera a Lei n. 11.101, de 9 de fevereiro de 2005, e a Lei n. 10.522, de 19 de julho de 2002, para atualizar a legislação referente à recuperação judicial, à recuperação extrajudicial e à falência do empresário e da sociedade empresária. Disponível em: https://www.camara.leg.br/proposicoesWeb/prop_mostrarintegra?codteor=1661728&filename=Avulso+-PL+10220/2018. Acesso em: 28 jan. 2021.

BUZZI, Marco Aurélio Gastaldi. Mediação no âmbito da Administração Pública: aplicação prática dos princípios constitucionais como força motriz na gestão estatal. In: BRASIL. Superior Tribunal de Justiça. *Doutrina*: edição comemorativa: 30 anos do STJ. Brasília: Superior Tribunal de Justiça, 2019. p. 833-875. Disponível: https://bdjur.stj.jus.br/jspui/handle/2011/131263. Acesso em: 8 fev. 2021.

COELHO, Fábio Ulhoa. *Curso de direito comercial*. Direito de empresa. 16. ed. São Paulo: Saraiva, 2012. vol. 1.

FORTALECIMENTO DA MEDIAÇÃO NAS RECUPERAÇÕES JUDICIAIS. Câmara de Mediação e Arbitragem de Joinville. Disponível em: http://www.cmaj.org.br/2019/03/13/fortalecimento-da-mediacao-nas-recuperacoes-judiciais/. Acesso em: 14 abr. 2021.

GOVERNO FEDERAL. AGU fecha acordo bilionário com o Grupo OI e transaciona o valor de 14,3 bilhões devido à Anatel. Disponível em: https://www.gov.br/agu/pt-br/comunicacao/noticias/agu-fecha-acordo-bilionario-com-o-grupo-oi-e-transaciona-o-valor-de-14-3-bilhoes-devido-a-anatel. Acesso em: 14 abr. 2021.

MCLUHAN, Marshall. *Understanding Media*. London: Routledge, 1964.

MORETI, Daniel. Recuperação judicial e tributos. Disponível em: https://www.ibet.com.br/wp-content/uploads/2019/04/Daniel-Moreti.pdf. Acesso em: 25 jan. 2021.

PORTAL TERRA. A receita secreta da oi para acelerar a recuperação judicial. Monitor do Mercado. Disponível em: https://monitordomercado.com.br/noticias/16712-a-receita-secreta-da-oi-para-acelerar-a-. Acesso em: 14 abr. 2021.

SALOMÃO, Luis Felipe; SANTOS, Paulo Penalva. *Recuperação judicial, extrajudicial e falência*: teoria e prática. 5. ed. Rio de Janeiro: Forense, 2020.

52

PLANO DE PARCELAMENTO FISCAL ESPECIAL PARA EMPRESAS EM RECUPERAÇÃO JUDICIAL

MÁRIO LUIZ OLIVEIRA DA COSTA

Sumário: 1. Breve histórico – 2. Subsiste a aparente antinomia entre o disposto nos arts. 47 e 57 da Lei nº 11.101/2005, com necessária prevalência daquele – 3. Ausência de razoabilidade e proporcionalidade – 4. Ilegítima coerção para pagamento de tributo – 5. Conclusão – Referências bibliográficas.

1. BREVE HISTÓRICO

Determina a Lei nº 11.101/2005 (LRF), desde sempre, sejam apresentadas "certidões negativas de débitos tributários nos termos dos arts. 151, 205, 206" do Código Tributário Nacional[1], concedendo-se a recuperação judicial se "Cumpridas as exigências desta Lei"[2]. Na mesma data de 09/02/2005, em que publicada a LRF, foi também publicada a Lei Complementar nº 118, introduzindo o art. 191-A no CTN, ainda mais categórico ao estabelecer que "A concessão de recuperação judicial depende da apresentação da prova de quitação de todos os tributos, observado o disposto nos arts. 151, 205 e 206 desta Lei"[3].

---

[1] O art. 151 elenca hipóteses de suspensão da exigibilidade do crédito tributário, ao passo que o art. 205 elege a certidão negativa como prova cabível da quitação de tributos e o art. 206 ressalva possuir os mesmos efeitos certidão positiva atinente a "créditos não vencidos, em curso de cobrança executiva em que tenha sido efetivada a penhora, ou cuja exigibilidade esteja suspensa".

[2] Conforme, respectivamente, arts. 57 e 58 da LRF.

[3] Não obstante, na prática, a exigência cause maiores percalços às empresas relativamente a créditos tributários federais, abrange ela, nos termos do referido art.

A exigência de regularidade fiscal como condição para concessão da recuperação judicial causou grande apreensão de que pudesse inviabilizar o próprio procedimento. Se até mesmo empresas financeiramente saudáveis costumam enfrentar sérios óbices para manter e comprovar regularidade fiscal, o que não dizer daquelas com dificuldades financeiras e que, usualmente, costumam possuir relevantes débitos fiscais?[4] Como se sabe, felizmente consolidou-se a jurisprudência no sentido da inaplicabilidade de tal exigência ao menos enquanto não fosse instituído o parcelamento mais benéfico às empresas em recuperação judicial, previsto no art. 68 da mesma lei.

Sobreveio a Lei nº 13.043/2014, autorizando as empresas em recuperação a parcelarem seus débitos fiscais federais[5] em até 84 meses, prazo superior ao ordinário, de 60 meses. Possibilitou-se, ainda, o pagamento de percentuais inferiores ao início (0,666% ao mês no primeiro ano e 1% ao mês no segundo ano) e de 1,333% ao mês a partir do terceiro ano, remanescendo 1,361% para a 84ª e última parcela. Não foi a nova sistemática, porém, suficiente para que os tribunais pátrios passassem a considerar legítima a exigência de comprovação de regularidade fiscal.

Após fracassadas tentativas de aumentar o prazo e estabelecer outros critérios ainda mais benéficos às empresas, foi publicada a Lei nº 14.112/2020 (*DOU* de 24.12.2020), assegurando ao empresário ou à sociedade empresária que pleitear ou tiver deferido o processamento da recuperação judicial liquidar seus débitos para com a Fazenda Nacional, à sua opção, conforme as seguintes modalidades, em apertada síntese[6]: **(i)** parcelamento em até 120 meses, com percentuais mensais de 0,5% no primeiro ano e 0,6% no segundo ano; **(ii)** liquidação de até 30% do total tão somente dos débitos administrados pela Secretaria Especial da Receita Federal do Brasil, com prejuízos fiscais (IRPJ) e base negativa (CSLL) ou com outros créditos próprios relativos aos tributos administrados pela Secretaria Especial da Receita Federal do Brasil,

---

191-A do CTN, "todos os tributos", ou seja, de quaisquer espécie ou natureza, sejam eles federais, sejam estaduais, sejam municipais.

4 Mesmo porque, em geral, as dívidas fiscais são as primeiras a não serem honradas, na tentativa de manter a adimplência e a continuidade das atividades com os credores privados.

5 Nas esferas estaduais e municipais cabe a cada ente regular a matéria, estando aqueles autorizados a fazê-lo nos termos do Convênio ICMS 59, de 22.06.2012.

6 Conforme redação data aos arts. 10-A e 10-C da Lei nº 10.522/2002. O art. 10-B, supra não mencionado em razão de sua especificidade, passou a permitir o parcelamento em até 24 meses de tributos passíveis de retenção na fonte e de IOF retido e não recolhido.

podendo parcelar o saldo em até 84 meses com os mesmos percentuais da hipótese anterior para os dois primeiros anos; e **(iii)** transação nos termos da Lei n. 13.988/2020 que, se aceita pela Procuradoria-Geral da Fazenda Nacional (PGFN), poderá resultar na redução de até 70% do valor total de multas, juros de mora e encargos legais[7] e no parcelamento do valor mantido em até 120 meses.

Ao longo do tempo, portanto, as condições para parcelamento de débitos fiscais por empresas em recuperação judicial, ao menos no âmbito federal, tornaram-se mais benéficas. Não obstante, não legitimam a exigência de regularidade fiscal (e, assim, de celebração dos próprios parcelamentos) como condição *sine qua non* para a aprovação do plano de recuperação. Isso porque, malgrado os reconhecidos esforços em sentido oposto, a exigência e as alternativas atualmente existentes, no mais das vezes, ainda inviabilizam a própria recuperação em si.

2. SUBSISTE A APARENTE ANTINOMIA ENTRE O DISPOSTO NOS ARTS. 47 E 57 DA LEI Nº 11.101/2005, COM NECESSÁRIA PREVALÊNCIA DAQUELE

Há clara discrepância entre o disposto nos arts. 47 (fixando como objetivo da recuperação judicial "viabilizar a superação da situação de crise econômico-financeira do devedor, a fim de permitir a manutenção da fonte produtora, do emprego dos trabalhadores e dos interesses dos credores, promovendo, assim, a preservação da empresa, sua função social e o estímulo à atividade econômica"[8]) e 57 (que impede ou, ao menos, dificulta sobremaneira o atingimento daquele objetivo, ao exigir que o devedor comprove regularidade fiscal) da LRF. A aparente antinomia foi resolvida no sentido de viabilizar e facilitar a recuperação judicial, tanto na inexistência de previsão legal de parcelamentos mais benéficos quanto após sua introdução no sistema jurídico pátrio.

Definiu o Superior Tribunal de Justiça (STJ) quanto ao período anterior que "O parcelamento tributário é direito da empresa em recuperação

---

[7] Nos termos do art. 11, I, da Lei nº 13.988/2020, e na ausência de expressa previsão, na nova lei, de aplicação do referido percentual também ao montante principal.

[8] De forma consentânea com os valores sociais do trabalho e da livre-iniciativa (fundamentos da República Federativa do Brasil e da ordem econômica – CF, arts. 1º, IV, e 170, *caput*), e com a busca do pleno emprego (princípio da atividade econômica – CF, art. 170, VIII).

judicial que conduz a situação de regularidade fiscal, de modo que eventual descumprimento do que dispõe o art. 57 da LRF só pode ser atribuído, ao menos imediatamente e por ora, à ausência de legislação específica que discipline o parcelamento em sede de recuperação judicial, não constituindo ônus do contribuinte, enquanto se fizer inerte o legislador, a apresentação de certidões de regularidade fiscal para que lhe seja concedida a recuperação"[9]. Bem asseverou o eminente Relator, com irretocável racional, que "nenhuma interpretação pode ser aceita se dela resulta circunstância que – além de não fomentar – inviabilize a superação da crise empresarial, com consequências perniciosas ao objeto de preservação da empresa economicamente viável, à manutenção da fonte produtora e dos postos de trabalho, além de não atender a nenhum interesse legítimo dos credores".

Após o advento da Lei nº 13.043/2014, entendeu aquele Tribunal, "à luz do postulado da proporcionalidade", que "os motivos que fundamentam a exigência da comprovação da regularidade fiscal do devedor (assentados no privilégio do crédito tributário), não tem peso suficiente – sobretudo em função da relevância da função social da empresa e do princípio que objetiva sua preservação – para preponderar sobre o direito do devedor de buscar no processo de soerguimento a superação da crise econômico-financeira que o acomete"[10].

Os robustos fundamentos jurídicos constantes das referidas decisões e de diversas outras no mesmo sentido, tanto do STJ quanto de tribunais de segunda instância, são amplamente conhecidos. Aqui não se objetiva rediscuti-los, mas, apenas, demonstrar que a Lei nº 14.112/2020 não introduziu, quanto ao tema, alterações que pudessem implicar situação fática, análise ou fundamentos jurídicos de que decorresse conclusão distinta daquela já definida (tendo sido ela, antes, ratificada), devendo ser mantida a consolidada jurisprudência.

À exceção, portanto, de casos absolutamente extraordinários em que seja viável comprovar ou obter regularidade fiscal com os novos mecanismos introduzidos pela Lei nº 14.112/2020 e desde que envolvendo o pagamento apenas de valores aceitos como devidos, tudo sem interferência na perspectiva de atingimento dos objetivos constantes do art. 47 da LRF, subsiste incólume

---

[9] REsp 1.187.404/MT, Corte Especial, Rel. Min. Luis Felipe Salomão, unânime, j. 19.06.2013.

[10] REsp 1.864.625/SP, 3ª Turma, Rel. Min. Nancy Andrighi, unânime, j. 23.06.2020. Não obstante, entende abalizada doutrina que, suprida a mora legislativa, legitimar-se-ia a exigência de regularidade fiscal (COELHO, 2021, p. 237-240).

o direito ao afastamento de seu art. 57. De outro lado, o quanto definido pelo STJ no âmbito infraconstitucional[11] não afasta o exame de aspectos constitucionais igualmente autônomos, independentes e suficientes (a par de corroborarem e legitimarem a interpretação pela primazia do art. 47), alguns deles a seguir sucintamente comentados.

3. AUSÊNCIA DE RAZOABILIDADE E PROPORCIONALIDADE

Razoabilidade e proporcionalidade devem nortear a interpretação de dispositivos legais e constitucionais.

Como definido pelo Supremo Tribunal Federal (STF), "impõe-se ao Estado, no processo de elaboração das leis, a observância do necessário coeficiente de razoabilidade, pois, como se sabe, todas as normas emanadas do Poder Público devem ajustar-se à cláusula que consagra, em sua dimensão material, o princípio 'substantive due process of law' (CF, art. 5º, LIV), eis que, no tema em questão, o postulado da proporcionalidade qualifica-se como parâmetro de aferição da própria constitucionalidade material dos atos estatais, consoante tem proclamado a jurisprudência do Supremo Tribunal Federal (...) Em suma: a prerrogativa institucional de tributar, que o ordenamento positivo reconhece ao Estado, não lhe outorga o poder de suprimir (ou de inviabilizar) direitos de caráter fundamental, constitucionalmente assegurados ao contribuinte, pois este dispõe, nos termos da própria Carta Política, de um sistema de proteção destinado a ampará-lo contra eventuais excessos cometidos pelo poder tributante ou, ainda, contra exigências irrazoáveis veiculados em diplomas normativos por este editados"[12]. Isso porque "as competências administrativas só podem ser validamente exercidas na extensão e intensidade proporcionais ao que seja realmente demandado para cumprimento da finalidade de interesse público a que estão atreladas"[13].

A exigência de regularidade fiscal/parcelamento de débitos fiscais para fins de deferimento do pedido de recuperação judicial é excessiva, irrazoável e desproporcional. Distancia-se do "mínimo aceitável", não atendendo a critérios de adequação e necessidade, tampouco estabelecida na extensão e na

---

[11] Como explicitou o Min. Dias Toffoli, aos 03.12.2020, nos autos da Rcl 43.169/SP (não obstante ainda possa o STF vir a fixar entendimento distinto).

[12] Voto proferido pelo Min. Celso de Mello nos autos do RE 413.782/SC, Rel. Min Marco Aurélio, *DJ* 03.06.2005.

[13] MELLO, 1999, p. 67. Na mesma linha, dentre tantos outros, MENDES, 1994, p. 469.

intensidade proporcionais ao que seria cabível para o atendimento do interesse público envolvido. Não condiz com a realidade e não guarda relação com o interesse público atinente à preservação da empresa, de sua função social, do emprego e da renda. Como ressaltam MARTINS e RODRIGUES, "se a recuperação judicial teve por objetivo amparar as empresas em dificuldades, para que continuassem produtivas, assegurando empregos e recolhimento de tributos, tal exigência de certidões negativas é incompatível com a finalidade da norma legal"[14].

O advento da Lei nº 14.112/2020, além de não ter solucionado a violação (pela exigência de regularidade fiscal/parcelamento) à proporcionalidade estrita já declarada pelo STJ[15], trouxe ainda mais perplexidade com as novas autorizações para (i) exigir garantias atinentes a créditos tributários objeto de discussão judicial sem suspensão de exigibilidade, para que possam não ser parcelados; (ii) proceder à "execução regular" das garantias, "inclusive por meio da expropriação", na ausência de suspensão da exigibilidade dos respectivos créditos tributários; e (iii) requerer, a Fazenda Nacional, a "convolação da recuperação judicial em falência" nos casos de exclusão do parcelamento[16].

Ora, além de subsistirem todos os vícios antes referidos, exigir a apresentação de garantia em relação a créditos tributários não suspensos e admitir sua "execução regular", inclusive com "expropriação"[17], justamente por não estarem suspensos, é contraditório, irrazoável e atenta contra os princípios de confiança e boa-fé que devem nortear as relações entre Fisco e contribuintes.

Recuperação judicial é uma tentativa de conciliação da empresa com seus credores privados. O Fisco não participa do acordo, que não lhe diz respeito. Não tem seus créditos a ele subordinados, podendo proceder à sua regular

---

[14]   MARTINS; RODRIGUES, 2007, p. 431.

[15]   Vez que inadequada e desnecessária, tal qual se entendeu em relação à Lei nº 13.043/2014, até por impor "uma dificuldade ainda maior ao Fisco, à vista da classificação do crédito tributário, na hipótese de falência, em terceiro lugar na ordem de preferência" e "porque os meios de cobrança das dívidas de natureza fiscal não se suspendem com o deferimento do pedido de soerguimento" (REsp 1.864.625/SP, antes referido).

[16]   Lei nº 10.522/2002, art. 10-A, §§ 1º-C, I e II, e 4º-A, IV, na redação da Lei nº 14.112/2020.

[17]   Sem previsão de suspensão da execução fiscal e sequer ressalva expressa de que a expropriação apenas se verifique na hipótese de decisão final transitada em julgado considerando efetivamente devido o tributo, tampouco de novo parcelamento nessa situação, caso o contribuinte então ainda se encontre em recuperação judicial.

cobrança[18]. Afinal, "o passivo fiscal deve ser cobrado e tratado à margem e desvinculadamente do plano de recuperação"; o parcelamento não pode ser tido como "um ônus ou obrigação a que se condicione o próprio desfecho do processo recuperacional"[19].

Exigir regularidade fiscal – inclusive com apresentação de novas garantias, cujas dificuldades e custos são muitas vezes insuportáveis – para que possa ser o acordo entre particulares celebrado e homologado em juízo subverte a ordem e não guarda relação de pertinência com o objeto da norma. Cabe aos credores particulares avaliar se o passivo fiscal da empresa que pediu recuperação judicial inviabiliza ou não o acerto proposto em relação às demais dívidas, o que não se confunde com condicionar tal avaliação à prévia regularização daquele passivo.

Possibilitar que ente estranho ao acordo possa prejudicá-lo também com expropriação ou excussão de garantias antes mesmo de configurada a coisa julgada, bem como requerendo a falência da empresa em recuperação, é ainda mais desarrazoado. Não é demais lembrar que nem todos os créditos tributários não pagos, não suspensos e não garantidos são necessariamente devidos, em especial quando objeto de discussão judicial cujo julgamento final poderá extingui-los[20]. Inaceitável e excessiva, assim, ao menos a exigência de parcelamento de créditos tributários na referida situação, ou seja, que estejam *sub judice*, ainda que não suspensos nem garantidos, com efetiva possibilidade de virem a ser afastados, ao final, pelo Poder Judiciário. A exigência de pagamento ou mesmo garantia, nessa situação, contraria ainda mais os objetivos de preservação e fortalecimento da empresa, impondo-lhe gasto que então ainda não se pode considerar definitivamente devido ou necessário.

---

[18] SALAMACHA, 2005, p. 123. De fato, nos termos do art. 187 do CTN, "A cobrança judicial do crédito tributário não é sujeita a concurso de credores ou habilitação em falência, recuperação judicial, concordata, inventário ou arrolamento". Não se ignora, contudo, que as questões atinentes aos atos constritivos e ao prosseguimento de execução fiscal em face de empresa em recuperação judicial subsistem indefinidas na jurisprudência (sendo objeto, por exemplo, do Tema Repetitivo 987, pendente de julgamento no STJ), merecendo nova análise também em razão das alterações decorrentes da Lei nº 14.112/2020.

[19] CAMILO JUNIOR, 2012, p. 303.

[20] Conforme art. 156, X, do CTN.

4. ILEGÍTIMA COERÇÃO PARA PAGAMENTO DE TRIBUTO

Não pode o Fisco compelir o contribuinte ao pagamento (ainda que mediante parcelamento mais benéfico) do crédito tributário. Tem ele à sua disposição mecanismos legais que asseguram a cobrança e a garantia de satisfação do crédito tributário, na hipótese de vir a ser considerado efetivamente devido pelo Poder Judiciário. Ao contornar tais mecanismos e pretender obstar o exercício da atividade econômica enquanto não forem honrados créditos tributários pendentes, viola-se, entre outros, o princípio da livre-iniciativa (CF, art. 170, parágrafo único).

O tema é pacífico na jurisprudência do STF, que repele com veemência quaisquer tentativas de burlar tais mecanismos de forma a pretender antecipar o pagamento como condição para que o contribuinte continue exercendo livremente sua atividade econômica. Nesse sentido, a orientação quanto a serem inadmissíveis quer "a interdição de estabelecimento" (Súmula nº 70), quer "a apreensão de mercadorias como meio coercitivo para pagamento de tributos" (Súmula nº 323), também não sendo "lícito à autoridade proibir que o contribuinte em débito adquira estampilhas, despache mercadorias nas alfândegas e exerça suas atividades profissionais" (Súmula nº 547).

Aliás, já teve o STF oportunidade de declarar inconstitucional a exigência de certidões negativas como condição para a prática de vários atos empresariais e da vida civil, considerando-a ilegítima quando posta como condição, por exemplo, para fins de inscrição no Cadastro Nacional das Pessoas Jurídicas (CNPJ)[21], registro de contrato social ou contratação de empréstimos em instituições financeiras[22] e impressão de notas fiscais[23]. É exatamente do que se cuida na situação presente. A exigência de regularidade fiscal (e de pagamento e/ou parcelamento para obtê-la) como condição para o deferimento da recuperação judicial – que, repita-se, não abrange créditos tributários – implica coerção para pagamento[24] dos tributos que não se encontrem garantidos ou com exigibilidade suspensa, para que o contribuinte possa manter o exercício de sua atividade econômica. Da mesma forma, restringe o direito fundamental ao livre acesso ao Poder Judiciário (CF, art. 5º, XXXV), mais especificamente

---

[21] AgReg no RE 576.320, Rel. Min. Gilmar Mendes, j. 17.12.2013.

[22] ADI 173/DF, Rel. Min. Joaquim Barbosa, j. 25.09.2008.

[23] AgReg no RE 556.038 AgR, Rel. Min. Gilmar Mendes, j. 01.04.2008.

[24] Ou, ao menos, depósito, cujos efeitos para fins de arrecadação são os mesmos, relativamente aos créditos tributários administrados pela Receita Federal do Brasil.

o direito de o contribuinte obter a competente prestação jurisdicional acerca da validade de determinada exigência fiscal que repute ilegítima.

Sendo a recuperação judicial necessária para a empresa manter suas atividades (derradeira tentativa de evitar a quebra), a referida exigência implica claro óbice a tanto, muito mais grave e intransponível do que o verificado em algumas das hipóteses em que o STF concluiu haver inconstitucionalidade.

5. CONCLUSÃO

Conforme doutrina e jurisprudência majoritárias, parcelamento de débitos fiscais é direito do contribuinte, jamais obrigação, menos ainda em se tratando de empresa em recuperação judicial. Já entendeu o STJ, de seu turno, que a exigência de regularidade fiscal – e, por consequência, de pagamento e parcelamento para atingi-la – não se legitima mesmo na vigência de legislação concedendo condições diferenciadas para o parcelamento de débitos fiscais por empresas em recuperação judicial.

Disso resulta que a instituição de critérios ainda mais benéficos (pela Lei nº 14.112/2020 ou qualquer outra) é irrelevante e insuficiente para o reexame do tema. Antes, reforça e confirma deva ser mantida a anterior orientação jurisprudencial, salvo em situações absolutamente excepcionais em que possam não se verificar, na prática, prejuízos e riscos adicionais à recuperação da empresa. É interesse do Estado e da Sociedade contribuir – jamais impor obstáculos – para que a pessoa jurídica em recuperação judicial possa se soerguer e, com isso, honrar seu passivo fiscal e as obrigações em geral, passadas, presentes e futuras. Com tanto não condizem as exigências de regularidade fiscal e parcelamento de créditos tributários em geral, menos ainda acrescidas das novas disposições da Lei nº 14.112/2020, no que ora brevemente examinadas.

Diferente seria se, por exemplo, o deferimento da recuperação judicial assegurasse, *de lege ferenda*, pronta suspensão da exigibilidade de todos os créditos tributários pretéritos (federais, estaduais e municipais), condicionada à aprovação do plano, com interrupção do prazo prescricional e subsistência das penhoras e garantias até então existentes[25]. Legitimar-se-ia a exigência de regularidade fiscal quanto aos tributos vencidos a partir da apresentação do pedido de recuperação judicial e, eventualmente, de destinação mensal

---

[25] Mera sugestão, entre tantas outras possíveis (como indica SOUZA JUNIOR, por exemplo – 2008, p. 51), objetivando contribuir com o debate e o aprimoramento desse importante mecanismo para preservação da atividade econômica.

de percentual razoável do lucro que porventura fosse apurado no curso do procedimento, para amortização dos débitos fiscais passados e/ou garantia daqueles em discussão. Impor-se-ia, ainda, como condição para a aprovação do plano de recuperação judicial, a demonstração de viabilidade econômica e capacidade futura de pagamento por parte da empresa requerente inclusive no que respeita ao passivo fiscal por ela reconhecido como devido (ou seja, que não estivesse *sub judice*). Ainda, após cumprir o plano de recuperação, aí sim possibilitar-se-ia à empresa parcelar os débitos fiscais subsistentes com condições mais benéficas.

Assim seriam atendidos tanto os objetivos da LRF (em especial de seu art. 47) quanto os legítimos interesses fiscais.

REFERÊNCIAS BIBLIOGRÁFICAS

CAMILO JUNIOR, Ruy Pereira. Empresa em crise e tributação. In: TOLEDO, Paulo Fernando Campos Salles de; SATIRO, Francisco (coord.). *Direito das empresas em crise*: problemas e soluções. São Paulo: Quartier Latin, 2012.

COELHO, Fábio Ulhoa. *Comentários à Lei de Falências e de Recuperação de Empresas*. 14. ed. São Paulo: Thompson Reuters, 2021.

MARTINS, Ives Gandra da Silva; RODRIGUES, Marilene Talarico Martins. *Certidões negativas e direitos fundamentais do contribuinte*. MACHADO, Hugo de Brito (coord.). São Paulo: Dialética, 2007.

MELLO, Celso Antônio Bandeira de. *Curso de direito administrativo*. 12. ed. São Paulo: Malheiros, 1999.

MENDES, Gilmar Ferreira. A proporcionalidade na jurisprudência do Supremo Tribunal Federal. *Repertório IOB de Jurisprudência*, 1ª quinzena de dezembro de 1994, nº 23/94, Caderno 1.

SALAMACHA, José Eli. Débitos fiscais e a recuperação judicial de empresas. *Revista de Direito Mercantil*, São Paulo: Malheiros, n. 140, out.-dez. 2005.

SOUZA JUNIOR, Osnildo de. O crédito tributário na recuperação judicial de empresas: um caso de irracionalidade a ser superado. *Revista Dialética de Direito Tributário*, São Paulo: Dialética, n. 149, fev. 2008.

A EXIGÊNCIA DA CERTIDÃO FISCAL COMO CONDIÇÃO DE CONCESSÃO DA RECUPERAÇÃO JUDICIAL

53

A CERTIDÃO FISCAL COMO CONDIÇÃO PARA A CONCESSÃO DE RECUPERAÇÃO JUDICIAL

José Antonio Dias Toffoli

Lucilene Rodrigues Santos

Sumário: 1. Introdução – 2. Contexto da edição do art. 191-A do CTN e do art. 57 da LRE – 3. Das primeiras orientações do Superior Tribunal de Justiça – 4. Das novas leis sobre parcelamento de débitos tributários do devedor em recuperação judicial – impactos na jurisprudência do STJ – 5. Decisões do Supremo Tribunal Federal consignando a natureza infraconstitucional do tema e a cláusula da reserva de plenário – 6. Proposição legislativa visando à revogação do art. 57 da LRE e do art. 191-A do CTN – 7. Conclusão – Referências bibliográficas.

1. INTRODUÇÃO

A existência de normas que condicionam a prática de atos da vida civil e empresarial à quitação de créditos tributários não é novidade em nosso ordenamento jurídico. O Poder Judiciário, por exemplo, tem sido constantemente acionado para dizer até que ponto uma exigência constitui sanção política, o que é vedado, segundo a Jurisprudência do Supremo Tribunal Federal (Súmulas 70, 323 e 547).

Inúmeros são os julgados do Supremo Tribunal Federal sobre o tema, ora concluindo pela constitucionalidade, ora pela inconstitucionalidade das referidas normas. *Vide*, por exemplo, as ADI 173/DF e 5.450/DF e os Temas 31, 363, 732 e 856 de repercussão geral.

Assunto atual e que tem gerado acaloradas discussões doutrinárias e jurisprudenciais é o da necessidade de apresentação das certidões de

RECUPERAÇÃO DE EMPRESAS E FALÊNCIA: DIÁLOGOS ENTRE A DOUTRINA E A JURISPRUDÊNCIA

regularidade tributária – certidão negativa de débitos tributários (CND) ou certidão positiva com efeitos de negativa (CPEN) – para a concessão de recuperação judicial. A medida está prevista no art. 191-A do Código Tributário Nacional (CTN) e no art. 57 da Lei 11.101, de 9 de fevereiro de 2005, doravante Lei de Recuperação de Empresas (LRE).

A recuperação judicial tem por objetivo viabilizar a superação de situação de crise econômico-financeira de empresa viável. Com esse instrumento, se homenageia a função social e o princípio da preservação da empresa, entre outros preceitos relevantes.

Em conferência da International Bar Association[1], destacamos a importância da interseção entre Direito e Economia e que um dos grandes desafios da magistratura é concretizar a Justiça, garantindo a livre-iniciativa por meio de decisões que favoreçam a economia de mercado, criando ambiente propício para o aumento da riqueza nacional e a melhoria das condições de vida dos brasileiros, o que passa pelo pleno emprego, pela geração de renda e pelo amplo acesso aos bens de consumo.

Na mesma ocasião, evidenciamos que, desde a entrada em vigor da LRE, questões afetas à recuperação empresarial e à falência ainda geravam muitos conflitos, sobretudo por conta da horizontalidade dos princípios e das normas que regem a recuperação judicial e a insolvência.

O tema em análise é justamente uma dessas questões.

O objetivo deste artigo é analisar, com apoio em doutrina especializada, o contexto da edição do art. 191-A do CTN e do art. 57 da LRE e em que pé se encontram as evoluções jurisprudencial (mais precisamente do STJ e do STF) e legislativa sobre a exigência de certidões de regularidade tributária como condição para a concessão da recuperação judicial.

2. CONTEXTO DA EDIÇÃO DO ART. 191-A DO CTN E DO ART. 57 DA LRE

Antes da LRE, a Lei de Falências (Decreto-lei 7.661, de 21 de junho de 1945) regia a concordata, que, como predecessora da recuperação judicial, viabilizava, em certo grau, a saída de empresas de situações de crise econômico-financeira.

---

[1] 25th Annual IBA Global Insolvency and restructuring conference, 2019, São Paulo. Discurso de abertura.

Cap. 53 · A CERTIDÃO FISCAL COMO CONDIÇÃO PARA A CONCESSÃO | 741

Com o passar dos anos, a Lei de Falências se mostrou ultrapassada. Nas palavras de Rubens Approbato Machado, com esse modelo legal, "extinguiam--se, periodicamente, fontes de produção, geradoras de empregos, de créditos, de tributos, de gerência social e de fonte de fortalecimento da economia brasileira"[2]. Manoel Justino Bezerra Filho destaca que a exigência constante daquela lei de prova do pagamento de impostos e de contribuições em sede de concordata era praticamente impossível ser cumprida[3].

Era patente a necessidade de se reformar a Lei de Falências. O Poder Executivo apresentou o projeto de lei nos idos de 1993.

Na Câmara dos Deputados, o texto aprovado (PL 4.376/1996) consignava que as Fazendas Públicas e o Instituto Nacional do Seguro Social poderiam deferir, segundo a legislação específica, parcelamento de seus créditos em sede de recuperação judicial, de acordo com os parâmetros do CTN (norma correspondente à constante do art. 68 da LRE).

No Senado Federal, foi aprovado substitutivo que continha, além desse preceito, a norma constante do atual art. 57 da LRE, mas com as regras adicionais de que o devedor teria de apresentar as certidões em cinco dias e de que, se decorrido o prazo *in albis*, o juiz deveria decretar a falência. Além disso, o substitutivo preconizava, no art. 73, IV, que o juiz decretaria a falência durante a recuperação judicial se não fossem apresentadas as certidões.

O projeto de lei retornou à Casa iniciadora, onde foram suprimidas aquelas regras adicionais que constariam do art. 57. Conforme explicitado por um dos deputados, era melhor deixar para o magistrado a fixação do prazo para apresentação das certidões fiscais, permitindo a ele "exercer um juízo de razoabilidade em função de situações excepcionais devidamente justificadas"[4].

---

[2]   MACHADO, Rubens Approbato. Visão Gral da nova Lei 11.101, de 09 e fevereiro de 2005, que reforma o Decreto-lei 7.661, de 21.03.1945 (Lei de Falências) e cria o instituto da recuperação de empresa. In: MACHADO, Rubens Approbato (coord.). *Comentários à nova Lei de Falências e Recuperação de Empresas*. São Paulo: Quartier Latin, 2005. p. 22.

[3]   BEZERRA FILHO, Manoel Justino. *Lei de Recuperação de Empresas e Falência*: Lei 11.101/2005 comentada, artigo por artigo. 5. ed. São Paulo: Thomson Reuters Brasil, 2019. Livro eletrônico.

[4]   BRASIL. Câmara dos Deputados. Projeto de Lei nº 4.376/96. Regula a falência, a concordata preventiva e a recuperação das empresas que exercem atividade econômica regida pelas leis comerciais, e dá outras providências. Disponível em: http://imagem.camara.gov.br/Imagem/d/pdf/DCD15DEZ2004.pdf. Acesso em: 25 jan. 2021.

Também houve a supressão do inciso IV do art. 73 do substitutivo do Senado Federal. Aduziu-se que isso resolveria, de modo temporário, o fato de inexistir, até então, lei específica cuidando do parcelamento dos créditos tributários do devedor em recuperação judicial. A exigência dessa lei decorria da recente aprovação de projeto de lei complementar (abaixo comentado) incluindo o art. 155-A, § 3º, no CTN.

Nesse contexto, se disse que "nenhuma empresa em processo de recuperação judicial [ia] conseguir retirar certidão negativa sem parcelamento especial dos débitos"[5] e que, sendo aprovada a supressão daquele inciso, seria necessário "esperar nova legislação para fazer esse parcelamento e inserir as condições para a decretação de falência".

O projeto de lei foi aprovado e encaminhado à sanção. Assim, surgiu a Lei de Recuperação de Empresas (LRE) – Lei 11.101, de 9 de fevereiro de 2005.

Paralelamente àquele projeto de lei, tramitou, a partir de meados de 2003, projeto de lei complementar (PLP 72/03, na Câmara dos Deputados) buscando alterar regras do CTN. Dizia-se que modificações no código eram necessárias muito por conta da reforma da Lei de Falências.

O resultado foi a edição da LC 118/2005. Foram inseridos no CTN: i) a regra de que "[l]ei específica disporá sobre as condições de parcelamento dos créditos tributários do devedor em recuperação judicial" (art. 155-A, § 3º) e ii) regra contendo a mesma exigência da LRE quanto às certidões de regularidade fiscal (art. 191-A).

Ives Gandra da Silva Martins e outros lecionam que essa lei complementar deve ser interpretada "pelos métodos lógico-sistemático (analisando as mudanças do CTN e do novo regime do direito falimentar em conjunto) assim como pelo método teleológico (a LC 118/05 foi editada visando à adaptação do direito tributário ao direito falimentar)"[6].

Os doutrinadores, outrossim, indicam que a intepretação histórica também deve guiar a exegese daquela lei complementar. Ademais, chamam a atenção para o risco de ela não ser compreendida de modo apropriado se suas normas forem isoladamente interpretadas.

---

5   Idem.

6   MARTINS, Ives Gandra da Silva et al. Comentários à Lei Complementar nº 118/2005. In: MACHADO, Rubens Approbato (coord.). *Comentários à nova Lei de Falências e Recuperação de Empresas*. São Paulo: Quartier Latin, 2005. p. 322.

3. DAS PRIMEIRAS ORIENTAÇÕES DO SUPERIOR TRIBUNAL DE JUSTIÇA

É conhecida a posição adotada pela Corte Especial do STJ a respeito do tema em meados de 2013: eventual descumprimento do art. 57 da LRE, isto é, o afastamento da exigência de apresentação das certidões de regularidade tributária, "só pode ser atribuído, ao menos imediatamente e por ora, à ausência de legislação específica que discipline o parcelamento em sede de recuperação judicial"[7].

Nesse julgamento, o STJ deu grande importância à norma-programa do art. 47 da LRE, que, com alta carga de princípios, constituiria vetor de intepretação da recuperação judicial. Esse artigo aponta qual é o objetivo da recuperação judicial (viabilizar a superação da situação de crise econômico-financeira do devedor); o que ela visa a manter (a fonte produtora, o emprego dos trabalhadores e os interesses dos credores); e quais os interesses ou valores que ela promove (a preservação da empresa, sua função social e o estímulo à atividade econômica).

Considerando, ainda, outros elementos, como os interesses na manutenção das fontes geradoras de riquezas, a pesada carga tributária nacional e o fato de o passivo tributário ser, por vezes, a causa de crises empresariais, houve o afastamento da interpretação literal daquele dispositivo, a qual inviabilizaria as recuperações judiciais.

O art. 57 da LRE e o art. 191-A do CTN foram, assim, compreendidos no contexto de um microssistema legal, prevendo-se, como direito do devedor em recuperação judicial, o parcelamento tributário nos termos de leis especiais a serem editadas, o qual permite a expedição e a apresentação de CPEN. Não havendo ainda essas legislações específicas, não seria ônus do contribuinte a apresentação das certidões de regularidade fiscal.

Esse julgado do STJ foi muito festejado pelos doutrinadores. Da óptica de Hugo de Brito Machado Segundo, não haveria sentido em a LRE dispensar a apresentação de certidões negativas para o devedor exercer suas atividades (salvo em algumas situações) e determinar a apresentação delas para a concessão da recuperação judicial. Seria como "condicionar a liberação de

---

[7] BRASIL. Superior Tribunal de Justiça, Corte Especial, REsp 1.187.404/MT, Rel. Min. Luis Felipe Salomão, *DJe* 21.08.2013.

medicamentos à comprovação, por parte de quem [os vai] tomar, de que não padece da doença a ser remediada"[8].

Em um outro interessante julgado[9], a Segunda Turma do STJ, revisitando a jurisprudência, entendeu que, se a recuperação judicial for deferida com a apresentação das certidões de regularidade tributária, as execuções fiscais devem ser suspensas, por conta da presunção de que os créditos estão suspensos na forma do art. 151 do CTN. Mas, se a recuperação judicial for concedida sem a apresentação dessas certidões, as execuções fiscais devem ter regular prosseguimento.

4. DAS NOVAS LEIS SOBRE PARCELAMENTO DE DÉBITOS TRIBUTÁRIOS DO DEVEDOR EM RECUPERAÇÃO JUDICIAL – IMPACTOS NA JURISPRUDÊNCIA DO STJ

Em 2014, adveio a Lei 13.043/2014, trazendo regras específicas sobre o parcelamento de débitos com a Fazenda Nacional do devedor que pleitear ou tiver deferido o processamento da recuperação judicial. Para Fábio Ulhoa Coelho, com a edição dessa lei, teria ocorrido o fim da mora legislativa que amparava o afastamento da exigência das certidões de regularidade tributária para a concessão da recuperação judicial.

De acordo com seu entendimento, a consequência da não apresentação dessas certidões deveria ficar "a meio caminho entre um extremo e outro (falência ou indeferimento)"[10]. Para ele, ocorrendo a situação em tela, o juiz deve despachar suspendendo o processo de recuperação judicial até que o devedor apresente tais certidões, explicitando que, durante essa suspensão, "suspendem-se também o *stay period*; ou seja, voltam a ser plenamente exigíveis todas as obrigações do devedor, incluindo as sujeitas à recuperação judicial (...), com a imediata retomada do curso das execuções individuais e dos pedidos de falência"[11].

---

[8] MACHADO SEGUNDO, Hugo de Brito. *Código Tributário Nacional*: anotações à Constituição, ao Código Tributário Nacional e às Leis Complementares 87/1996 e 116/2003. 6. ed. São Paulo: Atlas, 2017. p. 426.

[9] BRASIL. Superior Tribunal de Justiça, Segunda Turma, REsp 1.512.118/SP, Rel. Min. Herman Benjamin, *DJe* 31.03.2015.

[10] COELHO, Fábio Ulhoa. *Comentários à Lei de Falências e de Recuperação de Empresas*. 4 ed. e-book baseado na 14 ed. impressa. São Paulo: Thomson Reuters Brasil, 2021.

[11] Idem.

Cap. 53 · A CERTIDÃO FISCAL COMO CONDIÇÃO PARA A CONCESSÃO | **745**

Vale ressaltar, contudo, que essa é uma visão doutrinária e que aquela lei não dispôs sobre o parcelamento de tributos estaduais ou municipais.

Em meados de 2020, a Terceira Turma do STJ consignou que, mesmo com a Lei 13.043/2014, é possível a dispensa daquelas certidões fiscais para a concessão da recuperação judicial[12]. Essa conclusão se apoiou naquele precedente em que a Corte Especial deu grande importância à norma-programa constante do art. 47 da LRE.

Houve, assim, ponderação de normas da LRE e do CTN, ressaltando-se que a exigência das referidas certidões deve se compatibilizar com os princípios e os objetivos do microssistema regulador da recuperação judicial, o qual estabelece o direito de o devedor buscar a superação da crise econômico-financeira.

Também no recente julgado, observou-se que a exigência das certidões fiscais não se mostrava adequada para garantir o adimplemento dos créditos tributários. Afinal, se decretada a falência em razão de elas não terem sido apresentadas, isso dificultaria o recebimento do crédito tributário. Afora isso, destacou-se que a cobrança judicial do crédito tributário não se submete à recuperação judicial.

Antes de se avançar para o próximo tópico, anote-se que, recentemente, entrou em vigor a Lei 14.112/2020. Ela trouxe, entre outras medidas, novas disciplinas sobre o parcelamento de débitos tributários do devedor em recuperação judicial com a Fazenda Nacional e a possibilidade de transação tributária.

A mesma lei previu a possibilidade de se decretar a falência durante o processo de recuperação judicial se houver o descumprimento dos parcelamentos tributários ou da transação tributária, ou "quando identificado o esvaziamento patrimonial da devedora que implique liquidação substancial da empresa, em prejuízo de credores não sujeitos à recuperação judicial, inclusive as Fazendas Públicas".

5. DECISÕES DO SUPREMO TRIBUNAL FEDERAL CONSIGNANDO A NATUREZA INFRACONSTITUCIONAL DO TEMA E A CLÁUSULA DA RESERVA DE PLENÁRIO

No âmbito do STF, importa destacar o julgamento de ação declaratória de constitucionalidade na qual se argumentava que a exigência das certidões

---

[12] BRASIL. Superior Tribunal de Justiça, Terceira Turma, REsp 1.864.625/SP, Rel. Min. Nancy Andrighi, *DJe* 26.06.2020. Disponível em: www.stj.jus.br. Acesso em: 25 jan. 2021.

de regularidade tributária para a concessão da recuperação judicial vinha sendo afastada por órgãos judiciais com base em fundamentos constitucionais.

O relator da causa no Tribunal dela não conheceu monocraticamente, tendo em vista a controvérsia se resumir ao plano infraconstitucional, sem repercutir diretamente na Constituição Federal. Nas palavras do relator, o caso pressupunha "análise que se encerra[va] na mera exegese de textos normativos infraconstitucionais – Lei nº 11.101/05 (...) e Código Tributário Nacional"[13]. O Tribunal Pleno confirmou essa decisão em sede de agravo regimental.

Cumpre destacar, no entanto, que reclamações têm sido ajuizadas no STF contra acórdãos nos quais se afasta a exigência das certidões fiscais para a concessão de recuperação judicial, alegando-se ofensa à cláusula da reserva de plenário (art. 97 da Constituição Federal).

Em uma dessas reclamações, o então relator da Reclamação 43.169 deferiu medida cautelar suspendendo os efeitos de acórdão mediante o qual a Terceira Turma do STJ afastou a exigência de regularidade fiscal em período posterior à Lei 13.043/2015, instituidora do parcelamento tributário[14]. Nessa decisão, acolheu-se a tese de que a decisão do órgão fracionário do STJ teria afastado o art. 57 da LRE sob fundamento constitucional, o que afrontaria o art. 97 da Constituição Federal.

Posteriormente, essa reclamação foi redistribuída e, em juízo exauriente, teve seu seguimento negado, ficando, por consequência, sem efeito aquela liminar[15]. Na oportunidade, ficou registrou o entendimento firmado no julgamento daquela ação declaratória de constitucionalidade de que a discussão teria natureza infraconstitucional. Ademais, verificou-se que o STJ não havia afastado a aplicação dos dispositivos em tela com base em fundamento constitucional, mas sim realizado interpretação sistemática de normas infraconstitucionais e exercido juízo de proporcionalidade entre duas normas legais (arts. 47 e 57 da LRE), inclusive fazendo menção à orientação de sua Corte Especial.

Em outra reclamação[16], contudo, foi cassado acórdão no qual um tribunal local havia declarado, expressamente, a inconstitucionalidade do art. 57 da

---

13   BRASIL. Supremo Tribunal Federal, ADC 46/DF, Rel. Min. Celso de Mello, *DJe* 30.04.2020. Disponível em: http://www.stf.jus.br. Acesso em: 25 jan. 2021.

14   BRASIL. Supremo Tribunal Federal, Rcl 43.169/SP-MC, Rel. Min. Luiz Fux, *DJe* 09.09.2020. Disponível em: www.stf.jus.br. Acesso em: 26 jan. 2021.

15   BRASIL. Supremo Tribunal Federal, Rcl 43.169/SP, Rel. Min. Dias Toffoli, *DJe* 04.12.2020. Disponível em: www.stf.jus.br. Acesso em: 26 jan. 2021.

16   BRASIL. Supremo Tribunal Federal, Rcl 32.147/PR, Rel. Min. Alexandre de Moraes, *DJe* 17.10.2018. Disponível em: www.stf.jus.br. Acesso em: 26 jan. 2021.

LRE e do art. 191-A do CTN, por violação do devido processo legal substantivo e do direito ao livre exercício de atividades econômicas e profissionais, reconhecendo-se a exigência das certidões em tela como meio coercitivo de cobrança de tributos (sanção política).

Tendo presentes as anotações acima, registre-se que, embora existam julgados indicando a natureza infraconstitucional da controvérsia, a constitucionalidade do art. 57 da LRE e do art. 191-A do CTN pode, ao menos em tese, ser efetivamente apreciada pelo STF (no caso, por exemplo, de órgão especial do Tribunal *a quo* ter declarado, incidentalmente, a inconstitucionalidade de determinada norma).

6. PROPOSIÇÃO LEGISLATIVA VISANDO À REVOGAÇÃO DO ART. 57 DA LRE E DO ART. 191-A DO CTN

Tramita, no Congresso Nacional, o PLS 285/2011 (Senado Federal), o qual visa à revogação do art. 57 da LRE e do art. 191-A do CTN. Inicialmente, esse projeto tinha o objetivo de afastar a exigência das certidões de regularidade tributária para a concessão de recuperação judicial apenas nos casos das microempresas e das empresas de pequeno porte.

Entretanto, foi aprovada emenda pelo Plenário do Senado Federal, para se extinguir tal exigência, independentemente do porte da empresa. Para o Senador que propôs a emenda pertinente, "muitas vezes as empresas intencionam se recuperar justamente para terem vigor financeiro para quitarem os créditos tributários constituídos pela Fazenda Pública". Sua excelência esclareceu que isso não significa renúncia de receita fiscal.

Atualmente, o projeto encontra-se na Câmara dos Deputados (PLP 477/2018), já tendo parecer favorável da Comissão de Desenvolvimento Econômico, Indústria, Comércio e Serviço.

7. CONCLUSÃO

Diversos interesses e valores jurídicos gravitam em torno da questão da exigência das certidões de regularidade tributária para a concessão da recuperação judicial. Sabemos que a elevada carga tributária e a complexidade do sistema tributário brasileiro representam grandes entraves ao desenvolvimento da economia brasileira. Se, por um lado, são legítimos os motivos que fundamentam a exigência da comprovação da regularidade fiscal do devedor (assentados no privilégio do crédito tributário), por outro, como já acentuado alhures, o Supremo Tribunal Federal possui uma venerável linha de precedentes que considera inválidas as sanções políticas, nos seus mais diversos formatos. Por sanção política, de acordo com a jurisprudência do STF, entende-se a imposição de restrições não razoáveis ou desproporcionais ao exercício de atividade econômica ou profissional lícita com o intuito de induzir ou coagir contribuintes a pagar seus tributos. É inequívoco, contudo, que a orientação firmada pelo STF não serve de escusa ao deliberado e temerário desrespeito à legislação tributária. Não configuram sanção política as "restrições à prática de atividade econômica [que] objetivam combater estruturas empresariais que têm na inadimplência tributária sistemática e consciente sua maior vantagem concorrencial"[17].

O fato é que, decorridos cerca de quinze anos da entrada em vigor da LRE, questões afetas à recuperação empresarial e à falência no Brasil ainda geram muitos conflitos, sobretudo por conta da horizontalidade dos princípios e das normas que regem a recuperação judicial e a insolvência, os quais espraiam seus efeitos para todos os ramos do Direito e para diferentes foros. O Conselho Nacional de Justiça tem tomado diversas iniciativas visando a estimular modelos consensuais de resolução de conflitos recuperacionais e falimentares e a criação de varas e de Câmaras especializadas na matéria, com o objetivo de aumentar a segurança jurídica dos agentes econômicos e dos *stakeholders*.

No período que antecedeu a Lei 13.043/2014, o Superior Tribunal de Justiça, sensível à situação de crise econômico-financeira das empresas e visando a não esvaziar o instituto da recuperação judicial, firmou entendimento, seguindo a sistemática dos recursos repetitivos, no sentido de afastar o art. 57 da Lei 11.101/2005 e o art. 191-A do Código Tributário Nacional (CTN), diante da inexistência de lei específica a disciplinar o parcelamento da dívida tributária de empresas em recuperação judicial. Após a nova disciplina do parcelamento e da transação tributária, a Primeira Turma do STJ, examinando o tema sob outro prisma, por exemplo, o da "ponderação equilibrada dos princípios" encartados na Lei de Licitação e na LRE, também tem relativizado a exigência de apresentação de certidão negativa de recuperação judicial como requisito para que empresa em recuperação judicial participe de certame licitatório.

Frise-se que pende de julgamento o Tema 987[18] da sistemática dos recursos repetitivos afetos à Corte Especial do STJ, o qual tratará da "possibilidade

---

[17] ADI 173/DF, Tribunal Pleno, Rel. Min. Joaquim Barbosa, *DJe* 20.03.2009.

[18] REsp 1.712.484/SP afetação conjunta com o REsp 1.694.261/SP e o REsp 1.694.316.

da prática de atos constritivos, em face de empresa em recuperação judicial, em sede de execução fiscal".

De todo modo, cabe reiterar que, em tese, existe chance de o STF examinar o tema, caso a matéria seja tratada sob o viés constitucional. Nesse caso, como de costume, o Tribunal apreciará detidamente a questão.

REFERÊNCIAS BIBLIOGRÁFICAS

BEZERRA FILHO, Manoel Justino. *Lei de Recuperação de Empresas e Falência*: Lei 11.101/2005 comentada, artigo por artigo. 5. ed. São Paulo: Thomson Reuters Brasil, 2019. Livro eletrônico.

COELHO, Fábio Ulhoa. *Comentários à Lei de Falências e de Recuperação de Empresas*. 4. ed. e-book baseada na 14 ed. impressa. São Paulo: Thomson Reuters Brasil, 2021.

MACHADO, Rubens Approbato. Visão Geral da nova Lei 11.101, de 09 e fevereiro de 2005 que reforma o Decreto-lei 7.661, de 21.03.1945 (Lei de Falências) e cria o instituto da recuperação de empresa. In: MACHADO, Rubens Approbato (coord.). *Comentários à nova Lei de Falências e Recuperação de Empresas*. São Paulo: Quartier Latin, 2005.

MACHADO SEGUNDO, Hugo de Brito. *Código Tributário Nacional*: anotações à Constituição, ao Código Tributário Nacional e às Leis Complementares 87/1996 e 116/2003. 6. ed. São Paulo: Atlas, 2017.

MARTINS, Ives Gandra da Silva et al. Comentários à Lei Complementar nº 118/2005. In: MACHADO, Rubens Approbato (coord.). *Comentários à nova Lei de Falências e Recuperação de Empresas*. São Paulo: Quartier Latin, 2005.

54

A EXIGÊNCIA DA CERTIDÃO DE REGULARIDADE FISCAL COMO CONDIÇÃO PARA CONCESSÃO DA RECUPERAÇÃO JUDICIAL

JOÃO PEDRO SCALZILLI

Sumário: 1. Crise empresarial e CND – 2. Parcelamento tributário para empresas em recuperação – 3. Primeira fase: dispensa de CND por inexistência de parcelamento especial – 4. Segunda fase: dispensa de CND por insuficiência dos parcelamentos especiais – 5. Terceira fase: necessária congruência entre poderes do Fisco e sua contribuição para a preservação da empresa – 6. Nota conclusiva – Referências bibliográficas.

1. CRISE EMPRESARIAL E CND

O ponto examinado constituiu uma das mais controvertidas questões surgidas a partir da entrada em vigor da Lei 11.101, de 2005 ("Lei de Recuperação de Empresas e Falência" ou simplesmente "LREF"). Trata-se da canhestra obrigação de apresentar certidões de regularidade fiscal após a aprovação do plano de recuperação como condição indispensável para que o regime jurídico seja concedido pelo magistrado (arts. 57 e 58 da LREF c/c art. 191-A do Código Tributário Nacional)[1].

---

[1]   Uma versão ainda mais dura da regra em questão chegou a tramitar no Congresso Nacional, prevendo um parágrafo único ao art. 57, o qual foi posteriormente excluído por força de uma emenda supressiva. Esse parágrafo único determinava ao juiz a decretação da falência caso não fossem apresentadas as referidas certidões negativas (VIGIL NETO, Luiz Inácio. *Teoria falimentar e regimes recuperatórios.* Porto Alegre: Livraria do Advogado, 2008. p. 174).

As certidões negativas de débitos tributários são documentos expedidos pelos órgãos fazendários para atestar que o contribuinte está em situação de regularidade perante o Fisco. Por simples regra de experiência, sabe-se que as empresas em crise quase sempre possuem débitos tributários de elevada monta. A questão é bastante singela: diante da falta de recursos financeiros, normalmente a empresa privilegia o pagamento de fornecedores e empregados, pois sem matéria-prima, mercadorias e força de trabalho não é possível manter suas atividades. Por outro lado, o inadimplemento de tributos não paralisa de imediato a operação, mantendo-se a possibilidade – e a esperança – de reversão da crise. Diante desse cenário, a exigência em questão não é passível de cumprimento pela esmagadora maioria dos devedores em recuperação judicial – situação que criou um importante obstáculo para o atingimento dos objetivos da LREF.

Por conta disso, é de difícil aceitação a tese segundo a qual simplesmente não pode ser concedida a recuperação em virtude da não apresentação das certidões de regularidade fiscal. No entanto, a questão é mais complexa e merece exame mais detido.

2. PARCELAMENTO TRIBUTÁRIO PARA EMPRESAS EM RECUPERAÇÃO

O crédito tributário não se sujeita à recuperação judicial, sendo, portanto, extraconcursal. Apesar disso, para auxiliar no equacionamento das dívidas tributárias das empresas em recuperação, a LREF previu a existência de um parcelamento especial (art. 68, *caput* e parágrafo único, da LREF c/c art. 155-A, § 3º, do CTN). A despeito do comando legal, existe controvérsia sobre se tal parcelamento foi suficiente e adequadamente regulamentado pelo Poder Legislativo. Por conta disso, a jurisprudência consagrou entendimento de que seria inexigível certidão de regularidade fiscal para a concessão da recuperação enquanto não fosse editada legislação específica e adequada que disciplinasse o parcelamento tributário no âmbito do referido regime[2].

---

[2] TJSP, 1ª Câmara Reservada de Direito Empresarial, AI 2002081-29.2016.8.26.0000, Rel. Des. Fortes Barbosa, j. 24.02.2016; TJSP, 2ª Câmara Reservada de Direito Empresarial, AI 2099625-51.2015.8.26.0000, Rel. Des. Caio Marcelo Mendes de Oliveira, j. 11.11.2015; TJRS, 6ª Câmara Cível, AI 70068804335, Rel. Des. Ney Wiedemann Neto, j. 09.06.2016; TJRJ, 7ª Câmara Cível, AI 0050788-91.2015.8.19.0000, Rel. Des. Luciano Saboia Rinaldi de Carvalho, j. 17.12.2015. Ver, também: especificamente quanto ao entendimento anterior à edição de leis especiais: STJ, 2ª Turma, AgRg na MC 23.499/RS, Rel. Min. Humberto

Cap. 54 · A EXIGÊNCIA DA CERTIDÃO DE REGULARIDADE FISCAL COMO CONDIÇÃO | 753

A Reforma da LREF, promovida pela Lei 14.112, de 2020, introduziu modificações nas condições para a regularização do passivo tributário das empresas em recuperação judicial. Todavia, a efetiva melhora da situação fiscal do contribuinte em crise pende de verificação na prática. A breve e conturbada história da exigência de CND para a homologação do plano aprovado pelos credores pode ser contada a partir de três fases, as quais serão abaixo examinadas.

3. PRIMEIRA FASE: DISPENSA DE CND POR INEXISTÊNCIA DE PARCELAMENTO ESPECIAL

Desde a entrada em vigor da Lei 11.101, de 2005, os Tribunais e a doutrina consideraram a exigência do art. 57 da LREF (também prevista no art. 191-A do CTN) "abusiva, inócua e inadmissível".

Abusiva porque consistiria em "meio coercitivo" de cobrança de dívidas tributárias[3]. Inócua porque teria o condão de colocar o Fisco em posição ainda pior caso a falência venha a ser decretada, pois, no concurso de credores, a Fazenda Pública está apenas em terceiro lugar, correndo sérios riscos de nada receber (por outro lado, se a recuperanda seguir no mercado, poderá continuar gerando tributos em favor do Ente Público)[4]. Finalmente, inadmissível a exigência porque seria contrária ao princípio da preservação da empresa.

Martins, Rel. p/ acórdão Min. Mauro Campbell Marques, j. 18.12.2014; STJ, 2ª Turma AgRg no CC 129.622/ES, Rel. Min. Raul Araújo, j. 24.09.2014; STJ, Corte Especial, REsp 1.187.404/MT, Rel. Min. Luis Felipe Salomão, j. 19.06.2013; STJ, CC 138.073/SP, Rel. Min. Paulo de Tarso Sanseverino (decisão monocrática), j. 26.03.2015; Enunciado 15 da Edição 35 da Jurisprudência em Teses do STJ.

[3] TJSP, Câmara Especial de Falências e Recuperações Judiciais, AI 507.990-4/8-00, Rel. Des. Romeu Ricupero, j. 01.08.2007. No mesmo sentido: TJSP, Câmara Especial de Falências e Recuperações Judiciais, AI 472.540-4/7-00, Rel. Des. Pereira Calças, j. 25.04.2007 (decidindo com o seguinte fundamento: "enquanto o Congresso Nacional não editar a Lei específica sobre o parcelamento dos créditos tributários da empresa em recuperação judicial, a exigência da apresentação da certidão negativa dos débitos tributários ou certidão positiva com efeitos de negativa– afronta ao princípio da preservação da empresa").

[4] MUNHOZ, Eduardo Secchi. Seção IV: Do procedimento de recuperação judicial. In: SOUZA JUNIOR, Francisco Satiro de; PITOMBO, Antonio Sergio A. de Moraes (coord.). *Comentários à Lei de Recuperação de Empresas e Falências*. 2. ed. rev., atual. e ampl. São Paulo: RT, 2007. p. 286.

Esse entendimento veio a prevalecer já nas primeiras recuperações judiciais de grande porte depois da entrada em vigor da LREF, tais como a Vasp[5], a Varig[6] e a Parmalat[7-8-9], especialmente em razão da inexistência de um parcelamento especial para empresas em recuperação judicial, como previsto no art. 68 da LREF[10]. Em outras palavras, diante da ausência de vontade política para criar um ambiente propício ao equacionamento do passivo tributário de empresas em crise, não seria adequado exigir a certidão de regularidade fiscal justamente quando essas buscavam reestruturar débitos privados.

---

[5] Processo 583.00.2005.070715-0, 1ª Vara de Falência e Recuperações Judiciais de São Paulo.

[6] Processo 2005.001.072887-7, 1ª Vara de Direito Empresarial do Rio de Janeiro.

[7] Processo 000.05.068090-0, 1ª Vara de Falência e Recuperações Judiciais de São Paulo.

[8] Também nesse sentido: TJSP, Câmara Especial de Falências e Recuperações Judiciais, AI 507.990-4/8-00, Rel. Des. Romeu Ricupero, j. 01.08.2007; TJSP, Câmara Especial de Falências e Recuperações Judiciais, AI 472.540-4/7-00, Rel. Des. Pereira Calças, j. 25.04.2007; TJSP, Câmara Especial de Falências e Recuperações Judiciais, AI 5169824200, Rel. Des. Pereira Calças, j. 30.01.2008; TJRJ, 20ª Câmara Cível, AI 0019759-96.2010.8.19.0000, Rel. Des. Teresa de Andrade Castro Neves, j. 11.08.2010; TJMG, 7ª Câmara Cível, AI 1.0079.07.371306-1/001, Rel. Des. Heloisa Combat, j. 29.09.2009; TJMG, 5ª Câmara Cível, AI 1.0079.06.288873-4/001, Rel. Des. Dorival Guimarães Pereira, j. 29.05.2008; TJMG, 5ª Câmara Cível, AI 1.0079.07.348871-4/007, Rel. Des. Maria Elza, 08.10.2009.

[9] Interessante observar que, antes da existência de leis prevendo o parcelamento de débitos tributários para devedores em recuperação judicial, somava-se aos argumentos relacionados o fato de o legislador se omitir a respeito, inexistindo parcelamento específico, como exigia a legislação. Nesse sentido, o Enunciado 55 da 1ª Jornada de Direito Comercial, promovida pelo Conselho da Justiça Federal/CJF no ano de 2012, consignou a seguinte posição: "O parcelamento do crédito tributário na recuperação judicial é um direito do contribuinte, e não uma faculdade da Fazenda Pública, e, enquanto não for editada lei específica, não é cabível a aplicação do disposto no art. 57 da Lei n. 11.101/2005 e no art. 191-A do CTN". Apesar disso, não se esqueça o art. 155-A, § 4º, do CTN assim dispõe: "§ 4º A inexistência da lei específica a que se refere o § 3º deste artigo importa na aplicação das leis gerais de parcelamento do ente da Federação ao devedor em recuperação judicial, não podendo, neste caso, ser o prazo de parcelamento inferior ao concedido pela lei federal específica".

[10] Sobre a dispensa de CND em razão da inexistência, à época da concessão da recuperação judicial (2006), de lei específica sobre parcelamento às empresas em procedimento recuperatório, ver: STJ, 3ª Turma, REsp 1.719.894/RS, Rel. Min. Nancy Andrighi, j. 19.11.2019.

4. SEGUNDA FASE: DISPENSA DE CND POR INSUFICIÊNCIA DOS PARCELAMENTOS ESPECIAIS

A partir de 2014, começaram a surgir leis sobre parcelamento de dívidas tributárias para empresas em recuperação judicial em âmbito federal e estadual. Nesse sentido, destaca-se o art. 10-A da Lei 10.522, de 2002, com redação dada pela Lei 13.043, de 2014 (referente ao parcelamento dos débitos com a Fazenda Nacional e supostamente criado para atender a exigência do art. 57 c/c o art. 68 da LREF)[11] e legislação de alguns Estados (como, entre

---

[11] Por força da Lei 13.043, de 2014, a Lei 10.522, de 2002, passou a vigorar acrescida do seguinte art. 10-A: "Art. 10-A. O empresário ou a sociedade empresária que pleitear ou tiver deferido o processamento da recuperação judicial, nos termos dos arts. 51, 52 e 70 da Lei nº 11.101, de 9 de fevereiro de 2005, poderão parcelar seus débitos com a Fazenda Nacional, em 84 (oitenta e quatro) parcelas mensais e consecutivas, calculadas observando-se os seguintes percentuais mínimos, aplicados sobre o valor da dívida consolidada: I – da 1ª à 12ª prestação: 0,666% (seiscentos e sessenta e seis milésimos por cento); II – da 13ª à 24ª prestação: 1% (um por cento); III – da 25ª à 83ª prestação: 1,333% (um inteiro e trezentos e trinta e três milésimos por cento); e IV – 84ª prestação: saldo devedor remanescente. § 1º O disposto neste artigo aplica-se à totalidade dos débitos do empresário ou da sociedade empresária constituídos ou não, inscritos ou não em Dívida Ativa da União, mesmo que discutidos judicialmente em ação proposta pelo sujeito passivo ou em fase de execução fiscal já ajuizada, ressalvados exclusivamente os débitos incluídos em parcelamentos regidos por outras leis. § 2º No caso dos débitos que se encontrarem sob discussão administrativa ou judicial, submetidos ou não à causa legal de suspensão de exigibilidade, o sujeito passivo deverá comprovar que desistiu expressamente e de forma irrevogável da impugnação ou do recurso interposto, ou da ação judicial, e, cumulativamente, renunciou a quaisquer alegações de direito sobre as quais se fundem a ação judicial e o recurso administrativo. § 3º O empresário ou a sociedade empresária poderá, a seu critério, desistir dos parcelamentos em curso, independentemente da modalidade, e solicitar que eles sejam parcelados nos termos deste artigo. § 4º Além das hipóteses previstas no art. 14-B, é causa de rescisão do parcelamento a não concessão da recuperação judicial de que trata o art. 58 da Lei nº 11.101, de 9 de fevereiro de 2005, bem como a decretação da falência da pessoa jurídica. § 5º O empresário ou a sociedade empresária poderá ter apenas um parcelamento de que trata o *caput*, cujos débitos constituídos, inscritos ou não em Dívida Ativa da União, poderão ser incluídos até a data do pedido de parcelamento. § 6º A concessão do parcelamento não implica a liberação dos bens e direitos do devedor ou de seus responsáveis que tenham sido constituídos em garantia dos respectivos créditos. § 7º O parcelamento referido no *caput* observará as demais condições previstas nesta Lei, ressalvado o disposto no § 1º do art. 11, no inciso II do § 1º do art. 12, nos incisos I, II e VIII do art. 14 e no § 2º do art. 14-A".

outros, do Estado do Paraná, Lei 18.132/2014 e Decreto 12.498/2014, de Minas Gerais, Lei 21.794/2015, e de São Paulo, Lei Complementar 410/2015).

Todavia, tais parcelamentos simplesmente não atenderam à finalidade da LREF, orientada pelo princípio da preservação da empresa, seja porque as condições de pagamento não foram consideradas suficientes – o prazo do parcelamento era de exíguo (84 meses), inclusive se comparado com outros programas já existentes (como o "REFIS" de 180 meses ou o "PROFUT" de 240 meses) –, seja porque impunham ao devedor a desistência de qualquer discussão administrativa ou judicial acerca do débito, exigência que se afigurava inconstitucional[12].

Por conta do exposto, a jurisprudência, de uma maneira geral, seguiu considerando inexigível a apresentação de CND para concessão da recuperação judicial[13-14]. No extremo, diante da insuficiência de meios suficiente-

---

[12] TJRJ, 7ª Câmara Cível, AI 0050788-91.2015.8.19.0000, Rel. Des. Luciano Saboia Rinaldi de Carvalho, j. 16.12.2015; TJSP, Câmara Reservada de Direito Empresarial, AI 2109677-09.2015.8.26.0000, Rel. Des. Ricardo Negrão, j. 09.09.2015. Ver, também: STJ, 2ª Seção, AgRg no CC 136.844/RS, Rel. Min. Antônio Carlos Ferreira, j. 26.08.2015. Na doutrina: SALOMÃO, Luis Felipe; SANTOS, Paulo Penalva. *Recuperação judicial, extrajudicial e falência*: teoria e prática. Rio de Janeiro: Forense, 2015. p. 32 ss.

[13] STJ, 2ª Turma, AgInt no REsp 1.841.307/AM, Rel. Min. Herman Benjamin, j. 30.11.2020; TJSP, 2ª Câmara Reservada de Direito Empresarial, AI 2121124-86.2018.8.26.0000, Rel. Des. Araldo Telles, j. 18.11.2020; TJRS, 6ª Câmara Cível, AI 70076144856, Rel. Des. Luís Augusto Coelho Braga, j. 28.06.2018. Especificamente nos Estados com legislação própria sobre o parcelamento de dívidas tributárias para empresas em recuperação judicial, tais como Minas Gerais e São Paulo, conforme referido acima, ver: TJMG, 8ª Câmara Cível, AI 1.0702.16.015067-9/003, Rel. Desa. Ângela de Lourdes Rodrigues, j. 09.05.2019; TJSP, 1ª Câmara Reservada de Direito Empresarial, AI 2037747-52.2020.8.26.0000, Rel. Des. Alexandre Lazzarini, j. 21.09.2020. Ressalta-se que no Estado do Paraná vinha sendo decidindo que, diante da existência de legislação estadual, é necessária a apresentação de CND para a concessão da recuperação judicial: TJPR, 18ª Câmara Cível, AI 0027546-14.2020.8.16.0000, Rel. Des. Marcelo Gobbo Dalla Dea, j. 26.08.2020 (assim decidindo: "Esta Câmara Cível entende que, com a edição da Lei nº 18.132/2014, do Estado do Paraná, criada com o objetivo de regulamentar o parcelamento tributário dos débitos de IPVA e ICMS do contribuinte em Recuperação Judicial, regulamentada pelo Decreto Estadual n. 12.498/14, a lacuna legislativa que excepcionalmente afastava a aplicabilidade imediata do artigo 57 da Lei de Falências não mais subsiste, o que leva ao entendimento de que a recuperanda deverá apresentar as certidões indicadas pelo artigo 57 da Lei 11.101/05").

[14] Na metade de 2020 houve importante decisão judicial que parecia mudar os rumos da jurisprudência até então consolidada que dispensava a apresentação de CND para a concessão da recuperação judicial. Nos autos da reclamação 43.169,

Cap. 54 · A EXIGÊNCIA DA CERTIDÃO DE REGULARIDADE FISCAL COMO CONDIÇÃO | 757

mente adequados para regularização do passivo tributário das empresas em recuperação, alguns julgados passaram a aceitar alternativas, como a autorização para que escolhessem o parcelamento mais adequado existente[15-16-17].

---

proposta pela União Federal, o Ministro Luiz Fux deferiu a liminar pleiteada que objetivava a cassação da decisão proferida pela 3ª Turma do STJ nos autos do REsp 1.864.625/SP, sob o argumento de violação da súmula vinculante 10, dado que teria sido afastada a aplicabilidade dos arts. 57 da LREF e 191-A do CTN sem a devida observância da regra da reserva de plenário. Sobre o tema, entendeu-se que "A exigência de Certidão de Regularidade Fiscal para a homologação do plano de recuperação judicial faz parte de um sistema que impõe ao devedor, para além da negociação com credores privados, a regularização de sua situação fiscal, por meio do parcelamento de seus débitos junto ao Fisco. Consectariamente, a não regularização preconizada pelo legislador possibilita a continuidade dos executivos fiscais movidos pela Fazenda (art. 6º, § 7º da Lei 11.101/05), o que, em última instância, pode resultar na constrição de bens que tenham sido objeto do plano de recuperação judicial, situação que não se afigura desejável" (decisão publicada em 09.09.2020). No entanto, o Ministro Dias Toffoli, que passou a ser relator do caso após o Ministro Luiz Fux assumir a presidência do Supremo Tribunal Federal, tornou sem efeito a referida liminar ao considerar que a questão seria "eminentemente infraconstitucional", sendo que o STJ teria exercido um juízo de ponderação entre a exigência do art. 57 da LREF e os princípios "da norma legal, notadamente no seu artigo 47, concluindo, assim, pela desproporcionalidade da exigência contida na primeira norma, com os princípios gerais delineados na segunda" (decisão publicada em 04.12.2020).

[15] "Nos termos do art. 155-A, do Código Tributário Nacional, diante da ausência de lei específica, aplicam-se à recuperanda as normas gerais de parcelamentos do ente da Federação. Considerando o tratamento privilegiado às empresas em crise, que devem ter tratamento mais benéfico do que outras de qualquer ramo de atuação, às recuperandas deverá ser permitido a adoção do melhor parcelamento existente." "Em face do exposto, homologo o plano de recuperação e concedo a recuperação judicial de BLUE BIRD PARTICIPAÇÕES S.A. e outros." "Condiciono a manutenção da decisão, entretanto, à demonstração do parcelamento dos créditos tributários em 120 dias, conforme o melhor parcelamento dos débitos tributários sob a escolha da recuperanda, o que fica previamente deferido nos termos da Lei 11.101/05" (Processo 1007989-75.2016.8.26.0100, 2ª Vara de Falências e Recuperações Judiciais do Foro Central Cível da Comarca de São Paulo, Juiz Marcelo Sacramone, j. 27.04.2017).

[16] Sobre o tema, ver, também: BEZERRA FILHO, Manoel Justino. *Lei de Recuperação de Empresas e Falência*. 11. ed. São Paulo: RT, 2016. p. 415-437; BEZERRA FILHO, Manoel Justino. Capítulo IX: Procedimento da recuperação judicial – exame dos dispositivos dos arts. 55 a 69. In: CARVALHOSA, Modesto (coord.). *Tratado de direito empresarial* – recuperação empresarial e falência. São Paulo: RT, 2016. v. V, p. 222 e ss.; TOLEDO, Paulo Fernando Campos Salles de. A apresentação de CND e o

Na pior das hipóteses, na impossibilidade de aderir a um parcelamento adequado, caberia ao juiz simplesmente extinguir a recuperação judicial, mas em nenhuma hipótese decretar a falência[18].

5. TERCEIRA FASE: NECESSÁRIA CONGRUÊNCIA ENTRE PODERES DO FISCO E SUA CONTRIBUIÇÃO PARA A PRESERVAÇÃO DA EMPRESA

Durante seus quinze anos de vigência, a Lei 11.101, de 2005, apresentou significativa evolução em relação à legislação anterior, sobretudo no que diz respeito à disponibilização aos empresários de um regime recuperatório mais eficiente do que a concordata. Esse papel foi exercido pela recuperação judicial, que se mostrou um relevante mecanismo ao alcance da empresa em crise – tanto que utilizada na tentativa de reestruturação de alguns dos mais relevantes grupos empresariais brasileiros na última década.

A despeito disso, a necessidade de ajustes na legislação brasileira de insolvência empresarial já vinha sendo apontada pela doutrina especializada. Particularmente, depois dos desgastes ocasionados pelas quatro crises econômicas de maior envergadura verificadas no período – a crise imobiliária americana de 2009, a crise político-econômica do triênio 2014-2016, a greve dos caminhoneiros de 2018 e pandemia da Covid-19 –, ficou evidente a importância de se promoverem adequações no texto legal.

Entendeu-se que o caminho a ser trilhado era uma ampla reforma na LREF. Por meio de um acordo entre Executivo e Legislativo, buscou-se "modernizar" a Lei Recuperatória e Falimentar. Para a tarefa, foi resgatado o PL 6.229, que havia ficado em segundo plano durante os primeiros meses da crise sanitária ocasionada pelo novo coronavírus, resultando na Lei 14.112, de 2020, que entrou em vigor no dia 23 de janeiro, alterando, acrescentando ou revogando aproximadamente uma centena de artigos da LREF.

---

parcelamento de débitos fiscais. In: CEREZETTI, Sheila C. Neder; MAFFIOLETTI, Emanuelle Urbano (coord.). *Dez anos da Lei nº 11.101/2005*: estudos sobre a Lei de Recuperação e Falência. São Paulo: Almedina, 2015. p. 438-450; COSTA, Mário Luiz Oliveira da. Recuperação judicial *x* regularidade fiscal. *Revista do Advogado – Direito das Empresas em Crise*, a. XXXVI, n. 131, p. 140-152, out. 2016.

[17] BEZERRA FILHO, Manoel Justino. Capítulo IX: Procedimento da recuperação judicial..., p. 223.

[18] Nesse sentido, ver: COELHO, Fábio Ulhoa. *Comentários à Lei de Falências e de Recuperação de Empresas*. 14. ed. rev., atual. e ampl. São Paulo: RT, 2021. p. 239-240.

Cap. 54 · A EXIGÊNCIA DA CERTIDÃO DE REGULARIDADE FISCAL COMO CONDIÇÃO | 759

Uma das maiores mazelas da LREF e que a Reforma tentou endereçar diz respeito ao tratamento dos débitos fiscais das empresas em recuperação. Para tanto, Legislativo e Executivo negociaram um "pacote" por meio do qual as empresas em crise obteriam facilidades para equacionar suas dívidas tributárias. Em contrapartida, o Fisco receberia maiores poderes na recuperação judicial.

Cinco principais facilidades foram apresentadas às recuperandas: (*i*) melhora das condições de parcelamento das dívidas tributárias (podendo chegar a 120 meses – Lei 10.522, art. 10-A, V)[19]; (*ii*) possibilidade de transação com o Fisco (Lei 10.522, art. 10-C)[20-21]; (*iii*) possibilidade de liquidação de até 30% da dívida tributária com a utilização de créditos decorrentes de prejuízo fiscal e de base de cálculo negativa da CSLL ou com outros créditos próprios[22] (Lei 10.522, art. 10-A, VI); (*iv*) possibilidade de isenção de IR e CSLL sobre ganho de capital na alienação judicial de ativos (LREF, art. 6º-B – vetado)[23]; (*v*) possibilidade de isenção de IR e CSLL sobre os deságios obtidos com a aprovação do plano de recuperação judicial ou extrajudicial (LREF, art. 50-A – vetado)[24].

Por outro lado, ao Fisco seriam concedidas contrapartidas, como (*i*) a confirmação de que o plano de recuperação só pode ser homologado com a comprovação de regularidade fiscal (LREF, arts. 57 c/c 58); (ii) a possibilidade de convolação da recuperação judicial em falência por descumprimento do

---

[19] Por meio da Reforma, alterou-se o disposto na Lei 10.522/2002, que trata, dentre outros assuntos, acerca do parcelamento de débitos tributários de empresas em recuperação judicial. Nesse sentido, a legislação passou a contar com novas modalidades de parcelamentos. O texto legal prevê parcelamentos específicos para os débitos administrados pela PGFN e pela Receita Federal (que autoriza o parcelamento em até 120 meses) e pela Secretaria Especial da Receita Federal (modalidade que permite o parcelamento em até 84 meses).

[20] A transação poderá resultar em um parcelamento do débito fiscal em até 120 parcelas (em se tratando de ME e EPP, o parcelamento chega a 145 vezes), e desconto de até 70%.

[21] Tal previsão é considerada por Daniel Carnio Costa e Alexandre Correa Nasser de Melo como talvez a maior inovação da Reforma (COSTA, Daniel Carnio; MELO, Alexandre Correa Nasser de. *Comentários à Lei de Recuperação de Empresas e Falência*. Curitiba: Juruá, 2021. p. 192).

[22] Relativos aos tributos administrados pela Secretaria Especial da Receita Federal, que poderão ser parcelas em até 84 meses.

[23] Pela retirada da trava prevista no art. 58 da Lei 8.981/1995.

[24] Pela retirada da trava prevista no art. 58 da Lei 8.981/1995.

parcelamento fiscal (LREF, art. 73, VI); (*iii*) o seguimento das execuções fiscais, admitida apenas a substituição de atos de constrição (LREF, art. 6º, § 7º-B).

Esse conjunto de concessões ao contribuinte e de prerrogativas reforçadas e/ou concedidas ao Fisco na recuperação judicial foi chamado, no debate acadêmico, de *"Fisco in the game"*, expressão que resumiria a atual posição da Fazenda Pública na recuperação judicial: um verdadeiro protagonista da reestruturação, um agente que contribui com a preservação da empresa, mas cujos direitos também devem ser observados por todos os envolvidos no processo. Esse o espírito que perpassou o processo legislativo que resultou na Reforma da LREF.

Observe-se, no entanto, que as possíveis isenções de IR e CSLL na alienação de ativos e no deságio obtido com a aprovação do no plano, duas importantes contribuições para o esforço recuperatório, sofreram veto da Presidência da República[25]. Além disso, o prazo ainda exíguo do parcelamento em relação a outros programas já lançados pelo do Governo Federal (*v.g.*, PROFUT, REFIS, REFIS do Funrural, com prazos de 240, 180 e 175 meses, respectivamente[26]), a obrigação de o contribuinte desistir expressamente e de forma irrevogável da impugnação ou da ação judicial que discutam créditos objeto do parcelamento ou da transação tributária e a efetiva disposição do Fisco em negociar seus créditos colocam sérias dúvidas sobre se as fortes prerrogativas do credor tributário outorgadas na Reforma correspondem a uma concreta melhora da situação do contribuinte em crise.

Ao fim e ao cabo, parece que a exigência de CND para a concessão da recuperação judicial dependerá de uma análise por parte do juízo recuperatório sobre os benefícios tributários concedidos pela Reforma e sobre se eles corresponderam a um efetivo incremento na possibilidade de as recuperandas equacionarem o seu passivo fiscal. Um novo capítulo se inicia na relação entre Fazenda e contribuinte na recuperação judicial, uma fase pautada pela necessária congruência entre poderes do Fisco e a sua efetiva contribuição para a preservação da empresa.

6. NOTA CONCLUSIVA

Mas, afinal de contas, a Reforma foi boa ou ruim no que diz respeito aos aspectos tributários? Difícil responder a tal questionamento. Mais provável

---

[25] Mensagem 752, de 24 de dezembro de 2020 da Presidência da República.

[26] Importante destacar que o prazo é de apenas 84 meses caso a recuperanda opte por utilizar crédito decorrente de prejuízo fiscal.

Cap. 54 • A EXIGÊNCIA DA CERTIDÃO DE REGULARIDADE FISCAL COMO CONDIÇÃO | 761

que seja um misto. Certamente, contém acertos e erros. Parece ter avançado no que tocante à transação tributária, conquanto ainda seja preciso averiguar a real disposição do Fisco para negociar seus créditos (uma vez que à Fazenda é dado o juízo de oportunidade e conveniência para aceitar a proposta formulada pelo contribuinte). No mesmo sentido, a Reforma deu um primeiro passo para melhorar o parcelamento especial, embora ele ainda possa se afigurar insuficiente para sanar a crise tributária da empresa em recuperação não só pela relativa exiguidade do prazo, mas também em função das travas[27] e exigências[28] previstas.

Por outro lado, não há dúvidas de que o legislador poderia ter sido mais ousado no que diz respeito ao aproveitando de prejuízos fiscais e de créditos tributários do próprio contribuinte como fatores para quitação de dívidas tributárias, uma vez que as limitações legais atualmente existentes para utilização desses expedientes ferem o senso de justiça fiscal e a ideia de capacidade contributiva. Na mesma linha, espera-se que o Legislativo supere o veto presidencial relativamente aos dispositivos que poderiam isentar a recuperanda de IR e de CSLL nas operações de venda de ativos e relativamente aos deságios obtidos com a aprovação do plano de recuperação judicial, porque tributar operações de reestruturação está na contramão do que se espera de um Fisco que contribui para soerguimento das empresas em crise.

O ponto de reflexão mais importante fica por conta da necessária análise sobre se o conjunto de concessões ao contribuinte corresponde, de fato, a um efetivo incremento na possibilidade de equacionar a sua crise tributária, bem como sobre se os poderes do Fisco são razoáveis e proporcionais. Se o espírito da reforma era fazer da Fazenda uma protagonista da recuperação empresarial ("*Fisco in the game*"), é preciso equilíbrio entre direitos e obrigações. A ideia de um Fisco como um agente que contribui com a preservação da empresa, mas cujos direitos também devem ser observados por todos os envolvidos no processo, foi um dos grandes vetores axiológicos da Reforma. Por isso, poderes e prerrogativas precisam ser interpretados na medida das concessões e dos benefícios outorgados, fazendo crer que, os próximos anos, em se tratando de direito concursal, crédito tributário, e exigência de CND

---

[27] Como referido, a modalidade de 120 meses é acessível apenas se o contribuinte não utilizar prejuízo fiscal para liquidar débitos (Lei 10.522/2002, art. 10-A, VI), exclusivamente em relação a débitos administrados pela PGFN e pela Receita Federal.

[28] A referida obrigação de o contribuinte desistir expressamente e de forma irrevogável da impugnação ou da ação judicial que discutam créditos objeto do parcelamento ou da transação tributária.

para a reestruturação de empresas, serão tempos interessantes; tempos durante os quais a jurisprudência terá de se ajustar ao texto da Reforma ou mesmo ajustar a Reforma à realidade da vida.

REFERÊNCIAS BIBLIOGRÁFICAS

BEZERRA FILHO, Manoel Justino. *Lei de Recuperação de Empresas e Falência*. 11. ed. São Paulo: RT, 2016.

BEZERRA FILHO, Manoel Justino. Capítulo IX: Procedimento da recuperação judicial – exame dos dispositivos dos arts. 55 a 69. In: CARVALHOSA, Modesto (coord.). *Tratado de direito empresarial* – recuperação empresarial e falência. São Paulo: RT, 2016. v. V.

COELHO, Fábio Ulhoa. *Comentários à Lei de Falências e de Recuperação de Empresas*. 14. ed. rev., atual. e ampl. São Paulo: RT, 2021.

COSTA, Daniel Carnio; MELO, Alexandre Correa Nasser de. *Comentários à Lei de Recuperação de Empresas e Falência*. Curitiba: Juruá, 2021.

COSTA, Mário Luiz Oliveira da. Recuperação judicial *x* regularidade fiscal. *Revista do Advogado – Direito das Empresas em Crise*, a. XXXVI, n. 131, p. 140-152, out. 2016.

MUNHOZ, Eduardo Secchi. Seção IV: Do procedimento de recuperação judicial. In: SOUZA JUNIOR, Francisco Satiro de; PITOMBO, Antonio Sergio A. de Moraes (coord.). *Comentários à Lei de Recuperação de Empresas e Falências*. 2. ed. rev., atual. e ampl. São Paulo: RT, 2007.

SALOMÃO, Luis Felipe; SANTOS, Paulo Penalva. *Recuperação judicial, extrajudicial e falência*: teoria e prática. Rio de Janeiro: Forense, 2015.

TOLEDO, Paulo Fernando Campos Salles de. A apresentação de CND e o parcelamento de débitos fiscais. In: CEREZETTI, Sheila C. Neder; MAFFIOLETTI, Emanuelle Urbano (coord.). *Dez anos da Lei nº 11.101/2005*: estudos sobre a Lei de Recuperação e Falência. São Paulo: Almedina, 2015.

VIGIL NETO, Luiz Inácio. *Teoria falimentar e regimes recuperatórios*. Porto Alegre: Livraria do Advogado, 2008.

O NOVO SISTEMA DE REABILITAÇÃO DO FALIDO — *FRESH START*

55

O DIREITO AO RECOMEÇO (*FRESH START*). A REABILITAÇÃO DO FALIDO NA LEI Nº 14.112/2020

RODRIGO SARAIVA PORTO GARCIA

MARCOS ALCINO DE AZEVEDO TORRES

Sumário: Introdução – 1. O *fresh start* e a reabilitação do empresário falido – 2. Os aprimoramentos promovidos pela Lei nº 14.112/2020 em prol do *fresh start* – 2.1 A primeira melhoria: a celeridade no novo regime de realização do ativo – 2.2 A segunda melhoria: a positivação da falência frustrada no art. 114-A – 2.3 A terceira melhoria: novas hipóteses de extinção das obrigações do falido – Conclusão – Referências bibliográficas.

INTRODUÇÃO

O tema objeto da reflexão que se segue é de grande relevância na atualidade pois traz para o direito positivo uma situação que procura afastar do devedor falido a pecha de fraudador ignorando que na grande maioria das hipóteses as contingências desse mundo globalizado levam, por vezes, não só o pequeno empresário mas grandes conglomerados a ruína, sem que para isso tenha efetivamente contribuído a inépcia ou ineficiência do empresário gestor de certa atividade.

Ocorre determinado evento turbulento no mercado internacional provocado por atuações no mercado interno de uma grande potência como Estados Unidos da América do Norte ou da China e o mundo globalizado todo sofre. Algumas empresas e empresários conseguem suportar os impactos e outros não.

Olhar o empresário como sendo alguém que se dispõe a correr o risco do mercado para gerar riquezas (particular e comunitária) e impostos, facilita sua reabilitação no mercado.

De um modo geral desde que o Direito Romano eliminou através da *Lex Poetelia Papiria* a regra que o devedor, mesmo possuindo bens, deveria responder com seu próprio corpo, fosse como escravo do credor ou fosse morto e repartido seu corpo num concurso creditório macabro e crudelíssimo como salienta Carvalho de Mendonça (1916, p. 5, nota 1), Alfredo Buzaid (1952, p. 43, n. 3) dentre outros, a alienação de bens do devedor passou a ser o ponto importante na satisfação dos credores impagos.

Naquele tempo, pela Lei de Doze Tábuas e "pelo processo da *legis actio per manus injectioniem*" o credor tinha um direito contra e sobre o devedor (LOBO, 1996, p 4) ou na dicção de Requião: "o poder de vida e morte do credor sobre o devedor insolvente, ou de seu esquartejamento pelos credores concorrentes" (1975, v. I, p. 6, n. 6).

Nos últimos tempos da república romana era admitido a *venditio bonoriun* entre os meios de execução forçada para pagamento de certa soma em dinheiro. O credor ou credores munidos da sentença, procuravam o magistrado que autorizada por decreto a *missio in bona* que permitia aos credores entrarem na posse de todos os bens do devedor, procedendo depois a alienação dos bens (CARVALHO DE MENDONÇA, 1916, p. 7-8).

Por certo que estamos muito longe deste tempo, mas os efeitos da declaração de falência para o devedor sempre foram nefastos como por ex. durante a idade média na França e na Itália eram punidos com a perda dos direitos civis e com uma nota de infâmia, sendo exposto ao desprezo público "pelo uso contínuo de um barrete verde, sendo que, em algumas cidades da França, o compeliam a percorrer, sem camisa, as ruas, como sinal exterior de sua desonra" (LOBO, 1996, p. 4).

Mesmo na Idade Moderna os efeitos da quebra sobre a pessoa do falido são pesarosos em especial porque como no passado, sempre fica a imagem de alguém que não cumpriu com seus deveres e uma vez falido sempre falido e sua reabilitação, nascida de modo híbrido no Decreto-lei 7.661/1945 (REQUIÃO, 1982, p. 158) e decerto mantida na Lei 11.101/2005, vem renovada e pode-se dizer humanizada, no sentido de preservar a dignidade da pessoa humana, garantida na CF de 1988, em especial porque a atividade empresarial "não se esgota, apenas no interesse dos seus agentes – sócios, administradores e funcionários, mas repercute, também em toda a coletividade, pois a atividade empresarial é fundamental para as estrutura das economias e para o desenvolvimento socioeconômico dos Estados" (ERICK SOARES et al., 2020, p. 84).

Nesse passo, registre-se a importante lição, de Robert D. Cooter e Hans-Bernd Schäfer (2017, p. 22) quando sustentam que "[b]oas leis têm o poder de direcionar a energia dos negócios e avançar a economia, enquanto que leis ruins podem frear negócios e, consequentemente, o crescimento". A Lei nº 11.101/2005 não é uma lei ruim: o diploma traz importantes mecanismos para reorganizar a empresa viável, mas as alterações à falência não foram capazes de romper com a morosidade do Decreto-lei nº 7.661/1945 e tornar o procedimento mais eficiente, com menores custos de transação, a maximização do valor dos ativos e um incremento significativo na taxa de recuperação de créditos.

Em estudo realizado no Brasil, verificou-se que os processos de falência duram em média 9,2 anos, do começo ao fim – a falência mais longa do estudo durou 36,3 anos (JUPETIPE et al., 2017, p. 30). Outro estudo apontou a demora no julgamento da apelação interposta contra a sentença de quebra, com uma média de 527 dias para a decisão do Tribunal, podendo chegar a 3.163 dias (FERNANDES, 2016, p. 59). Já se disse que a falência possui "uma tramitação burocrática, não condizente com os princípios da celeridade e eficiência dos processos judiciais, segurança jurídica e da maximização do valor dos ativos do falido" (RODRIGUES FILHO, 2020, p. 139). Os dados empíricos se somam à experiência prática para reafirmar a lentidão das falências no Brasil.

Não só isso, o relatório *Doing Business*, do Banco Mundial (2019, p. 94), apontou que a taxa de recuperação de crédito em processos de insolvência (recuperação judicial e falência) do Brasil é de 14,6 centavos por dólar, abaixo da média dos demais países da América Latina e do Caribe, com uma taxa de 30,9 centavos por dólar, e muito abaixo da média dos países da Organização para Cooperação e Desenvolvimento Econômico ("OCDE"), com uma taxa de recuperação de 70,5 centavos por dólar. Percebe-se que o Brasil está longe de oferecer um regime de insolvência satisfatório, seja da perspectiva dos credores, seja da perspectiva dos devedores. É por essas e outras que a visão do empresário falido no Brasil é bastante negativa (RODRIGUES FILHO, 2020, p. 142).

A Lei nº 14.112/2020 (a "Reforma da Lei") foi editada com o propósito de reverter essa situação. Nesse contexto, o presente artigo se propõe a discutir o direito ao recomeço do empresário falido (*fresh start*) e o novo arcabouço normativo introduzido pela Lei nº 14.112/2020 na Lei nº 11.101/2005, com o objetivo de criar condições para a reabilitação do falido. De acordo com a nova redação do art. 75, a falência visa a "fomentar o empreendedorismo, inclusive por meio da viabilização do retorno célere do empreendedor falido à atividade econômica".

Dito isso, este trabalho se divide em duas partes. A primeira parte trata em linhas gerais do *fresh start* e da reabilitação do empresário falido. A segunda parte aborda os aprimoramentos promovidos pela Lei nº 14.112/2020 a fim de permitir o *fresh start* do empresário individual falido e se subdivide em três melhorias ao processo de falência: (i) a maior celeridade no novo regime de realização do ativo; (ii) a positivação da falência frustrada no art. 114-A; e (iii) a inclusão de novas hipóteses de extinção das obrigações do falido.

1. O *FRESH START* E A REABILITAÇÃO DO EMPRESÁRIO FALIDO

Por muito tempo, a falência tem sido um remédio amargo que não cumpre o seu propósito: em vez de promover a realocação eficiente dos ativos[1] e o pagamento dos credores, a falência dilapida o patrimônio, destrói valor e posterga por anos o sofrimento de todos os envolvidos. A situação se mostra especialmente gravosa para o empresário individual, que exerce a empresa em seu próprio nome. Para ele, a falência transforma a vida e o insere "num universo sociojurídico em que se vê condicionado a deveres e submetido à sanções que, *a priori*, situam-lhe na condição pejorativa daquele que engana, falta com a palavra, quebra a confiança, incorre em culpa e comete uma falha" (MIRANDA; LIMA, 2017, p. 174).

São dois os principais efeitos do decreto de falência para o empresário individual. Primeiro, todo o patrimônio do falido, presente e futuro, é arrecadado pela massa falida e responde pelas suas obrigações. Nesse sentido, Ecio Perin Júnior (2011, p. 267), salienta que "[a] falência recai sobre todos os bens presentes do falido, bem como os futuros, eventualmente adquiridos durante o curso do processo de falência, sejam corpóreos sejam incorpóreos, incluindo-se direitos e ações; tudo com o objetivo de garantir os credores".

No caso do empresário individual, isso significa que os seus bens pessoais, assim como os bens utilizados na atividade empresarial, deverão responder pelo pagamento das dívidas da empresa. Por isso, se diz que o empresário individual "sofre um revés existencial, eis que em razão da ausência de uma dualidade subjetiva amparada por personalidades jurídicas distintas, absorve

---

[1] De acordo com Armando Castelar Pinheiro e Jairo Saddi (2005, p. 221), "a ênfase de uma legislação falimentar deverá recair na perspectiva da eficiência, da realocação de ativos e de um sistema que aumente a eficiência das relações comerciais e das trocas".

Cap. 55 · O DIREITO AO RECOMEÇO (*FRESH START*). A REABILITAÇÃO DO FALIDO | **769**

todas as consequências pessoais e patrimoniais do reconhecimento jurídico do estado de falência" (MIRANDA; LIMA, 2017, p. 169).[2]

Segundo, de acordo com o art. 102 da Lei nº 11.101/2005, o "falido fica inabilitado para exercer qualquer atividade empresarial a partir da decretação da falência e até a sentença que extingue suas obrigações". Em razão dessa norma, o empresário individual, que na maioria das vezes depende da sua atividade para se sustentar, fica impossibilitado de exercer a empresa (SACRAMONE, 2021, p. 486-487). Na prática, o que ocorre é o exercício informal da atividade empresária pelo falido, sem registro ou por meio de outras pessoas, as vezes parentes próximos, cônjuges e até mesmo amigos.

Ao oferecer mecanismos legais para promover a reabilitação do falido em curto espaço de tempo (quando comparado à morosidade bem conhecida dos processos de falência), a Lei nº 14.112/2020 pode ter um importante papel na mudança de paradigma da falência: deixando para trás a pecha de calote aos credores do empresário falido e passando a remédio (não tão) amargo, necessário ao renascimento do empresário e que serve de incentivo ao reempreendedorismo. Com a previsão do *fresh start*, o "sistema de insolvência brasileira pretende não apenas possibilitar que o empresário encerre uma atividade inviável de maneira ordenada, mas também para que possa retornar ao mercado produtivo de forma regular e sem delongas" (COSTA; MELO, 2021, p. 208).

Como ressaltado por Adriana Maria Cruz Dias de Oliveira (2015, p. 38), "[o] benefício mais facilmente percebido com a reabilitação do falido é o fato de que o empresário falido voltará a empreender, com a capacidade de geração de empregos e benefícios sociais, além de permitir sua própria ocupação e geração de renda pessoal". A Lei nº 14.112/2020, assim, oferece "uma possibilidade de retorno à atividade econômica, presumindo-se seu melhor preparo diante do aprendizado anterior" (RODRIGUES FILHO, 2020, p. 141). A partir do arcabouço normativo introduzido pela Reforma da Lei, busca-se conferir ao empresário individual, endividado e sem perspectivas de soerguimento da sua empresa, a possibilidade de um novo e rápido recomeço (um *fresh start*) por meio por ex. do pedido de autofalência.

---

[2] Adriana Maria Cruz Dias de Oliveira (2015, p. 40) reitera que, "no caso da insolvência, o medo do fracasso é potencializado pelas consequências pessoais para o empreendedor em caso de falência que vão além do simples insucesso do negócio – a perda da fonte de renda, o estigma de falido, o impedimento para empreender em novos negócios, etc.".

Aliás, ao expor os objetivos do Substitutivo do Projeto de Lei nº 6.229/2005, o Parecer de relatoria do Deputado Federal Hugo Leal (2020, p. 12) deixa claro que se propõe a incentivar o *fresh start*, com "a célere liquidação dos ativos da empresa que for verdadeiramente ineficiente, permitindo em decorrência a aplicação mais produtiva dos recursos", a "reabilitação de empresas que realmente forem viáveis" e "a adoção de mecanismos para a remoção de barreiras legais para que empresários falidos (...) possam retornar ao mercado tão logo após o trânsito em julgado da sentença que decretar o encerramento da falência".[3]

O rápido recomeço não está previsto em uma única regra na legislação falimentar, mas em um conjunto de regras introduzidas pela Lei nº 14.112/2020 para aprimorar a falência.

2. OS APRIMORAMENTOS PROMOVIDOS PELA LEI Nº 14.112/2020 EM PROL DO *FRESH START*

É de extrema importância a redução do tempo de duração do processo de falência e do período durante o qual as obrigações do falido são exigíveis, pois "quanto mais rápido o falido puder resolver a situação de insolvência, mais rápida seria sua reabilitação e a retomada da sua capacidade de geração de riqueza" (OLIVEIRA, 2015, p. 38-39). Por isso, a Lei nº 14.112/2020 trouxe regras para encurtar e tornar mais célere o processo de falência, como (i) a maior rapidez do novo regime de realização do ativo, (ii) a positivação da falência frustrada, e (iii) as novas hipóteses de extinção das obrigações do falido.

2.1 A primeira melhoria: a celeridade no novo regime de realização do ativo

A Lei nº 14.112/2020 em comparação ao sistema anterior trouxe melhorias consideráveis para à realização do ativo na falência, de modo a torná-lo mais ágil e evitar atrasos desnecessários. Nesse particular João Rodrigues Filho

---

[3] Na lição de Adriana Maria Cruz Dias de Oliveira (2015, p. 41), "o *fresh start* garante a existência de um sistema concursal saudável: ele evita (i) dar incentivos ao empresário insolvente para perpetuar a crise da empresa e procedimentos recuperacionais que se arrastam sem a efetiva chance de reerguimento da empresa em crise, (ii) a continuidade 'informal' da atividade produtiva e, principalmente, (iii) que haja maiores incentivos à aprovação de planos judiciais de reestruturação de dívida fadados ao insucesso".

afirma que a alienação de ativos "é ponto vital para a efetividade do processo falimentar" e que é importante que ela ocorra "tão logo concluída a arrecadação dos bens para preservação de seu valor e consequentemente permitir maior obtenção de recursos para pagamentos dos credores" (RODRIGUES FILHO, 2020, p. 145).

Por certo que o momento da alienação de bens varia conforme as circunstancias econômicas de cada momento e no próprio interesse que determinado desperta no mercado. O ideal é que se obtenha sempre o maior valor, pois desse modo os interesses dos credores e do falido estão melhor protegidos. Contudo deve se evitar, como ocorre na redação original da Lei 11.101/2005, "discussões estéreis sobre o valor de avaliação do bem provocadas, em muitos casos, por falidos ou sócios da falida que assumem uma postura nada cooperativa" (RODRIGUES FILHO, 2020, p. 145) em especial porque a venda realizada de modo coercitivo em processo judicial não é a mesma venda livre da urgência e momentos de mercado favoráveis, sendo importante ressaltar que "não corresponde à realidade a expectativa de venda de bens em processo de falência como se fosse uma venda regular de mercado. (...) As circunstâncias são diversas e para uma melhor maximização dos ativos, é sempre melhor (...) que a venda seja realizada o quanto antes" (RODRIGUES FILHO, 2020, p. 147), situação que a nova lei procurou resolver fixando um período de tempo razoável para que essa alienação ocorra após a arrecadação de bens do falido.

Por isso, a Lei nº 14.112/2020 incluiu regras e alterou tantas outras para que o processo de venda dos ativos na falência seja mais célere e permita "que os ativos produtivos da empresa sejam reutilizados com mínima depreciação e perda de valor, favorecendo a produtividade e o crescimento econômico" (LEAL, 2019, p. 18).

O primeiro conjunto de alterações diz respeito aos deveres do administrador judicial. O art. 99, § 3º, agora exige que o administrador judicial apresente um plano detalhado de realização do ativo dentro do prazo de 60 dias da juntada do seu termo de nomeação; a lei não impõe um prazo para a arrecadação dos ativos da massa falida, mas é de se esperar que isso ocorra antes da apresentação do referido plano. Além disso, o mesmo art. 93, § 3º, o art. 22, III, *j*, e o art. 142, § 2º-A, IV, preveem que os bens devem ser vendidos no prazo máximo de 180 dias contados da juntada de cada auto de arrecadação, sob pena de destituição (COELHO, 2021, p. 365), hipótese que certamente no caso concreto deverá levar em consideração o empenho do administrador no cumprimento de sua obrigação. Ou seja, não havendo desídia de sua parte, parece ser menos gravoso para os interesses dos credores e do falido mantê-lo no cargo do que substituí-lo.

Ao estipular prazos exíguos para o administrador judicial logo no início do processo de falência, a lei mostra a que veio e imprime uma marcha mais acelerada para a venda dos bens da massa falida. Isto é, desde que os prazos sejam efetivamente respeitados na prática, o que demanda fiscalização adequada no cumprimento da norma.

O segundo conjunto de alterações na Lei nº 11.101/2005 visa a acelerar a venda propriamente dita. Ao contrário do que se via na prática antes da Reforma da Lei, não se deve mais aguardar uma conjuntura de mercado favorável para a venda judicial do bem, sob pena de se incorrer em elevados custos de conservação e em maior depreciação; nos termos do art. 142, § 2º-A, I, a venda deve ser feita independentemente das condições do mercado.

Além do aspecto acima indicado, a venda não depende da consolidação do quadro geral de credores, o que poderia postergar por muitos anos a venda de ativos na falência, conforme art. 142, § 2º-A, II; as discussões em torno da inclusão e da classificação dos créditos devem prosseguir em paralelo com a realização do ativo. E mais, não se aplica a noção de preço vil prevista no Código de Processo Civil, de modo que a alienação pode se aperfeiçoar por valor inferior a 50% da avaliação, de acordo com o art. 142, § 2º-A, V (SACRAMONE, 2021, p. 577).[4]

O § 1º do art. 142 foi revogado pela Reforma da Lei, motivo pelo qual não se exige que a publicação do edital da venda seja realizado com antecedência mínima de 15 dias para bens móveis e 30 dias para bens imóveis. Assim, deverá ser observado o prazo de 5 dias de antecedência do § 1º do art. 887 do CPC, aplicável em razão do § 3º do art. 142 (COSTA; MELO, 2021, p. 288-289; SACRAMONE, 2021, p. 577).

Talvez o § 3º-A do art. 142 seja a novidade de maior importância do segundo conjunto de alterações, na medida em que a regra estabelece prazos bem delimitados para a venda de ativos por meio de leilão. A Lei nº 14.112/2020 alterou o *caput* do art. 142 para privilegiar o leilão eletrônico, presencial, ou híbrido, como a modalidade padrão para a alienação de ativos na falência, e o § 3º-A do art. 142 prevê que em primeira chamada o bem deverá ser alienado, no mínimo, pelo valor de avaliação; em segunda

---

[4] No comentário de João de Oliveira Rodrigues Filho (2020, p. 147-148), "também contribui para otimização do procedimento a vedação de aplicação do conceito de preço vil e da aplicação subsidiária do Código de Processo Civil a fim de que a venda não seja obstada por uma discussão generalizada sobre a precificação de bens a qual é muitas vezes utilizada como expediente de procrastinação, na contramão dos objetivos da Lei".

chamada, 15 dias depois, o bem poderá ser vendido por lance equivalente a 50% do valor de avaliação; e em terceira chamada, 15 dias depois da segunda chamada, a venda poderá ser concretizada por qualquer valor, mesmo que inferior a 50% da avaliação.

Se os prazos e os valores mínimos forem efetivamente respeitados pelo Poder Judiciário, é possível obter um lance vencedor em até 35 dias contados da publicação do edital. Como bem apontado por Fábio Ulhoa Coelho (2021, p. 465), na "alienação judicial na falência, a celeridade prevalece sobre a avaliação dos bens. É preferível a célere realização do ativo à tentativa de alcançar, na venda, o valor atribuído aos bens arrecadados".

Havendo um lance para arrematar o ativo, inicia-se o prazo de 48 horas para a apresentação de impugnações à venda, de acordo com o art. 143. A Lei nº 14.112/2020 que trouxe novidades relevantes a esse respeito: (i) qualquer questionamento em torno do preço do lance vencedor deverá vir acompanhado de uma oferta firme superior ao lance e com caução de 10% da proposta (se houver mais de uma impugnação, apenas a que contiver oferta mais elevada será apreciada); e (ii) a suscitação infundada de vício atrai a aplicação de multa de até 20% do valor atualizado do bem (BARROS NETO, 2021, p. 185), por ato atentatório à dignidade da justiça. Dessa forma, busca-se desincentivar a apresentação de impugnações desarrazoadas (COSTA; MELO, 2021, p. 290), além de reduzir a quantidade de impugnações, a fim de reduzir o tempo para a conclusão da alienação.

Contudo, não se deve atuar de modo irresponsável e leviano na alienação de bens privilegiando eventuais interessados, que tiram plantões nos átrios dos fóruns visando aquisição de bens em público leilão de maneira abusiva e por valores irrisórios. Não deve, qualquer dos interessados: administrador judicial, credores, devedores, advogados, leiloeiros ignorarem o dever de boa-fé imposto pelo art. 5º do novo Código de Processo Civil.

Deve ser ponderado, diante de eventual circunstancia desfavorável de mercado, como na hipótese vigente desde de março do ano de 2020 em razão da Pandemia da Covid-19 que atingiu o mundo como um todo, se não é mais interessante para os interesses dos credores o arrendamento de prédios ou atividades, produzindo um renda periódica até que as condições de alienação estejam mais favoráveis. A prudência nessa hipótese não afetará os objetivos da reforma legislativa que ora se analisa. Não se deve agir açodadamente e alienar bens por preço irrisório. Deve ser estar atento à celeridade na alienação, mas com segurança e bom senso. Não se pode jogar pelo ralo do abuso do direito de aquisição em leilões, como tem ocorrido, bens que o falido (empresa ou empresário) conquistou por vezes à custa de muito sacrifício e empenho, para tentar aplacar os efeitos da quebra.

E a terceira alteração consiste na previsão de venda frustrada. O art. 144-A foi incluído para permitir a doação dos bens, caso não existam interessados em adquiri-los e caso os credores não desejem recebê-los como dação em pagamento. Se não houver interessados em receber os a doação, os bens poderão ser devolvidos ao falido. Segundo Fábio Ulhoa Coelho (2021, p. 472): "Não convém que se adite o plano de realização do ativo, para se realizarem outras tentativas, porque isso é incompatível com o princípio da LF, de prevalecimento da celeridade sobre a avaliação". A ideia é que, existindo bens sem valor de mercado, a massa falida possa se desfazer deles e reduzir as despesas com sua conservação e armazenamento (COSTA; MELO, 2021, p. 291).

Nesse ponto, creio que não fira o espírito das modificações introduzidas na lei, oferecer os bens ao falido antes de oferece-los a terceiros pois a seguir a literalidade da lei, tal dispositivo soa como imposição de uma sanção ao falido de perda de seus bens. Faça ele o que entender mais conveniente, inclusive doando tais bens mas não parece fazer sentido que o administrador judicial tenha que se preocupar em achar pessoas interessadas nos bens.

Tal raciocínio evita também eventual direcionamento na escolha da figura do donatário dos bens por parte do administrador, uma vez que a lei não indica, como poderia tê-lo feito, entidades sem fins lucrativos que poderiam aceitar os bens que não foram alienados.

Todas essas alterações podem acelerar a realização do ativo na falência, a fim de diminuir a depreciação dos bens e os custos diretos do processo de falência, os quais correspondiam a uma perda de 58,48% em média, conforme estudo realizado à luz da Lei nº 11.101/2005 (JUPETIPE et al., 2017, p. 30).

2.2 A segunda melhoria: a positivação da falência frustrada no art. 114-A

O art. 75 do Decreto-lei nº 7.661/1945, a antiga Lei de Falências, previa a figura da falência frustrada (ou falência sumária) nas hipóteses de ausência ou de insuficiência de bens do falido para o pagamento das despesas do processo. À luz da antiga Lei de Falências, Waldemar Ferreira (1966, p. 73) entendia sem propósito a falência de devedor que não tenha patrimônio: "Ora, incompreende-se concurso creditório sem patrimônio do devedor pelo qual possam pagar-se os credores, em rateio dos bens, que o formem, ou reduzido êle a dinheiro de contado, com o dividendo deste". Em tais circunstâncias, afirma o autor, não há "interesse econômico, que justifique o procedimento falimentar. Falência sem falido, admite-se. Falência sem bens do devedor, que lhe alimentem, com o respectivo processo, a expectativa de dividendo, é salto no vácuo" (FERREIRA, 1966, p. 73).

Cap. 55 • O DIREITO AO RECOMEÇO (*FRESH START*). A REABILITAÇÃO DO FALIDO | 775

Por certo que essa circunstância de declaração de quebra de devedor que não possuía bens, decorria de um certo abuso dos credores (LOBO, 1996, p. 244) que ao invés de ajuizarem ação executiva ou de cobrança, preferiam afrontar o devedor com uma situação tal que se não possuísse condições de realizar o depósito do valor quebrado seria declarado falido com todas as consequências disso resultante. Tal requerimento passou a ser possível nos termos do art. 1º do Decreto-lei 7.661, que elegera como pressuposto objetivo da quebra a impontualidade do devedor.

Verificada a insuficiência de patrimônio para arcar com as despesas do processo falimentar, a antiga Lei de Falências criava um rito sumário, com o objetivo de evitar a prática de atos desnecessários e os custos deles decorrentes. Em sua redação originária, a Lei nº 11.101/2005 não disciplinou a falência frustrada. Apesar disso, antes mesmo da Lei nº 14.112/2020, já se aplicava o raciocínio do art. 75 do Decreto-lei nº 7.661/1945 para permitir o encerramento da falência tão logo se constate a escassez de bens do falido para fazer frente às despesas básicas do processo (a exemplo da remuneração do administrador judicial).[5]

Com a edição da Lei nº 14.112/2020, foi reinserido o instituto da falência frustrada no art. 114-A na Lei nº 11.101/2005 para positivá-lo novamente, evitando necessidade de construções doutrinárias e jurisprudenciais como ocorrera em razão do silêncio da lei de falências de 2005.

Assim, após as diligências iniciais do administrador judicial para arrecadar o patrimônio da massa falida, se "não forem encontrados bens para serem arrecadados, ou se os arrecadados forem insuficientes para as despesas do processo, o administrador judicial informará imediatamente esse fato ao juiz", o qual ouvirá o Ministério Público e fixará o prazo de 10 dias para os credores se manifestarem.

Se os credores, individualmente ou em conjunto, entenderem que a falência deve prosseguir, poderão pagar "a quantia necessária às despesas e aos honorários do administrador judicial", conforme disposição do § 1º do art. 114-A. Caso os credores não se manifestem e o Ministério Público não se oponha, o administrador judicial deverá (i) alienar os bens arrecadados em prazo máximo de 30 dias para os bens móveis e de 60 dias para os bens

---

[5] Ainda na doutrina, vale conferir as lições de Fábio Ulhoa Coelho (2011, p. 353) e de Waldo Fazzio Júnior (2010, p. 350), admitindo a falência frustrada. Entendimento semelhante pode ser visto na jurisprudência do TJSP (Tribunal de Justiça do Estado de São Paulo, AC 9158904-87.2008.8.26.0000, Des. Elliot Akel, Câmara Especial de Falências e Recuperações Judiciais, 04.03.2009).

imóveis; e (ii) apresentar o seu relatório ao juízo falimentar (art. 114-A, §
2º). Na sequência, o juiz deverá encerrar a falência por sentença (COELHO,
2021, p. 389).

E como se verá no tópico seguinte, o encerramento da falência é uma
das novas hipóteses de extinção das obrigações do falido.

A positivação da falência frustrada traz segurança jurídica e garante que
o Poder Judiciário (seja um juízo especializado na capital do Rio de Janeiro,
seja uma vara única no interior do Brasil) observará o procedimento posto
na lei, sem espaço para maiores discussões, como ocorre quando há vácuo
legislativo.[6] A autofalência pode se tornar um caminho viável para resolver
a crise do empresário individual (crise essa que é tanto da empresa como da
pessoa física) e permitir o reempreendedorismo, com um rápido recomeço na
hipótese de inexistirem bens ou de insuficiência dos bens para o pagamento
das despesas básicas da falência.

2.3   A terceira melhoria: novas hipóteses de extinção das obrigações do falido

Pouco adianta acelerar a venda de ativos e encurtar o processo de falência se as obrigações do falido persistirem mesmo depois do encerramento
do processo, pois "[s]omente depois de extintas as obrigações do devedor
é que poderá, se empresário individual, retomar a atividade empresária, se
desejar" (PUGLIESI, 2013, p. 241). Em estudo sobre o *fresh start* realizado
pela European Commission (2011, p. 11), afirmou-se que "[a] modern system for discharge is paramount to reduce the stigma of bankruptcy. In this
system discharge should be as automatic and as reasonably limited in time
as possible. In principle one to three years could be a good target to aim for".

Na redação originária, o art. 158 previa a extinção das obrigações do
falido na seguintes situações: (i) pagamento de todo o passivo; (ii) pagamento
de mais de 50% dos créditos quirografários, depois de realizado todo o ativo;
(iii) o decurso do prazo de 5 anos, caso o falido não tenha sido condenado
pela prática de crime falimentar; e (iv) o decurso do prazo de 10 anos, caso

---

6   Em comentário ao art. 114-A, Daniel Carnio Costa e Alexandre Correa Nasser
    de Melo (2021, p. 260) afirmam que, "[c]omo os casos de falência frustrada são
    uma realidade constante nos juízos brasileiros, era necessária essa previsão para
    que o Poder Judiciário não mais utilize suas cansadas engrenagens para movi-
    mentar um caso falimentar que não chegará a sua principal finalidade – pagar
    os credores –, pelo simples fato de não haver qualquer ativo para ser dividido".

o falido tenha sido condenado por crime falimentar (SALOMÃO; SANTOS, 2012, p. 257). Percebe-se, nesse passo, como a legislação brasileira ia na contramão da recomendação internacional.

Com a edição da Lei nº 14.112/2020, foram revogadas as hipóteses de extinção das obrigações do falido pelo decurso de 5 e 10 anos contados do encerramento da falência, mantida a extinção por pagamento de todo o passivo (obviamente) e a lei passou a prever o *discharge*[7] do falido (i) quando pagos mais de 25% dos créditos quirografários, reduzindo o percentual mínimo dos 50% anteriormente previstos; (ii) com o decurso do prazo de 3 anos da data de decretação da falência (e não mais do encerramento da falência), pouco importando a prática de crimes falimentares; e (iii) com a sentença de encerramento da falência, inclusive na hipótese de falência frustrada do art. 114-A.[8]

Vale ressaltar que o processo não será encerrado se existirem impugnações e habilitações retardatárias pendentes de julgamento. Isso, porque o pagamento dos credores é pressuposto do encerramento da falência. Em razão disso, mesmo com a aceleração da realização do ativo, cabe a indagação: será possível encerrar a falência antes do prazo de 3 anos contados da decretação da falência? Ao que parece, o rápido encerramento ocorrerá apenas nas falências frustradas, nas falências com poucos credores, ou nas falências sem relevantes discussões sobre a inclusão e a classificação dos créditos.

Assim, é provável que o marco temporal dos 3 anos acarrete a extinção das obrigações do falido, mas o processamento da falência continue. Nesse caso, a ressalva do inciso V do art. 158 da lei é importante: os bens arrecadados e o produto da sua venda serão utilizados para satisfazer os credores habilitados ou com pedido de reserva; se não houver sequer pedido de reserva após 3 anos contados da publicação da sentença de quebra, decai o direito dos credores de se habilitarem e a dívida se extingue, nos termos do recém incluído §10 inserido no rol dos parágrafos do art. 10 da lei de falências.

---

[7] A mudança promovida pela Lei nº 14.112/2020 se inspirou "no Bankruptcy Code dos Estados Unidos da América, principalmente na figura do discharge, previsto no Chapter 7, que regula a extinção das obrigações do falido para que possa, sem entraves, voltar a empreender" (COSTA; MELO, 2021, p. 301).

[8] Para manter a lógica do sistema, a Lei nº 14.112/2020 revogou o art. 157, que previa a retomada do prazo prescricional das obrigações do falido após o encerramento da falência. Como as obrigações são extintas com a sentença de encerramento ou com o decurso de 3 anos do decreto de quebra, não há mais crédito para ser cobrado, nem prazo prescricional para ser contado após o encerramento do processo de falência.

Em outras palavras, o empresário individual pode ser muito beneficiado pela celeridade do processo de falência e pela extinção das suas obrigações em um curto período de tempo. Em caso de falência frustrada, é possível que o encerramento da falência seja decretado e as obrigações extintas em poucos meses (se não existirem discussões relevantes quanto aos créditos), o que permitiria ao empresário individual falido se reabilitar e voltar a empreender, sem o estigma de falido e sem dívidas.

Na pior das hipóteses, caso o processo se arraste por mais tempo, em 3 anos do decreto de quebra as obrigações estariam extintas e o empresário individual falido teria o seu *fresh start*. De acordo com o Parecer do Deputado Federal Hugo Leal (2020, p. 18-19), as regras introduzidas pela Lei nº 14.112/2020 na Lei nº 11.101/2005 visam a "permitir um rápido recomeço ao empresário ('fresh start'), permitindo que ele possa utilizar o próprio registro do Cadastro de Pessoas Físicas (CPF) para iniciar um novo negócio".

Apesar de todos os avanços da Lei nº 14.112/2020, o legislador se esqueceu de promover uma importante alteração (ao menos no que tange ao *fresh start*) no Código Tributário Nacional ("CTN"): o art. 191 estabelece que a "extinção das obrigações do falido requer prova de quitação de todos os tributos". Ou seja, sem a prova do pagamento dos tributos, o juiz não poderá extinguir as obrigações do falido (SACRAMONE, 2021, p. 600).

Ora, se em certas situações sequer há bens suficientes para arcar com as despesas do processo de falência, o falido muito provavelmente não terá condições de realizar o pagamento dos tributos devidos. Espera-se que o legislador corrija a situação e providencie a edição de lei complementar para alterar o CTN, caso contrário, caberá ao Poder Judiciário interpretar o ordenamento jurídico de modo a favorecer o rápido recomeço do empresário individual, ainda que não haja prova do pagamento dos tributos devidos.

CONCLUSÃO

Não há dúvidas de que a Lei nº 14.112/2020 trouxe importantes melhorias na legislação falimentar, mas de se registar qual relevantes e consideráveis os avanços promovidos para a reabilitação do empresário individual. A lei hoje oferece meios para que o empresário individual possa encerrar a sua atividade empresária inviável, entregar os bens que possui para a satisfação dos seus credores e ver extintas as suas obrigações, tudo isso em um período razoável de tempo.

A aceleração do procedimento de realização do ativo, com prazos bem delimitados para a venda dos bens, a positivação da falência frustrada, e a inclusão de novas hipóteses de extinção das obrigações do falido possibilitam o rápido recomeço do empresário individual e fomentam o reempreendedorismo. Com isso, a lei brasileira se aproximou da recomendação internacional.

O grande desafio agora é a mudança na cultura do empresariado e da sociedade, de modo a conscientizar todos de que a falência não é um atestado do fracasso e da incompetência do falido, mas apenas uma consequência natural do risco tomado pelo empresário na sua atividade. O Poder Judiciário tem um papel importante nesse movimento: aplicar a lei e resolver as situações que se apresentarem no dia a dia, sempre de olho no objetivo da legislação falimentar de fomentar o empreendedorismo e viabilizar o retorno célere do empresário individual falido à atividade econômica reconhecendo um direito ao recomeço (*fresh start*), uma vez que não se ignora a relevância da atividade econômica para o crescimento de uma país e para cumprimento da função social da empresa.

REFERÊNCIAS BIBLIOGRÁFICAS

BANCO MUNDIAL. *Doing business* 2019: treinar para implementar reformas. 2019. Disponível em: https://bit.ly/2Z4DxIK. Acesso em: 25 mar. 2021.

BARROS NETO, Geraldo Fonseca de. *Reforma da Lei de Recuperação Judicial e Falência:* comentada e comparada. Rio de Janeiro: Forense, 2021.

BUZAID, Alfredo. *Do concurso de credores no processo de execução.* São Paulo: Saraiva, 1952.

COELHO, Fábio Ulhoa. *Comentários à Lei de Falências e de Recuperação de Empresas.* 8. ed. São Paulo: Saraiva, 2011.

COELHO, Fábio Ulhoa. *Comentários à Lei de Falências e de Recuperação de Empresas.* 14. ed. São Paulo: RT, 2021.

COOTER, Robert D.; SCHÄFER, Hans-Bernd. *O nó de Salomão:* como o Direito pode erradicar a pobreza das nações. São Paulo: Editora CRV, 2017.

COSTA, Daniel Carnio; MELO, Alexandre Nasser de. *Comentários à Lei de Recuperação de Empresas e Falência.* Curitiba: Juruá, 2021.

EUROPEAN COMMISSION. A second chance for entrepreneurs: prevention of bankruptcy, simplification of bankruptcy procedures and support for a fresh start. *Final Report of the Expert Group*, Brussels, 2011. Disponível em: https://bit.ly/3lRwxb9. Acesso em: 25 mar. 2021.

FAZZIO JÚNIOR, Waldo. *Lei de Falência e Recuperação de Empresas.* 5. ed. São Paulo: Atlas, 2010.

FERNANDES, Carolina Moreira. *Análise do impacto do tempo despendido com recursos judiciais em processos de falência e de recuperação judicial*. 2016. 94f. Dissertação de Mestrado em Contabilidade e Controladoria – Faculdade de Ciências Econômicas, Universidade Federal de Minas Gerais, Belo Horizonte, 2016.

FERREIRA, Waldemar. *Tratado de direito comercial*. São Paulo: Saraiva, 1966. v. 15.

JUPETIPE, Fernanda Karoliny Nascimento; MARTINS, Eliseu; MÁRIO, Poueri do Carmo; CARVALHO, Luiz Nelson Guedes de. Custos de falência no Brasil comparativamente aos estudos norte-americanos. *Revista Direito GV*, São Paulo, v. 13, n. 1, p. 20-48, jan.-abr. 2017.

LEAL, Hugo. *Parecer proferido em Plenário*, 27 nov. 2019. Disponível em: https://bit.ly/3kOF38z. Acesso em: 25 mar. 2021.

LOBO, Jorge. *Direito concursal*. Rio de Janeiro: Forense, 1996.

MENDONÇA, José Xavier Carvalho de. *Tratado de direito commercial brazileiro*, v. VII, Livro V, parte I, RJ, Typ. Besnard Frères, 1916.

MIRANDA, José Eduardo de; LIMA, Andréa Corrêa. A afetação do estado de falência na condição humana do empresária individual falido: uma análise da circunstância de não dignidade desde uma perspectiva dos direitos fundamentais da personalidade. In: MIRANDA, José Eduardo de (coord.). *Falência e recuperação de empresas*: compreensão multinacional do sistema jurídico-falimentar. Curitiba: Juruá, 2017.

OLIVEIRA, Adriana Maria Cruz Dias de. Insolvência e *fresh start*. In: ELIAS, Luiz Vasco (coord.). *10 anos da Lei de Recuperação de Empresas e Falências*: reflexões sobre a reestruturação empresarial no Brasil. São Paulo: Quartier Latin, 2015.

PERIN JÚNIOR, Ecio. *Curso de direito falimentar e recuperação de empresas*. 4. ed. São Paulo: Saraiva, 2011.

PINHEIRO, Armando Castelar; SADDI, Jairo. *Direito, economia e mercados*. Rio de Janeiro: Elsevier, 2005.

PUGLIESI, Adriana Valéria. *Direito falimentar e preservação da empresa*. São Paulo: Quartier Latin, 2013.

REQUIÃO, Rubens. *Curso de direito falimentar*. São Paulo: Saraiva, 1975. vol. I.

REQUIÃO, Rubens. *Curso de direito falimentar*. São Paulo: Saraiva, 1982. vol. II.

RODRIGUES FILHO, João de Oliveira. Impactos do PL 6.229/2005 no processo falimentar: uma breve análise dos institutos do *fresh start* e da alienação de ativos na falência. In: SALOMÃO, Luis Felipe; GALDINO,

Flavio (coord.). *Análise de impacto legislativo na recuperação e na falência.* Rio de Janeiro: JC, 2020.

SACRAMONE, Marcelo Barbosa. *Comentários à Lei de Recuperação de Empresas e Falência.* 2. ed. São Paulo: Saraiva Educação, 2021.

SALOMÃO, Luis Felipe; SANTOS, Paulo Penalva. *Recuperação judicial, extrajudicial e falência:* teoria e prática. Rio de Janeiro: Forense, 2012.

TELES, Erick Soares Hammoud; MAURO, Maria da Penha N. et al. Reflexos sociais da recuperação judicial e da falência. In: SANTOS, Eronides Aparecido R. (org.). *II Congresso Internacional de Insolvência Empresarial:* temas do direito da insolvência na visão de seus operadores. Curitiba: Juruá, 2020.

TJSP. AC 9158904-87.2008.8.26.0000, Des. Elliot Akel, Câmara Especial de Falências e Recuperações Judiciais, 04.03.2009.

56

O NOVO SISTEMA DE REABILITAÇÃO EMPRESARIAL DO FALIDO – *FRESH START*

PAULO PENALVA SANTOS

Sumário: 1. Introdução – 2. As fases do processo falimentar – 3. A extinção das obrigações do devedor – 4. Os novos critérios para extinção das obrigações do falido – 5. A extinção das obrigações do falido e o crédito tributário – 6. Conclusão – Referências bibliográficas.

1. INTRODUÇÃO

O presente artigo trata da extinção das obrigações do falido, com as alterações da Lei n. 14.112/2020, que permite o devedor recomeçar sua atividade econômica, livre das restrições que a falência lhe havia imposto.

Desde a vigência do DL n. 7.661/1945, o legislador não utilizava mais o vocábulo *reabilitação*, substituindo-o pela expressão "extinção das obrigações do falido". Trajano de Miranda Valverde já alertava que a reabilitação, prevista no artigo 144 do Decreto n. 5.746/1929, era um sistema ineficiente, pois não exigia a extinção das obrigações do falido, sem a qual o devedor não estava protegido dos seus credores. Além disso, conforme destacado na Exposição de Motivos do DL n. 7.661/1945, a reabilitação é um instituto penal, sendo a extinção das obrigações um instituto civil.[1]

---

[1] Exposição de Motivos do Decreto-lei n. 7.661/1945 destaca o seguinte: "A reabilitação é, por sua natureza, instituto pertencente à órbita do direito penal. Como, entretanto, a falência suscita o exame de matérias que constituem objeto das leis civis e penais, a Lei de Falências acolheu o instituto, dando-lhe feição híbrida. A reabilitação tem funcionado como forma declaratória da extinção das responsabilidades civis e criminais do falido.

RECUPERAÇÃO DE EMPRESAS E FALÊNCIA: DIÁLOGOS ENTRE A DOUTRINA E A JURISPRUDÊNCIA

Mas a reabilitação empresarial muitas vezes ainda é empregada com a finalidade de fazer cessar os efeitos da falência, como sinônimo de extinção das obrigações do falido, outorgando-lhe a possibilidade de voltar a empreender.

2. AS FASES DO PROCESSO FALIMENTAR

A decretação da falência de uma sociedade empresária dá início a um processo de dissolução, passando pela liquidação até chegar ao seu encerramento.[2] Mas a finalização da falência não significa que o devedor esteja reintegrado no exercício de seus direitos que a falência restringiu, o que só ocorre com a sentença que declara extintas as suas obrigações.

O projeto, estabelecendo o inquérito judicial, traçou nítida linha divisória entre as questões civis e as penais e, pois, coerente, separou os problemas pertinentes à extinção das responsabilidades do devedor. Com isso foi possível restabelecer o conceito próprio do instituto da reabilitação, que nele figura como meio de fazer cessar a interdição do exercício do comércio ao devedor condenado por crime falimentar. A exoneração das responsabilidades civis dá motivo a uma sentença declaratória da extinção das obrigações. A reabilitação, instituto penal, é concedida pelo juiz da condenação. A extinção das obrigações, instituto civil, é declarada pelo juiz da falência" (VALVERDE, Trajano de Miranda. *Comentários à Lei de Falências – Decreto-Lei nº 7.661, de 21 de junho de 1945*. 4. ed. atual. por J. A. Penalva Santos e Paulo Penalva Santos. Rio de Janeiro: Forense, 1999. vol. III, p. 266).

[2] Nesse sentido também é o entendimento do Superior Tribunal de Justiça, conforme acórdão relatado pela Ministra Nancy Andrighi: "Falência. Sentença de encerramento. Pretensão de extinção da personalidade jurídica da sociedade falida em razão da comunicação do ato à junta comercial. Descabimento. – O mero encerramento da falência, com a comunicação do ato ao registro comercial, não conduz à dissolução da sociedade, à extinção das obrigações do falido ou à revogação do decreto de quebra. – A personalidade jurídica da falida não desaparece com o encerramento do procedimento falimentar, pois a sociedade pode prosseguir no comércio a requerimento do falido e deferimento do juízo, ou mesmo, conforme determinava a anterior lei falimentar, requerer o processamento de concordata suspensiva. – A sociedade falida perdura até que se promova o processo extintivo de suas obrigações, nos termos dos artigos 134 e 135 da anterior Lei Falimentar. A expedição de ofício comunicando o encerramento do procedimento falimentar à Junta Comercial não impede a cobrança dos créditos remanescentes ou que o falido ou o sócio da sociedade falida requeira a declaração judicial da extinção de suas obrigações. Recurso especial a que se nega provimento" (STJ, REsp 883.802/DF 2006/0192055-5, 3ª Turma, Rel. Min. Nancy Andrighi, j. 27.04.2010, *DJe* 12.05.2010).

3. A EXTINÇÃO DAS OBRIGAÇÕES DO DEVEDOR

Desde o exame do projeto do Código Comercial de 1850, os juristas já se preocupavam em prever um sistema célere que facilitasse a reabilitação empresarial do devedor de boa-fé, o que não chegou a ser adotado pelo legislador pátrio. Essa foi uma grande falha no sistema falimentar, pois a decretação da quebra sempre foi de fácil regulamentação, mas não havia mecanismo eficiente que permitisse ao devedor de boa-fé voltar a exercer seus direitos suspensos pela falência.[3]

Carvalho de Mendonça já destacava, no início do século passado, que essa era a tendência de várias legislações estrangeiras, como a anglo-americana, que regulava o sistema da *order of discharge*, ao afirmar que esse instituto "permite que o devedor se retire da falência completamente desobrigado e livre, portanto, da ação por parte dos seus credores; na linguagem da jurisprudência inglesa, o falido volta a ser um homem desembaraçado (*he becomes a clear man again*). O instituto não representa, afinal, outra coisa que uma espécie de prescrição. As dívidas não pagas integralmente na falência ficam prescritas".[4]

Assim, ao longo de várias legislações, desde o Código Comercial de 1850 até a atual Lei n. 11.101/2005, não se viu um aperfeiçoamento do sistema de extinção das obrigações que tivesse a eficiência da *discharge*.

O direito norte-americano também admite a reinserção do empresário na vida econômica através de pedidos individuais (*consumer debtors*) com a aplicação dos Capítulos 7 ou 13 da Lei de Falências. É o denominado *fresh start*,

---

[3] Carvalho de Mendonça ressalta essa preocupação dos parlamentares, destacando o pronunciamento do deputado FERRAZ, na sessão da Câmara dos Deputados de 2 de julho de 1845: "O mal de que nós nos queixamos sempre é a facilidade das quebras; é preciso que haja um meio de apartar homens, que se entregam a essa espécie de negócio tão comezinho entre nós e a possibilidade de uma reabilitação muito anima esses especuladores" (*Tratado de direito comercial brasileiro*. 5. ed. Rio de Janeiro: Livraria Freitas Bastos, 1955. vol. VIII, p. 450).

[4] Carvalho de Mendonça ressalta o seguinte: "Justificando o fundamento filosófico da *discharge*, dizem os escritores de direito americano, que os credores realmente nada sofrem com a concessão do favor; perdem simplesmente o direito de acionar quem nunca se acharia em condições de pagar, se não fosse liberado. Bem compensada fica a perda deste direito com a proteção e o auxílio legalmente prestados ao devedor honesto e infeliz, que poderá tornar-se um homem trabalhador e útil ao país" (*Tratado de direito comercial brasileiro*. 5. ed. Rio de Janeiro: Livraria Freitas Bastos, 1955. p. 451).

que representa a possibilidade de o devedor recomeçar a sua atividade econômica, reestruturando suas dívidas e liberando-se desse passivo. Esse sistema é bastante utilizado para pedidos individuais, basicamente para consumidores.[5]

Conforme veremos a seguir, a Lei n. 14.112/2020 abrandou o excessivo rigor dos requisitos para a extinção das obrigações do falido, e embora não se assemelhe ao sistema do *fresh start*, tem a mesma preocupação em facilitar um recomeço. Não deixa de ter, sob alguns aspectos, o mesmo objetivo da *discharge*, pois permite ao devedor falido retomar com mais facilidade as suas atividades empresárias.

4. OS NOVOS CRITÉRIOS PARA EXTINÇÃO DAS OBRIGAÇÕES DO FALIDO

Nos mesmos moldes do art. 138 do DL n. 7.661/1945,[6] a lei atual só autoriza o devedor falido a exercer novamente a atividade empresarial após a declaração de extinção de suas obrigações, matéria essa atualmente regida pelo art. 158 da Lei n. 11.101/2005.

Na redação original da Lei n. 11.101/2005, encerrada a falência, o devedor poderia requerer a extinção das suas obrigações. O pedido de extinção das obrigações poderia ser feito nas seguintes hipóteses: a) pagamento de todos os créditos; b) o pagamento, depois de realizado todo o ativo, de mais de 50% dos créditos quirografários; c) o decurso do prazo de cinco anos, contado do encerramento da falência, se o falido não tiver sido condenado por crime falimentar; e d) o decurso do prazo de dez anos, contado do encerramento da falência, se o falido tiver sido condenado por crime falimentar. Vale notar que o termo inicial dos prazos de cinco ou dez anos era o encerramento da falência.

A Lei n. 14.112/2020 representou um enorme avanço, ao simplificar e reduzir os requisitos para a extinção das obrigações. Além de revogar as exigências previstas nos incisos III e IV, que, respectivamente tratavam do decurso do prazo de cinco anos, sem condenação por crime falimentar, e de dez anos se o falido fosse condenado por crime falimentar, em ambos os casos contado o prazo do encerramento da falência, a lei deu nova redação ao inciso II e introduziu os incisos V e VI do artigo 158, nos seguintes termos:

---

[5] JACKSON, Thomas H. *The Logic and Limits of Bankruptcy Law*. Cambridge, Massachusetts, and London, England: Harvard University Press, 1986. p. 225-279.

[6] "Art. 138. Com a sentença declaratória da extinção das suas obrigações, fica autorizado o falido a exercer o comércio, salvo se tiver sido condenado ou estiver respondendo a processo por crime falimentar, caso em que se observará o disposto no art. 197."

II – o pagamento, após realizado todo o ativo, de mais de 25% (vinte e cinco por cento) dos créditos quirografários, facultado ao falido o depósito da quantia necessária para atingir a referida porcentagem se para isso não tiver sido suficiente a integral liquidação do ativo; (...)

V – o decurso do prazo de 3 (três) anos, contado da decretação da falência, ressalvada a utilização dos bens arrecadados anteriormente, que serão destinados à liquidação para a satisfação dos credores habilitados ou com pedido de reserva realizado;

VI – o encerramento da falência nos termos dos arts. 114-A ou 156 desta Lei.

Ou seja, o termo inicial do prazo para extinção das obrigações do falido não é mais o encerramento da falência, mas sim sua decretação. Por sua vez, o encerramento da falência, que antes era o termo inicial dos prazos de cinco ou dez anos, passa a ser, por si só, fundamento suficiente para extinção das obrigações do falido.

Importante destacar que há diferença sobre a aplicação dos incisos V e VI aos processos em curso. Nos termos do art. 5º, § 1º, inc. IV, da Lei n. 14.112/2020, o inciso V do art. 158 aplica-se somente às falências decretadas após o início da vigência da mesma Lei n. 14.112/2020, ou seja, não se aplica aos processos anteriores. Ao contrário, o art. 5º, § 4º, da Lei n. 14.112/2020 estabelece que o inc. VI do art. 158 tem aplicação imediata, inclusive às falências regidas pelo Decreto-lei n. 7.661/1945.

Também o art. 159 foi alterado, reduzindo o prazo de trinta para cinco dias, para que os credores possam se opor ao pedido de extinção das obrigações formulado pelo falido. Note-se que o legislador reduziu a matéria a ser alegada pelos credores, Ministério Público e o administrador judicial, que só podem se manifestar sobre inconsistências formais e objetivas.

Entre os credores legitimados a contestar o pedido de declaração de extinção das obrigações do falido estão as Fazendas Públicas da União, dos Estados, do Distrito Federal e dos Municípios, que nos termos do inciso XIII do art. 99, acrescentado pela Lei n. 14.112/2020, são intimadas eletronicamente da decretação da quebra.

A intenção do legislador em viabilizar o retorno do agente econômico às suas atividades empresariais encontra-se ainda em outros dispositivos da Lei n. 14.112/2020. De um lado, o art. 75, III, dispõe que a falência visa "fomentar o empreendedorismo, inclusive por meio da viabilização do retorno célere do empreendedor falido à atividade econômica". Da mesma forma, a nova lei fixou prazo de 180 dias para a realização de todo o ativo, contado da data da lavratura do auto de arrecadação. Salvo por impossibilidade justificada, o descumprimento dessa obrigação acarretará a destituição do administrador judicial (art. 22, *j*). Ressalta a preocupação do legislador em fixar uma sanção severa para o administrador judicial que descumprir, injustificadamente, essa obrigação de encerrar a liquidação do ativo com celeridade.

5. A EXTINÇÃO DAS OBRIGAÇÕES DO FALIDO E O CRÉDITO TRIBUTÁRIO

A finalidade específica desse instituto é a extinção de todas as obrigações na falência, como prevê expressamente o § 3º do art. 159, com a nova redação dada pela Lei n. 14.112/2020.

Porém, em relação ao crédito tributário, a extinção das obrigações tem uma peculiaridade própria, pois o art. 191 da Lei n. 5.172/1966 ("CTN") é expresso no sentido de exigir a prova da quitação de todos os tributos.

O curioso é que essa redação do art. 191 foi determinada pela LC n. 118/2005, a mesma que alterou o art. 186 para sujeitar o crédito tributário à falência. Assim, o legislador apresenta sinais trocados, pois ao mesmo tempo que avança e reconhece a realidade, sujeitando o crédito fiscal à quebra, também retroage, impedindo que a declaração de extinção das obrigações abranja os tributos.

Há evidente conflito entre a norma do art. 186, que submete o crédito tributário ao sistema falimentar, e a regra do art. 191. No momento em que o CTN reconhece a sujeição do crédito da Fazenda Pública ao sistema falimentar, o qual tem normas específicas sobre a extinção das obrigações, não faz sentido a regra do art. 191. Esse dispositivo do art. 191 era coerente quando o crédito tributário não se sujeitava ao concurso falimentar. Aí poderia ser declarada a extinção das obrigações na falência, sem abranger o crédito tributário, o qual não se sujeitava ao concurso de credores.

O Superior Tribunal de Justiça analisou, em duas oportunidades, a aplicação do art. 191 na vigência do DL n. 7.661/1945, em acórdãos da lavra do Ministro Raul Araújo e da Ministra Nancy Andrighi. Como à época o crédito tributário não se sujeitava ao concurso de credores, o Superior Tribunal de Justiça concluiu que a extinção das obrigações poderia ser declarada, mas o que, obviamente, não abrangeria os impostos.[7-8]

---

[7]   "Recurso especial. Empresarial. Falência. Ação declaratória de extinção das obrigações do falido (DL 7.661/45, art. 135, III). Decurso do prazo prescricional de cinco anos. Trânsito em julgado da sentença de encerramento da falência. Ausência de prática de crime falimentar. Prova de quitação dos tributos fiscais

(CTN, arts. 187 e 191). Recurso parcialmente provido. 1. A declaração de extinção das obrigações do falido poderá referir-se somente às obrigações que foram habilitadas ou consideradas no processo falimentar, não tendo, nessa hipótese, o falido a necessidade de apresentar a quitação dos créditos fiscais para conseguir o reconhecimento da extinção daquelas suas obrigações, em menor extensão, sem repercussão no campo tributário. 2. Sendo o art. 187 do Código Tributário Nacional – CTN taxativo ao dispor que a cobrança judicial do crédito tributário não está sujeita a concurso de credores ou habilitação em falência, recuperação judicial, concordata, inventário ou arrolamento, e não prevendo o CTN ser a falência uma das causas de suspensão da prescrição do crédito tributário (art. 151), não há como se deixar de inferir que o crédito fiscal não se sujeita aos efeitos da falência. 3. Desse modo, o pedido de extinção das obrigações do falido poderá ser deferido: I) em maior abrangência, quando satisfeitos os requisitos da Lei Falimentar e também os do art. 191 do CTN, mediante a 'prova de quitação de todos os tributos'; ou II) em menor extensão, quando atendidos apenas os requisitos da Lei Falimentar, mas sem a prova de quitação de todos os tributos, caso em que as obrigações tributárias não serão alcançadas pelo deferimento do pedido de extinção. 4. Recurso especial parcialmente provido para julgar procedente o pedido de extinção das obrigações do falido, em menor extensão, sem repercussão no campo tributário" (STJ, REsp 834.932/MG 2006/0053594-4, 4ª Turma, Rel. Min. Raul Araújo, j. 25.08.2015, *DJe* 29.10.2015) e "Recurso especial. Falência. DL 7.661/1945. Extinção das obrigações do falido. Decurso do prazo de cinco anos. Prova da quitação de tributos. Desnecessidade. 1- Extinção das obrigações do falido requerida em 16/8/2012. Recurso especial interposto em 19/8/2016 e atribuído à Relatora em 26/8/2016. 2- Controvérsia que se cinge em definir se a decretação da extinção das obrigações do falido prescinde da apresentação de prova da quitação de tributos. 3- No regime do DL 7.661/1945, os créditos tributários não se sujeitam ao concurso de credores instaurado por ocasião da decretação da quebra do devedor (art. 187), de modo que, por decorrência lógica, não apresentam qualquer relevância na fase final do encerramento da falência, na medida em que as obrigações do falido que serão extintas cingem-se unicamente àquelas submetidas ao juízo falimentar. 4- Recurso especial provido" (STJ, REsp 1.426.422/RJ 2013/0414746-5, 3ª Turma, Rel. Min. Nancy Andrighi, j. 28.03.2017, *DJe* 30.03.2017).

Também nesse sentido é a lição de João Pedro Scalzilli, Luis Felipe Spinelli e Rodrigo Tellechea ao examinarem essa questão do crédito tributário e o encerramento da falência (*Recuperação de empresas e falência*. 3. ed. São Paulo: Almedina, 2018. p. 996-997).

[8] A regra do art. 191 do CTN aplica-se somente aos tributos, e não às multas tributárias, que são obrigações acessórias excluídas do conceito de tributo, conforme dispõe o art. 3º do CTN: "Art. 3º Tributo é toda prestação pecuniária compulsória, em moeda ou cujo valor nela se possa exprimir, que *não constitua sanção de ato ilícito*, instituída em lei e cobrada mediante atividade administrativa plenamente vinculada" (grifo nosso). Aliás, o CTN (art. 186, parágrafo único, III) e a Lei n.

A interpretação isolada do art. 191 do CTN levaria à conclusão de que o falido estaria impedido de exercer seus direitos que a falência restringiu até a liquidação total do passivo tributário, o que de fato seria impossível de ocorrer, ainda mais quando a falência for extinta após a realização de todo o ativo (art. 154). Outra alternativa seria adotar a orientação da jurisprudência do Superior Tribunal de Justiça, na vigência do DL n. 7.661/1945, no sentido de que a extinção das obrigações poderia ser declarada, mas não abrangeria as obrigações relativas a tributos, cuja cobrança, à época, não se sujeitavam à falência, de modo que, juridicamente, o falido poderia voltar a exercer a atividade empresária, mas não ficaria livre das obrigações tributárias.

Contudo, tais interpretações devem ser repelidas, por incompatíveis com o escopo da extinção das obrigações, de modo a estimular a retomada da atividade produtiva. Por certo, a solução sobre a extinção do crédito tributário na falência deve estar no CTN, e não na lei ordinária. Isso porque cabe à lei complementar (CTN) estabelecer normas gerais referentes a obrigação, lançamento, crédito, prescrição e decadência tributários, nos termos do artigo 146 da Constituição da República.

O Supremo Tribunal Federal tem entendimento pacificado no sentido de que normas referentes a prescrição ou decadência tributária dependem de lei complementar, conforme acórdão da lavra do Ministro Gilmar Mendes.[9]

11.101/2005 (art. 83, VII) também fazem essa distinção entre tributo e sanção de ato ilícito (multas e penalidades), que têm classificações distintas na falência.

[9] "Prescrição e decadência tributárias. Matérias reservadas a lei complementar. Disciplina no Código Tributário Nacional. Natureza tributária das contribuições para a seguridade social. Inconstitucionalidade dos arts. 45 e 46 da Lei 8.212/91 e do parágrafo único do art. 5º do Decreto-lei 1.569/77. Recurso extraordinário não provido. Modulação dos efeitos da declaração de inconstitucionalidade. I. Prescrição e decadência tributárias. Reserva de lei complementar. As normas relativas à prescrição e à decadência tributárias têm natureza de normas gerais de direito tributário, cuja disciplina é reservada a lei complementar, tanto sob a Constituição pretérita (art. 18, § 1º, da CF de 1967/69) quanto sob a Constituição atual (art. 146, III, *b*, da CF de 1988). Interpretação que preserva a força normativa da Constituição, que prevê disciplina homogênea, em âmbito nacional, da prescrição, decadência, obrigação e crédito tributários. Permitir regulação distinta sobre esses temas, pelos diversos entes da federação, implicaria prejuízo à vedação de tratamento desigual entre contribuintes em situação equivalente e à segurança jurídica. II. Disciplina prevista no Código Tributário Nacional. O Código Tributário Nacional (Lei 5.172/1966), promulgado como lei ordinária e recebido como lei complementar pelas Constituições de 1967/69 e 1988, disciplina a prescrição e a decadência tributárias. III. Natureza tributária das contribuições.

Dada a relevância da matéria, o STF reconheceu a existência de repercussão geral na questão de a possibilidade de lei ordinária dispor sobre prescrição, matéria ainda pendente de julgamento.[10]

Ocorre que a solução sobre a extinção do crédito tributário na falência é apresentada pelo próprio CTN, o qual no art. 156 inclui entre as hipóteses de extinção do crédito tributário a decisão judicial passada em julgado (inciso X).

Com efeito, no caso da extinção das obrigações do falido nos termos do 159 da Lei n. 11.101/2005, a extinção se dá com o trânsito em julgado da sentença que declarar extintas as obrigações do falido. Na hipótese, a sentença tem *natureza constitutiva* e não declaratória.

O § 3º do art. 159 afirma que o juiz proferirá sentença que "declare extintas todas as obrigações do falido, inclusive as de natureza trabalhista", sem fazer referência expressa ao crédito tributário. Mas a referência apenas ao crédito trabalhista não é suficiente para concluir que a declaração de extinção das obrigações do falido não abrangia as de natureza tributária, pois o fundamento para a extinção do crédito tributário estaria caracterizado pela sentença de extinção das obrigações passada em julgado, como prevê o art. 156, X, do CTN.

No entanto, cumpre frisar que a extinção das obrigações do falido não extingue a responsabilidade de terceiros nos casos previstos na legislação tributária. Exemplo disso é que, no caso de ato praticado com infração da lei ou do estatuto ou contrato social, o administrador continua responsável pela dívida tributária, nos termos do art. 135 do CTN.

As contribuições, inclusive as previdenciárias, têm natureza tributária e se submetem ao regime jurídico-tributário previsto na Constituição. Interpretação do art. 149 da CF de 1988. Precedentes. IV. Recurso extraordinário não provido. Inconstitucionalidade dos arts. 45 e 46 da Lei 8.212/91, por violação do art. 146, III, *b*, da Constituição de 1988, e do parágrafo único do art. 5º do Decreto-lei 1.569/77, em face do § 1º do art. 18 da Constituição de 1967/69. V. Modulação dos efeitos da decisão. Segurança jurídica. São legítimos os recolhimentos efetuados nos prazos previstos nos arts. 45 e 46 da Lei 8.212/91 e não impugnados antes da data de conclusão deste julgamento" (STF, RE 560.626/RS, Tribunal Pleno, Rel. Min. Gilmar Mendes, j. 12.06.2008, Data de Publicação: 28.11.2008, Repercussão geral – mérito).

[10] No Recurso Extraordinário 636.562, interposto com base na alínea *b* do art. 102, III, da Constituição da República, foi alegada a incompatibilidade da disposição da Lei nº 6.830/1980 – Lei de Execuções Fiscais (art. 40), que dispôs sobre prescrição, com o art. 146, III, *b*, da Constituição da República, sendo reconhecida pelo STF a existência repercussão geral.

6. CONCLUSÃO

A Lei n. 14.112/2020 facilitou bastante a extinção das obrigações do falido, pois reduziu as exigências para que o devedor possa exercer novamente todos os direitos que a quebra havia restringido. Embora a declaração da extinção das obrigações do falido não seja igual ao sistema norte americano do *fresh start* – que se aplica somente às pessoas físicas – não se pode deixar de reconhecer que o novo regramento tem a mesma preocupação em facilitar um recomeço para o devedor, que se liberta das restrições impostas pela falência, livre para voltar a empreender.

REFERÊNCIAS BIBLIOGRÁFICAS

JACKSON, Thomas H. *The Logic and Limits of Bankruptcy Law*. Cambridge, Massachusetts, and London, England: Harvard University Press, 1986.

MENDONÇA, J. X. Carvalho de. *Tratado de direito comercial brasileiro*. 5. ed. Rio de Janeiro: Livraria Freitas Bastos, 1955. vol. VIII.

SCALZILLI, João Pedro; SPINELLI, Luis Felipe; TELLECHEA, Rodrigo. *Recuperação de empresas e falência*. 3. ed. São Paulo: Almedina, 2018.

VALVERDE, Trajano de Miranda. *Comentários à Lei de Falências – Decreto-Lei nº 7.661, de 21 de junho de 1945*. 4. ed. atual. por J. A. Penalva Santos e Paulo Penalva Santos. Rio de Janeiro: Forense, 1999. vol. III.

O NOVO SISTEMA DE RECUPERAÇÃO EXTRAJUDICIAL

57

RECUPERAÇÃO EXTRAJUDICIAL

MONICA MARIA COSTA DI PIERO

Sumário: 1. Introdução – 2. A evolução – 3. O processo de reforma – 4. A reforma dentro do sistema de insolvência – 5. Conclusão – Referências bibliográficas

1. INTRODUÇÃO

Com clareza, coerência e eficácia, a Lei de Recuperação de Empresas foi atualizada. A nova Lei nº 14.112, de 24 de dezembro de 2020, teve origem no PL 4.458/2020 e trouxe significativas mudanças e maior agilidade ao processo recuperacional.

Passados 15 anos da vigência da Lei 11.101/2005, que regia o sistema de insolvência, novas conformações jurisdicionais travadas no âmbito do processo legislativo por quatro anos e as atuais discussões movidas pela crise econômica instaurada pela pandemia do coronavírus (Covid-19), com a condução do Deputado Hugo Leal e a inestimável contribuição do Grupo de Trabalho do Conselho Nacional de Justiça, presidido pelo visionário Ministro Luiz Felipe Salomão, tivemos a sanção da lei adequada às novas e urgentes necessidades empresariais.

A nova Lei buscou consolidar com coerência e eficiência, justificando o consequencialismo das decisões relativas ao tema, visando, sobretudo, superar um momento sem precedentes de uma crise mundial.

Uma normativa que objetiva dar efetividade aos processos de recuperação e falência, permeada por princípios de repactuação entre devedor e credores, tal qual a Recuperação Extrajudicial, que será o objeto deste estudo, buscando a minimização da intervenção pública em nome das soluções de mercado, negociadas, como demonstram as economias capitalistas atuais, que atestam resultados eficientes.

Para tanto, analisamos a origem do instituto e as críticas à extrajudicialidade da recuperação como sistema de solução de insolvência. Analisamos, também, se as alterações trazidas pela nova Lei são suficientes para se concluir sobre o consequencialismo jurídico no cenário econômico.

2. A EVOLUÇÃO

O excessivo dirigismo estatal, com base no princípio constitucional da garantia de acesso ao Judiciário, trouxe rígidas sequelas à jurisdição privada. No entanto, é fato que o Judiciário não mais detém o poder da solução dos conflitos.

Nesse sentido, a Lei nº 11.101, em 2005, à época de sua edição, foi considerada um passo importante na modernização do sistema de insolvência, consignam os doutrinadores, vindo a Recuperação Extrajudicial, em substituição à concordata preventiva, trazer princípios até então desconhecidos, como os explicitados em seu art. 47[1].

> Art. 47. A recuperação judicial tem por objetivo viabilizar a superação da situação de crise econômico-financeira do devedor, a fim de permitir a manutenção da fonte produtora, do emprego dos trabalhadores e dos interesses dos credores, promovendo, assim, a preservação da empresa, sua função social e o estímulo à atividade econômica.

Pertinente a colocação do Ministro Luis Felipe Salomão[2]:

> A partir da Constituição de 1998, quando redemocratizou o país ,o judiciário passou a ser demandado por grande parte da população brasileira. A sociedade descobriu o Poder Judiciário como verdadeiro condutor da Cidadania. Ocorre, porém, que havia e há uma carência crônica de recursos, estrutura de um Poder ainda voltado ao papel que desempenhava durante o regime anterior.

---

[1] BRASIL. *Lei nº 11.101, de 9 de fevereiro de 2005*. Regula a recuperação judicial, a extrajudicial e a falência do empresário e da sociedade empresária. Brasília, DF: Planalto, 2021. Disponível em: http://www.planalto.gov.br/ccivil_03/_ato2004-2006/2005/lei/l11101.htm. Acesso em: 24 jan. 2021.

[2] SALOMÃO, Luis Felipe. *Recuperação judicial, extrajudicial e falência*: teoria e prática. Rio de Janeiro: Forense, 2012. p. 1-2.

Acelerada pelas crises econômicas, pelo capital sem fronteiras e pelas novas conformações das empresas brasileiras controladas por estrangeiras, a necessidade de quebra de paradigma, de forma bastante salutar, consolidou, como diz o mestre Penalva Santos,[3] a "cultura da segunda oportunidade", sistema esse reforçado pelo instituto da autocomposição trazido pelo Código de Processo Civil e pela Lei da Mediação então à época, ambos no ano de 2005.

Daí a sistematização da recuperação extrajudicial como uma negociação, na Lei 11.101/2005, a Lei de Recuperação de Empresas, mantendo-se dentro do sistema positivo de insolvência, como um meio de restabelecer uma empresa capaz de gerar riqueza, empregos e impostos.

No entanto, o tempo jurídico não alcançou o tempo financeiro, e a iminente necessidade de liquidez nas cadeias produtivas das empresas fez com que a Lei 11.101/2005 caducasse precocemente, dando hoje origem ao novo diploma legal.

A recuperação extrajudicial, na reforma atual da Lei de Falência e Recuperações, vem de forma coerente, na linha da negociação, com métodos alternativos, em consonância com os métodos preventivos, quebrando o paradigma de que apenas o judiciário detém monopólio da composição de conflitos, mormente quando se trata de empresa em crise.

3. O PROCESSO DE REFORMA

Quando da Lei 11.101/2005, o capítulo da recuperação extrajudicial, entre os arts. 161 e 167, foi pouco adotado, claramente pela falta de estímulos corretos, tornando um instituto obsoleto.

O que se constatou foi o pouco uso do instituto no decorrer do tempo. Com isso, optou o legislador por uma tímida, mas estratégica, alteração do instituto, ocorrida com a sanção da Lei 14.112, de 24 de dezembro de 2020[4], que alterou pontos desse sistema.

---

[3] SANTOS, Paulo Penalva. *Recuperação judicial, extrajudicial e falência*: teoria e prática. Rio de Janeiro: Forense, 2017. p. 113.

[4] BRASIL. *Lei nº 14.112, de 24 de dezembro de 2020*. Altera as Leis nos 11.101, de 9 de fevereiro de 2005, 10.522, de 19 de julho de 2002, e 8.929, de 22 de agosto de 1994, para atualizar a legislação referente à recuperação judicial, à recuperação extrajudicial e à falência do empresário e da sociedade empresária. Brasília, DF: Planalto, 2021. Disponível em: http://www.planalto.gov.br/ccivil_03/_ato2019-2022/2020/lei/L14112.htm. Acesso em: 24 jan. 2021.

798 | RECUPERAÇÃO DE EMPRESAS E FALÊNCIA: DIÁLOGOS ENTRE A DOUTRINA E A JURISPRUDÊNCIA

Com a pandemia sanitária da Covid-19, em que se vislumbravam muitas recuperações de empresas, o tema de recuperação extrajudicial passou a ter maior notoriedade. Tornou-se necessário fortalecer os instrumentos de incentivo conciliatório extrajudicial para modernização da Lei e rápido enfrentamento da crise.

Visando à reforma, ocorreu primeiro uma alteração ao art. 131, que trata dos atos de ineficácia objetiva, elencados no art. 129. Protegeu-se todos os atos que tenham sido realizados na recuperação anterior de se tornarem ineficazes ou revogados.

A mudança consistiu na inclusão da palavra extrajudicial. Todos os atos previstos no plano tanto de recuperação judicial quanto extrajudicial (art. 131) estão protegidos. Os atos de ineficácia objetiva, ou seja, atos que estiverem descritos no art. 129, não serão revogados. Alteração importante para dar segurança jurídica às partes que negociam, pois passam a ser atos que não podem ser objeto de uma ação revocatória.

> Art. 131. Nenhum dos atos referidos nos incisos I, II, III e VI do *caput* do art. 129 desta Lei que tenham sido previstos e realizados na forma definida no plano de recuperação judicial ou extrajudicial será declarado ineficaz ou revogado. (NR)

Outro ponto, que não tratava a recuperação extrajudicial na redação original da Lei, era a submissão dos créditos trabalhistas. A recuperação judicial submetia os créditos trabalhistas ao plano de recuperação. Já na extrajudicial, no texto anterior, os créditos trabalhistas não poderiam ser objetos de negociação extrajudicial. Logo, houve uma mudança no § 1º do art. 161 para a inclusão dos créditos trabalhistas ou decorrentes de acidente de trabalho. Há a ressalva de que os créditos devem ser negociados com o sindicato da categoria. Sem juiz, o sindicato tem que acompanhar essa negociação.

> Art. 161. (...)
>
> § 1º Estão sujeitos à recuperação extrajudicial todos os créditos existentes na data do pedido, exceto os créditos de natureza tributária e aqueles previstos no § 3º do art. 49 e no inciso II do *caput* do art. 86 desta Lei, e a sujeição dos créditos de natureza trabalhista e por acidentes de trabalho exige negociação coletiva com o sindicato da respectiva categoria profissional. (...) (NR)

Originariamente, quando o devedor se valia de recuperações extrajudiciais, uma das maiores dificuldades era conseguir negociar com 3/5 dos

Cap. 57 · RECUPERAÇÃO EXTRAJUDICIAL | 799

credores sem que as execuções fossem suspensas. Difícil estimular que credores negociassem, pois, em verdade, o que buscam é a satisfação do crédito de forma individual.

Assim, aqui, a alteração legislativa consistiu no quórum. O plano assinado por credores da mesma espécie deve, agora, ser assinado pela metade dos detentores dos créditos. A recuperação extrajudicial é impositiva, pois a adesão de 50% dos credores, mais um, submete a minoria.

O devedor elege o grupo de credores, previstos no art. 83, para negociar e, pela Lei nº 11.101/2005, para conseguir a homologação que teria que atingir o quórum de 3/5 dos credores. Para estimular a recuperação extrajudicial, a lei diminui o quórum de 3/5 para 50% dos credores.

Nesse aspecto, com a mudança, para o termo ser homologado, permite-se o protocolo do pedido de recuperação extrajudicial com apenas 1/3 dos credores e a busca da composição dos demais com metade mais um do quórum da espécie escolhida dos créditos constituídos até a data da homologação.

Outra modificação constatada foi o acréscimo dos §§ 7º e 8º ao art. 163, com a consolidação do que a doutrina entende como *stay period*, suspensão das ações e execuções durante o período de negociação, tal qual prevista inicialmente no art. 6º somente para a falência e recuperações judiciais.

> Art. 163. O devedor poderá também requerer a homologação de plano de recuperação extrajudicial que obriga todos os credores por ele abrangidos, desde que assinado por credores que representem mais da metade dos créditos de cada espécie abrangidos pelo plano de recuperação extrajudicial.
>
> (...)
>
> § 7º O pedido previsto no *caput* deste artigo poderá ser apresentado com comprovação da anuência de credores que representem pelo menos 1/3 (um terço) de todos os créditos de cada espécie por ele abrangidos e com o compromisso de, no prazo improrrogável de 90 (noventa) dias, contado da data do pedido, atingir o quórum previsto no *caput* deste artigo, por meio de adesão expressa, facultada a conversão do procedimento em recuperação judicial a pedido do devedor.
>
> § 8º Aplica-se à recuperação extrajudicial, desde o respectivo pedido, a suspensão de que trata o art. 6º desta Lei, exclusivamente em relação às espécies de crédito por ele abrangidas, e somente deverá ser ratificada pelo juiz se comprovado o quórum inicial exigido pelo § 7º deste artigo. (NR)

Por último, assinala-se que o art. 164, que trata dos procedimentos, foi alterado em seu *caput* para que o edital de convocação dos credores, com o fim de que todos tenham ciência do pedido, seja feito de forma eletrônica, substituindo os jornais de grande circulação nacional ou das localidades da sede ou das filiais do devedor.

> Art. 164. Recebido o pedido de homologação do plano de recuperação extrajudicial previsto nos arts. 162 e 163 desta Lei, o juiz ordenará a publicação de edital eletrônico com vistas a convocar os credores do devedor para apresentação de suas impugnações ao plano de recuperação extrajudicial, observado o disposto no § 3º deste artigo. (NR)

4. A REFORMA DENTRO DO SISTEMA DE INSOLVÊNCIA

Temos, portanto, que a recuperação extrajudicial funciona como um acordo negociado entre a empresa devedora e um ou mais grupos de credores, que pode ser submetido à homologação judicial e, nesse caso, seus termos passam a vincular todos os credores do grupo de credores abrangidos, mediante a adesão da metade de seus credores ou, nas palavras de Coelho[5]: "é a renegociação das dívidas da empresa devedora com seus credores fora das vias judiciais".

Dentro desse contexto, atestamos que a modificação feita adequa-se ao objetivo que o instituto visa atingir dentro do sistema de insolvência. O legislador manteve a forma de tratar as empresas em crises, com a criação de benefícios econômicos e sociais, tentando manter empregos, geração de riquezas e tributos, fato evidenciado pela manutenção integral do vetor do sistema ditado pelo art. 47 da Lei.

Para tanto, alterou os mecanismos da recuperação extrajudicial, com técnicas de controle que permitem a formação de um ambiente melhor e mais adequado à célere recuperação econômica de uma empresa em crise, mas ainda viável, dando melhores condições à negociação.

Longe de ser o modelo ideal, pois mantém o privilégio do credor tributário, de alguma forma neutralizando os credores tidos como *hold outs*, com a adoção de um tempo de respiro para negociação e um quórum de maioria para sua homologação.

---

[5] COELHO, Fábio Ulhoa. *Manual de direito comercial.* 18. ed. São Paulo: Saraiva, 2007. p. 31.

Para tanto, corrige a recuperação extrajudicial, dando o prazo de 90 dias para o devedor que comprovar, no mínimo, a anuência necessária de pelo menos 1/3 de todos os créditos abrangidos, com o compromisso de alcançar o quórum de 1/2 mais um dos créditos constituídos até a data do pedido de homologação, criando o requerimento da homologação de um plano impositivo, com adesão voluntária dos credores de uma mesma espécie.

Assim, a adesão de um quórum de mais da metade dos créditos de uma mesma classe obrigará a classe inteira, após a homologação judicial, incluindo a possibilidade de inclusão do passivo trabalhista, mediante negociação coletiva, aproximando assim o instituto do princípio da *par conditio creditorium*.

O relatório que acompanhou o então Projeto de Lei nº 6.229, que deu origem à Lei modificativa, dessa forma consignou:

> Institui-se ainda uma significativa modificação no quórum previsto no art. 163 da Lei, com a finalidade de permitir uma maior facilitação da utilização da recuperação extrajudicial, com redução do quórum de aprovação (**alterado para um número de credores que representem mais da metade de todos os créditos de cada espécie por ele abrangidos**) e possibilidade de iniciar o processo sem ter o quórum inteiramente atingido. Tal medida permite que as empresas consigam evitar a recuperação judicial e utilizar um mecanismo de negociação eficiente e sujeito a homologação judicial (relatório do Projeto de Lei 6229, de 2005 encaminhado ao presidente Plenário da Câmara dos Deputados pelo Deputado Hugo Leal em 30.07.2020).

Acrescendo ao quórum da maioria, modificou o legislador as condições do instituto, associando-lhe ao período chamado de *stay period* em relação aos créditos abrangidos no plano, trazendo a suspensão por 90 dias prevista no § 8º para a negociação, mas agregando aqui a extrajudicialidade como que num toque à segurança, à homologação judicial da negociação.

Com isso, o acordo passa a ser um compromisso executável, veiculado através de uma comunicação contemporânea, célere, pois a alteração trazida no bojo de seu procedimento proporciona a garantia do conhecimento do pedido a todos os credores, trazendo a publicação eletrônica do edital de credores a garantia do amplo conhecimento aos credores interessados, caso optem pela impugnação.

Em verdade, a reforma positiva os contornos antes dados pela jurisprudência, em respeito à função econômico-social do instituto. Fez a adoção de um modelo normativo coerente. Um avanço, mas que ainda não consegue retirar os credores *hold outs* do nosso sistema de soerguimento de empresas, ainda que devido a uma série de adequações normativas no próprio ordenamento tributário, mas já amenizando a prevalência de uma das partes, usando, para uma efetiva negociação, instrumentos coerentes.

Aplica-se a decisão da maioria aos dissidentes, associando a um período de *stay*, no qual o Fisco é preservado da prescrição. Permitiu, assim, o poder legislativo, segurança jurídica para que devedor e credores possam resolver seus problemas de forma extrajudicial com um custo menor.

Essas regras pontualmente alteradas estimulam o instituto da recuperação extrajudicial, atendendo, sem dúvida, a maioria das empresas hoje em crise no Brasil, as pequenas e médias empresas, em função das modificações, reduzindo, assim, o número de recuperações judiciais, tornando o procedimento mais célere e eficiente.

5. CONCLUSÃO

A recuperação extrajudicial tornou-se um instituto factível para insolvência. Cria a reforma uma plataforma única para a discussão dos mesmos interesses, fazendo, assim, a suspensão das execuções, através do *stay period*, deferido pelo Judiciário, que o devedor passe a negociar.

A recuperação extrajudicial, aliada ao processo de pré-insolvência, também inserido pela reforma da Lei, se torna muito mais executável, quer como sistema de soerguimento, quer como instrumento para a Recuperação Judicial. A negociação pode ocorrer na pré-insolvência, ampliando o acesso das empresas em crise aos mecanismos de recuperação.

Trata-se de um instituto informado por princípios internacionais e com base em normativas de aperfeiçoamento. Portanto, com fundamentos sólidos. Tem base em uma experiência vivida, e não em meras teses.

A tendência já experimentada em alguns países, quer por força de premissas, quer que possuam amparo na Diretiva (EU) 2019/1023 do Parlamento Europeu e do Conselho de 20 de junho de 2019[6], quer pela influência

---

[6] UNIÃO EUROPEIA. Diretiva (EU) 2019/1023 do Parlamento Europeu e do Conselho de 20 de junho de 2019. Sobre os regimes de reestruturação preventiva, o perdão de dívidas e as inibições, e sobre as medidas destinadas a aumentar a eficiência dos processos relativos à reestruturação, à insolvência e ao perdão de dívidas, e que altera a Diretiva (UE) 2017/1132 (Diretiva sobre reestruturação e insolvência). *Jornal Oficial da União Europeia*, L 172/18, 26.06.2019. Disponível em: https://eur-lex.europa.eu/legal-content/PT/TXT/PDF/?uri=CELE-X:32019L1023&from=EN. Acesso em: 7 maio 2020.

do *Bankruptcy Code*, Norte-Americano, constata que a sistemática jurídica adotada para guerrear a crise atual vem através de sistemas de insolvência que trazem meios de reestabelecer a crise através de autocomposições que propiciem a negociação de acordos multilaterais, o único ambiente que, diante das circunstâncias atuais, se demonstra eficaz. É o uso dos subsistemas, como acima descritos, no critério de hermenêutica jurídica, dentro do sistema de insolvência.

Há uma lógica jurídico econômica e é, sem dúvida, um salto evolutivo.

A mudança, com institutos simples e céleres, rompe barreiras, pois, apesar de não exigir um plano, traz a intervenção mínima e necessária do Poder Judiciário, que, em verdade, ao homologar o acordo, dá chance a uma empresa viável, criando um ambiente de negociação com os estímulos corretos, na exata medida da segurança jurídica necessária, protegendo o acordo de uma ação revocatória, superando o dualismo pendular em nome da ordem social, deferindo um período de suspensão para logo depois no interesse de valores socioeconômicos homologarem uma negociação.

Eficiente ao interesse público, pois nos traz ferramentas viáveis a consequência das decisões, porque efetivamente dota o processo de controles necessários.

Controles esses que devem ser usados em nome da sociedade, execrando-se aqueles que de má-fé tentam ferir o equilíbrio entre as partes, ferindo, assim, o princípio da eticidade, que deve vigorar no soerguimento de empresas.

Fica, assim, para a Jurisprudência a missão do aperfeiçoamento à luz dos princípios que informaram o instituto jurídico.

REFERÊNCIAS BIBLIOGRÁFICAS

BRASIL. *Lei nº 11.101, de 9 de fevereiro de 2005*. Regula a recuperação judicial, a extrajudicial e a falência do empresário e da sociedade empresária. Brasília, DF: Planalto, 2021. Disponível em: http://www.planalto.gov.br/ccivil_03/_ato2004-2006/2005/lei/l11101.htm. Acesso em: 24 jan. 2021.

BRASIL. *Lei nº 14.112, de 24 de dezembro de 2020*. Altera as Leis nos 11.101, de 9 de fevereiro de 2005, 10.522, de 19 de julho de 2002, e 8.929, de 22 de agosto de 1994, para atualizar a legislação referente à recuperação judicial, à recuperação extrajudicial e à falência do empresário e da sociedade empresária. Brasília, DF: Planalto, 2021. Disponível em: http://www.planalto.gov.br/ccivil_03/_ato2019-2022/2020/lei/L14112.htm. Acesso em: 24 jan. 2021.

COELHO, Fábio Ulhôa. *Manual de direito comercial*. 18. ed. São Paulo: Saraiva, 2007.

SALOMÃO, Luis Felipe. *Recuperação judicial, extrajudicial e falência*: teoria e prática. Rio de Janeiro: Forense, 2012.

SANTOS, Paulo Penalva. *Recuperação judicial, extrajudicial e falência*: teoria e prática. Rio de Janeiro: Forense, 2017.

UNIÃO EUROPEIA. Diretiva (EU) 2019/1023 do Parlamento Europeu e do Conselho de 20 de junho de 2019. Sobre os regimes de reestruturação preventiva, o perdão de dívidas e as inibições, e sobre as medidas destinadas a aumentar a eficiência dos processos relativos à reestruturação, à insolvência e ao perdão de dívidas, e que altera a Diretiva (UE) 2017/1132 (Diretiva sobre reestruturação e insolvência). *Jornal Oficial da União Europeia*, L 172/18, 26.06.2019. Disponível em: https://eur-lex.europa.eu/legal-content/PT/TXT/PDF/?uri=CELEX:32019L1023&from=EN. Acesso em: 7 maio 2020.

58

O NOVO SISTEMA DE RECUPERAÇÃO EXTRAJUDICIAL

Francisco Antunes Maciel Müssnich

Sergio Savi

Eduardo G. Wanderley

Natalia Yazbek

Sumário: I. Introdução – II. A recuperação extrajudicial antes e depois da reforma: possíveis explicações para sua subutilização e soluções propostas pelo novo regime – III. Conclusão – Referências bibliográficas.

I. INTRODUÇÃO

A edição da Lei 11.101 ("LRF"), há 15 anos, estabeleceu novo paradigma no direito da insolvência corporativa no Brasil, introduzindo em nosso sistema jurídico a recuperação judicial ("RJ") e a recuperação extrajudicial ("RE"), regimes que permitem a recuperação da empresa viável, em substituição à disfuncional concordata.

Tanto a RJ quanto a RE envolvem processos em que a negociação coletiva ocupa posição central, nos quais o acordo formalizado pelo devedor e determinadas maiorias de credores (i.e., o plano) é submetido ao Poder Judiciário apenas para análise de legalidade e homologação, de modo a vincular minorias dissidentes ou ausentes.

Tais regimes utilizados para a recuperação da empresa em crise, mas viável, seguem um trâmite muito semelhante ao de uma negociação privada coletiva.[1] Nestas, tipicamente há (i) uma fase de suspensão dos atos e das ações para cobrança de créditos (*standstill*), seguida de (ii) trocas de informações e análises (*due diligence*), (iii) negociações comerciais e dos contratos necessários, até se chegar (iv) à assinatura dos documentos definitivos e (v) ao fechamento da transação, com a implementação de eventuais condições.[2]

Na RJ, normalmente todas essas etapas ocorrem sob supervisão judicial. Na RE, diferentemente, os estágios (i) a (iv) ocorrem em ambiente privado, ainda que o plano já assinado pelo devedor e credores apoiadores possa vir a ser objeto de controle de legalidade na fase de impugnações. Por seu turno, a homologação – fase do fechamento do negócio – ocorre com a jurisdição instaurada.

Além de maior flexibilidade para escolha de grupos menos abrangentes de credores que serão afetados pela reestruturação coletiva, a RE guarda outra semelhança com os chamados *workouts*: o eventual insucesso da negociação não conduz à decretação da falência, sendo possível, inclusive, o ajuizamento de uma RJ logo em seguida ou mesmo nova tentativa de RE.

Como mecanismo de reestruturação, a RE está bem mais próxima da renegociação privada de dívidas do que a RJ. Diz-se, portanto, que a RE é mais "cirúrgica" e apresentaria número reduzido de "efeitos colaterais" comparativamente à RJ, inclusive quanto a custos de transação, incluindo reputacionais.[3]

---

[1] Mesmo porque, na origem, foram assim concebidos. A reorganização empresarial como alternativa à liquidação tem origem no procedimento conhecido como *equity receivership*, originário na insolvência das ferrovias norte-americanas. Para mais detalhes sobre o *equity receivership* ver BAIRD, Douglas G.; RASMUSSEN, Robert K. Control Rights, Priority Rights, and the Conceptual Foundations of Corporate Reorganizations. *Virginia Law Review*, v. 87, p. 921-959, 2001.

[2] Por outro lado, não há nas negociações privadas a vinculação dos dissidentes/ausentes à vontade da maioria, exceção feita a determinados instrumentos financeiros que contemplam "cláusulas de ação coletiva" (*collective action clauses*).

[3] À semelhança de renegociações privadas. Nesse sentido, vide McCORMACK, Gerard. *Corporate Rescue Law* – An Anglo-American Perspective. Cheltenham: Edward Elgar Publishing, Inc., 2008. p. 12-13; EPSTEIN, David G. *Bankruptcy and related law in a nutshell*. St. Paul, MN: West Academic Publishing, 2017. p. 467-472 e JACKSON, Thomas H. *The Logic and Limits of Bankruptcy Law*. Cambridge, Mass: Harvard University Press, 1986.

Cap. 58 · O NOVO SISTEMA DE RECUPERAÇÃO EXTRAJUDICIAL | 807

Por tais motivos, era de se esperar que o uso da RE fosse amplo e difundido no Brasil. Contudo, não é o que os números demonstram, especialmente quando comparados à quantidade de casos de RJ.[4]

As explicações para o fenômeno são variadas, indo desde a demora para iniciar as negociações com seus credores (agravando o quadro de crise e tornando o ajuizamento de RJs praticamente inevitável), passando por questões estruturais das regras originalmente concebidas para a RE.

A reforma da LRF, por meio da Lei 14.112/2020, representou grande oportunidade para aperfeiçoar a recuperação extrajudicial, visando à sua maior utilização pelas empresas em crise como alternativa de reestruturação. Nesse sentido, este artigo analisará, nos próximos capítulos, as principais deficiências do regime vigente nos últimos 15 anos, assim como as modificações introduzidas pela recente reforma para, ao final, verificar se o novo regime da RE conseguirá dar "vida nova" ao instituto.

II. A RECUPERAÇÃO EXTRAJUDICIAL ANTES E DEPOIS DA REFORMA: POSSÍVEIS EXPLICAÇÕES PARA SUA SUBUTILIZAÇÃO E SOLUÇÕES PROPOSTAS PELO NOVO REGIME

Diversos eram os problemas identificados pelos profissionais de insolvência para a pouca utilização da RE desde a entrada em vigor da LRF em 2015. Parte deles, contudo, parece ter sido solucionada pela reforma promovida pela Lei 14.112/2020.

(a) Quóruns aplicáveis

A LRF criou duas modalidades de recuperação extrajudicial, cuja distinção básica reside na possibilidade de extensão dos efeitos do acordo

---

[4] Apenas a título exemplificativo, o levantamento anual realizado pelo Serasa Experian indica que entre janeiro de 2019 e dezembro de 2020 foram requeridos 2.566 pedidos de recuperação judicial no território nacional. O referido órgão atualmente não realiza o mesmo levantamento para recuperações extrajudiciais. O último comparativo a que os autores tiveram acesso é de 2015 e indicava que naquele ano foram registrados 1.287 pedidos de recuperação judicial e apenas 3 pedidos de recuperação extrajudicial, demonstrando que historicamente a RE é menos utilizada como remédio para empresas em crise, em comparação com a RJ. Dados disponíveis em: https://www.serasaexperian.com.br/conteudos/indicadores-economicos.

a credores não signatários.[5] A primeira, prevista no art. 162 da LRF, possui natureza meramente homologatória,[6] vinculando somente os contratantes signatários do plano de recuperação extrajudicial a seus termos e condições.

A segunda modalidade de recuperação extrajudicial (art. 163[7] da LRF) prevê que, desde que o plano de recuperação extrajudicial conte com o suporte de credores detentores de determinado percentual dos créditos por ele abrangidos e seja homologado pelo juízo competente, vinculará não apenas os credores signatários, mas também os não signatários e até mesmo os que se manifestem expressamente contra o seu conteúdo, desde que sejam considerados titulares de créditos "abrangidos" por serem da mesma espécie ou integrarem um grupo da mesma natureza e sujeito a semelhantes condições de pagamento.[8] A reforma reduziu o quórum mínimo exigido para a homologação do plano de recuperação extrajudicial de 60% para 50%.

Adicionalmente, as regras introduzidas pela reforma permitem que o devedor em crise ajuíze o pedido de homologação de plano de recuperação extrajudicial tendo o apoio de pelo menos 33% dos créditos abrangidos, com a possibilidade de obter o suporte restante no curso do processo (em até 90 dias), ao contrário do regime anterior, que exigia a adesão expressa de detentores de 60% dos créditos sujeitos para início do processo de RE.

Evidentemente, a redução dos quóruns trouxe duplo benefício, contribuindo para maior uso do instituto como meio de reestruturação, facilitando

---

[5]   PAIVA, Luiz Fernando Valente de. Da recuperação extrajudicial. In: PAIVA, Luiz Fernando Valente de (coord.). *Direito falimentar e a nova Lei de Falências e Recuperação de Empresas*. São Paulo: Quartier Latin, 2005. p. 569.

[6]   Destacamos a existência de doutrinadores que denominaram essa modalidade de recuperação extrajudicial como "facultativa" ou "convencional". Sobre a nomenclatura das modalidades de recuperação extrajudicial, ver MARTINS, Glauco Alves. *A recuperação extrajudicial*. São Paulo: Quartier Latin, 2012. p. 83-90.

[7]   "Art. 163. O devedor poderá também requerer a homologação de plano de recuperação extrajudicial que obriga todos os credores por ele abrangidos, desde que assinado por credores que representem mais da metade dos créditos de cada espécie abrangidos pelo plano de recuperação extrajudicial."

[8]   "§ 1º O plano poderá abranger a totalidade de uma ou mais espécies de créditos previstos no art. 83, incisos II, IV, V, VI e VIII do *caput*, desta lei, ou grupo de credores de mesma natureza e sujeito a semelhantes condições de pagamento, e, uma vez homologado, obriga a todos os credores das espécies por ele abrangidas, exclusivamente em relação aos créditos constituídos até a data do pedido de homologação."

Cap. 58 · O NOVO SISTEMA DE RECUPERAÇÃO EXTRAJUDICIAL | **809**

a fase negocial (pré-ajuizamento)[9] e a própria homologação, na medida em que os quóruns previstos na RE envolvem adesão expressa de percentual menor de credores sujeitos em face da base total de créditos, inclusive de credores silentes.[10]

(b) Créditos abrangidos

Em relação aos créditos que podem ser objeto da recuperação extrajudicial, a LRF vedava a negociação e, consequentemente, a inclusão no plano de recuperação extrajudicial pelo devedor, dos créditos de natureza tributária, derivados da legislação do trabalho ou decorrentes de acidentes de trabalho. Da mesma forma, estavam excluídos desse regime os créditos previstos nos arts. 49, § 3º, e 86, II, da LRF.[11] Os créditos sujeitos ao plano eram, portanto, os mesmos que poderiam ser reestruturados na RJ, com exceção dos créditos trabalhistas. A reforma promovida pela Lei 14.112/2020 passou a permitir que a RE abranja créditos de natureza trabalhista e por acidentes de trabalho, desde que haja prévia negociação coletiva com o sindicato da respectiva categoria profissional, trazendo inegável benefício ao sistema.

Diferentemente da recuperação judicial, a RE permitia (e segue permitindo no novo regime) o grupamento de credores de forma mais flexível.

Na RJ, os credores são agrupados em quatro classes preestabelecidas pela LRF, para fins de votação em assembleia geral de credores e definição das condições de pagamento em plano:[12] além dos créditos derivados da

---

[9] Em adição à possibilidade de requerimento de tutela cautelar antecedente para suspensão de ações e execuções pelo prazo de 60 dias, nos termos do novo art. 20-B, §§ 1º e 3º, da LRF, os quais entendemos aplicáveis à recuperação extrajudicial.

[10] Ao contrário do que ocorre em processos de recuperação judicial que, nos termos da LRF, exigem aderência da maioria dos credores de cada uma das 4 classes, sendo que nas classes II e III (créditos com garantia real e quirografários, respectivamente) a referida maioria é computada por número de credores presentes em AGC e por maioria dos créditos que tais credores representam, e nas classes I e IV a maioria é computada apenas por número de credores presentes na Assembleia Geral de Credores.

[11] Trata-se, entre outros, dos créditos decorrentes de contratos de arrendamento mercantil, garantidos por propriedade fiduciária e com origem em adiantamentos a contratos de câmbio.

[12] A organização de credores em classes origina-se também nos regimes de liquidação. Contudo, os objetivos perseguidos pelos regimes de liquidação e reorganização não necessariamente são coincidentes. Na liquidação, a divisão de credores em classes visa a estabelecer ordens de prioridade de pagamento,

legislação trabalhista que formam a Classe I; os créditos com garantia real (penhor e hipoteca, até o limite do valor da garantia) integram a Classe II; uma Classe III formada por detentores de créditos que, na falência, seriam classificados como privilégio especial e geral, quirografários, subquirografários[13] e

---

enquanto que nas reorganizações o agrupamento dos credores visa a organizar os seus interesses e, assim, permitir a negociação de um plano de reorganização. No regime brasileiro, a coincidência de classes previstas em lei para os casos de liquidação e reorganização evidencia típico problema de transposição de normas de um regime para o outro sem a devida atenção para as peculiaridades dos regimes de reorganização.

Nos processos de reorganização, a maior vantagem da classificação dos credores em grupos é permitir que o tratamento conferido pelo plano de reorganização aos titulares de créditos e interesses distintos seja analisado por cada grupo, o que, de um lado, confere a tutela adequada a todos eles e, de outro, facilita a obtenção de aprovações entre os credores sobre a viabilidade do plano. Como o plano precisa ser aprovado por todas as classes, dispositivos prejudiciais a uma determinada classe fariam com que essa rejeitasse o plano e impedisse o devedor de prosseguir com a reorganização. Por fim, diante da necessidade de adaptação da *par conditio creditorium* nos casos de reorganização empresarial, passa-se a permitir que o plano de reorganização confira tratamento diferente entre credores de uma mesma classe, desde que justificada a diversidade de interesses dos credores que serão objeto do tratamento diferenciado. A higidez e a manutenção da heterogeneidade entre os credores de diferentes grupos são apontadas por NEDER CEREZETTI como desvantagens dessa opção feita pelo legislador. Por outro lado, a autora destaca que o posicionamento dos credores a respeito do plano de recuperação judicial sempre será pautado na comparação com o tratamento que lhes seria conferido no procedimento falimentar, justificando a reprodução da ordem de pagamento da liquidação na divisão de classes para o procedimento de recuperação judicial (As classes de credores como técnica de organização de interesses. *Direito das empresas em crise*: problemas e soluções. São Paulo: Quartier Latin, 2012. p. 376-377).

[13] Sobre o regime brasileiro, NEDER CEREZETTI defende a alteração da disciplina das classes de credores na recuperação judicial pois, conforme estruturada, especialmente no que se refere à classe III, são reunidos créditos de naturezas muito heterogêneas entre si: "No Brasil, contudo, a disciplina das classes de credores permite que elas se prestem a promover a reunião de créditos de naturezas distintas – exatamente aquilo que a ideia de organização dos credores em grupos visa a evitar. Admite-se, ainda, que créditos alocados na mesma classe recebam tratamento diverso, ainda que apresentem as mesmas características. Sendo a classe o ambiente de aglomeração de credores em que deve ser apurado o assentimento quanto aos termos do plano, seria de se esperar que o mesmo método de organização fosse utilizado pelo próprio plano quando da estipulação das formas de pagamento, ainda que apresentem as mesmas características. Há, na verdade,

subordinados; e a Classe IV formada por credores qualificados como micro e pequenas empresas.[14]

A RE, por sua vez, permite a inclusão de "uma ou mais espécies" dos créditos aludidos nos incisos II, IV (suprimido pela reforma), V (também suprimido), VI e VIII no *caput* do art. 83 da LRF – respectivamente, créditos com garantia real, privilégio especial e geral, quirografários e subordinados. Portanto, tecnicamente, entende-se que as "espécies" se referem justamente à classificação de tais créditos em caso de falência.

Por outro lado, desde a origem, a RE permite o grupamento de credores "de mesma natureza e sujeitos a semelhantes condições de pagamento", cujo significado jurídico historicamente é motivo de polêmica, não resolvida pela reforma. A discussão se dá em torno da possibilidade de grupamento de credores classificados em diferentes "espécies" (*e.g.*, um credor financeiro da espécie com "garantia real" poderia integrar o mesmo grupo de credores abrangidos pela RE formado também por credores "financeiros", mas da espécie "quirografária"?).

Entendemos que, nesse particular, o legislador perdeu a oportunidade de resolver uma das questões centrais da recuperação extrajudicial.

(c) Risco de declaração de ineficácia ou atos praticados em cumprimento ao Plano de RE no caso de falência

Nos termos dos arts. 129 e 130 da LRF, os atos praticados no âmbito das recuperações extrajudicial e judicial poderiam ser declarados ineficazes ou revogados, respectivamente, no caso de posterior falência do devedor.

Entretanto, no tocante à recuperação judicial, o art. 131 da LRF sempre foi categórico ao excluir expressamente a possibilidade de revogação ou

---

quadro que não beneficia a coordenação de interesses aliada ao fundamento básico da igualdade" (As classes de credores como técnica de organização de interesses: em defesa da alteração disciplina das classes na recuperação judicial. In: SATIRO, Francisco; TOLEDO, Paulo Fernando Campos Salles (coord.). *Direito das empresas em crise*: problemas e soluções. São Paulo: Quartier Latin, 2012. p. 373. Com críticas similares, posiciona-se também NEGRÃO (*A eficiência do processo judicial na recuperação de empresa*. São Paulo: Saraiva, 2010. p. 182-183 e *O papel do judiciário na homologação do plano*. In: ABRÃO, Carlos Henrique; ANDRIGHI, Fátima Nancy; BENETI, Sidnei (coord.) *10 anos de vigência da Lei de Recuperação e Falência (Lei n. 11.101/2005)*. São Paulo: Saraiva, 2015. p. 114).

[14] Pela reforma, a classificação de créditos como "privilegiados" deixa de existir, passando a serem considerados "quirografários" para todos os efeitos.

declaração de ineficácia dos atos de pagamento de determinadas dívidas, constituição de garantia real e, o mais importante, alienação de estabelecimento pelo devedor, quando previstos no plano de recuperação judicial. A mesma ressalva, contudo, não era expressa para os casos de recuperações extrajudiciais, causando grande insegurança jurídica para devedores, credores e investidores que celebravam tais negócios jurídicos em processos de RE.

A reforma da LRF alterou a redação do art. 131[15] da LRF para prever que atos daquela natureza, quando praticados em cumprimento a planos de recuperação extrajudicial não serão declarados ineficazes ou revogados em caso de decretação da falência do devedor, assim como ocorria em processo de recuperação judicial. Trata-se de ajuste singelo, mas com enorme repercussão para viabilizar negócios e investimentos em empresas passando por uma RE.

(d) Sucessão do adquirente de bens alienados no âmbito do plano de recuperação extrajudicial

O parágrafo único do art. 60 da LRF prevê expressamente que nos casos de alienação de filiais ou de unidades produtivas isoladas (as chamadas "UPIs") contempladas em plano de recuperação judicial e realizadas com observância aos preceitos legais, não haverá sucessão por parte dos adquirentes nas obrigações do devedor – inclusive as de natureza tributária.

Tendo em vista a ausência de regra expressa para a recuperação extrajudicial (de forma semelhante à existente para a recuperação judicial[16]), embora reconhecendo as discussões relacionadas ao tema (notadamente a que se refere à remissão feita pelo art. 166 ao art. 142, ambos da LRF), não havia segurança jurídica para a aquisição de UPIs no âmbito de REs sob o prisma da ausência de sucessão, afastando o interesse prático por tal modalidade de reestruturação.

Apesar de ser totalmente contra a interpretação teleológica e funcional da LRF, uma análise conservadora e literal de suas disposições sugere que a regra da ausência de sucessão do adquirente de ativos em relação a obrigações do devedor somente se aplicaria em processos de recuperação judicial.

Esse problema, embora certamente contribua para a pouca utilização da RE como mecanismo de reestruturação empresarial, também não foi

---

15 "Art. 131. Nenhum dos atos referidos nos incisos I, II, III e VI do *caput* do art. 129 desta Lei que tenham sido previstos e realizados na forma definida no plano de recuperação judicial ou extrajudicial será declarado ineficaz ou revogado."

16 Art. 60, parágrafo único, da LRF e art. 133 do Código Tributário Nacional.

Cap. 58 • O NOVO SISTEMA DE RECUPERAÇÃO EXTRAJUDICIAL | 813

modificado pela reforma promovida pela Lei 14.112/2020, perdendo o legislador excelente oportunidade de turbinar o uso desse regime, mais simples, eficiente e menos custoso que a RJ.

(e) Suspensão de ações e execuções (*stay*)

Até a reforma da LRF, diferentemente do que ocorria na recuperação judicial, a recuperação extrajudicial carecia de previsão legal expressa impondo o *stay period* (art. 6º, § 4º, LRF).

Diante da falta de previsão expressa determinando suspensão automática de cobranças, ações e execuções, em casos de RE, o ambiente pacífico para viabilizar a conclusão das negociações e a homologação do plano de RE dependia, majoritariamente, do sucesso na negociação extrajudicial, por meio de contratos de inação ou *standstill agreements*, de eventual previsão do plano nesse sentido ou de decisão judicial (neste caso, já após o ajuizamento do pedido de homologação de plano de RE).

De outro lado, muitos operadores do direito já defendiam a suspensão das ações contra o devedor em RE antes mesmo da reforma, com base no poder geral de cautela e a partir de uma interpretação *contrario sensu* do art. 161, § 4º, LRF, segundo o qual "o pedido de homologação do plano de recuperação extrajudicial não acarretará suspensão de direitos, ações ou execuções, nem a impossibilidade do pedido de decretação de falência pelos credores não sujeitos ao plano de recuperação extrajudicial". Tal interpretação já demonstrava, portanto, que deveriam ser suspensas as ações e as execuções movidas pelos credores que se sujeitam ao plano de recuperação extrajudicial, inclusive aquelas movidas por credores dissidentes, mas a ele sujeitos, sempre que atingido o quórum legal.

A situação foi modificada com a reforma da LRF, que passou a prever expressamente a suspensão das execuções dos créditos abrangidos pelo plano de recuperação extrajudicial, conforme art. 163, § 8º.[17]

---

[17] "Art. 163. O devedor poderá também requerer a homologação de plano de recuperação extrajudicial que obriga todos os credores por ele abrangidos, desde que assinado por credores que representem mais da metade dos créditos de cada espécie abrangidos pelo plano de recuperação extrajudicial. § 1º O plano poderá abranger a totalidade de uma ou mais espécies de créditos previstos no art. 83, incisos II, IV, V, VI e VIII do *caput*, desta Lei, ou grupo de credores de mesma natureza e sujeito a semelhantes condições de pagamento, e, uma vez homologado, obriga a todos os credores das espécies por ele abrangidas, exclusivamente em relação aos créditos constituídos até a data do pedido de homologação. § 2º Não

814 | RECUPERAÇÃO DE EMPRESAS E FALÊNCIA: DIÁLOGOS ENTRE A DOUTRINA E A JURISPRUDÊNCIA

Não há dúvidas que a previsão expressa da suspensão confere ao devedor e aos credores aderentes ao plano segurança adicional, pelo menos pelo prazo de 180 dias.[18]

---

serão considerados para fins de apuração do percentual previsto no *caput* deste artigo os créditos não incluídos no plano de recuperação extrajudicial, os quais não poderão ter seu valor ou condições originais de pagamento alteradas. § 3º Para fins exclusivos de apuração do percentual previsto no *caput* deste artigo: I – o crédito em moeda estrangeira será convertido para moeda nacional pelo câmbio da véspera da data de assinatura do plano; e II – não serão computados os créditos detidos pelas pessoas relacionadas no art. 43 deste artigo. § 4º Na alienação de bem objeto de garantia real, a supressão da garantia ou sua substituição somente serão admitidas mediante a aprovação expressa do credor titular da respectiva garantia. § 5º Nos créditos em moeda estrangeira, a variação cambial só poderá ser afastada se o credor titular do respectivo crédito aprovar expressamente previsão diversa no plano de recuperação extrajudicial. § 6º Para a homologação do plano de que trata este artigo, além dos documentos previstos no *caput* do art. 162 desta Lei, o devedor deverá juntar: I – exposição da situação patrimonial do devedor; II – as demonstrações contábeis relativas ao último exercício social e as levantadas especialmente para instruir o pedido, na forma do inciso II do *caput* do art. 51 desta Lei; e III – os documentos que comprovem os poderes dos subscritores para novar ou transigir, relação nominal completa dos credores, com a indicação do endereço de cada um, a natureza, a classificação e o valor atualizado do crédito, discriminando sua origem, o regime dos respectivos vencimentos e a indicação dos registros contábeis de cada transação pendente. § 7º O pedido previsto no *caput* deste artigo poderá ser apresentado com comprovação da anuência de credores que representem pelo menos 1/3 (um terço) de todos os créditos de cada espécie por ele abrangidos e com o compromisso de, no prazo improrrogável de 90 (noventa) dias, contado da data do pedido, atingir o quórum previsto no *caput* deste artigo, por meio de adesão expressa, facultada a conversão do procedimento em recuperação judicial a pedido do devedor. § 8º Aplica-se à recuperação extrajudicial, desde o respectivo pedido, a suspensão de que trata o art. 6º desta Lei, exclusivamente em relação às espécies de crédito por ele abrangidas, e somente deverá ser ratificada pelo juiz se comprovado o quórum inicial exigido pelo § 7º deste artigo". A LRF exclui dos efeitos da recuperação judicial parcela relevante do passivo do devedor, tais como os débitos garantidos por propriedade fiduciária, os com origem em adiantamentos de contrato de câmbio, os tributários e os decorrentes de contratos de compra e venda com reserva de domínio.

[18] Embora a LRF disponha que as ações contra o devedor serão suspensas pelo prazo improrrogável de 180 dias, a jurisprudência e doutrina pátrias são uníssonas em reconhecer a possibilidade de prorrogação do *stay period*, desde que a ausência de votação do Plano de Recuperação Judicial nesse período não possa ser imputada ao devedor.

A suspensão das ações e das execuções individuais contra o devedor pelo prazo de 180 dias mitiga o problema da "corrida individual" dos credores pelo patrimônio do devedor, permitindo que o devedor submeta o seu plano de reestruturação à homologação judicial sem que tenha valor dos seus bens reduzido durante a tramitação do feito, o que prejudicaria suas chances de recuperação e a comunhão de interesses envolvidos na situação de crise do devedor.

Nesse aspecto, a alteração promovida pela reforma foi bastante positiva e, a nosso ver, outro não poderia ser o entendimento, sob pena de supressão de uma das funções básicas dos institutos recuperacionais, qual seja a proteção do patrimônio do devedor no curso do processo e até que se decida se o plano de reestruturação apresentado deve ser homologado.

III. CONCLUSÃO

Os regimes jurídicos de reorganização das empresas em crise, como alternativa à falência, possuem contornos particulares e têm como principal finalidade contribuir para o soerguimento da empresa que, apesar de encontrar-se em crise, é viável.

O presente artigo buscou, no tocante à recuperação extrajudicial, destacar alguns dos problemas identificados no regime da RE pré-reforma que implicavam na sua pouca utilização histórica no cenário brasileiro, mesmo após mais de quinze anos da entrada em vigor da LRF, e averiguar em que medida tais questões foram solucionadas pela reforma promovida pela Lei 14.112/2020.

Diante do que foi exposto ao logo do artigo, ainda que as regras que regulam a RE possam ser criticadas, parte das ineficiências existentes na LRF foram parcialmente superadas pela reforma, entre as quais, destacam-se **(a)** a possibilidade de inclusão dos créditos trabalhistas nas restruturações feitas no âmbito da RE; **(b)** a redução dos quóruns para ajuizamento e homologação; **(c)** a extensão da previsão do art. 131, LRF à RE de modo a mitigar o risco de revogação ou declaração de ineficácia dos atos praticados no âmbito de plano de recuperação extrajudicial; e **(d)** a introdução expressa de um período de suspensão automática das ações e das execuções relativas a créditos abrangidos pelo plano.

Ressalta-se que a RE exerce uma das funções mais relevantes dos sistemas de insolvência: a redução dos custos de transação entre devedor e credores (e entre credores entre si), por meio de mecanismo de barganha estruturada com escopo específico, evitando problemas de *hold-outs* em reestruturações de dívida. É assim que a RE deve ser encarada e utilizada em meio à crise.

Nesse sentido, embora seja prematuro afirmar que o novo sistema dará "vida nova" à recuperação extrajudicial, parece que a Lei 14.112/2020 aprimorou o instituto em seu aspecto funcional, aproximando-o da recuperação judicial em certa medida. Por outro lado, a solução dos pontos relevantes não enfrentados pela reforma caberá, novamente, à doutrina, à jurisprudência e aos advogados envolvidos no direito das empresas em crise.

REFERÊNCIAS BIBLIOGRÁFICAS

BAIRD, Douglas G.; RASMUSSEN, Robert K. Control Rights, Priority Rights, and the Conceptual Foundations of Corporate Reorganizations. *Virginia Law Review*, v. 87, p. 921-959, 2001.

CEREZETTI, Sheila Christina Neder. As classes de credores como técnica de organização de interesses. In: TOLEDO, Paulo Fernando Campos Salles de; SOUZA JUNIOR, Francisco Satiro de (coord.). *Direito das empresas em crise*: problemas e soluções. São Paulo: Quartier Latin, 2012.

EPSTEIN, David G. *Bankruptcy and related law in a nutshell*. St. Paul, MN: West Academic Publishing, 2017.

JACKSON, Thomas H. *The Logic and Limits of Bankruptcy Law*. Cambridge, Mass: Harvard University Press, 1986.

MARTINS, Glauco Alves. *A recuperação extrajudicial*. São Paulo: Quartier Latin, 2012.

MCCORMACK, Gerard. *Corporate Rescue Law* – An Anglo-American Perspective. Cheltenham: Edward Elgar Publishing, Inc., 2008.

NEGRÃO, Ricardo. O papel do judiciário na homologação do plano. In: ABRÃO, Carlos Henrique; ANDRIGHI, Fátima Nancy; BENETI, Sidnei (coord.) *10 anos de vigência da Lei de Recuperação e Falência (Lei n. 11.101/2005)*. São Paulo: Saraiva, 2015.

PAIVA, Luiz Fernando Valente de. Da recuperação extrajudicial. In: PAIVA, Luiz Fernando Valente de (coord.). *Direito falimentar e a nova Lei de Falências e Recuperação de Empresas*. São Paulo: Quartier Latin, 2005.

INSOLVÊNCIA TRANSNACIONAL – PRINCÍPIOS

59

O SISTEMA DE INSOLVÊNCIA TRANSNACIONAL NO DIREITO BRASILEIRO

DANIEL CARNIO COSTA

A Lei 14.112/2020, sancionada no dia 24.12.2020, fez profundas reformas no sistema de insolvência empresarial no Brasil e, dentre as novidades relevantes trazidas para o direito brasileiro, passou a regular de maneira detalhada a insolvência transnacional.

Nesse sentido, o Brasil tornou-se o 49º país a adotar as regras da UNCITRAL para o tratamento de falências e recuperações empresariais com implicações transnacionais.

A adoção dessas regras é absolutamente relevante para o desenvolvimento da economia brasileira, dotando o direito brasileiro de ferramentas adicionais para o tratamento da crise empresarial e dando aos investidores estrangeiros a segurança jurídica necessária para a atração do investimento internacional na atividade empreendedora brasileira.

O mundo vive uma crise econômica sem precedentes em razão da pandemia da Covid-19. Diversos setores produtivos sofrem os efeitos das medidas de distanciamento social e do justificado temor de contaminação da população em geral.

Mas, ainda assim, o Brasil mantém-se entre as maiores economias mundiais, ocupando desde 2017 um lugar entre as 10 maiores economias, segundo o *World Economic Outlook Database* do Fundo Monetário Internacional.

Em momentos de crise, em que as empresas nacionais e multinacionais necessitam reestruturar suas cadeias produtivas – regional ou globalmente –, o investimento estrangeiro adquire importância ainda maior.

Conforme anotado pela Professora Rosalind Mason[1], a aceleração do comércio e do investimento internacional, somados à globalização da produção e distribuição de bens e serviços nas últimas décadas, vem causando a internacionalização das economias nacionais, levando à integração econômica das nações.

Nesse sentido, cresce o interesse de investidores nacionais e estrangeiros no conhecimento do sistema legal de insolvência de determinado País, como elemento essencial para a formação da decisão de investimento e de atuação econômica na pretendida jurisdição. A decisão sobre investir ou não em determinado País leva em consideração, além dos aspectos relacionados ao desenvolvimento próprio da atividade econômica, também o tratamento legal que é dado ao insucesso do empreendimento. É relevante saber os riscos envolvidos no investimento que é realizado em jurisdição estrangeira.

Assim, mormente em períodos de turbulência econômica, os empreendedores e investidores internacionais tendem a orientar seus recursos para jurisdições que sejam mais estáveis, que apresentem segurança jurídica e que ofereçam soluções eficientes e justas no tratamento da insolvência empresarial, entre credores locais e estrangeiros.

Vale destacar, ainda, que adoção de um sistema de insolvência doméstico, que desconsidere a globalização do investimento e da atuação empresarial, representa um custo adicional de transação para o País, fazendo com que outros Países tornem-se mais interessantes ao capital estrangeiro desde que possuam sistemas legais internacionalizados e já conhecidos pelos grandes *players* multinacionais.

É cada vez mais comum que empresas brasileiras tenham negócios no exterior, bem como credores nacionais e estrangeiros. Na hipótese de insolvência dessas empresas, com a necessidade de se recorrer aos mecanismos da recuperação judicial ou da falência, importa saber qual é o tratamento que a legislação brasileira confere aos credores estrangeiros e qual a proteção oferecida aos ativos que se encontram dentro e fora do País. Quanto mais justa e eficiente a administração desses ativos, e quanto menos discriminatório

---

[1] MASON, Rosalind. Cross-Border Insolvency Law: where private international law and insolvency law meet. In: OMAR, Paul J. (ed.). *International insolvency law*: themes and perspectives. Hampshire: Ashgate Publishing Limited, 2008. p. 27.

o tratamento dos credores estrangeiros em relação aos credores nacionais, maior a capacidade dessas empresas de captar recursos internacionais e de ampliar sua atuação negocial em termos globais. Esse mesmo raciocínio também se aplica aos demais países, na medida em que serão mais atrativos ao investimento internacional quanto mais justa, eficiente e não discriminatória for a sua legislação que trate da insolvência empresarial (falência e recuperação de empresas).

A Organização das Nações Unidas (ONU) criou em 1966 a Comissão para Legislação em Comércio Internacional (UNCITRAL) diante do reconhecimento de que a disparidade de legislações entre os países representava um empecilho ao fluxo de negócios em nível mundial e com o objetivo de fazer com que a ONU assumisse um papel mais ativo na redução dessas disparidades e no incentivo ao comércio internacional[2].

Diante do aumento dos casos de insolvência transnacional, principalmente a partir da década de 1990, a adoção pelos países de uma legislação equipada com ferramentas para lidar com os problemas decorrentes das falências e recuperações judiciais aumentou de importância. A ausência de previsões legais sobre o tema em diversos Países foi identificada como a principal causa de ineficiência e de falta de transparência no tratamento de processos de insolvência com implicações transnacionais. A falta de coordenação internacional em casos dessa natureza acabou resultando na perda de valor de ativos em detrimento de credores, bem como na impossibilidade de recuperação de empresas que poderiam, num ambiente de melhor coordenação internacional, continuar suas atividades geradoras de produtos, serviços e empregos em nível mundial.

Nesse sentido, o Grupo de Trabalho V (*Working Group V*[3]) da UNCITRAL, responsável pelo estudo de insolvência transnacional, editou em 1997 a Lei Modelo da Uncitral para Insolvências Transnacionais com o objetivo de oferecer aos Países integrantes da Organização das Nações Unidas um parâmetro a ser seguido na edição das legislações nacionais, buscando por um lado dar maior uniformidade do tratamento da matéria (o que reduz custos de transação e favorece a fluxo de negócios) e por outro lado oferecer regras mais eficazes, transparentes e de coordenação adequada de processos de falência e recuperação de empresas com implicações transnacionais.

---

[2] Disponível em: https://uncitral.un.org/en/about. Acesso em: 19 jan. 2021.

[3] Disponível em: https://uncitral.un.org/en/working_groups/5/insolvency_law. Acesso em: 19 jan. 2021.

Quarenta e oito países já haviam adotado em suas legislações a Lei Modelo da Uncitral para Insolvência Transnacional, com adaptações na maioria das vezes. Algumas das maiores economias do mundo adotam os termos da Lei Modelo, como EUA, Reino Unido, UE, Canadá e Austrália. Alguns países com tradição romano-germânica (*civil law*) também já adotam a Lei Modelo, como Chile e México, dentre outros[4].

Conforme ensinam Márcio Guimarães e Peter Sester[5], "a lei modelo da UNCITRAL enfrenta o binômio jurisdição de um Estado *versus* a necessidade de cooperação, comunicação e concentração do tratamento da empresa transnacional em crise. A soberania estatal, traduzida na jurisdição para processar e julgar as sociedades situadas em seu território, deve se amoldar à necessidade de restruturação judicial da empresa globalizada, com consequências evidentes para os estados envolvidos. Para tanto, o instrumento de materialização será o protocolo de insolvência (*insolvency protocol*) firmado entre os juízos competentes, em conjunto com os administradores judiciais (*insolvency practioner*), com base no denominado *Court-to-Court Cooperation (CCC)*. Como todos os juízes são, em tese, competentes para tratar da crise da empresa exercida por uma sociedade presente no território nacional, surge o princípio denominado de *comity* ou da *courtoisie*, com a grande responsabilidade que cada qual assume para lidar com o tema, pelo fato de não haver um tribunal internacional competente para dirimir as eventuais divergências. A base do protocolo de insolvência é o reconhecimento do local do principal estabelecimento (*centre of main interests*), fixando o juízo de um país como o processo principal (*main proceeding*), e os demais como os processos secundários (*non main proceedings ou secondary proceedings*). A fixação do principal estabelecimento tem por objetivo não só definir o processo principal, como também evitar a reprovável prática do *forum shopping*".

Os objetivos específicos da Lei Modelo da Uncitral são:

(i)   autorizar e estimular a cooperação e coordenação entre jurisdições;

---

[4]   SATIRO, Francisco; CAMPANA FILHO, Paulo Fernando. A insolvência transnacional: para além da regulação estatal e na direção dos acordos de cooperação. In: TOLEDO, Paulo Fernando Campos Salles de; SATIRO, Francisco (coord.). *Direito das empresas em crise*: problemas e soluções. São Paulo: Quartier Latin, 2012, p. 133.

[5]   GUIMARÃES, Márcio Souza; SESTER, Peter. Insolvência transnacional (*cross-border insolvency*) – o desafio brasileiro. *Justiça & Cidadania*, Rio de Janeiro, n. 205, set. 2017. Disponível em: http://www.editorajc.com.br/insolvencia-transnacional-cross-border-insolvency-o-desafio-brasileiro/. Acesso em: 8 maio 2020.

Cap. 59 · O SISTEMA DE INSOLVÊNCIA TRANSNACIONAL NO DIREITO BRASILEIRO | 823

(ii) promover a administração equitativa e eficiente das insolvências internacionais, visando à proteção do interesse de todos os credores e demais partes envolvidas, inclusive do devedor;

(iii) maximização do valor dos bens do devedor;

(iv) estabelecimento de maior segurança jurídica para comércio internacional e investimentos;

(v) viabilizar a recuperação de sociedades em dificuldade, preservando investimentos e empregos.

A Lei Modelo da Uncitral enfatiza quatro elementos que são considerados essenciais para que uma legislação de tratamento adequado aos processos de insolvência transnacional: acesso; reconhecimento de procedimentos estrangeiros; medidas de proteção adequadas; cooperação e coordenação.

No Brasil, considerando a percepção governamental de que o sistema de insolvência empresarial brasileiro necessitava de aprimoramentos, à vista da experiência vivenciada com a aplicação da Lei 11.101/2005 durante a crise de 2015/2016, o Ministério da Fazenda editou a Portaria 467, de 16.12.2016[6] e criou o Grupo de Trabalho para elaboração de um projeto de lei.

Os integrantes dessa Comissão de Juristas[7] apresentaram relatório final que se transformou no PL 10.220/2018, que foi encaminhado à Câmara dos

---

[6] Consulta ao teor integral da Portaria em: http://www.fazenda.gov.br/acesso-a informacao/institucional/legislacao/portarias-ministeriais/2016/portariande-g-467-de-16-de-dezembro-de-2016. Acesso em: 8 maio 2020.

[7] I – Marcos José Mendes – Chefe da Assessoria Especial do Ministro da Fazenda; II – Waldery Rodrigues Júnior – Assessor da Secretaria Executiva do Ministério da Previdência Social, em exercício na Assessoria de Assuntos Econômicos do Gabinete do Ministro da Fazenda; III – Bruno Beltrame – Auditor Federal de Finanças e Controle em exercício na Assessoria de Assuntos Econômicos do Gabinete do Ministro da Fazenda; IV – Arlete da Silva – Assessora de Assuntos Econômicos do Gabinete do Ministro da Fazenda; V – Mansueto Facundo de Almeida Jr. – Secretário de Acompanhamento Econômico do Ministério da Fazenda; VI – Pedro Calhman de Miranda – Subsecretário de Regulação e Infraestrutura da Secretaria de Acompanhamento Econômico do Ministério da Fazenda; VII – Angelo José Mont Alverne Duarte – Subsecretário de Análise Econômica e Advocacia da Concorrência da Secretaria de Acompanhamento Econômico do Ministério da Fazenda; VIII – Roberto Domingos Taufick – Assessor do Secretário de Acompanhamento Econômico do Ministério da Fazenda; IX – Sara Maria Almeida C. Silva – Auditora Fiscal da Coordenação-Geral de Arrecadação e Cobrança da Receita Federal Brasil; X – Filipe Aguiar de Barros – Procurador da Fazenda Nacional da Coordenação-Geral de Representação

Deputados. Entretanto, em razão das divergências sobre o texto final, bem como ao momento político do País (mudança de governo), a iniciativa legislativa permaneceu sem movimentação no Parlamento.

Importante destacar que o PL 10.220/2018 já incluía no seu bojo um capítulo sobre insolvência transnacional, com inspiração na Lei Modelo da Uncitral, embora com adaptações entendidas naquele momento como necessárias para melhor adequação do modelo ao sistema brasileiro.

Em 2019, o novo Ministério da Economia, sob o comando do Ministro Paulo Guedes, retomou a atenção à necessidade de se implementar reformas no sistema de insolvência empresarial brasileiro, de modo a torná-lo mais adequado e efetivo no enfrentamento das crises das empresas. Nesse sentido, determinou-se a formação de um novo grupo de juristas para reduzir o PL 10.220/2018 a aspectos essenciais e a fazer os ajustes necessários para que pudesse tramitar pelo Parlamento e ser promulgado em prazo razoável.

O Deputado Federal Hugo Legal assumiu a relatoria do PL 10.220/2018 e, diante do trabalho técnico apresentado pela nova comissão de juristas[8], apresentou o Substitutivo de Plenário que tramitou em regime de urgência pela Câmara dos Deputados.

Judicial da PGFN; XI – Fabiana dos Santos Barros – Procuradora da Fazenda da Coordenação-Geral de Grandes Devedores da PGFN; XII – João André Calvino Marques Pereira – Chefe de Gabinete da Diretoria de Regulação do Sistema Financeiro do Banco Central do Brasil; XIII – Thomas Felsberg – Sócio fundador do Felsberg Advogados e ex-presidente do Conselho da Turnaround Management Association do Brasil (TMA Brasil); XIV – Francisco Satiro de Souza Jr. – Professor de Direito Comercial da Universidade de São Paulo; XV – Paulo Fernando Campos Salles de Toledo – Professor de Direito Comercial da Universidade de São Paulo e Presidente do Instituto Brasileiro de Estudos de Recuperação de Empresas; XVI – Sheila Neder Cerezetti – Professora de Direito Comercial da Universidade de São Paulo; XVII – Cássio Cavalli – Professor de Direito Comercial da Fundação Getúlio Vargas; XVIII – Aloísio Araújo – Professor do Instituto Nacional de Matemática Pura e Aplicada e da Escola Brasileira de Economia e Finanças da Fundação Getúlio Vargas; XIX – Bruno Funchal – Professor Titular da Fundação Instituto Capixaba de Pesquisas em Contabilidade, Economia e Finanças; XX – Daniel Carnio Costa – Juiz de Direito Titular da 1ª Vara de Falências e Recuperações Judiciais do Fórum Central da Capital – São Paulo/SP; e XXI – Luiz Roberto Ayoub – Juiz Titular da 1ª Vara Empresarial do Tribunal de Justiça do Rio de Janeiro.

[8] Integrada por Daniel Carnio Costa, Pedro Teixeira, Bruno Rezende, Waldery Rodrigues Jr., integrantes do Ministério da Economia, dentre outros colaboradores.

O Substitutivo ao PL 10.220/2018 incluiu as regras de insolvência transnacional dentre os pontos essenciais que deveriam constar na alteração legislativa, com revisão e adaptação em relação ao texto anteriormente elaborado.

O art. 4º do Substitutivo ao PL 10.220/2018 acrescentava um novo Capítulo VI-A à Lei 11.101/2005, composto pelos arts. 167-A a 167-Y, introduzindo no direito brasileiro o regime da insolvência transnacional.

Conforme explicado pelos autores do Projeto, na sua exposição de motivos[9], "como o direito brasileiro não dispõe de regras próprias para tratar dos casos transnacionais de insolvência, supre-se essa falha ao incorporar mecanismos que permitam a cooperação entre juízos de diferentes países em casos de empresas insolventes. As inovações conferem maior previsibilidade ao investidor estrangeiro nos casos das empresas transnacionais, fomentando o mercado de crédito e a entrega de novas empresas no mercado brasileiro".

O texto tramitou rapidamente também pelo Senado e o Capítulo VI-A foi sancionado sem vetos pelo Presidente da República, inaugurando no Brasil o novo sistema de insolvência transnacional.

Assim, finalmente a Lei 14.112/2020 incluiu no texto original da Lei 11.101/2005 o Capítulo VI-A (Da Insolvência Transnacional), composto pela Seção I (Disposições Gerais), Seção II (Do Acesso à Jurisdição Brasileira), Seção III (Do Reconhecimento de Processos Estrangeiros), Seção IV (Da Cooperação com Autoridades e Representantes Estrangeiros) e Seção V (Dos Processos Concorrentes).

De início, é importante destacar que os objetivos do sistema de insolvência transnacional brasileiro estão alinhados com os objetivos propostos pela Lei Modelo da Uncitral, acima expostos. O art. 167-A reproduz a necessidade de cooperação e coordenação entre os juízos do Brasil e do exterior; o aumento da segurança jurídica para atividade econômica e para o investimento; a administração justa e eficiente dos processos de insolvência transnacional, de modo a proteger os interesses de todos os credores e dos demais interessados, inclusive do devedor; a proteção e maximização do valor dos ativos do devedor; a promoção da recuperação das empresas com proteção de investimentos e preservação de empregos; e promoção da

---

[9]   Disponível em: https://www.camara.leg.br/proposicoesWeb/prop_mostrarintegra?codteor=1854070&filename=Tramitacao-PL+6229/2005. Acesso em: 19 jan. 2021.

liquidação de ativos com preservação e otimização da utilização produtiva dos ativos da devedora.

A proteção à ordem pública brasileira está garantida pelo art. 167-A, § 4º, segundo o qual o juiz somente poderá deixar de aplicar as disposições desse Capítulo se, no caso concreto, a sua aplicação configurar manifesta ofensa à ordem pública[10].

Na esteira da jurisprudência das Cortes europeias e norte-americanas de insolvência transnacional, a não aplicação dessas regras somente se justifica se houver manifesta e evidente violação da ordem pública nacional. Nesse sentido, a simples contrariedade da decisão estrangeira com a legislação brasileira, por si só, não configura motivo bastante para não aplicação das regras de insolvência transnacional. É preciso que a decisão estrangeira configure uma clara e grave violação às políticas públicas adotadas pelo Brasil.

Importante destacar que a proteção da ordem pública é clausula comum aos sistemas de insolvência transnacional, estando presente, inclusive, na regulação do sistema dos EUA (Capítulo 15 do Código de Insolvências).

Uma peculiaridade do sistema brasileiro é a previsão de participação do Ministério Público nos processos de reconhecimento, cooperação e assistência em andamento no Brasil, tendo em vista que é da essência do direito brasileiro da insolvência que o Ministério Público seja ouvido nos processos domésticos de falência e recuperação de empresas na condição de fiscal da lei.

Uma outra peculiaridade do sistema brasileiro é a preservação da competência do Superior Tribunal de Justiça para homologação de decisões estrangeiras. Segundo dispõe o art. 167-A, § 6º, "Na aplicação das disposições deste Capítulo, será observada a competência do Superior Tribunal de Justiça prevista na alínea 'i' do inciso I do *caput* do art. 105 da Constituição Federal, quando cabível".

A necessidade dessa ressalva decorre do fato de que a competência do STJ para homologação de sentença estrangeira está prevista na Constituição Federal e não poderia ser afastada pela Lei 14.112/2020 (lei ordinária). Nesse sentido, a interpretação dessa ressalva deve levar em consideração a essência do sistema de insolvência transnacional que tem como ponto central a cooperação direta entre juízos de insolvência para reconhecimento de processos de insolvência e para prestar assistência e conceder medidas de proteção.

---

[10] COSTA, Daniel Carnio; MELO, Alexandre Correa Nasser de. *Comentários à Lei de Recuperação de Empresas e Falência*. Curitiba: Juruá, 2021. p. 314.

Cap. 59 • O SISTEMA DE INSOLVÊNCIA TRANSNACIONAL NO DIREITO BRASILEIRO | 827

Portanto, a competência para o reconhecimento de processo estrangeiro será do juízo falimentar, salvo nos casos de homologação de sentença estrangeira ou *exequatur* que não tenham relação com insolvência transnacional ou sempre que o STJ entender que deve exercer jurisdição sobre a questão concreta.

O art. 167-B traz os conceitos de processo estrangeiro, processo principal e processo estrangeiro não principal, representante e autoridade estrangeiras e estabelecimento para os fins de insolvência transnacional.

Por fim, a Seção I (Disposições Gerais) traz regras sobre a definição do juízo competente para o reconhecimento de processo estrangeiro e para cooperação com autoridade estrangeira afirmando que deve ser o juízo do local do principal estabelecimento do devedor no Brasil.

A Seção II regula o acesso à jurisdição brasileira pelos representantes e autoridades estrangeiras. Importante destacar que o representante estrangeiro está legitimado para postular diretamente ao juiz brasileiro nas hipóteses de insolvência transnacional.

Havendo o reconhecimento do processo estrangeiro pelo juízo brasileiro, o representante estrangeiro poderá ajuizar pedido de falência do devedor, participar de processo de recuperação empresarial no Brasil e intervir em qualquer processo em que o devedor seja parte, atendidas as exigências do direito brasileiro[11].

Vale destacar que nossa lei estabelece a igualdade de tratamento entre credores nacionais e estrangeiros, estabelecendo no art. 167-G que "os credores estrangeiros têm os mesmos direitos conferidos aos credores nacionais (...) e não serão discriminados em razão de sua nacionalidade ou da localização de sua sede, estabelecimento, residência ou domicílio".

Entretanto, os créditos de natureza tributária e previdenciária, bem como as multas por infração à lei penal ou administrativa, inclusive multas tributárias devidas a Estados estrangeiros, não serão considerados nos processos de recuperação judicial e serão classificados como créditos subordinados nos processos de falência, independentemente da classificação nos países em que foram constituídos. O crédito do representante estrangeiro será equiparado ao do administrador judicial e os créditos que não tiverem correspondência com a classificação da lei brasileira serão classificados como quirografários, independentemente da classificação atribuída pela lei do país em que foram constituídos.

---

[11] COSTA, Daniel Carnio. Op. cit., p. 317-319.

A Seção III trata do reconhecimento de processos estrangeiros, regulando o procedimento através do qual o representante estrangeiro poderá pedir o reconhecimento de processo estrangeiro como principal ou não principal.

A decisão que reconhecer o processo estrangeiro será sujeita a recurso de agravo, ao passo que a sentença que indeferir o reconhecimento estará sujeira a recurso de apelação.

Vale destacar que durante o processo de reconhecimento do processo estrangeiro, o juízo brasileiro poderá determinar medidas liminares de urgência ou de evidência para a proteção da massa ou para a eficiência da administração.

O reconhecimento do processo estrangeiro como principal implica na suspensão das execuções individuais dos credores (bem como do curso da prescrição dessas execuções) contra a devedora. Da mesma forma, reconhecido o processo estrangeiro, tanto principal, quanto não principal, confere ao juiz o poder de determinar, no interesse dos credores e na proteção de seus ativos, as medidas que entender necessárias e que estão exemplificadas no rol do art. 167-N.

A Seção IV regula a cooperação com autoridades e representantes estrangeiros. Segundo o art. 167-P, o juiz poderá cooperar diretamente ou por meio do administrador judicial, na máxima extensão possível, com a autoridade estrangeira ou com representantes estrangeiros, na persecução dos objetivos estabelecidos no art. 167-A.

É importante destacar que a comunicação direta entre juízos (*court-to--court communication*) é da essência do sistema de insolvência transnacional, evitando-se o uso de cartas rogatórias ou de comunicação mediadas por autoridade central.

A razão para essa regra é a busca de celeridade e eficiência na determinação de medidas necessárias ao bom gerenciamento dos processos transnacionais de insolvência.

Por fim, a Seção V regula os processos concorrentes. Nos termos do art. 167-R, após o reconhecimento de um processo estrangeiro principal, somente se iniciará no Brasil um processo de recuperação ou falência se o devedor possuir bens ou estabelecimento no país. Entretanto, sempre que houver a existência de um processo estrangeiro e um processo nacional concomitantemente em andamento, o juiz deverá buscar a cooperação e a coordenação entre os processos, nos termos propostos pelos incisos do art. 167-S.

Conclui-se que o novo sistema de insolvência transnacional brasileiro é relevante e compatível com as melhores práticas internacionais. Conforme já afirmado na Análise de Impacto Legislativo na Recuperação e na Falência, coordenada por Luis Felipe Samolão e Flávio Galdino, a "adoção do regime de insolvência transnacional trará importante melhoria da posição do Brasil no índice *doing business* do Banco Mundial, que é frequentemente utilizado por investidores transnacionais para medir a segurança jurídica para fins de direcionar ao país negócios e investimentos internacionais essenciais ao crescimento econômico e ao bem-estar social. (...) Adota-se um modelo pós-universalista que equilibra de forma eficiente a promoção da cooperação internacional e a proteção à soberania nacional"[12].

REFERÊNCIAS BIBLIOGRÁFICAS

COSTA, Daniel Carnio. Os impactos do PL 6229/05 na insolvência transnacional. *Análise de impacto legislativo na recuperação e falência.* Rio de Janeiro: JC Editora, 2020.

COSTA, Daniel Carnio; MELO, Alexandre Correa Nasser de. *Comentários à Lei de Recuperação de Empresas e Falência.* Curitiba: Juruá, 2021.

GUIMARÃES, Márcio Souza; SESTER, Peter. Insolvência transnacional (*cross-border insolvency*) – o desafio brasileiro. *Justiça & Cidadania*, Rio de Janeiro, n. 205, set. 2017. Disponível em: http://www.editorajc.com.br/insolvencia-transnacional-cross-border-insolvency-o-desafio-brasileiro/. Acesso em: 8 maio 2020.

MASON, Rosalind. Cross-Border Insolvency Law: where private international law and insolvency law meet. In: OMAR, Paul J. (ed.). *International insolvency law*: themes and perspectives. Hampshire: Ashgate Publishing Limited, 2008.

SATIRO, Francisco; CAMPANA FILHO, Paulo Fernando. A insolvência transnacional: para além da regulação estatal e na direção dos acordos de cooperação. In: TOLEDO, Paulo Fernando Campos Salles de; SATIRO, Francisco (coord.). *Direito das empresas em crise*: problemas e soluções. São Paulo: Quartier Latin, 2012.

---

[12] COSTA, Daniel Carnio. Os impactos do PL 6229/05 na insolvência transnacional. *Análise de impacto legislativo na recuperação e falência.* Rio de Janeiro: JC Editora, 2020. p. 79-98.

Antes do advento da Reforma, vários casos de insolvência transnacional já eram enfrentados no Brasil, cuja solução foi, na maioria deles, fundada na analogia, nos costumes e nos princípios gerais de direito, como determina o art. 4º da Lei de Introdução às Normas do Direito Brasileiro – LINDB.[3-4]

Cada país tem sua jurisdição própria, ínsita à soberania estatal, sendo difícil (talvez impossível) a conjugação dos diversos sistemas de insolvência de cada nação em um só diploma legal, com a entabulação de tratados internacionais. As duas correntes principiológicas elaboradas são as do *universalismo* e do *territorialismo*, traduzindo-se a primeira na ideia de que haveria um único juízo competente (local do *Centre of Main Interests* – COMI) para dirimir todas as questões surgidas em âmbito mundial. E a segunda, fundada na competência de cada Estado para decidir sobre os bens, os créditos e os devedores situados em seu território. A evolução dos inúmeros casos de insolvência transnacional, desde os anos 1990, cunharam uma terceira teoria, com maior aceitação mundial, denominada de teoria do *universalismo modificado*, baseada no "triplo C" ou "CCC": cooperação (arts. 167-A, I, e 167-D), comunicação e coordenação entre o juízo principal (*main proceeding*) e não principal (*non-main proceeding*). A Reforma criou uma seção inteira destinada a tanto, Seção IV – *Da Cooperação com Autoridades e Representantes Estrangeiros*.

Os juízes dos diversos países envolvidos deverão estar imbuídos na ideia de que cada qual possui, e tem preservada, a sua competência para decidir em seu território, a qual será irrecorrível, com o espectro maior de uma reestruturação ou liquidação global, cuja maximização dos ativos e ganhos de todos os envolvidos somente será alcançada se houver entendimento entre os julgadores – princípio do *comity* ou de *courtoisie*. É um novo modelo de

---

[3] "Art. 4º Quando a lei for omissa, o juiz decidirá o caso de acordo com a analogia, os costumes e os princípios gerais de direito". Assim o foi nos casos do Grupo OI (Processo 020371165.2016.8.19.0001, 7ª Vara Empresarial do Rio de Janeiro e Agravo de instrumento 0051668-49.2016.8.19.0000, 8ª Câmara Cível, Des. Cezar Augusto Rodrigues Costa, j. 31.10.2017), Grupo OAS (TJSP, Agravo Regimental 2084295-14.2015.8.26.0000, 2ª Câmara Reservada de Direito Empresarial, Foro Central Cível – 1ª Vara de Falências e Recuperações Judiciais, Rel. Carlos Alberto Garbi, j. 31.08.2015, Data de Registro: 02.09.2015) e Grupo Constellation (1ª Vara Empresarial da Comarca do Rio de Janeiro, Proc. 0288463-96.2018.8.19.0001).

[4] GUIMARÃES, Márcio Souza; SESTER, Peter. Insolvência transnacional (*Cross- -Border Insolvency*) – o desafio brasileiro. Disponível em: http://www.editorajc. com.br/insolvencia-transnacional-cross-border-insolvency-o-desafio-brasi- leiro/. Acesso em: 29 jan. 2021.

60

INSOLVÊNCIA TRANSNACIONAL – PRINCÍPIOS

MÁRCIO SOUZA GUIMARÃE[...]

Sumário: Introdução – 1. A empresa transnacional – 2. A Lei Modelo da UNCITRAL e o Regulamento Europeu 848/2015 – 3. A jurisdição/soberania – 4. Teorias universalista e territorialista – Conclusão – Referências bibliográficas.

INTRODUÇÃO

O Brasil é uma economia expressiva no comércio internacional e [...] estão estabelecidas diversas "subsidiárias"[1] de companhias estrangeiras. [...] o advento da Lei 14.112/2020 (Reforma da Lei 11.101/2020), o Direito [...] Empresas em Dificuldade brasileiro era desprovido de tratamento leg[...] insolvência transnacional, o que é suprido pelo novo Capítulo VI-A, ao i[...] nalizar as regras da lei modelo da UNCITRAL (*United Nations Commi[...] on International Trade and Law*).[2] Trata-se do 49º país a adotar tal ação[...] negligenciarmos que a Europa conta com o Regulamento 848/2015, [...] inclui os atuais vinte e sete países indiretamente à lista.

---

[1] Em regra, as empresas multinacionais não criam subsidiárias, na forma [...] disposta no art. 251 da Lei 6.404/1976, nos países em que atuam, mas sim[...] dades locais (nacionais) que possuem relação de controle com a institui[...]

[2] A Organização das Nações Unidas – ONU criou grupos de estudo sobre [...] da insolvência transnacional no âmbito de sua Comissão das Nações Unid[...] o Direito Comercial Internacional (*United Nations Commission on Int[...] nal Trade Law – UNCITRAL*), o que resultou, em 1997, na edição de [...] modelo (*model law*), denominada de UNCITRAL Model Law on Cros[...] Insolvency.

magistratura (*magistrature économique*)[5] que se demanda para o tratamento da crise mundial da empresa.

1. A EMPRESA TRANSNACIONAL

Os agentes econômicos sempre ocuparam posição de destaque na sociedade, por se tratar de grandes propulsores do desenvolvimento dos povos, gerando progresso e melhoria de vida à humanidade[6]. Com a evolução das atividades econômicas e o atingimento de um maior grau de organização de seus titulares, sua forma de atuação passou por profundas alterações, culminando com a atualidade dos grupos econômicos nacionais e transnacionais.[7] Não há consenso na doutrina sobre a definição exata de uma empresa multinacional. Para fins do presente estudo, destacamos aqui o conceito delimitado por Rugman e Verbeck.[8]

---

[5] HOUIN, Roger. Rapport de synthèse au colloque de Toulouse, fév. 1986, Ann. Université des sciences sociales de Toulouse, t. 34, p. 351.

[6] GUIMARÃES, Márcio Souza. A ultrapassada teoria da empresa e o direito das empresas em dificuldades. In: WAISBERG, Ivo; RIBEIRO, José Horácio Halfeld Rezende (org.). *Temas de insolvência* – estudos em homenagem ao Professor Manoel Justino Bezerra Filho. São Paulo: IASP, 2017.

[7] Nesse sentido, Tavares Borba aponta que: "A multinacional é um fenômeno recente, tendo-se acentuado após a Segunda Guerra Mundial, quando algumas sociedades passaram a operar em centenas de países, de todos os continentes. A expansão dessas sociedades através do mundo faz-se basicamente por meio de subsidiárias de vários graus, com a utilização das técnicas de holdings e subholdings. Esses grupos parecem, às vezes, não ter pátria, em face da multiplicidade de países a que se vinculam as muitas sociedades que os compõem" (BORBA, José Edwaldo Tavares. *Direito societário*. 14. ed. São Paulo: Atlas, 2015. p. 200).

[8] "(...) a differentiated network of dispersed operations, with a configuration of competencies and capabilities that cannot be controlled fully through hierarchical decisions *about foreign direct investment (FDI) taken by corporate headquarters*" (tradução livre: "(...) é uma rede diferenciada de operações diversas, com uma configuração de competências e capacitações que não pode ser internamente controlada pela hierarquia da matriz, em suas decisões sobre o investimento direto no exterior"). RUGMAN, Alan; VERBEKE, Alain. Subsidiary-specific advantages in multinational enterprises. *Strategic Management Journal*, v. 22, 2001, p. 237-250.

Diante de tal realidade, quando a empresa transnacional[9] é alcançada pela crise, a incidência do regime de insolvência de cada país em que estão situadas as diversas sociedades (nacionais) será ineficiente. Somente a construção de um regime de tratamento transnacional da crise da empresa, coordenado pelos diversos países interessados, poderá reestruturá-la ou liquidá-la, da forma mais eficiente possível,[10] em atenção ao princípio da função social da empresa.

2. A LEI MODELO DA UNCITRAL E O REGULAMENTO EUROPEU 848/2015

A difusão desse tipo de organização empresarial e a existência de legislações nacionais diversas (e nem sempre compatíveis), trouxe consigo inúmeras implicações sem a correlativa solução jurídica. Por essa razão, verificou-se a necessidade de regras que pudessem solucionar, de forma adequada, as questões complexas decorrentes da nova configuração das relações empresariais.[11]

A existência de empresas transnacionais, com operações fixadas em diversos países, tem como consequência lógica e imediata a existência de ativos (bens) e credores em qualquer lugar do globo. A questão tem especial relevância em relação ao direito das empresas em dificuldade, considerando:

---

[9] Defendemos que é tecnicamente incorreta, portanto, a expressão "sociedade multinacional", eis que cada sociedade (pessoa jurídica) tem sua própria nacionalidade e se submete à legislação de insolvência do país em que se situa. GUIMARÃES, Márcio Souza. Direito transnacional das empresas em dificuldades. In: COELHO, Fábio Ulhoa (coord.). *Tratado de Direito Comercial* – falência e recuperação de empresa e direito marítimo. São Paulo: Saraiva, 2015. v. 7, p. 37.

[10] GUIMARÃES, Márcio Souza. *Le rôle du ministère public dans les procédures collectives*: approche de droit comparé français et brésilien. France: ANRT Thèse Doctorat, 2011. p. 14.

[11] Marcos de Barros Lisboa salienta a aparente dificuldade de compatibilização de diversos ordenamentos jurídicos nesses casos: "(...) a observação da experiência internacional leva à conclusão de que não há um arcabouço falimentar que possa ser considerado como padrão universal. Ao contrário, a evidência mostra que os países adotam legislações falimentares particulares, adaptadas ao contexto econômico, empresarial, jurídico e cultural local, sendo que a influência conjunta de todos esses fatores limita a possibilidade de existência de um ordenamento homogêneo" (LISBOA, Marcos de Barros. A racionalidade econômica da nova Lei de Falências e de Recuperação de Empresas. In: PAIVA, Luiz Fernando Valente de (coord.). *Direito falimentar e a nova Lei de Falências e Recuperação de Empresas*. São Paulo: Quartier Latin, 2005. p. 37).

Cap. 60 · INSOLVÊNCIA TRANSNACIONAL – PRINCÍPIOS | **835**

(i) a limitação da jurisdição de um país aos bens situados em seu próprio território; (ii) a coexistência de vários diplomas normativos sobre um mesmo tema e (iii) a necessidade de conferir aos credores estrangeiros acesso ao procedimento de insolvência que se desenvolve em outro país, obstáculos reconhecidos quando da elaboração da lei modelo sobre insolvência transnacional, pela UNCITRAL.[12] O Regulamento Europeu 848/2015, com fundamento na lei modelo, dispõe sobre a insolvência transnacional para os países da União Europeia.

Em território europeu, além das diretrizes já assinaladas, ainda há o risco constante do denominado *forum shopping*,[13] sendo assim coibido pelo recital n° 5 do Regulamento: "Para o bom funcionamento do mercado interno, é necessário evitar incentivos que levem as partes a transferir bens ou ações judiciais de um Estado-Membro para outro, no intuito de obter uma posição

---

[12] "The UNCITRAL Model Law on Cross-Border Insolvency, adopted in 1997, is designed to assist States to equip their insolvency laws with a modern, harmonized and fair framework to address more effectively instances of cross-border proceedings concerning debtors experiencing severe financial distress or insolvency. Those instances include cases where the debtor has assets in more than one State or where some of the creditors of the debtor are not from the State where the insolvency proceeding is taking place" (tradução livre: "A lei modelo da UNCITRAL sobre insolvência transnacional, adotada em 1997, é concebida para auxiliar os Estados a equipar suas legislações sobre insolvência com um quadro moderno, harmonizado e justo para endereçar, de forma mais eficaz, casos decorrentes dos procedimentos transnacionais referentes aos devedores experimentando graves dificuldades financeiras ou insolvência. Esses casos incluem hipóteses em que o devedor possui bens em mais de um Estado ou em que alguns dos credores não são do Estado em que o procedimento de insolvência está sendo desenvolvido"). Disponível em: http://www.uncitral.org/pdf/english/texts/insolven/1997-Model-Law-Insol-2013-Guide-Enactment-e.pdf. Acesso em: 20 jan. 2021.

[13] SCHLAEFER, Georg Friedrich. Forum Shopping under the Regime of the European Insolvency Regulation. International Insolvency Institute, 2010, p. 14. FORUM Shopping, Portable COMI and the Lessons of Wind Hellas. Jones Day Business Restructuring Review, 2010. Disponível em: https://www.jonesday.com/en/insights/2010/12/forum-shopping-portable-comi-and-the-lessons-of-i-wind-hellas-jones-day-business-restructuring-reviewi. Acesso em: 12 jan. 2021; KLEIN, Darren S; MALINOWSKY, Thomas D. Comi-Migration, Comity and Cooperation: Chapter 15 and Multi-Jurisdictional Restructurings. (Sixteenth Annual International Insolvency Conference – Tokyo, Japan). International Insolvency Institute, 2016. p. 12.

RECUPERAÇÃO DE EMPRESAS E FALÊNCIA: DIÁLOGOS ENTRE A DOUTRINA E A JURISPRUDÊNCIA

jurídica mais favorável em detrimento do interesse coletivo dos credores (seleção do foro)".[14]

Caso emblemático de insolvência transnacional em que a devedora possuía bens e credores espalhados ao redor do globo foi o da Maxwell Communication Corp[15]. Na hipótese, os bens que compunham o ativo da companhia estavam situados em território americano, apesar de a companhia ter o seu principal estabelecimento em Londres. Quando iniciados os procedimentos de insolvência, a solução encontrada foi a criação de um protocolo de colaboração entre os países envolvidos para liquidação e pagamento de três principais credores britânicos, algo inovador para uma época em que a discussão sobre insolvência internacional iniciava seus primeiros passos, em meados de 1991.

O mesmo se deu com a liquidação do banco Lehman Brothers, envolvendo aproximadamente 75 procedimentos de insolvência distintos, em 12 países, todos regidos e coordenados por um protocolo de cooperação.[16] No Brasil, a criação de um protocolo de cooperação internacional no caso da falência do Banco Santos[17] possibilitou a recuperação de ativos espalhados ao redor do mundo.

A existência de bens e credores em diversos países, submetidos a jurisdições diversas, faz com que o sucesso da reestruturação de uma empresa transnacional esteja diretamente atrelado à elaboração de um protocolo de coordenação, cooperação e comunicação entre os juízos envolvidos – como ocorreu nos já citados casos do banco Lehman Brothers e da Maxwell Communication Corp, seguindo as diretrizes mundiais apresentadas na lei modelo da UNCITRAL e no Regulamento Europeu 848/15, adotados pelo direito brasileiro desde o dia 23 de janeiro de 2021 (data de vigência da Reforma).

3. A JURISDIÇÃO/SOBERANIA

A soberania estatal, preceito de suma importância no direito internacional, constitui-se na supremacia do poder estatal na ordem interna

---

[14] Texto oficial em português disponível em: https://eur-lex.europa.eu/legal-content/PT/TXT/HTML/?uri=CELEX:32015R0848&from=pt. Acesso em: 21 jan. 2021.

[15] WESTBROOK, Jay Lawrence. The Lessons of Maxwell Communication. *Fordham Law Review*, vol. 64, Issue 6, 1996.

[16] Disponível em: http://bobwessels.nl/site/assets/files/1522/crossborderprotocol-lehman-bros.pdf. Acesso em: 21 jan. 2021.

[17] Processo 0065208-49.2005.8.26.0100, em curso na 2ª Vara de Falências e Recuperações Judiciais da Comarca da Capital de São Paulo – SP.

(soberania interna) e no fato da existência, perante a ordem externa, de uma relação de coordenação (ou seja, de não submissão) com os demais Estados (soberania externa).[18]

A jurisdição, por sua vez, é decorrência da soberania de um Estado: se esse possui o poder supremo dentro de suas fronteiras (soberania interna), possui também o poder de dizer o direito nesse mesmo território. Por essa razão, a jurisdição é limitada pelo princípio da territorialidade, segundo o qual o Estado (e, por conseguinte, os magistrados) só tem autoridade nos limites de seu território.

Nos casos de insolvência transnacional, o principal desafio é a compatibilização da jurisdição/soberania dos Estados envolvidos com a existência de bens e credores ao redor do mundo. Como já afirmamos, apesar da existência de empresas transnacionais, a legislação falimentar e de recuperação de empresas, será sempre nacional.[19] Assim, cada processo de insolvência referente ao grupo multinacional terá seu curso no país que sediar o juízo competente (principal estabelecimento – *COMI*), cabendo à lei criar instrumentos de harmonização entre as jurisdições nacionais e estrangeiras onde as atividades são exercidas para viabilizar a reestruturação da empresa transnacional em dificuldade.[20] Esse foi o escopo da lei modelo da UNCITRAL, adotado pelo Brasil, com a Lei 14.112/2020.

---

[18] BASTOS, Celso Ribeiro. In: MARTINS, Ives Gandra (coord.). *O Estado do futuro*. São Paulo: Pioneira, 1998. p. 165.

[19] Diversos foram os casos clássicos de insolvência transnacional em que o conflito entre jurisdições competentes foram ponto central de debate. No emblemático caso da ISA Daisytek-France, o juízo de Leeds, na Inglaterra, se reconheceu competente para processar a reestruturação do grupo sob a jurisdição do direito inglês, ao encontro das quatorze sociedades do grupo e da filial francesa. No mesmo sentido decidiu a Corte de Cassação Francesa. Cour de cassation, chambre commerciale, 27 de junho de 2006, nº 03-19.863. A mesma situação foi verificada no Caso MG Rover France: o juiz inglês considerou que o centro dos interesses principais da filial francesa do grupo inglês se encontrava na Inglaterra e reconheceu sua competência para processar a recuperação judicial, sob a égide do direito inglês, mesmo havendo uma filial do grupo na França. Tribunal de Commerce de Nanterre 19 de maio de 2005 et Cour d'Appel de Versailles 15 de dezembro de 2005.

[20] "O caso Eurotunnel lidou com 17 sociedades em recuperação judicial, sediadas na Inglaterra e França, fixando-se o juízo competente o Tribunal do Comércio de Paris, onde identificado o Comi, mesmo verificado que o registro da sede social tinha lugar em Londres" (CAMPINHO, Sérgio; GUIMARÃES, Márcio; SANTOS, Paulo Penalva. A falência transnacional no Projeto do Código Comercial.

4. TEORIAS UNIVERSALISTA E TERRITORIALISTA

A solução para a fixação da competência adotada em cada caso dependerá, em síntese, da adoção de uma de duas principais diretrizes: a teoria universalista, segundo a qual deverá ser fixado um juízo "planetário", com competência para decidir sobre todas as questões referentes à empresa transnacional em dificuldades – inclusive em relação aos ativos da companhia situados no exterior; ou o reconhecimento da jurisdição/soberania de cada país em que a empresa possui relações comerciais, adotando-se os mecanismos da lei modelo da UNCITRAL e do Regulamento Europeu 848/2015, internalizado pela Reforma.

A teoria universalista é defendida por J. L. Westbrook, em síntese, na possibilidade de existir um único juízo competente, em determinado país do globo, para processar e julgar o processo de recuperação judicial ou de falência da empresa transnacional.[21] Todos os ativos do devedor, independentemente de sua localização, bem como reivindicações referentes ao processo de reestruturação, seriam regidos por um conjunto de regras único e previamente conhecido por todos os envolvidos, a ser aplicado por um juízo único com "competência planetária"; o que não é difícil de se concluir pela sua total inviabilidade.

A principal crítica ao sistema universalista consiste no fato de que a existência de uma única jurisdição com competência universal sobre bens e credores situados em qualquer local do globo fere um dos princípios mais caros ao direito internacional: a soberania dos Estados. Até mesmo seus

---

Disponível em: https://www.conjur.com.br/2016-jun-17/falencia-transnacional-projeto-codigo-comercial).

[21] Jay Lawrence Westbrook aponta a indispensabilidade da chamada "simetria de mercado" como fundamento teórico para a adoção da referida teoria, assim dispondo: "Only a system that conclusively resolves all stakeholders' legal rights can produce a financial restructuring that gives existing and future parties, including financiers, investors, and employees, a sufficient guarantee of legal certainty" (tradução livre: "Apenas um sistema que concentre todos os direitos dos interessados pode produzir uma reestruturação financeira que confere às atuais e futuras partes, incluindo os financiadores, investidores, e empregados, uma garantia de segurança jurídica suficiente"). WESTBROOK, Jay Lawrence. A Global Solution to Multinational Default. *Michigan Law Review*, vol. 98, n. 7, Jun. 2000, p. 2282.

maiores defensores reconhecem que atualmente é praticamente impossível a consolidação de um sistema puramente universalista.[22]

Em completa oposição, o territorialismo tem como fundamento o respeito à soberania estatal. Considerando que as normas jurídicas de um país têm sua incidência restrita ao limite das fronteiras daquele território, o modelo permite a instauração de tantos processos de insolvência quanto forem os territórios em que a devedora exerça suas atividades. Cada um dos juízos envolvidos, portanto, teria jurisdição sobre os bens e os credores situados em seus territórios. Ao defender o territorialismo, o professor Lopuckit aponta que a territorialidade, princípio básico da jurisdição, é aplicável a todas as áreas do direito – inclusive ao direito das empresas em dificuldade.[23]

Os críticos do territorialismo apontam a falta de previsão/obrigatoriedade de cooperação entre os juízos dos diversos países envolvidos como fator que implica dificuldade na reestruturação de empresas multinacionais. Aduzem ainda que a multiplicidade de procedimentos e legislações aplicáveis facilitaria a prática de fraudes, mormente por parte do devedor, que poderia

---

[22] Nesse sentido, TUNG, Frederick. Is International Bankruptcy Possible? *Michigan Journal of International Law*, vol. 23:1, p. 2-70; Westbrook, reconhecendo que um sistema realmente universalista está longe de ser alcançado, chega a sugerir versões "atenuadas" do universalismo, a serem adotadas nesse ínterim, mas que já promoveriam grande melhoras no sistema atual (WESTBROOK, Jay Lawrence. A Global Solution to Multinational Default. *Michigan Law Review*, vol. 98, n. 7, Jun. 2000, p. 2315).

[23] "Territoriality – the idea that each country has the exclusive right to govern within its borders – is such a basic principle of international law that it often goes unnoticed. It is the default rule in every substantive area of law, including constitutional law, taxation, trademarks, industrial regulation, debt collection, and bankruptcy. When applied to the bankruptcy of a multinational company, territoriality means that the bankruptcy courts of a country have jurisdiction over those portions of the company that are within its borders and not those portions that are outside them" (tradução livre: "Territorialidade – a ideia de que cada país tem o direito exclusivo de governar dentro de seu território – é um princípio tão básico do direito internacional que às vezes passa despercebido. É a regra padrão dentro de cada área do direito, incluindo o direito constitucional, tributário, propriedade intelectual, regulamentar, cobrança de dívidas e das empresas em dificuldade. Quando aplicada à insolvência de uma companhia multinacional, territorialidade significa que os juízos de um país terão jurisdição sobre as porções da companhia que estão dentro dos limites de seu território, e não sobre as partes fora deles"). LOPUCKIT, Lynn M. Cooperation In International Bankruptcy: a post-universalist approach. *Cornell Law Review*, vol. 84, 1999, p. 704.

840 | RECUPERAÇÃO DE EMPRESAS E FALÊNCIA: DIÁLOGOS ENTRE A DOUTRINA E A JURISPRUDÊNCIA

manipular a localização de seus bens em busca de uma posição jurídica mais favorável a seus interesses.[24]

A utilização dos dois grandes modelos em sua forma pura, como se pode deduzir, não é apta à solução da totalidade das questões decorrentes da insolvência transnacional.

Atualmente, prevalece a teoria do pós-universalismo ou universalismo mitigado,[25] que delineou a harmonização de ambas as teorias, ao reconhecer cada jurisdição nacional, com a previsão de existência de um *main proceeding* (procedimento principal) e outros *non-main proceedings* (procedimentos secundários), estabelecendo-se um protocolo de cooperação entre os juízos envolvidos (*court-to-court cooperation*). Exatamente nesse sentido é verificada a nova disposição legislativa brasileira (art. 167-B).

Com esse escopo, será verificado o local do principal estabelecimento (COMI), já tradicional no direito brasileiro, desde o DL 7.661/1945 (art. 7º), repetido na Lei 11.101/2005 (art. 3º). Fixado o processo principal, mediante cooperação transnacional entre os juízos em que o devedor possui estabelecimentos, dispensando-se a adoção de tratados, convenções ou acordos internacionais (arts. 167-P e 167-Q), elabora-se um protocolo de cooperação, nos termos da lei modelo da UNCITRAL, adotada também pelo Capítulo 15 do Código de Insolvência dos EUA, como assevera Sean E. Story.[26]

A cooperação é, de fato, a única solução viável nos casos de insolvência transnacional. Se uma empresa é exercida em mais de um país, a superação de sua crise passa, necessariamente, pela cooperação entre cada um dos juízos

---

[24] WESTBROOK, Jay Lawrence. A Global Solution to Multinational Default. *Michigan Law Review*, vol. 98, n. 7, Jun. 2000, p. 2282.

[25] Assim também se posiciona SACRAMONE, Marcelo. *Comentários à Lei de Recuperação de Empresas e Falência*. São Paulo: Saraiva, 2018. p. 67.

[26] "Part of the U.S. adoption includes a statutory statement of purpose, which provides that Chapter 15 is intended to provide effective mechanisms with the objectives of cooperation between U.S. and foreign jurisdictions; greater legal certainty; fairness and efficiency; protection and maximization of assets; protection of investments; and preservations of employment" (tradução livre: "Parte da adoção dos Estados Unidos inclui uma declaração estatutária de propósitos, que estipula que o Capítulo 15 pretende fornecer mecanismos efetivos com os objetivos de cooperação entre as jurisdições americanas e estrangeiras; maior segurança jurídica; justiça e eficiência; proteção e maximização dos ativos; proteção aos investimentos; e preservação dos postos de trabalho"). STORY, Sean E. Cross-Border Insolvency: a Comparative Analysis. *Arizona Journal of International and Comparative Law*, vol. 32, Issue 2, 2015. p. 435.

envolvidos, eis que cada um deles, individualmente, não será capaz de solucionar todas as questões decorrentes do processo de reestruturação. Devem, portanto, unir-se para a prestação jurisdicional transnacional, através da cooperação entre os juízos (*court-to-court cooperation* – CCC), elaborando-se protocolos de cooperação, visando a *eficácia*, a *eficiência* e a *celeridade* no tratamento da insolvência – seja para o encerramento da empresa, liquidando as sociedades existentes em cada país, seja para o seu reerguimento, recuperando a atividade em cada Estado em que se desenvolva a atividade global da empresa. Como leciona Fábio Ulhoa Coelho, a cooperação: "é direta, isto é, dispensa totalmente a expedição de carta rogatória e de *exequatur* do STJ. (...) exceto em grau de recurso".[27]

Com efeito, o "triplo C" (CCC) reflete uma nova modalidade de aplicação do direito, em que cada juízo mantém e tem garantida a sua competência, devendo cada magistrado pautar sua conduta de acordo com os princípios da: *coordenação, cooperação e comunicação*.[28] Sua atuação deverá atender o denominado princípio da cortesia (*comity principle* ou *principe de la courtoise*), definido pela Corte de Apelações americana:[29]

> Comity is the recognition which one nation allows within its territory to the legislative, executive or judicial acts of another nation, having due regard both to international duty and convenience, and to the rights of its own citizens, or of other persons who are under the protections of its laws.[30]

Exemplo de aplicação do princípio da cortesia foi o que se observou no caso do Grupo Rede. A recuperação judicial no Brasil foi reconhecida como

---

[27] COELHO, Fábio Ulhoa. *Comentários à Lei de Falências e Recuperação de Empresas*. 14. ed. São Paulo: RT, 2021. p. 502.

[28] Nesse sentido, FARLEY, J. M. et al. Cooperation and Coordination in Cross-Border Insolvency Cases. University of British Columbia, Faculty of Law: First Annual Insolvency Review Conference, February 6, 2004.

[29] KLEIN, Darren S.; MALINOWSKY, Thomas D. Comi-Migration, Comity and Cooperation: Chapter 15 and Multi-Jurisdictional Restructurings. (Sixteenth Annual International Insolvency Conference – Tokyo, Japan). International Insolvency Institute, 2016. p. 12.

[30] Tradução livre: "Cortesia é o reconhecimento em que uma nação autoriza que em seu território, os atos legislativos, executivos ou judiciais de outra nação tenham efeito, tendo a devida atenção ao dever internacional e à conveniência, bem como aos direitos dos cidadãos ou de outras pessoas que estão protegidos por suas leis".

main proceeding pelos Estados Unidos. Alguns dos credores recorreram ao juízo americano sustentando a impossibilidade de efetivação, naquele território, do plano aprovado no Brasil, o que foi negado pela corte americana com base no princípio da cortesia.[31] No mesmo sentido foi a atuação dos juízos envolvidos no caso da AIOC Corporation, em que foi firmado protocolo de cooperação entre os juízos americanos e suíço,[32] por meio do qual as partes concordaram em "trabalhar conjuntamente de boa-fé para efetivar uma liquidação organizada e justa do Grupo".[33]

A cooperação entre juízes se materializará, em regra, em um protocolo de insolvência, sem formalidade específica, como indica o art. 167-Q, sem prejuízo de qualquer outra forma, e a ênfase deve ser a comunicação constante, como ressaltam Daniel Carnio Costa e Alexandre Nasser de Melo: "a falta de coordenação internacional nos casos de insolvência transnacional resulta na perda de valor de ativos em detrimento de credores, bem como na impossibilidade de recuperação de empresas que poderiam, num ambiente de melhor coordenação internacional, continuar suas atividades geradoras de produtos, serviços e empregos em nível mundial".[34]

---

[31] VAZQUEZ, Francisco. Review of Chapter 15 Cases in 2014: Relief Available to a Foreign Representative. Disponível em: https://www.insol.org/emailer/Feb_2015_downloads/ReviewChap15Cases2015_US_Vazquez.pdf. Acesso em: 19 jan. 2019.

[32] VEN, F. A. van de. Overview of Literature and Cases on Protocols. Tri Leiden. Disponível em: https://www.universiteitleiden.nl/binaries/content/assets/rechtsgeleerdheid/fiscaal-en-economische-vakken/overview-of-literature-and-cases-on-protocols.pdf. Acesso em: 6 fev. 2021.

[33] Tradução livre. No original, "work together in good faith to effect an orderly and equitable liquidation of the Resources Group".

[34] COSTA, Daniel Carnio; MELO, Alexandre Nasser. *Comentários à Lei de Recuperação de Empresas e Falência.* Curitiba: Juruá, 2021. p. 323. No mesmo sentido ALMASKARI, Bader Juma. Towards Legal Certainty: European Cross-Border Insolvency Law and Multinational Corporate Groups. Thesis submitted for the degree of Doctor of Philosophy – University of Leicester, September 2016: "Notably, there is no standard format for protocols, and not all of them share the same nature and scope. Insolvency practitioners as well as judges widely use protocols because they provide the courts and parties of any insolvency proceedings with a framework for communication and cooperation". (Tradução livre: "Notavelmente, não há um formato padrão para os protocolos, e nem todos eles compartilham da mesma natureza e escopo. Administradores judiciais e juízes utilizam amplamente os protocolos porque eles fornecem às cortes e às partes de qualquer procedimento de insolvência uma estrutura para a comunicação e a cooperação").

O objetivo principal do protocolo é conferir eficácia, eficiência e celeridade ao tratamento do processo de insolvência transnacional, liquidando ou recuperando a atividade transnacional de empresa que enfrenta dificuldades.

CONCLUSÃO

A Lei 14.112/2020 dispõe sobre a insolvência transnacional, com fundamento na lei modelo da UNCITRAL e no Regulamento Europeu 848/2015, adotando a teoria universalista modificada, em que o juiz brasileiro deve cooperar com o(s) estrangeiro(s), de forma coordenada e comunicação constante, a fim de possibilitar a recuperação ou a liquidação da empresa (atividade) transnacional, gerando benefícios a todos os alcançados pela insolvência, assim preservando a ordem econômica brasileira. A Reforma insere o Brasil no rol das legislações mais desenvolvidas do mundo, gerando previsibilidade para os investidores estrangeiros e consequente avanço do país no cenário internacional, contribuindo sobremaneira para sua melhor classificação no relatório *doing business* do Banco Mundial.

REFERÊNCIAS BIBLIOGRÁFICAS

ALMASKARI, Bader Juma. Towards Legal Certainty: European Cross-Border Insolvency Law and Multinational Corporate Groups. Thesis submitted for the degree of Doctor of Philosophy – University of Leicester, September 2016.

BASTOS, Celso Ribeiro. In: MARTINS, Ives Gandra (coord.). *O Estado do futuro*. São Paulo: Pioneira, 1998.

BORBA, José Edwaldo Tavares. *Direito societário*. 14. ed. São Paulo: Atlas, 2015.

CAMPINHO, Sérgio; GUIMARÃES, Márcio; SANTOS, Paulo Penalva. A falência transnacional no Projeto do Código Comercial. Disponível em: https://www.conjur.com.br/2016-jun-17/falencia-transnacional-projeto-codigo-comercial.

COELHO, Fábio Ulhoa. *Comentários à Lei de Falências e Recuperação de Empresas*. 14. ed. São Paulo: RT, 2021.

COSTA, Daniel Carnio; MELO, Alexandre Nasser. *Comentários à Lei de Recuperação de Empresas e Falência*. Curitiba: Juruá, 2021.

FARLEY, J. M. et al. Cooperation and Coordination in Cross-Border Insolvency Cases. University of British Columbia, Faculty of Law: First Annual Insolvency Review Conference, February 6, 2004.

RECUPERAÇÃO DE EMPRESAS E FALÊNCIA: DIÁLOGOS ENTRE A DOUTRINA E A JURISPRUDÊNCIA

GUIMARÃES, Márcio Souza. A ultrapassada teoria da empresa e o direito das empresas em dificuldades. In: WAISBERG, Ivo; RIBEIRO, José Horácio Halfeld Rezende (org.). *Temas de insolvência* – estudos em homenagem ao Professor Manoel Justino Bezerra Filho. São Paulo: IASP, 2017.

GUIMARÃES, Márcio Souza. Direito transnacional das empresas em dificuldades. In: COELHO, Fábio Ulhoa (coord.). *Tratado de direito comercial* – falência e recuperação de empresa e direito marítimo. São Paulo: Saraiva, 2015. v. 7.

GUIMARÃES, Márcio Souza. *Le rôle du ministère public dans les procédures collectives*: approche de droit comparé français et brésilien. France: ANRT Thèse Doctorat, 2011.

GUIMARÃES, Márcio Souza; SESTER, Peter. Insolvência Transnacional (Cross-Border Insolvency) – O Desafio Brasileiro. Disponível em: http://www.editorajc.com.br/insolvencia-transnacional-cross-border-insolvency-o-desafio-brasileiro/. Acesso em: 29 jan. 2021.

HOUIN, Roger. Rapport de synthèse au colloque de Toulouse, fév. 1986, Ann. Université des sciences sociales de Toulouse, t. 34, p. 351.

KLEIN, Darren S.; MALINOWSKY, Thomas D. Comi-Migration, Comity and Cooperation: Chapter 15 and Multi-Jurisdictional Restructurings. Sixteenth Annual International Insolvency Conference – Tokyo, Japan. International Insolvency Institute, 2016.

LISBOA, Marcos de Barros. A racionalidade econômica da nova Lei de Falências e de Recuperação de Empresas. In: PAIVA, Luiz Fernando Valente de. *Direito falimentar e a nova Lei de Falências e Recuperação de Empresas*. São Paulo: Quartier Latin, 2005.

LOPUCKIT, Lynn M. Cooperation In International Bankruptcy: a post-universalist approach. *Cornell Law Review*, vol. 84, 1999, p. 704.

RUGMAN, Alan; VERBEKE, Alain. Subsidiary-specific advantages in multinational enterprises. *Strategic Management Journal*, v. 22, p. 237-250, 2001.

SACRAMONE, Marcelo. *Comentários à Lei de Recuperação de Empresas e Falência*. São Paulo: Saraiva, 2018.

SCHLAEFER, Georg Friedrich. Forum Shopping under the Regime of the European Insolvency Regulation. International Insolvency Institute. FORUM Shopping, Portable COMI and the Lessons of Wind Hellas. Jones Day Business Restructuring Review, 2010. Disponível em: https://www.jonesday.com/en/insights/2010/12/forum-shopping-portable-comi-and-the-lessons-of-iwind-hellas-jones-day-business-restructuring-reviewi. Acesso em: 12 jan. 2021.

STORY, Sean E. Cross-Border insolvency: a comparative analysis. *Arizona Journal of International and Comparative Law*, vol. 32, Issue 2, p. 435, 2015.

TUNG, Frederick. Is International Bankruptcy Possible? *Michigan Journal of International Law*, vol. 23:1, p. 2-70.

VAZQUEZ, Francisco. Review of Chapter 15 Cases in 2014: Relief Available to a Foreign Representative. Disponível em: https://www.insol.org/emailer/Feb_2015_downloads/ReviewChap15Cases2015_US_Vazquez.pdf. Acesso em: 19 jan. 2019.

VEN, F. A. van de. Overview of Literature and Cases on Protocols. Tri Leiden. Disponível em: https://www.universiteitleiden.nl/binaries/content/assets/rechtsgeleerdheid/fiscaal-en-economische-vakken/overview-of-literature-and-cases-on-protocols.pdf. Acesso em: 6 fev. 2021.

WESTBROOK, Jay Lawrence. A Global Solution to Multinational Default. *Michigan Law Review*, vol. 98, n. 7, Jun. 2000.

WESTBROOK, Jay Lawrence. The Lessons of Maxwell Communication. *Fordham Law Review*, vol. 64 Issue 6, 1996.